DIREITO DA UNIÃO

MIGUEL GORJÃO-HENRIQUES

Assistente da Faculdade de Direito da Universidade de Coimbra
Advogado Especialista em Direito Europeu e da Concorrência

DIREITO DA UNIÃO

HISTÓRIA, DIREITO, CIDADANIA, MERCADO INTERNO E CONCORRÊNCIA

6.ª EDIÇÃO

ALMEDINA

DIREITO DA UNIÃO
HISTÓRIA, DIREITO, CIDADANIA,
MERCADO INTERNO E CONCORRÊNCIA

AUTOR
MIGUEL GORJÃO-HENRIQUES

EDITOR
EDIÇÕES ALMEDINA, SA
Av. Fernão Magalhães, n.° 584, 5.° Andar
3000-174 Coimbra
Tel.: 239 851 904
Fax: 239 851 901
www.almedina.net
editora@almedina.net

DESIGN DE CAPA
FBA

PRÉ-IMPRESSÃO
G.C. – GRÁFICA DE COIMBRA, LDA.
producao@graficadecoimbra.pt

IMPRESSÃO E ACABAMENTO
PERES-SOCTIP, SA

DEPÓSITO LEGAL
319393/2010

Biblioteca Nacional de Portugal – Catalogação na Publicação

GORJÃO-HENRIQUES, Miguel, 1969-

Direito da União : história, direito, cidadania, mercado
interno e concorrência. – 6ª ed. – (Monografias)
ISBN 978-972-40-4386-9

CDU 34
378

APRESENTAÇÃO DA 6.ª EDIÇÃO

A presente Obra é um trabalho de continuidade das cinco primeiras edições do nosso "Direito Comunitário", que comecei a publicar faz agora praticamente dez anos, em 2001, mas a que o tempo – e a evolução jurídica da construção europeia – impõe a mudança de título, na sequência da fusão que o Tratado de Lisboa operou entre a União Europeia, de Maastricht, e a Comunidade Europeia, de Roma. Com efeito, embora as disciplinas desta matéria, na Faculdade de Direito da Coimbra, se continuem a designar "Direito Comunitário" e subsista até uma Comunidade, nenhumas das restantes razões justificativas da manutenção do nome se mantinha.

O nome escolhido "Direito da União", com um subtítulo, pretende também assegurar alguma diferença face aos nomes dos manuais existentes ou em vias de publicação, em língua portuguesa, após a entrada em vigor do Tratado de Lisboa.

A presente edição opera uma revisão integral da 5.ª edição, incorporando os aspectos que considerei essenciais e procurando ter uma linguagem tão adequada à nova realidade jurídica quanto possível. Assim, ao longo de todo o livro, quando se referem as normas dos Tratados ou a jurisprudência do Tribunal de Justiça da União Europeia, tentamos citar os artigos na sua numeração actual

Ao leitor se pede que compreenda que, em 1965, por exemplo, o Tribunal de Justiça não aplicava o "TFUE", i.e. o Tratado sobre o Funcionamento da União Europeia, nome que o Tratado de Lisboa deu ao Tratado de Roma que em 25 de Março de 1957 instituiu a Comunidade Económica Europeia, mas uma norma com outro número. Julgou-se, no entanto, que este esforço facilitaria o trabalho dos principais destinatários deste livro, que continuam a ser os alunos que, nas Faculdades portuguesas, procuram ter uma noção geral sobre um conjunto muito variado de aspectos históricos, jurídicos, cívicos ou económicos da integração europeia que hoje se realiza principalmente através da União (embora subsista uma Comunidade, a Comunidade Europeia da Energia Atómica).

Continua este livro, no entanto, a não entrar em polémica com outras obras, essas sim de referência, com que a Universidade portuguesa tem sido beneficiada nos últimos anos, permitindo que docentes e alunos tenham uma maior liberdade de escolha e uma formação mais plural e profunda, assim contribuindo para o progresso da ciência jurídica. Este volume não tem vocação para tese ou teses, não sendo exaustivo na bibliografia, de que foi utilizada a conhecida do Autor, limitando-se o Autor a ficar satisfeito se, como sucedeu com as cinco edições anteriores, o presente volume contribuir para um melhor conhecimento das linhas básicas do direito da União Europeia, em tempos tão importantes quanto difíceis. Para isso, procura seguir um caminho independente, sem contaminações políticas ou ideológicas relativamente à própria integração europeia. Como escrevia o nosso Camões:

«Enquanto quis Fortuna que tivesse
Esperança de algum contentamento,
O gosto de um suave pensamento
Me fez que seus efeitos escrevesse

«Ó vós que Amor obriga a ser sujeitos
A diversas vontades! Quando lerdes
Num breve livro casos tão diversos,

«Verdades puras são e não defeitos;
E sabei que, segundo o amor tiverdes,
Tereis o entendimento de meus versos»

(Luís Vaz de Camões)

Lisboa, 5 de Outubro de 2010
Nos 867 anos da Pátria e 100 da República

PREFÁCIO À 3.ª EDIÇÃO

A 3.ª edição do "*Direito Comunitário*" estava, há muito, dependente de uma necessária revisão global do texto, após a reimpressão da 2.ª edição. Razões várias o justificavam, desde o desequilíbrio entre algumas partes do livro à desactualização de algumas matérias (por exemplo, na parte relativa ao direito da concorrência).

A revisão não foi tão longe quanto era desejável e, porventura, necessário. No momento em que terminávamos a actual edição, por exemplo, o panorama editorial no domínio dos textos académicos relativos ao direito da União conheceu uma significativa alteração, com a publicação de obras de renomados professores, como os Professores Doutores Paulo de Pitta e Cunha, Fausto de Quadros e Ana Maria Guerra Martins. Não foi possível considerar as suas Obras no presente volume.

A opção, boa ou má, mas fruto das circunstâncias e do tempo, havia sido a de procurar dar uma primeira perspectiva da (potencial e futura) nova realidade política, jurídica e institucional da União Europeia, após a assinatura, em Roma, no passado dia 29 de Outubro de 2004, do Tratado que estabelece a Constituição Europeia, cujo texto integral publicámos noutra reputada editora.

Assim, como sucedeu na 1.ª edição, ao longo do livro poderá o leitor encontrar "caixas" com algumas das principais alterações introduzidas pela Constituição Europeia nos diversos domínios cobertos pelo presente volume. Esperamos que este contributo, que tornará o presente volume particularmente actual e mesmo, no contexto académico, original, possa ser útil aos estudantes de direito europeu, sempre os primeiros e principais destinatários deste volume.

Apesar da próxima e previsível alteração identitária da Europa, com a criação da nova União Europeia, optou-se por manter o título "Direito Comunitário", em vez de "Direito da União" ou "Comunitário e da União". Quatro razões, a título principal, nos levam a isso. Primeiro, uma razão de continuidade com as edições anteriores. Este livro não é um livro novo, mas uma versão corrigida e, espera-se, melhorada de um livro já existente. Segundo, o facto de ser esta a designação que a disciplina correspondente tem na licenciatura em Direito na Faculdade de Direito de Coimbra. Terceiro, o facto de a nova União Europeia só ser criada a partir de 1 de Novembro de 2006, nunca antes. Quarto, o facto de, mesmo após a refundação constituinte da Europa, nessa data ou em data posterior, a própria Constituição Europeia estabelecer que «*a União exerce em moldes comunitários as competências que*» os Estados membros «*lhe atribuem*» (artigo I-1.°, n.° 1, da Constituição Europeia).

Uma última nota de agradecimento, uma vez mais, à Livraria Almedina, por apoiar este nosso projecto, com determinação e empenho, não nos deixando desfalecer e desistir do mesmo.

Lisboa, aos 8 de Dezembro de 2004,
Dia de Nossa Senhora da Conceição,
Padroeira de Portugal e da Universidade de Coimbra

O AUTOR

APRESENTAÇÃO DA 1.ª EDIÇÃO

O presente volume reúne um conjunto de apontamentos que fui escrevendo desde que comecei a deter alguma responsabilidade na regência efectiva das aulas teóricas da disciplina de *Direito Comunitário*, do 5.° ano jurídico da Faculdade de Direito da Universidade de Coimbra.

É preciso que fique claro que não se trata de um *Manual* de direito comunitário, por muitas razões, a começar logo pelo facto de não tratar forma completa e exaustiva todos os pontos do programa da disciplina que são leccionados aos alunos do 5.° ano da Faculdade.

Por outro lado, este volume não deixa de beneficiar larga e intencionalmente dos já vários – ainda que *sempre* poucos – livros que, de forma mais ou menos completa, constituem importantes manuais de referência para o estudo geral do direito comunitário jurídico-institucional nas Universidades portuguesas. Penso, em especial, por ordem cronológica, nos clássicos volumes (e agora no *Manual*) de João MOTA DE CAMPOS, no já antigo (prévio à própria adesão de Portugal às Comunidades Europeias) trabalho de MOITINHO DE ALMEIDA, nos *Estudos* do prof. Rui MOURA RAMOS e na significativa produção já existente em Lisboa, sobretudo na Faculdade de Direito da Universidade de Lisboa.

Dado o carácter didáctico e pedagógico que se espera impregne estes *Sumários*, são abundantes as remissões para o *Código da União Europeia*, obra colectiva assinada em primeiro lugar por Antonio TIZZANO e José Luís da CRUZ VILAÇA, que constitui o mais importante repositório de documentos normativos e políticos de direito comunitário em língua portuguesa, nos domínios cobertos pelo presente trabalho.

Uma última nota deve ser salientada. O Autor tem consciência das evidentes imperfeições e desequilíbrios do presente trabalho, que só ao Autor são imputáveis, mas considerou (bem ou mal) que a relação *custo-benefício* era favorável à sua publicação, tendo sobretudo em consideração o interesse dos alunos. É dever imperioso dos docentes fornecerem aos alunos elementos de estudo para, com responsabilidade e rigor, deles se poder exigir esforço, qualidade de trabalho e resultados.

Coimbra, 20 de Setembro de 2001

PARTE I

1. INTRODUÇÃO

1. O objecto do presente livro é a apresentação e estudo dos sistemas jurídico-político e jurídico-económico da actual União Europeia, que sucedeu à Comunidade Europeia e aprofundou a União Europeia criada pelo Tratado de Maastricht, que serão descritos e analisados na sua génese, estrutura, natureza e principais linhas funcionais[1], na expectativa de contribuir para a apreensão da específica configuração da ordem jurídica *comunitária*[2], caracterizada pela sua autonomia.

---

[1] Como genericamente acontece, também se pensa ser indeclinável um percurso histórico pelas fases infantil e juvenil de evolução da construção europeia, para se compreender, na imagem de Jean-Paul Jacqué, o ponto em que nos encontramos no filme comunitário-europeu («Cours général de droit communautaire», *Collected Courses of the Academy of European Law*, 1990, vol. I, book 1, Martinus Nijhoff, p. 247), do fime desta Europa composta por seres «em devir» (R. Moura Ramos, «As Comunidades Europeias – enquadramento normativo-institucional», 1985, *Das Comunidades à União Europeia – estudos de direito comunitário*, 2.ª ed., Coimbra Editora, Coimbra, 1997, p. 22; e, mais recentemente, em *Direito Comunitário – programa, conteúdos e métodos de ensino*, Coimbra, 2003, p. 23).

Por outro lado, apesar da natureza específica deste Curso, também não se pode descurar completamente a referência ao direito positivo nacional, vista a interacção ontológica e prática em que ambos hoje se envolvem – em certo sentido, sufragamos aqui uma paralela preocupação de que também o estudo do direito da União Europeia e, mais genericamente, da integração europeia, não seja também feito a partir de uma visão (autista) de cariz europeu – contra uma formação jurídica baseada numa "(autista) consideração do direito positivo nacional,", v. o Manual do prof. Fernando José Bronze, *Lições de Introdução ao Direito*, 2.ª edição, Coimbra Editora, Coimbra, 2006, pag. 749.

[2] Com a entrada em vigor do Tratado de Lisboa, a expressão "Comunidade" ou "comunitária" perde o sentido normativo directo, por deixar de vigorar relativamente à anteriormente chamada "Comunidade Europeia". Contudo, em alguns passos, continuaremos a referir a "ordem jurídica comunitária" ou as Comunidades, seus órgãos e sistema jurídico, político ou económico, designadamente na perspectiva da sua evolução histórica ou na medida em que os seus caracteres fundamentais, por exemplo quando se trate da natureza *comunitária* de órgãos, princípios e realidades, aproveitem hoje à União Europeia, na formulação pós-Lisboa ou também ou ainda à sobrevivente Comunidade Europeia da Energia Atómica.

2. Três notas devem ser desde já dadas. Primeiro, consideraremos que a diversidade organizatória da Europa *comunitária* está hoje superada[3] com o novo nome que o *crisma* dado em Lisboa, a 13 de Dezembro de 2007, e vigente desde o passado dia 1 de Dezembro de 2009, deu à anterior Comunidade Europeia, pelo que a União Europeia constitui hoje o inultrapassável pólo de referência político e jurídico, superando até o exercício que parte significativa da doutrina já realizava, partindo da anterior e hoje revogada disposição segundo a qual a «União funda-se nas Comunidades» (artigo 1.° UE-M[4]), valorizando a unidade institucional crescente (artigo 3.° UE-M) e a circunstância de múltiplas disposições comuns às Comunidades e União constarem então do Tratado da União Europeia (na versão pré-Lisboa)[5]. Segundo, a compreensão da originalidade própria da ordem jurídica *comunitária*, mesmo que hoje integralmente corporizada na União Europeia, como continuadora tanto da União Europeia de Maastricht como, sobretudo, da "principal" das Comunidades Europeias: a propriamente chamada Comunidade Europeia (de ora em diante, CE), organização que evoluiu a partir da sua primitiva designação de Comunidade Económica Europeia, criada pelo Tratado de Roma de 25 de Março de 1957[6] (Tratado CE[7]), até à sua actual dissolução/inclusão na União. Terceiro, que

---

[3] Ressalvando a sobrevivência da Comunidade Europeia de Energia Atómica.

[4] Todos os artigos serão indicados na numeração e redacção resultantes do Tratado de Lisboa e do seus quadros anexos, salvo expressa referência em contrário.

Se pertencerem ao Tratado da União Europeia de Maastricht (na redacção resultante do Tratado de Lisboa), serão identificados pelo número seguido da indicação "TUE – Lisboa") mas se a referência for feita à redacção anterior ao Tratado de Lisboa, seja Maastricht, Amesterdão ou Nice, então será feita com a indicação "UE-M").

Já se a referência for feita a norma do Tratado que institui a Comunidade Europeia, a referência feita será "CE", enquanto se a norma for citada na redacção resultante do Tratado de Lisboa, que mudou a designação do tratado para "Tratado sobre o funcionamento da União Europeia", então a referência dada será "TFUE".

Critério similar se procurará seguir quanto aos Protocolos.

[5] Pense-se nas normas sobre revisão dos tratados, adesão de outros Estados, entre outras. Já antes da entrada em vigor do Tratado de Lisboa, vários Autores afirmavam existir uma única ordem jurídica, integrando-se a ordem jurídica das Comunidades Europeias na ordem jurídica da União Europeia, porventura como sub-sistemas – assim, Ramses A. Wessel, «The Constitutional Relationship between the European Union and the European Community: Consequences for the Relationship with the Member States», *Jean Monnet Working Paper 9/03*, Max Planck Institute for Comparative Public Law and International Law, Heidelberg, 2003.

[6] Não deixaremos de referir qualquer das Comunidades, quer a CE, hoje absorvida pela União, quer a extinta CECA, quer a CEEA ou Euratom –, mas somente enquanto tal

o presente volume parte do direito constituído e em vigor, focando-se por isso, numa primeira e possível leitura, nas redacções resultantes da entrada em vigor do "Tratado de Lisboa"[8-9], que sucedeu ao malogrado "Tratado que estabelece uma Constituição para a Europa"[10].

3. Começaremos por enquadrar a entidade "unionista" (incluindo as Comunidades[11]) no quadro do Direito Internacional Público[12], para melhor perceber as suas linhas estruturantes, idiossincrasias e modo de funcionamento. Importante será também, num momento mais avançado, percorrer as principais notas tipificantes do especial e original ordenamento jurídico heteronomamente constituído pelos Estados, mas que a prática dos órgãos da União tem conformado de maneira profunda, olhando, quer para os seus domínios substantivos essenciais, quer para as

---

contribua para a compreensão da União Europeia e, de forma mais geral, do processo de construção europeia.

[7] A citação de um artigo sem indicação de fonte diz sempre respeito a um artigo do Tratado sobre o Funcionamento da União Europeia (TFUE). Na generalidade dos casos, para evitar confusões, a seguir ao número do artigo é colocada a sigla "TFUE".

[8] A designação "Tratado de Lisboa" resulta do próprio Tratado (no seu artigo 7.°: «*O presente Tratado, denominado Tratado de Lisboa*...»), do Tratado da União Europeia (no artigo 17.°, n.° 4) ou do Tratado sobre o Funcionamento da União Europeia (nos artigos 98.° ou 107.°, n.° 2, alínea *c)*).

[9] Assinado em Lisboa a 13 de Dezembro de 2007 (a sua versão integral consolidada, em língua portuguesa, pode encontrar-se no JO, C 115, de 9.5.2008; ou JO, C 83, de 30.3.2010). O Tratado de Lisboa entrou em vigor a 1 de Dezembro de 2009, depois de todos os Estados membros terem procedido ao depósito do respectivo instrumento de ratificação e nos termos do disposto no artigo 54.° TUE. O Tratado de Lisboa foi ratificado por Portugal através do Decreto do P.R. n.° 31/2008, de 9 de Maio (DR, I, de 19.5.2008), após aprovação pela Assembleia da República, através da Resolução n.° 19/2008.

[10] Assinado em Roma, a 29 de Outubro de 2004, na sequência da Convenção e da CIG/2004.

[11] Sobre os sentidos possíveis da expressão «comunidade», Riccardo Monaco, «Comunità», *Enciclopedia del diritto*, vol. VIII, Giuffrè, pp. 318-319.

[12] Com perfeita consciência da polemização inerente à determinação da específica natureza da União Europeia. Por isso, não se percorrerão os caminhos possíveis para determinar a natureza destas organizações, que tanta tinta fazem correr, mesmo na doutrina nacional – vide, por todos, Fausto de Quadros, *Direito das Comunidades Europeias e Direito Internacional Público*, 1991, reimpressão, Almedina, Lisboa; mais recentemente, os notáveis trabalhos dos malogrados Luís Sá (*A crise das fronteiras – Estado, Administração Pública e União Europeia*, Cosmos, Lisboa, 1997, em especial pp. 195 e ss.) e Francisco Lucas Pires, *Introdução ao Direito Constitucional Europeu*, Almedina, Coimbra, 1997, pp. 85-99.

suas implicações nos ordenamentos jurídicos nacionais, objecto de um processo que já foi chamado de «comunitarização»[13].

4. A União Europeia actual, como antes as Comunidades e até com a própria União Europeia pré-Lisboa, são **sujeitos jurídicos**[14]. Sujeitos de direito são, numa visão jurídica simplista, todos os entes susceptíveis de serem titulares de direitos e obrigações, de serem titulares de relações jurídicas[15].

5. Se isto é assim no plano estadual interno, as coisas passam-se de maneira idêntica na sociedade internacional. Aqui, é **sujeito de direito internacional** quem for «susceptível de ser titular de direitos e obrigações resultantes directa e imediatamente de uma norma de direito internacional»[16]. Mas as analogias com o direito interno não acabam aqui. Também na sociedade internacional as pessoas não têm todas a mesma capacidade jurídica. Só o Estado, pela sua veste soberana[17], dispõe de personalidade e capacidade jurídicas plenas. Todas as organizações internacionais, como as próprias Nações Unidas, têm a sua capacidade jurídica marcada, na ordem jurídica internacional, por um princípio para o efeito semelhante ao princípio da especialidade do fim, que marca a capacidade jurídica das pessoas colectivas face ao direito interno português (artigo 160.° do Código Civil Português). Com algumas similitudes, na ordem jurídica internacional, a doutrina aponta as organizações internacionais para-universais, por não necessitarem de reconhecimento[18].

---

[13] G. Benacchio, *Diritto Privato della Comunità Europea – Fonti, modelli, regole*, CEDAM, 1998, pp. XII e 25.

[14] Faz-se igualmente, de forma intencional, uma simplificação desta caracterização, procurando um paralelismo possível entre os mecanismos de subjectivação dos sujeitos de direito interno e de direito internacional. Seguimos pois o que escrevemos em *Da restrição da concorrência na Comunidade Europeia: a franquia de distribuição*, Almedina, Coimbra, 1998, nota 213, pp. 99-100, e nota 210, pp. 96-98.

[15] C. A. Mota Pinto, *Teoria Geral do direito civil*, 3.ª ed., Coimbra Editora, Coimbra, 1986, p. 191.

[16] A. Gonçalves Pereira/Fausto de Quadros, *Manual de Direito Internacional Público*, 3.ª ed., revista, Almedina, Coimbra, 2002, p. 299.

[17] Sobre os conteúdos da soberania, A. Barbosa de Melo, «Soberania e integração europeia», *Temas de Integração*, n.° 7, 1999, pp. 5-26; mais recentemente, Maria Manuela Magalhães Silva, «Soberania e União Europeia», *Revista Jurídica da Universidade Portucalense*, n.° 13, Porto, 2008, pp. 167-187.

[18] Segundo o Tribunal Internacional de Justiça, citado por quase toda a doutrina internacionalista. Entre nós, *v.g.* em A. Gonçalves Pereira/Fausto de Quadros, *op. cit.*, pp. 323-324.

6. Ora, desde sempre que os Estados se associam e partilham interesses, vinculando-se bilateral ou multilateralmente para a prossecução de objectivos e interesses comuns. Não importa aqui analisar os meios em que essa associação se concretiza, nem as suas possíveis modalidades, para não nos desviarmos do objecto da nossa atenção: a União Europeia. Entre as várias modalidades preferenciais de vinculação, é normal que os Estados, enquanto sujeitos de base territorial, procurem entendimentos com os Estados vizinhos, normalmente de uma região que, cultural, económica ou politicamente apresente traços e valores comuns ou, em todo o caso, aproximáveis. Ou seja, as **relações interestaduais de cariz regional ou cultural** apresentam um peso significativo e, porventura, preponderante. Isto nas relações que procuram ser positivas e não apenas negativas (defensivas), visando garantir o respeito por aquilo que em dada altura se designava por não ingerência ou por coexistência pacífica, por vezes conseguida por uma via diplomática que se baseava na *realpolitik* do equilíbrio do terror.

7. Além do estabelecimento de relações diplomáticas, essencialmente bilaterais, a constituição ou participação comum em organizações **internacionais** constitui um modo preferencial de organização das relações na sociedade internacional. Tradicionalmente, era usada entre nós a noção de organização internacional transcrita por Paul REUTER[19]: «grupos de Estados susceptíveis de manifestar de uma maneira permanente uma vontade juridicamente distinta da dos seus membros», conquanto se deva reconhecer, não só que organizações internacionais poderão participar noutras organizações internacionais com o estatuto de membro, mas também que é necessário algo mais do que a susceptibilidade de manifestação de uma vontade autónoma: é imprescindível o estabelecimento de uma estrutura interna que a afirme, de uma repartição ou delimitação de poderes no interior da organização e face ao exterior (aos seus Estados membros e a terceiros) e de um objectivo comum, que se quer tendencialmente permanente, tudo isto normalmente enquadrado pela atribuição de personalidade jurídica[20].

---

[19] Paul Reuter é, juntamente com Jean Monnet e Étienne Hirsch, um dos co-autores da primeira versão da declaração Schuman – Jean Monnet, *Mémoires*, Fayard, 1976 (*Memórias*, trad. Portuguesa, Ulisseia, 2004, p. 300). Retirámos a noção de Paul Reuter de R. Moura Ramos, «As Comunidades Europeias», *cit.*, p. 10. Para outras visões, por todos, A. Azevedo Soares, *Lições de Direito Internacional Público*, 3.ª ed., 1986, Coimbra Editora, Coimbra, pp. 373 e ss.

[20] Sobre as organizações internacionais, recentemente entre nós, em termos diferenciados e entre outros, Margarida Salema d'Oliveira Martins/Afonso d'Oliveira Martins,

8. Assim, como a designação indica, os **elementos** de uma organização internacional são essencialmente, como a sua designação indica, o carácter de **organização** e a natureza **internacional**.

9. O primeiro elemento (**organização**) supõe os referidos *leitmotiv* de **permanência** ou estabilidade. É por falta deste requisito, desde logo, que as Conferências Intergovernamentais que preparam a revisão dos tratados ou a Convenção (artigo 48.° TUE – Lisboa)[21] não são nem podem ser consideradas como organizações internacionais. Permanência implica ainda autonomia da organização internacional em relação aos seus membros, ainda que só exprima a vontade unanimitária de todos os seus membros[22].

10. A vontade que forma e exprime é a sua **vontade dos seus próprios órgãos** e, em certo sentido, a sua **própria vontade** e não a do mero somatório dos seus Estados membros. Ela tem por isso **órgãos próprios** (as instituições a que se refere o artigo 13.° TUE – Lisboa), que formam a sua vontade, de que são exemplo paradigmático o Conselho, que, ainda que composto por membros dos governos nacionais, delibera como órgão da União e não como conferência dos membros dos governos nacionais dos Estados membros que o compõem, apesar de, no dizer do Tratado, "representar" os Estados membros (artigo 10.°, n.° 2, § 2 TUE – Lisboa).

11. A organização internacional adopta **actos**, normativos ou não, que, além disso, não são necessariamente convenções ou tratados internacionais: é o caso dos actos previstos no artigo 288.° TFUE. No plano jurí-

---

Direito das Organizações Internacionais, vol. I, 2.ª ed., pp. 50; João Mota de Campos (coord.), *Organizações Internacionais*, FCG, Lisboa, 1999, em especial, pp. 17-198; Cristina Queiroz, *Direito Internacional Público II – Organizações Internacionais*, UAL, Lisboa, 2002; Jónatas Machado, *Direito Internacional do Paradigma Clássico ao Pós-11 de Setembro*, 3.ª ed., Coimbra Editora, Coimbra, 2006.

[21] É o caso das Conferências Intergovernamentais que preparam a revisão dos Tratados da UE, designadamente as de 1996 (CIG/96), de 2000 (CIG/2000), de 2003/2004 ou de 2007, que antecederam a assinatura dos tratados de Amesterdão (em 2 de Outubro de 1997), Nice (em 26 de Fevereiro de 2001), da Constituição (29 de Outubro de 2004) e do Tratado de Lisboa (13 de Dezembro de 2007).

[22] Quanto às deliberações do Conselho, consulte-se o artigo 16.°, n.° 3 TUE, que se refere agora à nova regra geral da maioria qualificada, "salvo disposição em contrário dos Tratados", referindo-se ainda às regras especiais da maioria simples (v. artigo 238.°, n.° 1 TFUE) e à excepcional unanimidade (v. artigo 238.°, n.° 4 TFUE).

dico, a distinção entre actos da organização internacional e dos Estados é também clara.

12. A organização internacional tem a sua capacidade marcada pelo **princípio da atribuição**, na terminologia que o Tratado lhe dá (artigo 5.°, n.° 1 TUE – Lisboa)[23]. De acordo com este princípio, as organizações internacionais e, em concreto, a União, só podem agir no quadro das atribuições ou, na terminologia do Tratado, das competências que para ela forem definidas pelos Estados membros no respectivo tratado institutivo (artigos 4.°, n.° 1, e 5.°, n.os 1 e 2 TUE – Lisboa) e, fora desse quadro, apenas podem actuar os seus Estados membros, no exercício das suas tradicionais prerrogativas de soberania[24], ainda que, como sucede na União Europeia, estas se reconduzam cada vez mais a um minguado «núcleo essencial»[25].

13. Mas, além disso, a organização é **internacional**, quer dizer, tem a sua fonte genética num instrumento de direito internacional público – no caso das Comunidades e União Europeias, os tratados de Paris, de Roma e de Maastricht. Este é um dos elementos que permite ainda hoje qualificar a União Europeia como uma organização internacional e não como um Estado, designadamente federal. Estes últimos são criados por uma constituição, e não por um tratado internacional[26]. E nem se veja na União uma organização federal, pelo menos acabada, pelo facto dos Estados limitarem as suas competências por via internacional, atribuindo-lhes domínios exclusivos de competência. Afinal, o *jus tractum* é uma das manifestações da soberania dos Estados[27].

---

[23] Maria Luísa Duarte, *A teoria dos poderes implícitos e a delimitação de competências entre a União Europeia e os Estados membros*, Lex, Lisboa, 1997, p. 31.

[24] Eventualmente, quando se trate de domínios de intersecção de competências, os actos serão adoptados em conjunto pela organização e pelos seus Estados membros. Os exemplos na integração unionista são bastantes.

[25] Na expressão de Rui Moura Ramos, «Nacionalidade, Plurinacionalidade e Supranacionalidade na União Europeia e na Comunidade dos Países de Língua Portuguesa», *BFD*, Vol. Comemorativo, 2003, pág. 697.

[26] J. Mota de Campos – «Uma Comunidade de Estados ou uma Europa das Regiões?», *Direito e Justiça*, vol. X, tomo I, 1996, p. 184 – diz que *«os Tratados Comunitários (...) são instrumentos clássicos de direito internacional»*.

[27] TIJ, caso *Wimbledon*, de 1923 – J. Mota de Campos, «União Política», *Legislação (cadernos de)*, n.° 4/5, 1992, p. 201. É um ponto em que não se entra, intencionalmente.

14. Há várias **classificações de organizações internacionais**. Desde logo, quanto à sua base geográfica, podem ser gerais (ou universais), regionais ou mesmo locais. A ONU é um exemplo clássico do primeiro tipo, enquanto a União Europeia e as Comunidades são exemplos paradigmáticos de **organizações regionais**[28]. Mas as organizações internacionais também se distinguem, classicamente, de acordo com os objectivos que prosseguem. Podem ter uma finalidade política (Conselho da Europa), económica (AECL, CEE[29], FMI, etc.), militar (OTAN, UEO), social ou humanitária (as agências especializadas da ONU: FAO, OIT, OMS), cultural, científica ou técnica (UNESCO, etc.). Saliente-se que a União Europeia é hoje dificilmente distinguível pelos seus objectivos, neste sentido.

15. As organizações internacionais podem distinguir-se pela sua **estrutura ou modelo jurídicos**. Aqui, é clássica a distinção entre organizações intergovernamentais (ou de cooperação) e organizações de integração ou supranacionais. Dediquemos algumas breves palavras a cada um destes tipos ideais.

16. As **organizações internacionais de cooperação** ou **intergovernamentais** constituem o tipo clássico e corrente deste tipo de pessoa jurídica. Estabelecem relações horizontais de coordenação entre soberanias, de cooperação. Daí que se baseiem no sistema de decisão por unanimidade e os seus órgãos tenham uma composição estadual. Ainda numa sua descrição típica, diz-se não valer para elas o princípio da imediação, pelo que os seus actos se dirigem aos Estados e não aos cidadãos dos Estados Partes na organização, não conferindo a estes últimos direitos ou obrigações que possam fazer valer directa e jurisdicionalmente. Finalmente, não adoptam actos obrigatórios, vinculativos, limitando-se a formular recomendações. Isto como *tipo ideal*, está bem de ver.

---

[28] Assiste-se hoje a uma tendência para a regionalização como modelo de estruturação da sociedade internacional, a qual tem, para lá de justificações civilizacionais, a sua base histórica no fenómeno da descolonização e na consciencialização das vantagens relativas da integração política e económica como resposta à globalização ou mundialização.

[29] A partir de Maastricht, no momento justamente da alteração da denominação para CE, esta categoria deixou de ser suficiente para enquadrar a Comunidade Europeia e é certamente insuficiente para apreender a original natureza da actual União Europeia (infra, *Parte I*).

17. Já as **organizações internacionais de integração** encontram na sua base as ideias de limitação das soberanias estaduais e de "delegação" ou "transferência" de poderes soberanos para a organização. Têm uma estrutura própria com divisão de poderes, embora possa não corresponder aos modelos estaduais. A composição dos seus órgãos não é sempre estadual, alguns havendo que são mesmo, formal e funcionalmente, independentes relativamente aos Estados. Têm vontade própria, distinta da vontade dos Estados que a compõem: decidem por maioria, porque não visam apenas exprimir a vontade de todos os seus componentes, mas a vontade transcendente e distinta da própria organização internacional. E a expressão da sua vontade, através dos órgãos competentes, gera direitos e obrigações, não só para os Estados, como também para as pessoas singulares ou colectivas que no seu âmbito actuam. É a ideia de **imediação**, de relação directa entre a organização internacional e os sujeitos físicos e jurídicos particulares e que, na União Europeia, se concretiza através (sobretudo) da ideia do efeito directo das suas normas. Estas, posto que não sejam, desde logo formalmente e por si próprias, hierarquicamente superiores às normas nacionais, têm uma especial força conformadora, a determinar a sua aplicação mesmo quando contrariem uma norma nacional que permanece válida. A sanção para a contrariedade não repousa de forma exclusiva na responsabilização internacional do Estado membro, mas na atribuição directa e prevalente aos particulares dos direitos resultantes da norma internacional[30]. Em suma, a sua ordem jurídica[31] impõe-se mesmo no plano interno dos Estados membros, podendo gerar direitos e obrigações para os cidadãos desses Estados. Novamente, trata-se aqui de um tipo *ideal*, porventura até exacerbado, para servir à União Europeia. Quer isto dizer que, para uma organização se poder considerar deste tipo, não é necessário que estejam ausentes elementos cooperativos ou de cariz intergovernamental. Contudo, os que porventura existam não devem descaracterizar a organização. Em suma, as organizações internacionais de integração têm características que as contradistinguem claramente das de cooperaçao. Criadas por um instrumento de direito internacional público

---

[30] Uma das razões que parece levar certos Autores, como Eduardo Correia Baptista – *Direito Internacional Público – conceito e fontes*, Vol. I, Lisboa, 1998, p. 470 – a negar ao direito "derivado", ou seja, ao direito emanado dos órgãos da organização a natureza de Direito Internacional Público. Só o seria o direito originário.

[31] Hallstein, citado por Fausto de Quadros, *Direito das Comunidades Europeias*, *cit.*, p. 34.

(v.g., um tratado), este constitui o seu direito originário, outorgado pelos Estados ou outra organização internacional (a ONU constituiu a OMS)[32]. Mas, partindo deste direito, elaboram o seu próprio direito interno (derivado[33] ou secundário), cujo referente de validade é o próprio tratado, conjuntamente com as normas internas (constitucionais) dos Estados membros.

18. Estes mesmos factores que vimos caracterizarem as organizações internacionais de integração, nomeadamente a natureza e força dos actos autoritários por elas produzidos, conduzem certos autores a duvidar da **natureza internacional** deste tipo de organizações, maxime quando curavam das Comunidades e, por certo, hoje, da União Europeia[34], e a afirmar a sua **natureza constitucional** (a *interconstitucionalidade* a que se refere o prof. Gomes Canotilho, porventura). O tratado (*rectius*, o direito originário) é identificado com a «constituição» da organização internacional (e, no nosso caso, da União)[35] e os poderes são vistos como poderes originários da própria organização e não *derivados*, como recentemente ainda os classificou o *Bundesverfassungsgericht* (no acórdão de 30 de Junho de 2009). Mas ainda que isto fosse ou seja verdadeiro, em certo sentido, tal não significaria aceitar que a organização internacional se constitui como um Estado Federal.

19. A discussão extravasa o âmbito deste texto. Por aqui, não se deixa de recordar que **natureza internacional e terminologia constitucional** não são necessariamente antinómicas. O termo «constituição» é utilizado, no direito internacional público, com vários sentidos. Desde logo, quando referido a um tratado, pode significar que este contém regras que estão na base da ordem jurídica internacional, como os princípios da igualdade e independência dos sujeitos de direito internacional, sendo deste tipo os tratados internacionais que organizam a paz ou regulam a guerra e, em termos mais gerais, todos os que se referem à «administração da sociedade inter-

---

[32] Fausto de Quadros, *Direito das Comunidades Europeias e Direito Internacional Público*, Almedina, Lisboa, 1991, pp. 12-13.

[33] Verdross, *apud* Gonçalves Pereira/Fausto de Quadros, *op. cit.*, p. 427.

[34] Nguyen Quoc Dinh e outros, *Droit International Public*, 3.ª ed., p. 70.

[35] Segundo J. Weiler, «Constitucionalismo é o DOS ou o Windows da Comunidade Europeia» («The reformation of european constitutionalism», *Journal of Common Market Studies*, 1997, n.º 35). Para uma discussão sobre a natureza constitucional dos tratados, *v.g.* F. Lucas Pires, *Introdução ao direito constitucional europeu* (em particular, pp. 21-22).

nacional»[36]. Mas uma tal expressão também surge como referindo-se aos próprios princípios constitucionais desta ordem jurídica, que estão na sua base e lhe são fundamentais. Em terceiro lugar, pode significar que a revisão do tratado institutivo não carece da aprovação de todos os Estados, impondo-se mesmo aos Estados que se oponham à alteração – assim acontece com a Carta das Nações Unidas, cuja revisão, nos termos do disposto no artigo 108.°, depende da obtenção de uma dupla maioria de dois terços de votos, na Assembleia Geral e no Conselho de Segurança (incluindo aqui todos os membros permanentes). Finalmente, pode designar as normas fundamentais de constituição, intencionalidade e funcionamento de uma dada organização internacional[37], nelas incluídas as normas que definem os objectivos, repartem os poderes, criam e garantem a efectividade da ordem jurídica criada; neste sentido, parece pacífica a assimilação dos tratados comunitários e da União pelo discurso constitucional[38]. Além disso, as organizações internacionais de integração (como as restantes) permanecem subordinadas ao princípio da atribuição (*autrement*, especialidade), embora acolham (em maior ou menor medida) doutrinas que pretendem oferecer a amplificação possível da compreensão dos seus limites de acção, como a já antiga doutrina das competências implícitas (extensão das competências para plena realização das atribuições) ou certos mecanismos internos, como é o caso do artigo 352.° TFUE[39] (ou, no domínio da cidadania, o artigo 21.°, n.° 3, e o artigo 77.°, n.° 3 TFUE).

---

[36] W. Ganschof van der Meersch, «L'ordre juridique des Communautés Européennes et le droit international», *Recueil des Cours*, 1975, V, t. 148, 1978, pp. 21; cfr. Fausto de Quadros, *Direito Comunitário I – programa, conteúdo e métodos de ensino*, Almedina, Coimbra, 2000, pp. 50-51.

[37] Seria mesmo um elemento inerente à noção de organização internacional. Neste sentido, Nguyen Quoc Dinh e outros, *op. cit.*, p. 517. A noção que adopta é a de Sir Gerald Fitzmaurice: «associação de Estados constituída por tratado, dotada de uma constituição e de órgãos comuns, e possuindo uma personalidade jurídica distinta da dos Estados membros». Assim, tem dois elementos: origem convencional e natureza institucional.

[38] Parece-nos ser este o sentido com que R. Moura Ramos fala de "constitucionalização" dos tratados, no seu *Direito Comunitário*, *cit.*, p. 24: «*Aquele processo tem sido descrito em termos de constitucionalização, para se sublinhar por esta forma a passagem de um conjunto de instrumentos obrigatórios entre os Estados membros para um regime jurídico verticalmente integrado integrado que confere direitos e obrigações judicialmente executáveis a todos os sujeitos de direito, públicos e privados, reconhecidos no âmbito do Tratado. O que implica que as posições jurídicas dos indivíduos, da União (e das Comunidades) e dos Estados membros sejam definidas pelo sistema jurídico da União*» (ver, igualmente, pp. 44).

[39] Gonçalves Pereira/Fausto de Quadros, *op. cit.*, pp. 437, nota 2, falam a este propósito de um poder quase-constituinte. Sobre estes institutos *Parte III*.

20. Referindo-nos ao caso específico da União Europeia e da Comunidade Europeia da Energia Atómica, impressiona de modo particular a *devolução* que aos seus órgãos é feita (*rectius*, ao Tribunal de Justiça da União Europeia) da competência para interpretar e fazer respeitar a ordem jurídica por eles constituída, constatando até os incumprimentos estaduais.

21. Põe-se, por isso, a questão de saber como enquadrar a União Europeia e, antes, as Comunidades e União europeias. A sua qualificação como **organizações internacionais regionais de integração** não é nem era pacífica entre nós[40] (e ainda menos no que toca a autores estrangeiros[41]), pois da qualificação extraem-se consequências importantes para o próprio modelo político-jurídico que se pretende erigir através do processo de construção europeia[42]. Embora fosse, dominante, entre a doutrina nacional[43], ainda que acentuando também, em alguns casos, o carácter *supranacional* (Profs. Silva Cunha, Pitta e Cunha, Isabel Jalles[44], Maria Luísa Duarte[45], Lucas Pires[46] ou R. Moura Ramos[47]) ou mesmo *multinacional* (Luís Sá[48]).

[40] Para uma visão crítica, Luís Sá, *A crise das fronteiras*, *cit*., pp. 204 e 207.

[41] Por todos, *vide* a síntese não recente de Dagtoglou, «A natureza jurídica das Comunidades europeias», *Trinta anos de direito comunitário*, 1981, pp. 35-44 e a entrada, a cargo de Ida Caracciolo, no *Dizionario enciclopedico del diritto* (dir. F. Galgano), vol. I, CEDAM, 1996, p. 354. Depois disso, apesar das suas limitações, C. Stéphanou, *Réformes et mutations de l'Union Européenne*, Bruylant/LGDJ, Bruxelles, 1997, pp. 7 e ss.; Guy Isaac qualificava a Comunidade como «poder público comum» (*Droit Communautaire Général*, 7.ª ed., Armand Colin, 1999, pp. 324-326).

[42] Por isso só podemos concordar em parte com J. Mota de Campos, quando considera serem estas concepções mais ideológicas do que úteis – *Direito Comunitário*, Vol. I, p. 559. Aliás, é sabido que Charles De Gaulle, por exemplo, não gostava do termo supranacional, sobretudo por tal indiciar que haveria uma entidade superior à nação e ao Estado – assim o recordou há pouco o insuspeito Maurice Duverger, *Europa – O Estado da União*, editorial Notícias, 1996, p. 34 –, enquanto outros recusam a supranacionalidade entendida como *tertium genus* face à dualidade essencial organizações internacionais-Estados (Luís Sá, *A crise das fronteiras*, *cit*., p. 217).

[43] Ainda hoje, consulte-se Fausto de Quadros, *Direito das Comunidades*, *cit*., pp. 68-69.

[44] Maria Isabel Jalles, *Implicações jurídico-constitucionais da adesçao de Portugal às Comunidades Europeias – alguns aspectos,* in *Cadernos de Ciência e Técnica Fiscal,* 116, Lisboa, 1980.

[45] *Teoria dos poderes implícitos*, *cit*., p. 161.

[46] *Introdução ao direito constitucional europeu*, *cit*., p. 14.

[47] *Direito Comunitário*, *cit*., p. 43.

[48] Na sua dissertação de doutoramento, contudo, este reputado autor parece recusar-lhes uma natureza internacional, para afirmar o seu carácter *multinacional* (*A crise das*

22. O conceito de **supranacionalidade**, muito utilizado, tem um largo percurso histórico na construção europeia[49]. Ele reforça a dimensão integradora, permitindo estabelecer um ponto médio entre o individualismo internacional e o federalismo, reconhecendo ainda que o sujeito em causa deterá e poderá exercer certos poderes soberanos, índices concretizáveis numa série de elementos: a independência da organização e dos seus órgãos face aos governos nacionais, a transferência de competências consentidas[50] dos Estados para a organização e o reconhecimento da missão e funções próprias do organismo internacional[51]. Na elaboração clássica de LINDEINER-WILDAU[52], o conceito de supranacionalidade supõe a independência do órgão supranacional e o carácter obrigatório das suas decisões. Já para STONE SWEET/SANDHOLTZ[53], a supranacionalidade traduz a capacidade de produzir regras obrigatórias, seja em que domínio for, sobre a totalidade do território da Comunidade. Por seu turno, o Prof. MOTA DE CAMPOS concentra-se na originalidade do modo como se concebem e exercem os poderes da Comunidade, que actua não em domínios estritos e rigorosamente delimitados, como acontece na generalidade das organizações internacionais, sendo critério da supranacionalidade a autonomia dos órgãos e o imediatismo dos poderes exercidos, expressa naquilo que chama a aplicabilidade directa[54].

---

fronteiras, *cit.*, pp. 282 e ss., em especial p. 286: «*organização multinacional de integração política e de integração económica avançada*»), ao mesmo tempo que recusa a caracterização como simples organização de *integração*, por a assimilar a outras organizações que, qualitativamente diversas, merecem um tal qualificativo.

[49] Já em 1975 escrevia o prof. Lucas Pires: «O princípio da *integração* vai, para além do da *cooperação*, pois requer abdicação parcial da soberania e um reconhecimento correspondente do *princípio da supra-nacionalidade*. Daí que (...) o método de integração opera e funciona normalmente a níveis regionais (Europa...», *Uma Constituição para Portugal*, Coimbra, 1975, pág. 106; recentemente, Nuno Piçarra, «A Justiça Constitucional da União Europeia», *Estudos Jurídicos e Económicos em Homenagem ao Prof. Doutor António de Sousa Franco*, FDUL, 2006, Vol. III, pág. 468.

[50] A expressão é utilizada pelo *Conseil Constitutionnel*, na sua decisão n.º 2007-560, de 20 de Dezembro de 2007, sobre o Tratado de Lisboa, n.º 8.

[51] F. Lucas Pires, *Introdução ao direito constitucional europeu*, *cit.*, p. 12.

[52] K. Von Lindeiner-Wildau, *La supranationalité en tant que principe de droit*, Leyde (Sijthoff), 1970, pp. 1-38, 45-61.

[53] Alec Stone Sweet/James A. Caporaso, «La Cour de Justice et l'intégration européenne», in *Revue Française de Science Politique*, vol. 48, n.º 2, 1998, p. 195.

[54] *Manual de Direito Comunitário*, 3.ª edição, FCG, Lisboa, 2002, p. 253.

23. Por nós, ainda que se reconheça que a criação das Comunidades representou o surgimento de uma ordem jurídica nova e autónoma de direito internacional, de duração ilimitada, o certo é que não lhe foi conferido um estatuto de soberania, podendo assim dizer-se que os poderes de índole soberana que exerciam (e hoje exerce também a União) eram o fruto de uma **transferência** ou de uma **delegação** dos poderes de exercício por parte dos Estados criadores[55] e que, no fundo, «no actual estado de integração, a União Europeia, mesmo depois da entrada em vigor do Tratado de Lisboa, não atinge ainda a forma que corresponda ao nível de legitimação de uma democracia constituída como Estado. Não é um Estado federal mas continua a ser uma associação de Estados soberanos a que se aplica o princípio da atribuição»[56].

24. Também a ciência política e a **teoria da integração** tem utilizado estes conceitos[57], através das correntes do intergovernamentalismo, do funcionalismo, do neofuncionalismo (e suas variantes), do institucionalismo ou de teorias como a do principal-agente. Assinalam justamente que, na sua génese, as Comunidades Europeias surgiram como modelo alternativo ao modelo clássico da mera cooperação intergovernamental. Jean MONNET, aliás, nas suas memórias, criticava a fraqueza da cooperação intergovernamental e dizia que a solução passava por uma federação ocidental[58]. Contudo, tal não poderá não ser suficiente para se considerar justa a sua qualificação como federalista ou federativa, pois o próprio

---

[55] Também se evita aqui a discussão sobre a utilização de termos do tipo «transferência», «delegação», «partilha» ou «divisão», para fundar o sentido e os limites da utilização pelas Comunidades e, hoje, pela União, de poderes soberanos dos Estados membros – v. Guy Isaac, *Droit Communautaire Général*, 7.ª ed., 1999, pp. 38-39.

[56] *Bundesverfassungsgericht* (Tribunal Constitucional alemão), decisão de 30 de Junho de 2009, sobre o Tratado de Lisboa (tradução livre).

[57] Sobre este tema, leiam-se os interessantes estudos (aqui seguidos) de Dias Teixeira – *A Natureza das Comunidades Europeias*, Almedina, Coimbra, 1993 –, de Patrão Romano – *Diferenciação de Estados e Democratização da Comunidade Europeia*, Centro de Informação Jacques Delors, 1997, pp. 89-114 – e de Paulo Sande, *O Sistema Político na União Europeia (entre Hesperus e Phosphorus)*, Principia, Cascais, 2000. Na literatura estrangeira, por todos, o volume *European Integration and Supranational Governance* (W. Sandholtz/A. Stone Sweet, edits.), Oxford University Press, 1998, ou Ben Rosamond, *Theories of European Integration*, MacMillan, 2000.

[58] Não é possível ignorar que a Declaração *Schuman*, de 9 de Maio de 1950, embora falasse na «*união das nações europeias*», também considerava que a constituição da primeira Comunidade Europeia realizaria «*as primeiras bases concretas de uma federação europeia indispensável à preservação da paz*».

modelo instituído e a sua concepção expressamente permitem qualificá-lo a montante do federalismo, como funcionalista prático ou, quando muito, como federalista incrementalista, pois falava da Comunidade como «modelo pré-federal» (em 1970).

25. Muitos autores opõem intergovernamentalismo e federalismo como categorias dicotómicas exclusivas e, se as coisas se devessem considerar assim, então, de facto, poderíamos considerar que estamos mais próximos do federalismo[59].

26. As teorias da integração floresceram logo nos anos 50 e 60. Assim, os primeiros autores, muito presos ainda aos modelos tradicionais, constituem uma primeira corrente, a do **realismo**, de índole institucionalista, em que o papel central cabe, na própria organização, ao Estado e, por outro lado, o modo normal de produção normativa opera através da unanimidade.

27. Já o **funcionalismo**, cuja origem se atribui a David MITRANY, acentua as necessidades comuns, sujeitas a um governo comum (não é rendição da soberania, mas o seu exercício conjunto), partindo da crença nas virtualidades da integração por sectores, submetida a uma estrutura institucional que facilitaria o seu governo conjunto (não afectava a ideia do Estado-Nação, nem a sua natureza básica e primordial). O funcionalismo é pois uma concepção flexível, que se adapta às necessidades, permitindo o alargamento ou contracção da acção das organizações, consoante as necessidades (permite ritmos diversos e integração diferenciada), e contribuindo desde modo ao valorizar a lógica de interdependência e expansão (TAYLOR) e pôr o ênfase na mudança de atitudes (reforça-se o *ethos* cooperativo[60]).

---

[59] Sobre o federalismo, parece-nos que nada se poderá dizer sem a análise dos *federalist papers* norte-americanos e sem um percurso pelas experiências federais que o Mundo vem conhecendo (A. Hamilton/J. Madison/J. Jay, *O Federalista*, trad. Portuguesa, Ed. Colibri, 2003). Entre nós, por todos, o sintético estudo de José Tavares, *Estudos Jurídico-Políticos*, UAL, 1996, pp. 13-92, e, mais recentemente, a incisiva síntese do prof. Pitta e Cunha, «Os impulsos federais na construção europeia», *RFDUL*, vol. XLI, n.° 1, Coimbra Editora, Coimbra, 2000, pp. 7-15.

[60] Para Holland, é este aspecto que mais permite distinguir os funcionalistas dos neofuncionalistas (Ernst Haas; Lindberg), embora não pareça correcta a crítica que faz a este pressuposto, por não provado e por ser contrário a Monnet (ver admissão do erro pelo próprio Monnet).

28. O **neofuncionalismo** (geralmente atribuído a HAAS) tem um objectivo normativo (federação europeia) e considera que a existência de instituições centrais com poder supranacional constitui o meio para realizar esse objectivo. Igualmente, esta corrente aceita que o processo de integração começa no sector económico, mas faz ressaltar o papel que, para o seu sucesso, têm os grupos de interesses. Abandona-se assim o segundo pressuposto do funcionalismo, insistindo «na força da sociedade internacional (ao definir as prioridades nacionais e meter em acção as organizações comunitárias), na influência das organizações supranacionais e no papel dos especialistas na elaboração das prioridades, na definição e execução das políticas»[61]. O apoio surge numa fase posterior – ideia de *spillover* (efeito de arrastamento que implica que a integração num sector implicará integração de outros sectores). O *spillover* também actua para compreender o funcionamento do processo decisório[62], implicando uma automaticidade do processo integrativo, do tipo bola-de-neve.

29. Em jeito de apreciação crítica, deve dizer-se que o neofuncionalismo, como modelo explicativo da integração europeia, foi muito criticado por, na crise comunitária dos anos 60 e 70 do século XX, ter sido posto em causa o pressuposto de automaticidade do *spillover*, sendo-lhe introduzida uma dimensão intergovernamental prévia. Além disso, alguns autores, como MAJONE (*apud* P. SANDE[63]) salientam a sua incapacidade para explicar a selectividade da integração comunitária. Se bem que, na construção europeia e nas sociedades, a oportunidade e as circunstâncias são em geral mais importantes do que a teoria, mas tal não parece provocar o total desmerecimento das teorias neofuncionalistas[64].

---

[61] Stone Sweet/Caporaso, *op. cit.*, p. 197.

[62] Também se fala em *spillover* funcional e em *spillover* político, categorias que não serão discutidas.

[63] *Op. cit.*, pp. 27-28.

[64] Sobre o neofuncionalismo modificado, Stone Sweet/Sandholtz, *apud* Stone Sweet/Caporaso, *op. cit.*, p. 196. Se reunidas certas condições, as trocas internacionais, a capacidade organizacional dos órgãos supranacionais e a produção de regras jurídicas desenvolvem-se a par segundo uma dinâmica relativamente autónoma de influência mútua. Estes últimos também falam da «economia neo-institucionalista americana», que utiliza os conceitos *principal-agente*.

A teoria *a priori* neutra *principal-agente* é uma teoria de explicação da autonomia organizacional que assenta numa ideia de delegação e controlo e num jogo do *gato e do rato* entre ambos os sujeitos. Os Estados e o Conselho desempenham papéis de principal, em relação à Comissão, em muitos domínios. A Comissão é agente para os Estados, mas principal para as agências administrativas que com ela interagem, exercendo funções de

30. Outras correntes procuraram dar outras explicações para a integração europeia, como fenómeno político. Relevância particular teve a **escola da interesse nacional** (HOFFMANN)[65], que procurava ver a construção europeia como uma forma de reforma do Estado-nação tradicional[66], explicando o surgimento e o desenvolvimento da integração pela prévia definição de um interesse nacional e sua posterior realização.

31. Outros, na esteira das concepções **federalistas**, vêem a construção europeia como um processo e uma estratégia de unificação política, transcendendo assim a tradicional visão do federalismo como estrutura de organização do Estado (BURGESS[67]). Não é este o local nem o tempo adequado a qualquer análise da concepção federal da construção europeia, dada a plurisignificatividade do termo e dos conteúdos a ele inerentes. Contudo, dir-se-á, que a sua valência, hoje e por enquanto, é ainda maior como processo e estratégia do que como modelo explicativo da realidade jurídica e política, pelo menos enquanto uma série de passos formais (quer pelos Estados membros, quer também pelos órgãos da União) não forem dados.

---

vário cariz, burocráticas, legislativas, administrativas e jurídicas (Stone Sweet/Caporaso, *op. cit.*, pp. 198-199).

Sobre o neofuncionalismo, Burley/Mattli, «Europe before the Court: a political theory of legal integration», *International Organization*, 1993, 47, pp. 41-76, *apud* Stone Sweet/Caporaso, *op. cit.*, p. 200.

[65] Patrão Romano, *op. cit.*, pp. 92 e ss.

[66] Também Luis Sá – *A crise das fronteiras*, pp. 43 e 189 – considerava não haver crise do Estado-nação, mas do Estado soberano. Interessantes são ainda, a este propósito, as palavras de Jacques Santer – *«O vigor do Estado-nação impede as Comunidades de evoluir em direcção a um conjunto federal»* («Preface», *in* Wim Blockmans, *Histoire du Pouvoir en Europe – peuples, marchés, Etats*, Fonds Mercator Paribas, 1997, Anvers, p. 8) – ou de Jorge Sampaio: «*A afirmação da independência portuguesa abriu caminho para o princípio da prioridade das nações na organização do espaço político, consubstanciado hoje, por exemplo, no quadro da União Europeia, no conceito de Europa das Nações, de que não podemos abdicar*» (*Portugueses*, vol. I, INCM, 1997, p. 225).

[67] *Federalism and European Union*, 1989, p. 11.

2. A PRÉ-HISTÓRIA DA INTEGRAÇÃO EUROPEIA (AS IDEIAS DE EUROPA)[68]

32. A Europa como espaço de União política não constitui uma ideia nova, mero fruto da coexistência dos interesses políticos, económicos e militares actuais. É longo o percurso valorativo e cultural que funda a comunhão de sentido que se pretende antever na moderna construção europeia. Esse caminho, que também se fez caminhando[69] (ANTÓNIO MACHADO) encontrou elementos agregadores (como os legados greco-romano[70] e cristão[71])

---

[68] Para além do nosso próprio contributo, seguimos F. Lucas Pires, *Europa*, pp. 68-103. Leia-se ainda Maurice Duverger, *A Europa dos cidadãos*, pp. 18-37, Edgar Morin, *Pensar a Europa*, pp. 18 e ss. Entre a muita literatura, destaquem-se ainda, por todos, Dreyfus, Marx *et al.*, *História Geral da Europa*, III, Europa-América, 1996; J. Veiga Torres, *Introdução à História Económica e Social da Europa*, Almedina, Coimbra, 1995; Isabel M. F. T. de Carvalho, *Noções Fundamentais de Direito Comunitário*, ELCLA, Porto, 1993, pp.21-36. Para uma visão alternativa, Derek Heater, *The idea of european unity*, Leicester Univ. Press, Leicester, 1992. Do ponto de vista histórico e mesmo jurídico, é ampla a bibliografia que sobre o tema se debruça (uma listagem acessível consta de J. Mota de Campos, *Direito Comunitário*, vol. I, 8.ª ed., p. 44; João Mota de Campos/J. L. Mota de Campos, *Manual de Direito Europeu*, 6.ª edição, Coimbra Editora, Coimbra, 2010, pp. 19-52).

[69] Vide Miguel Poiares Maduro, «O *superavit* democrático europeu», *Análise Social*, vol. XXXVI (158-159), 2001, p. 119.

[70] Sobre o legado (mais do que simbólico) destas civilizações no domínio jurídico, para além do que se dirá de seguida, recorde-se a impressiva monografia de Sebastião Cruz, *Ius. Derectum (directum)*, 7.ª ed., Coimbra, 1986.

[71] «*Não há dúvida que, na complexa história europeia, o cristianismo representa um elemento central e qualificador, consolidado sobre a firme base da herança clássica e das contribuições provindas dos diversos fluxos étnico-culturais produzidos ao longo dos séculos. A fé cristã plasmou a cultura do Continente e entrelaçou-se inextricavelmente com a sua história, de tal forma que esta não seria compreensível se não se referisse aos acontecimentos que caracterizaram primeiro o grande período da evangelização e, depois, os longos séculos em que o cristianismo (...) se confirmou como religião dos mesmos europeus. Mesmo no período moderno e contemporâneo, quando a unidade religiosa se foi fragmentando tanto pelas novas divisões havidas entre os cristãos, como pelos processos*

e elementos de sentido oposto, de formação lenta e de natureza mais estrutural ou conjuntural, como os que resultam da constatação de que a Europa é, na sua origem e consequência, um caldo de culturas, línguas, tradições e sentimentos nacionais[72].

33. Um percurso, ainda que fragmentário e superficial, comprova estas nossas afirmações. Já ao século VI a.c. se pode atribuir o surgimento da cidade (*civitas*), enquanto «associação religiosa e política de tribos e famílias», em que civitas (civismo) exprimia a ligação social do homem à cidade[73]. É ainda na antiga Grécia que encontramos o primeiro prelúdio do racionalismo, da democracia e da cidade-estado, concebidas, como diria certo autor, como «pequenas Romas».

34. Já Roma e a sua civilização oferecem uma série de elementos que transitaram para o património comum de parte significativa da Europa (sobretudo a ocidental). Entre estes destacam-se a língua (o latim), a paz romana (*pax* romana)[74] e o elemento cristão, que veio a assumir-se como principal elemento agregador e constituinte da tradição europeia do continente. A expansão do cristianismo – a partir do édito de CONSTANTINO, em

---

de separação da cultura do horizonte da fé, o papel desta última continuou a ser de grande relevo» (S.S. João Paulo II, *Carta Apostólica em forma de«motu proprio» para a proclamação de S. Brígida da Suécia, S. Catarina de Sena e S. Benedita da Cruz, co-padroeiras da Europa*, Roma, 1999). Sobre o assunto, v. Michael H. Weninger (dir.), *Uma Europa Sem Deus? – A União Europeia e o diálogo com Relgiiões, Igrejas e Comunidades Conferssionais*, Edições 70, 2007.

[72] «*Assim, afirmar que a Europa é uma velha entidade de vinte e oito séculos, como escreveu Denis de Rougemont (...), decorre mais do imaginário literário do que de um postulado crítico. Recobrindo um conjunto de realidades tão múltiplas quanto díspares, matizado pela fragmentação das suas paisagens e tradições, o* pequeno cabo do continente asiático *(P. Valéry) não poderá verdadeiramente ser percepcionado sob a capa da unidade, senão através de um olhar exterior*» – Jean Weydert/Sophie Béroud, *O futuro da Europa*, Ambar, 2002, p. 11.

[73] Os magistrados seriam meros mandatários daqueles.

[74] «*Os critérios da paz imperial e militar, da tranquilidade na ordem, através da violência das legiões romanas, não são de origem cristã*». Só mais tarde, a partir de Teodósio (416) se assiste a uma mudança radical de atitude, quando só os cristãos podem ser incorporados no exército romano, o que a patrística depois justificou. A transformação da *pax romana* em *pax christiana* só se dará no «*contexto histórico do "Sacrum Imperium Romanum"*», continuando a definir-se como «*pax omnium rerum tranquilitas ordinis*» (Santo Agostinho) mas tendo um significado diverso: «*[o] sonho de uma paz universal, abrangendo todo o género humano, garantida por uma autoridade justa*» – M. Carreira das Neves, *Francisco de Assis – profeta da Paz*, Lisboa, 1987, pp. 13-15.

313 – e a afirmação temporal da Igreja teve ainda reflexos pacificantes no espaço físico e político da Europa (recorde-se ter ido o Papa LEÃO MAGNO desarmado ao encontro de ÁTILA, em 452). Mas a influência de Roma baseia-se ainda na importância assumida pelo direito romano, ao longo dos séculos. Factor que a queda do Império romano do Ocidente, em 476 (por ODOACRO), não interrompeu, como se demonstra pela acentuação do seu cultivo (a oriente), sobretudo com e partindo da codificação de JUSTINIANO (565).

35. A influência da **civilização romano-cristã** (a unidade de língua, religiosa e de sistema jurídico) permitiu que, durante praticamente um milénio, o continente europeu beneficiasse de condições únicas de união, momentaneamente exponenciadas, por exemplo, por CARLOS MAGNO (800-843)[75], frequentemente designado (ainda que impropriamente) como *pater europae*. A influência religiosa estendeu-se aos vários domínios sócio-culturais, através da acção das ordens religiosas (cister, beneditinos[76], etc.) – que nos mosteiros (e fora deles) se ocupavam da reprodução do saber[77] – ou da formação da própria Universidade, já no século XIII. No domínio militar, por seu turno, a influência cristã e a defesa da fé, na visão da época, expandia-se ainda a golpes de espada (a que devemos em parte a nossa própria conquista territorial), através do movimento das cruzadas. Foi neste mesmo período de unidade religiosa e de recepção do direito romano que se assistiu a uma época (séculos XI-XIII) de crescimento agrícola e demográfico, que fez surgir novos e importantes centros de comércio (na Flandres, Milão, Veneza, Colónia ou em Génova) e, paralelamente (*et pour cause*), conduziu à crise (da influência) da Igreja, que acabará provocando, na nossa opinião, o **surgimento dos Estados** nacionais, no sentido moderno do termo[78]. As razões, multiformes, incluem

---

[75] Por exemplo, também pelo Sacro império Romano-Germânico (séc. X – 962). A referência a Carlos Magno é feita directamente por De Gaulle, como recordava Jean Monnet nas suas *Memórias* (p. 291).

[76] São Bento é um dos padroeiros da Europa. Sobre o assunto, *vide* o nosso «Os Santos Padroeiros da Europa e a Nova Evangelização», *Estudos – Revista do Centro Académico de Democracia Cristã*, Nova Série, n.° 5, Coimbra, 2005, pp. 215-231.

[77] Recorde-se a descrição de Umberto Eco, em «O nome da Rosa».

[78] Como alguém disse, o Estado não se identifica com a Comunidade Política, *«o Estado nasce concretamente com a modernidade, é a encarnação característica da modernidade da Comunidade política»*, J. Ortiz Díaz, «El horizonte de las administraciones públicas en el cambio de siglo. Algumas consideraciones de cara al año 2000», *El derecho*

porventura um estrangulamento social e também a uma reacção instintiva da Igreja, que exacerbou a defesa da fé através da instituição da Inquisição (já no séc. XIII), convulsões que se reflectiram na sua unidade interna, através do Cisma de Avinhão (1309) e da Reforma (LUTERO e CALVINO).

36. Esta visão simplista da história conduz-nos a falar agora da emergência das **soberanias nacionais**, que, partindo da defesa dos direitos individuais em relação às entidades reais (a *magna charta*, de 1215), se forma lentamente, muitas vezes por via militar. Fala-se então no direito do príncipe a escolher a religião do seu povo (HENRIQUE VIII de Inglaterra) e na famosa frase segundo a qual «a força de um príncipe é a fraqueza dos outros». A soberania é construída como poder absoluto e excludente (Jean BODIN[79]) do próprio príncipe. A figura do rei despersonaliza-se e institucionaliza-se («o rei é imperador no seu reino»), confundindo-se (sobretudo mais tarde) com a própria pátria[80]. Em consequência, aparece o sentimento nacional: da guerra dos cem anos resultou o surgimento de símbolos da própria nacionalidade, como JOANA D'ARC (reabilitada em 1456 e elevada aos altares) ou HENRIQUE V (imortalizado por SHAKESPEARE)[81]. Mas entre nós esta consciência e estes símbolos são ainda anteriores, não sendo exagero descobri-los no momento histórico da crise de 1383/85, de onde emergem o sentimento nacional (a aversão ao domínio de um rei castelhano, por oposição ao "Rei natural"), os símbolos militares e religiosos (SÃO NUNO DE SANTA MARIA, DOM NUNO ÁLVARES PEREIRA) e populares (o mito da Padeira de Aljubarrota). Já não é o Rei que determina o sentido da pátria, mas a pátria que determina o Rei, ou seja, substitui-se a monarquia pessoal pela monarquia nacional.

---

administrativo en el umbral del siglo XXI – Homenaje al profesor Dr. D. Ramón Martín Mateo, Tomo I, Valencia, 2000, p. 64.

[79] Leia-se Cabral de Moncada, *Filosofia do Direito e do Estado*, vol. 1.°, 2.ª ed., Coimbra Editora, 1955, p. 119.

[80] Assim Alexandra Wilhelmsen, «O antigo regime», *Armas e Troféus*, 1996, VII série, tomo I, pp. 63-64. Esta mesma ideia era ainda sustentada por Duarte Gorjão (Henriques) da Cunha Coimbra Botado no conturbado período de implantação do liberalismo: «*Entretanto não he necessario repetir aqui o que já está dito, e provado (...) que a soberania está nos Reis, e não no povo*» (*O século 19 explicado à vista da Biblia*, Lisboa, Tip. Maygrense, 1824, p. 6).

[81] Entre nós, em 1383/85, seria um rei castelhano Rei de Portugal. Entre França e Inglaterra, durante e após a Guerra dos Cem anos (com o tratado de Troyes, e o casamento daí resultante), o Rei de Inglaterra seria Rei de França.

37. A **expansão** comercial, política e militar foi exponenciada, primeiro nos países de maior influência cristã[82] (Castela – depois Espanha – , Génova, Portugal), na época dos descobrimentos (sécs. XV-XVI), quando JOÃO (LOPO) INFANTE, na expedição de BARTOLOMEU DIAS, transpõe o Cabo das Tormentas (transformado em Cabo da Boa Esperança), expandindo a contratualizada soberania portuguesa e a fé cristã, que entretanto é objecto da contra-reforma, no Concílio de Trento. Na Europa, regressa-se ao legado greco-romano com o renascimento, assistindo-se aos movimentos do racionalismo (DESCARTES, ERASMO), do humanismo, bem como às verdadeiras e autênticas revoluções que resultam dos ensinamentos de COPÉRNICO e GALILEU. Procura-se de novo uma hegemonia reinante, que CARLOS V (1518) quase consegue, mas que deixa intocada a nossa autonomia política e independência (ainda que casado com uma Infanta de Portugal, filha de DOM MANUEL, o seu Império não nos abarcava)[83-84]. E o Estado tornou-se progressivamente *todo poderoso*, até culminar nas concepções iluministas que no final do séc. XVIII (JOSÉ MATTOSO) originaram violentas convulsões.

38. A **emergência do capitalismo comercial** e industrial decorre da superação (ou, para outros, em jeito de catarse) do modelo iluminista de governo, exigindo-se o reconhecimento da dignidade da actividade comercial, a sua abertura a novos sujeitos, ou melhor, a todos, e a reconversão social. Dá-se então uma profunda mutação de método para a consecução dos objectivos de progresso material, com a vitória política dos ideais da **Revolução Francesa**. A reboque desta, NAPOLEÃO ensaia a unidade europeia, através de uma obra significativa (vide o código civil de 1804) que acaba fracassando pela sua imposição militar. Paralelamente, do final do séc. XVIII em diante, dá-se a independência das primeiras colónias americanas de Inglaterra e Portugal (E.U.A. – em 1776 – e Brasil – 1824).

---

[82] Sobre a expansão europeia, leia-se Pierre Chaunu, *L'expansion européenne (du XIIIe au Xv[e] siècle*, PUF, Paris,1969.

[83] Pelo contrário, era o Rei Dom Manuel que procurava estender a influência e poder da Coroa portuguesa, através da sua política de casamentos, que visava ainda fazer com que o seu filho se tornasse rei de Portugal e Espanha (e chegou a ser jurado como tal, em Espanha, o Infante D. Miguel da Paz).

[84] Eventualmente, quando se trate de domínios de intersecção de competências, os actos serão adoptados em conjunto pela organização e pelos seus Estados membros. Os exemplos na integração comunitária são bastantes.

39. Já o **século XIX** ficou marcado por uma experiência de integração que alguns consideram poder ser tomada como inspiração para a actual União, a união aduaneira (*Zollverein*) alemã que vigorou de 1834 a 1871[85]. É o triunfo do modelo económico do «capitalismo liberal» oitocentista que fornece o fermento e a adequada justificação para a emergência da doutrina marxista, enquanto crítica do sistema económico e fundamento de modos alternativos de conceber a estruturação e convivência sociais[86].

40. No **século XX**, contudo, reemergem novos modelos de **totalitarismo**, dito moderno, rompendo com os pressupostos da civilização anterior, em duas correntes principais, o comunismo e o nazismo, que, pelas suas concepções e aplicações, acabam por contribuir de forma decisiva para a construção europeia, como a doutrina reconhece, ao falar na «força aglutinadora do perigo vermelho» (o comunismo, nas suas várias versões, cujo expoente máximo foi ESTALINE) e no «perigo alemão» (Edgar MORIN, Robert SCHUMAN e Diogo FREITAS DE AMARAL[87]). Na origem desta última ameaça está a Guerra de 1914-18 (a 1.ª Guerra Mundial), que teve como pretexto causador o assassinato do herdeiro do império austro-húngaro por um sérvio da Bósnia e se volveu num «suicídio infantil» da Europa. A humilhação sentida pelo povo alemão face ao sentido e conteúdo do tratado de Versalhes, aliada à fraqueza do regime democrático estabelecido com a Constituição de Weimar (1919), talvez explique a emergência do nacional-socialismo, com o seu cortejo de horrores (na origem do «perigo alemão»), aliás reproduzido junto aos Urais, no extremo do simbólico continente europeu.

41. Ao invés, nos países da chamada Europa ocidental, já desde o séc. XIX, mas sobretudo no séc. XX, acentua-se – ainda que de modo gradual e não uniforme – outra concepção civilizacional, assente politicamente na legitimação (e controlo) democrática do poder, no exercício da soberania pelo povo através do sufrágio universal – que substitui como

---

[85] Lindeiner-Wildau (K. von), *La supranationalité en tant que principe de droit*, *cit.*, pp. 74-79, ou Tito Ballarino, *Lineamenti di diritto comunitario e dell'Unione Europea*, 5.ª ed., CEDAM, Padova, 1997, p. 5.

[86] No mesmo sentido irá a Igreja, marcada pela encíclica *Rerum Novarum*, de 1890 (S.S. Leão XIII), a constituir a base de uma completa doutrina social.

[87] *Um voto a favor de Maastricht*, Editorial Inquérito, Mem Martins, 1992, pp. 15 e 22.

forma de legitimação o sangue real (legitimidade histórica) ou a sagração religiosa (legitimidade transcendente) – e no respeito pelos direitos fundamentais. Mas, embora o *substractum* das sociedades políticas europeias fosse comum, comunidade que a «globalização» comunicacional – hoje também económica – facilitava, apenas ocasionalmente surgiram manifestações de vontade de unificação europeia, expressas no paneuropéismo, no memorando de BRIAND (1930) ou em projectos como o de ROUGEMONT, de uma Europa das Regiões[88].

[88] É possível encontrar outras propostas filosóficas e utópicas, no passado: citem-se apenas as de Dubois (séc. XIV), Sully e Penn (séc. XVII) – uma outra enumeração pode encontrar-se em Ali El-Agraa, «European Union», *Economic Integration Worldwide*, MacMillan, London, 1997, pp. 99-101.

3. DA SEGUNDA GUERRA MUNDIAL À DECLARAÇÃO SCHUMAN

42. São conhecidas as circunstâncias históricas que ditaram aos líderes europeus ocidentais o «engenho e a arte» da construção europeia[89]. Após a catástrofe global resultante das guerras mundiais[90] do século XX, colocados perante a sua perda de importância relativa (o fim consumado do «Euromundo» de que fala o prof. ADRIANO MOREIRA) e face à emergência de novos pólos de direcção política e ideológica das sociedades políticas, os Estados ocidentais – só esses o puderam – rapidamente se organi-

---

[89] É muita a doutrina que, por devoção ou dever de ofício, percorre a evolução histórica e política da Europa, entre o pós-guerra de 1939/45 e a actualidade – assim, por todos, P. Pitta e Cunha (*Integração Europeia – estudos de economia, política e direito comunitários*, INCM, 1993, pp. 9-58), Jean-Claude Masclet (*A União Política da Europa*, Bertrand, 1975), Charles Vallée (*O direito das Comunidades Europeias*, Editorial Notícias, Lisboa, s.d.), António José Fernandes (*A Comunidade Europeia – estrutura, e funcionamento – objectivos e actividades*, Editorial Presença, Lisboa, 1992), J. Mota de Campos (*Manual de Direito Comunitário*, 4.ª ed. FCG, Lisboa, pp. 33-59) ou Michael Maclay, *A união europeia*, Temas e Debates, Lisboa, 2000. Sobre o imediato pós-guerra, Walter Lipgens, *A History of European Integration 1945-1947 – the formation of the European Unity Movement*, vol. 1, Clarendon Press, Oxford, 1982. Para uma súmula de todo o processo de integração europeia, A. Goucha Soares, «Uma união cada vez mais estreita», *Análise Social*, vol. XXXIV (151-152), 2000, pp. 397-423; ou Jean Weydert/Sophie Béroud, *op. cit.* Sobre a posição de Portugal face à Europa, antes da adesão, leiam-se as monografias de J. P. Simões Dias (*A cooperação europeia de Portugal 1945-1986*, SPB, Lisboa, 1999) e António Martins da Silva (*Portugal entre a Europa e Além-mar*, Faculdade de Letras, Coimbra, 2000), bem como a apreciação de J. M. Cardoso da Costa, «A evolução constitucional no quadro da Constituição da República de 1976», *BFD*, vol. LXX, Coimbra, 1994, pp. 397-405.

[90] «*Ambas as guerras, a de 1914-1918 e a de 1939-1945, foram qualificadas de mundiais, com o esquecimento comum de acrescentar que foram mundiais pelos efeitos, mas exclusivamente ocidentais pelas causas*» (Adriano Moreira, «A lei da complexidade crescente na vida internacional», p. 15, e, melhor ainda, sobre o Euromundo e o seu fim, *Ciência Política*, 6.ª reimpressão, Almedina, Coimbra, 2001, pp. 405-416).

zaram para fazer face aos desafios da reconstrução – económica, social, política, militar, etc. – e para defenderem a «sociedade aberta» do ataque dos seus inimigos[91].

43. Os inimigos imediatos foram, numa primeira fase subsequente ao termo da guerra de 1939-45, o poder militar alemão e, como os europeus rapidamente se aperceberam, o soviético[92], o que motivou a celebração de vários tratados de cooperação militar – como os de Dunquerque (1947), Bruxelas (1948)[93] e Washington (1949)[94] –, política – Londres (1949)[95] – e económica – Paris (1948)[96].

---

[91] Para utilizar o sugestivo título da obra de Karl R. Popper, *A sociedade aberta e os seus inimigos*, 2 vols., ed. Fragmentos, 1993, em especial, vol. I, pp. 184-185, 211. A «sociedade aberta» é apresentada como aquela em que os homens têm o exercício da razão, exercendo a autoridade com fundamento na inteligência. Já os «inimigos» são os que defendem a sociedade fechada, ou, numa perspectiva de luta política, os não democráticos, enquanto «*só a democracia proporciona (...) o exercício da razão no âmbito da actividade política*».

[92] A União das Repúblicas Socialistas Soviéticas (U.R.S.S.), Estado federal entretanto desagregado e que incluía, entre outros, a Federação Russa, a Ucrânia, a Bielorússia, os Estados bálticos (Estónia, Letónia e Lituânia), os Estados euroasiáticos (por ex., Uzbequistão, Azerbaijão, Cazaquistão), e que estendia a sua influência a partir do final da II.ª Guerra mundial, até metade do actual território da Alemanha (ex-RDA), determinando ainda tutelarmente, de modo mais ou menos vincado, o destino dos países da Europa Central e Oriental: Polónia, Hungria, Roménia, Bulgária, Checoslováquia (actuais Rep. Checa e Eslováquia) e o antigo Estado Jugoslavo (Croácia, Sérvia, Eslovénia, Montenegro, Bósnia-Herzegovina).

[93] Que criou a U.E.O. (União da Europa Ocidental), posteriormente reformado em 1954, para integrar a Alemanha (RFA) no esforço defensivo europeu – este tratado pode encontrar-se em Tizzano/Cruz Vilaça/Gorjão-Henriques, *Código da União Europeia*, 3.ª ed., Almedina, Coimbra.

[94] Institutivo da OTAN (Organização do Tratado do Atlântico Norte: em inglês NATO) – Tizzano/Cruz Vilaça/Gorjão-Henriques, *Código da União Europeia*, *cit.*

[95] Convenção de Londres, de 5 de Maio de 1949 (Tizzano/Cruz Vilaça/Gorjão-Henriques, *Código da União Europeia*, *cit.*), que instituiu o Conselho da Europa, que, nascido na sequência do congresso da Haia de 1948, se propôs o objectivo de defesa dos valores fundamentais das sociedades políticas ocidentais, da democracia pluralista, do primado do Direito e dos direitos fundamentais da Pessoa humana. A criação de um Conselho da Europa havia sido reclamada, logo em 1946, por W. Churchill, no seu discurso de Zurique. Longe da ambição que muitos queriam que assumisse, o Conselho da Europa sofre, desde a queda do bloco soviético, uma tensão fundamental entre a continuação de uma vocação estrita de defesa dos seus valores iniciais e o sonho «geopolítico de ser o grande confederador da Europa». O alargamento desta organização leva a que se considere dever ser hoje a UE a assumir a defesa estrita destes valores (daí os problemas com os alargamentos e as reformas institucionais consideradas necessárias).

44. Contudo, para lá da mera «coordenação de soberanias», o impulso da necessidade e a influência de uma atmosfera de refundação das estruturas políticas europeias – de que foram fogachos o Congresso federalista da Haia (1948) ou os discursos de CHURCHILL em Zurique e no Missouri – levaram Robert SCHUMAN (ministro dos negócios estrangeiros francês) a emitir, em 9 de Maio de 1950, a **declaração Schuman**, convidando directamente a RFA (através de Konrad ADENAUER) a constituir com a França uma organização a quem fossem conferidos importantes poderes no domínio do carvão e do aço, duas das mais importantes matérias-primas usadas no esforço de guerra[97].

No entanto, foi no quadro do Conselho da Europa que foi concluído o instrumento mais importante («*modèle plus ancien et plus accompli*», Cohen-Jonathan, *Aspects européens des droits fondamentaux*, Montchrestien, Paris, 1996, p. 2) de protecção dos direitos individuais no espaço europeu: a Convenção Europeia para a Salvaguarda dos Direitos do Homem e das Liberdades Fundamentais, vulgo Convenção Europeia dos Direitos do Homem (CEDH), assinada em Roma em 4.11.1950, ratificada por todos os Estados membros da União Europeia.

[96] Convenção de Paris, de 16 de Abril, institutiva da Organização Europeia de Cooperação Económica, substituída em 1960 pela OCDE. Foi também em 1947 a assinatura do acordo do GATT, a que Portugal veio a aderir em 1962 – ver, por todos, J. Silva Lopes, «Acordo Geral sobre Pautas Aduaneiras e o Comércio/GATT», *Dicionário de história do Estado Novo*, vols. I e II, Bertrand, Venda Nova, 1996, pp. 15-17 (e ainda pp. 703 e 706-708).

[97] É bastante curioso comparar a iniciativa de Monnet/Schuman com as propostas de restabelecimento e garantia da paz internacional que Karl Popper propunha, em 1945: «*Os trunfos do país agressor, incluindo (...) as suas principais (embora não todas) fontes de energia hidráulica, carvão e aço, seriam retirados ao Estado e administrados como território internacional (...). Os portos e as matérias-primas poderiam ser disponibilizadas aos cidadãos desse Estado para actividades económicas legítimas suas, sem imposição de quaisquer desvantagens económicas (...). Um processo semelhante não eliminaria a possibilidade de nova agressão, mas forçaria o Estado agressor a realizar a sua ofensiva aos territórios internacionalizados anteriormente à construção de um novo potencial bélico (...). O perigo de a internacionalização desses recursos ser incorrectamente usada para a exploração ou humilhação da população do país derrotado pode ser neutralizado por via de medidas legais internacionais que facilitem o acesso a tribunais de apelação, etc.*» (*A sociedade aberta e os seus inimigos*, vol. I, pp. 290-291).

DECLARAÇÃO SCHUMAN, DE 9 DE MAIO DE 1950

A paz mundial não poderá ser salvaguardada sem esforços criativos à altura dos perigos que a ameaçam.

O contributo que uma Europa viva e organizada pode dar à civilização é indispensável para a manutenção de relações pacíficas. Ao assumir-se há mais de 20 anos como defensora de uma Europa unida, a França teve sempre por objectivo essencial servir a paz. A Europa não foi construída, tivemos que enfrentar a guerra.

A Europa não se fará de uma só vez, nem numa construção de conjunto: far-se-á por meio de realizações concretas que criem primeiro uma solidariedade de facto. A união das nações europeias exige que seja eliminada a secular oposição entre a França e a Alemanha: a acção deve envolver principalmente estes dois países.

Com esse objectivo, o Governo francês propõe actuar imediatamente num plano limitado mas decisivo:

«O Governo francês propõe subordinar o conjunto da produção franco-alemã de carvão e de aço a uma Alta Autoridade comum, numa organização aberta à participação dos outros países da Europa.»

Colocar em comum as produções de carvão e de aço garantirá imediatamente o estabelecimento de bases comuns de desenvolvimento económico, primeira etapa da federação europeia, e mudará o destino de regiões durante muito tempo condenadas ao fabrico de armas de guerra, das quais foram as primeiras vítimas.

A solidariedade de produção assim alcançada revelará que qualquer guerra entre a França e a Alemanha se torna não só impensável como também materialmente impossível. A criação desta poderosa unidade de produção aberta a todos os países que nela queiram participar permitirá fornecer a todos os países que a compõem os elementos fundamentais da produção industrial em condições idênticas, e lançará os fundamentos reais da sua unificação económica.

Esta produção será oferecida a todos os países do mundo sem distinção nem exclusão, a fim de participar na melhoria do nível de vida e no desenvolvimento das obras de paz. Com meios acrescidos, a Europa poderá prosseguir a realização de uma das suas funções essenciais: o desenvolvimento do continente africano.

Assim se realizará, simples e rapidamente, a fusão de interesses indispensável à criação de uma comunidade económica e introduzirá o fermento de uma comunidade mais vasta e mais profunda entre países durante muito tempo opostos por divisões sangrentas.

Esta proposta, por intermédio da colocação em comum de produções de base e da instituição de uma nova Alta Autoridade cujas decisões vincularão a Alemanha, a França e os países aderentes, lançará as primeiras bases concretas de uma federação europeia indispensável à preservação da paz.

A fim de prosseguir a concretização dos objectivos assim definidos, o Governo francês está disposto a iniciar negociações nas seguintes bases.

A missão atribuída à Alta Autoridade comum consistirá em assegurar, a breve trecho: a modernização da produção e a melhoria da sua qualidade; o fornecimento, em condições idênticas, de carvão e de aço aos mercados alemão, francês e dos países aderentes; o desenvolvimento da exportação comum para outros países; a harmonização no progresso das condições de vida da mão-de-obra dessas indústrias.

Para atingir estes objectivos a partir das condições muito díspares em que actualmente se encontram as produções dos países aderentes, deverão ser tomadas, a título provisório, determinadas disposições, incluindo a aplicação de um plano de produção e de investimentos, a instituição de mecanismos de perequação dos preços e a criação de um fundo de reconversão destinado a facilitar a racionalização da produção. A circulação do carvão e do aço entre os países aderentes será imediatamente isenta de qualquer direito aduaneiro, não podendo ser afectada por tarifas de transporte distintas. Progressivamente, criar-se-ão condições para assegurar espontaneamente a repartição mais racional da produção ao mais elevado nível de produtividade.

Ao contrário de um cartel internacional que tende a repartir e explorar os mercados nacionais com base em práticas restritivas e na manutenção de elevados lucros, a organização projectada assegurará a fusão dos mercados e a expansão da produção.

Os princípios e compromissos essenciais acima definidos serão objecto de um tratado assinado entre os Estados. As negociações indispensáveis para precisar as medidas de aplicação serão realizadas com a assistência de um mediador designado de comum acordo; este terá a missão de velar por que os acordos respeitem os princípios e, em caso de oposição irredutível, fixará a solução a adoptar. A Alta Autoridade comum, responsável pelo funcionamento de todo o regime, será composta por personalidades independentes designadas numa base paritária pelos governos; o presidente será escolhido de comum acordo entre os governos; as suas decisões serão de execução obrigatória na Alemanha e em França e nos restantes países aderentes. As necessárias vias de recurso contra as decisões da Alta Autoridade serão asseguradas por disposições adequadas. Um representante das Nações Unidas junto da referida Alta Autoridade elaborará semestralmente um relatório público destinado à ONU, dando conta do funcionamento do novo organismo, nomeadamente no que diz respeito à salvaguarda dos seus fins pacíficos.

A instituição da Alta Autoridade em nada prejudica o regime de propriedade das empresas. No exercício da sua missão, a Alta Autoridade comum terá

45. A declaração de SCHUMAN foi de extrema importância, pois não só marcou o modelo da construção europeia como, a partir dela, se podem descobrir alguns dos sentidos que depois a experiência comunitária vem permitindo afirmar, no plano económico e político. O modelo apresentado para a criação da primeira comunidade europeia e expresso na declaração Schuman partiu da ideia de Jean MONNET[98], que era responsável em França pelo plano de modernização económica e que considerava que havia que criar solidariedades de facto, partindo do plano económico[99].

---

[98] Não se pode esquecer que Jean Monnet havia sido, também, secretário-geral adjunto da SDN (Silguy, *Le syndrome de Diplodocus*, Albin Michel, Paris, 1996, p. 61), factor que pode explicar uma certa preferência por um modelo *integrativo*, não puramente intergovernamental.

[99] Jean Monnet, mais tarde, dirá que, se começasse de novo, mudaria a metodologia da integração e, em vez de baseá-la sobre os interesses económicos, insistiria especialmente no factor cultural, na criação de um sentimento comum europeu – J. A. Madariaga, «Los derechos fundamentales y el derecho comunitario», *Cuadernos Europeos de Deusto*, n.° 18, 1998, pp. 115-142.

4. AS TRÊS COMUNIDADE EUROPEIAS – CONSIDERAÇÕES INICIAIS

46. A Comunidade Europeia do Carvão e do Aço (CECA), constituída em menos de um ano[100], apresentava vários elementos, na intenção, na estrutura e no conteúdo, de índole supranacional. Primeiro, pelos seus **objectivos**. A CECA constituiu um instrumento fundamental com vista a superar a afirmação estrita de interesses nacionais, permitindo criar mecanismos de «solidariedade entre os povos» com um objectivo e fundamento político-psicológico imediato – o de superar o antagonismo franco-alemão, tornando a guerra impossível – e um objectivo mediato: o de criar uma identidade europeia[101].

47. A **estrutura institucional** escolhida era disso exemplo. O órgão primacial era uma Alta Autoridade composta de personalidades independentes e que exercia funções com «carácter supranacional» (como antecipado na declaração Schuman) e que, para mais, não tinha elementos nacionais de todos os Estados membros. O órgão de composição estadual, por seu turno, era sobretudo um órgão consultivo, com um «estatuto limitado», que decisoriamente intervinha apenas em casos especiais, ainda que im-

---

[100] Tratado de Paris, assinado em 18 de Abril de 1951. O tratado CECA entrou em vigor em 23 de Julho de 1952, tendo o mercado comum do carvão funcionado a partir de 10 de Fevereiro de 1953. Este tratado cessou a sua vigência no termo do período de 50 anos por ele determinado, em 23 de Julho de 2002 – para regular as consequências financeiras da sua caducidade, na impossibilidade da entrada tempestiva em vigor do Tratado de Nice (que contém, como aliás também o Tratado de Lisboa. um *Protocolo relativo às consequências financeiras do termo de vigência do Tratado CECA e ao Fundo de Investigação do Carvão e do Aço*), os representantes dos governos dos Estados membros, reunidos no seio do Conselho, adoptaram, em 27 de Fevereiro de 2000, uma decisão sobre o assunto (aprovada pelo governo português através do Decreto n.° 31/2002, de 28 de Setembro).

[101] V. AA.VV., *Identidade Europeia – Identidades na Europa* (org. Isabel Capeloa Gil), Universidade Católica Editora, 2009.

portantes. Por seu turno, no plano jurisdicional, o tribunal comunitário era concebido – logo no plano do seu estatuto formal – como órgão com competência exclusiva para o controlo de legalidade dos actos comunitários.

48. Índice da supranacionalidade da CECA era ainda a previsão de existência de um **recurso próprio** que permitia o financiamento da Comunidade (uma «imposição» paga pelas empresas do sector, proporcionalmente ao seu volume de negócios), o que a tornará bem diferente da CEE inicial, que, até 1970, se financiava exclusivamente com contribuições financeiras dos Estados.

49. Também da análise do **processo decisório e de controlo** se podiam extrair elementos de índole supranacional, pois, como ensina o Prof. Fausto de Quadros, no processo normativo, «a relação entre supranacionalidade e estadualidade afere-se, por antonomásia, pela titularidade do poder de criar o direito de integração»[102], embora relevante seja também o procedimento deliberativo utilizado, que privilegiava o voto maioritário, e a força das deliberações. Inclusivamente, a própria organização possuía algum poder constituinte derivado, na chamada «pequena revisão» (artigo 95.° § 3 CECA).

50. A inequívoca aceitação da dimensão supranacional da CECA criou alguma euforia europeísta, resultando em tentativas de constituição de outras organizações internacionais em domínios materiais diversos e de importância também dissemelhante. Os exemplos são essencialmente dois[103]. Primeiro, a tentativa de criação da **Comunidade Europeia de Defesa** (CED), em 1952, visando o estabelecimento de um exército europeu integrado sob comando comum (da OTAN) e partindo de um modelo institucional inspirado na CECA.

51. E, em segundo lugar, a proposta de criar uma **Comunidade (Política) Europeia**, com base no projecto de estatutos feito pela Assembleia *ad hoc* da CED, extremamente ambiciosa na estrutura e nos objectivos e que devia absorver a CED e a CECA. É curioso realçar alguns aspectos desta proposta Comunidade Europeia. A sua estrutura institucional era

---

[102] Fausto de Quadros, *Direito das comunidades europeias*, *cit.*, p. 260.

[103] V. Jacques Vandamme, «Fédéralisme européen: opportunité ou utopie?», in *L'Union Européenne au delà d'Amsterdam – nouveaux concepts d'intégration européenne*, Martin Westlake (dir.), PIE, Bruxelles, 1998, p. 226.

marcada pelo bicameralismo (uma Câmara do Povo e um Senado não paritário, cujos membros seriam representantes dos parlamentos nacionais), pela previsão de um órgão supranacional de governo, denominado Conselho Executivo Europeu, cujo Presidente, designado pelo Senado, escolhe os restantes membros, no número máximo de doze. E, por outro lado, estabeleciam-se mecanismos de responsabilização política mútua (Câmara do Povo-Conselho/Senado-Conselho). Ao lado, funcionaria um Conselho de Ministros, que participaria nas decisões do Conselho Executivo e exerceria funções de mediação entre este e os governos nacionais. Finalmente, um Supremo Tribunal de Justiça. Para mais, esta Comunidade disporia, desde o início, de recursos próprios e de legitimidade democrática directa, pressupostos necessários para que pudesse realizar as amplas atribuições que lhe seriam conferidas, abrangendo domínios como o do mercado comum, a segurança, a coordenação da política externa ou a protecção de direitos fundamentais, isto para lá da já entrevista absorção em dois anos da CECA e da CED. A rejeição pela Assembleia Nacional francesa, em Agosto de 1954, deitou por terra tais projectos[104]. As causas de tal rejeição são por certo variadas, mas poderão ter influído o fim do bloqueio a Berlim e das guerras da Coreia e da Indochina, a morte de ESTALINE (1953) e consequente ascensão de Nikita KRUSCHOV. Internamente, a influência crescente do R.P.F. de C. DE GAULLE (desde as eleições de 1951) não deve ter tido uma importância menor.

52. Se a aceleração da integração europeia não seguiu a via preconizada no ponto anterior, o certo é que retomou, de alguma forma, o caminho delineado pelo método próprio de MONNET, que dizia que «trabalhava com concentração e lentidão, a única maneira de fazer um bom produto»[105]. O malogro da C(P)E não eliminou a vontade de constituir outras Comunidades Europeias que prosseguissem os esforços concretos de integração europeia. Logo em 1955, na conferência de Messina, foi decidido começar as negociações com vista à criação de um mercado comum[106], o que cul-

---

[104] Fazer preceder defesa comum a UEM seria «*pôr o carro à frente dos bois*» (Silguy, *op. cit.*, p. 62).

[105] Sobre esta figura e a sua vida, Jean Monnet, *Mémoires*, Fayard, 1976 (trad. Portuguesa, Ulisseia, 2004); François Duchêne, *The First Statesmen of Interdependence*, Norton, London, 1994.

[106] No Conselho Especial de Ministros da CECA, que teve lugar em Messina, em Junho de 1955, Paul-Henry Spaak foi nomeado para presidir a um comité intergoverna-

minou em 25 de Março de 1957, com a celebração, em Roma, dos tratados institutivos das duas restantes Comunidades Europeias: a então **Comunidade Económica Europeia (CEE)** e a **Comunidade Europeia da Energia Atómica (CEEA)**.

53. Estas Comunidades apresentam **características** bem diversas da primeva CECA. Em particular, na estrutura institucional[107], se eram imediatamente aproveitados dois dos órgãos desta última (a Assembleia – hoje, Parlamento Europeu – e o actual Tribunal de Justiça)[108], os restantes órgãos sofrem importantes modificações. Por um lado, o Conselho, órgão de representação dos governos dos Estados membros, passa a ser o principal órgão de decisão, enquanto a Alta Autoridade da CECA se transmutou aqui numa Comissão com funções importantes mas qualitativamente diversas. A própria terminologia institucional é significativa, aliás. Por outro lado, os poderes do Tribunal de Justiça não são formalmente definidos com a mesma extensão. Naquilo que se chama a segunda linha de partilha do poder[109], entre os órgãos da própria organização, porque aos órgãos (na denominação dos Tratados, as instituições) é conferida uma importante tarefa de criação normativa das múltiplas medidas necessárias à realização dos objectivos comunitários, o equilíbrio institucional é desenhado de forma diversa. À ambição de objectivos (o mercado comum, imediatamente, e aqueles outros mais gerais, expressos no então artigo 2.° CEE – cfr. correspondente ao artigo 3.° TUE – Lisboa) corresponde a configuração do tratado como um tratado-quadro[110], que intencionalmente

---

mental que preparou a criação das novas Comunidades, tendo o relatório sido apresentado em 21.4.1956.

107 Falaremos sempre, de ora em diante, da então CEE, por ser a mais significativa.

108 Convenção relativa a certas instituições comuns às Comunidades Europeias, assinada em Roma, também a 25 de Março de 1957 (revogada pelo artigo 9.° do Tratado de Amesterdão).

109 R. Moura Ramos, *Das Comunidades à União Europeia*, *cit*., pp. 25.

110 Como em 1985 ensinava R. Moura Ramos («As Comunidades Europeias – enquadramento normativo-institucional», *cit*., pp. 7-102 (e Sep. *BMJ*, n.° 25-26, 1987, p. 24), «*o escopo diferente da CECA e da CEE (...) fez com que os respectivos tratados viessem a ser documentos marcadamente distintos: o primeiro um tratado-regra ou normativo (...) que transforma os órgãos da CECA em instâncias dominantemente administrativas e sem poderes normativos particularmente latos; o segundo um tratado-quadro, onde era manifestamente impossível pretender prever a multiplicidade de questões que se viriam a pôr no devir da Organização, pelo que veio a caber aos órgãos de direcção a missão de prover à sua resolução*» o que, implicando o reconhecimento a estes de mais amplos poderes normativos, conduziu a um diverso «*sistema de partilha do poder de decisão nas duas*

deixa uma ampla liberdade de actuação aos órgãos comunitários que, *et pour cause*, os Estados membros querem controlar. Também os objectivos, como ficou dito, são bem mais ambiciosos[111], passando essencialmente por um modelo de integração económica cujo sentido há que densificar – mercado comum[112] –, mas que, no desenho comunitário, pressupunha desde o início a adopção das chamadas quatro liberdades de circulação dos factores de produção (mercadorias, trabalho, serviços e capitais) e algumas políticas comuns, como as políticas da concorrência, comercial e agrícola.

54. Na evolução das Comunidades e/ou União Europeias, desde a sua fundação até ao momento actual, podemos entrever duas grandes fases. À primeira podemos chamar a **fase das Comunidades**, que se estende até ao Tratado de Maastricht. A segunda pode ser designada pela **fase de transformação**, iniciada formalmente com a criação de uma União Europeia a par das Comunidades e culmina na refundação para-constituinte da Europa operada pelo Tratado de Lisboa. A terceira, a nosso ver, é a aquela que se inicia com o Tratado de Lisboa e merece, certamente, o epíteto de **fase da União**. Este é certamente, apenas um dos critérios possíveis, visto não haver unanimidade quanto à sua delimitação temporal ou mesmo substancial[114].

55. Para efeitos didácticos, contudo, cremos ser mais útil utilizar um **critério formal**, associado aos principais tratados de revisão, que permite

---

organizações» (v. P. Reuter, *Organisations Européennes*, 2.ª ed., Paris, 1970, p. 188, ou, mais recentemente, J.-V. Louis, *A ordem jurídica comunitária*, *cit*., p. 97). Assim se exprimem os também cotados Goldman/Lyon-Caen/Vogel: «*Mas o que foi possível em 1951 [CECA], num certo contexto político e para certos mercados, não o foi seguramente em 1957. Os Estados estavam mais reticentes em consentir em abandonos de soberania, para o conjunto dos bens e serviços*» (*Droit commercial européen*, 5.ª ed., 1994, p. 341). Em sentido contrário, Louis Cartou, *L'Union Européenne – Traités de Paris – Rome – Maastricht*, 2.ª ed., Précis, Dalloz, 1996.

[111] E foram sucessivamente ampliados, pelas revisões dos tratados.

[112] O mercado comum é apresentado no relatório do comité Spaak como «*uma fusão dos mercados separados*», tendo como objectivo criar «*uma vasta zona de política económica comum*» (hoje, "mercado interno" – artigo 2.°).

[114] São muitas as propostas de divisão cronológica e substancial das várias fases da integração europeia – *cfr*. por todos, Fulvio Attina, *Introduccion al sistema politico de la Comunidad Europea*, Centro de Estudos Constitucionales, Madrid, 1992, pp. 137 e ss.; Desmond Dinan, *Ever Closer Union? – na introduction to the European Community*, MacMillan, 1994, pp. 9-195; ou, muito recentemente, Maria Luísa Duarte, *Direito da União e das Comunidades Europeias*, vol. I, tomo I, pp. 49 e ss.

identificar seis períodos na evolução da integração europeia, centrada na principal das Comunidades, a CEE (depois CE e hoje UE) e na União, como é evidente, porquanto, em cada um dos momentos formais identificados, se alterou de modo significativo o quadro jurídico e/ou intencional da integração europeia:

1) O Tratado de Roma;
2) O Acto Único Europeu, de 1986;
3) O Tratado de Maastricht, de 1992;
4) O Tratado de Amesterdão, de 1997;
5) O Tratado de Nice, de 2001;
6) Da Constituição ao Tratado de Lisboa, de 2007.

5. O TRATADO DE ROMA DA CEE

56. A primeira fase foi a da realização dos propósitos iniciais do **Tratado de Roma** institutivo da CEE. Foi o tempo da realização da **União Aduaneira**, pressuposto do mercado comum, e do próprio **mercado comum** (embora tenha ficado ainda inacabado). Abarca o período de transição, até perto do final dos anos 60 e é uma fase de concorrência, no plano europeu, entre dois modelos de integração económica: o comunitário e o da AECL (EFTA)[115]. Pode dizer-se que o primeiro prevalece, sendo sintomática a vontade inequívoca do Reino Unido (logo em 1961) em aderir às Comunidades Europeias, pretensão que sucessivamente lhe é negada[116], por iniciativa francesa[117].

57. Também nesta fase há tentativas de criação de formas de **cooperação política** no espaço comunitário, de que são exemplos as reuniões sobre cooperação política que se realizam desde 1959, a declaração de Bona de 1961 que institui uma Comissão incumbida de apresentar um projecto de União Política europeia ou o plano FOUCHET (que prefigurou a Política Externa e de Segurança Comum, com quase trinta anos de avanço), tentativas estas últimas que se malograram[118].

---

[115] Associação Europeia do Comércio Livre, de que Portugal foi membro fundador, juntamente com os países nórdicos, o Reino Unido e a Áustria.

[116] O Reino Unido já havia participado e abandonado as negociações prévias à constituição da C.E.E. As razões do fracasso das primeiras tentativas de adesão, para lá de políticas, tiveram a ver com a política agrícola: o Reino Unido teria de acabar com os *defficiency payments* (subsídios aos produtores) e a preferência comunitária igualmente atacaria o comércio com a *Commonwealth*, além de razões ligadas com o seu poder militar atómico, ligado indissoluvelmente à OTAN e aos EUA. Para uma breve explicação dos *defficiency payments*, Maria Eduarda Azevedo, *A política agrícola comum – uma política controversa na hora da mudança*, Almedina, Coimbra, 1996, pp. 261-263.

[117] Sobre o ponto, leia-se J. Mota de Campos, *Direito Comunitário*, vol. I, pp. 102-105.

[118] O seu insucesso radica sobretudo na atitude dos governos dos Países Baixos e da Bélgica, que se recusam a construir uma Europa política sem o Reino Unido, sobretudo se

58. Internamente, também se sucedem algumas alterações importantes. Em primeiro lugar, com o **tratado de Bruxelas de 1965**, que opera a chamada «fusão» dos principais órgãos de direcção e decisão das Comunidades Europeias – passando a haver apenas um Conselho e uma Comissão para o conjunto das três Comunidades – e institui um orçamento único[119].

59. Na vida dos órgãos principais (e, como tal, das Comunidades) também se operam então acontecimentos significativos. Por razões várias[120], a França desencadeia a conhecida «**crise da cadeira vazia**» (1965), manifestação que foi da convicção gaulista no papel dos Estados membros nas Comunidades Europeias[121]. Esta crise acabou por resolver-se diplomaticamente, à margem das Comunidades, com a assinatura do «compromisso» ou «acordo do Luxemburgo»[122], que continha um «agreement to disagree», com importantes implicações no processo comunitário de decisão. Nos termos deste compromisso, os Estados membros concordam que, quando em causa estejam «interesses muito importantes» de um Estado membro, se deverá procurar um consenso expresso num voto unanimitário, conquanto subsista entre as delegações uma divergência funda-

---

puder dividir a OTAN. A declaração de Bona (18.7.1961) contém a decisão de «*dar forma à vontade de união política já implícita nos tratados*» comunitários, como condição para uma política comum; prevê a realização de reuniões regulares e criação de uma comissão de preparação de estatutos de «união de povos» (a Comissão *Fouchet*), excluindo as matérias de defesa.

[119] Para além da criação de uma *Comissão de Controlo única* das contas das Comunidades.

[120] As razões são essencialmente de dupla índole: o protagonismo da Comissão e o princípio do voto maioritário, designadamente em questões agrícolas, a partir de 1966. A França considerava que a Comunidade nunca poderia decidir contra interesses muito importantes de um Estado membro. Mas foi também uma reacção ao protagonismo formal da Comissão e às «propostas pirotécnicas» do seu presidente Hallstein, que propôs, em 1965, um plano ambicioso prevendo a resolução de problemas agrícolas (permitindo que a CEE suportasse as consequências financeiras da P.A.C.), a atribuição à CEE de recursos próprios e a extensão dos poderes de controlo do Parlamento Europeu.

[121] O General Charles De Gaulle, presidente francês, defendia, no máximo, a transformação da Europa numa «grandiosa confederação» (declaração de 31.5.1960), mas sempre como «Europa dos Estados» (declaração de 5.9.1960). O Estado nacional aparece como o ponto de passagem incontornável para os esforços europeus – v. Parlamento Europeu (Portugal), *50 anos da Europa – os grandes textos da construção europeia*, 1997, pp. 46-47 e 51-53.

[122] O texto deste «compromisso» pode ler-se em Tizzano/Cruz Vilaça/Gorjão-Henriques, Código *da União Europeia*, *cit.*

mental quanto à forma de lidar com o «consenso impossível»: para os franceses, a decisão nunca deveria se tomada, ficando (de)pendente da obtenção da unanimidade. Este compromisso foi causa de uma importante torção dos procedimentos decisórios previstos nos tratados, atenuando a dimensão integradora e supranacional que resulta da aceitação do princípio maioritário e constituindo, por outro lado, um documento de difícil qualificação jurídica, não existindo certezas quanto ao seu peso normativo específico[123].

60. Mas se até à mudança da titularidade do poder político em França, a Comunidade Económica Europeia apenas logrou, na medida do possível, olhar para o seu interior e aí procurar os consensos possíveis, a **cimeira da Haia de 1969** concretizou uma significativa mudança dos sentidos prevalecentes da história comunitária. Praticamente completa a fase de implantação, dá-se o lançamento de três objectivos primordiais para o futuro, que constituirão o «tríptico comunitário»: alargamento, aprofundamento e acabamento.

61. Em primeiro lugar, decidindo-se pelo **alargamento**. As Comunidades Europeias abrem definitivamente as portas a outros Estados europeus (concretizando o espírito da declaração Schuman), passando dos originais seis membros para doze, em 1986[124]. É também impulsionado o chamado **acabamento** designadamente, da política agrícola comum) e assume-se um compromisso no sentido do **aprofundamento** da integração europeia, que passa essencialmente pela utilização mais frequente do

[123] A doutrina divide-se claramente. Para uns, é costume (R. Moura Ramos) enquanto para outros é um acordo de cavalheiros (J. Mota de Campos) ou um acto sem qualquer relevância jurídica (foi um simples comunicado de imprensa). Outros há que lhe chamam «compromisso constitucional» (J.H. Kaiser) ou «convenção constitucional» (T. C. Hartley, *The Foundations of European Community Law*, 5.ª ed., Oxford University Press, 2003, p. 23), enquanto outros ainda, torneando a questão, dizem manter este «o seu carácter originário de expressão do facto intergovernamental» (Maria Luísa Duarte, *A teoria dos poderes implícitos*, *cit*., p. 364).

[124] A Dinamarca, a Irlanda e o Reino Unido (tratado de Adesão de 22.1.1972) ingressam em 1973, a Grécia (Tratado de adesão de 1979) em 1981 e Portugal e Espanha (tratados de adesão de 12.6.1985) em 1.1.1986. Sobre a legitimidade da adesão de Portugal à então CEE, mesmo face ao texto original da Constituição de 1976, Jorge Miranda, *A Constituição de 1976 – formação, estrutura, princípios fundamentais*, Petrony, Lisboa, 1978, pp. 294-296.

mecanismo previsto no (actual) artigo 352.° TFUE[125] (anteriores 235.° CEE e 308.° CE) e pelo reforço da cooperação política, quer no seguimento dos relatórios Davignon de 1970 e 1973[126], quer, mais tarde, pela institucionalização política do Conselho Europeu, a partir da cimeira de Paris de 1974[127].

62. Em termos organizatórios, a década de 1970 mostra-se importante na configuração financeira e orçamental das Comunidades, com uma série de alterações aos tratados que se justificam reciprocamente[128]. A CEE é pela primeira vez dotada com recursos próprios (1970) e, consequentemente, são reforçados os poderes orçamentais[129] do Parlamento Europeu e dá-se a criação formal do Tribunal de Contas (1975[130]).De

---

[125] A redacção actual apresenta diferenças significativas face à redacção anterior, como referiremos a propósito da ordem jurídica da União.

[126] Relatórios aprovados em 27.10.1970 e 23.7.1973. A cooperação política instituída assenta num mecanismo de consultas políticas, com reuniões semestrais dos Ministros dos Negócios Estrangeiros, criando ainda uma Comissão Política. É apontado, como primeiro resultado visível, a actuação concertada dos Estados membros das Comunidades na conferência de Helsínquia (1972).

Posteriormente, outros passos foram dados. Marco especial constituiu a cimeira de Copenhaga, onde foi aprovado o documento sobre a identidade europeia (Tizzano/Cruz Vilaça/Gorjão-Henriques, *Código da União Europeia, cit.*), que consolida numa declaração política o sentir dos Estados quanto aos fundamentos da integração europeia, de importante relevo mesmo para quem queira apenas interpretar as modificações que nos tratados foram operadas, especialmente em Maastricht e Amesterdão. Nesse documento se declara então que a reunião de Estados comunitários não é uma ligação heterogénea e acidental, mas repousa numa concepção comum sobre os fundamentos da vida em sociedade: democracia representativa, primado do direito, respeito pelos direitos e liberdades fundamentais, justiça social. Por outro lado, são ressaltados os objectivos externos da unificação comunitária, designadamente a possibilidade de oferecer uma contribuição original no plano mundial, reforçando os laços que ligam os Estados europeus entre si (nomeadamente aos outros Estados membros do Conselho da Europa) ou a outros Estados e continentes (como África).

[127] Para as conclusões desta importante cimeira, Tizzano/Cruz Vilaça/Gorjão-Henriques, *Código da União Europeia, cit.*

[128] Tratados do Luxemburgo (1970) e de Bruxelas (1975).

[129] Em 1970 e 1975, passando a partir desta última data, a ter a competência para aprovar o orçamento (artigo 272.° CE; actual artigo 314.° TFUE). Igualmente, em 1975 é criado um procedimento decisório em que o Parlamento Europeu é chamado pela primeira vez a desempenhar um papel que transcende a mera consulta: o procedimento de concertação, relativo aos actos de alcance geral com implicações financeiras significativas.

[130] Até 1965 existia uma *Comissão de controlo*, na CEE e CEEA, e um *Comissário de Contas único* na CECA. O Tratado de Fusão instituiu uma *Comissão de controlo única*.

facto, ao contrário do que vimos suceder com a CECA, a CEE não dispunha, inicialmente, de **recursos próprios**, sendo o orçamento comunitário financiado por contribuições financeiras dos Estados membros (artigo 201.° CEE; cfr. artigo 311.° TFUE[131]), sistema que vigorou até à adopção da decisão do Conselho de 21 de Abril de 1970[132].

63. O reforço das competências do Parlamento Europeu em matéria orçamental implicou ainda outras alterações, com especial destaque para a mutação (e reforço) da fonte de **legitimidade democrática do Parlamento Europeu**, através do *Acto de 20 de Setembro de 1976, relativo à sua eleição por sufrágio directo e universal* (concretizada a partir de 17 de Julho de 1979)[133]. Foi já um Parlamento Europeu directamente eleito que, em 1984, numa espécie de tentativa de «golpe de Comunidade», propôs aos parlamentos nacionais o primeiro projecto de *Tratado da União Europeia*[134], sob a inspiração de Altiero Spinelli[135-136], o qual pretendia, atra-

---

O tratado de Bruxelas de 22.7.1975 (entrou em vigor em 1.6.1977), por fim, criou um Tribunal de Contas.

[131] Hoje também com diferenças significativas de regime.

[132] Decisão alterada várias vezes, através das Decisões 85/257, 88/376 e 94/278. O sistema de recursos próprios das Comunidades Europeias é actualmente regido pela Decisão 2000/597/CE, Euratom, de 29 de Setembro de 2000, tendo entrado em vigor no dia 1 de Março de 2002 (decisão ratificada pelo Decreto do P.R. n.° 62/2001, DR, I série, de 18.12.2000, pp. 8302 e 8338-8342 – v. ainda o Aviso n.° 23/2002, publicado no DR, I série, de 14.3.2002, p. 2318) e tendo sido objecto da proposta de revisão em 2004 [COM (2004) 501 final, de 14.7.2004] e 2006 [COM (2006) 99 final, de 8.3.2006].

[133] Neste sentido, Carla Amado Gomes, *A Natureza Constitucional do Tratado da União Europeia*, Lex, Lisboa, 1997, pp. 73, seguida por Marta Rebelo, *Constituição e Legitimidade Social da União Europeia*, Almedina, Coimbra, 2005, pp. 32-33.

[134] Parlement Européen, *Projet de Traité Instituant l'Union Européenne*, Février 1984.

[135] O texto deste projecto, considerado «*a segunda tentativa* [sendo primeira a malograda Comunidade Política Europeia] *de Spinelli para criar uma federação europeia*», pode encontrar-se em Tizzano/Cruz Vilaça/Gorjão-Henriques, *Código da União Europeia*, *cit*.

[136] Altiero Spinelli (1907-1986), italiano, comunista e feroz opositor ao regime de Mussolini, foi um estrénuo defensor de uma instrumental unidade da Europa, desde o Manifesto de Ventotene (1941) até ao Projecto de Tratado da União Europeia (1984). Sobre o Manifesto de Vetontene, v. A. Spinelli; E. Rossi, *The Ventotene Manifesto. Ventotene*: The Altiero Spinelli Institute for Federalist Studies, [s.d.], pp. 75-96. O objectivo da corrente doutrinária que segue Spinelli pode ser bem retratado na explícita formulação de Andrea Bosco, «A Ideia Europeia», *Portugal e a Europa – 50 Anos de Integração*, CIJD, 1996, p. 23, e na extensa bibliografia por este citada: «*A influência crescente do Par-*

vés da criação desta «nova entidade política», a «União», «expressão adoptada desde 1952 para descrever o *aboutissement* da construção europeia. Deste modo se poria fim à pluralidade de Comunidades, Cooperação, Sistema monetário, colocando a integralidade da construção europeia sob o signo da União».

lamento Europeu na concepção da política Comunitária é uma consequência da sua primeira tentativa, em 1984, com a Minuta de tratado, para se tornar o "federador" da Comunidade. Hoje em dia já não é concebível que o processo constitucional europeu possa funcionar sem o Parlamento Europeu no seu núcleo. A batalha para a outorgação de um mandato constituinte para o Parlamento Europeu tornou-se o objectivo estratégico das forças políticas e sociais que estão na linha da frente da revolução democrática europeia e mundial».

6. O ACTO ÚNICO EUROPEU

64. A autonomização financeira da Comunidade, a lógica de aprofundamento das matérias da integração europeia, o reforço competencial do Parlamento Europeu, aliado à criação de uma nova instância política europeia e à *voluntas* integradora expressa pelo Parlamento Europeu, conduziu a que, num curto espaço de tempo, se completasse a primeira grande fase do alargamento das Comunidades e se encetassem reformas de alcance global do edifício comunitário[137]. Assim, em 1986 é aberto para assinatura, em dois momentos, o **Acto Único Europeu** (AUE)[138], primeiro instrumento convencional que, de uma assentada, revê os vários tratados comunitários, acolhendo alterações introduzidas no dia-a-dia das Comunidades e operando uma primeira reforma interna das várias Comunidades, quer nas suas atribuições, quer no próprio funcionamento orgânico-institucional.

65. Nos seus **objectivos**, o AUE começa por ter um conteúdo próprio de resposta aos desafios da **cooperação política** encetados de forma mais instante a partir de meados dos anos 70, mas que culminaram no projecto «SPINELLI» de 1984. Não tendo sido possível obter, na Conferência Intergovernamental que o preparou, o consenso necessário à criação da União Europeia[139], introduz-se essa mesma ideia na própria base do AUE

---

[137] Esta terminologia exprime a própria obra de engenharia social e política que as Comunidades são, podendo encontrar-se nos mais variados autores e circunstâncias – para uma sua análise pelo Tribunal Constitucional português (TC), a propósito da questão a colocar no *abortado* referendo sobre a integração europeia, ver acórdão do TC n.° 531/98, de 29.7.1998 (proc.756/98, DR, I, de 30.7.1998, pp. 3660 (2 e segs)).

[138] Extractos do AUE podem encontrar-se em Tizzano/Cruz Vilaça/Gorjão-Henriques, *Código da União Europeia*, *cit*. O AUE entrou em vigor em 1 de Julho de 1987.

[139] O AUE encontra-se publicado no JO, L 169, de 29.6.1987, p. 4. De notar que "União Europeia" era escrita como maiúsculas, como entidade substantivada e não apenas como pura intencionalidade adjectivada, no sentido de "unidade".

(artigo 1.°), como realidade em vias de construção[140]. Esta indicação é extraordinariamente importante, não só por revelar pistas fundamentais para a compreensão do passo seguinte que a integração europeia formalmente dará (o tratado da União Europeia, conhecido como tratado de Maastricht), como por oferecer já o modelo de inserção e relação dessa União Europeia a criar com as Comunidades. A introdução da cooperação política é feita fora do quadro comunitário (artigo 30.° AUE), como realidade paralela à da evolução comunitária, não pondo ainda em causa a fundamental natureza de cada uma das organizações comunitárias. Esta «cooperação em matéria de política estrangeira»[141] assenta no estabelecimento de procedimentos de consulta e informação mútuas, na adopção política de acções comuns e posições comuns e, por último, na concertação de posições nos fora internacionais a que os vários Estados membros pertencem, tudo feito a latere das Comunidades e implicando apenas, no plano orgânico-funcional, o aproveitamento das estruturas institucionais da então CEE (associação da Comissão e do parlamento Europeu, aproveitamento do Conselho e acumulação das Presidências), a que acresce um órgão consultivo próprio, o Comité Político.

66. Também é relevar autonomamente a institucionalização que aí se faz do **Conselho Europeu** (artigo 2.° AUE), numa opção de não interferir na estrutura institucional uniforme das Comunidades, sendo este órgão concebido como instância de cooperação política, não sujeita aos constrangimentos e procedimentos dos órgãos das Comunidades, expressos nomeadamente nos modos de deliberação, na tipologia de actos a adoptar, na vinculação jurídico-comunitária dos seus actos e na sujeição aos poderes de fiscalização jurisdicional do Tribunal de Justiça.

67. No Tratado da CEE, inicia-se uma primeira **reforma do sistema institucional comunitário**[142]. São francamente aumentadas as matérias

---

[140] R. Moura Ramos, «União Política», *Legislação (cadernos de)*, n.° 4/5, 1992, p. 206.

[141] Sobre esta, numa perspectiva contemporânea da conclusão do AUE, por todos, Ph. De Schoutheete, *La cooperation politique européenne*, Labor, RTL edition, 2.ª ed., 1986. Para uma análise no contexto do AUE, J. De Ruyt, *L'Acte Unique Européen – commentaire*, Études Européennes, ed. Université de Bruxelles, 1989. Para uma visão portuguesa, M. Conceição Lopes/David Pina/Guilherme H.R. Silva, *O Acto Único Europeu*, Almedina, Coimbra, 1987.

[142] Há mesmo quem sustente que, a partir do AUE, entra-se na era da «mega-constitutional politics», em que a energia do sistema político se concentra nas questões institu-

em que o Conselho passa a decidir por **maioria qualificada**, reduzindo-se o peso da voto unanimitário no processo decisório. São criados **novos procedimentos de decisão** que privilegiam o papel do Parlamento Europeu, conquanto não o elevem ainda a órgão legislativo da Comunidade: os procedimentos de cooperação e do parecer favorável[143], que permitem ao Parlamento Europeu influenciar os poderes deliberativos do Conselho, enquanto lhe permitem condicionar a decisão final à obtenção da unanimidade no Conselho (cooperação[144]) ou mesmo impedi-la (parecer favorável[145]).

68. O **Conselho** é limitado quanto ao modo e possibilidades de exercício das suas competências, ao ser introduzido um novo travessão (o terceiro) na norma que define a competência da Comissão, determinando primariamente que o Conselho «atribui à Comissão, nos actos que adopta, a **competência de execução** das normas que estabelece» (artigo 202.° CE)[146].

69. Finalmente, prevê-se a criação de uma nova instância jurisdicional que pudesse colaborar com o Tribunal de Justiça no controlo da aplicação e, mais geralmente, do respeito pelo direito comunitário (artigo 225.° CE[147]), jurisdição esta por isso mesmo associada ao Tribunal de Justiça: o futuro Tribunal de Primeira Instância [hoje, Tribunal Geral][148].

70. No que respeita às **atribuições** comunitárias, também são sensíveis as alterações.

---

cionais – Renaud Dehousse, *Institutional Reform in the European Community: are there alternatives to the majoritarian avenue?*, EUI working paper RSC, n.° 95/4, EUI, Florence.

[143] Que serão analisados de forma pormenorizada na *Parte II, § 3*.

[144] Anterior artigo 252.° CE, já tendo constado dos artigos 149.°, n.° 2 CEE (na sequência do AUE) e no artigo 189.°-C CE (após o tratado de Maastricht).

[145] Por exemplo, artigos 49.° UE-M e 300.° CE.

[146] Correspondia ao artigo 145.° CE (antes de Amesterdão). A matéria, profundamente alterada ou clarificada, com o Tratado de Lisboa, será analisada na *Parte II*.

[147] A redacção original é diversa da redacção seguinte, desde logo quanto à denominação do órgão (na altura ainda desconhecida, veio a ser o Tribunal de Primeira Instância, hoje Tribunal Geral) e ao modo de definição das suas competências – era o artigo 168.°-A CEE, depois reformado em Maastricht.

[148] Instituído através da Decisão 88/591/CEE do Conselho, de 24.10.1988, revogada pelo artigo 10.° do Tratado de Nice.

71. São expressamente introduzidas no tratado da CEE[149] **novas políticas** de harmonização fiscal (actual artigo 113.° TFUE[150]), coesão económica e social (artigos 158.° e seguintes CE[151]), investigação e desenvolvimento tecnológico (I & D – artigos 179.° e seguintes TFUE) e de ambiente (artigos 191.°-193.° TFUE[152]).

72. Mas, mais do que isso, deu-se o relançamento do velho mercado comum, transfigurado[153] em **mercado interno** pela redefinição de conteúdos e fixação de objectivos substanciais e temporais[154]. O AUE introduz no tratado CEE um novo artigo (que viria a ser depois o artigo 14.° CE[155], agora correspondente, grosso modo, ao artigo 26.° TFUE), que determinava a realização do mercado interno até final de 1992 (n.° 1), noção que «compreende um espaço sem fronteiras internas, no qual a livre circulação das mercadorias, das pessoas, dos serviços e dos capitais é assegurada» (n.° 2) de acordo com o que o tratado dispõe, para cuja realização são

---

[149] Embora nem todas sejam totalmente novas.

[150] Era o artigo 99.° CEE, passando depois a 92.° CE.

[151] Eram os artigos 130.°-A e seguintes, passando a 158.° e seguintes, com o Tratado de Amesterdão. O Tratado de Lisboa alterou a designação mas também o âmbito desta política (artigos 174.° e seguintes do TFUE).

[152] Eram os artigos 130.°-R e seguintes e, depois, 174.° e seguintes CE. A política de ambiente surgiu de facto em 1972, quando a cimeira de Paris inseriu o ambiente no quadro da «qualidade de vida» (objectivo comunitário previsto no então artigo 2.° CEE) – para uma síntese sobre a construção (pré-AUE) da política de ambiente, P. Reuter, «Commentaire – Articles 1 et 2», *Traité instituant la CEE – commentaire article par article*, dir. Constantinesco/Kovar/Jacqué/Symon, Economica, Paris, 1991, p. 33. Na doutrina nacional, na Escola de Coimbra, José Eduardo Dias (*Tutela ambiental e contencioso administrativo (da legitimidade processual e das suas consequências)*, BFD, Stvdia Ivridica, 29, Coimbra Editora, pp. 95-123) e Maria Alexandra Aragão, *O princípio do poluidor-pagador – pedra angular da política comunitária do ambiente*, BFD, Stvdia Ivridica, 23, Coimbra, Editora, Coimbra, pp. 45-49.

[153] Queremos com isto significar que não se trata apenas de uma redenominação. Sobre os diversos conceitos envolvidos, debruçar-nos-emos no início da *Parte V*. Como veremos, o Tratado de Lisboa redenomina "mercado interno" tudo o que, até aqui, era chamado "mercado comum".

[154] Uma distinção entre os objectos próprios do mercado comum e do mercado interno (único) era feita por Manuel Porto, *Teoria da Integração e Políticas Comunitárias : face aos desafios da globalização*, 4.ª ed., Almedina, Coimbra, 2009, pp. 211-212 (e nota 9).

[155] Então o artigo 8.°-A, que com Maastricht passaria a artigo 7.°-A (e a artigo 14.° CE, com o tratado de Amesterdão). Trata-se, hoje, do artigo 26.° TFUE.

igualmente criados mecanismos jurídicos específicos (v. actual artigo 114.° TFUE[156])[157].

73. Merece ainda uma última observação a inserção, entre aquelas políticas referidas atrás, mais ou menos novas, de um capítulo específico dedicado ao objectivo da **coesão económica e social**, na medida em que fornecia os meios para a realização de um objectivo fundamental das Comunidades, especialmente tendo em vista as adesões de Estados menos desenvolvidos que ocorreram na década de 80 do século passado. Política que visava, segundo a letra dos tratados, «promover o desenvolvimento harmonioso do conjunto da Comunidade» através da «redução da disparidade entre os níveis de desenvolvimento das diversas regiões e o atraso das regiões mais desfavorecidas» ou, como hoje se diz, «menos favorecidas» (anterior artigo 158.° CE, actual artigo 174.° TFUE). Este desiderato não corresponde apenas a mais uma política mas a um pressuposto essencial da realização dos objectivos económicos comunitários. É fundamental esta perspectiva. Não é a coesão que serve o mercado interno e as políticas e acções da Comunidade, mas estas que servem aquela (artigo 175.°, § 1 TFUE). O Tratado não esclarecia claramente a natureza e conteúdo precisos do conceito (Ernâni Lopes[158]). Positivamente, este parecia manifestar-se «pela realização de um grau mais elevado de integração das economias nacionais e regionais, acompanhado por uma aproximação progressiva dos níveis de rendimento médio das economias e dos modelos de qualidade de vida das populações»[159]. Negativamente, constituia um processo cronologicamente limitado e um mecanismo de compensação financeira (solidariedade orçamental) no interior da Comunidade[160]. No entanto, a realização da coesão enquanto concepção estratégica, política e operacional, implica a necessária adopção de acções específicas para as regiões mais pobres, a que o tratado de Maastricht deu uma resposta ainda mais impres-

---

[156] Artigo 100.°-A CEE, depois renumerado (artigo 95.° CE; cfr. artigo 114.° TFUE).

[157] Através do «Livro Branco» sobre o tema, elaborado por uma comissão presidida por *Lord* Cockfield, a Comissão apresentaria as cerca de trezentas medidas que teriam de ser adoptadas até ao final do 1992, para realizar o mercado interno (Lord Cockfield, *The European Union – creating the single market*, Wiley Chancery Law, 1994).

[158] «La cohésion économique et sociale», in *Structure and dimensions of European Community Policy*, Nomos Verlagsgesellschaft, 1988, pp. 157 e ss.

[159] *AA. e op. cits*., p. 158.

[160] *Idem*.

siva, através do estabelecimento do Fundo de Coesão[161] (anterior artigo 161.°, último § CE; actual artigo 177.° TFUE) e do apoio às chamadas «redes transeuropeias» (artigos 154.°-156.° CE; 170.°-172.° TFUE).

74. Em suma, poderá dizer-se que o período histórico marcado pelo AUE correspondeu a um período de «estabilidade mutável», formalizando alguns dos avanços que a Europa comunitária tinha logrado atingir (através, por exemplo, da utilização mais frequente que se fez, desde 1972, do mecanismo do – actual – artigo 352.° TFUE[162]). Mas sem que se tenha inferido dos avanços conseguidos a abertura a uma imediata reforma mais integradora, que pudesse reconformar toda a experiência comunitária, pois, do mesmo passo, se consideraram redefinidas (e fixadas) as fronteiras da integração comunitária, reflectidas, por exemplo, nos estritos limites formulados à utilização do mecanismo do artigo 352.° TFUE, e na ideia de que «o movimento de ideias (...) não é favorável à ampliação das competências comunitárias»[163].

---

[161] Era, em Maastricht, o artigo 130.°-D. Refira-se a criação do instrumento financeiro de coesão (Regulamento (CEE) n.° 792/93 do Conselho, de 30.3.1993), depois substituído pelo fundo de coesão (hoje objecto do Regulamento (CE) n.° 1084/2006 do Conselho, de 11.7.2006, JO, L 210, de 31.7.2006, pp. 79-81).

[162] Então artigo 235.° CEE, depois artigo 308.° CE.

[163] Pierre Maillet/P. Rollet, *Intégration Économique Européenne – theorie et pratique*, 1988, Nathan Supérieur, p. 322.

7. O TRATADO DA UNIÃO EUROPEIA OU DE MAASTRICHT

75. Se o AUE representou a primeira reforma global e unitária dos tratados comunitários, o certo é que não operou, em comparação com o que os «ventos da história» ditaram nos anos seguintes, as grandes alterações que deram às organizações que suportam a integração europeia a fisionomia que esta hoje apresenta. No final dos anos 80 do século XX, assistiu-se a uma série de alterações políticas que redefiniram a geopolítica europeia e – porque não dizê-lo – mundial, em particular o colapso dos regimes políticos dominantes nos países da Europa central e oriental, cuja manifestação simbólica mais significativa foi a **queda do muro de Berlim** que, de alguma forma, tinha sido o cimento da construção europeia. Tal data (9 e 10 de Novembro de 1989) foi de tal modo significativa que não é raro encontrar quem sustente ter nesse dia começado o século XXI político[164].

76. A convulsão relativamente pacífica dos regimes da Europa de leste teve consequências importantes no plano comunitário e dos seus Estados membros. A mais imediata foi a **reunificação da Alemanha**, que implicou uma pontual e significativa alteração institucional[165], mas outras se seguiram, pois os Estados europeus do centro e leste manifestaram uma atracção instantânea pelo modelo comunitário. Os primeiros a aproximarem-se das Comunidades foram os países da AECL (a EFTA), mais desenvolvidos economicamente, através da realização do chamado «**Espaço**

---

164 Yves-Thibault de Silguy, *op. cit.*, p. 20.

165 Pela primeira vez, na sequência do Conselho Europeu de Edimburgo, em 1992, rompeu-se o equilíbrio de representação institucional entre os Estados mais populosos das Comunidades, em favor da Alemanha, ainda que apenas em relação ao Parlamento Europeu.

Económico Europeu»[166] e, no momento seguinte, mesmo solicitando a adesão às Comunidades Europeias (formularam pedidos de adesão a Finlândia, a Suécia, a Áustria e a Noruega, tendo aderido as três primeiras)[167].

77. Não é de estranhar que, igualmente no plano comunitário, os Estados membros e as suas elites dirigentes tenham sentido vontade de realizar velhos sonhos de elevar a Europa a pólo político nesta «nova ordem». Factores que, conjugados com a aproximação da data de realização do mercado interno, determinaram a convocação de duas **conferências intergovernamentais**[168] que se ocupariam da união económica e monetária e da união política da Europa comunitária, respectivamente, e que tiveram como resultado a assinatura, na cidade neerlandesa de Maastricht, em 7 de Fevereiro de 1992, do **tratado da União Europeia** (de ora em diante, tratado UE ou **tratado de Maastricht**)[169], que tem um duplo objectivo: criar a União Europeia (UE) e alterar os tratados comunitários.

78. O **Tratado da União Europeia** constitui a primeira alteração radical no quadro institucional, político e jurídico da integração europeia, o que teve implicações na celeridade e circunstâncias particulares que rodearam os procedimentos nacionais de **ratificação**, visto que, como qualquer outro tratado, a sua vigência dependia da ratificação por parte de todos os Estados signatários, o mesmo é dizer, *in casu*, de todos os Estados

---

166 Tratado que veio a ser assinado no Porto, em 1992, durante a primeira presidência portuguesa do Conselho.

167 É significativo que, nesta primeira leva, se tenham incluído Estados europeus com um elevado nível económico que tinham e se vangloriavam do estatuto internacional de Estados «neutros» no combate político-estratégico e ideológico do pós-segunda guerra mundial. Tal revela que, no contexto de uma «nova ordem internacional» (George Bush, senior) em vias de estabelecimento, esses Estados consideravam a importância fundamental do bloco comunitário (ou então, que não temiam eventuais consequências da sua integração neste).

168 Que se iniciariam em Roma, em 1990.

169 Sobre esta revisão, entre nós, R. Moura Ramos, «União política», *Legislação*, *cit*., pp. 206-211; Faculdade de Direito – Curso de Estudos Europeus, *A União Europeia*, Coimbra, 1994; AAVV., *A União Europeia na Encruzilhada*, Almedina, Coimbra, 1996; Assembleia da República – Comissão de Assuntos Europeus, *A Assembleia da República e o Tratado da União Europeia*, A.R., Lisboa, 1993. Para um apanhado deste tratado, Ana M. Guerra Martins, *O tratado da União Europeia – contributo para a sua compreensão*, Lex, Lisboa, 1993; F. Loureiro Bastos, *A União Europeia – fins, objectivos e estrutura orgânica*, Lisboa, 1993; Fausto de Quadros/F. Loureiro Bastos, «União Europeia», *Dicionário Jurídico da Administração Pública*, vol. VII, Lisboa, 1996.

membros das Comunidades. Quer seja devido à ambição dos seus propósitos[170], quer se deva à falta de clareza na forma utilizada[171], o certo é que o processo de nascimento deste tratado veio a revelar-se mais custoso do que se supunha, tendo implicado a realização de referendos em vários Estados membros e a aceitação de condições especiais para permitir a ratificação por parte da Dinamarca[172].

79. O tratado de Maastricht tem como primeira grande novidade (como a própria designação indica) a **criação da União Europeia** (UE)[173], naquilo que pretendia ser mais um passo «na criação de uma união cada vez mais estreita entre os povos da Europa» e, que, na expressão de Rui MOURA RAMOS, elevou o processo de integração «ao patamar superior do político»[174]. No entanto, esta novidade não implicou uma mutação essencial da natureza da Europa criada pelos tratados comunitários[175]. Porque não há ruptura total com o passado («A União funda-se nas Comunidades europeias») e porque esta União não substitui ou absorve aí as Comunidades Europeias, antes coexistindo com elas numa posição dúbia, que aliás resulta da recusa aparente dos Estados membros em lhe conferir personalidade jurídica de direito internacional[176].

---

[170] Como escrevia Francisco Lucas Pires, com ele se entrou, pela primeira vez, no *«núcleo central ou "sagrado" da soberania»* – *Tratados que instituem as Comunidades e União Europeias*, Aequitas, Editorial Notícias, 1992, p. 25.

[171] Com uma certa ironia, dizia o *Economist*, em 17.10.1992, que os dinamarqueses e os franceses votaram contra o Tratado porque os governos lhes deram o verdadeiro tratado para ler, enquanto os irlandeses votaram favoravelmente por o governo nacional lhes ter fornecido um sumário em linguagem simples (*in* P. Demaret, «The treaty framework», *Legal issues of the Maastricht treaty*, O'Keeffe/Twomey (eds), Wiley Chancery, 1993, p. 3).

[172] No Conselho Europeu de Edimburgo, de 11-12 de Dezembro de 1992 (a Dinamarca e a União Europeia) – Tizzano/Cruz Vilaça/Gorjão-Henriques, *Código da União Europeia*, *cit.*

[173] Artigo 1.°, § 1 UE (anterior artigo A): «*Pelo presente tratado, as Altas Partes contratantes instituem entre si uma União Europeia*».

[174] R. Moura Ramos, «Maastricht e os direitos do cidadão europeu», in *A União Europeia*, Faculdade de Direito/Curso de Estudos Europeus, Coimbra, 1994, p. 94.

[175] Em sentido diverso, sustentando que «*já existem elementos estruturais de tipo jurídico de um "Estado constitucional europeu"*», Peter Häberle, «Die europäische Verfassungstaatlichkeit», *KritV*, 1995, pp. 298 e ss., complementado em «¿Existe un espacio público europeo?», *Revista de Derecho Comunitario Europeo*, n.° 4, ano 2, 1998, p. 114 e 132.

[176] Sobre o ponto, v. Réseau Vitoria (AAVV), *L'Union Européenne et les organisations Internationales* (D. Dormoy: Dir.), Bruylant, Bruxelles, 1997, e em especial J.C. Gautron, «L'Union Européenne et le Concept d'Organisation Internationale», *cit.*, pp. 15-35.

80. Resolvendo a velha disputa quanto ao modelo de criação da UE, o tratado veio seguir a **linha começada com o AUE**, apresentando o tratado de Maastricht uma semelhança notável com aquele outro instrumento. Recorde-se que, no AUE, a união europeia prefigurava-se como objectivo a alcançar no futuro (artigo 1.°: «As comunidades e a cooperação política (...) contribuem para fazer progredir concretamente a União Europeia») e foram criados, num patamar externo mas paralelo ao das Comunidades, instâncias e procedimentos de cooperação política (Conselho Europeu e cooperação em matéria de política estrangeira: artigos 2.° e 30.° do AUE, respectivamente).

81. O tratado de Maastricht seguia o mesmo esquema, criando a **União como estrutura externa e paralela às Comunidades** e, ali como aqui, obedecendo e funcionando de acordo com uma lógica e princípios absolutamente diversos. As Comunidades Europeias representam experiências de integração, enquanto os domínios particulares então atribuídos à União – a política externa e de segurança comum (PESC) e toda a cooperação nos domínios da justiça e dos assuntos internos (JAI) – aproximavam-se mais do clássico modelo intergovernamental, dado que a tomada de decisões cabia aí quase sempre aos Estados membros ou, quando muito, ao Conselho, não obedecendo ainda aos princípios e regras do sistema jurídico comunitário[177].

82. Daí que repugne a esta visão – ainda que concordando com a asserção que classicamente é feita segundo a qual, entre o modelo da árvore e do templo grego, prevaleceu este último – a tradicional apresentação de uma UE tripolar (ou com "três pilares"), sendo o primeiro pólo as Comunidades e os outros a Política Externa e de Segurança Comum (de ora em diante, PESC) e a Justiça e Assuntos Internos (JAI)[178]. Com efeito, analiticamente, podem vislumbrar-se dois, quatro ou mesmo cinco pilares. À luz das organizações existentes à data do Tratado de Maastricht, se fossem dois, o primeiro seria composto pelas organizações que obedecem à

---

[177] Por opção, não se faz aqui qualquer análise das linhas fundamentais destes dois domínios de cooperação, que serão referidos mais circunstanciadamente – aí entrando nalgumas particularidades de regime – aquando da análise dos resultados do tratado de Amesterdão.

[178] Cuja origem se encontra claramente na letra do artigo 1.°, § 3 UE (anterior artigo A UE), ao dizer que «*A União funda-se nas Comunidades Europeias, completadas pelas políticas e formas de cooperação instituídas pelo presente Tratado*».

lógica e modelo típicos das organizações de **integração** (as **Comunidades Europeias** sobreviventes) e o segundo referir-se-ia às áreas específicas de intervenção da **União Europeia**, cuja lógica era a da **intergovernamentalidade** quase pura (PESC e JAI, hoje CoPoJup). Seriam quatro se contássemos as Comunidades Europeias e a União Europeia. E se forem cinco, predominaria o critério teleológico: cada Comunidade teria um conjunto de objectivos (mercado interno geral e UEM, carvão e aço, energia atómica) e os dois remanescentes referir-se-iam à PESC e à cooperação nos domínios da Justiça e dos Assuntos Internos (JAI), respectivamente.

83. A instituição da União Europeia em Maastricht, como grande objectivo político, não tem no entanto grande concreção, podendo mesmo ser-lhe assinalada uma certa **vacuidade jurídico-institucional**[179]. Não só parecia desprovida de personalidade jurídica internacional (cfr. o que diremos adiante), como não aproveitava a estrutura e virtualidades institucionais e jurídicas das Comunidades.

84. Os objectivos da União, no entanto, só eram compreensíveis se referidos ao conjunto União-Comunidades (artigo 2.° UE-M)[180], só se justificando pela configuração política da União como *guarda-chuva* ou *cobertura virtual*[181] de toda a construção europeia, a quem são, aliás, assinalados generosos propósitos de respeito e protecção por clássicos valores das sociedades modernas: o respeito pela identidade nacional dos Estados membros e pelos direitos fundamentais da pessoa humana, tal como assegurados pelo instrumento internacional comummente aceite por todos esses Estados – a CEDH[182] (artigo 6.°, n.os 3 e 2 UE-M)[183]. Só que esta protecção não era objecto de garantia jurisdicional no plano comunitá-

[179] A que acrescem algumas incorrecções por parte do legislador internacional, por exemplo na referência ao «quadro institucional único» (artigo 3.°, anterior artigo C UE-M), concretizado nos artigos 4.° e 5.° UE (anteriores artigos D e E), que incluía um órgão que era da União embora não fosse referido na Comunidade Europeia (o Conselho Europeu – *cfr*. artigo 7.°, anterior artigo 4.°) e excluindo um órgão que era das Comunidades mas era omitido na União (até Amesterdão: o Tribunal de Contas).

[180] Anterior artigo B UE.

[181] Outras expressões se encontram na doutrina. P. Demaret (*cit*., p. 4), por exemplo, usava a imagem do «telhado comum».

[182] Convenção de Roma de 1950, concluída no âmbito do Conselho da Europa (já referenciada).

[183] Então, o artigo F, n.os 1 e 2, respectivamente (v. artigo 6.° TUE – Lisboa).

rio[184], pelo que o valor – importante – destas referências não introduzia nada de novo no quadro jurídico europeu. Mas se a União procurava definir princípios comuns, igualmente procedeu a um esforço de uniformização de uma série de regras e mecanismos, criando mesmo um quadro único de revisão dos tratados «em que se funda a União» (artigo 48.° UE-M)[185] ou de adesão de outros Estados europeus à União (artigo 49.° UE-M ou 49.° TUE – Lisboa)[186].

85. Destaquem merecem, seguidamente, as alterações feitas aos tratados comunitários e, de modo especial, as **alterações ao tratado de Roma da Comunidade Económica Europeia**.

86. Simbolicamente, a própria designação da CEE é pela primeira vez alterada (sê-lo-á de novo pelo Tratado de Lisboa). Passa a chamar-se **Comunidade Europeia**, retirando-lhe a sua índole apenas (ou predominante) económica. Facto tanto mais paradoxal (na aparência) quando se constate que foi justamente neste tratado que se exacerbou a integração económica, elevada até ao estádio superior que as tradicionais classificações de processos de integração económica conhecem: a união económica e monetária[187]. Esta alteração não significou, no entanto, a superação ou transformação da natureza específica da organização, que mantém intacta a sua vinculação ao princípio da atribuição[188], ainda que se vislumbre um sinal de ruptura face ao passado na consagração geral do princípio da subsidiariedade. Assim, a razão desta modificação nomológica deve procurar-se noutros pontos, como a abertura aos domínios da cidadania e dos direitos a este estatuto inerentes, a previsão de políticas de dimensão económica desprezível ou o próprio reforço do sistema orgânico comunitário.

[184] Como resultava da análise do então artigo L UE-M, que referia a competência do Tribunal de Justiça em relação às matérias previstas nos tratados da União e da Comunidade (depois, e com alterações, o artigo 46.° UE-M). A questão da protecção dos direitos fundamentais no plano comunitário merece uma elaboração autónoma, que introduziremos mais adiante.

[185] Em Maastricht, artigo N UE. Em Lisboa, continua a ser o artigo 48.° TUE.

[186] Em Maastricht, artigo O UE. Em Lisboa, continua a ser o artigo 49.° TUE.

[187] Cuja terceira fase, nos termos aí previstos, se iniciou em 1 de Janeiro de 1999.

[188] No sentido de que este princípio constitui verdadeiro limite à própria revisão dos tratados, J. L. Cruz Vilaça/Nuno Piçarra, «Y a-t-il des limites materielles à la revision des traités instituant les Communautés Européennes?», *Caihers de Droit Européen*, n.° 1-2, 1993, p. 35.

87. A **reforma institucional** foi prosseguida no Tratado de Maastricht.

88. O **Parlamento Europeu** viu serem-lhe conferidos, pela primeira vez, **poderes de natureza legislativa**, através da criação do chamado procedimento de «**co-decisão**» ou de decisão conjunta (artigo 251.° CE)[189]. Além disso, assistiu-se ao reforço do grau qualitativo da sua intervenção nas matérias reguladas por procedimentos decisórios já estabelecidos[190], bem como o reforço das suas possibilidades de solicitar a iniciativa normativa da Comissão (artigo 192.°, § 2 CE; actual artigo 225.° TFUE[191]). São também reforçados os seus **poderes de controlo**, por exemplo pela atribuição da competência para a **nomeação do Provedor de Justiça Europeu**, então criado (artigo 195.° CE[192]; cfr. artigo 228.°, n.° 1, § 1 TFUE[193]), mas, principalmente, sobre a Comissão, desde logo exigência de **aprovação parlamentar prévia da Comissão** que os governos dos Estados membros quisessem nomear (artigo 214.° CE)[194]. Finalmente, o tratado incorporou alguns avanços entretanto reconhecidos pela jurisprudência à assembleia parlamentar europeia, alargando as possibilidades de intervenção processual deste órgão perante os órgãos jurisdicionais comunitários, designadamente no recurso de anulação (artigo 230.° CE)[195].

---

[189] Era o artigo 189.°-B, então. Procedimento que, tendo evoluído com os tratados posteriores, parece ser o antecessor do processo legislativo ordinário da União (artigo 294.° TFUE).

[190] Alargamento do âmbito material de aplicação dos procedimentos de cooperação (artigos 75.°, n.° 1; 103.°, n.° 5; 104.°-A, n.° 2; 118.°-A, n.° 2, etc) e dos pareceres favoráveis ou conformes (artigo 228.°, n.° 3) – todos estes artigos do Tratado da Comunidade Europeia, na numeração e redacção resultantes de Maastricht.

[191] Era o artigo 138.°-B, § 2 CE.

[192] Instância completamente nova – era o artigo 138.°-E CEE.

[193] Hoje, na leitura do do Tratado de Lisboa, como veremos, o Provedor é eleito pelo Parlamento Europeu.

[194] Anterior artigo 158.° CE, cuja redacção foi entretanto alterada. Segundo Maastricht, o Parlamento Europeu, antes da aprovação prévia da Comissão a nomear, era consultado sobre a escolha da personalidade que os Estados membros designariam para Presidente da Comissão. A quase coincidência entre os mandatos dos dois órgãos, por outro lado, reforça o poder de controlo que o Parlamento passa a poder exercer sobre a Comissão (ou o nível de constrangimento desta por aquele). Este processo sofreu depois importantes alterações, a que adiante melhor nos referiremos.

[195] Na numeração e redacção resultantes do Tratado de Maastricht, era o artigo 173.° CE. Hoje, o artigo 263.° TFUE.

89. O **Conselho** viu-se afectado por este tratado de dois modos fundamentais. Em primeiro, pelo **alargamento do âmbito material de aplicação do princípio maioritário**, com prejuízo directo para o funcionamento da unanimidade. Em segundo lugar, porque a sua decisão passou a estar, em muitas hipóteses, sujeita a novos condicionamentos.

90. O **Tribunal de Contas** é qualificado, pela primeira vez, como órgão de base da Comunidade Europeia, verdadeira e própria "instituição" (artigos 7.° e 246.°-248.° CE[196]).

91. O Tratado opera ainda uma «desconstitucionalização» das matérias que definiam o domínio competencial do então recente Tribunal de Primeira Instância (TPI – actual Tribunal Geral), ao qual apenas permanecia vedado – nessa altura – o instituto do reenvio prejudicial[197].

92. Foi criado o **Comité das Regiões** (artigo 263.° CE[198]).

93. Foram tão ou mais significativas as alterações nas **atribuições** da Comunidade Europeia.

94. Rompeu-se pela primeira vez, ao nível dos tratados, um aparente princípio segundo o qual o esforço de integração deveria ser prosseguido por todos os Estados membros em conjunto e simultaneamente, dando abertura a conceitos que a reforma de Amesterdão potenciará, como as ideias plásticas da «Europa a várias velocidades», da «geometria variável», da «Europa *à la carte*», entre outras[199]. A abertura à **integração diferenciada**[200] expressou-se fundamentalmente nos domínios da União Económica e Monetária e da Política Social, onde o consenso unânime dos

---

[196] Eram os artigos 4.° e 188.°-A a 188.°-C CE. V. artigo 13.° TUE – Lisboa e 285.°-287.° TFUE.

[197] Era o artigo 168.°-A CE, depois renumerado para artigo 225.° CE.

[198] Eram os artigos 198.°-A e seguintes CE. Hoje, artigos 300.°, n.os 1 e 3 e 305.° a 307.° TFUE.

[199] Um notável esforço de síntese descritiva destas figuras será feito mais tarde pela doutrina – remete-se, desde já, para o quadro inscrito na *Revue du Marché Unique Européen*, n.° 3, 1995, p. 193.

[200] J. A. Usher, «Variable geometry or concentric circles: patterns for the European Union», *International and Comparative Law Quarterly*, vol. 46, P. 2, Abril, 1997, pp. 243-273. Entre nós, P. Pitta e Cunha, «A diferenciação na integração europeia», *ROA*, 56, 1996, pp. 41-53.

Estados membros se revelou de todo impossível (em especial pela recusa do Reino Unido conservador[201], depois partilhada pela Dinamarca).

95. Justamente no momento histórico em que a Comunidade Europeia se desprendia da sua dimensão e designação (predominante ou exclusivamente) económica, foram desenvolvidas as possibilidades de integração económica. Com efeito, nos modelos correntemente utilizados para explicar a formas possíveis de integração económica entre Estados, a **união económica e monetária** representa a forma superior e até última dessa integração. O predomínio do económico era ainda expresso no grau de integração do *inner treaty* contido nas normas sobre a união económica e monetária (UEM)[202], permitindo que se falasse aí de um (quase) «federalismo monetário», com a subordinação das políticas económicas dos Estados membros em relação às orientações gerais da CE, a previsão do mecanismo de supervisão multilateral (artigo 99.° CE[203], hoje artigo 121.°, n.° 3 TFUE) e a constrição da sua autonomia decisória em ordem ao estabelecimento da união económica e monetária[204], ligada à independência dos órgãos institucionais da UEM na elaboração e aplicação das políticas respectivas[205].

---

[201] Com efeito, o governo conservador sempre rejeitou a visão proposta pelos restantes Estados membros, antes de mais por acreditar que *less policy means better policy*. Em consequência, os restantes onze Estados membros concluíram e inseriram, em anexo ao Tratado, um Acordo e Protocolo sobre política social.

[202] Sobre a importância qualitativa da reforma que resulta no estabelecimento da união económica e monetária, Eduardo Paz Ferreira, *União Económica e Monetária – um guia de estudo*, Quid Iuris, Lisboa, 1999, por exemplo logo na p. 38. Para uma outra visão, P. Pitta e Cunha, *De Maastricht a Amesterdão – problemas da União Económica e Monetária*, Almedina, Coimbra, 1999. A constitucionalidade da participação da Alemanha na terceira fase da UEM foi confirmada por sentença do *Bundesverfassungsgericht* de 31.3.1998.

[203] Era o artigo 103.° CE.

[204] Pense-se nos critérios de convergência nominal e no pacto de estabilidade e crescimento acordado em Amesterdão.

[205] René Smits, «The European Central Bank: institutional aspects», in *International and Comparative Law Quarterly*, vol. 45, 2, 1996, pp. 319-342; ou, na doutrina nacional, os estudos monográficos de Maria Amélia Sineiro de Andrade, «O Sistema Europeu de Bancos Centrais (SEBC) – algumas considerações», (in *Boletim de Ciências Económicas*, vols. 39, 40 e 41, anos 1996, 1997 e 1998, pp. 211-294, 329-404 e 277-332, respectivamente) ou Aníbal Cavaco Silva (*Portugal e a Moeda Única*, Verbo, 1997, pp. 45 e ss., ou *União Monetária Europeia – funcionamento e implicações*, Verbo, 1999, pp. 47 e ss.), bem como o n.° especial da revista *Europa – Novas Fronteiras*, n.° 1, ed. Centro de Informação Jacques Delors, Lisboa, 1997.

96. Além disso, Maastricht representou também um momento de reforço do modelo económico (neo)liberal, expresso na referência exauriente que aí era feita a princípios-rectores da economia comunitária caracterizada pela múltipla inclusão do «**princípio da economia de mercado aberto e de livre concorrência**» como ideia-força de todas as políticas comunitárias de dimensão económica[206]. Pense-se apenas na sua inclusão no então artigo 4.° CE[207] e, por remissão, no artigo 2.° CE (aquele que definia os objectivos da Comunidade), bem como a sua inserção expressa[208] – até de forma prolixa e formalmente censurável – nos capítulos específicos sobre política económica (artigo 99.° CE; cfr. artigo 120.° TFUE[209]) ou política monetária (artigo 105.° CE; cfr. artigo 127.° TFUE), em termos que só o Tratado de Lisboa iriam alterar.

97. Finalmente, note-se o retomar do objectivo de realização da **liberdade de circulação de capitais**, cuja consecução havia ficado mais atrasada (artigos 56.° e seguintes CE[210], actuais artigos 63.°-66.° TFUE).

98. A superação da dimensão económica da integração comunitária reflectiu-se ainda na expressa previsão de **novas políticas**[211], a maior parte das quais extravasa da lógica económica, ainda que não revelando um elevado grau de densificação. Entre estas destacam-se as políticas de **educação** (artigo 148.° CE[212], actuais 145.° e seguintes TFUE), de **cultura** (artigo 151.° CE[213], actual artigo 167.° TFUE), de **cooperação no desenvolvimento** (artigo 177.° CE[214]; actual artigo 208.° TFUE) de **saúde pública** (artigo 152.° CE[215], actual artigo 168.° TFUE), de **defesa dos consumidores** (artigo 153.° CE[216], actuais artigos 12.° e 169.° TFUE),

---

[206] M. Gorjão-Henriques, *Da restrição da concorrência*, *cit.*, pp. 111-115.

[207] Então o artigo 3.°-A CE.

[208] De forma duplamente indirecta, o mesmo se diga no que toca hoje à política de emprego (depois, artigo 125.° CE, hoje 145.° TFUE) ou à política industrial (artigo 157.°, § 2 CE, então o artigo 130.° CE, e hoje o artigo 173.° TFUE).

[209] Na altura, era o artigo 102.°-A CE.

[210] Eram os artigos 67.° a 73.°-H CE.

[211] Sobre estas novas políticas, por todas, recomenda-se a análise produzida no *Traité sur l'Union Européenne (signé à Maastricht le 7 février 1992) – commentaire article par article*, Constantinesco/Kovar/Symon (dir.), Economica, Paris, 1995.

[212] Era o artigo 126.° CE, na redacção de então.

[213] Era o artigo 128.° CE.

[214] Era o artigo 130.°-U (e seguintes) CE.

[215] Era o artigo 129.° CE.

[216] Era o artigo 129.°-A CE.

bem como o reforço da dimensão essencial da coesão, através das **redes transeuropeias** (artigo 154.° CE[217], actual artigo 170.°-172.° TFUE) e das modificações do capítulo específico da **coesão** (artigo 161.° CE[218], hoje, também com alterações, o artigo 177.° TFUE).

99. Mas, significativamente, a mais simbólica alteração deu-se com a introdução da **cidadania da União**[219], ainda que criando um estatuto de cidadania desprovido de autonomia comunitária[220] e não conferindo aos cidadãos quaisquer deveres específicos[221], mas que, de qualquer forma, «ao estabelecer uma relação de pertinência dos indivíduos a um todo que ultrapassa a entidade nacional» põe «em causa a estrutura em que até ao presente se alicerçava a sociedade internacional e, consequentemente, o módulo de referência em que assentava o entendimento do vínculo de nacionalidade»[222].

100. Paralelamente, à Comunidade era conferida, pela primeira vez, uma atribuição expressa que lhe permitia regular também os **direitos de circulação de nacionais de países terceiros nos Estados membros** (então, artigo 100.°-C CE[223]).

---

[217] Era o artigo 129.°-B CE.

[218] Era o artigo 130.°-D CE.

[219] Por exemplo, Winston Churchill, no seu discurso na Universidade de Zurique, em 1946, falava em «cidadania comum» («common citizenship»).

[220] A atribuição da cidadania continua a ser feita pelos Estados membros – o mesmo sucedeu, curiosamente, no processo de federalização da Alemanha, no séc. XIX, sendo de notar que, em 1867 e 1871, também a cidadania alemã era uma cidadania reflexa e complementar à cidadania de um dos Estados federados – neste sentido, entre outros, P. Laband, *Das Staatsrecht des Deutschen Reiches*, 5.ª ed., Tübingen, 1911, vol. I, p. 134, citado por Joseph H. H. Weiler, *The State "über alles" – Demos, Telos and the Germany Maastricht Decision*, EUI Working Paper, n.° 96/9, p. 48, nota 72.

[221] Sobre a cidadania, leia-se R. Moura Ramos, «Maastricht e os direitos dos cidadãos europeus», *Das Comunidades à União*, *cit.*, pp. 323 e ss., infra, *Parte V*.

[222] R. Moura Ramos, «Nacionalidade, Plurinacionalidade», *cit.*, pág. 698.

[223] Depois revogado e ampliado pelo novo capítulo previsto nos artigos 61.° e seguintes CE, em Amesterdão.

8. O TRATADO DE AMESTERDÃO

101. Após o Tratado de Maastricht, a Europa comunitária continuou a ser um referente atractivo para restantes Estados europeus, como resulta das adesões de três novos Estados membros em 1995 (Áustria, Finlândia e Suécia) e dos pedidos de adesão formulados por tantos outros. Contudo, o tratado não pretendeu ser ou dar uma resposta definitiva aos desafios internos e externos à União e Comunidades, antes assinalando a si próprio uma natureza e função transitórias, pela previsão expressa da sua própria revisão, quer quanto ao seu calendário, quer quanto ao seu objecto. O artigo N, n.° 2 UE prescrevia a realização de uma **Conferência Intergovernamental em 1996** (CIG/96)[224], que veio a conduzir à assinatura, a 2 de Outubro de 1997, do **Tratado de Amesterdão**[225].

---

[224] Sobre o processo e os conteúdos da revisão preparada pela CIG/96, entre nós, Faculdade de Direito de Coimbra, Curso de Estudos Europeus, *A revisão do Tratado da União Europeia*, Almedina, Coimbra, 1996; AAVV., *Portugal no Centro da Europa – propostas para uma reforma democrática do Tratado da União Europeia* (coord. Álvaro de Vasconcelos), Quetzal Editores, Lisboa, 1995; AAVV., *Em torno da revisão do Tratado da União Europeia*, Almedina, Coimbra, 1997; Centro de Informação J. Delors, *Da Conferência Intergovernamental ao Tratado de Amesterdão*, in *Europa – Novas Fronteiras*, n.° 2, Novembro 1997.

[225] É ampla a doutrina que se debruça sobre o tratado de Amesterdão e as suas implicações. Entre os Autores nacionais, refiram-se J. Barros Moura, «O Tratado de Amesterdão», in *Tratados da União Europeia*, UAL, Lisboa, 1997; António Covas, *A União Europeia – Do Tratado de Amesterdão a um projecto de carta constituinte para o século XXI*, Celta, Oeiras, 1997; A. Goucha Soares, «O Tratado de Amesterdão e o novo passo da União Europeia», *Legislação (cadernos de)*, n.° 21, INA, 1998 (Janeiro-Março), pp. 5-40; P. Pitta e Cunha, «O tratado de Amesterdão», *ROA*, ano 58, 1998, pp. 1081-1091; e, particularmente, a última obra de Francisco Lucas Pires, *Amsterdão: do mercado à sociedade europeia?*, Principia, Cascais, 1998. Na doutrina estrangeira, para lá de n.os especiais em algumas das principais revistas jurídicas europeias, destacam-se Antonio Tizzano, *Il tratatto di Amsterdam*, CEDAM, Padova, 1998; AA. VV., *L'Union Européenne et le monde après Amsterdam*, Ed. Univ. Bruxelles, 1999; AA. VV. *L'Union Européenne au delà d'Amsterdam*, Martin Westlake (dir.), PIE, Bruxelles, 1998; ou a síntese de P.-C. Müller-

102. Os objectivos previstos para a CIG/96 eram meridianamente claros. A **reforma dos «pilares cooperativos»** constituía o objecto principal[226] (artigo B, último travessão UE-M[227]), visando-se a comunitarização da cooperação nos domínios da justiça e dos assuntos internos – pelo menos nos domínios cobertos pelas convenções de Schengen e/ou pelo procedimento específico do então artigo K.9 UE-M[228] – e a preparação (ou mesmo realização) da integração da UEO na UE (J.4, n.° 6 UE-M[229] e J. 10 UE-M).

103. Além disso, havia uma forte impulso no sentido da *reconstrução* do modelo comunitário, como condição do **alargamento** das Comunidades e União aos países europeus emergentes da queda do bloco de leste, implicando não só a criação das garantias jurídicas de salvaguarda do modelo político-civilizacional de cariz ocidental como a agilização das estruturas orgânica e decisional das Comunidades e União, em ordem a tornar a sua acção eficaz e (mais, diziam) democrática.

104. Também a questão da **hierarquia dos actos comunitários**[230] ou da consolidação de políticas comunitárias anunciadas (artigo 3.°, alínea *u)* CE[231]) mas não densificadas, como as **políticas de energia, turismo e protecção civil**[232] eram assumidas como objectivos imediatos.

105. Finalmente, a **simplificação dos tratados**, que, a não envolver uma refundação constituinte, postulava no mínimo que se fossem expur-

-Graff, «The Treaty of Amsterdam. Characteristics and Perspectives», *The European Union Review*, vol. 5, n.° 2, 2000, pp. 7-21.

226 Em contrapartida, ficou claro, desde cedo, que não se poderia tocar no acervo comunitário (*acquis communautaire*) e, mais particularmente ainda, na união económica e monetária. Sobre o ponto, numa visão mais englobante e audaz acerca das limitações impostas à revisão do tratado que se iniciaria em 1996, J. L. Cruz Vilaça/Nuno Piçarra, «Y a-t-il des limites matérielles à la révision des traités instituant les Communautés européennes?», *cit.*, pp. 3 e ss. Como bem notou a prof. Carla Amado Gomes, foi este um dos pontos afectados pelo Tratado de Lisboa, que removeu do artigo 2.° a garantia do respeito pelo acervo comunitário («O Tratado de Lisboa: ser ou não ser...», *cit.*, pág. 54).

227 Na redacção resultante do tratado de Maastricht.

228 Na redacção resultante do tratado de Maastricht.

229 Na redacção resultante do tratado de Maastricht.

230 Declaração n.° 15 anexa ao tratado da UE-M.

231 Artigo 3.°, alínea *t)*, na redacção resultante do tratado de Maastricht.

232 Declaração n.° 2 anexa ao tratado de Maastricht.

gadas normas obsoletas ou caducas[233] e se tornassem os Tratados mais legíveis e compreensíveis pelos cidadãos.

106. Os **resultados do Tratado de Amesterdão** foram extremamente importantes. Primeiro, quanto à **União Europeia**, se se prosseguiu na aparente despersonalização desta entidade[234], foram produzidas alterações dignas de menção.

107. Acentuou-se a vinculação da União e dos seus órgãos ao respeito dos direitos fundamentais[235], com vários índices concretos. A nova

---

[233] A caducidade das normas comunitárias, por não exercício, não se presume – acórdão *Comissão c. França*, de 14.12.1971, proc. 7/71, Rec., 1971, pp. 1003.

[234] Durante a Conferência, a Comissão defendia a atribuição de personalidade jurídica internacional à União e a sua fusão com as Comunidades Europeias, que, aliás, considerava indispensável – contra ambas estas asserções, P. Des Nerviens, «Les relations extérieurs», *Revue Trimestrielle de Droit Européen*, ano 33.°, n.° 4, 1997, em especial as pp. 805 e 806, baseando-se sobretudo nos argumentos extraídos das novas previsões dos artigos 24.°, 38.° e 18.°, n.° 4 (todos da UE) e concluindo que «*em vez de empregar a palavra, o Tratado de Amesterdão criou a coisa*» (o debate durante a CIG/96 pode ser acompanhado em Emmanuelle Bribosia/Anne Weyembergh, «La personalité juridique de l'Union Européenne», *L'Union Européenne et le monde après Amsterdam*, Univ. Bruxelles, 1999, pp. 53-60; para uma perspectiva posterior, sustentando mesmo a *reductio ad unum* mesmo antes do Tratado de Lisboa, Antonio Tizzano, «La personnalité internationale de l'Union Européenne», *Mélanges* Michel Waelbroeck, vol. I, cit., pp. 169-204.

Na doutrina nacional, Fausto de Quadros defendia a personalidade jurídica da União Europeia (*Direito Comunitário I*, *cit*., p. 54), embora também Lucas Pires (*Introdução ao direito constitucional europeu*, pp. 78-80) a parecesse pressupor. Por nós, parecia-nos que o Tratado de Amesterdão e, sobretudo, o Tratado de Nice, implicaram um tal reconhecimento, pois, integrando-se as Comunidades na União (em sentido amplo), e atenta a construção conjunta do «sistema» (A. Tizzano, *cit*., p. 190), assente na definição de objectivos comuns ao todo ou, em todo o caso, a atingir pelas "partes" (artigo 2.° UE), num "quadro institucional único" (artigo 3.° a 5.° UE) e considerando que se vêm inclusivamente sediando, neste tratado, normas fundamentais (constitucionais) da própria experiência comunitária (v., normas sobre revisão dos tratados e adesão de Estados), custava aceitar que a personalidade das Comunidades não aproveitasse à União, numa afirmação paradoxal de *personalidade jurídica parcial*, a que acresce o *exercício político de unidade na diversidade* a que diariamente assistimos e que não cremos possa reduzir-se a um mero «*expediente de ordem técnica*» ou uma «*mera forma unitária de se apresentar um conjunto heterogéneo*». De todo o modo, esta discussão está hoje inteiramente superada, com a entrada em vigor do Tratado de Lisboa.

[235] Para citar J. L. Cruz Vilaça, «*É indiscutível pois que (...) o Tratado de Amesterdão representou um avanço significativo na proclamação do respeito devido aos princípios da democracia e às liberdades fundamentais*» («A protecção dos direitos dos cidadãos

redacção dada ao artigo 6.°, n.° 1 UE-M passa a enunciar os **princípios fundamentais da UE** (e não apenas dos Estados membros). Como aí se podia ler, «1. A União assenta nos princípios da liberdade, da democracia, do respeito pelos direitos do Homem e pelas liberdades fundamentais, bem como do Estado de Direito, princípios que são comuns aos Estados membros»[236]. Princípios cujo desrespeito podia desde aí ser causa de sanções não meramente políticas, como resultava do disposto no artigo 7.° UE-M[237] – que estabelece um mecanismo de sanção para os Estados membros que violem os sobreditos princípios de forma «grave e persistente» – ou do artigo 49.° UE-M [ou, hoje, do artigo 49.° TUE – Lisboa], ao condicionar de forma expressa ao respeito por aqueles princípios o direito de qualquer Estado europeu poder aceder às Comunidades e União Europeias[238]. Mas, além disso, a vinculação pelos direitos fundamentais não abrangia apenas os Estados membros, os quais, aliás, já se encontram todos vinculados pelos principais instrumentos internacionais de protecção de direitos fundamentais, designadamente pela Convenção Europeia dos Direitos do Homem, de 2 de Novembro de 1950. Tal vinculação estendia-se então – com um novo sentido – aos próprios órgãos das Comunidades, pois o **Tribunal de Justiça adquiria competência para fiscalizar o (des)respeito**

no espaço comunitário», em *Valores da Europa – identidade e legitimidade*, Principia, Cascais, 1999, p. 72). Paulo Otero dirá mesmo que pelos *«mecanismos sancionatórios introduzidos pelo Tratado de Amesterdão passa hoje um importante meio de blindagem antitotalitária dos regimes democráticos da Europa Comunitária»* (*A Democracia Totalitária – do Estado Totalitário à Sociedade Totalitária – A Influência do Totalitarismo na Democracia do Século XXI*, Principia, Cascais, 2001, p. 257).

[236] Dispõe hoje o artigo 2.° TUE: «A União funda-se nos valores do respeito pela dignidade humana, da liberdade, da democracia, da igualdade, do Estado de Direito e do respeito pelos direitos do Homem, incluindo os direitos das pessoas pertencentes a minorias. Estes valores são comuns aos Estados membros, numa sociedade caracterizada pelo pluralismo, a não discriminação, a tolerância,a justiça, a solidariedade e a igualdade entre homens e mulheres».

[237] Suspensão de direitos, por exemplo de voto. Esta suspensão era extensível à CE, onde podia abranger igualmente outros direitos – artigo 309.° (novo). Sobre este artigo, v. *Comunicação da Comissão ao Conselho e ao Parlamento Europeu sobre o artigo 7.° do Tratado da União Europeia. Respeito e promoção dos valores em que a União assenta*, COM(2003) 606 final, Bruxelas, 15.10.2003. No Tratado de Lisboa, consta dos artigos 7.° TUE e 354.° TFUE.

[238] Claro que esta era, há muito, uma condição implícita de adesão, pelo menos desde a declaração sobre a democracia adoptada pelo Conselho Europeu em 1978 (reafirmada por exemplo na declaração solene sobre a União Europeia, adoptada em Estugarda em 19.6.1983).

que as instituições revelassem pelos direitos fundamentais assegurados pela Convenção Europeia dos Direitos do Homem (artigo 46.°, alínea *d)* UE-M)[239];

108. Ainda no quadro genérico da União, assinale-se a assunção formal da **integração diferenciada**. Já o tratado de Maastricht havia adimitido que alguns Estados membros poderiam realizar entre si uma união económica e monetária e concretizar uma política social. Mas Amesterdão significou a institucionalização da cooperação diferenciada como modelo jurídico de aprofundamento da integração europeia[240]. Assim o prescrevia o novo título VII do tratado da União Europeia (artigos 43.° a 45.° UE-M[241]). Claro que a admissão da cooperação reforçada, permitindo que a União Europeia se desenvolvesse de forma diversa, cobrava um especial sentido nas áreas ainda não submetidas ao denominado método comunitário, ainda que fosse sujeita aos apertados requisitos constantes do artigo 43.° UE-M[242]. Os artigos 43.°-45.° UE-M consagravam assim um regime

[239] Outros desenvolvimentos, quanto ao respeito e promoção de direitos fundamentais, designadamente, de direitos sociais fundamentais, serão referidos no quadro das alterações produzidas no tratado da Comunidade Europeia, ainda quando tenham uma refracção primeira nas alterações do tratado da união europeia (*vide* o novo parágrafo do preâmbulo do tratado UE).

[240] J. M. Pérez de Nanclares, «La flexibilidad en el tratado de Amsterdam: especial referencia a la nócion de cooperación reforzada», *Revista de Derecho Comunitario Europeo*, n.° 4, ano 2, 1998, pp. 205 e ss.; Wolfgang Wessels, «Flexibilité, différenciation et coopération renforcé – Le Traité d'Amsterdam à la lumière du Rapport Tindemans», in *L'Union Européenne au delà d'Amsterdam – Nouveaux concepts d'intégration européenne*, Martin Westlake (dir.), PIE, Bruxelles, 1998, pp. 133-166.

[241] V. artigos 20.° TUE e 326.° a 334.° TFUE; no domínio da defesa, a cooperação estruturada permanente prevista no artigo 42.°, n.° 6 e 46.° TUE (vide igualmente, entre outros, artigos 82.°, 83.°, 86.° ou 87.° TFUE).

[242] A cooperação reforçada (no modelo aprovado em Amesterdão) deve obedecer a certos requisitos prévios, de índole substancial e procedimental, cujo desenvolvimento aqui não se pode fazer. Por isso, refira-se apenas que a utilização deste mecanismo geral só pode utilizado como medida de *ultima ratio*, «*quando se estabelecer no Conselho que os seus objectivos não podem ser atingidos, num prazo razoável, através da aplicação das disposições pertinentes dos Tratados*» (artigo 43.°-A, aditado pelo Tratado de Nice) face à impossibilidade de actuar por via comunitária (subsidiariamente?) sentida por uma maioria de Estados membros. Por outro lado, materialmente, só podia visar reforço da integração («*transformação mais rápida da UE num espaço de liberdade, segurança e justiça*») e dos objectivos da UE, não podendo pôr em causa as atribuições da CE nem o acervo comunitário.

Procedimentalmente, a decisão seria tomada pelo Conselho, por maioria qualificada, nos termos do disposto no artigo 44.° UE-M.

geral aplicável às cooperações reforçadas, embora a sua utilização nas áreas específicas da União ou da Comunidade dependesse ainda do respeito pelos requisitos «adicionais» formulados nos respectivos tratados (então os artigos 40.° UE-M e 11.° CE, respectivamente). A estas situações de cooperação (ou integração) reforçada em sentido próprio era assimilável o disposto no artigo 23.° UE-M – que previa a tomada de decisões no âmbito da política externa e de segurança comum (PESC) – e, de alguma forma, nos artigos 24.° e 38.° UE-M, que previam a celebração de acordos internacionais susceptíveis de aplicação provisória por alguns Estados membros. Nas três previsões específicas da (própria ou impropriamente) designada **cooperação reforçada**[243] – artigo 23.° UE-M (PESC), artigo 40.° UE-M (cooperação policial e judiciária em matéria penal) e artigo 11.° CE (cooperação reforçada na CE) – consagrava-se ainda, pela primeira vez, a possibilidade de invocação do (que a prática costuma designar por) «interesse vital» de um Estado membro, no sentido afirmado pelo já antigo compromisso do Luxemburgo, permitindo que a invocação por um Estado membro de «importantes e expressas razões de política nacional» conduzisse à remissão da decisão para o Conselho Europeu, órgão político de cúpula da União mas que, de todo o modo, deliberava por unanimidade[244].

109. As **áreas de cooperação** foram desigualmente afectadas pelo tratado de Amesterdão.

110. A **política externa e de segurança comum (PESC)** não sofreu modificações radicais, mas beneficiou de alguns afeiçoamentos, resultantes da própria previsão de revisão, de modificações da situação internacio-

---

[243] A situação do artigo 23.° UE-M não era assim designada, mas não parece consagrar coisa diversa.

[244] Estas três normas suscitavam ainda, de forma imediata, outra *sugestão* (incompleta) de analogia, designadamente com o sistema do «duplo veto» vigente no Conselho de Segurança das Nações Unidas, pois também aqui se consagrava a diferenciação entre decisões em matéria substancial e processual. De mera sugestão se trata, quer porque, em rigor, não é uma situação de *veto* – que não existe enquanto tal –, quer devido à circunstância de, sendo a matéria considerada como não processual, a decisão do Conselho seria tomada por maioria qualificada e não por unanimidade. Substancialmente, contudo, tratava-se de um direito de veto, enquanto, quer se tratasse de decisões *secundárias* (artigo 23.°, n.° 2 UE) ou de decisões de autorização de instauração de cooperação reforçada (artigos 40.° UE e 11.° CE), a oposição expressa à votação por maioria qualificada impunha a decisão (política) por unanimidade.

nal ou até de alterações no interior do sistema comunitário. Entre todas destacam-se algumas, pela sua importância. Dá-se o **reforço da dimensão europeia da PESC**[245], sendo delimitadas as responsabilidades no interior da estrutura institucional da UE (artigo 12.° UE-M), assumindo o Conselho um papel de maior centralidade (artigos 16.°, 22.° e 23.° UE-M) face aos Estados membros e mesmo face ao Conselho Europeu. Se a este competia definir os princípios e orientações gerais da PESC bem como as estratégias comuns que a União deveria executar, ao Conselho competia definir e executar a PESC, bem como propor e executar as estratégias comuns definidas pelo Conselho Europeu (artigo 13.°, n.os 2 e 3 UE-M). De igual relevo é a criação da figura do **Alto Representante para a PESC** (artigo 18.° UE-M), figura que, embora recebesse um estatuto formal secundarizado – de que eram expressão a circunstância de, ao mesmo tempo, ser chamado a desempenhar as funções de Secretário-geral do Conselho ou a previsão de nomeação de um representante especial para questões políticas específicas (que não o «Sr. PESC») –, se previa pudesse tornar-se a face visível da União em matéria de representação externa (em especial, por a análise da função estatutária resultar esclarecida pelo artigo 26.° UE-M)[246].

111. No plano dos mecanismos de actuação, também se clarificavam alguns aspectos, como a delimitação entre acção comum (artigo 14.°, n.° 1 UE-M) e posição comum (artigo 15.° UE-M), cada uma respondendo a solicitações diversas, para lá da previsão de estratégias comuns (artigo 13.° n.° 2, § 2 UE-M). Abria-se ainda a possibilidade de a União poder assumir decisões que não envolvessem adesão, concordância e colaboração expressa por parte de todos os Estados membros. Esta possibilidade de decisões não aplicadas por todos (artigo 23.° UE-M), conquanto permitisse a um Estado membro manter a sua autonomia e posição internacionais, dado que o princípio básico era o unanimitário, aplicava uma ideia-força do tratado de Amesterdão: a da integração diferenciada, permitindo agilizar a actuação da União e, ao mesmo tempo, dar resposta, por exemplo, às preocupações dos Estados membros que pretendessem manter um

---

[245] Tudo começa com a alteração semântica, que exclui os Estados membros da definição da PESC (confrontar J.1 UE, segundo Maastricht, com o depois artigo 11.° UE) – P. Des Nerviens, *op. cit.*, p. 805.

[246] Contudo, o Regulamento Interno do Conselho então aprovado, reforçando o peso do Conselho Europeu, omitia qualquer referência ao Alto Representante da PESC.

estatuto internacional de neutralidade[247]. Claro que a viabilidade desta diferenciação conhecia aqui limites especiais, pois a abstenção acompanhada de declaração formal, se envolvendo um número de Estados membros que representem um terço dos votos, ponderados nos termos do disposto na norma que na Comunidade regia a determinação da maioria qualificada no seio do Conselho (cfr. artigo 205.°, n.° 2 CE; artigo 238.° TFUE), impedia a própria acção[248]. Para lá da não instituição da (pro)clamada política de defesa comum, deve referir-se a modificação do quadro de aproximação e mesmo integração da UEO na União (artigo 17.° UE-M)[249]. Por último, ressalta a modificação da lógica de financiamento da PESC, cujo princípio-base se inverteu, pela afirmação de um princípio de financiamento comunitário, salvo decisão unânime em contrário adoptada pelo Conselho (artigo 28.° UE-M)[250].

112. Já em relação ao pilar da **cooperação nos domínios da justiça e dos assuntos internos**, o mínimo de que se pode falar é de uma profunda alteração, concretizada através da criação do **espaço de liberdade, segurança e justiça**, que Amesterdão[251] transformou em emblema (vide artigo 61.°, alínea *e)* CE; cfr. artigos 67.°-89.° do TFUE, Título V da Parte III). Dos nove domínios que o artigo K.1 UE-M enunciava (na redacção de Maastricht) como áreas de interesse comum dos Estados membros a desenvolver através desse «pilar», apenas a cooperação policial (ex-K.1, 9 UE-M) e a cooperação judiciária em matéria penal (ex-K.1, 7 UE-M) se mantiveram como matérias de cooperação

---

247 Um Estado membro que não fosse contrário a que os restantes Estados membros – através da UE – tomassem uma qualquer decisão em relação a uma determinada questão, mas que não quisesse participar na sua elaboração e execução, podia simplesmente abster-se na decisão, nos termos previstos no n.° 1 do artigo 23.° UE-M.

248 Isto para lá da hipótese referida atrás, comum às modalidades próprias ou impróprias de cooperação reforçada, em que um Estado membro podia vetar a tomada de decisões pela maioria de outros Estados membros, «*por importantes e expressas razões de política nacional*» (artigo 23.°, n.° 2, § 2 UE-M).

249 Luigi Daniele, «Il ruolo dell'Unione dell'Europa Occidental nel quadro della PESC», *Divenire Sociale e adeguamento del diritto – Studi in onore di Francesco Capotorti*, II, Giuffrè, Milano, 1999, pp. 128-135.

250 Ou no caso de se tratarem de despesas operacionais nos domínios militar e da defesa.

251 Sobre este tema, L. N. González Alonso, «La jurisdicción comunitaria en el nuevo espacio de libertad, seguridad e justicia», *Revista de Derecho Comunitario Europeo*, n.° 4, ano 2, 1998, pp. 501 ss.

intergovernamental a desenvolver no quadro específico da UE (Título VI, artigos 29.° a 42.° UE-M)[252].

113. Nas áreas de **cooperação policial e a cooperação judiciária em matéria penal**[253], é conferida ao Conselho a possibilidade de assumir no quadro da CE acções que à partida devessem recair no quadro da cooperação policial e judiciária em matéria penal (artigo 42.° UE-M). Em segundo, incluiu-se explicitamente neste pilar da protecção de situações-limite de violação de direitos fundamentais da pessoa humana (na lógica já anunciada para Amesterdão), como o **combate à criminalidade**, «organizada ou não, em especial o terrorismo, o tráfico de seres humanos e os crimes contra as crianças, o tráfico de ilícito de droga e o tráfico ilícito de armas, a corrupção e a fraude». Nestes termos, a norma do artigo 29.° UE-M apresentou estes dois domínios cooperativos como instrumentos de realização dos objectivos acima anunciados[254], prevendo-se ainda, pela primeira vez, a **aproximação a um *standard* mínimo das disposições de direito penal** dos Estados membros, pelo menos em relação às formas de criminalidade com uma maior dimensão internacional (artigo 29.°, *in fine*, e artigo 31.°, *e)* UE-M)[255].

---

[252] Quanto a isto, apenas duas observações. Em primeiro, para constatar tratar-se de duas das áreas em relação às quais não havia sido previsto o funcionamento, mesmo em Maastricht, do procedimento de *passerelle* do artigo K.9 UE-M. O outro domínio em relação à qual a *comunitarização* não estava prevista mas efectuou-se, foi o da cooperação aduaneira, que foi objecto do Título X do tratado CE (artigo 135.° CE; artigo 33.° TFUE)

A outra, para dizer que, adiante, se fará menção a estas matérias, na análise das alterações produzidas por Amesterdão no tratado CE.

[253] Roberto Adam, «La cooperazione in material di giustizia e affair interni tra comunitarizzazione e metodo intergovernativo», *Divenire Sociale e adeguamento del diritto – Studi in onore di Francesco Capotorti*, II, Giuffrè, Milano, 1999, pp. 6-15. Anabela Miranda Rodrigues/J. L. Lopes da Mota, *Para uma Política Criminal Europeia*, Coimbra Editora; J. Costa, «Uma outra face da justiça europeia: as iniciativas sobre o Reconhecimento e Fiscalização de Penas Suspensas, Sanções Alternativas e Condenações Condicionais e sobre a Decisão Europeia de Controlo Judicial», *O Direito*, 2008, ano 140.°, V, pp. 1089-1090.

[254] A norma essencial sobre a cooperação policial era a do artigo 30.° UE (cfr. actuais artigos 87.° a 89.° TFUE), enquanto as disposições fundamentais sobre a cooperação judiciária em matéria penal se encontravam no artigo 31.° UE-M (cfr. actuais artigos 82.° a 86.° TFUE).

[255] Esta interpretação não era contraditada pela declaração n.° 8, adoptada pela CIG/96. Sobre as dimensões penais do direito europeu, Pedro Caeiro, «Perspectivas de formação de um direito penal da União Europeia», *Direito Penal Económico e Europeu: Textos Doutrinários*, vol. I (Problemas Gerais), Coimbra Editora, Coimbra, 1998, pp. 514

114. Embora afirmada a relativa autonomia de cada uma destas áreas, encontrava-se em Amesterdão um **quadro comum inovador quanto aos mecanismos de produção normativa e de garantia jurisdicional** das normas adoptadas neste âmbito[256]. Se o Conselho podia continuar a actuar através da adopção de posições comuns e da preparação de convenções que os Estados membros concluiriam[257], eram previstas duas novas importantes fontes normativas: as decisões-quadro e as decisões (artigo 34.°, n.° 2, alíneas *b)* e *c)* UE-M). Se a sua descrição típica correspondia, respectivamente, à das directivas e das decisões, hoje previstas no artigo 288.° TFUE, os Estados membros excluíram expressamente que pudessem gozar de efeito directo (artigo 34.° UE-M), porventura demonstrando o receio de que o Tribunal de Justiça, através da sua jurisprudência, pudesse produzir também aqui uma comunitarização forçosa das matérias objecto destes actos da União. É que o artigo 35.° (do Título VI do tratado) UE-M admitia que, ainda que dependendo de um reconhecimento voluntário por parte dos Estados membros, o Tribunal de Justiça fosse chamado a pronunciar-se a título prejudicial sobre a validade e interpretação das decisões-quadro, das decisões e das medidas de aplicação das convenções celebradas ao abrigo deste Título, bem como sobre a interpretação destas mesmas convenções (n.ºs 1 a 4). E não só. Igualmente se previa uma competência contenciosa de legalidade das decisões-quadro e das decisões (n.° 6)[258], bem como para dirimir litígios

---

e ss.; Anabela Miranda Rodrigues/J. Lopes da Mota, *Para uma política criminal europeia – quadro e instrumentos jurídicos da cooperação judiciária em matéria penal no espaço da União Europeia,* Coimbra, Editora, Coimbra, 2002, pp. 5-102, Mário Ferreira Monte, *O Direito Penal Europeu – De "Roma" a "Lisbos" subsídios para a sua legitimação*, Quid Júris, 2009; J. N. Cunha Rodrigues, José Narciso, «Prefácio», in Monte, *O Direito Penal Europeu, cit.*, pp. 9-14; e lá fora, Klaus Tiedemann, *Lecciones de derecho penal económico (comunitario, español e alemán)*, PPU, Barcelona, 1993, pp. 57-120; ou AA. VV., *La Justice Pénal et l'Europe* (Tulkens/Bosly, dir.), Bruylant, Bruxelles, 1996, pp. 9-16 e 221-520.

[256] Nem tudo era novidade face à redacção de Maastricht. A norma do artigo 33.° UE correspondia ao anterior n.° 2 do artigo K. 2 UE-M; o Comité de Coordenação já se encontrava previsto (o artigo 36.° UE correspondia *grosso modo* ao anterior artigo K.4, n.ºs 1 e 2); e o artigo 37.° UE também não é original (cfr. anterior artigo K.5). Alguma novidade apresentava a reconsideração da posição do Parlamento Europeu neste âmbito, ao estabelecer-se, para certos casos, um procedimento de consulta obrigatória (o então artigo 39.° UE).

[257] Deixam de estar previstas as acções comuns a que se referia o artigo K.3, n.° 2, al. *b)* UE.

[258] Em formulação muito próxima da do artigo 230.° CE (cfr. artigo 263.° TFUE), ainda que apenas reconhecendo legitimidade activa aos Estados membros ou à Comissão.

entre Estados membros que não pudessem ser resolvidos pelo Conselho no prazo de seis meses (n.° 7)[259].

115. No quadro da **cooperação reforçada**, a **cooperação policial e judiciária em matéria penal** foram objecto de disposições especiais de aplicação. Refira-se, desde logo, a nova efectividade conferida às convenções celebradas no quadro deste pilar, enquanto se previa supletivamente a sua entrada em vigor quando houvessem sido regularmente adoptadas por metade dos Estados membros (último § do n.° 2 do artigo 34.° UE-M)[260]. Já o grau de fiscalização jurisdicional (por parte do Tribunal de Justiça) que os Estados membros aceitavam era diferenciado (n.os 2 e 3 do artigo 35.° UE-M). O tratado regulava ainda a cooperação reforçada ao abrigo do artigo 40.° UE-M. Esta disposição não derrogava os pressupostos gerais da cooperação reforçada no quadro da UE (artigos 43.°-45.° UE-M), antes os ampliando com a adição de pressupostos específicos, não podendo ser postas em causa as competências da Comunidade (embora o inverso não fosse necessariamente verdade – artigo 42.° UE-M) e impondo-se o objectivo de promover a realização do «espaço de liberdade, segurança e justiça». Procedimentalmente, a instauração da cooperação reforçada neste domínio particular previa a consulta da Comissão e do Parlamento Europeu (o que não era previsto nas disposições gerais dos artigos 43.°-45.° UE-M)[261] e, contrariando o princípio genérico de livre acesso consagrado no artigo 43.° UE-M (n.° 1, alínea *g)*), não dependia exclusi-

[259] Note-se que, no quadro comunitário, os litígios que surgissem entre Estados membros eram objecto de apreciação prévia da Comissão (artigo 227.° CE – cfr. artigo 259.° TFUE), enquanto aqui essa competência recai no Conselho. Quando o litígio fosse entre os Estados membros e a Comissão, não era prevista uma fase pré-contenciosa, podendo ser imediatamente solicitada a intervenção do Tribunal de Justiça. Esta última hipótese apenas podia ter por objecto a interpretação de uma convenção adoptada ao abrigo da alínea *d)* do n.° 2 do artigo 34.° UE-M.

[260] Para esses Estados membros, é claro. Já quanto à adopção de medidas de aplicação destas convenções por maioria de dois terços dos Estados membros, não havia novidade (anterior artigo K.3, n.° 2 UE). A convenção *Europol* (convenção que cria um serviço europeu de polícia), concluída em Bruxelas, a 26.7.1995, foi ratificada por todos os Estados membros, tendo entrado em vigor em 1 de Outubro de 1998 (Aviso n.° 191/98, de 30.9.1998). A ratificação por Portugal deu-se através do Decreto do P.R. n.° 64/97, de 19 de Setembro (o texto desta convenção pode encontrar-se em Tizzano/Cruz Vilaça/Gorjão-Henriques, *op. cit.*).

[261] Aí apenas se dispunha que «o Conselho e a Comissão *informarão* regularmente o Parlamento Europeu da evolução da cooperação reforçada *instaurada...*» (artigo 45.° UE-M), nada se dizendo sobre a participação da Comissão na referida «instauração».

vamente da vontade do Estado membro não participante a sua participação superveniente na cooperação reforçada, pois o Conselho gozava de autonomia decisional, competindo-lhe a decisão (que poderia ser tácita). Contudo, se o Conselho proferisse decisão negativa, o Tribunal de Justiça poderia ser chamado a pronunciar-se sobre a sua legalidade, no uso das amplas competências que detinha na Comunidade Europeia (e não na União – artigo 41.°, n.° 4, § 2 UE-M).

116. Também as alterações no tratado da **Comunidade Europeia** acentuaram as linhas reformistas encetadas em Maastricht. Também aqui se fornecerá apenas um quadro geral das modificações introduzidas, pois cada uma em especial mereceria uma disponibilidade monográfica aqui impossível de exprimir. Deram-se alterações no quadro orgânico-institucional e funcional e, por outro lado, na definição de atribuições e de políticas a executar pela Comunidade Europeia (CE). Comecemos por estas últimas.

117. Em geral, relembre-se, por um lado, a introdução formal, também aqui do princípio da «flexibilidade» ou da **integração diferenciada**, expresso na previsão da cooperação reforçada, embora com um funcionamento mais condicionado nos seus pressupostos materiais e procedimentais (artigo 11.° CE)[262] – tanto mais quanto também aqui se assinala a possibilidade de invocação substancial das «importantes e expressas razões de política nacional» substancialmente caracterizantes do já antigo Compromisso do Luxemburgo[263] – ou, por outro lado, a previsão da competência

[262] O estabelecimento da cooperação reforçada na Comunidade estava – em Amesterdão – sujeito a um *espartilho* próprio, para lá daquele resultante dos artigos 43.° e 44.° UE-M. Não podia incidir sobre domínios de competência exclusiva da Comunidade, não podia afectar as políticas comunitárias; não devia respeitar à cidadania comunitária; não podia transcender as competências atribuídas pelos Estados membros e, finalmente, não deveria restringir o comércio entre os Estados membros ou distorcer a concorrência (artigo 11.°, n.° 1 CE).

[263] Por outro lado, os Estados membros que não desejem participar na *cooperação reforçada* deveriam proceder a um cuidadoso juízo de prognose acerca das implicações da integração diferenciada que outros Estados membros pretendam estabelecer neste quadro, pois o tratado não conferia um direito automático de participação posterior no «módulo de integração diferenciada» entretanto constituído, que ficaria dependente de decisão prévia da Comissão, no termo de um procedimento intra-comunitário, ainda que a decisão devesse respeitar critérios de legalidade sindicáveis perante o Tribunal de Justiça, nos termos gerais, o que não deixaria, no entanto, de suscitar alguns problemas fundamentais.

do Tribunal de Justiça para assegurar o respeito pelos direitos fundamentais (como consagrados no artigo 6.°, n.° 2 UE-M) por parte dos órgãos comunitários referidos no artigo 7.° CE (as «instituições» – artigo 46.°, alínea *d)*, UE-M).

118. Ainda no âmbito dos **direitos fundamentais** – para além do mecanismo de sanção para os Estados membros que violassem «de forma grave e persistente os princípios do artigo 6.°, n.° 1 UE-M (artigo 309.° CE; cfr. artigo 354.° TFUE) –, outras alterações foram introduzidas. Em primeiro lugar, a inclusão de um **princípio de igualdade** (artigo 13.° CE; cfr. artigo 8.° TFUE) que acrescia ao tradicional e fundamental princípio da não discriminação em razão da nacionalidade (artigo 12.° CE; artigo 18.° TFUE)[264], conquanto a concretização dependa de decisão unânime do Conselho. Em segundo lugar, o **reforço dos direitos sociais fundamentais**. Amesterdão não se limitou a introduzir o protocolo social e o acordo sobre política social anexos pelo Tratado de Maastricht, mas ampliou ainda o grau de delimitação e protecção dos direitos sociais fundamentais, através da referência expressa no texto do tratado CE à Carta Social Europeia de 1961 e à Carta Comunitária dos Direitos Sociais Fundamentais dos Trabalhadores, como quadro e referentes de toda a política social comunitária (artigo 136.° CE; v. artigo 151.° TFUE)[265].

---

[264] A novidade era quanto ao artigo 13.° CE, mas abrangia igualmente, ainda que apenas procedimentalmente, o princípio da não discriminação por razões de nacionalidade (hoje artigo 18.° TFUE; anteriores artigo 12.° CE e artigo 6.° CEE), pois, antes de Amesterdão, o procedimento decisional aí aplicado era o da «cooperação» (então artigo 252.° CE; artigo suprimido pelo Tratado de Lisboa), pelo que a normação era exclusivamente emanada do Conselho, enquanto depois de Amesterdão seguia o procedimento da «co-decisão» (artigo 251.° CE). A não discriminação em razão da nacionalidade, com o Tratado de Lisboa, é concretizada através do processo legislativo ordinário (artigo 18.°, §2 e 294.° TFUE).

[265] Referência que nesses protocolo e acordo não era feita senão incidentalmente. O artigo 136.° CE dispunha que a «*Comunidade e os Estados membros, tendo presentes os direitos sociais fundamentais, tal como os enunciam a Carta Social Europeia, assinada em Turim, em 18 de Outubro de 1961, e a Carta Comunitária dos Direitos Sociais Fundamentais dos Trabalhadores, de 1989, terão por objectivos...*» (o sublinhado é nosso) e isso poderia significar, é uma tese que aqui não cabe desenvolver, a incorporação indirecta destes catálogos de direitos sociais no rol das fontes primárias de direito comunitário (estes textos podem encontrar-se em Tizzano/Cruz Vilaça/Gorjão-Henriques, *Código da União Europeia*, *cit.*). A isto acrescia a referência similar incluída no preâmbulo do tratado (outras alterações produzidas no Cap. I do Título XI do tratado CE – artigos 136.°-141.° CE – foram também importantes, mas não cabe aqui a sua análise). Baquero Cruz falava

119. Várias políticas foram substancialmente reforçadas e outras foram criadas *ex novo*. Em particular, é de salientar a **comunitarização** de várias matérias que, em Maastricht, pertenciam apenas à União e ao «pilar» da «cooperação nos domínios da justiça e dos assuntos internos» (JAI)[266]. Pense-se no objectivo do «espaço de liberdade, segurança e justiça» cujo "fermento de comunitarização" foi "lançado" no então novo Título IV[267] (artigos 61.°-69.° CE), denominado «Vistos, asilo, imigração e outras políticas relativas à livre circulação de pessoas»[268] e que previa a «comunitarização» progressiva – em cinco anos – das políticas de **circulação de pessoas** – vistos, asilo, imigração, controlo nas fronteiras externas, entre outras – bem como da **cooperação judiciária em matéria civil** (artigo 65.° CE)[269] e da **cooperação administrativa** (artigo 66.° CE). A isto há que fazer acrescer a **incorporação do «acervo de Schengen»**[270],

e m

«ampliação potencial da competência comunitária» («La protección de los derechos sociales en la Comunidad Europea tras el tratado de Amsterdam», *RDCE*, 1998, p. 663). Em sentido diverso, Maria Luísa Duarte, «A União Europeia e os direitos fundamentais – métodos de protecção», *Portugal-Brasil ano 2000 (tema Direito)*, Stvdia Ivridica, Coimbra Editora, 1999, p. 33.

[266] Já se fez acima referência a esta problemática, na análise do Tratado da União Europeia e das alterações que a este fez o tratado de Amesterdão.

[267] Nuno Piçarra, «O espaço de liberdade, segurança e justiça no Tratado que estabelece uma Constituição para a Europa: unificação e aprofundamento», *O Direito*, n.° 137, 2005, IV-V, pág. 975.

[268] Por todos, Rosa Trotta, «La dimension extérieure de la circulation des personnes après Amsterdam», *Le Union Européenne et le monde après Amsterdam*, pp. 126 141.

[269] Sobre esta norma e seu significado exacto, na perspectiva da construção do «direito internacional privado *da* Comunidade Europeia», R. Moura Ramos – «Previsão normativa e modelação judicial nas convenções comunitárias relativas ao direito internacional privado», *O direito comunitário e a construção europeia*, BFD, Stvdia Ivridica, 38, Colloquia-1, pp. 102-103, e «Un diritto internazionale privato della Comunità Europea: origine, sviluppo, alcuni principi fondamentali», *Divenire Sociale e adeguamento del diritto – Studi in onore di Francesco Capotorti*, II, Giuffrè, Milano, 1999, pp. 273-305 – e M. J. Lunaz Díaz, «El principio de primacía comunitario y el derecho internacional privado», *Revista de Derecho Comunitario Europeo*, n.° 4, ano 2, 1998, pp. 473 e ss., com amplas indicações bibliográficas.

[270] *Protocolo que integra o acervo de Schengen no âmbito da União Europeia*, anexo aos tratados UE e CE pelo tratado de Amesterdão. O protocolo aplicava-se de modo integral, então, a doze dos Estados membros, estando em situação especial a Dinamarca (*Protocolo relativo à situação especial da Dinamarca*) e não participando de todo o Reino Unido (em anexo são inseridos dois protocolos referidos de modo particular a estes dois Estados membros). A Irlanda, conquanto excluída por força de disposições de protocolos anexos ao Tratado de Amesterdão, apresentou entretanto ao Conselho um pedido de participação em certas disposições do acervo, o que resultou na adopção da Decisão n.° 2002/192/CE do

feita, no entender de alguns, para garantir internamente o nível de integração que estes acordos já logravam, quando externos às Comunidades[271].

120. Foi criada uma **política de emprego** (artigos 125.°-130.° CE; cfr. artigos 145.°-150.° TFUE) e de **cooperação aduaneira** (artigo 135.° CE; artigo 33.° TFUE). Destaque natural para a primeira destas políticas, então erigida em prioridade pelos dirigentes dos Estados membros, e de que foi face visível a realização, imediatamente após a assinatura do tratado (recorde-se, em 2.10.1997), de uma cimeira extraordinária do Conselho Europeu, no Luxemburgo (a 20 e 21 de Novembro).

121. Outras políticas beneficiaram de alterações pontuais, quer para dar resposta aos desafios internacionais da Comunidade, como na política comercial comum (artigo 133.°, n.° 5 CE) – ou mesmo aos desafios internos, como acontece na **saúde pública** (artigo 152.° CE; cfr. artigo 168.° TFUE).

122. Foi reforçada a **dimensão horizontal ou transversal** de algumas políticas: a política de **ambiente** (artigos 174.° e seguintes CE; artigos 191.°-193.° TFUE) – que neste aspecto é objecto de uma autonomização formal significativa (novo artigo 6.° CE; artigo 11.° TFUE) – ou até da então nova política de **emprego** (n.° 2 do artigo 127.° CE), pese embora a redundância da forma utilizada.

123. Por último, consagrou-se no tratado a especificidade da aplicação do tratado às **regiões ultraperiféricas**, como as Regiões Autónomas dos Açores e da Madeira (artigo 299.°, n.° 2 CE[272]; artigo 349.° TFUE). Pese embora a dificuldade de conjugação dos vários propósitos aí enunciados, dá-se um reforço inequívoco através da incorporação da substância da declaração n.° 24 anexa ao Tratado da União Europeia[273], quer no plano da valência normativa quer no das possibilidades de afirmação das especificidades exigidas por estas regiões ultraperiféricas.

Conselho, de 28.2.2002 (*JO*, L 64, de 7.3.2002, pp. 20-24). Previa-se ainda a associação ao acervo de Schengen da Islândia e da Noruega (ver artigo 6.° do Protocolo primeiramente referido) – para um apanhado das normas do «acervo de Schengen», Tizzano/Cruz Vilaça/Gorjão-Henriques, *Código da União Europeia*, *cit*.

[271] J. Barros Moura, «O Tratado de Amesterdão», *cit*., p. 19.

[272] Alteração a anterior artigo 227.°, n.° 2 CE.

[273] Declaração anexa ao Tratado da União Europeia, em Maastricht.

124. No quadro da **reforma institucional**, continua a progressiva perda de centralidade dos órgãos de representação directa dos Estados, com a «progressiva afirmação de componentes comunitárias na composição e modelação dos destinos comunitários»[274], em mais um passo numa longa série de nove revisões (cinco revisões globais[275] mais seis processos de alargamento)[276]. Sem ter podido concluir este processo de reforma, o Tratado de Amesterdão veio prever a reposição da questão aquando do seguinte alargamento – protocolo anexo ao Tratado da União Europeia e ao Tratado da União Europeia e ao Tratado CE –[277], ainda que o nosso próprio país a tenha antecipado, na Presidência do Conselho de 2000, ao iniciar o processo comum de revisão. A reforma não deixou de operar alguns aperfeiçoamentos no sistema orgânico, corrigindo algumas situações inabilmente resolvidas em Maastricht.

125. Pense-se, *inter alia*, no reconhecimento da legitimidade judiciária do Tribunal de Contas (artigo 230.° CE[278]; cfr. artigo 263.° TFUE) e noutras alterações nas normas sobre o Tribunal de Contas (artigo 248.° CE; cfr. artigo 287.° TFUE); na possibilidade reconhecida ao Parlamento Europeu de solicitar o parecer do Comité Económico e Social (artigo 262.° CE; cfr. artigos 300.°, n.° 2 e 301.° TFUE) e do Comité das Regiões (artigo 265.° CE; cfr. artigos 300.°, n.° 3 e 305.° TFUE) ou, em consequência, no estabelecimento de incompatibilidades (quanto à pertença simultânea ao Comité das Regiões e ao Parlamento Europeu – artigo 263.° CE; artigo 305.° TFUE). Paralelamente, reconhece-se autonomia de regulamentação

---

[274] M. Gorjão-Henriques, «Breve reflexões sobre a evolução do sistema institucional comunitário», in *A revisão do Tratado da União Europeia*, Curso de Estudos Europeus, Almedina, Coimbra, 1996, p. 136.

[275] Acto Único Europeu, Tratado de Maastricht, Tratado de Amesterdão, Tratado de Nice e Tratado de Lisboa.

[276] Alargamentos, por blocos: Irlanda, Reino Unido, Dinamarca (1972-73), Grécia (1979-81), Portugal e Espanha (1985-86), Suécia, Finlândia, Áustria (1994-95), Chipre, Eslováquia, Eslovénia, Estónia, Hungria, Letónia, Lituânia, Malta, Polónia e República Checa (2003-2004), Bulgária e Roménia (2007).

[277] A reconformação da composição da Comissão, aquando do primeiro alargamento, com "renúncia" pelos Estados membros de maior dimensão ao segundo comissário, sob condição de alterações quanto à ponderação dos votos (ou dupla maioria) na maioria qualificada no Conselho; e a CIG quando a União tivesse mais de 20 membros. Cfr., o que diremos, depois, quanto ao processo legislativo ordinário, no Tratado de Lisboa.

[278] Anterior artigo 173.°, n.° 3 CEE. E outras alterações, no âmbito do então artigo 248.° CE.

interna ao Comité das Regiões (artigo 264.° CE[279]; artigo 306.°, § 2 TFUE).

126. Quanto ao **Parlamento Europeu**, são de referir a fixação do número máximo de deputados em 700 (artigo 189.° CE)[280]; o reconhecimento (tardio) da impossibilidade de adopção de um regime eleitoral uniforme, que se traduziu na previsão de elaboração de normas de processo eleitoral «baseadas em princípios comuns» (artigo 190.° CE[281]; cfr. artigo 223.°, n.° 1 TFUE); e, sobretudo, as modificações no conteúdo e no âmbito de aplicação material do **procedimento de co-decisão** (artigo 251.° CE)[282], reforçando a sua equiparação ao Conselho, ainda que, ao longo do tratado, se mantivesse um modelo formal de referência textual que sugeria uma preponderância (um exclusivismo cada vez mais falso) do Conselho. Cada vez mais, o procedimento de co-decisão passava a ser o modo comum de decidir na Comunidade[283], ainda que não vertido em regra de direito. Assistia-se ao alargamento da sua utilização, por exemplo, nos domínios da segurança social de trabalhadores migrantes (artigo 42.° CE[284]; cfr. artigo 48.° TFUE), política de transportes (artigo 71.° CE[285]; artigo 91.° TFUE), política social (artigo 137.° CE; artigo 153.° TFUE), Fundo Social Europeu (FSE – artigo 148.° CE; artigo 164.° TFUE), política de formação profissional (artigo 150.°, n.° 4 CE; artigo 166.° TFUE), redes transeuropeias (artigo 156.° CE; artigo 172.° TFUE), Fundo Europeu de Desenvolvimento Regional (FEDER – artigo 162.° CE; artigo

---

[279] Sem submissão a aprovação unanimitária do Conselho, como acontecia ao abrigo do anterior artigo 198.°-B CE.

[280] Anterior artigo 137.° CE. Chamando a atenção para a necessidade desta fixação, *vide* a declaração n.° 14 anexa do Tratado da União Europeia, em Maastricht. Este limiar foi posteriormente alterado pelo tratado de Nice e pelo Tratado de Lisboa (artigo 14.°, n.° 2 TUE – Lisboa).

[281] Era o anterior artigo 138.°, n.° 3 CE.

[282] Anterior artigo 189.°-B CE. A mais significativa é a de que se não for adoptado no Comité de Conciliação um projecto comum, o acto não poderá ser adoptado, sem qualquer possibilidade do Conselho vir a adoptar o acto e/ou do Parlamento o rejeitar posteriormente. Por outro lado, quando objecto de um processo *negocial* entre os dois órgãos, um acto nunca poderá ser adoptado sem expressa aprovação por parte de ambos.

[283] Fenómeno que o Tratado de Lisboa ainda acentuou – a generalidade destas matérias são hoje decididas através do processo legislativo ordinário, como a leitura das normas correspondentes dos actuais Tratados, que se indicam, revela.

[284] Era simplesmente unanimidade – anterior artigo 51.°.

[285] Anterior artigo 75.°, n.° 1 – era por cooperação.

178.° TFUE), execução do quadro plurianual em I & D (artigo 172.°, § 2 CE; artigo 188.° § 2 TFUE), política de ambiente (artigo 175.° n.os 1 e 3 CE; artigo 192.°, n.os 1 e 3 TFUE) e cooperação para o desenvolvimento (artigo 179.° CE; artigo 209.° TFUE).

127. Finalmente, assinalem-se as modificações no modo de designação da **Comissão**, que, aumentando a dependência política da Comissão face ao Parlamento Europeu, contribuiram para diminuir o défice de democraticidade genética e funcional da Comissão[286]. Com efeito, apesar do seu desenvolvimento posterior (designadamente no Tratado de Lisboa), foi com Amesterdão que o Parlamento Europeu passou a ter uma voz activa e inafastável na designação do futuro Presidente da Comissão (escolhido de comum acordo entre os Governos e o Parlamento Europeu). Co-responsabilização esta que teve reflexos na própria concepção da Comissão, cada vez mais governamentalizada. Também o processo da escolha dos restantes membros passou pela vontade e figura do já designado Presidente (artigo 214.° CE; cfr. artigo 17.°, n.° 7 TUE – Lisboa), o qual acumulava aí outra característica que contribui para a reconformação da natureza e funções da Comissão: o seu poder de direcção política da Comissão (artigo 219.° CE[287]; em sentido diverso, artigo 17.°, n.° 6 TUE – Lisboa). À primeira vista, estas alterações envolvem um juízo claro de reconsideração da validade e subsistência do tradicional modelo que via a Comissão como órgão de pessoas de funcionamento colegial e independente de outros órgãos comunitários e até nacionais e, por isto mesmo, capaz de representar o «interesse geral da Comunidade»[288]. A representação do "interessse geral" muda o seu sentido, afirmada que ficava, desde Amesterdão, a supremacia do Presidente e a «tripla dependência» (genética, funcional e extintiva) face à maioria política do Parlamento Europeu.

128. A descrição anterior não esgota os resultados de Amesterdão. Foram ainda alteradas as regras relativas aos **acordos internacionais** da Comunidade, nomeadamente pela previsão da possibilidade (já antes ensaiada) de decisões de aplicação provisória, da adopção de normas pro-

---

286 Leia-se o que escrevemos em *A revisão do Tratado da União Europeia*, *cit.*, pp. 129-132.

287 Aditamento a anterior artigo 163.° CE (artigo 217.° CE, na redacção resultante do Tratado de Nice).

288 Desenvolvidamente, Jean-Paul Jacqué, «Cours Générale de Droit Communautaire», in *Collected courses of the Academy of European Law*, 1990, vol. I.

cessuais relativas à suspensão da aplicação de um acordo ou da adopção de posições a tomar em instâncias criadas por acordo com competência para adoptar actos com efeitos jurídicos (artigo 300.° CE; cfr. artigo 218.° TFUE)[289]. Acolhendo ainda normação produzida já antes da vigência deste tratado, consagrava-se também o direito de **acesso aos documentos** do Conselho, da Comissão ou do Parlamento Europeu (artigo 255.° CE[290]; cfr. artigo 15.°, n.° 3 TFUE), prevêem-se normas sobre elaboração de **estatísticas** das actividades da Comunidade (artigo 285.° CE; artigo 338.° TFUE), bem como sobre a aplicação aos órgãos comunitários de actos comunitários de **protecção de dados pessoais** (artigo 286.° CE; artigo 16.° TFUE). Na área orçamental, os Estados membros assumiam obrigações de cooperação com a Comissão, no sentido de assegurar a **boa gestão financeira do orçamento** (artigo 274.° CE; artigo 317.° TFUE)[291] e de contribuir para a harmonização do **combate contra fraudes lesivas de interesses financeiros da Comunidade** (artigo 280.° CE; artigo 325.° TFUE)[292].

129. Para último, fica a referência às **alterações formais**, onde se destaca a primeira[293] grande **renumeração** dos Tratados. Todos os tratados constitutivos passam a ter «numeração árabe», o que implicou uma mudança significativa da identificabilidade das normas do Tratado da União Europeia. Quanto ao tratado da Comunidade Europeia, a **simplificação** dos tratados e o objectivo de facilitar a sua leitura e compreensibilidade pelos cidadãos levou à expurgação das normas obsoletas ou caducas[294] (bem como de anexos e protocolos[295]), factor a que a vontade de aprofundamento em especial visada pelo tratado de Maastricht fez acres-

---

289 Anterior artigo 228.°.

290 Era um artigo novo. V.g. também o artigo 207.°, n.° 3. O Parlamento Europeu havia sido o último a adoptar estas normas, aliás estendidas hoje mesmo a órgãos e entidades de posição inferior, como o Banco Europeu de Investimento (BEI) ou o Comité Económico e Social.

291 Alteração a anterior artigo 205.° CE.

292 Anterior artigo 209.°-A CE. Diz respeito a todas as receitas e despesas abrangidas pelo orçamento comunitário, bem como as abrangidas pelo orçamento de outros órgãos ou organismos instituídos pelo Tratado.

293 O Tratado de Lisboa realiza uma nova renumeração.

294 Por exemplo, são suprimidos 44 artigos *completos*: os artigos 13.° a 27.°, 31.° a 33.°, 35.°, 44.°, 45.°, 47.°, 53.°, 62.°, 67.° a 73.°-A, 73.°-E, 73.°-H, 91.°, 97.°, 100.°-B, 226.°, 241.° a 246.°.

295 Foram suprimidos os anexos I e III ao tratado de Roma, bem como 9 protocolos.

cer a introdução de novos títulos, capítulos e artigos (como os já referidos sobre emprego ou políticas de circulação de pessoas, por exemplo). Lateralmente, foram ainda revogados alguns importantes instrumentos convencionais de direito comunitário, como a Convenção de 25.3.1957 relativa a algumas instituições comuns e o tratado de Bruxelas de 8.4.1965 (dito tratado de «fusão»), cuja substância é, contudo, reproduzida nos números 2 a 7 do artigo 9.° do Tratado de Amesterdão.

9. TRATADO DE NICE

130. Entre a entrada em vigor do Tratado de Amesterdão (1 de Maio de 1999) e a assinatura do **Tratado de Nice**, que se lhe seguiu, decoreram menos de dois anos (26 de Fevereiro de 2001)[296]. As críticas aos resultados obtidos em Amesterdão e a necessidade de preparar o alargamento conduziram à rápida[297] convocação, nos termos do disposto no artigo 48.° UE-M [artigo 48.° TUE – Lisboa], justamente dirigida a realizar a **reforma institucional** indispensável ao próximo **alargamento** da União e Comunidades aos países da Europa central e oriental (PECOs)[298], que poria termo à "*innaturale divisione*"[299] da Europa. Entre as questões que se julgavam ainda implicadas no processo de revisão dos Tratados, uma referência deve ser feita à Carta dos Direitos Fundamentais da União Europeia[300], elaborada entre 1999 e 2000[301].

---

[296] Sobre o tratado de Nice, é muito ampla a doutrina estrangeira mas, uma vez mais, não são muitos os trabalhos no plano nacional. Entre estes destacam-se, ainda assim, os de A. Goucha Soares, *O Tratado de Nice*, sep. Rev. Ministério Público, Lisboa, 2002, n. 215 Paula Vaz Freire, *Os novos passos da integração europeia – o Tratado de Amesterdão e o Tratado de Nice*, Vislis, Lisboa, 2002, pp. 97-152; F. Seixas da Costa, *Diplomacia Europeia – instituições, alargamento e o futuro da União*, Dom Quixote, 2002, em especial pp. 249-299, n. 215; ou o n.° especial da revista Temas de Integração, *A União Europeia – os caminhos depois de Nice*, 2.° semestre 2001; 1.° semestre de 2002, n.os 12-13.

[297] Recorde-se que o tratado de Amesterdão entrou em vigor a 1 de Maio de 1999, tendo a CIG sido aberta em Bruxelas (supondo o prévio decurso da chamada *fase comunitária* do processo de revisão – *vide* infra) a 14 de Fevereiro de 2000, pela Presidência portuguesa do Conselho.

[298] O processo de alargamento foi de facto lançado após o Conselho Europeu extraordinário do Luxemburgo, em Dezembro de 1997 – sobre o processo e as implicações institucionais, Paul Sabourin, *Le destin du continent européen – Le chemin de la Grande Europe*, Bruylant, Bruxelles, 1999, pp. 248 e ss.

[299] SS. João Paulo II, *Discurso ao Presidente e ao Parlamento da República Italiana reunido em sessão conjunta de 14 de Novembro de 2002*, in *L'Osservatore Romano*, 15.11.2002.

[300] A *Carta dos Direitos Fundamentais da União Europeia* foi elaborada na sequência de uma decisão do Conselho Europeu de Colónia, de Junho de 1999, segundo a qual

131. A CIG/2000, convocada em 14 de Fevereiro de 2000, foi concluída no Conselho Europeu de Nice, entre 7 e 9 de Dezembro de 2000, no termo da presidência francesa do Conselho, com a forçada obtenção de um acordo político quanto ao texto de um novo tratado[302]. Em consequência, o Tratado de Nice foi assinado em 26 de Fevereiro de 2001[303], depois de limadas as arestas formais e linguísticas[304]. Importa apresentar algumas das principais modificações e características do enquadramento «constitucional» da União Europeia e da Comunidade Europeia resultante do Tratado de Nice, o qual não pode ser reduzido aos mais comuns dois ou três aspectos singulares:

- A reforma institucional, alterando a composição da Comissão e a maioria qualificada no Conselho;

«os direitos fundamentais vigentes a nível da União deverão ser reunidos numa Carta, adquirindo assim maior visibilidade» (pontos 44-45 e Anexo IV das *Conclusões da Presidência*). O Conselho Europeu cometeu a tarefa a uma instância, que se auto-intitulou «Convenção», cujos trabalhos deveriam estar concluídos até ao Conselho Europeu de Nice (Dezembro de 2000), com vista à sua «proclamação solene». Foi esta proclamação solene que os Conselho, Comissão e Parlamento Europeu fizeram, em 7.12.2000 (JO, C 364, de 18.12.2000, pp. 1 e ss.) – Tizzano/Cruz Vilaça/Gorjão-Henriques, *Código da União Europeia, cit.*

301 Sobre a Carta, entre nós, AA. VV., *Carta dos Direitos Fundamentais da União Europeia*, (coord. Vital Moreira), Coimbra Editora, 2001; R. Moura Ramos, «A Carta dos Direitos Fundamentais da União Europeia e a protecção dos Direitos Fundamentais», *Cuadernos Europeos de Deusto*, n.° 25, 2001, pp. 161-185; A. Goucha Soares, *A carta dos Direitos Fundamentais da União Europeia – A protecção dos Direitos fundamentais no ordenamento comunitário,* Coimbra Editora, Coimbra, 2002; António Cadilha, «O impacto da Carta dos Direitos Fundamentais da UE no Sistema de Tutela Jusfundamental no Espaço Europeu», in *Estudos Comemorativos dos 10 Anos da Faculdade de Direito da Universidade Nova de Lisboa*, Separata do Vol. I, Almedina, 2008, com amplas indicações bibliográficas; criticamente, P. Pescatore, «Nice – Aftermath», *CMLR*, vol. 38, 2001, pp. 267-268; ou J.H.H. Weiler, «Human rights, Constitutionalism and Integration: Iconography and Fetishism», *Forum du Droit International*, vol. 3, n.° 4, 2001, pp. 232-235..

302 Em rigor, a imprensa informa que o acordo foi obtido da madrugada do dia 11 enquanto, no plano formal, o Conselho Europeu esteve reunido entre os dias 7 e 9.

303 O acordo político foi recebido em termos variados, tendo sido objecto de algumas apreciações negativas. O mais imediato libelo acusatório foi o artigo publicado por J.-L. Bourlanges, no jornal *Le Monde*, de 12.12.2000 («Il ne faut pas ratifier Nice»). O mesmo *Le Monde* noticiava, no dia seguinte, o comentário do presidente da Comissão perante o Parlamento Europeu, ao qualificar os objectivos atingidos no que toca à reconfiguração da maioria qualificada no Conselho como *«quantitativamente importantes mas qualitativamente insignificantes ou mesmo nulos»*.

304 Salvo no caso da Irlanda, os processos de ratificação decorreram de forma normal, tendo o tratado sido ratificado por todos os outros Estados membros, incluindo Portugal (Decreto do P.R. n.° 61/2001, de 18 de Dezembro).

- O desenvolvimento das cooperações reforçadas;
- A crítica do que se não fez, em especial, a refundação da União pela elaboração formal de uma constituição de que a Carta dos Direitos Fundamentais da UE poderia ser a primeira pedra ostensiva[305].

132. O Tratado de Nice introduz outras modificações que ultrapassam os aspectos atrás evidenciados. Rodeando o domínio do simbólico, pouca atenção tem sido conferida a duas "minúsculas" (mas significativas) decisões que tocaram o principal órgão da União (Conselho Europeu) e o diário oficial europeu (Jornal Oficial "das Comunidades Europeias" – JO). Quanto ao primeiro (Conselho Europeu), fixou-se a sede em Bruxelas, embora de forma progressiva[306]. A solução é compreensível (sendo o órgão de cúpula da União, é natural que esteja na principal sede do poder comunitário), embora represente uma ruptura com um costume estabelecido e uma das principais características do imaginário comunitário, ao mesmo tempo que (uma vez mais) atribui a sede da "última" das instituições a um dos países onde já hoje estão sediadas a maior parte das instituições e órgãos da União (*et pour cause*)[307]. Já o tradicional Jornal Oficial das Comunidades Europeias passou a chamar-se ***Jornal Oficial da União Europeia***, o que fazia sentido[308], quer devido à relação entre a União e as Comunidades (artigo 1.° UE-M) quer por os órgãos da União criarem Direito a que há que dar publicidade.

133. No centro dos resultados do novo Tratado de Nice estão, contudo, as **questões institucionais**, expressas por antonomásia na **recompo-**

---

[305] Deve notar-se que o Conselho Europeu de Colónia, que determinou a elaboração da *Carta* referiu expressamente que em Nice apenas seria proposto aos restantes órgãos que proclamasse solenemente a *Carta* e a questão da sua inserção foi intencionalmente deixada para apreciação posterior.

[306] A partir de 2002 realiza-se pelo menos uma reunião por ano em Bruxelas, mas, quando a UE incluísse 18 Estados membros, todas as reuniões passariam a ter lugar em Bruxelas (*Declaração respeitante ao local de reunião do Conselho Europeu*, incluída na Acta Final), o que acontece desde 1 de Maio de 2004.

[307] Vide o Protocolo n.° 12 (anexo ao Tratado de Amesterdão) relativo à localização das sedes das instituições e de certos organismos e serviços das Comunidades Europeias e da Europol.

[308] Implicando outras modificações, nos tratados e na antiga decisão do Conselho de 15 de Setembro de 1958.

sição da Comissão, umbilicalmente ligadas (de modo formal) desde o protocolo inserido em Amesterdão (e revogado por Nice). Por ele, os Estados membros de maior dimensão (os cinco mais populosos – França, Alemanha, Reino Unido, Itália e Espanha) admitiam renunciar a um segundo comissário na Comissão[309] (a que teriam direito, crê-se, por força do costume) se adquirissem um maior peso nas deliberações do Conselho por maioria qualificada (cfr. artigo 205.°, n.° 2 CE[310]). Alterações a concretizar a médio prazo, nos termos previstos no protocolo adicional.

134. Desenhada em 2000, apenas pretendia produzir efeitos a partir de Janeiro de 2005[311], altura em que aqueles Estados membros passaram a ter um nacional seu na Comissão mas, como contrapartida, ganharam peso relativo e absoluto nas deliberações a adoptar pelo **Conselho** por maioria qualificada (de longe a regra geral de facto)[312]. Maior peso relativo pois passam a ter um maior número de votos em relação aos Estados membros de média e pequena dimensão (Portugal, por exemplo, passou de 5 para 12 votos, enquanto os quatro mais populosos passaram de 10 para 29 votos)[313]. Maior peso absoluto na medida em que, até 31 de Dezembro de 2006[314], três dos

---

309 No seu relato de 1994, Lord Cockfield já salientava que «*há muitos anos que existe uma forte pressão, particularmente do Reino Unido, no sentido de que o número de comissários deveria ser reduzido para um por Estado membro. Esta visão foi aceite pela conferência intergovernamental responsável pela negociação do tratado de Maastricht mas o tratado, em sim mesmo, deixou o assunto para posterior consideração, apesar de ter disposto que o número de vice-presidentes deveria ser reduzido de seis para um ou dois*» – Lord Cockfield, *The European Union – creating the single market*, *cit.*, p. 106.

310 A ligação entre as duas questões já não é recente. Para uma visão da posição espanhola quanto à recomposição da Comissão, no sentido agora acordado, A. Mangas Martín, «La reforma institucional en el tratado de Amsterdam», *Revista de Derecho Comunitario Europeo*, n.° 4, ano 2, 1998, pp. 29-31.

311 Previa-se a antecipação para Novembro de 2004, pelo Acto de Adesão de 16.4.2003.

312 Hoje regra geral também *de jure*, por força do Tratado de Lisboa. Este factor, que vimos salientando pela sua necessária implicação na (des)construção da independência da Comissão, foi recentemente salientado por J. N. Calvão da Silva, «O Tratado de Lisboa (algumas notas)», *cit.*, pág. 133, nota 53.

313 Portugal era, até 1.5.2004, o 6.° Estado membro com mais peso nas deliberações do Conselho por maioria qualificada (bem longe da nossa posição, em termos económicos). A partir de 2005 passou a ser o 7.° Estado (perdemos em relação aos Países Baixos). Desde 1 de Janeiro de 2007, ocupa o 9.° lugar, ou seja, ainda no terço mais relevante (embora sempre em igualdade com outros Estados).

314 Nesse momento, a minoria de bloqueio aumentou de 88 para 91 votos, exigindo que os (tais três) Estados membros mais populosos encontrem o apoio num qualquer outro

maiores Estados continuavam a poder bloquear qualquer deliberação por maioria qualificada[315]. Além disso, foi introduzido um novo limiar (populacional) nas deliberações por maioria qualificada do Conselho. Qualquer Estado membro passou a poder pedir que a deliberação fosse tomada por uma maioria de Estados membros representando pelo menos 62% da população total da União[316]. Contudo, a não automaticidade do funcionamento deste terceiro limiar podia prejudicar a sua efectividade. A recomposição da Comissão e a reformulação da ponderação a atribuir aos Estados membros nas deliberações do Conselho por maioria qualificada só produziu efeitos em 2004, com a Comissão que então iniciou funções (a primeira Comissão BARROSO). Desse facto não se pode dissociar o calendário eleitoral para o Parlamento Europeu.

135. Se os Estados membros se preocuparam com a magna questão da sua posição política no novo quadro de relações entre **Comissão** e Conselho, o certo é que as soluções não foram favoráveis à celeridade e eficácia do processo decisório, como o comprovam a manutenção do poder de bloqueio do processo de decisão no Conselho (mesmo em maioria qualificada[317]) e a intocabilidade da norma do artigo 250.° CE (equivalente ao actual artigo 293.° TFUE), que continuava a prescrever que o Conselho só poderia (seja qual for o *quorum* deliberativo concreto) alterar as propostas da Comissão por unanimidade, o que beneficia a Comissão. Esta foi reorganizada, nas suas linhas-mestras, e os **poderes do Presidente da Comissão** foram reforçados, apesar do estatuto formal que o Presidente da Comissão já anteriormente detinha, expresso quer no tratado (desde Ames-

Estado membro (com excepção de Malta) para lograrem impedir uma deliberação do Conselho por maioria qualificada – assim a *declaração relativa ao limiar da maioria qualificada e ao número de votos da minoria de bloqueio no âmbito do alargamento,* incluída na acta final da Conferência.

[315] Limiar introduzido, segundo a opinião unânime, por pressão da Alemanha.

[316] Poderia justificar-se deste modo o apelo que o primeiro-ministro sueco (que ocupou no primeiro semestre de 2001 a presidência do Conselho) fez, entrevistado a propósito de Nice e da presidência sueca, a que «nasçam mais bebés» (*Financial Times*, de 14.12.2000). Pode ainda ver-se neste novo critério o prelúdio de um futuro bicameralismo (muitas vezes proposto por muitos), em que o Conselho tende a assumir-se como câmara de Estados.

[317] O peso da maioria qualificada como modo normal de deliberação do Conselho é amplamente reforçado. Só se manteve a unanimidade – para lá das chamadas decisões *constituintes* – em domínios como os fundos estruturais (até 2007), os serviços culturais e audiovisuais, fiscalidade, questões sociais e parte das decisões fundamentais no domínio do «espaço de liberdade, segurança e justiça».

terdão – artigo 219.°, § 1 CE) quer nos regulamentos internos das Comissões PRODI, o primeiro adoptado logo em 18.9.1999[318]. Ainda assim, era notório, *maxime* pela previsão da demissão de um comissário a pedido do Presidente (nova redacção do artigo 217.° CE) e de a este competir a nomeação dos vice-presidentes (cfr. artigos 17.°, n.° 6 TUE – Lisboa), acentuando a sugestão de uma "governamentalização" da Comissão que surge justamente no momento que o Conselho afirma, de forma explícita, a sua superioridade genética sobre a Comissão (pela primeira vez na história comunitária, o tratado estabeleceu que o Conselho nomeava a Comissão e, para mais, por maioria qualificada – artigo 214.° CE[319]), também constitui a base adequada para a efectiva recondução (futura) da Comissão ao papel que os autores dos tratados originariamente lhe quiseram conferir, de ser a representante do interesse geral da Comunidade e o verdadeiro **executivo comunitário**, ainda que subordinada no seu funcionamento e orientação ao voluntarismo e direcção política de uma só pessoa (mas controlada de modo formal e legítimo por dois órgãos democraticamente legitimados: Parlamento Europeu e Conselho). Goste-se ou não do modelo, as revisões de Amesterdão e Nice reforçaram de modo inequívoco a legitimidade democrática da Comissão.

136. O **Parlamento Europeu** não viu reforçados os seus poderes e competências. A reforma institucional passou-lhe um pouco ao lado e, além de alterações na sua composição[320], são porventura mais dignos de nota o reforço dos seus direitos processuais junto do Tribunal de Justiça da União Europeia (quanto aos pressupostos da legitimidade e do interesse em agir no contencioso de anulação, onde passa a recorrente privilegiado – artigo 230.° CE; cfr. artigo 263.° TFUE), ou na possibilidade de também ele convocar a competência consultiva do Tribunal de Justiça (artigo 300.°, n.° 6 CE; cfr. 218.°, n.° 11 TFUE).

137. Já a quantidade e importância das modificações operadas no **sistema jurisdicional** merece um tratamento que excede o propósito do presente texto. É certo que se poderá constatar uma (certa) tibieza formal

---

[318] Publicado no JO, L 252, de 25.9.1999, pp. 41. O Regulamento Interno foi adoptado em 29.11.2000, publicado no JO, L 308, de 8.12.2000, tendo sido já objecto de, pelo menos, onze alterações.

[319] Com o Tratado de Lisboa, passa a ser nomeada pelo Conselho Europeu, como veremos (artigo 17.°, n.° 7 TUE Lisboa).

[320] Vide o artigo 1.° do *Protocolo relativo ao alargamento da União Europeia*.

quanto ao alcance das alterações introduzidas nos tratados, pois não se reconhecia o **Tribunal de Primeira Instância** (TPI – hoje Tribunal Geral) como instituição de corpo inteiro e não apenas (que já não o era) uma mera primeira instância do Tribunal de Justiça; mas, algo paradoxalmente, Nice reforçou o estatuto real do Tribunal Geral, de que eram manifestações concretas a reconstrução da norma do artigo 220.° CE (que o nomeia – cfr. artigo 19.°, n.° 1 TUE – Lisboa), a sua consideração como instância de recurso das decisões das câmaras jurisdicionais a criar (artigo 225.°, n.° 2 CE; cfr. artigo 256.°, n.° 2 TFUE) e o reconhecimento da sua competência genérica como tribunal comunitário nos domínios tradicionais do contencioso comunitário (artigo 225.°, n.° 1 CE; cfr. artigo 256.°, n.° 1 TFUE)[321]. Surpreendente poderia ser o adjectivo adequado[322] para caracterizar a quebra mediata da competência exclusiva do Tribunal de Justiça no reenvio prejudicial (anterior artigo 234.° CE; artigo 267.° TFUE) – ainda que em domínios específicos (artigo 224.° CE; cfr. artigo 256.°, n.° 3 TFUE) –, considerado o bastião e reserva da natureza suprema do Tribunal de Justiça, ainda que atenuado pela constrições que (a título principal ou em via de recurso) permitiam ao Tribunal de Justiça assegurar «a unidade ou coerência do direito comunitário»[323]. Como ficou já entrevisto, novidade foi também a previsão da criação de **câmaras jurisdicionais** (artigo 225.°-A CE; cfr. artigo 257.° TFUE), autênticos tribunais, sendo mesmo antevista a criação (que ocorreu) de uma secção dedicada principalmente ao chamado contencioso da função pública comunitária (o Tribunal da Função Pública da União Europeia)[324]. Finalmente, foi tam-

---

[321] U. Everling, «The future of the european judiciary within the enlarged European Union», *Mélanges à hommage de Michel Waelbroeck*, vol. I, Bruylant, Bruxelles, 1999, p. 350. Parece adequado lembrar, neste momento, que apenas em relação ao TPI [actual Tribunal Geral] se manteve, então, a possibilidade de haver mais juízes do que países na União, algo que já sucedeu com o próprio Tribunal de Justiça e que até Nice se mantinha (como possibilidade) para os dois tribunais comunitários.

[322] Contudo, já em 1999 escrevia Ulrich Everling: «*Under these circumstances, in the long run, there will be no other solution than the attribution of nearly all or at least most of the preliminary procedures to the Court of First Instance*» – «The future of the European judiciary within the enlarged European Union», *Mélanges en hommage à Michel Waelbroeck*, *cit*., pp. 346 e 348.

[323] Esta norma é rodeada de alguns cuidados, expressos quer na sua redacção prolixa, quer no sentido e limitações formuladas em declarações que anexas à Acta final da CIG/2000 – contudo, ver o que se dirá na *Parte IV*.

[324] Declaração n.° 16 anexa à Acta Final da CIG/2000. Mais recentemente, por outro lado, o Presidente do TPI, Bo Vesterdorf, manifestou-se a favor da criação de um Tri-

bém quebrado o laço exclusivo dos **advogados-gerais** ao Tribunal de Justiça, sendo eliminada a obrigatoriedade da sua intervenção perante o Tribunal de Justiça. Se a primeira mudança se aplaude, a segunda, potencialmente correcta, deve ser analisada com atenção, pois uma das virtualidades da intervenção do advogado-geral era a de romper o monolitismo doutrinal e dogmático que pode resultar da proibição do voto de vencido nas deliberações do Tribunal de Justiça[325].

138. Além de outras modificações[326], justifica-se uma referência ao **Comité das Regiões**, órgão consultivo introduzido no Tratado de Maastricht[327]. Na altura, muitos viram aí uma tentativa de, ao reconhecer protagonismo às regiões, ir progressivamente substituindo o Estado como interlocutor (único) das Comunidades e União Europeias. Ora, o Tratado de Nice reforça a dimensão democrática do órgão, ao impor que os seus membros devem gozar de legitimidade democrática nos respectivos Estados membros (cfr. artigo 300.°, n.° 3 TFUE).

139. No quadro da **União Europeia**, é de assinalar mais um passo no sentido do **reconhecimento não explícito da sua personalidade jurídica** (artigo 24.°, n.° 6); a modificação do artigo 7.° UE-M (artigo 7.° TUE – Lisboa), a prever um enquadramento normativo que permitisse lidar com situações de «risco manifesto de violação grave» de princípios e direitos fundamentais[328], em termos que trazem à memória, até nas soluções, o caso austríaco de 2000[329]; a reconstrução das cooperações reforçadas, abundantemente reguladas[330]; a supressão de (quase todas) as referências

---

bunal especializado em concorrência, porventura através do modelo das câmaras jurisdicionais (*Bloomberg*, 20/10/2004).

[325] Importante é referir a adopção de um novo *Protocolo relativo ao Estatuto do Tribunal de Justiça*.

[326] Por exemplo, em relação aos partidos políticos europeus (previsão de competência para aprovação de regras de financiamento e limitações à afectação dos recursos) – novo § 2 do artigo 191.° e declaração inserida na Acta Final da Conferência. Também o Tribunal de Contas e o Comité Económico e Social sofreram ajustamentos com algum relevo.

[327] Existe ampla doutrina sobre o assunto, mesmo nacionalmente.

[328] A versão francesa fala em «risque clair», enquanto a versão inglesa também usa a expressão «clear risk».

[329] Alterações a que se deve aditar a nova alínea *f)* do artigo 46.° UE-M.

[330] Salientam-se três pontos: quanto à dimensão, têm de envolver pelo menos oito Estados membros (mantendo-se o limiar actual, só que a actual redacção fala na «maioria de Estados membros»), pelo que, numa União com 27 Estados membros, para instituir uma

à UEO (artigo 17.° UE-M) e o caminho paralelo na construção de uma política europeia de segurança e defesa[331]; ou a criação da *Eurojust* (unidade europeia de cooperação judiciária[332]), para emparceirar (no domínio da CoPoJuP[333] – artigos 29.°-42.° UE-M) com a já existente *Europol*.

140. Já no tratado CE, se não foi suprimido o procedimento de cooperação (artigo 252.° CE[334]) nem consagradas alterações que pareciam pré-anunciadas[335], as mudanças foram mais numerosas e significativas[336], apesar da efectiva predominância das questões puramente «institucionais». A sua análise, a carecer de maior espaço e, em especial, a exigir uma análise mais técnica, não cumpre aqui fazer[337].

---

cooperação reforçada é necessário menos de um terço dos Estados membros. Segundo, em vez de se dizer que não pode afectar o «acervo comunitário», diz-se que os actos e decisões de execução de uma cooperação reforçada «não fazem parte do acervo». Terceiro, desaparece a indicação segundo a qual não podia ter por objecto a cidadania.

[331] Recorde-se que foi assinado em Roma, em 5 de Julho de 2000, o Tratado sobre o Estatuto Jurídico de uma «força multinacional europeia», a EUROFOR, entre Portugal, Espanha, a França e a Itália (Ratificado pelo Decreto do P.R. n.° 16/2002, de 8.3.2002).

[332] Artigos 29.° e 31.° UE (e declaração na Acta Final da CIG). A Eurojust foi instituída pela Decisão n.° 2002/187/JAI do Conselho, de 28.2.2002 – Tizzano/Cruz Vilaça/Gorjão-Henriques, *Código da União Europeia*, *cit.*

[333] Cooperação Policial e Judiciária em Matéria Penal.

[334] O que, como veremos, foi feito com o Tratado de Lisboa.

[335] Conferência Intergovernamental sobre a Reforma Institucional, *Documento de Síntese Revisto* (elaborado sob responsabilidade da Presidência), Bruxelas, 30.11.2000, CONFER 4815/00.

[336] Nenhuma dúvida nos resta de que existem muitas outras normas de grande importância para o futuro quadro jurídico da construção europeia, inovando ou constitucionalizando práticas existentes: alteração ao artigo 18.° CE; medidas contra a não discriminação (artigo 13.° CE); facilitação do processo decisório no título IV do Tratado CE; alargamento das hipóteses de concessão de ajuda financeira a Estados membros afectados por ocorrências excepcionais; pequenos mas importantes esclarecimentos na UEM; manutenção da unanimidade no domínio dos fundos de coesão (até 31.12.2006); declarações relativas a acordos e equilíbrio interinstitucionais (declaração na Acta Final) ou a modificação da controvertida norma do artigo 133.° CE, relativo à política comercial comum. Este último constituía, aliás, um dos pontos onde não existia consenso, como mostra a existência de duas opções no *documento de síntese*, a primeira mais *progressista* e a segunda mais *conservadora* (e a proposta finlandesa de 8.12.2000). Era ainda proposto um novo protocolo, que regularia, igualmente pela primeira vez, as modalidades de «*participação da UE (Comunidade Europeia e Estados membros) nos trabalhos da OMC*».

[337] Sobre as alterações no domínio da política comercial comum, entre nós, v. Maria João Palma, «A política comercial após o Tratado de Nice: tensões e incoerências em torno do artigo 133.° do Tratado da Comunidade Europeia», *Estudos Jurídicos e Económicos em*

141. O Tratado de Nice tem também um elemento transitório que não pode ser esquecido pois, como sucedeu com tratados anteriores, também anunciou um conjunto ambicioso de objectivos para 2004 («Nice II»)[338], no quadro do objectivo da paz[339] e do desígnio do alargamento aos países da Europa Central e de Leste[340] («Declaração respeitante ao futuro da União»).

Homenagem ao Prof. Doutor António de Sousa Franco, FDUL, 2006, Vol. III, pp. 101-112.

[338] Eram temas específicos a debater no processo a delimitação das competências entre a UE e os Estados membros, o estatuto da Carta dos Direitos Fundamentais, a simplificação dos tratados e o papel dos Parlamentos nacionais na arquitectura europeia – sobre este processo, o nosso «A Europa e o futuro: uma nova receita ou o mesmo "cocktail"?», *Política Internacional*, n.° 25, 2002, pp. 265-284.

[339] Recorde-se o início da declaração *Schuman*, de 9 de Maio de 1950: «*A paz mundial não poderá ser salvaguardada sem esforços criadores à medida dos perigos que a ameaçam./(...) A Europa não foi construída, tivemos a guerra./A Europa não se fará de um golpe (...): far-se-á por meio de realizações concretas*».

[340] Como se pode ler na *Declaração respeitante ao futuro da União*, «a conclusão da Conferência (...) abre caminho ao alargamento da União Europeia» – Declaração n.° 23 anexa à Acta Final da CIG/2000.

10. DA CONSTITUIÇÃO EUROPEIA AO TRATADO DE LISBOA

142. Após a entrada em vigor do Tratado de Nice, a 1 de Março de 2003, a União Europeia conheceu um período de profunda mutação, que, passando pela malograda **Constituição Europeia**, culminou no **Tratado de Lisboa**, assinado no Mosteiro dos Jerónimos a 13 de Dezembro de 2007. Esse período é marcado por dois factores primordiais.

143. Primeiro, o **alargamento** da União Europeia a mais 12 Estados membros (Chipre, Eslováquia, Eslovénia, Estónia, Hungria, Letónia, Lituânia, Malta, Polónia, República Checa[341] e, desde 1 de Janeiro de 2007, também à Bulgária e Roménia). À porta fica ainda a Turquia (cujas negociações se iniciaram em 2005), alguns Estados dos Balcãs (como a Croácia) ou nórdicos (como a Islândia).

144. Segundo, a refundação constituinte da União Europeia, a qual inclui a cessação da vigência do Tratado CECA[342] e envolve dois processos constituintes, o primeiro inacabado: (*i*) a CIG/2004 e o "Tratado que estabelece a Constituição" (adiante, **Constituição Europeia**); (*ii*) a CIG/2007 e o Tratado de Lisboa[343]. Centremo-nos neste segundo patamar.

---

[341] O Tratado de Adesão foi assinado em Atenas a 16 de Abril de 2003 e a adesão concretizou-se em 1 de Maio de 2004 (JO, C 104, de 30.4.2004, p. 20). Sobre o alargamento, Maria Regina Mongiardim, *O Alargamento da União Europeia – novos vizinhos*, Prefácio, Lisboa, 2004; Maria Paula Fontoura/Nuno Crespo (Org.), *O Alargamento da União Europeia – consequências para a economia portuguesa*, Celta Editora, Oeiras, 2004 (no qual destacamos a contribuição de António Goucha Soares, «O alargamento da União Europeia – Análise jurídico-política da adesão dos países da Europa Central ou de Leste», pp. 29-49).

[342] Em 23 de Julho de 2002.

[343] A designação "Tratado de Lisboa" resulta do próprio Tratado (no seu artigo 7.°: «*O presente Tratado, denominado Tratado de Lisboa...*»), do Tratado da União Europeia

145. A Acta Final da CIG/2000 apelava a um «debate mais amplo e aprofundado sobre o futuro da União Europeia» (Declaração n.° 23, ponto 2) e, na **Declaração sobre o Futuro da União**, previa-se que, no Conselho Europeu de *Laeken* de Dezembro de 2001, seria adoptada a **Declaração de *Laeken*** «que incluirá as iniciativas adequadas apropriadas para dar seguimento a este processo». Entre outros aspectos, deveriam ser abordadas as seguintes questões:

- «Estabelecimento e manutenção de uma delimitação mais precisa das competências entre a União Europeia e os Estados membros, que respeite o princípio da subsidiariedade;
- Estatuto da Carta dos Direitos Fundamentais da União Europeia (...);
- Simplificação dos Tratados, a fim de os tornar mais claros e compreensíveis, sem alterar o seu significado;
- Papel dos Parlamentos nacionais na arquitectura europeia.»[344]

146. A **Declaração de *Laeken***, de 15 de Dezembro de 2001[345], foi ainda mais ambiciosa, lançando outras questões e apontando para, «a prazo, [a] aprovação na União de um texto constitucional». Para a preparação da CIG/2004 prevista na CIG/2000, o Conselho Europeu convocou uma "**Convenção**", de formação heterogénea, com representantes dos órgãos comunitários, dos Estados membros (Governos e Parlamentos) e dos países candidatos, aberta à sociedade civil, devendo o resultado ser apresentado no prazo de um ano. Em 18 de Julho de 2003, a Convenção apresentou ao Conselho Europeu um projecto de "Tratado que institui a Constituição"[346], o qual serviu, como previsto, de base para a CIG/2004 (lançada ainda em 2003)[347].

(no artigo 17.°, n.° 4) ou do Tratado sobre o Funcionamento da União Europeia (nos artigos 98.° ou 107.°, n.° 2, alínea *c)*).

344 Declaração n.° 23, ponto 5.

345 Tizzano/Cruz Vilaça/Gorjão-Henriques, *Código da União Europeia*, *cit.*

346 Não era bem esse o mandato da Convenção. Segundo a Declaração de Laeken, «*a Convenção estudará as diferentes questões. Elaborará um documento final que poderá compreender quer diferentes opções, indicando o apoio que as mesmas obtiveram, quer recomendações, em caso de consenso*». Daí que a Convenção, querendo aprovar um texto único, tenha deliberado por "consenso", conquanto tantas vezes falso. O texto proposto pela Convenção pode encontrar-se em Tizzano/Cruz Vilaça/Gorjão-Henriques, *Código da União Europeia*, 3.ª ed., Almedina, Coimbra, 2003, pp. 1099-1127 (Índice geral e Partes I e IV), e ainda na *Internet* ou em António Jácomo, *A Constituição Europeia – pormenores de uma polémica*, ed. Autor, Salamanca, 2003, pp. 81-191.

147. O texto do "Tratado que estabelece a Constituição" para a União (de ora em diante, "**Constituição Europeia**"[348] ou mesmo "Constituição") foi objecto de acordo político no Conselho Europeu de Bruxelas, de 17 e 18 de Junho de 2004[349], e assinado pelos então 25 Estados membros – e pelos três Estados candidatos – em Roma, a 29 de Outubro de 2004. Não é possível, em poucas linhas, descrever o que se pretendia que mudasse com a "Constituição Europeia". Apesar da sua efémera existência, não deixa de existir uma extensa doutrina sobre o tema, cuja relevância se mantém, considerando a continuidade que existe entre a Constituição e o Tratado de Lisboa[350]. A Constituição Europeia representava uma

---

[347] Toda a documentação sobre o processo conducente à celebração do "Tratado que estabelece a Constituição" pode encontrar-se em http://europa.eu.int/futurum/eu_constitution_pt.htm – M. Gorjão-Henriques, *Constituição Europeia*, Coimbra Editora, Coimbra, 2004. A Constituição encontra-se publicada no JO, C 310, de 16.12.2004, pp. 1-474.

[348] Embora muitos insistam em chamar-lhe "Tratado Constitucional", uma consulta do diploma mostra que este se reconhecia como "Constituição".

[349] Uma cronologia do processo, desde o Conselho Europeu de Nice, pode encontrar-se em Estratégia, «Cronologia da Convenção sobre o futuro da Europa», n.° 18-19, 2003, pp. 385-388, onde, contudo, se previa a assinatura do Tratado em Roma, em Maio de 2004.

[350] Só em língua portuguesa, em sentido diferenciado, António Jácomo, *A Constituição Europeia – pormenores de uma polémica*, ed. Autor, Salamanca, 2003, pp. 81-191. Paulo Pitta e Cunha, *A Constituição Europeia – um olhar crítico sobre o projecto*, 2.ª ed., Almedina, Coimbra, 2004; Ana Maria Guerra Martins, *O Projecto de Constituição Europpeia – Contribuição para o Debate sobre o Futuro da União*, Almedina, Coimbra, 2004; Mario Dehove (Dir.), *O novo estado da Europa*, Campo da Comunicação, 2004; Guilherme d'Oliveira Martins, *O Novo Tratado Constitucional Europeu – Da Convenção à CIG*, Gradiva/Fund. Mário Soares, 2004; Francisco Seixas da Costa, «Portugal e o Tratado Constitucional Europeu», *Relações Internacionais*, n.° 2, 2004, pp. 5-12; Francisco d'Oliveira Neves, «Alargamento e Constituição da União Europeia: de Monnet a Metternich», *Relações Internacionais*, n.° 2, 2004, pp. 13-24; ou os volumes específicos das revistas Estratégia, *Portugal e a Constituição Europeia*, n.° 18-19, Principia, Cascais, 2003, e da revista *O Direito*, ano 137, 2005, IV-V, com artigos de A. M. Guerra Martins, A. Horta Fernandes, C. E. Pacheco Amaral, Fausto de Quadros, F. Loureiro Bastos, J. Alves Costa, J. M. Vilalonga, Manuel Porto, M. S. Oliveira Martins, M. J. Rangel de Mesquita, M. L. Duarte, M. Rebelo, M. Galvão Telles, M. Prata Roque, N. Gaioso Ribeirro, N. Piçarra, P. Pitta e Cunha e Jorge Miranda; Maria Eduarda Azevedo, «O duplo impulso para a refundação da Europa – Da Convenção Europeia ao Novo Modelo de Governação Económica», *Estudos Jurídicos e Económicos em Homenagem ao Prof. Doutor António de Sousa Franco*, FDUL, 2006, Vol. III, pp. 47-58.; Carla Amado Gomes, «O Tratado de Lisboa: ser ou não ser...», cit., pág. 46, diz que o Tratado de Lisboa diz que «o Tratado de Lisboa está assombrado pelo fantasma do Tratado Constitucional (...) / uma velha Constituição ou um novo tratado? As metáforas variam muito. Falou-se de reencarnação, de ressurreição, de renascimento...».

revolução no enquadramento jurídico e político da integração europeia, com reflexos nos próprios ordenamentos jurídico-constitucionais nacionais. Salientemos apenas alguns pontos onde se verificavam alterações mais significativas, quer em termos gerais quer em relação a cada uma das suas quatro Partes.

148. Da própria designação do Tratado (Tratado que estabelece uma Constituição para a Europa) e do modo como se auto-identificava ao longo do texto convencional (como "Constituição", nominativamente), aliados ao texto do proposto artigo I-6.° (artigo I-10.°, no projecto aprovado por unanimidade na Convenção), relativo ao primado do direito comunitário, poder-se-ia deduzir ser intenção da "Constituição" a de criar formalmente uma relação hierárquica face ao direito dos Estados membros (embora o Direito dos Tratados seja também direito interno dos Estados, ainda que de fonte internacional). Embora o **primado** do direito comunitário sobre o direito nacional seja afirmado há mais de 40 anos pelo Tribunal de Justiça e por este concebido como uma «exigência existencial» do próprio ordenamento jurídico comunitário, o certo é que seria a primeira vez que um Tratado o acolheria explicitamente, deixando esta de promanar de um tribunal para ser afirmada directamente e autonomamente como regra formal pela própria ordem jurídica comunitária[351].

149. Culminando um processo que vimos iniciado ainda no AUE, a **União Europeia** assumia-se, pela primeira vez, como pólo subjectivo único[352], sucedendo à União Europeia – *stricto sensu*, criada pelo Tratado de Maastricht – e à Comunidade Europeia[353] (artigo IV-438.°), havendo a preocupação de assegurar a continuidade das instituições e procedimentos e a integralidade do acervo comunitário, nele se integrando a jurisprudên-

---

351 É de notar que os Estados membros fizeram inserir na Acta Final uma Declaração (n.° 1) onde se dizia que «[a] *Conferência constata que o artigo I-6.° reflecte a jurisprudência existente do Tribunal de Justiça das Comunidades Europeias e do Tribunal de Primeira Instância*».

352 Quase – a Euratom não era abrangida pelo tratado. Apesar de algumas alterações que são introduzidas neste Tratado, 4 Estados membros fizeram constar da Acta Final da CIG uma declaração (n.° 44) sobre a necessidade de uma CIG específica destinada à revisão do Tratado Euratom.

353 O fim da Comunidade Europeia é outro facto simbólico do virar-de-página que este tratado pretendia traduzir. Não só se renega a expressão original sobre a qual toda a construção europeia foi construída, como isso é feito ao mesmo tempo que é afirmado o aproveitamento total do chamado *método comunitário*.

cia dos tribunais comunitários[354]. À União Europeia era conferida personalidade jurídica (artigo I-7.°) e eram-lhe reconhecidos símbolos próprios: bandeira, hino, lema, moeda e um "dia de festa"[355] (artigo I-8.°).

150. Elaborada uma Constituição «inspirada na vontade dos cidadãos e dos Estados da Europa» (artigo I-1.°, n.° 1) e que conduziria «à emancipação das Instituições europeias em relação ao ente Estado e à consagração de um modelo unilateral de análise das questões de legitimidade e eficácia no plano comunitário»[356], o certo é que o **poder constituinte**, tanto originário como derivado, continuava a residir nos Estados membros, que permaneciam, no essencial, os "donos dos Tratados"[357]. A revisão da Constituição Europeia seria preparada, em último termo, por uma Conferência dos Representantes dos Governos dos Estados membros (artigo IV-443.°, n.° 3, § 1)[358] e as alterações a que estes chegassem «de comum acordo» só entrariam em vigor «após a sua ratificação por todos os Estados membros» (artigo IV-443.°, n.° 3), apesar do mecanismo de apreciação política previsto no n.° 4 do artigo IV-443.°.

151. A Constituição Europeia encontrava-se dividida em quatro partes. A Parte I, composta por 60 artigos (artigos I-1.° a I-60.°)[359], continha

---

[354] O n.° 4 do artigo IV-438.° dispunha que a «jurisprudência do Tribunal de Justiça das Comunidades Europeias e do Tribunal de Primeira Instância relativa à interpretação e aplicação dos tratados e actos revogados pelo artigo IV-437.°, bem como dos actos e convenções adoptados para a sua aplicação, continua a constituir, *mutatis mutandis*, a fonte de interpretação do direito da União, designadamente das disposições comparáveis da Constituição».

[355] Que «é comemorado a 9 de Maio em toda a União».

[356] M. Gorjão-Henriques, «Comentário», *A Revisão do Tratado da União Europeia*, Almedina, Coimbra, 1996, p. 124.

[357] Assim o disse recentemente e a propósito do Tratado de Lisboa, o *Bundesverfassungsgericht*, no acórdão de 30 de Junho de 2009, § 298. Em sentido contrário, Alessandra Silveira, a partir da "recessão do Estado soberano, sustenta que as ordens jurídicas nacionais tendem a ser ordens jurídicas parciais, na "transição de um Estado soberano para um Estado internacionalmente orientado (…) e um Estado supranacionalmente vinculado" («Constituição, Ordenamento e Aplicação de Normas Europeias e Nacionais», *Polis*, n.° 17, 2008, Universidade Lusíada Editora, Lisboa, 2009, pág. 68.)

[358] Só não seria assim na hipótese do artigo IV-445.°, que previa um processo simplificado de revisão das disposições do Título III da Parte III do Tratado. Contudo, ainda aqui a vigência das alterações dependia da sua aprovação pelos Estados membros, «*em conformidade com as respectivas normas constitucionais*».

[359] Todos os artigos da Constituição Europeia eram precedidos da identificação da

as normas fundamentais de organização e repartição ou delimitação de poderes, ao longo dos seus nove títulos. A Parte II, composta por 54 artigos (artigos II-61.°-II-114.°), reproduzia a "Carta dos Direitos Fundamentais da União Europeia". A Parte III compreendia 322 artigos (artigos III-115.°-III-436.°), tendo por epígrafe "Políticas e Funcionamento da União". Finalmente, a Parte IV em 12 artigos (artigos IV-437.°-IV-448.°), estabelecia as "Disposições Gerais e Finais". No total, eram 448 artigos[360].

152. A **Parte I** da Constituição Europeia continha um conjunto de princípios fundamentais. Propõe-se pela primeira vez uma repartição das competências entre Estados membros e União ao abrigo de um critério classificatório de cariz geral, partindo do **princípio da atribuição** (artigos I-1.° e I-11.° e I-12.°) e distinguindo essencialmente entre **competências exclusivas** da União (artigo I-13.°), competências **partilhadas** (artigo I--14.°[361]) e **competências de «apoio, coordenação e complemento»** (artigo I-17.°). Em relação aos domínios de competência exclusiva, era de notar a inovatória referência à política de concorrência, ainda que em termos dúbios (artigo I-13.°, n.° 1, *b)*).

153. Do ponto de vista dos grandes princípios, a par da proclamação do «**princípio da igualdade dos Estados membros** perante a Constituição», sendo dada alguma densificação ao conceito de «identidade nacional» (n.° 1 do artigo I-5.°), ainda que limitativa, ao contrário do que sucedia no anterior artigo 6.°, n.° 3 UE, salientava-se a identificação dos **símbolos** de soberania da União (artigo I-8.°: bandeira, hino, lema, moeda e dia comemorativo), na sequência directa das normas sobre relação com os Estados membros (I-5.°), **primado** (I-6.°) e **personalidade jurídica** (I-7.°). Era também particularmente significativa a previsão da adesão à Convenção Europeia dos Direitos do Homem (artigo I-9.°), superando enfim o bloqueio jurisprudencial erigido pelo Tribunal de Justiça no seu Parecer

---

Parte da "Constituição Europeia" em que se integram (I-1.°, II-61.°, III-115.° e IV-437.°), pelo que assim serão identificados, ao longo do presente volume.

[360] O Tratado da União Europeia, na versão prévia à Constituição Europeia, tinha 63 artigos (53+10), enquanto o Tratado CE dispunha de 318 artigos (314+4), somando 381, pelo que a Constituição, com um total de 448, tinha mais 67 artigos, aos quais acresciam mais 36 protocolos e 50 declarações.

[361] Onde se inclui, entre outras, o espaço de liberdade, segurança e justiça – v. Nuno Piçarra, «O espaço de liberdade, segurança e justiça no Tratado que estabelece uma Constituição para a Europa: unificação e aprofundamento», *O Direito*, n.° 137, 2005, IV-V, pp. 967-1014.

2/94[362], conquanto não eliminasse outros bloqueios, mormente os decorrentes do próprio estatuto jurídico do Conselho da Europa[363] ou da CEDH.

154. Do ponto de vista das **instituições**, salientavam-se algumas alterações, pela sua novidade ou radicalidade. O **Parlamento Europeu** assumia-se plenamente como **legislador** (artigos I-20.° e I-34.°)[364] e como titular da **iniciativa constituinte** (artigo IV-443.°), sendo também de destacar a completa modificação do **modelo de determinação das maiorias qualificadas no Conselho** (artigo I-25.°), a **reconformação da estrutura jurisdicional da União** (artigo I-29.°) ou a criação de novas figuras institucionais, como o **Presidente do Conselho Europeu** ou o **Ministro dos Negócios Estrangeiros da União**.

155. O **Presidente do Conselho Europeu**, escolhido pelo Conselho Europeu entre personalidades que não exercessem qualquer mandato nacional, tinha um mandato com a duração de dois anos e meio, renovável (artigo I-22.°, n.° 1 e 3).

156. O **Ministro dos Negócios Estrangeiros da União** é também uma figura nova, superando em muito o anterior Alto Representante. Apesar da designação ter sido expressamente rejeitada em Grupo de Trabalho na Convenção, foi a designação que o *Praesidium* fez constar do consensualizado texto do anteprojecto de Constituição e que logrou ultrapassar

---

[362] M. Gorjão-Henriques, «O parecer 2/94 e a competência da Comunidade Europeia para aderir à Convenção Europeia dos Direitos do Homem», *Temas de Integração*, n.° 6, 1998, pp. 169-175.

[363] Segundo a Declaração n.° 2 anexa à Acta Final, a adesão devia ser feita «*segundo modalidades que permitam preservar as especificidades do ordenamento jurídico da União*», em termos que apontam para o problema da supremacia do Tribunal de Justiça ou do Tribunal Europeu dos Direitos do Homem, embora nisso não se esgote (v. Protocolo n.° 32 anexo à Constituição Europeia). Além disso, os afeiçoamentos ao Estatuto do Conselho da Europa, foram já promovidos. Quanto à CEDH, o artigo 59.° vem prever especificamente a possibilidade de adesão da União Europeia, nos termos do disposto no Protocolo n.° 14 à CEDH, cuja vigência depende apenas da ratificação da Federação Rússia – quanto a Portugal, vide a Resolução da A.R. n.° 11/2006 (DR, I-A, 37, de 21.2.2006, pp. 1346-1355) e a ratificação através do Decreto do P.R. n.° 14/2006, de 21.2.2006 (DR, I-A, n.° 37, de 21.2.2006, pp. 1346).

[364] Previa-se que, pela primeira vez, o Parlamento Europeu possa adoptar leis ou leis-quadro europeias só por si, «*ainda que com a participação do Conselho*» e apenas em «*casos específicos previstos pela Constituição*» (artigo I-34.°, n.° 2), o que representa outra *revolução*.

incólume a CIG/2004, mas já não a CIG/2007, que o chama **Alto Representante para os Negócios Estrangeiros e a Política de Segurança**. O seu estatuto é tributário das funções que lhe eram cometidas. Dependia do Conselho Europeu, que o nomeava[365] e destituía[366] por maioria qualificada – integrando esta o voto favorável do Presidente da Comissão (artigo I-28.°, n.° 1) –, o que se compreende atendendo ao facto de assumir as funções de Vice-Presidente da Comissão (artigos I-26.°, n.° 5 e I-28.°, n.° 4). Contudo, sendo membro da Comissão, goza de alguma independência face ao estatuto democrático da Comissão; quer isto dizer que, se a Comissão for demitida pelo Parlamento Europeu, embora se deva demitir da Vice-Presidência da Comissão (artigo I-26.°, n.° 8), mantém-se nas suas restantes funções, as quais incluem a de presidir ao «Conselho dos Negócios Estrangeiros» (artigo I-28.°, n.° 3) e a de «conduzir a política externa e de segurança comum da União» por conta do Conselho (artigo I-28.°, n.° 2).

157. Finalmente, uma referência à ambiguidade que rodeia o o estatuto do Tribunal de Contas. Não constando do artigo I-19.°, que elencava as instituições da União, à semelhança do que sucedia até Amesterdão, era referido sob o Capítulo ("Outras instituições e órgãos consultivos da União"), no artigo I-31.°, como "instituição".

158. A total revolução do quadro das **fontes de direito** interno da União, em relação à União Europeia e Comunidade Europeia, era outro factor a assinalar[367].

159. Eram previstas Leis e Leis-Quadro (artigo I-33.°) e, pela primeira vez, era desenhada formalmente uma hierarquia de actos comunitá-

---

365 Com a entrada em vigor da Constituição Europeia, será nomeado o MNEU, o qual substituirá o membro da Comissão em funções que tiver a sua nacionalidade (artigo 4.° do Protocolo n.° 34 anexo à Constituição Europeia).

366 Do § 2 do n.° 3 do art I-27.°, conjugado com o artigo I-28.°, parece resultar que o MNEU deve apresentar a sua demissão ao Presidente da Comissão, se este o pedir. Contudo, o mandato só cessará depois de o Conselho Europeu o decidir, nos mesmos termos usados para a sua nomeação.

367 Sobre o assunto, v. Manuel Afonso Vaz, «O sistema de fontes de direito no Tratado da Constituição Europeia (entre a "simplificação" e a "democratização"), *Colóquio Ibérico: Constituição Europeia – Homenagem ao Doutor Francisco Lucas Pires*, BFD, Stvdia Ivridica, n.° 84, Coimbra, 2005, pp. 651-663; Afonso Patrão, «O direito derivado da União Europeia...», *cit.*, pp. 149-167.

rios, pela separação clara entre actos com natureza legislativa e actos (mesmo que normativos) com natureza administrativa. Enquanto tal (com esse *nomen*), a figura da "Directiva" desaparecia, ainda que a lei-quadro e até regulamentos pudessem configurar-se normativamente como directivas, no sentido corrente do termo (artigo I-33.°, n.° 1, § 3 e § 4).

160. Embora o Conselho Europeu estivesse excluído da função legislativa (artigo I-21.°, n.° 1, 2.° período), previa-se, pela primeira vez, a possibilidade de adoptar «decisões europeias» (artigo I-35.°, n.° 1).

161. A Comissão via limitado o exercício das crescentemente pacíficas «competências de execução» dos actos de Conselho e Parlamento Europeu, pois a Constituição era clara na afirmação da natureza delegada dos seus poderes, sob condições e limites estritos (artigo I-36.°; ver ainda artigo I-37.°).

162. Entre as disposições sobre o modelo democrático, a Constituição proclamava simultaneamente os princípios da **democracia representativa** (artigo I-46.°) e da **democracia participativa** (artigo I-47.°), destacando-se a **iniciativa de cidadania** junto da Comissão por parte de «um milhão, pelo menos, de cidadãos da União» (artigo I-47.°, n.° 4[368]) e o muito reforçado papel dos **Parlamentos nacionais**, nomeadamente[369] no que respeita ao princípio da subsidiariedade[370].

---

[368] Mantido com o Tratado de Lisboa, que Isabel Valente identifica como um dos sinais de uma maior democracia na União: Isabel Valente, «The European Union after the Treaty of Lisbon», *cit.*, pág. 41.

[369] Mas não só. Nos termos do disposto no n.° 2 do artigo I-42.°, os «*Parlamentos nacionais podem, no quadro do espaço de liberdade, segurança e justiça, participar nos mecanismos de avaliação previstos no artigo III-260.°. São associados ao controlo político da Europol e à avaliação das actividades da Eurojust, nos termos dos artigos III-276.° e III-273.°*.». Além disso, são informados relativamente aos pedidos de adesão à União Europeia (artigo I-58.°, n.° 1) e de todas as actividades futuras dos órgãos da União, principalmente as de cariz legislativo (desde propostas de actos legislativos – artigos 1.° a 3.° do *Protocolo relativo ao papel dos parlamentos nacionais* – a projectos de revisão dos tratados – artigo IV-443.°). Igualmente significativa era a possibilidade de um parlamento nacional poder, pela simples manifestação da sua vontade, impedir o funcionamento do procedimento simplificado de revisão (artigo IV-444.°, n.° 3).

[370] Ver, por exemplo, os artigos I-11.°, n.° 3, I-18.°, n.° 2, III-259.°, bem como o *Protocolo relativo ao papel dos Parlamentos nacionais na União Europeia* e o *Protocolo relativo à aplicação dos princípios da subsidiariedade e da proporcionalidade*). Para ter alguma efectividade, os mecanismos de controle implicarão um acentuado desenvolvi-

163. Do ponto de vista das **relações internacionais da União**, era introduzido um título sob a epígrafe «a União e os Estados vizinhos» (artigo I-57.°) e, quanto aos **procedimentos de adesão**, previa-se a intervenção dos Parlamentos Nacionais e a «aprovação», em vez do actual «parecer favorável», por parte do Parlamento Europeu (artigo I-58.°, n.° 2). Finalmente, previa-se, igualmente pela primeira vez, uma norma sobre o **direito de secessão/saída voluntária**, que é explicitamente reconhecido, dando resposta aos argumentos daqueles que propendiam a entender não existir, já no actual quadro normativo vigente, um direito de denúncia ou saída da União (artigo I-60.°)[371].

164. A **Parte II** da Constituição Europeia era integralmente ocupada com a "Carta dos Direitos Fundamentais da União Europeia" (artigos II-61.°-114.°), reproduzindo a Carta aprovada pela primeira auto-intitulada "Convenção" e proclamada solenemente em Dezembro de 2000 por Parlamento Europeu, Conselho e Comissão (ver supra)[372]. O estatuto jurídico previsto para a Carta ressaltava do artigo I-9.°, segundo o qual a «União reconhece os direitos, as liberdades e os princípios enunciados na Carta dos Direitos Fundamentais» (n.° 1). Alguns destes direitos aparecem referidos várias vezes, como é o caso dos direitos dos cidadãos da União (artigo I-10.°[373], II-99.°, II-100.°, II-103.° a II-106.°). Outros correspondem a princípios comuns ao direito dos Estados membros, sem que tenham um lastro comunitário significativo (por exemplo, artigos II-107.° a II-110.°).

---

mento das relações interparlamentares, no quadro da União, ultrapassando em muito o actual quadro das COSAC. Melhor seria se, por exemplo, os pareceres fundamentados relativos à inobservância do princípio da subsidiariedade fossem traduzidos e notificados aos restantes parlamentos nacionais. Ainda assim, os prazos para a formulação de tais pareceres parecem-nos excessivamente curtos.

[371] Neste sentido se inclinava, aliás com extensa justificação e indicações doutrinais, Ana Maria Guerra Martins, *A Natureza Jurídica do Tratado da União Europeia*, Lex, Lisboa, 2000, pp. 477-479. Este ponto é importante, visto não conhecermos qualquer Constituição Estadual (seja na forma de Estado unitário ou federal) que reconheça o direito de secessão. Sobre o assunto, Afonso Patrão, «O Direito de abandonar a União Europeia à Luz do Tratado de Lisboa: a extinção do direito de livremente abandonar a União Europeia?», *Estudos em Homenagem ao Doutor Figueiredo Dias*, Vol. IV, Studia Iuridica, 2010, pp. 755-795.

[372] Deve acrescentar-se que a Declaração n.° 12 anexa à Acta Final do Tratado de Roma II, institutivo da Constituição, contém anotações elaboradas pelo *Praesidium* da "Convenção" que a elaborou, actualizadas pelo *Praesidium* da Convenção Europeia.

[373] Que contém uma súmula dos direitos consagrados nos artigos 17.° a 22.° do Tratado CE.

165. Por seu turno, a **Parte III** da Constituição Europeia dizia respeito às «Políticas e Funcionamento da União» (artigos III-115.° a III-436.°), constituindo a sua parte operativa. Além de disposições horizontais (princípios gerais e cidadania – Títulos I e II, artigos III-115.° a 122.° e III-123.° a 129.°), a Parte III englobava as «políticas e acções internas» (Título III, artigos III-130.° a III-285.°), as políticas com dimensão externa ou internacional (Títulos IV e V, artigos III-286.° a III-329.°) e as disposições institucionais (Título VI, artigos III-330.° a III-423.°).

166. Finalmente, a **Parte IV** continha as disposições gerais e finais[374], revogando os Tratados da Comunidade Europeia e da União Europeia, bem como, sem prejuízo das disposições ressalvadas em protocolo anexo, todos os tratados que os alteraram ou completaram, como é caso dos Actos de Adesão, do Acto Único Europeu ou dos Tratados de Maastricht, Amesterdão e Nice (artigo IV-437.°). Por seu turno, o artigo IV-438.° assegurava que a nova União Europeia sucedia simultaneamente à União Europeia e à Comunidade Europeia, determinando a continuidade das instituições e dos actos por estas adoptados (artigo IV-438.°). Deve chamar-se aqui a atenção para a formalização que era feita, por um lado, do acervo comunitário e da União (n.° 3 do artigo IV-438.°), e, por outro, da jurisprudência dos tribunais comunitários, definida como «a fonte de interpretação do direito da União» (n.° 4 do artigo IV-438.°). Eram também aí previstos três procedimentos de revisão principais dos tratados, o procedimento ordinário (artigo IV-443.°), o procedimento simplificado de revisão (artigo IV-444.°) e um procedimento excepcional relativamente às políticas e acções internas da União (artigo IV-445.°).

167. A Constituição soçobrou, por não ter sido possível completar o processo de ratificação por todos os Estados membros signatários (artigo IV-447.°), redigido em termos similares às homólogas normas do Tratado CE, apesar do teor da Declaração n.° 30 anexa à Constituição. Como é sabido, os resultados negativos nos referendos em França (29.5.2005)[375] e nos Países Baixos (1.6.2005)[376], acoplados à decisão de outros Estados

---

[374] Ver supra os pontos 3.7.1.4. e 3.7.1.5.4.

[375] Sobre o referendo francês a crise que o mesmo evidenciou, Philippe Moreau Defarges, «Union Européenne: La crise et après», *Politique Internationale*, n.° 108, Verão 2005, pp. 241-272.

[376] Vide o relatório neerlandês ao XXIII Congresso da FIDE, em Linz, por M.Claes/ /M. de Visser/G. Leenknegt/L.A.J. Senden, «The Netherlands – Preparing the European

membros em suspender ou prolongar os procedimentos de ratificação (entre outros, Reino Unido, Portugal, Dinamarca, Irlanda, Suécia, Polónia ou República Checa)[377], tornaram inevitável o resultado final.

168. Afastada a Constituição, a UE entrou num "**período de reflexão**", conquanto, no Conselho Europeu de 15 e 16 de Junho de 2006, os Estados membros tenham afirmado a sua intenção de concluir o «o processo de reforma, partindo-se do princípio de que as medidas necessárias terão sido tomadas o mais tardar no segundo semestre de 2008». É neste contexto que vem a ser adoptado o **Tratado de Lisboa**[378], antes chamado

---

Union for the future? Necessary Revisions of Primary Law after the non-ratification of the Treaty Establishing a Constitution for Europe», in *Preparing the European Union for the future? Necessary Revisions of Primary Law after the non-ratification of the Treaty Establishing a Constitution for Europe – F.I.D.E. XXIII Congress Linz 2008 Congress Publications*, Vol. 1, Nomos/facultas.wuv, Wien, 2008, pp. 243-280.

377 Ratificaram por via parlamentar a Alemanha, a Áustria, Chipre, Eslováquia, Eslovénia, Estónia, Finlândia, Grécia, Hungria (20.12.2004), Itália, Letónia, Lituânia (11.11.2004), Malta e Suécia. Ratificaram por via igualmente referendária a Bélgica, a Dinamarca, Espanha (76,7%-17,2%) e o Luxemburgo (no referendo, o sim ganhou com 56,52% dos votos). Rejeitaram em referendo a França (29.5.2005 – 45,3%-54,7%) e os Países Baixos (1.6.2005 – 36,9%-63,1%). Não ratificaram a Constituição a Dinamarca, a Irlanda, a República Checa, o Reino Unido, a Polónia e Portugal-

Em muitos Estados membros, a ratificação da Constituição Europeia dependia de revisões constitucionais, como sucedeu em Portugal (Lei Constitucional n.° 1/2004) ou em França (Decisão do *Conseil Constitutionnel* n.° 2004-505 DC, de 19 de Novembro de 2004, como aliás havia sucedido com os tratados de Maastricht e de Amesterdão).

378 Ratificado por Portugal através do Decreto do P.R. n.° 31/2008, de 9 de Maio (DR, I série, n.° 96, de 19.5.2008). A ratificação por Portugal não foi acompanhada, infelizmente, da publicação da versão consolidada do Tratado. Foi a sociedade "civil" quem criou as primeiras versões consolidadas. A única versão consolidada "oficiosa" dos Tratados em língua portuguesa e de origem interna foi publicitada na *Internet* pelo Ministério dos Negócios Estrangeiros, imediatamente seguida de edições jurídicas privadas (como a nossa, sob a chancela da Almedina) e só a 9 de Maio de 2008 é que o *Jornal Oficial da União Europeia* publicou uma versão consolidada não oficial (JO, C 115, de 9.5.2008; e JO, C 83, de 30.3.2010). Que a publicitação do resultado da CIG/2007 em versão consolidada não era uma prioridade resulta claramente afirmado por um dos membros do grupo dos peritos jurídicos, Christian Pennera: «*não está hoje na ordem do dia a preparação de uma versão codificada oficial dos dois tratados subsistentes. De toda a maneira, tal não será feito antes da assinatura, nem durante os processos de ratificação. Evidentemente, não será proibido que tal ou tal particular ou uma casa editorial efectuem eles próprios a sua pequena consolidação, mas espantar-me-á que um tal trabalho provenha de uma instituição comunitária*» («Les enjeux du Traité modificatif», *ERA Forum*, n.° 9, 2008, p. 13).

tratado "reformador"[379]. Como se viu, seria apenas para a Constituição Europeia[380] que seria reservado o papel de completar o processo de trans-

---

[379] Sobre o Tratado de Lisboa, Pieter Van Nuffel, «Institutional Report – Preparing the European Union for the future? Necessary Revisions of Primary Law after the non-ratification of the Treaty Establishing a Constitution for Europe», e prof. Gráinne de Búrca, «Preparing the European Union for the Third Millenium: From the TECE to the Lisbon Treaty», ambos em *Preparing the European Union for the future? Necessary Revisions of Primary Law after the non-ratification of the Treaty Establishing a Constitution for Europe – F.I.D.E. XXIII Congress Linz 2008 Congress Publications*, Vol. 1, Nomos/facultas.wuv, Wien, 2008, pp. 357-383 e 385-406; Christian Pennera, «Les enjeux du Traité modificatif», *cit.*, pp. 7-24; o número praticamente monográfico que lhe dedica a revista *Temas de Integração*, n.° 26, 2.° semestre de 2008, com textos, pela ordem de entrada, de Manuel Porto, N. Siskova, Paulo Pitta e Cunha, Isabel Maria Freitas Valente, Carla Amado Gomes, Dulce Lopes, João Nuno Calvão da Silva, Afonso Patrão, Ana Isabel Martins ou Eduardo Lopes Rodrigues; J. Dutheil de La Rochère/F. Chaltiel, «Le Traité de Lisbonne: quel contenu?», *RMCUE*, n.° 513, 2007, pp. 617; Paulo de Pitta e Cunha, *O Tratado de Lisboa – Géneres, Conteúdo e Efeitos*, Lisboa, 2008; Alessandra Silveira/I. Camisão/Luís Lobo-Fernandes/P. Madeira Froufe, *Reflexão sobre o "Tratado de Lisboa"*, Sep. *Scientia Ivridica*, 2008, Tomo LVII, n.° 313; António Goucha Soares, «O Tratado Reformador da União Europeia», *Relações Internacionais*, n.° 17, 2008, pp. 23-32; F.-X. Priollaud/D. Siritzky, *Le Traité de Lisbonne – Texte et commentaire article par article des nouveaux Traités Européens (TUE – TFUE)*, Ed. La Documentation Française, Paris, 2008; *Les Notices – L'Union Européenne – Édition Traité de Lisbonne* (dir. Jacques Ziller), La Documentation Française, Paris, 2008; Dora Resende Alves, «Notas sobre o Tratado de Lisboa de 13 de Dezembro de 2007», *Revista Jurídica da Universidade Portucalense*, n.° 13, Porto, 2008, pp. 27-40; Paulo de Pitta e Cunha, «Ratificação do Tratado de Lisboa*», in *ROA*, ano 69, 2009, pp. 559-566; Jacques Ziller, *O Tratado de Lisboa*, Lisboa, Texto, 2010; ou o n.° monográfico de *Cadernos o Direito*, n.° 5, 2010, com artigos de A.M. Guerra Martins, Carla Amado Gomes/Tiago Antunes, Fernando Loureiro Bastos, Francisco Paes Marques, Manuel Porto, Margarida Salema d'Oliveira Martins, M. J. Rangel de Mesquita, Maria Luísa Duarte, Miguel Prata Roque, Nuno Piçarra, Paulo de Pitta e Cunha, Rui T. Lanceiro ou Sofia Oliveira Pais.

[380] São inumeráveis as Obras que se ocupam da Constituição Europeia – por todos, v. António Covas, *Portugal e a Constituição Europeia – a caminho da 4.ª República*, Edições Colibri, 2003; Estratégia, *Portugal e a Constituição Europeia*, IEEI, Principia, 2003; F. Bassanini/G. Tiberi (a cura di), *Constituzione Europea – un primo commento*, il Mulino, 2004; Marta Rebelo, *Constituição e Legitimidade Social da União Europeia*, Almedina, Coimbra, 2005; Philipp Dann/Michael Rynkowski (eds), *The Unity of the European Constitution*, Max-Plank-Institut für ausländisches öffentliches Recht und V ölkerrecht, Springer, 2006; *Traité établissant une Constitution pour l'Europe – Commentaire article par article*, Tome 1, Bruylant, 2007; ou *Genèse et destinée de la Constitution européenne* (G. Amato/H. Bribosia/B. De Witte, Eds.), Bruylant, Bruxelles, 2007; Paulo de Pitta e Cunha, por exemplo em «A exuberância supranacional no Tratato constitucional europeu», in *Estudos Jurídicos e Económicos em Homenagem ao Prof. Doutor António de Sousa Franco*, FDUL, 2006, Vol. III, pág. 591-598; ou «A ratificação por referendo do Tratado

figuração da criatura comunitária[381], com a prevista revogação tanto do Tratado da União Europeia, de Maastricht, como do Tratado de Roma que institui a Comunidade Europeia[382] (artigo IV-437.º[383])[384].

169. Foi pois na sequência da intenção da Presidência alemã do Conselho em relançar o projecto constitucional (durante o primeiro semestre de 2007)[385] que a Presidência portuguesa assumiu o encargo de promover e coordenar, com base no **mandato** específico definido no Conselho Europeu de 21 e 22 de Junho de 2007[386], a segunda mais curta CIG da história[387].

Constitucional Europeu», in *Estudos em Homenagem ao Professor Doutor Marcello Caetano no centenário do seu nascimento*, FDUL, Coimbra Editora, 2006, Vol. II, pp. 471-481.

[381] Mas não a extinção de todas as Comunidades Europeias: se a Comunidade Europeia do Carvão e do Aço se extinguiu por caducidade do respectivo Tratado, a 22 de Julho de 2002, o Tratado da Comunidade Europeia da Energia Atómica não era afectado na sua vigência pela "Constituição Europeia" nem, aliás, o é pelo Tratado de Lisboa.

[382] Inicialmente chamada "Comunidade Económica Europeia".

[383] «*1. A presente Constituição (...) estabelece a União Europeia.*».

[384] Mesmo aí a transmutação não era absoluta, porquanto se previa, além de regras julgadas necessárias para assegurar a continuidade do *corpus* jurídico comunitário, a circunstância desta nova União Europeia «*exerce*[r] *em moldes comunitários as competências que eles* [os Estados membros] *lhe atribuem*». A expressão, como ensinava o prof. Pitta e Cunha em relação à Constituição Europeia, representava já aí «*um passo muito significativo no sentido da adopção de um modelo de forte pendor supra-nacional*» («O Tratado Constitucional e a exuberância supranacional», in *Reservas à Constituição Europeia*, p. 14) e era algo bizarra, considerando que era introduzida no tratado que acabava com a Comunidade (*Direito Europeu – Instituições e Políticas da União*, Almedina, Coimbra, 2006, p. 117).

[385] Sobre a actividade da Presidência alemã, Christian Pennera, «Les enjeux du Traité modificatif», *ERA Forum*, n.º 9, 2008, pp. 9-10.

[386] Assim se pronuncia o Conselho Europeu: «*8. O Conselho Europeu concorda que, passados dois anos de incerteza sobre o processo de reforma dos Tratados da União, e chegado o momento de resolver esta questão e de a União avançar. O período de reflexão que passou constituiu uma oportunidade para realizar um debate público alargado e ajudou a preparar as bases de uma solução.*

9. Neste contexto, o Conselho Europeu (...) concorda que é prioritário solucionar rapidamente esta questão.

10. Com esse objectivo, o Conselho Europeu acorda em convocar uma Conferência Intergovernamental e convida a Presidência a tomar sem demora as medidas necessárias nos termos do artigo 48.º do TUE, na perspectiva de inaugurar a CIG ate ao final de Julho, logo que estejam cumpridos todos os requisitos legais.

11. A CIG levará a cabo os seus trabalhos de harmonia com o mandato definido no Anexo I as presentes conclusões. O Conselho Europeu convida a próxima Presidência a

170. O **sucesso da CIG/2007** radica tanto no modo como foi preparada (pela Presidência alemã) e conduzida (pela Presidência portuguesa), como no consenso latente entre os Estados membros, reforçado durante o período dito de "reflexão", sobre a necessidade de recuperar, na medida do democraticamente sustentável, o defunto "Tratado Constitucional". É neste contexto que há que enquadrar o Tratado de Lisboa, que procura manter a grande maioria das soluções materiais constantes da Constituição[388].

171. O **Tratado de Lisboa e a Constituição Europeia** são diversos, em muitos aspectos.

172. Em primeiro lugar, o **Tratado de Lisboa não revoga os tratados anteriores**. Não revoga o Tratado de Maastricht que criou a União Europeia e, pelo contrário, assenta toda a nova arquitectura institucional da unidade europeia justamente naquele Tratado, ainda que profundamente reconformado. Mas também não revoga o Tratado de Roma de 25 de Março de 1957 que institui a Comunidade Europeia[389]. Do ponto de vista formal, *apenas* lhe altera a denominação (passa a designar-se Tratado sobre o Funcionamento da União Europeia, "TFUE") e, entre muitas outras centenas de alterações, suprime o nome "Comunidade", que substitui por "União".

---

redigir um projecto de Tratado de acordo com os termos do mandato e a apresentá-lo a CIG logo que esta for inaugurada. A CIG concluirá os trabalhos o mais rapidamente possível, e de qualquer modo antes do fim do ano de 2007, de forma a que reste tempo suficiente para proceder a ratificação do Tratado que dela resultar antes das eleições para o Parlamento Europeu de Junho de 2009.».

[387] Até então, a mais curta, como foi logo salientado por António Vitorino em 26 de Outubro de 2007 – «Os três riscos», *Diário de Notícias*, p. 14. As CIG têm tido durações cada vez mais curtas, como tendência, e nenhuma se havia antes proposto começar e acabar no mesmo semestre. Mais curta foi, certamente, a CIG/2010, convocada pelo Conselho Europeu a 17 de Junho de 2010 e cujo resultado, o *Protocolo que altera o Protocolo relativo a certas disposições transitórias*, foi assinado a 23 de Junho seguinte (http://www.europarl.europa.eu/en/pressroom/content/20100223BKG69359/), estando prevista a sua entrada em vigor a 1 de Janeiro de 2011.

[388] Em sentido positivo, Alessandra Silveira, «Prefácio I», *Tratado de Lisboa*, Quid Júris, 2008, p. 9, a qual, contudo, em «Constituição, Ordenamento e Aplicação das Normas Europeias e Nacionais» afirma que face à Constituição Europeia se perdeu em simplificação, democraticidade e agregação (pág. 75).

[389] Até Maastricht, chamada "Comunidade Económica Europeia", recorde-se.

173. O Tratado de Lisboa é fruto de uma aplicação normal do **processo de revisão ordinário** dos tratados. É fruto imediato de uma Conferência Intergovernamental (a CIG/2007) e do acordo político obtido a 18 de Outubro de 2007 na sessão da CIG/2007[390], pelo que dele se pode dizer que segue o método tradicional de revisão dos tratados – ao contrário do modelo "Convenção+CIG" que a Constituição Europeia aplicava[391] –, e constitui mais uma camada[392] no sucessivo processo de reforma constitucional dos Tratados iniciado com o Acto Único Europeu. Segue, assim, a linha procedimental que esteve na origem do AUE, do Tratado de Maastricht e, inequivocamente, dos tratados de Amesterdão e Nice e, por conseguinte, apresentando-se como um tratado de revisão em vez de um tratado fundador de uma qualquer nova realidade política e jurídica (não tem por objectivo, na aparência, criar uma inteiramente nova União Europeia), culminando a "revolução constitucional" ou, diria melhor, constituinte, que a Europa "comunitária" tem vivido nos últimos vinte anos, com a sucessão impressiva e regular de Conferências Intergovernamentais (CIG), todas elas culminando na assinatura de tratados (Acto Único Europeu, Maastricht, Amesterdão, Nice, Roma II e Lisboa)[393].

174. O Tratado de Lisboa **não pretende estabelecer explicitamente uma constituição em sentido formal** ou, sequer, uma Constituição ou uma "Constituição para a Europa"[394-395].

---

[390] Realizada a nível de Chefes de Estado ou de Governo.

[391] O prof. Rui Moura Ramos qualificava este processo como *«uma fase atípica do processo de revisão dos tratados, (...) feita num órgão* ad hoc*, numa instância que não está prevista nos tratados (...). Portanto, o primeiro ponto que queria aqui sublinhar é que nós estamos, no fundo, em relação ao processo interno da União, face àquilo que poderíamos chamar uma mutação constitucional»* – R. Moura Ramos, «A reforma institucional e a Constituição Europeia», in *Uma Constituição para a Europa*, Almedina, Coimbra, 2004, p. 113.

[392] A expressão é de Alastair Sutton, «The IGC 2007: The European Union Comes to Age?», in *European Public Law*, Vol. 14, n.º 1, March 2008, p. 61.

[393] À CIG/90 (no caso, duas) corresponde o Tratado da União Europeia (dito Tratado de Maastricht, de 7.2.1992), à CIG/96 o Tratado de Amesterdão (de 2.10.1997); à CIG/2000 o Tratado de Nice (de 26.2.2001); à CIG/2004 a Constituição (de 29.10.2004); e à CIG/2007 o Tratado de Lisboa (de 13.12.2007).

[394] Sobre o mesmo ponto, entre nós, Alessandra Silveira, *op. cit.*, pp. 9-10; J. N. Calvão da Silva, «Tratado de Lisboa (algumas notas)», *cit.*, pp. 118-119. Não podemos deixar de salientar que muitos dos elementos que o prof. Pitta e Cunha indicava justamente reforçarem, na Constituição Europeia, o pendor supranacional da integração europeia foram abandonados com o Tratado de Lisboa: o termo "Constituição", a afirmação norma-

175. O Tratado de Lisboa **exclui as referências aos símbolos** da identidade política da União Europeia que haviam sido acolhidos (mais do que escolhidos) pela Constituição Europeia, i.e. a bandeira, o hino, o *motu* e o dia "nacional" (o 9 de Maio, em merecida homenagem à Declaração Schuman), apenas permanecendo, curiosamente, aquele dos símbolos que, inequivocamente, não é intencionalmente partilhado por todos, actualmente: a moeda única, o euro[396].

176. E evita a discussão que a Constituição provocou a propósito da inclusão de um artigo sobre o **primado** do direito da UE, ao omitir qual-

---

tiva do primado ou a nomenclatura dos tipos normativos do direito comunitário derivado («O Tratado Constitucional e a exuberância supranacional», in *Reservas à Constituição Europeia*, pp. 14-15).

[395] Nas palavras da prof. Maria Luísa Duarte, evitou-se assim a "imprudência semântica" do termo Constituição (*apud* Carla Amado Gomes, «O tratado de Lisboa...», *cit.*, pág. 48). Coisa diversa é saber se a Europa já dispõe de uma constituição. Sobre o assunto, fazemos nossas, neste momento, as palavras do prof. Pitta e Cunha (*«Não tenho dúvidas de que o ordenamento legal europeu é um ordenamento constitucional, no sentido material de Constituição»* – «Tratado ou Constituição?», in *Uma Constituição para a Europa*, Almedina, Coimbra, 2004, p. 46; no mesmo sentido, «A via federal», in *A União Europeia e Portugal: A Actualidade e o Futuro*, Almedina, Coimbra, 2005, p. 151) ou do prof. Moura Ramos, desde a sua posição em 1994 («Maastricht e os direitos do cidadão europeu», in *A União Europeia*, Faculdade de Direito/Curso de Estudos Europeus, Coimbra, 1994, pp. 95-96) até esta mais recentemente expressa: *«A União vive com uma Constituição. Vive com uma constituição porque existe uma regra de direito que preside à ordenação interna dos poderes da União, que permite aos indivíduos fazer valer os seus direitos perante instâncias judiciais, que preside ao equilíbrio dos órgãos de poder no interior da União e, também, às relações entre a União e os Estados membros. Portanto (...) existe uma constituição em sentido material, no interior da União. / (...) O que não existe é um texto que seja intitulado Constituição Europeia»* – Rui Moura Ramos, «A reforma institucional e a Constituição Europeia», in *Uma Constituição para a Europa*, *cit.*, p. 115; no mesmo volume, destaque igualmente para o texto de Vlad Constantinesco, «Valeurs et contenu de la Constitution Européenne», pp. 161-178, onde fala de uma *multilevel constitution* ou numa *«réseau constitutionnelle européen à plusiers niveaux normatifs»*. Também o prof. Jónatas Machado falava na configuração da CE como *«comunidade paraestadual supranacional»*, Jónatas Machado, *Direito Internacional – Do paradigma clássico ao Pós-11 de Setembro*, 3.ª Edição, Coimbra Editora, Coimbra, 2006, p. 682. Já João Mota de Campos, no seu clássico *Manual de Direito Comunitário*, qualifica as Comunidades como *organizações interestaduais não soberanas*, *cum grano salis*, contudo, como da leitura das referidas páginas se poderá extrair (*Manual de Direito Comunitário*, 3.ª edição, FCG, 2002, pp. 256-257); Alessandra Silveira, «Constituição, Ordenamento e Aplicação das Normas Europeias e Nacionais», *cit.*, pág. 71.

[396] Embora não qualificado como símbolo: artigo 3.°, n.° 4, do TUE – Lisboa.

quer artigo com tal teor, remetendo a questão para a **Declaração n.° 17** anexa à Acta Final da CIG/2007.

177. Já a questão da incorporação do catálogo de direitos fundamentais e, concretamente, da **Carta dos Direitos Fundamentais da União Europeia**, não é resolvida de modo substancialmente diverso. Apesar de reformada em 12 de Dezembro de 2007 e excluída por extenso do Tratado, porventura para atenuar as críticas de "*inappropriate constitutionalisation*"[397], a mesma não pode deixar de se considerar inserida no mesmo, num "desaparecimento fictício"[398], ao considerar que a «União reconhece os direitos, liberdades e os princípios enunciados na Carta dos Direitos Fundamentais da União Europeia, de 7 de Dezembro de 2000, com as adaptações que lhe foram introduzidas em 12 de Dezembro de 2007, e que tem o mesmo valor jurídico que os Tratados» (artigo 6.°, n.° 1, TUE – Lisboa).

178. Mas, apesar das diferenças, não deixa de ser verdade que o processo de revisão conducente ao Tratado de Lisboa constituiu um sucedâneo do projecto anterior – o da "Constituição Europeia" –, como aliás parece resultar do mandato definido no Conselho Europeu de Junho de 2007, segundo o qual as modificações a introduzir nos tratados correspondem «às inovações resultantes dos trabalhos da CIG/2004», salientando também Christian PENNERA que, «quando não há textos redigidos integralmente no mandato, há reenvios em bloco, o que o mandato chama "modificações pontuais" (ponto 18). Trata-se, então, em geral, de retomas puras e simples do texto do Tratado Constitucional»[399]. Por isso, este Tratado é um **tratado de continuidade**[400]: (1) em relação à Constituição, quanto ao

---

[397] M.Claes/M. de Visser/G. Leenknegt/L.A.J. Senden, «The Netherlands», *cit.*, p. 266.

[398] C. Pennera, *op. cit.*, p. 16.

[399] Christian Pennera, *op. cit.*, p. 13. Dora Resende Alves cita o *think tank* Open Europe, que fala em 96% de equivalência de conteúdos – Dora Resende Alves, «Notas sobre o Tratado de Lisboa...», *cit.*, pág. 31.

[400] A palavra é também usada expressamente por C. Pennera, *op. cit.*, p. 14. O mesmo Autor, adiante, reitera quer a manutenção das soluções da Constituição Europeia quer que «*l'acquis du Traité Constitutionnel n'a été ni oublié, ni liquidé/Il est pourtant vrai que*» (*op. cit*, pp. 18 e 20). Sobre a Carta e a sua aplicação com o Tratado de Lisboa, Nad??da Siskova, «Treaty of Lisbon and Charter of Fundamental Rights of the EU: future prospects», *Temas de Integração*, n.° 26, 2008, pp. 11-20.

essencial do seu conteúdo; (2) em relação aos tratados anteriores, e (3) em relação ao seu processo de formação.

179. Na linha da Constituição, o Tratado de Lisboa introduz um conjunto importante de alterações aos anteriores tratados da União Europeia e da Comunidade Europeia, desde logo em termos quantitativos, ainda que essencialmente com o intuito de «recuperar a quase totalidade das soluções consagradas no tratado constitucional» (GOUCHA SOARES[401]). São mais de mil as alterações introduzidas, ainda que, formalmente, com exclusão dos protocolos, das declarações e considerando apenas como uma alteração cada n.° dos artigos 1.° e 2.° do Tratado de Lisboa, o número das alterações não exceda as **354** (62+294). Ora, entre as centenas de alterações, importa-nos apenas identificar, nesta sede, o impacto do Tratado de Lisboa do ponto de vista institucional e, em particular, no domínio do chamado "equilíbrio institucional"[402], que nos parece caminhar, como assinalavam BARBOSA DE MELO[403] ou F. LUCAS PIRES «na tradição de um constitucionalismo que, como disse Bobbio, é pessimista sobre o poder e por isso o divide e redistribui, num processo que, idealmente, tende para a sua final domesticação ao serviço da(s) liberdade(s)»[404]. Mas mais relevante ainda do que uma mera análise quantitativa é a avaliação qualitativa do Tratado. Ocupar-nos-emos apenas da análise do impacto institucional, nos seguintes pontos: (1) a União Euro-

[401] Como diz o prof. Goucha Soares, este tratado «recuperou a globalidade da reforma institucional prevista na Constituição e veio acentuar a politização da União, na democratização da União e na personificação das instituições («O Tratado Reformador da União Europeia», *Relações Internacionais*, n.° 17, 2008, pág. 28).

[402] Citando o Tribunal Europeu dos Direitos do Homem (TEDH) no acórdão *Mathews c. UK*, de 18 de Fevereiro de 1999, proc. 24833/94: «*48. In determining whether the European Parliament falls to be considered as the "legislature", or part of it, in Gibraltar for the purposes of Article 3 of Protocol No. 1, the Court must bear in mind the sui generis nature of the European Community, which does not follow in every respect the pattern common in many States of a more or less strict division of powers between the executive and the legislature. Rather, the legislative process in the EC involves the participation of the European Parliament, the Council and the European Commission*».

[403] No seu notabilíssimo trabalho *Democracia e Utopia*, 1980.

[404] Assim o escrevia F. Lucas Pires, referindo-se ao papel da constitucionalização dos tratados como forma de limitação e legitimação dos poderes supranacionais e de garantia dos indivíduos, em «Associação de Estados Associação de Estados ou Federação sem Estados?», *op. cit.*, p. 33. Sobre esta, recentemente, Fausto de Quadros, *Direito da União Europeia*, pp. 569-575.

peia e a absorção da Comunidade Europeia; (2) O equilíbrio inter-institucional na nova UE; (3) As alterações intra-orgânicas (ou seja, dentro de cada órgão, dito instituição).

180. Deve considerar-se particularmente significativa, em primeiro lugar, a **unificação da União Europeia com a Comunidade Europeia** (o Tratado da CE, sintomaticamente, passa a denominar-se Tratado sobre o Funcionamento da União Europeia, adiante "TFUE"). Num método digno de ser qualificado como "ovo de Colombo", pela sua simplicidade desarmante, os Estados membros apagaram da construção europeia a ideia de "Comunidade" e consolidaram o conceito de União Europeia[405].

181. A supressão da palavra "Comunidade" e a transformação do Tratado da CE em TFUE não pode, no entanto, ser considerada apenas na perspectiva formal, antes tem importantes implicações, quer estruturais, quer materiais. Em primeiro lugar, porque estava longe de se poder considerar que União Europeia e Comunidade Europeia eram uma e a mesma entidade. Não o eram, conquanto fossem interdependentes e mesmo incompreensíveis numa lógica puramente singularizada. Demos apenas alguns exemplos:

a) O papel dos órgãos estava longe de ser similar quando actuavam no quadro de uma política que fosse atribuição da União (v. Cooperação Policial) ou da Comunidade (v. Mercado Interno);
b) Na União, prevaleciam os órgãos de composição estadual (maxime, o Conselho); na Comunidade, os órgãos de legitimidade comunitária (v. Comissão e Parlamento Europeu) assumiam papel igualmente determinante;
c) Também o processo decisório era diferente: na União a decisão era, em geral, apenas do Conselho e por unanimidade, tendo qualquer Estado membro a possibilidade de obstar à adopção de decisões (vg., na Política Externa); na Comunidade, a decisão era iniciativa da Comissão, os actos legislativos eram em medida relevantíssima adoptados em conjunto por Conselho e Parlamento

---

[405] M. Gorjão-Henriques, «Apresentação», in *Tratado de Lisboa*, 1.ª Edição, Almedina, Coimbra, 2008, p. 5.

Europeu, ambos deliberando por maioria (ainda que em termos específicos), e, mesmo quando a deliberação competisse apenas ao Conselho, tendia também a sê-lo por maioria qualificada;

d) A tipologia de fontes de direito era diferente na União e na Comunidade: basta dizer que seria inútil procurar no Tratado da União Europeia anterior ao Tratado de Lisboa a previsão de regulamentos e directivas, embora encontrássemos, ao invés, acordos, decisões-quadro, acções ou posições comuns;

e) Em particular, alguns órgãos sofriam de uma competência limitada numa das duas organizações: assim, na União, o Tribunal de Justiça apenas dispunha de competências nos apertados termos do artigo 46.° UE-M[406]; enquanto, na Comunidade, o Conselho Europeu, indiscutivelmente órgão da Comunidade (como o era da União), tinha um enquadramento institucional claramente deficitário;

f) O Tratado da União (UE-M) consagrava um conjunto de princípios constitucionais comuns, como a ideia de um processo comum de adesão ao ou de revisão dos "Tratados em que se funda a União", complementada por aqueloutra que afirmava, logo no artigo 1.° UE-M, que «a União funda-se nas Comunidades, completas pelas políticas e formas de cooperação previstas no presente Tratado»;

g) Nem todos os princípios caracterizantes do direito comunitário eram, pelo menos de forma indiscutível, princípios de direito vigentes no quadro da União Europeia (v.g., o princípio do efeito directo[407], ou, porventura, o princípio da Comunidade de Direito).

182. É neste contexto que deve ver-se a medida exacta da ambição e do desafio que representa o Tratado de Lisboa: unificar, sob o "chapéu" da União Europeia, duas organizações que, na forma e na prática, foram construídas pelos mesmos sujeitos para funcionarem com objectivos e atribui-

---

[406] Como justamente chamava a atenção o prof. Moura Ramos, «*o controlo jurisdicional parece não abranger áreas importantes da acção da União*», «Maastricht e os direitos do cidadão europeu», *op. cit.*, p. 99.

[407] Sobre este princípio e a sua compreensão, além de muita outra bibliografia, remete-se para o estudo clássico, entre nós, de A. Rogério Leitão, «O efeito jurídico das directivas comunitárias na ordem interna dos Estados membros», republicado em Augusto Rogério Leitão, *Comunidade Europeia – Estudos de Direito e de Sociologia Política*, Coimbra Editora, Coimbra, 2005, pp. 21-62.

ções diversas e de acordo com modelos organizacionais que, se formalmente unificados, se revelam claramente diferenciados: a Comunidade, como instância de integração económica e social; a União, como instância de cooperação e coordenação políticas. O caminho prosseguido é, em grande medida, uma variação daquele discutido no Grupo de Trabalho III da Convenção Europeia, com a fusão dos Tratados em duas grandes partes (na verdade, dois tratados), contendo a primeira (o TUE – Lisboa) «a parte fundamental, composta por disposições de carácter constitucional, novas ou provenientes dos actuais Tratados», e a segunda parte (o segundo tratado, o TFUE), na qual «se codificaria e restruturaria todas as disposições do TUE e do TCE cuja matéria não estivesse abrangida pela parte fundamental»[408]. É este, pois, o primeiro grande desafio que se coloca do ponto de vista institucional, na resposta à questão: corresponde a fusão UE/CE a uma absorção formal da segunda pela primeira e a uma absorção material da primeira pela segunda? A resposta pode porventura encontrar-se no artigo 1.°, terceiro parágrafo, do TUE – Lisboa, nos termos do qual «[a] União funda-se no presente Tratado e no Tratado sobre o Funcionamento da União Europeia (...). Estes dois tratados têm o mesmo valor jurídico. A União substitui-se e sucede à Comunidade Europeia». Indiscutivelmente, portanto, à primeira parte da questão (absorção formal da CE pela UE) deve dar-se uma resposta positiva[409]. A Comunidade Europeia passa a ser parte da União Europeia, e a ponto tal que deixa de fazer sentido falar de duas organizações, para se falar apenas de uma: a União Europeia.

183. E, do ponto de vista jurídico, como se fez esta modificação? Não é apenas a óbvia supressão da palavra "Comunidade" que simboliza essa absorção, assim como também o não é a expressa afirmação de que a União "substitui-se e sucede à Comunidade Europeia"[410]. É também, por exemplo, a circunstância de normas consideradas fundamentais

---

[408] Ponto 16 do Relatório final do Grupo de Trabalho sobre a Personalidade Jurídica (Grupo III) da Convenção Europeia, de 1 de Outubro de 2002 (02.10) (OR.fr) CONV/305/02.

[409] No mesmo sentido, Van Nuffel, «Institutional Report», *cit.*, p. 359.

[410] Trata-se, no fundo, da fundir as personalidades jurídicas sem fundir os Tratados, o que, segundo o Grupo de Trabalho III, se faria através de «*uma cláusula* [que] *precisaria simplesmente que a União passa a substituir a Comunidade Europeia, sucedendo-lhe, sem alterar as disposições do TCE*».

("nobres"[411]) para a concepção e arquitectura da União Europeia terem (**A**) passado do Tratado da Comunidade Europeia para o Tratado da União ou (**B**) sido introduzidas de novo no Tratado da União Europeia, em forma próxima da que tinham na Constituição Europeia.

184. Não faltam no TUE – Lisboa exemplos do primeiro tipo (**A**):

a) Primeiro, a norma sobre a **personalidade jurídica** da União[412]. Só a Comunidade Europeia dispunha de uma norma expressa pela qual os Estados membros reconheciam a sua personalidade jurídica de direito internacional (artigo 281.° do Tratado CE)[413]. A mera substituição da palavra "Comunidade" por "União" teria resolvido o problema. Contudo, os Estados membros entenderam que a norma atributiva da personalidade jurídica à UE deveria constar do TUE – Lisboa (artigo 47.°);
b) Segundo, as normas sobre **delimitação de competências**. Se constavam do artigo 5.° do Tratado CE, a matéria que este cobre é transferida, com significativas diferenças, para o artigo 5.° do TUE – Lisboa[414];
c) Terceiro, a norma que define o conceito de **cidadão da União**, que do artigo 17.° do Tratado CE passa para o artigo 9.° do TUE – Lisboa [415];

---

[411] Christian Pennera assume que a concentração das normas fundamentais no novo TUE *«dá, subjectivamente, a impressão de que se trata da parte nobre do edifício, sentimento ainda confirmado pelo nome um pouco modesto do seu homólogo, o TFUE»* (*op. cit.*, p. 15).

[412] É geralmente acentuado, seja por actores políticos (como o Presidente da Comissao Durao Barroso ou o anterior presidente do Parlamento Europeu fizeram) ou jurídicos, que a primeira nota distintiva do Tratado de Lisboa é a atribuição formal de personalidade jurídica à União Europeia – por todos, Carla Amado Gomes, «O Tratado de Lisboa: ser ou não ser… reformador (eis a questão)», *Temas de Integração*, n.° 26, 2008, pp. 45-89; ou J. N. Calvão da Silva, «O Tratado de Lisboa …», *idem*, pág. 122.

[413] Sobre a personalidade jurídica da Comunidade Europeia, vide a síntese de Rachel Frid, *The Relations Between the EC and International Organizations – Legal Theory and Practice*, Kluwer, 1995, pp. 9-55. Em geral, sobre as organizações internacionais, entre nós, AA.VV., *Organizações Internacionais*, 2.ª ed., FCG, 2006.

[414] Sobre o assunto, leia-se Dulce Lopes, «A articulação de competências …», *cit.*, pp. 91-114.

[415] Para uma primeira análise das alterações do Tratado de Lisboa neste domínio, v. «Editorial Comments», *Common Market Law Review*, Vol. 45, n.° 1, 2008, pp. 1-11.

d) Quarto, as normas que identificam e definem os órgãos que integram o quadro institucional único[416] (as "instituições da União" a que se refere o artigo 13.° do TUE – Lisboa, na sequência dos artigos 3.° a 5.° UE-M):
   i) O Parlamento Europeu, nas normas essenciais sobre as suas competências, designação e composição (matérias constantes dos artigos 189.°, 190.°, 197.° Tratado CE, passam, com alterações, para o artigo 14.° do TUE – Lisboa);
   ii) O Conselho Europeu, nas normas sobre a sua composição, organização, funcionamento e competências (do artigo 4.° UE-M para o artigo 15.° do TUE – Lisboa);
   iii) O Conselho, igualmente (dos artigos 202.°, 203.° ou 205.° do Tratado CE, por exemplo, para o artigo 16.° do TUE – Lisboa);
   iv) A Comissão (do artigo 211.° e seguintes do Tratado CE para o artigo 17.° TUE – Lisboa);
   v) O Tribunal de Justiça da União Europeia (cujos aspectos principais passam do actual Tratado CE para o artigo 19.° do TUE – Lisboa).

185. Mas não faltam também no Tratado de Lisboa exemplos do segundo tipo (**B**). Entre estes contam-se parte das disposições relativas aos princípios democráticos, nomeadamente o princípio da democracia representativa, a pôr a possibilidade de uma democracia europeia[417] (artigo 10.°

---

[416] Em rigor, o Tratado de Lisboa suprime a referência à unicidade do quadro institucional, julgamos que partindo do pressuposto da fusão Comunidade/União. No entanto, a expressão continuaria a fazer sentido, considerando a sobrevivência da Comunidade Europeia da Energia Atómica. Reconhecendo isto, Van Nuffel considera no entanto poder sustentar-se que a CEEA e a "nova UE" «formam em conjunto uma única ordem jurídica, pois estas duas pessoas jurídicas são inseparavelmente ligadas da mesma forma que o eram as três Comunidades Europeias durante os primeiros decénios da construção europeia»(«Institutional Report», *cit.*, pp. 359-360). No mesmo sentido vai o considerando 18 da recente decisão relativa ao Serviço Europeu para a Acção Externa, que refere: «A União Europeia e a Comunidade Europeia da Energia Atómica continuam a ser regidas por um quadro institucional único. É, por conseguinte, essencial assegurar a coerência nas relações externas de ambas e permitir que as delegações da União assumam a representação da Comunidade Europeia da Energia Atómica em países terceiros e em organizações internacionais.».

[417] F. Lucas Pires, «Associação de Estados ou Federação sem Estados?», *op. cit.*, p. 43.

TUE – Lisboa), o princípio da democracia aberta (artigo 11.°[418] TUE – Lisboa) e o princípio da democracia nacional (artigo 12.° TUE – Lisboa)[419]. E, no domínio da política externa e de segurança comum, normas relativas ao serviço europeu para a acção externa (artigo 27.°, n.° 3, TUE – Lisboa)[420], à Agência Europeia de Defesa (artigo 45.° TUE – Lisboa) ou à retirada voluntária da União (artigo 50.° TUE – Lisboa)[421-422].

186. Questão diversa é a de saber se, do ponto de vista do direito e dos objectivos que se assinalam à nova União Europeia, se pode extrair a

---

[418] Prevendo que as instituições dão aos cidadãos e suas associações representativas a possibilidade de se pronunciarem.

[419] Com a determinação do papel dos parlamentos nacionais no "funcionamento da União".

[420] Uma importante novidade do Tratado de Lisboa, como assinala com justeza Alastair Sutton, *op. cit.*, p. 67.

[421] Para a doutrina dominante, o reconhecimento do direito de saída voluntária da União pode parecer não ter em si «*nada de extraordinário*» (P. Van Nuffel, «Institutional Report», *cit.*, p. 362), visto que resulta do próprio direito internacional público e, em particular, da natureza de "tratados" que é reconhecida aos tratados da CE e da UE (em particular, da Convenção de Viena do Direito dos Tratados), a liberdade para os Estados membros de denunciar os tratados. São conhecidos quer o debate e quer as propostas que a propósito foram feitas na Convenção Europeia. Contudo, não pode ser esquecido que em sentido diverso se inclinava uma corrente doutrinal significativa, entre nós bem representada, aliás com extensa justificação e indicações doutrinais, pela prof. Ana Maria Guerra Martins, *A Natureza Jurídica do Tratado da União Europeia*, Lex, Lisboa, 2000, pp. 477-479.

[422] Estas normas levantam alguns problemas que a doutrina, em seu tempo, deverá abordar. Especificamente, quanto a esta última norma, semelhante ao anterior artigo I-60.° da Constituição Europeia, suscita-se pelo menos a questão de saber se os Estados membros podem retirar-se voluntariamente da União na data por si próprios definida, por exemplo imediatamente, ou seja, em desrespeito pelas regras procedimentais definidas no próprio artigo. Sobre este artigo, em geral, R. J. Friel, «Secession from the European Union: checking out the proverbial "cockroach motel"», *Fordham International Law Journal*, 2004, n.° 2, pp. 590; R. J. Friel, «Providing a Constitutional Framework for Withdrawal from the EU: Article 59 of the Draft European Constitution», *ICLQ*, 2004, pp. 407; H. Ghérari, «Le retrait», in CRUCE, *Les mots de la Constitution européenne*, Paris, PUF, 2005, pp. 251; L. Grosclaude, «Le clause de retrait du traité etablissant une Constitution pour l'Europe: réflexions sur un possible marche de dupes», *Revue Trimestrielle du Droit Européen*, 2005, n.° 2, pp. 533; Jochen Herbst, «Observations on the Right to Withdraw from the European Union Who Are the «'Masters of the Treaties'?», in Philipp Dann/Michael Rynkowski (eds), *The Unity of the European Constitution*, *cit.*, pp. 383-389; Rostane Mehdi, «Article I-60», *Traité établissant une Constitution pour l'Europe – Commentaire article par article*, Tome 1, Bruylant, 2007, pp. 735-750.

conclusão de que a lógica comunitária prevaleceu sobre a da União[423]. A resposta a esta questão depende de uma análise sobre o impacto do Tratado de Lisboa nos domínios que, até 30 de Novembro de 2009, eram atribuição específica da União Europeia: Política Externa e de Segurança Comum (artigos 11.° a 28.° UE-M) e cooperação policial e cooperação judiciária em matéria penal (artigos 29.° a 42.° UE-M).

187. Comecemos pela **acção externa da União**. Apesar da maior amplitude de objectivos, do tratamento unitário dos princípios e objectivos gerais de toda a acção externa da União (v. artigos 21.° e 22.° TUE – Lisboa)[424], e do implicado reconhecimento do papel da Comissão na garantia da coerência da acção externa da União (artigo 21.°, n.° 3, § 2 TUE – Lisboa), a definição de interesses e objectivos estratégicos da União continua a pertencer ao Conselho Europeu, deliberando por unanimidade, revelando que não é aqui que os Estados membros cederam ao modelo comunitário[425].

188. E o mesmo se acentua no quadro específico da **PESC**, que se apresenta agora como cobrindo "todos os domínios da política externa"[426], numa cisão clara entre a "política externa" e as "questões de segurança" (artigo 24.°, n.° 1, § 1 TUE – Lisboa). Aqui, a definição e execução compete ao Conselho Europeu e ao Conselho, que deliberam segundo o modelo unanimitário, com a expressa previsão de uma partilha

---

[423] Numa visão extrema em sentido contrário poderia dizer que, sucedendo a UE à CE e eliminando-se o artigo sobre o primado, bem como as normas que, na Constituição, asseguravam a continuidade da jurisprudência do Tribunal de Justiça, seria a ordem jurídica da UE e os princípios afirmados no seu contexto jurídico específico que deveriam prevalecer. Parece-nos, contudo, como se verá em texto, que uma tal leitura, apesar de formalmente possível, seria desprovida de realismo jurídico.

[424] Em geral, toda a acção externa, em especial no contexto da PESC. Citando A. Sutton, «*despite the preoccupation (led by the UK) to 'ring-fence' the CFSP to the greatest extent possible and to preserve its inter-governmental status*», a nova disposição do artigo 24.° estabelece que a competência da União se estende a todas as áreas da política externa.

[425] As deliberações são, aliás, tomadas pelo Conselho Europeu sob recomendação do Conselho, sem prejuízo para o reconhecimento da iniciativa do Alto Representante para os Negócios Estrangeiros e a Política de Segurança, no domínio do PESC, e da Comissão (uma leitura apressada do artigo 22.°, n.° 2, diria: apenas em conjunto com o Alto Representante), nos restantes domínios da acção externa da União.

[426] Ao invés do actual âmbito a que se refere o artigo 11.°, n.° 1 TM: "*extensiva a todos os domínios da política externa* e de segurança" (o itálico é nosso).

da função executiva com o Alto Representante para os Negócios Estrangeiros e a Política de Segurança (adiante, "Alto Representante")[427] e os Estados membros.

189. Também o artigo 24.°, n.° 1, agora no § 2, fornece outros elementos que mostram que, no contexto institucional único (uma única organização, a UE), perduram ainda os diferentes modelos e lógicas, podendo dizer-se que no domínio da PESC vigora ainda a «lógica de intergovernamentalidade, estruturalmente distinta dos princípios comunitários de integração» (J. L. CRUZ VILAÇA)[428]: assim, o Tribunal de Justiça da União Europeia[429] é excluído como instância de garantia do respeito pelo direito da União neste domínio (*idem*, artigo 275.°, § 1, TFUE[430])[431], com excep-

---

[427] Sobre esta figura nos debruçaremos, ainda que sumariamente em ponto mais adiantado.

[428] Em sentido crítico desta solução, já face ao Tratado da União, nas versões anteriores, J. L. Cruz Vilaça, «A evolução do sistema jurisdicional comunitário: antes e depois de Maastricht», in *Direito Comunitário e construção europeia*, BFD, Stvdia Ivridica, 38, Coimbra Editora, Coimbra, 1999, p. 30, ao reconhecer, entre outros aspectos, que, apesar da a solução não ser estranha atendendo ao facto de os dois pilares em questão serem dominados por lógicas diversas, tal poderia corresponder a um «*enfraquecimento no grau de protecção dos direitos dos cidadãos e de controlo dos actos de poder*» (v. igualmente, «La CIG et le système juridictionel communautaire», in *A revisão do Tratado da União Europeia*, Almedina, Coimbra, 1996, p. 69).

[429] Sobre as modificações que este órgão tem com o Tratado de Lisboa, vide o que diremos infra, igualmente de modo sumário.

[430] Esta disposição aparece como correlata da afirmação segundo a qual na PESC «*fica excluída a adopção de actos legislativos*», aí, e no intergovernamentalismo, se encontrando o fundamento político para a afirmação jurídica de que o «*Tribunal de Justiça da União Europeia não dispõe de competência no que diz respeito às disposições relativas à política externa e de segurança comum, nem no que diz respeito aos actos adoptados com base nessas disposições*». Daí também o âmbito da excepção, nos termos da qual cabe ao Tribunal de Justiça da UE assegurar, por um lado, o respeito das regras procedimentais e do equilíbrio institucional desenhado nos artigos 3.° a 6.° do TFUE, e, por outro, controlar a legalidade, no contexto do chamado recurso de anulação, «*das decisões que estabeleçam medidas restritivas contra pessoas singulares ou colectivas, adoptadas pelo Conselho*» no quadro da PESC (julgamos extremamente interessante esta afirmação, sobretudo no contexto de processos passados e presentes da justiça comunitária – por todos e por último, vide os processos *Kadi c. Conselho e Comissão* – acórdão do Tribunal de Primeira Instância de 21 de Setembro de 2005, proc. T-315/01; e acórdão do Tribunal de Justiça (Grande Secção), de 3.9.2008, proc. C-402/05 P, Colect., 2008, I, pp. 6351; e as conclusões pelo AG M. Poiares Maduro, a 16 de Janeiro de 2008). Sobre aquele acórdão, entre nós, António Goucha Soares, «Portugal», *External Relations in the EU and the Member States: Competence, Mixed Agreements, International Responsability, and Effects of International Law – FIDE 2006 National Reports*, Cyprus, em particular pp. 237-244.

ção para a garantia da "legalidade procedimental" das medidas restritivas de direitos fundamentais dirigidas a particulares. Esta fundamental captura pela dimensão intergovernamental (decisão apenas pelo Conselho, unanimidade, bloqueio por um Estado membro; exclusão do Tribunal de Justiça e limitação da intervenção de Parlamento Europeu e Comissão) mostra claramente que a União Europeia preserva equilíbrios entre aquilo que se mantém sob controlo do pilar intergovernamental (ainda que internalizado pelos órgãos e procedimentos da União) e aquilo que se submete ao pilar comunitário ou, com a entrada em vigor do Tratado de Lisboa, da União.

190. Portanto, é sustentável dizer-se que o Tratado de Lisboa não suprimiu inteiramente a lógica de "pilares" existente, conquanto estes sejam menos visíveis, pois que inseridos nas paredes-mestras de um edifício que agora se pretende único[432]. Como afirma RICHARD WHITMAN, «*the underlying principle of a distinctive decision-making regime for the policy area is retained*», sendo os papéis de Parlamento Europeu, Comissão e Tribunal de Justiça «*heavily circumscribed*»[433].

191. Mas se isto é assim no domínio da PESC e da política comum de segurança e defesa (v. artigos 42.° a 46.° TUE – Lisboa), já no domínio da **cooperação policial e judiciária em matéria penal** há sinais de uma

---

[431] Igualmente, são relevantes as disposições constantes do artigo 10.° do Protocolo relativo às disposições transitórias, nos termos do qual, até à sua alteração ou, no máximo, até o Tratado de Lisboa perfazer cinco anos de vigência, «[a] *título transitório, e no que diz respeito aos actos da União no domínio da cooperação policial e da cooperação judiciária em matéria penal adoptados antes da entrada em vigor do Tratado de Lisboa, as competências das instituições serão as seguintes, à data de entrada em vigor do referido Tratado: não serão aplicáveis as competências conferidas à Comissão nos termos do artigo 258.° do Tratado sobre o Funcionamento da União Europeia e as competências conferidas ao Tribunal de Justiça da União Europeia nos termos do Título VI do Tratado da União Europeia, na versão em vigor até à entrada em vigor do Tratado de Lisboa, permanecerão inalteradas, inclusivamente nos casos em que tenham sido aceites nos termos do n.° 2 do artigo 35.° do*» UE-M.

[432] Fazemos aqui a tradicional cedência à terminologia da engenharia que tantas vezes tem sido usada no quadro comunitário, na descrição do processo da *construção europeia*, como sinónimo de «processo, desenvolvimento ou criação progressiva» – Acórdão Tribunal Constitucional n.° 531/98 (proc. 756/98), de 30.7.1998, DR, I-A, de 30.7.1998, pp. 3660, ponto 4.2.

[433] Richard Whitman, «Foreign, Security and Defence Policy and the Lisbon Treaty: significant cosmetic reforms?», *Revista Jurídica da Universidade Portucalense*, n.° 13, Porto, 2008, pág. 190.

maior aproximação jurídica ao "pilar comunitário" e, porventura, até de uma absorção por este[434].

192. Se porventura não se podia ainda falar de um direito penal comunitário (Jorge de Figueiredo Dias[435]), não parece haver dúvida de que se caminha nesse sentido, desde logo já antes do Tratado de Lisboa[436], prevendo agora os Tratados a adopção de medidas neste domínio de acordo com o "processo legislativo ordinário" em conjunto por Parlamento Europeu e Conselho (artigos 82.°, n.° 1, § 2, e n.° 2; 83.°, n.° 1; 84.°; 85.°, n.° 1; 87.°, n.° 2; 88.°, n.° 2; todos do TFUE), a uniformização da tipologia de fontes (adoptar-se-ão regulamentos e directivas e já não decisões-quadro[437]: v. os mesmos artigos) e a abolição de qualquer especificidade quanto ao valor jurídico dos actos da União, nesta sede (elimina-se a exclusão do efeito directo de decisões e suprime-se o próprio conceito de decisões-quadro)[438]. Claro que isto é feito sem prejuízo para a previsão de mecanismos de controlo estadual, expressos quer na reserva de algumas decisões para o Conselho, deliberando por unanimidade, quer na possibilidade de bloqueio relativo[439] de algumas deliberações por um ou mais Estados membros.

---

434 Anabela Miranda Rodrigues, *O Direito Penal Europeu Emergente*, Coimbra Editora, Coimbra, 2008; Mário Monte, *O espaço…*, *cit.*; Jorge Alves Costa, «Constituição Europeia e cooperação judiciária penal: leitura breve», *O Direito*, ano 137, 2005, IV-V, pp. 731-753.

435 *Direito Penal – Parte Geral*, Tomo I, 2.ª Edição, Coimbra Editora, 2009, pág. 12.

436 O professor Figueiredo Dias, a partir do acórdão proferido pelo Tribunal de Justiça de 13.9.2005, proc. C-176/03, salientava o reconhecimento da competência penal da Comunidade, acentuando contudo que se trataria, na sua opinião, de um "*ius puniendi* negativo" (*op. cit.*, pág. 13).

437 É de salientar que os Estados membros consideraram a situação destes actos adoptados antes da entrada em vigor do Tratado de Lisboa nos artigos 9.° e 10.° do Protocolo relativo às disposições transitórias.

438 Referência que constava do artigo 34.° n.° 2, alíneas *b)* e *c)*, UE-M – cfr., contudo, o disposto nos artigos 9.° e 10.° do Protocolo Relativo às Disposições Transitórias anexo ao Tratado de Lisboa.

439 O TFUE prevê o chamado "mecanismo de travagem de emergência", pelo qual a oposição de nove Estados membros pode levar à instituição de uma cooperação reforçada, no que toca ao estabelecimento de regras mínimas em matéria de reconhecimento mútuo de sentenças e decisões judiciais (e, em geral, cooperação policial e judiciária em matéria penal com dimensão transfronteiriça – artigo 82.°, n.° 3), à instituição da Procuradoria Europeia (artigo 86.°, n.° 1, do TFUE) ou no domínio da cooperação policial (artigo 87.° TFUE). Em termos, aliás, não inteiramente coincidentes, nos seus pressupostos procedimentais básicos.

193. Ressalte-se, a propósito, que não é apenas no quadro dos processos de formação e expressão do direito da União Europeia com incidência penal que o Tratado de Lisboa inova. No seu ensino, o prof. FIGUEIREDO DIAS, a partir do acórdão proferido pelo Tribunal de Justiça de 13.9.2005[440], reconhecia a afirmação de uma competência penal da Comunidade, acentuando contudo que se trataria, na sua opinião, de um "*ius puniendi* negativo", «é dizer, da legitimdade para impor normas que se projectam no estreitamento ou recuo do direito penal estadual. Dada a prevalência do direito comunitário sobre o direito nacional (artigo 8.°-4 da CRP) – e face ao entendimento válido do princípio da unidade da ordem

---

[440] Proc. C-176/03. Este acórdão foi anotado, entre nós, pelo menos por Miguel Sousa Ferro, «Acórdão C-176/03 do TJCE: A comunitarização das competências penais?», in *Estudos em Homenagem ao Professor Doutor Marcello Caetano no centenário do seu nascimento*, FDUL, Coimbra Editora, 2006, Vol. II, pp. 383-403. Posteriormente, no acórdão proferido pela Grande Secção do Tribunal de Justiça (acórdão *Comissão c. Conselho*, de 23.10.2007, proc. C-440/05), este Tribunal de Justiça anulou a Decisão-Quadro 2005/667, que estabelecia a obrigação de os Estados membros preverem sanções penais para as pessoas, singulares ou colectivas, que cometeram, instigaram ou que se tornaram cúmplices de uma das infracções previstas nos artigos 4.° e 5.° da Directiva 2005/35, por invadir as competências da então Comunidade Europeia, designadamente resultantes da norma correspondente ao actual artigo 100.° TFUE (anterior artigo 80.° CE, relativo à política de transportes), apesar de reconhecer, em termos que merecem ser citados, que «[e]mbora, em princípio, a legislação penal e as normas de processo penal não sejam da competência da Comunidade (v., neste sentido, acórdãos de 11.11.1981, *Casati*, 203/80, Recueil, p. 2595, n.° 27; de 16.6.1998, *Lemmens*, C-226/97, Colect., p. I-3711, n.° 19; e de 13.9.2005, *Comissão c. Conselho*, já referido, n.° 47), também é verdade que o legislador comunitário, quando a aplicação de sanções penais efectivas, proporcionadas e dissuasivas pelas autoridades nacionais competentes constitua uma medida indispensável para lutar contra as infracções graves ao ambiente, pode impor aos Estados membros a obrigação de instituir essas sanções para garantir a plena eficácia das normas que adopta nesse domínio (v., neste sentido, acórdão de 13 de Setembro de 2005, *Comissão/Conselho*, já referido, n.° 48)». Sobre o ponto, v. Pedro Caeiro, *Fundamento, Conteúdo e Limites da Jurisdição Penal do Estado (o caso português)*, manuscrito em vias de publicação, 2009, que cita a prof. Maria Luísa Duarte (em "Tomemos a sério os limites de competência da União Europeia – a propósito do Acórdão do Tribunal de Justiça de 13 de Setembro de 2005", *RFDUL* 46-1 (2005), p. 363), segundo a qual "o exercício do *ius puniendi* é uma prerrogativa básica de soberania política", Inês Ferreira Leite (em *O Conflito de Leis Penais. Natureza e Função do Direito Penal Internacional*, 2008, p. 210, s.), segundo a qual "[a] jurisdição decorre da relação de soberania entre o Estado e os seus elementos constitutivos (…) configurando-se, tal como o poder punitivo, como um atributo essencial da soberania" e A. Taipa de Carvalho (*Direito Penal*, pp. 260 e seguintes), que chama a atenção para a necessidade de uma "reformulação do conceito de soberania estadual e do exercício do *ius puniendi*".

jurídica (...) – o legislador nacional não poderá qualificar como penalmente ilícitas contudas exigidas ou autorizadas pelo direito comunitário»[441]. O Tratado de Lisboa, contudo, vai mais longe, ao prever, além do «reconhecimento mútuo das sentenças e decisões judiciais», e sob reserva do direito dos Estados membros a preservarem «aspectos fundamentais do seu sistema de justiça penal» (artigo 82.°, n.° 3; e artigo 83.°, n.° 3 TFUE[442]), a «aproximação das disposições legislativas e regulamentares dos Estados membros» (artigo 82.°, n.° 1, TFUE) conducentes ao estabelecimento de regras mínimas quanto:

(i) À cooperação policial e judiciária penal em matérias penais com dimensão transfronteiriça (artigo 82.°, n.° 2, TFUE), através da adopção de regras mínimas em matérias de processo penal (meios de prova; direitos individuais; direitos das vítimas; "outros elementos do processo penal");

(ii) À «definição das infracções penais e das sanções em domínios de criminalidade particularmente grave com dimensão transfronteiriça[443] que resulte da natureza ou das incidências dessas infracções», extensível a outros domínios «consoante a evolução da criminalidade» (artigo 83.°, n.° 1, §§1 e 3 TFUE); e, sobretudo,

(iii) Sempre que a aproximação de disposições nacionais «em matéria penal se afigure indispensável para assegurar a execução eficaz de uma política da União num domínio que tenha sido objecto de medidas de harmonização» [virtualmente, todas as matérias de competência partilhada entre a União e os Estados membros, como o mercado interno], a União pode aprovar «directivas» contendo «regras mínimas relativas à definição das infracções penais e das sanções no domínio [a política em causa: v.g. transportes, ambiente, mercado interno] em causa».

---

[441] Jorge de Figueiredo Dias, *op. cit.*, pág. 13.

[442] Também aqui, o mecanismo de travagem de emergência que um Estado membro poderá usar poderá ser superado para os restantes Estados membros, se pelo menos 9 de entre eles pretenderem estabelecer entre si uma "cooperação reforçada" (artigo 83.°, n.° 3, § 2 TFUE).

[443] Um primeiro leque de matérias como tal qualificáveis consta do artigo 83.°, n.° 1, § 2 TFUE.

194. Assim, numa primeira conclusão, dir-se-ia que a fusão entre a União e a Comunidade, com a incorporação desta naquela, é complementada com alguns passos no sentido da absorção das áreas materiais de intervenção da União – com a razoável excepção da PESC – pela lógica de funcionamento até há pouco característica da Comunidade Europeia. Importaria por isso ir agora mais longe e analisar a distribuição de poder subjacente ao novo edifício da União Europeia, para verificar se, na repartição ou delimitação de atribuições entre os Estados membros e a União Europeia, se assinala um reforço dos poderes da União em detrimento dos Estados, pela concessão/transferência/delegação de novos poderes e instrumentos de acção à União.

195. E qual o impacto do Tratado de Lisboa na reconformação do quadro institucional da União (artigo 13.° TUE – Lisboa)? Dada a magnitude da Obra, perdoará por certo o leitor que nos limitemos, ainda que sem prejuízo para o rigor, a algumas pinceladas impressionistas que permitam uma rápida percepção do que se altera ou se esclarece com o Tratado de Lisboa. Retratar cada instituição e apresentar, em cor forte e luminosa, a sua dinâmica própria é tarefa que, para ser bem conseguida, requer a compreensão da essencial natureza da construção europeia, a qual, só ela, permite explicar o continuado percurso mutativo que as instituições da actual UE vêm sofrendo. O Tratado de Lisboa reconhece formalmente uma dupla legitimidade ao edifício institucional europeu[444], que enuncia nos seguintes termos no artigo 10.° TUE – Lisboa:

> «1. O funcionamento da União baseia-se na democracia representativa.
>
> Os cidadãos estão directamente representados, ao nível da União, no Parlamento Europeu.
>
> Os Estados membros estão representados no Conselho Europeu pelo respectivo Chefe de Estado ou de Governo e no Conselho pelos respectivos Governos, eles próprios democraticamente responsáveis, quer perante os respectivos Parlamentos nacionais, quer perante os seus cidadãos. (...)».

---

[444] O prof. Fausto de Quadros fala numa tripla legitimidade, aditando às aqui expressas a legitimidade "de integração", encabeçada na Comissão (Fausto de Quadros, *Direito da União Europeia*, 2004; e «Prefácio", in *Constituição e Legitimidade Social da União Europeia*, de Marta Rebelo, Almedina, Coimbra, 2005, pp. 5-6).

196. Embora não seja uma novidade do sistema jurídico dito "comunitário", o certo é que esta previsão é portadora, porventura, de um extraordinário simbolismo (e quiçá como signo federalizante, como já ouvimos classificar o artigo), no contexto de um sistema jurídico-institucional que se pretende justificar inteiramente a si próprio e se mostra assim autónomo na sua constituição e no seu funcionamento, como que dispensando a coluna estadual ou, de alguma forma, internalizando os Estados membros como elementos do sistema[445]. E tendo ainda outra consequência, qual seja a potenciar uma visão que oponha Estados a cidadãos, como se, na Europa, os Estados e os seus governos não fossem igualmente instâncias de representação legítima dos cidadãos europeus (ainda que segundo um critério diverso[446]).

197. Se nas organizações comunitárias o poder legislativo nunca teve o seu assento primário no Parlamento Europeu e tanto os poderes legislativo como executivo eram repartidos entre o Conselho e a Comissão, o certo é que esta visão, de cariz tradicional, deve ser reponderada à luz do Tratado de Lisboa. É sobre este fenómeno das instituições fundamentais da "governança", no sentido de «conjunto de regras, procedimentos e práticas relacionados com o modo como os poderes são exercidos na União»[447] que será dedicada um pouco mais de atenção[448].

---

[445] É certo, em termos, nesta perspectiva, imperfeitos, pois aos Estados membros *qua tale* os Tratados continuam a reservar importantes poderes constituintes e funcionais, por exemplo na revisão dos Tratados. Sobre este assunto, expressamente, as claras palavras que em 2004/2005 escreveu a prof. Anabela Miranda Rodrigues, «A Nova Europa e o Velho Défice Democrático – A Matéria Penal», in *O Direito Penal Europeu Emergente*, Coimbra Editora, Coimbra, 2010, pp. 245-248, que salienta que a comunitarização de competências penais sem o estabelecimento de uma democracia europeia com partidos políticos europeus constitui um motivo de agravamento do próprio "défice democrático" da construção europeia. Mais recentemente, o *Bundesverfassungsgericht*, na sua decisão sobre o Tratado de Lisboa, de 30 de Junho de 2009, acentua a natureza *derivada* (porque partindo dos Estados membros) de todo o edifício europeu.

[446] Os cidadãos da União não dispõem, *por força do direito da União*, de legitimidade eleitoral activa e passiva nas eleições para os Parlamentos nacionais, dos quais emanam os governos nacionais (ainda que com a mediação de outros órgãos de soberania nacionais, como é o caso, entre nós, da Presidência da República). Contudo, sem qualquer exclusão, todos os cidadãos da União estão representados pelos seus governos nacionais, salvo se puderem ser privados do exercício de direitos políticos pelos órgãos do seu Estado de nacionalidade.

[447] M. V. Jensen, *Exécution du droit communautaire par les États membres – Méthode communautaire et nouvelles formes de gouvernance*, Bruylant/LGDJ, 2007, p. 3.

198. O **Parlamento Europeu** continua a ser, na sistemática dos Tratados e apesar da introdução do Conselho Europeu (em termos a que adiante nos referiremos) a primeira instituição (v. artigo 13.°, n.° 1, § 2 TUE – Lisboa; artigo 14.° TUE – Lisboa; artigos 223.° a 234.° do TFUE). A *amarração* dos Estados membros ao Conselho e Conselho Europeu, feita no artigo 10.° do TUE – Lisboa, parece pressupor, no contexto do Tratado de Lisboa, que os cidadãos são representados na União pelo Parlamento Europeu (v. 14.°, n.° 2 TUE – Lisboa[449]), sem que qualquer referência seja aqui feita aos parlamentos nacionais, os quais são apenas referidos como contribuintes para o bom funcionamento da União (artigo 12.° TUE – Lisboa)[450]. Dão-se assim, juntamente com a consagração da "iniciativa de cidadania" a que se referem os artigos 11.° TUE – Lisboa e 24.°, § 1 TFUE, passos importante para «o fortalecimento do papel e do prestígio do Parlamento Europeu», conquanto nos pareça que a estrutura do edifício não permite ainda, pela sua originalidade construtiva, que o Parlamento tenha «os mesmos poderes do Conselho nem o mesmo prestígio e a ressonância pública que os parlamentos nacionais têm»[451].

199. Com efeito, além do reforço da sua legitimidade simbólica, o Parlamento Europeu passa a ser considerado legislador de pleno direito[452]

O termo "governança" tem uma grande tradição em Portugal, desde pelo menos o século XVII, sendo comum nas chancelarias régias e outros documentos, sobretudo referido à titularidade dos "cargos locais da governança" das aldeias, vilas e cidades. Sobre a *governance*, governança ou governância, v. Comissão Europeia, COM (2001) 428 final; ou, entre nós e por todos, a prof. Alexandra Aragão, «A governância na Constituição Europeia: uma oportunidade perdida?», in: *Boletim da Faculdade de Direito, número especial de homenagem ao Prof. Lucas Pires*, Coimbra, 2005.

[448] Sobre o assunto, entre nós, as páginas que ao assunto dedicou o prof. Fausto de Quadros, *Direito da União Europeia*, Almedina, Coimbra, pp. 571-575.

[449] Artigo onde por redundância se reproduz a mesma afirmação, ao dizer-se que «[o] *Parlamento Europeu é composto por representantes dos cidadãos da União*».

[450] O artigo 12.° do TUE a eles se refere, mas fora do título das instituições – sobre estes, v. Ricardo Passos, «Recent developments concerning the role of national parliaments in the European Union», *ERA Fórum*, 2008, n.° 9, pp. 25-40.

[451] Dietrich Schindler, «Um Estado Federal Europeu?», in *O Desafio Europeu – passado, presente e futuro*, Fund. Serralves/Principia, Cascais, 1998, p. 51. No mesmo sentido, o *Bundesverfassungsgericht*, de 30 de Junho de 2009.

[452] Embora, como bem salientou o TEDH no acórdão *Matthews c. UK,* já o seja desde o TM: «*As to the context in which the European Parliament operates, the Court is of the view that the European Parliament represents the principal form of democratic, political accountability in the Community system. The Court considers that whatever its limitations, the European Parliament, which derives democratic legitimation from the direct*

e em estrita igualdade com o Conselho em praticamente todos os domínios relevantes da actividade da União Europeia[453], com a (importante) excepção de alguns dos domínios específicos da "anterior" União Europeia, i.e. na PESC ou na cooperação policial e judiciária em matéria penal[454]. O reconhecimento formal da função "legislativa" do Parlamento Europeu, ainda que juntamente com o Conselho, é uma notável alteração resultante do Tratado de Lisboa[455], superando a fórmula que, no Tratado CE, significando basicamente o mesmo, primava pela falta de transparência e pela ilegibilidade pelos cidadãos (com algumas variantes: «o Conselho, deliberando nos termos do artigo 251.°, adopta...»). O Parlamento Europeu assume-se assim como co-legislador através do **processo legislativo ordinário**, o qual é agora descrito em todos os seus termos (artigo 289.°, n.° 1, TFUE): «consiste na adopção de um regulamento, de uma directiva ou de uma decisão conjuntamente pelo Parlamento Europeu e pelo Conselho, sob proposta da Comissão. Este processo é definido[456] no artigo 294.°.». E afirmando-se ainda pela primeira vez como órgão pode deliberar por si só segundo um **processo legislativo especial** (artigo 289.°, n.° 2 TFUE) e até detentor, «em casos específicos», da iniciativa do processo legislativo (artigo 289.°, n.° 4 TFUE[457]).

---

elections by universal suffrage, must be seen as that part of the European Community structure which best reflects concerns as to "effective political democracy".» E, em consequência, «[t]*he Court thus finds that the European Parliament is sufficiently involved in the specific legislative processes leading to the passage of legislation under Articles 189b and 189c of the EC Treaty, and is sufficiently involved in the general democratic supervision of the activities of the European Community, to constitute part of the "legislature".*».

453 Goucha Soares, António, «O Tratado Reformador da União Europeia», *cit.*, pág. 29; J. N. Calvão da Silva, «Tratado de Lisboa (algumas notas», *cit.*, pp. 128-129; Afonso Patrão, «O direito derivado da União Europeia...», *cit.*, em especial pág. 163.

454 Matérias que, segundo o *Conseil Constitutionnel*, em França, implicavam uma revisão da Constituição, por implicarem transferências de poderes "inerentes ao exercício da soberania nacional" (Decisão 2007 560, § 18).

455 No seguimento da Constituição Europeia, também aqui. Segundo o Presidente do Parlamento Europeu, Hans-Gert Pöttering, aquando da votação política do Tratado de Lisboa, na sessão plenária de 20 de Fevereiro de 2008, «*a key element of the Treaty will be to make Parliament "an equal law-making partner" with the Council on "almost 100 percent of legislation" by extending the use of qualified majority voting*».

456 Deverá ler-se "descrito".

457 Artigo 14.°, n.° 2 TUE – Lisboa (composição do Parlamento Europeu), artigo 223.°, n.° 2 TFUE (estatuto dos seus membros), 226.°, § 3 TFUE (regras de exercício do direito de inquérito), 228.°, n.° 4 TFUE (estatuto e condições de exercício das funções do Provedor de Justiça).

200. Em benefício da transparência, e ao invés da tradicional e vaga referência aos «poderes que lhe são atribuídos» (artigo 189.° Tratado CE), o TUE – Lisboa exclama agora, num tom com certo regresso ao passado[458], que o «Parlamento Europeu exerce, juntamente com o Conselho, a **função legislativa** e a **função orçamental**. O Parlamento Europeu exerce **funções de controlo político** e **funções consultivas** em conformidade com as condições estabelecidas nos Tratados. Compete-lhe **eleger o Presidente da Comissão**» (artigo 14.°, n.° 1 TUE – Lisboa). Neste artigo se mostra a profunda alteração que este órgão sofreu desde o Tratado de Roma de 25 de Março de 1957.

201. O Parlamento Europeu vê também serem acrescidos os seus poderes de **controlo político**. Quer em relação ao Conselho Europeu e ao Conselho, quer em relação à Comissão Europeia. Quanto ao Conselho Europeu, limitemo-nos a constatar que, sendo o Conselho Europeu o órgão a quem compete a definição das orientações e as prioridades políticas da União, termina em definitivo, salvo na PESC, a possibilidade de influência exclusiva das políticas concretas a adoptar pelo Conselho, pela razão simples de que a adopção de actos jurídicos passa agora – reforçando o processo de partilha de poder legislativo iniciado com o AUE e sucessivamente aprofundado com as revisões subsequentes – a depender também da co-decisão legislativa do Parlamento Europeu. Que passa a poder desempenhar um papel ainda mais determinante no funcionamento estratégico da União. Mas salientemos aqui, sobretudo, o reforço do controlo político do Parlamento Europeu em relação à Comissão Europeia, não só na clarificadora afirmação segundo a qual «[a] Comissão, enquanto colégio, é responsável perante o Parlamento Europeu» (artigo 17.°, n.° 8, TUE – Lisboa), como sobretudo na medida em que, por um lado, determina que o Presidente da Comissão seja eleito pela maioria dos deputados ao Parlamento Europeu (artigo 17.°, n.° 7, TUE – Lisboa)[459], sob proposta do Conselho

---

[458] Assim o recordava o TEDH, no mesmo acórdão *Mathews c. UK*: «*16. Before 1 November 1993, the date of the entry into force of the Maastricht Treaty on European Union of 7 February 1992 ("the Maastricht Treaty"), Article 137 of the EEC Treaty referred to the "advisory and supervisory powers" of the European Parliament. Since 1 November 1993, the words "advisory and supervisory powers" have been removed and the role of the European Parliament has been expressed by Article 137 to be to "exercise the powers conferred upon it by [the] Treaty"*».

[459] Lars Hoffmann, a propósito, afirma: «*Um argumento usado frequentemente contra a eleição do Presidente da Comissão pelo Parlamento Europeu é de que tal iria estabelecer um sistema de governação parlamentar* de facto. *O que (...) tornaria o Presidente*

Europeu, e por outro, clarifica a ligação temporal entre a composição do Parlamento Europeu numa legislatura e a Comissão em funções durante esse mesmo período, numa expressão de familiar recorte constitucional[460]:

> «Tendo em conta as eleições para o Parlamento Europeu e depois de proceder às consultas adequadas, o Conselho Europeu, deliberando por maioria qualificada, propõe ao Parlamento Europeu um candidato ao cargo de Presidente da Comissão» (artigo 17.°, n.° 7 TUE – Lisboa).

202. Também o **Conselho Europeu** é profundamente reestruturado com o Tratado de Lisboa. Novamente, deve assinalar-se a transparência com que este Tratado enquadra o Conselho Europeu no novo contexto institucional da União. O Conselho Europeu passa a constar expressamente da lista das "instituições da União" (artigo 13.° TUE – Lisboa) e ganha até um espaço próprio no TFUE (artigos 235.° e 236.° do TFUE)[461]. No artigo 15.° TUE – Lisboa são ainda desenvolvidas importantes considerações sobre a sua composição e funcionamento. Se a natureza de **órgão de direcção política** da União se mantém intacta, o Tratado esclarece, num exercício também aqui de transparência e de afirmação do primado do direito, que «[o] Conselho Europeu não exerce função legislativa» (artigo 15.°, n.° 1), e pareceria continuar a conceder-lhe o exercício da função política no sistema europeu, disposição que deve, contudo, ser lida em consonância com o disposto no artigo 263.° TFUE, nos termos do qual se

---

dependente do Parlamento Europeu e faria perigar o papel da Comissão como órgão de iniciativa legislativa independente e como ramo executivo do sistema de governo da UE. Este argumento sugere que, se os poderes do Presidente da Comissão derivarem directamente do Parlamento Europeu, as actividades da Comissão serão influenciadas pelas políticas dos partidos predominantes no Parlamento». E, mais adiante, continua: «*Associá-los, através da eleição do Presidente da Comissão pelo PE, fortaleceria ambas as instituições, porque os poderes do PE (...) seriam aumentados e a legitimidade do Presidente da Comissão (...) seria maior. (...). Além disso, ter o Presidente da Comissão eleito pelo Parlamento Europeu teria o efeito benéfico de garantir que as eleições para o Parlamento Europeu se tornassem politicamente mais importantes*», o que «*aumentaria não só a legitimidade do Parlamento Europeu, mas da própria União como um todo*» – *op. cit.*, pp. 130-131. Porventura, poderá questionar-se se esta alteração não implica a assunção pelo Presidente da Comissão de «*uma legitimidade política análoga à de um Primeiro-Ministro*» (Jónatas Machado, *Direito Internacional*, cit., p. 712.).

[460] Artigo 187.°, n.° 1, da Constituição portuguesa.

[461] Não podemos concordar com P. Van Nuffel quando afirma que o Tratado de Lisboa estabelece o Conselho Europeu como "*instituição em sentido próprio*" («*institution à proprement parler*» a – P. Van Nuffel, «Institutional Report», *cit.*, p. 365).

prevê a fiscalização da legalidade de actos do Conselho Europeu «destinados a produzir efeitos jurídicos em relação a terceiros» (artigo 263.°, n.° 1 TFUE).

203. Quanto à **composição do Conselho Europeu**, se do artigo 4.° UE-M já resultava que o Presidente da Comissão era membro do Conselho Europeu, o mesmo passa a suceder agora com a nova figura do **Presidente do Conselho Europeu**.

204. As alterações que no contexto do Tratado de Lisboa são feitas ao Conselho Europeu e ao Parlamento Europeu já revelam, parcialmente, a sorte do **Conselho** da/na União Europeia. Embora em permanente perda face ao Conselho Europeu e ao Parlamento Europeu, se o Conselho permanece (J. MOTA DE CAMPOS[462]) um órgão central no exercício dos poderes legislativo e executivo na União, na continuidade do modelo de «executivo bicéfalo»[463] (Conselho/Comissão) que a doutrina há muito assinala, o certo é que o seu papel de legislador passa a ser partilhado com o Parlamento Europeu em praticamente todas as áreas de actuação da União (em termos globais, apenas fica excepcionada a PESC), podendo também falar-se agora de um "legislativo bicéfalo" (Conselho/Parlamento Europeu)[464]. O Tratado de Lisboa clarifica o processo "legislativo"[465], com proveito para o Parlamento Europeu e, novamente, para os cidadãos. Em proveito para o Parlamento Europeu pois passa a ser co-legislador no chamado processo legislativo ordinário, em regra na generalidade das matérias não submetidas a um processo legislativo especial. E em relação aos cidadãos, pois estes agora conhecem com rigor qual o procedimento legislativo ordinário: proposta da Comissão e acto adoptado por Parlamento Europeu e Conselho (artigos 289.°, n.° 1, e 294.° TFUE).

---

462 *Manual de Direito Comunitário*, *cit.*, p. 116.

463 Tito Ballarino, *Lineamenti di diritto comunitario e della Unione Europea*, 5.ª ed., Cedam, 1997, p. 46.

464 Entre nós, Francisco Sarsfield Cabral, declarava, a 1 de Dezembro de 2009, que, no Tratado de Lisboa, 95% dos actos serão adoptados por Parlamento Europeu e Conselho.

465 É de salientar que, embora o Tratado de Lisboa tenha abolido a terminologia prevista na Constituição Europeia para os actos da União (Leis em vez de Regulamentos; Leis-Quadro em vez de Directivas), pelo carácter eminentemente "estadual" da expressão "lei" ou "lei-quadro", sobreviveram as referências ao "processo legislativo" ou aos "actos legislativos". Na "nova" UE, o que define a natureza legislativa de um acto jurídico não é a matéria sob que incide, mas o procedimento legislativo aplicável.

205. Outras alterações demonstram uma preocupação com o reforço da aderência das normas à realidade. É o caso da norma que consagra o princípio de que o Conselho delibera por **maioria qualificada** «salvo disposição em contrário dos Tratados» (artigo 16.°, n.° 3 TUE – Lisboa), em substituição da *enganosa* norma do anterior artigo 205.°, n.° 1, do Tratado CE, que consagrava a regra (na verdade, excepção) da maioria simples.

206. São reconfiguradas as **presidências rotativas do Conselho** (artigo 16.°, n.° 9, do TUE – Lisboa; artigo 236.° do TFUE[466]), apesar de extirpadas da dimensão externa[467], e o retomado o sistema de *troika*, além de ser atribuída a um Vice-Presidente da Comissão, o Alto Representante, da presidência de uma formação do Conselho, o Conselho de Negócios Estrangeiros, que resulta do desdobramento que o Tratado de Lisboa operou do anterior Conselho "Assuntos Gerais e Relações Externas".

207. No que diz respeito à **Comissão Europeia**[468], é de salientar a transparência com que o TUE – Lisboa, ao contrário do anterior artigo 211.° do Tratado CE, descreve as competências deste órgão. São elucidativos e dignos de reprodução os dois primeiros números do artigo 17.° do TUE – Lisboa, que revelam as suas plúrimas e essenciais dimensões, como "guardiã" dos Tratados, como órgão de competência executiva[469], como órgão de representação (n.° 1) e como órgão essencial no processo legislativo da União, com a expressa e assumida previsão do tradicional "mo-

---

466 A Declaração n.° 9 anexa à Acta Final da CIG/2007 estabelece que o regime da Presidência do Conselho, e respectivo exercício, deverá ser, nos termos do artigo 4.° do projecto de decisão do Conselho Europeu anexo à referida declaração, aprovado pelo Conselho, no prazo de 6 meses a contar da data da entrada em vigor do Tratado de Lisboa, por maioria qualificada (visto que é a regra geral prevista no TUE).

467 Mas não interna. Entre outros exemplos, saliente-se que continua a ser previsto um papel específico para o Presidente do Conselho nos seguintes artigos do TFUE: artigo 121.°, n.° 5, 122.°, n.° 2; 134.°, n.° 3, 219.°, n.° 1, 284.°, n.° 1, 294.°, n.° 8, 297.°, n.° 1 ou 314.°, n.° 4.

468 Assim finalmente designada, ao contrário do que já hoje se possa pensar.

469 Esta, contudo, deverá ser analisada de modo cuidado, pela substancial diferença de redacção entre o disposto no TUE e TFUE, por um lado, e o disposto nos anteriores artigos 202.° e 211.° do Tratado CE, por outro. Seja como for, mesmo partindo do pressuposto da intangibilidade do reconhecimento da função executiva (na dimensão "execução dos actos do Conselho"), impõe-se notar que agora o controlo sobre o modo como a Comissão executa os actos do Parlamento Europeu e do Conselho é exercido pelos "Estados membros" (artigo 291.°, n.° 3, TFUE).

nopólio" do direito de iniciativa legislativa (n.° 2). O conteúdo das normas merece ser reproduzido:

«1. A Comissão promove o interesse geral da União e toma as iniciativas adequadas para esse efeito. A Comissão vela pela aplicação dos Tratados, bem como das medidas adoptadas pelas instituições por força destes. Controla a aplicação do direito da União, sob a fiscalização do Tribunal de Justiça da União Europeia. A Comissão executa o orçamento e gere os programas. Exerce funções de coordenação, de execução e de gestão em conformidade com as condições estabelecidas nos Tratados. Com excepção da política externa e de segurança comum e dos restantes casos previstos nos Tratados, a Comissão assegura a representação externa da União. Toma a iniciativa da programação anual e plurianual da União com vista à obtenção de acordos interinstitucionais.

2. Os actos legislativos da União só podem ser adoptados sob proposta da Comissão, salvo disposição em contrário dos Tratados. Os demais actos são adoptados sob proposta da Comissão nos casos em que os Tratados o determinem.».

208. Uma referência à **composição** da Comissão Europeia e ao seu modo de designação revela-se essencial, quando se considera o Tratado de Lisboa. Desde logo, quanto à autonomização institucional do comissário responsável pelas relações externas, que, sob a designação de **Alto Representante para os Negócios Estrangeiros e a Política de Segurança** (v. supra), passa a ter um processo autónomo de designação, responsabilidades políticas e jurídicas específicas, assumindo ainda as funções de Vice-Presidente da Comissão Europeia, ao mesmo tempo que, enquanto responsável pela condução da PESC e pela representação da UE neste domínio, preside ao Conselho de Negócios Estrangeiros. Referido já acima o papel que o Tratado de Lisboa reserva ao Alto Representante, impõe-se apenas salientar o modo como este interage com o Presidente da Comissão, e este também com o Presidente do Conselho Europeu[470]. Mas, além disso, é também usualmente salientada a possível redução do número de

---

[470] A opção por dois Presidentes diferentes, com mandatos relativamente longos, foi propugnada pelo eixo franco-alemão, como forma de preservar o equilíbrio institucional da União e garantir que o Conselho e a Comissão permaneçam «*instituições intrinsecamente separadas, tendo, cada uma, funções diferentes na estrutura institucional da UE e consequentemente presidentes diferentes a defender os seus respectivos interesses*» – Lars Hoffmann, «Liderar a União – Que espécie de Presidência para a UE», *op. cit.*, p. 123.

membros da Comissão[471] (apenas a partir da segunda Comissão nomeada após a entrada em vigor do Tratado de Lisboa – artigo 17.°, n.° 4 TUE – Lisboa).

209. O **Presidente da Comissão** continua a ser uma figura central no sistema institucional europeu e verdadeiro *primus supra partes* na Comissão, dada a autonomia do seu processo de designação[472], o seu papel na escolha e exoneração dos restantes comissários, na definição da organização (artigo 248.° TFUE) e das orientações da acção da Comissão. E se, por um lado, a supressão da fórmula usada no artigo 217.°, n.° 1, do Tratado CE, nos termos do qual «a Comissão actuará sob a orientação política do seu Presidente», é substituída por mais suave referência, que omite o carácter "político"[473] do papel do Presidente na definição das "orientações no âmbito das quais a Comissão exerce a sua missão" (artigo 17.°, n.° 6, alínea *a)*, do TUE – Lisboa), por outro, em sentido contrário, a nomeação de vice-presidentes[474] ou a demissão de um comissário ou mesmo do Alto Representante[475], por vontade do Presidente, deixa de depender de aprovação pelo colégio de comissários (ao contrário do que resultava do artigo 217.°, n.os 3 e 4, do Tratado CE). A supremacia do Pre-

[471] Aliás, para alguns, como uma das causas para o voto negativo no primeiro referendo irlandês – assim o prof. Manuel Porto, «Introductory Note», *Temas de Integração*, n.° 26, 2.° semestre de 2008, pág. 9.

[472] Na verdade, embora a Comissão seja nomeada pelo Conselho Europeu, em vez de o ser pelo Conselho, como hoje prevê o artigo 214.°, n.° 2, § 3, do Tratado CE, o Presidente é eleito pelo Parlamento Europeu e confirmado depois pelo Conselho Europeu.

[473] Segundo Jacques Pertek, a perda do qualificativo «*ne doit rien au hasard*» – J. Pertek, «Article I-27», *Traité établissant une Constitution pour l'Europe – Commentaire article par article*, Tome 1, Bruylant, 2007, p. 362. No entanto, o artigo 3.° do Regulamento Interno da Comissão Europeia, na redacção resultante da Decisão 2010/138/UE, Euratom, expressamente refere que «[o] presidente define as orientações políticas no âmbito das quais a Comissão exerce a sua missão»

[474] Excepto o Alto Representante.

[475] Se o Presidente pedir ao Alto Representante que se demita, este deverá demitir-se. Contudo, a remissão para o artigo 18.°, n.° 1, do TUE – Lisboa, poderia inculcar que competiria ao Conselho Europeu confirmar a demissão por maioria qualificada. Julgamos que não deverá ser esse o entendimento. O papel central do Alto Representante supõe, ao invés, que este deve ter em permanência a confiança do Conselho Europeu e do Presidente da Comissão. Este é aliás o pressuposto para a sua nomeação, conforme estabelece o artigo 18.°, n.° 1, do TUE («*O Conselho Europeu, deliberando por maioria qualificada, com o acordo do Presidente da Comissão, nomeia o Alto Representante*...») Faltando a confiança política por parte de qualquer deles, deverá demitir-se.

sidente da Comissão Europeia não pode deixar de afectar o modo como o Alto Representante desempenha as relevantes funções que o TUE – Lisboa lhe comete na área da PESC e, creio, poderá conduzir à afirmação da supremacia da Comissão e do seu Presidente em toda a dimensão executiva da acção externa da União[476].

210. O **Tribunal de Justiça da União Europeia** (novo nome que se dá ao Tribunal de Justiça – artigo 13.°, n.° 1, § 2, TUE – Lisboa) é afectado pelo Tratado de Lisboa em diversos aspectos.

211. Primeiro, na designação dos órgãos judiciais que integram a estrutura jurisdicional específica da União[477]: o Tribunal de Primeira Instância passa a chamar-se **Tribunal Geral** (artigo 19.° TUE – Lisboa; artigo 256.° TFUE), em resposta às recorrentes críticas sobre a inadequação da sua anterior designação; e as câmaras jurisdicionais introduzidas com o Tratado de Nice[478] passam a designar-se **Tribunais Especializados** (artigo 19.° TUE – Lisboa; artigo 257.° TFUE)[479]. É de notar, em termos

---

[476] Diz ainda o Tratado que o Alto Representante «fica sujeito aos processos que regem o funcionamento da Comissão», salvo se tal prejudicar o exercício da Presidência do Conselho dos Negócios Estrangeiros ou a execução de mandatos do Conselho (artigo 18.°, n.° 4, TUE – Lisboa).

[477] Os tribunais nacionais, ou melhor, os órgãos jurisdicionais dos Estados membros, também integram a estrutura jurisdicional comunitária, dizendo-se, em fórmula clássica, que são os tribunais comuns de direito comunitário. Como ensina R. Moura Ramos, *«o sistema jurisdicional comunitário assentou desde a sua criação em dois eixos ou pilares estreitamente associados num conjunto que exerce o poder judicial no quadro comunitário: a jurisdição comunitária propriamente dita e as jurisdições nacionais»* (*Direito Comunitário*, *cit.*, pp. 84-85). No mesmo sentido, com amplas indicações bibliográficas e interessantes desenvolvimentos, J. L. Cruz Vilaça, «A evolução do sistema jurisdicional comunitário: antes e depois de Maastricht», in *Direito Comunitário e construção europeia*, BFD, Stvdia Ivridica, 38, Coimbra Editora, Coimbra, 1999, p. 15; mais recentemente, Fausto de Quadros, *Direito da União Europeia*, *op. cit.*, pp. 541.

[478] Sobre a criação destas se havia pronunciado várias vezes, entre nós, com a sua natural autoridade, J. L. Cruz Vilaça, designadamente em «A protecção dos particulares e a evolução do sistema jurisdicional comunitário», in *A União Europeia*, FD/CEE, 1994, pp. 131-145; «A evolução do sistema jurisdicional comunitário: antes e depois de Maastricht», in *Direito Comunitário e construção europeia*, BFD, Stvdia Ivridica, 38, Coimbra Editora, Coimbra, 1999, p. 37.

[479] Saliente-se que os órgãos da União pouco ou nenhum respeito prestaram no passado à designação "câmara jurisdicional". A primeira a ser criada foi mesmo chamada "Tribunal da Função Pública da União Europeia" (Decisão n.° 2004/752/CE, Euratom do Con-

terminológicos, a cisão que o TUE – Lisboa e o TFUE parecem fazer entre "Tribunal de Justiça da União Europeia"[480], designação que cobre o conjunto dos tribunais comunitários, e "Tribunal de Justiça", que se refere ao primeiro desses tribunais («O Tribunal de Justiça da União Europeia inclui o Tribunal de Justiça, o Tribunal geral e tribunais especializados» – artigo 19.°, n.° 1 TUE – Lisboa). Também nos parece de salientar, no mesmo contexto da transparência que o Tratado de Lisboa confere ao retrato que de cada instituição dá no TUE – Lisboa, a preocupação em fornecer uma imagem fundamental do Tribunal de Justiça da União Europeia, da sua estrutura (três órgãos e uma mesma natureza) e competências (artigo 19.° TUE – Lisboa).

212. Grande impacto no sistema jurisdicional terá um conjunto de alterações que merecem um tratamento autónomo[481]. Primeiro, a eliminação do artigo 46.° UE-M, que limitava a competência fiscalizadora do Tribunal de Justiça (apenas aí chamado "das Comunidades Europeias") a apenas algumas normas deste Tratado, excluindo-se todo o Título V (a PESC)[482] e o controlo sobre o respeito pelos artigos 1.° a 5.° e 6.°, n.os 1, 3 e 4 UE-M, e estabelecendo ainda requisitos e limitações específicos para o controlo da legalidade e a actividade de apreciação prejudicial nas áreas da cooperação policial, da cooperação judiciária em matéria penal[483], das cooperações reforçadas e na aplicação de sanções por violação do valores fundamentais da União (cfr., artigo 46.°, alíneas *b), c)* e *d)* UE-M). Nesta última matéria, no entanto, o Tribunal de Justiça continua a sofrer das limitações expressamente previstas no artigo 269.° do TFUE. Outras limitações subsistem, no entanto, ainda que incorporadas no TFUE, como é o caso daquelas previstas nos artigos 275.° e 276.° do TFUE.

---

selho, de 2 de Novembro de 2004 JO, L 333, de 9.11.2004, pp. 9). O Tratado de Lisboa alterou o seu nome para "Tribunais Especializados".

[480] Sobre a questão da nomenclatura dos tribunais comunitários, vide, igualmente J. L. Cruz Vilaça, «A evolução do sistema jurisdicional comunitário: antes e depois de Maastricht», in *Direito Comunitário e construção europeia*, BFD, Stvdia Ivridica, 38, Coimbra Editora, Coimbra, 1999, pp. 49-50.

[481] Além de outras que não analisaremos, como o comité previsto no artigo 255.° TFUE.

[482] Como já foi referido, esta excepção permanece, conquanto não seja agora absoluta (artigo 24.°, n.° 1, § 2 TUE; artigo 40.° TUE; artigo 275.° TFUE).

[483] Algumas se mantêm, no novo artigo 276.° do TFUE.

213. Saliente-se aqui, contudo, além do reforço da jurisdicionalização das matérias cobertas pelas atribuições da UE, o impacto que a vinculação aos direitos fundamentais, decorrente também da incorporação indirecta que é feita da Carta dos Direitos Fundamentais da UE (artigo 6.°, n.° 1 TUE – Lisboa), terá forçosamente na jurisprudência do Tribunal de Justiça e na protecção dos direitos dos particulares.

214. Esse impacto é ainda acrescido pela circunstância de o TUE – Lisboa incorporar a jurisprudência comunitária[484] segundo a qual «os Estados membros estabelecem as vias de recurso necessárias para assegurar uma **tutela jurisdicional efectiva** nos domínios abrangidos pelo direito da União». É neste domínio, aliás, que o Tratado de Lisboa também introduz alterações com impacto significativo. Referimo-nos, claro está:

a) À já referida previsão do controlo da legalidade de medidas restritivas aplicadas a particulares no contexto da PESC (artigo 24.°, n.° 1, § 2, e 40.° TUE – Lisboa; artigo 275.° TFUE);
b) Ao processo simplificado de acção por incumprimento por (*i*) "não comunicação das medidas de transposição de uma directiva" legislativa (grosso modo, não transposição), permitindo a aplicação, logo no primeiro processo, da sanção pecuniária compulsória ou da quantia fixa sancionatória (artigo 260.°, n.° 3 TFUE) ou (*ii*) nos casos de inexecução de um acórdão condenatório, em que se prescinde de um dos momentos da fase pré-contenciosa, o parecer fundamentado (artigo 260.°, n.° 2 TFUE);
c) À expressa extensão da legitimidade dos particulares no contencioso de anulação, permitindo-lhes a impugnação de actos gerais que lhes digam directamente respeito e que não necessitem de medidas de execução (artigo 263.°, § 4, TFUE).

---

[484] E do Tribunal Europeu dos Direitos do Homem – acórdão *Aireyc. Irlanda*, de 9.10.1979, série A, n.° 33, nos termos do qual «*although the object of Article 8 (art. 8) is essentially that of protecting the individual against arbitrary interference by the public authorities, it does not merely compel the State to abstain from such interference: in addition to this primarily negative undertaking, there may be positive obligations (...) to make this means of protection effectively accessible, when appropriate, to anyone who may wish to have recourse thereto. However, it was not effectively accessible to the applicant: not having been put in a position in which she could apply to the High Court (see paragraphs 20-28 above), she was unable to seek recognition in law (...) She has therefore been the victim of a violation of Article 8 (art. 8).*»

215. Em relação a este último ponto, se, no seu acórdão *Union de Pequeños Agricultores*[485], o Tribunal de Justiça havia recordado, na esteira do disposto no segundo parágrafo do n.° 1 do artigo 19.° do TUE – Lisboa, que «compete, assim, aos Estados-Membros prever um sistema de vias de recurso e de meios processuais que permita assegurar o respeito do direito a uma tutela jurisdicional efectiva» (considerando 41) e que o Tribunal de Justiça, embora deva interpretar os requisitos do Tratado [nomeadamente a condição da afectação "individual"] à luz do princípio de uma tutela jurisdicional efectiva[486], o certo é que não «pode levar a afastar a condição em causa, expressamente prevista pelo Tratado, sem exorbitar das competências por este atribuídas aos órgãos jurisdicionais comunitários» (considerando 44), sustentando depois que a existência de «um sistema de fiscalização da legalidade dos actos comunitários de alcance geral diferente daquele que foi instituído pelo Tratado originário e nunca alterado nos seus princípios, compete, se for caso disso, aos Estados-Membros, nos termos do artigo 48.° UE, reformar o sistema actualmente em vigor» (considerando 45). E parece ser isto que os Estados membros fazem, apesar da formulação[487] do § 4 do artigo 263.° do TFUE, admitindo quer a impugnabilidade de actos no domínio da PESC que restrinjam direitos fundamentais (v., também, o artigo 47.° da Carta dos Direitos Fun-

---

[485] Acórdão do Tribunal de Justiça, *Unión de Pequeños Agricultores c. Conselho*, de 25 de Julho de 2002, proc. 50/00 P, Col., 2002, I-2002, pp. 6677; e, por último, acórdão do TPI, *FCACV c. ICVV*, de 31 de Janeiro de 2008, proc. T-95/06, cons. 116.

[486] Este princípio foi afirmado, ainda que em termos tímidos e então insuficientes, no acórdão do Tribunal de Justiça *Johnston*, de 15 de Maio de 1986, proc. 222/84, Rec., 1986, pp. 1651: «*The requirement of judicial control stipulated by that article* [de uma Directiva] *reflects a general principle of law which underlies the constitutional traditions common to the Member States. That principle is also laid down in articles 6 and 13 of the European Convention of Human Rights and Freedoms (...). As the European Parliament, Council and Commission recognized in their joint declaration of 5 April 1977 (OJ, C 103, p. 1) and as the Court has recognized in its decisions, the principles on which that convention is bases must be taken into consideration in Community* Law».

[487] Na verdade, de acordo com o acórdão *Os Verdes c. Parlamento Europeu*, de 23 de Abril de 1986, proc. 294/83, Col., 1986, pp. 1339, cons. 31: «*The contested measures are of direct concern to the applicant association. They constitute a complete set of rules which are sufficient in themselves and which require no implementing provisions, since the calculation (...) is automatic and leaves no room for any discretion*» – sobre a questão, em geral, K. Lenaerts/D. Arts/I. Maselis (R. Bray, Ed.), *Procedural law of the European Union*, 2nd Edition, Thomson, Sweet & Maxwell, 2006, pp. 251 e ss.

damentais[488]), quer a legitimidade dos particulares para a impugnação de actos gerais, com supressão do requisito da afectação "individual"[489]. São por isso positivas, do ponto de vista da afirmação de uma União de Direito, as alterações a este propósito introduzidas pelo Tratado de Lisboa.

216. Duas últimas notas para o **Banco Central Europeu** (BCE) e o **Tribunal de Contas**. O primeiro é formalmente elevado à categoria de "instituição" (artigo 13.°, n.° 1 TUE – Lisboa; vs. Artigo 3.° a 5.° UE-M e artigo 7.° Tratado CE), embora a menoridade institucional de ambos não tenha justificado a inclusão das suas normas estruturantes no TUE – Lisboa, tendo ficado no TFUE: artigos 282.° a 284.° (BCE); e artigos 285.° a 287.° TFUE (Tribunal de Contas).

217. O processo de **ratificação** do Tratado de Lisboa pelos Estados membros não foi desprovido de escolhos. Embora a maioria dos Estados membros tenha procedido à ratificação por via parlamentar, a República da Irlanda teve de proceder a um referendo, por imposição constitucional[490], que decorreu em 12 de Junho de 2008 e no qual 53,4% dos cidadãos votaram contra a ratificação do Tratado. Em consequência dos compromissos assumidos no Conselho Europeu de 11 e 12 de Dezembro de 2008, a Irlanda comprometeu-se a ratificar o Tratado de Lisboa até ao final do mandato da primeira Comissão Durão Barroso (2005-2009)[491]. O

---

[488] Ainda que sem desenvolver a matéria, refira-se ainda o disposto no artigo 215.°, n.° 3, do TFUE.

[489] De todo o modo, poderá dizer-se que o resultado é insuficiente, quando se considere a impugnabilidade de decisões dirigidas a outra pessoa.

[490] G. Hogan, «The Lisbon Treaty and the Irish Referendum», *European Public Law*, Vol. 15, n.° 2, 2009, pp. 163-170. Basicamente, a Constituição deste país impõe que a alteração seja feita por referendo sobre a lei constitucional (uma *Bill* especial aprovada previamente pelas duas câmaras do *Oireachtas*). Isto é assim desde o Acórdão do Supremo Tribunal no processo *Raymond Crotty v. An Taoiseach e Outros* (acórdão *Crotty*, de 9 de Abril de 1987 – o texto deste acórdão pode ser acedido em *http://www.bailii.org/ie/cases/ IESC/1987/4.html)*. Em consequência, o AUE, o Tratado de Maastricht, o Tratado de Nice (duas vezes) e o Tratado de Lisboa (duas vezes) foram objecto de referendo.

[491] Conselho Europeu de 11 e 12 de Dezembro de 2008, *Conclusões da Presidência*, I, pp. 3-4, e Anexo I. Os compromissos foram os seguintes:

- Quanto à composição da Comissão, o Conselho Europeu, «na condição de o Tratado de Lisboa entrar em vigor», tomará decisão «para que a Comissão possa continuar a ser constituída por um nacional de cada Estado membro»;

referendo teve lugar, afinal, a dia 2 de Outubro de 2009, tendo sido favorável, pelo que, após algumas hesitações, a Irlanda, a Polónia e a República Checa depositaram os instrumentos de ratificação do Tratado de Lisboa, permitindo a sua entrada em vigor a 1 de Dezembro de 2009.

- Matéria fiscal, com prestação de garantias jurídicas de que nenhuma disposição do Tratado de Lisboa altera, «em relação a qualquer Estado membro e sob qualquer aspecto, o âmbito ou o exercício das competências da União em matéria de fiscalidade»;
- Política segurança e defesa, com estrito respeito pela política de neutralidade da Irlanda e não afectação das políticas de segurança e defesa dos Estados membros;
- Direito à vida, educação e família, garantindo que as disposições do Tratado de Lisboa, incluindo a Carta e as disposições sobre justiça e assuntos internos, não afectam o disposto na Constituição da Irlanda;
- Direitos dos trabalhadores.

PARTE II

DIREITO INSTITUCIONAL DA UNIÃO EUROPEIA

§ 1. A EVOLUÇÃO DO QUADRO INSTITUCIONAL

1. Considerações gerais

218. As Comunidades Europeias (e a União Europeia) evoluíram, ao longo da sua história, no sentido da uniformização da sua estrutura orgânica. Desde o início que dois órgãos se assumiram como comuns às três Comunidades: o Tribunal de Justiça e a Assembleia (hoje denominada Parlamento Europeu). A unificação da estrutura orgânica completou-se em 1965, com o tratado de Bruxelas (tratado de «fusão»). E, embora estas convenções hajam sido revogadas pelo Tratado de Amesterdão, o seu conteúdo não deixou de se manter intocado, neste ponto particular (artigo 9.° TA).

219. A criação da União Europeia, em 1993, pretendeu reforçar a unidade da estrutura orgânica, que se quis também aí única para o conjunto Comunidades-União. Esta unidade (artigo 3.° UE-M: «A União dispõe de um quadro institucional único») viu-se traída, inicialmente, pela falta de coerência entre os tratados comunitários – onde o Tribunal de Contas se assumia como «instituição» – e o Tratado da União, onde este órgão não se descobria na sua estrutura institucional (artigos 3.° a 5.° UE-M), situação que Amesterdão corrigiu. Além disso, também o Conselho Europeu, órgão de direcção política da União, não encontrava então acolhimento no elenco formal das «instituições» da Comunidade (artigo 7.° Tratado CE; artigo 13.° TUE – Lisboa).

220. As razões para estas omissões eram várias e nem sempre imputáveis à imprevisão e deficiência dos autores dos tratados, incluindo os mecanismos de financiamento das acções da União (que Amesterdão também alterou) e o carácter supra-comunitário que o Conselho Europeu queria assumir.

221. Seja como for, o Tratado de Lisboa superou esta situação, conquanto não possa deixar de se referir a circunstância de o quadro institucional deixar de ser qualificado como único, o que pode levantar algumas dúvidas, sobre a especificidade do quadro institucional da C.E.E.A., que se mantém autónoma face "aos Tratados" (TUE – Lisboa e TFUE), ao contrário do que sucedia no artigo 1.°, § 3, do TUE-M, até ao Tratado de Lisboa: «A União funda-se nas Comunidades ...».

222. Questão diversa, uma vez descoberto o elenco das instituições da União Europeia, era a de determinar o critério da sua organização e da repartição de poderes/competências entre eles.

223. Tradicionalmente, a questão era posta em termos dualistas[492], opondo-se o modelo tradicional estadual da separação de poderes ao modelo da representação de interesses[493]. Perante a progressiva insuficiência destes modelos, mormente para explicar o papel da Comissão, outros autores escolhiam uma via média, que procurava, partindo da análise das competências de cada órgão, definir o seu papel na realização dos objectivos e atribuições comunitárias[494].

224. Assim, partia-se da distinção fundamental entre órgãos de direcção e execução e órgãos de controlo. Esta classificação mantém algumas virtualidades, pese embora a impossibilidade que hoje se sente de enquadrar o Parlamento Europeu em apenas uma destas categorias, vistas as alterações qualitativas que os tratados introduziram em relação a este órgão.

---

492 Sobre essa discussão, Jean-Paul Jacqué («Cours général», *cit.*) e, quanto a nós, as palavras proferidas em *A revisão do Tratado da União Europeia*, *cit.*, pp. 123-136.

493 Ver Rogério H. Soares, *Direito público e sociedade técnica*, Atlântida, Coimbra, 1969, pp. 146 e ss.

494 Outros tentam uma explicação que sintetize (aceitando) ambas as concepções – assim Koen Lenaerts/Piet van Nuffel (Robert Bray, editor), *Constitutional Law of the EuropeanUnion*, Sweet & Maxwell, London, 1999, pp. 412 e segs –, por exemplo através da afirmação do princípio do equilíbrio institucional (assim acontece com A. Mangas Martín/D. J. Liñán Nogueras, *Instituciones y derecho de la Unión Europea*, 2.ª ed., Mc Graw Hill, Madrid, 1999, pp. 42-44). Neste sentido, entre nós, Alessandra Silveira, «Constituição, Ordenamento e Aplicação de Normas Europeias e Nacionais», *cit.*, pág. 69.

225. Por último, uma referência metódica. Nos pontos seguintes, consideraremos, em primeiro lugar, as instituições constantes do n.° 1 do artigo 13.° TUE – Lisboa, tratando autonomamente, dentro do Tribunal de Justiça da União Europeia, o Tribunal de Justiça e o Tribunal Geral. Os tribunais especializados, hoje, aliás, apenas um, não são objecto de tratamento autónomo.

2. Conselho Europeu[495]

226. O Conselho Europeu é um órgão principal da União Europeia que integra o leque das "instituições", na terminologia dos Tratados (artigo 13.° TUE – Lisboa), na sua configuração actual, decorrente do Tratado de Lisboa.

227. A **criação** e afirmação do Conselho Europeu ocorreu e decorreu, inicialmente, fora das Comunidades. Com efeito, o seu momento genético é tradicionalmente referido à **Cimeira de Paris** de Chefes de Estado ou de governo dos países da então CEE que aí decorreu em 1974[496], embora tenha sido aí referido que passaria a reunir-se «como Conselho *da Comunidade* a título de cooperação política»[497]. A sua confirmação institucional, quer no Conselho Europeu de Estugarda, em 1983, através da «Declaração solene sobre a União Europeia», quer no AUE, foi feita fora do esquema orgânico das organizações comunitárias (artigo 2.° AUE).

228. Apenas no Tratado de Maastricht o Conselho Europeu foi previsto no quadro da despersonalizada União Europeia então constituída (artigo D, depois artigo 4.° UE-M), sem que lhe fosse feita homóloga referência no Tratado da Comunidade Europeia (embora tenha sido alterado o artigo 4.°, depois artigo 7.° CE). Com a absorção da Comunidade pela

---

[495] Sobre o Conselho Europeu, na literatura jurídica portuguesa, por todos, o estudo monográfico de J. P. Simões Dias, *O Conselho Europeu e a Ideia da Europa – estudos europeus e comunitários*, Fedrave, Aveiro, 1995, pp. 19-231, em especial pp. 85 e ss.; mais recentemente, J. Mota de Campos, «O Conselho Europeu», *Estudos Jurídicos e Económicos em Homenagem ao Professor João Lumbrales*, Faculdade de Direito de Lisboa, Lisboa, 2000, pp. 269-303.

[496] Cimeiras que tinham lugar, de modo regular, desde 1961 – *vide* Tizzano/Cruz Vilaça/Gorjão-Henriques, *Código da União Europeia*, *cit*.

[497] Tizzano/Cruz Vilaça/Gorjão-Henriques, *Código da União Europeia*, *cit*. O itálico é nosso.

União, em Lisboa, e face ao disposto no já referido artigo 13.° do TUE – Lisboa, o Conselho Europeu confirma-se como "instituição" de pleno direito da União Europeia[498].

229. A **composição** do Conselho Europeu é fixa, embora não tenha sido sempre a mesma. É esta rigidez constitutiva que, aliás, permite distingui-lo mais claramente de uma próxima formação do Conselho (o Conselho reunido «a nível de Chefes de Estado ou de governo»[499]). Hoje, o Conselho Europeu é composto pelos Chefes de Estado ou de Governo dos Estados membros, bem como pelo seu Presidente e pelo Presidente da Comissão». Até ao Tratado de Lisboa, o TUE-M dizia que os primeiros e o último eram assistidos pelos Ministros dos Negócios Estrangeiros e por outro membro da Comissão[500] (artigo 4.° UE-M). Hoje, do Tratado de Lisboa resulta que apenas o Alto Representante "participa nos seus trabalhos" sem ser seu membro de pleno direito (artigo 15.°, n.° 2, segundo período, TUE – Lisboa), parecendo caber individualmente aos «membros do Conselho Europeu» decidir se, em razão da ordem de trabalhos, pretendem ser assistidos por um ministro ou por um comissário[501].

230. Desde 1 de Maio de 2004, o Conselho Europeu tem a sua **sede** em Bruxelas. Embora tal não resulte de qualquer norma dos Tratados, a

---

[498] É curioso notar, no entanto, que o considerando n.° 1 da decisão do Conselho relativa à "contratação" do Presidente do Conselho Europeu afirma que «o Tratado de Lisboa transforma o Conselho Europeu numa instituição da União Europeia» (Decisão 2009/909/UE do Conselho, de 1.12.2009, relativa à fixação das condições de contratação do Presidente do Conselho Europeu – JO, L 322, de 9.12.2009, pág. 35).

[499] Os Chefes de Estado ou de governo podem reunir-se como Conselho. Mas então também não há lugar a qualquer confusão: estamos perante o Conselho (da União) e não perante o Conselho Europeu – exactamente o que resultava da Declaração de Estugarda, de 1983. Outra solução – por exemplo, reconhecendo a possibilidade de o Conselho Europeu agir utilizando o quadro jurídico-normativo do Conselho – representaria uma grosseira violação do princípio do equilíbrio institucional, dado que não é admissível que o Presidente da Comissão pudesse ser considerado, a qualquer título, membro do Conselho, o mesmo sucedendo, aliás, com o Presidente do Conselho Europeu. No entanto, formalmente, quando deliberasse através de votação, sempre a semelhança seria praticamente indistrinçável, visto que nenhum destes membros do Conselho Europeu dispõe nele de direito de voto.

[500] Em sentido crítico da redacção do artigo 4.° UE – M, J. Mota de Campos, «O Conselho Europeu», *cit.*, p. 271, o qual, aliás, igualmente parecia rejeitar ser o Presidente da Comissão *membro de pleno direito* do Conselho Europeu, ainda que numa fórmula imperfeitamente expressa (*idem*, p. 287).

[501] Tal apenas não sucede com o Presidente do Conselho Europeu.

fixação da sede em Bruxelas foi uma das deliberações do Conselho Europeu de Nice (2000), aplicável a partir do momento em que a União tivesse pelo menos 18 Estados membros.

231. Apesar de ser genericamente entendido como órgão de cúpula da União Europeia («quarto poder»)[502], o Conselho Europeu aparece hoje nos Tratados após o Parlamento Europeu (cfr. artigos 13.° a 15.° TUE – Lisboa[503]), conquanto não nos pareça existir qualquer indício que permita sustentar uma superioridade ou sequer influência do Parlamento Europeu sobre o Conselho Europeu: pelo contrário, note-se que, por um lado, o Conselho Europeu é que determina a composição do Parlamento Europeu (artigo 14.°, n.° 2, § 2 TUE – Lisboa) e que o Presidente do Parlamento Europeu é ouvido pelo Conselho Europeu sempre que este o convide (artigo 235.°, n.° 2 TFUE) e, por outro lado, o Conselho Europeu apenas é ouvido pelo Parlamento Europeu nos casos e condições previstos no regulamento interno do Conselho Europeu (artigo 230.°, § 3 TFUE[504]).

---

[502] Utilizando uma já antiga – mas sugestiva – linguagem de Afonso R. Queiró («Teoria dos Actos do Governo» – 1.ª ed., 1948 –, in *Estudos de Direito Público*, vol. I – *Dissertações*, Por Ordem da Universidade, Coimbra, 1989, pp. 510) em relação ao Estado, dir-se-ia poder ver-se aqui «*uma quarta função, (...) uma quarta espécie de actividade*», caracterizada justamente por ser «*completamente isenta do controlo da Justiça administrativa ou da Justiça encarregada do contencioso administrativo, por via de ser ter querido que lhe caiba (...) a última palavra*», que mais não seja, para evitar a interferência do Tribunal de Justiça, para evitar, parafraseando esse Professor, «*que se criem as condições em que um órgão jurisdicional (...) possa desempenhar um papel político para que não foi destinado*» (p. 607) – ver, do mesmo autor, *Lições de Direito Administrativo*, I, Coimbra, 1976, pp. 72 ss. Sobre a função política, por último, Marcello Caetano, *Manual de Ciência Política e de Direito Constitucional*, Almedina, Coimbra, 1983, pp. 171-172. A propósito do problema da fiscalização jurisdicional dos actos políticos, Cristina M.M. Queiroz, *Os actos políticos no Estado de Direito*, Almedina, Coimbra, 1990, e, mais recentemente, o trabalho de Licínio Lopes Martins, «O conceito de norma na jurisprudência do tribunal constitucional», *BFDUC*, sep. vol. LXXV, Coimbra, 1999, pp. 612-614; Vide ainda, por todos, J. C. Vieira de Andrade (*A justiça administrativa (Lições)*, 3.ª ed., Almedina, Coimbra, 2000, p. 18, que apresenta os «actos políticos ou da função política» como «*actos de 1.° grau, praticados por órgãos supremos, em execução directa da Constituição (onde estão fixados a competência e os limites) e destinados à prossecução directa de interesses fundamentais da comunidade política*».

[503] No Tratado da UE, em Maastricht, a referência ao Conselho Europeu, no artigo D, depois artigo 4.°, era anterior à que era feita às restantes instituições, em conjunto (artigo 5.° UE-M).

[504] Aprovado através da Decisão do Conselho Europeu 2009/882/UE de 1 de Dezembro de 2009 (JO, L 315, de 2.12.2009, pp. 51-55).

232. Se resultou ainda das conclusões da presidência do Conselho Europeu de Nice a institucionalização da denominada «reunião periódica da Primavera» (§ 34), o Tratado de Lisboa vem definir a regra quanto às **reuniões** do Conselho Europeu, estabelecendo, aliás em conformidade com a prática recente, que este órgão se reúne pelo menos «duas vezes por semestre» (artigo 15.°, n.° 3 TUE – Lisboa), o que de facto tem sido a regra nos anos mais recentes.

233. Os Tratados prevêem que o Conselho Europeu toma decisões consensuais, o que constitui a regra (artigo 15.°, n.° 4 TUE – Lisboa[505]), embora as suas deliberações também possam ser adoptadas segundo as formas previstas nos Tratados para os demais órgãos. É de salientar que os artigos 235.° e 236.° TFUE se dedicam de modo quase exclusivo aos modos de formação e expressão da vontade do Conselho Europeu, determinando mesmo que as normas aplicáveis às deliberações do Conselho por maioria qualificada são igualmente aplicáveis ao Conselho Europeu. Em particular, prevêem-se aí especificamente situações em que este órgão delibera por maioria qualificada (artigo 235.°, n.° 3 TFUE[506]) e mesmo por maioria simples (artigo 236.° TFUE)[507]. A determinadas matérias aplicam-se regras especiais (artigo 7.°, n.° 5 TUE – Lisboa, e artigo 354.° TFUE). As suas «deliberações» exprimem-se normalmente através das chamadas «conclusões da Presidência».

234. Se é certo que o Conselho Europeu «não exerce função legislativa» (artigo 15.°, n.° 1, último período, TUE – Lisboa), não pode dizer-se que apenas afirma posições políticas. Ao contrário do que se dizia antes do Tratado de Lisboa, ao Conselho Europeu é hoje reconhecida competência para a adopção de actos jurídicos (v.g. artigo 312.°, n.° 2, § 2 TFUE; artigo

---

[505] «O Conselho Europeu pronuncia-se por consenso, salvo disposição em contrário dos Tratados».

[506] O âmbito de matérias em que delibera por formas diversas da unanimidade ainda é significativo, embora essencialmente "interno". Assim, delibera por maioria simples sobre questões processuais e sobre a adopção do seu regulamento interno (artigo 235.°, n.° 3 TFUE). O cálculo da maioria qualificada é determinado, até 31 de Outubro de 2014, nos termos previstos no artigo 3.°, n.° 3, do *Protocolo relativo às disposições transitórias*.

[507] Decisão sobre as formações do Conselho, com excepção das duas formações previstas no Tratado; e Presidência das formações do Conselho, com excepção da do Conselho dos Negócios Estrangeiros, que o Tratado diz logo ser presidida pelo Alto Representante.

355.°, n.° 6 TFUE[508]), incluindo até a alteração formal do tratado[509], em determinadas situações (v. artigo 48.°, n.° 7 TUE Lisboa[510]; artigo 86.°, n.° 4 TFUE[511]). O teor literal do artigo 288.°, § 1 TFUE, referindo-se genericamente às «instituições» não o parece recusar e, de resto, a previsão da recorribilidade contra omissões (artigo 265.°, § 1 TFUE) ou mesmo actos «do Conselho Europeu destinados a produzir efeitos jurídicos em relação a terceiros» expressamente o confirma (artigo 263.°, § 1 TFUE; artigo 269.° TFUE). O que não invalida, no entanto, que se mantenham válidas as características tradicionalmente apontadas ao Conselho Europeu, enquanto órgão que exerce fundamentalmente uma função política e que tem uma natureza essencialmente intergovernamental. Assim, o Tratado de Lisboa prosseguiu no reconhecimento da competência do Conselho Europeu para definir «as orientações e prioridades políticas gerais da União» (artigo 15.°, n.° 1, primeiro período, TUE – Lisboa).

235. Quer na articulação geral da acção externa da União, quer nas áreas específicas da política externa e de segurança comum (PESC) e da cooperação policial e judiciária em matéria penal (CoPoJuP) – como antes acontecia com o domínio da justiça e dos assuntos internos (JAI) –, são sobretudo as instituições dotadas de poder legislativo e executivo, primacialmente o Conselho e, em menor grau, o Parlamento Europeu (em conjunto com o Conselho) e a Comissão que detêm a parte de leão das competências funcionais.

236. No quadro da **acção externa**, o TUE – Lisboa prevê caber ao Conselho Europeu identificar e decidir sobre «os interesses e objectivos

[508] Ou artigo 5.°, n.° 4, do *Protocolo relativo ao acervo de Schengen integrado no âmbito da União Europeia*; Artigo único do *Protocolo relativo ao direito de asilo de nacionais de Estados membros da União Europeia*; artigo 2.° do *Protocolo relativo às disposições transitórias*.

[509] Ou de certos protocolos – v. artigo 40.°-2, do *Protocolo relativo aos Estatutos do Sistema Europeu de Bancos Centrais e do Banco Central Europeu*.

[510] Subordinada à comunicação prévia aos parlamentos nacionais com antecedência prévia mínima de 6 meses – artigo 6.° do *Protocolo relativo ao papel dos parlamentos nacionais na União Europeia*.

[511] Alteração do n.° 1 do artigo 86.° do TFUE, «de modo a tornar as atribuições da Procuradoria Europeia extensivas ao combate à criminalidade grave com dimensão transfronteiriça, e que altere em conformidade o n.° 2 no que diz respeito aos autores e cúmplices de crimes graves que afectem vários Estados-Membros. O Conselho Europeu delibera por unanimidade, após aprovação do Parlamento Europeu e após consulta à Comissão».

estratégicos da União» (artigo 22.°, n.° 1, TUE – Lisboa), sob recomendação do Conselho (*idem*, § 3) ou sob proposta conjunta (?) do Alto Representante, quanto à PESC, ou da Comissão, quanto às demais áreas da acção externa da União (artigo 22.°, n.° 2 TUE – Lisboa).

237. Mais especificamente, na **PESC**, o TUE reconhece ao Conselho Europeu e ao Conselho a competência para definir e executar a PESC (artigo 24.°, n.° 1 TUE), embora a competência de execução seja aí também deferida ao Alto Representante e aos Estados membros (e artigo 26.°, n.° 3 TUE – Lisboa). De modo mais desenvolvido, o Conselho Europeu «identifica os interesses estratégicos, estabelece os objectivos e define as orientações gerais (...) adopta[ndo] as decisões necessárias» (artigo 26.°, n.° 1 TUE – Lisboa), por unanimidade (artigo 31.°, n.° 1 TUE – Lisboa[512]). É neste contexto que se percebe, ainda, a dimensão de *fórum* de concertação de interesses desempenhada pelo Conselho Europeu (artigo 32.° TUE – Lisboa).

238. Um papel semelhante é reconhecido ao Conselho Europeu no quadro do **espaço de liberdade de segurança e justiça**, onde lhe compete definir «as orientações estratégicas da programação legislativa» (artigo 68.° TFUE), da **política económica** (artigo 121.°, n.° 2, § 2 TFUE), da **política de emprego** (apreciação e apresentação conclusões anuais – artigo 148.° TFUE) ou na avaliação anual das «**ameaças terroristas**» com que a União se confronta (artigo 222.°, n.° 4 TFUE).

239. A dimensão de instância de concertação abrange também o papel do Conselho Europeu como órgão de resolução de litígios interinstitucionais e entre os Estados membros e a União Europeia, tanto mais evidentes quanto o aprofundamento e diversificação das áreas submetidas à atribuição da União se vem estendendo ao longo dos anos e dos tratados. Assim, no TFUE, este papel é reconhecido ao Conselho Europeu, especificamente, nas seguintes matérias[513]:

---

[512] Incluindo a decisão de passar a decisão no Conselho da unanimidade para maioria qualificada (artigo 31.°, n.° 3 TUE – Lisboa) o que na Alemanha, modelarmente, exige uma aprovação expressa pelo parlamento.

[513] O processo legislativo só prosseguirá se o Conselho Europeu remeter os projectos em causa ao Conselho. Contudo, nos casos previstos nos artigos 82.°, n.° 3, 83.°, n.° 3, 86.°, n.° 1, § 3 TFUE, prevê-se que nove Estados membros possam estabelecer entre si uma cooperação reforçada.

a) Segurança Social, sempre que um Estado membro considere que um «projecto de acto legislativo (...) prejudica aspectos importantes do seu sistema de segurança social, designadamente no que diz respeito ao âmbito de aplicação, custo ou estrutura financeira, ou que afecta o equilíbrio financeiro desse sistema (artigo 48.°, § 2 TFUE);
b) Cooperação judiciária em matéria penal, quando um Estado membro considere que um projecto de directiva «prejudica aspectos fundamentais do seu sistema de justiça penal» (artigos 82.° e 83.°, n.os 3 TFUE);
c) Cooperação com vista ao combate às infracções lesivas dos interesses financeiros da União, relativamente ao regulamento de criação da Procuradoria Europeia (a partir do Eurojust) (artigo 86.°, n.° 1, § 2 TFUE);
d) Cooperação operacional em matéria policial (artigo 87.°, n.° 3 TFUE).

240. Finalmente, o Conselho Europeu dispõe de importantes poderes em relação à configuração dos restantes órgãos e da própria União. Assim:

a) Quanto ao Conselho, delibera sobre as formações do Conselho e a presidência das mesmas (v. artigo 236.° TFUE) e o Tratado confere ao Conselho dos Assuntos Gerais um papel instrumental relativamente ao Conselho Europeu (artigo 16.°, n.° 6, § 2 TUE – Lisboa);
b) Quanto à Comissão, determina o número de membros da Comissão e, caso seja inferior ao número de Estados membros (artigo 17.°, n.° 5 TUE – Lisboa), o mecanismo de rotação relativo à escolha dos membros da Comissão (artigo 244.° TFUE[514]), designa a personalidade a eleger pelo Parlamento Europeu como Presidente da Comissão (artigo 17.°, n.° 7, § 1 TUE – Lisboa) e nomeia a Comissão Europeia (artigo 17.°, n.° 7, § 3 TUE Lisboa);
c) Nomeia o Alto Representante para os Negócios Estrangeiros e a Política de Segurança (artigo 18.°, n.° 1 TUE – Lisboa);

[514] Norma cuja aplicabilidade nos parece prejudicada, na sequência do compromisso político obtido no Conselho Europeu de Dezembro de 2008, com vista à reabertura do processo de ratificação do Tratado de Lisboa pela República da Irlanda.

d) Nomeia os membros da Comissão Executiva do Conselho do Banco Central Europeu (artigo 283.°, n.° 2, § 2 TFUE[515]); e,
e) Em matéria constituinte, decide sobre a abertura de um processo de revisão, nos termos previstos no artigo 48.°, em especial n.° 3 e n.° 6 TUE – Lisboa, dispondo ainda do poder de, como já foi assinalado, decidir da alterações de determinadas disposições específicas dos Tratados, através de processos de revisão simplificados (artigo 48.°, n.° 7 TUE – Lisboa), ainda que dependentes da não oposição por qualquer dos parlamentos nacionais.

241. Não é possível concluir as referências ao Conselho Europeu sem falar da nova figura do **Presidente do Conselho Europeu**, introduzida pelo Tratado de Lisboa na linha das propostas já constantes da anterior Constituição Europeia, para o qual foi nomeado[516] o até então Primeiro-Ministro do Reino da Bélgica, Senhor Herman Van Rompuy[517].

242. Se até ao Tratado de Lisboa o Conselho Europeu era presidido pelo Chefe de Estado ou de governo do Estado membro que assegurava nesse semestre a Presidência do Conselho, agora é prevista uma figura com funções próprias e um mandato de dois anos e meio, renovável uma vez, eleita por maioria qualificada (artigo 15.°, n.° 5 TUE – Lisboa[518]).

243. O Presidente do Conselho Europeu é o *chairman* do Conselho Europeu[519], a pessoa a quem compete presidir às reuniões, assegurar a preparação e a continuidade dos seus trabalhos, facilitar a coesão e o con-

---

[515] Artigo 11.°, n.° 2, do *Protocolo relativo aos Estatutos do SEBC e do Banco Central Europeu*.

[516] Ou "contratado"..., como a ele se refere a Decisão 2009/909/UE do Conselho, de 1 de Dezembro de 2009, relativa à fixação das condições de contratação do Presidente do Conselho Europeu (JO, L 322, de 9.12.2009, pág. 35), que estabelece que o seu vencimento é de «138% do vencimento de base de um funcionário da UE de grau 16, terceiro escalão».

[517] Diga-se "Vón Rompôei"... – Decisão 2009/879/UE do Conselho Europeu, de 1 de Dezembro de 2009 (JO, L 315, de 2.12.2009, pág. 48).

[518] Quanto ao modo de determinação da maioria qualificada, o artigo 235.° TFUE remete para os artigos 16.°, n.° 4 TUE – Lisboa, e 238.°, n.° 2 TFUE.

[519] Neste sentido, em 2003, Lars Hoffmann, «Liderar a União – Que espécie de Presidência para a UE», *op. cit.*, p. 126, ao referir, no projecto do *Praesidium* da Convenção Europeia que preparou o projecto de Constituição, a distinção entre "Chair" e "President".

senso internos e apresentar ao Parlamento Europeu, após cada reunião, o relatório da reunião a que presidiu. Como dispõe o artigo 15.°, n.° 6 TUE Lisboa:

> «6. O Presidente do Conselho Europeu:
> a) Preside aos trabalhos do Conselho Europeu e dinamiza esses trabalhos;
> b) Assegura a preparação e continuidade dos trabalhos do Conselho Europeu, em cooperação com o Presidente da Comissão e com base nos trabalhos do Conselho dos Assuntos Gerais;
> c) Actua no sentido de facilitar a coesão e o consenso no âmbito do Conselho Europeu;
> d) Apresenta um relatório ao Parlamento Europeu após cada uma das reuniões do Conselho Europeu.
> O Presidente do Conselho Europeu assegura, ao seu nível e nessa qualidade, a representação externa da União nas matérias do âmbito da política externa e de segurança comum, sem prejuízo das atribuições do Alto Representante da União para os Negócios Estrangeiros e a Política de Segurança.».

244. Poderá dizer-se que, à luz do tratado, esta identificação do Presidente do Conselho Europeu com a pessoa que preside à reunião do Conselho Europeu é uma leitura empobrecedora do impacto e importância da nova figura. Contudo, partindo da lógica formal do TUE – Lisboa, não nos parece. Com efeito, se tem sido apontado na imprensa que o Presidente do Conselho Europeu é um "Presidente da União Europeia" e se, como se sabe, não são só os cargos que "fazem as pessoas", mas também as "pessoas que fazem os cargos"[520], o certo é que esta imagem não corresponde a uma correcta compreensão da letra do Tratado e subavalia as cautelas e limitações que os Estados membros impuseram à figura do Presidente do Conselho Europeu[521].

---

[520] E na Europa, exemplo deste último tipo foi claramente a marca que Jacques Delors imprimiu à Comissão, durante a sua Presidência, e que terá justificado a profunda transformação que este órgão e a sua presidência sofreram, a partir do TM.

[521] Lars Hoffmann, ao descrever o debate na Convenção, afirmava que os Estados membros mais pequenos, se aceitassem o Presidente permanente do Conselho Europeu, provavelmente só o fariam «*a um preço que incluísse a estrita limitação dos seus poderes políticos*» – *op. cit.*, p. 137. Retire o leitor as ilações do que no texto se escreve... Alguns outros sinais há, como por exemplo a circunstância de ser o Presidente do Conselho (rotativo) quem tem direito a participar nas reuniões do conselho do BCE (artigo 284.°, n.° 1, TFUE).

245. Primeiro, os Estados membros não quiseram conceder ao Presidente do Conselho Europeu qualquer legitimidade democrática directa[522], ao omiti-lo no artigo 10.° TUE – Lisboa e ao estabelecer que não pode exercer qualquer mandato nacional[523] (artigo 15.°, n.° 6, § 3 TUE – Lisboa)[524]. Mas os Estados membros foram mais longe e, em segundo lugar, afastaram qualquer pretensão do Presidente do Conselho Europeu a ser formalmente um *primus supra partes* ou, sequer, um *primus inter pares*, porquanto e enquanto lhe recusam o direito de voto no Conselho Europeu (aliás, como também ao Presidente da Comissão) (artigo 235.° TFUE). Isto acontecerá sempre que o Conselho Europeu não decida de acordo com a regra do consenso (artigo 15.°, n.° 4 TUE – Lisboa), mas por unanimidade (v., entre muitos outros, os artigos 14.°, n.° 2; 17.°, n.° 5; 18.°, n.° 1, 22.°, n.° 1, ou 24.°, n.° 1, TUE – Lisboa), maioria qualificada (v., entre muitos outros, os artigos 17.°, n.° 7; e 50.°, n.° 2 TUE – Lisboa) ou maioria simples (v. artigos 48.°, n.° 3 TUE – Lisboa; e 235.°, n.° 3 TFUE).

246. Mas, invoca-se, ao Presidente do Conselho Europeu compete a **representação externa da União Europeia no domínio da PESC**[525], assim se resolvendo, pela primeira vez e em definitivo, a questão que tinha sido colocada pelo Secretário de Estado norte-americano Henry KISSINGER, há longo tempo: quem é o interlocutor na União Europeia, na cena internacional? A quem telefona o Presidente dos EUA, se quiser falar com

[522] No entanto, poderá entrever-se alguma preocupação nesse sentido na referência à circunstância, significativa, de ser "eleito" e não "nomeado"...

[523] Julgamos não fazer sentido, embora não esteja expressamente excluído, que o Presidente do Conselho Europeu exerça concomitantemente um mandato comunitário – chamando a atenção para esta hipótese, Guilherme d'Oliveira Martins, *Que Constituição para a União Europeia?*, Gradiva/Fund. Mário Soares, 2003, p. 51.

[524] Embora, como nos recordou Lars Hoffmann, a proposta inicial do *Praesidium* estabelecesse que o Presidente do Conselho Europeu deveria ter sido membro do Conselho Europeu (portanto, um ex-Chefe de Estado francês ou cipriota ou um Primeiro-Ministro de outro Estado membro) durante pelo menos dois anos. E, de facto, o primeiro Presidente do Conselho Europeu era, até à sua nomeação, Primeiro-Ministro do Reino da Bélgica, Herman Van Rompuy.

[525] Até ao Tratado de Lisboa, era a Presidência do Conselho que representava e era responsável pela execução da PESC. Apenas o Estado membro que ocuparia a presidência no semestre seguinte poderia ser chamado a assistir a Presidência. Fora isso, a presidência apenas poderia conferir estas funções ao Alto Representante para a PESC ou a um representante especial, designadamente nos termos do artigo 18.° UE-M.

a UE? Há quase dez anos, quando foi criada a figura do Alto Representante para a PESC, no Tratado de Amesterdão, Bill CLINTON terá afirmado que a questão estava resolvida[526]. Estará? E estando, será o Presidente do Conselho Europeu?

247. Julgamos que a questão, a estar resolvida, não o é em favor do Presidente do Conselho Europeu mas em favor, em último termo, da Comissão. Primeiro, se o «Presidente do Conselho Europeu assegura, ao seu nível e nessa qualidade, a representação externa da União nas matérias do âmbito da política externa e de segurança»[527] (artigo 15.°, n.° 6, § 2 TUE – Lisboa), o certo é que, em geral, a **representação externa da União compete à Comissão Europeia**, «com excepção da política externa e de segurança comum [PESC] e dos restantes casos previstos nos Tratados» (artigo 17.°, n.° 1 TFUE) (repare-se que o TUE – Lisboa não diz competir tal ao Presidente da Comissão).

248. Mas mesmo na área da PESC, se por um lado a afirmação do poder de representação externa da União pelo Presidente do Conselho Europeu é feita «sem prejuízo das atribuições do **Alto Representante para os Negócios Estrangeiros e a Política de Segurança**» (artigo 15.°, n.° 6, § 2 TUE – Lisboa[528]), por outro, um conjunto impressivo de normas confere ao **Alto Representante** o papel fundamental no domínio da PESC.

249. Assim, compete ao **Alto Representante**[529] contribuir com as suas propostas para a *definição* da PESC (artigo 18.°, n.° 2, § 2 TUE – Lis-

---

[526] Como escreveu Stanley R. Sloan em 2003, «*In 1981, former U.S. Secretary of State Henry Kissinger, frustrated by the fact that nobody and yet everybody spoke for Europe, asked half-seriously "What is Europe's telephone number?" Some would argue Kissinger's question has now been answered. The European Union has a "High Representative for Common Foreign and Security Policy," Javier Solana, who in theory is the voice and face of the EU toward the outside world. However, if the outside world wants to talk about trade or economic and monetary issues, it had better not talk to Solana. Authority in this area is in the hands of the supranational EU commission.*» (http://www.inthenationalinterest.com/Articles/vol2issue10/vol2issue10sloanpfv.html).

[527] O sublinhado é nosso.

[528] Decisão 2009/910/UE do Conselho, de 1 de Dezembro de 2009 (JO, L 322, de 9.12.2009, pág. 36).

[529] Na Constituição Europeia, o Alto Representante era chamado Ministro dos Negócios Estrangeiros, mesmo se o Grupo de Trabalho respectivo da Convenção (Grupo de Trabalho VII) tinha votado contra este nome e proposto o nome de "Representante Europeu para as Relações Externas", "*que tem a vantagem de não corresponder a nenhum*

boa), mas é também a ele que compete a *condução* (artigo 18.°, n.° 2, § 1, TUE – Lisboa) e a *representação* da União no âmbito da PESC (artigo 27.°, n.° 2 TUE – Lisboa). É neste contexto que o Tratado prevê que o Alto Representante assuma a representação externa da União, que o artigo 17.°, n.° 1 TUE – Lisboa afirma competir em geral à Comissão, pois é a ele que, como Vice-Presidente da Comissão, cabe assegurar «a coerência da acção externa da União» e «no âmbito da Comissão, as responsabilidades que incumbem a esta instituição no domínio das relações externas, bem como a coordenação dos demais aspectos da acção externa da União» (artigo 18.°, n.° 4 TUE – Lisboa)[530].

250. E esta conclusão é reforçada pela análise das normas do Tratado da União Europeia sobre a acção externa da União. Em todo o Título V, entre os artigos 21.° e 46.° TUE – Lisboa, onde é desenvolvida a PESC, há apenas ***uma única*** referência ao Presidente do Conselho Europeu, na qual se prevê que este possa convocar uma reunião do Conselho Europeu (artigo 26.°, n.° 1, § 2 TUE – Lisboa). Ao invés, ao Alto Representante referem-se, entre muitos outros e de forma muito intensa, os seguintes artigos do Tratado da União Europeia:

a) Artigo 21.°, n.° 3, § 2 – Assiste ao Conselho e à Comissão, enquanto estes asseguram a coerência de toda a acção externa da União;
b) Artigo 26.°, n.° 3 – Assegura com o Conselho a «unidade, coerência e eficácia da acção da União» no domínio da PESC;
c) Artigos 22.°, n.° 2; 27.°, n.° 1; 30.°, n.° 1; 41.° – Apresenta propostas em todos os domínios da acção externa da União, incluindo a PESC[531];
d) Artigos 24.°, n.° 1, § 2; 26.°, n.° 3, 27.°, n.° 1; 32.°, § 3 TUE – Lisboa – Atribui-lhe a competência para executar a PESC, em conjunto com os Estados membros;

---

título usado a nível nacional". Contudo, se a prudência democrática dos Estados membros os levou a não utilizar a designação de "Ministro", não os impediu de manter a expressão "Negócios Estrangeiros".

[530] O Alto Representante é, por inerência, Vice-Presidente da Comissão Europeia e responsável pelas Relações Externas (o chamado Comissário RELEX), presidindo ainda à nova formação do Conselho que também foi criada (Conselho dos Negócios Estrangeiros).

[531] Note-se que, ao Presidente do Conselho Europeu, o Tratado não concede especificamente qualquer direito de iniciativa neste domínio.

e) Artigo 24.°, n.° 2 – Assegura a observância dos princípios da lealdade e solidariedade mútua entre os Estados membros;
f) Artigo 27.°, n.° 2 – «O Alto Representante representa a União nas matérias do âmbito da PESC. Conduz o diálogo político com terceiros em nome da União e exprime a posição da União nas organizações internacionais e em conferências internacionais» (artigo 34.° TUE – Lisboa);
g) Artigo 31.°, n.° 2, § 2 – Procura o consenso entre os Estados membros, quando o Conselho haja de deliberar por maioria qualificada e um Estado membro declare que "tenciona opor-se à adopção de uma decisão por maioria qualificada";
h) Artigo 33.° TUE – Lisboa – Tem o exclusivo da iniciativa da nomeação de um representante especial do Conselho, o qual actuará sob a autoridade do Alto Representante[532];
i) Artigo 36.° TUE – Lisboa – Consulta regularmente, informa e responde às questões do Parlamento Europeu[533].

251. Neste sentido, impõe-se concluir que, à luz do Tratado, embora não possa nem deva ser subvalorizado o peso político de uma presidência estável do órgão de direcção política da União (o Conselho Europeu) e o papel de dinamizador de consensos e de estratégias que possa assumir e desenvolver, é ao Alto Representante e à Comissão (de que o mesmo é Vice-Presidente) que os Tratados cometem as principais competências e reconhecem o maior grau de protagonismo na acção externa da União, conferindo ao primeiro a representação externa da União nos domínios da PESC ou a direcção do serviço europeu para a acção externa (artigo 27.°, n.° 3 TUE – Lisboa) e à Comissão, *in totum*, a representação externa da União fora do âmbito da PESC (artigo 17.°, n.° 1 TUE – Lisboa). Além de que é à Comissão que os Tratados conferem os meios de acção, financeiros e operacionais, que permitem a actuação externa da União, fora do âmbito da PESC e até, em medida relevante, no próprio quadro da política externa de segurança e defesa[534].

---

[532] Situação bem diversa da actual, em que o Conselho pode designar um representante especial e substituir-se à figura do Alto Representante para a PESC.

[533] Recorde-se que o Presidente do Conselho Europeu, em relação ao Parlamento Europeu, se limita a apresentar o relatório da reunião do Conselho Europeu (artigo 15.°, n.° 6, alínea *d)*, TUE).

[534] Em matéria financeira, e não só, algumas decisões são tomadas pelo Conselho e não pelo Conselho Europeu (artigo 24.°, n.° 3, § 3; 26.°, n.° 2; 28.°, n.° 1 e 5; 29.°, 30.°,

252. O Presidente do Conselho Europeu, cuja representatividade é, recorde-se, reconhecida apenas "ao seu nível e nessa qualidade", surge essencialmente, o que não é seguramente pouco, como **símbolo da unidade da cúpula política da União Europeia**, expressa na composição do Conselho Europeu. Será só a realidade, no entanto, que, a final, irá porventura clarificar as relações entre estes dois novos órgãos da União Europeia e as instituições que os mesmos integram, confirmando ou não o carácter representativo[535] do Presidente do Conselho Europeu. Mas, à primeira vista, parece-nos que, mesmo que a figura do Alto Representante não logre impor-se, a consequência não será necessariamente a de conferir protagonismo ao Presidente do Conselho Europeu mas, porventura, contribuirá para acentuar ainda mais a prevalência da Comissão e do seu Presidente, pois:

(i) É a Comissão quem representa directa e explicitamente a União na sua acção externa em todas as outras áreas que excedem a PESC (vide o referido artigo 17.°, n.° 1 TUE – Lisboa);
(ii) O Alto Representante para a União nas áreas da PESC é membro da Comissão e seu Vice-Presidente;
(iii) A Comissão é que dispõe da estrutura e dos meios de implantação e operacionalização das estratégias e políticas com dimensão externa próprios da União Europeia, mormente através do "serviço europeu para a acção externa" (artigo 27.°, n.° 3 TUE – Lisboa); e, finalmente,
(iv) Este cenário é porventura ainda o que mais será favorecido pelo Parlamento Europeu, pois é sobre a Comissão que este exerce controlo político...

31.°, n.° 2, 33.°, 40.°, n.° 3, 42.°, 43.° ou 45.° todos do TUE – Lisboa). Também o Comité Político e de Segurança apoia o Conselho e não o Conselho Europeu (artigo 38.°, n.° 1 do TUE – Lisboa).

[535] J. N. Calvão da Silva fala em "ausência de poderes efectivos" e questiona a sua *auctoritas* («O Tratado de Lisboa (algumas notas)», *cit.*, pág. 130).

3. PARLAMENTO EUROPEU

253. O **Parlamento Europeu** (inicialmente chamado "Assembleia"[536]) ocupa o primeiro lugar na ordem formal pela qual as instituições são referidas no artigo 13.° do TUE – Lisboa, tal como já sucedia, aliás, no artigo 4.° da versão originária do Tratado da CEE. Mas se tradicionalmente isso era uma mera afirmação de princípio, hoje, começa a corresponder a uma verdadeira supremacia ou "principalidade" do Parlamento Europeu no contexto da constituição e funcionamento da União Europeia.

254. Os Tratados apenas determinam o número dos membros do Parlamento Europeu, aliás em termos criticáveis e geradores, no contexto actual, de problemas de índole *constitucional*. Se na versão anterior ao Tratado de Lisboa o Parlamento Europeu era referido como sendo composto por «representantes dos povos dos Estados», agora lê-se que é composto por «representantes dos cidadãos da União», aliás em alguma consonância com o artigo 10.° do TUE – Lisboa, já assinalado, e acentuando um princípio de preferência europeu. Dispõe a propósito o artigo 14.° do TUE – Lisboa:

> «2. O Parlamento Europeu é composto por representantes dos cidadãos da União. O seu número não pode ser superior a setecentos e cinquenta, mais o Presidente. A representação dos cidadãos é degressivamente proporcional, com um limiar mínimo de seis membros por Estado-Membro. A nenhum Estado-Membro podem ser atribuídos mais do que noventa e seis lugares.»

255. Depois da entrada em vigor do Tratado de Lisboa, a **composição** do Parlamento Europeu deixa de constar expressamente dos Tratados

---

[536] Denominado «Assembleia» pelos tratados, até Maastricht. Contudo, desde 1962 que se auto-denominou Parlamento Europeu (resolução de 30.3.1962, JO, 31, de 26.4.1962).

(cfr., o anterior artigo 190.°, n.° 2, do TCE) para passar a ser definida por decisão do Conselho Europeu, tomada sob iniciativa do Parlamento Europeu, embora esteja sujeita às limitações resultantes do disposto no parágrafo precedente. Tal facilitaria a actualização do número de deputados, à medida que ocorressem novas adesões à União Europeia. O *Protocolo relativo às disposições transitórias* previa, no seu artigo 2.°, que, «em tempo útil antes das eleições parlamentares europeias de 2009», o Conselho Europeu adoptaria uma decisão relativa à composição do Parlamento Europeu[537]. A composição do Parlamento Europeu é marcada pelo modelo da proporcionalidade degressiva, com maior peso dos pequenos e médios Estados: o exemplo tradicional dado compara o número de cidadãos representados por um deputado eleito pelo Luxemburgo (cerca de 80 000) ou pela Alemanha (cerca de 825000).

256. O Tratado dispõe expressamente sobre o **modo de eleição** dos deputados ao Parlamento Europeu, nos termos do n.° 3 do artigo 14.° TUE – Lisboa, que acrescenta o carácter "livre e secreto" da eleição, apesar de tal não representar qualquer inovação face ao disposto no *Acto de 20 de Setembro de 1976*[538]. Como já se disse, nem sempre assim foi. A eleição directa só ocorreu após a adopção pelos governos dos Estados membros do *Acto de 20 de Setembro de 1976*[539] relativo à eleição dos representantes ao

---

[537] Note-se que o Tratado de Lisboa foi elaborado na perspectiva de que entraria em vigor antes das eleições de 2009 (v. artigo 2.°, n.° 2, do *Protocolo relativo às disposições transitórias*; e, sobretudo, o artigo 6.°, n.° 2, do Tratado de Lisboa, que definia como objectivo a entrada em vigor do Tratado a 1 de Janeiro de 2009). Ao entrar em vigor depois das eleições europeias de 4 a 7 de Junho de 2009, criou-se um problema quanto aos deputados eleitos. Em rigor, apenas puderam ser eleitos os deputados cuja eleição estava prevista *antes* do Tratado de Lisboa, pelo que a decisão de eleger também os deputados cuja eleição apenas seria possível *após* o Tratado de Lisboa (18) tem impedido a sua tomada de posse, por desconformidade com os Tratados, em particular quanto ao número limite de 750 mais o Presidente resultante do Tratado de Lisboa. A solução passou ou passará pela entrada em vigor do *Protocolo que altera o Protocolo Relativo às Disposições Transitórias*, assinado em Bruxelas no passado dia 23 de Junho de 2010. É de notar que este *Protocolo* não faz qualquer menção ao processo de revisão do artigo 48.° TUE – Lisboa. Contudo, a página do Parlamento Europeu informa que a CIG foi lançada pelo Conselho Europeu de 17 de Junho de 2010, ao abrigo do artigo 48.°, n.° 3 TUE – Lisboa.

[538] Esta especificação não foi acompanhada da alteração correspondente no artigo 223.° TFUE, relativa ao processo eleitoral.

[539] Sobre o Acto de 20 de Setembro de 1976, seu valor e sua integração na ordem jurídica comunitária, é sumamente interessante o acórdão *Matthews c. Reino Unido*, de 18.2.1999, do Tribunal Europeu dos Direitos do Homem (n.° 24833/94) – para o texto

Parlamento Europeu. E o duplo mandato era, até às últimas eleições, permitido[540]. Com a criação da cidadania da União, com o tratado de Maastricht, podem eleger e ser eleitos para o Parlamento Europeu tanto os nacionais do Estado membro (onde a eleição se realiza) como todos os nacionais de outros Estados membros que aí residam e aí pretendam exercer o seu direito de voto (artigo 20.°, n.° 2, alínea *b)* TFUE e artigo 39.° da Carta dos Direitos Fundamentais, *ex vi* do artigo 6.°, n.° 1 TUE – Lisboa).

257. O **mandato** dos deputados ao Parlamento Europeu é de cinco anos (artigo 14.°, n.° 3 TUE – Lisboa)[541], o qual é praticamente coincidente (com uma certa antecedência cronológica motivada pela necessidade de a formação do Parlamento Europeu participar no processo de designação da nova Comissão Europeia) com o mandato da Comissão (v. artigo 234.° *in fine* TFUE).

258. Os deputados ao Parlamento Europeu gozam ainda de um estatuto de independência[542]. Tal deriva do seu modo de designação (antes do mais, a sua legitimidade democrática directa) mas também do seu estatuto funcional, como resulta de várias disposições do *Acto de 20 de Setembro de 1976* (mormente dos artigos 1.°, 4.° e 6.°). Recorde-se, além disso, que os mandatos dos deputados ao Parlamento Europeu e da Comissão praticamente coincidem.

259. A estruturação e organização internas do Parlamento Europeu são bastante complexas. O Parlamento Europeu goza do poder de auto-

---

deste *Acto*, acompanhado das alterações resultantes da Decisão n.° 2002/772/CE, ver Tizzano/Cruz Vilaça/Gorjão-Henriques, *Código da União Europeia*, *cit.*).

[540] A partir das eleições de 2004, completou-se a mutação do sistema, pois foi a partir dessa data proibido o duplo mandato (artigo 6.°, n.° 2, do Acto relativo à eleição dos deputados ao Parlamento Europeu por sufrágio universal directo, anexo à Decisão n.° 76/787/CE, CECA, Euratom, do Conselho, de 20.9.1976, na redacção resultante da Decisão 2002/772/CE, Euratom, do Conselho, que entrou em vigor a 1 de Abril de 2004 – Aviso do M.N.E. n.° 107/2004, de 26.5.2004).

[541] Embora há muito previsto, não existe um processo eleitoral uniforme europeu nas eleições para o Parlamento Europeu. Contudo, desde o tratado de Amesterdão que se veio prever a elaboração de um regime jurídico eleitoral baseado em princípios comuns – artigo 223.°, n.° 1 TFUE. Em Portugal, a lei eleitoral para o Parlamento Europeu é a lei n.° 14/87, de 29 de Abril, na última redacção resultante da Lei Orgânica n.° 1/2005, de 5.1.2005 (Tizzano/Cruz Vilaça/Gorjão-Henriques, *Código da União Europeia*, *cit*).

[542] A Decisão 2005/684/CE, Euratom do PE, de 28.9.2005, aprovou o estatuto dos deputados do Parlamento Europeu (JO, L 262, de 7.10.2005).

organização (artigos 231.° e 232.° TFUE), no respeito pelas constrições que o tratado já avança. Importa reter que o facto de os deputados serem eleitos em cada Estado membro não se traduz na formação de grupos parlamentares nacionais, sendo que as regras internas do Parlamento Europeu procuram evitar tais tendências. Gradualmente, embora já há algum tempo, vêm emergindo **partidos políticos** ao nível europeu ou "da União", os quais viram reconhecido o seu estatuto europeu com o tratado de Maastricht, hoje reforçado (artigos 10.°, n.° 4 TUE – Lisboa, artigo 12.°, n.° 2 da Carta dos Direitos Fundamentais), sendo o respectivo regime fixado através do processo legislativo ordinário, pelo Parlamento Europeu e o Conselho (artigo 224.° TFUE).

260. Embora a organização interna dos **grupos políticos** no Parlamento Europeu não imponha o modelo partidário, é de realçar que os partidos políticos europeus constituem, com os seus deputados, grupos políticos no Parlamento Europeu. Contudo, nem todos os grupos políticos assentam num partido político europeu e, por outro lado, os deputados podem não querer inscrever-se num grupo político (artigo 31.° do Regimento). Em geral, os grupos políticos são obrigatoriamente compostos por deputados de pelo menos um quinto dos Estados membros (artigo 29.° do Regimento do Parlamento Europeu[543]).

261. A organização do Parlamento Europeu não se limita aos grupos políticos. A sua complexidade resulta ainda da quantidade de órgãos e estruturas que funcionam no quadro do Parlamento Europeu. O Parlamento Europeu tem um Presidente e uma **Mesa** (Presidente e Vice-Presidentes) eleita pelos seus pares (artigo 14.°, n.° 4 TUE – Lisboa) no início da legislatura (artigo 13.° do Regimento) para um mandato de dois anos e meio, sendo logo depois eleitos os vice-presidentes e os questores (artigos 15.°, 16.° e 17.° do mesmo Regimento). Ao **Presidente** (hoje, Jerzy Buzek), compete dirigir as actividades e órgãos do Parlamento Europeu e, principalmente, dirigir as sessões e representar no exterior o Parlamento Europeu (artigo 20.° do Regimento). Aos **Vice-Presidentes**, que são catorze, compete substituir o Presidente, nomeadamente se este não estiver presente ou se pretender participar no debate parlamentar (artigo 21.°

[543] De ora em diante, Regimento – na redacção publicada, por último, no JO, C 212 E, de 5.8.2010, pp. 145-161 (utilizou-se a versão publicada na página electrónica do PE, de Julho de 2010).

do Regimento). O Presidente e os vice-presidentes, em conjunto, constituem a Mesa do Parlamento Europeu (artigo 22.° do Regimento)[544]. À Mesa compete, além do mais, regulamentar a condução das sessões, autorizar reuniões noutros locais e nomear o secretário-geral do Parlamento Europeu (v. artigo 23.° do Regimento). Outras figuras relevantes são os **questores**, cinco deputados eleitos para mandatos com a duração de dois anos e meio e que são consultores da Mesa, com responsabilidade em questões de natureza administrativa ou financeira que estejam directamente relacionadas com os deputados ao Parlamento Europeu (artigos 16.° e 26.° do Regimento). Existem ainda outros órgãos no Parlamento Europeu. Em primeiro, a **Conferência dos Presidentes**, composta pelo Presidente do Parlamento e pelos Presidentes dos grupos políticos (artigos 24.° e 25.° do Regimento). Seguidamente, a **Conferência dos Presidentes das Comissões** (artigo 27.° do Regimento) e a **Conferência dos Presidentes das Delegações** (artigo 28.° do Regimento). A menção destes dois órgãos mostra já outra faceta da organização e funcionamento do Parlamento Europeu, também presente (e em cada vez maior medida) nos parlamentos nacionais: a do trabalho especializado em comissão. O Parlamento Europeu dispõe hoje de vinte comissões permanentes (artigo 183.° e anexo VII ao regimento), com importantes funções, designadamente no processo legislativo.

262. Dispondo do **poder de auto-organização**, o Parlamento Europeu tem regras de funcionamento que se encontram fixadas nos tratados. A sua **sede** é em Estrasburgo (alínea *a)* do artigo único do *Protocolo relativo à localização das sedes das instituições*, anexo aos tratados – cfr. artigo 341.° TFUE)[545]. Como resulta deste último Protocolo, o Parlamento Europeu realiza aí as doze sessões plenárias mensais.

263. O Parlamento Europeu delibera por **maioria absoluta dos votos expressos** (artigo 231.° TFUE), salvo disposição em contrário dos

---

[544] Nem sempre o número de membros da Mesa foi idêntico ao número de Estados membros. Assim, no início dos anos 80, havia 10 Estados membros e 13 membros na Mesa (Presidente e doze vice-presidentes) e hoje são 15 os membros.

[545] Protocolo relativo à localização das sedes das instituições e de certos órgãos, organismos e serviços da União Europeia, anexo aos tratados. Se a sede é em Estrasburgo, as reuniões plenárias suplementares e, sobretudo, o trabalho das comissões, realizam-se em Bruxelas. Por sua vez, o secretariado-geral e respectivos serviços têm sede no Luxemburgo.

Tratados. Contudo, esta regra nada nos diz em definitivo, porquanto o *quorum* constitutivo (um terço dos seus membros) é fixado no respectivo regimento interno (artigo 198.°, § 2 e artigo 149.° do Regimento). Em casos especiais, os Tratados prevêem maiorias deliberativas diversas. Assim:

- É necessária uma dupla maioria (de dois terços dos votos expressos e a maioria dos deputados eleitos) para a aprovação de uma moção de censura à Comissão Europeia (artigo 234.°, § 2 TFUE) ou de sanções aos Estados membros por violação do artigo 7.° TUE – Lisboa (artigo 354.°, § 4 TFUE);
- Noutros casos, a maioria dos votos expressos tem de corresponder também à maioria dos deputados, como sucede no processo orçamental, quanto à apresentação de alterações (artigo 314.°, n.° 4, alínea *c)* TFUE) ou à rejeição do projecto comum de orçamento anual aprovado pelo Comité de Conciliação (artigo 314.°, n.° 7, alínea *b)*);
- Uma dupla maioria, mais exigente (maioria de deputados e três quintos dos votos expressos) pode confirmar alterações apresentadas ao projecto de orçamento do Conselho e que por este tenham sido antes rejeitadas (artigo 314.°, n.° 7, alínea *c)* TFUE).

264. Finalmente, aos trabalhos do Parlamento Europeu é dada a publicidade adequada, através da elaboração de uma Acta (artigos 199.°, § 2 e 172.° do Regimento) e da publicação do Relato Integral no *Jornal Oficial da União Europeia* (artigo 173.° do Regimento).

265. O Parlamento Europeu tem sido, porventura, o órgão cujas **competências** têm conhecido um mais significativo incremento com as sucessivas revisões dos Tratados, implicando até, a partir sobretudo do Tratado de Maastricht, uma significativa transformação qualitativa da sua própria natureza. Este processo gradual de mutação qualitativa não assenta apenas na análise quantitativa e descritiva das suas (progressivamente) novas e/ou acrescidas competências. Tem na sua base, igualmente, o já aludido reforço da sua legitimidade (democrática) comunitária[546], a partir da sua eleição por sufrágio universal directo.

---

[546] Neste sentido, embora ligando-a à adopção do «processo eleitoral uniforme», Jean Boulouis, *Droit Institutionnel de l'Union Européenne* 6.ª ed., Montchrestien, Paris, 1997, p. 90.

266. O tratado C(E)E fazia, na redacção original do (então) artigo 137.°, como que uma descrição das competências do Parlamento Europeu, ao dizer que o «Parlamento Europeu dispõe dos poderes de deliberação e controlo». Esta norma foi alterada pelo tratado de Maastricht, a partir do qual se deixaram de qualificar os poderes e competências do Parlamento Europeu, dada a variedade de âmbitos de intervenção e dos papéis que em cada momento e enquadramento assume. Nova alteração ocorreu com o Tratado de Lisboa, o qual, através do novo artigo 14.° TUE – Lisboa, enuncia no n.° 1 as principais competências do Parlamento Europeu. É este o modelo que seguiremos na organização didáctica da descrição sumária das competências deste órgão. Recorde-se o que estabelece esta disposição:

> «1. O Parlamento Europeu exerce, juntamente com o Conselho, a função legislativa e a função orçamental. O Parlamento Europeu exerce funções de controlo político e funções consultivas em conformidade com as condições estabelecidas nos Tratados. Compete-lhe eleger o Presidente da Comissão».

267. No artigo 14.°, n.° 1, TUE – Lisboa fala-se, em primeiro lugar, da função **legislativa**, distinguindo-a da função **orçamental** e das funções de **controlo político** e **consultivas**.

268. Aceitando como boa esta divisão e retirando todas as consequências da mesma, poderá porventura dizer-se que a função ou competência legislativa do Parlamento Europeu surge com o Tratado de Maastricht, com a criação do chamado procedimento de co-decisão[547].

269. Em rigor ou, melhor dizendo, em geral, o Parlamento Europeu nunca dispôs, nem dispõe hoje, das prerrogativas que, no espaço jurídico-constitucional dos Estados membros, são conferidas aos parlamentos nacionais. É por isso muito parcelar e mesmo inadequado qualquer paralelismo entre o Parlamento Europeu e os parlamentos nacionais, enquanto estruturas organizatórias que actuam no exercício da soberania popular no exercício da função ou poder legislativo do Estado.

---

[547] Sobre o procedimento de co-decisão, na formulação resultante do Tratado de Maastricht e as alterações que no mesmo foram introduzidas pelos tratados subsequentes, vide as edições anteriores e as breves considerações feitas na *Introdução* do presente volume.

270. A inadequação de qualquer visão aproximativa entre ambas as instâncias, a mais de recusada pelos próprios Estados membros (de que é expoente máximo o acórdão do *Bundesverfassungsgericht* de 30 de Junho de 2009), é evidente quando se caracteriza a função legislativa do Parlamento Europeu. Ao contrário do que sucede nos modelos estaduais democráticos, **o Parlamento Europeu não dispõe de iniciativa legislativa na União Europeia**, salvo nos casos excepcionais previstos nos Tratados (artigo 289.°, n.° 4 TFUE)[548]. Só lhe conhecemos o direito de iniciativa em casos de evidente dimensão interna ao órgão, como seja no processo decisório de definição da sua própria **composição** (artigo 14.°, n.° 2, § 2 TUE – Lisboa[549]), do estatuto e modo de exercício das funções dos seus membros (artigo 223.°, n.° 2 TFUE) e do Provedor de Justiça (artigo 228.°, n.° 4 TFUE) ou do modo de exercício dos seus poderes de inquérito (artigo 226.°, § 3 TFUE).

271. Um dos aspectos em que a distinção entre os poderes legislativos do Parlamento Europeu e dos parlamentos nacionais é mais evidente radica, assim e desde logo, na ausência de iniciativa legislativa (quanto à Assembleia da República, em Portugal, cfr. artigos 161.°, *c*) e 167.°, n.° 1, da Constituição), embora possa suscitá-la perante a Comissão (artigo 225.° TFUE), impondo o Tratado hoje que a Comissão informe o Parlamento das razões pelas quais entende não exercer a sua iniciativa legislativa[550].

272. Do mesmo modo, mesmo sendo legislador de pleno direito e em estrita igualdade com o Conselho, através do **processo legislativo ordinário**, o certo é que o Parlamento Europeu só raramente "legisla" sozinho, através de um processo legislativo especial. Na verdade, parece-nos que, como sugerem PRIOLLAUD/SIRITZKY, o Tratado de Lisboa acentua a dimensão já antes por nós expressa de um bicameralismo em que o Parlamento Europeu constitui «a câmara baixa de um sistema parlamentar

---

[548] V. artigo 2.°, § 2, do *Protocolo relativo ao papel dos Parlamentos Nacionais na União Europeia*.

[549] Ainda aqui, se a iniciativa é do Parlamento Europeu, a decisão compete ao Conselho Europeu.

[550] Contudo, em caso de inacção da Comissão Europeia, continua a ser válida a asserção de que o Parlamento Europeu não pode substituir-se a esta (Mangas Martín/Liñan Nogueras, *Instituiciones y derecho de la Unión Europea*, 2.ª ed., Mc Graw Hill, Madrid, 1999, p. 86).

cada vez mais igualitário: representa os cidadãos da União, enquanto o Conselho – câmara alta – representa os Estados»[551].

273. Os tratados prevêem também um conjunto de situações em que, embora a decisão caiba ao Conselho, é necessária a "participação" do Parlamento Europeu, o que o Tratado designa como **processo legislativo especial** (artigo 289.°, n.° 2 TFUE).

274. Não se esgota no **processo legislativo ordinário** e na participação em **processos legislativos especiais** envolvendo a sua aprovação, a participação do Parlamento Europeu na criação de direito da União. Contudo, faremos referência a essas outras formas de participação ao abordarmos a função consultiva e, de certa forma, a função de controlo político do Parlamento Europeu. Após o exercício da função legislativa, o Parlamento Europeu mantém ao controlo sobre a implementação dos actos legislativos, mormente no contexto da atribuição à Comissão Europeia de poderes delegados (artigo 290.° TFUE) ou da competência para, pelo mesmo processo legislativo ordinário, poder definir com o Conselho «as regras e princípios gerais relativos aos mecanismos de controlo que *os Estados membros* podem aplicar ao exercício das competências de execução pela Comissão» (o itálico é nosso) (artigo 291.°, n.° 3 TFUE). Do ponto de vista constituinte, finalmente, é de salientar que o Parlamento Europeu viu ser-lhe atribuída pelo Tratado de Lisboa, pela primeira vez, competência para apresentar propostas de revisão dos Tratados (artigo 48.°, n.° 2 TUE – Lisboa)[552], conquanto tal não determine necessariamente a abertura de um procedimento de revisão.

275. Seguindo a ordem do Tratado, o Parlamento Europeu dispõe de **funções orçamentais**, aliás desde pelo menos o tratado de Bruxelas de

---

[551] F.-X. Priollaud/D. Siritzky, *Le Traité de Lisbonne*, cit., pág. 66. Vide, entre nós, neste sentido, o texto da prof. Sofia Oliveira Pais, «O Tratado de Lisboa e a renovação das instituições da União Europeia». in *Cadernos O Direito*, n.° 5, 2010, pp. 319-350, em especial a pp. 335-336.

[552] Antes do Tratado de Lisboa, o Parlamento Europeu tinha apenas de ser consultado na fase intra-comunitária do processo (cfr. artigo 48.°, § 2 UE-M). Contudo, na prática o Parlamento Europeu já ultrapassava algumas vezes esta sua limitação, no plano político. Pense-se apenas no projecto *Spinelli* de um Tratado da União Europeia e no projecto de constituição de *Herman*.

1975[553]. Foi esta, mesmo, a primeira grande competência do Parlamento Europeu, que permitiu a sua identificação como um dos ramos da *autoridade orçamental*, com importantes competências, quer na definição das regras aplicáveias à elaboração e execução do orçamento (artigo 322.° TFUE), quer à sua preparação/discussão concreta[554] e aprovação (artigos 310.° e 314.° TFUE[555]), quer no controlo da sua execução[556], competindo-lhe dar quitação à execução pela Comissão (artigo 319.° TFUE).

276. Os poderes de **controlo político** do Parlamento Europeu são hoje bastante efectivos, intensos e, de certa forma, difusos. Os poderes de controlo político do Parlamento Europeu em relação à Comissão Europeia são particularmente efectivos. Já a redacção originária do Tratado de Roma institutivo da CEE dizia competir à "Assembleia" controlar a Comissão («poderes... de controlo»), fiscalizando o modo como esta exercia as suas funções e, em casos-limite, demitindo-a (o que nunca fez). A Comissão Europeia apresenta uma tripla dependência, de cariz genético, funcional e extintivo face ao Parlamento Europeu[557]. Quanto à dependência genética, é de notar que o Presidente da Comissão é eleito pelo Parlamento Europeu e que a própria nomeação da Comissão pelo Conselho Europeu depende da aprovação prévia pelo Parlamento Europeu. Portanto, a Comissão não pode ser nomeada pelo Conselho Europeu contra a vontade da maioria política do Parlamento Europeu (artigo 17.°, n.° 7, § 3 TUE – Lisboa). A dependência funcional pode enunciar-se assim: os Tratados prevêem uma constante e estreita relação entre Parlamento Europeu e

---

[553] Constituia então um dos ramos da *autoridade orçamental*, com importantes competências, quer na preparação/discussão do orçamento (nomeadamente em relação às despesas não obrigatórias) e sua aprovação (artigo 272.° CE), quer na fiscalização e quitação quanto à sua execução pela Comissão (artigo 276.° CE).

[554] Os poderes do Parlamento Europeu eram diversos consoante as suas propostas de alteração incidissem sobre despesas obrigatórias ou despesas não obrigatórias. Essa distinção hoje já não tem qualquer relevo no tratado.

[555] De acordo com o artigo 310.°, n.° 1, § 2 TFUE, «[o] orçamento anual da União é elaborado pelo Parlamento Europeu e pelo Conselho nos termos do artigo 314.°», o qual prevê um *processo legislativo especial*, que, tendo sucesso, culmina com a declaração do Presidente do Parlamento Europeu de aprovação definitiva do orçamento (artigo 314.°, n.° 9 TFUE).

[556] Em conjunto com o Conselho e ambos com a assistência do Tribunal de Contas (artigo 287.°, n.° 4 TFUE).

[557] M. Gorjão-Henriques, «Novas reflexões sobre o sistema institucional comunitário antes e depois de Nice», *Temas de integração*, n.° 12-13, 2002, pp. 145.

Comissão mas, mais do que isso, declaram enfaticamente que «[a] Comissão, enquanto colégio, é responsável perante o Parlamento Europeu» (artigo 17.°, n.° 8 TUE – Lisboa). Além da já referida coincidência de mandatos, a implicar que cada Comissão a ser nomeada é-o por uma determinada formação e para uma determinada legislatura do Parlamento Europeu (artigo 234.° *in fine* TFUE), impõe-se acentuar aqui as notas da dependência ordinária daquela perante este órgão. Até um mês antes do Parlamento Europeu iniciar uma sessão legislativa, a Comissão publica um relatório geral das actividades da União (artigo 249.° TFUE). A Comissão deve submeter ao Parlamento Europeu as propostas que este lhe pedir e, caso não o faça, deve explicar as razões (artigo 225.° TFUE), estando ainda obrigada a responder, oralmente ou por escrito, às questões que lhe sejam colocadas pelo Parlamento Europeu (e seus deputados – artigo 230.°, § 2 TFUE). Em domínios específicos, as funções de reporte da Comissão são também significativas: é o que sucede no artigo 318.° TFUE[558]. A dependência funcional culmina numa dependência extintiva. Só o Parlamento Europeu pode demitir a Comissão, através da adopção de uma moção de censura (artigo 17.°, n.° 8 TUE – Lisboa, e artigo 234.° TFUE).

277. Enquanto órgão de controlo, o Parlamento Europeu pode constituir **comissões temporárias de inquérito**[559], para «analisar, sem prejuízo das atribuições conferidas pelos Tratados a outras instituições ou órgãos, alegações de infracção ou de má administração na aplicação do direito da União, excepto se os factos alegados estiverem em instância numa jurisdição, e enquanto o processo jurisdicional não se encontrar concluído» (artigo 226.° TFUE). A Comissão de inquérito temporária extingue-se com a apresentação do seu relatório (*idem*, § 2). Diversamente do que sucedia antes do Tratado de Lisboa (cfr. artigo 193.° CE[560]), em que as regras de exercício do direito de inquérito eram fixadas por acordo inte-

---

[558] «A Comissão apresentará todos os anos ao *Parlamento Europeu e ao* Conselho as contas do ano financeiro findo relativas às operações orçamentais. A Comissão comunicar-lhes-á, além disso, um balanço financeiro que descreva o activo e passivo da *União*.

A Comissão apresenta também ao Parlamento Europeu e ao Conselho um relatório de avaliação das finanças da União baseado nos resultados obtidos, nomeadamente em relação às indicações dadas pelo Parlamento Europeu e pelo Conselho nos termos do artigo 319.°».

[559] Ao lado das suas comissões permanentes.

[560] Decisão interinstitucional n.° 95/167/CE, de 19.4.1995 (JO, C 157, de 1.6.1996, pp. 1) – Tizzano/Cruz Vilaça/Gorjão-Henriques, *Código da União Europeia*, *cit*.

rinstitucional, agora «as regras de exercício do direito de inquérito são determinadas pelo Parlamento Europeu, por meio de regulamentos adoptados por iniciativa própria de acordo com um processo legislativo especial, após aprovação do Conselho e da Comissão.». A constituição de uma Comissão de Inquérito Temporária necessita de ser pedida por um quarto dos membros do Parlamento Europeu (artigo 226.° TFUE e artigo 151.° do Regimento), sendo a sua composição e funcionamento determinados pelo Parlamento. A decisão institutiva será publicada no Jornal Oficial e indicará o objecto e prazo para a entrega do respectivo relatório[561]. A Comissão de Inquérito extingue-se com a apresentação do relatório final ao Parlamento (artigo 226.°, § 2 TFUE), podendo este, com base no relatório, apresentar recomendações aos órgãos da União ou nacionais[562].

278. O controlo político é também exercido através do **Provedor de Justiça Europeu** que, embora seja um órgão institucionalmente independente, é eleito pelo Parlamento Europeu (artigo 228.°, n.° 1, *ab initio* TFUE) após cada eleição do Parlamento e pelo período da legislatura (artigo 228.°, n.° 2, § 1 TFUE) competindo ainda a este órgão definir o seu estatuto e condições de exercício das funções (artigo 228.°, n.° 4 TFUE), apreciar o relatório anual que lhe é apresentado (artigo 228.°, n.° 1, § 2 TFUE) e propor a sua demissão ao Tribunal de Justiça, em caso justificado (artigo 228.°, n.° 2, § 2 TFUE).

279. Finalmente, o Tratado reconhece aos cidadãos da União o **direito de petição** ao Parlamento Europeu (artigo 20.°, n.° 2, alínea *d)*, e 24.°, § 2 TFUE) e a «qualquer pessoa singular ou colectiva com residência ou sede social num Estado membro»[563] o direito de petição ao Parlamento Europeu, por si ou em associação com outro cidadão ou pessoa, desde que «sobre qualquer questão que se integre nos domínios de actividade da *União* e lhe diga directamente respeito» (artigo 227.° TFUE).

---

561 Por força do respeito pela autonomia do poder judicial, a decisão estabelece que a Comissão de Inquérito não poderá analisar factos que estejam a ser apreciados num processo jurisdicional nacional ou comunitário, enquanto esse processo não se encontrar concluído – trata-se pois de um regime algo diverso do que vale no nosso ordenamento jurídico interno, para os inquéritos da Assembleia da República.

562 Neste caso, através da Representação Permanente do Estado membro.

563 O artigo 44.° da CDF-UE estende esse direito a «qualquer pessoa singular ou colectiva com residência ou sede social num Estado membro».

280. Finalmente, ainda no contexto dos poderes de controlo do Parlamento Europeu, é de assinal o sucessivo e crescente reconhecimento da legitimidade contenciosa do Parlamento Europeu, tanto activa como passiva, agora (desde o Tratado de Nice) enquanto recorrente privilegiado (artigo 263.°, § 2 TFUE). Recorde-se que, na sequência do famoso acórdão *Os Verdes*[564], o Tribunal de Justiça considerou que todos os actos emanados do Parlamento Europeu e dotados de eficácia em relação a terceiros deveriam poder ser impugnados perante o Tribunal, mesmo na ausência de expressa previsão no tratado da legitimidade passiva do Parlamento no recurso de anulação (então artigo 173.° CEE). Esta jurisprudência foi incorporada no tratado com o tratado de Maastricht, constando hoje do artigo 263.°, § 1 TFUE. Também na acção para cumprimento (artigo 265.° TFUE) a sua posição é idêntica à das restantes «instituições».

281. Finalmente, uma palavra sobre a **função consultiva** do Parlamento Europeu que, originariamente, era até aquela quantitativa e qualitativamente mais significativa, e que corresponde a um conjunto muito diverso de intervenções no processo legislativo e decisório da União. Actualmente, os Tratados prevêem cerca de cinquenta situações em que o Parlamento Europeu é chamado a título consultivo[565], ainda que a falta de emissão de parecer não impeça o desenrolar do processo legislativo.

---

[564] Acórdão de 23.4.1986, proc. 294/83, Colect., pp. 1339.

[565] Enunciemos as normas, de acordo com os tratados em causa:

- TUE – Lisboa: artigos 27.°, n.° 3 (organização e funcionamento do Serviço Europeu para a Acção Externa), 41, n.° 3 (financiamento da PESC) e 48.°, n.os 3 e 6, § 2 (procedimentos de revisão dos tratados);
- TFUE: artigos 21.°, n.° 3 (segurança social e protecção social dos cidadãos da União), 22.°, n.° 2 e 3 (legitimidade eleitoral nas eleições municipais e para o Parlamento Europeu), 23.°, § 2 (protecção diplomática), 64.°, n.° 3 (medidas de retrocesso na liberdade de circulação de capitais), 74.° (cooperação administrativa), 77.°, n.° 3 (disposições relativas aos passaportes, bilhetes de identidade, títulos de residência ou qualquer outro documento equiparado), 78.°, n.° 3 (medidas provisórias em caso de súbito fluxo de nacionais de países terceiros), 81.°, n.° 3 (medidas relativas ao direito da família que tenham incidência transfronteiriça), 87.°, n.° 3 (medidas em matéria de cooperação operacional entre serviços de polícia, das alfândegas e outros serviços responsáveis pela aplicação da lei especializados nos domínios da prevenção ou detecção de infracções penais e das investigações nessa matéria), 89.° (intervenção de autoridades de polícia, etc., no território de outro Estado membro), 95.°, n.° 3 (medidas contra discriminação de transportadores de mercadorias), 103.°, n.° 1 (execução de artigos 101.° e 102.° – concorrência), 109.° (regulamentos em matéria de auxílios públicos), 113.° (harmonização fiscal de imposto sobre volume de negócios), 115.° (medidas de harmonização para

282. No domínio da **PESC**, como antes[566], o Parlamento Europeu não dispõe de competências decisórias, legislativas ou sequer de competências efectivas de controlo político. O artigo 24.°, n.° 1, § 2 TUE – Lisboa, estabelece que «[o]s papéis específicos que cabem ao Parlamento Europeu e à Comissão neste domínio são definidos pelos Tratados», o que é depois especificado no artigo 37.° TUE – Lisboa, segundo o qual «[o] Alto Representante da União para os Negócios Estrangeiros e a Política de Segurança consulta regularmente o Parlamento Europeu sobre os principais aspectos e as opções fundamentais da política externa e de segurança comum e da política comum de segurança e defesa, e informa-o sobre a evolução destas políticas. O Alto Representante vela por que as opiniões daquela instituição sejam devidamente tidas em conta. Os representantes especiais podem ser associados à informação do Parlamento Europeu./O Parlamento Europeu pode dirigir perguntas ou apresentar recomendações ao Conselho e ao Alto Representante. Procederá duas vezes por ano a um debate sobre os progressos realizados na execução da política externa e de segurança comum, incluindo a política comum de segurança e defesa.».

---

mercado interno, fora do âmbito do artigo 114.°), 118.°, § 2 (regime linguístico dos títulos europeus de propriedade intelectual), 125.°, n.° 2 (política económica), 126.°, n.° 14, § 2 (procedimento de défice excessivo), 127.°, n.° 6 (atribuição ao BCE de poderes de supervisão prudencial das instituições de crédito e outras instituições financeiras, com excepção das empresas de seguros), 128.°, n.° 2 (harmonização das denominações e especificações técnicas das moedas metálicas destinadas à circulação), 129.°, n.° 4 (execução de disposições dos Estatutos do SEBC e BCE), 148.°, n.° 2 (orientações anuais em matéria de política de emprego), 150.° (Comité de Emprego), 153.°, n.° 2, § 3 (certas medidas de política social), 160.° (Comité da Protecção Social), 182.°, n.° 4 (programas específicos em I & D), 188.°, § 1 (criação de empresas comuns no domínio de I&D), 192.°, n.° 2 (certas medidas de política de ambiente), 194.°, n.° 3 (medidas com carácter fiscal relativas a condições de exploração dos seus recursos energéticos, a sua escolha entre diferentes fontes energéticas e a estrutura geral do aprovisionamento energético), 203.° (modalidades e o processo de associação entre os países e territórios e a União), 218.°, n.° 6, alínea *b*) (regra subsidiária no processo de vinculação internacional da União), 219.°, n.° 1 (acordos formais relativos a um sistema de taxas de câmbio do euro em relação às moedas de Estados terceiros), 246.°, § 2 (substituição de membro demissionário da Comissão), 262.° (atribuição ao Tribunal de Justiça de competência para decidir sobre litígios ligados à aplicação dos actos que criem títulos europeus de propriedade industrial), 283.°, n.° 2 (nomeação dos membros da Comissão Executiva do BCE), 286.°, n.° 2 (nomeação dos membros do Tribunal de Contas), 308.°, § 3 (alteração dos estatutos do BEI), 311.°, § 3 (disposições aplicáveis ao sistema de recursos próprios da União) e 322.°, n.° 2.

[566] Em todo o título V do tratado da UE-M (artigos 11.° a 28.°), era este o *único* artigo que referia expressamente o Parlamento Europeu.

4. CONSELHO

283. O **Conselho**[567] é uma das *instituições* originárias e comuns às Comunidades e União Europeias, constituindo hoje um dos órgãos centrais da União Europeia. Diversamente do disposto na Constituição Europeia, o Tratado de Lisboa mantém a designação formal do Conselho antes existente, não acolhendo a própria designação que este órgão se dava a si próprio, desde a entrada em vigor do Tratado de Maastricht – Conselho da União Europeia –, embora esta até fosse agora mais apropriada (artigo 13.° e 16.° TUE – Lisboa).

284. Como resulta do artigo 10.° TUE – Lisboa, o Conselho é considerado um órgão de representação dos Governos dos Estados membros, como tal composto por representantes dos Estados membros, ao nível ministerial[568], com poder para vincular o respectivo Governo. Assim resulta expressamente do artigo 16.°, n.° 2, do TUE – Lisboa: «O Conselho é composto por um representante de cada Estado membro ao nível ministerial, com poderes para vincular o Governo do respectivo Estado membro e exercer o direito de voto.».

---

[567] Monograficamente, J. P. Simões Dias, *O Conselho da União Europeia*, Quarteto, Coimbra, 2001.

[568] A redacção do anterior artigo 203.° CE visava permitir que, nos Estados membros que o pretendessem (em particular nos Estados federais), o respectivo Governo (federal) pudesse ser representado no Conselho por um membro de um governo de um Estado federado – assim sucedia na Alemanha, por exemplo, estando o processo específico previsto no artigo 23.°, n.° 6, da Lei fundamental de Bona. Também em Espanha foi estabelecido um acordo entre o Governo e as 17 comunidades autónomas assegurando uma participação destas nos trabalhos do Conselho. Sobre a questão, Koen Lenaerts/van Nuffel, *Constitutional Law*, *cit.*, p. 310, e, sobre a redacção pré-Maastricht, Cl. Blumann, «Article 146», in Constantinesco/Kovar/Jacqué/Simon (Dir.), *Traité instituant la CEE*, *cit.*, pp. 858-861.

285. A **composição** do Conselho é, tradicionalmente, variada, em função das matérias e até das conveniências políticas ao longo da história das organizações comunitárias. Pode até dizer-se que, historicamente, havia tantas **formações** do Conselho quantas as matérias que caíam na esfera das atribuições das Comunidades Europeias e, mais tarde, também da União[569]. Recentemente, porém, procura limitar-se o número e tipo das suas formações regulares, quer nos Tratados, quer no Regulamento Interno do Conselho.[570] Quem determina as formações do Conselho é o Conselho

---

[569] E, neste sentido, o actual Regulamento Interno do Conselho (aprovado pela Decisão 2009/937/UE), a que mais detidamente nos referiremos, afirma algo semelhante: «O Conselho reúne-se em diferentes formações, em função das matérias tratadas. A lista das formações (...) é adoptada pelo Conselho Europeu deliberando por maioria qualificada». Nada impede que uma formação do Conselho delibere sobre matérias que, em princípio, cabem a outra formação do Conselho nem que diversas formações se reúnam em conjunto (Conselhos "Jumbo" – Priollaud/Siritzky, *cit.*, pág. 78, nota 1).

[570] A doutrina chegou a identificar 21 formações diferentes. Na sequência do relatório *Trumpf*, de 10 de Março de 1999, os Estados reduziram estas a 16 (*Comunicação do Conselho "Seguimento das conclusões do Conselho Europeu (Helsínquia, 10 e 11 de Dezembro de 1999) – Formações do Conselho*, JO, C 174, de 23.6.2000, pp. 1-3), depois a 9 (no âmbito do anterior regulamento interno do Conselho) e hoje a 10, nos termos constantes do Anexo I do actual Regulamento Interno do Conselho, que identifica as formações do Conselho (JO, L 325, de 11.12.2009, pág. 51), como consta do anexo à Decisão 2009/ /878/UE do Conselho, de 1.12.2009 (JO, L 315, de 2.12.2009, pp. 46), alterada pela Decisão 2010/594/UE do Conselho Europeu, de 16.9.2010 (JO, L 263, de 6.10.2010, pág. 12):

1. «Assuntos Gerais»;
2. «Negócios Estrangeiros»;
3. «Assuntos Económicos e Financeiros» (incluindo Orçamento);
4. «Justiça e assuntos internos» (inclui protecção civil);
5. «Emprego, política social, saúde e consumidores»;
6. «Competitividade (Mercado Interno, Indústria, Investigação e Espaço)» (inclui Turismo);
7. «Transportes, Telecomunicações e Energia»;
8. «Agricultura e Pescas»;
9. «Ambiente»;
10. «Educação, Juventude, Cultura e Desporto» (inclui audiovisual).

A isto há que aditar o estabelecido no *Protocolo relativo ao Eurogrupo*, que prevê, no artigo 1.°, a realização de reuniões informais «dos ministros dos Estados membros cuja moeda seja o euro», as quais «têm lugar, na medida do necessário, para debater questões relacionadas com as responsabilidades específicas que partilham em matéria de moeda única. Nelas participa a Comissão. O Banco Central Europeu será convidado a participar nessas reuniões, que serão preparadas pelos representantes dos ministros das Finanças dos Estados membros cuja moeda seja o euro e da Comissão».

Europeu. Esta heterodeterminação marca significativamente a redução dos poderes de auto-organização do Conselho. Dispõe a propósito o n.° 6 do artigo 16.° TUE – Lisboa:

> «6. O Conselho reúne-se em diferentes formações, cuja lista é adoptada nos termos do artigo 236.° do Tratado sobre o Funcionamento da União Europeia.
>
> O **Conselho dos Assuntos Gerais** assegura a coerência dos trabalhos das diferentes formações do Conselho. O Conselho dos Assuntos Gerais prepara as reuniões do Conselho Europeu e assegura o seu seguimento, em articulação com o Presidente do Conselho Europeu e com a Comissão.
>
> O **Conselho dos Negócios Estrangeiros** elabora a acção externa da União, de acordo com as linhas estratégicas fixadas pelo Conselho Europeu, e assegura a coerência da acção da União.»

286. Resulta do artigo 236.°, n.° 6 TFUE, que a formação-base do Conselho parece ser a do **Conselho dos Assuntos Gerais**, à qual os Tratados atribuem funções de coordenação da actuação das diversas formações do Conselho e de acompanhamento da actividade do Conselho Europeu (na sua preparação[571] e na execução das suas deliberações – cfr. artigo 15.°, n.° 6, alínea *b)* TUE – Lisboa).

287. Além do Alto Representante, que preside ao Conselho dos Negócios Estrangeiros (artigo 18.°, n.° 3 TUE – Lisboa), também a Comissão Europeia pode participar nas reuniões do Conselho, o que visa facilitar o diálogo interinstitucional, mormente na apresentação e discussão de alguns aspectos de propostas ou no lançamento de novas iniciativas legislativas. As reuniões do Conselho são convocadas pelo seu Presidente, por sua iniciativa ou a pedido de um dos seus membros ou da Comissão (artigo 237.° TFUE), embora também possam ser convocadas pelo Alto Representante (artigo 30.°, n.° 2 TUE – Lisboa).

288. Sendo composto por membros dos governos nacionais, que se deslocam com frequência para as reuniões das várias formações do «mesmo» Conselho (podem chegar a realizar-se mais de 200 reuniões por ano, entre as diversas formações), falta ao Conselho, como salientam em geral a doutrina e os actores e agentes da União, a continuidade e permanência da sua acção, requisitos considerados essenciais para a unidade e coerência da

---

[571] V. artigo 2.°, n.° 3, do Regulamento Interno do Conselho.

sua acção. Para colmatar esta natural descontinuidade, desenvolveram-se diversos mecanismos institucionais que, de forma diferenciada, garantem a continuidade e unidade da acção do Conselho.

289. Uma primeira forma traduz-se na **Presidências rotativas do Conselho** (artigo 16.°, n.° 9, do TUE – Lisboa; artigo 236.° do TFUE[572]), que se mantêm mesmo após o Tratado de Lisboa, apesar de extirpadas da dimensão externa[573], por força das figuras emergentes do Presidente do Conselho Europeu e do Alto Representante. É retomado o sistema de *troika* vigente na versão inicial do Tratado da UE-M[574], nos termos da qual «a Presidência do Conselho é assegurada por grupos pré-determinados de três Estados membros durante um período de 18 meses (...) formados com base num sistema de rotação igualitária dos Estados membros» e «tendo em conta a sua diversidade e os equilíbrios geográficos da União». Durante estes 18 meses, «cada membro do grupo preside sucessivamente, durante seis meses, a todas as formações do Conselho, com excepção da formação de Negócios Estrangeiros» (n.° 2 do artigo 1.° do Projecto de decisão do Conselho Europeu anexo à Declaração n.° 9 anexa à Acta Final da CIG/2007). A excepção assinalada corresponde, justamente, à outra alteração aqui salientada: a atribuição a um Vice-Presidente da Comissão, o Alto Representante, da presidência de uma formação do Conselho, o Conselho de Negócios Estrangeiros, que resulta do desdobramento que o Tratado de Lisboa opera do actual Conselho "Assuntos Gerais e Relações Externas".

---

[572] A Declaração n.° 9 anexa à Acta Final da CIG/2007 estabelece que o regime da Presidência do Conselho, e respectivo exercício, deverá ser, nos termos do artigo 4.° do projecto de decisão do Conselho Europeu anexo à referida declaração, aprovado pelo Conselho, no prazo de 6 meses a contar da data da entrada em vigor do Tratado de Lisboa, por maioria qualificada (visto que é a regra geral prevista no TUE).

[573] Mas não interna. Entre outros exemplos, saliente-se que continua a ser previsto um papel específico para o Presidente do Conselho nos seguintes artigos do TFUE: artigo 121.°, n.° 5, 122.°, n.° 2; 134.°, n.° 3, 219.°, n.° 1, 284.°, n.° 1, 294.°, n.° 8, 297.°, n.° 1 ou 314.°, n.° 4.

[574] No domínio da PESC – artigo J.5, n.° 3, UE-M, na sua versão inicial. Pronunciou-se o prof. Pitta e Cunha, em 2006, pelo modelo de *troika* (ou *team presidencies*, como lhe chamam L. Carbone/L. Gianniti/C. Pinelli, in *Constituzione Europea – un primo commento*, cit., p. 155), como alternativa à supressão das presidências rotativas (Pitta e Cunha, *Direito Europeu – Instituições e Políticas da União, cit.*,p. 121); vide, ainda, A. M. Guerra Martins, «Comentário», *A revisão do Tratado da União Europeia*, Almedina, Coimbra, 1996, p. 181.

290. Neste contexto, na sequência da Decisão do Conselho Europeu 2009/881/UE de 1 de Dezembro de 2009[575], o Conselho adoptou, no mesmo dia, através da Decisão 2009/908/UE do Conselho, de 1 de Dezembro de 2009[576], as medidas de aplicação necessárias. De acordo com essas decisões, é retomado, no essencial e com algumas excepções[577], o sistema de *troika*, composta «por grupos pré-determinados de três Estados membros, durante um período de 18 meses» e «formados com base num sistema de rotação igualitária dos Estados membros, tendo em conta a sua diversidade e os equilíbrios geográfios da União» (artigo 1.°, n.° 1, da Decisão 2009/ /881/UE). A Presidência rotativa continua a ser assegurada semestralmente, de forma sucessiva[578], mas sem prejuízo de «os membros do grupo pode[re]m acordar entre si outras formas de organização» (idem, artigo 1.°, n.° 2)[579].

291. A Presidência do Conselho assegurada pelo sistema de *troika* adopta um programa para o período de 18 meses, de acordo com a ordem prevista na Decisão do Conselho de 1 de Janeiro de 2007 (artigo 1.° da Decisão 2009/908/UE). A Presidência do Conselho detém um importante papel no funcionamento interno do próprio Conselho. Compete-lhe convocar as reuniões do Conselho (artigo 1.°, n.° 1, do Regulamento Interno do Conselho, adiante "Regulamento Interno do Conselho"[580]), mas o regulamento interno deste órgão é bem mais desenvolvido e explícito na enumeração das suas prerrogativas e obrigações. Entre estas, destacam-se algumas de carácter administrativo-funcional. Cumpre-lhe (com sete meses de antecedência sobre o início da presidência) comunicar as datas previstas para as reuniões, definir a ordem do dia provisória[581] (sendo a

---

575 JO, L 315, de 2.12.2009, pp. 50.

576 JO, L 322, de 9.12.2009, pp. 28-30.

577 Em particular, resulta do Tratado de Lisboa, por um lado, que o Conselho dos Negócios Estrangeiros é presidido pelo Alto Representante. Por outro lado, certos Comités são também presididos por um representante do Alto Representante: é o caso do Comité Político e de Segurança.

578 E na sequência resultante da Decisão n.° 2007/5/CE, Euratom, de 1 de Janeiro de 2007 (JO, L 1, de 4.1.2007, pp. 1-2).

579 A ordem é a seguinte, começando no primeiro semestre de 2010: Espanha, Bélgica, Hungria, Polónia, Dinamarca, Chipre, Irlanda, Lituânia, Grécia, Itália, Letónia, Luxemburgo, Países Baixos, Eslováquia, Malta, Reino Unido, Estónia, Bulgária, Áustria, Roménia e Finlândia (1.° semestre de 2020).

580 Aprovado pela Decisão 2009/937/UE do Conselho, de 1 de Dezembro de 2009 (JO, L 325, de 11.12.2009, pp. 35).

581 Artigo 3.° do Regulamento Interno do Conselho.

definitiva estabelecida pelo Conselho no início da própria reunião, o certo é que a introdução de um ponto novo supõe a unanimidade) e, já na reunião, dirigir os trabalhos (artigo 20.° Regulamento Interno do Conselho), decidir sobre o momento da votação[582], propor a adopção do método de deliberação por escrito (deliberações urgentes e deliberações no domínio da PESC), assinar os actos adoptados pelo Conselho (artigo 15.° do Regulamento Interno do Conselho) e representar o Conselho perante o Parlamento Europeu (artigo 26.° do Regulamento Interno do Conselho).

292. A atribuição da presidência da formação do Conselho que se ocupa da acção externa da União – Conselho dos Negócios Estrangeiros – ao Alto Representante foi uma outra solução inovadora, ainda que perturbe uma eventual tentativa de compreensão das relações interinstitucionais à luz de um princípio de separação de poderes.

293. Nos termos previstos no artigo 341.° TFUE, os Estados membros estabeleceram a **sede** do Conselho em Bruxelas[583], embora o Regulamento Interno do Conselho estabeleça que em Abril, Junho e Outubro as suas reuniões decorrem no Luxemburgo (artigo 1.°, n.° 3 do Regulamento Interno do Conselho).

294. Numa manifestação da sua crescente aproximação à natureza de câmara legislativa[584], as reuniões do Conselho são **públicas** sempre que «este delibere e vote sobre um projecto de acto legislativo» (artigo 16.°, n.° 8 TUE – Lisboa), quando delibere pela primeira vez relativamente a propostas de «normas juridicamente vinculativas nos ou para os Estados membros»[585], prevendo-se ainda a realização de «debates públi-

---

582 Artigo 11.° do Regulamento Interno do Conselho.

583 Artigo Único, alínea *a)* do *Protocolo relativo à localização das sedes das instituições e de certos órgãos, organismos e serviços da União Europeia*, anexo aos tratados. Ainda nos termos desta alínea, o Conselho realiza no Luxemburgo as suas reuniões de Abril, Junho e Outubro. O regulamento interno prevê a hipótese de a reunião poder ter lugar noutros locais.

584 Poderá ser um obstáculo a essa natureza de câmara legislativa a circunstância de o Conselho ter várias formações. É verdade que nada nos Tratados impede o Conselho Europeu de, ao definir as formações do Conselho, criar uma formação de carácter legislativo horizontal (desde que não prejudicando as competências previstas nos Tratados para as formações aí tipificadas: Conselho dos Negócios Estrangeiros e Conselho dos Assuntos Gerais) – artigos 16.°, n.° 6 TUE – Lisboa, e artigo 326.° TFUE.

585 Os resultados destas deliberações serão tornados públicos (artigo 9.° do Regulamento Interno do Conselho).

cos sobre assuntos importantes de interesse para a União Europeia» ou sobre «o programa de dezoito meses do Conselho», casos estes previstos no artigo 8.º[586] (artigos 5.º, n.º 1, 7.º e 8.º do Regulamento Interno do Conselho), embora a publicidade não permita a assistência *in loco* da reunião.

295. Se é claro que a presidência ocupa um lugar central como garante da unidade e coerência substancial da acção do Conselho, também se afigura evidente que não é uma instância adequada para a discussão técnica e diplomática das matérias a decidir nem para a preparação logística e burocrática (não no sentido pejorativo do termo) das próprias reuniões. Para um e outro caso, o tratado prevê órgãos habilitados a desempenhar essas tarefas.

296. É o caso do COREPER (Comité dos Representantes Permanentes), previsto no artigo 16.º, n.º 7 TUE – Lisboa[587] e no artigo 240.º, n.º 1 TFUE. O COREPER é, como o nome indica, um «órgão auxiliar» composto por representantes permanentes dos Estados membros junto do Conselho, competindo-lhe, nomeadamente, a preparação das reuniões do Conselho[588]. O COREPER é presidido pelo representante permanente do Estado membro que exerce a Presidência do Conselho dos Assuntos Gerais).

297. Existem outras instâncias preparatórias das reuniões do Conselho, consoante a formação em causa, aliás. Assim, as reuniões do Conselho dos Negócios Estrangeiros são preparadas por quatro categorias diferentes de instâncias preparatórias:

(1) Comércio e desenvolvimento – presidida pela Presidência semestral;

---

[586] «Quando for submetida ao Conselho uma proposta não legislativa relativa à adopção de normas juridicamente vinculativas nos Estados membros ou para os Estados membros, (...) a primeira deliberação do Conselho sobre novas propostas importantes é aberta ao público. A Presidência identifica as novas propostas importantes...».

[587] O COREPER foi criado no seguimento do tratado de «fusão» de 1965 e, enquanto tal, consolidado definitivamente apenas com Maastricht, dado que, até aí, era simplesmente denominado (no tratado: artigo 151.º CEE) «comité» e tinha as suas composição e competências definidas apenas no regulamento interno do Conselho.

[588] Desde o tratado de Amesterdão, o COREPER podia ainda tomar decisões nos casos previstos no regulamento interno do Conselho (artigo 207.º, n.º 1 *in fine* CE).

(2) Geográficas – presidida por representante do Alto Representante[589];
(3) Horizontais – presidida por representante do Alto Representante, com excepção do RELEX[590], COTER[591], COCOP[592], COCON[593], COJUR[594] e COMAR[595], que são presididos pela Presidência semestral;
(4) Política Comum de Segurança e Defesa – presidida por representante do Alto Representante.

298. Já outras instâncias preparatórias têm presidentes permanentes, sejam o Secretariado-Geral do Conselho (Comité de Segurança, Grupo da Informação, Grupo da Informática Jurídica, Grupo das Comunicações Electrónicas, Grupo da Codificação Legislativa, Grupo dos Juristas-Linguistas ou o Grupo dos Novos Edíficios) sejam os presidentes eleitos (Comité Económico e Financeiro, Comité do Emprego, Comité da Protecção Social, Comité Militar, Comité de Política Económica, Comité dos Serviços Financeiros, Grupo do Comité Militar e o Grupo do Código de Conduta "Fiscalidade das Empresas")[596].

299. Outro órgão permanente especialmente habilitado a assegurar o regular funcionamento do Conselho é o Secretariado-Geral (artigo 240.°, n.° 2 TFUE[597]; artigo 23.° do Regulamento Interno do Conselho), a quem, aliás, cabe também expressamente assistir ao Conselho Europeu (artigo 235.°, n.° 4 TFUE). O Secretariado-Geral é responsável burocrático pela organização das reuniões e pela preparação do expediente, encabeçado por um Secretário-Geral a quem cabem importantes competências e funções[598].

---

589 Deve ser uma pessoa da confiança dos Estados membros e que seja membro do Serviço Europeu para a Acção Externa.

590 Grupo dos Conselheiros das Relações Externas.

591 Grupo do Terrorismo (Aspectos Internacionais).

592 Grupo de Aplicação de Medidas Específicas de Combate ao Terrorismo.

593 Grupo de Assuntos Consulares.

594 Grupo do Direito Internacional Público.

595 Grupo do Direito do Mar.

596 Anexo III da Decisão 2009/908/UE.

597 «2. O Conselho é assistido por um Secretariado-Geral, colocado na dependência de um Secretário-Geral nomeado pelo Conselho.

O Conselho decide por maioria simples sobre a organização do Secretariado-Geral.».

598 O Secretário-Geral do Conselho é nomeado pelo Conselho, nos termos previstos no artigo 240.° TFUE. Actualmente, é Secretário-Geral do Conselho Uwe Corsepius (Deci-

300. O ***quorum*** **deliberativo** do Conselho corresponde à maioria dos seus membros. Cada membro do Conselho pode fazer-se representar por outro membro do Conselho mas, para efeitos de votação, cada membro do Conselho apenas pode representar um outro Estado membro (artigo 239.° TFUE). Além disso, mais do que um membro do Governo poderá estar presente na mesma reunião, como sucederá se, na ordem do dia da mesma reunião, forem apreciadas questões sujeitas a departamentos governamentais diferentes do mesmo Estado membro.

301. Os Tratados prevêem a possibilidade de deliberações do Conselho por maioria simples (artigo 238.°, n.° 1[599]) e que decidirá por maioria simples num conjunto significativo de situações (artigos 150.°[600], 160.°[601], 240.°, n.° 2[602] e 3[603]; 241.°[604], 242.°[605], 245.°[606] ou 337.°[607] TFUE[608]). O mesmo se diga quanto à unanimidade[609], é de salientar que

---

são 2009/1009/UE do Conselho, de 22 de Dezembro de 2009 (JO, L 347, de 24.12.2009, pp. 31).

599 «Relativamente às deliberações que exijam maioria simples, o Conselho delibera por maioria dos membros que o compõem».

600 Criação do Comité do Emprego.

601 Criação do Comité da Protecção Social.

602 Organização do Secretariado-Geral.

603 São adoptadas por maioria simples decisões sobre questões processuais e o regulamento interno.

604 «O Conselho, deliberando por maioria simples, pode solicitar à Comissão que proceda a todos os estudos que ele considere oportunos para realização dos objectivos comuns e que lhe submeta todas as propostas adequadas. Caso não apresente uma proposta, a Comissão informa o Conselho dos motivos para tal».

605 Estatutos dos comités previstos nos Tratados.

606 Apresentação junto do Tribunal de Justiça de pedido de demissão compulsiva de membro da Comissão (v. ainda artigo 247.° TFUE).

607 Definição das condições e limites em que a Comissão é autorizada a recolher informações e proceder a verificações necessárias ao exercício das suas competências.

608 Vide, ainda, o artigo 4.°, § 2, 13.°, § 2, do *Protocolo relativo ao Estatuto do Tribunal de Justiça*, e artigo 6.° *Protocolo Relativo aos Privilégios e Imunidades da União.*

609 O Conselho decide por unanimidade nos casos previstos nas seguintes normas:

a) TUE – Lisboa: artigos 24.°, n.° 1, § 2; 31.°, n.° 1;41.°, n.° 2; 42.°, n.° 4; 46.°, n.° 6; 48.°, n.° 7, e 49.°, § 1;

b) TFUE: artigos 19.°, n.° 1, 21.°, n.° 3, 22.°, n.° 1 e 2, 25.°, § 2, 64.°, n.° 3, 65.°, n.° 4, 77.°, n.° 3, 81.°, n.° 3, 82.°, n.° 2, 83.°, n.° 1, § 2, 86.°, n.° 1 e 4,87.°, n.° 3, 89.°, 92.°, 108.°, n.° 2, 113.°, 115.°, 118.°, § 2, 126.°, n.° 14, § 2, 127.°, n.° 6, 140.°, n.° 3, 153.°, n.° 2, 155.°, n.° 2, § 2, 192.°, n.° 2, 194.°, n.° 3, 203.°, 207.°, n.° 4, 218.°, n.° 8, § 2, 219.°, n.° 1, 223.°, n.° 1, § 2, e 2, 246.°, § 3, 252.°, § 1, 257.°, § 4, 262.°, 292.°, 293.°, n.° 1, 294.°, 301.°, § 2, 305.°, § 2, 308.°, § 3,

a regra de direito e de facto passa a ser a de que «o Conselho delibera por **maioria qualificada**, salvo disposição em contrário dos Tratados» (artigo 16.°, n.° 3 TUE – Lisboa), em substituição da *enganosa* norma do artigo 205.°, n.° 1, do Tratado CE, que consagrava a regra (na verdade, excepção) da maioria simples. Se nos casos em que o Conselho delibera por maioria simples ou por unanimidade, todos os Estados membros têm o mesmo peso na deliberação (princípio um Estado-um voto), as coisas passam-se de forma diversa no caso de deliberações por maioria qualificada, onde os Estados membros têm um peso diferenciado, tendo os Estados maiores mais peso (absoluto) que os Estados membros mais pequenos, embora estes tenham um peso relativamente maior, considerando as diferenças de dimensão geográfica e populacional[610]. Mesmo quando decide por unanimidade, a ou as abstenções dos seus membros não prejudicam em regra[611] a validade e eficácia da deliberação (artigo 238.°, n.° 4 TFUE).

311.°, § 3, 312.°, n.° 2, 329.°, n.° 2, § 2, 331.°, n.° 2, § 3, 332.°, 342.°, 346.°, n.° 2 ou 352.°, n.° 1.

[610] Cada Estado membro tem hoje o seguinte peso nas deliberações por maioria qualificada:

29 votos – Alemanha, França, Itália e Reino Unido;
27 votos – Espanha e Polónia;
14 votos – Roménia;
13 votos – Países Baixos;
12 votos – Bélgica, Grécia, Hungria, Portugal e República Checa;
10 votos – Áustria, Bulgária e Suécia;
7 votos – Dinamarca, Eslováquia, Finlândia, Irlanda e Lituânia;
4 votos – Chipre, Eslovénia, Estónia, Letónia e Luxemburgo;
3 votos – Malta.

No sistema vigente até ao alargamento de 2004, os quatro maiores Estados membros tinham 10 votos, a Espanha 8, quatro Estados tinham 5 (Portugal, Grécia, Bélgica e Países Baixos), dois tinham 4 votos (Áustria e Suécia), três tinham 3 votos (Dinamarca, Finlândia e Irlanda) e o Luxemburgo tinha 2 votos. A partir de Novembro de 2004, deu-se uma reponderação do peso dos Estados membros (até 1.1.2007, data da adesão de Bulgária e Roménia), passando a haver um total de 321 votos, formando-se a maioria qualificada quando estivesse reunida um mínimo de 232 votos, correspondendo a 72,31% do total dos votos (sendo a minoria de bloqueio de 90 votos, portanto). A partir da adesão da Bulgária e da Roménia, o número global de votos subiu para 345 (Roménia, 14; Bulgária, 10), passando a maioria qualificada para os 255 votos, correspondentes a 73,9% do total de votos, passando a minoria de bloqueio para 91 votos (três Estados grandes mais um Estado com pelo menos 4 votos), isto sem prejuízo da eventual aplicação da regra dos 62%.

[611] Nos termos do artigo 31.°, n.° 1, § 2 TUE – Lisboa, a abstenção pode impedir a tomada de de decisões.

302. A determinação da maioria qualificada[612], complexa e de implantação progressiva, não contribui para a clareza e a legibilidade dos Tratados. Segundo se calcula, os maiores beneficiários do sistema que virá a ser implementado serão, ao mesmo tempo, os Estados membros mais populosos e os menos populosos (Alemanha, França, Reino Unido, Itália, Malta, Letónia, Luxemburgo ou Chipre) e os que mais perdem serão a Espanha, a Polónia, e os Estados de média dimensão, como Portugal, a Grécia, a Hungria ou a República Checa.

303. A implementação do novo **modelo de maioria qualificada** será feita de forma progressiva. De acordo com o calendário previsto, são aplicáveis as seguintes regras de determinação da maioria qualificada:

a) Até à entrada em vigor do Tratado de Lisboa, aplicavam-se, naturalmente, as regras constantes do artigo 205.° do Tratado CE[613];
b) Da entrada em vigor do Tratado de Lisboa (1 de Dezembro de 2009) até 31 de Outubro de 2014, aplicam-se as regras constantes do artigo 3.°, n.os 3 e 4, do *Protocolo relativo às disposições transitórias*;
c) De 1 de Novembro de 2014 a 31 de Março de 2017, são aplicáveis as constantes do artigo 16.°, n.° 4 do TUE – Lisboa [614], do artigo

[612] Em termos gerais. Com efeito, em certos casos particulares, a maioria qualificada parece determinar-se segundo critério diverso, como poderá suceder ao abrigo do artigo 7.°, n.° 1 do TUE – Lisboa («maioria qualificada de quatro quintos dos seus membros»). Nesse sentido parece concorrer a remissão feita no n.° 5 deste artigo 7.° para o artigo 354.° TFUE, que indica como deliberam os órgãos no procedimento de vigilância previsto no artigo 7.° TUE – Lisboa, e o faz distinguindo entre o n.° 1 (artigo 354.°, n.° 1 TFUE) e os n.os 3 e 4 do artigo 7.° (artigo 354.°, §§ 2 e 3, que remetem para o artigo 238.°, que deve ser lido nos termos do artigo 3.°, n.° 4, do *Protocolo relativo a certas disposições transitórias*).

[613] Baseadas no sistema de votos ponderados por Estado membro. Uma análise do peso de cada Estado membro nas deliberações do Conselho, antes e ao abrigo do Tratado de Nice, pode encontrar-se em P. Vila Maior/I. Costa Leite/J. Casqueira Cardoso, *O Tratado de Nice e o futuro da União Europeia*, Ed. UFP, 2003, p. 42.

[614] «A partir de 1 de Novembro de 2014, a maioria qualificada corresponde a, pelo menos, 55% dos membros do Conselho, num mínimo de quinze, devendo estes representar Estados membros que reúnam, no mínimo, 65% da população da União./A minoria de bloqueio deve ser composta por, pelo menos, quatro membros do Conselho; caso contrário, considera-se alcançada a maioria qualificada./As restantes regras aplicáveis à votação por maioria qualificada são estabelecidas no n.° 2 do artigo 238.°» do TFUE.

238.°, n.° 2 e 3, do TFUE, e do Protocolo relativo às disposições transitórias[615];

d) De 1 de Abril de 2017 em diante, as constantes do artigo 16.°, n.° 4, do TUE – Lisboa, e do artigo 238.° do TFUE.

304. Até 31 de Outubro de 2014, e relativamente às deliberações do Conselho que exijam maioria qualificada, deve ser obtida uma dupla maioria, 255 votos correspondentes à maioria dos Estados membros (quando delibera sob proposta da Comissão, como é regra) ou a dois terços dos Estados membros (nos restantes casos). Em qualquer das hipóteses, qualquer Estado membro poderá requerer que se verifique se a maioria qualificada corresponde a, pelo menos, 62% da população da União Europeia[616]. Em suma, até 2014 a minoria de bloqueio deverá reunir pelo menos 91 votos (dado que o valor total é de 345 votos) ou então pelo menos 38% da população (na versão minimalista, em 2010).

305. Além de aumentar o número de matérias em que o Conselho delibera por maioria qualificada em vez de unanimidade, o Tratado da

---

[615] V. M. Gorjão-Henriques (Org.), *Tratado de Lisboa*, 1.ª edição, Almedina, Coimbra, 2008, pp. 378-386.

[616] De acordo com o Anexo III do Regulamento Interno do Conselho, a população global da União Europeia é fixada, até 31 de Dezembro de 2010, em 499.665.100 pessoas, correspondendo o limiar de 62% da população a 309.792.400 pessoas e a minoria de bloqueio a 189.872.701, para efeitos do disposto nas disposições pertinentes do *Protocolo relativo às disposições transitórias*: Alemanha (82.002.400); França (64.350.800); Reino Unido (61.576.100), Itália (60.045.100), Espanha (45.828.200), Polónia (38.135.900), Roménia (21.498.600), Países Baixos (16.485.800), Grécia (11.260.400), **Portugal** (10.750.000), Bélgica (10.627.300), República Checa (10.467.500) Hungria (10.031.000), Suécia (9.256.300), Áustria (8.355.300), Bulgária (7.606.600), Dinamarca (5.511.500), Eslováquia (5.412.300), Finlândia (5.326.300), Irlanda (4.450.000), Lituânia (3.349.900), Letónia (2.261.300), Eslovénia (2.032.400), Estónia (1.340.400), Chipre (796.900), Luxemburgo (493.500) e Malta (413.600).

A título de curiosidade, refira-se que, num Europa com vinte e sete Estados membros, Portugal é o décimo país mais populoso, com 10.750.000 habitantes, apenas atrás de Alemanha, França, Reino Unido, Itália, Espanha, Polónia, Roménia, Países Baixos e Grécia. E, por outro lado, impressiona notar que os catorze (14!) Estados membros menos populosos têm, todos somados, menos habitantes do que a Alemanha. Finalmente, não pode ser menosprezado, a todos os níveis, o facto de os **cinco** (!) Estados membros mais populosos reunirem, por si só, uma população claramente superior aos 62% de população em causa e de os **três** mais populosos poderem igualmente, por si só, bloquear qualquer decisão por maioria qualificada.

União Europeia prevê que em vários domínios em que se delibere por unanimidade o Conselho Europeu possa decidir passar a permitir decisões do Conselho por maioria qualificada, através de cláusulas "passerelle" (artigo 31.°, n.° 3 TUE – Lisboa; artigo 333.° TFUE), através, inclusivamente, de um procedimento de revisão simplificado (artigo 48.°, n.° 7 TUE – Lisboa)[617].

306. Em sentido oposto, em certas matérias os Tratados consagraram mecanismos de "travagem de emergência", como sucede nos domínios da PESC (cfr. artigo 31.°, n.° 1 e 2 TUE – Lisboa), da segurança social dos trabalhadores migrantes (artigo 48.°, § 2 TFUE) ou da aproximação de normas de índole penal (artigo 82.°, n.° 3, e artigo 83.°, n.° 3 TFUE).

307. Antes do Tratado de Lisboa, podia dizer-se que a questão das **competências** do Conselho não podia ser descrita e analisada de modo unitário, dado que o seu enquadramento variava de forma significativa em cada uma das organizações europeias: a sua intervenção na União Europeia *stricto sensu* era bem diversa da que tinha na Comunidade Europeia e ainda mais diferente da que o caracterizava na CECA[618]. O artigo 16.°, n.° 1, TUE – Lisboa, enuncia as competências do Conselho: «[o] Conselho exerce, juntamente com o Parlamento Europeu, a função legislativa e a função orçamental. O Conselho exerce funções de definição das políticas e de coordenação em conformidade com as condições estabelecidas nos Tratados».

308. O Conselho sempre foi o **órgão legislativo** por excelência na Comunidade Europeia e na União Europeia (pré-Lisboa). E se é certo que assim continua a ser na actual União Europeia, não é menos apropriado chamar a atenção para a crescente partilha do poder *legislativo* com o Par-

---

617 «As iniciativas tomadas pelo Conselho Europeu com base no primeiro ou no segundo parágrafo são comunicadas aos Parlamentos nacionais. Em caso de oposição de um Parlamento nacional notificada no prazo de seis meses após a comunicação, não é adoptada a decisão a que se referem o primeiro ou o segundo parágrafo. Se não houver oposição, o Conselho Europeu pode adoptar a referida decisão».

618 Na CECA, o Conselho (então chamado Conselho Especial de Ministros) não era o órgão central e decisório, antes um órgão com uma função consultiva e, no máximo, que se podia qualificar como tutelar. Lembre-se que, nas negociações preparatórias do tratado de Paris, começou por nem ser previsto.

lamento Europeu, mormente no chamado processo legislativo ordinário (artigo 289.°, n.° 1, e 294.° TFUE). Remete-se para as considerações feitas na secção relativa ao Parlamento Europeu, onde se identificam as matérias em que o Conselho é co-legislador ou em que legisla por si só, ainda que após consulta ou aprovação do Parlamento Europeu. O Conselho partilha também a função orçamental com o Parlamento Europeu.

309. O Conselho é também o órgão que detém o maior peso quando se trata da vinculação internacional da União. Na política comercial comum (artigo 207.°, n.° 3 TFUE), no quadro da UEM (artigo 219.° TFUE) ou na norma-base da vinculação externa da União (artigo 218.° TFUE), a regra é a de que os acordos são celebrados pelo Conselho, ainda que em muitos domínios juntamente ou com a aprovação do Parlamento Europeu.

310. Finalmente, compete ao Conselho decidir a remuneração dos restantes órgãos da União Europeia (artigos 243.° e 286.°, n.° 7 TFUE).

311. O Conselho exerce ainda o **poder de execução dos seus actos legislativos**. Nos termos do artigo 290.° TFUE, o legislador (seja o Conselho e o Parlamento Europeu ou apenas um destes órgãos) pode atribuir à Comissão competência para adoptar actos delegados, definidos como «actos não legislativos de alcance geral que completem ou alterem certos elementos não essenciais do acto legislativo», que «delimitam explicitamente os objectivos, o conteúdo, o âmbito de aplicação e o período de vigência da delegação de poderes. Os elementos essenciais de cada domínio são reservados ao acto legislativo e não podem, portanto, ser objecto de delegação de poderes». O legislador pode também estabelecer os mecanimos de controlo dos actos de execução da Comissão (artigo 291.° TFUE).

312. Nos domínios da PESC, da cooperação judiciária em matéria penal e da cooperação policial, bem como nos processos de revisão dos Tratados (artigo 48.° TUE – Lisboa), de adesão de outros Estados europeus à União (artigo 49.° TUE – Lisboa) ou de fiscalização do respeito pelos valores da União Europeia (artigo 7.° TUE – Lisboa), o Conselho desempenha um papel central e até tendencialmente exclusivo. Nessas matérias, subsiste uma intervenção fortemente intergovernamental, que por isso mesmo coloca o Conselho – órgão composto por representantes dos governos dos Estados membros – no lugar principal da respectiva estrutura orgânico-institucional. Aliás, se alguma instituição aí disputa a supremacia do Conselho é apenas o Conselho Europeu, que não só tem uma composição substancialmente próxima como também um funcionamento tipicamente intergovernamental e cooperativo.

313. O Conselho exerce também «funções de **definição das políticas** e de **coordenação** em conformidade com as condições estabelecidas nos Tratados» (artigo 16.°, n.° 1 TUE – Lisboa), onde se inclui a anterior referência à coordenação das políticas económicas dos Estados membros (ex-artigo 202.° CE; artigo 5.° e 121.° TFUE), incluindo agora também a coordenação das políticas dos Estados membros (v., por exemplo, artigos 150.° ou 160.° TFUE)[619].

[619] Além disso, a doutrina acentua o papel do Conselho como «*centro de coordenação dos interesses nacionais*», pois as múltiplas intervenções dos Estados membros enquanto tais no funcionamento das estruturas comunitárias e da União têm normalmente lugar no quadro *físico* do Conselho (R. Moura Ramos, «As Comunidades Europeias – enquadramento normativo-institucional», *Das Comunidades à União*, *cit.*, pp. 31-32).

5. Comissão Europeia

314. A Comissão, agora finalmente designada **Comissão Europeia**, continua a ser um dos órgãos principais da estrutura orgânica (dita *institucional*) da União Europeia (artigos 13.° e 17.° TUE – Lisboa; artigos 244.° a 250.° TFUE). O primeiro aspecto que aqui pode ser salientado relaciona-se com a denominação desta *instituição*, que passa a chamar-se, como há muito acontece na prática, "Comissão Europeia".

315. Tal como resulta dos Tratados (artigo 17.° TUE – Lisboa; artigo 250.° TFUE), a Comissão Europeia é habitualmente apresentada como um órgão de indivíduos, de funcionamento colegial[620] e que representa o interesse geral da União (artigo 17.°, n.° 1, *ab initio*, TUE: «A Comissão promove o interesse geral da União...»). Órgão de pessoas, pois os seus membros devem ser escolhidos segundo critérios de independência[621], "empenhamento europeu"[622] e competência (artigo 17.°, n.° 3, § 2 TUE), qualidades que se deverão manter intactas quer durante o exercício de funções (artigo 245.° e 247.° TFUE), quer mesmo depois da sua cessação, sob pena de perda de benefícios previstos no tratado (artigo 245.° TFUE). É também um órgão de funcionamento colegial pois

---

[620] António Goucha Soares, *A União Europeia*, Almedina, Coimbra, 2006, p. 176. E expressamente, ao referir-se a sua dependência face ao Parlamento Europeu (artigo 17.°, n.° 8, primeiro período, TUE – Lisboa).

[621] É significativa, embora redutora, a descrição que J. Delors, nas suas memórias, faz da relação entre a colegialidade da Comissão e a sua qualidade de nacionais de Estados membros: «*Dans certains pays, les commissaires sont même convoques dans leur capitale à dês reunions ministeriélles. Ce qui explique pourquoi, à l'occasion du dernier élargissement et de la réforme des institutions, chaque pays á insisté pour avoir son commissaire.*» – *J. Delors – Memóires*, Plon, 2004, p. 248.

[622] Trata-se de um novo critério, introduzido com o Tratado de Lisboa (artigo 17.°, n.° 4 TUE – Lisboa).

as suas deliberações são adoptadas com independência e por maioria dos seus membros (artigo 250.° TFUE).

316. Por último, a presunção da sua actuação no interesse geral da União resulta explicitamente do artigo 17.°, n.° 1 TUE – Lisboa, afirmando-se ainda com igual expressividade a actuação independente não só dos membros mas também do órgão *qua tale* (artigo 17.°, n.° 3, § 3, primeiro período, TUE – Lisboa), qualidade que a doutrina habitualmente faz salientar, sobretudo em relação aos restantes órgãos da União e aos Estados membros (com excepção do Parlamento Europeu). Mas se formalmente estas considerações se afiguram correctas, na verdade, a ligação formal que Amesterdão e Nice estabeleceram entre a composição da Comissão e a reponderação dos votos nas deliberações do Conselho por maioria qualificada, aliadas ao modo de designação e estatuto do Presidente da Comissão (v., entre outros, artigo 17.°, n.° 6 TUE – Lisboa; artigo 248.° TFUE[623]) e da Comissão, e à tripla dependência da Comissão Europeia em relação ao Parlamento Europeu (v. artigo 17.°, n.os 7 e 8 TUE – Lisboa) mostram que as asserções anteriores já não explicam integralmente a natureza e papel da Comissão Europeia no quadro institucional.

317. A Comissão Europeia é hoje composta por 27 membros, cada um nacional de um Estado membro diferente[624]. O Tratado de Lisboa previa que a primeira Comissão Europeia nomeada após a sua entrada em

---

[623] É de notar que o do Tratado de Lisboa não utiliza a expressão "orientação política" para caracterizar o papel do Presidente da Comissão na definição das "orientações" desta. Tal pode explicar-se, porventura, pela responsabilização geral que resulta explicitamente do Tratado face ao Parlamento Europeu.

[624] Até aos últimos alargamentos e desde 1995, a Comissão era composta por 20 membros. Com o Tratado de Adesão de 16 de Abril de 2003, previu-se que, com efeitos imediatos a contar da adesão, cada Estado membro aderente poderia nomear «*um nacional seu como membro da Comissão*». O Tratado de Adesão vem também alterar o mandato da segunda Comissão "Prodi", fixando o termo do mesmo em 31 de Outubro de 2004 e estabelecendo que a nova Comissão deveria assumir funções a partir de 1 de Novembro de 2004 (artigo 45.° do Tratado de Adesão, apesar da grave incorrecção da alínea *d)* do n.° 2), embora tal só tenha ocorrido através da Decisão n.° 2004/780/CE, com efeitos desde 22.11.2004. Segundo resulta do Protocolo relativo ao futuro da União Europeia, anexo ao Tratado de Nice, a primeira Comissão que iniciar funções após 1 de Janeiro de 2005 «*é composta por um nacional de cada Estado membro*». Nos termos do n.° 2, quando a UE contar 27 Estados membros (o que já hoje sucede), «*o número de membros da Comissão é inferior ao número de Estados membros*», sendo «*fixado pelo Conselho, deliberando por unanimidade*».

vigor seria composta por um nacional de cada Estado membro (artigo 17.°, n.° 4 TUE – Lisboa[625]), o que, em princípio, deixaria de acontecer após o termo desse primeiro mandato pós-Lisboa. De acordo com o sistema previsto no Tratado de Lisboa, a Comissão Europeia nomeada em 2014 seria já composta por um número de comissários correspondente a dois terços dos Estados membros (previsivelmente, 18, se mantiverem 27 Estados membros), escolhidos através de um sistema de rotação igualitária entre os Estados membros (n.° 5 do artigo 17.° TUE – Lisboa[626]). Contudo, o acordo obtido no Conselho Europeu de Dezembro de 2008 tendo em vista a repetição do referendo na Irlanda, o que veio a acontecer a 2 de Outubro de 2009, veio estabelecer que haveria um comissário por Estado membro. Como isso já decorria do Tratado de Lisboa, o único sentido útil é o de que, mesmo depois de 2014, se manterá o princípio da presença de nacionais de todos os Estados membros na Comissão Europeia[627], derrogando por isso o disposto no artigo 17.°, n.° 5, do TUE – Lisboa[628].

318. O procedimento de constituição e nomeação da Comissão Europeia é complexo, de que a nomeação final pelo Conselho Europeu (desde o Tratado de Lisboa) se apresenta apenas como um último passo. O procedimento, que é regulado no artigo 17.°, n.os 5 e 7 TUE – Lisboa, envolve também o Conselho e o Parlamento Europeu, além da

---

[625] «4. A Comissão nomeada entre a data de entrada em vigor do Tratado de Lisboa e 31 de Outubro de 2014 é constituída por um nacional de cada Estado-Membro, incluindo o seu Presidente e o Alto Representante da União para os Negócios Estrangeiros e a Política de Segurança, que é um dos vice-presidentes».

[626] Relevantes são ainda as Declarações n.os 6, 10 e 11 anexas à Acta Final da CIG/2007.

[627] Sobre a situação, diversa, à luz das disposições aprovadas ao abrigo dos tratados anteriores, incluindo o Tratado de Nice, remetemos o leitor para as anteriores edições do nosso manual.

[628] De acordo com esta norma, «A partir de 1 de Novembro de 2014, a Comissão é composta por um número de membros, incluindo o seu Presidente e o Alto Representante da União para os Negócios Estrangeiros e a Política de Segurança, correspondente a dois terços do número dos Estados-Membros, a menos que o Conselho Europeu, deliberando por unanimidade, decida alterar esse número.

Os membros da Comissão são escolhidos de entre os nacionais dos Estados-Membros, com base num sistema de rotação rigorosamente igualitária entre os Estados-Membros que permita reflectir a posição demográfica e geográfica relativa dos Estados-Membros no seu conjunto.

Este sistema é estabelecido por unanimidade, pelo Conselho Europeu, nos termos do artigo 244.° do Tratado sobre o Funcionamento da União Europeia.».

própria figura do Presidente indigitado da Comissão Europeia, nos seguintes termos:

> «7. Tendo em conta as eleições para o Parlamento Europeu e depois de proceder às consultas adequadas, [**1**] o Conselho Europeu, deliberando por maioria qualificada, propõe ao Parlamento Europeu um candidato ao cargo de Presidente da Comissão. [**2**] O candidato é eleito pelo Parlamento Europeu por maioria dos membros que o compõem. Caso o candidato não obtenha a maioria dos votos, o Conselho Europeu, deliberando por maioria qualificada, proporá no prazo de um mês um novo candidato, que é eleito pelo Parlamento Europeu de acordo com o mesmo processo.
>
> [**3**] O Conselho, de comum acordo com o Presidente eleito, adopta a lista das demais personalidades que tenciona nomear membros da Comissão. Essas personalidades são escolhidas, com base nas sugestões apresentadas por cada Estado-Membro, segundo os critérios definidos no segundo parágrafo do n.° 3 e no segundo parágrafo do n.° 5.
>
> [**4**] O Presidente, o Alto Representante da União para os Negócios Estrangeiros e a Política de Segurança e os demais membros da Comissão são colegialmente sujeitos a um voto de aprovação do Parlamento Europeu. [**5**] Com base nessa aprovação, a Comissão é nomeada pelo Conselho Europeu, deliberando por maioria qualificada[629].»

319. Como resulta da norma em causa, trata-se de um processo partilhado, do ponto de vista da legitimação democrática da Comissão Europeia. Por um lado, a própria pré-designação do "candidato" a Presidente é feita pelo Conselho Europeu "tendo em conta as eleições para o Parlamento Europeu"[630] e ele próprio é "eleito" pelo Parlamento Europeu

[629] A actual Comissão Europeia, a segunda que é presidida por José Manuel Durão Barroso, foi nomeada através da Decisão n.° 2010/80/UE do Conselho Europeu, de 9 de Fevereiro de 2010 (JO, L 38, de 11.2.2010, pp. 7-8). A anterior Comissão, como aí se assinala, estendeu as suas funções de 22 de Novembro até 9 de Fevereiro de 2010. A actual Comissão terá por isso um mandato ligeiramente mais curto, até 31 de Outubro de 2014.

[630] É de realçar aqui a Declaração n.° 11 anexa à Acta Final da CIG/2007: «A Conferência considera que, por força dos Tratados, o Parlamento Europeu e o Conselho Europeu são conjuntamente responsáveis pelo bom desenrolar do processo conducente à eleição do Presidente da Comissão Europeia. Por conseguinte, os representantes do Parlamento Europeu e do Conselho Europeu procederão, antes da decisão do Conselho Europeu, às consultas necessárias no quadro que se considere mais adequado. Em conformidade com o primeiro parágrafo do n.° 7 do artigo 17.°, essas consultas incidirão sobre o perfil dos candidatos às funções de Presidente da Comissão, tendo em conta as eleições para o Parlamento Europeu. As modalidades das consultas poderão ser definidas, em tempo útil, de comum acordo entre o Parlamento Europeu e o Conselho Europeu.»

(artigo 14.°, n.° 1 TUE – Lisboa), sendo que também a configuração final da Comissão Europeia depende da aprovação prévia do Parlamento Europeu, pelo que não é possível negar a dependência político-democrática genética da Comissão face à maioria política do Parlamento Europeu, naquilo que alguns vêem como o «embrião da investidura de um Governo europeu»[631]. E, por outro lado, do Tratado de Lisboa afirma explicitamente, apesar da afirmação de princípio segundo a qual a Comissão actua com plena independência (artigo 17.°, n.° 3, § 3 TUE – Lisboa), a dependência política da Comissão Europeia face ao Parlamento Europeu, declarando que «[a] Comissão, enquanto colégio, é responsável perante o Parlamento Europeu» (artigo 17.°, n.° 8 TUE – Lisboa). Por outro lado, a legitimidade democrática da Comissão Europeia resultava ainda[632] da sua nomeação final pelos Estados membros, por unanimidade, a exprimir a aceitação por todos de que a seleccionada composição do órgão permitir-lhe-á cumprir cabalmente as funções que o tratado lhe reconhece (o que já não sucede). Em conclusão, a dependência política da Comissão fica marcada de modo indelével face às duas câmaras principais da nova União (o Conselho Europeu e o Parlamento Europeu): o Presidente é eleito pelo Parlamento Europeu e o colégio é nomeado pelo Conselho Europeu (n.° 7, último §, do artigo 17.°).

320. O **mandato** da Comissão Europeia tem a duração de cinco anos (artigo 17.°, n.° 3, § 1, TUE – Lisboa), terminando após o início de cada legislatura do Parlamento Europeu. Trata-se de mais um signo da responsabilidade política da Comissão perante cada formação do Parlamento Europeu, pois o processo de designação e nomeação ocorre já perante a formação parlamentar que acompanhará – quase até ao fim – o ciclo normal de vida de cada Comissão. Este facto é confirmado pelo regime de substituição da Comissão, em caso de demissão de comissários (artigo 246.° TFUE) ou mesmo do colégio de comissários (artigo 17.°, n.° 8 TUE – Lisboa). O tratado só prevê que tal possa acontecer após a aprovação de uma moção de censura pelo Parlamento Europeu[633]. Nessa hipótese, será designada uma nova Comissão, cujo mandato «expira na data em que

[631] Fausto de Quadros, *Direito Comunitário I*, *cit.*, p. 57.

[632] Referimo-nos já à segunda Comissão Barroso, nomeada em Setembro de 2009, após aprovação pelo Parlamento Europeu a 7 de Setembro.

[633] Embora já tenha acontecido, designadamente com a Comissão presidida por Jacques Santer (1995-2000), que esta se tenha colectivamente demitido (16.3.1999).

expiraria o mandato dos membros da Comissão obrigados a demitirem-se colectivamente das suas funções» (artigo 234.°, § 2 TFUE)[634].

321. O mandato de cada comissário pode ainda terminar por várias razões[635]. O artigo 246.° TFUE enumera as situações – (1) substituições normais[636]; (2) morte; (3) demissão voluntária; ou (4) demissão compulsiva – e define os mecanismos de substituição[637-638]. Deve notar-se ainda que o Tratado de Lisboa, deixa uma porta aberta para uma modelação da Comissão estranha à vontade política do Parlamento Europeu, ainda que sujeita à bomba atómica da moção de censura: qualquer membro da Comissão deve apresentar a sua demissão se o Presidente o pedir (artigo 17.°, n.° 6), mas a nomeação do novo membro é feita sem a aprovação do Parlamento Europeu, que é apenas consultado (artigo 246.°, § 2 TFUE).

322. Além do Presidente, dos Vice-Presidentes e dos comissários, a Comissão Europeia organiza-se em direcções-gerais e serviços equiparados, adoptado por cada Comissão ao abrigo do seu poder de auto-organização e que pode apresentar diferenças entre cada Comissão. Essa organização baseia-se no disposto no artigo 21.° do seu regulamento interno (RIC)[639]:

---

[634] Assim aconteceu com a primeira Comissão presidida por Romano Prodi (Tizzano/Cruz Vilaça/Gorjão-Henriques, *Código da União Europeia*, *cit.*).

[635] Não tendo que ser obrigatoriamente substituídos (artigo 246.°, § 3 TFUE).

[636] Como diz o artigo 246.°, § 1, «Para além das substituições normais...». Nomeadamente, sucede quando um comissário é chamado aceita desempenhar funções governamentais no Estado membro de nacionalidade.

[637] Quanto ao Presidente, o Tratado parece apenas prever as hipóteses de demissão voluntária, de demissão compulsiva ou de morte, prevendo um procedimento específico de substituição, aquele originariamente constante do artigo 17.°, n.° 7, do TUE – Lisboa.

[638] Em rigor, é o próprio Tribunal de Justiça que demite o comissário em causa, como resulta do artigo citado. No acórdão do Tribunal de Justiça (Pleno), de 11.7.1006, *Comissão c. Edith Cresson*, proc. C-432/04, Colect., 2006, I, pp. 6387, o Tribunal de Justiça condenou esta antiga comissária por violação dos seus deveres, não lhe tendo contudo imposto a perda do direito à pensão ou qualquer outra sanção financeira.

[639] O regulamento interno da Comissão Prodi (R.I.C.), adoptado logo em 18.9.1999 foi substituído em 29.11.2000 (JO, L 308, de 8.12.2000, pp 26-34). A versão em vigor é a que incorpora as alterações efectuadas na sequência da adopção da Decisão 2001/844//CE, CECA, Euratom, de 29.11.2001 (alterada pela Decisão 2006/70/CE, Euratom, de 31.1.2006 – JO, L 34, de 7.2.2006), da Decisão 2001/937/CE, CECA, Euratom, de 5.12.2001, da Decisão 2002/47/CE, CECA, Euratom, de 23.1.2002 – Tizzano/Cruz Vilaça//Gorjão-Henriques, *Código da União Europeia*, *cit.* –, da Decisão 2003/246/CE, de 26.3.2003, da Decisão 2004/563/CE, de 7.7.2004 (JO, L 251, de 27.7.2004, pp. 9), da Deci-

«A Comissão, para preparar e executar as suas acções e realizar assim as suas prioridades e as orientações políticas definidas pelo presidente, cria um conjunto de serviços, organizados em direcções-gerais e serviços equiparados.

«Em princípio, as direcções-gerais e os serviços equiparados são constituídos por direcções e as direcções por unidades.»[640].

323. Refira-se agora as competências do Presidente da Comissão Europeia. Resultava já da descrição do processo de designação da Comissão Europeia, com meridiana clareza, o importante papel que desempenha o **Presidente** indigitado por Conselho e Parlamento Europeu, o qual, de uma posição institucional de mero representante formal e *primus inter pares* (até Maastricht), passa a figura dotada de um estatuto singular e de uma ampla autonomia, que tende a ser mesmo orgânica, com a preeminência que o tratado lhe reconhece em várias disposições (*primus supra pares*), nomeadamente:

- Na sua qualidade de membro do Conselho Europeu (artigo 15.°, n.° 2 TUE – Lisboa);
- Na escolha dos restantes comissários (artigo 17.°, n.° 7, § 2 TUE – Lisboa), inicialmente ou na sequência da saída de um comissário (artigo 246.° TFUE);
- Na designação dos Vice-Presidentes (salvo o Alto Representante), de entre os restantes membros da Comissão Europeia;
- Na escolha do Alto Representante, que é por inerência Vice-Presidente da Comissão Europeia (artigo 18.°, n.° 1 TUE – Lisboa);
- No papel de cooperação com o Presidente do Conselho Europeu na preparação e execução das decisões deste órgão (artigo 15.°, n.° 6 TUE – Lisboa);

são 2005/960/CE, Euratom, que substituiu os artigos 1.° a 28.° do Regulamento (JO, L 347, de 30.12.2005, pp. 83-90), da Decisão 2006/25/CE, Euratom (cria o sistema global de alerta e reacção rápida designado ARGUS, a fim de reforçar a capacidade da Comissão para intervir de forma rápida, eficaz e coerente numa eventual situação de crise grave de natureza multissectorial que afecte várias áreas de intervenção política e exija medidas a nível comunitário, independentemente das suas causas (JO, L 19, de 24.1.2006, pp. 20-22), da Decisão 2007/65/CE, de 15.12.2006 (JO, L 32, de 6.2.2007, pp. 144-160), da Decisão 2008/401/CE, de 30.4.2008 (JO, L 140, de 30.5.2008, pp. 22-25) e, por último, da Decisão 2010/138/UE, Euratom, de 24 de Fevereiro de 2010 (JO, L 55, de 5.3.2010, pp. 60-67, que substitui integralmente o corpo do Regulamento).

[640] São ainda previstas «*estruturas específicas encarregadas de missões precisas*», que podem ser criadas pelo Presidente (artigo 22.° R.I.C.).

- No seu poder de definição das orientações da Comissão Europeia[641] (artigo 17.°, n.° 6, alínea *a)* TUE – Lisboa; artigo 3.° do Regulamento Interno da Comissão Europeia);
- Na autoridade que os Tratados lhe conferem na organização interna da Comissão Europeia (excepto quanto ao papel do Alto Representante – artigo 248.° TFUE), incluindo até no poder de levar os restantes comissários à demissão (incluindo até o Alto Representante – artigo 17.°, n.° 6 TFUE).

324. O Presidente da Comissão Europeia ocupa, pois, o topo da pirâmide na Comissão Europeia e, quiçá, na União Europeia. A seguir estão os vice-presidentes, hoje nomeados pelo Presidente, excepto quanto ao Vice-Presidente responsável pela acção externa, que é o Alto Representante. Seguem-se os restantes membros da Comissão[642]. Compete ainda ao Presidente determinar a organização interna da Comissão (incluindo a possível criação de grupos de membros da Comissão), estruturar e distribuir os diversos *portfolios* pelos seus membros, conferindo-lhe ainda o artigo 248.° TFUE o poder de «alterar a distribuição dessas responsabilidades no decurso do mandato». Em particular, cumpre notar que a responsabilidade política da própria actuação dos comissários recai sobre o Presidente (artigo 248.°, último período, TFUE).

325. O Presidente desempenha um papel fulcral na Comissão Europeia. Representa a Comissão Europeia perante terceiros. Internamente, a direcção da Comissão confere-lhe, na leitura que da norma faz hoje a própria Comissão, o poder de direcção e organização internas da Comissão. De acordo com o artigo 3.° do Regulamento Interno da Comissão Europeia:

> «1. O presidente define as orientações políticas no âmbito das quais a Comissão exerce a sua missão. Conduz os trabalhos da Comissão a fim de assegurar a sua realização.

---

[641] No direito constitucional português, aprendia-se, na lição de J. J. Gomes Canotilho, que, só por si, «*a competência para a definição de linhas de orientação política confere ao Primeiro-Ministro, e só a ele, uma posição dirigente...*» (*Direito Constitucional*, 4.ª ed., 1986, p. 578), verdadeiro «*Premier*» (também em *Direito Constitucional e Teoria da Constituição*, 6.ª ed., Almedina, 2002, pp. 596-597).

[642] Dentre estes, o comissário responsável pelo orçamento detém alguma importância acrescida, dado que «*qualquer proposta que implique despesas significativas terá de ter o acordo do membro da Comissão responsável pelo orçamento*» (artigo 6.°, § 2 do R.I.C.). Cada comissário pode constituir o seu próprio «gabinete» (artigo 14.° do R.I.C.).

2. O presidente determina a organização interna da Comissão, a fim de assegurar a coerência, a eficácia e a colegialidade da sua acção[643].

Sem prejuízo do disposto no artigo 18.°, n.° 4, do Tratado da União Europeia, o presidente atribui aos membros da Comissão domínios de actividade específicos, em que estes serão especificamente responsáveis pela preparação dos trabalhos da Comissão e pela execução das suas decisões.

O presidente pode solicitar aos membros da Comissão que realizem acções específicas tendo em vista assegurar a execução das orientações políticas que definiu e as prioridades fixadas pela Comissão.

O presidente pode alterar, em qualquer momento, as atribuições decididas.

Os membros da Comissão exercem as funções que lhes foram atribuídas pelo presidente sob a responsabilidade deste.

3. O presidente nomeia vice-presidentes, com excepção do Alto Representante da União para os Negócios Estrangeiros e a Política de Segurança, de entre os membros da Comissão e decide a ordem de precedência na Comissão.

4. O presidente pode constituir, de entre os membros da Comissão, grupos de trabalho para os quais designa o presidente, fixa o mandato e as modalidades de funcionamento e determina a composição e a duração.

5. O presidente assegura a representação da Comissão. Designa os membros da Comissão encarregados de o assistir nessa função.

6. Sem prejuízo do disposto no artigo 18.°, n.° 1, do Tratado da União Europeia, um membro da Comissão apresenta a sua demissão se o presidente lho pedir».

326. Mesmo no exercício diário das funções da Comissão Europeia, é central o papel do Presidente. Compete-lhe ainda:

- Convocar as reuniões da Comissão (artigo 5.°, n.° 1 RIC);
- Apreciar a justificação para as faltas dos comissários às reuniões da Comissão (artigo 5.°, n.° 3 RIC);

---

[643] Nos termos do artigo 19.° do RIC, «1. Os membros da Comissão dispõem de um gabinete encarregado de os assistir no cumprimento das suas funções e na preparação das decisões da Comissão. As regras relativas à composição e ao funcionamento dos gabinetes são adoptadas pelo presidente.

2. No respeito dos princípios adoptados pelo presidente, os membros da Comissão aprovam as modalidades de trabalho com os serviços sob a sua responsabilidade. Essas modalidades estabelecem, em especial, a forma como os membros da Comissão dão instruções aos serviços em causa, dos quais recebem regularmente todas as informações relativas aos seus domínios de actividade necessárias para o exercício das suas responsabilidades.»

- Adoptar a ordem de trabalhos da reunião, a qual deve ter o acordo do membro responsável pelo orçamento, se envolver despesas significativas (artigo 6.°, n.° 1 e 2 RIC);
- Propor a deliberação sobre questões não constantes da ordem de trabalhos (artigo 6.°, n.° 5 RIC);
- Regista o resultado das deliberações da Comissão (artigo 8.°, n.° 4 RIC).

327. Com os constrangimentos e condicionantes atrás referidos, a Comissão delibera colegialmente, sob proposta de algum dos seus membros, por maioria dos seus membros. Este é também o *quorum* que tem de estar reunido para que possa funcionar. Apesar da magnitude e alcance das suas competências, bem como das disposições do tratado que consagram a transparência da actuação dos principais órgãos da União[644], a Comissão não tem um funcionamento público (artigo 9.° RIC).

328. As competências da Comissão Europeia são enunciadas em termos claros no artigo 17.°, n.° 1 e 2, do TUE – Lisboa:

> «1. A Comissão [**1**] promove o interesse geral da União e toma as iniciativas adequadas para esse efeito. A Comissão [**2**] vela pela aplicação dos Tratados, bem como das medidas adoptadas pelas instituições por força destes. Controla a aplicação do direito da União, sob a fiscalização do Tribunal de Justiça da União Europeia. A Comissão [**3**] executa o orçamento e gere os programas. [**4**] Exerce funções de coordenação, de execução e de gestão em conformidade com as condições estabelecidas nos Tratados. Com excepção da política externa e de segurança comum e dos restantes casos previstos nos Tratados, a Comissão [**5**] assegura a representação externa da União. [**6**] Toma a iniciativa da programação anual e plurianual da União com vista à obtenção de acordos interinstitucionais.
>
> 2. [**7**] Os actos legislativos da União só podem ser adoptados sob proposta da Comissão, salvo disposição em contrário dos Tratados. Os demais actos são adoptados sob proposta da Comissão nos casos em que os Tratados o determinem.

329. É impossível fornecer uma descrição completa das competências da Comissão Europeia. Salientemos apenas algumas.

---

[644] Alterando o seu regulamento interno, a Comissão adoptou regras sobre o acesso do Público aos documentos (Decisão n.° 2001/937/CE da Comissão, de 5.12.2001. – JO, L 345, de 29.12.2001, pp. 94-98) e sobre a gestão dos documentos (Decisão n.° 2002/47/CE da Comissão, de 23.1.2002 – JO, L 21, de 24.1.2002, pp. 23-27).

330. Primeiro, é imprescindível começar por referir que a importação de modelos antes aplicáveis à União Europeia pré-Lisboa (iniciativa de Estados membros) e a cisão entre actos legislativos e actos regulamentares elimina, em relação a estes últimos, pelo menos, a presunção da iniciativa da Comissão (n.° 2 do artigo 17.° TUE; cfr. artigos 289.°-290.° TFUE). Em contrapartida, o Tratado de Lisboa consagra pela primeira vez em termos gerais o (quase-)**monopólio do direito de iniciativa legislativa** na União Europeia, que traduz a originalidade da construção europeia e que permitiu a construção do chamado "método comunitário"[645] (artigo 17.°, n.° 2 TUE – Lisboa; cfr., por exemplo, artigo 76.° TFUE[646])[647]. A importância deste direito exclusivo de iniciativa legislativa é ainda exponenciada pelas limitações que os Tratados impõem quando se cure da possibilidade de alteração das propostas da Comissão Europeia. Enquanto esta pode alterar as suas propostas[648] até ao Conselho "deliberar", e por maioria simples dos seus membros, o Conselho só pode alterar as propostas da Comissão Europeia, quando são pressupostos dos próprios actos do Conselho[649], deliberando por unanimidade (artigo 293.°, n.° 1 TFUE), o que, numa União com 27 Estados membros, pode dificul-

---

[645] Para os actos não legislativos, a regra jurídica é a de que só dependem de proposta da Comissão Europeia quando tal for previsto nos tratados. No fundo, quanto a estes, mantém-se a solução anteriormente vigente para os actos adoptados no quadro da Comunidade Europeia.

[646] Nos domínios da cooperação judiciária em matéria penal, da cooperação policial e da cooperação administrativa nestes domínio, a iniciativa pode caber tanto à Comissão ou a um quarto dos Estados membros.

[647] Sobre as motivações da iniciativa da Comissão, por exemplo, J-B. Mattéi «La pratique décisionnelle de la Communauté Européenne au quotidienne», *Revue des Affaires Européennes*, n.° 1, 1993, p. 50.

[648] Questão diversa é a de saber se, proposto o acto, a Comissão Europeia poderá retirar a proposta, nomeadamente quando o Conselho se proponha alterar a proposta por unanimidade (artigo 293.° TFUE) num sentido incompatível com a definição de interesse comunitário resultante da proposta da Comissão. Julgamos que não. Se é verdade que o tratado veio prever o direito de iniciativa da Comissão de modo (quase) exclusivo (artigo 17.°, n.° 2 TUE – Lisboa), não é menos certo que fez ressaltar expressamente do artigo 293.° TFUE um juízo inequívoco e conforme à natureza jurídica actual da União Europeia, segundo o qual a definição do interesse geral feita pela Comissão (na sua proposta) só pode ser posta em causa se todos os Estados membros (criadores do tratado) fizerem no Conselho uma definição autónoma e diversa do interesse geral da organização – contra, A. Marchini Càmia/F. Marchini Càmia, *Commentaire J. Megret*, 9, 2.ª ed., 2000, pp. 256-257.

[649] Isto é, sempre que o acto, legislativo ou não legislativo, deva ser adoptado sob proposta da Comissão.

tar ou mesmo impedir tal modificação e mesmo impor uma aceitação ou rejeição em bloco das propostas da Comissão[650].

331. Mas continuam a existir matérias onde a Comissão Europeia não dispõe de qualquer intervenção ou em que partilha a iniciativa legislativa, designadamente com os Estados membros[651]. O Tratado prevê especificamente que, em «casos específicos previstos pelos Tratados, os actos legislativos podem ser adoptados por iniciativa de um grupo de Estados membros ou do Parlamento Europeu, por recomendação do Banco Central Europeu ou a pedido do Tribunal de Justiça ou do Banco Europeu de Investimento» (artigo 289.°, n.° 4 TFUE).

332. Estão no primeiro caso certas decisões do Conselho Europeu (artigo 14.°, n.° 2 TUE – Lisboa), do Parlamento Europeu (artigo 223.°, n.° 2[652], 226.°[653] e 228.°, n.° 4[654] TFUE) ou do Conselho, designadamente[655] no domínio da PESC (artigo 30.°, n.° 1, e 42.°, n.° 4 TUE – Lisboa). Noutros domínios, como sucede na cooperação administrativa no quadro do espaço de liberdade, segurança e justiça (artigo 76.° e 74.° TFUE), cooperação judiciária em matéria penal (Título V, Capítulo 4, artigos 76.° e 82.°-86.° TFUE) e cooperação policial (Título V, Capítulo 5, artigos 76.° e 87.°-89.° TFUE), a Comissão partilha a iniciativa legislativa com um quarto dos Estados membros (artigo 76.°, alínea *b)* TFUE).

333. Também a adopção de actos não legislativos pode estar dependente de proposta da Comissão[656]. Embora aqui não resulte em termos

---

650 Este princípio só não se aplica «nos casos previstos nos n.os 10 e 13 do artigo 294.°, nos artigos 310.°, 312.° e 314.° e no segundo parágrafo do artigo 315.°».

651 Prevê-se até a necessidade de a Comissão considerar a iniciativa comunitária dos cidadãos (artigo 11.°, n.° 4 TUE – Lisboa): «4. Um milhão, pelo menos, de cidadãos da União, nacionais de um número significativo de Estados-Membros, pode tomar a iniciativa de convidar a Comissão Europeia a, no âmbito das suas atribuições, apresentar uma proposta adequada em matérias sobre as quais esses cidadãos considerem necessário um acto jurídico da União para aplicar os Tratados».

652 Decisão do Parlamento Europeu, através de processo legislativo especial, que fixa o estatuto e as condições gerais de exercício das funções dos seus membros.

653 Regras de exercício do direito de inquérito.

654 Definição do estatuto e as condições gerais de exercício das funções do Provedor de Justiça, sob parecer da Comissão Europeia e sob aprovação do Conselho.

655 Cfr. o artigo 355.°, n.° 6 TFUE.

656 Como adiante melhor se dirá, o que define a natureza legislativa de um acto da União é o processo da sua adopção.

gerais dos tratados o monopólio da iniciativa da Comissão Europeia, não deixa de estar prevista uma tal iniciativa, como sucede, por exemplo, com a decisão de instituir uma cooperação reforçada fora do âmbito da PESC (artigo 329.°, n.° 1 TFUE).

334. A participação no processo decisório, legislativo ou não legislativo, não se esgota no direito de iniciativa, legislativa ou não. No quadro da promoção do interesse geral da União, o Tratado impõe à Comissão, «[a] fim de assegurar a coerência e a transparência das acções da União» a realização de «amplas consultas às partes interessadas» (artigo 11.° TUE – Lisboa; cfr. artigo 154.°, n.° 1 TFUE), contexto em que se percebe quer a abertura à iniciativa dos cidadãos (artigo 11.°, n.° 4 TUE – Lisboa) quer o diálogo com o Parlamento Europeu e o Conselho com vista à apresentação de propostas nos vários domínios de acção da União (artigos 225.° e 241.° TFUE). Mas, além disso, o Tratado prevê em certas situações a adopção de decisões pela Comissão Europeia, a maior parte das quais controlando limitações dos Estados membros às liberdades (por exemplo, artigos 44.°, § 2, 45.°, n.° 3, alínea *d)*, 65.°, n.° 4, 95.°, n.° 4, 96.°, n.° 1 e 2, 114.°, n.° 6, ou 143.°, n.° 3 TFUE), formulando recomendações (artigo 60.°, § 2, 97.°, § 3, 117.°, n.° 1 TFUE) ou até advertências (artigo 121.°, n.° 4 TFUE), criando instâncias preparatórias ou auxiliares e coordenando (por exemplo, artigos 156.°, 168.°, n.° 2, § 2, 171.°, n.° 2, 173.°, n.° 2, 181.°, n.° 2, 210.°, n.° 2, 214.°, n.° 6 TFUE) ou executando políticas (no domínio da concorrência, por exemplo, vide os artigos 105.°, n.° 3, 106.°, n.° 3, 108.° TFUE).

335. Noutras hipóteses, a Comissão participa no processo decisório não como entidade propulsora mas como instância consultiva ou com competência para negociar os actos a concluir com terceiros Estados ou organizações (v. artigos 207.°, n.° 3, ou 218.° TFUE).

336. Uma segunda vertente fundamental das competências da Comissão Europeia é aquela, multiforme, em que se exprime a sua dimensão de **órgão executivo**. É neste contexto que deve ser destacada, em primeiro lugar, a competência para adoptar actos gerais delegados, nos casos e condições previstas no artigo 290.° TFUE e de, quando se justificar uma execução uniforme dos actos vinculativos da União, estabelecer as respectivas disposições de execução (artigo 291.° TFUE). Trata-se de uma competência que, se antes se podia dizer que, ainda que radicada no Conselho, era como que imposta pelo Tratado à Comissão, na prática[657], é hoje claramente prevista no Tratado a favor dos órgãos legislativos (Parlamento Europeu e Conselho). Ter competências de execução dos actos é uma manifestação de que à Comissão incumbem tarefas executivas na União Europeia.

337. A Comissão não é um órgão legislativo de primeiro nível, passando apenas a dispor de competência para, mediante delegação operada por acto legislativo (v. artigo 289.° TFUE), «adoptar actos não legislativos de alcance geral que completem ou alterem certos elementos não essenciais do acto legislativo» (n.° 1, § 1, do artigo 290.° TFUE). O tratado insere um conjunto de disposições tendentes a permitir ao Parlamento Europeu e ao Conselho *capturar* o controlo sobre a actividade normativa da Comissão, que passa a realizar-se no quadro do exercício de poderes delegados de execução. A novidade não está, evidentemente (excepto pela clareza com que a mensagem é agora transmitida) na constatação de que os poderes legislativos da Comissão são *a priori* poderes delegados e sujeitos como que a "autorização legislativa"[658]. Está, sim, na previsão de que não há uma delegação genérica e prévia, mas que tem de ser sempre expressa e delimitada, porquanto o acto legislativo tem de definir "explicitamente os objectivos, o conteúdo, o âmbito de aplicação e o período de vigência da delegação de poderes", sendo mesmo indelegáveis os "elementos essenciais de cada domínio", fórmula que certamente será causa de alguma conflitualidade judicial. Isto por um lado. Por outro, afirma-se o princípio da livre revogabilidade do acto de delegação e mantém-se a possibilidade de o Conselho (e o Parlamento Europeu) impedirem a entrada em vigor do acto delegado, mediante mera votação maioritária dos seus membros (maioria qualificada, quanto ao Conselho – artigo 290.°, n.° 2 TFUE).

338. A Comissão Europeia dispõe de extensos poderes de administração e gestão do pessoal, bem como dos meios materiais e dos recursos

---

[657] Igualmente neste sentido, de modo expresso, ainda que afirmando ter o Conselho a «*obrigação de atribuir, como conduta geral e habitual, o seu exercício* [do poder de execução] *em cada caso à Comissão*», Mangas Martín/Liñán Nogueras, *Instituciones y derecho de la Unión Europea*, *cit*., p. 58. Entre nós, Maria Luísa Duarte qualifica-a como «competência delegada» (*A teoria dos poderes implícitos*, *cit*., pp. 451-452).

[658] Desenvolvendo a matéria a partir de uma perspectiva analógica com o direito de alguns Estados membros, incluindo Portugal, a este propósito, leia-se Afonso Patrão, «O direito derivado da União Europeia...», *cit*., em especial pp. 153-161.

financeiros da União[659], expressos significativamente nos seus poderes no que toca à realização de importantes objectivos da União[660], como o mercado interno, as políticas comuns e, em particular, a política de concorrência (v. artigo 101.°, n.° 1, e 102.° TFUE). Cabe também à Comissão executar o orçamento (artigo 317.° TFUE), prestar contas do ano financeiro ao Conselho e Parlamento Europeu[661] (artigo 318.° TFUE), administrar o Fundo Social Europeu (artigo 163.° TFUE) e gerir "os programas" (artigo 17.°, n.° 1 TUE – Lisboa).

339. A dimensão executiva da Comissão manifesta-se ainda na sua relação com os restantes órgãos. Primeiro, pela sua responsabilização política face ao Parlamento Europeu. Segundo, pela frequente atribuição à Comissão de obrigações de apresentação de relatórios (sem ser exaustivo, vide artigos 25.°, 121.°, n.° 5, 126.°, n.° 3, 148.°, n.° 5, 159.°, 175.°, § 2, 190.°, 207.°, n.° 3, 249.° e 233.°, 318.°, § 2, 325.°, n.° 5 TFUE ou artigo 9.° do *Protocolo relativo aos princípios da subsidiariedade e da proporcionalidade*), recomendações (v. artigos 117.°, n.° 1, 121.°, n.° 2, 135.°, 144.°, n.° 3 TFUE), pareceres (v. artigos 223.° e 228.° TFUE) ou programas. Igualmente relevante é a sua competência para a convocação de reuniões do Conselho (artigo 237.° TFUE) ou do Parlamento Europeu (artigo 229.°, § 2 TFUE). Contudo, se tudo isto é verdade, o certo é que a qualificação da Comissão como «o executivo» da União é ainda incorrecta. Por um lado, já vimos que essa competência executiva é partilhada com o Conselho (fala-se até em «executivo bicéfalo»[662]); por outro, a actividade executiva, a "administração" do direito da União, é ainda, em grande medida,

---

[659] R. Moura Ramos, «As Comunidades Europeias», *cit.*, p. 36; J. Mota de Campos, *Manual de Direito Comunitário*, *cit.*, pp. 90-91.

[660] Nestes domínios, a noção de execução é interpretada de modo lato, tendo em atenção a economia do tratado e as exigências da prática – acórdão *Bélgica e Alemanha c. Comissão*, de 4.2.1997, procs. C-9/95, C-23/95 e C-156/95, cons. 36. [e acórdão *Vraugdenhil*, de 29.6.1989, proc. 22/88, pp. 2049, cons. 16], entendimento que leva a reconhecer amplos poderes à Comissão, em especial nos sectores em que esta detém uma competência específica, como é o caso do agrícola, que lhe permitam «*adoptar todas as medidas de aplicação necessárias ou úteis para a implementação da regulamentação de base, desde que não sejam contrárias a esta ou à regulamentação de aplicação do Conselho*» – acórdão *Zuckerfabrik Franken*, de 15.5.1984, proc. 121/83, Rec., pp. 2039, cons. 13.

[661] Competindo ao Parlamento Europeu dar quitação à Comissão quanto à execução do orçamento (artigo 319.°, n.° 1 TFUE).

[662] Tito Ballarino, *Lineamenti di diritto comunitario e della Unione Europea*, 5.ª ed., Cedam, 1997, p. 46.

uma tarefa realizada pelas administrações nacionais (v. Declaração n.° 43 da Acta Final da CIG/96)[663]. Do artigo 291.°, n.° 1 TFUE resulta competir aos Estados membros não só tomar «todas as medidas de direito interno necessárias à execução dos actos juridicamente vinculativos da União» como também, quando forem necessárias «condições uniformes de execução», serão os Estados membros a conferir «competências de execução à Comissão» e controlam o «exercício das competências de execução pela Comissão», ainda que nos termos definidos pelo Parlamento Europeu e o Conselho através de regulamento adoptado através do processo legislativo ordinário.

340. São também de salientar, em terceiro lugar, a competência de **representação** da União Europeia, que o artigo 17.°, n.° 1 TUE – Lisboa enuncia de forma enfática: «com excepção da política externa e de segurança comum e dos restantes casos previstos nos Tratados, a Comissão assegura a representação externa da União». A esta afirmação importa acrescentar, como já antes se expôs, que o mesmo Tratado confere a um Vice-Presidente da Comissão Europeia a competência para representar a União no domínio da PESC (artigo 27.°, n.° 2 TUE – Lisboa), conduzir a PESC (artigo 18.°, n.° 2 TUE – Lisboa) e o diálogo político na PESC (artigo 27.°, n.° 2 TUE – Lisboa) e dirigir o Serviço Europeu para a Acção Externa (artigo 27.°, n.° 3 TUE – Lisboa). A este propósito, poderá eventualmente questionar-se se não caberá ao Alto Representante a representação externa da União, *qua tale*, mesmo para lá do domínio da PESC[664], considerando o disposto no artigo 18.°, n.° 4 TUE – Lisboa («cabem-lhe, no âmbito da Comissão, as responsabilidades que incumbem a esta instituição no domínio das relações externas, bem como a coordenação dos demais aspectos da acção externa da União») ou a omissão desse papel representativo do elenco base das competências do Presidente da Comissão Europeia constante do artigo 17.°, n.° 6 TUE – Lisboa.

---

[663] Jean-Victor Louis, *A ordem jurídica comunitária*, 5.ª ed., SPOCE, pp. 211-238; R. Moura Ramos,«Reenvio prejudicial e relacionamento entre normas jurídicas», *Das Comunidades à União*, *cit.*, pp. 219; e, por último, Guy Isaac, *Droit Communautaire Général*, *cit.*, pp. 215-217.

[664] Limitam esta conclusão, porventura, o papel do Presidente do Conselho Europeu e o papel, indeterminado a nível dos tratados, do presidente do Eurogrupo (artigo 2.° do *Protocolo relativo ao Eurogrupo*).

341. Extremamente relevantes são, em quarto lugar, as competências da Comissão enquanto **guardiã dos tratados** (artigo 17.°, n.° 1 TUE – Lisboa: «vela pela aplicação dos Tratados, bem como das medidas adoptadas pelas instituições por força destes. Controla a aplicação do direito da União, sob a fiscalização do Tribunal de Justiça da União Europeia»). Trata-se de uma competência originária da Comissão Europeia, que sempre deteve o poder de fiscalizar o modo como as restantes instituições, órgãos e organismos da União, os Estados membros, as empresas e os particulares cumprem o direito da União[665]. É neste contexto que a Comissão Europeia tem direito de acção[666], como recorrente privilegiada e até primacial, em todo o contencioso da União Europeia, podendo controlar atacar comportamentos adoptados (ou não) pelos restantes órgãos (por exemplo, artigos 263.° ou 265.° TFUE) ou pelos Estados membros (artigos 114.°, n.° 9, 116.°, 258.° a 260.° TFUE[667]). Do mesmo modo, inúmeras disposições dos tratados (e de direito derivado) impõem aos Estados membros e às empresas obrigações de informar a Comissão, mas sempre segundo condições e limites que o próprio Conselho – ou o Parlamento Europeu e o Conselho – define (vide o artigo 337.° TFUE e, em direito derivado, o disposto no artigo 105.° TFUE ou no Regulamento (CE) n.° 1/2003, no domínio da concorrência).

342. Se, no quadro da Comunidade Europeia e mesmo da União Europeia anterior ao Tratado de Lisboa, o papel da Comissão Europeia era claramente diferenciado consoante se tratasse de um domínio *comunitarizado* ou ainda sujeito ao método *intergovernamental*, essa diferenciação não deixou de fazer sentido com o Tratado de Lisboa. Assim, nas disposições comuns, gerais e finais, do TUE – Lisboa, a presença da Comissão é pouco significativa, ainda que se deva realçar a intervenção obrigatória que a Comissão terá na primeira fase do complexo procedimento de revisão dos tratados – com poderes (em alternativa) de iniciativa ou de con-

[665] Daí que, para lá da designação referida, a Comissão seja também conhecida como a *locomotiva* ou até, embora mais impropriamente, como o «cão de guarda» dos tratados – assim P. H. Teitgen, citado por Charles Vallée, *O direito das comunidades europeias*, Editorial Notícias, 1983, p. 22 ou R. Whish/B. Sufrin, «Article 85 and The Rule of Reason», *Yearbook of European Law*, 7, 1987, p. 15.

[666] J. Mota de Campos, *Manual de Direito Comunitário*, *cit.*, p. 87.

[667] Os regras sobre défices excessivos não permitem o recurso à acção por incumprimento em caso de incumprmento por um Estado membro (artigo 126.°, n.° 10 TFUE).

sulta (artigo 48.° TUE – Lisboa) – e nos processos de adesão de Estados europeus à União (artigo 49.° TUE – Lisboa).

343. Na **acção externa** da União, o papel da Comissão Europeia começa por ser o de assegurar a coerência interna e externa (face a outras políticas), em conjunto com o Conselho (artigo 21.°, n.° 3 TUE – Lisboa). Referência especial merece o papel, diminuído, da Comissão na PESC (assim como, aliás, o do Parlamento Europeu), que é apenas o que resulta directamente dos tratados (artigo 24.°, n.° 1, § 2 TUE – Lisboa). Fica excluído o seu direito de iniciativa (artigo 22.°, n.° 2, 30.°, n.° 1[668] TUE – Lisboa, ou 218.°, n.° 3 TFUE), salvo em casos e condições específicas (mormente, em conjunto com o Alto Representante, no caso de adopção de medidas restritivas – artigo 215.°, n.° 1 TFUE).

344. Justificam-se por isso algumas referências específicas ao Alto Representante para os Negócios Estrangeiros e a Política de Segurança. Membro e Vice-Presidente da Comissão Europeia (artigo 18.°, n.° 4 TUE – Lisboa), é nomeado por maioria qualificada pelo Conselho Europeu (i.e., sendo a maioria qualificada determinada sem os votos do Presidente do Conselho Europeu nem o Presidente da Comissão Europeia – artigo 235.°, n.° 1, § 2, último período TFUE) com o acordo do Presidente da Comissão Europeia (o que significa que o peso deste é aqui superior ao de qualquer outro membro do Conselho Europeu, pois pode impedir a nomeação do Alto Representante). Também pode ser destituído pelo Conselho Europeu com o acordo do Presidente da Comissão (artigo 18.°, n.° 1 TUE – Lisboa) ou até, simplesmente, pelo Presidente da Comissão (artigo 17.°, n.° 6 TUE – Lisboa).

345. Em particular, quanto ao seu enquadramento na Comissão Europeia, estabelece o artigo 18.°, n.° 4 TUE – Lisboa, que o «Alto Representante é um dos vice-presidentes da Comissão. Assegura a coerência da acção externa da União. Cabem-lhe, no âmbito da Comissão, as responsabilidades que incumbem a esta instituição no domínio das relações externas, bem como a coordenação dos demais aspectos da acção externa da União. No exercício das suas responsabilidades ao nível da Comissão, e apenas em relação a essas responsabilidades, o Alto Representante fica

---

[668] A iniciativa aqui pertence ao Alto Representante, com o "apoio" da Comissão...

sujeito aos processos que regem o funcionamento da Comissão, na medida em que tal seja compatível com os n.ºs 2 e 3.

346. As competências do Alto Representante já foram aprofundadamente referidas, quer na análise do Tratado de Lisboa, quer nos capítulos relativos ao Conselho Europeu ou ao Conselho. Fique-se aqui, portanto, com o teor do artigo 18.°, n.° 2 TUE – Lisboa, segundo o qual «o Alto Representante conduz a política externa e de segurança comum da União. Contribui com as suas propostas para a elaboração dessa política, executando-a na qualidade de mandatário do Conselho. Actua do mesmo modo no que se refere à política comum de segurança e defesa.». Dirige ainda Serviço Europeu para a Acção Externa (artigo 27.° TUE – Lisboa).

6. TRIBUNAL DE JUSTIÇA

347. O Tratado de Lisboa, na sequência, aliás, do que já previa a Constituição, mantém uma unidade externa das diversas instituições judiciárias da União, ao estabelecer que «[o] Tribunal de Justiça da União Europeia inclui o Tribunal de Justiça, o Tribunal Geral e tribunais especializados» (artigo 19.°, n.° 1 TUE – Lisboa).

348. Resulta assim deste Tratado, embora com alguma imperfeição técnica, que a designação **Tribunal de Justiça da União Europeia** tende a identificar o conjunto dos tribunais da União (assim logo no artigo 13.° TUE – Lisboa), sendo que referências específicas a tribunais concretos são feitas a "Tribunal de Justiça", "Tribunal Geral" ou "Tribunais Especializados".

349. A estrutura jurisdicional da União Europeia não se limita, no entanto, a estes órgãos. Pode continuar a dizer-se que também os órgãos jurisdicionais nacionais dela fazem parte como, utilizando uma difundida designação, «tribunais comuns de direito comunitário» ou «tribunais funcionalmente europeus»[669]. Assim se compreende que, no mesmo artigo 19.°, n.° 1 TUE – Lisboa, se consagre agora que os «Estados membros estabelecem as vias de recurso necessárias para assegurar uma tutela jurisdicional efectiva nos domínios abrangidos pelo direito da União».

350. A primeira nota que cumpre fazer ressaltar[670] é a da necessária qualificação do Tribunal de Justiça da União Europeia, em qualquer das

---

[669] Alessandra Silveira, «Constituição, Ordenamento e Aplicação das Normas Europeias e Nacionais», *cit.*, pág. 75.

[670] António Barbosa de Melo, *Notas de contencioso comunitário*, Coimbra, 1986, policopiado, pp. 1-19 e 31-35. Sobre o tema, monograficamente, entre nós, além de outros que iremos citando, v. Mário de Melo Rocha, *O Tribunal de Justiça das Comunidades*

suas "vestes", como «verdadeiro Tribunal», verdadeira jurisdição permanente[671], independente e de competência obrigatória. E, no caso do Tribunal de Justiça, propriamente dito, a que aqui nos referimos, de última instância. O Tribunal de Justiça é uma jurisdição, no sentido revelado para o termo, que «diz o Direito», criando-o e desenvolvendo-o, aliás de forma bem original e profunda. É permanente. O Tribunal de Justiça é, desde o início – Convenção relativa a certas instituições comuns às três Comunidades, de 25 de Março de 1957, revogada pelo artigo 9.° do Tratado de Amesterdão –, um órgão único e comum às então três Comunidades Europeias (CECA[672], CEEA[673] e CE[674]) e, entre os Tratados de Maastricht e de Lisboa, também da União Europeia (artigos 3.° e 5.° UE-M). Hoje, é um órgão comum à União Europeia e à CEEA.

351. Sendo o «garante do respeito pelo Direito» (artigo 19.°, n.° 1, segundo período, TUE – Lisboa), intervém a diversos títulos, desempenhando diversas funções. Cumpre-lhe desempenhar uma parte substancial das funções de *jurisdictio* no sistema jurídico da União, intervindo a diversos títulos e em «variadas vestes», consoante a matéria, o tipo de litigiosidade e mesmo o papel não contencioso que o sistema lhe reconhece. Salienta a doutrina[675] que pode exercer funções próprias de uma jurisdição ordinária (artigos 268.° e 340.° TFUE), de jurisdição internacional (artigos 258.° a 260.° TFUE), de jurisdição administrativa (artigo 263.° TFUE) e mesmo de jurisdição constitucional (artigos 263.°, 267.° e 218.° TFUE).

352. A sua intervenção interna (em relação a comportamentos das «instituições» ou órgãos da União[676]) ou externa (comportamentos dos

---

Europeias (veículo de coesão jurídica comunitária), Coimbra Editora, Coimbra, 1982; e, mais recentemente, Fausto de Quadros/A. M. Guerra Martins, *Contencioso da União Europeia*, Almedina, Coimbra, 2007; lá fora, por todos, Koen Lenaerts/Dick Arts/Ignace Maselis, *Procedural Law of the European Union*, 2nd Ed., Thomson – Sweet & Maxwell, London, 2006; ou Anthony Arnull, *The European Union and its Court of Justice*, Oxford, 2006.

[671] Expressamente, quanto ao seu funcionamento, artigo 15.° do Estatuto do Tribunal de Justiça (*Protocolo relativo ao Estatuto do Tribunal de Justiça*).

[672] Artigos 31.°-45.° do Tratado CECA.

[673] Artigos 136.° a 160.° do Tratado CEEA.

[674] Artigos 7.° e 220.° a 245.° do Tratado CE.

[675] Por todos, Guy Isaac, *Droit Communautaire Général*, *cit.*, pp. 230-231.

[676] E da Comunidade Europeia da Energia Atómica, a que aqui não nos referimos.

Estados e das pessoas singulares ou colectivas) conhece, no entanto, os limites funcionais que a doutrina há muito assinala.

353. Na vertente interna, a sua intervenção não pode bulir com a repartição interna dos poderes, expressa no princípio fundamental do equilíbrio institucional (artigo 13.°, n.° 2 TUE – Lisboa). No plano externo, em particular em relação aos Estados membros, na medida em que, não tendo a União a «competência das competências», não pode interferir sobre as dimensões essenciais da soberania estadual, pelo menos na medida em que esta esteja excluída do «exercício em comum» reconhecido pelas normas constitucionais nacionais[677] e pelos tratados (v. artigo 4.°, n.° 2 TUE – Lisboa; artigo 275.° TFUE). Encontra-se pois também a acção do Tribunal de Justiça condicionada pelo princípio da atribuição (artigo 5.°, n.° 1 e 2 TUE – Lisboa) que limita a capacidade jurídica da União (e da CEEA). Dito isto, salienta-se seguidamente que, em alguns aspectos, o Tribunal de Justiça viu alterarem-se os termos da sua intervenção na União Europeia. Com efeito, concebido como instância simultaneamente de acesso e final, o Tribunal de Justiça vê-se hoje auxiliado pelo Tribunal Geral (até ao Tratado de Lisboa, designado por Tribunal de Primeira Instância), órgão relativamente autónomo com o qual partilha um leque alargado de competências, especialmente no plano contencioso (artigo 256.° TFUE).

354. O Tribunal de Justiça é composto por juízes, assistidos por advogados-gerais. A razão da dualidade baseia-se essencialmente na diversidade de funções que a cada um compete desempenhar no sistema jurisdicional da União Europeia. Enquanto os juízes têm o poder de decisão e administram a justiça em nome do Tribunal de Justiça, os advogados-gerais têm um papel predominantemente auxiliar, garantindo uma reflexão prévia, fundamentada e alargada dos argumentos invocados pelas Partes ou que sejam pertinentes para a procura da solução adequada para o litígio concreto.

355. O Tribunal de Justiça é composto de um juiz por cada Estado membro (artigo 19.°, n.° 2, 1.° período TUE – Lisboa), respeitando-se

[677] O *Conseil Constitutionnel* francês vem falando na reserva das "condições essenciais do exercício da soberania nacional". Estas, contudo, não parecem impedir uma ratificação, a qual fica "apenas" dependente de uma revisão constitucional.

neste tribunal o princípio da estrita igualdade entre os Estados membros, sendo por isso composto, neste momento, por vinte e sete juízes (vide ainda o artigo 26.° do Regulamento de Processo do Tribunal de Justiça – de ora em diante, RPTJ[678])[679]. Nem sempre assim foi. Assim, a título de exemplo, aquando da adesão da Grécia, que elevaria o número de Estados membros para dez, o Tribunal de Justiça pediu a alteração do número de juízes, nos termos do então artigo 221.°, § 4 CEE, o que veio a ser feito pelo Conselho em 1981, elevando para onze o número de juízes. Com a adesão de Portugal e Espanha, em 1 de Janeiro de 1986[680], passaram a ser treze, tendo subido para quinze com a adesão da Áustria, da Suécia e da Finlândia, só a partir daí se retomando, portanto, o princípio segundo o qual cada Estado membro teria um juiz da sua nacionalidade[681].

356. O procedimento de designação dos juízes do Tribunal de Justiça – e dos advogados-gerais – encontra-se descrito no artigo 253.°, § 1 TFUE, assentando em vectores de índole pessoal: a independência (artigos 2.° e 4.° do Estatuto do Tribunal de Justiça) e a elevada qualificação técnica («reúnam as condições exigidas, nos respectivos países, para o exercício das mais altas funções jurisdicionais ou que sejam jurisconsultos de reconhecida competência»), para mais após consulta ao novo comité previsto no artigo 255.° TFUE, a quem incumbe «dar parecer sobre a adequação dos candidatos ao exercício das funções de juiz ou de advogado-geral do Tribunal de Justiça». É de salientar que é o único órgão da União

[678] A versão consolidada do Regulamento de Processo do Tribunal de Justiça (RPTJ), de 19 de Junho de 1991, foi recentemente publicada em JO, C 177, de 2.7.2010, pp. 1-36.

[679] Os dados relativos à actividade do Tribunal de Justiça são os seguintes, tal como disponibilizados na página do próprio Tribunal de Justiça (*Estatísticas Judiciárias*, 2009), relativamente ao período 2005-2009:

	2005	2006	2007	2008	2009
Processos entrados	474	537	580	592	561
Processos findos	574	546	570	567	588
Processos pendentes	740	731	742	768	741

[680] Sobre a adesão de Portugal, vide, agora, Francisco Niny de Castro, *O pedido de adesão de Portugal às Comunidades Europeias*, Principia, Cascais, 2010.

[681] Saliente-se que o próprio Tribunal de Justiça nem sempre pugnou nesse sentido, como aconteceu no *memorandum* de 1978, onde dizia pretender, em 1984, ser constituído por 17 juízes.

Europeia cuja designação é feita pelos Governos dos Estados membros, de comum acordo[682].

357. O mandato dos juízes do Tribunal de Justiça tem a duração de seis anos, sendo que, de três em três anos, se procede à substituição parcial de catorze e treze juízes, respectivamente, «nas condições previstas no Estatuto do Tribunal de Justiça da União Europeia.» O mandato pode ser renovado, sem qualquer limitação e, nessa renovação, não cabe qualquer papel ao Comité do artigo 255.° TFUE (artigo 254.°, § 4 TFUE).

358. O Presidente do Tribunal de Justiça (artigo 39.° do Estatuto, artigo 8.° RPTJ[683]) é eleito pelos seus pares por um período de três anos (artigo 253.°, § 3 TFUE), podendo ser reeleito. Trata-se de um processo de designação diverso do que sucede nas restantes instituições não judiciárias da União. O Presidente do Tribunal de Justiça intervém no processo de designação e organização do Comité referido no artigo 255.° TFUE, ao tomar a iniciativa conducente à deliberação do Conselho. As renúncias aos mandatos dos juízes são a ele dirigidas (artigo 5.° do Estatuto do Tribunal de Justiça), competindo-lhe um conjunto importante de tarefas e competências no funcionamento do Tribunal. Assim, o Presidente do Tribunal de Justiça pode decidir, em processo sumário que derrogue, se necessário, certas disposições deste Estatuto e que é estabelecido no Regulamento de Processo, sobre os pedidos tendentes a obter a suspensão prevista no artigo 278.° do TFUE ou a aplicação de medidas provisórias nos termos do artigo 279.° do TFUE ou a suspensão da execução, ao abrigo do artigo 299.°, § 4 do TFUE (artigo 39.° do Estatuto). Preside à grande secção (artigo 16.° do Estatuto) e assina os acórdãos do Tribunal (artigo 37.° do Estatuto).[684]

---

[682] Em Portugal, a Lei n.° 43/2006, de 25 de Agosto (Lei relativa ao acompanhamento, apreciação e pronúncia pela Assembleia da República no âmbito do processo de construção da União Europeia) estabelece, no seu artigo 11.°, que o Governo transmite à Assembleia uma lista contendo pelo menos três candidatos a cada cargo de natureza jurisdicional, procedendo a Comissão de Assuntos Europeus à sua audição e apreciação dos *curricula*. Contudo, a nomeação ou designação continua a pertencer ao Governo. Julgamos que mesmo a renovação de uma nomeação deverá ser submetida ao Parlamento, ainda que não esteja, ao nível da União Europeia (pelo menos quanto ao Tribunal de Justiça), sujeito ao parecer do Comité do artigo 255.° TFUE.

[683] Várias normas, nomeadamente do RPTJ, reconhecem poderes de direcção, organização e decisão ao Presidente – artigos 8.°, 9.°, n.° 2, 25.°, 84.°, 85.°, 94.°, 107.°, 108.°, 123.°-A ou 124.° RPTJ.

[684] Acorda com o Presidente do Tribunal Geral os termos em que os funcionários do Tribunal de Justiça colaboram com o Tribunal Geral.

359. O Estatuto dos juízes – e dos advogados-gerais[685] – resulta naturalmente do Estatuto do Tribunal de Justiça, o qual, saliente-se, constitui um Protocolo anexo ao Tratado que, como tal, constitui direito originário da União Europeia (artigo 281.°, § 1 TFUE), embora possa, em geral[686], ser alterado através de processo legislativo ordinário, ainda que com especificidades[687]. Já o Regulamento de Processo é estabelecido pelo próprio Tribunal de Justiça, ainda que tenha de ser aprovado pelo Conselho[688]. Assim, normas de organização constam do tratado, do RPTJ, do Regulamento Adicional (RA) e das Instruções ao Escrivão (IE).

360. Tomando como paradigmáticos os juízes, primeiros na importância institucional e funcional, podemos detectar uma série de notas caracterizantes. Além do procedimento de designação, os juízes têm um estatuto rígido quanto à sua independência e imparcialidade (v. artigo 4.° Estatuto do Tribunal de Justiça).

361. Figura central no funcionamento do Tribunal de Justiça é a do **advogado-geral** vem prevista no artigo 19.°, n.° 2 TUE – Lisboa, e no artigo 252.° TFUE. Há quem lhes prefira chamar procuradores-gerais, mas é mais apropriado manter a designação que os próprios Tratados expressamente reconhecem, nas suas sucessivas revisões e na sua versão linguística autêntica.

362. Outros sistemas jurídicos conhecem a figura do «advogado-geral» (identidade nominal) ou equiparada (identidade material). Está na primeira situação o Brasil[689] e na segunda, porventura, o *amicus curiae* anglo-saxónico[690], a quem compete intervir na discussão e auxiliar o tri-

---

[685] Aos quais se aplica o disposto nos artigos 2.° a 7.° do Estatuto do Tribunal de Justiça (artigo 8.° do mesmo Estatuto).

[686] Salvo as disposições do Título I e o artigo 64.°.

[687] É reconhecido o direito de iniciativa ao Tribunal de Justiça e, caso a iniciativa seja da Comissão, o Tribunal de Justiça deve ser consultado (artigo 281.°, § 2 TFUE).

[688] Poderá falar-se em «auto-organização tutelada». Essa aprovação requeria a unanimidade mas, hoje, é feita por maioria qualificada (artigo 16.°, n.° 3 TUE – Lisboa).

[689] Outros sistemas jurídicos conhecem a figura do «advogado-geral». É o caso do Brasil, onde a Constituição de 1988 criou a instituição da «Advocacia-Geral da União», com funções de representação judicial e extrajudicial da União (artigo 131.° da Constituição brasileira). Ou a Itália, com a *Avvocatura dello Stato*.

[690] Sobre esta figura, ao longo dos tempos, por todos, Paolo Gori, «L'avocat général a la cour de Justice des Communautés Européennes», *RTDE*, 1975; Sérgio Saraiva

bunal na resolução de um determinado processo. No espaço da União, o advogado-geral aproxima-se mais do *amicus curiae*, embora as especificidades levem muitos a classificá-lo como uma instância *sui generis*[691], tra-

---

Direito, *A figura do Advogado-Geral no Contencioso Comunitário*, Almedina, Coimbra, 2007; Noreen Burrows/Rosa Greaves, *The Advocate General and EC Law*, Oxford, OUP, 2007.

691 É bem interessante o modo como o Tribunal de Justiça *olha* para a figura do advogado-geral. No despacho *Emesa Sugar (Free Zone) NV c. Aruba* (de 4.2.2000, proc. C-17/98) pode ler-se:

«Em conformidade com os artigos 221.° [251.° TFUE] *e 222.°* [252.° TFUE], *o Tribunal de Justiça é composto de juízes e assistido por advogados-gerais. O artigo 223.°* [253.° TFUE] *prevê as condições, bem como um procedimento de nomeação iguais para ambos. Além disso, resulta claramente do título I do Estatuto CE do Tribunal de Justiça, que tem um valor jurídico igual ao próprio Tratado, que os advogados-gerais estão sujeitos ao mesmo estatuto que os juízes, nomeadamente no que diz respeito à imunidade e às causas de impedimento, garantindo-lhes plena imparcialidade e total independência. Por outro lado, os advogados-gerais, entre os quais não existe qualquer vínculo de subordinação não são acusadores nem Ministério Público e não dependem de qualquer autoridade, diferentemente do que resulta da organização judiciária em determinados Estados membros. No exercício das suas funções, não estão encarregados da defesa de qualquer interesse que seja. É nesta perspectiva que há que situar as funções do advogado-geral. Em conformidade com o artigo 222.°, as suas funções consistem em apresentar publicamente, com toda a imparcialidade e independência, conclusões fundamentadas sobre as causas submetidas ao Tribunal de Justiça, para assistir este último no desempenho da sua missão (...). [Ora], situando-se fora do debate entre as partes, as conclusões dão início à fase de deliberação do Tribunal de Justiça. Não se trata, assim, de um parecer destinado aos juízes ou às partes que provém de uma autoridade externa ao Tribunal de Justiça ou «emprunterait son autorité à celle [d'un] ministère public (que assenta a sua autoridade na [de um] Ministério Público) [na versão inglesa do acórdão «procureur general's department»] (acórdão Vermeulen, de 20.2.1996, Colect., I, § 31), mas da opinião individual, fundamentada e expressa publicamente, de um membro da própria instituição. Assim, o advogado-geral participa pública e pessoalmente no processo de elaboração da decisão do Tribunal de Justiça e, por conseguinte, no desempenho da função jurisdicional confiada ao Tribunal de Justiça. Aliás, as conclusões são publicadas com o acórdão do Tribunal de Justiça./Além disso, há que salientar que, tendo em conta dificuldades específicas inerentes ao processo judicial comunitário, ligadas nomeadamente ao seu regime linguístico, o reconhecimento às partes do direito de formularem observações em resposta às conclusões do advogado-geral, tendo como corolário o direito de as outras partes (e, nos processos prejudiciais, que representam a maioria dos processos submetidos ao Tribunal de Justiça, todos os Estados membros, a Comissão e as outras instituições interessadas) responderem a essas observações, confrontar-se-ia com importantes dificuldades e prolongaria consideravelmente a duração do processo. Na verdade, as dificuldades inerentes à organização judiciária comunitária não podem justificar a não observância do direito fundamental a um processo contraditório. No entanto, não é este o caso na medida em que é relativamente à própria finalidade do contraditório, que é de evitar que o Tribunal de*

dicionalmente dita como construída a partir da figura do «Commissaire de Government» junto do *Conseil d'État*, em França[692].

363. Em princípio, são oito os advogados-gerais, competindo ao Conselho aumentar (apenas aumentar) o número de advogados-gerais, cabendo a iniciativa ao Tribunal de Justiça (artigo 252.°, § 1 TFUE).

364. Os **advogados-gerais** desempenham um papel fundamental no quadro do processo perante os tribunais da União e, principalmente, do Tribunal de Justiça. Funcionam como instância independente dos interesses das partes, como resulta do segundo parágrafo do artigo 252.° TFUE:

> «Ao advogado-geral cabe apresentar publicamente, com toda a imparcialidade e independência, conclusões fundamentadas sobre as causas que, nos termos do Estatuto do Tribunal de Justiça da União Europeia, requeiram a sua intervenção».

365. Da norma resulta claramente o sentido e âmbito do magistério dos advogados-gerais. É um servidor da justiça, que deve intervir com imparcialidade e independência, reforçando o *corpus* jurídico da União e colmatando a falta de *dissenting opinions* (votos de vencido) na jurisprudência do Tribunal de Justiça, fazendo assim, como a doutrina nota, o adequado contraponto à decisão, fundando-a, contraditando os argumentos das partes e clarificando a própria fundamentação do colectivo dos juízes,

---

Justiça possa ser influenciado por argumentos que não tinham podido ser discutidos pelas partes, que o Tribunal de Justiça pode, oficiosamente ou sob proposta do advogado-geral ou ainda a pedido das partes, determinar a reabertura da fase oral, nos termos do artigo 61.° do seu Regulamento de Processo, se considerar que não está suficientemente esclarecido, ou que o processo deve ser decidido com base num argumento que não foi debatido entre as partes (v., nomeadamente, quanto à reabertura do processo, despacho de 22.1.1992, Legros e o., C-163/90, não publicado na Colectânea, e acórdão de 16.7.1992, Legros e o., C-163/90, Colect., p. I-4625; despacho de 9.12.1992, Meng, C-2/91, não publicado na Colectânea, e acórdão de 17.11.1993, Meng, C-2/91, Colect., p. I-5751; despacho de 13.12.1994, Peterbroeck, C-312/93, não publicado na Colectânea, e acórdão de 14.12.1995, Peterbroeck, C-312/93, Colect., p. I-4599; despacho de 23.9.1998, Sürül, C-262/96, não publicado na Colectânea e acórdão de 4.5.1999, Sürül, C-262/96, Colect., p. I-2685, bem como o despacho de 17.9.1998, Verkooijen, C-35/98, não publicado na Colectânea)». Mais recentemente, vide as conclusões apresentadas pelo advogado-geral Ruiz-Jarabo Colomer no caso *Arben Kaba*, proc. C-466/00, §§ 94-118.

[692] Assim, por todos, Mangas Martín/Liñan Nogueras, *Instituiciones y derecho de la Unión Europea*, *cit.*, p. 96.

muitas vezes pouco explícita, pela imperatividade que resulta da sua fundamental unidade deliberativa.

366. Outro elemento que pretende contribuir para assegurar a independência e unidade do Tribunal de Justiça é a circunstância de se estabelecer o dever de residência no Luxemburgo, isto é, junto da sede do Tribunal, dever extensível aos advogados-gerais e mesmo ao escrivão (artigo 14.° do Estatuto), além do apertado regime de exercício do cargo e mesmo de actuação após abandono do Tribunal[693].

367. Há ainda outros intervenientes, internos e externos ao Tribunal de Justiça. Internamente, conta-se a estrutura organizatória e administrativa do Tribunal de Justiça, assente nas figuras do **Secretário** (anteriormente chamado Escrivão) referido no Estatuto, e da secretaria-geral. O Secretário constitui um dos intervenientes principais no Tribunal de Justiça. Como da própria designação se depreende, não é magistrado nem tem intervenção no processo, a título principal. É nomeado pelo Tribunal de Justiça, o qual estabelece igualmente o seu estatuto (artigo 253.°, § 5 TFUE). O Estatuto refere o seu modo de designação, substituição e o local de residência (artigos 10.°, 11.° e 14.°), bem como a sua função principal de interlocutor entre os intervenientes no processo e o Tribunal de Justiça (v. artigos 20.° e 21.°). Já o RPTJ consagra algumas normas à organização da secretaria (artigos 12.° a 23.°), complementadas pelas «Instruções ao Escrivão» (de ora em diante, IE), adoptadas pelo Tribunal de Justiça (artigo 15.° RPTJ). Segundo estas normas, o secretário aparece como o responsável burocrático e administrativo pelo funcionamento do Tribunal de Justiça (artigo 12.° do Estatuto), sob tutela do Presidente deste órgão (artigo 23.° RPTJ). Além disso, é responsável pelo andamento dos processos (artigos 16.° RPTJ e 2.° IE). Finalmente, cumpre-lhe providenciar pelas publicações do Tribunal de Justiça (artigo 18.° RPTJ e 23.° IE).

368. Além do Secretário e da restante estrutura interna do Tribunal de Justiça, também intervêm nos processos outras pessoas, como os agentes, consultores ou advogados (artigos 32.°-36.° RPTJ), bem como as partes, testemunhas ou peritos (artigos 47.°-55.° RPTJ).

---

[693] Os regimes de incompatibilidades, exclusividade (artigo 4.° do Estatuto), impedimentos (artigo 16.°), inamovibilidade (artigo 6.° do Estatuto e 4.° RPTJ) e irresponsabilidade (artigo 3.° do Estatuto e, por exemplo, artigo 228.°, n.° 1 TFUE).

369. O Tribunal de Justiça tem um funcionamento permanente (artigo 15.° do Estatuto) e colegial. Organiza-se em secções de três ou cinco juízes[694], mas também pode reunir, em determinadas situações, em grande secção (treze juízes[695-696] – artigo 251.°, § 1 TFUE) ou em formação de tribunal pleno (artigo 251.°, § 2 TFUE), para lá das frequentes reuniões de carácter administrativo e preparatório. O Tribunal reúne como tribunal pleno «quando considerar uma causa de excepcional importância» e, especificamente, nos casos em que lhe seja apresentado um requerimento em aplicação do artigo 228.°, n.° 2 TFUE (demissão do Provedor de Justiça), do artigo 245.°, n.° 2 ou 247.° TFUE (demissão compulsiva de membro da Comissão Europeia) ou do artigo 286.°, n.° 6 TFUE (afastamento dos membros do Tribunal de Contas).

370. O Presidente do Tribunal de Justiça (artigo 8.° RPTJ[697]) é eleito pelos seus pares por um período de três anos, podendo ser reeleito (artigo 253.°, § 3 TFUE). O Presidente do Tribunal de Justiça intervém no processo de designação e organização do Comité referido no artigo 255.° TFUE, ao tomar a iniciativa conducente à deliberação do Conselho. As renúncias aos mandatos dos juízes são a ele dirigidas (artigo 5.° do Estatuto do Tribunal de Justiça), competindo-lhe ainda um conjunto importante de tarefas e competências no funcionamento do Tribunal. Assim, o Presidente do Tribunal de Justiça pode decidir, em processo sumário que

---

694 As secções de 5 juízes deram por findos, entre 2000 e 2007, cerca de 55,14% dos processos, tendo 33,26% sido concluídos por secções de 3 juízes, 11,16% pela Grande Secção e apenas 0,44% por despacho do Presidente – *Relatório Anual de Actividades do Tribunal de Justiça 2007*, p. 93.

695 Artigo 16.° do Estatuto: «A grande secção é composta por treze juízes, sendo presidida pelo Presidente do Tribunal. Fazem igualmente parte da grande secção os presidentes das secções de cinco juízes e outros juízes designados nas condições estabelecidas no Regulamento de Processo./O Tribunal reúne como grande secção sempre que um Estado-Membro ou uma instituição da União que seja parte na instância o solicite».

696 Nos termos do disposto no RPTJ, na sua última redacção: «A grande secção é, para cada processo, composta pelo presidente do Tribunal, pelos presidentes das secções de cinco juízes, pelo juiz-relator e pelo número de juízes necessário para perfazer 13. Estes últimos juízes são designados a partir da lista referida no n.° 2, seguindo a ordem desta. O ponto de partida na lista, em relação a cada processo atribuído à grande secção, é o nome do juiz imediatamente após o nome do último juiz designado a partir da lista para o processo anteriormente atribuído a esta formação de julgamento.».

697 Várias normas, nomeadamente do RPTJ, reconhecem poderes de direcção, organização e decisão ao Presidente – artigos 8.°, 9.°, n.° 2, 25.°, 84.°, 85.°, 94.°, 107.°, 108.°, 123.°-A ou 124.° RPTJ.

derrogue, se necessário, certas disposições do Estatuto e que é estabelecido no Regulamento de Processo, sobre os pedidos tendentes a obter a suspensão prevista no artigo 278.° do TFUE ou a aplicação de medidas provisórias nos termos do artigo 279.° do TFUE ou a suspensão da execução, ao abrigo do artigo 299.°, § 4 do TFUE (artigo 39.° do Estatuto)

371. O Tribunal de Justiça funciona em secções ou em tribunal pleno (artigo 251.° TFUE). Os presidentes das secções de três juízes são eleitos por um ano (artigo 10.°, n.° 1 RPTJ), sendo os das secções de cinco juízes eleitos por três anos (artigo 16.°, § 1 do Estatuto). O Presidente do Tribunal preside ao plenário e à grande secção (artigo 16.°, § 2 do Estatuto). Os presidentes das secções exercem, em relação a estas, os poderes do Presidente, dispondo ainda de poderes de direcção e organização do funcionamento da secção (artigos 9.°, n.° 4, 11.° e 25.°, n.° 2 RPTJ). Às secções compete essencialmente a instrução (artigos 9.°, n.° 2 e 46.° RPTJ) e julgamento do processo, competindo no entanto ao Presidente do Tribunal de Justiça quer a distribuição dos processos pelas secções quer a designação do juiz-relator do processo (artigo 9.°, n.° 2 RPTJ)[698].

372. Seja em secção ou em formação plenária, o Tribunal de Justiça só pode reunir e deliberar validamente com um número ímpar de juízes (artigo 17.° do Estatuto e 26.° do RPTJ[699]).O colégio de juízes delibera em conferência, por maioria dos votos dos juízes presentes na audiência (artigo 27.°, n.ºs 1, 5 e 2 RPTJ). O processo deliberativo é (e permanece) secreto (artigo 35.° do Estatuto), embora ao acórdão seja dada publicidade (artigos 36.° e 37.° do Estatuto). No respeito pelo princípio da transparência e publicidade, as audiências são públicas (artigo 31.° do Estatuto).

373. Por último, uma referência ao regime linguístico do Tribunal de Justiça. Embora todas as línguas oficiais sejam «línguas de processo» (artigo 29.°, n.° 1 RPTJ)[700], a regra é a de que a escolha da língua do pro-

---

698 Por seu turno, a distribuição dos processos pelos advogados-gerais cabe ao primeiro advogado-geral, designado pelo Tribunal (artigo 10.° RPTJ).

699 Nestas normas são estabelecidas regras para que tal seja assegurado.

700 «*As línguas de processo são o alemão, o búlgaro, o checo, o dinamarquês, o eslovaco, o esloveno, o espanhol, o estónio, o finlandês, o francês, o grego, o húngaro, o inglês, o irlandês, o italiano, o letão, o lituano, o maltês, o neerlandês, o polaco, o português, o romeno e o sueco*» (redacção do artigo 1.° da Decisão n.° 2006/955/CE do Conselho, de 18.12.2006 – JO, L 386, de 29.12.2006). Em princípio, só os textos na língua do processo fazem fé (artigo 31.° RPTJ).

cesso é feita pelo demandante, salvo nas situações especiais referidas nas alíneas *a)* a *c)* do n.° 2 da mesma disposição:

- Quando o demandado é um Estado membro ou uma pessoa singular ou colectiva desse Estado membro, a língua do processo é a língua oficial (ou uma das línguas, se existirem várias) desse Estado; quando
- As partes ou uma delas pedem a utilização de outra língua;ou,
- No reenvio prejudicial, em que a língua do processo é a língua oficial do Estado do órgão jurisdicional reenviante[701].

374. Sendo objecto da Parte IV, não é este o lugar apropriado para um excurso pormenorizado pelas amplas e importantes competências do Tribunal de Justiça[702]. Acentue-se apenas, neste momento, ser o Tribunal de Justiça o órgão que, nos termos do próprio tratado, «garante o respeito na interpretação e aplicação» do direito da União (artigo 19.°, n.° 1, § 1 TUE – Lisboa). Missão fundamental, cujo exacto relevo nunca será por demais salientado e que este órgão assume com indisfarçável militantismo[703], ao ponto mesmo de, em nome da unidade da ordem jurídica da União e da segurança jurídica (e da uniformidade na aplicação do direito), se arrogar a competência exclusiva para efectuar o controlo da validade das normas da União (as que não forem de direito originário) e, mais concretamente, para declarar a sua invalidade, deste modo pondo em causa – no dizer do Tribunal – a existência do acto da União[704]. Mas, além disso,

---

[701] Em rigor, esta hipótese prevista no § 2 da alínea *c)* do n.° 2 do artigo 29.° RPTJ é, na quase totalidade dos casos, uma aplicação da regra geral.

[702] Embora por vezes surjam outras visões, nem sempre justas. Se para a generalidade da doutrina, o Tribunal de Justiça é o principal agente da integração europeia, com uma actuação e filosofia de tom marcadamente supranacional, outros são bem mais pessimistas, como G. Garrett («International cooperation and institutional choice: the EC's internal market», in *International Organizations*, 46, pp. 556-559, apud A. Stone Sweet/J. A. Caporaso, *op. cit.*, p. 200), que afirma que «[a]*s decisões do Tribunal europeu alinham-se de acordo com as preferências da França e da Alemanha; se não fosse assim, os Estados membros teriam suspendido o Tribunal e reconstruído o sistema jurídico*».

[703] Além das competências que serão analisadas na *Parte IV*, o Tribunal de Justiça dispõe ainda de "competências especiais ou adicionais", como é o caso da competência de plena jurisdição em matéria de multas, (por exemplo, no direito da concorrência – artigo 31.° do Regulamento (CE) n.° 1/2003 ou artigo 16.° do Regulamento (CE) n.° 139/2004), da competência de interpretação a título prejudicial (por exemplo, da Convenção de Roma, sobre a lei aplicável às obrigações contratuais).

[704] Acórdãos *Foto-Frost*, de 22.10.1987, proc. 314/85, Colect., p. 4199, cons. 14 e, de entre os últimos, *Woodspring c. Bakers of Nailsea*, de 15.4.1997, proc. C-27/95, cons.

pela sua incessante actividade de criação jurisprudencial, o Tribunal de Justiça tem contribuído para a construção da ordem jurídica da União e da própria identidade e especificidade desta, elaborando os princípios que a caracterizam, quer internamente, quer no relacionamento com as ordens jurídicas nacionais, como os princípios do efeito directo, da prevalência na aplicação (ou, com outro tom, do primado) ou da uniformidade na aplicação. Labor que não se esgota nisto, mas que igualmente passa pela edificação de um elenco de princípios gerais de direito, erigidos em parâmetro de controlo da validade dos actos adoptados pelos diversos órgãos da União. É o caso dos princípios da proporcionalidade, da não discriminação[705] ou da transparência.

19-20. Não entraremos neste já estafado mas apaixonante debate, entre os defensores da teoria concentracionista (Bebr) e aqueles apoiantes das teorias descentralizantes, personalizadas em Cozinet (sobre o tema, reenviamos ainda para o clássico estudo de A. Souto de Miranda, em *Temas de direito comunitário*, *cit.*, pp. 9-31).

[705] Quanto a estes, leiam-se os acórdãos *Ruckdeschel e o.*, de 19.10.1977, proc. 117/76 e 16/77, Rec., 1977, p. 1753, cons. 7, *Schräder*, de 11.7.1989, proc. 265/87, Colect., p. 2237, cons. 15, e, por último, o acórdão *Hayes c. Kronenberger*, de 20.3.1997, citado, cons. 24.

7. Tribunal Geral

375. O Tribunal Geral corresponde ao anterior Tribunal de Primeira Instância, nome que teve até à entrada em vigor do Tratado de Lisboa, a 1 de Dezembro de 2009[706]. A sua criação remonta a 1988, após o Acto Único Europeu ter inserido uma norma habilitante para a sua criação, que veio a ser concretizada através da Decisão 88/591/CEE, de 24 de Outubro de 1988[707].

376. Devem ser realçadas algumas das razões que habitualmente são apontadas para a criação desta jurisdição associada ao Tribunal de Justiça. Entre estas, referiremos apenas a opção de não aumentar de modo significativo o número de juízes do Tribunal de Justiça, conjugada com a necessária resposta aos crescentes problemas colocados pelo excesso de volume de trabalho do Tribunal de Justiça[708]. Além disso, a criação do Tribunal Geral permitiu ainda garantir um princípio de dupla jurisdição no contencioso directo dos particulares, reforçando o princípio da protecção jurisdi-

---

[706] Sobre o Tribunal Geral é recomendada, antes do mais, a leitura de J. L. Cruz Vilaça, «A evolução do sistema jurisdicional: antes e depois de Maastricht», *O direito comunitário e a construção europeia*, BFD, *Stvdia Ivridica*, pp. 15-22; e «Le système juridictionnel communautaire», in *La Conférence intergouvernamentale européenne sur l' Union européenne: répondre aux défis du XXI*e *siècle*, A. Mattera (dir), Clément Juglar, 1996, pp. 219-234.

[707] O artigo 10.° do tratado de Nice revogou a decisão institutiva do então TPI, com a excepção do artigo 3.°, apenas no que toca ao exercício pelo TPI de competências no quadro da CECA.

[708] Para que conste, o crescimento do número de processos perante o TPI continua a processar-se. Se em 1989 entraram 169 processos, em 2000 entraram 398. Por sua vez, em 1990 o TPI resolveu por acórdão 61 processos, contra 191 em 2000. Nos anos seguintes o número de processos entrados, pendentes e findos, foi, respectivamente: 2001: 345, 792 e 340; 2002: 411, 872 e 331; 2003: 466, 999 e 339 – Tribunal de Justiça, *Relatório anual 2003*.

cional efectiva e, por outro lado, possibilitando ao Tribunal de Justiça concentrar-se ainda mais na sua função essencial de intérprete e garante da uniformidade e eficácia do ordenamento jurídico da União.

377. O Tribunal Geral não é sempre um tribunal de primeira instância, no sentido próprio do termo. Assim, boa parte das prestações jurisdicionais do Tribunal de Justiça da União Europeia – mormente as acções por incumprimento (artigos 258.°-260.° TFUE), o contencioso de legalidade que não seja interposto por particulares e o reenvio prejudicial (artigo 267.° TFUE) – cabem em primeira instância ao Tribunal de Justiça. Noutras hipóteses, o Tribunal Geral funciona como tribunal de recurso, como é o caso dos recursos interpostos contra o Instituto de Harmonização do Mercado Interno e o Instituto Comunitário das Variedades Vegetais (cfr. artigos 130.° e seguintes RPTG[709]).

378. O estatuto do Tribunal Geral resultou reforçado com a entrada em vigor do tratado de Nice e foi clarificado com o Tratado de Lisboa. Embora seja omitida no artigo 13.° TUE – Lisboa qualquer referência expressa ao Tribunal Geral, passa a figurar expressamente na norma básica referente ao Tribunal de Justiça da União Europeia, que integra (artigo 19.°, n.° 1 TUE).

379. Muito do que ficou dito para o Tribunal de Justiça aplica-se ao Tribunal Geral. A composição é, neste momento, de vinte e sete juízes, embora tal não resulte inelutavelmente do corpo dos tratados – que apenas dizem ser composto por «pelo menos, um juiz por Estado membro» (artigo 19.°, n.° 2, § 2 TUE; artigo 254.°, § 1 TFUE[710]) –, mas do Estatuto do Tribunal de Justiça (artigo 48.°).

380. A designação dos juízes não depende apenas da escolha dos Estados membros, já que o Tratado de Lisboa introduziu no processo o chamado Comité do artigo 255.° TFUE. Os juízes são escolhidos segundo critérios de independência e competência e nomeados de comum acordo pelos Estados membros, por um período de seis anos. Haverá, no entanto, uma renovação parcial do Tribunal Geral em cada três anos (artigo 254.°, § 2 TFUE).

---

[709] A versão consolidada do Regulamento de Processo do Tribunal Geral (RPTG), de 2.5.1991, encontra-se publicada no JO, C 177, de 2.7.2010, pp. 37-70.

[710] Em rigor, o artigo 254.° limita-se a remeter para o Estatuto do Tribunal de Justiça.

381. À organização e funcionamento do Tribunal Geral presidem muitas das normas já referidas a propósito do Tribunal de Justiça (artigo 47.° do Estatuto[711]), embora coexistam algumas diferenças, constantes do disposto nos artigos 47.° e seguintes do Estatuto. Entre estas assinale-se alguma subordinação ao Tribunal de Justiça, expressa ainda numa menor autonomia organizatória (o seu regulamento processual é adoptado por acordo com o Tribunal de Justiça – artigo 255.°, § 4 TFUE).

382. O Presidente do Tribunal Geral também é eleito pelos seus pares para um mandato de três anos (v. artigo 254.°, § 3 TFUE) e dispõe igualmente de poderes de direcção e organização (artigos 5.°, 8.°, 13.°, 22.°, 31.°, n.° 1, 50.°, 78.° RPTG, entre outros). Contrariamente ao que sucede no Tribunal de Justiça, os juízes do Tribunal Geral podem ser chamados a desempenhar o papel de advogado-geral perante o próprio Tribunal (artigo 49.°, § 1 do Estatuto, e 2.°, n.° 2, 17.° e 18.° RPTG).

383. Ao contrário do Tribunal de Justiça, o Tribunal Geral não funciona apenas colegialmente. Há três tipos de formações no Tribunal Geral. O plenário, que raramente funciona[712], as secções e o juiz singular[713]. As

[711] *Protocolo relativo ao Estatuto do Tribunal de Justiça*, anexo aos Tratados da UE, CE e Euratom, pelo Tratado de Nice.

[712] Em 2000 ou 2003, segundo o *Relatório Anual*, o plenário do Tribunal Geral não se reuniu. O plenário pode reunir-se nos casos referidos no § 2 do n.° 1 do artigo 11.° RPTG.

[713] Figura criada em 1999. Em 2009, a actividade do Tribunal Geral foi realizada através de secções de 3 juízes (80, 18%), de 5 juízes (5,23%), da Secção de recursos de decisões do Tribunal da Função Pública (5,59%), pelo Presidente (9,01%). Nem a Grande Secção ou o juiz singular, formações aliás com actividade muito residual, como o quadro anexo mostra, concluiram qualquer processo:

	2005			2006			2007			2008			2009		
	Acórdãos	Despachos	Total	Acórdãos	Despachos	Total	Acórdãos	Despachos	Total	Acórdãos	Despachos	Total	Acórdãos	Despachos	Total
Grande Secção	6		6				2		2						
Secção dos recursos das decisões do Tribunal da Função Pública							3	4	7	16	10	26	20	11	31
Presidente do Tribunal Geral		25	25		19	19		16	16		52	52		50	50
Secções de 5 juízes	28	34	62	22	33	55	44	8	52	15	2	17	27	2	29
Secções de 3 juízes	181	329	510	198	157	355	196	122	318	228	282	510	245	200	445
Juiz singular	7		7	7		7	2		2						
Total	222	388	610	227	209	436	247	150	397	259	346	605	292	263	555

Fonte: Estatísticas Judiciárias (2009), disponíveis em www.curia.europa.eu

secções, podem ser de três ou cinco juízes (artigo 10.° RPTG) e, em casos previstos no regulamento de processo, poderá reunir-se em grande secção (artigo 50.° do Estatuto). Por sua vez, o juiz singular poderá intervir nos casos previstos no § 3 do n.° 1 do artigo 11.° do RPTG, ou seja, nas hipóteses e com os limites previstos nos artigos 51.°, n.° 2 e 14.°, n.° 2, e nos casos de oposição de terceiro, revisão de acórdão ou interpretação de acórdão proferido por juiz singular.

384. Importa ainda referir a estrutura administrativa e burocrática que sustenta o funcionamento do Tribunal Geral. Este Tribunal dispõe de uma secretaria, presidida por um Secretário nomeado pelo Tribunal (artigo 254.°, § 4 TFUE e 20.° RPTG) e que está sujeito à autoridade do Tribunal Geral, que estabelece as «Instruções ao Secretário» (artigo 23.° RPTG). Dispõe ainda de serviços, compostos por funcionários da União. O Secretário é o responsável máximo da secretaria do Tribunal Geral (artigos 28.° RPTG), competindo-lhe nomeadamente assegurar a recepção, ordenação, conservação e transmissão de quaisquer documentos (artigos 25.° e 24.° RPTG), guardar os símbolos da autoridade do Tribunal e assegurar o arquivo e publicações do Tribunal (artigo 26.° RPTG). Funcionalmente, o secretário é ainda um auxiliar do Tribunal e da sua actividade normal (artigos 25.°, n.° 2 e 27.° RPTG). Finalmente, é responsável pela administração, gestão financeira e contabilidade do Tribunal Geral (artigo 30.° RPTG).

385. O Tribunal Geral dispõe hoje de importantes competências. Após várias vicissitudes[714], o artigo 256.° TFUE proclama em termos gerais as suas competências, reconhecendo-o formalmente como primeira instância do Tribunal de Justiça, salvo quanto ao chamado reenvio prejudicial. Como aí se pode ler:

> «1. O Tribunal Geral é competente para conhecer em primeira instância dos recursos referidos nos artigos 263.°, 265.°, 268.°, 270.° e 272.° [TFUE], com excepção dos atribuídos a um tribunal especializado criado nos termos do artigo 257.° e dos que o Estatuto reservar para o Tribunal de

[714] O artigo inicialmente aditado pelo AUE fazia referência às competências do Tribunal, ao passo que na redacção posterior, o artigo 225.° remetia a determinação das competências do TPI para decisão do Conselho, pelo que era a decisão institutiva do TPI (Decisão 88/591/CEE) que, sucessivamente alterada, definia as competências deste órgão jurisdicional.

Justiça. O Estatuto pode prever que o Tribunal Geral seja competente para outras categorias de recursos.

(...)

2. O Tribunal Geral é competente para conhecer dos recursos interpostos contra as decisões dos tribunais especializados».

386. Assim, o Tribunal Geral é, em princípio, competente para conhecer em primeira instância de todos os recursos interpostos ao abrigo do artigo 263.°, 265.°, 268.°, 270.° e 272.° TFUE, salvo nos casos em que tal seja reservado a um tribunal especializado ou ao Tribunal de Justiça pelo seu Estatuto (artigo 256.°, n.° 1 TFUE).

387. As excepções à competência do Tribunal Geral em favor do Tribunal de Justiça constam, de modo especial, do artigo 51.° do Estatuto[715]. De acordo com esta norma, o Tribunal de Justiça é competente, em derrogação do disposto no artigo 256.° TFUE, para apreciar os recursos de anulação (artigo 263.° TFUE) e as acções para cumprimento (artigo 265.° TFUE) interpostos:

- por um **Estado membro** contra um acto ou uma omissão do Parlamento Europeu e do Conselho, com excepção dos recursos de de anulação contra (A) actos do Conselho (*i*) ao abrigo dos artigos 108.°, n.° 2, § 3 TFUE, (*ii*) relativos a medidas de protecção do comércio *ex vi* do artigo 207.° TFUE ou (*iii*) exercendo competências de execução ao abrigo do artigo 291.° n.° 2 TFUE ou contra (B) actos ou omissões da Comissão ao abrigo do artigo 331.°, n.° 1 TFUE;
- por uma **instituição da União** contra acto ou omissão do Parlamento Europeu e/ou do Conselho, da Comissão ou do Banco Central Europeu.

388. As excepções à competência do Tribunal Geral podem também decorrer da competência específica atribuída aos tribunais especializados. É o caso, neste momento, do Tribunal da Função Pública.

---

[715] Desde, principalmente, a Decisão n.° 2004/407/CE do Conselho de 26.4.2004 (JO, L 132, de 29.4.2004, pp. 5-6). O artigo 2.° da decisão continha disposições aplicáveis aos processos para os quais o Tribunal Geral passasse a ser competente e que estivessem pendentes no Tribunal de Justiça.

389. É ainda de salientar que, desde o Tratado de Nice, previa-se a possibilidade de o Tribunal Geral poder ser chamado ao mecanismo do reenvio prejudicial, único instituto que lhe era especificamente vedado pelos Tratados (artigo 256.°, n.° 3 TFUE, como já o fazia o artigo 225.°, n.° 3 CE) Contudo, estabelece-se aí que a competência prejudicial do Tribunal Geral existirá apenas «em matérias específicas determinadas pelo Estatuto» – o que não é concretizado no mesmo Estatuto (cfr., contudo, artigo 62.° do Estatuto) – e na medida em que não haja «risco grave de lesão da unidade ou da coerência do direito comunitário», caso em que a decisão do Tribunal Geral pode ser reapreciada[716] pelo Tribunal de Justiça, a pedido do primeiro advogado-geral.

390. Por último, cumpre salientar dois outros pontos, relativos ao funcionamento do Tribunal Geral e à sua relação com o Tribunal de Justiça: a competência do Tribunal Geral para a determinação da matéria de facto e as condições de recorribilidade das suas decisões para o Tribunal de Justiça. No exercício das suas competências, o Tribunal Geral é a instância jurisdicional especificamente vocacionada para lidar com a matéria de facto, que é por si fixada. Tal é realçado pelo próprio Tribunal de Justiça, por exemplo quando reconhece que o Tribunal Geral a aprecia «soberanamente»[717].

391. Resulta ainda directamente do artigo 256.°, n.° 1, § 2 TFUE que das decisões do Tribunal Geral cabe «recurso para o Tribunal de Justiça limitado às questões de direito e nas condições estabelecidas pelo respectivo Estatuto». Não se aplica isto, como é evidente, aos casos em que o Tribunal Geral funciona como instância de recurso, em que não é admissível recurso ordinário e em que a admissibilidade do recurso depende de uma decisão de admissibilidade do próprio Tribunal de Justiça. A limitação do recurso a questões de direito (artigo 58.° do Estatuto), por outro lado, leva o Tribunal de Justiça a considerar proibido que, no recurso da decisão do Tribunal Geral, se possam deduzir novos fundamentos, a menos que tenham origem em elementos de direito ou de facto apenas revelados pelo processo (artigo 48.°, n.° 2 RPTJ), sob pena de se permitir o alargamento

---

[716] A utilização da expressão "reapreciação" é invocada pelo Tribunal de Justiça, na proposta de implementação do artigo 62.° do Estatuto apresentada ao Conselho, consultável em www.curia.eu.int/pt/instit/txtdocfr/autrestxts/62.htm.

[717] Acórdão *Langnese-Iglo GmbH c. Comissão*, de 1.10.1998, proc. C-279/95 P, cons. 38.

do objecto do litígio. Assim, o objecto do recurso apenas pode ser a análise da solução legal dada aos fundamentos debatidos na primeira instância[718]. Finalmente, importa referir que o artigo 54.°, § 4, do Estatuto[719] consagra que «sempre que um Estado membro e uma instituição da União impugnem um mesmo acto, o Tribunal Geral declinará a sua competência, a fim de que o Tribunal de Justiça decida sobre os correspondentes recursos».

392. Do mesmo modo, os Tratados asseguram o princípio do duplo grau de jurisdição no contencioso de legalidade – mas não no contencioso por incumprimento dos Estados membros, lamentavelmente –, reconhecendo a recorribilidade para o Tribunal Geral das decisões dos tribunais especializados, e, excepcionalmente (nas condições e limites previstos no Estatuto e caso exista risco grave de lesão da unidade ou da coerência do direito da União (artigo 256.°, n.° 2 TFUE), deste para o Tribunal de Justiça.

---

[718] *Idem*, acórdão *Langnese-Iglo*, de 1.10.1998, cons. 54 e 55.

[719] Parágrafo aditado pelo n.° 3 do artigo 1.° da Decisão n.° 2004/407/CE, Euratom.

8. Banco Central Europeu

393. O sistema orgânico-institucional da União Económica e Monetária (UEM), introduzido e mantido de forma praticamente imutável com o Tratado de Maastricht, constitui um verdadeiro «sub-sistema» no quadro da União Europeia[720].

394. As disposições relativas à UEM constituem, agora no TFUE como antes no tratado da Comunidade Europeia, como que um tratado dentro de outro tratado, com autonomia constituinte (recordem-se os constrangimentos colocados neste ponto à agenda da CIG/96), institucional (têm uma estrutura pessoal e organizacional própria), normativa (fontes de direito próprias) e, claro, material.

395. No plano organizatório, a primeira novidade é a de se estruturar segundo um modelo comum à maioria dos Estados membros, em que as instâncias reguladoras monetárias e financeiras surgem independentes e autónomas face ao poder político, respondendo apenas perante a democracia do mercado. Esta autonomia traduz-se, entre outros factores, na identidade própria dos seus agentes e órgãos e nos poderes de auto e hete-

[720] Sobre este ponto, além da bibliografia já referenciada na *Parte I*, Luís Morais, «O Banco Central Europeu e o seu enquadramento no sistema institucional da União Europeia – algumas reflexões», *Estudos Jurídicos e Económicos em Homenagem ao Professor João Lumbrales*, FDUL, 2000, pp. 447-474 (quanto ao título escolhido, p. 460); A. Moura Portugal, «Independência e controlo do Banco Central Europeu – contributo para a correcta definição dos poderes normativos», *Boletim do Ministério da Justiça*, n.° 479, 1998, pp. 5-73 ou Carlos Laranjeiro, *Lições de Integração Monetária Europeia*, Almedina, Coimbra, 2000. Na doutrina estrangeira, por todos, M. Andenas *et al.* (ed.), *European EMU: The institutional framework*, Kluwer, 1997; R. Smits, *The European Central Bank*, Kluwer, 1997; ou Jean-Victor Louis, «Indépendance des banques centrales, séparations des pouvoirs et démocratie», *Mélanges à hommage de M. Waelboeck*, *cit.*, pp. 459-481. Tizzano/Cruz Vilaça/Gorjão-Henriques, *Código da União Europeia*, *cit.*

roregulação que apresentam. Ao contrário do que sucede com qualquer das instituições da União, a UEM assenta em duas entidades que o quadro normativo denomina, curiosa e respectivamente, «sistema» e «pessoa»: o SEBC e o BCE. "SEBC" é a sigla que identifica o «Sistema Europeu de Bancos Centrais», enquanto "BCE" corresponde a «Banco Central Europeu». Sendo entidades bem distintas do ponto de vista estrutural – desde logo, o SEBC não tem personalidade jurídica, ao contrário do BCE –, surgem irremediavelmente (inter-)ligadas. Do SEBC faz(em) parte o BCE (e os Bancos Centrais Nacionais) e, por outro lado, o SEBC é dirigido pelos órgãos de decisão do BCE.

396. O **Banco Central Europeu** é hoje expressamente qualificado como instituição da União (artigo 13.°, n.° 1 TUE – Lisboa) embora não seja, em rigor, um órgão mas uma pessoa jurídica, dotada por isso de personalidade jurídica (artigo 282.°, n.° 3 TFUE), regida por um estatuto (em Protocolo anexo ao Tratado – artigo 129.°, n.° 2 TFUE) e dotada de órgãos próprios.

397. O BCE é o fruto da evolução histórica do sistema institucional da UEM, a partir do momento-chave que foi o tratado de Maastricht, que marcou o lançamento decisivo da UEM e, mais concretamente, da moeda única[721]. Mas a progressividade constava ainda da estrutura orgânica prevista para a realização e controlo da União Monetária. Assim, na 1.ª fase existia o Comité dos Governadores, que seria substituído pelo Instituto Monetário Europeu (2.ª fase) e este pelo Banco Central Europeu (3.ª fase – cfr. artigo 123.°, n.os 1 e 2 CE)[722].

398. A sede do BCE é em Frankfurt, na Alemanha[723].

399. O TFUE e os Estatutos do SEBC e do BCE fornecem as linhas de base da organização e funcionamento dos órgãos do BCE (artigos 282.°

---

[721] Sobre o estabelecimento da moeda única, na doutrina nacional, Manuel Porto, *Teoria da Integração e Políticas Comunitárias: face aos desafios da globalização*, 4.ª ed., Almedina, Coimbra, 2009.

[722] O BCE veio a ser constituído em 1 de Junho de 1998, tendo a 3.ª fase da UEM tido o seu início em 1 de Janeiro de 1999.

[723] Artigo único, alínea *i)*, do *Protocolo relativo à localização das sedes das instituições e de certos órgãos, organismos e serviços da União Europeia e da Europol*, na versão hoje anexa ao Tratado de Lisboa.

a 284.° TFUE). Os órgãos de direcção e decisão do BCE são o conselho (entenda-se, o conselho do BCE) e a comissão executiva (v. artigo 9.°, n.° 3 dos Estatutos SEBC/BCE).

400. O Conselho do BCE é composto pelos membros da comissão executiva do BCE e pelos governadores dos bancos centrais nacionais dos países cuja moeda seja o euro (artigo 283.°, n.° 1 TFUE). Dada a sua composição, o conselho do BCE não tem um mandato definido nem uma composição fixa do ponto de vista individual (só a comissão executiva tem um regime próprio). Dispõe de poder de auto-organização (artigo 12.°, n.° 3 Estatutos SEBC/BCE), conquanto nos limites definidos no tratado e nos Estatutos. Funciona colegialmente. Nas suas reuniões só podem participar por direito próprio os respectivos membros, o Presidente do Conselho da União e um membro da Comissão (não necessariamente o Presidente) – artigo 284.°, n.° 1 TFUE. Contudo, destes, apenas o Presidente do Conselho pode submeter «moções à deliberação do conselho do BCE» (artigo 284.°, n.° 1, § 2 TFUE).

401. O presidente do conselho do BCE, por seu turno, pode igualmente participar nas reuniões do Conselho (da União) quando este delibere «sobre questões relativas aos objectivos e atribuições do SEBC». Contudo, embora tal não resulte claro, parece que um tal direito de participação depende de convite do Conselho, ainda que a ausência de convite possa conduzir à ilegalidade de qualquer decisão jurídica que seja por este adoptada[724].

402. Reúne-se pelo menos dez vezes por ano (artigo 10.°, n.° 5 dos Estatutos SEBC/BCE). As reuniões são, em princípio, confidenciais, podendo ser tornadas públicas as suas deliberações (artigo 10.°, n.° 4 dos Estatutos SEBC/BCE).

403. As deliberações do conselho do BCE são tomadas por maioria simples dos seus membros[725], salvo disposição em sentido diverso (artigo 10.°, n.° 2, §2 UE)[726]. Contudo, o *quorum* constitutivo é fixado em dois

---

[724] Recorde-se que, nos termos do disposto no artigo 263.°, § 3 TFUE, é reconhecida ao Banco Central Europeu legitimidade activa (e passiva) no recurso de anulação, quando se trate da «salvaguarda [das suas] prerrogativas».

[725] Cada membro dispõe de um voto.

[726] No n.° 3 do artigo 10.° dos Estatutos é previsto um procedimento especial, bem

terços dos seus membros (artigo 10.°, n.° 2, § 3 dos Estatutos SEBC/BCE). É o órgão com competência decisória (regulamentar e decisória), consultiva e sancionatória. Cabe-lhe, nomeadamente, «adopta[r] as orientações e toma[r] as decisões necessárias ao desempenho das atribuições cometidas ao SEBC pelo (...) tratado e (...) Estatutos» (n.° 1, §1 do artigo 12.° dos Estatutos SEBC/BCE). O conselho do BCE presta contas aos órgãos de direcção da União, designadamente através do relatório anual (artigo 284.°, n.° 3 TFUE).

404. A comissão executiva é um órgão de pessoas, escolhidas de acordo com critérios de competência técnica especializada e independência (cfr. o que se disse para a Comissão e Tribunais). A independência é ainda assegurada pela duração do mandato (oito anos, não renováveis), pelo modo de designação (mais patente antes do Tratado de Lisboa[727]), pela independência[728] e pela exclusividade do exercício das suas funções (artigo 11.° dos Estatutos SEBC/BCE). É composta por seis membros, um presidente, um vice-presidente e quatro vogais (alínea *a)* do n.° 2 do artigo 283.° TFUE).

405. A comissão executiva dispõe essencialmente de competências executivas (artigo 12.°, n.° 1, § 2 dos Estatutos SEBC/BCE), além de preparar as reuniões do conselho do BCE (artigo 12.°, n.° 3 Estatutos SEBC/BCE), no qual, recorde-se, tem assento por direito próprio (artigo 283.°, n.° 1 TFUE).

406. O Conselho Geral é um órgão que apenas surge referido nos Estatutos do SEBC (artigos 45.° e 46.°)[729]. É um órgão particularmente importante enquanto continuarem a existir Estados que beneficiem de uma derrogação em relação ao euro. Dele fazem parte o presidente e o vice-presidente do BCE, bem como os governadores de todos os bancos centrais nacionais.

---

como as matérias a que é aplicável. No artigo 20.° dos Estatutos SEBC/BCE, por seu turno, delibera por maioria de dois terços dos votos expressos.

[727] Eram nomeados de comum acordo pelos Chefes deEstado ou Governo. Desde o Tratado de Lisboa, são nomeados pelo Conselho Europeu, por maioria qualificada, após recomendação do Conselho e consulta ao Parlamento Europeu e ao Conselho do BCE.

[728] Veja-se ainda o disposto no artigo 130.° TFUE.

[729] O regulamento interno do Conselho Geral foi aprovado pelo BCE através da Decisão n.° 2004/526/CE (JO, L 230, de 30.6.2004, pp. 61).

407. Uma característica essencial do BCE e dos seus órgãos é a sua independência. Quanto ao BCE, enquanto instituição, ela é proclamada no artigo 282.°, n.° 3 TFUE, no qual se estabelece a sua independência no «exercício dos seus poderes e na gestão das suas finanças», bem como a obrigação de os Governos dos Estados membros e as demais instituições, órgãos e organismos da União respeitarem essa independência. (v. 130.° TFUE).

408. Os tratados atribuem ao BCE amplas competências. Recorde-se que ao BCE cabe concretizar as atribuições definidas para o SEBC (artigo 127.° TFUE), pelo que estas constituem também objectivos do BCE. Entre as suas competências de decisão[730], destaca-se o «direito exclusivo de autorizar a emissão de notas de banco em euros na União» (artigo 128.°, n.° 1 TFUE[731]), na zona euro. As competências de consulta estão presentes num número importante de normas. Em termos genéricos, refira-se o n.° 4 do artigo 127.° TFUE, mas podem ser vislumbradas noutras disposições do tratado (assim nos artigos 129.°, n.° 4, 138.°, n.° 1, 219.°, n.° 1, 134.°, n.° 3 TFUE). Para atingir os seus objectivos, os Tratados dotam o BCE da competência para adoptar regulamentos ou decisões e formular recomendações e pareceres (artigo 132.° TFUE)[732]. Além disso, a mesma norma, no n.° 3, confere-lhe o poder de «aplicar multas ou sanções pecuniárias temporárias às empresas» que violem os actos por si adoptados (artigo 34.° dos Estatutos SEBC/BCE). Finalmente, deve dizer-se que o BCE dispõe ainda de poderes de auto-organização (artigo 282.°, n.° 4 TFUE)[733].

409. O BCE dispõe de uma importância muito grande no sistema organizatório real da União Europeia, com poderes que, em vastos domínios, se aproximam dos das demais instituições[734]. Mas, ao contrário

---

[730] O TFUE prevê mesmo a possibilidade de extensão de competência do BCE – assim no artigo 127.°, n.° 6.

[731] Não tem, contudo, o exclusivo da emissão propriamente dita (*idem*, artigo 128.°, n.° 1 TFUE). Além da possibilidade de emitirem notas, sob autorização do BCE, os Estados membros podem igualmente emitir moedas metálicas, embora o respectivo volume de emissão esteja igualmente sujeito a aprovação do BCE (artigo 128.°, n.° 2 TFUE).

[732] Os actos do BCE estão sujeitos às obrigações de fundamentação e publicidade, podendo constituir título executivo (artigo 132.°, n.° 2, § 4).

[733] O regulamento interno do BCE foi adoptado pela Decisão n.° 2004/257/CE do BCE, de 19.2.2004 (JO, L 80, de 18.3.2004, pp. 33).

[734] Sobre a problemática da sua qualificação, vide o prof. Luís Morais, *op. cit.*, p. 450 e 454.

estas, não é um simplesmente um órgão mas uma pessoa jurídica. Além disso, não tem uma intervenção na formação da vontade da União Europeia em todo e qualquer domínio, já que é um organismo especializado num domínio particular. Em terceiro lugar, embora detenha poderes decisórios e de criação normativa, parece pretender-se introduzir o BCE no quadro do sistema político-democrático que, ainda que com peculiaridades e insuficiências, existe na União Europeia[735].

[735] Luís Morais fala na ausência aqui de um «*qualquer sistema de "checks and balances"*» e de «*legitimidade democrática*» (*op. cit.*, pp. 457 e 462).

9. Tribunal de Contas

410. O Tribunal de Contas, enquanto tal, foi criado pelo Tratado de Bruxelas de 1975, tendo assumido a veste de «instituição» do «quadro institucional único» da União e Comunidades (v. artigos 3.° e 5.° UE e 7.° CE) apenas com o Tratado de Maastricht, processo que formalmente ficou completo com o Tratado de Amesterdão[736]. Consta hoje do leque das instituições da União previsto no artigo 13.°, n.° 1, do TUE – Lisboa, disposições complementadas (v. artigo 13.°, n.° 3 TUE – Lisboa) depois nos artigos 285.° a 287.° TFUE.

411. O Tribunal de Contas é composto por vinte e sete juízes (*rectius*, por um nacional de cada Estado membro) (artigo 285.°, § 2 TFUE), escolhidos de entre «personalidades que pertençam ou tenham pertencido, nos respectivos Estados, a instituições de fiscalização externa ou que possuam uma qualificação especial para essa função» além de oferecerem garantias de independência (artigo 286.°, n.° 1 TFUE). O seu processo de designação apresenta contudo uma diferença em relação ao modo de designação dos juízes do Tribunal de Justiça e do Tribunal Geral. Os juízes do Tribunal de Contas são nomeados pelo Conselho, hoje por maioria qualificada[737] (artigo 286.° TFUE).

---

[736] Já o Tratado de Nice teve um impacto reduzido sobre o Tribunal de Contas. As modificações que operou visaram apenas aperfeiçoar a capacidade de exercício das suas competências e a visibilidade dos seus juízos críticos. Assim, na declaração prevista no então n.° 1 do artigo 248.° CE, previa-se que o Tribunal possa formular «*apreciações específicas sobre cada domínio importante da actividade comunitária*» e, na declaração n.° 18, permite-se a estabelecimento e melhoria dos mecanismos de cooperação com as instâncias nacionais de fiscalização. As restantes mutações estavam relacionadas com a sua organização interna. Por um lado, previa-se a criação de secções. Por outro, era clarificado o seu poder de auto-organização (n.° 4 do mesmo artigo 248.°).

[737] Antes, por unanimidade (anterior artigo 247.° CE).

412. A independência suposta é não apenas genética (aquando da nomeação) mas também funcional (artigo 286.°, n.os 3, 4 e 6 TFUE). No cumprimento das suas funções, os juízes devem actuar com total independência e em regime de dedicação exclusiva.

413. O Tribunal de Contas dispõe de poderes de auto-organização. O Regulamento interno, contudo, deve ser aprovado pelo Conselho (§ 5 do n.° 4 do artigo 287.° TFUE)[738].

414. Como resulta do artigo 287.° TFUE, a sua competência é a de «fiscalização das contas» da União. A fiscalização das contas da União abrange as receitas e despesas de qualquer órgão ou organismo criado pela União, salvo se houver exclusão expressa de um tal controlo no respectivo acto constitutivo (n.° 1, 2.° período, do artigo 287.° TFUE). O seu poder de fiscalização engloba o poder de garantir a fiabilidade das contas e de assinalar qualquer irregularidade ou mesmo ilegalidade. É o garante da boa gestão financeira (n.os 1, § 2, e 2, do mesmo artigo). Para cumprir as suas obrigações, o tratado reconhece ao Tribunal de Contas o direito de acesso a qualquer documento (n.° 3, § 2 do artigo 287.° TFUE) e mesmo o direito de inspecção na sede de qualquer instituição, órgão ou organismo da União[739] e mesmo nas instalações de pessoas singulares e colectivas beneficiárias de pagamentos provenientes do orçamento da União (nos Estados membros), ainda que em eventual colaboração das instituições ou serviços nacionais de fiscalização – n.° 3, §1, do artigo 287.° TFUE.

415. As suas apreciações são publicitadas. Assim, tanto a declaração de fiabilidade das contas (artigo 287.°, n.° 1, § 2 TFUE) como o relatório anual (artigo 287.°, n.° 4 TFUE) são transmitidos ao Conselho e Parlamento Europeu e publicados no *Jornal Oficial*[740].

---

[738] O regulamento interno do Tribunal de Contas está publicado no JO, L 210, de 6.8.2002.

[739] E do Banco Europeu de Investimento (n.° 3, § 3 do artigo 287.°).

[740] O tratado reconhece ainda ao Tribunal de Contas a possibilidade de elaborar relatórios sobre questões específicas e competência consultiva (artigo 287.°, n.° 4, § 2).

§ 2. ÓRGÃOS E INSTÂNCIAS COMPLEMENTARES

416. Os tratados prevêem um conjunto diversificado de órgãos com carácter técnico e/ou consultivo, especializados ou não.

417. Em primeiro lugar, cabe uma referência autónoma ao Alto Representante (remissiva) e ao novo Serviço Europeu para a Acção Externa (SEAE). Seguem-se, em segundo lugar, os órgãos de representação de interesses que colaboram em termos gerais no processo de formação da vontade da União: Comité Económico e Social e Comité das Regiões. Depois, um conjunto de entidades (organizações internacionais, organismos previstos nos tratados) que, embora autónomas (em grau qualitativamente diverso), se relacionam de modo estreito com a União Europeia, acabando por contribuir de modo importante para a realização dos objectivos destas. Uma mera referência será ainda feita a uma plêiade crescente de órgãos (comités) que, previstos ou não directamente nos tratados, detêm importantes competências consultivas, nomeadamente contribuindo consultivamente para a formação da vontade do órgão da União (normalmente a Comissão Europeia), de que são auxiliares específicos, ou da política da União num determinado sector económico. Finalmente, importa considerar de modo especial a estrutura institucional específica da UEM, que, aliás, interage e interfere com a estrutura institucional da União Europeia.

1. Alto Representante e Serviço Europeu para a Acção Externa

418. A figura do Alto Representante para os Negócios Estrangeiros e a Política de Segurança (adiante, Alto Representante) já foi referida pormenorizadamente quer na parte relativa ao Tratado de Lisboa, quer quando se falou do Conselho e da Comissão Europeia (v., ainda, artigos 18.°, e 17.°, n.os 6 e 8, do TUE – Lisboa). Seja como for, é de salientar que o Alto Representante é uma novidade do Tratado de Lisboa, constituindo um órgão híbrido da União, na medida em que é, simultaneamente, membro da Comissão Europeia (concretamente, seu Vice-Presidente) e Presidente do Conselho dos Negócios Estrangeiros[741] (mas não membro desta formação do Conselho, *qua tale*, cremos).

419. As suas atribuições em relação à PESC são muito amplas e prevalecem mesmo sobre quaisquer competências que o Tratado reconheça ao Presidente do Conselho Europeu (artigo 15.°, n.° 6, § 2 TUE – Lisboa[742]). Assim, compete ao Alto Representante[743] contribuir com as suas propostas para a *definição* da PESC (artigo 18.°, n.° 2, § 2 TUE – Lisboa), mas é também a ele que compete a *condução* (artigo 18.°, n.° 2, § 1, TUE – Lisboa) e a *representação* da União no âmbito da PESC (artigo 27.°, n.°

[741] Conselho que, recorde-se, resultou do desdobramento que o Tratado de Lisboa operou do anterior Conselho "Assuntos Gerais e Relações Externas".

[742] Decisão 2009/910/UE do Conselho, de 1 de Dezembro de 2009 (JO, L 322, de 9.12.2009, pág. 36).

[743] Na Constituição Europeia, o Alto Representante era chamado Ministro dos Negócios Estrangeiros, mesmo se o Grupo de Trabalho respectivo da Convenção (Grupo de Trabalho VII) tinha votado contra este nome e proposto o nome de "Representante Europeu para as Relações Externas", "*que tem a vantagem de não corresponder a nenhum título usado a nível nacional*". Contudo, se a prudência democrática dos Estados membros os levou a não utilizar a designação de "Ministro", não os impediu de manter a expressão "Negócios Estrangeiros".

2 TUE – Lisboa). É neste contexto que o Tratado prevê que o Alto Representante assuma a representação externa da União, que o artigo 17.°, n.° 1 TUE – Lisboa afirma competir em geral à Comissão, pois é a ele que, como Vice-Presidente da Comissão, cabe assegurar «a coerência da acção externa da União» e «no âmbito da Comissão, as responsabilidades que incumbem a esta instituição no domínio das relações externas, bem como a coordenação dos demais aspectos da acção externa da União» (artigo 18.°, n.° 4 TUE – Lisboa)[744].

420. Esta conclusão é reforçada pela análise das normas do Tratado da União Europeia sobre a acção externa da União. Em particular, referem-se ao Alto Representante as seguintes normas do Tratado da União Europeia:

a) Artigo 21.°, n.° 3, § 2 – Assiste ao Conselho e à Comissão, enquanto estes asseguram a coerência de toda a acção externa da União;
b) Artigo 26.°, n.° 3 – Assegura com o Conselho a «unidade, coerência e eficácia da acção da União» no domínio da PESC;
c) Artigos 22.°, n.° 2; 27.°, n.° 1; 30.°, n.° 1; 41.° – Apresenta propostas em todos os domínios da acção externa da União, incluindo a PESC[745];
d) Artigos 24.°, n.° 1, § 2; 26.°, n.° 3, 27.°, n.° 1; 32.°, § 3 TUE – Lisboa – Atribui-lhe a competência para executar a PESC, em conjunto com os Estados membros;
e) Artigo 24.°, n.° 2 – Assegura a observância dos princípios da lealdade e solidariedade mútua entre os Estados membros;
f) Artigo 27.°, n.° 2 – «O Alto Representante representa a União nas matérias do âmbito da PESC. Conduz o diálogo político com terceiros em nome da União e exprime a posição da União nas organizações internacionais e em conferências internacionais» (artigo 34.° TUE – Lisboa);
g) Artigo 31.°, n.° 2, § 2 – Procura o consenso entre os Estados membros, quando o Conselho haja de deliberar por maioria qualificada

[744] O Alto Representante é, por inerência, Vice-Presidente da Comissão Europeia e responsável pelas Relações Externas (o chamado Comissário RELEX), presidindo ainda à nova formação do Conselho que também foi criada (Conselho dos Negócios Estrangeiros).

[745] Note-se que ao Presidente do Conselho Europeu o Tratado não concede especificamente qualquer direito de iniciativa neste domínio.

e um Estado membro declare que "tenciona opor-se à adopção de uma decisão por maioria qualificada";

h) Artigo 33.° TUE – Lisboa – Tem o exclusivo da iniciativa da nomeação de um representante especial do Conselho, o qual actuará sob a autoridade do Alto Representante[746];

i) Artigo 36.° TUE – Lisboa – Consulta regularmente, informa e responde às questões do Parlamento Europeu[747].

421. Sob a autoridade do Alto Representante actua o Serviço Europeu para a Acção Externa (SEAE) que, criado pelo artigo 27.°, n.° 3 TUE – Lisboa, constitui o embrião de uma representação diplomática de tipo estadual da União Europeia. Actua em articulação entre as instituições da União, designadamente o Alto Representante e a Comissão Europeia, e as representações diplomáticas nacionais.

422. Apesar da entrada em vigor do Tratado de Lisboa ter ocorrido em 1 de Dezembro de 2009, a organização e funcionamento do SEAE apenas foi adoptada através da Decisão 2010/427/UE, de 26 de Julho[748]. Aí, o SEAE é concebido como «órgão da União Europeia funcionalmente autónomo» (artigo 1.°, n.° 2, da Decisão 2010/427/UE), «sob a autoridade do Alto-Representante» (artigo 1.°, n.° 3, da Decisão 2010/427/UE) e «separado do Secretariado-Geral do Conselho[749] e da Comissão, com a capacidade jurídica necessária para desempenhar as suas atribuições e alcançar os seus objectivos» (artigo 1.°, n.° 2, da mesma Decisão), que visa sempre a salvaguarda do interesse da União e não dos Estados membros[750].

423. O SEAE tem a sua sede em Bruxelas e tem dois órgãos fundamentais: a Administração Central (artigo 4.° da Decisão 2010/427/UE) e as delegações da União (artigo 1.°, n.° 4, da Decisão 2010/427/UE).

---

[746] Situação bem diversa da actual, em que o Conselho pode designar um representante especial e substituir-se à figura do Alto Representante para a PESC.

[747] Recorde-se que o Presidente do Conselho Europeu, em relação ao Parlamento Europeu, se limita a apresentar o relatório da reunião do Conselho Europeu (artigo 15.°, n.° 6, alínea *d)*, TUE).

[748] JO, L 201, de 3.8.2010, pp. 30-40, rectificada no JO, C 217, de 11.8.2010, pág. 12.

[749] A precisão é significativa. Recorde-se que o anterior Alto Representante para a PESC era também Secretário-Geral do Conselho.

[750] Quanto ao pessoal, tal resulta explicitamente do considerando 9 da decisão: «O pessoal do SEAE exerce as suas funções e pauta a sua conduta tendo unicamente em vista o interesse da União.».

424. A Administração Central é organizada em Direcções-Gerais e gerida por um Secretário-Geral Executivo responsável pelo bom funcionamento e coordenação da acção do SEAE mas que actua sempre sob a autoridade do Alto Representante. Na sua estrutura interna incluem-se, entre outros serviços, (*i*) «Direcções-Gerais constituídas por unidades orgânicas de carácter geográfico, abrangendo todos os países e regiões do mundo, bem como por unidades orgânicas multilaterais e temáticas», mas também (*ii*) uma Direcção-Geral interna (gerida directamente pelo Secretário-Geral Executivo) e a (*iii*) «Direcção da Gestão de Crises e Planeamento, a Capacidade Civil de Planeamento e de Condução das Operações, o Estado-Maior da União Europeia e o Centro de Situação da União Europeia», todos «colocados sob a autoridade e responsabilidade directas do Alto-Representante».

425. As Delegações da União são o outro pilar orgânico do SEAE (artigo 5.° da Decisão 2010/427/UE). São abertas ou encerradas por decisão do Alto Representante, tomada «de comum acordo com o Conselho e a Comissão» e funcionam sob a autoridade de um Chefe de Delegação[751], que responde perante o Alto Representante e recebe instruções tanto deste como do SEAE ou mesmo da Comissão Europeia (v.g. artigo 221.°, n.° 2 TFUE). Todos os acordos necessários ao funcionamento das Delegações no «país anfitrião[752]» são celebrados pelo Alto Representante. As delegações colaboram com os serviços diplomáticos dos Estados membros, com os quais «partilham informações», apoiando ainda os Estados membros, a título diplomático ou consular.

426. O pessoal do SEAE actua «tendo unicamente em vista o interesse da União», não podendo aceitar instruções de qualquer Governo, autoridade ou entidade exterior ao SEAE (artigo 6.°, n.° 4 da Decisão 2010/427/UE). É composto, numa primeira fase até 2013, «por funcionários provenientes do Secretariado-Geral do Conselho e da Comissão, assim como por pessoal proveniente dos serviços diplomáticos dos Estados-Membros.», sem prejuízo da possibilidade de recurso a peritos nacionais especializados ou agentes temporários dos Estados membros.

---

[751] O Chefe de Delegação representa a UE nesse Estado ou organização, designadamente para a celebração de contratos ou em juízo.

[752] A delegação pode ser a delegação no país anfitrião, numa organização internacional ou mesmo num país terceiro.

427. Com a criação do SEAE, são transferidos para este, «em bloco», uma série de serviços do Secretariado-Geral do Conselho[753] e da Comissão Europeia[754].

428. As competências do SEAE são as de apoiar o Alto Representante na PESC, na sua *tripla* qualidade[755] de Presidente do Conselho dos Negócios Estrangeiros, de Vice-Presidente da Comissão Europeia e, *et pour cause*, de Alto Representante[756], contribuindo para que seja assegu-

---

[753] Constam do Anexo à Decisão: Unidade Política; Estruturas da PCSD e de gestão de crises (inclui Direcção da Gestão de Crises e Planeamento (DGCP), Capacidade Civil de Planeamento e de Condução de Operações (CCPC), Estado-Maior da União Europeia (EMUE), Serviços sob a autoridade directa do DGEMUE, Direcção de Conceitos e Capacidades, Direcção de Informações, Direcção de Operações, Direcção de Logística, Direcção de Sistemas de Comunicação e Informação, Centro de Situação da UE (Sitcen), com uma excepção, Direcção-Geral E (incluindo as Entidades sob a autoridade directa do Director-Geral, a Direcção das Américas e das Nações Unidas, a Direcção dos Balcãs Ocidentais, da Europa Oriental e da Ásia Central, a Direcção da Não Proliferação de Armas de Destruição Maciça, a Direcção dos Assuntos Parlamentares no domínio da PESC, o Gabinete de Ligação de Nova Iorque e o Gabinete de Ligação de Genebra) e os funcionários do Secretariado-Geral do Conselho destacados nas equipas dos Representantes Especiais da União Europeia e nas missões da PCSD.

[754] A Direcção-Geral das Relações Externas, incluindo cargos de chefia e pessoal de apoio, a Direcção A (Plataforma de Crise e Coordenação Política no domínio da PESC), a Direcção B (Relações Multilaterais e Direitos Humanos), a Direcção C (América do Norte, Ásia Oriental, Austrália, Nova Zelândia, EEE, EFTA, São Marinho, Andorra, Mónaco), a Direcção D (Coordenação da Política Europeia de Vizinhança), a Direcção E (Europa Oriental, Cáucaso do Sul, Repúblicas da Ásia Central), a Direcção F (Médio e Próximo Oriente, Mediterrâneo do Sul), a Direcção G (América Latina), a Direcção H (Ásia, excepto Japão e Coreia), a Direcção I (Recursos na Sede, Informação, Relações Interinstitucionais), a Direcção K (Serviço Externo), a Direcção L (Estratégia, Coordenação e Análise), e o Grupo de Missão sobre a Parceria Oriental, a Unidade Relex-01 (auditoria), com algumas excepções, o Serviço Externo, incluindo todos os Chefes e Chefes-Adjuntos de Delegação e pessoal de apoio directamente adstrito, as secções ou células políticas e respectivo pessoal, as secções de informação e diplomacia pública e respectivo pessoal e as secções administrativas, a Direcção-Geral do Desenvolvimento, incluindo a Direcção D (ACP II – África Ocidental e Central, Caraíbas e PTU), excepto o Grupo de Missão sobre os PTU, a Direcção E (Corno de África, África Oriental e Austral, Oceano Índico e Pacífico), incluindo as Unidades CI (ACP I: Programação e gestão da ajuda): Pessoal responsável pela programação) e C2 (Questões e instituições, governação e migrações pan-africanas): Pessoal responsável pelas relações pan-africanas.

[755] Neste sentido, vide o próprio artigo 2.°, n.° 1, da Decisão 2010/427/UE.

[756] As funções que lhe são concretamente atribuídas no artigo 18.° TUE – Lisboa, mas também, a título exemplificativo, em relação a diversos organismos, como a Agência Europeia de Defesa, o Centro de Satélites da UE, o Instituto de Estudos de Segurança e a Academia Europeia de Segurança e Defesa.

rada a coerência interna – coerência da acção externa da União – e externa – coerência face às outras políticas da União – *soi disant* da acção externa da União, incluindo os objectivos do Consenso Europeu para o Desenvolvimento[757] e do Consenso Europeu em matéria de Ajuda Humanitária[758]. Se o SEAE não é competente para a gestão dos programas de cooperação externa da União, o que cabe à Comissão (artigo 9.°, n.° 1 da Decisão 2010/427/UE), isso não prejudica a competência do Alto Representante para a «coordenação política geral da acção externa da União, garantindo a unidade, a coerência e a eficácia dessa mesma acção», através de diversos instrumentos de ajuda externa[759], nem a sua contribuição para o «ciclo de programação e gestão» desses instrumentos e para a preparação das decisões da Comissão relativas às medidas estratégicas plurianuais.

---

[757] JO, C 46, de 24.2.2006, pp. 1.

[758] COM (2007) 0317 final – *Comunicação da Comissão ao Parlamento Europeu e ao Conselho – "Para um Consenso Europeu em matéria de Ajuda Humanitária"*.

[759] Designadamente o Instrumento de Cooperação para o Desenvolvimento (Regulamento (CE) n.° 1905/2006), o Fundo Europeu de Desenvolvimento (Regulamento n.° 5 do Conselho), o Instrumento para a Democracia e os Direitos do Homem (Regulamento (CE) n.° 1889/2006), o Instrumento Europeu de Vizinhança e Parceria (Regulamento (CE) n.° 1638/2006), o Instrumento de Cooperação com os Países Industrializados (Regulamento (CE) n.° 382/2001), o Instrumento para a Cooperação no domínio da Segurança Nuclear (Regulamento (Euratom) n.° 300/2007) e o Instrumento de Estabilidade (v. artigo 4.° do Regulamento (CE) n.° 1717/2006).

2. Comité Económico e Social

429. O Comité Económico e Social é um órgão previsto desde a versão originária do tratado de Roma institutivo da (então denominada) Comunidade Económica Europeia.

430. É hoje apresentado como órgão consultivo dos órgãos deliberativos da União Europeia, ou seja o Parlamento Europeu, do Conselho e da Comissão Europeia (artigo 13.°, n.° 4 TUE – Lisboa, e artigo 300.°, n.° 1 TFUE).

431. A composição do Comité Económico e Social é determinada por decisão do Conselho, não podendo ter mais do que máximo de 350 membros (artigo 301.° TFUE), que são também nomeados pelo Conselho para mandatos de cinco anos, renováveis, a partir das propostas apresentadas pelos Estados membros (artigo 302.° TFUE). É composto por «representantes das organizações de empregadores, de trabalhadores e de outros actores representativos da sociedade civil, em especial nos domínios socioeconómico, cívico, profissional e cultural» (artigo 300.°, n.° 2 TFUE), formulação bem mais genérica do que a que constava, anteriormente, do artigo 257.°, § 2, do Tratado CE («representantes das diferentes componentes de carácter económico e social da sociedade civil organizada, designadamente dos produtores, agricultores, transportadores, trabalhadores, comerciantes e artífices, das profissões liberais, dos consumidores e do interesse geral»).

432. Os membros do Comité Económico e Social dispõem de um estatuto de independência funcional (artigo 300.°, n.° 4 TFUE) face aos restantes órgãos da União, que se expressa na incompatibilidade de, por exemplo, se ser ao mesmo tempo membro deste Comité e do Parlamento Europeu (artigo 6.° do Acto de 20 de Setembro de 1976).

433. O Comité Económico e Social dispõe de poder de auto-organização. Compete-lhe escolher o respectivo Presidente e restantes membros da Mesa[760] e, por outro lado, dispõe de competência para aprovar o respectivo regulamento interno (artigo 303.° TFUE)[761]. Além disso, a Conferência Intergovernamental culminada em Maastricht pretendeu reforçar – equiparando-o ao Tribunal de Contas – o reconhecimento da independência do Comité na gestão do pessoal e do respectivo orçamento (declaração n.° 21). Por outro lado, cabe referir que, nos termos do disposto no Protocolo n.° 15 ao tratado de Maastricht, a estrutura administrativa do Comité Económico e Social é comum à do Comité das Regiões. Funciona em formação plenária e secções especializadas (em princípio, apenas seis)[762], estando ainda prevista no tratado a criação de subcomités com competências preparatórias (artigo 19.° do Regimento Interno). Em formação plenária, o *quorum* constitutivo é de «mais de metade dos seus membros», presentes ou representados (artigo 47.° do Regimento Interno), sendo as deliberações tomadas por maioria dos votos expressos (artigo 56.°, n.° 2 do Regimento Interno).

434. As sessões do Comité Económico e Social, tanto do plenário como das secções especializadas, são públicas – artigo 65.°, n.os 1 e 3 do Regimento Interno.

435. Como já foi referido, o Comité Económico e Social é um órgão de consulta dos órgãos com poder de participação no processo de criação normativa na União Europeia (Parlamento Europeu, Conselho e Comissão Europeia). Parte significativa da legislação da União passa obrigatoriamente pelo crivo consultivo do Comité, por força do disposto no artigo 304.° TFUE. Além disso, o Comité pode ser consultado mesmo que tal não esteja previsto nos tratados. Cumpre salientar, no entanto, que, mesmo que a consulta do Comité Económico e Social seja obrigatória, a falta de emissão de parecer, quando lhe for fixado um prazo, não impede a adopção do acto da União.

---

[760] A Mesa é composta por 24 membros (artigo 3.° do Regimento Interno).

[761] O actual regimento interno foi adoptado pela assembleia em 17.7.2002 (2002/ /769/CE, Euratom) – JO, L 268, de 4.10.2002, pp. 1-15 – com a redacção resultante da revisão plenária de 31.3.2004 (JO, L 310, de 7.10.2004, pp. 77) e da Decisão n.° 2004/788/CE, Euratom (JO, L 348, de 24.11.2004, pp. 27), em vigor desde 24 de Outubro de 2004.

[762] Artigo 17.° do Regimento Interno. O Comité está estruturado em três grupos: artigos 2.° e 27.° do Regimento Interno.

3. Comité das Regiões

436. O Comité das Regiões é um órgão consultivo da União Europeia que, originariamente, foi introduzido no tratado da Comunidade Europeia pelo tratado de Maastricht.

437. O que se escreveu para o Comité Económico e Social é igualmente válido para o Comité das Regiões. Os tratados apresentam-no hoje como órgão consultivo do Parlamento Europeu, do Conselho e da Comissão (artigo 13.°, n.° 4 TUE – Lisboa; artigo 300.°, n.° 1 TFUE).

438. Segundo o artigo 300.°, n.° 3, TFUE, o Comité das Regiões, que também não pode ter mais do que 350 membros, é composto por «representantes das autarquias [antes, colectividades] regionais e locais» democraticamente legitimados, pois, adianta o tratado, os seus membros devem ser, quer «titulares de um mandato eleitoral a nível regional ou local, quer politicamente responsáveis perante uma assembleia eleita».

439. A composição é definida por decisão unânime do Conselho, sendo também nomeados pelo Conselho para mandatos de cinco anos, podendo ser reconduzidos (artigo 305.° TFUE). Uma particularidade é a de que, sendo obrigatoriamente os seus membros dotados de uma legitimidade democrática, o mandato cessa automaticamente com o termo do mandato a que se refere o artigo 300.°, § 3 TFUE.

440. O Comité das Regiões também dispõe de poderes de auto-organização. Compete-lhe escolher o respectivo Presidente e restantes membros da Mesa[763] e pode aprovar o seu regulamento interno (artigo 306.°

---

[763] A Mesa é composta por um total de trinta e seis membros, incluindo o Presidente, o primeiro vice-presidente e mais um membro por Estado membro com o estatuto de vice-presidente (artigo 19.° do Regulamento Interno – JO, L 69, 29.3.1995, p. 47).

TFUE). Os seus órgãos são a Assembleia plenária, a Mesa e as Comissões (permanentes, temporárias e subcomissões – artigo 25.° do Regulamento Interno), sendo assistido por um secretariado-geral[764]. A assembleia plenária funciona uma vez por trimestre, havendo *quorum* constitutivo se estiver presente a maioria dos membros do Comité. Delibera por maioria dos votos expressos (artigos 7.° e 8.° do Regulamento interno)[765]. As sessões da Assembleia do Comité das Regiões são públicas (artigo 36.°, n.° 1 do Regulamento Interno), não existindo qualquer princípio nesse sentido no que toca às comissões (n.° 2 do mesmo artigo). Contudo, os pareceres do Comité são publicados no Jornal Oficial[766].

441. Os membros do Comité das Regiões gozam igualmente de independência (artigo 300.°, n.° 4 TFUE), não podendo também ser, simultaneamente, membros do Parlamento Europeu (artigo 305.°, § 3 TFUE).

442. As suas competências são também consultivas, nos termos já assinalados para o Comité Económico e Social (artigo 307.° TFUE).

---

[764] As competências do secretário-geral constam dos artigos 29.° e seguintes do regulamento interno.

[765] O mesmo vale para as comissões (artigo 35.° do Regulamento Interno).

[766] O acesso aos documentos do Comité é regulado por decisão de 17.9.1997 (JO, L 351, de 23.12.1997, pp. 70-71).

4. Banco Europeu de Investimento

443. O Banco Europeu de Investimento (BEI) é um organismo originário da primitiva Comunidade Económica Europeia, sendo hoje previsto, em termos gerais, nos artigos 308.° e 309.° TFUE. O BEI é dotado de personalidade jurídica, constando as suas atribuições e estatutos do próprio tratado (artigo 267.° e protocolo anexo ao Tratado de Lisboa) e desenvolvendo as suas funções em domínios específicos importantes (v. artigo 209.°, n.° 3 TFUE).

444. O Banco Europeu de Investimento (BEI) é uma pessoa jurídica que tem como membros os próprios Estados membros da União Europeia, que estabelecem os seus Estatutos (aliás, constam de Protoloco anexo ao Tratado e, por isso, com valor de direito primário, ainda que sujeitos a um procedimento de revisão simplificado) (artigo 308.° TFUE).

445. No exercício das suas competências administrativas, o Tratado impõe hoje ao BEI o princípio da transparência no acesso aos documentos produzidos no quadro de actuações administrativas, aliás de forma mais limitada do que resulta do artigo 15.° TFUE para qualquer instituição, órgão ou organismo da União. O acesso do Tribunal de Contas é, no entanto, regulado por acordo específico (artigo 287.°, n.° 3, § 3 TFUE).

446. As atribuições do Banco Europeu de Investimento são amplas. Em geral, a sua missão é a de «contribuir, recorrendo ao mercado de capitais e utilizando os seus próprios recursos, para o desenvolvimento equilibrado e harmonioso do mercado interno no interesse da União» (artigo 309.° TFUE), a realização da coesão económica, social e territorial interna (artigo 175.°, § 1 TFUE) ou dos objectivos da cooperação para o desenvolvimento (com Estados terceiros – v. artigo 209.°, n.os 3 e 1 TFUE), através da «concessão de empréstimos e de garantias, sem prosseguir qualquer fim lucrativo», com vista ao financiamento de projectos ou programas, qualquer que seja o sector da economia:

- De valorização das regiões menos desenvolvidas;
- De modernização ou reconversão de empresas, ou de criação de novas actividades induzidas pelo estabelecimento ou funcionamento do mercado interno que, pela sua amplitude ou natureza, não possam ser inteiramente financiados pelos diversos meios existentes em cada um dos Estados membros;
- De interesse comum para vários Estados membros que, pela sua amplitude ou natureza, não possam ser inteiramente financiados pelos diversos meios existentes em cada um dos Estados membros; ou de
- De investimento em articulação com as intervenções dos fundos estruturais e dos demais instrumentos financeiros da União.

447. O BEI é autónomo na definição e concretização dos projectos, podendo no entanto, caso um Estado membro não cumpra uma decisão relativa à redução do défice excessivo, ser pedido ao BEI que reavalie a política de empréstimos a esse Estado membro (artigo 126.°, n.° 11 TFUE), podendo questionar-se se tal envolve também a política relativa a empresas ou cidadãos desse mesmo Estado membro.

448. Nos casos previstos nos tratados, o BEI pode ter a iniciativa de certos actos da União Europeia (artigo 289.°, n.° 4 TFUE), podendo também alguns dos seus actos ser sindicados perante o Tribunal de Justiça (artigo 271.° TFUE).

5. Provedor de Justiça Europeu

449. O **Provedor de Justiça Europeu** é um órgão personalizado, introduzido nos tratados pelo Tratado de Maastricht (cfr. artigo 195.° CE; actual artigo 228.° TFUE), que é hoje ocupado pelo grego Nikiforos Diamandouros[767].

450. O Provedor de Justiça era nomeado mas hoje é, formalmente, eleito pelo Parlamento Europeu após a eleição do parlamento e pelo período da respectiva legislatura (artigo 228.°, n.os 1 e 2 TFUE)[768], podendo ser reconduzido nas suas funções.

451. Exerce as competências que o TFUE lhe confere com total independência (artigo 228.°, n.° 3 TFUE). O seu estatuto e as condições de exercício das suas funções são estabelecidas pelo Parlamento Europeu através de um procedimento legislativo especial (artigo 228.°, n.° 4 TFUE)[769].

452. Nos termos do disposto no n.° 1 do artigo 228.° TFUE, ao Provedor de Justiça compete «receber queixas apresentadas por qualquer cidadão da União ou qualquer pessoa singular ou colectiva com residência ou sede estatutária num Estado membro e respeitantes a casos de má administração na actuação das instituições, órgãos ou organismos da

---

[767] Decisão 2010/86/UE, Euratom, do Parlamento Europeu, de 20 de Janeiro de 2010 (JO, L 39, de 12.2.2010, pp. 4).

[768] Vide artigos 177.° e seguintes do Regimento do Parlamento Europeu. O artigo 228.° refere explicitamente que o Provedor de Justiça Europeu é *eleito* pelo Parlamento Europeu.

[769] Decisão n.° 1994/262/PE de 9.3.1994 (JO, L 113, de 4.5.1994, pp. 15-18), alterada pela Decisão de 14.3.2002 (JO, L 92, de 9.4.2002, pp. 13) e pela Decisão 2008/587/CE, Euratom, de 18.6.2008 (JO, L 189, de 17.7.2008, pp. 25-27) – v. Tizzano/Cruz Vilaça/Gorjão-Henriques, *Código da União Europeia*, *cit*.

União, com excepção do Tribunal de Justiça da União Europeia no exercício das suas funções. O Provedor de Justiça instrui essas queixas e apresenta relatório sobre as mesmas», procedendo ainda «aos inquéritos que considere justificados, quer por sua própria iniciativa, quer com base nas queixas que lhe tenham sido apresentadas, directamente ou por intermédio de um membro do Parlamento Europeu, salvo se os factos invocados forem ou tiverem sido objecto de processo jurisdicional. Sempre que o Provedor de Justiça constate uma situação de má administração, apresentará o assunto à instituição, órgão ou organismo em causa, que dispõe de um prazo de três meses para lhe apresentar a sua posição. O Provedor de Justiça enviará seguidamente um relatório ao Parlamento Europeu e àquela instituição, órgão ou organismo. A pessoa que apresentou a queixa será informada do resultado dos inquéritos».

6. EUROPOL

453. O tratado da União Europeia (Maastricht) veio prever a criação de um Serviço Europeu de Polícia (Europol) no artigo K.1, n.° 9 UE. Constituída entretanto, a Europol tem hoje relações estreitas de cooperação com a União, cujas linhas directrizes se encontram plasmadas no título relativo à cooperação policial (artigo 88.° TFUE)[770].

454. A Europol foi criada através de convenção concluída entre os Estados membros da União[771], tendo entrado em vigor em 1 de Outubro de 1998, sendo a sua estrutura, funcionamento, domínios de acção e funções definidas hoje por acto legislativo, na forma de regulamentos da União Europeia (artigo 88.°, n.° 2 TFUE). Dispõe de uma estrutura orgânica própria (artigos 27.°-36.° da Convenção) e sede nos Países Baixos (A Haia[772]). Além da sua estrutura própria, funciona com base nas unidades nacionais que existem em cada Estado membro e encontra-se sob tutela institucional do Conselho (que nomeia o Director) e dos Estados membros (cujos representantes compõem o Conselho de Administração).

455. A Europol é um ou mesmo o instrumento privilegiado para a concretização da política de cooperação policial hoje prevista nos artigos 87.° a 89.° do TFUE. As atribuições da Europol são as de apoiar e reforçar a acção das autoridades policiais e dos outros serviços responsáveis

---

[770] Na Constituição Europeia, a norma essencial sobre a Europol era o artigo III-276.°. Antes, vide os artigos 29.°, § 2, e 30.° TUE-M.

[771] Mais uma vez, o texto da convenção (bem como outros documentos relativos a esta instituição) pode(m) ler-se em Tizzano/Cruz Vilaça/Gorjão-Henriques, *Código da União Europeia*, *cit*.). O regulamento interno foi aprovado pelo Acto n. 29/2009 da Instância Comum de Controlo da Europol, de 22.6.2009 (JO, C 45, de 23.2.2010, pp. 2-13).

[772] Protocolo relativo à localização das sedes das instituições, órgãos e organismos da União Europeia, Artigo Único, alínea *j*).

pela aplicação da lei dos Estados membros, bem como as de procurar efectivar a cooperação entre essas autoridades na prevenção das formas graves de criminalidade que afectem dois ou mais Estados membros, do terrorismo e das formas de criminalidade lesivas de um interesse comum que seja objecto de uma política da União, bem como no combate contra esses fenómenos» (artigo 88.° TFUE). Dada a densidade de *acountability* democrática necessária, o tratado estabelece que as funções cometidas à Europol sejam submetidas a controlo do Parlamento Europeu, a que se associarão os parlamentos nacionais (artigo 88.°, n.° 2 TFUE; artigo 12.°, alínea *c)* TUE – Lisboa).

456. Em particular, o Tratado estabelece poder competir-lhe proceder a acções operacionais, ainda que sempre em articulação e com o acordo do ou dos Estados membros cujo território (e não os nacionais) seja afectado e sob reserva da competência exclusiva das autoridades nacionais para a aplicação de medidas coercivas (artigo 88.°, n.° 3 TFUE), bem como à:

- Recolha, armazenamento, tratamento, análise e intercâmbio das informações transmitidas, nomeadamente, pelas autoridades dos Estados-Membros ou de instâncias ou países terceiros (artigo 88.°, n.° 2, § 1, alínea *a)* TFUE);
- Coordenação, organização e realização de investigações e de acções operacionais, conduzidas em conjunto com as autoridades competentes dos Estados membros ou no âmbito de equipas de investigação conjuntas, eventualmente em articulação com a Eurojust (artigo 88.°, n.° 2, § 1, alínea *b)* TFUE).

7. EUROJUST

457. A criação da **Eurojust** (Unidade Europeia de Cooperação Judiciária) foi prevista no Tratado de Nice (então nos artigos 29.°, § 2 e 31.°, n.° 2 UE). A esta entidade cabe desempenhar as funções previstas no artigo 85.° TFUE[773]. O Eurojust foi criado pela Decisão n.° 2002/ /187/JAI[774].

458. A Eurojust tem por **missão**, nos termos do disposto no artigo 85.° TFUE, «apoiar e reforçar a coordenação e a cooperação entre as autoridades nacionais competentes para a investigação e o exercício da acção penal em matéria de criminalidade grave que afecte dois ou mais Estados membros ou que exija o exercício de uma acção penal assente em bases comuns, com base nas operações conduzidas e nas informações transmitidas pelas autoridades dos Estados membros e pela Europol».

459. Tal como sucede com a Europol, também no caso da Eurojust as normas relativas à sua estrutura, funcionamento, domínios de acção e funções são adoptadas através de processo legislativo ordinário e sob a forma de regulamentos do Parlamento Europeu e do Conselho (artigo 85.°, n.° 1, § 2 TFUE), estabelecendo o Tratado, cremos que em termos que não podem ser excedidos, que tais funções podem incluir, sem prejuízo para as que venham eventualmente a ser cometidas/exercidas pela Procuradoria Europeia (v. *infra*), em especial no que toca às infracções lesivas dos interesses financeiros da União Europeia:

- A abertura e coordenação de investigações criminais;

---

773 Declaração n.° 2, anexa à Acta Final da CIG/2000.

774 Decisão n.° 2002/187/CE do Conselho, de 28.2.2002, relativa à criação do Eurojust a fim de reforçar a luta contras as formas graves de criminalidade, alterada pela Decisão n.° 2003/659/JAI do Conselho, de 18.6.2003 (JO, L 245, de 29.9.2003, pp. 44).

- A proposta de instauração e a coordenação de acções penais conduzidas pelas autoridades nacionais competentes, sendo que o Tratado impõe que os actos oficiais de procedimento judicial sejam executados pelos agentes nacionais competentes (salvo caso seja criada a Procuradoria Europeia e nos termos do regulamento adoptado ao abrigo do artigo 86.° TFUE);
- O reforço da cooperação judiciária, inclusive mediante a resolução de conflitos de jurisdição e uma estreita cooperação com a Rede Judiciária Europeia.

460. Todas as actividades da Eurojust, dados os bens jurídicos fundamentais em causa, devem ser realizadas por formas que assegurem a associação do Parlamento Europeu e dos Parlamentos nacionais (artigo 12.°, *c)* TUE – Lisboa) à avaliação das suas actividades.

461. Deve ser salientado, finalmente, que a Eurojust constitui a base para a criação da Procuradoria Europeia, pelo Conselho e através de processo legislativo especial (decisão por unanimidade do Conselho, aprovada pelo Parlamento Europeu – nos termos cuidadosos previstos no artigo 86.° TFUE)[775]. De acordo com esse procedimento, se não for possível o consenso entre os Estados membros no Conselho ou no Conselho Europeu, pelo menos 9 Estados membros poderão criar a Procuradoria Europeia através do recurso ao mecanismo das cooperações reforçadas.

462. A Procuradoria Europeia terá por objectivo combater as fraudes lesivas dos interesses financeiros da União (artigo 86.°, n.° 1 TFUE), sendo «competente para investigar, processar judicialmente e levar a julgamento, eventualmente em articulação com a Europol, os autores e cúmplices das infracções lesivas dos interesses financeiros da União determinadas (...)», inclusivamente através do direito de exercer, «perante os órgãos jurisdicionais competentes dos Estados membros, a acção pública relativa a tais infracções», sobrepondo-se por isso, no caso português, ao próprio Ministério Público (*all things being equal*, claro está, o que não deve presumir-se) (Artigo 86.°, n.° 2 TFUE).

---

[775] Aspecto que, para o *Conseil Constitutionnel* francês, igualmente interferia com o exercício da soberania nacional, a reclamar uma revisão da Constituição (Decisão 2007-560, § 19).

8. AGÊNCIAS E ORGANISMOS ESPECIALIZADOS

463. Um terceiro tipo de instituições merece referência, de diversa natureza jurídica, a maior parte das quais criadas para colaborar com a Comissão Europeia no âmbito das competências que esta detém na União Europeia. Não sendo desenvolvidas nem enumeradas exaustivamente[776], segue-se uma menção nominativa[777] e, na maior parte dos casos, a remissão para a respectiva legislação institutiva e regulamentadora:

1) Agência Europeia do Ambiente (AEA ou EEA)[778];
2) Fundação Europeia para a Formação (ETF)[779];

---

[776] Só na página oficial da União Europeia na Internet (http://www.europa.eu/agencies/community_agencies/index_pt.htm) podem encontrar-se 24 agências especializadas, incluindo aquelas no texto referidas. Em especial, poderia mencionar-se a Agência de Aprovisionamento da Euratom, o CEDEFOP (instituído pelo Regulamento (CEE) N.° 337/75 do Conselho, JO, L 39, de 13.2.1975) ou a Autoridade Europeia para a protecção de dados (artigo 41.° do Regulamento (CE) n.° 45/2001 do Parlamento Europeu e do Conselho, de 18.12.2000, JO, L 8, de 12.1.2001, pp. 1, e Decisão n.° 1247/2002, de 1.7.2002, JO, L 183, de 12.7.2002, pp. 1).

[777] Começa por se seguir a listagem constante do Protocolo relativo à fixação das sedes de instituições, órgãos e organismos da União Europeia.

[778] Regulamento (CEE) n.° 1210/90 do Conselho, de 7.5.1990 (JO, L 120, de 11.5.1990, pp. 1), alterado pelo Regulamento (CE) n.° 933/1999 do Conselho, de 29.4.1999 (JO, L 117, de 5.5.1999, p. 1). Cabe a esta Agência (vulgarmente chamada AEA) a recolha, tratamento e análise dos dados relativos ao ambiente, incluindo a sua evolução prospectiva, bem como a respectiva divulgação pública. Tem como membros Estados que não pertencem à UE, como a Islândia, o Liechtenstein e a Noruega.

[779] Regulamento (CEE) n.° 1360/90 do Conselho, de 7.5.1990 (JO, L 131, de 23.5.1990), já alterado, por último pelo Regulamento (CE) n.° 1648/2003 do Conselho, de 18.6.2003 (JO, L 245, de 29.9.2003, pp. 22). A função da ETF é «*a reforma da formação profissional em países onde existem parcerias no âmbito dos programas de relações externas da União Europeia, de que são exemplo os programas MEDA, CARDS, Tacis e Phare*», cabendo-lhe ainda converter «a política comunitária em propostas de formação e de mercado de trabalho para países terceiros».

3) Instituto Comunitário de Inspecção e de Fiscalização Veterinária e Fitossanitária[780];

4) Observatório Europeu da Droga e da Toxicodependência (OEDT ou EMCDDA)[781];

5) Agência Europeia de Medicamentos (EMA)[782];

6) Agência para a Segurança e a Saúde no Trabalho (EU-OSHA)[783];

7) Instituto de Harmonização do Mercado Interno (IHMI)[784];

8) Instituto Comunitário das Variedades Vegetais (ICVV ou CPVO)[785];

9) Observatório Europeu do Racismo e da Xenofobia (OERX ou EUMC)[786];

---

[780] Decisão da Comissão de 18.12.1991.

[781] Regulamento (CEE) n.° 302/93 do Conselho, de 8.2.1993 (JO, L 36, de 12.2.1993, pp. 1), com a redacção resultante do Regulamento (CE) n.° 3294/94 do Conselho, de 22.12.1994 (JO, L 341, de 30.12.1994) e do Regulamento (CE) n.° 1651/2003 do Conselho, de 18.6.2003 (JO, L 245, de 29.9.2003). As atribuições do OEDT são as de proceder à recolha, e divulgação de informação sobre o fenómeno da droga e da toxicodependência na Europa, designadamente em articulação com instâncias de países terceiros ou de organizações internacionais. Vg., ainda o Regulamento (CE) n.° 2220/2000 (JO, L 253, de 7.10.2000).

[782] Regulamento (CE) n.° 726/2004, do Parlamento Europeu e do Conselho de 31 de Março de 2004 que estabelece procedimentos comunitários de autorização e de fiscalização de medicamentos para uso humano e veterinário e que institui uma Agência Europeia de Medicamentos, na redacção resultante do Regulamento (CE) n.° 1394/2007 do Parlamento Europeu e do Conselho, de 13 de Novembro de 2007, relativo a medicamentos de terapia avançada (Texto relevante para efeitos do EEE) (JO, L 324, de 10.12.2007, pp. 121-137).

[783] Regulamento (CE) n.° 2062/94 do Conselho, de 18.7.1994 (JO, L 216, de 20.8.1994), alterado pelo Regulamento (CE) n.° 1643/95 do Conselho, de 29.6.1995 (JO, L 156, de 7.7.1995), pelo Regulamento (CE) n.° 1654/2003 (JO, L 245, de 29.9.2003, pp. 38) e pelo Regulamento (CE) n.° 1112/2005 (JO, L 184, de 15.7.2005).

[784] Criado pelo artigo 2.° do Regulamento (CE) n.° 40/94 do Conselho, de 29.12.1993, relativo à marca comunitária (JO, L 11, de 14.1.1994). O Instituto assumiu igualmente os poderes, relativos aos modelos e desenhos comunitários, conferidos pelo Regulamento (CE) n.° 6/2002 do Conselho, de 12.12.2001 (JO, L 3, de 5.1.2002, pp. 1). O regime processual das suas câmaras de recurso foi aprovado pelo Regulamento (CE) n.° 216/96, alterado pelo Regulamento (CE) n.° 2082/2004 (JO, L 360, de 7.12.2004).

[785] Instituído pelo Regulamento (CE) n.° 2100/94 do Conselho, de 27.7.1994 (JO, L 227, de 1.9.1994), com a redacção resultante, por último, do Regulamento (CE) n.° 15/2008 do Conselho, de 20.12.2007 (JO, L L 8, de 11.1.2008, p. 2).

[786] Decisão dos representantes dos governos dos Estados membros, de 2.6.1997 (JO, C 194, de 25.6.1997, p. 4) e Regulamento (CE) n.° 1035/97 do Conselho, de 2.6.1997 (JO, L 151, de 10.6.1997, pp. 1), na redacção resultante do Regulamento n.° 1652/2003 (JO, L 245, de 29.9.2003). O OEDT gere o RAXEN, a rede europeia de informação sobre racismo e xenofobia.

10) Fundação Europeia para a Melhoria das Condições de Vida e de Trabalho (EUROFOUND)[787];

11) Organismo Europeu de Luta Antifraude (OLAF)[788];

12) Autoridade Europeia para a Segurança dos Alimentos (EFSA)[789];

13) Agência Europeia de Reconstrução (EAR)[790];

14) Agência Europeia da Segurança Marítima (AESM ou EMSA)[791];

15) Agência Europeia para a Segurança das Redes e da Informação (ENISA)[792];

16) Agência Ferroviária Europeia (ERA)[793];

17) Instituto de Estudos de Segurança da União Europeia (IESUE)[794];

18) Centro de Satélites da União Europeia (EUSC)[795];

19) Agência Europeia de Defesa (EDA)[796];

20) Agência Europeia de Gestão na Cooperação Operacional nas Fronteiras Externas dos Estados Membros da UE[797];

---

[787] Regulamento n.° 1365/75 do Conselho, alterado, por último, pelo Regulamento n.° 1111/2005, do Conselho, de 24.6.2005 (JO, L 184, de 15.7.2005).

[788] Decisão 352/1999 da Comissão, de 28.4.1999 (JO, L 136, de 31.5.1999, pp. 20).

[789] Regulamento (CE) n.° 178/2002 (JO, L 31, de 1.2.2002), na redacção resultante, por último, do Regulamento (CE) n.° 202/2008 (JO, L 60, de 5.3.2008, p. 17).

[790] Regulamento (CE) n.° 2667/2000, alterado, por último, pelo Regulamento (CE) n.° 1756/2006 (JO, L 332, de 30.11.2006, pp. 18).

[791] Regulamento (CE) n.° 1406/2002 (JO, L 208, de 5.8.2002), na redacção resultante, por último, do Regulamento (CE) n.° 1891/2006 (JO, L 394, de 30.12.2006, pp. 1-4).

[792] Regulamento (CE) n.° 460/2004 (JO, L 77, de 13.3.2004, pp. 1).

[793] Regulamento (CE) n.° 881/2004 (JO, L 220, de 21.6.2004, pp. 3 – rectificação integral).

[794] Criado através da Acção Comum 2001/554/PESC do Conselho, de 20.7.2001 (JO, L 200, de 25.7.2001, pp. 1), alterada pela Acção Comum 2006/1002/PESC do Conselho, de 12.12.2006 (JO, L 409, de 30.12.2006), rectificada em JO, L 36, de 8.2.2007, pp. 67-67.

[795] Acção Comum 2001/555/PESC do Conselho, de (JO, L 200, de 15.7.2001, pp. 5), alterada por último pela Acção Comum 2006/998/PESC do Conselho, de 21.12.2006 (JO, L 405, de 30.12.2006), tal como rectificado em JO, L 29, de 3.2.2007, e JO, L 140, de 1.6.2007, p. 58), com a página electrónica http://www.eusc.org/.

[796] Acção Comum 2004/551/PESC do Conselho, de 12.7.2004 (JO, L 245, de 17.7.2004, pp. 17), na redacção resultante da Acção Comum 2008/299/PESC do Conselho, de 7.4.2008 (JO, L 102, de 12.4.2008, pp. 34-35). A Agência tem por objectivos o «*desenvolvimento das capacidades de defesa, da investigação, da aquisição e dos armamentos*», com a página electrónica http://www.eda.europa.eu/.

[797] Regulamento (CE) n.° 2007/2004 (JO, L 349, de 25.11.2004, pp. 1), tal como alterado pelo Regulamento (CE) n.° 863/2007 do Parlamento Europeu e do Conselho, de 11.7.2007 (JO, L 199, de 31.7.2007, pp. 30-39); vide ainda a Decisão 2007/512/CE do Conselho, de 15 de Fevereiro de 2007 (JO, L 188, de 20.7.2007).

21) Agência Comunitária de Controlo das Pescas[798];
22) Agência Europeia para a Segurança da Aviação[799];
23) Instituto Europeu de Inovação e Tecnologia (EIT)[800]; ou a
24) Academia Europeia de Segurança e Defesa (AESD)[801].

464. Ao abrigo do Regulamento (CE) n.° 58/2003 foram ainda criadas[802] agências com competência para gerir determinados programas comunitários.

---

[798] Criada pelo Regulamento (CE) n.° 768/2005 do Conselho, de 26 de Abril de 2005 (JO, L 128, de 21.5.2005, pp. 1-14), tem sede em Vigo (Espanha).

[799] Criada pelo Regulamento (CE) n.° 216/2008 do Parlamento Europeu e do Conselho, de 20.2.2008 (JO, L 79, de 19.3.2008, pp. 1).

[800] Criado pelo Regulamento (CE) n.° 294/2008 do Parlamento Europeu e do Conselho, de 11.3.2008 (JO, L 97, de 9.4.2008), tem a sua sede em Budapeste, na Hungria (Decisão tomada por comum acordo pelos Representantes dos Governos dos Estados membros n.° 2008/634/CE, de 18 de Junho (JO, L 206, de 2.8.2008, p. 16).

[801] Criada através da Acção Comum 2008/550/PESC do Conselho, de 23.6.2008 (JO, L 176, de 4.7.2008, p. 20).

[802] JO, L 11, de 16.1.2003.

9. Outros Órgãos Auxiliares (Comités)

465. Os tratados prevêem ainda um conjunto importante de órgãos auxiliares – em particular, comités[803] – que contribuem para a preparação técnica e formação da vontade dos órgãos da União, em geral ou em domínios materiais específicos[804]. Os estatutos dos Comités previstos nos tratados são aprovados por maioria simples do Conselho, após consulta à Comissão (artigo 242.° TFUE).

466. No Tratado da União Europeia, para além do COREPER, órgão auxiliar do Conselho (artigo 16.°, n.° 7 TUE – Lisboa; artigo 240.° TFUE), encontramos hoje o Comité Político e de Segurança[805], que intervém no âmbito da PESC, no acompanhamento da situação internacional (através da sua competência consultiva), com vista à preparação das políticas a adoptar pela União e ao acompanhamento da execução das medidas que entretanto sejam adoptadas. Cabe-lhe ainda, saliente-se, exercer o «controlo político e a direcção estratégica das operações de gestão de crises referidas no artigo 43.°», podendo para o efeito ser autorizado pelo Conselho a adoptar as decisões pertinentes a este respeito (artigo 38.° TUE – Lisboa; v. artigo 222.° TFUE). O Comité Político e de Segurança exerce as suas funções sem prejuízo para as competências do COREPER.

467. Já no TFUE encontram-se previstos alguns órgãos consultivos com competência para participar no processo legislativo ou regulamentar da União. Estes comités funcionam em domínios materiais, orgânicos ou

---

[803] Mas não só. Pense-se nas estruturas criadas no âmbito da Política Agrícola Comum, nomeadamente as organizações comuns previstas no artigo 34.° (não serão desenvolvidas).

[804] Não é referida a estrutura organizatória previstas pelos acordo e convenção de aplicação Schengen, que foram integrados na UE/CE.

[805] Antes do Tratado de Nice, designava-se Comité Político.

procedimentais concretos. Quanto aos últimos, pense-se no Comité de Conciliação previsto no artigo 294.° TFUE. Quanto aos segundos, pense-se no comité do artigo 255.° TFUE, que intervém no processo de designação dos juízes do Tribunal de Justiça ou do Tribunal Geral e dos advogados-gerais. Finalmente, quanto aos primeiros, e não considerando aqui os Comités acima já referidos (CES, Comité das Regiões, COREPER, entre outros) ou a referir autonomamente (pense-se no Comité Económico e Financeiro) encontram-se directamente previstos no TFUE comités especiais nos casos da política de transportes (o Comité consultivo, que funciona junto da Comissão, previsto no artigo 99.° TFUE), da política de emprego (Comité do Emprego, artigo 150.° TFUE[806]), no âmbito específico do Fundo Social Europeu (Comité previsto no artigo 163.°, § 2 TFUE[807]), da política social (Comité de Protecção Social – artigo 160.° TFUE)[808], da política de segurança interna (dentro do Conselho – Comité Permanente previsto no artigo 71.° TFUE, com o objectivo de assegurar a «promoção e o reforço da cooperação operacional em matéria de segurança interna»). Também no domínio da acção externa o Tratado prevê a criação de comités especiais no domínio da política comercial comum (artigo 207.° TFUE – comité *ad hoc* para acompanhar negociação de acordos neste domínio) e da celebração de acordos internacionais (artigo 218.°, n.° 4 TFUE).

468. Uma referência deve ser ainda feita a outro tipo de órgãos, designadamente comités[809] previstos para assistirem a Comissão no exercício das suas competências de execução, cujos procedimentos de actuação estão previstos na Decisão 1999/468/CE, de 28 de Junho de 1999[810].

---

[806] Instituído através da Decisão n.° 2000/98/CE do Conselho, de 24.1.2000 (JO, L 29, de 4.2.2000, pp. 20-21).

[807] Cuja formação e competência está hoje contida no artigo 104.° do Regulamento (CE) n.° 1083/2006 do Conselho, de 11.7.2006 (JO, L 210, de 31.7.2006, pp. 25).

[808] Instituído pela Decisão do Conselho n.° 2004/689/CE, de 4.10.2004 (JO, L 314, de 13.10.2004, pp. 8).

[809] Mas não só. As condições de criação de órgãos subsidiários está submetida a um conjunto de pressupostos, na opinião do Tribunal de Justiça, designadamente o fundamento no tratado, a não dotação de poderes próprios de decisão, mas apenas de funções de execução estritamente controladas e a inalteração do equilíbrio institucional – v. acórdão *Meroni*, de 13.6.1958, proc. 9/56, p. 9 e parecer n.° 1/76, de 26.4.1977, Rec., p. 741, citados por Jean Boulouis, *Droit institutionnel de l'Union Européenne*, *cit.*, p. 132.

[810] Na redacção resultante da Decisão do Conselho 2006/512/CE, de 17 de Julho de 2006. A entrada em vigor do Tratado de Lisboa implicou, no entendimento dos órgãos da

Segundo a própria Comissão, que apresentou – ao abrigo do n.° 4 do artigo 7.° da Decisão 1999/468/CE – uma listagem dos comités que a assistem no exercício da sua competência de execução dos actos do Conselho, há hoje duzentos e quarenta e três (243) comités técnicos especializados a assistirem a Comissão na execução das políticas internas da União[811].

469. Uma última e breve referência deve ser feita ao **Comité Económico e Financeiro**, órgão hoje previsto no n.° 2 do artigo 134.° TFUE. É um órgão de consulta do Conselho e da Comissão Europeia, cabendo-lhe ainda o acompanhamento da situação económica e financeira da União e dos Estados membros. É o órgão, externo ao BCE, a quem os tratados cometem o papel consultivo, sobretudo face ao Conselho, cabendo-lhe inclusivamente preparar as reuniões do Conselho nestas matérias.

União, a inaplicabilidade para o futuro, no caso de adopção de novas medidas normativas, do procedimento de regulamentação com controlo introduzido por esta Decisão 2006/512/CE no artigo 5.°-A da Decisão 1999/468/CE.

[811] *Comunicação da Comissão – Lista dos comités que assistem a Comissão no exercício das suas competências de execução*, JO, C 225, de 8.8.2000, pp. 2-18 – ver o Regulamento (CE) n.° 1882/2003 (JO, L 284, de 31.10.2003, p. 1).

10. Sistema Europeu de Bancos Centrais (SEBC)

470. "SEBC" é a sigla que identifica o «Sistema Europeu de Bancos Centrais», enquanto "BCE" corresponde a «Banco Central Europeu». Sendo entidades bem distintas do ponto de vista estrutural – desde logo, o SEBC não tem personalidade jurídica, ao contrário do BCE –, surgem irremediavelmente (inter-)ligadas. Do SEBC faz(em) parte o BCE (e os Bancos Centrais Nacionais) e, por outro lado, o SEBC é dirigido pelos órgãos de decisão do BCE.

471. O SEBC é constituído pelo Banco Central Europeu e pelos bancos centrais nacionais (artigo 282.°, n.° 1 TFUE[812]), sendo gerido pelos órgãos de decisão do BCE (artigo 107.°, n.° 3).

472. Como já ficou escrito, os seus Estatutos[813] constam de protocolo anexo aos Tratados, na redacção que lhes deu o Tratado de Lisboa (v., ainda, o artigo 129.°, n.° 4 TFUE).

473. Os objectivos e atribuições do SEBC são igualmente definidos directamente pelo artigo 127.° TFUE. Em termos gerais, o Tratado assinala-lhe como atribuições as de contribuir para a realização dos objectivos da União, definindo e executando a política monetária, realizando operações cambiais, detendo e gerindo as reservas oficiais cambiais dos Estados membros, promovendo o bom funcionamento dos sistemas de pagamento, a supervisão prudencial das instituições de crédito e a estabilidade do sistema financeiro.

---

[812] Incluindo os que não participam na terceira fase da UEM.

[813] Algumas normas do seu Estatuto podem ser alteradas, hoje, pelo Parlamento Europeu e Conselho, através de processo legislativo ordinário (artigo 129.°, n.° 3 TFUE).

§ 3. PROCEDIMENTOS DE DECISÃO NA UNIÃO EUROPEIA

1. CONSIDERAÇÕES GERAIS[814]

474. O processo de formação da vontade da União Europeia conheceu uma reforma profunda com o Tratado de Lisboa, aliás anunciada pelo projecto de Constituição Europeia de 2004.

475. Com a fusão prática da Comunidade Europeia e da União Europeia operada com o Tratado de Lisboa, deixa de se justificar uma cisão, ainda que meramente didáctica, entre procedimentos de decisão na Comunidade Europeia e procedimentos de decisão na União Europeia. É certo que continua a haver procedimentos ou especificidades procedimentais em diversas matérias, sobretudo naquelas que, até ao Tratado de Lisboa, estavam submetidas a um procedimento normativo ou decisório com uma dimensão de intergovernamentalidade mais importante ou, em todo o caso, relevante. Seja como for, apesar de se poder dar nota de algumas particularidades a este respeito, parece-nos que será mais útil que se tracem as seguintes três linhas de compreensão: os processos de formação da vontade na União reconduzem-se hoje, em suma, a processos tendentes à adopção de (i) actos legislativos ou de (ii) actos não legislativos e, paralelamente, convém assinalar que também (iii) os processos tendentes à própria revisão do chamado direito originário ou primário conhecem alguma sofisticação ou maior densificação e diversidade.

[814] Embora haja muita bibliografia sobre este tema, uma síntese interessante em língua portuguesa é ainda a de Ricardo Gosalbo Bono, «A elaboração do direito comunitário derivado antes e depois de Maastricht», *Legislação (cadernos de)*, n.os 4/5, 1992.

476. Em muitos aspectos, o processo típico (legislativo ou não legislativo) é comum e facilmente descrito: proposta da Comissão Europeia e decisão conjunta do Parlamento Europeu e do Conselho. Contudo, a diversa natureza dos diversos processos e as respectivas especificidades tornam necessárias algumas subdivisões.

477. Ao contrário do regime vigente antes do Tratado de Lisboa, consideramos que não pode hoje dizer-se que existe um procedimento comum. Contudo, a existir, diríamos que será por excelência o processo legislativo ordinário. Seja como for, importa tecer algumas considerações sobre o modo como funciona o processo de formação da vontade da União, ainda que em termos tendenciais e sujeitos depois à adequação apropriada ao procedimento – legislativo, ordinário ou especial, ou não legislativo – concretamente aplicável.

478. A adopção de um acto (repita-se, legislativo ou não legislativo) inicia-se normalmente com (**I**) a iniciativa da Comissão, praticamente exclusiva (em especial nos processos legislativos). Solicitada por Conselho ou Parlamento Europeu (*ex vi* dos artigos 241.° ou 225.° TFUE) ou interessada na regulação europeia de uma determinada matéria, a Comissão elabora uma proposta, que apresenta ao Conselho e ao Parlamento Europeu. Essa proposta deve ser formulada no respeito pelas competências específicas de cada órgão e, mais importante, deve assentar numa base jurídica expressa do tratado, visto que a União só pode actuar (como se verá melhor adiante) no âmbito dos poderes atribuídos. Daí que a Comissão tenha de escolher no tratado a(s) base(s) jurídica(s) adequada(s) para a adopção do acto em causa. É esta uma das fases fundamentais do processo decisório[815]. Deve ainda respeitar o disposto nos princípios da subsidiariedade e proporcionalidade e as competências conferidas aos parlamentos nacionais (artigo 5.°, n.os 1 e 3 TUE – Lisboa, e *Protocolo relativo ao controlo da aplicação dos princípios da subsidiariedade e da proporcionalidade*).

479. O Tratado de Lisboa introduziu um conjunto de disposições que se impõem às instituições no próprio processo de formação dos actos. Primeiro, estabelece o princípio da escolha dos actos (legislativos ou não)

---

[815] A proposta é preparada pelos serviços da Comissão e aprovada no colégio de comissários, nos termos regulamentares.

em respeito pelos processos aplicáveis e pelo princípio da proporcionalidade. Esta menção, constante do artigo 296.°, § 1 TFUE, reenvia-nos para a declaração do Conselho Europeu de Edimburgo, onde, a respeito do princípio da proporcionalidade, se estabeleceu que «as medidas comunitárias deverão deixar às instâncias nacionais competentes uma margem de decisão tão ampla quanto possível (...). Sempre que seja necessário estabelecer normas a nível comunitário, dever-se-á ponderar a possibilidade de estipular normas mínimas, não apenas nas áreas em que o Tratado o exige (...) mas também noutras áreas que não colida com os objectivos da medida proposta ou com as disposições do Tratado./A forma da acção deverá ser tão simples quanto possível (...). A legislação comunitária deverá ater-se ao estritamente necessário. *Et coeteris paribus*, deverão preferir-se as directivas aos regulamentos, e as directivas-quadro às medidas pormenorizadas. Sempre que adequado, deverá dar-se preferência a medidas não obrigatórias, como recomendações, e contemplar igualmente a utilização de códigos de conduta voluntários. (...)».

480. Após a adopção da proposta pela Comissão, esta é enviada ao Conselho e ao Parlamento Europeu (**II**), que a começam a discutir no COREPER e/ou em grupos de trabalho específicos (quanto ao Conselho) e nas comissões parlamentares competentes em razão da matéria. É no seio destes órgãos – sobretudo através dos referidos órgãos auxiliares e da negociação directa entre as administrações nacionais ao nível do Conselho e dos órgãos que preparam as suas decisões – que o acto é preparado para decisão final do Conselho e do Parlamento Europeu. Só aqui há que fazer algumas precisões.

481. Primeira, a de que o Conselho não pode facilmente modificar a proposta da Comissão, já que o tratado prescreve que, «sempre que, por força dos tratados, delibere sob proposta da Comissão o Conselho só pode alterar a proposta deliberando por unanimidade» (artigo 293.°, n.° 1 TFUE)[816], salvo nos casos especificamente previstos neste mesmo artigo (artigos 294.°, n.os 10-13, 310.°, 312.°, 314.° e 315.°, § 2, todos do

---

[816] John Temple Lang, citado pela prof. Sofia Oliveira Pais (O Tratado de Lisboa e a renovação das instituições da União Europeia». in *Cadernos O Direito*, n.° 5, 2010, pp. 339, nota 55) considera que uma vantagem do sistema é reduzir o impacto da acção dos lóbis e grupos de pressão junto do Parlamento Europeu, «How much do the smaller member States need the European Commission? The role of the European Commission in a changing Europe», in *Common Market Law Review*, 2002, Vol. 39, pp. 318.

TFUE). Pelo contrário, a Comissão é livre de, a todo o tempo ou, na linguagem do Tratado "em qualquer fase dos procedimentos para a adopção de um acto", alterar a sua proposta (artigo 293.°, n.° 2 TFUE)[817], não se ressalvando sequer o processo legislativo ordinário, como antes sucedia (anterior artigo 250.°, n.° 2 *in fine* CE).

482. Nos casos em que o Parlamento Europeu seja consultado, seja em processos legislativos especiais, seja em processos não legislativos, importa realçar que o Parlamento Europeu tem o direito de ser consultado[818] sobre o acto na sua versão última, não podendo o Conselho alterar substancialmente o acto após a audição do Parlamento Europeu (aliás, qualquer que seja o procedimento decisório aplicável). Após a consulta do Parlamento Europeu, o Conselho (**IV**) adopta ou não o acto[819], pelo modo

---

[817] É discutido o alcance do poder da Comissão de alterar e retirar a sua proposta enquanto o Conselho não adoptar um acto. A doutrina comunitária tende a considerar que a Comissão pode fazê-lo até o procedimento ser encerrado (neste sentido, A. Marchini Càmia/F. Marchini Càmia, *Commentaire J. Megret*, *cit*., p. 255), embora, no que toca ao processo de co-decisão, o serviço jurídico do Conselho venha sustentando que tais poderes da Comissão cessam com a adopção pelo Conselho da posição comum. Em sentido crítico, Sophie Boyron, «Maastricht and the codecision procedure: a success story», in *International and Comparative Law Quarterly*, vol. 45, 2, 1996, p. 299.

[818] E de ser efectivamente consultado, pelo que não chega solicitar a consulta, devendo o Conselho esgotar todas as possibilidades legais para obter o parecer do Parlamento Europeu.

[819] As sessões do Conselho não são públicas, mas as pressões a favor da transparência do processo decisório no Conselho têm obrigado este órgão a tornar mais visível o seu funcionamento interno, quando actua como legislador. Assim, o Conselho adoptou várias disposições visando permitir o acesso do público aos seus documentos bem como a divulgação do modo como decorreu a discussão e votação de um determinado acto comunitário, como declarações (aplicação da declaração de Birmingham, adoptada no Conselho Europeu de Edimburgo, de Dezembro de 1992), Regulamentos (Regulamento (CE) n.° 1049/2001) e acordos (93/371/CE). O tratado de Amesterdão veio dar um passo em frente, ao introduzir o artigo 255.° CE (actual artigo 15.° TFUE), reflectido neste ponto no então novo § 2 do n.° 3 do artigo 207.°, que garantia o acesso, pelo menos, aos resultados das votações e às declarações de voto ou exaradas na acta por membros do Conselho, quando este actue «no exercício dos seus poderes legislativos», concretizadas depois nos artigos 7.° a 9.° do seu regulamento interno (cfr. contudo a declaração n.° 35, anexa ao tratado de Amesterdão). É de notar que o Tratado de Lisboa parece-nos regredir neste ponto, nele só encontrando garantida a publicidade das reuniões do Conselho em que este delibere e vote um projecto de acto legislativo (artigo 16.°, n.° 8 TUE – Lisboa; artigo 15.°, n.° 2 TFUE).

previsto no tratado para aquela situação particular[820], sem que possa fugir aos constrangimentos atrás mencionados e a outros requisitos procedimentais[821]. No processo decisório, os órgãos de decisão estão vinculados pelas suas próprias regras procedimentais. É assim que o Tribunal de Justiça já anulou actos comunitários com fundamento em violação de formalidades essenciais em situações em que, por exemplo, o Conselho não respeitou o seu próprio regulamento interno ou em que o Secretariado-Geral alterou o preâmbulo de um dado diploma, quem sabe se apenas motivado por razões de clarificação do pensamento legislativo do acto[822].

483. Todos os actos jurídicos da União devem ser fundamentados, devendo ainda fazer menção a todos os actos preparatórios previstos nos tratados, sob pena de invalidade (artigo 296.°, § 2 TFUE).

484. Deve, além disso, ser publicado ou notificado, consoante os casos. Em termos genéricos[823], a obrigação de publicação só se apresenta para os actos legislativos (artigo 297.°, n.° 1, § 3 TFUE) os regulamentos e para as directivas dirigidas a todos os Estados membros (artigo 297.°, n.° 2 TFUE), sendo os restantes actos obrigatórios apenas notificados aos seus destinatários (decisões e directivas dirigidas a apenas alguns Estados membros – n.° 3 do mesmo artigo 297.°). A publicação, quando devida, parece ser condição de validade dos próprios actos. Já a não notificação gera a ineficácia do acto, mas não a sua invalidade.

485. Seja como for, o Tribunal de Justiça reconheceu já a ineficácia, designadamente no acórdão *Skoma –Lux*, onde declarou que do tratado

---

[820] Maioria simples, maioria qualificada ou unanimidade. Este ponto, já aflorado antes, merecerá ainda ulterior desenvolvimento.

[821] Como a fundamentação e publicação do acto, em certos casos impostos pelo tratado CE (artigos 296.° e 297.°), de que se falará já de seguida. Junto com a consulta do Parlamento Europeu, estes três requisitos são tradicionalmente considerados como os principais (e essenciais) pressupostos procedimentais.

[822] Muitas vezes, a validade dos actos adoptados é contestada directamente pelos próprios membros do Conselho, os Estados membros. Sobre o ponto, o trabalho de A.E. Kellerman, «Legal impact of procedural irregularities in the decision-making of the Council of Ministers of the EC», *Law and Reality – essays on national and international procedural law in Honor of Cornelis Carel Albert Voskuil*, T.M.C. Asser Institut, The Hague, Martinus Nijhoff Pub., 1992, pp. 149-155.

[823] Desconsideram-se aqui as especificidades, neste particular, do procedimento de co-decisão (artigo 294.°, n.° 1).

resulta que «um regulamento comunitário apenas produz efeitos jurídicos se tiver sido publicado no *Jornal Oficial da União Europeia*»[824] e, em qualquer caso, nenhuma norma sujeita ao dever de publicação pode ser invocada contra os particulares se não tiver sido publicada (acórdão *Heinrich*[825]).

[824] Acórdão *SkomaLux*, de 11.12.2007, proc. C161/06, Colect., p. I10841, n.° 33.

[825] Acórdão do Tribunal de Justiça (Grande Secção) *Gottfried Heinrich*, de 10.3.2009, proc. C-345/06, Colect., 2009, I, pp. 1659, n.° 68.

2. Processos Legislativos

2.1. *Considerações Gerais*

486. Em termos genéricos, deve recordar-se que o Tratado de Lisboa introduz uma reforma profunda nos processos decisórios da União Europeia, que não se reconduz a um mero efeito da fusão entre a União e a Comunidade, mas tem como elementos fundamentais a supressão de um conjunto variado de procedimentos tradicionais na Comunidade, incluindo os procedimentos de consulta, de concertação, de cooperação ou de parecer favorável.

487. O Tratado de Lisboa introduz ainda formalmente (na esteira do projecto de Constituição Europeia) a distinção entre processos legislativos e processos não legislativos (e, concomitantemente, entre actos legislativos e actos não legislativos).

488. Os processos legislativos, na *nova* União Europeia, distinguem-se essencialmente entre processo legislativo ordinário e processo legislativo especial. Pela primeira vez, é o próprio TFUE que nos diz o que é cada um. Centremo-nos nos processos legislativos. Eles caracterizam-se, não pela natureza das normas – que têm de ser vinculativas, ainda assim – ou pelo seu objecto, mas pelo seu processo de elaboração e pela sua designação.

489. A natureza de um acto legislativo, na actual União Europeia, resulta assim, e em primeira linha, da circunstância de ser adoptado segundo um processo legislativo. Como resulta do artigo 289.°, n.° 3 TFUE, «os actos jurídicos adoptados por processo legislativo constituem actos legislativos».

490. Em princípio, todos os actos legislativos são adoptados sob iniciativa da Comissão Europeia, "salvo disposição em contrário" (artigo

17.°, n.° 2 TUE – Lisboa) ou "nos casos específicos previstos pelos Tratados" (artigo 289.°, n.° 4 TFUE).

491. Finalmente, todos os actos legislativos são publicados no *Jornal Oficial da União Europeia*, entrando em vigor na data por eles fixada ou, subsidiariamente, após uma *vacatio legis* de vinte dias (entram em vigor no vigésimo dia seguinte ao da publicação – artigo 297.°, n.° 1, § 3).

492. Saliente-se ainda que subsistem alguns procedimentos especiais (artigo 7.° TUE – Lisboa; artigo 215.° TFUE).

2.2. *Processo Legislativo Ordinário*

493. Segundo o artigo 289.°, n.° 1, TFUE, «o **processo legislativo ordinário** consiste na adopção de um regulamento, de uma directiva ou de uma decisão conjuntamente pelo Parlamento Europeu e pelo Conselho, sob proposta da Comissão. Este processo é definido no artigo 294.°» [do mesmo TFUE]. O processo legislativo ordinário recupera no essencial o anterior processo de co-decisão (artigo 251.° CE)[826]. Em suma, nesta norma condensam-se os elementos essenciais e característicos do processo:

- ✓ A iniciativa da Comissão (artigo 289.°, n.° 1, mas também artigos 294.°, n.° 2, ambos do TFUE; e artigo 17.°, n.° 2 TUE – Lisboa);
- ✓ A natureza vinculativa do acto a adoptar (regulamento, directiva ou decisão);
- ✓ O procedimento aplicável (artigo 294.° TFUE);
- ✓ A possível intervenção dos Parlamentos Nacionais, no controlo do princípio da subsidiariedade (Protocolo relativo à aplicação dos princípios da subsidiariedade e da proporcionalidade, anexo ao Tratado de Lisboa[827]);
- ✓ A adopção conjunta do Parlamento Europeu e Conselho (artigo 289.°, n.° 1, e artigo 294.°, n.os 4 e 6 a 12 TFUE; artigos 15.°, n.° 1, e 16.°, n.° 1 TUE – Lisboa).

---

[826] Por todos, entre nós, Afonso Patrão, «O Direito Derivado da União Europeia à Luz do Tratado de Lisboa», *Temas de Integração*, 2008, n.° 2, n.° 26, pág. 147.

[827] A generalidade das disposições do *Protocolo* aplicam-se a todos os actos legislativos. Quanto ao processo legislativo ordinário, tem relevo especial o artigo 7.°, n.° 3.

494. Este leque de elementos pode não estar sempre presente. Pode suceder, em primeiro lugar, que o processo legislativo ordinário se aplique sem precedência obrigatória de proposta da Comissão[828]. Com efeito, o artigo 17.°, n.° 2 TUE – Lisboa ressalva a existência de "disposição em contrário dos Tratados" e o artigo 294.° TFUE contém «disposições específicas» aplicáveis aos casos em que um acto legislativo seja submetido ao processo legislativo ordinário por inciativa de um grupo de Estados membros, por recomendação do Banco Central Europeu ou a pedido do Tribunal de Justiça». São ou podem ser adoptados a pedido do Tribunal de Justiça actos relativos à criação de tribunais especializados (257.°, § 1 TFUE) ou à alteração de certas disposições do seu próprio Estatuto (artigo 281.°, § 2 TFUE). O mesmo se diga quanto ao Banco Europeu de Investimento (artigo 308.° TFUE). São adoptadas sob recomendação do Banco Central Europeu determinadas alterações ao Estatuto do SEBC e do BCE (artigo 129.°, n.° 3 TFUE).

495. Mas, em segundo lugar, o Tratado também prevê que o processo legislativo ordinário seja o procedimento de adopção de "orientações", "acções" ou "projectos comuns" (v. artigo 172.°, § 1 TFUE, no domínio das redes transeuropeias), "programas gerais" (artigo 192.°, n.° 3 TFUE) ou até medidas que excluam "harmonização das disposições legislativas e regulamentares dos Estados membros" (artigo 195.°, n.° 2 TFUE, no domínio do turismo; artigo 196.°, n.° 2 TFUE, em relação à protecção civil; artigo 197.°, n.° 2 TFUE, quanto à cooperação administrativa).

496. Noutras hipóteses ainda, o tratado impõe que o processo legislativo ordinário utilize um tipo específico de acto, como o regulamento (artigo 207.°, n.° 2, na política comercial comum, domínio de competência exclusiva da União; artigo 214.°, n.° 5 TFUE, no domínio da ajuda humanitária; artigo 291.°, n.° 3, definição dos princípios gerais que os Estados membros devem observar no controlo das competências de execução da Comissão; artigo 298.°, n.° 2, garantia da administração aberta; artigo 322.°, n.° 1, regras relativas à execução orçamental).

497. Em certas hipóteses, os tratados prevêem a possibilidade de o processo legislativo ordinário sofrer alguns desvios no seu próprio funcio-

---

[828] Este aspecto já havia sido abordado quando se analisou a Comissão Europeia, remetendo-se o leitor para essas páginas.

namento. É o que sucede, por exemplo, quanto a projecto de actos relativos à segurança social dos trabalhadores migrantes, quando um Estado membro considere que o projecto põe em causa aspectos importantes do seu sistema de segurança social (artigo 48.°, § 2 TFUE).

498. A aplicação do processo legislativo ordinário pode também ser decidida (*i*) pelo Conselho Europeu, nos casos em que os tratados prevejam a aplicação de um processo legislativo especial e mediante decisão do Conselho Europeu segundo o procedimento de revisão simplificado previsto no artigo 48.°, n.° 7 TUE – Lisboa; ou (*ii*) pelo próprio Conselho, por unanimidade, em relação a certas disposições de política social (artigo 153.°, n.° 2, § 4 TFUE) ou de política de ambiente (disposições de carácter fiscal, medidas que afectem o ordenamento do território, a gestão quantitativa de recursos hídricos ou a afectação dos solos, nos termos do disposto no artigo 192.°, n.° 2, § 2 TFUE), no quadro das cooperações reforçadas (artigo 333.°, n.° 2 TFUE[829]) ou para a definição do Estatuto dos Funcionários (artigo 336.° TFUE).

499. Os actos adoptados segundo o processo legislativo ordinário só estão perfeitos quando forem assinados pelos presidentes do Parlamento Europeu e do Conselho (entenda-se, o representante do Estado que exerça a presidência rotativa do Conselho, mantida pelo Tratado de Lisboa) (artigo 297.°, n.° 1 TFUE), sendo igualmente condição da sua validade a publicação no *Jornal Oficial* (artigo 297.°, n.° 4 TFUE[830]).

500. A criação do processo legislativo ordinário é uma modificação extremamente relevante da ordem jurídica da União. Em França, o *Conseil Constitutionnel*, na sua Decisão 2007-560, § 20), considerou mesmo que a sua criação implicou, em si mesmo, uma revisão da Constituição, designadamente nas matérias em que o Conselho passa a decidir, desde logo (§ 20) ou por força de decisão posterior (§ 23), por maioria qualificada, em vez de unanimidade, por "privar a França do seu poder de opo-

[829] «2. Sempre que uma disposição dos Tratados susceptível de ser aplicada no âmbito de uma cooperação reforçada determine que o Conselho adopta actos de acordo com um processo legislativo especial, este, deliberando por unanimidade nos termos do artigo 330.°, pode adoptar uma decisão que determine que deliberará de acordo com o processo legislativo ordinário. O Conselho delibera após consulta ao Parlamento Europeu».

[830] Aliás, aplicável a todos os actos adoptados segundo um processo legislativo, ainda que especial.

sição", nos casos em que o Parlamento Europeu passe a legislador (no processo legislativo ordinário) (§ 20) ou ganhe poder de parecer conforme (§ 22), pois este órgão "não é uma emanação da soberania nacional", ou ainda naqueleoutros em que a França seja privada do direito de iniciativa (§ 20).

501. O processo legislativo ordinário, que corresponde ao anterior procedimento de co-decisão, embora alterado (v. artigo 289.°, n.° 1, e artigo 294.° TFUE), aplica-se hoje nos seguintes domínios:

- ✓ Artigo 14.° TFUE (serviços de interesse económico geral);
- ✓ Artigo 15.°, n.° 3, § 2 TFUE (princípios gerais e limites ao direito de acesso a documentos);
- ✓ Artigo 16.°, n.° 2 TFUE (protecção, tratamento e circulação de dados pessoais);
- ✓ Artigo 18.°, § 2 TFUE (protecção contra discriminações em razão da nacionalidade);
- ✓ Artigo 19.°, n.° 2 TFUE (medidas de base de incentivo contra outras discriminações, com exclusão de harmonização);
- ✓ Artigo 21.°, n.° 2 TFUE (subsidiariamente, facilitação do exercício do direito de circulação e permanência dos cidadãos da União);
- ✓ Artigo 24.°, n.° 1 TFUE (regulamentação da iniciativa de cidadania);
- ✓ Artigo 33.° TFUE (cooperação aduaneira);
- ✓ Artigo 43.°, n.° 2 TFUE (criação de organizações comuns de mercado na Política Agrícola);
- ✓ Artigo 46.° TFUE (livre circulação de trabalhadores);
- ✓ Artigo 48.°, § 1 TFUE (segurança social dos trabalhadores);
- ✓ Artigo 50.°, n.° 1, 51.°, 52.°, n.° 2, 53.°, n.° 1 TFUE (liberdade de estabelecimento);
- ✓ Artigo 56.° e 59.° TFUE (livre prestação de serviços);
- ✓ Artigo 64.°, n.° 2 TFUE (livre circulação de capitais);
- ✓ Artigo 75.°, § 1 TFUE (definição de quadro de medidas relativas aos movimentos de capitais no contexto da prevenção e luta contra o terrorismo);
- ✓ Artigo 77.°, n.° 1 e 2 TFUE (política comum relativa a controlo de circulação de pessoas, excepto medidas relativas a passaportes, bilhetes de identidade e equiparados);
- ✓ Artigo 78.°, n.° 1 TFUE (política comum de asilo, protecção subsidiária e protecção temporária);

- ✓ Artigo 79.°, n.° 1, 2 e 4 TFUE (política comum de imigração e medidas estatais de integração de nacionais de países terceiros);
- ✓ Artigo 81.°, n.° 1 e 2 TFUE (cooperação judiciária em matéria civil, excepto, salvo decisão em contrário, medidas sobre direito da família);
- ✓ Artigo 82.°, n.° 1 e 2 TFUE (regras mínimas de cooperação judiciária em matéria penal);
- ✓ Artigo 83.°, n.° 1 e 2 TFUE (regras mínimas relativas à definição de infracções penais e sanções nos domínios da criminalidade particularmente grave com dimensão transfronteiriça e sempre que se afigure indispensável para assegurar execução eficar de política da União objecto de medidas de harmonização);
- ✓ Artigo 84.° TFUE (medidas de incentivo aos Estados membros na prevenção da criminalidade);
- ✓ Artigo 85.°, n.° 1 TFUE (Eurojust);
- ✓ Artigo 88.°, n.° 1 e 2 TFUE (Europol);
- ✓ Artigo 91.° TFUE (política comum de transportes);
- ✓ Artigo 100.° TFUE (transportes marítimos e aéreos);
- ✓ Artigo 114.°, n.° 1 e 116.° TFUE (aproximação de legislações no contexto do mercado interno);
- ✓ Artigo 118.°, § 1 TFUE (criação de títulos europeus de propriedade intelectual);
- ✓ Artigo 121.°, n.° 6 TFUE (regras do procedimento de supervisão multilateral na UEM);
- ✓ Artigo 129.°, n.° 3 TFUE (alteração de certos artigos dos Estatutos do SEBC e do BCE);
- ✓ Artigo 133.° TFUE (medidas necessárias para a utilização do euro como moeda única);
- ✓ Artigo 149.° TFUE (acções de incentivo à cooperação entre os Estados membros no domínio do emprego);
- ✓ Artigo 153.°, n.° 1 e 2 TFUE (política social, com algumas excepções);
- ✓ Artigo 157.° TFUE (princípio da igualdade de oportunidades e tratamento entre homens e mulheres em matéria de emprego e trabalho);
- ✓ Artigo 164.° TFUE (regulamentos de aplicação do Fundo Social Europeu);
- ✓ Artigo 165.° TFUE (acções de incentivo no domínio da educação e desporto);

- ✓ Artigo 166.° TFUE (Política de formação profissional excluindo harmonização);
- ✓ Artigo 167.° TFUE (acções de incentivo no domínio da cultura);
- ✓ Artigo 168.°, n.° 4 e 5 (medidas no domínio da saúde pública, em questões de segurança, e medidas de incentivo para protecção e melhoria da saúde humana);
- ✓ Artigo 169.°, n.° 2, alínea *b)* (medidas de apoio, complemento e acompanhamento na política de consumidores[831]);
- ✓ Artigo 172.° TFUE (orientações e medidas no domínio das redes transeuropeias, ao abrigo do artigo 171.°, n.° 1);
- ✓ Artigo 173.°, n.° 3 TFUE (medidas específicas para apoiar os Estados membros no domínio da política industrial, com exclusão de harmonização);
- ✓ Artigos 175.°, § 3, 177.° e 178.° TFUE (coesão económica, social e territorial);
- ✓ Artigo 182.°, n.° 1 e 5, e 188.° TFUE (programa quadro plurianual no domínio da I & D; espaço europeu de investigação);
- ✓ Artigo 189.° TFUE (programa espacial europeu);
- ✓ Artigo 192.°, n.° 1 e 3 TFUE (algumas medidas na política de ambiente, incluindo programas gerais);
- ✓ Artigo 194.°, n.° 1 e 2 TFUE (política de energia);
- ✓ Artigo 195.°, n.° 2 TFUE (medidas de complemento no domínio do turismo, com exclusão de harmonização);
- ✓ Artigo 196.° TFUE (protecção civil, com exclusão de harmonização);
- ✓ Artigo 197.° TFUE (cooperação administrativa – medidas para garantir execução efectiva do direito da União pelos Estados membros, mas com exclusão de harmonização);
- ✓ Artigo 207.°, n.° 2 TFUE (quadro geral da política comercial comum);
- ✓ Artigo 209.° TFUE (política de cooperação para o desenvolvimento);
- ✓ Artigo 212.° TFUE (cooperação económica, financeira e técnica com Estados terceiros);
- ✓ Artigo 214.°, n.° 3 TFUE (quadro de execução da política de ajuda humanitária);

---

[831] As demais medidas nesta política são adoptadas através da base jurídica do artigo 114.°, relativo ao mercado interno, e, por isso, também segundo o processo legislativo ordinário.

- ✓ Artigo 224.° TFUE (estatuto dos partidos políticos europeus);
- ✓ Artigo 257.° TFUE (criação de tribunais especializados);
- ✓ Artigo 281.° TFUE (alteração de certas disposições do *Protocolo Relativo ao Estatuto do Tribunal de Justiça*);
- ✓ Artigo 298.°, § 2 TFUE (execução do princípio da administração aberta, eficaz e transparente);
- ✓ Artigo 322.° TFUE (regras sobre o orçamento, a prestação e fiscalização de contas e a responsabilidade dos intervenientes financeiros);
- ✓ Artigo 325.°, n.° 4 TFUE (protecção contra fraudes lesivas dos interesses financeiros da União);
- ✓ Artigo 336.° TFUE (Estatuto dos Funcionários da União);
- ✓ Artigo 338.° TFUE (Estatísticas das actividades da União);
- ✓ Artigo 12.° do Protocolo relativo aos privilégios e imunidades da União (imposto sobre salários dos funcionários da União);
- ✓ Artigo 14.° do mesmo protocolo (regime das prestações sociais dos funcionários da União);
- ✓ Artigo 15.° do mesmo protocolo (categorias dos funcionários da União).

2.3. *Processos Legislativos Especiais*

502. São também actos legislativos aqueles que são aprovados através de **processo legislativo especial**. A expressão "processo legislativo especial" identifica, segundo o artigo 289.°, n.° 2 TFUE, aquelas situações em que um acto vinculativo da União [um regulamento, uma directiva ou uma decisão, diz expressamente o artigo] é adoptado por apenas um órgão (o Parlamento Europeu ou o Conselho) mas com a participação do outro (o Conselho ou o Parlamento Europeu). Essa participação pode ser diversa, consistindo na aprovação ou na consulta do outro órgão, normalmente o Parlamento Europeu.

503. Em muitas hipóteses, a intervenção do Conselho[832] ou, sobretudo, do Parlamento Europeu é meramente consultiva. Assim sucede,

---

[832] São poucas as situações em que o Tratado prevê que o acto seja adoptado segundo processo legislativo especial pelo Parlamento Europeu. Estão nesta situação o

quanto ao Parlamento Europeu, em relação a diversas disposições do TFUE relativas a domínios particularmente sensíveis para os Estados membros, incluindo as constantes dos artigos:

- ✓ 23.°, § 2 (aliás impondo também a forma de directiva – cidadania);
- ✓ 64.°, n.° 3 (medidas de retrocesso em relação à livre circulação de capitais);
- ✓ 77.°, n.° 3 (medidas relativas a documentos de identidade, como passaporte, bilhete de identidade, títulos de residência);
- ✓ 81.°, n.° 3, § 1 (medidas relativas ao direito da família com incidência transfronteiriça);
- ✓ 87.°, n.° 3, § 1 (cooperação policial operacional);
- ✓ 89.° (intervenção de autoridades de um Estado membro noutro Estado membro, em matéria policial);
- ✓ 113.° (harmonização fiscal de impostos indirectos, sobre consumo ou volume de negócios);
- ✓ 115.° (directivas de harmonização do mercado interno);
- ✓ 118.° (regime linguístico dos títulos de propriedade intelectual);
- ✓ 126.°, n.° 14, § 2 (aprovação de disposições relativas ao procedimento de défice excessivo, derrogando o próprio Protocolo anexo aos tratados);
- ✓ 127.°, n.° 6 (atribuição ao BCE da competência em matéria de supervisão prudencial de instituições de crédito e outras, excepto quanto aos seguros);
- ✓ 153.°, n.° 2 (certas medidas no domínio da política social);
- ✓ 182.°, n.° 4 (aprovação de programaas específicos de I&D);
- ✓ 192.°, n.° 2 (certas medidas em matéria de política de ambiente, com carácter fiscal ou que afectem o ordenamento do território, a gestão quantitativa dos recursos hídricos, a afectação do solo ou aspectos relacionados com certas opções de política energética);
- ✓ 194.° (medidas de política energética com carácter "essencialmente fiscal");

regulamento relativo ao Estatuto dos deputados (artigo 223.°, n.° 2 TFUE) e do Provedor de Justiça europeu (artigo 228.°, n.° 4 TFUE), e o exercício do direito de inquérito (artigo 226.°, n.° 3 TFUE) em todos os casos com aprovação do Conselho e no último com aprovação também pela Comissão, o que é uma especificidade do processo legislativo especial.

✓ 203.° (modalidades e processo de associação entre a União e os países e territórios ultramarinos com ligações especiais a Estados membros);
✓ 262.° (atribuição ao Tribunal de Justiça da União Europeia de competência para decidir sobre litígios ligados à aplicação dos actos que criem títulos europeus de propriedade intelectual).

504. Quando a "participação" confere à instituição não autora do acto o direito de aprovar ou não aprovar o acto existe, na verdade, em favor desse não-autor um verdadeiro "direito de veto" (PRIOLLAUD/SIRITZKY[833]). Em termos gerais, o processo legislativo especial tende a conferir ao Conselho a autoria e a aprovação ao Parlamento Europeu, estando previsto (este **procedimento de aprovação**), com esta feição, e nomeadamente, nas seguintes disposições dos Tratados:

✓ Artigo 7.° TUE-Lisboa (decisão de reconhecimento de risco de violação grave ou de existência de violação grave e persistente, por um Estado membro, dos valores da União);
✓ Artigo 14.°, n.° 2, § 2 TUE – Lisboa (decisão do Conselho Europeu relativa à composição do Parlamento Europeu);
✓ Artigo 48.°, n.° 3, § 2 TUE – Lisboa (decisão de não convocar uma Convenção para a revisão dos Tratados);
✓ Artigo 48.°, n.° 7 TUE – Lisboa (decisão do Conselho Europeu de modificar as normas dos Tratados, passando deliberações do Conselho da unanimidade para maioria qualificada e modificando o processo legislativo aplicável, de especial para ordinário);
✓ Artigo 49.° TUE – Lisboa (adesão de Estados europeus à União);
✓ Artigo 50.° TUE Lisboa (acordo relativo à saída voluntária de um Estado membro da União);
✓ Artigo 19.°, n.° 1 TFUE (princípio de igualdade e não discriminação);
✓ Artigo 25.°, § 2 TFUE (aprofundamento dos direitos dos cidadãos da União);
✓ Artigo 82.°, n.° 2, § 3, alínea *d)* TFUE (regras mínimas sobre matérias não tipificadas no Tratado relativas ao processo penal);

---

[833] *Op. cit.*, pág. 66. Não incluímos aqui decisões de aprovação de outros órgãos, como a Comissão Europeia (artigo 17.°, n.° 7 TUE – Lisboa).

- ✓ Artigo 83.°, n.° 1, § 2 TFUE (extensão da definição dos tipos penais a outros domínios de criminalidade);
- ✓ Artigo 86.°, n.° 1 e 6 TFUE (criação da Procuradoria Europeia e extensão das suas atribuições);
- ✓ Artigo 218.°, n.° 6, alínea *a)* TFUE (aprovação de certos acordos internacionais, incluindo acordos de associação, acordo de adesão à CEDH, acordos que criem quadro institucional específico, acordos com consequências orçamentais significativas para a União ou acordos em domínios sujeitos, internamente, ao processo legislativo ordinário ou a procedimento de aprovação;
- ✓ Artigo 223.°, n.° 1, § 2 TFUE (decisão sobre processo de eleição do Parlamento Europeu por sufrágio universal, directo e secreto);
- ✓ Artigo 311.°, § 4 TFUE (execução do sistema de recursos próprios da União);
- ✓ Artigo 312.°, n.° 2 TFUE (quadro financeiro plurianual);
- ✓ Artigo 329.°, n.° 1, § 2 TFUE (criação de cooperação reforçada); e
- ✓ Artigo 352.° TFUE (exercício de poderes subsidiários).

505. Também pode suceder que a iniciativa de um acto sujeito a processo legislativo especial não caiba à Comissão, como é regra (artigo 17.°, n.° 2 TUE – Lisboa), mas ao Parlamento Europeu (artigo 223.°, n.° 2 TFUE).

506. Como dissemos, em muitos casos, os tratados prevêem que, sem necessidade de revisão formal dos tratados, o Conselho ou o Conselho determinem que actos adoptados segundo um processo legislativo especial passem a ser adoptados segundo um processo legislativo ordinário (v., por todos, o artigo 48.°, n.° 7 TUE – Lisboa). Em tal caso, dá-se inequivocamente um reforço dos direitos procedimentais da instituição que, ao abrigo do processo legislativo especial, não é autora, visto que a sua intervenção deixa de se resumir, pelo menos formalmente, a um mero veto, aprovação ou até consulta.

507. As regras de perfeição dos actos adoptados segundo o processo legislativo especial determinam ainda que sejam assinados pelo "Presidente da instituição que os adoptou" (artigo 297.°, n.° 1, § 2 TFUE), aplicando-se-lhe as demais disposições previstas em geral para os actos legislativos.

2.4. *Processos de Vinculação Internacional*

508. No domínio da acção externa da União, o poder de aprovação de normas, internas ou com países terceiros ou organizações internacionais, repousa essencialmente no Conselho, normalmente sob proposta (conjunta) do Alto Representante e da Comissão (artigo 22.°, n.° 2 TUE – Lisboa).

509. Em termos gerais, a vinculação internaiconal da União opera nos termos previstos no artigo 218.° TFUE[834], com algumas especificidades (artigo 50.° TUE – Lisboa), competindo ao Conselho a competência para celebrar acordos internacionais em nome da União.

510. O poder deliberativo do Conselho encontra-se submetido à consulta ou, nos casos previstos na alínea *a)* do n.° 6 do artigo 218.° TFUE, à aprovação do Parlamento Europeu. É o que sucede nos casos de acordos de associação, do acordo de adesão à CEDH, de acordos com consequências orçamentais da União ou dos acordos «que abranjam domínios aos quais seja aplicável o processo legislativo ordinário ou o processo legislativo especial, quando a aprovação do Parlamento Europeu é obrigatória».

511. Em suma, pode concluir-se que os processos de vinculação internacional foram, por um lado, significativamente simplificados e, por outro, foram objecto de um reforço da componente de controlo democrático parlamentar, pela acrescida sujeição a aprovação do Parlamento Europeu[835].

2.5. *Processos de Revisão dos Tratados*

512. A revisão dos Tratados também sofre algumas alterações, face ao regime anterior. Em rigor, prevêem-se hoje um processo ordinário de revisão dos tratados e processos simplificados (artigo 48.°, n.° 1 do TUE – Lisboa).

513. O **processo de revisão ordinário** encontra-se descrito no artigo 48.°, n.os 2 a 5 do TUE – Lisboa. Em rigor, não nos parece que exista

---

[834] Entre as excepções conta-se procedimentos especiais previstos na política comercial comum – artigo 207.° TFUE.

[835] Assim, Priollaud/Siritzky, *Le Traité de Lisbonne*, cit., pág. 318.

apenas um único processo ordinário de revisão, pois o próprio Tratado admite variações procedimentais.

514. Em princípio, o processo de revisão ordinário tem os seguintes elementos – iniciativa, fase institucional, fase "convencional" e fase estadual –, com os seguintes momentos-chave:

- Iniciativa do ou dos projectos (de um Governo, da Comissão ou do Parlamento Europeu) e sua apresentação ao Conselho;
- O Conselho transmite os projectos ao Conselho Europeu e notifica os parlamentos nacionais;
- O Conselho Europeu ouve o Parlamento Europeu (se não for o autor único do projecto, parece-nos), a Comissão (igualmente, se não for a apresentante do projecto) e o BCE (se as propostas incidirem sobre "alterações **institucionais** no domínio monetário"[836]);
- O Conselho Europeu delibera favoravelmente à "análise" das alterações propostas, por maioria simples;
- O Presidente do Conselho Europeu convoca a Convenção (cuja composição consta do n.° 3)[837];
- A Convenção analisa os projectos de revisão e adopta "por consenso" uma recomendação dirigida à Conferência dos Representantes dos Governos dos Estados membros (a Conferência Intergovernamental);
- O Presidente do Conselho (e não do Conselho Europeu) convoca a Conferência intergovernamental;
- A Conferência intergovernamental define, de comum acordo, as alterações aos Tratados;
- As alterações são ratificadas por todos os Estados membros, "em conformidade com as respectivas normas constitucionais", após o que podem entrar em vigor.

---

[836] Embora o Banco Central Europeu não seja parte da Convenção, a arrumação sistemática do Tratado inclui a referência à consulta do BCE após a convocação da Convenção. Significará que o BCE é ouvido pela Convenção ou entre a Convenção e a Conferência intergovernamental? Uma interpretação literal parece ir neste sentido.

[837] O Conselho Europeu – e não o Presidente do Conselho Europeu, obviamente – pode decidir não convocar a Convenção, mas não goza de autonomia nessa decisão, pois a mesma carece de ser aprovada pelo Parlamento Europeu. Caso não se realize a Convenção, o Conselho Europeu estabelece o mandato da Conferência intergovernamental.

515. Ainda no quadro do processo de revisão ordinário, o n.° 5 do artigo 48.° TUE – Lisboa declara que o Conselho Europeu "analisa a questão" de saber o que fazer, se, no prazo de dois anos a contar da data da sua assinatura, quatro quintos dos Estados membros tiverem ratificado e um ou mais Estados membros "tiverem deparado com dificuldades em proceder a essa ratificação". Seja qual for o alcance desta norma, parece-nos que não se prevê a adopção de deliberação do Conselho Europeu (pelo que o Presidente do Conselho Europeu e o Presidente da Comissão terão uma palavra na definição da posição deste órgão) nem a possibilidade de a entrada em vigor desse tratado de revisão ser possível, sem a ratificação de um Estado membro.

516. Como vimos, o processo ordinário de revisão pode ter algumas especificidades. Apontem-se apenas duas: o carácter não obrigatório da Convenção e o leque dos órgãos consultados.

517. Apesar das modificações trazidas pelo Tratado de Lisboa, na esteira da Constituição Europeia, os Estados continuam a desempenhar um papel fundamental no processo de revisão. Com efeito, é na Conferência de Representantes dos Estados membros que se prepara, a nível diplomático e especializado, e com total liberdade de conformação, o sentido e conteúdo do(s) futuro(s) tratado(s). Daí que seja conhecida por CIG («Conferência InterGovernamental»). Na verdade, apenas os Estados membros, através dos seus representantes diplomáticos participam, por direito próprio, neste momento do processo de revisão, mantendo-se nos tratados a omissão de qualquer menção à participação de outros órgãos, maxime do Parlamento Europeu[838] e da Comissão. Esta omissão do papel do Parlamento Europeu e da Comissão estende-se à fase derradeira, no prolongamento da lógica do sistema desenhado para a revisão dos tratados fundamentais. Com efeito, os tratados são (negociados e) assinados pelos Estados membros – eles que criaram a União Europeia – e a sua vigência internacional e interna depende exclusivamente do cumprimento das formalidades impostas por todos e cada um dos ordenamentos jurídico-constitucionais nacionais.

---

[838] Na prática, o Parlamento Europeu e mesmo a Comissão têm vindo a ser convidados a assistir aos trabalhos da CIG, ainda que como observadores. Por outro lado, cumpre dizer que, apesar de substancialmente arredado do processo de revisão, tal nunca impediu o Parlamento Europeu de apresentar e mesmo aprovar – no seu interior – projectos e propostas de novos tratados, ao longo da história (recorde-se, apenas, o *projecto Spinelli*).

518. O artigo 48.° TUE – Lisboa prevê hoje, especificamente, a existência de **processos de revisão simplificados**, nos seus n.os 6 e 7. Além destes, outras disposições dos tratados prevêem igualmente processos de revisão "simplificados", i.e. processos de alteração de disposições de direito originário sem convocação de conferência intergovernamental e, em especial, sem necessidade de ratificação por todos os Estados membros como condição da sua entrada em vigor. Estão nesta situação as alterações a certas disposições do Estatuto do Tribunal de Justiça da União Europeia (artigo 281.° TFUE), do SEBC e BCE (artigo 129.° TFUE) ou do Banco Europeu de Investimento (artigo 308.° TFUE), que podem ser feitas por processo legislativo ordinário, bem como a possibilidade de revogação das disposições específicas relativas à Alemanha, no contexto da reunificação (artigo 98.° e artigo 107.°, n.° 2, alínea *c)*, TFUE).

519. Voltando ao artigo 48.° TUE – Lisboa, o mesmo consagra dois tipos de revisões, delimitadas quanto ao objecto e ao procedimento aplicável. Na primeira (n.° 6), descreve-se os termos em que podem ser alteradas, pelo Conselho Europeu, as disposições da Parte III do TFUE (artigos 26.° a 197.° TFUE). A característica fundamental e distintiva deste processo de revisão é, na nossa opinião, a capacidade de os Estados membros afastarem a intervenção da Comissão Europeia e do Parlamento Europeu, que são apenas consultados. Em qualquer caso, as alterações não podem aumentar as competências atribuídas à União e só entram em vigor após aprovação[839] por todos os Estados membros.

520. O processo simplificado previsto no artigo 48.°, n.° 7 TUE – Lisboa, por seu turno, tem um objecto mais circunscrito: trata-se, por um lado, de permitir que as deliberações do Conselho por unanimidade possam passar a ser feitas por maioria qualificada, em qualquer área coberta pelo TFUE[840] ou mesmo no domínio da acção externa da União (Título V do TUE – Lisboa: artigos 21.°-46.°), excepto no que toca a "decisões que

[839] É de notar que o TUE – Lisboa fala aqui em "aprovação" pelos Estados membros quando, em relação ao processo de revisão ordinário, fala em "ratificação", dando porventura um sinal da maior relevância das alterações realizadas através do processo de revisão ordinário. Contudo, compete aos Estados membros decidir quais os procedimentos nacionais de "aprovação" ou "ratificação".

[840] Com excepção, muito relevante, dos casos previstos no artigo 353.° TFUE.

tenham implicações no domínio militar ou da defesa"[841]. E, por outro, de permitir uma maior generalização do processo legislativo ordinário, com a autorização para a adopção de decisões segundo o processo legislativo ordinário. Na verdade, parece que, aqui, a decisão do Conselho Europeu não altera em rigor o texto do Tratado, conquanto constitua fundamento para a inaplicação do processo legislativo originariamente previsto no tratado[842]. Em relação ao processo de revisão simplificado previsto no n.° 6, são ainda de destacar duas modificações. Por um lado, a aprovação do Parlamento Europeu é necessária. Por outro lado, qualquer parlamento nacional tem a faculdade de, por si só, impedir previamente a adopção da decisão do Conselho Europeu.

521. Os tratados prevêem que certas modificações de decisões tomadas na letra dos tratados sejam feitas sem necessidade de um qualquer procedimento formal de revisão. É o caso das alterações ao número de membros da Comissão Europeia (artigo 17.°, n.° 5 TUE – Lisboa), que podem ser feitas pelo Conselho Europeu, deliberando por unanimidade.

522. Por último, permita-se uma referência ao papel dos Parlamentos nacionais no processo de revisto. Genericamente previsto no artigo 12.°, alínea *d)*, do TUE – Lisboa, não é muito claro em relação ao processo ordinário, onde apenas se prevê a notificação aos parlamentos nacionais mas não é especificamente qualquer papel aos parlamentos nacionais, mas é mais efectivo em relação ao processo simplificado a que se refere o n.° 7 do artigo 48.° TUE – Lisboa (vide ainda, o artigo 6.° do *Protocolo Relativo ao Papel dos Parlamentos Nacionais da União Europeia*).

---

[841] A referência a decisões parece poder indicar ser legítimo que o Conselho Europeu autorize o Conselho a deliberar por maioria qualificada, alterando o tratado, mas essa alteração, genericamente aplicável, não permitir que decisões concretas "com implicações no domínio militar ou da defesa" sejam tomadas por maioria qualificada.

[842] V., ainda, artigo 333.° TFUE.

PARTE III

A ORDEM JURÍDICA DA UNIÃO (PRINCÍPIOS E FONTES)

§ 1. FONTES DE DIREITO DA UNIÃO EUROPEIA

1. Direito Originário ou Primário

523. No direito da União, parece lógico que se distinga entre o direito que criou e moldou (e configura) a actual União Europeia (e a Comunidade Europeia da Energia Atómica), expresso nas normas de vários tratados internacionais (Paris, Roma, Maastricht, etc.) que ao longo dos últimos 55 anos foram configurando as várias organizações e aquele direito que é criado no dia-a-dia da vida da Comunidade e da União pelos órgãos previstos nos tratados e com o propósito de realizar os objectivos naqueles instrumentos assinalados.

524. A determinação do que seja o direito originário ou primário da União Europeia tende a seguir um critério de fonte formal. Centremo-nos na União Europeia. É o direito criado pelos Estados membros através de tratados internacionais, constituído pelas normas que criaram a União Europeia, conferindo-lhe as suas atribuições e regulando a sua organização e funcionamento internos, bem como por aquelas normas que, de forma parcelar ou global, específica ou geral, vêm modificando e completando o sentido dos tratados originários.

525. A ideia de um direito originário ou primário desempenha ainda outras funções fundamentais no quadro da compreensão do sistema jurídico da União Europeia. Em primeiro lugar, devido ao princípio da atribuição, na sua designação actual, a União só pode intervir para realizar os objectivos e atribuições que para elas resultam dos tratados (*rectius*, do direito originário).

526. Em segundo lugar, nenhum acto dos órgãos da União Europeia pode deixar de encontrar a sua base jurídica numa norma de direito originário, sob pena de invalidade.

527. Em terceiro lugar, por consequência, o direito originário afirma-se explicitamente como parâmetro de validade normativa de todo o direito derivado: o direito criado pelos órgãos da União Europeia.

528. Estas considerações são tanto mais relevantes quanto, tanto o Tribunal de Justiça da União Europeia como os próprios Estados membros, de uma ou outra forma, reconhecem aos tratados o carácter de «carta constitucional», sendo mesmo hoje comum encontrar quem fale em «constituição» da União quando se pretende referir aos tratados[843].

529. Questão diversa é a da enumeração dos actos que integram o direito originário. Não é fácil dar um elenco completo[844] dos actos que, histórica ou actualmente, tiveram ou têm essa natureza. Mesmo sem preocupação de exaustividade, podem assinalar-se os seguintes:

- Os tratados que instituíram as três Comunidades Europeias e a União Europeia (tratados de Paris, Roma e Maastricht);
- Os tratados que vieram rever globalmente os tratados originários (AUE, Maastricht – na parte em que alterou os tratados anteriores –, Amesterdão, Nice e Lisboa);
- Os tratados de adesão da Dinamarca, Reino Unido e Irlanda (1972), Grécia (1979), Portugal e Espanha (1985), Áustria, Suécia e Finlândia (1994), Polónia, República Checa, Hungria, Eslováquia, Lituânia, Letónia, Eslovánia, Estónia, Chipre e Malta (2003) e Bulgária e Roménia (2005);
- A Convenção relativa a certas instituições comuns às três Comunidades (Roma, 25 de Março de 1957);
- Os tratados que promoveram modificações parcelares do ordenamento jurídico-institucional de base das Comunidades (tratado de Bruxelas, dito de "fusão" de 1965) e da União;

[843] Parafraseando R. Moura Ramos (*Das Comunidades à União*, *cit.*, p. 73): *«os tratados comunitários assumem-se como o vértice de um sistema, a verdadeira lei fundamental das Organizações Comunitárias – a sua «constituição» ou antes e talvez melhor, carta constitucional, se pretendermos sublinhar que eles são outorgados do exterior (pelos Estados) e não resultam da autodeterminação das próprias estruturas a que se dirigem»*.

[844] Uma listagem pode encontrar-se em Hartley, *The Foundations of European Community Law*, *cit.*, pp. 93-94. Alguns dos instrumentos a seguir mancionados já não se encontram em vigor.

- Os tratados que alteraram disposições específicas do sistema financeiro e orçamental das Comunidades (tratados do Luxemburgo, 1970, e de Bruxelas, de 1975);
- O Acto de 20 de Setembro de 1976 relativo à eleição do Parlamento Europeu por sufrágio universal directo e secreto;
- A Carta dos Direitos Fundamentais, *ex vi* do artigo 6.° do TUE – Lisboa;
- Os Protocolos e Anexos aos tratados (artigo 51.° TUE – Lisboa);
- Os actos que alteram disposições de direito originário, por força de previsão no próprio direito originário; ou
- As decisões relativas ao financiamento da União Europeia.

530. Identificado o âmbito material do direito originário, importa referir, antes de passarmos à análise dos modos de integração de lacunas deste ordenamento jurídico, a questão da incorporação do direito da União – em particular, neste momento, os Tratados – no direito nacional dos Estados membros. Não nos referimos à questão do fundamento e natureza constitucionais da integração europeia de Portugal, nem dos respectivos limites[845], cujo esclarecimento, da perspectiva jurídico-constitucional interna, implicaria, designadamente[846], a análise do artigo 7.° da Constituição, em particular dos seus n.os 6 e 5, bem como a apreciação em termos mais amplos, eventualmente analisando o sentido de normas funcionalmente semelhantes que existem na generalidade dos Estados membros[847], como em Itália (artigo 11.° da *Costituzione*)[848], Alemanha (artigos 23.° e 24.° da *Grundsgestz*)[849], Espanha (artigos 93.°-96.°), França (artigos 88.°-1 a 88.°-4), Irlanda (artigo 29.°), Países Baixos (artigos 91.°, n.° 3, 92.° e 93.°) ou Suécia (Capítulo X), sobretudo à luz das respectivas doutrinas constitucionais, em alguns casos já atrás referidas.

---

[845] Para uma síntese recente, J. Noronha Rodrigues, «Arquitectura Constitucional y Procesos de Integración en el caso Português», *Dereito – Revista Xuridica da Universidade de Santiago de Compostela*, Vol. 17, n.° 1, 2008, pp. 137-172.

[846] Sobre toda esta matéria, R. Moura Ramos, «The adaptation of the portuguese legal order to Community Law», BFD, vol. LXXVI, 2000, pp. 1-12.

[847] Outros Estados membros têm normas menos completas, como a Bélgica (artigo 34.°) ou a Grécia (artigo 28.°).

[848] Mas também do artigo 134.°, por exemplo.

[849] Eventualmente também do artigo 25.°.

531. Referimo-nos, isso sim, ao modo como o direito originário da União Europeia se integra e adquire vigência interna, em Portugal. E deve dizer-se que a nossa Constituição não resolve a questão de forma directa. Contudo, a partir dela, podemos chegar a várias conclusões, quando encaramos a incorporação das normas de direito da União Europeia no direito interno português. A matéria é regida, essencialmente, pelo artigo 8.° da Constituição, norma que, tradicionalmente, cura dos modos de incorporação do direito internacional público na ordem jurídico-constitucional interna. São especialmente relevantes, a este propósito, os n.os 2 a 4.

532. Ora, apesar de a doutrina discutir a natureza jurídica dos tratados fundadores, institutivos ou constitutivos da União Europeia, os mesmos constituem, neste momento, tratados internacionais solenes cuja entrada em vigor na ordem jurídica interna depende do cumprimento dos requisitos de vigência interna de normas internacionais.

533. Rege a matéria, por isso, o n.° 2 do artigo 8.° da Constituição, que se ocupa do modo de incorporação do direito internacional público convencional: «2. As normas constantes de convenções internacionais regularmente ratificadas ou aprovadas vigoram na ordem interna após a sua publicação oficial e enquanto vincularem internacionalmente o Estado português». Esta norma permite algumas observações. Por um lado, mostra-nos o modo como o direito da União Europeia originário de origem convencional (maxime, tratados comunitários e da União, tratados de adesão, etc.) se incorpora no direito interno («depois de regularmente aprovados e ratificados»). Por outro lado, diz-nos que estas normas não passam a valer como direito de origem interna (não são "transformadas"), mas continuam sendo normas de direito internacional público. Finalmente, mostra-nos que, no sentido que demos à «aplicabilidade directa», resulta evidente que as normas dos tratados não possuem essa característica. Com efeito, é dominante entre nós o entendimento de que as normas internacionais de origem convencional são incorporadas por meio de uma técnica de «recepção plena», carecendo, por isso, de recepção.

534. No caso do tratado da União, a sua aprovação e ratificação não é condição suficiente para a sua vigência interna, dado que esta depende da prévia verificação da sua vigência internacional, a qual, nos termos dos tratados, só ocorrerá após o depósito dos instrumentos de ratificação por todos os Estados membros (artigos 313.° CE; artigo 52.° UE, artigo 14.°

do tratado de Amesterdão e artigo 12.° do Tratado de Nice; artigo 6.° do Tratado de Lisboa)[850].

535. Questão diversa é a da **integração de lacunas** do direito originário. Se o direito dos tratados parametriza a validade do direito criado pelos órgãos da União e, ao mesmo tempo, reconhece à União Europeia a possibilidade de agir apenas e enquanto a acção se insira nas atribuições que lhes foram conferidas pelos Estados nos tratados, tal poderia levar a pensar o sistema jurídico da União como um sistema fechado, em que as lacunas de regulamentação ou de previsão – ao nível do direito primário – seriam insusceptíveis de integração.

536. O certo é que nunca foi assim. Apesar da União Europeia (tal como antes sucedia com as Comunidades[851]) não poder criar a sua própria competência, desde cedo que se admite que, em algumas hipóteses, a falta de previsão de competência ou dos mecanismos de acção não foi voluntária, permitindo-se a integração de lacunas do próprio direito originário.

537. Na doutrina[852], é comum apontar três grandes mecanismos de integração de lacunas dos tratados, ainda que o primeiro pareça perder o seu relevo: (*i*) a unidade de sentido imanente aos tratados; (*ii*) o princípio ou doutrina das competências implícitas; e (*iii*) o fundamento subsidiário do artigo 352.° TFUE (ou de normas similares, como o artigo 21.°, n.° 3 TFUE). É também frequente que a estes se acrescente a possibilidade de revisão dos tratados – cujos processos ordinário e simplificados estão hoje previstos no artigo 48.° TUE – Lisboa – apesar de ter uma natureza completamente diversa. Com efeito, enquanto naquelas hipóteses a integração de lacunas é totalmente realizada no interior do sistema institucional da União, esta última supõe, a final, a intervenção constituinte dos Estados membros.

538. O primeiro mecanismo tradicionalmente usado – em particular pelo Tribunal de Justiça – é o da **unidade de sentido** presente entre os

---

850 Recorde-se a questão colocada, por exemplo, logo aquando da reprovação do tratado de Maastricht pelos dinamarqueses, em referendo, em 1992.

851 Em geral, o texto toma por referência a União, mas, salvo indicação em contrário, é igualmente pertinente para a Comunidade Europeia da Energia Atómica.

852 Por todos, R. Moura Ramos, *Das Comunidades à União*, *cit.*, pp. 74-76.

vários tratados. Normalmente, eram os tratados das Comunidades constituídas em Roma que serviam de paradigma para a integração de lacunas do tratado CECA, mas o inverso também sucedia. A razão é, antes de mais, a circunstância de, por serem tratados posteriores, já ter havido alguma percepção de falhas aí presentes mas, sobretudo, o âmbito mais genérico e ambicioso do tratado da então CEE, hoje também União Europeia.

539. Assim, não se perceberia que as liberdades constitutivas do mercado comum, hoje mercado interno, não beneficiassem igualmente os trabalhadores do sector do carvão e do aço, ou que, podendo o Tribunal de Justiça interpretar as disposições dos tratados e do direito derivado no quadro da Comunidade Europeia (e da Euratom), ficasse disso impedido quando se tratasse de disposições constantes do quadro normativo específico da CECA.

540. Claro que este método conhecia igualmente alguns limites. Disposições há que foram construídas exclusivamente para uma das Comunidades e para responder a situações jurídicas ou económicas específicas; outras há que só faziam sentido no quadro institucional de uma das Comunidades (recorde-se as substanciais diferenças entre a CECA e a CEE/CE/UE, neste particular). Assim, o recurso a este método de integração de lacunas não prescinde do estrito respeito pelo princípio da autonomia institucional e procedimental (v. artigo 40.° TUE – Lisboa), anteriormente expresso, de forma mais expressiva, nos artigos 305.° CE e 47.° UE-M.

541. Um segundo mecanismo de integração de lacunas é o princípio das competências implícitas ou dos poderes implícitos. Simplificando[853], este afirma que uma organização internacional deverá ter todas as competências que sejam necessárias ou convenientes à prossecução dos seus fins, não implicando qualquer «excepção ao mais importante dos postulados do princípio da legalidade da competência»[854].

---

[853] Este princípio, nos seus sentido e limites, é abundantemente estudado na doutrina nacional e estrangeira – por todos, entre nós e por último, a incontornável obra de Maria Luísa Duarte, *A Teoria dos poderes implícitos*, *cit.*, em especial pp. 418 e ss.

[854] Maria Luísa Duarte, *A teoria dos poderes implícitos*, *cit.*, p. 35. Mais adiante (p. 55), a mesma Autora define «poderes implícitos» como «*aquelas competências que, não estando enunciadas de forma directa na norma enunciadora da competência, são ine-*

542. Afirmada internacionalmente num duplo contexto (como princípio de delimitação ou repartição[855] de competências no âmbito federal e como princípio em que assenta a capacidade jurídica das organizações internacionais[856]), acabou por ter uma recepção explícita, através da jurisprudência do Tribunal de Justiça da União Europeia, que afirmou, a partir do acórdão *AETR*[857] e de várias opiniões expressas ao abrigo da sua competência consultiva (em particular, o Parecer 1/76), o princípio do paralelismo de competências[858], reconhecendo que a competência interna da União[859] implica a sua competência externa[860], se for necessária para a realização de um dos objectivos da União.

543. Este princípio de paralelismo não opera, contudo, de forma automática ou necessária. Ele supõe que a competência interna seja exercida o mais tardar ao mesmo tempo da competência externa, não

---

rentes ou necessárias à realização eficaz dos fins da entidade jurídica ou das respectivas competências expressas».

[855] Tomamos aqui os termos como sinónimos – para uma sua análise, v. Maria Luísa Duarte, *A teoria dos poderes implícitos*, *cit.*, pág. 11, e Dulce Lopes, «A articulação de competências entre União e Estados membros no Tratado de Lisboa», *Temas de Integração*, n.° 26, 2008, pág. 91.

[856] Sobre a sua origem na jurisprudência do *Supreme Court* dos EUA e sua afirmação pelo TPJI e pelo Tribunal Internacional de Justiça, Antonio Tizzano, «Capítulo III – As competências da Comunidade», *Trinta anos de Direito Comunitário*, ed. Comissão, 1981, p. 49.

[857] Acórdão *Comissão c. Conselho (Accord Européen sur les Transports Routiers)*, de 31.3.1971, proc. 22/70, Colect., pp. 69 e ss.

[858] Na verdade, parece-nos que, na jurisprudência mais recente, se faz uma distinção clara entre o princípio do paralelismo de competências e o princípio de preempção, fundando este no acórdão *AETR* – era diferente os caminho e fundamentos seguidos na fundamental obra de A. Goucha Soares, *Repartição de competências e preempção*, *cit.*, em especial pp. 146-148 e 205 e ss. –, como aparece de forma evidente nos acórdãos *Céu Aberto* (por exemplo, *Comissão c. Alemanha*, de 5.11.2002, cons. 103-113 e 124-126).

[859] Mas não, inicialmente, da UE – segundo António Tizzano «La personnalité internationale de l'Union Européenne», *cit.*, p. 189, a declaração n.° 4, anexa ao Tratado de Amesterdão, teria justamente por desiderato evitar a transposição desta doutrina para os acordos celebrados no quadro da União Europeia.

[860] Esta doutrina foi sendo desenvolvida em importantes pronúncias do Tribunal de Justiça, nomeadamente no quadro de pareceres adoptados ao abrigo do (actual) artigo 300.°, n.° 6 CE – por todos, o parecer n.° 1/76, Rec., 1977, pp. 754-755 (sobre aquele acórdão e este parecer, Maria Luísa Duarte, *A teoria dos poderes implícitos*, *cit.*, pp. 424-436).

podendo o exercício desta preceder o daquela (parecer 1/76 e acórdãos *Céu Aberto*[861]).

544. O Tratado de Lisboa, ao interferir de modo directo sobre a definição das atribuições e competências da União, em si e relativamente aos Estados membros (v., em termos gerais, os artigos 4.°, n.° 1, e 5.°, n.° 1 do TUE – Lisboa; e 2.° a 6.° do TFUE), consagrou expressamente o princípio do paralelismo de competências, designadamente para afirmar a competência interna da União quando, no domínio externo, o Tratado lhe reconheça uma competência exclusiva. Segundo o n.° 2 do artigo 3.° do TFUE, «[a] União dispõe igualmente de competência exclusiva para celebrar acordos internacionais quando tal celebração esteja prevista num acto legislativo da União [ou] **seja necessária para lhe dar a possibilidade de exercer a sua competência interna** (...)».

545. Por outro lado, ao delimitar os domínios de competência partilhada entre União e Estados membros, o Tratado de Lisboa, depois de dizer que «[q]uando os Tratados atribuam à União competência partilhada com os Estados membros em determinado domínio, a União e os Estados membros podem legislar e adoptar actos juridicamente vinculativos nesse domínio. Os Estados membros exercem a sua competência na medida em que a União não tenha exercido a sua. Os Estados membros voltam a exercer a sua competência na medida em que a União tenha decidido deixar de exercer a sua». Parece tratar-se da recepção formal do princípio da preempção, já profundamente estudado, entre nós, por António Goucha Soares. A este princípio faremos breve referência, mais adiante.

546. Por último, temos o mecanismo dos **poderes subsidiários** previsto, em geral[862], no artigo 352.° TFUE (anteriores artigos 235.° CEE/CE e 308.° CE)[863]. Este artigo dispõe, no seu n.° 1, que, « [s]e uma acção da

---

[861] Acórdãos de 5.11.2002, proferidos nos casos *Comisssão c. Alemanha*, proc. C--476/98, cons. 82-83; *Comissão c. Áustria*, proc. C-475/98, cons. 73-74, 96-97 e 125; *Comissão c. Luxemburgo*, proc. C-472/98, cons. 61-62, 67-68, 83-93 e 117; e *Comissão c. Finlândia*, proc. C-469/98; *Comissão c. Bélgica*, proc. C-471/98; *Comissão c. Suécia*, proc. C-468/98 e *Comissão c. Dinamarca*, proc. C-467/98. Só não se pronunciou sobre esta matéria o acórdão *Comissão c. Reino Unido*, no proc. C-466/98.

[862] Situações próximas constam de outras normas, como o artigo 21.°, n.° 3 TFUE, quanto ao direito de circular inerente à cidadania da União.

[863] V. Ana Maria Guerra Martins, *A Igualdade e a Não Discriminação dos Nacionais de Estados Terceiros Legalmente Residentes na União Europeia*, Almedina, Coimbra, 2010, pp. 442-447.

União for considerada necessária, no quadro das políticas definidas pelos Tratados, para atingir um dos objectivos estabelecidos pelos Tratados, sem que estes tenham previsto os poderes de acção necessários para o efeito, o Conselho, deliberando por unanimidade, sob proposta da Comissão e após aprovação do Parlamento Europeu, adoptará as disposições adequadas. Quando as disposições em questão sejam adoptadas pelo Conselho de acordo com um processo legislativo especial, o Conselho delibera igualmente por unanimidade, sob proposta da Comissão e após aprovação do Parlamento Europeu».

547. Antes do Tratado de Lisboa, era controvertido o sentido e alcance desta norma, na doutrina. A nosso ver, a norma refere-se às competências subsidiárias da União[864], quer dizer, traduz-se num fundamento jurídico que só pode ser usado se não existir, para uma determinada acção da UE, um outro fundamento jurídico específico no tratado, expressa ou implicitamente. Claro que este mecanismo pode ser também utilizado como base jurídica complementar[865], quando a base jurídica específica exista mas se revele insuficiente para constituir fundamento jurídico adequado para o acto que os órgãos da União pretendam adoptar para realizar «um dos objectivos da União».

548. A operatividade deste mecanismo encontra-se ainda sujeita ao preenchimento de um conjunto de pressupostos procedimentais e substanciais. Entre estes, avultam os pressupostos formais. A utilização da base jurídica do artigo 352.° TFUE supõe o envolvimento dos órgãos da União de direcção (Conselho, Comissão Europeia e Parlamento Europeu), cabendo a deliberação final ao Conselho, segundo o princípio unanimitário.

549. Estes pressupostos e o âmbito razoavelmente genérico desta cláusula coloca à evidência os perigos que lhe estão conexos, particularmente a possibilidade de poder ser usada para alargar o âmbito de intervenção da União (mesmo para lá do que os Estados membros estabeleceram), podendo uma sua utilização desfuncional permitir até revisões camufladas e simplificadas do tratado. É por isso (mas não só) que o Tri-

---

[864] Na fórmula utilizada por Guy Isaac, dir-se-á que este mecanismo subsidiário permite adequar as competências funcionais dos órgãos à competência material da Comunidade [União] (*Droit Communautaire Général*, *cit.*, pp. 32-33).

[865] Sobre este, expressamente no sentido do texto, Lenaerts/Van Nuffel, *op. cit.*, p. 94.

bunal de Justiça acabou por assinalar importantes limites à utilização deste artigo 352.° TFUE[866], designadamente:

- O respeito pela «constituição» "comunitária";
- A impossibilidade de fundar um «salto qualitativo de integração».

550. É neste quadro que, sintomaticamente, o Tribunal de Justiça irá proferir, em 1996, o famoso parecer n.° 2/94, relativo à adesão da então Comunidade Europeia à CEDH, no qual rejeitou que o então artigo 235.° CEE (actual 352.° TFUE) pudesse servir de base jurídica para uma tal adesão[867], e cuja argumentação[868], pela sua clareza, cumpre recordar:

- «Resulta do artigo 3.°-B [actual artigo 5.°] do Tratado, (...) que a Comunidade só dispõe de competências atribuídas.
- «O respeito deste princípio da atribuição de competência é exigível tanto para a acção interna como para a acção internacional da Comunidade.
- «A Comunidade age normalmente com base em competências específicas que, como o Tribunal de Justiça decidiu, não é necessário que resultem expressamente de disposições específicas do Tratado, podendo igualmente ser deduzidas, de forma implícita, dessas disposições.
- «Na ausência de competências específicas expressas ou implícitas para esse efeito, convém examinar se o artigo 235.° do Tratado pode constituir base jurídica para a adesão.
- «O artigo 235.° visa suprir a falta de poderes para agir, conferidos expressa ou implicitamente às instituições comunitárias por disposições específicas do Tratado, nos casos em que (...).
- «Sendo parte integrante de uma ordem institucional baseada no princípio da atribuição de competências, esta disposição não pode

---

[866] Também a doutrina assinala há muito esses limites – referia Tizzano («Capítulo III – ...», *cit.*, p. 61): respeito dos princípios gerais da estrutura da organização; respeito dos princípios materiais da constituição comunitária; respeito dos princípios gerais de direito.

[867] Este parecer já foi por nós anotado – M. Gorjão-Henriques, «O Parecer n.° 2/94, de 28.03.1996 e a competência da Comunidade Europeia para aderir à Convenção Europeia dos Direitos do Homem», *Temas de Integração*, 1998, n.° 6, pp. 169-175. Uma outra abordagem é (novamente) a de Maria Luísa Duarte – *A teoria dos poderes implícitos*, *cit.*, pp. 590-607.

[868] Em especial os considerandos 23 a 35 – as partes mais importantes para o correcto entendimento do alcance dos vários institutos estão sublinhadas a itálico.

constituir fundamento para alargar o âmbito das competências da Comunidade para além do quadro geral resultante do conjunto das disposições do Tratado (...). Não pode, em qualquer caso, servir de fundamento à adopção de disposições que impliquem, em substância, nas suas consequências, uma alteração do Tratado que escape ao processo previsto por este para esse efeito.

- «Se o respeito pelos direitos do Homem constitui (...) uma condição da legalidade dos actos comunitários, forçoso é constatar, porém, que a adesão à Convenção implicaria uma alteração substancial do regime comunitário actual de protecção dos direitos do Homem (...).
- «Uma tal alteração (...), cujas implicações institucionais seriam igualmente fundamentais tanto para a Comunidade como para os Estados membros, teria relevância constitucional e ultrapassaria, pois, pela sua natureza, os limites do artigo 235.°. Só poderia ser realizada pela via de uma modificação do Tratado».

551. Que as dúvidas não se encontram totalmente esclarecidas é efeito visível a circunstância de a Conferência Intergovernamental de 2007 ter introduzido nos Tratados algumas limitações formais (artigo 352.°, n.° 2 TFUE – "alerta" aos Parlamentos nacionais) e materiais (v. artigo 352.°, n.os 3 e 4, e artigo 353.° TFUE) à utilização deste mecanismo, além de duas Declarações (41 e 42) sobre o sentido e alcance deste mecanismo.

552. Em particular, através destas Declarações, a Conferência recorda – um pouco à semelhança do que se dirá quanto ao princípio do primado – que «segundo a jurisprudência constante do Tribunal de Justiça da União Europeia, (...), sendo parte integrante de uma ordem institucional baseada no princípio da atribuição de competências, o artigo [352.° TFUE] não pode constituir fundamento para alargar o âmbito de competências da União para além do quadro geral resultante do conjunto das disposições dos Tratados, nomeadamente das que definem as missões e acções da União. Aquele artigo não pode, em caso algum, servir de fundamento à adopção de disposições que impliquem em substância, nas suas consequências, uma alteração dos Tratados que escape ao processo por estes previsto para esse efeito».

553. Esta declaração não deixou de ter um conteúdo equívoco, que careceu de interpretação através da *Declaração n.° 41* anexa à Acta Final da CIG/2007, nos termos da qual «a referência aos objectivos da União que é feita no n.° 1 do artigo 352.° do TFUE diz respeito aos objectivos definidos nos n.os 2 e 3 do artigo 3.° do TUE – Lisboa e aos objectivos enunciados no n.° 5 do artigo 3.° do referido Tratado, relativo à acção externa, por força da Parte V do Tratado sobre o Funcionamento da União Europeia. Fica assim excluída a possibilidade de uma acção baseada (...) [neste artigo] visar unicamente os objectivos definidos no n.° 1 do artigo 3.° do TUE – Lisboa». «Neste contexto, a Conferência regista que, em conformidade com o n.° 1 do artigo 31.° do [TUE – Lisboa], não podem ser adoptados actos legislativos no domínio da política externa e de segurança comum.».

554. Substancialmente diversa é a possibilidade de suprir lacunas do direito originário através da revisão dos próprios tratados. Originariamente, os tratados institutivos das várias Comunidades Europeias eram totalmente autónomos neste ponto, cada um prevendo os meios e as formas da sua própria revisão[869]. Com a criação da UE, em Maastricht, foi criado o processo comum[870] de revisão dos tratados «em que se funda a União», o qual se encontrava no tratado da União (artigo 48.°, § 1 UE-M)[871], mesmo antes da absorção formal da Comunidade Europeia pela União Europeia, com o Tratado de Lisboa.

555. Sobre os processos de revisão, remete-se para os procedimentos de decisão, onde aos mesmos foi feita referência.

556. Diversa e mais antiga é uma questão que vai sobrevivendo ao tempo: poderão os tratados ser revistos sem respeitar o procedimento comum previsto no artigo 48.° TUE – Lisboa? O problema abarca dois tipos de situações. Primeiro, saber se existem nos tratados outros mecanismos de revisão específicos, que derroguem o do artigo 48.° UE. Segundo, a determinação sobre se é possível e juridicamente legítima a revisão no puro quadro intergovernamental, sem o prévio recurso à fase institucional do processo.

---

[869] No caso da (então) CEE, essencialmente o artigo 236.°.

[870] Subsistiam em cada um deles algumas situações específicas, sendo de particular realce a conhecida «pequena revisão» CECA, prevista no artigo 95.°, § 3 do tratado CECA.

[871] Recorde-se que, nos termos do artigo 1.° UE, «*a União funda-se nas Comunidades Europeias, completadas pelas políticas e formas de cooperação instituídas pelo presente tratado...*».

557. É inegável que, tanto antes como agora, os tratados prevêem instrumentos e normas específicas que permitem a revisão do tratado em termos diversos daqueles que resultam do artigo 48.° TUE – Lisboa. Historicamente, o exemplo mais citada era a chamada «pequena revisão CECA» (artigo 95.° CECA), conquanto outras normas estabelecessem e ainda hoje consagrem – como se viu supra – a possibilidade de alterações de direito originário sem aprovação pelos Estados membros. É o caso, ainda hoje, do artigo 221.°, § 4[872], e da cláusula de adaptação prevista nos tratados de adesão (quanto à Noruega, já actuada em 1973 e 1995)[873]. Antecedentes conhecidos eram igualmente, do ponto de vista histórico, a cláusula "passerelle" do artigo K.9 UE (introduzida com o tratado de Maastricht) ou o artigo 42.° UE (na redacção resultante do tratado de Amesterdão) ou aquelas outras em que a deliberação é tomada internamente pelos órgãos da União e depois é recomendada à ratificação por parte dos Estados membros ou, em todo o caso, apenas entra em vigor após a aprovação por todos os Estados membros[874].

558. Questão diversa era a de saber se os Estados membros, como «donos do tratado»[875] podem optar por uma revisão puramente intergovernamental, recusando a aplicação do procedimento do artigo 48.° TUE – Lisboa. Neste sentido iria, além da prática longínqua[876], certos actos,

---

[872] Outros casos podem ser apontados, como o artigo 126.°, n.° 14 TFUE, que permite a substituição de um Protocolo por deliberação do Conselho, por unanimidade e de acordo com um processo legislativo especial. A solução já constava do anterior artigo 104.°, n.° 14 CE. O mesmo sucede com o *Protocolo relativo aos critérios de convergência*, *ex vi* do seu artigo 6.°.

[873] Cláusula constante do acordo de adesão que permite que o Conselho, na hipótese de recusa de adesão por parte de algum dos Estados candidatos, adaptar os tratados a essa não adesão – ver, por último, Decisão n.° 1/1995 do Conselho (JO, L 1, de 1.1.1995, p. 1).

[874] É o caso do disposto nos artigos 25.°, § 2, 223.°, n.° 1, § 2, 218.°, n.° 8 (adesão à CEDH) 262.° (atribuição da competência ao Tribunal de Justiça para decidir sobre litígios relativos à aplicação dos actos que criem títulos europeus de propriedade intelectual) e 311.°. § 3, todos do TFUE, o artigo 42.°, n.° 2 TUE – Lisboa ou o artigo 40.°-2 do Protocolo relativo aos Estatutos do SEBC e do BCE.

[875] Expressão usada pelo Tribunal Constitucional alemão na sua decisão de 12.10.1993, relativa à compatibilidade do tratado de Maastricht com a *Grundsgesetz*, mas já muito antes referida, por exemplo em Rudolf Bernhardt, «Capítulo IV – As fontes de direito comunitário: a "Constituição" da Comunidade», *Trinta anos de direito comunitário*, *cit*., p. 80.

[876] O acordo sobre o novo estatuto do Sarre (1956) e a convenção relativa a certas instituições comuns à três comunidades (1957).

como os compromissos do Luxemburgo e de Joanina[877]. Se a hipótese é plausível[878], diverso é o entendimento quanto ao interesse dos Estados membros nessa hipótese. Primeiro, representaria uma violação clara dos tratados e do princípio *pacta sunt servanda*, que poderia ter como consequências, não apenas o desencadear de acções por incumprimento contra os Estados membros[879], mas também a própria consequência auto-fágica da anulação do acto de revisão, por força das competências do Tribunal de Justiça[880]. Em segundo lugar, dado o peso dos órgãos da União na actual configuração do dito processo, não se vê qual o interesse nessa solução. Diverso seria o entendimento se, em conjugação com a consagração de limites formais de revisão, fosse (já) possível afirmar a existência de limi-

---

[877] Parecia ser esta a posição do prof. Mota de Campos, para quem a modificação dos tratados poderia ocorrer «*por simples acordo informal dos Estados membros*» (J. Mota de Campos, «O Conselho Europeu», *cit.*, p. 280; no *Manual*, incluindo na sua 6.ª edição, em co-autoria com o Dr. J. L. Mota de Campos, não vislumbrámos qualquer referência a este modo de alteração dos Tratados, não o considerando – v. pp. *Manual de Direito* Europeu, 6.ª Edição, WK/Coimbra Editora, 2010, pp. 298-299).

[878] No sentido da admissibilidade, R. Moura Ramos, «As Comunidades Europeias – enquadramento normativo-institucional», *Das Comunidades à União*, *cit.*, pp. 78-79. Contra, Hartley, *The Foundations of European Community Law*, 4th edition, pp. 92-93, o qual avançava uma explicação para qualificar qualquer revisão que não obedeça ao disposto no artigo 48.° UE e, mesmo assim, seja aceite pelos órgãos da União («a legal 'revolution', leading to the redefinition of the *Grundnorm* or fundamental legal principle of the system»). Na 5.ª edição, contudo, este reputado A. adere à tese da admissibilidade da revisão consensual, através de procedimento internacional, visto considerar que a solução não deve ser dada pelo sistema jurídico comunitário mas pela ordem jurídica internacional (pp. 95-97).

[879] Ao abrigo, nomeadamente, do disposto no artigo 258.° TFUE – é a solução dada por Maria Luísa Duarte, *A teoria dos poderes implícitos*, *cit.*, p. 372.

[880] Antes do Tratado de Lisboa, a competência do Tribunal de Justiça resultava da alínea *e)* do artigo 46.° UE. Eram legítimas as dúvidas sobre a operacionalidade e efectividade desta sanção, além das incertezas quanto aos mecanismos jurisdicionais e às implicações constituintes de uma tal *ousadia* jurisprudencial. Em sentido algo diverso, que não custaria acompanhar, a prof. Maria Luísa Duarte sustenta que «[n]*ão podendo anular o acto de revisão, o juiz comunitário poderia decidir pela sua ineficácia e, por conseguinte, considerar-se no direito, tal como os restantes órgãos comunitários, de aplicar e interpretar as normas dos Tratados na versão anterior à revisão ilegal*» (*op. e loc. cits.*). Hoje, também não nos restam dúvidas de que o Tribunal de Justiça constitui o garante do respeito pelo artigo 48.° TUE – Lisboa, podendo mesmo afirmar-se uma presunção de competência do Tribunal de Justiça, dada a inexistência de norma equivalente ao anterior artigo 46.° UE e à redacção genérica do artigo 19.° TUE – Lisboa, salvo onde e nos limites em que for expressamente excluída ou limitada.

tes materiais de revisão, questão hoje correntemente abordada, mesmo entre nós[881].

559. Visto o direito originário da União Europeia no seu conteúdo e analisados os principais instrumentos jurídicos de integração das suas lacunas, bem como da sua reconformação, uma outra questão deve ser equacionada: a do relacionamento entre os tratados e os demais compromissos internacionais assumidos pelos Estados membros.

560. Quanto a este ponto, convém distinguir entre duas situações. Primeira, a dos acordos em que são Partes apenas Estados membros da União. Segunda, a dos acordos em que apenas alguma ou algumas das Partes são Estados membros, ou seja, aqueles celebrados entre Estados membros, por um lado, e outros Estados ou organizações internacionais, por outro.

561. Em relação aos acordos celebrados entre Estados membros, dúvidas só podem colocar-se no que toca ao regime dos instrumentos internacionais celebrados depois da criação das Comunidades e/ou União (ou depois da adesão de todos ou de alguns dos Estados às Comunidade/União), pois as situações de incompatibilidade que emergissem de compromissos anteriores seriam resolvidas de acordo com as regras da Convenção de Viena sobre o direito dos tratados, de acordo com o princípio segundo o qual *lex posterior derogat lex anterior*. Assim, como a doutrina assinala, tais convenções apenas «subsistem na estrita medida em que sejam compatíveis com os tratados comunitários»[882-883].

---

[881] J. L. Cruz Vilaça/Nuno Piçarra, «Y-a-t-il des limites matérielles à la révision des traités instituant les Communautés Européennes», *cit.*, pp. 5-37; A. M. Guerra Martins, *A natureza jurídica da revisão do tratado da união europeia*, Lex, Lisboa, 2000. Em sentido diverso, Jorge Miranda, *Direito Internacional Público – I (substituições e aditamentos)*, Lisboa, 2000, pp. 14-17. Contra, em termos diferenciados, Fernando Loureiro Bastos, *Os acordos mistos em direito comunitário*, SPB, Lisboa, 1997, pp. 322-351; ou Maria Luísa Duarte, *A teoria dos poderes implícitos*, *cit.*, pp. 376-383.

[882] J. Mota de Campos, *Manual de Direito Comunitário*, *cit.*, p. 308.

[883] A aplicação das regras emergentes da Convenção de Viena de 1969 sobre o direito dos tratados justificará a admissibilidade de acordos internacionais entre os Estados membros visando a interpretação «autêntica» de disposições dos tratados comunitários – assim, quanto à decisão de chamar «Euro» à moeda única europeia, tomada pelo Conselho Europeu de Madrid (1995), Jean-Victor Louis, «L'évolution du Conseil Européen à la lumière de la réalisation de l'Union Économique et Monétaire», *Divenire Sociale e adeguamento del diritto*, *cit.*, p. 261.

562. Ali, no entanto, também existe doutrina firmada: os Estados membros comprometeram-se, no quadro dos princípios da boa fé e da cooperação leal, a nada fazer que pudesse pôr em causa a realização dos objectivos da União, pelo que a assinatura entre dois Estados membros de um acordo incompatível com os tratados poderia mesmo originar a condenação do(s) Estado(s) perante o Tribunal de Justiça (por ex., artigos 258.°-260.° TFUE).

563. Também são direito originário os acordos entre os Estados membros cuja celebração é prevista pelo próprio tratado. É o caso das normas do tratado que prevêem a nomeação dos juízes e advogados-gerais (artigo 253.° TFUE) ou da sede das instituições e demais órgãos da União (artigo 341.° TFUE).

564. Diversa é a questão, quando se considerem os acordos concluídos entre Estados membros e outros Estados ou organizações internacionais. Como resulta das regras de direito internacional público, a assinatura dos tratados ou a adesão a estes não pode prejudicar os direitos e obrigações que os Estados membros tenham assumido anteriormente em relação às suas contrapartes terceiras à União Europeia. Em relação às convenções anteriores, rege o artigo 351.° TFUE (anteriores artigos 234.° CEE/CE e 307.° CE), que se aplica a qualquer convenção internacional «susceptível de ter uma influência sobre a aplicação do Tratado»[884]. Esta norma estabelece as seguintes directrizes:

- Os Estados membros continuam obrigados a essas convenções, que, em relação às contrapartes, não são postas em causa pelos tratados;
- os Estados membros deverão procurar eliminar as situações de incompatibilidade (renegociando ou mesmo denunciando os acordos incompatíveis, por exemplo); e
- Caso o não possam fazer, ficarão apenas vinculados às suas obrigações, renunciando ao exercício de qualquer direito que desses instrumentos resulte para eles, quando for incompatível com os seus direitos e obrigações como membros da União.

---

[884] Acórdão *Burgoa*, de 14.10.1980, proc. 812/79, Rec., 1980, 10, pp. 2787, citado no acórdão *Comissão c. Reino Unido*, de 5.11.2002 (*"Céu aberto")*, proc. C-466/98, cons. 23.

565. E quanto às convenções posteriores? Aqui, não se pode esquecer que os Estados membros continuam a ser sujeitos de direito internacional e que, mesmo nas matérias que são comunitarizadas, mantêm a sua capacidade jurídica internacional para a negociação e conclusão de acordos, mesmo que em muitas matérias a competência para concluir acordos internacionais tenha transitado para a União Europeia. Assim, actualmente, a directriz é simples. Ainda quando os Estados membros não tenham conferido à União o poder de exercer em seu nome a contratação internacional, o mesmo princípio da cooperação leal impõe que os Estados membros se auto-limitem internacionalmente, de modo a não prejudicar as competências da União, designadamente vinculando-se internacionalmente de modo que possa comprometer a adaptabilidade da legislação da União aplicável internamente[885].

566. De forma crescente, ao ponto de hoje se discutir se subsiste em algum domínio uma competência estadual, é a União (e não os seus Estados membros) que tem a competência para celebrar acordos internacionais com outros Estados ou organizações internacionais[886]. A competência geral e exclusiva da União – nos limites do princípio da atribuição – resulta do artigo 3.°, n.° 2, do TUE – Lisboa, densificado no artigo 216.° TFUE, identificando-se três situações principais:

- Quando estiver previsto nos tratados ou num acto juridicamente vinculativo da União[887];
- Quando a celebração do acordo seja necessária para alcançar um dos objectivos dos Tratados;
- Quando a celebração do acordo afecte normas comuns ou altere o seu alcance.

567. O mesmo sucede nos domínios de competência partilhada, onde o exercício da competência interna desapossa os Estados membros da competência, quer interna quer externa (artigo 2.°, n.° 2 TFUE).

---

[885] Parecer n.° 2/91, de 19.3.1993, Colect., I, pp. 1061, cons. 25-26.

[886] Sobre as relações económicas externas da Comunidade, F. Loureiro Bastos, *Os acordos mistos no direito comunitário*, *cit.*; Luís Pedro Cunha, *Lições de Relações Económicas Externas*, Almedina, Coimbra, 1997.

[887] Aparentemente, não é necessário que se trate de um acto legislativo.

568. O procedimento geral de vinculação internacional da União consta, como já vimos antes, do artigo 218.° TFUE. A este acrescem outras normas que se referem a intervenções específicas ou sectoriais da União, expressas através da celebração de acordos internacionais. É o que acontece nos domínios tradicionais dos acordos de associação (artigo 217.° TFUE) e com os acordos nos domínios da política comercial comum (artigo 207.°, n.° 3 e seguintes TFUE), da política de cooperação para o desenvolvimento (artigo 211.° TFUE), da cooperação económica, financeira e técnica (artigo 212.°, n.° 3 TFUE), da ajuda humanitária (artigo 214.°, n.° 4 TFUE), da política monetária (artigo 219.° TFUE), da política do ambiente (artigo 191.°, n.° 4 TFUE) ou da política externa e de segurança comum (artigo 37.° TUE – Lisboa).

2. DIREITO DERIVADO OU SECUNDÁRIO

2.1. *Considerações gerais*

569. O direito derivado (tradicionalmente, também chamado direito secundário) é constituído pelos actos adoptados pelos órgãos (instituições, mas não só, também outras entidades) da União, no desenvolvimento das competências que os tratados lhes conferem. Contudo, nem todos os actos adoptados pelos órgãos da União têm a mesma natureza e alcance jurídicos. Podem ser actos legislativos ou actos não legislativos, gerais ou individuais, internos ou externos, juridicamente obrigatórios ou não, não sendo menor o peso das fontes formais (*hard law*) face ao peso do chamado *soft law*. Aliás, o problema é logo o de classificar as fontes de direito da União Europeia, pois, por exemplo quanto aos princípios gerais de direito ou à jurisprudência do Tribunal de Justiça da União Europeia, a sua vinculatividade é entendida como indo muito mais longe do que resultaria de uma leitura literal dos tratados.

570. Os actos de direito derivado tanto podem ser adoptados por «instituições» como por outros órgãos ou entidades (pense-se no Conselho do BCE, por exemplo). Por outro lado, mesmo as «instituições» não adoptam apenas actos tipicamente previstos nos tratados, mas estendem a sua criatividade decisória a uma plêiade de actos atípicos e/ou internos, cujo valor jurídico é bastante diferenciado.

571. A entrada em vigor do Tratado de Lisboa, no passado dia 1 de Dezembro de 2009, teve um impacto profundo em matéria da comitologia e, em geral, na própria estruturação da ordem jurídica da União Europeia, quer na teoria das fontes, quer na compreensão dos modos de separação de poderes (dentro da União e entre a União e os Estados membros). Com efeito, o Tratado de Lisboa, concretizando uma intenção de reconformação da ordem jurídica presente desde pelo menos o Tratado de Maastricht, dá passos significativos na hierarquização dos actos "comunitários" (hoje, actos da União Europeia, suprimida que foi a própria palavra "comunidade") ao prever uma hierarquização dos actos de direito derivado da União Europeia em:

a) Actos legislativos de base, emanados essencialmente (*i*) pelo Parlamento Europeu e pelo Conselho, através do processo legislativo ordinário, (*ii*) pelo Parlamento Europeu, através de processo legislativo especial; ou (*iii*) pelo Conselho, através de processo legislativo especial;
b) Actos delegados, de natureza não legislativa, adoptados pela Comissão ao abrigo do disposto no artigo 290.° TFUE;
c) Actos não legislativos de base (por vezes designados como exercício de poder regulamentar autónomo);
d) Actos de execução, de natureza não legislativa, adoptados pela Comissão nos casos previstos no artigo 291.° do TFUE.

572. É de salientar, pois, a criação de uma tipologia de actos mais clara, distinguindo entre "actos legislativos", "actos não legislativos", "actos delegados" e "actos de execução", suprimindo uma tipologia que, segundo o *Relatório Final do Grupo de Trabalho IX* da Convenção Europeia, conhecia pelo menos quinze instrumentos jurídicos diversos (pense-se apenas nas tipologias constantes dos anteriores artigos 34.° UE e 110.° ou 249.° CE). Tal deveu-se quer a uma intenção de simplificação, quer a motivações ligadas ao reforço da legitimidade democrática da legislação europeia.

573. Outro aspecto a salientar, pela sua novidade, é o disposto no artigo 296.° TFUE, que prevê um conjunto de disposições práticas relativas aos actos jurídicos da União, designadamente (*i*) enunciando o critério geral de escolha da forma do acto (§ 1: «escolha caso a caso, no respeito dos processos aplicáveis e do princípio da proporcionalidade»)[888], (*ii*) estabelecendo a obrigação de fundamentação (§ 2); e (*iii*) o princípio da precedência do processo, i.e. a inibição de uma actuação do Parlamento Europeu ou do Conselho por meios não previstos quando a Comissão houver submetido uma proposta nos termos previstos nos tratados.

---

[888] Em muitos casos, aliás como antes também já sucedia, os tratados impõem uma determinada forma para os actos a adoptar.

574. Sobre a publicidade dos actos de direito derivado rege o artigo 297.° TFUE[889-890].

2.2. *Actos Legislativos*

575. A principal categoria de actos de direito derivado da União pode dizer-se ser a dos actos legislativos. O que caracteriza um acto legislativo não é a circunstância de assumir a forma de regulamento, directiva ou decisão (artigo 288.° TFUE). Qualquer destes actos pode ter (ou não) natureza legislativa. Da hierarquia criada pelo Tratado de Lisboa – no seguimento de previsões de reforma existentes desde o Tratado de Maastricht[891] – decorre a distinção entre regulamentos, directivas e decisões legislativos e regulamentos,directivas e decisões não legislativos.

576. Como exprimiu K. LENAERTS junto da Convenção Europeia, esta distinção não visa, «em si mesma, (...) uma veneração do princípio da separação de poderes expresso por Montesquieu, mas antes clarificar as responsabilidades políticas de cada um, bem como prever processos de decisão que correspondam o melhor possível a cada uma destas funções, em termos de legitimidade democrática e de eficácia»[892].

577. Como já se escreveu, e bem o tem sido afirmado pela doutrina (na nossa Escola, pelo dr. AFONSO PATRÃO[893]), o que distingue um acto

---

[889] Sendo 23 as línguas oficiais, neste momento, os actos juridicamente vinculativos da União, que estejam sujeitos a publicação obrigatória, devem ser publicados em todas as línguas oficiais, inclusivamente os actos anteriores à adesão de um determinado Estado membro. Existem algumas especificidades, designadamente quanto a Malta e Irlanda. Em relação a Portugal, no que toca aos actos anteriores à adesão, os critérios quanto à não tradução dos mesmos excluíram: (a) Actos que já não se encontravam em vigor a 1.1.1986; (b) Actos que caducaram por força da Adesão; (c) Actos que apenas vinculavam os seus destinatários e que apenas fazem fé na língua oficial dos destinatários; (d) Actos não obrigatórios; (e) Actos de importância menor; (f) Actos que deviam expirar durante a produção da Edição Especial.

[890] Quanto aos prazos para recorrer de um acto publicado, ver artigo 81.° do regulamento de processo do Tribunal de Justiça e Anexo II (os prazos de dilação são, em relação a Portugal continental, de dez dias, sendo de treze dias para os Açores e a Madeira). Quanto ao Tribunal Geral, rege o artigo 102.° RPTG.

[891] Declaração n.° 16 anexa à Acta Final da CIG/1991.

[892] CONV 363/02.

[893] «O direito derivado no Tratado de Lisboa», *Temas de Integração*, 2.° Semestre de 2008, pp. 139-168.

legislativo de um acto não legislativo é, antes do mais, uma circunstância que, pode porventura dizer-se, é externa ao acto: o seu processo de formação[894]. Mas não é apenas o nome (acto legislativo) ou o processo de formação (processo legislativo) que os distingue. O processo legislativo inclui ainda, em geral, um regime de perfeição jurídica autónomo, cujo cumprimento não é mera condição de eficácia mas verdadeira condição de validade: os actos legislativos devem ser assinados pelo legislador e publicados no *Jornal Oficial da União Europeia* (artigo 297.°, n.° 1 TFUE).

578. Da classificação de um determinado acto como sendo um "acto legislativo" (artigo 289.°, n.° 3 TFUE) decorrem, no entanto, outras consequências. A primeira e principal tem a ver com o seu valor jurídico. Pela primeira vez – e como foi repetidamente afirmado na perspectiva histórica que oferecemos – é introduzida uma hierarquização formal dos actos de direito derivado. Os actos legislativos, adoptados pelos órgãos da União democraticamente legitimados (artigo 10.°, n.° 2 TUE – Lisboa) e segundo um processo legislativo, primam hierarquicamente sobre os actos não legislativos.

579. Além da característica da ***precedência de lei***, os actos legislativos gozam ainda de um domínio de ***reserva de lei***, quer formal quer material (as matérias que só podem ser reguladas por acto adoptado por processo legislativo não podem ser reguladas *ab initio* por forma não legislativa). Além disso, só os actos legislativos podem delegar na Comissão o poder de adoptar actos não legislativos de alcance geral que alterem

---

[894] Ambos têm de ser fundamentados – artigo 296.° TFUE. O dever de fundamentação dos seus actos por parte dos órgãos da União é, na opinião do Tribunal de Justiça da UE, um fundamento de ordem pública, susceptível de apreciação oficiosa pelo tribunal. Entre as exigências decorrentes da obrigação de fundamentação inclui-se a justificação do acto à luz do princípio da subsidiariedade, a escolha da base jurídica, o carácter claro e suficiente da mesma à luz dos conhecimentos científicos, etc. – sobre este tema, na doutrina nacional, Paulo Lopes Lourenço, *Fundamentação dos Actos Comunitários*, Coimbra Editora, 2002; v. igualmente Margarida Telles Romão, *Liberdade e vinculação na Administração comunitária*, CIJD, 2001, pp. 57-64. Na jurisprudência, vide os acórdãos *Daffix c. Comissão*, de 28.3.1995, proc. T-12/94, Colect. FP, II, pp. 233, cons. 31; *Nold c. AA.* (de 20.3.1959, proc. 18/57, Rec., 1959, pp. 89, pp. 315), *Michel c. Parlamento Europeu* (de 26.11.1981, proc. 195/80, Rec., p. 2861, cons. 22), *Bélgica e Alemanha c. Comissão* (de 4.2.1997, procs. C-9/95, C-23/95 e C-156/95, cons. 44), *Portugal e Espanha c. Comissão*, (de 13.10.1992, procs. 63/90 e C-67/90, cons. 16) e *Grécia c. Conselho* (de 14.7.1994, cons. 19).

ou completem «aspectos **não essenciais** do acto legislativo» (artigo 290.°, n.° 1 TFUE). A estes voltaremos mais adiante.

580. Dito isto, e sob reserva da duplicidade de natureza e hierarquia que estes actos podem apresentar (tanto podem constituir actos legislativos como actos não legislativos), os actos juridicamente vinculativos da União, incluindo os actos legislativos, são, a título principal, os que constam dos §§ 2 a 4 do artigo 288.° TFUE: os regulamentos, as directivas e as decisões.

2.3. *Actos Não Legislativos*

2.3.1. *Da Comitologia em Geral*

581. Se o Tratado de Lisboa introduz, *inter alia*, uma diferenciação hierárquica entre os actos legislativos e os actos não legislativos, é também de salientar que se ocupa de todos os actos de natureza inferior – actos normativos ou administrativos, regulamentos ou actos da Administração, incluindo nacional – e mostra uma certa preocupação com a delimitação do objecto, âmbito e limites do exercício do poder regulamentar da administração europeia.

582. À luz do sistema anterior, como não existia qualquer distinção formal entre actos legislativos e não legislativos, pois que nem existia uma categoria jurídica de actos legislativos, os órgãos das Comunidades e da União, nos limites das competências que os respectivos tratados institutivos estabeleciam, podiam exercer as suas competências actuando na criação de direito da União, com base directa no Tratado ou num acto de direito derivado anterior. Este exercício *relativamente* livre do decisor europeu não era, como é evidente, desprovido de controlo pelos órgãos titulares do poder normativo (primeiro de todos, o Conselho) e pelos próprios Estados membros.

583. O sistema em vigor antes do Tratado de Lisboa de controlo da execução dos actos da Comunidade Europeia[895] radicava na chamada "Comitologia", sistema que tinha a sua base "moderna" na Decisão 87/373/

[895] Que era ao nível desta que as questões mais se colocavam.

/CEE, pela qual, na sequência das alterações introduzidas pelo Acto Único Europeu no então chamado Tratado CEE, o Conselho (à época, recorde-se, único titular do poder normativo da então CEE) estabelecia as modalidades de controlo do exercício pela Comissão das competências de execução conferidas pelo Conselho, ao abrigo dos então também artigos 145.° (depois, artigo 202.°) e 155.° (depois, artigo 211.°) do Tratado CEE (depois, CE). Este sistema veio a ser reformado através da Decisão do Conselho de 28 de Junho de 1999 que fixa as regras de exercício das competências de execução atribuídas à Comissão (adiante, "Decisão 1999/468/CE")[896], ainda hoje em vigor, na qual o Conselho consagrou diversos "procedimentos" de controlo da execução dos actos legislativos pela Comissão.

584. A nova nomenclatura suscita questões pertinentes e relevantes quanto à sua articulação com os procedimentos de controlo e execução previstos na Decisão 1999/468/CE. Embora o n.° 3 do artigo 291.° do TFUE não tenha sido ainda executado, em termos gerais[897], já existem alguns elementos relevantes, quer na doutrina, quer na prática dos órgãos da União, que ajudarão a enquadrar o assunto. Entre os primeiros, destacam-se extensas anotações feitas em comentários colectivos ao anterior "Tratado que estabelece uma constituição para a Europa"[898] e, em menor grau, estudos sobre o tratado de Lisboa. Entre os últimos, destaque merece, indubitavelmente, a recente Comunicação da Comissão ao Parlamento Europeu e ao Conselho *"aplicação do artigo 290.° do Tratado sobre o Funcionamento da União Europeia"*, de 9 de Dezembro de 2009 (COM(2009) 673 final) (adiante, "Comunicação").

---

[896] JO L 184 de 17.7.1999, p. 23. Decisão alterada pela Decisão 2006/512/CE (JO L 200 de 27.7.2006, p. 11)

[897] Existem já vários regulamentos "de execução", adoptados pela Comissão ao abrigo do artigo 291.°, no entanto.

[898] Os trabalhos da Convenção que preparou o projecto de Tratado que instituía uma Constituição para a Europa, incluindo, em particular, o Grupo de Trabalho IX, cujos trabalhos podem ainda ser encontrados em http://european-convention.europa.eu/doc_register.asp?lang=EN&Content=WGIX; *Traité établissant une Constitution pour l'Europe – Commentaire article par article – Parties I e IV Architecture constitutionnelle»*, sous la direction de L. Burgorgue-Larsen/Anne Levade/Fabrice Picod, Tome I, Bruylant, 2007, etc.; Paulo Stancanelli, «Le système decisionnel de l'Union», in *Genèse et destinée de la Constitution Européen*, (G. Amato, H. Bribosia, B. de Witte, Eds), Bruylant, 2007, pp. 523-527; entre nós, é meritório o texto de Afonso Patrão, «O direito derivado da União Europeia à luz do Tratado de Lisboa», *Temas de Integração*, 2008, 2, n.° 26, em especial a pp. 154-161.

585. A Decisão 1999/468/CE estabelecia, a 30 de Novembro de 2009[899], vários "procedimentos de comité" para assegurar o acompanhamento, pelo legislador europeu, do exercício pela Comissão das competências de execução reconhecidas pelos Tratados. Em suma, e salvo alguns casos particulares, designadamente no domínio da Política Comercial Comum e da Política de Concorrência, os procedimentos são (eram) os seguintes:

a) **Procedimento de Gestão** – aplicável às medidas de gestão, designadamente na execução das políticas comuns, como a PAC ou a política comum de pescas (artigo 2.°, n.° 1, alínea *a)*, e artigo 4.° da Decisão 1999/468/CE);

b) **Procedimento de Regulamentação** (artigo 2.°, n.° 1, alínea *b)*, e artigo 5.° da Decisão 1999/468/CE) – aplicável às:
   a. "medidas de âmbito geral que visam a aplicação de disposições essenciais de um acto de base, incluindo as medidas relativas à protecção da saúde ou à segurança das pessoas, animais ou plantas";
   b. "Adaptações" ou "actualizações" de certos elementos não essenciais de um acto de base;

c) **Procedimento de Regulamentação com Controlo** – aplicável sempre que um acto adoptado em co-decisão por Parlamento Europeu e Conselho previr "a adopção de medidas de alcance geral que tenham por objecto alterar elementos não essenciais desse acto, nomeadamente suprimindo alguns desses elementos ou completando o acto mediante o aditamento de novos elementos não essenciais" (artigo 2.°, n.° 2, e artigo 5.°-A[900] da Decisão 1999/468/CE);

d) **Procedimento Consultivo** – aplicável "quando for considerado adequado" e quando os procedimentos de Gestão e de Regulamentação se não aplicarem (artigo 2.°, n.° 1, alínea *c)*, e artigo 3.° da Decisão 1999/468/CE);

e) **Procedimento de Salvaguarda** – aplicável quando "o acto de base atribua à Comissão competência para decidir sobre medidas de salvaguarda" (artigo 6.° da Decisão 1999/468/CE).

---

[899] Dia imediatamente anterior àquele em que entrou em vigor o Tratado de Lisboa.

[900] Introduzido pela Decisão do Conselho 2006/512/CE, de 17 de Julho de 2006 (JO, L 200, de 22.7.2006).

586. É preciso notar que a base jurídica da Decisão 1999/468/CE era o então terceiro travessão do artigo 202.° CE, sendo que, por um lado, deste Tratado não resultava qualquer outra norma que delimitasse os poderes de Conselho, Parlamento Europeu e Comissão, a este respeito, e que, por outro lado, estava há muito institucionalizado o reconhecimento da liberdade do Conselho para determinar as modalidades de execução dos actos por si estabelecidos[901]. O Tratado de Lisboa altera substancialmente esta realidade, de modo especial ao introduzir no agora TFUE os artigos 290.° (sobre os chamados actos "delegados" – vide n.° 3 deste artigo) e 291.° (sobre os actos de "execução" – vide n.° 4 deste artigo)[902].

2.3.2. *Actos Delegados*

587. O artigo 290.° do TFUE permite ao legislador (Conselho e/ou Parlamento Europeu) delegar na Comissão o poder de adoptar "[1] actos [2] **não legislativos** [3] de alcance geral que [4a] *completem* ou [4b] *alterem* [4] *certos elementos não essenciais*[903] do acto legislativo" (n.° 1 do artigo 290.° do TFUE). Estes requisitos são cumulativos. Deste modo, o legislador só pode delegar na Comissão Europeia o poder de adoptar actos

---

901 Como poderia explicar-se de modo exaustivo. A relação da Comissão com o Parlamento Europeu, a este respeito, é regulada pelo **Acordo entre o Parlamento Europeu e a Comissão relativo às regras de aplicação da Decisão 1999/468/CE do Conselho, que fixa as regras de exercício das competências de execução atribuídas** à Comissão, com a redacção que lhe foi dada pela Decisão 2006/512/CE (2008/C 143/01) – JO, C 143, de 10.6.2008, pp. 1-4.

902 Trata-se de artigos novos, aditados pelo artigo 2.°, 236) do Tratado de Lisboa e que, segundo o Anexo-Quadro ao Tratado de Lisboa, substituem, "na substância, o terceiro travessão do artigo 202.° do Tratado CE". Para efeitos de comprovação, é a seguinte a redacção desse artigo e travessão:

«Tendo em vista garantir a realização dos objectivos enunciados no presente Tratado e nas condições nele previstas, o Conselho:

(…) – atribui à Comissão, nos actos que adopta, as competências de execução das normas que estabelece. O Conselho pode submeter o exercício dessas competências a certas modalidades. O Conselho pode igualmente reservar-se, em casos específicos, o direito de exercer directamente competências de execução. As modalidades acima referidas devem corresponder aos princípios e normas que o Conselho, deliberando por unanimidade, sob proposta da Comissão e após parecer do Parlamento Europeu, tenha estabelecido previamente.».

903 Sobre o que sejam "elementos não essenciais" ou, por oposição, "elementos essenciais", v. Dimitris N. Triantafyllou, «Article I-36 – Les Règlements Européens Délégués», *Traité établissant*, *cit.*, pp. 480-483.

de **alcance geral** que impliquem uma modificação ou complementação do disposto no acto legislativo. A Comissão enuncia claramente a sua leitura dos requisitos de "completar" ou "alterar" elementos não essenciais do acto legislativo. Ouçamos a Comissão: «Em primeiro lugar, a Comissão considera que, ao utilizarem o verbo "alterar", os autores do novo Tratado quiseram cobrir os casos hipotéticos em que a Comissão é investida do poder de alterar formalmente um acto de base. Esta alteração formal pode afectar o texto de um ou mais artigos do dispositivo, ou o texto de um anexo que juridicamente faça parte integrante do instrumento legislativo. Pouco importa que o anexo contenha medidas puramente técnicas; a partir do momento em que é conferido à Comissão o poder de alterar um anexo que contenha medidas de alcance geral, deve ser aplicado o regime dos actos delegados.

«Em segundo lugar, a Comissão sublinha a importância que convém atribuir ao verbo "completar", cujos sentido e alcance são menos explícitos do que os do verbo "alterar".

«A Comissão considera que, para determinar se uma medida "completa" o acto de base, o legislador deve avaliar se a futura medida acrescenta, na prática, novas normas não essenciais que alteram o quadro do acto legislativo, deixando uma margem de apreciação à Comissão.

«Em caso afirmativo, pode considerar-se que a medida "completa" o acto de base. Caso contrário, as medidas que se destinem apenas a aplicar as normas existentes do acto de base não devem ser consideradas medidas complementares.

«O legislador pode regulamentar inteiramente um determinado domínio de acção, confiando à Comissão a responsabilidade de assegurar a aplicação harmonizada dessa regulamentação através de actos de execução [artigo 291.° TFUE]; de igual modo, o legislador pode optar por só regulamentar parcialmente o domínio em causa, deixando à Comissão a responsabilidade de completar a regulamentação através de actos delegados».

588. Segundo a Comissão Europeia, a aplicação do artigo 290.° TFUE não carece de regulamentação legislativa genérica pelo legislador (Conselho e Parlamento Europeu), sendo imediatamente aplicável ("basta-se a si própria e contém todos os elementos de que o legislador necessita para definir, caso a caso, o âmbito de aplicação, o conteúdo e as modalidades de uma delegação de poderes"), conquanto, na linha das conclusões adoptadas pelo Parlamento Europeu, na sua resolução de 7 de Maio de 2009, a Comissão tenha aderido à conveniência de ser definida uma "fórmula-tipo" para as delegações de poderes.

589. O âmbito de aplicação do artigo 290.°, que acima já começamos a enunciar, implica a consideração das relações com os actuais procedimentos previstos na Decisão 1999/468/CE e com o artigo 291.° do TFUE, pois, seguindo ainda a Comissão, «é em torno dos artigos 290.° e 291.° que deve ser estabelecido o quadro jurídico que substituirá o chamado sistema de «comitologia», criado no âmbito do Tratado que institui a Comunidade Europeia».

590. Quanto ao primeiro ponto, a Comissão Europeia começa por salientar – com razão – que «a definição dos actos delegados constante do artigo 290.°, n.° 1, está, de um ponto de vista puramente redaccional, muito próxima da dos actos que na Decisão 1999/468/CE (...) são abrangidos pelo» procedimento de regulamentação com controlo (PRCC), que havia sido introduzido naquela Decisão pela Decisão 2006/512/CE. Com efeito, em ambos os casos os actos em causa são de alcance geral e visam alterar ou completar certos elementos não essenciais do acto legislativo». E embora a Comissão haja indicado, na sua *Comunicação*, que a semelhança entre estes critérios não significa uma aplicação similar e que a «aplicação dos actos delegados não será necessariamente uma cópia do PRCC», o certo é que uma das conclusões que as instituições tiram é a da inaplicação do PRCC desde o passado dia 1 de Dezembro de 2009. Deste modo, **os actos legislativos que venham a ser adoptados após aquela data devem estabelecer explicitamente as condições da delegação que a Comissão deverá cumprir e deixarão de remeter para o PRCC previsto na Decisão 1999/468/CE**.

591. Já em relação aos actos em vigor, importa realçar o esforço de adaptação levado a cabo pelas instituições da União durante o ano de 2009, através da adopção de vários regulamentos que adaptaram um conjunto significativo de diplomas sectoriais.

592. Mas também, em segundo lugar, que, se é certo que o PRCC previsto na Decisão 1999/468/CE e o artigo 290.° do TFUE têm redacções semelhantes e, igualmente, que as instituições parecem ter acordado na inaplicação do PRCC aos actos de execução[904], não é menos certo que, em relação aos actos adoptados anteriormente, deverá estar fora de questão a

---

[904] Proposta do COREPER de 22 de Dezembro de 2009, para aprovação no ponto "A" da Ordem do Dia do Conselho (decisão consensual no COREPER) – 17781/09.

inaplicação do PRCC nos termos resultantes do processo de adaptação legislativo desenvolvido essencialmente durante o ano de 2009[905]. Já em relação aos actos legislativos adoptados a partir de 1 de Dezembro de 2009 e ao abrigo do Tratado de Lisboa, aí não fará mais sentido a aplicação do PRCC, funcionando o exercício de competências delegadas pela Comissão nos termos resultantes dos actos adoptados pelos órgãos de dotados de competência legislativa. Assim, em especial, **diversos regulamentos estabeleceram a competência normativa da Comissão para alterar disposições não essenciais de actos legislativos, através da adopção de regulamentos sujeito a controlo através da aplicação do PRCC**. Em relação a todas estas matérias subsiste, no entanto, uma importante especificidade de regime, quando comparada com as situações abrangidas pelo artigo 290.° do TFUE. É que o exercício de poderes delegados ao abrigo do artigo 290.° do TFUE supõe a definição prévia, pelo legislador, de limites materiais, temporais e, quiçá, formais ao exercício dos poderes delegados[906]. Ao invés, a continuidade da implementação destas medidas, *ex vi* da legislação em vigor e com a utilização do mecanismo de PRCC previsto na Decisão 1999/468/CE, não impõe qualquer limite material, temporal ou formal ao exercício dos poderes delegados pela Comissão Europeia, o qual fica, portanto, apenas sujeito ao controlo casuístico resultante da aplicação do PRCC[907].

593. Poderá questionar-se, porventura, se os actos adoptados antes da entrada em vigor do Tratado de Lisboa estão igualmente sujeitos ao direito de revogação (alínea *a)* do n.° 2 do artigo 290.° do TFUE) e ao direito de oposição (alínea *b)* do n.° 2 do artigo 290.° do TFUE) do Parlamento Europeu e do Conselho. É que, enquanto o direito de oposição tem pleno cabimento já no esquema de aplicação do PRCC (artigo 5.°-A da Decisão 1999/468/CE), o direito de revogação não se encontra genericamente atribuído pela decisão 1999/468/CE, devendo portanto reconhecer-se ao Parlamento Europeu e ao Conselho, por invocação directa do artigo 290.°, n.° 2, *a)*, do TFUE, o direito a revogarem os poderes delegados conferidos à Comissão, ainda que, porventura, se possa dizer subsistirem

---

905 Referimo-nos ao conjunto significativo de diplomas adoptados em 2009 para permitir que a Comissão pudesse exercer competências delegadas em relação a normas adoptadas antes da entrada em vigor do Tratado de Lisboa pelo procedimento de co-decisão.

906 Vide parágrafo 3 da *Comunicação da Comissão*.

907 Ou a posterior e expressa modificação do acto de base pelo legislador.

dúvidas sobre o procedimento (legislativo?) adequado à consecução desse objectivo[908]. Segundo a Comissão salienta na *Comunicação*, um acto delegado não parece poder ser, ao mesmo tempo, um acto de execução. Enquanto os actos delegados – de que ainda não conhecemos nenhuma tipologia – são definidos pelo seu alcance e efeitos («acto de alcance geral que completa ou altera elementos não essenciais»), os actos de execução

---

[908] A Comissão parece propender para a ideia de que o direito de revogação deve estar expressamente previsto no acto legislativo de base e que deve ser motivada, exigências porventura não constantes do referido artigo, número e alínea. Assim: «Pode ponderar-se o recurso ao direito de revogação nomeadamente nos casos em que o legislador deseje dispor da possibilidade de retomar, em qualquer momento, os poderes que conferiu à Comissão, a fim de ter em conta circunstâncias novas que justifiquem uma intervenção legislativa.

«O legislador pode também desejar dispor do direito de revogação nos casos em que considere inútil ou pouco prático dispor do direito de oposição. São exemplos disto os casos em que a Comissão é obrigada a adoptar actos delegados submetendo-se a condicionalismos de tempo incompatíveis com o exercício de um direito de oposição pelo legislador. Na impossibilidade de poder exercer um controlo sobre cada um dos actos adoptados, tendo em conta a sua frequência, o legislador conservaria um controlo global da delegação de poderes através do direito de revogação.

«Sempre que esteja previsto pelo acto legislativo, o exercício do direito de revogação deve obedecer a uma obrigação de motivação e ser precedido de um intercâmbio de informações entre instituições. Convém também prever os respectivos efeitos jurídicos. É conveniente que a instituição que deseja retirar a sua confiança à Comissão exponha as suas razões. Tal terá um duplo interesse, já que, em primeiro lugar, permitirá à instituição que não exerce o direito de revogação compreender as razões que justificam a decisão unilateral da outra instituição de alterar o acto de base e, por outro, confere um efeito preventivo ao uso da revogação: ao expor os motivos da sua decisão, o Parlamento Europeu ou o Conselho indicam claramente à Comissão o que convém que esta faça ou não faça para evitar futuras revogações.

«A instituição que tenciona proceder a uma revogação deve informar da sua intenção não só a Comissão, mas também a instituição que não exerce o direito de revogação. Será assim possível instaurar um diálogo interinstitucional antes de ser tomada a decisão de revogação.

«Além disso, convém que a instituição que toma a iniciativa da revogação indique expressamente quais os poderes delegados cuja revogação solicita. Com efeito, é necessário prever a hipótese de o Parlamento Europeu ou o Conselho tencionarem revogar apenas uma parte dos poderes delegados na Comissão. Ou seja, deve prever-se a possibilidade de uma "revogação parcial".

«Por último, os efeitos da revogação devem estar expressamente previstos no acto de base.

«Pode assim ser especificado que a decisão de revogação põe termo à delegação de poderes visando expressamente as competências delegadas revogadas, mas que não afecta os actos delegados já em vigor.»

decorrem da sua razão de ser («quando sejam necessárias condições de uniformes de execução de actos juridicamente vinculativos da União» – n.° 2 do artigo 291.°) e caracterizam-se pela sua designação (artigo 291.°, n.° 4, do TFUE) e pela prévia atribuição de "competências de execução à Comissão" pelos actos que visam executar (sejam actos legislativos *tout court* sejam actos *delegados*).

594. Impõe-se referir, por último, que a adopção de actos delegados está sujeita a um princípio de tipicidade formal: todos os actos delegados devem ter inserido, no título, «o adjectivo "delegado" ou "delegada"» (artigo 290.°, n.° 4 TFUE).

2.3.3. *Actos de Execução*

595. Em relação à execução dos actos juridicamente vinculativos, resulta hoje do tratado que esta cabe prioritariamente aos Estados membros. Nos termos do artigo 291.°, n.° 1 TFUE, compete aos Estados membros tomar "todas as medidas de direito interno necessárias à execução dos actos juridicamente vinculativos da União". Poderá dizer-se estar aqui uma fórmula de consagração do princípio da administração indirecta do Direito da União Europeia.

596. A execução dos actos da União directamente pelas instituições da União Europeia apenas pode decorrer de uma atribuição pelos Estados membros à Comissão ou, nos casos previstos nos artigos 24.° e 26.° TUE – Lisboa, ao Conselho. Atribuição que deverá ser expressa e, em qualquer caso, baseada no princípio da proporcionalidade, que aqui terá uma exigência acrescida, porquanto só assim se compreende a preocupação em referir a "necessidade" de "condições uniformes de execução", num contexto normativo – como é o da União Europeia, em que toda a acção da União está submetida aos princípios da proporcionalidade e, salvo quanto aos domínios de competência exclusiva da União, da subsidiariedade.

597. O ou os regimes de execução dos actos juridicamente vinculativos da União são, em geral, definidos a partir do artigo 291.° do TFUE. Esta disposição reconhece que o Parlamento Europeu e o Conselho poderão, por regulamento adoptado segundo o processo legislativo ordinário, definir "previamente as regras e princípios gerais relativos aos mecanismos de controlo que os Estados membros (*sic*) podem aplicar ao exercício das competências de execução pela Comissão"[909].

598. A diferença entre actos delegados (adoptados ao abrigo do artigo 290.° e da delegação explicitada no acto legislativo de base) e os actos de execução (adoptados ao abrigo do artigo 291.°) é assim evidente. No artigo 290.° TFUE, a «Comissão é autorizada a completar ou alterar o trabalho do legislador» e, em qualquer caso, a delegação é sempre facultativa. Já no que respeita aos actos de execução, a Comissão exerce, passe o pleonasmo, uma verdadeira competência executiva, apenas nos casos em que a execução dos actos não deva ser realizada pelos Estados membros mas, em nome da uniformidade na aplicação, seja cometida à própria UE. O exercício desta competência, no entanto, ainda que implique a próxima adopção, pela Comissão, de actos gerais, não constituirá no entanto, em qualquer caso, um exercício de competência legislativa.

599. Refira-se, por último, a circunstância de também os actos de execução da União Europeia – supomos que só estes – estarem sujeitos a um princípio de tipicidade formal, devendo conter a expressão "de execução" (artigo 291.°, n.° 4 TFUE).

2.4. *Actos Juridicamente Vinculativos da União: (1) Regulamento*

600. O Regulamento, previsto no § 2 do artigo 288.° TFUE (antes, no artigo 249.° CE), apresenta três características fundamentais: (*i*) carácter geral; (*ii*) aplicabilidade directa; e (*iii*) obrigatoriedade em todos os seus elementos.

601. O Regulamento é, em primeiro lugar, um acto geral, no sentido estrito de termo. Tem uma generalidade de destinatários. Todas as pessoas

---

[909] A 9 de Março de 2010, a Comissão Europeia apresentou a Proposta de regulamento do Parlamento Europeu e do Conselho que estabelece as regras e os princípios gerais relativos aos mecanismos de controlo pelos Estados-Membros do exercício das competências de execução pela Comissão (COM/2010/0083 final – COD 2010/0051). A proposta encontrava-se, no momento em que terminámos este volume, em primeira leitura no Parlamento Europeu, tendo o relatório preliminar da Comissão de Assuntos Jurídicos, e da responsabilidade de József Szájer, sido apresentado a 20 de Maio de 2010.

Note-se que são os órgãos da União Europeia que determinam os termos em que os Estados membros controlam a execução dos actos pela Comissão Europeia...

(singulares ou colectivas, empresas, Estados, etc.) que se encontrem no seu âmbito de aplicação (objectivo, subjectivo, temporal, espacial) estão por ele vinculadas.

602. Em segundo lugar, o Regulamento goza de aplicabilidade directa. Esta sua característica exprime o facto de, para poder vigorar internamente, não necessitar (dispensando mesmo) qualquer mecanismo de recepção no ordenamento jurídico dos Estados membros. Na verdade, os Regulamentos da União Europeia incorporam-se automaticamente na ordem jurídica dos Estados membros, não podendo ser objecto, por qualquer modo, de qualquer operação nacional de recepção ou incorporação.

603. E de que depende a sua aplicabilidade directa? Apenas e exclusivamente do preenchimento das condições de validade e vigência resultantes directa, imediata e exclusivamente da norma da União, e que são:

- A adopção pelo órgão ou órgãos competentes da União Europeia (artigo 288.° TFUE.°, § 1);
- Segundo o processo adequado (legislativo ou não legislativo);
- A fundamentação (artigo 296.° TFUE);
- A publicidade apropriada ao seu processo constitutivo (artigo 297.° TFUE) e, eventualmente,
- A *vacatio legis* (artigo 297.° TFUE)[910].

604. Finalmente, o Regulamento é obrigatório em todos os seus elementos. Tal significa que os seus destinatários – nomeadamente, mas não só, os Estados membros – não podem adaptar o seu conteúdo e o sentido das suas prescrições ao ordenamento jurídico interno. Assim o declarou o Tribunal de Justiça, no conhecido acórdão *Krohn*: «Os regulamentos comunitários, sendo directamente aplicáveis em todos os Estados membros, excluem, salvo disposição em contrário, que estes possam, em vista a assegurar a sua aplicação, adoptar medidas que tenham por objecto modificar o seu alcance ou de aditar algo às suas disposiçoes».[911]

605. Tudo o que é disposto no Regulamento é obrigatório *ne varietur*, podendo mesmo falar-se de uma presunção de autosuficiência norma-

[910] Que, na falta de disposição em contrário do regulamento, é de 20 dias.

[911] Tradução livre – Acórdão do Tribunal de Justiça *Krohn*, de 18.6.1970, proc. 74/69, Rec., 1970, pp. 451 (EE Portuguesa, pp. 381).

tiva[912]. Claro que isso não implica que todo e cada regulamento seja em si mesmo preciso e suficiente, ao ponto de dispensar qualquer actuação normativa por parte da União ou dos Estados membros. É o que acontece, no primeiro caso, com os Regulamentos adoptados ao abrigo de processo legislativo e que prevêem a adopção de actos delegados ou de execução. E, no segundo caso, com aqueles (muitos) Regulamentos que, expressa ou implicitamente, habilitam os Estados membros a adoptar medidas de aplicação legislativas, regulamentares, administrativas e financeiras necessárias à sua efectiva aplicação[913], reconhecendo a estes, inclusivamente, poderes discricionários[914]. Nestas hipóteses, os Estados devem regular as violações do direito da União através de condições substantivas e processuais análogas às aplicáveis às violações similares do direito interno e que, de qualquer forma, confiram à sanção um carácter dissuasivo, efectivo e proporcionado[915].

606. Por último, uma nota quanto ao modo de incorporação dos Regulamentos na ordem jurídico-constitucional portuguesa. Em nosso entender, a vigência directa dos regulamentos na nossa ordem jurídico-constitucional resulta, antes de mais, e directamente, dos artigo 8.°, n.os 3 e 4, da Constituição. Beneficiando de uma cláusula expressa na Constituição que lhes permite a incorporação automática no ordenamento jurídico português (artigo 8.°, n.° 3, da Constituição), a sua vigência efectiva depende apenas do grau de determinação das suas prescrições e da necessidade ou não de adopção (a nível europeu ou nacional) de disposições complementares, nos termos estabelecidos no direito da União. Em princípio, portanto, estão em condições de produzir efeitos directos no ordenamento interno, gerando direitos e obrigações na esfera jurídica dos seus destinatários. Por outro lado, a sua obrigatoriedade supõe que não possam

---

912 R. Moura Ramos já falava, embora em sentido translato, desta «autosuficiência normativa» – *Das Comunidades à União*, *cit.*, p. 84.

913 Acórdão do Tribunal de Justiça *Eridania*, de 27.9.1979, 230/78, Rec., p. 2749, n.° 34; acórdão do TPI *DLD Trading Co. c. Conselho*, de 17.12.2003, proc. T-146/01, n.° 82, ainda não publicado.

914 Acórdão do Tribunal de Justiça *Bussone*, de 30.11.1978, proc. 31/78, Rec., p. 2429, n.° 10.

915 Mesmo que através do estabelecimento de um sistema de responsabilidade penal objectiva – acórdãos *Hansen*, de 10.7.1990, proc. C-326/88, Colect., I-2911, cons. 17 e 19, e, mais recentemente, *Ebony*, de 27.2.1997, proc. C-177/95, cons. 35-36. Na doutrina nacional, Pedro Caeiro, «Perspectivas de formação de um direito penal da União Europeia», *cit.*, pp. 521-522.

ser postos em causa por instrumentos de direito interno, maxime de nível infra-constitucional.

2.5. *Actos Juridicamente Vinculativos da União: (2) Directiva*

607. As Directivas estão previstas no artigo 288.° TFUE, nos mesmos exactos termos que já antes constavam do artigo 249.° CE.

608. Ao contrário do que sucede com os Regulamentos, as Directivas caracterizam-se por serem actos da União que, essencialmente, impõem aos Estados membros a realização de certos objectivos, deixando aos Estados membros uma margem – maior ou menor – na escolha da forma e dos meios para a sua implementação[916]. A imposição de resultados não significa necessariamente uma obrigação de atingir determinados objectivos concretos, podendo consubstanciar meras obrigações *de facere* não dependentes de prazo.

609. As Directivas distinguem-se, em muitos aspectos, dos regulamentos. Se aqueles são gerais, estas, apesar de poderem conter uma disciplina geral, têm como destinatários imediatos (directos) apenas os Estados membros.

610. Se os Regulamentos são obrigatórios em todos os seus elementos, as Directivas, como reza o terceiro § do artigo 288.° TFUE, só vinculam o Estado «quanto ao resultado a alcançar, deixando (...) às instâncias nacionais a competência quanto à forma e aos meios» para atingir esse resultado. Isso significa que o conteúdo da directiva supõe, em princípio, a possibilidade de diferenciações normativas do regime jurídico a estabelecer nacionalmente. Noutras hipóteses, sucede serem as próprias Directi vas que necessitam, além da transposição estadual, da adopção posterior de Directivas delegadas ou de execução: é o caso das anteriormente chamadas «directivas-quadro»[917]. Desde que respeitem o resultado previsto,

---

[916] Sobre as directivas em geral, por todos, Deirdre Curtin, «Directives: the effectiveness of judicial protection of individual rights», *CMLR*, 27, 1990, pp. 709-739; Sacha Prechal, *Directives in EC Law*, 2nd Ed., Oxford, 2006. Entre nós, para lá da doutrina a seguir citada, R. Moura Ramos, *Das Comunidades à União*, *cit.*, pp. 84-85 e 241-242.

[917] O Tribunal de Justiça aceita *ex professo* esta categoria – assim no proc. C--207/97, considerando 35 *a contrario*. As «directivas-quadro» não se confundem, embora

os Estados membros gozam de alguma liberdade de conformação normativa, podendo adaptar o texto da directiva à realidade jurídica, económica e social do Estado. Daí que, muitas vezes, a directiva seja apresentada como meio preferencial de harmonização legislativa (regulamentar e administrativa)[918].

611. Mas além de liberdade «quanto aos meios», os Estados membros também gozam de «liberdade quanto à forma». Tal significa uma terceira diferença face ao regulamento. Enquanto o Regulamento goza de aplicabilidade directa, a Directiva necessita de um acto nacional de incorporação para poder – se for caso disso – gerar direitos e obrigações na esfera jurídica dos particulares. Necessitando de um acto nacional de inserção na ordem jurídica nacional, as directivas devem, em princípio[919], ser objecto de um processo de transposição[920], de uma transformação em um acto de direito interno[921], cuja dignidade normativa incumbe ao Estado determinar[922], dentro de certos limites[923]. Em suma, as directivas

---

tenham uma grande proximidade substancial, em vários sentidos, com as anteriores *decisões-quadro*, que o Conselho podia adoptar no âmbito da União (artigo 34.° UE).

918 Claro que tal é posto em causa com frequência, quando nos deparamos com directivas tão pormenorizadas que não deixam aos Estados membros qualquer margem de apreciação.

919 Resulta da jurisprudência do Tribunal de Justiça que não é indispensável uma transposição expressa, se a ordem jurídica nacional tiver já alcançado os objectivos prosseguidos pela directiva (v.g. acórdão *Comissão c. Alemanha*, de 23.5.1985, proc. 29/84, Rec., 1985, p. 1661, cons. 23). Contudo, esta situação deve ser analisada com particular rigor quando a directiva vise atribuir direitos aos particulares (acórdão *Comissão c. Grécia*, de 23.3.1995, proc., C-365/93, cons. 9).

920 Sobre a transposição das directivas, na doutrina portuguesa, antes da revisão constitucional de 1997 (Lei Constitucional n.° 1/97), Marcelo Rebelo de Sousa – «A transposição das directivas comunitárias para a ordem jurídica nacional», *Legislação (cadernos de)*, n.os 4/5, 1992, pp. 59-84.

921 Se for correctamente transposta, o particular invocará internamente a respectiva norma nacional de transposição – acórdão *Felicitas Rickmers-Linie KG & Co. C. Finanzamt für Verkehrssteuern*, de 15.7.1982, proc. 270/81, Rec., 1982, pp. 2786-87, n.os 24-26.

922 Parafraseando Marcelo Rebelo de Sousa, «*é reconhecida, em plenitude, a autonomia política-constitucional de cada Estado membro na repartição de competências orgânicas para a implementação das directivas comunitárias*» («A transposição das directivas...», *cit.*, p. 69.

923 Não é suficiente a transposição através de uma simples circular, livremente modificável pela administração – por ex., acórdãos *Comissão c. Bélgica*, de 2.12.1986, proc. 239/85, Colect., p. 3645, cons. 7, e *Comissão c. Alemanha*, de 20.3.1997, proc. C-96/95, cons. 38.

são actos jurídicos que impõem aos Estados membros destinatários obrigações de resultado que estes devem cumprir no prazo fixado na própria Directiva.

612. De acordo com a jurisprudência constante do Tribunal de Justiça, a transposição das directivas pelos Estados membros destinatários deve ser correcta, completa e com a especificidade, exactidão e clareza requeridas para que seja satisfeita a exigência da segurança jurídica[924] e assegurado o seu efeito útil. Deve ser especialmente assegurado que, no caso de as directivas se destinarem a criar direitos a favor dos particulares, estes tenham a possibilidade de conhecer todos os seus direitos e de os invocar perante os tribunais nacionais[925]. Ou seja, «a liberdade de acção do Estado membro quanto à escolha das formas e dos meios adequados para a obtenção do referido resultado é, em princípio, plena. No entanto, os Estados membros têm a obrigação, no âmbito da liberdade que lhes é reconhecida pelo terceiro parágrafo do artigo 288.° TFUE, de escolher as formas e os meios mais adequados para assegurar o efeito útil das directivas. Daí decorre igualmente que, não existindo uma norma da União que defina de modo claro e preciso a forma e os meios que devem ser utilizados pelo Estado membro, incumbe à Comissão, no âmbito do exercício do seu poder de controlo, por força, nomeadamente, dos artigos [17.°, n.° TUE – Lisboa, e 258.° TFUE], fazer prova bastante de que os instrumentos utilizados pelo Estado membro para esse efeito são contrários ao direito comunitário»[926].

613. Convém salientar que a vigência interna de uma Directiva, ainda que limitada, não está totalmente dependente da sua transposição – que pode até não ser formalmente determinada quanto ao seu *an* –, podendo os cidadãos e empresas invocar certos direitos e obrigações delas emanados,

---

[924] Cfr. por exemplo o acórdão *Comissão/França*, de 19.5.1999, proc. C-225/97, Colect., I-3011, n.° 37.

[925] Cfr. por exemplo, o acórdão *Comissão/Alemanha*, de 11.8.1995, proc. C-433/93, Colect., I-2303, n.° 18. No plano nacional, cfr. por exemplo, o acórdão de 22.6.1999 do STA, Rec. 44 140/44197, *Acórdãos Doutrinais do STA*, n.° 455, p. 1380, a propósito da transposição incorrecta, para o direito nacional, da Directiva n.° 93/37, realizada pelo Decreto-Lei n.° 405/93, de 14 de Junho.

[926] Segundo o Tribunal, também só assim se assegura o respeito pelo princípio da subsidiariedade – v. acórdão do TPI (Segunda Secção), *Polónia c. Comissão*, de 23.9.2009, proc. T-183/07, n,os 81-83.

mesmo na falta de um tal acto, ainda que apenas contra o Estado[927] (entendido este num sentido amplo, como se verá[928]).

614. A razão disto é, antes de outras, o facto de a Directiva haver gerado, para o Estado, uma vinculação imediata, a partir do momento em que, também em relação a ela, se cumpriram os requisitos acima mencionados para os regulamentos – adopção pelo órgão competente (artigo 288.° TFUE.°, § 1), fundamentação (artigo 296.° TFUE), publicação ou notificação (artigo 297.° TFUE) e entrada em vigor (artigo 297.° TFUE). Facto que leva ao seu reconhecimento, pela jurisprudência nacional e europeia, como instrumento de «legislação indirecta» (cfr. acórdão do STJ, de 1.10.1996, proc. 96A204).

615. Se o Estado membro estava obrigado a transpor a Directiva e não o faz (no prazo por esta fixado), coloca-se numa situação de incumprimento, sancionável contenciosamente (artigo 258.° TFUE[929]) e não pode, no entendimento constante do Tribunal de Justiça, prevalecer-se (beneficiando) perante os particulares do seu próprio incumprimento (é um afloramento do princípio do *estoppel*)[930]. Pelo que, se a Directiva não transposta (ou incorrectamente transposta) reunir as condições de que depende o efeito directo de qualquer norma da União (incondicionalidade e precisão), o particular poderá invocá-la jurisdicionalmente contra o Estado membro inadimplente[931], obtendo o benefício da sua aplicação e a desaplicação das normas nacionais que a esta se oponham.

---

[927] Contra, C. Blanco de Morais, *As Leis Reforçadas*, *cit.*, nota 1377 e pp. 371-372 («*tese altamente política mas juridicamente ilógica do Tribunal das Comunidades (que aqui se rejeita)*»).

[928] *Infra*, quando nos ocuparmos das especialidades que o princípio do efeito directo sofre no que toca às directivas.

[929] Deve salientar-se desde já, que o incumprimento da obrigação de "comunicar à Comissão Europeia as medidas de transposição de um directiva adoptada de acordo com um processo legislativo" permite desde logo à Comissão Europeia, logo na primeira acção por incumprimento, propor ao Tribunal de Justiça a condenção do Estado membro inadimplente ao pagamento de uma quantia fixa ou de ua sanção pecuniária compulsória – artigo 260.°, n.° 3 TFUE.

[930] Fala-se aqui de um «efeito reflexo» ou «efeito-ricochete» (Curtin, *cit.*, p. 719).

[931] Sobre as directivas e a sua invocabilidade, já em 1982, leia-se A. Rogério Leitão, «O efeito jurídico das directivas comunitárias na ordem interna dos Estados membros», in *BDDC*, n.° 14, 1983, Lisboa, pp. 7-59. O efeito directo vertical foi afirmado na jurisprudência do Tribunal de Justiça no início da década de 70 – acórdãos *SpA SACE c. Ministério das Finanças da Rep. Italiana*, de 17.12.1970, proc. 33/70, Colect., cons. 18, p. 690 (v. também, de forma incipiente, o cons. 13 do acórdão *Franz Grad*, de 6.10.1970,

616. Nem todas as ordens jurídicas nacionais aceitavam facilmente este princípio. Assim, em França, o *Conseil d'État* recusava-se a fiscalizar a legalidade de um acto administrativo com fundamento na sua incompatibilidade com uma directiva (acórdão *Cohn-Bendit*)[932]. No entanto, já antes o *Conseil d'État* havia aceite afastar a aplicação de uma lei – ou dos seus decretos de aplicação – contrária a um regulamento ou aos objectivos de uma directiva não transposta (evidentemente, após a conclusão do prazo de transposição) (acórdão *Rothmans*[933]). Contudo, mesmo aqui, tendo em consideração que a a transposição das directivas constitui uma obrigação constitucional, a jurisprudência *Cohn-Bendit* foi formalmente abandonada em 2009 (acórdão *Mme. P...*).[934]

---

citado infra). Sobre o tema, J. L. da Cruz Vilaça, «A propósito dos efeitos das directivas na ordem jurídica dos Estados-membros», *Cadernos de Justiça Administrativa*, n.° 30, 2001, pp. 3-19, e jurisprudência ali citada. Paradigmático da afirmação do efeito directo vertical é o acórdão *Fratelli Costanzo*, de 22.6.1989, proc. 103/88, Colect., I-1839, n.os 30 e 31: «*Há que salientar que (...) os particulares têm o direito de invocar as disposições de uma directiva nos tribunais nacionais é porque os deveres que delas decorrem se impõem a todas as autoridades dos Estados membros. Seria, por outro lado, contraditório entender que os particulares têm o direito de invocar perante os tribunais nacionais, as disposições de uma directiva que preencham as condições acima referidas, com o objectivo de fazer condenar a administração, e, no entanto, entender que esta não tem o dever de aplicar aquelas disposições afastando as de direito nacional que as contrariem. Daqui resulta que, preenchidas as condições exigidas pela jurisprudência do tribunal para as normas de uma directiva poderem ser invocadas pelos particulares perante os tribunais nacionais, todos os órgãos da administração, incluindo as entidades descentralizadas, tais como as comunas, têm o dever de aplicar aquelas disposições*».

Questão diversa e controvertida, pelo menos doutrinalmente, é a do "efeito directo horizontal" das directivas, que o Tribunal de Justiça nega peremptoriamente. No sentido da sua admissibilidade, mesmo contra a declaração expressa do Tribunal de Justiça C. Botelho Moniz/Paulo Pinheiro, «As relações da ordem jurídica portuguesa com a ordem jurídica comunitária – algumas reflexões», *Legislação (cadernos de)*, n.os 4/5, 1992, p. 130. Sobre o tema, entre outros, Sofia Oliveira Pais «O acórdão Marleasing rumo à consagração dos efeito directo horizontal das directivas?», *Revista de Direito e Economia*, anos XVI a XIX (1990 a 1993), pp. 471-511 (*BFD*, vol. LXVIII, Coimbra, 1992, pp. 283-322); Nuno Paixão – «Unimplemented directives and the interpretative obligation», *BDDC*, n.os 57/58, 1994, pp. 349-417, p. 240, n. 122; Maria João Palma, *Breves notas sobre a invocação das normas das directivas comunitárias perante os tribunais nacionais*, AAFDL, 1.ª reimpressão, Lisboa, 2000.

[932] Acórdão *Ministério do Interior c. Cohn-Bendit*, de 22.12.1978, n.° 11604.

[933] Acórdão do *Conseil d'État SA. Rothmans International France e SA Philip Morris France*, de 28.2.1992, procs. 56776-56777), e acórdão *Association de patients de la médecine d'orientation antroposophique*, de 24.2.1999, proc. 195354.

[934] Acórdão de 30.10.2009, proc. n.° 298348. Eis o excerto mais significativo dos considerandos do acórdão: «*Considérant que la transposition en droit interne des directi-*

617. A jurisprudência constante do Tribunal de Justiça é clara. Como este órgão recordou, no acórdão *Tögel*, «**caso um Estado membro** não tenha tomado as medidas de execução necessárias ou **tenha adoptado medidas não conformes com uma directiva,** o Tribunal reconheceu, sob determinadas condições, **o direito de os particulares invocarem em juízo uma directiva contra um Estado membro faltoso**. Embora **esta garantia mínima** não possa servir de justificação a um Estado membro para não tomar, atempadamente, medidas adequadas ao objectivo de cada directiva (v., designadamente, acórdão de 2 de Maio de 1996, *Comissão/Alemanha*, C-253/95, Colect., p. I-2423, n.° 13), ela **pode,** contudo, **ter como efeito habilitar os particulares a invocar, contra um Estado membro, as disposições materiais da Directiva**».[935] (sublinhado nosso).

618. Decorre desta jurisprudência que tem a maior relevância a questão de saber quem deve considerar-se **Estado**, para este efeito. É que, se fosse apenas o órgão legislativo – vide, o órgão encarregue da transposição –, então pouco aproveitaria aos particulares a eficácia directa da directiva. Só que o Tribunal de Justiça seguiu também aqui uma concepção bastante ampla, incluindo na noção de Estado, desde logo, também a Administração Pública[936], e em geral, todos os «organismos ou entidades

---

ves communautaires, qui est une obligation résultant du Traité instituant la Communauté européenne, revêt, en outre, en vertu de l'article 88-1 de la Constitution, le caractère d'une obligation constitutionnelle ; que, pour chacun de ces deux motifs, il appartient au juge national, juge de droit commun de l'application du droit communautaire, de garantir l'effectivité des droits que toute personne tient de cette obligation à l'égard des autorités publiques ; que tout justiciable peut en conséquence demander l'annulation des dispositions règlementaires qui seraient contraires aux objectifs définis par les directives et, pour contester une décision administrative, faire valoir, par voie d'action ou par voie d'exception, qu'après l'expiration des délais impartis, les autorités nationales ne peuvent ni laisser subsister des dispositions réglementaires, ni continuer de faire application des règles, écrites ou non écrites, de droit national qui ne seraient pas compatibles avec les objectifs définis par les directives ; qu'en outre, tout justiciable peut se prévaloir, à l'appui d'un recours dirigé contre un acte administratif non réglementaire, des dispositions précises et inconditionnelles d'une directive, lorsque l'Etat n'a pas pris, dans les délais impartis par celle-ci, les mesures de transposition nécessaires».

[935] Acórdão de 24.9.1998, C-76/97, n.° 26.

[936] Neste sentido, expressamente, Paulo Otero, *Legalidade e Administração Pública – o sentido da vinculação administrativa à juridicidade*, Almedina, Coimbra, 2003, pp. 678-679, afirma: «*os órgãos administrativos passam a gozar de um poder de aplicar as directivas comunitárias em termos preferenciais às normas internas que regulam a mesma situação e cujo conteúdo é inconciliável com aquela norma europeia. Uma tal orientação jurisprudencial comunitária mostra-se perfeitamente compatível com a interpretação da*

que estejam sujeitas à autoridade ou ao controlo do Estado ou que disponham de poderes exorbitantes face aos que resultam das normas aplicáveis nas relações entre particulares», nomeadamente as autoridades fiscais, as colectividades territoriais – municípios –, as autoridades constitucionalmente independentes encarregadas da manutenção da ordem e segurança públicas, as autoridades públicas que assegurem serviços de saúde pública e «o[s] organismo[s] que, seja qual for a sua natureza jurídica, fo[ram] encarregado[s], por um acto de autoridade pública, de prestar, sob controlo desta, um serviço de interesse público», dispondo dos poderes exorbitantes acima mencionados[937]. Entre outros, cumpre destacar, entre outros, os acórdãos *Foster*[938], *Collino e Chiappero*[939], *UnaFilm*[940] ou *Rieser*[941].

619. Ainda do ponto de vista institucional, cumpre fazer notar que a invocação de uma directiva contra o Estado não está dependente de qualquer averiguação ou juízo em relação à qualidade em que o Estado age, por exemplo empregador ou autoridade pública[942].

620. Ponto diverso é o de saber se, não transposta a directiva pelo Estado membro no prazo fixado, o efeito directo poderá ser invocado pelo Estado – através de uma sua autoridade (pública) – contra um particular. A resposta é negativa. Segundo a jurisprudência constante do Tribunal de

---

cláusula de empenhamento na construção da União Europeia existente no artigo 7.° da Constituição Portuguesa: envolvendo uma prevalência hierárquica do Direito Comunitário sobre o Direito interno ordinário, esta cláusula vincula também a Administração Pública, funcionando como verdadeiro critério automático de resolução de antinomias jurídicas envolvendo actos comunitários e normas de direito interno».

[937] Outras entidades poderão ainda estar abrangidas, como as «autoridades jurisdicionais» (acórdão *Van Colson e Kamann*, *cit.*, p. 1909). A seriação que no texto se fez é apenas a que consta do acórdão *Foster* (*A. Foster e o. c. British Gas plc*, de 12.7.1990, proc. C-188/89, Colect., I-3348, cons. 17-20).

[938] Relativamente à *British Gaz plc*, pessoa colectiva de direito privado.

[939] Acórdão *Renato Collino e Luisella Chiappero c. Telecom Italia* SpA, de 14.9.2000, proc. C-343/98, Colect. I-6659, n.° 23, relativamente à *Iritel* e *Telecom Italia*.

[940] Por argumento *a contrario* – acórdão *Salamander e o. c. Parlamento Europeu e Conselho*, de 27.6.2000, proc. T-172/98, 175/98 e 178/98, n.° 60.

[941] Acórdão *Rieser c. Asfinag*, de 5.2.2004, proc. C-157/02, n.os 24-29, relativamente à Asfinag, entidade privada concessionária da auto-estrada de Brenner. Aqui o Tribunal de Justiça afirmou: «*podem opor-se a uma pessoa colectiva de direito privado as disposições de uma directiva susceptíveis de ter efeito directo, quando o Estado lhe tenha confiado a missão de cobrar as portagens pela utilização de redes rodoviárias públicas e a fiscaliza directa ou indirectamente*».

[942] Acórdão *Marshall*, de 26.2.1986, proc. 152/84, Colect., p. 723, n.° 49.

Justiça da União Europeia, uma directiva não transposta «não pode, só por si, criar obrigações para um particular» (acórdão *Faccini Dori*)[943], não podendo contra estes (particulares) ser invocada, dado que o efeito directo apenas «existe a favor dos particulares e relativamente aos "Estados membros destinatários"»[944].

621. E é obrigatória a transposição de uma directiva? Apesar da liberdade de forma de que os Estados membros gozam, o Tribunal de Justiça tem entendido que, embora possível, não é curial que os Estados membros destinatários da directiva apenas procedam a uma transposição por remissão[945], dado que, não podendo ser publicadas no jornal oficial do Estado membro (mas apenas no *Jornal Oficial da União Europeia*), tal tornaria mais difícil o acesso à directiva por parte de particulares e pessoas colectivas, nacionais desse ou de outro Estado membro[946]. Além de que nem todas as directivas são obrigatoriamente publicadas no Jornal Oficial: é o caso das directivas que não são dirigidas a todos os Estados membros, as quais são apenas notificadas aos seus destinatários[947].

622. De todo o modo, a forma de incorporação da directiva na ordem jurídica nacional deve observar condições mínimas de publicidade, clareza e certeza em relação às situações jurídicas nelas reguladas[948].

---

[943] Acórdão de 14.7.1994, proc. C-91/92, Colect., p. 3325.

[944] Acórdão *Processo Penal c. Luciano Arcaro*, de 26.9.1996, proc. C-168/95, Colect., p. 4729, cons. 36.

[945] No acórdão *Comissão c. Alemanha* (de 30.5.1991, proc. C-361/88, Colect., p. 2567), contudo, o Tribunal de Justiça considerou que a transposição por remissão é legítima, satisfazendo a obrigação de clareza jurídica, «*se os particulares puderem tomar conhecimento das disposições de direito que lhes são favoráveis por intermédio de fontes acessíveis ao público, como o Jornal Oficial das Comunidades Europeias, e serem desse modo informados exaustiva e definitivamente quanto à situação jurídica que estas regras lhes atribuem*». Já não será suficiente, na opinião do Tribunal de Justiça, que a mera remissão genérica para o direito comunitário seja considerada como operando uma transposição suficiente – acórdão *Comissão c. Alemanha*, de 20.3.1997 (proc. C-96/95, cons. 36).

[946] A possibilidade dos particulares conhecerem o conteúdo da directiva é especialmente importante no caso das directivas concederem direitos a nacionais de outros Estados membros – acórdão *Comissão c. Grécia*, de 23.3.1995, proc. C-365/95, Colect., p. 499, cons. 9.

[947] Artigo 297.°, n.° 2 TFUE – embora, muitas vezes, sejam também publicadas, oficiosamente.

[948] Acórdão *Comissão c. Alemanha*, de 20.3.1997, proc. C-96/95, cons. 39.

623. Uma última questão permanece: e enquanto não se completar o prazo para a transposição das directivas, poderá alguém ter uma expectativa juridicamente tutelada na solução material constante da directiva e que o Estado membro deverá cumprir? Foi dito já que a directiva não está ainda apta a produzir, nestas hipóteses, quaisquer efeitos directos. Mas a questão foi de novo (re)colocada e tratada[949] no que toca a uma situação particular: a de saber se um Estado membro poderá, no prazo que legitimamente tem para transpor a directiva, estabelecer legislação interna que se afaste ainda mais dos resultados prescritos pela directiva. Tradicionalmente, a resposta do Tribunal de Justiça era clara no sentido positivo. Mas a questão foi objecto de juízo diverso no processo *Wallonie*[950], ao afirmar-se que, «se bem que os Estados membros não estejam obrigados a adop tar tais medidas [de transposição] antes de expirar o prazo (...), da aplicação do parágrafo segundo do artigo 5.° [actual artigo 4.°, n.° 3 TUE – Lisboa], em relação com o parágrafo terceiro do artigo 189.° [actual artigo 288.° TFUE], assim como da própria directiva, deduz-se que, durante o dito prazo, devem abster-se de adoptar disposições que possam comprometer gravemente o resultado prescrito pela directiva» (considerando 45).

624. Esta resposta[951], que se baseia na aptidão da directiva para produzir alguns efeitos jurídicos desde a sua notificação ou publicação, deve ser lida de uma forma não tão linear. Na nossa opinião, a autonomia normativa dos Estados só pode ficar posta em causa se e enquanto, da adopção de tais medidas nacionais, resulte a prática impossibilidade de, no termo do prazo fixado para a sua transposição, se poder realizar resultado definido pela directiva[952].

625. Com efeito, o Tribunal de Justiça já reconheceu, designadamente no acórdão *TR e P. Fisher*[953], que o texto de uma directiva ainda

---

[949] A questão colocou-se logo nos primeiros arestos, tendo o Tribunal de Justiça recusado a possibilidade de produção de efeito directo (acórdão *Franz Grad*, considerandos 13 a 15).

[950] Acórdão *Inter-Environment Wallonie*, de 18.12.1997, proc. C-129/96, anotado por L. González Alonso na *Revista de Derecho Comunitario Europeo*, n.° 4, ano 2, 1998, pp. 243 e ss.

[951] Mas não é a única – ver, igualmente, os acórdãos *ATRAL*, de 8.5.2003, proc. C-14/02, Colect., p. I-4431, n.° 58, e *Rieser*, de 5.2.2004, cit., n.° 66.

[952] Contra esta jurisprudência, Joël Rideau, *Droit institutionnel de l'Union et des Communautés Européennes*, 3.ª ed., LGDJ, Paris, 1999, p. 151.

[953] Acórdão do Tribunal de Justiça *Trevor Robert Fisher e Penny Fisher*, de 14.9.2000, proc. C-369/98, n.° 34.

não transposta pode ser relevante para a interpretação do direito nacional em vigor feita pelas autoridades nacionais competentes, nos casos em que a directiva se limite a retomar, a nível da União, princípios gerais já integrantes do direito interno dos Estados membros.

626. Uma área particular em que o Tribunal de Justiça tem desenvolvido alguma jurisprudência é a das regulamentações técnicas e dos procedimentos de notificação das normas técnicas, ao abrigo das actuais directivas n.° 98/34/CE[954] e 98/48/CE. No acórdão *CIA Security International*[955] e em jurisprudência subsequente[956], o Tribunal de Justiça vem declarando que o incumprimento de disposições das referidas directivas (no caso, a anteriormente vigente, a Directiva 83/139/CEE) pode viciar o próprio direito nacional, falando de "vício processual essencial". No entanto, aqui é a norma interna que está viciada, sendo um vício de ilegalidade que o Tribunal nacional pode conhecer e, caso confirme, directamente ou através de reenvio, deverá desaplicar a norma nacional. Contudo, tal tanto sucede em relações horizontais como em relações verticais[957]. Concretamente, o artigo 8.° da Directiva 98/34/CE impõe aos Estados membros a obrigação de notificar à Comissão Europeia qualquer projecto de regra técnica – obrigatória *de jure* ou de facto – que pretendam aplicar e que condicione a «comercialização» de um produto (por exemplo, artigo 1.°, n.os *1)*[958] e *11)*[959] da Directiva 98/ /34/CE) ou serviço (Directiva 98/48/CE) ou, em geral, qualquer especificação que «const[e] de um documento que define as características exigidas a um produto, tais como (...) a segurança, as dimensões, incluindo as prescrições aplicáveis ao produto no que respeita à denominação de venda, à terminologia, aos símbolos (...), à embalagem, à marcação e à rotulagem» (artigo 1.°, n.° *3)*, relativa ao conceito de "especificação técnica").

---

954 Directiva 98/34/CE do Parlamento Europeu e do Conselho, de 22 de Junho de 1998.

955 Acórdão do Tribunal de Justiça *CIA Security International*, de 30.4.1996, proc. C-194/94, Colect., p. I-2201.

956 V. Acórdão do Tribunal de Justiça *Unilever Itália*, de 26.9.2000, proc. C-443/98.

957 Sobre esta questão, Damian Chalmers/Hadjiemmanuil/Monti/Tomkins, *European Union Law*, Cambridge, 2006, pp. 377-379.

958 Este número fornece o conceito de "produto".

959 Este número dá a noção de "regra técnica".

627. Como a jurisprudência constante do Tribunal de Justiça vem recordando, por último no recente acórdão *Lars Sandström*[960], «é jurisprudência assente que a Directiva 98/34 tem como objectivo, através de um controlo preventivo, proteger a livre circulação de mercadorias, que é um dos fundamentos da Comunidade [hoje, da União], e que tal controlo é útil na medida em que regras técnicas abrangidas por essa directiva podem constituir entraves às trocas comerciais de mercadorias entre os Estados membros, só podendo esses entraves ser autorizados se forem necessários para satisfazer exigências imperativas na prossecução de um objectivo de interesse geral».

628. Ora, continua o Tribunal de Justiça, as disposições do artigo 8.° da Directiva «estabelecem para os Estados membros uma obrigação precisa de notificarem à Comissão os projectos de regras técnicas antes da sua adopção. Assim, uma vez que, do ponto de vista do seu conteúdo, estes artigos são incondicionais e suficientemente precisos, podem ser invocados pelos particulares perante os órgãos jurisdicionais nacionais» (acórdão *CIA Security International*[961], n.° 44). E continua o Tribunal de Justiça: «[u]ma vez que a obrigação de notificação prevista no artigo 8.°, n.° 1, primeiro parágrafo, da Directiva 98/34 constitui um meio essencial para a realização deste controlo comunitário, a eficácia deste controlo será tanto mais reforçada quanto essa directiva for interpretada no sentido de que a inobservância da obrigação de notificação constitui um vício processual

---

[960] Acórdão do Tribunal de Justiça, *Processo Crime c. Lars Sandström*, de 15.4.2010, proc. C-433/05, n.os 42-43 (ainda não publicado).

[961] Acórdão *CIA Security International SA contra Signalson SA e Securitel SPRL*, no proc. C-194/94, Colect., I, pp. 2201, n.° 40; ou acórdão *Lemmens*, de 16.6.1998, proc. C-226/97, Colect., I, pp. 3711, n.° 32. Sobre esta jurisprudência existe uma extensíssima doutrina. Por todos, vide F. Berrod, in *Revue du marché unique européen*, 1996, n.° 2, pp. 217-219; U. Everling, in *Zeitschrift für das gesamte Lebensmittelrecht*, 1996, pp. 449-453; Piet Jan Slot, in *Common Market Law Review*, 1996, pp. 1035-1050; Manuel López Escudero, «Efectos del incumplimiento del procedimiento de información aplicable a las reglamentaciones técnicas», *Revista de Instituciones Europeas*, 1996, pp. 839-861; Ornella Porchia, «L'efficacia della direttiva n.° 83/189 in materia di regole tecniche: un raffronto con l'art. 93.3 del Trattato», *Diritto comunitario e degli scambi internazionali*, 1996 pp. 545-571; Fuensanta Candela Castillo, «La confirmation par la Cour du principe de non-opposabilité aux tiers des règles techniques non notifiées dans le cadre de la directive 83/189/CEE:», *Revue du Marché Commun*, 1997, pp. 51-59; Sabine Lecrenier, «El control de los reglamentos técnicos de los Estados y la salvaguardia de los derechos de los particulares», *Gaceta Jurídica de la C.E. y de la Competência*, Serie D 1997, n.° 28, pp. 95-136.

essencial, susceptível de acarretar a inaplicabilidade das regras técnicas em causa, de modo que estas não podem ser opostas aos particulares» (neste sentido, v. acórdão *Lidl Italia*, de 8 de Setembro de 2005, proc. C-303/04, I, pp. 7865, n.° 23). Trata-se, pois, de uma jurisprudência assente do Tribunal de Justiça, que impede o Estado de invocar contra um particular uma especificação técnica ou uma norma técnica cuja licitude dependa de notificação prévia à Comissão Europeia. Como o Tribunal de Justiça vem sustentando desde o acórdão *CIA Security International*, «a notificação e o período de suspensão fornecem assim à Comissão e aos Estados membros a ocasião, por um lado, de avaliar se o projecto em causa cria entraves às trocas comerciais contrários ao Tratado (...) ou entraves que há que evitar através da adopção de medidas comuns ou harmonizadas e, por outro, de propor alterações às medidas nacionais previstas. Este procedimento permite, por outro lado, à Comissão propor ou adoptar normas comunitárias sobre a matéria que é objecto da medida prevista.». Incumprimento estadual que «acarreta a inaplicabilidade das regras técnicas em questão, de modo que não podem ser opostas aos particulares», podendo os particulares invocar essa norma perante o juiz nacional, ao qual compete recusar a aplicação de uma regra técnica nacional que não tenha sido notificada em conformidade com a directiva»[962].

629. Por último, referência deve ser feita ao modo de incorporação das directivas na ordem jurídico-constitucional portuguesa. Em primeiro lugar, é pacífico que as directivas vigoram na ordem internacional (*rectius*, da União Europeia) a partir da sua adopção, nos termos previstos nos Tratados, pelos órgãos competentes da União Europeia. À luz do artigo 8.°, n.° 4, da Constituição, tal poderia até, porventura, constituir fundamento suficiente para a sua vigência interna. Contudo, pode também considerar-se que o fundamento normativo-constitucional para a sua incorporação e vigência interna reside também no próprio artigo 8.°, n.° 3, da Constituição. Nem se diga que a questão não se põe, na medida em que as directivas só se incorporam na ordem jurídica interna, sendo susceptíveis de gerar direitos e obrigações, após a sua "transposição" pelo legislador nacional. Com efeito, como já vimos, a sua não transposição ou errada transposição não as priva de eficácia e vigência interna, resultando da jurisprudência da União e aceite pelo ordenamento jurídico nacional[963]

---

[962] Acórdão *CIA Security International*, n.os 54-55.

[963] Por último, vide o Acórdão do Supremo Tribunal de Justiça n.° 3/2004.

não só a imposição ao Estado das obrigações de resultado que preveja em termos suficientemente precisos e incondicionados, como a obrigação de interpretação conforme do direito nacional.

630. O legislador constitucional acabou por pré-determinar a forma de realização da operação de transposição das Directivas. Inicialmente, a questão dependia essencialmente do objecto da Directiva. Se incidisse sobre matéria submetida a reserva de competência legislativa, absoluta ou relativa, da Assembleia da República, a transposição estava sujeita a lei formal, ou, quando muito, a decreto-lei autorizado adoptado ao abrigo de lei de autorização legislativa. Se não estivesse abrangida pelo princípio da reserva de lei, poderia ser objecto de legislação, por exemplo ao abrigo da competência concorrente do parlamento e do Governo, ou até de normas ou regulamentos administrativos adoptados por membro do Governo (por exemplo, por portaria).

631. Perante o quadro geral de crítica desta situação[964], a Lei Constitucional n.° 1/97, de 20 de Setembro, introduziu um novo n.° 9 no artigo 112.° da Constituição, segundo o qual «a transposição de directivas comunitárias para a ordem jurídica interna assume a forma de lei ou decreto-lei, consoante os casos», norma cuja redacção passou a ser, com a Lei Constitucional n.° 1/2004, de 24 de Julho, a do n.° 8 do mesmo artigo 112.°, nos seguintes termos: «A transposição de actos jurídicos da União Europeia para a ordem jurídica interna assume a forma de lei, decreto-lei ou, nos termos do disposto no n.° 4, decreto legislativo regional».

632. "Descontando" a imperfeição técnica original da disposição, hoje superada, importa salientar que a opção do legislador constitucional de 1997, mas também de 2004, estabeleceu um princípio de reserva de lei em relação a um tipo de actos da União Europeia cuja inserção nas ordens jurídicas europeia e nacional se opera de forma dupla e ocupa um lugar de

---

[964] Sobre o tema, Paul Vieweg, «Normas técnicas europeias e nacionais no mercado interno da Comunidade Europeia», *Revista de Direito e Economia*, anos XVI a XIX (1990 a 1993), pp. 323-346 (em especial, pp. 339 e ss.); o já citado Marcelo Rebelo de Sousa, «A transposição das directivas comunitárias para a ordem jurídica nacional», *cit.*, p. 69; M. Almeida Andrade, «Alguns aspectos práticos da transposição de directivas comunitárias para a ordem jurídica portuguesa», *BDDC*, n.os 55/56, 1993, pp. 7-44; e C. Botelho Moniz, «A Constituição da República Portuguesa e a participação de Portugal na construção da União Europeia», *Juris et de Jure – Nos 20 anos da faculdade de direito da UCP – Porto*, Porto, 1998,pp.1225-1247,em especial p. 1244 (e nota 16).

importância central. Julgamos que esta opção foi motivada pelo reconhecimento normativo, por parte da nossa ordem jurídico-constitucional, da posição hierárquica das normas da União no espaço jurídico interno, a qual poderia ser menosprezada pela transposição sistemática de directivas através de actos internos de natureza infralegal, criando no próprio intérprete de direito interno dúvidas sobre a sua auto-vinculação aos seus conteúdos[965].

2.6. *Actos Juridicamente Vinculativos da União: (3) Decisão*

633. A Decisão é a última categoria de acto típico interno e vinculativo (obrigatório, *soit disant*). Como estabelece o § 4 do artigo 288.° TFUE, a Decisão «é obrigatória em todos os seus elementos. Quando designa destinatário, só é obrigatória para estes».

634. A noção de decisão foi alterada pelo Tratado de Lisboa. Agora, a decisão já não tem de indicar destinatários, o que aumenta o número de matérias e situações em que poderá ser utilizada, aliás em conformidade com a redução do elenco das fontes com este mesmo tratado[966].

635. Ao contrário do Regulamento e diversamente da Directiva, a Decisão é, em princípio, um acto juridicamente obrigatório mas já não necessariamente individual[967], podendo mesmo ter alcance geral, como sucederá no domínio da PESC[968]. Os seus destinatários tanto podem ser os Estados membros como particulares (pessoas singulares, pessoas colectivas, empresas). Isto significa que, em princípio, as decisões não têm carácter geral mas, em contrapartida, são obrigatórias em todos os seus elementos. A sua vigência depende de notificação (salvo se adoptadas segundo processo legislativo) e serão inválidas se não se encontrarem devidamente fundamentadas.

---

[965] Em sentido diverso, procurando algumas pistas que permitissem dispensar, em certas hipóteses, o condicionalismo imposto pelo artigo 112.°, n.° 9 da Constituição, C. Blanco de Morais, *Legislação (cadernos de)*, 1998.

[966] Assim, Priollaud/Siritzky, *Le Traité de Lisbonne*, cit., pp. 360-361.

[967] Salientava alguma doutrina que as decisões dirigidas a todos os Estados membros, de adopção cada vez menos frequente, poderiam, pelo seu conteúdo, revestir um carácter normativo indirecto – assim Joël Rideau, *Droit institutionnel*, *cit.*, p. 155.

[968] Neste sentido, Rostane Mehdi/Fabrice Picod, «Article I-33 – Actes Juridiques de l'Union», *Traité établissant une Constitution pour l'Europe*, *Commentaire article par article – Parties I et IV «Architecture Institutionnelle»* (L. Burgorgue-Larse/Anne Levade//Fabrice Picod, dirs.), Bruylant, 2007, pág. 451.

636. O efeito directo das decisões é um ponto controvertido e de solução não uniforme. Como qualquer acto juridicamente vinculativo da União, deverão gozar de efeito directo, mas a limitação dos seus destinatários e a forma de publicidade tornam difícil o reconhecimento geral do seu efeito directo.

637. Assim, diz-se que as decisões são actos aptos a gerar efeitos directos, ou seja, susceptíveis de ser invocados pelos interessados perante os órgãos jurisdicionais nacionais. Esta característica, inicialmente disputada, veio a ser consagrada na jurisprudência do Tribunal de Justiça, no caso *Franz Grad*, de 1970[969].

638. Neste caso, o Tribunal de Justiça fez depender o efeito directo de uma decisão (designadamente dirigida a um Estado membro) de uma análise sobre a «natureza, a economia e os termos da disposição» (considerando 6), para determinar se da decisão emergem obrigações com carácter «incondicional e suficientemente claro e preciso» (considerando 9). Mas, no que toca a decisões dirigidas aos Estados membros, tal normalmente não sucederá, dependendo o seu efeito directo da adopção, por este, de actos internos de execução.

639. Ao invés, é pacífico o reconhecimento – cumpridos os pressupostos de que depende, em geral – do efeito directo de decisões dirigidas a particulares.

640. Em relação às Decisões, cumpre ainda recordar que, nos termos do disposto no artigo 299.° TFUE, «as decisões do Conselho ou da Comissão que imponham uma obrigação pecuniária a pessoas que não sejam Estados constituem título executivo» (§ 1).

641. Em muitos casos, os tratados impõem a forma de Decisão para certos actos da União[970]. É o caso, nomeadamente, nos seguintes casos:

- Composição do Parlamento Europeu (artigo 14.°, n.° 2, § 2 TUE – Lisboa), presidência e lista das formações do Conselho (artigo 236.° TFUE);

---

[969] Acórdão *Franz Grad c. Finanzamt Traunstein*, de 6.10.1970, proc. 9/70, Colect., pp. 509-535.

[970] Também há situações em que o tratado confere apenas uma opção, por exemplo, entre a directiva ou a decisão, como sucede no caso de crise súbita da balança de pagamentos de um Estado membro (artigos 143.° e 144.° TFUE).

- Convocação de Convenção para preparar revisão dos tratados e revisão simplificada (artigo 48.° TUE – Lisboa);
- Constação de violação do artigo 7.° TUE – Lisboa e suspensão de direitos de Estado membro (artigo 7.° TUE – Lisboa e artigo 354.° TFUE);
- Autorização de cooperação reforçada (artigo 20.°, n.° 2 TUE – Lisboa[971]) ou cooperação estruturada permanente (artigo 46.° TUE – Lisboa);
- Organização e funcionamento do Serviço Europeu para a Acção Externa (artigo 27.°, n.° 3 TUE – Lisboa) e da Agência Europeia de Defesa (artigo 45.°, n.° 2 TUE – Lisboa);
- Acções operacionais da UE na PESC e outras, incluindo em matéria orçamental (artigos 28.° 31.° e 41.° TUE – Lisboa);
- Protecção de dados pessoais de pessoas singulares (artigo 39.° TUE – Lisboa);
- Medidas restritivas da livre circulação de capitais (artigo 65.°, n.° 4 TFUE) ou das liberdades constitutivas do mercado interno (artigo 114.° TFUE);
- Decisão sobre aspectos de direito da família com incidência transfronteiriça susceptíveis de submissão ao processo legislativo ordinário (artigo 81.°, n.° 3, § 2 TFUE);
- Decisão que identifica outros aspectos específicos do processo penal ou outros domínios de criminalidade sobre os quais podem vir a ser estabelecidas regras mínimas segundo o processo legislativo ordinário, com especificidades (artigo 82.°, n.° 2; artigo 83.°, n.° 1 TFUE);
- Alteração das atribuições da Procuradoria Europeia (artigo 86.°, n.° 4 TFUE);
- Revogação do artigo 98.° TFUE;
- Política de concorrência (artigo 105.°, n.° 2, artigo 107.°, n.° 3, alínea *e)*, artigo 108.°, n.ºs 2 e 3 TFUE);
- Decisões sobre défice excessivo e medidas a implementar pelos Estados membros (artigo 126.° TFUE);
- Composição do Comité Económico e Financeiro (artigo 134.°, n.° 3 TFUE), do Comité do artigo 255.° (artigo 255.° TFUE), do Comité Económico e Social (artigo 301.° TFUE) ou do Comité das Regiões (artigo 305.° TFUE)

---

[971] V. ainda, artigos 328.° ou 329.° TFUE.

- Decisão que define posição comum sobre questões relevantes para a situação do euro no sistema internacional (artigo 138.°, n.° 1 TFUE);
- Aplicação de acordos com parceiros sociais (artigo 155.° TFUE);
- Medidas restritivas contra pessoas singulares ou colectivas, no quadro da PESC (artigo 215.° TFUE);
- Decisões no quadro do processo de vinculação internacional da União (artigo 218.° TFUE);
- Regras de execução da cláusula de solidariedade prevista no artigo 222.° TFUE; ou
- Recursos próprios da União (artigo 311.° TFUE).

2.7. *Actos Típicos da União não Vinculativos: (4) Recomendação e Parecer*

642. As recomendações e pareceres figuram igualmente no elenco dos actos previstos no artigo 288.° TFUE (§ 5). Deles apenas diz o tratado – aliás, de forma incompleta – que não são vinculativos (artigo 288.° TFUE, § 5) e que são adoptados, já não pelo Conselho, pela Comissão ou em conjunto por Conselho e Parlamento Europeu, mas "pelas instituições" (artigo 288.° TFUE, § 1).

643. Com efeito, as recomendações e pareceres tanto podiam ser adoptados pelos órgãos ditos deliberativos – Conselho, Comissão e Parlamento Europeu – como pelos demais órgãos principais da União Europeia. Em particular, na União Europeia (como antes também na Comunidade Europeia), são também órgãos consultivos o Tribunal de Justiça (anterior artigo 300.°, n.° 6 CE; actual artigo 218.°, n.° 11 TFUE), o BCE (artigos 127.°, n.° 4 e 132.°, n.° 1 TFUE), o Tribunal de Contas (artigo 287.°, n.° 4 TFUE), o Alto Representante, os órgãos auxiliares (Comité Económico e Social e Comité das Regiões), os Parlamentos Nacionais, entre outros (artigo 302.°, n.° 2), que agem principalmente através de pareceres.

644. Já a primeira característica é tendencialmente verdadeira, sobretudo no que toca às recomendações[972]. Mas, novamente quanto aos

[972] Contudo, na sua jurisprudência proferida ao abrigo do artigo 267.° TFUE, o Tribunal de Justiça, já declarou não serem estas «desprovidas de qualquer efeito jurídico» pelo

pareceres, sabemos existirem alguns de entre eles dos quais resultam importantes consequências jurídicas: pense-se nos pareceres do Tribunal de Justiça (artigo 218.°, n.° 11).

645. A distinção entre recomendações e pareceres é normalmente feita em termos vagos. Em primeiro lugar, os próprios tratados, em cada matéria, determinam se o acto a adoptar é uma recomendação ou um parecer.

646. Normalmente, a recomendação é da iniciativa do órgão que a formula e dirige-se para o exterior, ainda que não seja publicitada. Já o parecer costuma ser adoptado no quadro do desenvolvimento habitual do procedimento de decisão, como acto interno e preparatório, ainda que tal nem sempre seja nítido ao olho externo (como será o caso do parecer previsto no artigo 218.°, n.° 11 TFUE).

2.8. *Actos Atípicos da União*

647. Em normas dispersas de direito originário ou derivado, ou resultando espontaneamente da iniciativa do próprio órgão, é possível encontrar outros actos com características bem diferenciadas, mesmo no plano da sua força jurídica. Com efeito, embora tradicionalmente se diga que os actos atípicos são desprovidos de efeitos jurídicos obrigatórios, tal não é necessariamente assim. Alguns actos são apenas atípicos no sentido de que não estão previstos no artigo 288.° TFUE, sem que isso signifique a ausência de juridicidade.

648. Entre os actos atípicos com relevo jurídico pense-se apenas nos regulamentos internos (v.g., do Conselho Europeu, do Conselho e da Comissão Europeia – artigos 235.°, 240.° e 249.° TFUE, respectivamente).

649. Há actos com reduzido ou inexistente valor jurídico, como as resoluções, conclusões, comunicações, cartas administrativas de arquiva-

---

que os juízes nacionais podem tomá-las em consideração, nas suas decisões, nomeadamente quando auxiliem a interpretação de disposições nacionais ou comunitárias (acórdão *Salvatore Grimaldi c. F. M. P.*, de 13.12.1989, proc. 322/88, Colect., p. 4420, considerando 18).

mento de processos (*comfort letters*), códigos de conduta, relatórios, etc. Embora desprovidos de efeitos jurídicos obrigatórios, alguns destes actos, nomeadamente relatórios ou comunicações em que a Comissão (ou outro órgão, como os relatórios do Tribunal de Contas) exprime a sua política em relação a determinado assunto, foram já considerados pelo Tribunal de Justiça como autovinculando a posição da Comissão, pelo menos até mudar formalmente a sua política[973] ou como elementos a tomar em consideração pelos intérpretes de direito da União Europeia[974].

650. Outros actos há que têm valor jurídico interno, embora não vinculem terceiros. É o caso de actos de administração interna dos órgãos da União (regulamentos internos, regulamentos financeiros) e certos actos *sui generis*[975].

651. Finalmente, embora constituindo uma categoria heterogénea, um lugar especial é ocupado pelos acordos interinstitucionais – também frequentemente designados «declarações comuns» – concluídos entre Conselho, Comissão e Parlamento Europeu (vide artigo 17.°, n.° 1 TUE – Lisboa; artigo 295.° TFUE). Embora possam assumir carácter vinculativo, são tradicionalmente considerados como exemplos de *soft law*, embora a doutrina tenda a reconhecer-lhes alguns efeitos legais[976].

652. Dito isto, importa realçar que o valor jurídico de um acto – qualquer que seja, acentue-se – não depende da sua designação, mas do seu conteúdo, pelo que o facto de um acto ter uma denominação que inculque estar desprovido de vinculatividade jurídica não exclui que a sua análise revele a produção de efeitos jurídicos, com as consequências inerentes (designadamente, a possibilidade de anulação pelo Tribunal de Jus-

---

[973] Acórdão *Hercules c. Comissão*, de 17.12.1991, proc. T-7/89, Colect., II-1711, cons. 54 (tratava-se de saber se a Comissão podia anunciar no seu relatório de política da concorrência uma determinada política e aplicar outra diversa no caso concreto).

[974] Além do que acima se disse em relação às recomendações e relatórios, o mesmo sucede em relação a cartas de arquivamento – v. M. Gorjão-Henriques, *Da restrição da concorrência*, *cit.*, nota 457, pp. 197-198).

[975] V. Joe Verhoeven, *Droit de la Communauté Européenne*, *cit.*, pp. 247-248.

[976] Especificamente sobre os acordos interinstitucionais, Francis Snyder, *Interinstitutional agreements: forms and constitutional limitations*, EUI working papers, n.° 95/4, Florence; e J. Monar, «Interinstitutional agreements: the phenomenon and its new dynamics after Maastricht», *Common Market Law Review*, 1994, 31, p. 693.

tiça da União Europeia ou por tribunal nacional – artigos 263.° e 267.°, *a contrario*, TFUE)[977].

2.9. *Outras Fontes Formais*

653. Além dos actos acima descritos, típicos ou atípicos, legislativos ou regulamentares, outras existem ainda outras fontes formais de direito da União Europeia, inclusivamente dotadas de juridicidade e vinculatividade. A vários títulos, os Estados membros celebram acordos internacionais que, de uma forma ou de outra, pertencem ao direito da União. A estes há que aditar as convenções em que é Parte contratante a própria União Europeia.

654. Além disso, há também uma outra (conhecida) categoria de acordos internacionais que gravitam na órbita do direito da União e cujo estatuto jurídico é também usualmente questionado: referimo-nos às convenções – normalmente, acordos em forma simplificada – celebradas pelos representantes dos Estados membros à margem das reuniões do Conselho e que, por isso, ficaram conhecidas como "decisões dos representantes dos Estados membros reunidos no seio do Conselho"[978].

655. Também aqui estamos perante instrumentos de direito internacional público convencional cuja conexão face ao direito da União Europeia se baseia igualmente na obediência hierárquica ao direito dos tratados, garantida pelo Tribunal de Justiça.

656. Finalmente, surgem-nos as convenções concluídas pela União Europeia no âmbito das suas competências próprias. Estas convenções são

---

[977] Foi o caso dos acórdãos *França c. Comissão*, de 13.11.1991 (proc. C-303/90, Colect., I, 1991, pp. 5315, cons. 35), no qual o Tribunal de Justiça anulou o código de conduta sobre as modalidades de aplicação do artigo 23.° do Regulamento (CEE) n.° 4253/88, relativo à coordenação das diferentes intervenções de carácter estrutural (JO, C 200, de 1990, pp. 3); e de 20.3.1997 (proc. C-57/95, cons. 23), no qual o Tribunal de Justiça anulou uma comunicação da Comissão (relativa à criação de um mercado interno para os fundos de pensões).

[978] Sobre estas, na literatura menos recente, R. Bernhardt, «Capítulo IV – As fontes de direito comunitário...», *cit.*, pp. 83-84. Mais perto de nós, Hartley, *The Foundations of European Communiy Law*, *cit.*, pp. 101-102, ou Lenaerts/Van Nuffel, *Constitutional Law*, *cit.*, pp. 602-603.

celebradas, não pelos Estados membros, mas pelo Conselho, nos termos do procedimento ordinário (artigo 218.° TFUE) ou especial (v., nas diversas matérias em que a União dispõe de atribuições no quadro da acção externa).

657. Problema que se coloca, com algum relevo, é o de saber se estas convenções, celebradas entre a União Europeia, por um lado, e um Estado terceiro ou organização internacional, por outro, gozam da característica do efeito directo que vimos beneficiar os actos internos, ditos unilaterais. Não é fácil fazer uma síntese da jurisprudência do Tribunal de Justiça neste ponto, já que é fruto de uma evolução que, começando (por assim dizer) no acórdão *Bresciani*[979], prosseguiu em tons diferentes pelos acórdãos *Polydor*[980], *Pabst c. Oldenbourg*[981], *Kupferberg* (I e II)[982] ou *Demirel*[983]. Em suma, o Tribunal de Justiça reconhece que os acordos de associação fazem parte do direito da União Europeia, podendo mesmo as suas disposições gozar de efeito directo, ainda que este dependa, para além do preenchimento das condições próprias (clareza, precisão e incondicionalidade da norma do acordo), do objectivo[984], natureza e termos do acordo[985].

---

[979] Acórdão *Conceria Daniele Bresciani c. Administração Italiana das Finanças*, de 5.2.1976, proc. 87/75, p. 69, cons. 25. O litígio tinha por objecto a interpretação das normas das convenções de Iaundé I e II, que remetiam para uma norma comunitária (no caso, o então artigo 13.°, n.° 2 CE, hoje revogado) dotada de efeito directo. É um acórdão relativo à liberdade de circulação de mercadorias. Está em aí causa a afirmação do efeito directo das disposições da convenção. O Tribunal foi claro ao qualificar os acordos como acordos de associação, que vinculam não apenas os Estados membros mas também a União, do mesmo passo que beneficiam os Estados associados do regime comunitário, enquanto o mesmo pode não acontecer com os Estados membros (cons. 21-22: «*desequilíbrio das obrigações assumidas pela CE*»), afastando-se assim da ideia de reciprocidade.

[980] Acórdão *Polydor e RSO Records c. Harlequin e Simons*, de 9.2.1982, proc. 270/80, Rec., 1982, 3, pp. 329 e ss.

[981] Acórdão *Pabst & Richarz KG c. Hauptzollamt Oldenbourg*, de 29.4.1982, proc. 17/81, Rec., 1982, 4, pp. 1331.

[982] Acórdãos *Hauptzollamt Mainz c. C. A. Kupferberg & Cie KG a. A.*, de 26.10.1982, proc. 104/81, Rec., 1982, 9, pp. 3641 e ss.; e *Sektkellerei C. A. Kupferberg & Cie KG a. A. c. Hauptzollamt Mainz*, de 15.1.1985, proc. 253/83, Rec., 1985, 1, pp. 157 e ss.

[983] Acórdão *Meryem Demirel c. Cidade de Schwäbisch Gmünd*, de 30.9.1987, proc. 12/86, Colect., pp. 3719 e ss.

[984] Hoje em diante, o Tribunal de Justiça já não limita o efeito directo às disposições de acordos que tenham por objectivo preparar a integração do referido país terceiro na UE/CE (v. Acórdão do Tribunal de Justiça (Grande Secção), *Simutenkov*, de 12.4.2005, proc. C-265703, n.° 35-36).

2.10. *Fontes Espontâneas*

658. Entre as tradicionais fontes espontâneas contam-se o costume, os princípios gerais de direito e a doutrina.[986]

659. Em primeiro lugar, ainda que não na importância no ordenamento jurídico da União, está o **costume.** É praticamente pacífico o reconhecimento do costume (internacional e europeu) como fonte de direito na União Europeia[987]. Esta admissão geral funda o reconhecimento de normatividade jurídica a actos e órgãos – da maior importância na configuração das organizações europeias. Mais difícil é determinar o fundamento costumeiro de (tais) actos ou decisões. Os exemplos apontados pela doutrina não são uniformes nem pacíficos. Assim acontece com o «compromisso do Luxemburgo» (R. MOURA RAMOS) ou com a origem do Conselho Europeu (J. MOTA DE CAMPOS[988]) ou com a regra sempre seguida na União Europeia – relevante pelo menos até ao Tratado de Amesterdão – que atribuía aos Estados membros mais populosos (França, Alemanha, Reino Unido, Itália e Espanha) o direito a um segundo comissário, privilégio que terminou em 2004[989].

660. A vinculação da Comunidade ao costume é também assinalada pelos órgãos da União. Um exemplo recente foi dado pelo Tribunal de Justiça no acórdão *Racke*[990].

661. Também o papel dos **princípios gerais do direito** não pode ser desvalorizado no ordenamento jurídico da União Europeia. Não só por os tratados a eles recorrerem, mas também por terem constituído a via pela

---

[985] Ver síntese no acórdão *Eddline el-Yiassini*, de 2.3.1999, proc. C-416/96, Colect., I, p. 1237, cons. 25; ou no acórdão *The Queen c. Secretary of State for the Home Department*, ex parte: *Julius Barkoci e Marcel Malik*, de 27.9.2001, proc. C-257/99.

[986] Segue-se R. Moura Ramos, *Das Comunidades à União*, *cit.*, pp. 90-93.

[987] Joe Verhoeven, *Droit de la Communauté Européenne*, *cit.*, p. 249.

[988] J. Mota de Campos, «O Conselho Europeu», *cit.*, p. 280.

[989] Nos termos previstos no tratado de Nice – artigo 4.° do *Protocolo relativo ao alargamento da União Europeia*.

[990] No caso, tratava-se da vinculação de um regulamento comunitário ao direito internacional consuetudinário – acórdão *Racke*, de 16.6.1998, proc. C-162/96, Colect., I-3655, anotado por Maria Luísa Duarte, *Estudos de Direito da União*, *cit.*, pp. 40-45.

Em relação aos usos de comércio, no âmbito do artigo 17.° da Convenção de Bruxelas de 1968, acórdão *MSG c. Gravières Rhénanes*, de 20.2.1997, proc. C-106/95, cons. 25.

qual se afirmou comunitariamente a juridicidade da obrigação de respeito pelos direitos fundamentais (por parte dos órgãos das Comunidades)[991]. O seu peso específico é grande, sendo mesmo sustentado que "primam"[992] sobre o direito derivado e mesmo sobre os próprios tratados, sempre que acolham direitos inderrogáveis, como os inerentes à dignidade da pessoa humana[993].

662. Seguindo a lição do prof. MOURA RAMOS[994], podemos descobrir na ordem jurídica da União Europeia, três tipos de princípios gerais de direito: de direito interno[995], de direito internacional público[996] e aqueles propriamente europeus.

663. É abundante a jurisprudência sobre os princípios gerais de direito[997]. Entre estes encontra-se o princípio da confiança legítima[998], o qual, relativamente a uma regulamentação da União, só pode ser invocado quando a União tiver previamente criado uma situação susceptível de

---

[991] Sobre outras suas funções, Margarida Telles Romão, *Liberdade e vinculação na Administração comunitária*, CIJD, 2001, pp. 80-82.

[992] Em sentido crítico da palavra, Miguel Galvão Teles, *op. cit.*, pág. 310.

[993] Assim, expressamente, Maria Luísa Duarte, «A União Europeia e os direitos fundamentais – métodos de protecção», *cit.*, p. 35.

[994] R. Moura Ramos, «Comunidades europeias – enquadramento jurídico-institucional», *Das comunidades à União*, *cit.*, pp. 90-93.

[995] Sobre os princípios jurídicos fundamentais e a sua contraposição aos princípios gerais de direito, Afonso Queiró, «Fontes não voluntárias de direito administrativo», *RDES*, ano 23, 1976, pp. 1-5 e 12-15.

[996] Note-se apenas que estes não se confundem com os princípios fundamentais da ordem jurídica internacional, de que falámos no início destas lições. Um princípio geral de direito internacional público não é forçosamente um princípio fundamental deste ramo do direito – quanto à distinção, Schwarzenberger, «The fundamental principles of international law», *Recueil des Cours*, 1968, I, pp. 205 e 207.

[997] Por todos, Hartley, *The Foundations of European Community Law*, *cit.*, pp. 133-158. Takis Tridimas, *The General Principles of EC Law*, Oxford, 2000.

[998] É de salientar que, no plano nacional, o princípio do Estado de Direito democrático, limite à prevalência do direito da União no Direito interno (v. artigo 8.°, n.° 4, da Constituição portuguesa), «leva postulada a ideia de *protecção da confiança* dos cidadãos e da comunitário na ordem jurídica e na actuação do Estado [e da Comunidade, acrescentamos], o que implica um mínimo de *certeza e segurança* nos direitos das pessoas e nas suas expectativas juridicamente criadas e, consequentemente, a confiança dos cidadãos e da comunidade na tutela jurídica» (Fernando Alves Correia, «A Concretização dos Direitos Sociais pelo Tribunal Constitucional», in *Revista de Legislação e Jurisprudência*, ano 137.°, 2008, n.° 3951, pág. 358).

gerar uma confiança legítima (feito surgir esperanças fundadas), não previsível por parte do prudente e sensato operador económico[999]. Já não pode ser invocado um princípio de segurança jurídica quando a situação tenha sido criada por incumprimento de normas nacionais por parte de autoridades nacionais, mesmo quando tal desrespeito se revelar, em relação ao sujeito, como contrário à boa-fé[1000]. O princípio da segurança jurídica afirma também que qualquer acto administrativo que produza efeitos jurídicos deve ser claro e preciso, a fim de que o interessado possa conhecer sem ambiguidade os seus direitos e obrigações e agir em conformidade[1001].

664. Outro princípio é o da igualdade de tratamento (muitas vezes assimilado a um princípio de não discriminação), entendido como igualdade material, a impor o tratamento igual do que for igual e o tratamento diferente de situações não comparáveis, excepto se for objectivamente justificável um igualitarismo formal[1002].

665. Uma manifestação da importância dos princípios gerais de direito no ordenamento jurídico da União foi dado pelo acórdão *Mangold*[1003]. Nele, o Tribunal de Justiça declarou, em suma, que, quando uma directiva integra nas suas disposições um princípio geral de direito da União (no caso, o princípio da não discriminação em razão da idade), a plena eficácia do direito da União deve ser assegurada mesmo antes de decorrido o prazo de transposição da Directiva, não podendo estar dependente do cumprimento pelo Estado membro da obrigação de a transpor. Dir-se-ia, apressadamente, que o Tribunal de Justiça declarou que o efeito

[999] Acórdãos *Kühn*, de 10.1.1992, proc. C-177/90, Colect., I, p. 35, cons. 13-14, e *Irish Farmers*, de 15.4.1997, proc. C-22/94, cons. 19 e 26.

[1000] Acórdão *Alcan*, de 20.3.1997, cons. 37-38 e 43.

[1001] Quanto aos actos de alcance geral, acórdão *Comissão c. França e Reino Unido*, de 22.2.1989, procs. 92/87 e 93/87, Colect., p. 405, cons. 22; quanto às decisões, o acórdão *Langnese-Iglo*, de 1.10.1998, cons. 78.

[1002] Quanto ao artigo 40.°, n.° 3, *vide* os acórdãos *Espanha c. Conselho*, de 20.9.1988, proc. 203/86, Colect., p. 4563, cons. 25, e *Irish Farmers*, de 15.4.1997, *cit.*, cons. 34. Quanto ao artigo 119.°, os importantes acórdãos *Defrenne II*, de 8.4.1976, *Barber*, de 17.5.1990 (Colect., p. 1889) e *Ten Oever*, de 6.10.1993 (C-109/91, Colect., p. 4879), cujo efeito directo – e seu alcance – é constantemente reafirmado, como por exemplo no acórdão *Beuner*, de 28.9.1994, cons. 52.

[1003] Acórdão do Tribunal de Justiça (Grande Secção), *Werner Mangold c. Rüdiger Helm*, de 22.11.2005, proc. C-144/04, Colect., 2005, I, pp. 9981, n.os 75-78.

directo da Directiva, inclusivamente horizontal, não depende sequer do decurso do prazo de transposição. A nosso ver, não é essa a ilação que deve tirar-se desta jurisprudência, mas antes a de que o valor e a força jurídica de um princípio geral de direito da União não pode ficar enfraquecida pela circunstância de ter sido reafirmado numa Directiva da União. O que sucederia se a sua invocabilidade, mormente na relação entre particulares e mesmo contra o Estado, ficasse dependente da efectiva transposição ou do decurso do prazo de transposição, respectivamente[1004].

666. Mais recentemente, ainda no domínio da política social e do mesmo princípio da não discriminação em razão da idade (acórdão *Seda*)[1005], o Tribunal de Justiça reafirmou o princípio, impondo o mesmo resultado (obrigação de garantir a aplicação efectiva, mesmo que isso implicasse uma interpretação *contra legem* da legislação alemã[1006] e independentemente da circunstância de o direito alemão impor que um juiz apenas pode desaplicar uma norma em vigor após a sua declaração de

---

[1004] Como declara o Tribunal de Justiça, «o respeito do princípio geral da igualdade de tratamento, especialmente em razão da idade, não pode, enquanto tal, depender do termo do prazo concedido aos Estados membros para transporem uma directiva destinada a aplicar um quadro geral de luta contra as discriminações em razão da idade, designadamente no que respeita à organização das vias processuais adequadas, ao ónus da prova, à protecção contra as represálias, ao diálogo social, às acções positivas e a outras medidas específicas de transposição de uma directiva desta natureza (n.° 76); «nestas condições, cabe ao órgão jurisdicional nacional garantir, no quadro das suas competências, a protecção jurídica que para os particulares decorre do direito comunitário e garantir (...) o pleno efeito deste, não aplicando todas as disposições da lei nacional eventualmente contrárias (v., neste sentido, acórdãos de 9.3.1978, *Simmenthal*, proc. 106/77, Colect., p. 243, n.° 21, e de 5 de Março de 1998, *Solred*, proc. C-347/96, Colect., p. I-937, n.° 30)» (m.° 77). «Atento o exposto, importa responder (...) que o direito comunitário e, designadamente, o artigo 6.°, n.° 1, da Directiva 2000/78 devem ser interpretados no sentido de que se opõem a uma regulamentação nacional (...) que autoriza, sem restrições, desde que não exista uma relação estreita com um anterior contrato de trabalho por tempo indeterminado celebrado com o mesmo empregador, a celebração de contratos de trabalho a termo, quando o trabalhador tenha atingido a idade de 52 anos./Cabe ao órgão jurisdicional nacional garantir a plena eficácia do princípio geral da não discriminação em razão da idade, não aplicando qualquer disposição da lei nacional em contrário, e isto mesmo que o prazo de transposição da referida directiva ainda não tenha terminado.»

[1005] Acórdão do Tribunal de Justiça (Grande Secção), *Seda Kücükdeveci contra Swedex GmbH & Co. KG.*, de 19.1.2010, proc. C-555/07, n.os 49-56 (ainda não publicado).

[1006] Em rigor, não admitisse interpretação conforme. No caso, tratava-se do § 622, n.° 2, § 2, do BGB.

inconstitucionalidade por parte do *BVerfG*), i.e. a desaplicação das normas nacionais contrárias a esse princípio geral de direito.

667. No ordenamento jurídico da União Europeia é indubitável – ainda em maior grau do que sucede na generalidade dos sistemas jurídicos – o reconhecimento do Tribunal de Justiça e do Tribunal Geral como órgãos criadores de direito ou, dito de outra forma, constitutivos de juridicidade. Não sendo este o momento adequado, basta relembrar o papel que, desde o início, o Tribunal de Justiça vem exercendo na construção do ordenamento jurídico (e económico) da Comunidade Europeia e, hoje, da União Europeia[1007]. Para isso muito contribuem os métodos de interpretação utilizados pelos tribunais europeus, designadamente a interpretação funcionalista e teleológica[1008] que faz das normas europeias e a revelação dos princípios estruturantes e funcionais do mesmo ordenamento, numa inversão em relação ao método tradicional de interpretação utilizado pelos tribunais internacionais no âmbito do direito internacional público.

668. Na sua actividade judicativa e interpretativa, o Tribunal de Justiça da União Europeia interpreta as normas europeias olhando sucessivamente para o espírito, a economia e os termos do acto. É verdade que interpreta procedendo da mesma forma à comparação entre as diversas versões linguísticas dos actos[1009], mas não como elemento único. Os elementos sistemático[1010] e histórico[1011] têm uma relevância não decisiva, como, aliás, a que se atribui aos considerandos das normas europeias[1012]. Alguma importância é dada à formulação dos actos, para a aferição do seu

---

[1007] É significativo, acessível e interessante, a este propósito, o texto de Jean-Victor Louis, «L'État de droit», in *L'Union Européenne au delà d'Amsterdam – nouveaux concepts d'intégration européenne*, Martin Westlake (dir.), PIE, Bruxelles, 1998, pp. 167-190.

[1008] A. Goucha Soares, *Preempção e repartição de competências*, *cit.*, pp. 159 e ss.

[1009] Por exemplo, acórdão *Linthorst*, de 6.3.1997, proc. C-167/95, cons. 16. Tal apreciação é especialmente importante no caso dos regulamentos, pela necessidade de assegurar a sua interpretação uniforme: acórdão *Lubella*, de 17.10.1996, proc. C-64/95, Colect., cons. 17, acórdão *Ebony*, de 27.2.1997, proc. C-177/95, cons. 30-31.

[1010] Acórdão *Países Baixos c. Comissão*, de 12.2.1992, procs. C-48/90 e C-66/90, Colect., I, pp. 565, cons. 27).

[1011] Mas podendo relevar uma demonstração de «continuidade da intenção do legislador», ao longo de vários actos sucessivos – acórdão *Comissão c. UIC*, de 11.3.1997, proc. C-264/95P, considerandos 30 e 31.

[1012] Acórdão *UIC c. Comissão*, de 6.6.1995, proc. T-14/93, Colect., II, pp. 1503, cons. 43.

valor jurídico[1013]. E, por último, realce-se uma vez mais o peso específico do (já assinalado) princípio da interpretação conforme, a impor a interpretação do direito nacional à luz do teor e finalidade das normas da União, ainda que anteriores e de direito derivado[1014].

669. Mas, em último termo, o Tribunal de Justiça realiza a sua tarefa interpretativa, designadamente no quadro do reenvio prejudicial (artigo 267.° TFUE[1015]), perguntando-se pela finalidade da norma, pelo objectivo que o direito da União Europeia com ela se propõe realizar, para revelar como apropriada a interpretação que melhor permita a realização dos objectivos da União e a plena efectividade da norma da União.

670. Outra questão que se deve hoje colocar, uma vez afirmado de forma inequívoca o papel do Tribunal de Justiça da União Europeia como fonte de direito da União, é a da natureza das relações entre o Tribunal de Justiça da União Europeia (o Tribunal de Justiça, o Tribunal Geral e os tribunais especializados), no sentido de averiguar da existência de um certo primado do primeiro, em termos de um dever de obediência do segundo em relação à jurisprudência típica do primeiro[1016].

671. Também a doutrina, no sentido estrito do termo, constitui fonte de direito da União. Assinala-se apenas que, conquanto surja amiúde nas conclusões dos advogados-gerais, é raro e praticamente inexistente nas decisões do Tribunal de Justiça da União Europeia. O mesmo, por outro lado, não pode dizer-se dos tribunais nacionais.

[1013] Assim, no acórdão *França c. Comissão* (de 20.3.1997, proc. C-57/95, cons. 23), o Tribunal, analisando a similitude entre o texto de uma comunicação da Comissão e as propostas de directiva entretanto retiradas, e a imperatividade dos termos ali utilizados, concluía que a comunicação era inovadora, com efeitos jurídicos próprios que transcendiam os que se poderiam retirar das normas dos tratados de concretização das liberdades de circulação de serviços e capitais, representando uma usurpação pela Comissão de um poder apenas pertencente ao Conselho, segundo o tratado.

[1014] Acórdão *Marleasing*. Acórdão *Eurim-Pharm*, de 11.7.1996, procs. C-71 a 73/94, Colect., I-3603, cons. 26. E ainda que tal efeito útil implique a inaplicação de normas nacionais contrárias e ofenda a boa-fé do beneficiário da ilegalidade.

[1015] *Infra, Parte IV.*

[1016] Em certos casos de revista para o Tribunal de Justiça, é possível encontrar frases como «*o TPI aplicou correctamente a jurisprudência do Tribunal de Justiça...*» (*v.g.* acórdão *Bilanzbuchhalter c. Comissão*, de 20.2.1997, proc. C-107/95 P, cons. 19).

§ 2. PRINCÍPIOS DA ORDEM JURÍDICA DA UNIÃO EUROPEIA

1. Considerações Gerais

672. Esboçado ficou já o especial papel desempenhado pelo Tribunal de Justiça na elaboração e construção de uma ordem jurídica da União forte e integrada. Agora, falaremos, o mais circunstanciadamente possível, de alguns dos princípios (seu conteúdo, alcance e limites) caracterizantes da ordem jurídica da União, em especial aqueles que marcam o relacionamento entre os diversos ordenamentos jurídicos e aqueles determinantes dos juízos proferidos a propósito da realização interna da própria ordem jurídica da União. Estes princípios estruturantes da ordem jurídica da União não olvidam outros que se arvoram hoje como princípios fundamentais da própria União Europeia e verdadeiros «valores superiores do ordenamento» jurídico constituído. Destacam-se, a este propósito, os princípios referidos no artigo 2.° do TUE – Lisboa («respeito pela dignidade humana, da liberdade, da democracia, do Estado de Direito e do respeito pelos direitos do Homem»)[1017], cuja concreção jurídica no espaço da União permite considerá-los como condição de acesso e até de exercício de direitos na União Europeia (pelos Estados membros).

673. Além disso, é inequívoco que o Tratado de Lisboa, ao consagrar a Carta dos Direitos Fundamentais como instrumento com valor de direito orginário (artigo 6.° TUE – Lisboa), e ao afirmar *ex professo* prin-

---

[1017] Não é por acaso que J. Mota de Campos, no elenco que faz dos princípios constitucionais da União Europeia, começa logo pelo princípio democrático (*Manual de Direito Comunitário*, *cit*., pp. 269 e ss.). Afirmando o princípio democrático como base da Europa comunitária, Paulo Otero, *A democracia totalitária*, *cit*., pp. 254-262.

cípios como os da igualdade ou da não discriminação, em diversas dimensões (artigo 9.° TUE – Lisboa; artigos 8.°, 10.° ou 18.° TFUE; artigos 20.° e seguintes da Carta dos Direitos Fundamentais), da administração aberta (artigo 11.° TUE – Lisboa; artigo 15.° TFUE; artigo 41.° da Carta dos Direitos Fundamentais) abre a via rápida a uma *Europa* dos princípios e dos direitos que antes era apenas uma visão prospectiva e que justificaria outra laboração dogmática e pedagógica, que por limitação de objecto aqui se não segue.

674. Sumariados ficarão aqui, portanto, apenas oito dos princípios fundamentais da actuação da União Europeia, com destaque para os que permitem discernir a própria natureza da União Europeia, os termos principais que marcam o relacionamento da ordem jurídica da União com os ordenamentos jurídicos dos Estados membros e os princípios gerais que garantem a plena efectividade da ordem jurídica da União. A seriação e a justificação da escolha não é fácil, até porque são apresentados de forma muito variada pela doutrina (no sentido amplo do termo).

675. Os primeiros são intrínsecos à ordem jurídica da União e caracterizam-na como ordem jurídica própria no sistema jurídico internacional. Ela é autónoma em relação ao direito interno e ao direito internacional, tendo as suas próprias fontes e modos de produção jurídica, opera nos limites do(s) próprio(s) ser(es) que lhe dão vida Estados) e está (em toda a sua acção traduzida na adopção de actos jurídicos) submetida ao império do direito (*rule of law*).

676. Os princípios seguintes (Equilíbrio institucional[1018], Subsidiariedade e Proporcionalidade) configuram estruturalmente os modos de acção específicos da União: cada órgão deve respeitar as competências (suas e dos outros) que resultam para cada um dos tratados e a própria União, ao agir, deve fazê-lo no estrito respeito dos princípios da subsidiariedade e proporcionalidade. Finalmente, trata-se o princípio da efectivi-

---

[1018] Ou da cooperação leal. Aqui não desenvolvido, sendo as suas ideias-chave discerníveis a outros propósitos. Em sentido estrito, o princípio do equilíbrio «*implica que cada uma das instituições exerça as suas competências com respeito pelas competências das outras*» (Acórdão do Tribunal de Justiça de 22.5.1990, *Parlamento c. Conselho*, proc. C-70/88, Colect., I, pp. 2041, n.° 22; e, mais recentemente, o acórdão do Tribunal de Justiça (Grande Secção), de 6.5.2008, *Parlamento Europeu c. Conselho*, proc. C-133/06, Colect., 2008, I, pp. 3189, n.° 57.

dade, que marca de forma indelével as relações entre o direito da União Europeia e os direitos nacionais e afirma de modo impressivo a originalidade das organizações europeias e do direito por estas criado, a que passa a ser reconhecida uma especial força conformadora.

677. Este elenco poderia ainda ser acrescido com outros princípios, designadamente de cariz material[1019]. A liberdade económica e pessoal, expressa por antonomásia nas liberdades que caracterizam o mercado interno, a igualdade, princípio fundamental que, originariamente concebido apenas em relação à nacionalidade dos operadores no espaço europeu, está hoje em vias de alargamento a outras vertentes[1020]; o respeito pelos direitos fundamentais, de que a liberdade e a igualdade constituem expressões específicas, mas que se estende a outros direitos, de diversa índole, construídos a partir do património dos Estados membros e da civilização ocidental; ou os princípios decorrentes da configuração da União como espaço de liberdade, segurança e justiça.

[1019] Outros incluem ainda novos princípios, como os da coesão económica e social (ideia cuja importância quisemos fazer ressaltar logo na *Parte I*), da segurança jurídica (que referiremos ainda mais adiante) ou do adquirido comunitário (que não consideramos um princípio caracterizante da ordem jurídica da União – sobre este, Carlo Curti Gualdino, «Some reflections on the *Acquis Communautaire*», *Common Market Law Review*, 32, 1995, pp. 1089-1121 e a doutrina aí citada; Fausto de Quadros, *Direito da União Europeia*, cit; ou Maria Luísa Duarte, *Direito da União Europeia e das Comunidades Europeias*, *cit*., pp. 213-215; Carla Amado Gomes, «O Tratado de Lisboa: ser ou não ser…», *cit*., pp. 54--56, que falava nele como "um dos aspectos mais característicos do Direito Europeu").

[1020] Sobre o princípio da não discriminação, Emanuelle Bribosia *et al* (dir.), *Union Européenne et nationalités – le principe de non-discrimination et ses limites*, Bruylant, Bruxelles, 1999.

2. Princípio da Autonomia

678. Seguindo ainda, pela sua absoluta pertinência, o ensino tradicional do prof. R. Moura Ramos, diremos apenas que o direito da União é «autónomo porque, integrado embora no Direito Internacional em sentido amplo, ele caracteriza-se não só por diferentes modos de formação (ou por modos de formação que nele têm um relevo diferente do que lhes é reconhecido no Direito Internacional Geral), como por diferenças assinaláveis na sua aplicação»[1021].

679. Esta autonomia começa a ser a que resulta da amplitude dos seus objectivos e dos meios da sua realização (artigos 2.° TUE – Lisboa), dos modos de formação da vontade da União (exclusivamente através das instituições – artigo 13.° TUE – Lisboa) e também dos meios da sua expressão, efectividade (as fontes de direito – por ex., as normas referidas no artigo 288.° TFUE e os princípios decantados dos tratados pela actividade do Tribunal de Justiça) e garantia (pelo Tribunal de Justiça, designadamente)[1022].

680. Finalmente, estende-se ainda ao crescente auto-controlo dos modos de produção do próprio direito constitutivo (os condicionamentos e limites ao próprio exercício do poder de revisão, ao exercício do direito de contratação internacional, mas também a distinção cada vez mais clara face aos actos estaduais).

[1021] *Das Comunidades à União*, *cit.*, p. 100.

[1022] Como este Tribunal vem dizendo, em sede de competência consultiva, a preservação da autonomia da ordem jurídica comunitária pressupõe que as competências da Comunidade e das suas instituições, tal como foram concebidas no Tratado, não sejam desvirtuadas – Parecer 1/91, *cit.*, cons. 61-65, e Parecer 1/92, *cit.*, cons. 32-41.

681. O direito da União Europeia, autónomo em relação ao tradicional direito internacional público convencional[1023], não se confunde igualmente com o direito interno dos Estados membros. Em rigor, tanto o direito primário – o direito dos tratados – como o direito derivado – o direito dos órgãos da União – têm uma identidade própria. Mesmo incorporadas nos ordenamentos estaduais, as normas mantêm a sua natureza internacional e (especificamente) europeia, pelo que as ordens jurídicas nacional e da União se constituem sempre enquanto «ordenamentos coexistentes e interpenetrados, mas independentes»[1024].

[1023] Ainda que dele não esteja subtraído, como paralelamente sucede com os Estados, que mais não fosse devido ao "princípio de Arquimedes" – Eric David, «Le droit international applicable aux organisations internationales», *Mélanges en hommage à Michel Waelbroeck*, Vol. I, Bruylant, 1999, p. 5.

[1024] C. Blanco de Morais, *As Leis Reforçadas – as leis reforçadas pelo procedimento no âmbito dos critérios estruturantes das relações entre actos legislativos*, Coimbra Editora, 1998, p. 374.

3. PRINCÍPIO DA ATRIBUIÇÃO

682. O princípio da atribuição, introduzido formalmente com o Tratado de Maastricht, encontra hoje expressão directa e imediata no artigo 5.°, n.° 1, primeiro período («A delimitação das competências da União rege-se pelo princípio da atribuição») e n.° 2, do TUE – Lisboa.

683. Tal como formulado no Tratado, acentuam-se aí duas dimensões. Positivamente, a atribuição significa o reconhecimento da "competência" (exclusiva, partilhada, complementar, ...) da União quando ("unicamente dentro dos limites das competências...") os Estados membros lhe tenham atribuído nos Tratados para alcançar os objectivos fixados por estes últimos (os tratados – artigo 2.° e seguintes TUE – Lisboa; TFUE). Negativamente, significa que, quando os tratados não tenham conferido à União competência para realizar certos objectivos, a competência mantém-se no Estado membro («As competências que não sejam atribuídas à União nos Tratados pertencem aos Estados membros») (artigo 5.°, n.° 2 TUE – Lisboa).

684. Numa formulação genérica[1025], este princípio significa que a União só dispõe das atribuições e competências[1026] que lhes hajam sido conferidas pelos Estados membros, através dos instrumentos de direito originário[1027].

[1025] Sobre este fundamental princípio da ordem jurídica comunitária existe uma vastíssima (e inabarcável) doutrina – por todos, entre nós, é de referência obrigatória a dissertação de Maria Luísa Duarte – *A Teoria dos poderes implícitos*, *cit.*, pp. 213 e ss. –, bem como o trabalho de A. Goucha Soares, *Repartição de competências e preempção no direito comunitário*, Cosmos, Lisboa, 1996, pp. 125 e ss.

[1026] Sobre estas expressões, habituais na doutrina juspublicista, o que escrevemos em *Da restrição da concorrência*, *cit.*, p. 96, nota 208.

[1027] Duas notas devem ser acrescentadas. Uma parte importante da doutrina distingue o princípio aqui formulado do princípio que afirma que cada «instituição» actua nos

685. Politicamente, o princípio tem sido objecto de outras formulações. É expressiva a realizada no Conselho Europeu de Edimburgo, em Dezembro de 1992: «O princípio de que a Comunidade só pode intervir quando lhe forem conferidas competências para tal – o que implica que as competências nacionais são a regra e as da Comunidade a excepção – foi sempre um aspecto fundamental do ordenamento jurídico comunitário (princípio da atribuição de poderes)».

686. É fácil de perceber a razão da importância deste princípio. Para muitos, a sua consagração confirma a pertinência da ideia de que também a União Europeia, como sujeito de direito internacional, está marcada pelo princípio da especialidade que vimos delimitar a capacidade jurídica das organizações internacionais, em direito internacional público. Além disso, por contraposição, significa que a União Europeia não pode criar a sua própria competência, não tem, em suma, a competência das competências (*Kompetenz-Kompetenz*)[1028] característica dos Estados soberanos.

687. Em terceiro lugar, o princípio tem uma relevantíssima implicação prática no funcionamento da União Europeia. É que, se a União só pode actuar nos domínios em que lhe foram conferidos poderes (*conferred powers*), então, todo o acto jurídico tem de ter uma base jurídica pertinente

---

limites das competências que para ela resultam dos tratados (entre outros, artigos 13.° TUE – Lisboa). De facto, estoutro princípio fundamental diz respeito à repartição de poderes entre os órgãos da UE, podendo encontrar-se com diversas formulações (nem todas coincidentes nos conteúdos): princípio do equilíbrio institucional, princípio da cooperação leal (artigo 4.°, n.° 3 TUE – Lisboa). Não é deste princípio que aqui se fala, embora não se pretenda tomar partido na questão (cfr. A. M. Guerra Martins, *Introdução ao Estudo do Direito Comunitário – sumários*, Lex, Lisboa, 1995, pp. 71-73). A outra nota é para assinalar – como se fará no texto – que, embora a União só possa actuar nos limites deste princípio, isso não significa que a ordem jurídica comunitária seja uma ordem jurídica fechada e auto-suficiente, não apresentando lacunas susceptíveis de integração (por esta não conduzir a violações do princípio que aqui se apresenta).

[1028] Neste sentido, expressivamente, Maria Luísa Duarte, *A Teoria dos poderes implícitos*, *cit.*, pp. 220-221; e o acórdão do Tribunal Constitucional alemão de 30 de Junho de 2009: «A lei fundamental não confere aos órgãos do Estado poderes para transferir poderes soberanos de forma a que o seu exercício possa estabelecer, de forma independente, outras competências para a União Europeia. Proíbe a transferência da competência para decidir sobre a sua própria competência (*Kompetenz-Kompetenz*). O princípio da atribuição é por isso não só um princípio do Direito Europeu (...) mas, tal como a obrigação da União Europeia respeitar a identidade nacional dos Estados membros, envolve princípios constitucionais dos Estados membros» (tradução livre).

no tratado[1029]. Curiosamente, embora alguns autores procurem vislumbrar sinais concretos de ultrapassagem deste princípio, sobretudo na prática decisional e política da União e, já antes, das Comunidades, o certo é que o princípio goza de um elevadíssimo nível de consenso entre a doutrina europeia. Para isso contribuem as várias afirmações que conhece(u), nos tratados e na prática (sobretudo, mas não só) dos órgãos jurisdicionais nacionais.

688. Em primeiro, nos tratados, como se viu. O TUE – Lisboa é enfático, pois estabelece, no seu artigo 5.° que «a delimitação das competências da União rege-se pelo princípio da atribuição» (n.° 1) e que, «em virtude do princípio da atribuição, a União actua unicamente dentro dos limites das competências que os Estados membros lhe tenham atribuído nos Tratados para alcançar os objectivos fixados por estes últimos. As competências que não sejam atribuídas à União nos Tratados pertencem aos Estados membros» (n.° 2). Paralelamente, os órgãos jurisdicionais, tanto o Tribunal de Justiça como dos Estados membros (em particular, alguns Tribunais Constitucionais) reafirmaram a valência absoluta deste princípio[1030].

689. Se vimos ser praticamente pacífico o princípio, o certo é que não falta quem chame a atenção para o facto de, através de diversos mecanismos, a União Europeia, historicamente, ir além – na sua acção – do que, aparentemente, seria permitido por este princípio. Tais processos e mecanismos são da mais variada natureza. Não cumpre analisá-los aqui, mas, de todo o modo, é possível referir aqueles a que a doutrina presta especial atenção:

- Mecanismo do artigo 352.° TFUE (anteriores artigos 235.° CEE e 308.° CE)[1031];

[1029] O problema da base jurídica (norma do tratado que fundamenta a actuação da Comunidade num determinado domínio concreto) é dos mais técnicos e mais importantes, entre outros factores, pelas suas implicações no equilíbrio institucional dos órgãos da União – sobre este, Hartley, *The foundations of European Community Law*, *cit.*, pp. 111-114.

[1030] Assim, por todos, o Tribunal Constitucional alemão, no famoso acórdão sobre a constitucionalidade do Tratado de Maastricht, em 12.10.1993, ou, mais recentemente, no acórdão de 30 de Junho de 2009; ou o próprio Tribunal de Justiça, no igualmente conhecido parecer n.° 2/94, de 28.3.1996.

[1031] Sobre este mecanismo, ver *supra*, o ponto relativo à integração de lacunas do direito originário, bem como as *Declarações* n.os 41 e 42, anexas à Acta Final da CIG/2007.

– Princípio das competências implícitas[1032];
– Os métodos de interpretação (teleológico-finalista) do Tribunal de Justiça[1033].

[1032] *Idem* (ver nota anterior).

[1033] Sobre os métodos de interpretação usados pelo Tribunal de Justiça, a doutrina é abundante e expressiva. Por todos, A. Goucha Soares, *Repartição de competências e preempção no direito comunitário*, Cosmos, Lisboa, 1996, pp. 159-167.

4. PRINCÍPIO DA UNIÃO DE DIREITO

690. Era inequívoca a afirmação jurisprudencial, no quadro da Comunidade Europeia, de um princípio da *Comunidade de Direito*, princípio que, hoje, deverá considerar-se como tendo transitado para a União, ainda que com o nome de *União de Direito*.

691. Este princípio, anteriormente enunciado como princípio da Comunidade de Direito, foi afirmado politicamente logo no início por HALLSTEIN[1034] e expressamente confirmado pelo Tribunal de Justiça em 1986, no famoso processo que a história recorda como *Os Verdes*[1035], quanto à Comunidade Europeia.

692. Mas apesar da sua afirmação explícita ser algo tardia, o certo é que já o podemos entrever em actos políticos anteriores adoptados pelos órgãos da União e pelos Estados membros, e também subjacente a toda a problemática da protecção dos direitos fundamentais pela ordem jurídica da União (e, mais adiante, também dos princípios fundamentais).

693. Além disso, transpareceu depois – numa designação mais ampla – no artigo 2.° do TUE – Lisboa (anterior artigo 6.°, n.° 1 UE), ao afirmar como valor fundamental da União o princípio do Estado de Direito[1036], bem

---

[1034] A expressão é de W. Hallstein, «Die EWG – eine Rechtsgemeinschaft», em T. Opperman (ed.), *Hallstein, Europäische Reden*, Stuttgart, 1979, p. 341, *apud* Baquero Cruz, J., «La protección de los derechos sociales en la Comunidad Europea tras el tratado de Amsterdam», *Revista de derecho comunitario europeo*, 1998, p. 640. Sobre este princípio, Jean-Victor Louis, *A ordem jurídica comunitária*, *cit*., pp. 53-62.

[1035] Acórdão *Os Verdes c. Parlamento Europeu*, de 23.4.1986, proc. 294/83, Colect., 4, considerandos 20-25, pp. 1364-1366. No processo, outros precedentes (não tão explícitos) já eram apresentados.

[1036] Cfr. Maria Luísa Duarte, *Estudos de Direito da União e das Comunidades Europeias*, Coimbra Editora, Coimbra, 2000, pp. 37-38, e nota 2. Não se retiram aqui

como, em certo sentido ligado ao princípio da tutela jurisdicional efectiva, que constitui uma sua dimensão, no artigo 19.° do TUE – Lisboa, ao estabelecer que «o Tribunal de Justiça garante o respeito do direito na interpretação e aplicação dos tratados» e, em termos inovatórios[1037], que «os Estados membros estabelecem as vias de recurso necessárias para assegurar uma tutela jurisdicional efectiva nos domínios abrangidos pelo direito da União».

694. O que se deve sumariamente entender por este princípio? Antes de mais, que funciona como garantia dos direitos individuais e como limite à acção dos órgãos da União. No processo *Os Verdes*, o que estava em causa era garantir que a (então) Comunidade – através de um dos seus órgãos, no caso o Parlamento Europeu – não pudesse adoptar um acto susceptível de produzir efeitos jurídicos obrigatórios em relação a terceiros que fosse insusceptível de controlo jurisdicional pelos tribunais da União[1038]. Como o próprio Parlamento reconhecia neste processo, «o Tribunal, em conformidade com a sua função genérica de garante do direito, tal como está definida no artigo 164.° do Tratado [actual artigo 19.°, n.° 1, § 1, 2.° período], pode controlar a legalidade de actos que não sejam do Conselho ou da Comissão». Mas o Tribunal de Justiça vai mais longe, declarando, num dos considerandos[1039] mais significativos da sua já longa jurisprudência, que «a Comunidade Económica Europeia é uma comunidade de direito, na medida em que nem os seus Estados membros nem as suas instituições estão isentos da fiscalização da conformidade dos seus actos com a carta constitucional de base que é o Tratado. (...) [O] Tratado

---

quaisquer conclusões sobre se todas as dimensões que a doutrina constitucional assinala a este princípio são cumpridas comunitariamente. Tal implicaria uma análise que não cabe aqui e, por outro lado, enfermaria de um pressuposto que, por enquanto, não está cumprido (ou assumido) e que é sempre negado: o de que a UE (ou a CE) constitui um Estado. Sobre a introdução deste princípio em Amesterdão, supra *Parte I*.

[1037] A nível da redacção dos tratados, que não na jurisprudência do Tribunal de Justiça.

[1038] Questão diferente – e insuficientemente resolvida (*infra*, *Parte IV*) – é a de saber se este princípio está assegurado hoje em dia, nomeadamente perante os mecanismos jurisdicionais actualmente existentes de garantia jurisdicional dos particulares.

[1039] Considerando 23. No considerando seguinte, o Tribunal de Justiça acrescenta ainda que «*o sistema do Tratado é o de permitir um recurso directo contra "todas as disposições adoptadas pelas instituições destinadas a produzir um efeito jurídico", como o Tribunal já teve a oportunidade de salientar, no acórdão de 31.3.1971 (Comissão c. Conselho)*».

estabeleceu um sistema completo de vias de recurso e de procedimentos destinado a fiscalizar a legalidade dos actos das instituições».

695. Em último termo, este princípio afirma a subordinação ao Direito de toda a acção da União e dos seus órgãos[1040]. Ou seja, a ideia da *rule of law* característica essencial e indeclinável das sociedades democráticas.

696. Com o Tratado de Lisboa, sempre se dirá, desde já, que são dados novos passos no sentido do reforço, numa perspectiva ampla, do princípio da «comunidade de Direito» ou, em termos mais genéricos, da «subordinação ao Direito» (*rule of law*) de todos os actos adoptados por instituições, órgãos e organismos da nova União Europeia. Nesta perspectiva, assinalem-se vários sinais resultantes de algumas alterações introduzidas. Por exemplo, em primeiro lugar, na clarificação das funções de controlo da aplicação e legalidade no espaço da União. O Tratado estabelece que a «Comissão controla a aplicação do direito da União, sob a fiscalização do Tribunal de Justiça da União Europeia» (artigo 17.°, n.° 1 TUE – Lisboa).

697. Em segundo lugar, a introdução, ainda que indirecta, da Carta dos Direitos Fundamentais, feita no artigo 6.°, n.° 1, do TUE – Lisboa: «1. A União reconhece os direitos, as liberdades e os princípios enunciados na Carta dos Direitos Fundamentais da União Europeia, de 7 de Dezembro de 2000, com as adaptações que lhe foram introduzidas em 12 de Dezembro de 2007, em Estrasburgo, e que tem o mesmo valor jurídico que os Tratados».

698. Em terceiro lugar, no seguimento de jurisprudência recente do Tribunal de Justiça da União Europeia, o Tratado de Lisboa comete aos Estados membros a obrigação de assegurar o respeito pelo princípio da protecção jurisdicional efectiva nos domínios cobertos pelo direito da

---

[1040] São sintomáticas as palavras da prof. Maria Luísa Duarte sobre a função do Tribunal de Justiça na garantia dos direitos fundamentais, à luz do disposto no actual artigo 19.°, n.° 1, TUE – Lisboa [então artigo 220.° CE]: cumpre-lhe assegurar a «*"garantia do respeito do direito". Por legado histórico, e por força da experiência constitucional contemporânea, o Direito incorpora a própria ideia de liberdade, concretizada esta na proclamação e na tutela efectiva dos direitos fundamentais*» («A União Europeia e os direitos fundamentais – métodos de protecção», *cit.*, pp. 34-35).

União (artigo 19.°, n.° 1, § 2 TUE – Lisboa): «[o]s Estados-Membros estabelecem as vias de recurso necessárias para assegurar uma tutela jurisdicional efectiva nos domínios abrangidos pelo direito da União».

699. No contencioso de legalidade, algumas mudanças são introduzidas, designadamente no difícil tema da legitimidade dos particulares no contencioso de anulação e no reconhecimento – natural, atenta a mudança de natureza e enquadramento do órgão – de que os actos do Conselho Europeu que produzam efeitos jurídicos em relação a terceiros são igualmente impugnáveis contenciosamente.

5. Princípio da Subsidiariedade

700. É costume assinalar-se que as origens históricas do princípio da subsidiariedade[1041] se reconduzem à Antiguidade clássica, sendo igualmente salientada a sua afirmação pela doutrina social da Igreja[1042].

701. Na doutrina europeia, os Autores procuram frequentemente discerni-lo logo nos tratados institutivos[1043], mas a sua afirmação expressa,

---

[1041] Sobre este princípio, leia-se o estudo de Maria Luísa Duarte, «A aplicação jurisdicional do princípio da subsidiariedade no direito comunitário – pressupostos e limites», in *Estudos Jurídicos e Económicos em Homenagem ao Professor João Lumbrales*, Faculdade de Direito da U. Lisboa, 2000, pp. 779-813. Para estudos complementares, na doutrina nacional, por todos, consultem-se os importantes trabalhos de Fausto de Quadros – *O princípio da subsidiariedade no direito comunitário após o Tratado da União Europeia*, Almedina, Coimbra, 1995 –, da mesma Maria Luísa Duarte – *A teoria dos poderes implícitos*, *cit.*, p. 400-411 – e, quanto ao nosso ordenamento jurídico interno, de C. Blanco de Morais – «A dimensão interna do princípio da subsidiariedade no ordenamento português», *ROA*, ano 58, 1998, pp. 779-821 – e P. Marrecas Ferreira, «Le principe de subsidiarité comme principe de droit constitutionnel», *BDDC*, n.os 57/58, 1994, pp. 127-169. Na doutrina comunitária, entre muitos, Renaud Dehousse, *Does Subsidiarity really matter?*, EUI working paper law, n.° 92/32, IUE, Florença. Numa perspectiva de direito comparado, quanto à Espanha, J. Ortiz Díaz, «El horizonte de las administraciones públicas», *cit.*, pp. 86 e ss.

[1042] O princípio da subsidiariedade é por esta formulado da seguinte forma: «*uma sociedade de ordem superior não deve interferir na vida interna duma sociedade de ordem inferior, privando-a das suas competências, mas deve antes apoiá-la em caso de necessidade e ajudá-la a coordenar a sua acção com a das outras componentes sociais, com vista ao bem comum*» (*cfr.* SS. Pio XI, Carta Enclícica *Quadragesimo Anno*, I, 1931, pp. 184-186; vide ainda SS. João XXIII, *Mater et Magistra*, 1961, n.° 55). O princípio opõe-se assim a todas as formas de colectivismo e traça os limites da intervenção do Estado, tendendo a instaurar uma verdadeira ordem internacional (*Catecismo da Igreja Católica*, 1993, p. 1885, p. 411.)

[1043] É interessante o comentário que a este propósito faz J. Boulouis, *Droit Institutionnel de l'Union Européenne*, *cit.*, pp. 140-141.

ainda que numa política da União específica (ambiente), ocorreu apenas com o Acto Único Europeu, tendo sido consagrado como princípio geral através do tratado de Maastricht[1044]. Neste, o princípio foi inserido no § 2 do artigo 3.°-B do tratado (actual artigo 5.°), constituindo um princípio geral quer do direito da União (v. artigo 2.° UE) quer do ordenamento jurídico da União (o citado artigo 5.°, § 2). Dispõe o actual artigo 5.°, n.° 3 TUE – Lisboa: «Em virtude do princípio da subsidiariedade, nos domínios que não sejam da sua *competência* exclusiva, a União intervém apenas se e na medida em que os objectivos da acção *considerada* não possam ser suficientemente *alcançados* pelos Estados membros *tanto ao nível central como ao nível regional e local*, podendo, contudo, às dimensões ou aos efeitos da acção *considerada*, ser *mais bem* (sic) alcançados a nível da União».

702. Importa acentuar, primeiro, que o princípio só vale nos domínios de competência concorrente entre Estados membros e a União. Com efeito, subordinada a capacidade jurídica da União ao princípio da atribuição, o princípio não poderia valer em domínios totalmente estranhos à atribuição da União. Noutra vertente, o tratado é explícito na afirmação de que o princípio não deve ser aplicado nos domínios de atribuição exclusiva da União.

703. Reconheça-se, igualmente, que este princípio, conquanto tenha uma dimensão política inquestionável, constitui um princípio jurídico geral de direito da União. Enquanto tal, se não goza das características de que depende o efeito directo das normas do tratado, não deixa de estar sujeito à fiscalização do Tribunal de Justiça da União Europeia[1045].

704. O entendimento do sentido e alcance do princípio foi logo objecto de disputa[1046], que os Estados membros procuraram esclarecer.

[1044] Neste sentido, expressamente, o Tribunal Geral, no acórdão *SPO*, de 21.2.1995, proc. T-29/92.

[1045] Entre nós, a incursão de Carlos Pedro Sobreira, *O Juiz Comunitário e o recurso aos princípios da subsidiariedade e proporcionalidade enquanto limites ao exercício das competências comunitárias*, Vislis, Viseu, 2003 (ainda que se deva tratar de um trabalho elaborado em período bem anterior ao da data de publicação).

[1046] Vendo-o expressamente como critério de repartição de competências entre Estados membros e a então Comunidade, Joe Verhoeven, *Droit de la Communauté Européenne*, 3.ª ed., Larcier, Bruxelle, 1996, p. 111.

Primeiro no Conselho Europeu de Edimburgo, em Dezembro de 1992, onde foi adoptada uma «abordagem global da aplicação do princípio pelo Conselho». Depois, pela efectivação de um acordo interinstitucional entre Conselho, Comissão e Parlamento Europeu[1047]. Seguidamente, no próprio Tratado de Amesterdão, através de Protocolo[1048].

705. O Tratado de Lisboa deu mais um contributo para a construção do princípio e dos seus mecanismos de garantia. Embora continue a intervir nos domínios de competência partilhada com os Estados membros, cumpre notar, por um lado, a introdução da referência explícita, como condição da assunção pela União de competências, ao facto de os objectivos da União não poderem ser suficientemente alcançados pelos Estados membros «tanto ao nível central como ao nível regional e local». E, por outro lado, a ideia de que a aplicação do princípio pelas instituições da União é feita em conformidade com o «Protocolo relativo à aplicação dos princípios da subsidiariedade e da proporcionalidade. Os Parlamentos nacionais velam pela observância deste princípio de acordo com o processo previsto no referido Protocolo.» (artigo 5.°, n.° 3 TUE – Lisboa).

706. O Tratado de Lisboa, no seguimento aliás tanto da Declaração sobre o Futuro da União, anexa à Acta Final da CIG/2000 (Tratado de Nice), como da Constituição Europeia, elegeu o controlo do respeito pelo princípio da subsidiariedade como uma das áreas onde será mais evidente a intervenção dos parlamentos nacionais. Neste contexto, tanto o protocolo relativo ao papel dos parlamentos nacionais como o protocolo relativo à aplicação dos princípios da subsidiariedade e proporcionalidade reconhecem diversas possibilidades de intervenção dos parlamentos nacionais, mas também reforçam os direitos e possibilidades de intervenção de outras entidades.

707. Algumas normas remetem especificamente para o mecanismo de controlo expresso no referido protocolo, impondo algumas obrigações às instituições da União, no quadro do novo mecanismo introduzido para melhorar o grau de observância do princípio da subsidiariedade no processo legislativo da União. É o caso do artigo 352.°, n.° 2 TFUE.

[1047] Aquele excerto das conclusões da Presidência do Conselho Europeu de Edimburgo e o acordo interinstitucional de 25 de Outubro de 1993, que se seguiu, podem ler-se em Tizzano/Cruz Vilaça/Gorjão-Henriques, *Código da União Europeia*, *cit*.

[1048] Tizzano/Cruz Vilaça/Gorjão-Henriques, *Código da União Europeia*, *cit*.

708. Uma primeira novidade é a possibilidade de qualquer parlamento nacional poder «dirigir aos Presidentes do Parlamento Europeu, do Conselho e da Comissão um parecer fundamentado sobre a conformidade de determinado projecto de acto legislativo europeu com o princípio da subsidiariedade» (artigo 3.° do *Protocolo relativo ao papel dos Parlamentos nacionais* e artigos 6.° e seguintes do *Protocolo relativo à aplicação dos princípios da subsidiariedade e da proporcionalidade*), os quais devem ser tidos em conta pelas instituições da União, podendo mesmo determinar a reanálise do projecto legislativo. Além disso, não só os actos legislativos da União devem ser especificamente fundamentados – em ficha própria – como o protocolo prevê especificamente a interposição de um recurso de anulação com fundamento na violação do princípio da subsidiariedade, por parte de um Estado membro, em nome do respectivo parlamento nacional ou de uma das suas câmaras (artigo 8.° do Protocolo).

709. Referência especial pode ainda ser feita ao modo como a intervenção dos parlamentos nacionais é enfatizada no domínio do espaço de liberdade, segurança e justiça e, em particular, nos domínios até há pouco da UE-M, a cooperação judiciária em matéria penal e a cooperação policial (v. artigos 85.° e 88.° do TFUE).

6. Princípio da Proporcionalidade

710. O princípio da proporcionalidade está consagrado expressamente no Tratado da União Europeia (versão resultante do Tratado de Lisboa) como princípio-rector da acção desta, através dos seus órgãos (artigo 5.°, n.os 1 e 4). E esteve, desde muito cedo, presente na jurisprudência do Tribunal de Justiça[1049], como princípio geral do direito.

711. Tradicionalmente, a ideia de proporcionalidade liga-se a três conceitos principais: o de proibição do excesso, necessidade e adequação. Assim, ele impõe que se afira se a acção da União – e as medidas por ela adoptadas – são adequadas ao fim prosseguido e se não vão para além do que é necessário para atingir esse fim, donde decorre que se deve escolher a opção menos onerosa quando mais que uma sirva para alcançar o objectivo[1050]. A fórmula normativa do tratado parece cobrir pelo menos duas destas concepções. Como aí se estabelece hoje, «[o] conteúdo e a forma da acção da União não devem exceder o necessário para alcançar os objectivos dos Tratados» (artigo 5.°, n.° 4 TUE – Lisboa)[1051].

712. A consagração formal do princípio (com o Tratado de Maastricht) foi acompanhada da adopção de disposições complementares relativas à sua interpretação e aplicação[1052] (considerações extensivas ao prin-

---

[1049] Acórdão *Fédération charbonnier de Belgique*, de 26.11.1956, proc. 8/55, Rec., pp. 199.

[1050] V. Acórdão do Tribunal de Justiça *Buitoni*, de 20.2.1979, proc. 122/78, Colect. p. 677, n.° 16; ver ainda, e.g., acórdãos do Tribunal Geral *Jungbunzlauer c. Comissão*, de 27.9.2006, proc. T-43/02, Colect., II, pp. 3435, n.° 213; *William Prym c. Comissão*, de 12.9.2007, proc. T-30/05, Colect., II, pp. 107, n.° 223, ou *Territorio Histórico de Alava c. Comissão*, de 9.9.2009, proc. T-227/01 et al., n.° 374.

[1051] A redacção anterior ao Tratado de Lisboa não se referia ao "conteúdo e forma da acção", mas apenas à "acção".

[1052] Também chamado «princípio de intensidade» – v. Abordagem global, *Conclusões da Presidência no Conselho Europeu de Edimburgo* (1992).

cípio da subsidiariedade). Em 1992 foi adoptado, no Conselho Europeu de Edimburgo, um acordo sobre a aplicação do princípio[1053], que Amesterdão veio a formalizar de modo mais explícito, em protocolo anexo ao tratado. Na «abordagem global» enunciada em Edimburgo, a ideia de proporcionalidade tinha como conteúdo essencial a preservação da autonomia decisória e normativa dos Estados membros, mesmo em matérias que tivessem uma regulação a nível da União Europeia, preferindo sempre modos e formas de actuação da União de carácter não cogente e de intervenção menos intrusiva[1054].

713. Genericamente, podemos dizer que compete a este princípio servir de critério sobre a adequação de determinada acção da União ou dos Estados membros para a realização de determinados objectivos à partida legítimos, combinada com a certificação da inexistência de outros meios menos prejudiciais para realizar os mesmos objectivos[1055]. Como é frequentemente recordado pelo Tribunal de Justiça, este princípio «exige que os actos das instituições comunitárias não ultrapassem os limites do adequado e necessário à realização dos objectivos legítimos prosseguidos pela regulamentação em causa, entendendo-se que, quando exista uma escolha entre várias medidas adequadas, se deve recorrer à menos rígida», não devendo os inconvenientes causados «ser desproporcionados relativamente aos objectivos pretendidos»[1056].

714. O princípio da proporcionalidade, a nível da União Europeia, não pode ser necessariamente entendido como tendo a mesma densidade e o mesmo sentido que lhe é reconhecido no direito interno. Internamente, o princípio da proporcionalidade tem dignidade constitucional e constitui um subprincípio densificador do princípio do Estado de direito democrá-

---

[1053] Ver Tizzano/Cruz Vilaça/Gorjão-Henriques, *Código da União Europeia*, *cit.*

[1054] Para uma perspectiva anterior sobre este e outros princípios (gerais de direito) no plano comunitário, consulte-se, na doutrina nacional, a obra pioneira e geral de J.C. Moitinho de Almeida, *Direito Comunitário*, Centro de Publicações do M. J., Lisboa, 1983, pp. 36 e ss. Na doutrina comunitária, por todos, Emiliou, *The principle of proportionality in European Law – a comparative study*, Kluwer Law, 1996; e Lenaerts/Van Nuffel, *Constitutional Law of the European Union*, *cit.*, pp. 106-111.

[1055] Lenaerts/Van Nuffel, *op. cit.*, p. 108: «*Action is indispensable where it cannot be replaced by some alternative form of action which would have equal effectiveness (effet utile) having regard to the intended aim and be less detrimental to another aim or interest protected by Community law*».

[1056] Acórdão *Fedesa e o.*, de 13.11.1990, proc. C-331/88, cons. 13.

tico, significando, no quadro do direito público, a ideia de que qualquer acto jurídico-público deve ser (*i*) adequado, (*ii*) necessário e (*iii*) ter justa medida. Quer isto dizer que, depois de determinado o *fim* a prosseguir, o controlo da sua verificação abrange três planos[1057]; sublinhe-se que, para que o princípio da proporcionalidade se tenha por respeitado, é necessário que todas as suas três vertentes sejam respeitadas.

715. A primeira é a exigência de *adequação* (*i*) dos meios, da qual decorre que os referidos actos têm de constituir forma apropriada e idónea para a prossecução dos respectivos fins.[1058]. O controlo feito é meramente negativo e *ex ante*[1059]. A segunda é a da *necessidade* (*ii*), a qual implica que as medidas se revelem exigíveis, de forma a que se possa afirmar que os fins invocados não podiam ser obtidos por outros meios menos onerosos para as posições jurídicas sacrificadas. O objectivo é averiguar se a medida adequada escolhida é, das possíveis, a menos lesiva, sob diversas perspectivas[1060]. Finalmente, a *proporcionalidade em sentido estrito* (*iii*) _ ou proibição do excesso _ significa que os meios legais restritivos e os efeitos produzidos devem situar-se numa relação de justa-medida[1061].

716. Ainda assim, contudo, poderá dizer-se que também a nível da União ele obriga a União a actuar "*(...) pelo meio que represente um menor sacrifício para as posições jurídicas*" dos Estados membros, a nível central, mas também regional ou local, como o tratado agora expressamente afirma (artigo 5.°, n.° 4 TUE – Lisboa).

717. O princípio da proporcionalidade é, igualmente, um princípio fundamental na definição dos limites a intervenções dos Estados membros que tenham um efeito restritivo das liberdades económicas constitutivas do mercado interno (*infra*, Parte V).

[1057] J. M. Sérvulo Correia, *Legalidade e autonomia contratual nos contratos administrativos*, Coimbra, 1987, p. 114.

[1058] J. Reis Novais, *Os princípios constitucionais*, pp. 167-168; Vitalino Canas, *Proporcionalidade (Princípio da)*, in J. P. Fernandes (org.), *Dicionário Jurídico da Administração Pública*, VI, Lisboa, 1994, pp. 618-624.

[1059] J. Reis Novais, *Os princípios constitucionais*, p. 169; Bernardo Diniz de Ayala, *O (défice de) controlo da margem de livre decisão administrativa*, Lisboa, 1995, pp. 241-244.

[1060] Parecer do Conselho Consultivo da Procuradoria-Geral da República n.° 116/ /88, de 21.3.1991 (ou o parecer 64/92, de 14.1.1993).

[1061] V. Canas, *Proporcionalidade*, pp. 628-629; Bernardo Diniz de Ayala, *O (défice de) controlo judicial*, p. 241.

7. Princípio da Preempção

718. Uma breve referência deve ainda ser feita ao princípio da preempção que, na nossa opinião, foi formalmente consagrado com o Tratado de Lisboa[1062].

719. Recorde-se que o Tratado de Lisboa, ao classificar as competências da União (Parte I, Título I, artigos 2.° e seguintes TFUE) em competências exclusivas (artigo 3.°), competências partilhadas (artigo 4.°), competências de coordenação (artigo 5.°) e competências de acompanhamento ou suplemento (artigo 6.° TFUE), veio estabelecer que, nos domínios de **competência partilhada** entre a União e os Estados membros, funciona uma lógica de preempção.

720. De acordo com o artigo 2.°, n.° 2, TFUE, «[q]uando os Tratados atribuam à União competência partilhada com os Estados membros em determinado domínio, a União e os Estados membros podem legislar e adoptar actos juridicamente vinculativos nesse domínio. Os Estados membros exercem a sua competência na medida em que a União não tenha exercido a sua. Os Estados membros voltam a exercer a sua competência na medida em que a União tenha decidido deixar de exercer a sua».

721. A ideia de **preempção** é, por isso, uma ideia de **precedência** ou **preclusão**, que é válida para os domínios de competência partilhada entre a União e os Estados membros e organiza a possibilidade e os modos de exercício da competência por qualquer uma das instâncias, estabelecendo o princípio de que o exercício da competência pela União impede os Estados membros de exercerem a sua competência.

[1062] Sobre este princípio, recomenda-se a leitura da dissertação de doutoramento do prof. António Goucha Soares, *Repartição de competências e preempção no direito comunitário*, Cosmos, Lisboa, 1996.

722. Embora enunciado na jurisprudência do Tribunal de Justiça, encontramos, sobretudo em conclusões de Advogados-Geral, referências recentes ao princípio[1063]. Em particular, destaca-se, como sempre, a apreciação do falecido advogado-geral Jacobs, ainda que a preempção aí vista funcione entre a Comissão e o Conselho e não entre a (então) Comunidade e os Estados membros[1064]. Outra situação próxima era a da delimitação de competências entre a União e a Comunidade (v. acórdão *Comissão c. Conselho*)[1065].

723. É verdade que o Tribunal de Justiça tem entendido que nos domínios «que não est[ão] abrangido[s] por uma competência exclusiva da Comunidade» «os Estados membros não estão impedidos de exercer, colectiva ou individualmente, as suas competências (...), se esse acto podia ter sido adoptado pelos Estados membros no exercício das suas competências»,[1066] também não é menos certo, como resultou dos acórdãos *Céu Aberto*[1067] que o Tribunal de Justiça tem considerado que o exercício de uma competência interna, ainda que não exclusiva, engendra a competência externa exclusiva da União, o que apresenta clara similitude com a formulação do princípio da preempção constante do artigo 2.°, n.° 2, do TFUE. Com efeito, como o Tribunal de Justiça declarou nestes acórdãos,

> «103. Ora, o Tribunal de Justiça já decidiu, nos n.os 16 a 18 e 22 do acórdão AETR, (...), que a competência da Comunidade para celebrar acordos internacionais resulta não apenas duma atribuição expressa feita pelo Tratado, como pode decorrer igualmente doutras disposições do Tratado e

---

[1063] Também o advogado-geral Paolo Mengozzi, nas conclusões apresentadas no recente caso *Comissão c. Conselho*, proc. C-91/05, apresentadas a 19.9.2007, n.° 77

[1064] Conclusões do advogado-geral F. G. Jacobs, apresentadas a 11.12.2003, no proc. C-110/02, *Comissão c. Conselho*.

[1065] Acórdão do Tribunal de Justiça (Grande Secção), *Comissão c. Conselho*, de 20.5.2008, proc. C-91/05.

[1066] Resultava da declaração n.° 10, relativa aos artigos 109.°, 130.°-R e 130.°-Y do Tratado CE, anexa à acta final do Tratado da União Europeia (Maastricht), que as competências concorrentes dos Estados membros podem subsistir a par das competências da Comunidade decorrentes do acórdão AETR.

[1067] Acórdãos de 5.11.2002, proferidos nos casos *Comisssão c. Alemanha*, proc. C-476/98, cons. 82-83, 103-113 e 124-126; *Comissão c. Áustria*, proc. C-475/98, cons. 73-74, 96-97 e 125; *Comissão c. Luxemburgo*, proc. C-472/98, cons. 61-62, 67-68, 83-93 e 117; e *Comissão c. Finlândia*, proc. C-469/98; *Comissão c. Bélgica*, proc. C-471/98; *Comissão c. Suécia*, proc. C-468/98 e *Comissão c. Dinamarca*, proc. C-467/98. Só não se pronunciou sobre esta matéria o acórdão *Comissão c. Reino Unido*, no proc. C-466/98.

dos actos adoptados, no âmbito destas disposições, pelas instituições da Comunidade; que, em especial, sempre que, para a execução duma política comum prevista pelo Tratado, a Comunidade tome disposições que instituem, sob qualquer forma, regras comuns, os Estados-Membros, quer actuem individual quer mesmo colectivamente, deixam de ter o direito de contrair com Estados terceiros obrigações que afectem estas regras ou alterem o seu alcance; e que, com efeito, à medida que se instituem estas regras comuns, só a Comunidade está em condições de assumir e executar, com efeitos em todo o domínio de aplicação da ordem jurídica comunitária, os compromissos assumidos em relação a Estados terceiros.

«104. Visto que esta análise implica o reconhecimento de uma competência externa exclusiva da Comunidade na sequência da adopção de actos internos, importa saber se também é aplicável no âmbito de uma disposição como o artigo 84.°, n.° 2, do Tratado, que atribui ao Conselho o poder de decidir «se, em que medida, e por que processo, podem ser adoptadas [...] disposições adequadas» para os transportes aéreos, incluindo, portanto, a sua dimensão externa.

«105 Refira-se, a este respeito, que, se os Estados-Membros fossem livres de contrair obrigações internacionais que afectem as regras comuns adoptadas com base no artigo 84.°, n.° 2, do Tratado, ficaria comprometida a realização do objectivo prosseguido por estas regras, o que impediria, por isso, a Comunidade de cumprir a sua missão na defesa do interesse comum.

«106 Por conseguinte, as considerações do Tribunal de Justiça no acórdão AETR, já referido, são igualmente válidas quando o Conselho, como no caso em análise, adoptou regras comuns com base no artigo 84.°, n.° 2, do Tratado.

«107 Há ainda que determinar em que circunstâncias o alcance das regras comuns pode ser afectado ou alterado pelos compromissos internacionais considerados e, por conseguinte, em que circunstâncias a Comunidade adquire uma competência externa através do exercício da sua competência interna.

«108 Segundo a jurisprudência do Tribunal de Justiça, é isso que acontece quando os compromissos internacionais pertencem ao domínio de aplicação das regras comuns (acórdão AETR, já referido, n.° 30) ou, em todo o caso, a um domínio já em grande parte coberto por essas regras (parecer 2/91, já referido, n.° 25). Neste último caso, o Tribunal de Justiça considerou que os Estados-Membros não podem, fora do âmbito das instituições comuns, assumir compromissos internacionais, mesmo que não exista qualquer contradição entre estes e as regras comuns (parecer 2/91, já referido, n.os 25 e 26).

«109 É por isso que, quando a Comunidade tiver incluído nos seus actos legislativos internos cláusulas relativas ao tratamento a conceder aos nacionais de países terceiros ou quando tiver conferido expressamente às suas instituições competência para negociar com os países terceiros, ela adquire uma competência externa exclusiva na medida abrangida por esses actos (pareceres, já referidos, 1/94, n.° 95, e 2/92, n.° 33).

«110 Isso acontece mesmo na falta de uma cláusula expressa que habilite as instituições a negociarem com países terceiros, quando a Comunidade tenha realizado uma harmonização completa num domínio determinado, pois as regras comuns assim adoptadas poderiam ser afectadas, na acepção do já referido acórdão AETR, se os Estados membros conservassem uma liberdade de negociação com os países terceiros (v. pareceres, já referidos, 1/94, n.° 96, e 2/92, n.° 33).

«111 Em contrapartida, decorre do raciocínio seguido nos n.os 78 e 79 do parecer 1/94, já referido, que as eventuais distorções nos fluxos de serviços no mercado interno que podem resultar de acordos bilaterais ditos «de céu aberto» celebrados pelos Estados-Membros com países terceiros não afectam, por si só, as regras comuns adoptadas neste domínio, não sendo, portanto, susceptíveis de constituir o fundamento de uma competência externa da Comunidade.

«112 Com efeito, nada no Tratado impede as instituições de organizarem, nas regras comuns por elas adoptadas, acções concertadas relativamente a países terceiros nem de determinarem as atitudes a tomar pelos Estados-Membros relativamente ao exterior (parecer 1/94, já referido, n.° 79).

«118 Uma vez que os compromissos internacionais controvertidos não pertencem a um domínio já abrangido pelos Regulamentos n.os 2407/92 e 2408/92, não se pode considerar que, pelo motivo invocado pela Comissão, afectam estes regulamentos.

«119 Além disso, o próprio facto de estes dois regulamentos não disciplinarem a situação das transportadoras aéreas de países terceiros a operar no interior da Comunidade mostra que, ao contrário do defendido pela Comissão, o «terceiro pacote» de legislação não é completo.

«120 A Comissão alega, em seguida, que as discriminações e as distorções da concorrência resultantes dos compromissos internacionais controvertidos, considerando o efeito conjugado produzido pelos compromissos internacionais correspondentes assumidos por outros Estados-Membros, afectam o funcionamento normal do mercado interno dos transportes aéreos.

«121 No entanto, como se afirmou no n.° 111 do presente acórdão, este tipo de situação não afecta as regras comuns, não sendo, portanto, susceptível de constituir o fundamento de uma competência externa da Comunidade.

«122 Por último, a Comissão defende que a legislação comunitária por ela invocada contém várias disposições relativas aos países terceiros e às transportadoras aéreas de países terceiros. (...)

«124 Da conjugação destas disposições conclui-se que o Regulamento n.° 2409/92 proibiu, de maneira indirecta mas indubitável, as transportadoras aéreas de países terceiros a operar na Comunidade de introduzirem novos produtos ou tarifas inferiores às aplicadas a produtos idênticos. Com este procedimento, o legislador comunitário limitou a liberdade tarifária destas transportadoras quando asseguram rotas intracomunitárias (...). Por conseguinte, no domínio regulado (...), a Comunidade adquiriu a competência exclusiva para assumir com os países terceiros os compromissos relativos àquela limitação da liberdade tarifária das transportadoras não comunitárias.

«125 Daqui resulta que, após a entrada em vigor do Regulamento n.° 2409/92, a República Federal da Alemanha não podia continuar a assumir sozinha compromissos internacionais relativos às tarifas a praticar por transportadoras de países terceiros em rotas intracomunitárias.

«127. (...) o incumprimento deste Estado membro resulta do facto de não estar autorizado a assumir sozinho esse compromisso, ainda que o seu conteúdo não esteja em contradição com o direito comunitário.

«136 No domínio das relações externas, o Tribunal de Justiça decidiu que a missão da Comunidade e os objectivos do Tratado ficariam comprometidos se os Estados-Membros pudessem assumir compromissos internacionais contendo regras susceptíveis de afectar regras adoptadas pela Comunidade ou de lhes alterar o respectivo alcance (v. parecer 2/91, já referido, n.° 11; v. igualmente, neste sentido, acórdão AETR, já referido, n.os 21 e 22).»

724. Em suma, o Tratado de Lisboa consagra uma preempção da competência da União (ou preclusão da competência dos Estados membros) mesmo em situações de competência interna, pois, a preempção face à competência externa da União, é também afirmada expressamente, mas no artigo 3.°, n.° 2, do TFUE.

8. PRINCÍPIO DA EFECTIVIDADE (ENUNCIADO GERAL)

725. O princípio da efectividade[1068] assume uma importância extrema na ordem jurídica da União Europeia. Em rigor, a ideia de efectividade – para alguns traduzida por efeito útil – está ainda presente em toda a construção jurídica do edifício europeu, já que todos os princípios estarão, de uma forma ou de outra, funcionalizados à plena eficácia e realização dos objectivos da União Europeia.

726. Por força da sua pertença à União Europeia e das obrigações emanadas dos Tratados, designadamente do artigo 4.°, n.° 3 TUE – Lisboa (anterior artigo 10.° CE), os Estados membros devem garantir a plena aplicação do direito da União, quer adequando as suas legislações ao mesmo, quer adoptando disposições jurídicas susceptíveis de criar uma situação suficientemente precisa, clara e transparente que permita aos particulares conhecer todos os seus direitos e invocá-los perante os órgãos jurisdicionais[1069].

727. Descobrimos aqui vários sub-princípios, cuja enumeração e descrição genérica não é necessariamente fácil, mas que têm (todos) um enquadramento comum, o de se referirem ao modo de relacionamento

---

[1068] Entre nós, a ideia de efectividade é por vezes transcrita seguindo outras denominações. Assim, A. M. Guerra Martins colocava os sub-princípios do princípio da efectividade, por nós aqui assinalados, sob a designação de *princípio da uniformidade* (*Introdução ao Estudo do Direito Comunitário*, *op. cit.*, pp. 85-86). Sobre o princípio da efectividade nos direitos alemão, francês e inglês, por todos, a monografia de Catherine Haguenau, *L'application effective du droit communautaire en droit interne – analyse comparative des problèmes rencontrés en droit français, anglais e allemand*, Bruylant, Bruxelles, 1995; Alessandra Silveira parece enquadrá-lo como "princípio da lealdade" («Constituição, Ordenamento e Aplicação das Normas Europeias e Nacionais», *cit.*, pág. 77).

[1069] Ver Acórdão *Comissão c. Itália*, de 18.1.2001, proc. C-162/99.

entre o direito da União e o direito criado pelos Estados membros ao abrigo das suas competências próprias e soberanas. Antes de se entrar na descrição dos sub-princípios enumerados (efeito directo, prevalência na aplicação, uniformidade na aplicação e interpretação conforme), uma última nota cumpre fornecer. Habitualmente, entre estes princípios é costume referir o princípio da aplicabilidade directa. Para nós[1070], contudo, o conceito de aplicabilidade directa é um conceito técnico preciso, que se reporta a um acto juridicamente vinculativo e típico da União Europeia, o Regulamento (artigo 288.° TFUE), conquanto, historicamente, muitas vezes tenha surgido acoplado (quando não confundido) com o conceito de efeito directo[1071].

728. A obrigação de garantir a plena eficácia do direito da União Europeia tem múltiplas dimensões, que adiante desenvolveremos, podendo inclusivamente envolver a desaplicação de normas nacionais (o que os franceses, incluindo o *Conseil d'État*, chamam *invocabilidade de substituição*), qualquer que seja a sua dignidade formal (Acórdão do Tribunal de Justiça *Ministero delle Finanze contra IN.CO.GE.'90 Srl, Idelgard Srl, Iris'90 Srl, Camed Srl, Pomezia Progetti Appalti Srl (PPA), Edilcam Srl, A. Cecchini & C. Srl, EMO Srl, Emoda Srl, Sappesi Srl, Ing. Luigi Martini Srl, Giacomo Srl e Mafar Srl*, de 22.10.1998, procs. C-10/97 a C-22/97, Colect., 1998, I, pp. 6307), por um lado. Mas também, por outro lado, resultará evidente que a plena eficácia do direito da União tem também a virtualidade de interferir, se preciso for, no nível de autonomia do legislador nacional, porquanto, «*na medida em que os Estados membros tenham atribuído à Comunidade* [*rectius*, à União] *poderes normativos (...) eles não têm mais o poder de adoptar disposições autónomas nesse domínio (...) que tenham por objecto modificar o seu alcance ou de*

[1070] Seguindo uma corrente doutrinária bastante significativa. Em Coimbra, no ensino de R. Moura Ramos e, em Lisboa, através de Fausto de Quadros (*Direito das Comunidades Europeias e Direito Internacional Público*, *cit.*, pp. 421 e ss.) ou Maria Luísa Duarte (em *A liberdade de circulação de pessoas e a ordem pública no direito comunitário*, Coimbra Editora, 1992, 76, com referências doutrinais importantes; depois retomado em *A teoria dos poderes implícitos*, *cit.*, pp. 311-312), entre outros. Está ainda presente, de forma explícita, em Botelho Moniz/Paulo Pinheiro, «As relações entre a ordem jurídica nacional e a ordem jurídica comunitária», *Legislação*, 1992, n.os 4-5.

[1071] A que Cruz Vilaça atribui o nome de *efeito imediato*, no seguimento do acórdão *Variola*, que cita – J. L. Cruz Vilaça, «A propósito dos efeitos das directivas nas ordens jurídicas dos Estados membros», *Cadernos de Justiça Administrativa*, n.° 30, 2001, p. 5 –, conquanto lhe dê um sentido um pouco mais amplo.

aditar algo às suas disposições» [Acórdão do Tribunal de Justiça de 18 de Junho de 1970, *Hauptzollamt Bremen-Freihafen contre Waren-Import-Gesellschaft Krohn & Co.* (*Krohn*), proc. 74/69, Rec., 1970, pp. 451 (EE Portuguesa, pp. 381)].

729. Assim, na síntese de ROSTANE MEHDII, a plena eficácia do direito da União implica a obrigação de os órgãos do Estado de «excluir as regras internas adoptadas em violação da legalidade comunitária. É deste modo que o Tribunal considera que "o juiz nacional encarregado de aplicar (...) as disposições do direito comunitário, tem a obrigação de assegurar o pleno efeito dessas normas deixando na necessidade **inaplicadas**, por sua própria autonomia, toda a disposição contrária da legislação nacional, mesmo posterior, sem que tenha de perguntar ou de esperar a eliminação prévia destas por via legislativa ou por qualquer outro procedimento constitucional"»[1072].

[1072] «L'Autonomie Institutionnelle et Procédurale et le Droit Administratif», in *Droit Administratif Européen* (dir. J-B. Auby/J. Dutheil de la Rochère), Bruylant, 2007, p. 709.

9. PRINCÍPIO DA EFECTIVIDADE: (1) EFEITO DIRECTO

730. O **efeito directo** é uma das mais importantes características do direito comunitário e, hoje, da União Europeia, e mesmo uma das grandes originalidades da construção jurídica europeia.

731. Na sua dimensão tradicional, o princípio do efeito directo transmite a ideia de que as normas da União Europeia podem ser invocadas em juízo pelos particulares perante os órgãos jurisdicionais nacionais, quer contra o Estado (*efeito directo vertical*) quer contra outros particulares (*efeito directo horizontal*).

732. É nosso entendimento que há duas categorias de normas com efeito directo. Por um lado, tal como construído por uma extensa e constante jurisprudência do Tribunal de Justiça da União Europeia, gozam de efeito directo as normas de direito da União que imponham deveres ou reconheçam direitos de forma suficientemente precisa e incondicionada (*efeito directo material*). Por outro lado, há normas cujo efeito directo resulta, não da suficiente precisão e incondicionalidade da norma, mas da expressa previsão do mesmo em norma da União – é o caso, paradigmático, da previsão do efeito directo do n.° 3 do artigo 101.° TFUE pelo Regulamento (CE) n.° 1/2003 (*efeito directo formal*).

733. O efeito directo do direito da União não era óbvio, no início da experiência comunitária. O Tribunal de Justiça começou por o reconhecer em relação à norma do actual artigo 101.° TFUE (na altura, ainda o artigo 85.° CEE), em 1962[1073], mas sem grande novidade em relação ao modo

---

[1073] Acórdão *Soc. Kledingverkoopbedrijf De Geus en Uitdenbogerd v. Robert Bosch GmbH e SA der Firma Willem Van Rijn*, de 6.4.1962, proc. 13/61, Rec., 1962, pp. 89-142.

normal de eficácia das normas de direito internacional público convencional. Com efeito, a norma do actual artigo 101.° TFUE dirige-se directa e imediatamente aos particulares, fazendo derivar do simples preenchimento da hipótese normativa do n.° 1 a consequente invalidade (nulidade) das coligações anticoncorrenciais.

734. Mas, no ano seguinte, o Tribunal de Justiça foi mais longe e produziu uma verdadeira revolução, na resposta que deu ao tribunal nacional no processo *Van Gend en Loos*[1074], ao reconhecer que os particulares podiam invocar contra o Estado normas dos tratados que estabelecessem obrigações de abstenção para os Estados de forma clara, precisa e incondicionada.

735. A fundamentação do princípio que aí é feita é curiosa e profunda. O Tribunal de Justiça começa por dizer que a Comunidade [hoje, chamada União] «constitui uma nova ordem jurídica de direito internacional, a favor da qual os Estados limitaram, ainda que em domínios restritos, os seus direitos soberanos, e à qual estão sujeitos não só os Estados membros, mas também os seus nacionais», os quais, por sua vez, podem retirar das normas de direito da União «direitos que entram na sua esfera jurídica. Tais direitos nascem (...) também como contrapartida de obrigações impostas pelo Tratado de forma bem definida, quer aos particulares, quer aos Estados membros, quer às instituições comunitárias». Na sua fundamentação, o Tribunal de Justiça afirma expressamente que o objectivo de realizar o «mercado comum cujo funcionamento diz directamente respeito aos nacionais da Comunidade, implica que este Tratado seja mais do que um mero acordo meramente gerador de obrigações recíprocas entre os Estados membros». Por isso, dada a originalidade da ordem jurídica da União e a economia das normas do tratado, a disposição em causa, apesar de se referir apenas aos Estados, por estar incluída nas disposições fundamentais e conter uma «proibição clara e incondicional (...) de abstenção de acção» que «não é objecto de qualquer reserva por parte dos Estados, no sentido de sujeitarem a sua execução a um acto positivo de direito interno» «é, pela sua natureza, perfeitamente susceptível de produzir efeitos directos nas relações jurídicas entre os Estados membros e os seus sujeitos», permitindo aos particulares a «possibilidade de, sendo caso disso, invocarem essas obrigações [as obrigações de abstenção a cargo do Estado] perante um tribunal nacional».

[1074] Acórdão *N. V. Algemine Transport – en expedite Onderneming Van Gend & (en) Loos c. Administração Fiscal Neerlandesa*, de 5.2.1963, proc. 26/62, Colect., pp. 205-215.

736. Em suma, o Tribunal de Justiça reconhece que o artigo 12.° [correspondente, grosso modo, ao actual artigo 30.° TFUE] «produz efeitos imediatos e atribui direitos individuais que os órgãos jurisdicionais nacionais devem tutelar».

737. Afirmado para reforçar a posição jurídica dos particulares perante os incumprimentos estaduais, o Tribunal de Justiça acabou por reconhecer que esta característica do efeito directo tanto pode verificar-se perante normas de direito originário como face a normas de direito derivado, desde que suficientemente precisas e incondicionadas. Se todas as normas podem gozar da característica do efeito directo, desde que confiram direitos ou imponham obrigações de forma clara, precisa e incondicionada, o certo é que uma tal característica não se manifesta com a mesma intensidade e conteúdo em relação a todos os tipos de fontes de direito da União.

738. Assim, em relação ao direito originário – seguindo a lição tradicional de Jean-Victor LOUIS[1075] –, o efeito directo das normas do tratado foi fundamentalmente reconhecido em relação a três tipos de normas[1076] dos tratados:

- As que se dirigem directa e imediatamente aos particulares – é o caso dos artigos 101.° e 102.° TFUE;
- As que impõem aos Estados membros obrigações de abstenção (claras, precisas e incondicionais) – é o caso dos artigos 30.° e 34.° TFUE, por exemplo;
- As que impõem aos Estados membros obrigações de *facere* (*idem*) – é o caso do artigo 110.° TFUE.

739. Já em relação ao direito derivado, o princípio do efeito directo foi afirmado em relação aos Regulamentos, às Directivas e às Decisões. Contudo, em relação às directivas, o Tribunal de Justiça efectuou uma distinção fundamental, já presente noutras situações, entre duas modalidades do efeito directo: vertical ou horizontal.

740. Com efeito, em geral, pode dizer-se que as normas emanadas dos órgãos competentes da União Europeia que possuam as características acima apontadas, não deixando aos Estados membros ou aos órgãos da

---

1075 Jean-Victor Louis, *A ordem jurídica comunitária*, *cit.*, pp. 137 e ss.

1076 O elenco das normas não é exaustivo.

União qualquer margem de apreciação ou conformação na sua administração ou densificação, tanto podem ser invocadas pelos particulares contra o Estado (efeito directo vertical) como contra outros particulares (efeito directo horizontal).

741. Já quanto às directivas, a questão coloca-se de forma diversa. Por assim dizer, as directivas têm *menos efeito directo* do que as demais normas. Com efeito, aí, o fundamento para o reconhecimento de uma das dimensões do efeito directo – o chamado efeito directo vertical – reside, antes do mais, na garantia mínima que o Direito da União deve oferecer aos cidadãos na sua relação com o Estado, decorrente do carácter imperativo da obrigação imposta aos Estados membros pelo artigo 288.° TFUE[1077].

742. Na formulação do Tribunal de Justiça, «segundo jurisprudência assente, em todos os casos em que as disposições de uma directiva aparecem como sendo, do ponto de vista do seu conteúdo, incondicionais e suficientemente precisas, os particulares podem invocá-las perante o Estado, quer quando este se abstém de transpor, dentro do prazo, a directiva para o direito nacional, quer quando faz uma transposição incorrecta»[1078].

743. A terminar, refira-se apenas que o efeito directo, podendo existir em qualquer norma da União, não se presume[1079], sendo excessiva, porventura, a conhecida asserção de P. Pescatore, segundo a qual «o efeito directo é o estádio normal de saúde da norma comunitária: só a sua ausência deve causar preocupação e exige a intervenção dos médicos do Direito»[1080].

[1077] Acórdão *Comissão c. Bélgica*, de 6.5.1980, proc. 102/79, Rec., 1980, p. 1473, cons. 12. Este ponto será mais desenvolvido quando tratarmos das directivas. Sobre o efeito directo das directivas, M. J. Palma, *Breves notas sobre a invocação das normas das directivas comunitárias perante os tribunais nacionais*, AAFDL, 1.ª reimpressão, 2000; J. L. Cruz Vilaça, «A propósito dos efeitos das directivas na ordem jurídica dos Estados membros», *cit.*, pp. 7-19, onde salientamos «*o carácter subsidiário do efeito directo em relação à obrigação de transposição. A invocabilidade da disposição da directiva existe como remédio para a lesão criada por um "Estado incumpridor"*».

[1078] Acórdão *Beentjes*, de 20.9.1988, proc. 31/87, Colect., p. 4635, n.° 40; ou acórdão *Hospital Ingenieure Krankenhaustechnik Planungs-Gesellschaft mbH (HI) e Landeskrankenanstalten-Betriebsgesellschaft*, de 4.3.1999, proc. C-258/97, Colect., 1999, I, pp. 1405, n.° 34.

[1079] Contra, Denys Simon, *Le système juridique communautaire*, Puf, Paris, 1997.

[1080] P. Pescatore, «The doctrine of "direct effect": an infant disease of Community Law», *European Law Review*, 1983, n.° 3, p. 155, *apud* Maria Luísa Duarte, *A teoria dos poderes implícitos*, *cit.*, p. 312.

10. Princípio da Efectividade: (2) Primado (Prevalência na Aplicação)

744. Abordar o princípio da prevalência do direito da União sobre o direito nacional é entrar num domínio extremamente rico mas também absolutamente essencial para a compreensão da natureza e sentido da integração europeia. Dir-se-ia, à partida, que que nada no sistema formal do Tratado da Comunidade Europeia ou, hoje, da União Europeia, parecia indicar um tal princípio. Na admirável síntese do prof. Nuno Piçarra, «o TCE não só não prevê nenhuma disposição explicitando o primado do direito comunitário sobre o direito dos Estados membros (ao contrário da generalidade das constituições federais), como, de todo, não atribui ao Tribunal de Justiça competência para anular normas nacionais alegadamente violadoras do direito comunitário. Isto significa, portanto, que o TCE renunciou ao paradigma da pirâmide...»[1081].

745. Mas o que ficou dito não impediu uma rápida intervenção do juiz comunitário para assegurar a efectividade, também por esta via, do direito da União. Julga-se não ter sido por acaso que, logo em 1964, o Tribunal de Justiça e, na sequência de um conjunto já importante de arestos anteriores, estugou o passo e declarou a prevalência (na aplicação) do direito europeu sobre o direito dos Estados membros[1082]. Chamado a pro-

---

[1081] Nuno Piçarra, «A Justiça Constitucional da União Europeia», *Estudos Jurídicos e Económicos em Homenagem ao Prof. Doutor António de Sousa Franco*, FDUL, 2006, Vol. III, pág. 479.

[1082] É curiosa a forma como o prof. C. Blanco de Morais se refere a esta característica do direito comunitário, que chama o «instituto da prioridade aplicativa» ou da «aplicação preferente»: «*Progressivamente, sedimentou-se um ordenamento jurídico supranacional, cujos actos-regra passaram a produzir efeitos na ordem jurídica interna dos Estados membros, em paralelo com a legislação ordinária. / Dir-se-ia que o velho «Direito Imperial» reemergiu das cinzas, sob a forma de normas comunitárias, as quais, longe de assumirem um carácter puramente supletivo, passaram a couraçar-se nos contrafortes de um inusi-*

nunciar-se, na sequência de um reenvio prejudicial de um tribunal italiano, no processo *Flaminio Costa c. E.N.E.L.*[1083], o Tribunal de Justiça lançou a segunda grande pedra do edifício comunitário em construção.

746. Importa recordar – mais uma vez – a forma como o Tribunal de Justiça elaborou o seu raciocínio[1084]: «Diversamente dos tratados internacionais ordinários, o Tratado CEE institui uma ordem jurídica própria que é integrada no sistema jurídico dos Estados membros a partir da entrada em vigor do Tratado e que se impõe aos seus órgãos jurisdicionais nacionais. Efectivamente, ao instituírem uma Comunidade de duração ilimitada, dotada de instituições próprias, de personalidade, de capacidade jurídica, de capacidade de representação internacional e, mais especialmente, de poderes reais resultantes de uma limitação de competências ou de uma transferência de atribuições dos Estados para a Comunidade, estes limitaram, ainda que em domínios restritos, os seus direitos soberanos e criaram, assim, um corpo de normas aplicável aos seus nacionais e a si próprios. Esta integração, no direito de cada Estado membro, de disposições provenientes de fonte da União e, mais geralmente, os termos e o espírito do Tratado têm por corolário a impossibilidade, para os Estados, de fazerem prevalecer, sobre uma ordem jurídica por eles aceite numa base de reciprocidade, uma medida unilateral posterior que não se lhe pode opor. Com efeito, a eficácia do direito comunitário não pode variar de um Estado para outro em função de legislação interna posterior, sem colocar em perigo a realização dos objectivos do Tratado referidos no artigo 5.° [actual artigo 4.°, n.° 3 TUE], segundo parágrafo, e sem provocar uma discriminação proibida pelo artigo 7.° [actual artigo 18.° TFUE]. O primado do direito comunitário é confirmado pelo artigo 189.° [actual artigo 288.° TFUE], nos termos do qual os regulamentos têm valor "obrigatório" e são directamente aplicáveis "em todos os Estados membros". Esta disposição (...) seria destituída de significado se um Estado pudesse, unilateralmente, anular os seus efeitos através de um acto legislativo oponível aos textos comunitários». E o Tribunal de Justiça conclui que «resulta do conjunto destes elementos que ao direito emergente do Tratado, emanado de uma fonte

---

tado poder obrigatório, prevalecendo no giro de certas matérias sobre o Direito interno antitético» (*As Leis Reforçadas*, *op. cit.*, pp. 369-370).

[1083] Acórdão de 15.7.1964, proc. 6/64, Colect., p. 549.

[1084] É preciso não esquecer que a argumentação aqui expendida visava responder à tese segundo a qual o juiz não poderia lançar mão do reenvio prejudicial porque tinha de aplicar uma lei interna.

autónoma, em virtude da sua natureza originária específica, não pode ser oposto em juízo um texto interno, qualquer que seja, sem que perca a sua natureza comunitária e sem que sejam postos em causa os fundamentos jurídicos da própria Comunidade».

747. Trata-se – mais uma vez – de um princípio afirmado jurisprudencialmente, ligado a uma certa ideia de messianismo existencial da própria ordem jurídica da União Europeia[1085] e implicando para os próprios órgãos nacionais – *prima facie*, para os órgãos jurisdicionais, mas não só – a obrigação de garantirem a plena eficácia do direito europeu, ainda que tal implique a desaplicação de normas nacionais[1086], qualquer que seja a sua dignidade formal, como aliás resulta do jurisprudência do Tribunal de Justiça.

748. Em particular, impõe-se notar que se mantém actual a jurisprudência do Tribunal de Justiça segundo a qual é a própria autonomia do legislador nacional que também é afectada, porquanto, «na medida em que os Estados membros tenham atribuído à Comunidade poderes normativos (...) eles não têm mais o poder de adoptar disposições autónomas nesse domínio. Os regulamentos comunitários, sendo directamente aplicáveis em todos os Estados membros, excluem, salvo disposição em contrário, que estes possam, em vista a assegurar a sua aplicação, adoptar medidas que tenham por objecto modificar o seu alcance ou de aditar algo às suas disposições».[1087]

[1085] No famoso acórdão *Simmenthal*, que o Tribunal de Justiça proferirá mais tarde (acórdão de 9.3.1978, proc. 106/77, Colect., p. 243) e em que ligará definitivamente os conceitos de efeito directo e primado, este órgão comunitário irá mesmo declarar ser o primado uma «exigência existencial» do direito comunitário.

[1086] Acórdão do Tribunal de Justiça *Ministero delle Finanze contra IN.CO.GE.'90 Srl, Idelgard Srl, Iris'90 Srl, Camed Srl, Pomezia Progetti Appalti Srl (PPA), Edilcam Srl, A. Cecchini & C. Srl, EMO Srl, Emoda Srl, Sappesi Srl, Ing. Luigi Martini Srl, Giacomo Srl e Mafar Srl*, de 22.10.1998, procs. C-10/97 a C-22/97, Colect., 1998, I, pp. 6307. Por seu turno, afirma a doutrina jusconstitucional entre nós que «[t]*odos os tribunais portugueses – incluindo o Tribunal Constitucional – também são, assim, "tribunais comunitários" (a quem cabe defender o primado do direito comunitário, com submissão à interpretação desse direito pelo TJCE)*» – A. Araújo/J. P. Cardoso da Costa/M. Nogueira de Brito, «As relações entre os Tribunais Constitucionais e as outras Jurisdições Nacionais, incluindo a Interferência, nesta Matéria, da Acção das Jurisdições Europeias (Relatório português à XII Conferência dos Tribunais Constitucionais Europeus – Bruxelas, Maio de 2002)», *ROA*, ano 62, 2002.

[1087] Tradução livre – Acórdão do Tribunal de Justiça *Hauptzollamt Bremen-Freihafen contre Waren-Import-Gesellschaft Krohn & Co.* (*Krohn*), de 18.6.1970, proc. 74/69, Rec., 1970, pp. 451 (EE Portuguesa, pp. 381).

749. Mas, indubitavelmente, a dimensão clássica do princípio é aquela que, com clareza, nos enuncia Rostane MEHDI[1088], ao salientar que o juiz e a Administração têm a obrigação de «excluir as regras internas adoptadas em violação da legalidade comunitária. É deste modo que o Tribunal considera que "o juiz nacional encarregado de aplicar (...) as disposições do direito comunitário, tem a obrigação de assegurar o pleno efeito dessas normas deixando na necessidade **inaplicadas**, por sua própria autonomia, toda a disposição contrária da legislação nacional, mesmo posterior, sem que tenha de perguntar ou de esperar a eliminação prévia destas por via legislativa ou por qualquer outro procedimento constitucional"» (tradução livre) (acórdão *Simmenthal*)[1089].

750. A afirmação da prevalência na aplicação ocorre assim, na jurisprudência, quer face ao direito ordinário interno, quer mesmo quando em causa possa estar o direito constitucional do Estado. Claro que uma coisa é o que o Tribunal de Justiça afirma, coisa diversa é o que os ordenamentos nacionais reconhecem[1090]. Há a este propósito, algumas ideias-base a reter.

751. Primeiro, todos os ordenamentos jurídicos tendem a aceitar a prevalência na aplicação do direito da União Europeia sobre o direito interno infraconstitucional[1091], ainda que não aceitem necessariamente um primado no sentido hierárquico do termo, aliás até hoje não suposto formalmente pelo ordenamento jurídico da União Europeia.

[1088] «L'Autonomie Institutionnelle et Procédurale et le Droit Administratif», in *Droit Administratif Européen* (dir. J-B. Auby/J. Dutheil de la Rochère), Bruylant, 2007, p. 709.

[1089] Acórdão do Tribunal de Justiça *Administration des Finances de l'État c. S.A. Simmenthal*, de 9.3.1978, proc. 106/77, Rec., 1978, pp. 629, EE Port., p. 243, n.° 24. Aprofundando o ponto, em particular, Fausto de Quadros, *Direito da União Europeia*, Almedina, Coimbra, 2004, p. 402.

[1090] V., por todos, recentemente, o apanhado feito por Miguel Galvão Teles, «Constituições dos Estados e Eficácia Interna do Direito da União e das Comunidades Europeias», in *Estudos em Homenagem ao Professor Doutor Marcello Caetano no centenário do seu nascimento*, FDUL, Coimbra Editora, 2006, Vol. II, pp. 295-331.

[1091] Sobre o caso português, J. J. Gomes Canotilho/Vital Moreira, *Fundamentos da Constituição*, Coimbra, 1991, p. 92; Botelho Moniz/Paulo Pinheiro, «As relações...», *cit.*; J. M. Cardoso da Costa, «O Tribunal Constitucional português e o Tribunal de Justiça das Comunidades Europeias», *Ab uno ad Omnes – 75 Anos da Coimbra Editora*, 1995, pp. 1376.

752. Segundo, em relação às normas constitucionais, a regra é não haver regra[1092]. Cada Estado membro, de modo explícito ou como resultado da actuação dos órgãos que asseguram o respeito pelas suas normas fundamentais de organização e competência (*rectius*, as Constituições) regula à sua maneira a questão.

753. Em Itália e na Alemanha, os tribunais constitucionais assentaram o primado em duas ideias fundamentais: primeiro, na sua natureza derivada; segundo, na existência de limites à própria limitação de soberania que os ordenamentos nacionais aceitam[1093]. Merece especial destaque a última pronúncia do Tribunal Constitucional alemão sobre o Tratado de Lisboa, onde, abordando questões como o défice estrutural democrático da União, reafirmou que, embora a União Europeia tenha uma liberdade de acção, em muitos domínios, correspondente a um Estado federal, "i.e. análoga a um Estado", tal não significa que seja um, não só porque isso implicaria uma nova Constituição, mas também porque, entre outras razões, a *identidade constitucional*[1094] «é um elemento inalienável do direito de auto-determinação democrática do povo» e insusceptível de superação através de revisão constitucional (a chamada "garantia de eternidade"), em termos que parecem manter viva a doutrina *So lange*. Seja como for, o Tribunal Constitucional alemão reafirmou (neste acórdão de 30 de Junho de 2009) que «o fundamento e o limite para a aplicabilidade do direito da União Europeia na República Federal da Alemanha é o comando que manda aplicar a lei contida no Acto de Aprovação do Tratado de Lisboa, que apenas pode ser dada no respeito pelos limites da actual ordem constitucional. A este respeito, é irrelevante que o primado da aplicação, que o Tribunal Constitucional Federal essencialmente já reconheceu para o direito comunitário, conste do Tratado ou da Declaração n.° 17 anexa à Acta Final do Tratado de Lisboa»[1095].

754. Quanto a Portugal, era dominante o entendimento que considerava que este princípio só valia quando em causa estivessem normas inter-

---

[1092] Rejeitando a hierarquização estrita, M. Poiares Maduro falava num «direito contrapontual», onde não havia hierarquia mas harmonização melódica («O *superavit* democrático europeu», *cit.*, p. 148). Para um apanhado geral, Jean-Victor Louis, *A ordem jurídica comunitária*, *cit.*, pp. 179-206.

[1093] V. Miguel Galvão Teles, *op. cit.*, pp.. 300-301, e bibliografia aí indicada.

[1094] Quanto a França, vide a decisão n.° 2006-540 DC do *Conseil Constitutionnel*,

[1095] Tradução livre.

nas de valor infraconstitucional, essencialmente devido à possibilidade conferida ao Tribunal Constitucional de fiscalizar a constitucionalidade de qualquer norma vigente no ordenamento jurídico nacional, ainda que tendo origem na União Europeia[1096]. A síntese era feita nos seguintes termos por Araújo/Cardoso da Costa/Nogueira de Brito: «[a] Constituição não estabelece nenhuma diferenciação ou restrição (...) quanto às normas sujeitas ao controlo de constitucionalidade, que abrange, assim, todas as normas aplicáveis no quadro da ordem jurídica portuguesa, incluindo, segundo a maioria dos constitucionalistas portugueses, as normas de direito internacional convencional (aí compreendidas as de direito comunitário primário) e as do direito comunitário derivado. O Tribunal Constitucional nunca se pronunciou sobre a possibilidade de exercer esta sua competência, nem as jurisdições nacionais tiveram que tomar posição sobre o problema da eventual constitucionalidade de norma de direito comunitário. A questão tem de ser deixada em aberto (...)». Estes mesmos autores, aliás, seguindo o pensamento do anterior Presidente do Tribunal Constitucional, Doutor José Manuel Cardoso da Costa, sugeriam uma dupla orientação, a este propósito. Por um lado, a restrição do controlo da constitucionalidade «à averiguação da compatibilidade dessas normas com os princípios inspiradores e estruturais fundamentais da Constituição (a salvaguarda da competência do Tribunal Constitucional como guardião do "núcleo essencial" da Constituição (...); e, por outro lado, que o Tribunal Constitucional nunca avance para uma decisão de inconstitucionalidade de normas de direito comunitário sem antes submeter a questão prejudicial (...) através do "reenvio prejudicial": só no caso de ser impossível chegar a um resultado (compatibilizador das duas ordens jurídicas) satisfatório, é que o Tribunal Constitucional deveria fazer apelo, como última *ratio*, ao seu poder-dever de guardião daquele "núcleo essencial" (que não se restringiria à matéria de direitos fundamentais, e para cuja densificação seria importante o artigo 288.°)».

755. Que juízo fazer? Na nossa opinião, a recente revisão constitucional, operada pela Lei Constitucional n.° 1/2004, de 24 de Julho, vem alterar os dados do problema. Não tanto pela alteração do n.° 6 do artigo

---

[1096] Posição extrema era a de E. Correia Baptista, que afirmava o primado do direito comunitário (originário ou derivado) sobre a própria Constituição, considerando mesmo o direito interno contrário como «nulo», *Direito internacional público – conceito e fontes*, vol. I, Lex, Lisboa, 1998, pp. 445-451. Interessante é a súmula que fazem A. Araújo/J.P. Cardoso da Costa/M. Nogueira de Brito, *cit*.

7.°, mas pela introdução de um n.° 4 no artigo 8.° da Constituição. Esta norma estabelece que «as disposições dos tratados que regem a União Europeia [entenda-se: o direito originário] e as normas emanadas das suas instituições, no exercício das respectivas competências [i.e., direito derivado], são aplicáveis na ordem interna, *nos termos definidos pelo direito da União*, com respeito pelos princípios fundamentais do Estado de Direito democrático» (o itálico é nosso).

756. Apesar da referência final, aliás semelhante à introduzida no n.° 6 do artigo 7.° da Constituição, esta norma poderá ter várias implicações. Primeiro, consagrar a primazia do direito da União sobre o direito interno e, com ressalva para «os princípios fundamentais do Estado de direito democrático», sobre a própria Constituição. Recorde-se que o Tribunal de Justiça afirma há muitos anos e de forma constante o princípio do primado do direito europeu, mesmo sobre as constituições, e que é este órgão quem, em último termo, «garante o respeito pelo direito na interpretação e aplicação do presente Tratado», interpretando vinculativamente o direito da União. Este factor seria certamente exponenciado se a Constituição europeia tivesse entrado em vigor, por força do artigo I-6.°, relativo ao primado do direito da União Europeia (artigo, como já vimos, excluído do Tratado de Lisboa)[1097]. Segundo, afirmar que, contrariamente ao que até agora tem sido decidido, a contrariedade de uma norma interna em relação a uma norma de direito da União é uma verdadeira e própria «inconstitucionali-

---

[1097] O artigo I-6.° da Constituição Europeia estabelecia claramente que «[a] Constituição e o direito adoptado pelas instituições da União, no exercício das competências que lhe são atribuídas, primam sobre o direito dos Estados-Membros». Mas, além disso, também a Acta Final da CIG/2003 integrava uma Declaração *ad* artigo I-6.°, nos termos da qual «[a] Conferência constata que o artigo I-6.° reflecte a jurisprudência existente do Tribunal de Justiça das Comunidades Europeias e do Tribunal de Primeira Instância.». Ainda que fosse a mera consagração da acima descrita jurisprudência do Tribunal de Justiça da UE, como elucidava a declaração anexada na Acta Final, o certo é que significava a incorporação, com valor legal e não apenas doutrinal – ainda que, em geral, já vinculativo, quer se considere que o princípio foi recebido como costume, quer como, como parece mais curial, como princípio geral do direito comunitário –, de uma hierarquia formal das fontes de direito, entre o direito emanado dos Estados membros, qualquer que seja a sua dignidade interna, e o direito da União. Note-se apenas – e ainda – que o princípio, como desenhado no artigo I-6.°, não estabelecia qualquer ressalva ou limitação, nem em obediência a «princípios estruturantes do Estado» nem, por outro lado, por referência ao «princípios do Estado de Direito Democrático», limite introduzido tanto no artigo 7.° como no artigo 8.° da Constituição da República Portuguesa pela Lei Constitucional n.° 1/2004, de 24 de Julho.

dade», estando por isso sujeita à competência do Tribunal Constitucional. Terceiro, há quem entenda que na base do novo número está igualmente a velha questão da base jurídica específica da eficácia directa das directivas.

757. Impõe-se igualmente concluir, a nosso ver, que o bloco de legalidade a que se refere o artigo 266.° da Constituição também integra o bloco de legalidade da União, não só porque, como dizia o Tribunal Constitucional no acórdão FEDER (proc. 184/89), e citando o ensino do «Prof. Jorge MIRANDA, Funções, Órgãos e Actos do Estado, n.° 82, IV, "à face do sistema de recepção automática consagrado na Constituição (artigo 8.°), o regulamento pode reportar-se hoje também directamente a normas de direito internacional, convencional ou comunitário"[1098]», mas também porque, como mais recentemente escreveu o prof. Paulo OTERO, «uma vez que o Direito Comunitário serve de padrão de conformidade decisória da actuação dos poderes públicos dos Estados membros, a desconformidade da respectiva conduta, por acção ou por omissão destes, gerando ilegalidade, mostra-se passível de controlo contencioso»[1099].

[1098] Acórdão do Tribunal Constitucional n.° 184/89, de 1 de Fevereiro de 1989 (proc. 201/86, DR, I, de 9.3.1989).

[1099] Paulo Otero, *Legalidade e Administração Pública – O Sentido da Administração Administrativa à Juridicidade*, Almedina, Coimbra, 2003, p. 970. No mesmo sentido, M. Glória Garcia/António Cortês, «Artigo 266.°», in Jorge Miranda/Rui Medeiros, *Constituição Portuguesa Anotada*, Tomo III, Coimbra Editora, Coimbra, 2007, p. 563.

11. Princípio da Efectividade: (3) Uniformidade na Aplicação

758. A uniformidade na aplicação[1100] é outro grande objectivo que o direito da União almeja alcançar. De acordo com ele, o direito da União Europeia deverá aplicar-se da mesma forma e com o mesmo sentido em qualquer Estado membro, ainda que as realidades jurídicas e económicas nacionais se apresentem diversas. Na sua formulação típica, o princípio afirma-se através do mecanismo processual do reenvio prejudicial ou das questões prejudiciais (artigo 267.° TFUE[1101]), que institui uma relação de colaboração entre os órgãos jurisdicionais nacionais e o Tribunal de Justiça, nos termos da qual aqueles podem pedir a este que se pronuncie sobre a interpretação de uma qualquer norma da União ou sobre a validade de uma norma da União de direito derivado ou complementar.

759. Obtida a resposta, o órgão nacional peticionante fica vinculado à resposta dada pelo Tribunal de Justiça, ao aplicar (ou não) a norma da União ao caso concreto. Ainda assim, a uniformidade é assegurada por duas formas essenciais. Primeiro, pela força de irradiação ou de *precedente de facto* que habitualmente resulta das pronúncias do Tribunal de Justiça[1102] e que leva os outros tribunais (mesmo de diferentes países) a seguirem a apreciação feita pelo Tribunal de Justiça num determinado processo. Segundo, por o próprio sistema das questões prejudiciais prever, como sua componente central, que, se uma questão de direito da União Europeia surgir perante um órgão jurisdicional nacional que vai decidir em última instância, este está obrigado a reenviar, pelo que, em último termo

---

[1100] R. Moura Ramos, «As Comunidades Europeias – enquadramento normativo-institucional», *Das Comunidades à União*, *cit.*, pp. 99-100.

[1101] Anteriores artigos 177.° e 234.° CE. Este mecanismo será estudado na *Parte IV*.

[1102] Sobre este ponto, remete-se para as palavras e referências doutrinais transcritas em M. Gorjão-Henriques, *Da restrição da concorrência*, *cit.*, pp. 387-391.

e em todo e qualquer processo, o Tribunal de Justiça pode ser chamado a interpretar ou apreciar a validade de uma norma da União, assegurando assim, caso seja necessário, a uniformidade na aplicação do direito comunitário.

760. Além disso, a uniformidade na aplicação, além de uma dimensão espacial, tem também uma dimensão temporal, que não costuma ser salientada. Com efeito, o resultado do labor interpretativo do Tribunal de Justiça não tem um efeito meramente prospectivo e, salvo razões expecionais de protecção da segurança jurídica ou da boa-fé de terceiros, a interpretação que o Tribunal de Justiça dá a uma norma do direito da União esclarece e precisa o seu significado e alcance, tal como deveria ter sido compreendido e aplicado *desde o momento da sua entrada em vigor*.[1103] «Daí resulta», continua o Tribunal de Justiça, «que a norma assim interpretada pode e deve ser aplicada pelo juiz mesmo às relações jurídicas surgidas e constituídas antes de ser proferido o acórdão que decida o pedido de interpretação, se estiverem também reunidas as condições que permitam submeter aos órgãos jurisdicionais competentes um litígio relativo à aplicação da referida norma»[1104].

761. Como se disse, o princípio da segurança jurídica, enquanto princípio geral de direito, contudo, impede que a prolação de uma interpretação pelo Tribunal de Justiça afecte uma decisão administrativa anterior que tenha transitado em julgado por não ter sido desencadeado um reenvio com fundamento na jurisprudência *Cilfit*: «a segurança jurídica figura entre o número dos princípios gerais reconhecidos em direito comunitário. O carácter definitivo de uma decisão administrativa, adquirido na expiração de prazos de recurso razoáveis ou por esgotamento das vias de recurso, contribui para a referida segurança e daqui resulta que o direito comunitário não exige que um órgão administrativo seja, em princípio, obrigado a revogar uma decisão administrativa que já adquiriu este carácter definitivo»[1105]. Contudo, se o direito nacional o permitir e desde que

---

[1103] Acórdão *Denkavit Italiana*, de 27.3.1980, proc. 61/79, Rec., 1205, n.° 16.

[1104] Acórdãos do Tribunal de Justiça *Denkavit Italiana*, cit., n.° 16 e de 2.2.1988, *Blaizot*, proc. 24/86, Colect., pp. 379, n.° 27.

[1105] Acórdão *Kühne & Heitz NV*, de 13.1.2004, proc. C-453/00, n.° 24. : no caso, contudo, o Tribunal de Justiça reconheceu que o tribunal nacional tinha uma tal obrigação, ao abrigo do princípio da cooperação leal (artigo 4.°, n.° 3 TUE – Lisboa), porquanto se verificavam um conjunto de circunstâncias, assim descritas (acórdão citado, n.os 26-27):

tal não prejudique os direitos de terceiros, o princípio da lealdade previsto no artigo 4.°, n.° 3, do TFUE pode impor uma tal obrigação[1106], ainda que se permita aos Estados membros, ao abrigo do princípio da autonomia processual[1107], que condicionem o direito ao reexame ou revogação da referida decisão administrativo à apresentação do referido pedido «num prazo razoável»[1108].

«Em primeiro lugar, o direito nacional reconhece ao órgão administrativo a possibilidade de revogar a decisão em causa no processo principal que se transformou em definitiva. Em segundo lugar, esta apenas adquiriu o seu carácter definitivo na sequência de um acórdão de um órgão jurisdicional nacional cujas decisões não são susceptíveis de recurso judicial. Em terceiro lugar, esse acórdão fundamenta-se numa interpretação do direito comunitário que era, face a um acórdão posterior do Tribunal de Justiça, errada e tinha sido aplicada sem que ao Tribunal de Justiça tivesse sido submetida uma questão prejudicial nas condições previstas no artigo 234.°, n.° 3, CE. Em quarto lugar, o interessado dirigiu-se ao órgão administrativo imediatamente depois de ter tido conhecimento desse acórdão do Tribunal de Justiça. / 27. Nestas circunstâncias, o órgão administrativo em causa está obrigado, por aplicação do princípio da cooperação que decorre do artigo 10.° CE [artigo 4.°, n.° 3 TUE – Lisboa], a reexaminar a referida decisão para ter em conta a interpretação da disposição pertinente do direito comunitário entretanto feita pelo Tribunal de Justiça. O referido órgão deverá determinar em função dos resultados deste exame em que medida está obrigado a revogar, **sem lesar os interesses de terceiros**, a decisão em causa.» (sublinhado nosso, sendo um dos pressupostos do mecanismo de revisão previsto no direito neerlandês).

[1106] Ainda que o direito comunitário não tenha sido invocado no processo já decidido e cuja revisão se pede (acórdão do Tribunal de Justiça, Grande Secção, *Willy Kempter KG ccontra Hauptzollamt Hamburg-Jonas*, de 12.2.2008, proc. C-2/06, n.° 46: «não é necessário que o recorrente no processo principal tenha invocado o direito comunitário no âmbito do recurso jurisdicional de direito interno que interpôs dessa decisão»). Sobre este acórdão e as questões que suscita, v. Alessandra Silveira, «Constituição, Ordenamento e Aplicação de Normas Europeias e Nacionais»,, *cit.*, pág. 82-84).

[1107] Continuando a citar o acórdão *Willy Kempter*, nesta parte não inovador, «cabe ao ordenamento jurídico interno de cada Estado membro designar os órgãos jurisdicionais competentes e regular as modalidades processuais das acções judiciais destinadas a garantir a salvaguarda dos direitos que decorrem para os particulares do direito comunitário, desde que, por um lado, essas modalidades não sejam menos favoráveis do que as das acções análogas de natureza interna (princípio da equivalência) e, por outro, não tornem impossível na prática ou excessivamente difícil o exercício dos direitos conferidos pela ordem jurídica comunitária (princípio da efectividade) (v., designadamente, acórdãos de 13 de Março de 2007, *Unibet*, C-432/05, Colect., p. I-2271, n.° 43, e de 7 de Junho de 2007, *van der Weerd e o.*, C-222/05 a C-225/05, Colect., p. I-4233, n.° 28 e jurisprudência aí referida).» (n.° 57).

[1108] Como declarou o Tribunal de Justiça, «os Estados membros podem exigir, em nome do princípio da segurança jurídica, que um pedido de reexame e de revogação de uma decisão administrativa, que se tornou definitiva e que seja contrária ao direito comunitário tal como interpretado posteriormente pelo Tribunal de Justiça, seja apresentado à administração competente num prazo razoável.» (acórdão *Willy Kempter*, *cit.*, n.° 59).

12. Princípio da Efectividade: (4) Interpretação Conforme

762. Outra ferramenta desenvolvida pela jurisprudência do Tribunal de Justiça para a solidificação do edifício jurídico da União, em favor dos cidadãos e da uniformidade e plena eficácia deste direito, foi o princípio da interpretação conforme (também chamado, por alguns, por *efeito directo indirecto* ou apenas *efeito indirecto*). Este princípio afirma que o intérprete e aplicador do direito, internamente, deverá, ainda quando deva aplicar apenas direito nacional, atribuir a este uma interpretação que se apresente conforme com o sentido, economia e termos das normas europeias. Dir-se-á tratar-se, no plano comunitário, de um princípio semelhante ao da interpretação conforme à Constituição, de que a ciência do direito constitucional nos fala.

763. Há quem baseie este princípio no conhecido acórdão *Marleasing*[1109], em que o Tribunal de Justiça, confrontado com um litígio entre duas empresas (dois particulares) sobre a validade de um contrato de sociedade, tendo como pano de fundo o incumprimento pela Espanha da obrigação de transposição de uma directiva sobre sociedades, declarou estar o intérprete (na impossibilidade de se reconhecer o efeito directo horizontal da directiva[1110]) obrigado a aplicar o direito interno de modo conforme aos objectivos, economia e texto da directiva, se possível[1111].

[1109] Acórdão *Marleasing SA c. La Comercial Internacional de Alimentación SA*, de 13.11.1990, proc. C-106/89, Colect., I, pp. 4135.

[1110] Em sentido diverso, Botelho Moniz/Paulo Pinheiro, *cit.*

[1111] No que toca às directivas, os estudos de J. M. Albuquerque Calheiros («Algumas breves considerações sobre o princípio da interpretação conforme do direito interno face às directivas comunitárias», *BDDC*, n.os 4/46, 1991, pp. 9-30) e de Nuno Paixão («Unimplemented directives and the interpretative obligation», *BDDC*, n.os 57/58, 1994, pp. 349-417).

764. Segundo o Tribunal de Justiça, «o juiz nacional deve, entre os métodos permitidos pelo seu sistema jurídico, dar prioridade ao método que lhe permite dar à disposição de direito nacional em causa uma interpretação compatível»[1112] com a norma da União Europeia.

765. Na verdade, contudo, a origem do princípio pode ser encontrada em tempos (e jurisprudência) mais recuados, ainda que em contextos diversos (*van Colson e Kamann*)[1113]. Uma boa síntese pode encontrar-se no acórdão *Faccini Dori*: «26. Por outro lado, e segundo jurisprudência constante desde o acórdão de 10 de Abril de 1984, *Von Colson e Kamann* (14/83, Recueil, p. 1891, n.° 26), a obrigação dos Estados-membros, decorrente de uma directiva, de alcançar o resultado por ela prosseguido, bem como o seu dever, por força do artigo 5.° do Tratado [depois artigo 10.° CE; cfr. artigo 4.°, n.° 3 TUE], de tomar todas as medidas gerais ou especiais adequadas a assegurar o cumprimento dessa obrigação, impõem-se a todas as autoridades dos Estados-membros, incluindo, no âmbito das suas competências, os órgãos jurisdicionais. Como resulta dos acórdãos do Tribunal de Justiça de 13 de Novembro de 1990, *Marleasing* (C-106/89, Colect., p. I-4135, n. 8), e de 16 de Dezembro de 1993, *Wagner Miret* (C-334/92, Colect., p. I-6911, n. 20), ao aplicar o direito nacional, quer se trate de disposições anteriores ou posteriores à directiva, o órgão jurisdicional nacional chamado a interpretá-lo é obrigado a fazê-lo, na medida do possível, à luz do texto e da finalidade da directiva, para atingir o resultado por ela prosseguido e cumprir desta forma o artigo 189.° [actual artigo 288.° TFUE], terceiro parágrafo, do Tratado. /27. No caso de o resultado prescrito pela directiva não poder ser atingido por via de interpretação, deve recordar-se que, segundo o acórdão de 19 de Novembro de 1991, *Francovich e o.* (C-6/90 e C-9/90, Colect., p. I-5357, n. 39), o direito comunitário impõe aos Estados-membros a reparação dos danos causados a particulares pela não transposição de uma directiva, desde que estejam reunidas três condições. (...)». Como também afirmava o advogado-geral W. Van Gerven no processo *Marleasing*[1114], «o juiz nacional deve, entre

[1112] Conclusões do advogado-geral van Gerven no processo *Marleasing*, cons. 8, pp. 4146-4147.

[1113] Acórdão *Van Colson e Kamann c. Land Nordheim-Westfalen*, de 10.4.1984, proc. 14/83, Rec., 1984, 4, pp. 1891. Neste caso, a obrigação de interpretação conforme respeitava a uma directiva que havia sido transposta correctamente.

[1114] Acórdão de 13.11.1990, *Marleasing*, C-106/89, Colect., I-4156 e, no plano nacional, o acórdão n.° 3/2004, processo n.° 3515/2003 do Supremo Tribunal de Justiça, in DR I-A, n.° 112, de 13.5.2003, pp. 3024, 3028 e 3029.

os métodos permitidos pelo seu sistema jurídico, dar prioridade ao método que lhe permite dar à disposição de direito nacional em causa uma interpretação compatível» com o direito da União.

766. Este princípio de interpretação conforme não deixa de encontrar os seus limites, nomeadamente, como o próprio Tribunal de Justiça reconhece, «quando tal interpretação leve a impor a um particular uma obrigação prevista numa directiva não transposta ou, por maioria de razão quando leve a determinar ou a agravar, com base na directiva e na falta de uma lei adoptada para sua aplicação, a responsabilidade penal daqueles que actuem em violação das suas disposições»[1115].

767. E quando deve ser o direito nacional interpretado de modo conforme ao direito da União? Parece-nos que a obrigação de interpretação conforme existe indubitavelmente quando o padrão de conformidade do direito nacional é constituído por princípios de direito comunitário ou por normas juridicamente vinculativas da União dotadas de efeito directo e aplicabilidade directa (ou já recebidas). Estão nesta situação, por exemplo, as normas dos tratados, os regulamentos e as directivas em relação às quais já tenha decorrido o prazo de transposição[1116]. Como recordou o Tribunal de Justiça no acórdão *Lucchini*, «incumbe aos órgãos jurisdicionais nacionais, na medida do possível, interpretar as disposições do direito nacional de forma a que possam ser aplicadas de modo a contribuírem para a implementação do direito comunitário»[1117].

[1115] Acórdão *Kolpinghuis Nijmegen*, de 8.10.1987, proc. 80/86, Colect., pp. 3986-3987.

[1116] Cruz Vilaça vai mais longe e parece sustentar que a «*obrigação de interpretação conforme existe desde a **data de entrada em vigor** da directiva e não apenas a partir da data de expiração do prazo de transposição*» (o sublinhado é do Autor) e, porventura, até em momento anterior ao da própria entrada em vigor na ordem jurídica comunitária (no caso de directivas que retomem, «*a nível comunitário, princípios gerais que já faziam parte, na matéria em causa, do direito dos Estados membros*» – J. L. da Cruz Vilaça, «A propósito dos efeitos das directivas nas ordens jurídicas dos Estados membros», *cit.*, p. 14). Por nós, diremos apenas que as hipóteses levantadas por este nosso Mestre não parecem, na primeira hipótese, pôr em causa a autonomia dos Estados e uma certa liberdade de conformação legislativa (v. acórdão *Wallonie*) e, na segunda hipótese, que o padrão da interpretação conforme não tem autonomia comunitária, antes é constituído pelos próprios princípios gerais de direito interno, porventura constitucional.

[1117] Acórdão da Grande Secção do Tribunal de Justiça, *Ministero dell'Industria, del Commercio e dell'Artigianato c. Lucchini SpA*, de 18.7.2007, proc. C-119/05, n.° 60.

768. O princípio da interpretação conforme é também já hoje plenamente reconhecido pela jurisprudência nacional[1118], com especial destaque para o discutido acórdão do STJ n.° 3/2004, de 25 de Março de 2004, que a ele se refere como o «princípio estruturante do direito comunitário de interpretação conforme, definido pelo Tribunal de Justiça das Comunidades Europeias, órgão máximo da interpretação do direito comunitário, princípio que deriva do primado do direito comunitário sobre a ordem jurídica estatal, que significa, para o Tribunal de Justiça das Comunidades Europeias, a **obrigação de os juízes nacionais interpretarem o seu direito nacional de modo a harmonizá-lo com o direito originário e derivado de origem comunitária, na medida do possível**»[1119].

O Tribunal de Justiça e os limites da interpretação conforme

Uma síntese do entendimento do Tribunal de Justiça, através da sua Grande Secção, pode encontrar-se no acórdão de 4.7.2006, *Adeneler e O.*, proc. C-212/04:

«108. Há que recordar que, ao aplicar o direito interno, o órgão jurisdicional nacional deve interpretar o direito nacional, na medida do possível, à luz do texto e da finalidade da directiva em causa, para atingir o resultado por ela prosseguido e cumprir assim o artigo 249.°, terceiro parágrafo, CE [cfr. actual artigo 288.°, § 3 TFUE]. Essa obrigação de interpretação conforme respeita a todas as disposições de direito nacional, tanto anteriores como posteriores à directiva em causa.

109. Com efeito, a exigência de uma interpretação conforme do direito nacional é inerente ao sistema do Tratado, na medida em que permite aos órgãos jurisdicionais nacionais assegurar, no âmbito das suas competências, a plena eficácia do direito comunitário quando decidem do litígio que lhes é apresentado.

110. Na verdade, a obrigação de o juiz nacional tomar como referência o conteúdo de uma directiva quando procede à interpretação das normas pertinentes do direito interno é limitada pelos princípios gerais de direito, designadamente os da segurança jurídica e da não retroactividade, e não pode servir de fundamento a uma interpretação contra legem do direito nacional.

[1118] Para uma espécie recente, vide o acórdão da Relação de Guimarães de 9.7.2009, proc. n.° 1331/03.TBVCTG1, extractado na *Scientia Ivridica*, Tomo LVIII, n.° 319, pág. 609.

[1119] DR, I-A, n.° 112, de 13.5.2004, pp. 3024.

111. O princípio da interpretação conforme exige, no entanto, que os tribunais nacionais façam tudo o que for da sua competência, tomando em consideração todo o direito interno e mediante a aplicação dos métodos de interpretação por este reconhecidos, para garantir a plena eficácia da directiva em causa e alcançar uma solução conforme ao objectivo por ela pretendido.

112. Por outro lado, no caso de o resultado prescrito pela directiva não poder ser atingido por via de interpretação, deve recordar-se que, segundo o acórdão de 19 de Novembro de 1991, *Francovich e o.* (C-6/90 e C-9/90, Colect., p. I, 5357, n.° 39), o direito comunitário impõe aos Estados membros a reparação dos danos causados a particulares pela não transposição de uma directiva, desde que estejam reunidas três condições. A primeira é que a directiva tenha como objectivo atribuir direitos a particulares. Seguidamente, o conteúdo desses direitos deve poder ser identificado com base nas disposições da directiva. Deve existir, finalmente, um nexo de causalidade entre a violação da obrigação que incumbe ao Estado e o dano sofrido.

113. Para determinar mais precisamente a partir de que data compete aos tribunais nacionais aplicar o princípio da interpretação conforme, há que salientar que essa obrigação, decorrente dos artigos 10.°, segundo parágrafo, CE e 249.°, terceiro parágrafo, CE [actual artigo 288.°, § 3 TFUE], bem como da própria directiva em causa, foi imposta, nomeadamente, para o caso de uma disposição de uma directiva não ter efeito directo, quer porque a disposição pertinente não é suficientemente clara, precisa e incondicional para produzir esse efeito quer porque o litígio é exclusivamente entre particulares.

114. Há que acrescentar que, antes do termo do prazo de transposição de uma directiva, não se pode criticar os Estados membros por ainda não terem adoptado medidas de transposição dessa directiva para a sua ordem jurídica.

115. Por conseguinte, no caso de uma directiva ser transposta fora do prazo, a obrigação geral de os tribunais nacionais interpretarem o direito interno conforme à directiva só existe a partir do termo do respectivo prazo de transposição.

116. Decorre necessariamente das considerações precedentes que, quando uma directiva é transposta fora do prazo, a data _ a que o órgão jurisdicional de reenvio se refere na primeira questão, alínea c), _ em que as medidas nacionais de transposição entram efectivamente em vigor no Estado membro em causa não é o critério pertinente. Com efeito, essa solução seria susceptível de pôr gravemente em causa a plena eficácia do direito comunitário e a sua aplicação uniforme, nomeadamente por meio das directivas.

117. Por outro lado, em relação à data a que se refere a primeira questão, alínea a), e para proceder à completa apreciação desta, há que esclarecer que já resulta da jurisprudência do Tribunal de Justiça que a obrigação de os Estados membros adoptarem, nos termos dos artigos 10.°, segundo parágrafo, CE e 249.°, terceiro parágrafo, CE, bem como da própria directiva em causa, todas as medidas necessárias para se alcançar o resultado imposto por esta última

impõe-se a todas as autoridades nacionais, incluindo, no âmbito das suas competências, aos órgãos jurisdicionais.

118. Além disso, nos termos do artigo 254.°, n.° 1, CE, as directivas são publicadas no Jornal Oficial da União Europeia e, neste caso, entram em vigor na data nelas prevista ou supletivamente no vigésimo dia a seguir à sua publicação, ou são notificadas aos seus destinatários e, neste caso, começam a produzir efeitos na data dessa notificação, nos termos do n.° 3 do referido artigo.

119. Resulta das considerações precedentes que uma directiva produz efeitos jurídicos para o Estado membro destinatário – e, portanto, para todas as autoridades nacionais –, consoante o caso, na sequência da sua publicação ou a partir da data da sua notificação.

120. No caso vertente, a Directiva 1999/70 esclarece, no artigo 3.°, que entra em vigor no dia da sua publicação no Jornal Oficial das Comunidades Europeias, ou seja, em 10 de Julho de 1999.

121. Ora, de acordo com a jurisprudência do Tribunal de Justiça, resulta da aplicação conjugada tanto dos artigos 10.°, segundo parágrafo, CE e 249.°, terceiro parágrafo, CE como da própria directiva em causa que, durante o prazo de transposição de uma directiva, os Estados membros destinatários devem abster-se de adoptar disposições susceptíveis de comprometer seriamente o resultado por ela prescrito. Pouco importa, a este respeito, que a disposição em causa do direito nacional, adoptada após a entrada em vigor da directiva em causa, vise ou não a transposição desta última.

122. Dado que todas as autoridades dos Estados membros estão sujeitas à obrigação de garantir a plena eficácia das disposições de direito comunitário, a obrigação de omissão enunciada no número anterior impõe-se igualmente aos tribunais nacionais.

123. Por conseguinte, a partir da data em que uma directiva entra em vigor, os tribunais dos Estados membros devem abster-se, na medida do possível, de interpretar o direito interno de modo susceptível de comprometer seriamente, depois do termo do prazo de transposição, o objectivo prosseguido por essa directiva.

124. Tendo em conta as considerações precedentes, há que responder à segunda questão que, no caso de uma directiva ser transposta para a ordem jurídica do Estado membro em causa fora do prazo e de as suas disposições pertinentes não terem efeito directo, os tribunais nacionais, na medida do possível, devem interpretar o direito interno, a partir do termo do prazo de transposição, à luz do teor e da finalidade da directiva em causa, para alcançar os resultados por esta prosseguidos, privilegiando a interpretação das normas nacionais mais conforme a essa finalidade, de modo a chegar, assim, a uma solução compatível com as disposições da referida directiva.

13. PRINCÍPIO DA EFECTIVIDADE: (5) RESPONSABILIDADE CIVIL DOS ESTADOS MEMBROS POR VIOLAÇÃO DO DIREITO DA UNIÃO EUROPEIA

769. Se um Estado membro não cumpre o direito da União Europeia, isso não implica a total desprotecção dos direitos dos particulares. Os princípios do efeito directo e da prevalência na aplicação[1120], há muito reconhecidos pelo Tribunal de Justiça e aceites pelas ordens jurídicas nacionais, permitem aos particulares a invocação em juízo das normas da União dotadas de efeito directo.

770. Claro que esta via nacional de garantia da efectividade do direito da União Europeia não oferece uma protecção completa da posição jurídica dos particulares. Por um lado, em muitas hipóteses, as normas não cumpridas pelos Estados membros não podem usufruir do efeito directo (por não reconhecerem aos particulares direitos de forma precisa e incondicional). Por outro lado, mesmo providas de efeito directo, o seu reconhecimento judicial pelas jurisdições nacionais não permite uma total reparação dos prejuízos entretanto sofridos pelos particulares.

771. Daí que o Tribunal de Justiça tenha sido sensível à necessidade de protecção e eliminação das consequências jurídicas resultantes do incumprimento estadual, reconhecendo o princípio da responsabilidade do Estado por violação do direito da União Europeia[1121].

[1120] Ver supra a *Parte III, § 1*.

[1121] Sobre esta matéria, na doutrina nacional, M. J. Rangel de Mesquita, *Efeitos dos acórdãos do Tribunal de Justiça, cit.*, pp. 53-55 e 111-117; Fausto de Quadros, «Introdução», in *Responsabilidade civil extracontratual da administração pública*, Fausto de Quadros (coord.), Almedina, Coimbra, 1994, pp. 31-36; Marta C. C. Ribeiro da Cunha, *Da responsabilidade do Estado pela violação do direito comunitário*, Almedina, Coimbra, 1996; e Maria Luísa Verdelho Alves, *A responsabilidade do Estado por violação do direito*

772. O direito à reparação foi afirmado no acórdão *Francovich*[1122], no contexto de um reenvio prejudicial, mecanismo de colaboração com os tribunais nacionais, em ordem a promover a boa administração da justiça por estes últimos (artigo 267.° TFUE). Assim, a primeira resposta surge necessariamente enquadrada pelas circunstâncias do caso. Tratava-se de prejuízos sofridos pelos particulares resultantes da não transposição (já declarada pelo Tribunal de Justiça[1123]) de uma directiva desprovida (quanto ao ponto em questão) de efeito directo[1124].

773. Guiado uma vez mais pela intenção de assegurar a plena eficácia do direito da União Europeia, o Tribunal de Justiça reconheceu aí um direito subjectivo dos particulares à reparação imposto pela obrigação de cooperação leal dos Estados membros (artigo 4.°, n.° 3 TUE – Lisboa; anterior artigo 10.° CE), considerado «particularmente indispensável» quando as normas não puderem gozar de efeito directo. O Tribunal de Justiça declara mesmo a inerência do princípio de responsabilidade do Estado ao sistema do Tratado.

---

comunitário, Dissertação para Mestrado, Coimbra, 1998; J. L. da Cruz Vilaça, «Le Citoyen, l'Administration et le Droit européen», *Relatório português, XVIII Congresso F.I.D.E.*, Estocolmo, Junho 1998; e, na jurisprudência comunitária, entre outros, os acórdãos de 19.11.1991, *Andrea Francovich e o.*, procs. C-6/90 e C-9/90, Colect. I-5357, n.° 35; de 5.3.1996, *Brasserie du pêcheur e Factortame*, C-46/93 e C-48/93, Colect., I-1029, n.° 31; de 26.3.1996, *British Telecommunications*, C-329/93, Colect., I-1631, n.° 38; de 23.5.1996, *Hedley Lomas*, C-5/94, Colect., I-2553, n.° 24, e de 8.10.1996, *Dillenkofer e o.*, C-178/94, C-179/94, C-188/94, C-189/94 e C-190/94, Colect., I-4845, n.° 20.

[1122] Acórdão *Andrea Francovich e o. c. República Italiana*, de 19.11.1991, proc. C-6/90 e C-9/90, Colect., I, p. 5357. Tratava-se da Directiva n.° 80/987/CEE, sobre a aproximação de legislações respeitantes à protecção dos trabalhadores assalariados em caso de insolvência do empregador. Eram dois processos (de Vicenza e Bassano del Grappa) que foram apensados. Sobre a situação, antes do acórdão *Francovich*, vide o acórdão *Russo c. AIMA*, de 22.1.1976, proc. 60/75, Rec., 1976, p. 45. Na doutrina nacional, M. Chantal Ribeiro da Cunha, *A responsabilidade do Estado por violação de direito comunitário*, Almedina, Coimbra, p. 47, quanto ao reconhecimento da responsabilidade por jurisdições nacionais, antes do acórdão *Francovich*, na Bélgica, em França (embora não resultasse do acórdão de incumprimento, mas da sua própria e exclusiva competência, juízo – responsabilidade objectiva, com prejuízo anormal e especial), nos Países Baixos (disposições com efeito directo), no Reino Unido (violação de norma comunitária com efeito directo equivaleria a violação de lei interna «breach of statutory duty») e no Luxemburgo.

[1123] Através do acórdão *Comissão c. Itália*, de 2.2.1989, proc. 22/87, Colect., pp. 143 e ss.

[1124] M. Chantal Ribeiro da Cunha, *Da responsabilidade do Estado*, *cit.*, p. 128.

774. O princípio da responsabilidade não é estritamente funcionalizado à inexistência de efeito directo da norma da União infringida. Em relação à *fattispecie* concreta, o Tribunal de Justiça subordinou o reconhecimento de um direito à reparação ao preenchimento de três específicos pressupostos:

- O resultado da directiva deveria visar a atribuição de direitos aos particulares;
- O conteúdo desses direitos deverá ser identificável com base nessas disposições;
- Existe um nexo de causalidade entre a violação da obrigação de transposição e o prejuízo sofrido pelos particulares.

775. O princípio afirmado no acórdão *Francovich* foi substancialmente reafirmado e clarificado em 1996, no processo *Brasserie du Pêcheur*[1125]. Neste, não apenas o princípio é afirmado numa hipótese de incumprimento de norma dotada de efeito directo, como é claramente afirmado quer para as condutas do Estado-legislador quer nos casos de responsabilidade por actos do Estado-juiz. Neste processo, o Tribunal de Justiça re-enuncia os pressupostos de uma tal responsabilização, nos seguintes termos:

- 1) A regra de direito da União Europeia deve ter por objecto conferir direitos aos particulares; e
- 2) Deve configurar uma «violação suficientemente caracterizada» do direito da União Europeia;
- 3) Por último, deve existir um nexo causal entre a violação da norma da União e o prejuízo sofrido pelos particulares.

776. Embora não se exija culpa (a título de dolo ou negligência) como pressuposto da responsabilidade, o Tribunal de Justiça formula alguns critérios. Deve tratar-se de uma violação grave e manifesta dos limites que se impõem ao seu poder de apreciação, o que dependerá, entre outros factores:

- Do grau de clareza e precisão da norma violada;
- Da margem de apreciação das autoridades nacionais;

[1125] Acórdão *Brasserie du pêcheur SA c. RFA e The Queen c. Secretary of State for Transport, ex parte: Factortame Ltd e o.*, de 5.3.1996, procs. C-46/93 e C-48/93, Colect., I, pp. 1029 e ss.

- Da intencionalidade ou involuntariedade do incumprimento ou do prejuízo;
- Da desculpabilidade ou não de eventual erro de direito;
- Da contribuição dos órgãos da União Europeia para o incumprimento estadual.

777. Quanto à existência de uma violação grave e suficientemente caracterizada, o critério que tem sido usado pelo Tribunal de Justiça é, como resulta do acórdão *Brasserie du Pêcheur*, o da violação manifesta e grave, por um Estado membro, dos limites que se impõem ao seu poder de apreciação. Assim, quando o Estado membro em causa, no momento em que cometeu a infracção, apenas dispunha de uma margem de apreciação consideravelmente reduzida, ou mesmo inexistente, a simples infracção ao direito comunitário pode bastar para provar a existência de uma violação suficientemente caracterizada[1126]. Outra situação também considerada como representando uma «violação grave e manifesta» é a do incumprimento estadual que perdura após a condenação do Estado membro por incumprimento (artigo 260.°, n.° 1 TFUE).

778. O Tribunal de Justiça tem também abordado a questão da responsabilidade civil extracontratual do Estado por incumprimento imputável ao exercício da função jurisdicional, designadamente[1127] nos acórdãos *Köbler*[1128] e de *Traghetti*[1129]. Trata-se de um domínio delicado, onde se entrecruzam questões como a da independência e soberania do poder judicial, do *caso julgado*, as expectativas das partes, a segurança jurídica e a legalidade.

779. No primeiro processo (*Köbler*), o Tribunal de Justiça concluiu que a omissão do dever de reenvio constitui na verdade uma violação

---

[1126] Acórdão *Norbrook Laboratories*,de 2.4.1998, proc. C-127/95, Colect., I, pp. 1531, n.° 109.

[1127] A prof. Rangel de Mesquita chama a atenção para o acórdão do Tribunal de Justiça *Comissão c. Itália*, de 9.12.2003, proc. C-129/00, in Rangel de Mesquita, *O Regime da Responsabilidade Civil...*, pág. 38 e 40, nota 104.

[1128] Acórdão do Tribunal de Justiça *Köbler*, de 30.9.2003, proc. C-224/01, Colect., 2003, I, pp. 10239. Tratava-se de danos emergentes da não colocação de uma questão prejudicial por parte de um tribunal que decidia sem possibilidade de recurso (*reenvio obrigatório*).

[1129] Acórdão do Tribunal de Justiça (Grande Secção), de 13.6.2006, proc. C-173/03, Colect., 2006, I, pp. 5177.

manifesta do direito da União, o que, aliás, se afigura essencial, pois o Estado só podia ser responsabilizado, além dos demais pressupostos, «no caso excepcional de o juiz ter violado de modo manifesto o direito aplicável» (§ 99). Seja como for, o objecto de uma acção de responsabilidade não é o mesmo do objecto cujo incumprimento suscita a acção de responsabilidade, pelo que a responsabilização do Estado, com a consequente assunção da sua obrigação de tornar indemne ou de compensar a pessoa ou pessoas prejudicadas pela ilícita omissão do dever de reenviar, por exemplo, mesmo não podendo ter por objecto, porventura, a reconstituição natural da situação prévia, em nada ofende o princípio do caso julgado, pois não é "posta em causa a autoridade do caso definitivamente julgado da decisão judicial que causou o dano".

780. Se o Tribunal de Justiça afirma a valência substantiva uniforme do princípio da responsabilidade, é devolvida aos Estados membros a definição do regime processual. Mas, apesar da autonomia processual do Estado, este deve reconhecer ao particular condições tão favoráveis como as relativas a reclamações semelhantes fundadas no direito nacional, não podendo tornar o direito à reparação excessivamente difícil ou praticamente impossível e, em último termo, devendo assegurar a protecção jurisdicional efectiva (artigo 19.°, n.° 1, § 2 TUE – Lisboa). Com efeito, resulta da jurisprudência do Tribunal de Justiça que, «quando as condições do direito à reparação baseado no direito comunitário estão reunidas, compete ao Estado membro reparar, no âmbito do direito nacional da responsabilidade, o dano causado». «Assim, o direito comunitário impõe uma reparação efectiva e não admite nenhuma condição suplementar proveniente do direito do Estado membro que torne excessivamente difícil a obtenção de uma indemnização ou de outras formas de reparação»[1130].

781. Em Portugal, o reconhecimento deste princípio tem sido difícil[1131].

[1130] O Tribunal de Justiça declarou igualmente que, em caso de violação do direito da União por um funcionário, o direito da União não impõe (mas também não se opõe) à responsabilização pessoal do funcionário – acórdão do Tribunal de Justiça (Grande Secção), *A.G.M.-COS.MET Srl contra Suomen valtio e Tarmo Lehtinen*, de 17.4.2007, proc. C-470/03, Colect., 2007, I, pp. 2749, n.° 99.

[1131] Carla Amado Gomes, «O Livro da Ilusões: A responsabilidade do Estado por violação do Direito Comunitário apesar da Lei 67/2007, de 31-12». In *Centro de Estudos Judiciários*. Porto : [s.n.], Março de 2009.

782. Em primeiro lugar, é de referir que, por acórdão de 14 de Outubro de 2004, o Tribunal de Justiça condenou Portugal, em virtude de manter em vigor o Decreto-Lei n.° 48051 que, no entender do Tribunal de Justiça, exigia a culpa, a título de negligência ou dolo, para a responsabilização civil do Estado[1132]. O incumprimento do acórdão condenatório levou a nova condenação do Estado português, agora ao pagamento de uma sanção pecuniária no valor de 19392 euros/dia, até ao seu cumprimento[1133]. Foi já no decurso do segundo processo que veio a ser adoptado o novo regime jurídico da responsabilidade civil do Estado, seus órgãos e agentes, através da Lei n.° 67/2007, de 31 de Dezembro, na redacção hoje resultante da Lei n.° 31/2008, de 17 de Julho, cobrindo a responsabilidade civil por exercício ou não exercício da função legislativa[1134], a responsabilidade civil gerada por actuações activas ou omissivas no exercício da função administrativa[1135] e a responsabilidade civil por actuações no exercício da função jurisdicional.

783. O princípio também já foi reconhecido pelos nossos tribunais superiores, designadamente pelo Supremo Tribunal de Justiça[1136] ou,

---

[1132] Acórdão *Comissão c. Portugal*, de 14.10.2004, proc. C-275/03, não publicado na Colectânea de Jurisprudência do Tribunal de Justiça (!).

[1133] Acórdão do Tribunal de Justiça *Comissão c. Portugal*, de 10.1.2008, proc. C--70/06, Colect., I, 2008, pp. 1. Considerando que a Lei n.° 67/2007, de 31 de Dezembro, entrou em vigor 30 dias após a sua publicação, a sanção pecuniária foi apenas aplicada até ao final de Janeiro de 2008.

[1134] Sobre esta lei, com algumas referências ao direito europeu, entre outros, Marcelo Rebelo de Sousa/André Salgado de Matos, *Responsabilidade civil administrativa, Direito Administrativo Geral*, Tomo III, 2008; Carlos Alberto Fernandes Cadilha, *Regime da Responsabilidade Civil extracontratual do Estado e demais Entidades públicas Anotado*, Coimbra Editora, Coimbra, 2008; para uma perspectiva do direito comunitário e muito crítica da Lei 67/2007 e da nossa jurisprudência superior, M. J. Rangel de Mesquita, *O regime da Responsabilidade Civil Extracontratual do Estados e Demais Entidades Públicas e o Direito da União Europeia*, Almedina, Coimbra, 2009, em especial pp. 33 e sseguintes e 43 e seguintes, com amplas indicações bibliográficas; Alessandra Silveira, «Da (ir)responsabilidade do Estado-juiz por violação do Direito da União Europeia», *cit.*.

[1135] Especificamente, José Carlos Vieira de Andrade, «A Responsabilidade por danos decorrentes da função administrativa na nova lei sobre responsabilidade civil extracontratual do Estado e demais Entes Públicos», in *Revista de Legislação e Jurisprudência*, ano 137.°, 2008, n.° 3951, pp. 360-371.

[1136] Acórdão do STJ de 27.11.2007, proc. n.° 07A3954, com amplas indicações bibliográficas. É de salientar que, neste aresto, o STJ declarou que o requisito da culpa se encontra verificado no caso a responsabilidade do Estado emergir da não transposição de uma directiva: «No caso em apreço temos por incontestavelmente aplicáveis os citados

quanto à responsabilidade do Estado-juiz, pelo acórdão da Relação de Guimarães de 23 de Abril de 2009, o qual, contudo, foi objecto de um acórdão do STJ de 3 de Dezembro de 2009 cujos termos não podemos acompanhar[1137].

---

princípios jurídicos, razão por que nos parece manifesta a existência de culpa – comissão por omissão do Réu Estado – omissão essa geradora do dever de indemnizar – art. 483.°, n.° 1, e 486.° do Código Civil./A omissão do Estado, em função daquilo a que estava obrigado, por força da Directiva é, só por si, ético-juridicamente censurável, o que exprime *culpa*. / Tem toda a pertinência a alusão a Rui Medeiros – "Ensaio Sobre a Responsabilidade Civil do Estado por Actos legislativos", Almedina, Coimbra 1992, páginas 188 a 194 – quando na decisão recorrida se pondera: "Reportando-se concretamente à culpa do legislador, Rui Medeiros lança mão do conceito geral de culpa para compreender o significado desta figura, a qual ocorre sempre que o Estado legislador podia e devia ter evitado a situação de acção ou omissão, sempre considerando o caso concretamente decidendo, e no pressuposto de que as características que rodeiam a actividade legislativa obrigam a concluir que o grau de diligência exigível do legislador é particularmente elevado".

[1137] Acórdão do STJ no proc. 9180/07. Acórdão que foi objecto de uma proficiente anotação pela prof. Alessandra Silveira, «Da (ir)responsabilidade do Estado-juiz por violação do Direito da União Europeia», *Scientia Iuridica*, Tomo LVIII, 2009, n.° 320, pp. 773-804.

PARTE IV

O SISTEMA JURISDICIONAL DE UMA UNIÃO DE DIREITO (AS PRESTAÇÕES JURISDICIONAIS DO TRIBUNAL DE JUSTIÇA DA UNIÃO EUROPEIA)

§ 1. COMPETÊNCIA CONSULTIVA

784. A competência consultiva do Tribunal de Justiça[1138] emana da norma que prevê a celebração de acordos internacionais pela Comunidade, o artigo 218.°, n.° 11 TFUE[1139], nos termos do qual «[q]ualquer Estado membro, o Parlamento Europeu, o Conselho ou a Comissão podem obter o parecer do Tribunal de Justiça sobre a compatibilidade de um projecto de acordo com os Tratados. Em caso de parecer negativo do Tribunal, o acordo projectado não pode entrar em vigor, salvo alteração deste ou revisão dos Tratados».

785. O mecanismo justifica-se de uma forma simples, pois visa justamente prevenir situações de conflito entre os tratados e outros instrumentos internacionais celebrados pela União (como afirmou o Tribunal de Justiça no Parecer n.° 1/75, de 11.11.1975). Para tanto, o Tribunal de Justiça pode analisar todas as questões que possam originar uma situação de conflito com os tratados (Parecer n.° 1/78, considerando 20).

786. Este mecanismo tem ainda algumas características[1140] que importa assinalar. Em primeiro lugar, é facultativo. Tal resulta expressamente da letra do n.° 11 do artigo 218.° TFUE («...podem obter...»). E, em segundo lugar, é prévio («...podem obter previamente...»). Assim, o Tribunal de Justiça entende que um pedido de parecer fica privado de objecto

[1138] Sobre a competência consultiva do Tribunal de Justiça, numa sua aplicação concreta, vide M. Gorjão-Henriques, «O parecer 2/94 e a competência da Comunidade Europeia para aderir à Convenção Europeia dos Direitos do Homem», *Temas de Integração*, n.° 6, 1998, pp. 169-175; João Mota de Campos, «Os Pareceres do Tribunal de Justiça das Comunidades Europeias», *Estudos em Homenagem a Cunha Rodrigues*, Vol. II, Coimbra Editora, 2001, pp. 833-869.

[1139] Anterior artigos 228.° e 300.°, n.° 6 CE.

[1140] F. Loureiro Bastos, *Os acordos mistos em direito comunitário*, SPB, Lisboa, 1997, p. 289.

se, entretanto, o acordo for concluído[1141] mas, enquanto a União ainda não expressar definitivamente o seu consentimento em ser vinculada pelo acordo, este continua a configurar-se como um «projecto de acordo»[1142].

787. Há dois tipos principais de questões que podem ser objecto de parecer prévio do Tribunal de Justiça (ver artigo 107.° do RPTJ).

788. Em primeiro lugar, pode estar em causa a questão da competência da União Europeia para celebrar (só por si ou acompanhada pelos Estados membros) o acordo em causa. Nesta hipótese, o parecer pode ser solicitado mesmo que não exista ainda um projecto específico de acordo[1143] – mas contanto que se conheça o objecto sobre que incidirá – já que trata-se de questão que urge resolver antes (mesmo) do início das negociações para a sua conclusão[1144].

789. Em segundo lugar, o parecer pode ter por objecto a análise da compatibilidade de um determinado projecto de acordo com o direito originário (*rectius*, os tratados). Neste caso, o Tribunal de Justiça deve poder conhecer os elementos relativos ao conteúdo do acordo, para poder aferir da sua conformidade ou não com o tratado[1145].

[1141] Parecer n.° 3/94, de 13 de Dezembro de 1995 (Colect., I, pp. 4577 e ss.).

[1142] Parecer n.° 1/94, de 15 de Novembro de 1994 (Colect., I, pp. 5267).

[1143] O texto do acordo não tem de estar fixado – parecer n.° 1/78, de 4.10.1979, *Acordo internacional sobre o cautchú natural*, Rec., 1979, pp. 2871-2921.

[1144] Parecer n.° 1/78, n.° 34.

[1145] Exemplos deste segundo tipo são os pareceres n.os 1/91 (JO, C 110, de 29.4.1992, p. 1) e 1/92, relativos à celebração do acordo do Espaço Económico Europeu.

§ 2. COMPETÊNCIA CONTENCIOSA: ACÇÕES DIRECTAS E RECURSOS[1146]

1. Considerações gerais

790. Além da competência consultiva, o Tribunal de Justiça da UE dispõe também de competência contenciosa, dirimindo litígios entre (i) instituições, órgãos ou organismos da UE, (ii) entre Estados membros (iii) entre Estados membros e instituições, órgãos ou organismos da União ou entre (iv) particulares e instituições da União. São esses mecanismos, muito variados, aqueles de que daremos conta.

791. Devem ressaltar-se, no entanto e desde já, alguns elementos de cariz geral.

792. Primeiro, a circunstância de o Tratado de Lisboa completar a construção de um sistema completo, assente em dois pilares, nacional e europeu, que visa assegurar a realização do princípio da tutela jurisdicional efectiva.

[1146] Obra fundamental no panorama europeu é ainda a de Maurice-Christian Bergerès, *Contentieux communautaire*, Puf, Paris, 3.ª ed., 1998, e K. Lenaerts/D. Arts/I. Maselis (R. Bray, Ed.), *Procedural law of the European Union*, 2nd Edition, Thomson, Sweet & Maxwell, 2006. Na doutrina espanhola, J. Nieva Fenoll, *El recurso de casación ante el Tribunal de Justicia de las Comunidades Europeas*, J. M. Bosch, Barcelona, 1998. Entre nós, para lá do clássico trabalho de A. Barbosa de Melo, são de referir Fausto de Quadros/A.M. Guerra Martins, *Contencioso da União Europeia*, 2.ª Edição, Almedina, Coimbra, 2007; J. Mota de Campos/J. L. Mota de Campos, *Contencioso Comunitário*, FCG, Lisboa, 2002; e Maria Luísa Duarte, *Contencioso Comunitário*, Principia, Cascais, 2003; Nuno Piçarra, «A Justiça Constitucional da União Europeia», *Estudos Jurídicos e Económicos em Homenagem ao Prof. Doutor António de Sousa Franco*, FDUL, 2006, Vol. III, pp. 467-501.

793. Por um lado, reafirmando a competência genérica do Tribunal de Justiça da União Europeia para «garantir o respeito pelo Direito na intepretação e aplicação dos tratados» (artigo 19.°, n.° 1, § 1 TUE – Lisboa).

794. E, por outro lado, no seguimento da mais recente jurisprudência do Tribunal de Justiça, devolvendo aos Estados membros a obrigação de «assegurar uma tutela jurisdicional efectiva nos domínios abrangidos pelo direito da União», através da previsão das vias de recurso necessárias (artigo 19.°, n.° 1, § 2 TUE – Lisboa).

795. Em segundo lugar, o facto de a competência do Tribunal de Justiça não ser plena, em algumas matérias, o que não deixa de apresentar alguma continuidade face ao actual quadro normativo antes vigente. Apesar da substancial redução das áreas subtraídas a controlo jurisdicional do Tribunal de Justiça face ao regime vigente antes da entrada do Tratado de Lisboa[1147], o artigo 275.° TFUE estabelece que o Tribunal de Justiça da União Europeia não dispõe de competência no domínio da PESC (§ 1), salvo quanto ao respeito pelo artigo 40.° TUE – Lisboa ou no que respeita ao controlo de legalidade das medidas restritivas aplicação das pessoas singulares ou colectivas (§ 2). Outra limitação subsiste no quadro do controlo da legalidade de actos adoptados no quadro da cooperação judiciária e matéria penal e da cooperação policial (áreas que, antes do Tratado de Lisboa, estavam submetidas ao método intergovernamental) (artigo 276.° TFUE).

796. Em terceiro lugar, a adaptabilidade das regras sobre o Tribunal de Justiça e a repartição de competências entre as diversas jurisdições. Na sequência do disposto no actual artigo 281.°, § 2 TFUE, o Estatuto do Tribunal de Justiça, embora constitua parte integrante dos Tratados, como direito originário, pode, salvo no que toca a algumas normas, ser alterado por regulamento.

797. É também de salientar – pela sua transversalidade potencial, ainda que mitigada no seu alcance – que, também com o Tratado de Lisboa se reconhece ao Tribunal Geral a competência em primeira instância

---

[1147] Na edição anterior, dedicávamos mesmo uma secção deste livro à consideração do papel do Tribunal de Justiça nas áreas cooperativas, incluindo aí a PESC e as matérias que integram o "espaço de liberdade, segurança e justiça".

nos recursos de anulação, acções para cumprimento, acções de responsabilidade civil extracontratual ou contratual (artigo 256.° TFUE). Excepcionados ficam os recursos atribuídos em primeira instância a um tribunal especializado (justamente o que sucedeu com o chamado contencioso da função pública) ou reservados para o Tribunal de Justiça pelo respectivo Estatuto.

798. Finalmente, uma advertência. Dada a especificidade das matérias, não são desenvolvidas duas áreas de intervenção do Tribunal de Justiça da União Europeia, designadamente (*i*) no contexto do artigo 270.° TFUE e (*ii*) da competência compromissória do Tribunal de Justiça (artigo 273.° TFUE). Refira-se apenas, quanto ao primeiro instituto, que a fiscalização da legalidade dos actos da União relativos aos funcionários e agentes da União cabe ao primeiro tribunal especializado, o Tribunal da Função Pública[1148]. E, quanto ao segundo, que a competência do Tribunal de Justiça não é obrigatória, dependendo de prévio compromisso entre os Estados membros em causa, nesse sentido. O artigo 273.° não diz respeito ao incumprimento por parte de um Estado membro, dado que, nesta hipótese, a competência do Tribunal de Justiça é obrigatória e o procedimento e processo previstos são os do artigo 259.° TFUE.

[1148] Criado através da Decisão n.° 2004/752/CE do Conselho – JO, L 333, de 9.11.2004, p. 7. A versão consolidada do seu regulamento de processo encontra-se em JO, C 177, de 2.7.2010, pp. 71-100.

2. Recurso de Anulação

2.1. *Considerações Gerais*

799. O **recurso de anulação**, previsto no artigo 263.° TFUE[1149], representa um instrumento da maior importância para a assunção da União Europeia como «comunidade de direito» (acórdão *Os Verdes*)[1150], na sugestiva expressão de Hallstein. Com efeito, o império do direito (*rule of law*) é também característica própria das hodiernas ordens jurídicas, de que a União não se poderá afastar, razão pela qual se deverá reconhecer a todos os actos juridicamente vinculativos da União, i.e. produtores de efeitos jurídicos externos, a susceptibilidade de serem objecto de controlo de legalidade pelos competentes órgãos jurisdicionais (para lá do próprio controlo democrático, a ocorrer no próprio processo formativo/deliberativo). Este controlo de legalidade – ou, como preferirão outros, de «constitucionalidade» – é hoje assumido pelo Tribunal de Justiça da União Europeia (*prima facie*, pelo Tribunal de Justiça e pelo Tribunal Geral, mas também pelo Tribunal da Função Pública) como constituindo uma sua prerrogativa exclusiva[1151].

2.2. *Actos Impugnáveis*

800. A esta ideia aparece igualmente associada uma outra, que afirma a existência de uma **presunção de legalidade dos actos juridicamente vinculativos da União** Europeia, susceptível apenas de ser infirmada pelos tribunais europeus. Segundo jurisprudência constante, os actos dos

---

[1149] Era o anterior artigo 173.°.

[1150] Acórdão de 23.4.1986, proc. 294/83, Colect., p. 1339, n.° 23.

[1151] Foi nesta base que se formou e consolidou, no espírito do tribunal, a doutrina *Foto-Frost*, de 1987, a respeito do chamado reenvio de apreciação de validade.

órgãos da União, «mesmo irregulares, gozam, em princípio, de uma presunção de validade e produzem, portanto, efeitos jurídicos enquanto não forem revogados, anulados no quadro de um recurso de anulação ou declarados inválidos na sequência de um pedido prejudicial ou de uma excepção de ilegalidade»[1152]. Por derrogação a este princípio, os actos inquinados por irregularidade cuja gravidade seja tão evidente que não pode ser tolerada pela ordem jurídica da União devem ser considerados insusceptíveis de produzir qualquer efeito jurídico, ainda que provisório, ou seja, devem ser considerados juridicamente inexistentes. Esta excepção destina-se a manter o equilíbrio entre duas exigências fundamentais, mas por vezes antagónicas, que qualquer ordem jurídica deve satisfazer, ou seja, a estabilidade das relações jurídicas e o respeito da legalidade[1153].

801. É neste sentido que a doutrina comunitária, acompanhada do Tribunal de Justiça, vem interpretando a referência feita no tratado à sindicabilidade dos actos da União, determinando a **irrelevância da forma** e a primacial importância da juridicidade dos actos, medida pelos seus efeitos.

802. Assim, **estão sujeitos ao controlo exclusivo por parte do Tribunal de Justiça todos os actos emanados dos órgãos da União, desde que produtores de efeitos jurídicos em relação a terceiros, independentemente da sua designação, forma ou natureza**[1154]. Na formulação do Tribunal de Justiça, «é possível interpor um recurso de anulação na acepção do artigo 230.° CE [actual artigo 263.° TFUE] de todos os actos adoptados pelas instituições, independentemente da sua natureza ou forma, que visem produzir efeitos jurídicos vinculativos susceptíveis de afectar os interesses do recorrente, alterando de forma caracterizada a situação jurídica deste»[1155].

[1152] V., neste sentido, os acórdãos do Tribunal de Justiça *Dürbeck c. Comissão*, de 1.4.1982, proc. 11/81, Rec., pp. 251, n.° 17; *Consorzio Cooperative d'Abruzzo c. Comissão*, de 26.2.1987, proc. 15/85, Colect., pp. 1005, n.° 10; *Comissão c. BASF e o.*, de 15.6.1994, proc. C-137/92 P, Colect., I, pp. 2555, n.° 48; *Chemie Linz c. Comissão*, de 8.7.1999, proc. C-245/92 P, Colect., I, pp. 4643, n.° 93; *Comissão c. Grécia*, de 5.10.2004, proc. C-475/01, Colect., I, pp. 8923, n.° 18); e, por último, acórdão do TPI (7.ª secção) *People's Mojahedin Organization of Iran c. Conselho*, de 23.10.2008, proc. T-256/07, n.° 55.

[1153] Assim, expressamente, o acórdão *People's Mojahedin Organization of Iran c. Conselho*, proc. T-256/07, cit., n.° 56.

[1154] Acórdão *Comissão c. Conselho*, de 31.3.1971, proc. 22/70, Colect., p. 69, n.° 42.

[1155] Por último, no acórdão *Athinaïki Techniki AE c. Comissão*, de 17.7.2008, proc. C-521/06, n.° 29.

803. A circunscrição que atrás se fez implica reconhecer como passíveis de recurso contencioso tanto actos típicos (os previstos no artigo 288.° TFUE, por exemplo) como actos nominados (actos não tipificados) ou mesmo actos não previstos nos tratados. Em suma, todos os actos que tenham carácter decisório e se destinem a produzir efeitos jurídicos obrigatórios, designadamente incluindo todas as «medidas que fixam definitivamente a posição da Comissão no termo de um procedimento administrativo e que visam produzir efeitos jurídicos vinculativos susceptíveis de afectar os interesses do recorrente, com excepção das medidas intermediárias cujo objectivo consiste em preparar a decisão final, que não produzem tais efeitos»[1156].

804. Não são actos recorríveis, por seu turno, os actos adoptados pelos Estados membros ou, quanto aos actos emanados de órgãos da União, os actos provisórios, os actos preparatórios, os actos ou instruções internos[1157], os actos confirmativos, os actos de pura execução[1158] ou as meras recomendações ou pareceres[1159].

805. Uma menção especial merece, porventura, a exclusão de actos internos às instituições, designadamente ao Parlamento Europeu, em relação ao qual o Tribunal de Justiça tem excluído a recorribilidade contra «actos que apenas digam respeito à organização interna dos trabalhos do Parlamento»[1160], incluindo-se aqui «os actos do Parlamento que não produzem efeitos jurídicos ou apenas os produzem no interior do Parlamento no que se refere à organização dos seus trabalhos e estão sujeitos a processos de fiscalização estabelecidos pelo seu Regimento»[1161].

[1156] Acórdão *Athinaïki Techniki AE c. Comissão*, cit., n.° 42.

[1157] Obviamente, também ficam excluídos os actos nacionais, mesmo quando sejam a densificação ou aplicação de actos da União.

[1158] V., por todos, o acórdão do Tribunal de Justiça *Reino Unido c. Comissão*, de 1.12.2005, proc. C-46/03, Colect., I, pp. 10167, n.° 25.

[1159] V., por todos, o acórdão do Tribunal de Justiça *Nutral c. Comissão*, de 23.11.1995, proc. C-476/03 P, Colect., I, pp. 4125, n.° 30.

[1160] Despacho do Tribunal de Justiça *Grupo das Direitas Europeias c. Parlamento Europeu*, de 4.6.1986, proc. 78/85, Colect., p. 1753, n.°11; Despacho *Blot e Front national c. Parlamento Europeu*, de 22.5.1990, proc. C-68/90, Colect., I, pp. 2101, n.° 12; ou o acórdão *Weber c. Parlamento Europeu*, de 23.3.1993, proc. C-314/91, Colect., I, pp. 1093, n.os 8-10.

[1161] Para uma síntese desta jurisprudência v. Acórdão do TPI *Ashley Neil Mote c. Parlamento Europeu*, de 15.10.2008, proc. T-345/2005, n.os 23-25.

806. O mesmo se diga, em segundo lugar, quanto a actos adoptados pelos representantes dos Estados membros reunidos no seio do Conselho, ao abrigo de atribuições que não tenham sido transmitidas para a União[1162]. Ou, em terceiro lugar, dos actos preparatórios[1163], por exemplo uma comunicação de acusações por violação dos artigos 101.° TFUE ou 102.° TFUE no âmbito do direito da concorrência[1164].

807. Em conclusão, o elenco dos **actos impugnáveis** é hoje bastante amplo, nos termos do disposto no artigo 263.°, § 1 TFUE:

✓ Actos legislativos;
✓ Actos do Conselho, da Comissão e do Banco Central Europeu que não sejam recomendações ou pareceres;
✓ Actos do Conselho Europeu e do Parlamento Europeu destinados a produzir efeitos jurídicos em relação a terceiros;
✓ Actos dos órgãos ou organismos da União destinados a produzir efeitos jurídicos em relação a terceiros.

1162 Acórdão do Tribunal de Justiça, *Parlamento Europeu c. Conselho e Comissão*, de 30.3.1993, procs. C-181/91 e 248/91, Colect., I, 1993, pp. 3685: «*Os actos adoptados pelos representantes dos Estados-membros agindo não na qualidade de membros do Conselho, mas na qualidade de representantes dos seus governos, e exercendo assim colectivamente as competências dos Estados-membros não estão sujeitos ao controlo de legalidade efectuado pelo Tribunal de Justiça. / Assim, uma decisão dos representantes dos Estados membros em matéria de ajuda humanitária em favor de um Estado terceiro, domínio que não é objecto de uma competência exclusiva da Comunidade, não constitui um acto comunitário de que se possa interpor recurso. A este respeito, pouco importa que a referida decisão faça referência a uma proposta da Comissão, pois essa proposta não releva necessariamente do artigo 149. do Tratado, que a Comissão fique encarregada da gestão da referida ajuda, pois o artigo 155. do Tratado não se opõe a que os Estados-membros confiem a essa instituição a missão de velar pela coordenação de uma acção que resolveram empreender colectivamente com base num acto dos seus representantes reunidos no seio do Conselho, que as contribuições dos Estados-membros sejam fixadas em função de uma chave de repartição idêntica à que se escolheu para efeitos da sua contribuição para o orçamento comunitário, pois nada se opõe a que essa chave seja escolhida para uma acção decidida pelos representantes dos Estados-membros, e que, por último, uma parte da ajuda possa ser inscrita no orçamento da Comunidade, pois essa inscrição, que não é imposta pela decisão em causa, não é susceptível de modificar a sua qualificação*».

1163 Desde, pelo menos, o acórdão do Tribunal de Justiça *IBM c. Comissão*, de 11.11.1981, proc. 60/81, Rec., 981, pp. 2639.

1164 Contudo, como o Tribunal de Justiça chamou a atenção no acórdão *IBM c. Comissão*, os vícios do procedimento podem ser impugnados e afectar a legalidade final da decisão proferida pela Comissão.

808. As diversas hipóteses subsumem-se, como vimos, ao reconhecimento de que todos os actos produtores de efeitos jurídicos externos emanados das instituições ou de órgão ou organismo da União estão sujeitos a controlo de legalidade.

2.3. *Legitimidade Passiva*

809. No parágrafo anterior avaliámos a questão da impugnabilidade dos actos. Poderá hoje dizer-se que aquela questão não é substancialmente diversa desta, mas apenas uma nova perspectiva da mesma realidade. Com efeito, o que aparece como relevante, *prima facie*, é determinar se um acto é impugnável pois, se o for, o Autor do acto terá certamente legitimidade processual passiva. No direito da União Europeia, no entanto, este raciocínio nem sempre funcionou e, em alguns domínios ainda não funcionará.

810. Sobre a legitimidade passiva, o tratado dispõe, no primeiro parágrafo do artigo 263.° TFUE que têm legitimidade passiva os autores de actos legislativos (o Conselho e/ou ou Parlamento Europeu), mas também o Conselho Europeu, o Parlamento Europeu, o Conselho a Comissão Europeia ou o Banco Central Europeu, bem como qualquer outro "órgão ou organismo da União", desde que estejam em causa actos «susceptíveis de produzir efeitos jurídicos obrigatórios em relação a terceiros».

811. A nova redacção do artigo 263.°, § 1 TFUE consagra o abandono, de facto, de uma enumeração taxativa das entidades produtoras de actos impugnáveis, aliás em conformidade com o princípio da União de Direito, numa formulação próxima de uma das dimensões essenciais do conhecido princípio do Estado de Direito, na organização estatal das nossas sociedades, segundo o qual é directamente impugnável perante o tribunal europeu competente (o Tribunal de Justiça, o Tribunal Geral ou o Tribunal da Função Pública, por enquanto) qualquer acto que apresente as características acima referidas, mesmo que praticado por órgão não mencionado entre os órgãos dotados de legitimidade passiva no primeiro parágrafo do artigo 263.° TFUE. Tal resulta da jurisprudência do Tribunal de Justiça (quanto ao Parlamento Europeu, por exemplo, do já plúrimas vezes citado acórdão *Os Verdes*) e corresponde à ideia segundo a qual não podem existir actos produtores de efeitos jurídicos que escapem ao controlo jurisdicional do Tribunal de Justiça (em sentido amplo).

812. Novamente, é sintomática a forma como o Tribunal de Justiça se pronunciou recentemente: «sendo a Comunidade Europeia uma comunidade de direito em que as suas instituições estão sujeitas à fiscalização da conformidade dos actos das mesmas com o tratado, as modalidades processuais aplicáveis aos recursos interpostos para o juiz comunitário devem ser interpretadas, na medida do possível, de modo a que estas modalidades possam ser aplicadas de uma forma que contribua para a realização do objectivo de garantir uma protecção jurisdicional efectiva dos direitos conferidos aos cidadãos pelo direito comunitário»[1165].

2.4. *Legitimidade Activa*

813. Quanto à **legitimidade activa**, esta surge de modo diferenciado. A «justiciabilidade» dos actos da União tem vindo a ser posta ao alcance de um cada vez mais alargado leque de sujeitos.

814. Numa primeira categoria de recorrentes, encontramos os chamados **recorrentes privilegiados**, que são os Estados membros, a Comissão, o Conselho e, mais recentemente, o Parlamento Europeu[1166]. É de notar que nem mesmo o Tratado de Lisboa conferiu à generalidade das instituições a que se refere o artigo 13.° TUE – Lisboa, este estatuto de favor.

815. Os recorrentes privilegiados podem atacar qualquer acto da União produtor de efeitos jurídicos obrigatórios em relação a terceiros, qualquer que seja o seu interesse em agir ou o fundamento da sua acção[1167].

816. Numa segunda linha encontram-se os **recorrentes institucionalmente interessados**, como são o Banco Central Europeu[1168], o Tribu-

---

[1165] Acórdão *Athinaïki Techniki AE c. Comissão*, cit., n.° 45.

[1166] Desde o Tratado de Nice.

[1167] Entende o Tribunal de Justiça que o direito de acção (impugnação) não depende da posição que o órgão assumiu durante o procedimento conducente à adopção do acto: quanto à Comissão, acórdão *Comissão c. Parlamento Europeu e Conselho*, de 21.1.2003, proc. C-378/00, Colect., p. 197; quanto ao Conselho, acórdão *Itália c. Conselho*, de 12.7.1979, proc. 166/78, Colect., p. 2575, n.° 6.

[1168] Quanto ao Banco Central Europeu, vide, monograficamente, o texto da prof. Maria Luísa Duarte, «O Banco Central Europeu e o Sistema Judicial da União Europeia: Supremacia Decisória e Controlo da Legalidade», *Estudos Jurídicos em Homenagem ao*

nal de Contas[1169] e o Comité das Regiões[1170], que apenas podem pedir a anulação de actos que ponham em causa as suas prerrogativas. Exemplo típico deste contencioso era aquele relativo à escolha da base jurídica, onde muitas vezes surgiam questões de preterição ou de ofensa aos direitos de participação do Parlamento Europeu no processo de decisão. Hoje, não sendo o Parlamento Europeu um recorrente interessado, um tipo de conflito, porventura mais comum, poderá ter a ver com a preterição de audição do BCE ou do Comité das Regiões.

817. Finalmente, numa terceira linha, o tratado refere-se aos **recorrentes ordinários**. Integram esta categoria as pessoas singulares ou colectivas destinatárias de um acto da União Europeia[1171], que por ele tenham sido directa e individualmente afectadas[1172] ou que sejam directamente afectadas por um acto regulamentar da União auto-suficiente (artigo 263.°, § 4 TFUE).

818. A legitimidade dos recorrentes ordinários na União Europeia[1173] depende de circunstâncias excepcionais. Em princípio, como vimos, só poderão recorrer contenciosamente de três tipos de actos:

• Actos juridicamente vinculativos de que sejam destinatários;

Prof. Doutor António de Sousa Franco, Vol. III, Faculdade de Direito da Universidade de Lisboa, 2006, pp. 149-191, em especial pp. 157-160, com pertinazes críticas ao acórdão *Tchernobyl* (acórdão de 22.5.1990, proc. C-70/88, Colect., 1990, pp. 2041).

[1169] Só desde o Tratado de Amesterdão.

[1170] Uma novidade do Tratado de Lisboa.

[1171] Acórdão *BEUC c. Comissão*, de 18.5.1994, proc. T-37/92, Colect., II, p. 285, n.° 27: «[C]onstituem actos ou decisões susceptíveis de recurso de anulação, na acepção do artigo 173.° do Tratado, as medidas que produzam efeitos jurídicos obrigatórios que afectem os interesses do recorrente, alterando de forma caracterizada a situação jurídica deste. Mais especialmente, quando se trate de actos ou decisões cuja elaboração se processa em várias fases, nomeadamente no termo de um processo interno, só constituem, em princípio, actos recorríveis as medidas que fixem definitivamente a posição da instituição no termo desse processo, excluindo as medidas transitórias cujo objectivo é preparar a decisão final».

[1172] Acórdão *CIRFS e o. c. Comissão*, de 24.3.1993, C-313/90, Colect., I, p. 1125 (quanto a uma decisão da Comissão de não dar início a processo segundo artigo 88.°, n.° 3).

[1173] A este respeito, o Tratado é, em certo sentido, menos rigoroso do que o tratado CECA: na CE, os indivíduos podem recorrer; por outro, o recurso está sujeito a estritas condições.

- Actos que sejam dirigidos a outra pessoa (um Estado membro ou outro particular, por exemplo[1174]) e lhes digam directa e individualmente[1175] respeito;
- Actos regulamentares[1176] que lhes digam directamente respeito e não necessitem de medidas de execução;[1177]
- Actos normativos que lhes digam directa e individualmente respeito.

819. Isto significa que não se encontra totalmente excluída a legitimidade dos particulares para a impugnação contenciosa, perante o Tribunal de Justiça da União Europeia (em concreto, como veremos, o Tribunal Geral), de actos normativos[1178]. Com efeito, a natureza normativa[1179] de um acto da União não prejudica o reconhecimento de tal legitimidade dos particulares, se o acto controvertido lhes disser directa e individualmente respeito[1180], pelo que não é suficiente uma tal natureza normativa de um acto[1181] para, *a priori*

1174 Entre nós, por todos, Fausto de Quadros/A.M. Guerra Martins, *Contencioso da União Europeia*, 2.ª Edição, Almedina, Coimbra, 2007, pág. 158.

1175 Em relação a actos normativos, não legislativos (?),

1176 Com exclusão dos actos legislativos?

1177 Lamentavelmente, não estão abrangidos pela letra os actos dirigidos a outras pessoas (por exemplo, a Estados membros) e que lhes digam directamente respeito.

1178 Sobre a normatividade dos actos comunitários, mormente para o efeito de afirmar ou excluir a legitimidade dos particulares no contencioso de anulação comunitário, recentemente, v. Robert Kovar, «L'identification des actes normatifs en droit communautaire», *Mélanges à hommage de Michel Waelbroeck*, vol. I, *cit.*, pp. 387-422.

1179 Acórdão *Confédération nationale des producteurs de fruits et légumes e o. c. Comissão*, de 14.12.1962, proc. 16/62, Rec., p. 901. Como sabemos, o conceito de norma pode variar, quer quanto aos requisitos de generalidade e abstracção, domínios havendo onde os tribunais adoptam noções «*funcionalmente adequadas*» de norma, como o faz o nosso Tribunal Constitucional.

1180 Acórdão *Unione nazionale importatori e commercianti motoveicoli esteri (UNICME) c. Conselho*, de 16.3.1978 (proc. 123/77, Rec., 1979, pp. 845; EE portuguesa, pág. 317, n.° 7), onde o Tribunal de Justiça declarou que «sem que seja necessário analisar a questão de saber se a medida atacada pode ser considerada como um regulamento, basta verificar se os recorrentes são realmente afectados directa e individualmente por esse acto».

1181 Segundo uma jurisprudência bem estabelecida do Tribunal de Justiça, «o alcance geral e, portanto, a natureza normativa de um acto, não é posto em causa pela possibilidade de se determinar, com maior ou menor precisão, o número, ou mesmo a identidade, dos sujeitos de direito a que a norma se aplica num dado momento, desde que se comprove que essa aplicação se efectua em virtude de uma situação objectiva, de direito ou de facto, definida pelo acto em relação com a finalidade deste».

e de *per se*, excluir a sua impugnabilidade pelos particulares[1182]. É que, por um lado, tal não prescinde de uma averiguação material destinada a, designadamente, «evitar que, pela simples escolha da forma de um regulamento, as instituições comunitárias possam excluir o recurso de um particular contra uma decisão que lhe diz directa e individualmente respeito»[1183].

820. E, por outro, o critério decisivo é pois o de saber se o acto diz «directa e individualmente respeito» a um particular, como o Tribunal de Justiça afirmou no acórdão *Cordoníu*[1184]. É esta a questão fundamental a responder. É verdade que, como se verá, o Tribunal de Justiça vem adoptando uma interpretação extremamente restritiva, que diz ter a sua base no acórdão *Plaumann*. Contudo, na nossa opinião, tal radica numa leitura estrita da letra da solução *Plaumann* mas contrária ao espírito do acórdão *Plaumann*, no qual se pode ler que «*la lettre et le sens grammatical de la disposition precitée* [entenda-se, o actual § 4 do artigo 263.° TFUE] *justifient l'interprétation la plus large; que, d'ailleurs, les dispositions du Traité concernent le droit d'agir des justiciables ne sauraient être interprétées restrictivement; que partant, dans le silence du Traité, une limitation a cet égard ne saurait être présumée*» (acórdão citado, pp. 222). Seja como for, o critério que se consolidou na jurisprudência constante do Tribunal de Justiça foi diverso. Assentando nestes dois elementos (afectação "directa" e afectação "individual"), quando o acto impugnado não é dirigido formalmente ao recorrente mas se apresenta como acto dirigido a outra pessoa ou mesmo como acto dotado de carácter geral.

821. Segundo o Tribunal de Justiça, a **afectação directa** existe quando a medida da União em causa produz directamente efeitos sobre a situação jurídica do particular e não deixa qualquer poder de apreciação aos destinatários dessa medida incumbidos da sua aplicação, já que esta é de carácter puramente automático e decorre apenas da regulamentação europeia,

---

[1182] Acórdão *Extramet Industries c. Conselho*, de 16.5.1991, C-358/89, Colect., I, p. 2501.

[1183] Acórdão *Calpak c. Comissão*, de 17.6.1980, procs. 789 e 790/79, Rec., 1980, p. 1949, entre outros, como o acórdão *IBM c. Comissão*, de 11.11.1981, proc. 60/81.

[1184] Acórdão *Codorníu SA c. Conselho*, de 18.5.1994, proc. C-309/89, Colect., 1994, I, pp, 1853, n.os 19 e 22.

sem aplicação de outras regras intermédias[1185]. É esta a a jurisprudência constante do Tribunal Geral, tal como reafirmada no processo *Regione Siciliana*[1186]:

«45. Devem recordar-se os dois critérios cumulativos para que se possa afirmar que um acto diz directamente respeito a uma pessoa, na acepção do quarto parágrafo do artigo 230.° CE [actual artigo 263.° TFUE], definidos pela jurisprudência constante.

«46. Em primeiro lugar, o acto em causa deve produzir directamente efeitos na situação jurídica do particular. Em segundo lugar, o referido acto não deve deixar qualquer poder de apreciação aos seus destinatários encarregados da sua aplicação, não tendo este um carácter puramente automático e decorrendo somente da regulamentação comunitária sem aplicação de outras regras intermédias (...). A condição exigida pelo segundo critério está igualmente preenchida quando a possibilidade de o Estado membro não dar seguimento ao acto em causa for puramente teórica, não existindo quaisquer dúvidas quanto à sua intenção de tirar consequências conformes ao referido acto (...).

«47. Ao anular a contribuição na totalidade, a decisão impugnada revogou principalmente, tal como é exposto no n.° 15, supra, a obrigação de a Comissão pagar o saldo da contribuição (...) e impôs o reembolso dos adiantamentos pagos à República Italiana e transferidos para a recorrente (...).

«48. O Tribunal considera que tal actuação [rectificação por despacho do Tribunal Geral, de 27.10.2005] produziu necessariamente efeitos directos na situação jurídica da recorrente, e isto por várias razões. Além disso, a sua decisão impugnada não deixa qualquer poder de apreciação às autoridades italianas, tendo a sua aplicação carácter puramente automático e decorrendo unicamente da regulamentação comunitária sem aplicação de outras regras intermédias.

«49. A título preliminar, há que recordar que, depois da adopção da decisão de concessão e notificada à República Italiana, a recorrente podia

---

1185 Neste sentido, designadamente, os acórdãos *International Fruit Company e o c Comissão*, de 13.5.1971, procs. 41/70 a 44/70, Colect., p. 131, n.° 23-29; *Simmenthal c. Comissão*, de 6.3.1979, proc. 92/78, Rec., p. 777, n.° 25-26; *NTN Toyo Bearing Company e o. c. Conselho*, de 29.3.1979, proc. 113/77, Rec., p. 1185, n.° 11-12; *Salerno e o. c. Comissão e Conselho*, de 11.7.1985, proc. 87/77, 130/77, 22/83, procs. 9/84 e 10/84, Rec., p. 2523, n.° 31; *Mannesmann-Röhrenwerke e Benteler c. Conselho*, de 17.3.1987, proc. 333/85, Colect., p. 1381, n.° 14; *Arposol c. Conselho*, de 14.1.1988, proc. 55/86, Colect., p. 13, n.° 11-13; ou, entre os últimos, *Louis Dreyfus/Comissão*, de 5.5.1998, C-386/96 P, Colect., p. I-2309, n.° 43.

1186 Acórdão de 18.10.2005, proc. T-60/03, Colec., II, pp. 4139.

considerar, para efeitos da realização do projecto que é objecto da contribuição, e sem prejuízo do cumprimento das condições ligadas à referida decisão de concessão e à regulamentação aplicável ao FEDER, que a verba da contribuição (...) estava à sua inteira disposição. (...)

«50. Além disso, as autoridades nacionais italianas, à semelhança da recorrente, estavam também vinculadas pelas condições e pela regulamentação supramencionadas. (...). Nem o direito comunitário nem o direito nacional autorizavam as autoridades italianas a privar a recorrente das verbas dessa contribuição ou de as utilizar para outros fins. Assim, enquanto as condições e a regulamentação supramencionadas fossem respeitadas, as autoridades italianas não estavam habilitadas a pedir à recorrente o reembolso, mesmo parcial, dessas verbas.

«52. É à luz destas considerações preliminares que deve ser examinada a questão de saber se a decisão impugnada diz directamente respeito à recorrente.

«53. No que respeita, em primeiro lugar, à modificação da situação jurídica da recorrente, a decisão impugnada teve como primeiro efeito directo e imediato modificar a sua situação patrimonial privando.a do saldo da contribuição (...) que restava pagar pela Comissão. O saldo não pago da contribuição não será liquidado à República Italiana pela Comissão, dado que a contribuição foi anulada. As autoridades italianas não podem, portanto, transferi-lo para a recorrente. Quando, antes da adopção da decisão impugnada, a recorrente podia contar garantidamente com a referida verba no quadro da realização do projecto, ela foi coagida, a partir da adopção dessa decisão, em primeiro lugar, a verificar que estava privada dela e, em segundo lugar, a procurar um financiamento de substituição para fazer face às obrigações contraídas no quadro da realização das obras da terceira fase da barragem no Gibbesi.

«54. A **decisão impugnada modifica directamente a situação jurídica da recorrente também no que respeita à obrigação de restituir as verbas pagas a título de adiantamento** (...). De facto, **a decisão impugnada tem por efeito transformar directamente o estatuto jurídico da recorrente de credor incontestado no de devedor, pelo menos potencial, das referidas verbas**. A razão disso é que a decisão impugnada põe fim à impossibilidade em que se encontravam as autoridades nacionais, tanto por força do direito comunitário como do direito nacional, de exigir da parte da recorrente o reembolso dos adiantamentos pagos. Por outras palavras, a decisão impugnada tem como segundo efeito directo e automático modificar a situação jurídica da recorrente face às autoridades nacionais.

«55. Na medida em que modifica directamente, e de resto sensivelmente, a situação jurídica da recorrente, tal como resulta dos n.os 53 e 54, supra, a decisão impugnada preenche, portanto, efectivamente as condições relativas ao primeiro critério da afectação directa recordado no n.° 46, supra.

«56. No respeitante, em seguida, ao critério da aplicabilidade automática da decisão impugnada, deve salientar-se que é mecanicamente, por si mesma, que a decisão impugnada produz em relação à recorrente o duplo efeito indicado nos n.os 53 e 54, supra.

«57. Esse duplo efeito da decisão impugnada decorre unicamente da regulamentação comunitária, isto é, da conjugação do disposto no terceiro travessão do artigo 211.° CE e no quarto parágrafo do artigo 249.° CE [artigo 288.° TFUE]. A esse propósito, as autoridades nacionais não dispõem de qualquer poder de apreciação quanto à sua obrigação de executar essa decisão.

«58. As conclusões dos n.os 56 e 57, supra, não são postas em causa pelo argumento da Comissão segundo o qual as autoridades nacionais podem teoricamente decidir liberar a recorrente das consequências financeiras que a decisão impugnada directamente provoca nela, financiando a partir de recursos estatais, por um lado, o saldo da contribuição comunitária liberada e, por outro, o reembolso do saldo dos adiantamentos comunitários recebidos pela recorrente, ou um dos dois somente.

«59. Com efeito, **uma eventual decisão nacional de financiamento dessa ordem não priva a decisão da Comissão da sua aplicabilidade automática. Ela continua juridicamente estranha à aplicação, em direito comunitário, da decisão impugnada**. Essa decisão nacional tem por efeito recolocar a recorrente na situação que ela tinha antes da adopção da decisão impugnada, provocando, por seu turno, uma segunda modificação da situação jurídica da recorrente modificada em primeiro lugar, e de forma automática, pela decisão impugnada. Essa segunda modificação da situação jurídica da recorrente decorre somente da decisão nacional e não da execução da decisão impugnada.

«60. Por outras palavras, a adopção de uma decisão nacional de financiamento é indispensável para contrariar os efeitos automáticos da decisão impugnada».

822. Em suma, como a jurisprudência constante do Tribunal de Justiça tem reconhecido, a «condição exigida pelo segundo critério está igualmente preenchida quando a possibilidade de o Estado membro não dar seguimento ao acto em causa for puramente teórica, não existindo quaisquer dúvidas quanto à sua intenção de tirar consequências conformes ao referido acto».

823. Já a **afectação individual** é tradicionalmente entendida pelo Tribunal de Justiça num sentido mais restritivo, ocorrendo quando a posição jurídica do particular é afectada «devido a certas qualidades que lhe são próprias» ou «em virtude de uma situação de facto que a caracterizasse em relação a todas as outras pessoas e que a individualizasse de modo análogo ao de um destinatário»[1187-1188], «condição [que] deve ser interpretada à luz de um princípio de uma tutela jurisdicional efectiva tendo em conta as diversas circunstâncias susceptíveis de individualizar um recorrente»[1189].

824. A este respeito, não pode deixar de se fazer referência ao processo rocesso *Union de Pequeños Agicultores c. Conselho*[1190], no qual, na sequência das conclusões apresentadas pelo advogado-geral JACOBS, o Tribunal Geral produziu uma mutação espectacular da sua doutrina, ao decidir, no acórdão *Jégo-quére*[1191], que «não há razões imperiosas para entender que o conceito de pessoa a quem um acto diz individualmente respeito, na acepção do quarto parágrafo do artigo 230.° CE [actual artigo 263.° TFUE], pressupõe que o particular que pretenda impugnar uma medida de carácter geral deve ser individualizado de modo análogo ao de um destinatário.» Pelo contrário, «a fim de assegurar uma protecção jurisdicional efectiva dos particulares, deve considerar-se que uma disposição comunitária de carácter geral que diz directamente respeito a uma pessoa singular ou colectiva lhe diz individualmente respeito se a disposição em questão afectar, de forma certa e actual, a sua situação jurídica, restringindo os seus direitos ou impondo-lhe obrigações. O número e a situação de outras pes-

---

1187 Acórdãos *Plaumann c. Comissão*, 15.7.1963, proc. 25/62, Rec., p. 197, 223, e *Codorniu c. Conselho*, de 18.5.1994, proc. C-309/89, Colect., I, p. 1853.

1188 Significativos foram os acórdãos *Plaumann c. Comissão* (de 15.7.1963, proc. 25/62, Colect., p. 279) e *Eridania* (de 10.12.1969, proc. 10/68 e 18/68, Colect., p. 171). Por exemplo, tem relação com uma das partes (destinatária da decisão recorrida) a participação no procedimento administrativo de infracção às regras da concorrência (ver acórdão *Groupement d'achat É. Leclerc c. Comissão*, de 12.1.1996, proc. T-88/92, Colect., II, pp. 1961 e ss.). Uma ressalva deve ser feita. De acordo com a jurisprudência comunitária, não é o simples «*facto de uma pessoa intervir, de uma forma ou outra, no processo que leva à adopção de um acto comunitário*» que lhe confere legitimidade; tal «*só é de natureza a individualizar essa pessoa em relação ao acto em questão quando a regulamentação comunitária aplicável lhe conceda certas garantias de processo*» (despacho *Greenpeace e o c. Comissão*, de 9.8.1995, proc. T-585/93, Colect., II-2205, n.os 56 e 63; e acórdão *Exporteurs in Levende Varkens e o. c. Comissão*, de 13.12.1995, procs. T-481/93 e T-484/93, Colect., II-2941).

1189 Acórdão *Union de Pequeños Agricultores c. Conselho*, de 25.7.2002, proc. C-50/00 P.

1190 Proc. C-50/00 P – conclusões apresentadas em 21.3.2002.

1191 Acórdão *Jégo-quére e Cie. SAS c. Comissão*, de 3.5.2002, proc. T-177/01, n.° 49 e 51.

soas igualmente afectadas pela disposição ou susceptíveis de o serem não são, a este respeito, considerações pertinentes.».

825. Esta mutação jurisprudencial, percebida como necessária para garantir o direito fundamental à protecção jurisdicional efectiva[1192], foi apreciada e recusada pelo Tribunal de Justiça[1193], mesmo nas situações em que o direito à tutela jurisdicional efectiva não se encontre assegurado, por inexistência de vias de recurso perante os tribunais nacionais. No mesmo processo *Union de Pequeños Agricultores*[1194], o Tribunal de Justiça, apesar de reconhecer um direito fundamental à protecção jurisdicional efectiva, desde logo consagrado na CEDH (artigos 6.° e 13.°) e cujo respeito deve ser assegurado no quadro da Unnião Europeia (então, o artigo 6.°, n.° 2 UE), afirma claramente competir «aos Estados membros prever um sistema de vias de recurso e de meios processuais que permita assegurar o respeito» (v., o actual artigo 19.°, n.° 1, § 2 TUE – Lisboa), por este princípio, devendo o direito interno ser interpretado, *ex vi* do artigo 4.°, n.° 3 TUE – Lisboa, de modo a não comprometer irremediavelmente tal protecção e direito[1195].

826. Contudo, já antes da entrada em vigor do Tratado de Lisboa o Tribunal de Justiça já reconhecia algumas hipóteses de afectação individual de particulares por actos gerais emanados dos órgãos competentes da União Europeia. Tal sucedia, por exemplo, no caso de existir «uma disposição de direito superior que imponha ao [órgão da União] seu autor ter em conta a situação específica do recorrente»[1196]. Em certas condições, tal poderá acontecer quando os contratos celebrados pelo recorrente sejam

---

[1192] Que, no entanto, como se disse, é reconhecido como princípio geral do direito comunitário – por todos, cfr. acórdão *Safalero*, de 11.9.2003, proc. C-13/01.

[1193] O Tribunal de Justiça entende que uma alteração do «*sistema de fiscalização da legalidade dos actos comunitários de alcance geral*», sendo possível, só pode ter lugar através de uma reforma do tratado, por aplicação do artigo 48.° UE (acórdão *Union de Pequeños Agricultores*, cit.).

[1194] Acórdão *Union de Pequeños Agricultores c. Conselho*, de 25.7.2002, cit.

[1195] O Tribunal de Justiça considerou ainda não lhe competir o juízo sobre a eventual inexistência de mecanismos processuais de direito interno, porquanto isso «*exigiria que o juiz comunitário examinasse e interpretasse, em cada caso concreto, o direito processual nacional, o que excederia a sua competência no âmbito da fiscalização da legalidade dos actos comunitários*».

[1196] Acórdão *Antillean Rice Mills e o c. Comissão*, de 14.9.1995, procs. T-480/93 e T-483/93, Colect., II, p. 2305.

afectados pelo acto em litígio[1197]. Mas tais requisitos não podem ser entendidos como reconhecendo, por exemplo, que uma organização constituída para a defesa de interesses colectivos de uma dada categoria de pessoas possa considerar-se atingida directa e individualmente por um acto juridicamente vinculativo da União que afecte os interesses gerais dessa categoria[1198]. Contudo, se os membros da associação, eles próprios, tivessem legitimidade para interpor o recurso, o Tribunal de Justiça considera lícito que tal seja levado a cabo pela associação[1199].

827. O alcance da norma que reconhece a legitimidade dos particulares para impugnar actos regulamentares *qua tale* deixa alguns pontos por esclarecer[1200]. Por um lado, pela aparente exclusão das normas legislativas. Por outro, pela supressão do requisito de que o acto diga "individualmente" respeito ao recorrente particular. À luz da nova disposição constante da parte final do artigo 263.°, § 4 TFUE, os particulares gozam de legitimidade para impugnar «os actos regulamentares que lhe digam directamente respeito e não necessitem de medidas de execução». Segundo alguns Autores, o objectivo da norma será o de permitir que os particulares impugnem directamente actos gerais de cariz "*self-executing*" em vez de terem de esperar por uma defesa por excepção[1201].

[1197] Acórdão *Piraiki-Patraiki e o. c. Comissão*, de 17.1.1985, proc. 11/82, Rec., 1985, p. 207.

[1198] Acórdão *Union Syndicale e o. c. Conselho*, de 18.3.1975, proc. 72/74, Rec., p. 401 ou acórdão *DEFI c. Comissão*, de 10.7.1986, proc. 282/85, Colect., p. 2469. Seria talvez diversa a situação se a Comissão ou o Conselho, para a elaboração do acto normativo geral – *vide* um regulamento – estivessem obrigados a consultar tais pessoas ou associações representativas (acórdão *Rovigo*, de 25.2.1995, proc. T-117/94, n.° 29 e ss., *a contrario*).

[1199] Acórdão *Exporteurs in Levende Varkens et al. c. Comissão*, de 13.12.1995, procs. T-481/93 e T-484/93, Colect., II 2941, n.° 64. Para um caso mais recente, v. o despacho *BFB e o. c. Comissão*, de 19.10.2000, n.° 17.

[1200] Leia-se o excelente artigo do Dr. Francisco Paes Marques, «O acesso dos particulares ao recurso de anulação após o Tratado de Lisboa: remendos a um fato fora de moda», in *Cadernos O Direito*, n.° 5, 2010, pp. 89-109, em especial, a pp. 100-102; sobre o ponto concreto, v. Sofia Oliveira Pais, «O Tratado de Lisboa e a renovação das instituições da União Europeia», *cit.*, pág. 344; ou Priollaud/Siritzky, *Le Traité de Lisbonne*, cit., pág. 344.

[1201] Neste sentido, N. Siskova, *op. cit.*, pp. 15-16, citando os trabalhos do Grupo de Trabalho II da Convenção Europeia, doc. 21, de 1.10.2002, pp. 4-5 Segundo esta Autora, reduz-se a este tipo de actos a novidade resultante da nova redacção da norma, pois as restantes situações estão abrangidas pela jurisprudência *Codorniu* e *Plaumann*. Em sentido diverso, Carla Amado Gomes, «O Tratado de Lisboa: ser ou não ser...», *op. cit.*, pág. 81.

2.5. *Interesse em Agir*

828. Requisito processual é igualmente o interesse em agir, que pode dizer-se, não querendo problematizar, não ter de ser demonstrado por qualquer dos recorrentes privilegiados e poder até ser dispensado, em nome da defesa do Direito.

829. Diferente parece ser a situação dos aqui designados recorrentes interessados e dos recorrentes ordinários. Quanto a estes últimos, aliás, a jurisprudência do Tribunal de Justiça da União Europeia é clara[1202]: «Segundo jurisprudência assente, um recurso de anulação interposto por uma pessoa colectiva ou singular só é admissível na medida em que o recorrente tenha interesse em que o acto impugnado seja anulado. Esse interesse deve ser existente e actual. Tal interesse só existe se a anulação desse acto for susceptível, por si própria, de ter consequências jurídicas ou, segundo outra fórmula, se o recurso puder, pelo seu resultado, conferir um benefício à parte que o interpôs. A este respeito, cabe recordar que as condições de admissibilidade do recurso se apreciam, com excepção da perda do interesse em agir, no momento da interposição do recurso. Contudo, no interesse da boa administração da justiça, esta consideração relativa ao momento da apreciação da admissibilidade do recurso não pode impedir o Tribunal de Primeira Instância [actualmente, Tribunal Geral] de declarar que já não há que conhecer do mérito no caso de um recorrente que tinha inicialmente interesse em agir ter perdido todo o interesse pessoal na anulação da decisão recorrida devido à ocorrência de um facto posteriormente à interposição do referido recurso. Com efeito, para que um recorrente possa prosseguir um recurso de anulação de uma decisão, é necessário que continue a ter interesse pessoal na anulação da decisão recorrida.»[1203]

[1202] V., por todos, acórdãos do TPI de 14.4.2005, *Sniace c. Comissão*, proc. T-141/03, Colect., II, pp. 1197, n.° 25; e de 28.9.2004, *MCI c. Comissão*, proc. T-310/00, Colect., II, pp. 3253, n.° 44; e da 5.ª Secção Alargada, de 9.7.2008, *Alitalia – Linee Aeree italiane SpA c. Comissão*, proc. T-301/01, n.os 35-37.

[1203] Despacho *First Data e O. c. Comissão*, de 17.10.2005, proc. T-28/02, Colect., II, pp. 4119, n.os 36 e 37.

2.6. *Prazo de Interposição de Recurso e Tribunal Competente*

830. Nos termos do 263.°, § 6 TFUE, os recursos de anulação de actos de órgãos da União devem ser interpostos «no prazo de dois meses a contar, conforme o caso, da publicação do acto, da sua notificação ao recorrente ou, na falta desta, do dia em que o recorrente tenha tomado conhecimento desta».

831. Na lógica do disposto no parágrafo citado, parece que a data deve começar a contar-se pela ordem aí mencionada, o que leva a que se considerem como subsidiários os sucessivos critérios, nomeadamente o critério da data de conhecimento do acto[1204]. E isto mesmo em relação a actos cuja eficácia não depende de publicação, como é o caso de decisões que, como estatui o artigo 297.° TFUE, não são de publicação obrigatória[1205].

832. A jurisprudência segundo a qual o critério da data de tomada de conhecimento do acto impugnado, enquanto termo inicial do prazo de recurso, tem um carácter subsidiário relativamente aos critérios da publicação ou da notificação do acto só se aplica à situação em que os recorrentes não tenham podido tomar conhecimento do texto preciso da decisão impugnada antes da sua notificação ou da sua publicação[1206]. Além disso, foi apenas em combinação com a circunstância de o acto ter sido publicado menos de dois meses após a sua adopção que o Tribunal de Justiça concluiu que a data da publicação fazia correr o prazo de recurso[1207].

833. Por último, no conhecido acórdão *TWD Deggendorf*[1208], o Tribunal de Justiça considerou que as partes que tenham manifestamente

---

[1204] Acórdão *Alemanha c. Comissão*, de 10.3.1998, C-122/95, Colect., I, p. 973, n.° 35, citado no acórdão *DA.I. c. Comissão*, de 28.1.1999, proc. T-14/96, n.° 33.

[1205] Em relações a decisões proferidas pela Comissão em matéria de auxílios de Estado, esta assumiu em várias ocasiões que publicaria sempre as decisões – leiam-se *Droit de la concurrence dans les États membres*, vol. II A, «Règles applicables aux aides d'État», 1995; 20.° relatório sobre a política de concorrência – afirmando o Tribunal que tal cria uma expectativa legítima que deve ser tutelada.

[1206] Neste sentido, acórdãos *BP Chemicals c. Comissão*, já referido no n.° 34, n.° 47; *Alitalia c. Comissão*, já referido no n.° 34, n.° 61, e acórdão *Regione Siciliana c. Comissão*, *cit.*, n.° 30.

[1207] Acórdão do Tribunal de Justiça *Alemanha c. Conselho*, de 10.3.1998, proc. C-122/95, Colect., I, pp. 973, n.° 38.

[1208] Acórdão *TWD Textilwerke Deggendorf*, de 9.3.1994, proc. C-188/92, Colect., I, pp. 833, n.os 15 a 18.

legitimidade para pedir a anulação de um acto não o podem pôr indefinidamente em questão, invocando outras regras processuais. Esta raciocínio, que se baseia na finalidade do prazo previsto no artigo 263.°, quinto parágrafo, TFUE, aplica-se por analogia a uma situação em que um terceiro que tenha manifestamente legitimidade activa tenha sido individualmente informado do conteúdo preciso de uma decisão, salvo se o acto for de publicação obrigatória, caso em que é esta que determina o início do prazo para a interposição do recurso[1209].

834. Quando é que há notificação? Só quando o acto em si mesmo é notificado ou é suficiente a notificação de uma súmula do conteúdo decisório do acto, por exemplo transmitido por um comunicado de imprensa? O problema foi de, algum modo, encarado e resolvido pelo Tribunal, no processo T-14/96, no sentido de que é necessária a notificação do acto recorrível[1210].

835. Impõe-se igualmente dizer que é jurisprudência constante a de que incumbe à parte que invoca a intempestividade de um recurso demonstrar a partir de que dia começou a correr o prazo para a sua interposição[1211].

836. O recurso tanto deverá ser interposto perante o Tribunal de Justiça da União Europeia (no sentido amplo que resulta do artigo 19.°, n.° 1 TUE – Lisboa) e, concretamente, directamente perante o Tribunal de Justiça, para o Tribunal Geral ou mesmo para um tribunal especializado. Tudo depende da identidade do recorrente e da matéria objecto do recurso.

837. Sobre o ponto regia a decisão do Conselho que instituiu o então TPI, de 24 de Outubro de 1988 e, desde o Tratado de Nice[1212], o artigo

---

[1209] Acórdão do TPI (3.ª secção), *Qualcomm Wireless B.S. E. BV. c. Comissão*, de 19.6.2009, proc. T-48/04.

[1210] Assim alegou a Comissão no processo T-14/96, *B.A.I. c. Comissão*, de 28.1.1999.

[1211] Vide acórdãos do Tribunal de Justiça *Belfiore c. Comissão*, de 5.6.1980, proc. 108/79, Rec., 1980, I, pp. 1769, n.° 7; e *Parlamento c. Comissão*, de 23.10.2007, proc. C--403/05, Colect., 2007, I, pp. 9045, n.° 35.

[1212] Como já se disse na *Parte II*, o texto daquela decisão – que o tratado de Nice revoga (artigo 10.°) – podia encontrar-se em Tizzano/Cruz Vilaça/Gorjão-Henriques, *Código da União Europeia*, 2.ª ed., *cit.*, pp. 339 e ss.

51.° do Estatuto do Tribunal de Justiça. Em geral, o artigo 256.° TFUE reconhece o Tribunal Geral como competente em primeira instância dos recursos de anulação, ressalvando apenas os casos em que tal competência seja atribuída a um tribunal especializado na decisão que o cria (artigo 257.° TFUE) e aqueles outros em que o Estatuto reserve a competência, em primeira instância para o Tribunal de Justiça. Estas hipóteses estão previstas, de modo principal, no artigo 51.° do Estatuto do Tribunal de Justiça, nos seguintes casos:

- Recurso de anulação interposto por um Estado membro contra um acto ou uma abstenção de decidir do Parlamento Europeu ou do Conselho, ou destas duas instituições actuando conjuntamente, salvo quanto (*i*) às decisões referidas no artigo 108.°, n.° 2, § 3 TFUE; (*ii*) aos actos do Conselho adoptados por força de um regulamento do Conselho relativo a medidas de protecção do comércio (artigo 207.° TFUE) ou (*iii*) aos actos do Conselho pelos quais exerça competências de execução (artigo 291.°, n.° 2 TFUE);
- Recurso de anulação interposto por um Estado membro contra um acto ou abstenção da Comissão ao abrigo do artigo 331.° TFUE;
- Recurso de anulação interposto por uma instituição da União contra um acto ou uma abstenção de decidir do Parlamento Europeu, do Conselho, destas duas instituições actuando conjuntamente ou da Comissão, bem como por uma instituição da União contra um acto ou uma abstenção de decidir do Banco Central Europeu.

838. Em suma, pode dizer-se que, com as excepções assinaladas, é perante o Tribunal de Justiça que correm, em primeira linha, os recursos da anulação propostos por Estados membros ou por instituições da União contra o Conselho e/ou Parlamento Europeu. Quanto a estes, o tratado apenas garante um único grau de jurisdição...

2.7. *Fundamentos do Pedido*

839. Desde a redacção originária do Tratado de Roma institutivo da então Comunidade Económica Europeia que o artigo, hoje o artigo 263.° TFUE, no seu § 2, estabelece que são quatro, fundamentalmente, os fundamentos pelos quais o Tribunal de Justiça da União Europeia fiscaliza a legalidade dos actos da União: (*i*) incompetência; (*ii*) violação de formalidades essenciais, (*ii*) violação do Tratado; ou (*iv*) desvio de poder.

840. Este elenco não é, depois, seguido de modo rígido, na sua letra, pelo Tribunal de Justiça da União Europeia. Assim, em processos de concorrência, o Tribunal Geral tem considerado que lhe cumpre verificar se, ao decidir rejeitar uma denúncia por violação do artigo 101.° TFUE, por exemplo, a Comissão não cometeu um **erro de direito** ao não qualificar um determinado comportamento como restritivo. Por outro lado, também se verifica se um órgão da União, ao tomar uma decisão, não comete um **erro manifesto de apreciação**, por exemplo rejeitando uma denúncia por não existir "interesse comunitário". Aliás, a latitude conferida à Comissão em processos de concorrência proferidos neste âmbito é bastante grande, reconhecendo o Tribunal que, a «despeito da gravidade objectiva» de um determinado comportamento para o mercado único, ainda assim se podia considerar que a Comissão não havia cometido um erro de tal tipo[1213]. Serve isto para dizer que se, em geral, o tratado prevê um conjunto taxativo de fundamentos de anulação de actos jurídicos da União (artigo 263.°, § 2 TFUE), nem sempre estes fundamentos são encarados de modo explícito. Como já se disse, a jurisprudência da União é, a maior parte das vezes, ocupada com fundamentos como «erros de direito» ou «erros manifestos de apreciação»; outras vezes, é pedida a anulação com fundamento na «violação de direitos de defesa» ou na «insuficiência de fundamentação da decisão». Em suma, nem sempre há preocupação em inscrever cada um dos vícios assacados ao acto da União numa das categorias expressamente mencionadas no tratado. O que não invalida que tal não possa ocorrer, embora não seja importante encontrar categorizações abstractas e conceitualistas, mas antes reconhecer a superioridade da ideia de primado do direito, a justificar que não se tenha das causas de invalidade um visão submetida a um estrito princípio de tipicidade[1214].

841. O primeiro motivo aí previsto é o da **incompetência**. Estamos perante um vício de incompetência, tipicamente, naqueles casos em que um órgão da União surge a decidir numa matéria que compete a outro órgão. A incompetência poderá ser total ou parcial. Exemplo deste último caso é a hipótese de o Conselho decidir só por si quando o acto deveria ser adoptado segundo processo legislativo ordinário.

[1213] Acórdão *Riviera*, de 21.1.1999, n.° 59.

[1214] Daí que, noutro domínio conexo, o Tribunal tenha afirmado ser-lhe permitido tomar em atenção determinado argumento, mesmo que erradamente qualificado pelo recorrente (acórdão *B.A.I. c. Comissão*, de 28.1.1999, T-14/96, n.° 67).

842. Importa também referir, como boa doutrina assinala, que a incompetência aqui visada é a incompetência interna, pois a externa, isto é, o facto de um acto da União ser adoptado numa matéria que excede as atribuições da União parece configurar uma situação de inexistência e não de invalidade[1215], com as consequências que daí derivam forçosamente.

843. O segundo fundamento previsto é o de **violação de formalidades essenciais**. Trata-se de um vício de conhecimento oficioso que se manifesta, nomeadamente, quando o acto impugnado não foi adoptado com precedência de todas as formalidades previstas no tratado como pressuposto procedimental para a sua adopção ou quando o acto revela falta ou insuficiência de fundamentação (artigo 296.° ou 297.° TFUE).

844. Já o fundamento de **violação de tratado e das normas adoptadas em sua aplicação** é apresentado como equivalendo ao vício de violação de lei, que os ordenamentos jurídicos nacionais igualmente conhecem. Abrange, por exemplo, a violação de normas específicas do tratado (de carácter não procedimental) ou até de princípios gerais de direito.

845. Por último, também o vício de **desvio de poder** se insere na lógica francófona do sistema. No dizer do Tribunal de Justiça, existe desvio de poder «quando a autoridade comunitária, por falta grave de previsão ou circunspecção, prossegue fins diversos dos invocados ou visa tornear um processo especialmente previsto pelo Tratado para obviar às circunstâncias do caso em apreço». Na verdade, esta noção pode abranger situações que, à primeira vista, classificaríamos no âmbito de alguns dos fundamentos anteriormente assinalados. Ora, como nos esclarecem LENAERTS/ARTS/MASELIS, trata-se de uma averiguação objectiva, bastando que o «*outcome of the contested act diverges from the objectives for which the power was conferred*»[1216].

846. Por último, neste excurso breve, cumpre assinalar que a arguição dos fundamentos deve ser feita de modo completo logo com a petição inicial, dado o princípio de proibição de introdução de novos fundamentos no decurso da instância (artigos 42.°, n.° 2 e 48.°, n.° 2, dos regulamentos

---

[1215] Embora haja quem considere estar-se aqui perante uma situação de violação de tratado.

[1216] K. Lenaerts/D. Arts/I. Maselis, *Procedural Law of the European Union*, Oxford, 2006, p. 309.

de processo do Tribunal de Justiça e do Tribunal Geral, respectivamente). Este princípio é apenas excepcionado quando os novos fundamentos tiverem a sua origem em elementos de direito ou de facto revelados durante o processo. Não constituem novos fundamentos os argumentos que tenham, na sua essência, um nexo estreito com um fundamento já invocado, ainda que apenas sejam arguidos na réplica. Por isso, é lícita a ampliação de um fundamento anteriormente invocado[1217].

2.8. *Efeitos do Acórdão*

847. Proferido o acórdão, impõe-se analisar quer a questão dos seus efeitos, quer, seguidamente, a questão da sua eventual recorribilidade.

848. De acordo com o disposto no Estatuto do Tribunal de Justiça, as decisões do Tribunal Geral que «ponham termo à instância, conheçam parcialmente do mérito da causa ou ponham termo a um incidente processual relativo a uma excepção de incompetência ou a uma questão prévia de inadmissibilidade» são notificadas às Partes, a todos os Estados membros e a todas as «instituições da União», «mesmo que não tenham intervindo no processo» (artigo 55.° do Estatuto).

849. Quanto ao sentido do acórdão, há que distinguir consoante a pronúncia do tribunal europeu seja no sentido da validade ou da invalidade do acto juridicamente vinculativo da União sob escrutínio.

850. Se o Tribunal considerar improcedente o recurso, entende-se que tal significa que a presunção de validade do acto da União não foi posta em causa e que inexiste a específica causa de invalidade apreciada no processo. Mas, por outro lado, não impede que, sendo possível, a validade do acto seja outra vez questionada, desde que baseada em fundamento diverso.

851. Mas se o tribunal se pronunciar pela procedência do recurso, o acto da União Europeia é – no todo ou em parte – extirpado da ordem jurídica. Segundo o artigo 264.°, § 1 TFUE, «[s]e o recurso tiver fundamento, o Tribunal de Justiça anulará o acto impugnado».

[1217] Acórdão *FFSA e o. c. Comissão*, de 27.2.1997, proc. T-106/95, Colect., II, p. 229, n.° 125.

852. Em princípio, o acto anulado é retroactivamente eliminado da ordem jurídica da União (com eficácia *ex tunc*), sendo o acto declarado nulo e de nenhum efeito[1218]. Tratando-se de um acto geral, o Tribunal de Justiça poderá, sem prejuízo para a sua anulação integral, declarar que certos efeitos do acto deverão considerar-se «subsistentes» (artigo 264.°, § 2 TFUE), expressão que a jurisprudência da União usa tanto para ressalvar efeitos já produzidos como para manter a vigência de um acto inválido até à sua substituição por um novo acto (não-viciado), designadamente por razões de protecção da segurança jurídica e das legítimas expectativas de terceiros.

853. A anulação pode também ser parcial, a qual é possível na medida em que os elementos cuja anulação é pedida se possam separar do resto do acto[1219], de modo a assegurar que a anulação parcial do acto não afecte a substância do mesmo[1220]. Atentos o seu modo de actuação e efeitos, convém reflectir sobre se se trata de uma verdadeira anulabilidade. Parece que nos devemos inclinar para esta solução, pese embora lhe falte a característica da convalidação, o que lhe confere, em rigor, a natureza de invalidade mista. Quer dizer, o vício não pode ser invocado por qualquer interessado nem a todo o tempo, mas, por outro lado, a não interposição do recurso do prazo fixado não faz sanar a invalidade do acto, que poderá mais tarde ser declarado, ainda que apenas no quadro de outros institutos jurídicos.

854. Anulado o acto, total ou parcialmente, os órgãos da União devem adoptar todas as medidas adequadas à execução do acórdão do Tribunal de Justiça, como resulta do artigo 264.°[1221]. Além disso, o Tratado é claro na afirmação do princípio de responsabilidade dos órgãos da União (infra). Como aqui se estipula: «A instituição ou as instituições de que emane o acto anulado, ou cuja abstenção tenha sido declarada contrária ao

---

[1218] J. Mota de Campos, *Manual de Direito Comunitário*, cit., pp. 478-479.

[1219] Neste sentido, v. acórdãos do Tribunal de Justiça *Comissão c. Conselho*, de 10.12.2002, proc. C-29/99, Colect., I, 11221, n.° 45; e *Alemanha c. Comissão*, de 30.9.2003, proc. C-239/01, Colect., I, pp. 10333, n.° 33; ou o acórdão *Comissão c. Parlamento e Conselho*, de 21.1.2003, proc. C-378/00, Colect., I, pp. 937, n.° 30.

[1220] Acórdão do Tribunal de Justiça *França c. Parlamento Europeu e Conselho*, de 24.5.2005, proc. C-244/03, Colect., I, pp. 4021, n.° 13; ou acórdãos *França e o. c. Comissão*, de 31.3.1998, procs. C-68/94 e C-30/95, Colect., I, pp. 1375, n.° 257.

[1221] Regime aplicável igualmente à declaração de omissão, nos termos previstos no artigo 265.° (*infra*).

presente Tratado, devem tomar as medidas necessárias à execução do acórdão do Tribunal de Justiça. Esta obrigação não prejudica aquela que decorre da aplicação do segundo parágrafo do artigo 340.°. / (...)»

855. Entende-se que o Tribunal de Justiça não pode ordenar aos órgãos autores do acto inválido quais as medidas que concretamente devem adoptar nem, muito menos, substituir-se a estes, numa qualquer forma de «execução específica»[1222]. Cabe aos órgãos autores do acto ou omissões censurados determinar quais as medidas a adoptar para repor a legalidade na União[1223], conquanto não gozem de uma "liberdade ilimitada"[1224], porquanto devem obediência tanto à parte dispositiva do acórdão como à sua fundamentação. Tais medidas tanto se podem bastar com a eliminação da ilegalidade declarada do acto[1225], sem a sua necessária renovação, como podem implicar a revogação e/ou substituição de todos os actos adoptados com base no acto ilegal, salvo tendo havido, por parte do Tribunal, uma limitação temporal dos efeitos no acórdão anulatório.

856. Para plena execução do acórdão, o órgão ou órgãos em causa devem agir num «prazo razoável».

2.9. *Recurso*

857. A questão de saber se cabe recurso da decisão do Tribunal de Justiça da União Europeia (em sentido amplo) depende da questão de saber qual o tribunal efectivamente competente, em primeira instância, para conhecer do recurso.

858. Em geral, poderá dizer-se que das decisões que ponham termo à instância cabe recurso sempre que o juiz *a quo* for o Tribunal Geral ou

---

[1222] O Tribunal de Justiça começou por tratar o problema no âmbito material da CECA, através do acórdão *De Gezamenlijke Steenkolenmijnen in Limburg*, de 23.2.1961, proc. 30/59, Rec., 1961, p. 11.

[1223] Mais desenvolvidamente, Denis Waelbroeck, «L'exécution des arrêts d'annulation de la Cour de Justice des Communautés Européennes», *Mélanges M. Waelbroeck*, vol. I, *cit.*, pp. 695-717.

[1224] Robert Kovar, «Article 176», in *Traité instituant la CEE – commentaire article par article*, *cit.*, p. 1070.

[1225] Acórdão *Asteris e o. c. Comissão*, de 26.4.1988, procs. 97/86, 99/86, 193/86 e 215/86, Colect., pp. 2181, n.° 28.

um Tribunal Especializado (v. artigo 256.°, n.° 1, § 2, e 2 TFUE). Já se o processo for decidido pelo Tribunal de Justiça, como sucede nos casos previstos no artigo 51.° do Estatuto do Tribunal de Justiça, não existe um duplo grau de jurisdição e, em rigor, nenhum tribunal poderá fiscalizar a legalidade do acórdão do Tribunal de Justiça proferido em primeira (e única) instância. A nosso ver, esta é uma limitação evidente do sistema de justiça da União Europeia.

859. Já dos acórdãos – ou das decisões que ponham termo à instância – proferidos pelo Tribunal Geral ou por tribunal especializado em sede de recurso de anulação cabe recurso para o Tribunal de Justiça (artigo 56.° do Estatuto do Tribunal de Justiça) ou para o Tribunal Geral (artigo 256.°, n.° 2, § 1, e artigo 257.°, § 3 TFUE), respectivamente. Excepcionalmente, o tratado prevê que a decisão proferida em recurso pelo Tribunal Geral seja ainda recorrível para o Tribunal de Justiça, nas condições e limites previstos no Estatuto do Tribunal de Justiça (artigo 256.°, n.° 2, § 2 TFUE): sobre a matéria regem os artigo 62.° a 62.°-B do Estatuto, para os quais se remete, salientando apenas que a iniciativa da reapreciação da decisão do Tribunal Geral incumbe ao "primeiro advogado-geral".

860. Em princípio, o recurso para o Tribunal de Justiça é limitado a questões de direito (artigo 256.°, n.° 1, § 2 TFUE). Já o recurso de uma decisão de um tribunal especializado pode, em teoria, abranger matéria de facto, se tal estiver previsto no acto que cria o tribunal especializado (artigo 257.°, § 3 TFUE). Tal não se encontra previsto quanto ao Tribunal da Função Pública (artigo 11.° do Anexo ao *Protocolo relativo ao Estatuto do Tribunal de Justiça*).

861. Podem recorrer as partes, desde que total ou parcialmente vencidas (artigo 56.°, § 2 do Estatuto[1226]), além dos Estados membros ou das «instituições da União», tenham ou não intervindo no processo (artigo 56.° do Estatuto)[1227]. Já as partes intervenientes que não sejam Estados membros ou instituições da União «só podem interpor recurso se a decisão do Tribunal Geral as afectar directamente»[1228].

[1226] O recurso não pode ter por único fundamento o montante das despesas ou a determinação da parte que as deve suportar (artigo 58.° do Estatuto).

[1227] Excepção feita ao contencioso da função pública.

[1228] Recorde-se que, em geral, uma parte interveniente apenas adere à posição de uma das partes no litígio (v. artigo 40.° do Estatuto). Já no caso de a decisão recorrida for a decisão pela qual o Tribunal Geral recusa o pedido de intervenção, o recurso deve ser interposto em duas semanas (artigo 57.°, § 1, segundo período, do Estatuto).

862. O recurso de uma decisão do tribunal especializado ou do Tribunal Geral deve ser interposto no prazo de dois meses a contar da notificação da decisão impugnada (v. supra, e artigo 56.° do Estatuto). Já o recurso da decisão de indeferimento de pedido de intervenção deve ser interposto no prazo de duas semanas a contar da notificação de decisão (artigo 57.° do Estatuto)[1229].

863. Sendo limitado a questões de direito, o recurso não pode simplesmente repetir ou reproduzir *expressis verbis* fundamentos e os argumentos já alegados no tribunal *a quo*, incluindo aqueles que se baseavam em factos expressamente considerados não provados[1230]. Segundo a jurisprudência do Tribunal de Justiça, tal configuraria «um pedido de simples reanálise da petição apresentada (...), o que escapa à competência do Tribunal de Justiça»[1231]. Já diversa será a situação quando o recorrente contestar «a interpretação ou a aplicação do direito comunitário feita pelo Tribunal de Primeira Instância [Tribunal Geral] (...) pois aí as questões de direito examinadas em primeira instância podem ser de novo discutidas no âmbito de um recurso de anulação. Com efeito, se um recorrente não pudesse basear o seu recurso em fundamentos e argumentos já utilizados no Tribunal de Primeira Instância [actual Tribunal Geral], o processo de recurso de decisão do Tribunal de Primeira Instância ficaria privado de uma parte do seu sentido»[1232].

[1229] O recurso pode ser decidido pelo Presidente do Tribunal através de processo sumário, como previsto no artigo 39.° do Estatuto.

[1230] Por todos, v. Despacho *FFSA e O. C. Comissão*, de 25.3.1998, proc. C-174/97 P, Colect., I, pp. 1303, n.° 24.

[1231] Por todos, v. Despacho *X c. Comissão*, de 26.9.1994, proc. C-26/94 P, Colect., I, pp. 4379, n.° 13.

[1232] Por todos, v. Acórdão do Tribunal de Justiça *Salzgitter c. Comissão*, de 13.7.2000, proc. C-210/98 P, Colect., I, pp. 5843, n.° 43; ou Acórdão *ARAP e O. c. Comissão*, de 16.5.2002, proc. C-321/99 P, Colect., I, pp. 4287, n.° 49.

3. Excepção de Ilegalidade

864. Assinaladas as limitações que ainda subsistem para os particulares no acesso directo ao Tribunal de Justiça da União Europeia, quando se trata de pôr em causa a legalidade de actos da União, particularmente evidente no que toca a actos de carácter normativo, o mecanismo do artigo 277.° TFUE[1233] afigura-se de extrema (ainda que limitada) importância.

865. O mecanismo da excepção de ilegalidade – ou «questão incidental de ilegalidade» – é tradicionalmente configurado como conferindo uma garantia adicional para os particulares, dada a sua ilegitimidade (total, pelo menos até ao Tratado de Lisboa) para pedir a anulação de actos de cariz normativo.

866. Apresenta características bem evidentes. Primeiro, só pode ser invocado num processo que decorra perante o Tribunal de Justiça da União Europeia (Tribunal de Justiça, Tribunal Geral ou um tribunal especializado, como o Tribunal da Função Pública).

867. Segundo, pode ser invocado por qualquer parte demandada (Estado membro, «instituição» ou particular) e apenas em via de excepção. Neste sentido, o Tribunal de Justiça esclareceu, recentemente, que «resulta deste artigo que um Estado membro pode, em caso de litígio, contestar a legalidade de um regulamento contra o qual não interpôs recurso de anulação antes de decorrido o prazo previsto no artigo [263.°, § 5 TFUE]. Importa observar a este respeito que, não estando limitado o direito que assiste aos Estados membros de interpor recurso de anulação de um regulamento, a razão de inadmissibilidade invocada pelo Conselho e a Comis-

---

[1233] Anteriores artigos 184.° CE e 241.° CE. Consulte-se, igualmente, J. Mota de Campos, *Manual de direito comunitário*, *cit*., pp. 479-488, embora englobe na mesma secção diferentes realidades.

são, segundo a qual, essencialmente, um Estado membro não pode arguir a ilegalidade de um regulamento depois de decorrido o prazo antes referido, visto que podia requerer a sua anulação dentro desse prazo, equivaleria, se fosse acolhida, a negar aos Estados membros o direito de contestar, em caso de litígio, a legalidade de um regulamento para invocar, no Tribunal de Justiça, a sua inaplicabilidade. Sendo tal solução, como salientou o advogado-geral no n.° 61 das suas conclusões, contrária à própria letra do artigo 241.° CE [artigo 277.° TFUE], que confere esse direito a «qualquer parte»[1234].

868. Terceiro, é um instituto que apenas pode ser invocado a título incidental, o que significa que deve haver um fundamento principal para o litígio decorrer no Tribunal de Justiça da União Europeia[1235].

869. Quarto, é complementar em relação ao mecanismo do artigo 263.° TFUE. Pode ser invocado mesmo que já tenha decorrido o prazo para a interposição de um recurso de anulação (n.° 5 do artigo 263.° TFUE)[1236], já que não está submetida a qualquer prazo. Com efeito, o artigo 277.° TFUE «constitui a expressão de um princípio geral que garante a qualquer parte o direito de impugnar, com o objectivo de obter a anulação de uma decisão que a afecta directa e individualmente, a validade dos actos institucionais anteriores, que constituem a base jurídica da decisão atacada, se essa parte não dispunha do direito de interpor, nos termos do artigo [263.°] do Tratado [TFUE], um recurso directo contra esses actos de que sofreu as consequências sem ter podido requerer a sua anulação.».

1234 Acórdão do Tribunal de Justiça (Segunda Secção), *Espanha c. Conselho*, de 15.5.2008, proc. C-442/04, n.° 22; v., anteriormente, acórdão *Comissão c. BCE*, de 10.7.2003, proc. C-11/00, Colect., p. I-7147, n.° 76.

1235 Segundo o Despacho do Tribunal de Justiça *Schiocchet SARL c. Comissão*, de 16.11.2000, n.° 11, *«la possibilité que donne cet article d'invoquer l'inapplicabilité de l'acte de caractère général qui constitue la base juridique de la décision attaquée ne constitue pas un droit d'action autonome et ne peut être exercée que de manière incidente. Par conséquent, en l'absence d'un droit de recours principal, ledit article ne peut pas être invoqué»*.

1236 Como resultou logo do acórdão *Lütticke* (acórdão *Milchwerke Heinz Wöhrmann & Sohn KG e Alfons Lütticke GmbH c. Comissão*, de 14.12.1962, procs. 31/62 e 33/62, Colect., pp. 195 e segs), «resulta do seu [do artigo 184.°, actual artigo 277.° TFUE] texto e da sua economia que esta disposição apenas prevê a declaração de inaplicabilidade de um regulamento, por via incidental e com efeitos restritos, mediante um processo intentado no próprio Tribunal de Justiça com base noutra [que não o actual artigo 263.° TFUE] disposição do Tratado», tendo apenas por objecto «proteger os sujeitos de direito contra a aplicação de um regulamento ilegal, sem por esse facto pôr em causa o regulamento em si».

870. Isto quanto aos particulares, como vimos acima, pois quanto aos Estados membros, já vimos acima que a legitimidade activa não preclude o direito de invocar a excepção para lá do prazo dos dois meses previstos no artigo 263.° TFUE.

871. Segundo a jurisprudência *Simmenthal c. Comissão*, este artigo deve «ser interpretado de forma ampla para que seja garantida uma fiscalização de legalidade efectiva dos actos das instituições. (...) que o âmbito de aplicação deste artigo deve alargar-se aos actos das instituições que, embora não revestindo a forma de um regulamento, produzem todavia efeitos análogos»[1237], desde que visem garantir a protecção dos particulares (acórdão *LVM c. Comissão*, n.° 287) e a invocação da excepção seja limitada ao que «é indispensável para a solução do litígio»[1238] (*idem*, n.° 288).

872. O fundamento deste instituto é apenas a ilegalidade, em qualquer das suas manifestações, designadamente as constantes do artigo 263.°, § 2 TFUE, de um acto de carácter geral[1239].

[1237] No acórdão do TPI proferido no caso *LVM e outros c. Comissão Europeia*, de 20.4.1999, procs. Apensos T-305/94, T-306/94, T-307/94, T-313/94, T-314/94, T-315/94, T-316/94, T-318/94, T-325/94, T-328/94, T-329/94 e T-335/94, o Tribunal reconheceu o direito de impugnação de uma norma de um regulamento interno da Comissão Europeia, no caso, pois, «apesar de não constituírem a base jurídica da decisão impugnada e de não produzirem efeitos análogos aos de um regulamento na acepção daquele artigo do Tratado, determinam as formalidades essenciais exigidas para a adopção dessa decisão e garantem, por conseguinte, a segurança jurídica das pessoas que são suas destinatárias. Com efeito, importa que qualquer destinatário de uma decisão possa impugnar, na forma de incidente processual, a legalidade do acto que condiciona a validade formal dessa decisão, não obstante o facto de o acto em causa não constituir o fundamento jurídico desta, desde que não estivesse em condições de pedir a anulação deste acto antes de ter sido notificado da decisão controvertida»

[1238] Como no mesmo processo se esclareceu, o instituto «não se destina a permitir que uma parte impugne a aplicabilidade de todo e qualquer acto de carácter geral, através de um qualquer tipo de recurso. O acto geral cuja ilegalidade é invocada deve ser aplicável, directa ou indirectamente, à situação que constitui objecto do recurso e deve existir um vínculo jurídico directo entre a decisão individual impugnada e o acto geral em questão (acórdãos do Tribunal de Justiça de 31 de Março de 1965, *Macchiorlati Dalmas e Figli c. Alta Autoridade*, 21/64, Colect. 1965-1968, p. 55, de 13 de Julho de 1966, *Itália c. Conselho e Comissão*, 32/65, Colect. 1965-1968, p. 483, e acórdão do Tribunal de Primeira Instância de 26 de Outubro de 1993, Reinarz/Comissão, T-6/92 e T-52/92, Colect., p. II-1047, n.° 57).» (acórdão *LVM e Os. C. Comissão*, n.° 289).

[1239] Acórdão do Tribunal de Justiça *Simmenthal*, de 6.3.1979, proc. 92/78, Rec., 1979, pp. 777.

873. Estas características permitem apreender o sentido da jurisprudência da União quando, em apenas aparente contradição, considerou que os recorrentes ordinários, i.e. pessoas singulares ou colectivas, não se podem prevalecer da excepção de ilegalidade quando tivessem legitimidade para impugnar directamente o acto, por via de acção (através de recurso de anulação[1240]).

874. Esta jurisprudência é paralela àquela que o Tribunal de Justiça tem afirmado em relação à invocação da ilegalidade de normas europeias em processos que correm perante os tribunais nacionais. Também nestes o Tribunal de Justiça, designadamente através da sua Grande Secção, reconheceu que «qualquer parte tem o direito de alegar, no órgão jurisdicional onde foi intentado o referido processo, a invalidade de disposições contidas nos actos da União que servem de fundamento para uma decisão ou para um acto nacional tomados contra si e de levar o referido órgão jurisdicional, que não é competente para declarar ele próprio essa invalidade, a interrogar o Tribunal de Justiça a esse respeito através de uma questão prejudicial[1241]». Com efeito, parece-nos, com o Tribunal de Justiça, que independentemente de saber se o Tribunal nacional é ou não competente para "declarar ele próprio essa invalidade" (questão já abordada), «o reconhecimento desse direito pressupõe, todavia, que essa parte não dispusesse do direito de interpor, ao abrigo do artigo 263.° TFUE, um recurso directo contra essas disposições, de que sofreu as consequências sem ter podido requerer a sua anulação»[1242].

875. Só neste caso haverá um desvio à lógica do sistema de vias processuais previstas no Tratado. Com efeito, uma extensão desta solução a todos os recorrentes implicaria uma interpretação *contra legem* do próprio teor do artigo e, mais ainda, o total desrespeito pela legalidade e uma absolutização de uma legalidade formal da União desconforme com os princí-

---

[1240] Acórdão do Tribunal de Justiça *TWD Textilwerke Deggendorf*, de 9.3.1994, proc. C-188/92, Colect., I, pp. 833; e acórdão do TPI de 13.9.1995, *TWD II*, procs. T-244/93 e T-486/93, Colect., II, pp. 2265, n.° 103.

[1241] O Tribunal de Justiça cita, neste sentido, os acórdãos *Nachi Europe*, de 15.2.2001, proc. C-239/99, Colect., I, pp. 1197, n.° 35, e *Unión de Pequeños Agricultores c. Conselho*, já citado, n.° 40.

[1242] Acórdão do Tribunal de Justiça (Grande Secção), *Processo Penal c. E. e F.*, de 29.6.2010, proc. C-550/09, n.os 45-46; no mesmo sentido, acórdãos de *TWD Textilwerke Deggendorf, cit.*, n.° 23, e *Nachi Europe*, de 15.2.2001, proc. C-239/99, Colect., I, pp. 1197, n.° 36.

pios fundamentais comuns aos Estados membros, equivalendo a dizer que a legalidade de um acto geral nunca poderia ser impugnada por uma instituição ou Estado membro pela simples circunstância de, no reduzido prazo de dois meses previsto no artigo 263.° TFUE, não ter resolvido impugnar a norma europeia em causa. Um tal leitura seria incompatível com a letra do tratado, com própria ideia de Direito e a natureza dos mecanismos de controlo da legalidade e constitucionalidade dos actos nos direitos dos Estados membros[1243].

876. Finalmente, a originalidade deste instituto é marcada pelos seus **efeitos**. Ainda que o Tribunal de Justiça considere que o acto da União Europeia em causa é ilegal, a única consequência do aresto é a desaplicação do acto ao caso concreto *sub judice*, não a eliminação do acto da ordem jurídica da União Europeia. Ou seja, mesmo que a excepção proceda, o que se obtém é apenas a inaplicabilidade do acto geral, não a sua invalidação.

[1243] Sobre o assunto, v. Maria Luísa Duarte, «O banco central Europeu e o sistema judicial da União Europeia», *cit.*, pp. 162-163.

4. ACÇÃO PARA CUMPRIMENTO

877. A acção para cumprimento encontra-se prevista no artigo 265.° TFUE[1244] e diz respeito a comportamentos omissivos dos órgãos da União, razão pela qual este instituto é frequentemente designado como recurso por omissão.

878. Na verdade, porém, como bem assinala o prof. A. BARBOSA DE MELO[1245], é uma acção e não um recurso, pois não se reage contra um acto – ainda que silente – da Administração (seja de uma instituição, um órgão ou organismo, na terminologia do tratado), mas contra uma verdadeira e própria omissão.

879. Dado que se trata de obter uma condenação jurisdicional que declare que uma determinada instituição[1246], órgão ou organismo não agiu (devendo agir), os autores dos tratados consideraram adequado fazer preceder esta acção de uma fase pré-contenciosa, em que o órgão inadimplente é convidado a agir, adoptando o acto cuja omissão lhe é imputada. Assim prescreve o segundo parágrafo do artigo 265.° TFUE: «Este recurso só é admissível se a instituição, órgão ou organismo em causa tiver sido previamente convidad[o] a agir. Se, decorrido o prazo de dois meses a contar da data do convite, a instituição órgão ou organismo não tiver tomado posição, o recurso pode ser introduzido dentro de novo prazo de dois meses».

880. Esta fase pré contenciosa apresenta uma dupla finalidade. Primeiro, dá ao órgão da União a oportunidade de, num prazo razoável, adop-

---

[1244] Anterior artigo 175.°.

[1245] *Notas de contencioso comunitário*, *cit.*

[1246] Sobre o BCE, a sua legitimidade, hoje inequívoca, foi esclarecida, mesmo à luz da anterior redacção dos tratados, que apenas lhe reconhecia um estatuto de "recorrente" interessado, através do acórdão *Comissão c. BCE*, de 10.7.2003, proc. C-11/00.

tar o acto em falta, permitindo assim reduzir a conflitualidade judicial, promovendo a celeridade da administração da União e a economia processual. Mas, além disso, fixa o início do prazo (de dois meses) para a propositura da acção.

881. Se, após o convite a agir e o decurso do prazo, o órgão em causa não adoptar o acto omitido, poderá ser proposta a acção. O tratado diz mesmo que a acção para cumprimento só poderá ser intentada se «a instituição, órgão ou organismo *não tiver tomado posição*» (itálico nosso). Assim, se o órgão em causa se recusar explicitamente a adoptar o acto, o meio contencioso adequado será o recurso de anulação (artigo 263.° TFUE) e já não a acção para cumprimento (artigo 265.° TFUE). Mas se nada disser, se adoptar um acto diferente daquele que é pedido ou emitir um acto[1247] informando que continua a analisar a questão ou questões suscitadas, tal não constitui uma tomada de posição pondo termo a uma omissão[1248].

882. Apesar da redacção do artigo apenas nomear expressamente as principais instituições (Conselho Europeu, Parlamento Europeu, Conselho, Comissão e Banco Central Europeu), a acção pode ser proposta contra qualquer outro órgão ou organismo da União (artigo 265.°, § 1 TFUE). A razão é simples. São estes os órgãos que adoptam actos juridicamente vinculativos da União (artigo 288.° TFUE).

883. Tal como acontece no recurso de anulação, a posição processual de Estados, das instituições da União e particulares não é idêntica.

884. Autores privilegiados são os Estados membros e as instituições da União, que são as do artigo 13.° TUE – Lisboa[1249]. No respeito pela precedência da fase pré-contenciosa, poderão interpor tal acção quando

---

[1247] Exemplo típico é uma carta ou outro tipo de acto informal.

[1248] Acórdãos *SNUPAT/Alta Autoridade*, de 22.3.1961, procs. 42/59 e 49/59, Rec., 1961, pp. 99, 143, Colect., 1954-1961, p. 597, e *Parlamento/Conselho*, de 22.5.1985, proc. 13/83, Rec., p. 1513, n.° 25. Em certos casos, porém, a não adopção de um acto pode constituir um acto impugnável, *ex vi* do artigo 230.° – acórdão *Eurocoton c. Comissão*, de 30.9.2003, proc. C-76/01 P, Colect. I-10091.

[1249] É de notar a diferença de redacção entre o § 1 (que fala das "instituições") e o § 2 (que fala das "instituições, órgãos ou organismos") do artigo 265.° TFUE, a este respeito.

«em violação do presente tratado» os órgãos de direcção da União se «abstiverem de pronunciar-se». Significa isto que é apenas necessário que exista um dever jurídico de agir para justificar a legitimidade da acção para cumprimento intentada pelos Estados membros ou por instituições da União.

885. Diversa é a situação dos particulares (pessoas singulares ou colectivas), cuja legitimidade depende de um duplo factor: a obrigação de a instituição, órgão ou organismo actuar; e de actuar através da emissão de um acto juridicamente vinculativo.

886. E o que sucede se a instituição, órgão ou organismo da União «tomar uma posição»? Segundo a jurisprudência do Tribunal de Justiça, tal priva a acção do seu objecto, quer ocorra na fase prévia, quer ocorra após a propositura da acção, mesmo quando a tomada de posição não se traduz na adopção de um acto definitivo dirigido ao autor[1250].

[1250] Assim os acórdãos *Guérin automobiles c. Comissão*, de 18.3.1997, proc. C-282/95 P, Colect., I, p. 1503, n.° 31, e *Asia Motor France e o. c. Comissão*, de 18.9.1992, proc. T-28/90, Colect., II, p. 2285, considerandos 34 a 36, citados no acórdão *Intervet International c. Comissão*, de 7.3.2002, proc. T-212/99, n.° 67.

5. Responsabilidade Civil da União Europeia

887. Tal como sucede no plano interno, a responsabilidade civil tanto pode derivar do incumprimento de um negócio jurídico (contrato ou não) como basear-se na violação de «direitos ou interesses legalmente protegidos» (cfr. artigo 483.° do Código Civil português). Contudo, o regime da responsabilidade civil na e da União conhece bastantes especificidades, que convém conhecer.

888. A acção de responsabilidade contratual da União só é competência do Tribunal de Justiça se tiver «fundamento em cláusula compromissória constante de um contrato de direito público ou de direito privado, celebrado pela União ou por sua conta» (artigo 272.° TFUE). Não é, pois, jurisdição obrigatória, podendo ser outra a instância jurisdicional competente para a resolução de tais litígios.

889. E o que se diz quanto à determinação da jurisdição competente pode igualmente dizer-se quanto à lei aplicável aos contratos em que seja Parte a União. Como se estabelece no § 1 do artigo 340.° TFUE, «[a] responsabilidade contratual da União é regulada pela lei aplicável ao contrato em causa».

890. Já o julgamento da responsabilidade aquiliana da União[1251] é objecto de competência explícita e obrigatória do Tribunal de Justiça, como dispõe o artigo 268.° TFUE (anterior artigo 235.° CE): «O Tribunal

---

[1251] O Tribunal de Justiça não será competente se for a própria Comunidade a interpor a acção de responsabilidade – sobre este instituto, entre nós, Maria Luísa Duarte, «A acção de indemnização por responsabilidade extracontratual da Comunidade Económica Europeia», *ROA*, 1993, p. 85; e, monograficamente, a dissertação de Mestrado de Afonso N. De F. Patrão, *A responsabilidade extracontratual da Comunidade Europeia*, Almedina, Coimbra, 2008.

de Justiça da União Europeia é competente para conhecer dos litígios relativos à reparação dos danos referidos no segundo parágrafo do artigo 340.°».

891. O segundo parágrafo do artigo 340.° TFUE enuncia os pressupostos da responsabilidade civil da União Europeia por força da actuação dos seus órgãos ou agentes. Mais uma vez, é de alguma utilidade conhecer a redacção da norma em questão: «Em matéria de responsabilidade extracontratual, a União deve indemnizar, de acordo com os princípios gerais comuns aos direitos dos Estados membros, os danos causados pelas suas instituições ou pelos seus agentes no exercício das suas funções».

892. São vários os pressupostos da responsabilização aquiliana da União Europeia. Não nos alongaremos na sua análise, ficando pela respectiva enunciação[1252], até porque, como resulta do artigo 340.° TFUE, a responsabilização da União opera «de acordo com os princípios gerais comuns aos direitos dos Estados membros».

893. Em primeiro lugar, é preciso haver um acto que expresse a vontade da União e que seja produtor de efeitos jurídicos.

894. O acto deve, além disso, ser ilícito[1253], isto é, configurar uma actuação da União, através de um seu órgão ou agente, violadora de uma «regra superior de direito tuteladora da posição jurídica dos particulares» ou dos «limites impostos ao exercício dos poderes» da União[1254]. Não é qualquer ilegalidade que parece consubstanciar o preenchimento deste primeiro elemento. A jurisprudência caracteriza-a como uma «violação suficientemente grave» [da regra superior de direito tuteladora dos particulares] ou como uma violação em forma «grave e manifesta» [dos limites impostos ao exercício dos seus poderes].

1252 Ver acórdãos *Sonito e o. c. Comissão*, de 17.5.1990, proc. C-87/89, Colect., I, p. 1981, n.° 16; e acórdão *TEAM c. Comissão*, de 29.10.1998, proc. T-13/96, Colect., II, p. 4073, n.° 68.

1253 Mas não é necessário que o acto tenha sido objecto de um recurso de anulação (artigo 263.°) e efectivamente eliminado da ordem jurídica da União.

1254 Aquilo que alguns qualificam como a "fórmula Schöppentedt", por referência ao aresto do Tribunal de Justiça que enunciou, o acórdão *Zuckerfabrik Schöppenstedt c. Conselho* (Hartley, *The Foundations of European Community Law*, *cit.*, pp. 443-453).

895. O acto deve, em terceiro lugar, ser produtor de prejuízos, de danos reais[1255]. Os danos, que devem ser ressarcíveis, tanto podem ser danos actuais como previsíveis[1256].

896. Por último, entre o facto [o acto ilegal] e o dano deve existir um nexo de causalidade. O dano tem de ser imputado à União, resultando quer da regulamentação da União quer de uma omissão [ilegítima] de um seu órgão ou agente.

897. A isto há apenas que fazer acrescer duas últimas considerações. Por um lado, este mecanismo é concebido pelo Tribunal de Justiça como uma via subsidiária em relação às vias nacionais. E, por outro lado, só opera se o comportamento for exclusivamente imputável à União, devendo a acção, nesta hipótese, ser intentada contra a própria União Europeia[1257]. Se foi o Estado membro que, pela sua actuação de uma norma da União e no exercício da sua margem de apreciação na implementação do direito da União Europeia, originou o dano, a ele cumpre responder judicialmente.

[1255] Acórdão *Birra Wührer e o. c. Conselho e Comissão*, de 27.1.1982, procs. 256/80, 257/80, 265/80, 267/80 e 5/81, Rec. 1982, I, n.° 9.

[1256] Pode por exemplo pedir-se o pagamento de juros indemnizatórios.

[1257] O Tribunal de Justiça igualmente admite que a acção possa ser intentada contra o órgão produtor do acto ilegal (acórdão *Briantex e Di Domenico c. Comissão*, de 9.11.1989, proc. 353/88, Colect., p. 3623, n.° 7; *SGEEM e Etroy c. BEI*, de 2.12.1992, proc. C-370/89, Colect., p. I-6211, n.os 12 a 16; *Frank Lamberts c. Provedor de Justiça Europeu*, de 10.4.2002, proc. T-209/00, n.° 51-60).

6. Medidas Provisórias

898. As medidas provisórias[1258], habitualmente conhecidas como «providências cautelares», estão previstas, como competência do Tribunal de Justiça[1259], nos artigos 278.° e 279.° TFUE (anteriores artigos 242.° e 243.° CE)[1260].

899. As duas normas têm um sentido e alcance diversos, ainda que se saliente que a distinção é mais formal que material. Enquanto o artigo 278.° descreve um tipo específico de medida provisória (a suspensão da

---

[1258] Neste ponto, segue-se de modo especial o trabalho de J. L. da Cruz Vilaça, «La procédure en référé comme instrument de protection juridictionnelle des particuliers en droit communautaire», *Scritti in onore di G. Federico Mancini*, vol. II, Giuffrè, 1998, pp. 257-306.

[1259] Mas não é apenas o Tribunal de Justiça que tem competência para adoptar medidas provisórias em relação com o direito da União. A Comissão fá-lo no domínio do direito da concorrência e os tribunais nacionais também exercem essa sua competência.

Discutidos são os termos em que o juiz nacional poderá decretar medidas provisórias contra actos de direito interno, com fundamento no direito da União – sobre as medidas provisórias, na perspectiva do juiz nacional, Joël Cavallini, *Le juge national du provisoire face au droit communautaire*, Bruylant, Bruxelles, 1995. Imaginam-se desde logo duas situações. Primeiro, um acto interno que viola uma norma da União. Em segundo lugar, um acto de direito interno adoptado com base numa norma europeia ilegal.

A segunda situação foi posta, de maneira muito forte, no caso *Atlanta* (acórdão *Atlante fructhandelsgesellschaft GmbH e o. C. RFA*, de 9.11.1995, procs. C-465/93 e C--466/93, Colect., 1995, I, pp. 3761). A doutrina do Tribunal de Justiça é a de que, se se tratar de um processo que decorra perante um tribunal nacional, a decisão de aplicação de medidas provisórias depende do juiz nacional. Contudo, ao fazê-lo, este deve reger-se pelos seguintes critérios: a medida deve ser apta a proteger o direito, até à decisão final; não deve propiciar a resolução definitiva da questão nem prejudicar a utilidade/efeito da decisão final; não deverá ser concedida em condições diversas das que o Tribunal de Justiça lança mão no mesmo domínio (Henrik von Holstein, *in Festschrift til Ole Due*, pp. 143 ss., citado pelo advogado-geral Elmer, no processo *Atlanta*).

[1260] Anteriores artigos 185.° e 186.° CEE/CE.

execução de um acto da União impugnado contenciosamente), o artigo 279.° contém uma autorização genérica para a concessão, pelo Presidente do Tribunal, das «medidas provisórias necessárias».

900. Em ambos os casos, no entanto, o que está em causa é a protecção provisória e conservatória dos direitos dos particulares, no quadro de um litígio perante o Tribunal de Justiça da União Europeia (daí a sua característica acessoriedade). Quer dizer, ambos os mecanismos visam atribuir uma protecção ao requerente que, por definição, seja:

- Provisória, isto, é susceptível de produzir efeitos só até à decisão do processo principal; e
- Conservatória, assegurando apenas a protecção dos direitos de molde a impedir a produção de lesões irreversíveis desses mesmos direitos.

901. O artigo 279.° TFUE confere ao Tribunal de Justiça o «poder de ordenar as medidas provisórias necessárias». Umas vezes, este pode impor obrigações de fazer ou não fazer, até à decisão sobre a matéria de fundo[1261]; outras vezes, atribui à Comissão o dever de controlar a execução do despacho.

902. A concessão de medidas provisórias supõe a prévia propositura de uma acção, como resulta da redacção do artigo 279.° TFUE: [«O Tribunal de Justiça, nas causas submetidas à sua apreciação...»], e uma estreita conexão com o objecto do litígio[1262]. O mecanismo contencioso que pode ter sido adoptado pode ser o mais variado. Tanto pode tratar-se de um recurso de anulação (artigo 263.° TFUE), como de uma acção para cumprimento (artigo 265.° TFUE) ou até de uma acção por incumprimento (artigos 258.°-259.° TFUE).

903. Também a suspensão da execução de um acto da União Europeia supõe que exista um acto da União (positivo) e que este haja sido já «impugnado» (artigo 278.° TFUE)[1263]. Um acto positivo, porquanto a sus-

---

[1261] Por exemplo, suspendendo as provas de um concurso para funcionários, ainda que o acto impugnado seja o que recusou a admissão de um candidato às provas; ou admitindo um concorrente excluído às provas de um concurso, ficando os resultados dependentes da sorte da impugnação principal – despacho *Kessler*, de 1994.

[1262] Artigo 83.°, n.° 1, § 2 e n.° 2 do RPTJ, e correspondente artigo 104.° do RPTG.

[1263] Vide igualmente os §§ 1 dos n.os 1 dos artigos 83.° do RPTG e 104.° do RPTG.

pensão de uma «decisão negativa», pela qual o órgão se recuse a adoptar a medida pedida, não poderia conduzir a um resultado útil, pois, normalmente, a suspensão não equivaleria à adopção de uma medida de sentido contrário e por isso não alteraria a situação jurídica do requerente.

904. E um acto actual, produtor de efeitos jurídicos. A suspensão da execução de um acto da União só tem sentido no quadro do recurso de anulação (artigo 263.° TFUE) ou do contencioso da função pública da União (artigo 270.° TFUE).

905. Em termos genéricos, importa referir os pressupostos materiais do mecanismo de medidas provisórias, que devem dizer respeito às relações entre as partes e permitir a composição temporária e provisória do litígio, sem prejudicar a autonomia e plena eficácia do julgamento e da decisão do litígio principal. São três os pressupostos que devem estar cumulativamente preenchidos, para a concessão de medidas provisórias:

- Urgência;
- Probabilidade séria de existência do direito (*fumus bonus iuris*);
- Provisoriedade dos efeitos.

906. A urgência da decisão de concessão da medida provisória é revelada pela necessidade de evitar um «prejuízo grave e irreparável». O Tribunal considera a intensidade e natureza do prejuízo sofrido. Como se salienta, não basta um «prejuízo hipotético baseado numa probabilidade aleatória de acontecimentos futuros e incertos», assim como não é suficiente, em princípio, um prejuízo meramente pecuniário[1264]. Além disso,

---

[1264] "Segundo jurisprudência assente, um pedido de suspensão da execução da obrigação de constituir uma garantia bancária como condição da não cobrança imediata do montante de uma coima só pode ser acolhido perante circunstâncias excepcionais" (despacho do presidente do Tribunal Geral *Romana Tabacchi c. Comissão*, de 13.7.2006, proc. T-11/06 R, Colect., 2006, II, pp. 2491, n.° 97; despacho do presidente do Tribunal de Justiça *AEG c. Comissão*, de 6.5.1982, proc. 107/82 R, Rec., 1982, pp. 1549, n.° 6). No entanto, o Tribunal esclareceu também repetidamente que a "existência de tais circunstâncias excepcionais pode, em princípio, considerar-se demonstrada quando a parte que pede para ser dispensada de constituir a garantia bancária exigida apresenta a prova de que lhe é objectivamente impossível constituir essa garantia (...) ou de que a sua constituição poria em risco a sua existência" (despacho do presidente do Tribunal Geral em *Romana Tabacchi*, *cit.*, n.° 98; ver também despacho do presidente do Tribunal Geral de 21 de Janeiro de 2004, *FNSEA c. Comissão*, de 21.1.2004, proc. T-245/03 R, Colect., 2004, II, pp. 271, n.° 78).

para ser urgente, o prejuízo deve ser entendido como um «atentado sério ao interesse envolvido no litígio, qualquer que seja a natureza desse prejuízo». Alguns consideram que a urgência deverá ser incontestável, quer dizer, face aos efeitos irreversíveis resultantes da não concessão das medidas provisórias[1265], embora, por outro lado, a concessão das medidas provisórias não possa também produzir efeitos irreversíveis. Esta tensão coloca o juiz europeu numa posição delicada, devendo efectuar uma fundamental e cuidada ponderação dos interesses envolvidos (proporcionalidade)[1266].

907. O *fumus bonus iuris* traduz os fundamentos de facto e de direito que justificam o pedido de medidas provisórias e da sua concessão ("*prima facie case*"). O juiz deverá fazer um juízo sumário acerca da probabilidade de procedência dos pedidos do requerente das medidas provisórias, aliás exigido no já referido n.° 2 do artigo 83.° do RPTJ.

908. A provisoriedade dos efeitos afere os efeitos da decisão sobre as medidas provisórias sobre o processo principal e sobre a situação jurídica dos particulares.

909. Uma última palavra para questões de índole processual. A competência para a concessão das medidas provisórias pertence ao Presidente do tribunal, ou a quem o substitui, o qual pode submeter a questão ao Tribunal de Justiça ou à secção competente para a questão principal[1267].

910. As decisões sobre as medidas provisórias são recorríveis no prazo de dois meses[1268], recurso limitado a questões de direito[1269]. O recurso tem efeito suspensivo (cfr. artigo 60.° do Estatuto do Tribunal de Justiça).

[1265] O exemplo dado é o da concorrência, quando a execução da decisão da Comissão conduzir à produção de efeitos irreversíveis na estrutura no mercado, dificilmente corrigida com a decisão final ou até pelo próprio mercado.

[1266] Para uma aplicação, no sensível domínio do sigilo profissional, no quadro do direito da concorrência, Despacho do Presidente do TPI de 27.9.2004, proc. C-07/04 P (R).

[1267] Artigos 85.° do RPTJ e 106.° do RPTG. Como informa J. L. da Cruz Vilaça, em regra o Presidente decide o pedido, mas costuma fazer-se acompanhar na audiência, quando há lugar a esta, por juiz-relator (TG) ou advogado-geral (Tribunal de Justiça).

[1268] Artigo 57.°, § 2, do Estatuto do Tribunal de Justiça.

[1269] Artigos 225.° e 58.° do Estatuto do Tribunal de Justiça.

7. Acção por Incumprimento

911. A efectividade das normas da União Europeia depende, em grande medida, da não contrariedade das disposições nacionais em relação a elas. Se cada Estado membro mantivesse em vigor normas nacionais que contrariassem as normas europeias, poderia ficar prejudicada a realização dos objectivos atribuídos à União pelos Estados membros nos tratados.

912. Mas a necessidade de os Estados membros respeitarem o direito da União Europeia decorre ainda de uma norma específica, o artigo 4.°, n.° 3, TUE – Lisboa, pela qual os Estados membros se obrigam a tudo fazer para realizar os objectivos da União expressos nos tratados, obrigação de lealdade que tem tanto uma dimensão positiva («Os Estados membros tomam todas as medidas...») como um dimensão negativa («os Estados membros ... abstêm-se de qualquer medida...»).

913. A incompatibilidade entre o direito emanado pelo Estado e as obrigações que decorrem do direito da União Europeia pode manifestar-se pelas formas mais variadas. Normas (legais ou regulamentares), actos administrativos, meras práticas administrativas[1270] de direito nacional ou até declarações de funcionários do Estado[1271] podem estar em contradição

---

[1270] Segundo uma jurisprudência constante, uma prática administrativa pode ser objecto de uma acção por incumprimento, quando apresente um certo grau de constância e de generalidade – por todos, v. acórdão do Tribunal de Justiça *Comissão c. França*, de 9.5.1985, proc. 21/84, Rec., pp. 1355, n.os 13-15; acórdão *Comissão c. Grécia*, de 12.3.1998, proc. C-187/96, Colect., I, pp. 1095, n.° 23, entre outros.

[1271] Acórdão do Tribunal de Justiça (Grande Secção), *A.G.M.-COS.MET Srl contra Suomen valtio e Tarmo Lehtinen*, de 17.4.2007, proc. C-470/03, Colect., 2007, I, pp. 2749: «São imputáveis ao Estado as declarações de um funcionário que, devido à sua forma e às circunstâncias, criam nos seus destinatários a impressão de que se trata de tomadas de posição oficiais do Estado e não de opiniões pessoais do funcionário. O elemento determinante para que as declarações de um funcionário sejam imputadas ao Estado reside na

com o ordenamento jurídico da União Europeia, do mesmo passo que a incompatibilidade pode resultar do modo como os Tribunais[1272] ou a Administração nacionais interpretam normas e actos nacionais[1273]. Além disso, uma vez afirmada a violação de uma norma da União por um acto normativo de direito interno, parece ser irrelevante saber se a prática administrativa de aplicação/concretização desse acto de direito nacional é ou não conforme às exigências postas pelo direito da União Europeia[1274]. Irrelevante será, igualmente, o facto de as disposições de direito da União Europeia cujo respeito esteja em causa se encontrarem providas da característica do efeito directo ou imediato, podendo os particulares invocá-las em juízo directamente[1275], ou a circunstância de as repercussões económicas do incumprimento serem insignificantes[1276]. Por isso, quando os Estados membros não respeitam na sua ordem nacional as obrigações emanadas do direito adoptado pela União, o tratado prevê a possibilidade de tanto a Comissão como qualquer outro Estado membro intentarem perante o Tribunal de Justiça uma acção por incumprimento.

914. O incumprimento estadual é, como ilustra a nossa doutrina[1277], abundantemente justificado pelos Estados, sem que tal beneficie de qual-

---

questão de saber se os destinatários destas declarações podem razoavelmente pressupor, no contexto dado, que se trata de posições que o funcionário toma com a autoridade da sua função».

1272 V., quanto a «*regras de natureza jurisprudencial*», o acórdão *AMOK Verlags GmbHc. A & R Gastronomie GmbH*, 11.12.2003, proc. C-289/02, Colect., 2003, I, pp. 15059.

1273 No entanto, se por aplicação de príncipios hermenêuticos «*comuns às tradições jurídicas dos Estados membros*», puder ser afirmada a compatibilidade entre ambos os ordenamentos jurídicos (por exemplo, por força do princípio *lex posterior derogat lex anterior*), não estaremos perante uma situação de incumprimento – assim acórdão *Comissão c. Itália*, de 7.3.2002, C-145/99, n.° 38.

1274 Segundo a jurisprudência do Tribunal de Justiça, as práticas administrativas conformes ao direito comunitário não são de natureza a fazer desaparecer a incompatibilidade de disposições legislativas nacionais com o direito comunitário – acórdão *Comissão c. Itália*, de 15.10.1986, Colect., p. 2945 –, embora a prática das autoridades nacionais possa ter algum relevo (v. acórdão *Comissão c. Itália*, de 18.1.2001, proc. C-162/99).

1275 Ver acórdão *Emmott*, de 25.7.1991, proc. C-208/99, Colect., I-4269, n.os 20-21.

1276 Neste sentido, por todos, as conclusões do Advogado-Geral S. Alber no proc. C-298/99, n.° 81.

1277 Ver J. Mota de Campos, *Manual de Direito Comunitário*, *cit.*, pp. 451-454.

quer olhar benevolente por parte dos órgãos da União[1278], que afirmam mesmo não poderem os Estados membros invocar «disposições, práticas ou situações da sua ordem jurídica interna» para justificar o desrespeito das obrigações impostas pelo direito da União Europeia[1279].

915. O mecanismo comum previsto no tratado para assegurar o respeito pelo direito da União Europeia por parte dos Estados membros está essencialmente previsto nos artigos 258.° a 260.° TFUE.

916. Existem ainda procedimentos especiais, nomeadamente os previstos nos artigos 70.° (espaço de liberdade, segurança e justiça[1280]), 108.°, n.° 2 (ajudas de Estado) e 114.°, n.° 9 (mercado interno) TFUE, caracterizados pela ausência de uma específica fase pré-contenciosa.

917. A acção por incumprimento constitui um importante instituto, porquanto, nele, os Estados membros são julgados pelo Tribunal de Justiça, funcionando como jurisdição internacional. Por isso, o tratado rodeia a propositura desta acção de especiais cuidados. Em primeiro lugar, limitando as entidades ou órgãos com legitimidade para desencadear o processo. Apenas a Comissão (artigo 258.° TFUE) ou os Estados membros o podem fazer (artigo 259.° TFUE). E, nesta última hipótese, os Estados membros só o podem fazer depois de a Comissão ser chamada a estabelecer um diálogo prévio com o Estado membro alegadamente infractor (§§ 2 e 3 do artigo 259.° TFUE). Deve dizer-se que são extremamente raros os casos de acções de incumprimento intentadas por um Estado membro contra outro[1281].

[1278] O Tribunal de Justiça reconhece, no entanto, a impossibilidade absoluta de cumprir as obrigações que decorrem do direito comunitário (acórdão *Comissão c. Bélgica*, de 15.1.1986, proc. 52/84, Colect., p. 89, n.° 16; acórdão *Comissão c. Países Baixos*, de 2.2.1988, proc. 213/85, Colect., p. 281, n.° 22; ou acórdão *Comissão c. Espanha*, de 26.6.2003, proc. C-404/00, Colect., p. I-6695, n.° 45).

[1279] Por todos, o acórdão *Comissão c. Bélgica*, de 28.3.1985, proc. 275/83, Rec., p. 1097, n.° 10.

[1280] Em rigor, trata-se de um mecanismo potencial de "[a]valiação objectiva e imparcial da execução" das políticas da União de realização do espaço de liberdade, segurança e justiça que não prejudica a aplicação do processo comum de acção por incumprimento, embora não deixe de ter um impacto ao pressupor, em contra-corrente ao que sucede nos demais domínios, uma mais cuidada articulação entre a Comissão e os Estados membros, sob controlo democrático dos parlamentos (nacionais e europeu).

[1281] Por nós, conhecemos apenas cinco casos em que um Estado membro interpôs, por si ou acompanhando a Comissão, uma acção contra outro Estado membro, apenas

918. Quando é a Comissão a tomar a iniciativa do processo – porque os seus serviços se depararam com uma situação de incumprimento estadual ou por ter havido uma denúncia de um particular ou de outro Estado membro –, é necessário o desencadeamento de uma **fase pré-contenciosa**, visando a certificação prévia da existência de uma infracção e a preferível composição amigável e célere do conflito. A fase pré-contenciosa é descrita da seguinte forma no primeiro parágrafo do artigo 258.° TFUE: «Se a Comissão considerar que um Estado membro não cumpriu qualquer das obrigações que lhe incumbem por força dos Tratados, formulará um parecer fundamentado sobre o assunto, após ter dado a esse Estado a oportunidade de apresentar as suas observações».

919. São dois os momentos aí presentes. Primeiro, a Comissão Europeia dá ao Estado «a oportunidade de apresentar as suas observações», através do envio de uma **notificação por incumprimento**, a que se assinala a natureza de verdadeira nota de culpa, no sentido de delimitar o objecto do eventual incumprimento[1282].

920. Seguidamente, se a Comissão não ficar satisfeita com a resposta do Estado membro em causa (se existir), poderá formular o **parecer fundamentado**, cujo cumprimento será pedido ao Estado, durante o prazo nele fixado pela própria Comissão Europeia. É de notar que, sendo um parecer, o Estado membro não é obrigado a cumpri-lo, ainda que, de tal forma, se sujeite à efectiva propositura da acção por parte da Comissão. Este parecer desempenha uma função essencial, pois o incumprimento estadual é apreciado em função da situação deste no termo do prazo fixado no parecer fundamentado, não sendo as alterações posteriormente ocorri-

tendo sido proferidos três acórdãos: acórdão do Tribunal de Justiça *França c. Reino Unido*, de 4.10.1979, proc. 141/78, Rec., 1979, pp. 2923; acórdão *Bélgica c. Espanha*, de 16.5.2000, proc. C-388/95, Colect., 2000, I, pp. 3123; e, por último, acórdão do Tribunal de Justiça (Grande Secção) *Reino da Espanha c. Reino Unido*, de 12.9.2006, proc. C--145/04, Colect., 1006, I., pp. 7917.

[1282] Daí decorre que o objecto da acção é circunscrito na fase pré-contenciosa, devendo o parecer fundamentado e a acção basear-se em acusações idênticas – acórdãos *Comissão c. Bélgica*, de 10.9.1996, proc. C-11/95, Colect., I-4115, n.° 73; e *Comissão c. Itália*, de 16.9.1997, proc. C-279/94, Colect., I-4743, n.° 24 –, sem prejuízo da possibilidade de a acusação ser restringida face àquela formulada nos dois momentos da fase pré-contenciosa (v. acórdão *Comissão c. Alemanha*, de 29.9.1998, proc. C-191/95, Colect., I-5449, n.° 56) ou da utilização de meios de prova conhecidos durante a fase pré-contenciosa.

das tomadas em consideração pelo Tribunal[1283]. Como se pode ler no artigo 258.°, § 2 TFUE, «[s]e o Estado em causa não proceder em conformidade com este parecer no prazo fixado pela Comissão, esta pode recorrer ao Tribunal de Justiça da União Europeia».

921. Note-se que se trata aqui de uma **faculdade** (ou direito) e não de uma obrigação. Se a Comissão assume normalmente o ónus de uma tal decisão (artigo 258.° TFUE), que se inclui ainda no âmbito geral das suas competências enquanto «guardiã dos tratados» (artigo 17.°, n.° 1 TUE – Lisboa), tal não lhe impõe uma obrigação, antes se traduzindo no exercício de um **poder discricionário** não sindicável jurisdicionalmente por parte dos particulares queixosos (ou por qualquer outro ente[1284]) nem sujeito a qualquer prazo prescricional[1285]. Trata-se de um juízo de oportunidade que só à Comissão cabe, e que lhe permite ser soberana na decisão de prosseguir o processo, em qualquer momento da fase pré-contenciosa, interpor a acção ou não ou até desistir da acção e do pedido. Quer dizer, não só os particulares queixosos não podem atacar contenciosamente a decisão de recorrer ou a omissão de uma tal decisão, *ex vi* dos artigos 263.° TFUE e 265.° TFUE, porquanto o acto não lhes é dirigido, não lhes diz directa e individualmente respeito nem é um acto regulamentar, como, por

---

[1283] Neste sentido, entre outros, os acórdãos *Comissão c. Reino Unido*, de 7.12.2000, proc. C-69/99, Colect., I-10979, n.° 22; ou *Comissão c. França*, de 15.3.2001, proc. C-147/00, Colect., I-2387, n.° 26.

[1284] Claro que outro Estado membro pode, ao abrigo do artigo 259.° TFUE, desencadear o mecanismo jurisdicional, mas tal tem sempre sido uma hipótese rara. Que os queixosos de uma hipotética violação estadual de uma obrigação comunitária não podem recorrer do arquivamento da denúncia é jurisprudência pacífica do tribunal comunitário: *v.g.* acórdão *Star Fruit c. Comissão*, de 14.2.1989, proc. 247/87, Colect., p. 291, n.os 10 a 11. O mesmo acontece noutros casos de incumprimento, regidos por normas comunitárias específicas, como no domínio da concorrência. Aí, com efeito, a Comissão não é obrigada a decidir sobre uma denúncia relativa a uma violação dos artigos 101.° ou 102.° TFUE (acórdão *GEMA c. Comissão*, de 19.10.1979, proc. 125/78, Rec., 1979, 3.ª parte, p. 3173) ou das normas sobre auxílios estatais (artigo 108.°, n.° 3 TFUE: acórdão *Ladbroke Racing c. Comissão*, de 27.10.1994, proc. T-32/93, Colect., II, p. 1015, n.° 36-38), ainda que, neste último caso, tal possa excepcionalmente suceder (acórdão *Bilanzbuchhalter c. Comissão*, de 20.2.1997, proc. C-107/95 P, n.° 25).

[1285] O Tribunal de Justiça admite que o Estado membro possa invocar que a duração excessiva da fase pré-contenciosa viola o seu direito de defesa, ao tornar mais difícil refutar os argumentos da Comissão – acórdão *Comissão c. Países Baixos*, de 16.5.1991, proc. C-96/89, Colect., I, p. 2461, n.os 15-16.

outro lado, a Comissão determina livremente o momento adequado para a actuação contenciosa[1286].

922. Aliás, pode até dizer-se que é significativamente reduzido o número de procedimentos que, iniciados, conduzem a uma efectiva acção no Tribunal de Justiça, como demonstra o quadro publicado pela Comissão Europeia relativo a Portugal e aos anos de 2003 a 2007[1287]:

	N.° Cartas	N.° Pareceres	N.° de Acções
2003	130	41	10
2004	90	32	7
2005	85	65	7
2006	89	54	12
2007	80	34	22

923. Uma última nota deve ser feita. Impende sobre os Estados membros, ao abrigo do princípio da cooperação leal, hoje previsto no artigo 4.°, n.° 3, do TUE – Lisboa[1288], o dever de «facilitar à Comissão o cumprimento da sua missão, que consiste, designadamente, segundo o artigo 211.° CE [artigo 17.°, n.° 1 TUE – Lisboa], em velar pela aplicação das disposições adoptadas pelas instituições»[1289], dever que implica, para os Estados membros, a obrigação de «cooperar de boa fé em todas as investigações efectuadas pela Comissão ao abrigo do artigo [259.° TFUE] e a fornecer-lhe todas as informações requeridas para o efeito»[1290]. E que pode conduzir a condenação autónoma perante o Tribunal de Justiça.

[1286] Por exemplo, nos procs. C-24/97 (*Comissão c. Alemanha*) e C-202/97 (*Comissão c. Bélgica*), a Comissão demorou mais de cinco anos entre a notificação de incumprimento e a emissão do parecer fundamentado, sem que o seu comportamento tenha sido censurado pelo Tribunal de Justiça.

[1287] *Commission Staff Working Document accompanying the 25th Annual Report from the Commission on Monitoring the Application of Community Law (2007) – Statistical Annex Annexes I to III* {COM(2008) 777} {SEC(2008) 2854}, Vol. I Brussels, SEC(2008) 2855. *Relatório da Comissão – Vigésimo sexto relatório anual sobre o controlo da aplicação do direito comunitário* (2008) {SEC(2009) 1683} {SEC(2009) 1684} {SEC(2009) 1685} (COM/2009/0675 final).

[1288] Sobre este princípio, v. Rui T. Lanceiro, «O Tratado de Lisboa e o princípio da cooperação leal», in *Cadernos O Direito*, n.° 5, 2010, pp. 283-317.

[1289] Entre outros, v. acórdão do Tribunal de Justiça *Comissão c. Itália*, de 13.12.1991, proc. C-33/90, 1991, I, pp. 5987, n.° 18.

[1290] Por todos, v. acórdãos do Tribunal de Justiça *Comissão c. Grécia*, de 11.12.1985, proc. 192/84, Rec., pp. 3967, n.° 19, e *Comissão c. Itália*, de 13.7.2004, proc. C-82/03, Colect., 2004, I, pp. 6635, n.° 15.

924. Se o Estado membro ou, em bom rigor, a Comissão Europeia não se conformar com o parecer fundamentado, a Comissão Europeia (ou outro Estado membro, se esta não o fizer – artigo 259.° TFUE) poderá intentar a acção, dando início à **fase contenciosa**.

925. A acção é sempre proposta directamente perante o Tribunal de Justiça *stricto sensu*. O procedimento de acção por incumprimento não está abrangido pela atribuição genérica de competência ao Tribunal Geral constante do artigo 256.° TFUE. O processo é regulado pelas disposições constantes do Regulamento de Processo do Tribunal de Justiça.

926. Embora sem entrar em aspectos especificamente processuais, há dois ou três aspectos que merecem ser referidos. Primeiro, quanto à identidade entre a fase pré-contenciosa e a fase contenciosa. Segundo, quanto ao ónus da prova nestas acções.

927. Quanto ao primeiro aspecto, a jurisprudência constante do Tribunal de Justiça tem afirmado que «o objecto de uma acção intentada nos termos do artigo [258.° TFUE] é delimitado pelo procedimento pré-contencioso previsto nesta disposição. O parecer fundamentado da Comissão e a acção devem fundar-se nos mesmos fundamentos e argumentos, pelo que o Tribunal de Justiça não pode examinar uma acusação que não tenha sido formulada no parecer fundamentado[1291], que deve conter uma exposição coerente e detalhada das razões que criaram na Comissão a convicção de que o Estado membro interessado não cumpriu uma das obrigações que lhe incumbem por força do Tratado»[1292]. Em suma, na verdade, nas acções por incumprimento, não é a petição da Comissão Europeia perante o Tribunal de Justiça que delimita o objecto do processo mas, na realidade, são os documentos por esta dirigidos ao Estado na fase pré-contenciosa que o fazem[1293].

[1291] Acórdão *Comissão c. Alemanha*, de 11.5.1989, proc. 76/86, Colect., p. 1021, n.° 8.

[1292] Por todos, o acórdão *Comissão c. Países Baixos*, de 2.4.6.2004, proc. C-350/02, Colect., I, pp. 6213, par. 18-20.

[1293] Como ensinam Lenaerts/Arts/Maselis, *Procedural Law of the European Union*, 2nd edition, 2006, «*the subject-matter of the proceedings is defined in the pre-litigation stage*» e «*the application by which the action for failure to fulfil obligations (...) must accord both the reasoned opinion and with the letter of formal notice*».

928. Quanto ao segundo aspecto, recai sobre a Comissão Europeia (ou sobre o Estado membro autor) **o ónus da prova** do incumprimento do direito da União por parte do Estado membro alegadamente infractor. Assim, ao propor a acção, o Autor deve também fazer prova do mesmo. Como resulta da jurisprudência do Tribunal de Justiça, a Comissão (ou o Estado membro autor da acção) deve apresentar ao Tribunal de Justiça todos elementos necessários à verificação, por este, da existência daquele incumprimento, sem poder basear-se numa qualquer presunção[1294]. De acordo com a «jurisprudência constante, no quadro de uma acção por incumprimento, cabe à Comissão provar o incumprimento alegado. É a Comissão que deve apresentar ao Tribunal os elementos necessários para que este verifique a existência desse incumprimento, não podendo fundamentar-se numa qualquer presunção» «para que [o Tribunal de Justiça] verifique a existência desse incumprimento»[1295]. Na síntese recente do Tribunal de Justiça, em acórdão *Comissão c. Espanha*[1296] pode ler-se que «[i]*l convient de rappeler qu'il résulte de l'article 38, paragraphe 1, sous c), du règlement de procédure de la Cour et de la jurisprudence y relative que* ***toute requête introductive d'instance doit indiquer l'objet du litige et l'exposé sommaire des moyens, et que cette indication doit être suffisamment claire et précise pour permettre à la partie défenderesse de préparer sa défense et à la Cour d'exercer son contrôle****. Il en résulte que* ***les éléments essentiels de fait et de droit sur lesquels un recours est fondé doivent ressortir d'une façon cohérente et compréhensible du texte de la requête elle-même*** *(voir arrêt du 9 janvier 2003, Italie/Commission, C-178/00, Rec. p. I-303, point 6).*»

929. E qual o momento temporal relevante para a aferição da existência de um incumprmento? «Segundo jurisprudência assente, a data de referência para apreciar a existência de um incumprimento nos termos do artigo [258.° TFUE] situa-se no momento em que termina o prazo fixado no parecer fundamentado emitido de harmonia com o disposto na referida disposição.».

1294 Acórdãos *Comissão c. Países Baixos*, de 25.5.1982, proc. 96/81, Rec., p. 1791, n.° 6; *Comissão c. França*, de 20.3.1990, proc. C-62/89, Colect., I, p. 925, n.° 37; ou *Comissão c. Países Baixos*, de 12.9.2000, proc. C-408/97, Colect., I, p. 6417, n.° 15.

1295 Acórdão *Comissão c. Reino Unido*, de 6.11.2003, proc. C-404/00, Colect., 2003, I, pp. 13239, n.° 21.

1296 Acórdão de 14.10.2004, proc. C-55/03, n.° 23, sem versão portuguesa.

930. Perante as alegações e os elementos probatórios transmitidos, e após uma fase contraditória, escrita e, frequentemente, também oral, o Tribunal de Justiça decidirá da existência (ou não) do imputado incumprimento estadual, apreciando as normas nacionais aplicáveis para determinar se estas envolvem (na sua formulação ou interpretação[1297]) a violação de uma obrigação assumida pelo Estado no plano da União.

931. No termo deste processo, o Tribunal de Justiça tanto poderá considerar procedente o pedido da Comissão, condenando o Estado membro, como poderá absolver o Estado, na hipótese contrária. A este propósito, convém salientar que decorre do n.° 1 do artigo 260.° TFUE uma obrigação clara para os Estados: a de darem cumprimento aos acórdãos «condenatórios» do Tribunal de Justiça[1298]. A questão de saber quais são as medidas necessárias à execução de um acórdão que declara um incumprimento de harmonia com o disposto no artigo 258.° TFUE é, em si mesma, é «estranha ao objecto de tal acórdão» e, por esse facto, «não pode ser objecto de um pedido de interpretação desse acórdão»[1299].

932. Mas esta obrigação não pode ser exagerada. Devido à limitação genética das suas competências (o Tribunal de Justiça, de facto, limita-se a declarar o incumprimento), o tribunal não pode substituir-se às autoridades nacionais na revogação e desaplicação das normas e medidas nacionais consideradas incompatíveis com a ordem jurídica da União Europeia. Tal implica uma efectiva actuação e responsabilização estadual pela harmonização com a jurisprudência declarativa condenatória do Tribunal[1300].

[1297] De acordo com a jurisprudência do Tribunal de Justiça, o alcance das disposições legislativas, regulamentares e administrativas nacionais deve ser apreciado tendo em conta a interpretação que delas fazem os órgãos jurisdicionais (v., por exemplo, o acórdão *Comissão c. Reino Unido*, de 8.6.1994, proc. C 382/92, Colect., I, p. 2435, n.° 36), incumbindo ao Estado pretensamente infractor demonstrar (designadamente quando se trate da transposição de uma directiva) que as disposições nacionais permitem alcançar os resultados e objectivos previstos pelo direito comunitário (acórdão *Comissão c. Itália*, de 24.1.2002, proc. C-372/99, n.° 26).

[1298] Sobre o tema, monograficamente, M. J. Rangel de Mesquita, *Efeitos dos acórdãos do Tribunal de Justiça das Comunidades Europeias proferidos no âmbito de uma acção por incumprimento*, Almedina, Coimbra, 1997.

[1299] Neste sentido, Despacho *Maindiaux e o. c. CES e o.*, de 20.4.1988, proc. 146/85 INT e 431/85 INT, Colect., pp. 2003, n.° 6; e acórdão do Tribunal de Justiça *Comissão c. Alemanha*, de 18.7.2007, proc. C-503/04, Colect., 2007, I, pp. 6153, n.° 15.

[1300] No processo C-197/96, a República Francesa invocava a inaplicação da norma do *code du travail* que proibia o trabalho feminino nocturno, como consequência do efeito

Como repetidamente afirma o Tribunal de Justiça, em nome da segurança jurídica, «a incompatibilidade da legislação nacional com as disposições comunitárias, mesmo directamente aplicáveis, não pode ser efectivamente eliminada senão através de normas internas de carácter coercivo com o mesmo valor jurídico que as que devem ser modificadas. Simples práticas administrativas, por natureza modificáveis ao critério da administração e desprovidas de publicidade adequada, não podem ser consideradas como constituindo execução válida das obrigações impostas pelo Tratado»[1301], visto que práticas conformes ao direito da União Europeia não fazem desaparecer legislação contrária ao mesmo direito da União Europeia[1302].

933. Por outro lado, o não cumprimento de uma obrigação imposta pelo direito da União Europeia pode constituir, no plano jurisdicional nacional, fundamento de anulação de uma norma ou acto de direito interno[1303].

934. Questão diversa é a de saber qual o prazo que o Estado membro tem para cumprir o disposto no acórdão condenatório? O tratado é omisso, mas o Tribunal de Justiça tem entendido que «o interesse da apli-

---

combinado da denúncia da convenção n.° 89 do OIT e do efeito directo do artigo 5.° da Directiva n.° 76/207/CEE.

[1301] N.° 14 do acórdão *Comissão c. República Francesa*, de 13.3.1997, já citado.

[1302] Acórdão *Comissão c. Itália*, de 15.10.1986, proc. 168/85.

[1303] Assim a opinião do órgão jurisdicional de reenvio no caso *Bic Benelux c. Bélgica* (acórdão de 20.3.1997, proc. C-13/96, n.° 13). Por outro lado, a anulação de actos administrativos irregulares pode ser dificultada pelos ordenamentos nacionais. Por exemplo, o artigo 48.° da *Verwaltungsverfahrengesetz* determina que um acto administrativo constitutivo ou declarativo de um direito ou de um benefício de natureza jurídica só pode ser revogado se o seu destinatário não tiver podido adquirir uma confiança legítima (digna de protecção) na sua força jurídica, sob limite do interesse público, se a administração proceder à sua revogação no prazo de um ano ou, quanto ao direito de recuperação, se o poder discricionário da autoridade estatal (na concessão do auxílio) foi exercido de modo irregular ou se mostre que o beneficiário já não está enriquecido (isto quanto à oposição à decisão de recuperação de um auxílio ilegal). No entanto, a jurisprudência comunitária vai no sentido de que as disposições nacionais não devem poder ser utilizadas para contrariar obrigações comunitárias, de modo a tornar praticamente impossível o cumprimento do direito comunitário e o respeito pleno pelo interesse comunitário (acórdão *Deutsche Milchkontor*, de 21.9.1983, procs. 205 a 215/82, Rec., 1983, p. 2633), não podendo as empresas adquirir uma confiança legítima na regularidade do auxílio senão quando este tenha respeitado os processos previstos comunitariamente (acórdão *Comissão c. Alemanha*, de 20.9.1990, proc. C-5/89, Colect., I, p. 3437, n.° 13-14).

cação imediata e uniforme do direito comunitário impõe que essa execução seja iniciada imediatamente e concluída no mais breve prazo»[1304].

935. E se os Estados membros não cumprirem o acórdão condenatório? Os tratados eram, originariamente, omissos quanto a um processo específico. Se o Estado membro condenado não cumprisse ou cumprir o acórdão, um novo processo poderá ser iniciado, tudo recomeçando do início (nova fase pré-contenciosa, seguida de nova acção interposta contra o Estado membro incumpridor). Contudo, sobretudo a partir de Maastricht (e em Lisboa), foram sendo introduzidos elementos que visam dar maior celeridade e eficácia aos processos por incumprimento (*i*) de um acórdão condenatório anterior ou (*ii*) da obrigação de comunicar as medidas de transposição de uma Directiva (apenas se adoptada segundo um processo legislativo, note-se).[1305]

936. A matéria é hoje regida no artigo 260.°, n.° 2 TFUE, cuja redacção actual flexibilizou pela primeira vez o segundo processo, sobretudo na sua fase pré-contenciosa. Assim, ao contrário do que sucedia até à entrada em vigor do Tratado de Lisboa, a Comissão Europeia está hoje dispensada, no segundo processo, que – diga-se, tem por objecto não o incumprimento da obrigação que deu origem à primeira condenação, mas, de alguma forma, o incumprimento da obrigação de dar execução ao acórdão condenatório – da obrigação de formular um parecer fundamentado, bastando-se agora com o Tratado com a previsão de que o Estado pretensamente inadimplente deverá ter «a possibilidade de apresentar as suas observações», o que corresponde à fase dita de «notificação de incumprimento» (artigo 260.°, n.° 2 TFUE).

937. Além disso, se o incumprimento imputado ao Estado membro for o incumprimento da obrigação de comunicação das medidas de transposição de uma directiva de valor legislativo (*rectius*, «a obrigação de comunicar as medidas de transposição de uma directiva adoptada de acordo com um processo legislativo»)[1306], a Comissão Europeia pode,

[1304] Acórdãos *Comissão c. Itália*, de 6.11.1985, proc. 131/84, Rec., p. 3531, n.° 7; e *Comissão c. França*, de 13.7.1988, proc. 169/87, Colect., p. 4093, n.° 14.

[1305] Analisando esta modificação como «*um traço novo (...) com forte conotação federal*», P. Pitta e Cunha, «Os impulsos federais na construção europeia», *RFDUL*, *cit.*, p. 9.

[1306] Suscita-se a questão de saber se este procedimento acelerado poderá ser utilizado pela Comissão Europeia quando em causa estiver a falta de comunicação das medi-

logo nesse processo, pedir a condenação do Estado membro ao pagamento de uma quantia fixa ou da sanção pecuniária compulsória (n.° 3 do artigo 260.° TFUE).

938. Embora nada introduzindo de novo sobre o modo de cumprimento (pagamento) das referidas sanções financeiras, o Tratado confere ao Tribunal de Justiça a competência para determinar a data da produção de efeitos da «obrigação de pagamento».

939. Neste novo processo, portanto, a Comissão Europeia pode pedir ao Tribunal de Justiça a condenação do Estado ao pagamento de uma «quantia fixa ou sanção pecuniária compulsória, a pagar pelo Estado membro, que considere adequado às circunstâncias». Embora pertença à Comissão Europeia a competência para o pedido, para os quais esta formulou critérios objectivos[1307], é ao Tribunal de Justiça que compete em exclusivo uma tal condenação do Estado [que não cumpriu o anterior acórdão condenatório] ao pagamento de uma quantia fixa e/ou de uma sanção pecuniária, que tem uma natureza compulsória[1308].

940. Na sua primeira aplicação[1309], o Tribunal de Justiça foi bastante claro quanto ao primeiro ponto. A competência para a fixação da sanção pecuniária pertence em exclusivo ao Tribunal de Justiça. Este, por seu

---

das de transposição de uma Directiva adoptada antes da entrada em vigor do Tratado de Lisboa e, portanto, sem ter sido aprovada por um processo legislativo, formalmente (ainda que tenha sido aprovada em co-decisão). Parece-nos que não. Contudo, pode ser que o Tribunal de Justiça venha a apreciar a questão.

[1307] Ver a *Comunicação sobre a aplicação do artigo 171.° CE* [actual artigo 260.° TFUE] – JO, C 242, de 21.8.1996, pp. 6-8 – e o *método de cálculo da sanção pecuniária compulsória prevista no artigo 171.°*, publicada no JO, C 63, de 28.2.1997, pp. 2-4 – ambos os textos podem encontrar-se em Tizzano/Cruz Vilaça/Gorjão-Henriques, *Código da União Europeia, cit.*

[1308] A primeira grande situação em que o Tribunal de Justiça se viu confrontado com esta hipótese foi no acórdão *Comissão c. França*, de 7.3.1996, proc. C-334/94, Colect., I, p. 1307. Neste aresto, o Tribunal de Justiça considerou, no entanto, que só é relevante o prazo de incumprimento decorrido após 1 de Novembro de 1993, data da entrada em vigor do tratado de Maastricht.

[1309] Sobre a aplicação de sanções, Andrés Sáenz de Santa Maria Paz, «Primera multa coercitiva a un Estado miembro por inejecución e sentencia (Comentario a la sentencia del TJCE de 4 de julio de 2000, Comisión c. Grecia)», *RDCE*, n.° 8, ano 4, 2000, pp. 493-518.

turno, considera os critérios formulados pela Comissão como uma «base de referência útil»[1310].

941. E, quanto ao segundo ponto, o Tribunal de Justiça também tomou posição, no acórdão *Comissão c. França*[1311], estatuindo que [o] «procedimento regulado no [artigo 260.° TFUE] tem por objectivo incitar um Estado membro infractor a executar um acórdão que declara o incumprimento e, desse modo, assegurar a aplicação efectiva do direito comunitário. Ambas as medidas previstas por esta disposição, ou seja, a sanção pecuniária de montante fixo e a de montante progressivo, têm o mesmo objectivo». Assim «a aplicação de uma ou outra das duas medidas depende da adequação de cada uma delas para alcançar o objectivo prosseguido, em função das circunstâncias do caso. Se a aplicação de uma sanção de montante progressivo se afigura especialmente adaptada para incitar um Estado membro a pôr termo, o mais rapidamente possível, a um incumprimento que, na falta de tal medida, teria tendência para persistir, uma sanção de montante fixo resulta sobretudo da apreciação das consequências da não execução das obrigações do Estado membro em causa para os interesses privados e públicos, designadamente quando o incumprimento tiver persistido por um longo período desde o acórdão que inicialmente o declarou. / Nestas condições, não está excluído o recurso aos dois tipos de sanções previstas no artigo [260.°, n.° 2 TFUE], designadamente quando o incumprimento se tiver mantido por um longo período e for de prever que possa persistir».

942. Este entendimento leva o Tribunal de Justiça a considerar-se livre, para inclusivamente, fixar sanções pecuniárias (*i*) para além do pedido da Comissão Europeia e (*ii*) mesmo que a Comissão considere que a aplicação de uma sanção pecuniária já se não justifique. Assim, (*i*) no acórdão *Comissão c. República Francesa*, já citado, este Tribunal veio mesmo declarar, em resposta aos argumentos de «falta de legitimidade política do Tribunal de Justiça para aplicar uma sanção pecuniária não proposta pela Comissão» (n.° 90) e de violação do princípio dispositivo, que «o procedimento previsto no artigo [260.°, n.° 2 TFUE] constitui um processo judicial especial, específico do direito comunitário, que não pode ser equiparado a um processo civil. A condenação no pagamento de uma san-

[1310] Acórdão *Comissão c. Grécia*, de 4.7.2000, proc. C-387/97, n.° 89.

[1311] Acórdão do Tribunal de Justiça (Grande Secção), *Comissão c. República Francesa*, de 12.7.2005, proc. C-304/02, Colect., 2005, I, pp. 6263, n.ºs 80-82.

ção pecuniária de montante progressivo e/ou de uma sanção de montante fixo não se destina a compensar um dano em concreto causado pelo Estado membro em causa, mas a exercer sobre este uma pressão económica que o incite a pôr termo ao incumprimento declarado. As sanções pecuniárias aplicadas devem, portanto, ser adoptadas em função do grau de persuasão necessário para que o Estado membro em causa modifique o seu comportamento» (n.° 91). E, quanto a (ii), no acórdão *Comissão c. Alemanha*[1312], o Tribunal de Justiça declarou-se competente não só para «decretar uma sanção pecuniária não proposta pela Comissão», como também para apreciar a aplicação de uma sanção pecuniária apesar de «a Comissão considerar, num certo estádio do processo perante o Tribunal de Justiça, que já não se impõe a aplicação de uma sanção pecuniária» (n.° 22).

[1312] Proc. C-503/04, já citado, n.° 22. O Tribunal de Justiça considerou aí que a aplicação da sanção pecuniária seria pertinente se a situação de incumprimento se mantivesse à «data da apreciação dos factos pelo Tribunal» (n.° 40).

§ 3. A COOPERAÇÃO JUDICIÁRIA: O REENVIO PREJUDICIAL

1. CONSIDERAÇÕES GERAIS

943. É um lugar comum dizer-se que o chamado "reenvio prejudicial"[1313], previsto no artigo 267.° do TFUE[1314] constitui um instrumento

---

1313 Do ponto de visto nomológico, estamos em inteira concordância com Fausto de Quadros/Ana Maria Guerra Martins, que, preferindo chamar ao instituto "questões prejudiciais", chamam a atenção para a circunstância de, em rigor, não se tratar de um "reenvio" (no sentido que o direito internacional privado dá ao termo), de uma "acção" ou de um "recurso" (*Contencioso da União Europeia*, 2.ª ed., Almedina, Coimbra, 2007, pp. 67-68), mantendo também aqui a expressa por ser aquela que a dogmática comunitária consagrou e que, por isso, se tornou juridicamente adequada.

1314 Como principal bibliografia, necessária para colmatar a assumida incompletude deste parágrafo, consultem-se as obras em que este texto (mais uma vez) se baseia. Entre nós, salientem-se A. Barbosa de Melo, *Notas de contencioso comunitário*, *cit.*, pp. 99-133; R. Moura Ramos, «Reenvio prejudicial e relacionamento entre ordens jurídicas na construção comunitária», *Legislação (cadernos de)*, n.os 4/5, 1992, pp. 100 e ss., e em *Das Comunidades à União Europeia*, *cit.*, pp. 213-237; J.C. Moitinho de Almeida, *O reenvio prejudicial perante o Tribunal de Justiça das Comunidades Europeias*, Coimbra Editora, Coimbra, 1992; P. J. Canelas de Castro, «O reenvio prejudicial: um mecanismo de integração através da cooperação de juízes – apontamentos sobre uma história (ainda?) de sucesso», *Temas de integração*, 2.° vol., 1997, pp. 101-153; M. Gorjão-Henriques, *Da restrição da* concorrência, *cit.*, pp. 383-391; M. Moura e Silva, «O papel das partes e outros interessados no processo de reenvio prejudicial», *Direito e Justiça*, vol. IX, tomo I, 1995, pp. 123-167. Na doutrina estrangeira, entre uma míriade de Autores, são clássicos os estudos de Roberto Socini, *La competenza pregiudiziale della Corte di Giustizia delle Comunità Europee*, Milano, Giuffrè, 1967; Mégret et al., «Article 177.°», *Commentaire Mégret*, vol. 10, tome 1, 1983; René Joliet, «L'article 177 du traité CEE et le renvoi prejudiciel», *Rivista di Diritto Europeo*, n.° 3, Julho/Setembro 1991, p. 591-616; Robert Kovar, «L'évolution de l'article 177 du traité CE», in *La reforme du système juridictionnel communautaire*, Univ. Bruxelles, 1994, pp. 35-57; ou Georges Vandersanden, «La procédure pré-

de cooperação entre o Tribunal de Justiça e os tribunais nacionais, considerados como tribunais comuns de direito da União Europeia[1315], por força das características desta ordem jurídica. De facto, o direito criado pela União deve ser aplicado, no plano estadual, através dos órgãos nacionais, sejam eles legislativos, judiciários ou administrativos. Compete, assim, aos Estados membros assegurar a efectividade das normas da União Europeia e a plena eficácia da realização interna dos objectivos dos tratados.

944. O reenvio prejudicial é um instrumento com uma dualidade fundamental de objectivos, exprimindo duas dimensões tendencialmente conflituantes. Por um lado, o objectivo da sua instituição foi o de estabelecer um mecanismo de cooperação judiciária entre o Tribunal de Justiça e os tribunais nacionais que permitisse ao primeiro colaborar com os segundos para a plena realização do princípio de boa administração da justiça. Por outro lado, o seu desenho e modo de implementação cedo o configuraram como instrumento privilegiado de garantia da uniformidade na aplicação do direito da União Europeia. E com uma importância acrescida, dado o princípio da administração indirecta do direito da União Europeia e a diversidade de culturas e sistemas jurídicos entre os Estados membros.

945. O reenvio prejudicial visa garantir que, em todo e em cada um dos processos que decorrem perante os órgãos jurisdicionais nacionais e onde se suscitem questões de direito da União Europeia, a uniformidade da interpretação das normas da União [e da apreciação que da sua validade aí se faça] seja garantida, em último termo, pelo Tribunal de Justiça. Para tal, eram manifestamente insuficientes os princípios que o próprio Tribunal de Justiça da União Europeia foi afirmando, designadamente o efeito directo e a prevalência na aplicação. O primeiro apenas assegura aos particulares a possibilidade de invocar normas da União em juízo, enquanto o segundo resolve o conflito de normas [europeias e nacionais] aplicáveis à mesma situação.

946. Ao princípio da uniformidade, garantido pelo Tribunal de Justiça através do reenvio prejudicial, cabe a tarefa hercúlea de prover à uniforme interpretação e constatação da (in)validade de normas da União

---

judicielle: à la recherche d'une identité perdue», *Mélanges M. Waelbroeck*, vol. I, *cit.*, pp. 619-680.

[1315] Na terminologia do Tribunal de Justiça, «*juiz comunitário de direito comum*» – por todos, acórdão *Tetra Pak I*, de 10.7.1990, proc. T-51/89, Colect., II-309, n.° 42.

pelos operadores jurisdicionais das diversas ordens jurídicas nacionais. Resumindo, possibilitar que as mesmas normas, sejam elas de direito originário ou derivado, directamente aplicáveis ou necessitando de normas internas de transposição, sejam igualmente interpretadas pelos juízes portugueses, espanhóis, alemães, suecos ou britânicos, apesar da fundamental diversidade de culturas e sistemas jurídicos[1316].

947. Por último, cumpre referir que a intervenção do Tribunal de Justiça assume uma natureza não contenciosa. O Tribunal de Justiça não se substitui ao órgão jurisdicional nacional. É perante este último que o processo decorre e é este a instância decidente, em última instância.

[1316] Esta finalidade é particularmente sublinhada pelo Tribunal Constitucional, no processo 163/90, que afirmou este mecanismo como necessário para assegurar a «*unidade do direito comunitário*» e apto a «*conseguir uma interpretação uniforme do direito comunitário em toda a Comunidade*».

2. Sujeitos

948. Estabelecendo o reenvio prejudicial uma estreita colaboração entre o Tribunal de Justiça da União Europeia e os tribunais nacionais, tribunais comuns de direito da União Europeia, há que precisar e identificar os sujeitos desta relação de colaboração judiciária.

949. Do lado da União Europeia, temos essencialmente o **Tribunal de Justiça**, estando tradicionalmente excluída a participação, neste processo, do Tribunal Geral (artigo 256.°, n.° 1 TFUE), conquanto formalmente afirmada no tratado, desde o Tratado de Nice, que veio prever a possibilidade de o Tribunal Geral ser chamado a pronunciar-se no quadro do reenvio prejudicial, em «questões específicas determinadas pelo Estatuto» do Tribunal de Justiça, embora possa suceder que o Tribunal Geral decline essa competência em favor do Tribunal de Justiça [quando o Tribunal Geral «considerar que a causa exige uma decisão de princípio capaz de afectar a unidade ou a coerência do direito da União Europeia»] ou que, em hipóteses de existência de «risco sério de lesão grave» da mesma «unidade e coerência do direito comunitário», da decisão por si proferida caiba recurso para o Tribunal de Justiça.

950. De qualquer forma, o novo Estatuto do Tribunal de Justiça ainda não operou a determinação acima referida, pelo que deverá considerar-se desprovida de efeito a atribuição ao Tribunal Geral de competências em matéria de reenvio prejudicial.

951. O reenvio, como instrumento de cooperação entre o Tribunal de Justiça e o que o artigo 267.° TFUE designa por «órgão jurisdicional nacional», implica a prévia determinação dos sujeitos reenviantes (já que o sujeito reenviado está à partida fixado). Duas grandes opções se apresentavam como possíveis.

952. A primeira era a de devolver às ordens jurídicas nacionais a competência para determinar a noção de «órgão jurisdicional», respeitando-se a autonomia dos Estados na determinação dos modos de realização da integração jurídica (jurisdicional) europeia, mas correndo-se o risco de perda de uniformidade na aplicação do direito da União Europeia, pois a sujeição a este mecanismo valeria apenas para os órgãos que em cada Estado fossem classificados como «jurisdições». A outra opção era a de procurar uma noção comunitária ou, em todo o caso, material, de **órgão jurisdicional nacional**, susceptível de ser aplicada em relação a órgãos de qualquer Estado membro, independentemente da sua qualificação formal na ordem jurídica nacional.

953. Foi a segunda esta última concepção prevaleceu, logo na década de 1960, com o acórdão *Vaassen Göbbels*[1317], considerando o Tribunal de Justiça como critérios relevantes (materiais, orgânicos e processuais[1318]), entre outros, a origem legal do órgão, a sua natureza permanente, a obrigatoriedade de sujeição à sua jurisdição[1319], o respeito que demonstre pelos princípios do processo (*due process of law*), a resolução de litígios, a aplicação de direito (e não da equidade) e a sua independência[1320]. Estes elementos não são todos de verificação necessária[1321],

---

[1317] Acórdão de 30.6.1966, proc. 61/65, Colect., p. 401.

[1318] Assim os classificam Fausto de Quadros/Ana Maria Guerra Martins (*Contencioso da União Europeia*, 2.ª ed., *cit.*, pág. 82).

[1319] Característica que os tribunais arbitrais não possuem – o Tribunal de Justiça começou por recusar pronunciar-se sobre questões prejudiciais colocadas por um tribunal arbitral alemão, por a sua jurisdição não ser obrigatória (acórdão *Nordsee*, de 23.3.1982, proc. 102/81, Rec., p. 1095). Assim, quando o fosse, poderia ser considerado como um órgão jurisdicional, para efeitos do artigo 267.° (acórdão *Danfoss*, de 17.10.1989, proc. 109/88, Colect., p. 3199).

[1320] Vide acórdão *Garofalo*, de 16.10.1997, procs. C-69/96 a C-79/96, n.° 17 e 19. No caso, tratava-se de uma apreciação por parte do *Consiglio di Stato* italiano consubstanciada num parecer emitido no quadro de um recurso extraordinário. Solução semelhante havia sido adoptada no acórdão *Nederlandse Spoorwegen*, de 27.11.1973, proc. 36/73, Colect., p. 489.

[1321] O Tribunal de Justiça declarou no acórdão *Dorsch Consult Ingenieurgesellschaft GmbH e Bundesbaugesellschaft Berlin GmbH*, de 17.9.1997, proc. C-54/96, que a exigência de um processo contraditório não é um critério absoluto (n.° 31). Por vezes, surgem casos-limite, como sucedeu no processo *De Coster* (C-17/00), onde, ao contrário do Tribunal de Justiça, o advogado-geral Ruiz Jarabo Colomer considerou não se estar perante uma jurisdição e propôs mesmo uma nova noção de órgão jurisdicional, nas conclusões que apresentou em 28.6.2001.

embora a resolução de litígios pela aplicação do direito[1322], a natureza legal e permanente do órgão, bem como a sua independência[1323], apareçam como requisitos (quase) indeclináveis.

954. Questão diversa é a de saber se todos os órgãos jurisdicionais dos Estados membros[1324] podem aplicar a todo o tempo o mecanismo do artigo 267.° TFUE ou se, ao invés, a sua competência para aplicar direito da União Europeia pode estar subordinada a prazos ou à invocação pelas partes de normas da União. O Tribunal de Justiça tem entendido, desde o acórdão *Rheinmülen*[1325], que nenhuma norma de direito nacional deve poder impedir o recurso ao instituto do reenvio prejudicial por parte de um órgão jurisdicional nacional. Mais do que isso, no acórdão *Peterbroeck*[1326], o Tribunal de Justiça considerou que o juiz nacional não pode ser impedido de apreciar oficiosamente uma norma de direito da União Europeia, mesmo quando a invocação da norma deva – e não tenha sido – ser efectuada por um particular num determinado prazo (*la cour sait le droit*).

955. Embora o Tribunal de Justiça reconheça que «não tem competência para aplicar as normas do direito comunitário a um determinado caso concreto e, em consequência, para qualificar certas disposições de direito nacional à luz de tais normas» e que «toda e qualquer apreciação dos factos da causa é da competência do tribunal nacional» (acórdão *Lucchini*)[1327], ele «[p]ode, todavia, fornecer ao órgão jurisdicional

---

1322 Os órgãos jurisdicionais, quando exerçam funções administrativas e não se encontrem a dirimir um litígio, não podem utilizar o mecanismo do artigo 267.°, não sendo considerados como tribunais – acórdão *Job Centre I*.

1323 Segundo a jurisprudência do Tribunal de Justiça, o conceito de «órgão jurisdicional nacional» só pode designar uma autoridade que tenha a qualidade de terceiro – a ela não ligada de modo orgânico e funcional em relação àquela que adoptou a decisão objecto do recurso (acórdãos *Corbiau*, de 30.3.1993, proc. C-24/92, Colect., I-1277, n.° 15; *Gabalfrisa e o.*, de 21.3.2000, procs. C-110/98 a C-147/98, Colect., I-1577, n.° 33; e *Walter Schmid*, de 30.5.2002, proc. C-516/99, n.° 35-43).

1324 Sobre a aplicação do instituto pelos tribunais portugueses, Neves Ribeiro, «A Questão Prejudicial nos Tribunais Portugueses», *Estudos em Homenagem a Cunha Rodrigues*, vol. II, Coimbra Editora, 2003, pp. 1095-1111.

1325 Acórdão *Rheinmülen*, de 16.1.1974, proc. 166/73, Colect., p. 17, n.° 2 e 3.

1326 Acórdão *Peterbroeck, Van Campenhout & Cie SCS c. Estado Belga*, de 14.12.1995, proc. C-312/93, Colect., I, 12, pp. 4599 e ss.

1327 Acórdão do Tribunal de Justiça (Grande Secção), *Ministero dell'Industria, del Commercio e dell'Artigianato c. Lucchini SpA, anteriormente Lucchini Siderurgica SpA*, de 18.7.2007, proc. C-119/05, Colect., 2007, I, pp. 6199, n.° 43.

nacional todos os elementos de interpretação que relevam do direito comunitário e que possam ser-lhe úteis na apreciação dos efeitos destas disposições[1328]. Nesta óptica, incumbe, tal sendo o caso, ao Tribunal de Justiça reformular as questões que lhe são submetidas[1329]. Assim, em nome da uniformização da aplicação do direito da União, o Tribunal de Justiça pode, não apenas fornecer aos órgãos jurisdicionais nacionais todos os elementos de interpretação do direito da União Europeia, como considerar normas da União não referidas no quadro da questão prejudicial colocada[1330], competindo-lhe determinar, com base no conjunto dos documentos fornecidos pelo órgão da jurisdição nacional, as normas europeias que requerem uma interpretação, tendo em conta o objecto do litígio[1331]. Contudo, para que o Tribunal de Justiça se possa pronunciar, importa que o juiz nacional indique de modo suficientemente claro o quadro legal e factual em que se inscrevem as questões colocadas ou as hipóteses factuais em que assentam (bem como a sua explicação[1332]), exigência menos imperativa quando as questões se prendam com aspectos técnicos precisos[1333].

956. No entanto, tanto a aferição da necessidade de uma decisão interpretativa ou de apreciação de validade (de uma decisão sobre as questões prejudiciais, pois) como da pertinência das questões[1334] ou, final-

---

[1328] Neste sentido, o Tribunal de Justiça recorda os acórdãos *Coenen*, de 24.9.1987, proc. 37/86, Colect., p. 3589, n.° 8; *Fendt Italiana*, de 5.7.2007, proc. C-145/06 e C-146/06, Colect., I, pp. 5869, n.° 30.

[1329] Sobre o ponto, o Tribunal de Justiça remete para os acórdãos *Campina*, de 8.3.2007, proc. C-45/06, Colect., I, pp. 2089, n.° 30, e *Jager*, de 11.3.2008, proc. C-420/06, Colect., I, pp. 1315, n.° 46.

[1330] Acórdão *Verband Sozialer Wettbewerb*, de 2.2.1994, proc. C-315/92, Colect., I-317, n.° 7, posteriormente reafirmada, embora nem sempre praticada (assim, na nossa opinião, no acórdão *Diego Calì c. SEPG*, de 18.3.1997, proc. C-343/95).

[1331] Acórdão de Tribunal de Justiça *Gauchard*, de 8.12.1987, proc. 20/87, Colect., p. 4879, n.° 5.

[1332] Acórdão *Telemarsicabruzzzo e o.*, de 26.1.1993, procs. C-320 a 322/90, Colect., I-393, n.° 6. No acórdão *Bacardi-Martini e Cellier des Dauphins*, de 21.1.2003, proc. C-318/00, Colect., p. 905, n.° 46, o Tribunal de Justiça declarou inadmissível um pedido prejudicial em que se visava a apreciação da conformidade da legislação de outro Estado membro com o direito da União.

[1333] Acórdão *Vaneetveld*, de 3.3.1994, proc. C-316/93, Colect., I-763.

[1334] Por último, acórdão *Guimont*, de 5.12.2000, proc. C-448/98, Colect., I, p. 10663, n.° 22; acórdão *Reisch e o.*, de 5.3.2002, procs. C-515/99 et al., Colect., p. 2157, n.° 25.

mente, do quadro factual que está na base da questão concreta[1335] incumbe, em primeira mão (não se ousa dizer exclusivamente[1336]) ao órgão jurisdicional nacional, sem prejuízo para a competência do Tribunal de Justiça para apreciar a sua própria competência[1337].

957. Num enunciado sintético, pode dizer-se que é jurisprudência assente do Tribunal de Justiça que «em circunstâncias excepcionais, lhe cabe examinar as condições em que é chamado a intervir pelo órgão jurisdicional nacional, a fim de verificar a sua própria competência[1338]. A recusa de se pronunciar sobre uma questão prejudicial submetida por um órgão jurisdicional nacional só é possível [1] quando for manifesto que a interpretação do direito comunitário solicitada não tem qualquer relação com a realidade ou com o objecto do litígio do processo principal, [2] quando o problema for de natureza hipotética ou ainda [3] quando o Tribunal não dispuser dos elementos de facto e de direito necessários para responder utilmente às questões que lhe são submetidas»[1339].

[1335] Quanto a este ponto, o Tribunal salienta, entre os seus argumentos, a modificação substancial do problema, a tutela de posições subjectivas que não tenham acesso ao processo concreto em causa (*v.g.*, porque não são partes no litígio principal) ou que não tenham podido apresentar observações (como os governos e as partes interessadas, ao abrigo do anterior artigo 20.° do Estatuto do Tribunal de Justiça) – acórdãos *Holdijk*, de 1.4.1982, procs. 141 a 143/81, Rec., 1982, p. 1299, n.° 6, e *Phytheron c. Bourdon*, de 203.1997, proc. C-352/95, n.° 12-14.

[1336] Apesar de o Tribunal de Justiça utilizar a expressão: acórdãos *Enderby* (de 27.10.1993, proc. C-127/92, Colect., I-5535, n.° 10), *Boogaard c. Laumen* (de 27.2.1997, proc. C-220/95, n.° 16) ou *Jackie Farrell c. James Long* (de 20.3.1997, proc. C-295/95, n.° 11). No entanto, o Tribunal de Justiça também é visto a afirmar que só pode substituir-se nesse juízo «*quando se verifique de modo manifesto que a interpretação ou a apreciação de validade de uma norma comunitária*» «*não têm qualquer relação com a realidade ou com o objecto do litígio no processo principal*» (*Spano e o.*, de 7.12.1995, C-472/93, Colect., I-4321, n.° 15).

[1337] Como recentemente afirmou o Tribunal de Justiça, «*a existência de um litígio no processo principal* [é] *uma condição da competência do Tribunal de Justiça,* [e] *este pode verificá-la oficiosamente*» – acórdão *Unión General de Trabajadores de la Rioja*, de 11.9.2008, proc. C-428/06, n.° 40.

[1338] Acórdão *Foglia*, de 16.12.1981, proc. 244/80, Rec., pp. 3045, n.° 21.

[1339] Acórdão do Tribunal de Justiça (Grande Secção), *Ministero dell'Industria, del Commercio e dell'Artigianato c. Lucchini SpA, anteriormente Lucchini Siderurgica SpA*, de 18.7.2007, proc. C-119/05, Colect., 2007, I, pp. 6199, n.° 44.

958. Assim, é recomendável que o tribunal nacional justifique a necessidade objectiva[1340] de uma pronúncia do Tribunal de Justiça para a resolução do litígio concreto. A razão é simples. Trata-se de evitar que o Tribunal de Justiça seja sobrecarregado com questões gerais ou hipotéticas, que implicam um desvio na sua função neste processo, que é a de contribuir para a boa administração da justiça nos Estados membros[1341]. Além disso, cumpre outros propósitos, como seja o de dar aos governos dos Estados membros e às outras partes interessadas a possibilidade de apresentarem observações no processo, como prevê o artigo 23.° do Estatuto do Tribunal de Justiça[1342].

959. É certo que, apesar do que se disse, não existe qualquer modelo formal definido *a priori* que se imponha aos juízes nacionais, quando pretendam colocar questões ao Tribunal de Justiça[1343]. Contudo, o Tribunal de Justiça frequentemente exige alguma informação sobre os factos e o direito em causa, designadamente para que possa verificar se existe uma verdadeira questão de direito da União Europeia com relevância para a administração da justiça no caso concreto[1344], pois, como recordou, «resulta simultaneamente dos termos e da sistemática do artigo [artigo 267.° TFUE] que o processo de reenvio prejudicial pressupõe que um litígio esteja efectivamente pendente nos órgãos jurisdicionais nacionais, no âmbito do qual são chamados a proferir uma decisão susceptível de ter em consideração o acórdão do Tribunal de Justiça proferido a título prejudicial», sendo «a existência de um litígio no processo principal uma condição da competência do Tribunal de Justiça, este pode verificá-la oficiosamente»[1345].

[1340] Despacho *Italia Testa e Mario Modesti*, de 30.4.1998, procs. C-128/97 e C--137/97, Colect. I-2181, n.° 17.

[1341] Acórdão *Manuel José Lourenço Dias*, de 16.7.1992, proc. C-343/90, Colect., I-4673.

[1342] Despacho *Sunino e Data*, de 20.3.1996, proc. C-2/96, Colect., I-1543.

[1343] Conquanto o juiz nacional deva explicar as razões pelas quais consideram necessária uma pronúncia do Tribunal de Justiça, como afirma claramente o Tribunal desde o acórdão *Foglia/Novello II*, de 16.12.1981, proc. C-244/80, Rec., p. 3062, n.° 16-17.

[1344] Acórdão *Salzmann*, de 15.5.2003, proc. C-300/01, Colect., p. 4899, n.° 34, onde o Tribunal de Justiça aceitou responder a uma questão prejudicial, apesar de todos os elementos do litígio estarem situados no interior de um único Estado membro, visto que, se a lei nacional se preocupa em «*evitar o aparecimento de discriminações face aos cidadãos nacionais, existe um interesse comunitário evidente em que, para evitar divergências de interpretação futuras, as disposições ou noções recolhidas no direito comunitário recebam uma interpretação uniforme, quaisquer que sejam as condições em que se devam aplicar*».

[1345] Acórdão *Unión General de Trabajadores de la Rioja*, de 11.9.2008, *cit.*, n.° 39.

960. Na sua actividade prejudicial, o Tribunal de Justiça procura, bastas vezes, em vez de uma noção representando uma súmula das várias noções jurídicas nacionais, uma noção autónoma ou uniforme, garante da plena eficácia dos actos da União, sejam eles de direito originário, derivado ou complementar[1346]. Mas, apesar disso, a manutenção da autonomia também no lado das ordens jurídicas nacionais, se permite aos Estados regular livremente certos aspectos – vide, as modalidades processuais das acções judiciais a intentar nos tribunais nacionais para realizar plenamente aos direitos conferidos pelo direito da União Europeia ou os prazos de recurso[1347] –, deve sempre entender-se como não legitimando qualquer restrição ao exercício das liberdades fundamentais ou do princípio geral da igualdade de tratamento, quando garantidos pelo direito da União Euro peia[1348]. Neste sentido, tal autonomia deve permitir ao juiz nacional suspender a execução de actos administrativos nacionais fundados numa norma da União cuja validade tenha sido submetida a apreciação do Tribunal de Justiça, em nome daquilo que chama a «coerência da tutela pro-

---

[1346] Designadamente, sejam eles normas do tratado, actos unilaterais ou convenções internacionais celebradas ao abrigo do anterior artigo 293.° CE, como a Convenção de Bruxelas de 1968 – quanto a esta última, por todos, os acórdãos *Mulox IBC* (de 13.7.1993, proc. C-125/92, Colect., I-4075, n.° 10) e *Rutten*, de 9.3.1997, proc. C-383/95, n.° 12).

[1347] Acórdão *Rewe*, de 16.12.1976, proc. 33/76, Rec., 1976, p. 1989, 5-6. Os prazos de recurso do direito interno são também aplicáveis, na falta de regulamentação comunitária, aos recursos baseados no direito comunitário, na condição de não serem menos favoráveis para estes recursos que para os recursos semelhantes de natureza interna e de não tornarem impossível praticamente o exercício do direito.

[1348] Acórdão *Hayes c. Kronenberger*, de 20.3.1997, proc. C-323/95, n.° 13-14. Em várias espécies, o tribunal julgou incompatível com o princípio da não discriminação a exigência, pelos tribunais alemães, de uma *cautio judicatum solvi* (garantia para despesas processuais e honorários de advogados) a cidadãos da União não alemães por, apesar de não visar «*regular uma actividade de natureza comercial*», ter por efeito «*colocar esses operadores numa posição menos vantajosa que a dos seus nacionais*», assim se infringindo a igualdade de tratamento postulada no cerne da livre circulação de mercadorias (acórdão *Data Delecta e Forsberg*, de 26.9.1996, proc. C-43/95, n.° 13) e de serviços (acórdão *Hubbard*, de 1.7.1993, proc. C-20/92, Colect., I, p. 3777). Aliás, o Tribunal de Justiça vai mais longe, ao afirmar – repetidamente – que tais disposições legislativas nacionais são incompatíveis com o tratado por violarem o princípio geral da não discriminação, enquanto são desproporcionadas, sem necessidade de avaliação do seu impacto concreto à luz das disposições do tratado que concretizam as várias liberdades circulatórias fundamentais (acórdão *Phil Collins e o.*, de 20.10.1993, procs. C-92/92 e C-326/92, Colect., I, pp. 5176 e ss., cons.13 e 27), embora sempre dependendo de um efeito directo ou indirecto sobre as trocas intracomunitárias.

visória dos particulares»[1349], paralisando assim os efeitos dessa norma europeia, ainda que apenas quando preenchidas outras condições excepcionais: a existência de sérias dúvidas sobre a validade da norma da União[1350], a provisoriedade das medidas[1351], a urgência da situação, o risco para o recorrente de sofrer um prejuízo sério e irreparável[1352] e o interesse comunitário[1353].

961. Além disso, para garantir o respeito integral da norma da União por parte dos aplicadores da norma, estes deverão – antes de mais – utilizar todos os meios permitidos pelo direito interno, como o recurso para os órgãos jurisdicionais nacionais, para garantir o seu pleno efeito directo. Com efeito, a estes incumbe «assegurar a protecção jurídica que para os particulares resulta do efeito directo das disposições do Tratado» (*Factortame*), dando às disposições nacionais uma interpretação conforme com as exigências do direito da União Europeia e, se necessário, desaplicando a norma nacional que não permitir uma tal compatibilização interpretativa[1354].

962. Questão diversa, também já resolvida em sentido positivo, era a de saber se, mais do que suspender os efeitos de um regulamento, seria

---

1349 Acórdão *Zuckerfabrik*, de 21.2.1991, procs. C-143/88 e C-92/89, Colect., I, p. 415.

1350 Impondo ao tribunal nacional a obrigação de, no despacho de reenvio, indicar as razões pelas quais julga que o Tribunal de Justiça vai declarar a invalidade do acto, devendo para isso ter em atenção a margem de apreciação dos órgãos da União nos diversos sectores materiais do direito comunitário, num juízo de prognose e de substituição face ao juízo do Tribunal de Justiça – acórdão *Atlanta c. Bundesamt*, de 9.11.1995, proc. C-465/93, Colect., I, n.° 36-37.

1351 Acórdão *Zuckerfabrik*, de 21.2.1991, *cit.*, n.° 24 e 27.

1352 Anterior – potencialmente – à pronúncia do Tribunal de Justiça. Além disso, não deve ser, em regra, um prejuízo puramente pecuniário.

1353 O tribunal nacional deve, em primeiro lugar, verificar se a não aplicação do acto comunitário não o privaria de todo o efeito útil. Deve, depois, atender aos efeitos da concessão de tais medidas no regime jurídico instituído pelo regulamento para toda a União, nomeadamente o efeito cumulativo de várias decisões análogas e a especificidade do operador económico requerente das medidas. Em terceiro lugar, deve acautelar o risco financeiro para a União, por exemplo através da obrigação de prestação de garantias suficientes (caução, depósito à ordem). Finalmente, condição inultrapassável é a de o Tribunal de Justiça não ter já declarado a ausência dos motivos de invalidade invocados pelo requerente – acórdão *Atlanta c. Bundesamt*, de 9.11.1995, *cit.*, n.° 42-46.

1354 Reafirmando estes princípios, acórdão *Coloroll Pensions Trustees*, de 28.9.1994, n.° 28-36.

possível a um órgão jurisdicional nacional – em nome do mesmo valor da tutela jurídica e nas mesmas condições – adoptar medidas provisórias que tornassem inaplicável o regulamento, criando uma situação jurídica nova[1355]. O mesmo acontecia com eventuais normas nacionais contrárias ao direito da União Europeia[1356], factor tanto mais bizarro quanto uma afirmação de contrariedade entre normas de ambos os ordenamentos extravasa claramente do domínio de aplicação do artigo 267.° TFUE.

[1355] Acórdão *Atlanta c. Bundesamt*, de 9.11.1995, *cit.*, n.° 30 e 33.

[1356] Acórdão *Factortame*, de 19.6.1990, proc. C-213/89, Colect., I, p. 2433.

3. Modalidades

963. Se os sujeitos participantes neste «processo interlocutório»[1357] são o Tribunal de Justiça, por um lado, e os «órgãos jurisdicionais nacionais», por outro, o certo é que estes últimos podem colocar ao Tribunal de Justiça diferentes questões e estar mesmo, em certas hipóteses, vinculados à obrigação de reenvio.

3.1. *Reenvio de Interpretação e Reenvio de Validade*

964. O reenvio prejudicial começa por se distinguir quanto ao seu objecto. Resulta do primeiro parágrafo do artigo 267.° TFUE que as jurisdições nacionais tanto podem pedir ao Tribunal de Justiça que se pronuncie sobre a interpretação como sobre a validade de normas, qualquer que seja a sua designação ou forma, juridicamente vinculativas da União. Contudo, uma distinção cumpre fazer imediatamente. O tratado é claro quando dispõe que o chamado reenvio de interpretação tanto pode abranger normas de direito originário como normas de direito derivado, enquanto o reenvio de apreciação de validade apenas pode incidir sobre normas de direito derivado.

965. Neste ponto, o regime comum do reenvio prejudicial distingue-se bastante do regime formalmente previsto no anterior tratado CECA. Aí apenas se previa o reenvio de apreciação de validade e, por outro lado, a intervenção do Tribunal de Justiça era considerada obrigatória (artigo 41.° CECA). A omissão do reenvio de interpretação neste tratado CECA foi considerada pelo Tribunal de Justiça uma lacuna dos tratados passível de ser integrada com apelo à ideia da unidade de sentido dos tratados, sem

---

[1357] P. Canelas de Castro, «O reenvio prejudicial...», *cit.*, p. 106.

prejuízo para a autonomia jurídica das diversas Comunidades Europeias (acórdão *Busseni*)[1358].

966. Mas a aproximação entre os regimes CECA e UE também se fez em sentido inverso. Na sua jurisprudência *Foto-Frost*[1359], o Tribunal de Justiça procurou igualmente a aproximação do regime do reenvio prejudicial de apreciação de validade (artigo 267.° TFUE) com aquele previsto no tratado CECA (artigo 41.° CECA). Neste processo, o Tribunal de Justiça formulou uma doutrina segundo a qual o juiz nacional estaria sempre obrigado a reenviar quando no processo se suscitasse uma questão de apreciação de validade de uma norma de direito da União Europeia (não originário, claro) e o juiz nacional se inclinasse para a solução da invalidade. O fundamento – múltiplo – baseia-se, sobretudo, na ideia segundo a qual cabe apenas ao Tribunal de Justiça (incluindo o Tribunal Geral e outros tribunais especializados) a anulação de actos jurídicos da União e que solução diversa poria em causa a unidade do sistema jurídico e a segurança jurídica.

967. Como melhor e mais aprofundadamente se poderia expor, tais argumentos são, fundamentalmente, insubsistentes. Contudo, limitamo-nos a afirmar que esta interpretação é, não só é explicitamente contrária à letra do tratado (artigo 267.° TFUE), que não faz qualquer distinção de regime entre reenvio de interpretação e reenvio de apreciação de validade (nem dentro deste último), como contraria o próprio sentido – a razão de ser e os objectivos – do mecanismo do reenvio prejudicial[1360]. Recorde-

---

[1358] Acórdão *CECA c. Massa falida de Acciaierie e ferriere Busseni SpA*, de 22.2.1990, proc. C-221/88, Colect., p. 519 – sobre este ponto, R. Moura Ramos, «Reenvio prejudicial e relacionamento entre ordens jurídicas», *Das Comunidades à União*, *cit.*, p. 224.

[1359] Acórdão *Foto-frost c. Hauptzpollamt Lübeck-Ost*, de 22.10.1987, proc. 314/85, Colect., p. 4231, n.° 15. No acórdão *Busseni*, já citado, o Tribunal de Justiça invocará expressamente a aproximação do regime do reenvio no âmbito da CE daquele previsto no quadro do artigo 41.° CECA (acórdão *cit.*, p. 523, n.° 14).

[1360] Para um juízo crítico quase imediato, na doutrina portuguesa, Alberto Souto de Miranda, *Temas de direito comunitário*, Almedina, Coimbra, 1990, pp. 9-31; mais recentemente, v. Nuno Piçarra, «A justiça constitucional da União Europeia», in *Estudos Jurídicos em Homenagem ao Prof. Doutor António de Sousa Franco*, Vol. III, Faculdade de Direito da Universidade de Lisboa, 2006, pp. 467 e seguintes, em especial pp. 477-478; e Carla Amado Gomes, «ABC da (ir)responsabilidade dos juízes no quadro da Lei n.° 67/2007, de 31 de Dezembro», in *Scitina Iuridica*, Tomo LIX, 2010, n.° 322, pág. 268, nota 17, que classifica este acórdão como "uma interpretação correctiva do § 2 do artigo 267.° do TFUE (…) que pode ser vista como uma verdadeira revisão informal do então Tratado da Comunidade Europeia».

-se, por um lado, que ao modelo de justiça da União repugna uma hierarquização judiciária, assentando antes na clássica afirmação de relações de colaboração *inter pares* ("diálogo juiz a juiz", refere o Tribunal de Justiça), em que os tribunais nacionais são considerados tribunais comuns de direito da União Europeia (não se compreendendo que tenham autonomia para afirmar a validade mas já não o contrário). Por outro lado, se o objectivo do instituto é permitir ao Tribunal de Justiça a colaboração na administração da justiça no plano nacional, assegurando em último termo a uniformidade na aplicação do direito da União Europeia, o sentido de cada resposta concreta do Tribunal de Justiça é o de auxiliar o juiz nacional que naquele processo concretamente coloca a questão, pelo que, para lá do que se dirá já a seguir[1361], a declaração de invalidade feita pelo juiz nacional não podia produzir efeitos para lá do específico caso *sub judice*. Em terceiro lugar, a unidade e a coerência do sistema estão sempre asseguradas pela sábia previsão de um "reenvio obrigatório" e, até, pela eventual obrigação de, caso este não seja feito, poder haver lugar à revisão ou reexame da decisão definitiva. Entre nós, no mesmo sentido crítico, seguem João Mota de Campos/José Luiz Mota de Campos, os quais, no entanto, consideram que a jurisprudência em causa se tornou «irrecusável» e que, caso um órgão jurisdicional tenha dúvidas sobre a interpretação do artigo 267.° TFUE, deverá, sobretudo se "supremo", reenviar a questão para o Tribunal de Justiça, que por certo confirmará esta jurisprudência[1362]. Por nós, não reconhecendo ao Tribunal de Justiça competência para limitar os poderes dos órgãos jurisdicionais nacionais para lá do que resulta dos tratados[1363], das duas uma: ou da decisão cabe recurso ordinário ou não cabe. Se cabe, a parte cujo pedido decaiu por força da declaração de invalidade da norma da União feita pelo juiz nacional poderá recorrer e o tribunal

---

[1361] Interferem neste juízo argumentos relacionados com o carácter obrigatório ou não do reenvio e com a eficácia das respostas dadas pelo Tribunal de Justiça no âmbito deste processo.

[1362] João Mota de Campos/J. L. Mota de Campos, *Contencioso Comunitário*, FCG, Lisboa, 2002, pág. 150.

[1363] É de notar que, ainda que se concordasse com João Mota de Campos/J. L. Mota de Campos (*Contencioso Comunitário*, *op. e loc. cits.*) sobre a validade dos argumentos do Tribunal de Justiça *de iure constituendo*, sempre se haveria de recordar que, desde o acórdão *Foto-Frost*, o Tratado já foi objecto de cinco revisões globais (Maastricht, Amesterdão, Nice, que entraram em vigor, Roma ou Lisboa, que não entraram, pelo menos até ao momento) e várias outras revisões parciais (designadamente por ocasião de três alargamentos) e em nenhuma se alterou o disposto na norma original (anterior artigo 177.°, actual artigo 267.° TFUE)...

superior poderá e, eventualmente, deverá reenviar, se decidir sem possibilidade de recurso ordinário (reenvio obrigatório). Se da decisão não couber recurso ordinário, então sim a questão deve ser reenviada, qualquer que seja a solução (validade ou invalidade) para a qual o juiz da causa propenda "inclinar-se". Nem se diga que isto configuraria uma situação de violação do tratado, a acarretar responsabilidade do Estado. É que, justamente como salientam aqueles autores, saber se o artigo 267.° TFUE implica uma obrigação de reenvio por órgão jurisdicional de instância em caso de decisão de invalidade não é uma questão de validade mas uma questão de interpretação, e nestas não há, mesmo no entendimento do Tribunal de Justiça, qualquer limitação à plena competência do órgão jurisdicional nacional[1364].

3.2. *Reenvio Facultativo e Reenvio Obrigatório*

968. Outra distinção que se faz é a que resulta directamente dos §§ 2 e 3 do mesmo artigo 267.° TFUE. O § 2 prevê o chamado **reenvio facultativo**, enquanto o § 3 consagra o denominado reenvio obrigatório. Dispõe assim o segundo parágrafo do artigo 267.° TFUE: «Sempre que uma questão desta natureza seja suscitada perante qualquer órgão jurisdicional de um dos Estados membros, esse órgão pode, se considerar que uma decisão sobre essa questão é necessária ao julgamento da causa, pedir ao Tribunal de Justiça que sobre ela se pronuncie».

969. Assim, resulta desta disposição que a regra é a do reenvio prejudicial facultativo (o «órgão jurisdicional (...) pode (...) pedir...»), o que se compreende por os tribunais nacionais serem autênticos tribunais comuns de direito da União Europeia.

970. Mas, por outro lado, o terceiro parágrafo vem consagrar o **reenvio prejudicial obrigatório**, ao dispor que «sempre que uma questão desta natureza seja suscitada em processo pendente perante um órgão jurisdicional nacional cujas decisões não sejam susceptíveis de recurso judicial previsto no direito interno, esse órgão é obrigado a submeter a questão ao Tribunal de Justiça».

[1364] Esta distinção entre as questões, uma de interpretação, outra de validade, é aliás explicitamente feita no próprio acórdão *Foto-Frost*.

971. Estas normas são passíveis de múltiplas considerações, mas a doutrina da União tem concentrado a sua atenção em dois pontos particulares.

972. Primeiro, a determinação do sentido da expressão «órgão jurisdicional cujas decisões não sejam susceptíveis de recurso judicial previsto no direito interno». Enquanto parte da doutrina sempre defendeu que só estariam nesta situação os órgãos jurisdicionais nacionais que estivessem situados no topo da hierarquia legal dos tribunais nacionais (assim, no caso português, o STJ, o STA e, porventura, o TC), outros, seguindo o ensino entre nós do prof. Rui MOURA RAMOS, sustentam que, em homenagem aos objectivos do reenvio prejudicial, deveria aplicar-se um critério concreto, de acordo com o qual estarão enquadrados no reenvio prejudicial obrigatório todos os órgãos jurisdicionais nacionais que decidam em última instância, sem possibilidade de recurso ordinário, ainda que não sejam os órgãos situados na cúpula do sistema jurisdicional nacional ou que o recurso para o órgão de cúpula dependa de uma decisão de admissibilidade[1365].

973. Apesar da falta de clareza, parece ser esta última concepção que terá prevalecido na jurisprudência do Tribunal de Justiça[1366], até porque é aquela que melhor se adequa aos ambiciosos objectivos de assegurar, em todo e cada processo, a uniformidade na aplicação do direito da União

[1365] Numa espécie onde se discutia se um tribunal sueco de instância, de cujas decisões cabia recurso para o tribunal supremo, mas em que um tal recurso estava condicionado por decisão de admissibilidade por parte do tribunal supremo, o então advogado-geral Tizzano sustentou que, mais do que considerar o órgão jurisdicional concreto, importa considerar «*o sistema jurisdicional nacional, na sua globalidade e organicidade (...) a fim de apurar se esse sistema faculta os instrumentos aptos para satisfazer os objectivos do artigo 234.° CE*» (*conclusões no processo C-99/00, Kenny Roland Lyckeskog*, n.° 42), que são os de, nomeadamente, «*evitar que se estabeleça, num Estado membro, uma jurisprudência nacional em desacordo com as regras do direito comunitário*» (acórdão *Hofmann-La Roche*, de 24.5.1977, proc. 107/75, n.° 5). No acórdão, o Tribunal de Justiça considerou que, na hipótese concreta, não se estava perante um reenvio obrigatório (acórdão de 4.6.2002, considerandos 16 e 19).

[1366] Desde logo no acórdão *Da Costa en Schaake NV e o. c. Administração Fiscal Neerlandesa*, de 27.3.1963, procs. 28 a 30/62, Rec., 1963, I, pp. 59 e ss. T. C. Hartley, *The Foundations of European Community Law*, *cit.*, pp. 283-289, aprecia detidamente a questão, analisando a jurisprudência que sobre o assunto se pronunciou e inclinando-se para a «teoria concreta», que afirma extrair-se do acórdão *Costa c. ENEL*, onde o Tribunal de Justiça considerou o reenvio obrigatório.

Europeia, embora tenha um custo em termos de eficácia e volume de trabalho do Tribunal de Justiça.

974. Mas, em segundo lugar, a norma coloca a questão da determinação da existência de uma «questão» de direito da União Europeia. É que, por um lado, importa ter presente que o reenvio prejudicial estabelece uma relação de colaboração «objectiva» entre o Tribunal de Justiça e o órgão jurisdicional nacional, dependendo exclusivamente da iniciativa do juiz nacional. E, por outro lado, que também é comum a afirmação segundo a qual o Tribunal de Justiça tem competência para interpretar mas não para a aplicação, operação que caberia em exclusivo ao órgão jurisdicional nacional[1367]. O Tribunal de Justiça acabou por reconhecer na sua jurisprudência a autonomia do juiz nacional na detecção e afirmação de existência de uma «questão de direito comunitário».

975. Para o efeito, reconheceu a **doutrina do acto claro** (acórdão *Cilfit*)[1368], que permite – por força de uma cisão intelectiva entre interpre-

---

[1367] Vide P. Canelas de Castro, *cit.*, p. 122.

[1368] Acórdão *Srl CILFIT e Lanificio di Gavardo SpA c. Ministério da Saúde*, de 6.10.1982, proc. 283/81, Rec., 1982, 9, pp. 3415 e ss. Sobre a teoria do acto claro existe uma jurisprudência e doutrina inabarcáveis. Entre outros, vide G. Bebr, «The Rambling Ghost of "Cohn-Bendit": Acte Clair and the Court of Justice», *Common Market Law Review*, 1983, pp.439-472; Nicolà Catalano, «La pericolosa teoria dell'"atto chiaro"», *Giustizia civile*, 1983, I, pp.12-14; António Tizzano, in *Il Foro italiano*, 1983, IV Col., pp. 63-65; K. Lenaerts, «La modulation de l'obligation de renvoi préjudiciel», *Cahiers de droit européen*, 1983, pp.471-500; M. Lagrange, *RTDE*, 1983, pp.159-163; Jean-Claude Masclet, «Vers la fin d'une controverse? La Cour de justice tempère l'obligation de renvoi préjudiciel en interprétation faite aux juridictions suprêmes (art. 177, alinéa 3, CEE)», *Revue du Marché Commun*, 1983 pp. 363-372; Hjalte Rasmussen, «The European Court's Acte Clair Strategy in C.I.L.F.I.T.. Or: Acte Clair, of course! But What Does it Mean?», *European Law Review*, 1984, pp. 242-259; G. Federico Mancini, «Corte comunitaria e corti supreme nazionali, Hacia un nuevo orden internacional y europeo», in *Estudios en homenaje al profesor don Manuel Díez de Velasco*, Tecnos, Madrid, 1993, pp. 1043-1053; David Edward, «CILFIT and Foto-Frost in their Historical and Procedural Context», *The Past and Future of EU Law. The Classics of EU Law Revisited on the 50th Anniversary of the Rome Treaty*, 2010, pp. 173-184; Paul Craig, «The Classics of EU Law Revisited: CILFIT and Foto-Frost», *The Past and Future of EU Law. The Classics of EU Law Revisited on the 50th Anniversary of the Rome Treaty*, 2010, pp. 185-191; Alec Stone Sweet, «The Juridical Coup d'Etat and the Problem of Authority: CILFIT and Foto-Frost», *The Past and Future of EU Law. The Classics of EU Law Revisited on the 50th Anniversary of the Rome Treaty*, 2010, pp. 201-210; Alessandra Silveira, «Da (ir)responsabilidade do Estado-juiz por violação do Direito da União Europeia», *cit.*, pág. 795.

tação e aplicação que sustenta não surgir, em certas hipóteses de aplicação de uma norma da União, uma verdadeira questão – dispensar um órgão abrangido pela letra do § 3 do artigo 267.° TFUE da obrigação de reenvio. Esta mesma dispensa da obrigação de reenvio já havia tido manifestações anteriores, nomeadamente no acórdão *Da Costa*[1369], ainda que baseando-se na especial força conformadora de anteriores pronúncias do Tribunal de Justiça. Deve recordar-se, contudo, que o Tribunal de Justiça aceitou esta doutrina na conclusão de um percurso argumentativo com diversos passos necessários. Considerando a forma simplista como a doutrina *Cilfit* é invocada, consideramos útil recordar os exactos termos em que o Tribunal de Justiça se pronunciou:

976. Assinalando em primeiro lugar os objectivos do instituto, de, pela colaboração entre juízes assegurar a aplicação uniforme do direito da União, o Tribunal de Justiça declarou que «o objectivo da disposição [artigo 267.° TFUE] visa, mais particularmente, *evitar que se estabeleçam divergências de jurisprudência* no interior da Comunidade sobre questões de direito da União. O *alcance* dessa obrigação deve por isso ser apreciado em função dessas *finalidades* e das *competências respectivas* das jurisdições nacionais e do Tribunal de Justiça» (itálicos nossos).

977. Mas, após afirmar isto, o Tribunal de Justiça adverte para a impossibilidade de *captura* do processo pelas partes: «o artigo [267.°] não constitui uma via de recurso aberta às partes num litígio perante um juiz nacional. Não basta, por isso, que uma parte sustente que o litígio coloca uma questão de interpretação de direito comunitário para que a jurisdição seja obrigada a considerar que há uma "questão" (...). Em contrapartida, compete à jurisdição, no caso, submeter a questão *ex officio* ao Tribunal de Justiça».

978. Seguidamente, o Tribunal de Justiça constata, em terceiro lugar, que «as jurisdições abrangidas pelo [artigo 267.°, § 3 TFUE] gozam do mesmo do mesmo poder de apreciação que as demais, no que respeita à questão de saber se a decisão sobre um ponto de direito comunitário é *necessária* para a sua própria decisão» «Não estão, por isso, obrigadas a reenviar uma questão de interpretação que lhes for colocada se a questão

---

[1369] Acórdão *Da Costa*, de 27.3.1963 (atrás citado) – M. Gorjão-Henriques, *Da restrição da concorrência na comunidade Europeia*, cit., pp. 389, 1021.

não é pertinente, quer dizer, no caso de a resposta a essa questão, qualquer que seja, não possa ter qualquer influência sobre a solução do litígio. Pelo contrário, se constatarem que o recurso ao direito comunitário é necessário (...), o artigo [267.°] impõe-lhes a obrigação de reenviar» (itálico nosso).

979. Ora, «se o artigo [267.°, § 3] obriga sem qualquer restrição as jurisdições nacionais (...) a reenviar todas as questões de interpretação suscitadas perante elas, a *autoridade da interpretação* dada [pelo Tribunal de Justiça] pode privar essa obrigação da sua causa e esvaziar desde modo o seu conteúdo; é essim, nomeadamente, quando a questão suscitada é materialmente idêntica a uma questão que já tenha sido objecto de uma decisão a título prejudicial num caso análogo ou quando a questão de direito em causa foi resolvida por uma jurisprudência constante do Tribunal de Justiça; qualquer que seja a natureza dos processos que tenham conduzido a essa jurisprudência e mesmo na falta de uma identidade estrita das questões em litígio. Mesmo nestas hipóteses, as jurisdições nacionais, incluindo as visadas pelo [artigo 267.°, § 3 TFUE] conservam a inteira liberdade de colocar questões ao Tribunal de Justiça, se o considerarem oportuno».

980. Foi nesta sequência, somente, que o Tribunal de Justiça pôde então concluir que o artigo 267.°, § 3 TFUE deve ser interpretado no sentido de que uma jurisdição cujas decisões não são susceptíveis de recurso jurisdicional de direito interno é obrigada, assim que uma questão de direito comunitário for suscitada perante ela, «*de déférer a son obligation de saisine, a moins qu'elle n'ait constate que **l'application correcte du droit communautaire s'impose avec une telle évidence qu'elle ne laisse place a aucun doute raisonnable**; l'existence d'une telle éventualité doit être évaluée en fonction des caractéristiques propres au droit communautaire, des difficultés particulières que présente son interprétation et du risque de divergences de jurisprudence a l'intérieur de la Communauté*».

4. Eficácia dos Acórdãos

981. O acórdão proferido pelo Tribunal de Justiça na sequência da questão prejudicial formulada pela jurisdição nacional não vai resolver o litígio que decorre perante o tribunal nacional. O Tribunal de Justiça não interfere directa e imediatamente na solução do caso concreto, que cabe em exclusivo ao tribunal nacional. O sentido da resposta dada pelo Tribunal de Justiça é o de fornecer elementos para a interpretação ou apreciação de validade de uma norma da União que o tribunal nacional terá de fazer no caso concreto.

982. É discutida a questão da eficácia das deliberações do Tribunal de Justiça, ao abrigo da competência exclusiva conferida pelo artigo 267.° TFUE para se pronunciar a título prejudicial sobre a interpretação ou a validade do direito da União[1370].

983. Encontram-se na doutrina as mais diversas qualificações do sentido e alcance das pronúncias prejudiciais do Tribunal de Justiça[1371]. Como vimos, o próprio Tribunal de Justiça, por exemplo no acórdão *Cilfit*, falava "na autoridade da interpretação dada" por anteriores acórdãos.

984. É certo, em primeiro lugar, que as pronúncias vinculam o juiz do processo – o que efectuou o reenvio e todos os que, ainda que em sede de recurso, venham a conhecer do mesmo processo –, mas boa parte da

---

[1370] Excluída, neste último caso, para o direito comunitário originário. Em Portugal, recomenda-se o antigo mas excelente ensaio de Ana Maria Guerra Martins, *Efeitos dos acórdãos prejudiciais do artigo 177.° do TR (CEE)*, AAFDL, Lisboa, 1988. Em sentido diverso, Guy Isaac, *Droit Communautaire Général*, *cit.*, p. 306.

[1371] Para um elenco exemplificativo, M. Gorjão-Henriques, *Da restrição da concorrência na Comunidade Europeia*, *cit.*, pp. 387-388. Recentemente, entre nós, a prof. Alessanda Silveira atribui-lhes «força do precedente vinculativo [que] deve ser acatado por todos os Estados membros» («Constituição, Ordenamento e Aplicação de Normas Europeias e Nacionais»,, *cit.*, pág. 81).

doutrina e dos tribunais nacionais tendem a considerar que a vinculação fáctica excede em muito a que resulta da lógica formal do sistema.

985. O acórdão do Tribunal de Justiça apresenta-se, de certa forma, a meio caminho entre a apreciação abstracta típica do assento e a concreção do precedente. De uma forma simples, poderá dizer-se que o Tribunal de Justiça faz uma declaração abstracta[1372], que o tribunal nacional poderá ou não aplicar ao caso, consoante tome a norma da União como efectivamente pertinente ou não para o caso concreto. Se se tratar de uma questão de interpretação, por exemplo, e o tribunal nacional considerar que a norma da União é aplicável na espécie concreta, ele terá mesmo que a aplicar, estará vinculado (tanto ele como os órgãos jurisdicionais de recurso, no âmbito do mesmo processo). Mas o mesmo não se diga dos restantes órgãos jurisdicionais nacionais, os quais, não decidindo em última instância, são porventura livres de (não) adoptar a interpretação formulada pelo Tribunal de Justiça nos casos concretos com que se deparem, ainda que se reconheça, quer a força de precedente de facto da jurisprudência europeia, quer, neste caso, a obrigatoriedade de reenvio, quando a mesma questão de interpretação for colocada perante um órgão jurisdicional que decida sem possibilidade de recurso ordinário de direito interno (casos de reenvio obrigatório)[1373].

986. O que o Tribunal de Justiça não pode fazer, directamente, nesta sede, é declarar o incumprimento do direito da União por parte de um Estado membro[1374], caso em que o procedimento adequado será o dos artigos 258.° a 260.° TFUE. Contudo, o Tribunal de Justiça muitas vezes indica ao juiz nacional elementos que lhe permitam apreciar a compatibilidade das normas nacionais com o direito da União Europeia, nomeadamente através da fórmula «a norma de direito da União opõe-se/não se opõe a uma regulamentação nacional como a que está em causa no processo principal, nos termos da qual...».

[1372] Na síntese, de 1982, de Mário de Melo Rocha, «*o Tribunal de Justiça dá uma interpretação abstracta da regra comunitária e não intervém na sua aplicação ao caso em questão*» (*op. cit.*, p. 52).

[1373] É esta a interpretação que, para nós, é congruente com a jurisprudência *Willy Kempter*.

[1374] No sentido do texto, Francis G. Jacobs, «The role of national courts and of the European Court of Justice in ensuring the uniform application of Community law: is a new approach needed?», *Divenire Sociale e adeguamento del diritto – Studi in onore di Francesco Capotorti*, II, Giuffrè, Milano, 1999, p. 175; Despacho *Processo Penal contra Mostafa Saddik*, de 23.3.1995, proc. C-458/93, Colect., p. 513, n.° 6.

PARTE V

DIREITO MATERIAL DA UNIÃO EUROPEIA (MERCADO INTERNO)

§ 1. OBJECTIVOS E MODELOS DA INTEGRAÇÃO ECONÓMICA

1. MODELOS TEÓRICO-PRÁTICOS

987. Impõe-se, ainda que perfunctoriamente, dilucidar o sentido do mercado comum (hoje, mercado interno) como modelo e objectivo concreto e imediato da construção comunitária e, hoje, da União[1375].

988. É habitual utilizar-se, na doutrina jurídico-económica de tom europeu, a teorização de BALASSA[1376], segundo a qual existem cinco fases de integração económica[1377], por ordem crescente do grau de integração produzido: zona de comércio livre, união aduaneira, mercado comum, união económica e união monetária[1378].

[1375] Leia-se (são aqui especialmente seguidos) Manuel Porto – *Teoria da Integração e Políticas Comunitárias : face aos desafios da globalização*, 4.ª ed., Almedina, Coimbra, 2009, em especial pp. 207 e ss. – e J. Mota de Campos, *Direito Comunitário*, vol. III, 2.ª ed., pp. 57-63.

[1376] Bela Balassa, *The theory of economic integration*, Richard D. Irwin, Londres, 1961 (*Teoria da Integração Económica*, 3.ª ed. Portuguesa, Clássica Editora, Lisboa, s.d.).

[1377] O conceito de «integração económica internacional» é de utilização recente no comércio internacional – Ali M. El-Agraa, «General Introduction», in *Economic Integration Worldwide*, MacMillan Press, London, 1997, p. 1.

[1378] Esta não é a única classificação possível. Apenas a título de exemplo, e na doutrina nacional, A. Sousa Franco (*Noções de Direito da Economia*, AAFDL, Lisboa, 1982, pp. 277-280), A. Sousa Franco/G. Oliveira Martins (*A Constituição Económica Portuguesa – ensaio interpretativo*, Almedina, Coimbra, 1993, pp. 313 ss.) utilizam uma classificação diversa. Atenção merece igualmente o trabalho de Graça Enes Ferreira, *A teoria da integração económica internacional e o modelo de integração do espaço económico europeu*, Legis editora, Porto, 1997, pp. 17-23.

989. Desde o início que as Comunidades Europeias almejaram realizar e estabelecer um mercado comum. Tal não era um objectivo original, mesmo no quadro europeu do pós-guerra. Já antes a constituição de um mercado comum havia sido objecto de propostas de realização por via de integração convencional. Em 1953, vários Estados europeus haviam assinado o tratado que instituía a Comunidade Europeia (conhecida depois como Comunidade Política Europeia – CPE), o qual, entre outros objectivos bem mais ambiciosos do que os visados – ainda hoje – pela Comunidade e União juntas, previa o estabelecimento de um mercado comum. O fracasso desse tratado, após a recusa de ratificação do tratado (de que dependia) institutivo da Comunidade Europeia de Defesa pela Assembleia Nacional francesa, em 1954, levou a que os Estados reponderassem a adequação de uma integração abrupta e radical, levando-os a, após uma breve pausa, recomeçar o processo de construção da unidade europeia pelo estabelecimento de um mercado comum europeu (através da então CEE). A modelação do mercado comum feita no decurso das negociações preparatórias do tratado de Roma acabou por afastar das negociações o Reino Unido, que pretendia ver estabelecida na Europa uma zona de comércio livre, para lá de desejar manter os seus laços especiais com os países da *Commonwealth* e as prerrogativas dos seus agricultores. Por isso, em 1960, como resposta ao mercado comum que a CEE começava a instalar, o Reino Unido assinava em Estocolmo o tratado que instituía a Associação Europeia do Comércio Livre (AECL ou, em inglês, EFTA), da qual Portugal foi membro fundador. Em 1962, já convencido da superioridade do modelo comunitário, o Reino Unido pedia, pela primeira vez, a adesão às Comunidades Europeias[1379].

990. No quadro comunitário, a opção não foi pela **zona de comércio livre**, definida, no artigo 24.° do acordo do GATT, como o «grupo de dois ou mais territórios aduaneiros entre os quais os direitos aduaneiros e as outras regulamentações comerciais restritivas são eliminadas para o essencial das trocas comerciais relativas aos produtos originários dos territórios constitutivos da zona». Tratar-se-ia, nessa hipótese, de uma integração puramente interna, envolvendo os produtos considerados como originários da zona, que deixa um amplo espaço de autonomia estadual nas relações com o exterior, com países terceiros. Com efeito, a protecção

---

1379 Para a descrição deste processo, por todos, Jean-Claude Masclet, *A União Política da Europa*, Bertrand, Lisboa, 1975, pp. 10-39.

externa da zona não é uniforme, pois cada um dos países mantém total liberdade no que toca aos produtos provenientes de países terceiros.

991. Já a Comunidade visava, desde o início, o estabelecimento de uma união aduaneira. Na tradicional classificação, a **união aduaneira** constitui a segunda fase do processo de integração económica ou, para quem não queira ver aí uma lógica forçosamente progressiva, um segundo modelo de integração económica. Para o comité *Spaak*, era mesmo o centro da construção comunitária, pois «é sob a forma de uma união aduaneira que se propõe realizar o mercado comum».

992. A união aduaneira caracteriza-se, substancialmente, pela substituição de dois ou mais territórios aduaneiros por um único território aduaneiro. Internamente, a sua configuração não parece divergir da zona de comércio livre[1380] (artigo 24.° do acordo do GATT), ou seja, envolve igualmente a eliminação, quanto ao essencial das trocas comerciais entre os Estados membros, dos direitos aduaneiros e outras disposições comerciais restritivas. Mas, no plano externo, mostra a sua originalidade através do estabelecimento de uma pauta alfandegária comum que, tendo uma inelutável força simbólica («é o primeiro sinal perceptível para os países terceiros de que a União existe e funciona em bloco»[1381]), não deixou de implicar, no que à Comunidade Europeia respeita, o estabelecimento e realização de uma uniformização parcial das políticas comerciais na chamada política comercial comum[1382].

993. O mercado comum, por seu turno, tal como apresentado no relatório do comité *Spaak*[1383], envolvia a «fusão dos mercados separa-

---

[1380] Não assim em relação a todas as organizações concretas que historicamente visavam estabelecer uma zona de comércio livre. Disso era exemplo a AECL (EFTA), que excluía do âmbito do «comércio livre» as *mercadorias* agrícolas. O tratado do GATT, aliás, proíbe, no mesmo artigo 24.°, o estabelecimento de uniões aduaneiras ou de zonas de comércio parciais, relativas a alguns produtos ou sectores económicos, as quais só podem ser admitidas ao abrigo do artigo 25.°, n.° 5.

[1381] Vera Thorstensen *et al.*, *O Brasil frente a um mundo dividido em blocos*, S. Paulo, Instituto Sul-Norte, 1994, p. 95, *apud* Luís Pedro Cunha, *A Comunidade Europeia enquanto União Aduaneira. Disposições Fundamentais e Instrumentos da Política Comercial Comum*, Sep. Boletim de Ciências Económicas, 1996, p. 4.

[1382] Neste sentido, Luís Pedro Cunha, *op. cit.*, pp. 5 e 11 e ss.

[1383] Comité intergovernamental criado na cimeira de Messina de Junho de 1955, à margem da reunião do Conselho Especial de Ministros da CECA (apresentou o seu rela-

dos», que abrangeria a livre circulação de factores de produção aliada ao «estabelecimento de condições normais de concorrência e desenvolvimento harmonioso do conjunto das economias» pela supressão dos «obstáculos às trocas», a comunitarização dos «recursos existentes e pela criação de recursos novos».

994. O tratado institutivo da CEE definiu como objectivo imediato a criação do mercado comum, propósito que materializava (para lá da «aproximação progressiva das políticas económicas dos Estados membros») a integração económica visada. Assim, o **mercado comum**, partindo da união aduaneira, apresentava como traço característico a liberdade de circulação dos factores de produção, tradicionalmente o trabalho e o capital, a que se fez acrescer os serviços. A isto o tratado acrescentava uma série de políticas específicas consideradas necessárias para realizar os objectivos comunitários (agricultura, pescas, comércio com países terceiros, ajuda ao desenvolvimento, concorrência).

995. Sem pôr em causa o conceito de «mercado comum» que o acórdão *Schul*[1384] diz consistir na «eliminação dos entraves às trocas intracomunitárias tendo em vista a fusão dos mercados nacionais num mercado único que funcione como se fosse um mercado interno», o AUE veio reformular o objectivo primacial da integração económica, introduzindo o conceito de **mercado interno** (ou mercado único, na tradução mais literal da versão inglesa), no texto da norma que hoje corresponde ao artigo 26.° TFUE.

996. Note-se que, entre o AUE e o Tratado de Lisboa, a noção de **mercado interno** coexistiu com a noção de **mercado comum**, pelo que se discutia a identidade dos conceitos. Para parte significativa da doutrina, a noção de mercado interno não era inovadora face à noção de mercado comum até aí existente[1385]. Contudo, entre nós, o prof. MANUEL

---

tório em 21.4.1956) e que visava preparar as negociações para o que viria a ser o tratado CEE.

[1384] Acórdão *Gaston Schul Douane Expediteur BV c. Inspecteur des droits d'importation et des accises, de Roosendaal*, de 5.5.1982, proc. 15/81, Rec., pp. 1409, n.° 33.

[1385] J. Mota de Campos, *Direito Comunitário*, *cit.*, pp. 67-68, embora não as considerasse coincidentes, pois o mercado interno realça a vertente interna, enquanto o *mercado comum* inclui a vertente externa, traduzida na política comercial comum, a política de concorrência e outras políticas comuns, prefigurando praticamente a noção de união económica que dá (já na última edição do seu *Manual*, parece considerar os conceitos coinci-

Porto[1386] fazia notar que os conceitos não se deviam considerar unificados, pois, enquanto o mercado comum se cingia à livre circulação dos factores produtivos, o mercado interno (ou único) caracterizava-se pelo afastamento das barreiras alfandegárias e, especialmente, não alfandegárias ('não visíveis' – *non tariff barriers*).

997. Se na CEE o objectivo era a realização do mercado comum (e depois também do mercado interno), o tratado de Maastricht[1387] veio introduzir de forma incisiva um novo objectivo integrativo, a **união económica e monetária**, já referido no AUE[1388].

---

dentes, *Manual*, *cit*., pp. 523-524). Igualmente qualificando o artigo 26.° TFUE (então artigo 8.°-A e depois 14.° CE) apenas como norma programática e simbólica – Luigi Daniele, *Il diritto materiale della comunità economica europea*, Giuffrè, 1990, pp. 10-11.

[1386] Por seu turno, a política comercial comum será implicada pela união aduaneira – *Teoria da Integração*, *cit*., pp. 213-214, 223, 416-423.

[1387] Sobre a união económica e monetária não falaremos, senão para assinalar a realização, que por seu intermédio se faz, da mais *avançada* forma de integração económica que há muito tempo se assinala na Europa. Apesar de tudo, ainda é perturbador encontrar na doutrina económica excertos deste jaez: «*uniões económicas completas são mercados comuns que pedem a unificação completa das políticas monetária e fiscal, i.e. em que os participantes têm de introduzir uma autoridade central para exercer o controlo nestas matérias de modo a que* ***as nações participantes se tornem efectivas regiões da mesma nação***» – Ali El-Agraa, *op. cit*., p. 2.

Sobre o tema, a doutrina é copiosa – assim, leiam-se apenas A. Sousa Franco, «União Económica e Monetária», *Legislação (cadernos de)*, n.° 4/5, 1992, p. 225, e a síntese de Eduardo Paz Ferreira (*União Económica e Monetária – Guia de estudo*, Quid Iuris, Lisboa, 1999).

[1388] As disposições sobre o chamado «mercado interno» foram inseridas pelos artigos 13.°-19.° AUE (subsecção I da secção II do capítulo II do título II).

O artigo 20.° AUE introduziu um novo capítulo I no título III da parte III do tratado de Roma (CEE), com a epígrafe «A cooperação no domínio da política económica e monetária (união económica e monetária)», o qual foi profundamente reformado pelo artigo G, D), 25 do Tratado da União Europeia.

2. Objectivos e Políticas

998. Todos estes modelos e objectivos (**união aduaneira**, **mercado interno** e **união económica e monetária**) são hoje componentes essenciais dos objectivos da União Europeia (artigo 3.°, n.os 3 e 4 TUE – Lisboa).

999. Ficou dito que a Comunidade Europeia (então CEE) visava realizar o mercado comum, depois reconformado (pelo "mercado interno") e acrescentado (pela "União económica e monetária"). Estes objectivos imediatos são realizados através de uma multiplicidade de políticas, bem como através da densificação do sentido inscrito nas noções de mercado interno e união económica e monetária.

1000. O Tratado de Lisboa altera de modo relevante o enquadramento destes objectivos. Suprimindo o artigo 3.° CE, a enumeração das políticas da União passa a ser concretizada a propósito da delimitação de competências entre a União e os Estados membros e da categorização de cada política face aos modos possíveis de realização dos objectivos dos tratados (competência exclusiva da União, competência partilhada, competência de apoio ou complemento, etc.) – artigos 2.° a 6.° TFUE.

1001. Assim deve ser lida a supressão que é feita tanto do artigo 3.° CE como, sobretudo, do artigo 4.° CE, que, recorde-se, estabelecia que a realização dos objectivos imediatos funcionalizada à plena consecução dos objectivos mediatos – deveria ser guiada, por imposição jurídico-formal do tratado, de forma subordinada ao princípio "de uma economia de mercado aberto e de livre concorrência (artigo 4.°, n.° 1 CE)[1389], então elevado a princípio fundamental da constituição económica da Comuni-

[1389] Anterior artigo 3.°-A.

dade[1390] e que hoje apenas subsiste no contexto específico das políticas económica e monetária da União (artigos 119.°, 120.° e 127.° do TFUE; e artigo 2.° do *Protocolo relativo ao estatuto do SEBC e do BCE*). Como estabelece o artigo 119.°, n.° 1 TFUE, «[p]ara alcançar os fins enunciados no artigo 3.° do Tratado da União Europeia, a acção dos Estados membros e da União implica, nos termos do disposto nos Tratados, a adopção de uma política económica baseada na estreita coordenação das políticas económicas dos Estados membros, no mercado interno e na definição de objectivos comuns, e conduzida de acordo com o princípio de uma economia de mercado aberto e de livre concorrência».

1002. Liberdade que passa tanto por medidas de integração negativa, como a abolição de obstáculos pautais e não pautais à livre circulação de mercadorias, como por medidas de integração positiva que assegurem a integração dos mercados e a liberdade de actuação económica no espaço dos Estados membros, designadamente combatendo comportamentos que impeçam a realização dos propósitos de integração económica e adoptando as medidas necessárias à mesma realização plena dos objectivos de integração económica.

1003. Desde o início que o Tratado de Roma prevê um conjunto de medidas activas e passivas que realizem as «quatro liberdades» constitutivas do agora mercado interno[1391] – mercadorias, trabalhadores, serviços e capitais –, mas impõe-se também a construção de outras importantes políticas. Pense-se, no que a estas últimas diz respeito, na política comercial comum (verdadeiramente imposta pela união aduaneira), na política agrícola comum (decisiva, atendendo a que, desde o início, abrangeu os produtos agrícolas no âmbito do mercado comum – actual artigo 38.° TFUE) e na política de concorrência.

[1390] Sobre o tema, leia-se M. Poiares Maduro, *We the Court – The European Court of Justice and the European Economic Constitution – a Critical Reading of Article 30 of the EC Treaty*, Hart, Oxford, 1998, pp. 110 e 126 e ss.

[1391] Sobre o crescente relacionamento entre o direito da União e o Direito Internacional Privado, além da bibliografia já identificada, vide os clássicos trabalhos do prof. R. Moura Ramos, «Previsão normativa e modelação judicial nas convenções comunitárias relativas ao direito internacional privado», *O Direito comunitário e a construção europeia*, Stvdia Ivridica, Coimbra Editora, 1999, pp. 93-124; de R. Fentman *et al.*, *L'Espace judiciaire européen en matières civile et commerciale*, Bruylant, Bruxelles, 1999, pp. 173-232; ou, mais recentemente, o texto, que se recomenda, do prof. Dário Moura Vicente, «Liberdades Comunitárias e Direito Internacional Privado», in *R.O.A.*, ano 69, 2009, pp. 729-813.

1004. Quanto à política da concorrência, acentue-se aqui, apenas, que, tradicionalmente, a concorrência (e a política a ela subjacente) era concebida como mero instrumento (artigo 3.°, al. *g)* CE) jurídico para obtenção dos objectivos económicos da então Comunidade. De resto tal compreende-se pelo facto de, na matriz originalmente económica da então CEE, se pensar a defesa da livre concorrência como instrumento de realização da livre circulação dos factores produtivos e, em especial, das mercadorias[1392]. Dizia-se: de que serviriam as normas que no tratado garantem a livre circulação das mercadorias e impedem os Estados membros de estabelecer regimes jurídicos ou de facto restritivos e/ou discriminatórios (artigos 28.°-37.° TFUE)[1393], se igual protecção dos tecidos produtivo e distributivo nacionais poderia ser obtida através de permissão de coligações entre empresas ou através de intervenções do Estado no mercado, auxiliando as empresas a serem competitivas. O acórdão *Consten e Grundig*, de 13.7.1966, declarava mesmo que, «se o preâmbulo e texto do tratado visam suprimir barreiras entre os Estados e, em numerosas disposições, demonstra uma grande severidade em relação a elas, não podia permitir às empresas [e aos Estados] que recriassem essa situação». No entanto, o reforço da componente economicamente liberal da construção europeia resultante do Acto Único Europeu e do Tratado de Maastricht, levou, sobretudo após este último, a que a concorrência passasse a assumir-se como condição mesma de toda a política económica da Comunidade e, hoje, da União). E o Tratado de Lisboa, apesar de tudo, configurou como competência exclusiva da União a competência para o «estabelecimento das regras de concorrência necessárias ao funcionamento do mercado interno» (artigo 3.° n.° 2, alínea *b)*, do TFUE).

1392 Não só. Em muitas situações também aparece a política de concorrência a garantir a liberdade de prestação de serviços, por exemplo.

1393 Anteriores artigos 9.°-36.°.

§ 2. UNIÃO ADUANEIRA E LIVRE CIRCULAÇÃO DE MERCADORIAS[1394]

1. UNIÃO ADUANEIRA

1005. A liberdade de circulação das mercadorias é a primeira das «quatro liberdades» cuja realização era intencionada pelo tratado de Roma de 25 de Março de 1957. Ela estava no âmago dos objectivos da construção europeia então impulsionada, sendo elemento estruturante, na redacção primitiva do tratado, do objectivo da União Aduaneira[1395], que aqui consideramos como verdadeiro pressuposto prévio do mercado interno definido como objectivo no artigo 3.°, n.° 3 TUE – Lisboa.

1006. A sua previsão formal estendia-se ainda à alínea *a)* do artigo 3.° CE, onde se estabelecia como objectivo imediato para a Comunidade Europeia a eliminação dos direitos aduaneiros, das restrições quantitativas e de todas as medidas de efeito equivalente. Com o AUE, o propósito de assegurar a liberdade de movimentos das mercadorias passa a constituir elemento básico do conceito de mercado interno então expressamente introduzido (alínea *c)* do mesmo artigo 3.° CE) e desenhado como «espaço sem fronteiras internas, no qual a livre circulação das mercadorias, das pessoas, dos serviços e dos capitais é assegurada» (então o artigo 14.°, n.° 2 CE, agora o artigo 26.° TFUE).

[1394] No que toca à livre circulação de mercadorias, trabalhadores e serviços, constituem referências inultrapassáveis, entre nós, os trabalhos de J.C. Moitinho de Almeida, *Direito Comunitário. cit.*, pp. 265-377 e 397-492, e, claro, J. Mota de Campos, *Direito Comunitário*, vol. III, *cit.*, pp. 289-353 e 371-421.

[1395] Sobre a união aduaneira, Manuel Porto, *Teoria da Integração e Políticas Comunitárias, face aos desafios da globalização*, 4.ª ed., Almedina, Coimbra, 2009, pp. 209 e ss.

1007. A realização concreta da União Aduaneira encontra no tratado uma sua disciplina mais pormenorizada, entre os artigos 28.° e 37.° TFUE[1396]. Que a livre circulação de mercadorias encontra na sua raiz a ideia de união aduaneira, resulta das disposições normativas de base da União. Segundo o artigo 28.°, n.° 1 TFUE «[a] União compreende uma união aduaneira que abrange a totalidade do comércio de mercadorias e implica a proibição, entre os Estados membros, de direitos aduaneiros de importação e de exportçaão e de quaisquer outros encargos de efeito equivalente, bem como a adopção de uma Pauta Aduaneira Comum nas suas relações com países terceiros».

1008. Para a realizar, havia que actuar em dois sentidos complementares. O primeiro (que não na ordem de realização cronológica) implicava o estabelecimento de uma pauta aduaneira comum, ou seja, o estabelecimento de uma fronteira aduaneira (pautal, alfandegária) comum em relação ao exterior, aos produtos produzidos fora do território do conjunto dos Estados membros. Assim, um produto proveniente de um país terceiro pagaria os direitos de importação e cumpriria as formalidades necessárias para poder entrar no território da «União aduaneira» e estes seriam iguais qualquer que fosse a fronteira aduaneira externa a que se apresentasse (portuguesa, finlandesa ou alemã, por exemplo).

1009. Mas era também importante um segundo sentido regulador ínsito na união aduaneira, que exprime uma vocação interna, enquanto se dirige à regulação das relações comerciais entre os Estados membros da Comunidade, implicando, como dispõe o mesmo artigo 28.° TFUE «a proibição, entre os Estados membros, de direitos aduaneiros e de encargos de efeito equivalente» (Capítulo I da Parte III, artigos 30.° a 32.°), a cooperação aduaneira (Capítulo II, artigo 33.° TFUE) e a proibição de restrições quantitativas ou de medidas de efeito equivalente entre os Estados membros (Capítulo III, artigos 34.° a 37.° TFUE). Quer isto dizer que, paralelamente ao estabelecimento de uma pauta aduaneira comum face ao exterior[1397], os Estados membros da união aduaneira se comprometiam a

---

[1396] Até ao Tratado de Amesterdão, a disciplina da livre circulação das mercadorias estendia-se dos artigos 9.° a 37.°.

[1397] Existe hoje uma extensa legislação aduaneira, cujo principal pilar é constituído pelo código aduaneiro, aprovado pelo Regulamento n.° 450/2008 do Parlamento Europeu e do Conselho, de 23 de Abril de 2008. Sobre o Código anterior, entre nós, Nuno Vitorino/J.R. Catarino, *Código Aduaneiro Comunitário e Disposições de Aplicação, Anotações, Notas Remissivas e Jurisprudência*, Vislis, Lisboa, 2000.

abolir entre si, num determinado prazo temporal, todos os obstáculos pautais (alfandegários) à circulação dos produtos. As mercadorias produzidas num deles deveriam poder circular livremente em todo o território da união aduaneira, sem ser objecto de qualquer direito aduaneiro ou mesmo de formalidade suplementar.

1010. Todas estas obrigações recaíram imediatamente sobre os Estados membros, que, por um lado, assumiram a obrigação de, durante o período de transição, procederem à eliminação das medidas nacionais (legislativas, regulamentares ou administrativas) que pudessem constituir obstáculos do tipo daqueles descritos nos parágrafos anteriores (e adiante desenvolvidos). E que, por outro lado, imediatamente se vincularam a uma obrigação precisa e incondicional de non facere, de abstenção, vinculando-se a não instituir nas suas relações comerciais mútuas quaisquer novos entraves desse tipo (vide o acórdão *Van Gend en Loos*, de 1963).

1011. Mas, apesar de realizado, este objectivo fundamental da construção da União está constantemente sob o olhar dos Estados, dos órgãos da União e dos agentes económicos que realizam o mercado interno no seu dia-a-dia. O que explica a dinâmica permanente que a consecução deste objectivo exige, traduzida numa riquíssima e variada jurisprudência e, mesmo no plano normativo, em esforços constantes de resposta a alguns dos sérios problemas que a realidade económica e social dos Estados membros coloca à plena realização desta liberdade.

2. Livre Circulação de Mercadorias

2.1. *Considerações Gerais*

1012. A liberdade de circulação de mercadorias[1398], liberdade fundamental constitutiva do mercado interno e no cerne da união aduaneira, foi realizada de modo progressivo.

1013. Inicialmente, os Estados membros vincularam-se a um «armistício legislativo», expresso nas normas dos então artigos 25.°, 28.° e 29.°, armistício traduzido na adopção pelo Tratado de cláusulas de *stand still*, através das quais os Estados membros se comprometiam, de forma clara, precisa e incondicional[1399], a não introduzir, respectivamente direitos aduaneiros, restrições quantitativas à importação e exportação e medidas de efeito equivalente.

1014. Mas um papel fundamental foi desempenhado pela jurisprudência do Tribunal de Justiça. Foi o Tribunal de Justiça quem, paulatinamente, afirmou diversos princípios estruturantes para a realização desta primeira liberdade, como (*i*) o princípio da ilicitude de toda a regulamentação comercial dos Estados membros que, actual ou potencialmente, directa ou indirectamente, constitua um entrave à circulação das mercadorias (acórdão *Dassonville*)[1400], (*ii*) o princípio do esgotamento dos direitos (de propriedade industrial ou intelectual)[1401]; ou, finalmente, (*iii*) o

[1398] J. Mota de Campos, *Direito Comunitário*, vol. III, 2.ª ed. em especial, pp. 89-117, 133, 139-160 e 198-219).

[1399] Foi justamente em relação com a norma do artigo 12.° original do Tratado CE (grosso modo, correspondente ao actual artigo 30.° TFUE) que o Tribunal de Justiça consagrou o importantíssimo princípio do efeito directo – acórdão *Van Gend en Loos*, de 5.2.1963.

[1400] Com as limitações resultantes da jurisprudência posterior.

[1401] Quando um produto protegido por um direito deste tipo (marca, patente,...) for comercializado licitamente (por si próprio ou com o seu consentimento) num Estado mem-

princípio do reconhecimento mútuo das legislações (no domínio não harmonizado: acórdão *Cassis de Dijon*[1402]), mesmo enquanto reconheça a manutenção de uma competência estadual, expressa na legitimidade de adopção estadual de regulamentações técnicas e comerciais[1403].

2.2. *O conceito de "mercadoria"*

1015. Dispõe o tratado que a união aduaneira e o mercado interno abrangem a totalidade do comércio de mercadorias (artigo 28.°, n.° 1 TFUE). Baseando-se a Comunidade num regime uniforme em relação ao exterior, traduzido numa pauta aduaneira comum e na abolição das restrições internas à livre circulação, esta fica assim aberta, não só os produtos originários dos Estados membros[1404] como também aos produtos provenientes de terceiros países e que se encontrem em livre prática, como dispõe o artigo 29.° TFUE. Contudo, para lá da distinção que faz entre produtos originários e produtos em livre prática, o tratado não fornece qualquer noção precisa sobre o que se deve entender por "mercadoria".

1016. O que não implica a total ausência de indicações no próprio tratado. Em primeiro lugar, a expressão é abrangente, dizendo-se incluídas todas as mercadorias, noção que na linguagem económica tem um conhe-

bro, o titular do direito noutro Estado membro não pode impedir a sua circulação neste outro Estado membro ou, para que conste, em qualquer outro território de um estado membro da União Europeia. A norma comunitária que estabelece este princípio é a do artigo 7.° da Directiva n.° 89/104/CEE (acórdãos *Bristol-Myers Squibb*, de 11.7.1996, Colect., I, p. 3457, n.° 25-26, e *Phitheron c. Bourdon*, de 20.3.1997, n.° 20). Sobre a questão, muito interessante, em língua portuguesa, Pedro Sousa e Silva, *Direito comunitário e propriedade industrial: o princípio do esgotamento dos direitos*, Coimbra Editora, 1996 (Studia Juridica, 17).

[1402] Acórdão de 20.2.1979. A jurisprudência foi depois abundante, a partir daí. Quanto ao pão, por exemplo, vide os acórdãos *Keldermann* (de 19.2.1981, proc. 130/80, Rec., 1981, p. 527, n.° 7), *Van der Veldt* (de 14.7.1994, proc. C-17/93, Colect., p. 3537, n.° 14) e *Tommaso Morellato*, de 13.3.1997, proc. C-358/95, n.° 13).

[1403] Embora certas de entre elas já fossem objecto de harmonização, por exemplo, através da Directiva n.° 83/189/CEE, de 28.3.1983 (já revogada). Noutras hipóteses, o regime geral aí estabelecido impõe mesmo uma notificação à Comissão das 'regras técnicas', junto com a justificação da sua necessidade. Assim acontece no caso de medidas de acompanhamento fiscal.

[1404] Ou, atendendo à mundialização do processo produtivo, que na Comunidade tenham sofrido a sua última transformação substancial.

cido significado. Em segundo lugar, duas indicações complementares resultam do próprio tratado, uma inclusiva, outra de exclusão. Por um lado, é dito que o mercado interno abrange os produtos naturais da agricultura (artigo 38.° TFUE), que acrescem assim aos produtos industriais, os quais estavam, por natureza, abrangidos pelo conceito. Por outro lado, opondo-se a livre circulação das mercadorias às outras liberdades, como a de circulação de pessoas (sempre seria pacífico que pessoas não são mercadorias), serviços (são, sobretudo, prestações) e capitais (os meios de pagamentos e as moedas com curso legal, que têm um tratamento autónomo), vemos também assim delimitado – negativamente – o conceito de mercadoria.

1017. O Tribunal de Justiça, solicitado a determinar o âmbito material desta primeira e fundamental liberdade, acabou por intervir na dilucidação do conceito de mercadoria relevante para este efeito. Assim, disse serem incluídos no conceito «quaisquer produtos apreciáveis em dinheiro e susceptíveis, como tais, de ser objecto de transacções comerciais». Em jurisprudência posterior, reafirmou ainda a indiferença essencial face à natureza do produto em causa (agrícola, industrial, artesanal, literários, artísticos), o seu modo de utilização ou utilidade ou até às suas qualidades particulares. Buscando determinar as situações de fronteira, o Tribunal de Justiça aceitou até a qualificação como mercadoria de uma moeda, desde que desprovida de curso legal, embora se ressalvem certas situações, enquanto se admite a proibição de exportação de moedas que, não tendo já curso legal, têm proibida a sua fundição ou destruição (artigo 36.° TFUE). Excluídos do conceito ficam, pois, apenas os capitais e meios de pagamento (moedas com curso legal num Estado membro ou que, provenientes de terceiros Estados, circulam livremente na União, nos termos do disposto nas regras sobre livre circulação de capitais).

1018. Se tanto beneficiam da livre circulação as mercadorias originárias e as mercadorias em livre prática, o certo é que o tratado não fornece o conceito de «**produto originário**», pelo que não podem ser dispensadas intervenções normativas e jurisprudenciais posteriores. Numa primeira imagem, dir-se-á ser pacífico que «produtos originários» são aqueles que sejam totalmente produzidos, fabricados ou colhidos em Estados membros.

1019. Mas também gozam do direito de livre circulação produtos não originários, quando se encontrem em livre prática (artigo 28.°, n.° 2

TFUE). Se o tratado diz que tanto uns como outros gozam do direito de serem livremente comercializáveis no espaço da União sem estarem sujeitos ao cumprimento de obrigações aduaneiras ou com efeito equivalente, não fornece respostas quanto a uma série de questões importantes. Atendendo ao fenómeno da internacionalização do processo produtivo e da mundialização ou «globalização», como determinar se um produto é originário de um Estado membro ou produzido num terceiro país? E, mesmo que se responda à questão anterior, o que define uma mercadoria? Será que na noção de mercadoria se deve incluir a sua embalagem ou esta constituirá uma mercadoria autónoma?

1020. Em relação a estas questões, há respostas normativas importantes, que logram concretizar, na medida do possível, os conceitos em causa, de preenchimento necessário e importante, pois da resposta depende a determinação do regime jurídico concreto aplicável a cada mercadoria. É certo que especialização do processo produtivo e a sua deslocalização tornam difícil determinar a origem de uma mercadoria. Pense-se numa mercadoria cujas matérias-primas vêm do continente africano, são industrialmente tratadas na Ásia e montadas em Portugal[1405]. Qual a sua proveniência? Se o critério fosse o da transformação industrial ou da origem da matéria prima, a mercadoria poderia considerar-se proveniente de um país terceiro e, por conseguinte, só poderia circular livremente no território dos Estados da União Europeia depois de cumprir as formalidades de importação e pagar os direitos aduaneiros estabelecidos pela pauta aduaneira comum (a não ser que beneficiasse da retirada total desses direitos). Se o lugar da montagem fosse considerado como relevante, a mercadoria já poderia circular na União sem poder ser objecto de qualquer imposição aduaneira.

1021. O critério que o Conselho adoptou procurou ser sensível aos fenómenos da internacionalização dos aparelhos produtivos e da liberalização do comércio. Assim, seguiu-se o critério do lugar da última trans-

---

[1405] Não se resiste a citar um excerto do livro de Thomas L. Friedman, *Compreender a globalização – o Lexus e a Oliveira*, Quetzal, Lisboa, 2000, p. 68: «*O Lexus a ignorar a oliveira na era da globalização foi uma peça de computador que um amigo me enviou. Na parte de trás tinha escrito: "Esta peça foi feita na Malásia, em Singapura, nas Filipinas, na China, no México, na Alemanha, nos EUA, na Tailândia, no Canadá e no Japão". Foi feita em tantos lugares diferentes que não conseguimos atribuir-lhe um país de origem*».

formação ou da operação substancial de complemento de fabrico que conduza a um «produto novo e original». A primeira resposta foi dada pelo Regulamento n.° 68/802/CEE[1406], no seu artigo 5.°. A última transformação substancial pode resultar da montagem de peças pré-fabricadas, desde que contribua para atribuir qualidades específicas à mercadoria ou aumente sensivelmente o seu valor comercial (critério do valor acrescentado). Claro que a Comissão goza aqui, como em muitos domínios que impliquem apreciações complexas, de uma certa margem de discricionariedade, dada a frequente complexidade da situação de facto, pelo que, muitas vezes, a determinação era feita a partir de informações do importador no chamado «documento administrativo único» (desde 1988: cfr. proibição de certificados de origem). Por sua vez, o Código Aduaneiro Modernizado define "mercadorias comunitárias" por oposição a "mercadorias não comunitárias", no artigo 4.°[1407], sendo a sua origem determinada de acordo com os critérios definidos entre os artigo 35.° a 39.° do Regulamento (CE) n.° 450/2008. Em particular, diga-se apenas que o artigo 36.° consagra regra idêntica à do regulamento de 1968 e de 1992, ao estabelecer como critério de origem, quando na produção da mercadoria tenham intervindo dois ou mais países ou territórios, o do «país onde se realizou a última transformação ou operação de complemento de fabrico substancial».

[1406] Regulamento (CEE) n.° 802/68 do Conselho, de 27.6.1968, relativo à definição comum da noção de origem das mercadorias (publicado em JO, L 148, de 28.6.1968, p. 1; em língua portuguesa, 1985: EE 02, fasc. 01, p. 5), revogado pelo n.° 1 do artigo 251.° do Regulamento (CEE) n.° 2913/92, o qual, por seu turno, foi revogado pelo Regulamento (CE) n.° 450/2008 do Parlamento Europeu e do Conselho, de 23.4.2008, que estabelece o Código Aduaneiro Comunitário (Código Aduaneiro Modernizado) (JO, L 145, de 4.6.2008, pp. 1-64). A entrada em vigor de algumas disposições deste Código estava dependente de regulamentação posterior, realizada através do Regulamento (UE) n.° 430/2010 da Comissão, de 20.5.2010 (JO, L 125, de 21.5.2010, pp. 10-18).

[1407] No artigo 4.°, n.° 18. São «"[m]ercadorias comunitárias": as mercadorias abrangidas por uma das seguintes categorias:

a) Mercadorias inteiramente obtidas no território aduaneiro da Comunidade, sem incorporação de mercadorias importadas de países ou territórios que não façam parte do território aduaneiro da Comunidade. As mercadorias inteiramente obtidas no território aduaneiro da Comunidade não gozam do estatuto aduaneiro de mercadorias comunitárias se forem obtidas a partir de mercadorias sujeitas a um regime de trânsito externo, de armazenagem, de importação temporária ou de aperfeiçoamento activo nos casos determinados nos termos da alínea c) do n.° 2 do artigo 101.°;

b) Mercadorias introduzidas no território aduaneiro da Comunidade a partir de países ou territórios que não façam parte desse território e introduzidas em livre prática;».

1022. Em relação à questão de saber se as embalagens gozam de autonomia para estes efeitos, também existem respostas. Assim, estabelece a «nomenclatura combinada» que as embalagens habitualmente utilizadas para a comercialização de produtos classificam-se com as mercadorias que acondicionam, mesmo que sejam claramente susceptíveis de utilização repetida (regra geral).

1023. O conceito de mercadoria em livre prática é definido no próprio Tratado (artigo 29.° TFUE). Mercadorias em livre prática são aquelas mercadorias que, tendo cumprido as formalidades de importação e pago os direitos estabelecidos na pauta aduaneira comum, gozam igualmente da total liberdade de circulação no espaço físico da União, o território dos Estados membros. Podemos assim descortinar, nesta noção, os seguintes elementos:

- Mercadorias provenientes de um terceiro país;
- Mercadorias que cumprem as exigências aduaneiras da Pauta Aduaneira Comum; e
- Mercadorias regularmente importadas.

1024. Assim se expressa o Tratado: são mercadorias em relação às quais foram cumpridas as «formalidades de importação» e «pagos os respectivos direitos». Uma vez isto feito, podem circular livremente no território dos Estados membros.

1025. Uma questão por vezes colocada é a do controlo de entrada das mercadorias provenientes de países terceiros e, em particular, a de saber se uma mercadoria que entra na União deve ser considerada, *de jure*, uma mercadoria. Se um cidadão japonês traz consigo um produto fabricado no Japão, terá de cumprir as exigências impostas para a livre circulação de mercadorias de países terceiros? Parece óbvio que não. Se um produto circula sem fins económicos, basta a declaração do viajante mas, se as autoridades nacionais tiverem dúvidas, deve o viajante apresentar documento de trânsito comunitário interno[1408]. Tirando estas hipóteses, o certo é que,

[1408] Tal não significa que as mercadorias estejam isentas de direitos aduaneiros. Tal sucederá nos casos abrangidos pelo Regulamento (CEE) n.° 918/83, na redacção resultante do Regulamento (CE) n.° 274/2008 (JO, L 85, de 27.3.2008, pp. 1-2). Em geral, contudo, vide o Regulamento (CE) n.° 948/2009, que altera o anexo I do Regulamento (CEE) n.° 2658/87 e estabelece um direito aduaneiro forfetário de 2,5% *ad valorem* às mercadorias

tanto uns (produtos originários) como os outros (produtos em livre prática) podem circular livremente por todo o território da união aduaneira, beneficiando de um princípio de equiparação. A equiparação é mesmo necessária. Pois, se uns tivessem de circular com uma identificação especial, o mesmo aconteceria com os outros. Assim, simplificam-se os procedimentos e eliminam-se obstáculos tornando irrelevante, em via de regra, a questão da determinação da origem dos produtos que se encontram já a circular no espaço comunitário, no «espaço sem fronteiras internas» que o mercado interno constitui. Isto conduz à inexigibilidade de certificados de origem ou até de licenças de importação (v. artigo 143.°, n.os 2 e 3 TFUE[1409]), sendo igualmente irrelevante o título ou as condições de entrada das mercadorias (mesmo que segundo regime de contingentação).

2.3. *Obstáculos à Livre Circulação de Mercadorias*

1026. O tratado prevê duas grandes categorias de obstáculos que os Estados membros podem colocar à livre circulação de mercadorias. Primeiro, os direitos aduaneiros e os encargos de efeito equivalente (**2.3.1.**), regulados essencialmente entre os artigos 30.° a 32.° TFUE. Além disso, prevê ainda a proibição de restrições quantitativas e de medidas de efeito equivalente (**2.3.2.**), estabelecida nos artigos 34.° e 35.° TFUE.

2.3.1. *Direitos Aduaneiros e Encargos de Efeito Equivalente*

1027. A União Aduaneira supõe a abolição, entre os Estados membros, dos direitos aduaneiros e, em geral, das pautas ou tarifas aduaneiras nacionais que antes oneravam os produtos provenientes de outros países. A livre circulação de mercadorias depende, em primeira linha, desta proibição e eliminação.

1028. Os **direitos aduaneiros** constituem, como normalmente se diz, «obstáculos clássicos ao comércio internacional». Como costumam ser definidos, trata-se de «imposições financeiras constantes da Pauta Aduaneira de um Estado, exigíveis aquando da realização de operações de

---

contidas nas bagagens pessoais dos viajantes sem carácter comercial. Na jurisprudência, v. o acórdão *Feron*, de 17.3.2005, proc. C-170/03, Colect. 2005, I, pp. 2299.

[1409] O artigo 134.° CE (antes ainda, o artigo 115.° CEE) foi revogado pelo Tratado de Lisboa.

importação ou exportação de mercadorias». Através deles, os Estados realizam dois objectivos principais: a protecção dos mercados nacionais de produção ou comercialização e a percepção de receitas.

1029. Os direitos aduaneiros são «imposições pecuniárias que incidem sobre os produtos importados no momento da declaração apresentada pelo importador com a intenção de colocar os produtos em livre prática ou da sua comercialização noutro Estado membro». Tradicionalmente, podem ser direitos fixados *ad valorem* (baseados no valor aduaneiro das mercadorias) ou específicos (baseados nas características do produto).

1030. Se quanto aos direitos aduaneiros não há especiais dificuldades de determinação, dada a formalização e enquadramento que apresentam, o mesmo não se diga dos restantes obstáculos estaduais que as mesmas normas visam proibir: os encargos de efeito equivalente a um direito aduaneiro. Está bem de ver que não se trata aqui de direitos aduaneiros, mas de imposições diversas que, em comum com aqueles, apresentam os efeitos. O resultado prático é o mesmo ou semelhante ao que se verificaria se se tratasse de um direito aduaneiro. Daí que também estes sejam proibidos (artigo 30.° TFUE).

1031. A noção de **encargo de efeito equivalente a um direito aduaneiro** é uma noção basicamente jurisprudencial. O Tribunal de Justiça definiu-o em termos que a generalidade da doutrina repete, como sendo o «encargo pecuniário – ainda que mínimo – unilateralmente imposto, quaisquer que sejam a sua designação ou técnica, incindindo sobre mercadorias nacionais ou estrangeiras, comunitárias ou não, em razão do simples facto de transporem uma fronteira, qualquer que seja o momento da cobrança («aquando ou em razão da importação»)».

1032. Não releva pois o beneficiário da cobrança, a (in)existência de discriminação ou de distorção da concorrência (o produto pode não estar em concorrência com qualquer produto nacional). São igualmente irrelevantes as circunstâncias e modos de cobrança (forma, técnica de percepção da receita, momento da cobrança) ou as suas finalidades. A noção dada abarca, em suma, qualquer encargo pecuniário. Só se excluem os direitos aduaneiros e imposições a que se refere o artigo 110.° TFUE (anteriores artigos 95.° e 90.° CE) e os encargos que resultem da aplicação de regulamentação da União ou regulamentação nacional que vise satisfazer um interesse comunitário.

1033. Fundamental é que o referido encargo produza um efeito restritivo, prejudicando a realização do mercado comum e do objectivo final da estabilidade dos preços. Ainda assim, o encargo deve ter uma dimensão comunitária ou, dito de outra forma, uma conexão comunitária, dado que o direito da União Europeia não tem jurisdição sobre situações puramente internas, que não interferem com a realização dos objectivos e atribuições da União[1410]. À proibição do artigo 30.° TFUE[1411] desde cedo que foi reconhecido, pela jurisprudência do Tribunal de Justiça, um especial peso. Basta dizer, para que com esta afirmação se concorde, com foi com base num litígio tendo por base esta norma que o Tribunal de Justiça, no famoso acórdão *Van Gend en Loos*, afirmou o princípio geral do efeito directo das normas (então) comunitárias. No referido acórdão, a situação era clara. Um Estado membro havia criado um novo direito aduaneiro, posteriormente à entrada em vigor do tratado de Roma institutivo da então CEE. No acórdão, o Tribunal de Justiça, chamado a interpretar o então artigo 12.°, afirmou claramente que esta norma havia criado uma obrigação clara, precisa e incondicional de abstenção, proibindo os Estados membros de criar novos direitos aduaneiros e que, além disso, esta norma era invocável pelos particulares em juízo, gerando direitos na sua esfera jurídica particular.

1034. O artigo 30.° TFUE estabelece uma proibição estrita, carácter que é reforçado pela circunstância de, tratando-se de uma norma de realização do mercado interno, qualquer excepção à sua aplicação, mesmo quando legítima, dever ser objecto de interpretação estrita, como preferem certos Autores, ou mesmo restritiva. As situações em que tal pode acontecer são fundamentalmente quatro, numa classificação também muito difundida. Em primeiro, a excepção expressa no artigo 36.° TFUE[1412]. Em segundo lugar, pode ser exigível um encargo quando corresponda à contraprestação de um serviço efectivamente prestado, num montante concretamente proporcional, nomeadamente referido aos controlos efectuados para cumprir obrigações impostas pelo próprio direito da União Europeia[1413].

[1410] Sobre o ponto, vide a reinterpretação da jurisprudência proposta pelo advogado-geral Miguel Poiares Maduro no processo *Carbonati Apuani Srl c. Comune di Carrara*, C-72/03, apresentadas em 6.5.2004.

[1411] Anteriormente, artigos 12.° CEE e 25.° CE.

[1412] Anterior artigo 36.° – sobre esta excepção e seu estudo, remete-se para o texto de A. Goucha Soares, *Repartição de competências*, *cit*., pp. 245-271.

[1413] Exemplos de encargos admitidos: despesas de desalfandegamento nas instalações do importador (desde que o montante não seja calculado proporcionalmente ao valor

Em terceiro, são igualmente legítimos encargos impostos por outros instrumentos de direito internacional. E, finalmente, podem ser impostos encargos que façam parte do sistema geral de imposições internas previstas no artigo 110.° TFUE, desde que abranjam, de forma sistemática e segundo os mesmos critérios, os produtos nacionais e os produtos importados ou exportados.

1035. O artigo 110.° TFUE levanta algumas dificuldades de compreensão, dada a sua situação fronteiriça entre o direito da livre circulação das mercadorias (coberto quase totalmente pelas atribuições da União) e o direito fiscal (que continua, no essencial, fora do domínio da União)[1414]. No entanto, este artigo acaba por impor aos Estados membros algumas constrições de natureza fiscal. Como se assinala, o seu objectivo é o de limitar as implicações das políticas fiscais nacionais na realização do mercado comum. A fiscalidade era concebida como pertencendo ao «núcleo duro» da soberania estadual, sendo essa a razão próxima da reduzida incursão que o Tratado realiza neste domínio. Por isso, na interpretação desta norma, o Tribunal de Justiça procurou sempre uma interpretação funcional-teleológica, procurando utilizá-la para o seu objectivo: dar resposta aos problemas da fiscalidade indirecta na circulação de mercadorias na União. Adoptou-se, por isso, um princípio de neutralidade fiscal. Segundo este princípio, os movimentos internacionais de mercadorias devem apenas ser objecto de tributação indirecta no país de importação (de consumo) – daí as isenções à exportação. A norma assume, pois, um carácter complementar em relação à proibição de direitos aduaneiros e encargos de efeito equivalente, procurando assegurar a livre circulação de mercadorias e garantir igualdade de concorrência. Por outro lado, fica também claro que a uma mesma situação não se podem aplicar cumulativamente ambos os institutos[1415] (artigos 26.°-28.° e 110.°).

---

aduaneiro das mercadorias) – proibição, pois, de encargos impostos *ad valorem* ou de taxas de armazenagem; encargos reais resultantes do cumprimento obrigatório uniforme de disposições comunitárias que favoreçam a livre circulação de mercadorias.

[1414] Como o Tribunal de Justiça frequentemente recorda – por todos, acórdão *De Coster*, de 29.11.2001, proc. C-17/00, n.° 25: «*embora, no estado actual do direito comunitário, a matéria dos impostos directos não se encontre enquanto tal incluída na esfera das competências da Comunidade, não é menos certo que os Estados membros devem exercer as competências que detêm respeitando o direito comunitário*».

[1415] Acórdão *Nugård*, de 23.4.2002, proc. C-234/99, Colect., p. 3657, n.° 17.

2.3.2. *Restrições Quantitativas e Medidas de Efeito Equivalente*

1036. A eliminação das restrições quantitativas e dos encargos de efeito equivalente (obstáculos não pautais) constitui outro dos pontos fundamentais para a completa realização da liberdade de circulação das mercadorias e, por consequência, um dos cavalos de batalha do Tribunal de Justiça, ao ponto de, mesmo no domínio não harmonizado, ter afirmado um princípio de reconhecimento mútuo das legislações (acórdão *Cassis de Dijon*). Por outro lado, nos domínios harmonizados ou uniformizados pela legislação europeia, os Estados só são admitidos a derrogar as disposições fundamentais do artigos 30.°, 34.° e 35.°, nas hipóteses e segundo as condições previstas no artigo 36.°[1416], limitados assim por princípios estritos de não discriminação[1417], necessidade, proporcionalidade[1418] e unidade.

1037. Como descrever, neste particular, as prescrições fundamentais do tratado de Roma? O TFUE, nos artigos 34.° e 35.°, proíbe as restrições quantitativas à importação e à exportação, respectivamente. Trata-se de disposições fundamentais para a realização da liberdade de circulação das mercadorias e, mais latamente, do próprio mercado interno. Além disso, estão em causa disposições que gozam de efeito directo, quer dizer, que são imediatamente invocáveis pelos particulares em juízo, perante os órgãos jurisdicionais nacionais, normalmente contra o Estado. Deve dizer-se, aliás, que estas disposições tanto se impõem aos Estados membros como às instituições da União[1419].

1038. Consideram-se **restrições quantitativas** os obstáculos que resultem da contingentação das mercadorias admitidas a entrar ou sair de um Estado membro, quer sejam produzidas num Estado membro, quer se encontrem em livre prática. Todas as mercadorias que são susceptíveis de «transacções comerciais lícitas» beneficiam destes princípios, mesmo que

---

[1416] Ou em outros casos excepcionais, por exemplo quando tal se encontre previsto em normas comunitárias de direito originário. Assim acontece com os Actos de Adesão de Estados europeus, como é o caso do Acto de Adesão de Portugal e de Espanha – artigo 144.° (Espanha) ou, entre outros, o artigo 207.° (Portugal).

[1417] Ou seja, as medidas nacionais, assim fundamentadas, só poderão ser aplicadas se tratarem uniformemente todos os produtos provindos de outros Estados membros.

[1418] Sobre o princípio da proporcionalidade, aplicado aos domínios do mercado interno, há extensa doutrina – por todos, recentemente, Jukka Snell, *Goods and Services in EC law – a study of the relationship between the freedoms*, 2002, Oxford, pp. 194 e ss.

[1419] Nomeadamente, neste sentido, acórdão de *Denkavit Nederland*, de 17.5.1984, proc. 15/83, Rec., p. 2171, n. 15; ou acórdão *Meyhui c. Schott Zwiesel Glaswerke AG*, de 9.8.1994, proc. C-51/93, Colect. I-3879.

estejam excluídas do âmbito de aplicação do Tratado (armas, munições, etc. – cfr. artigo 346.° TFUE), sejam objecto de políticas específicas (os produtos agrícolas) ou ainda quando sejam mercadorias em livre prática[1420]. Constituem restrições quantitativas aquelas medidas estaduais que proíbem a importação, exportação ou o trânsito de quaisquer mercadorias, quando a proibição «diga respeito às próprias mercadorias»[1421] e se concretize especificamente na fixação de um contigente.

1039. Quando as medidas restritivas, pelo contrário, estiverem relacionadas com elementos estranhos (e externos) às próprias mercadorias, estaremos perante medidas de efeito equivalente. O conceito de **medida de efeito equivalente** constitui um dos mais complexos e disputados que o direito da União Europeia formulou e conhece[1422], verdadeiro conceito jurídico indeterminado. Os tratados não o definem, razão pela qual foram os órgãos da União que, ao longo dos anos, foram contribuindo para a sua dilucidação. Primeiro, através da Directiva n.° 70/50/CEE[1423], que deu

---

[1420] Essa assimilação dos produtos em livre prática aos produtos originários, também no que toca à proibição de restrições quantitativas e de medidas de efeito equivalente, foi assumida pelo acórdão *Suzanne Donckerwolcke*, de 15.12.1976 (Colect., pp. 781 e ss., n.° 18), que considerou contrário ao tratado qualquer sistema que prejudique uma total identidade de regime entre ambos os tipos de mercadorias.

[1421] Assim J. C. Moitinho de Almeida, *cit.*, pp. 293-294, seguindo um critério utilizado por Oliver.

[1422] Além dos autores citados a seguir, podem referir-se, a mero título de exemplo, R. Wainright/V. Melgar, «Bilan de l'Article 30 après vingt ans de jurisprudence: de Dassonville à Keck et Mithouard», *Revue du Marché Commun et de l'Union Européenne*, n.° 381, pp. 533-539; Miguel Poiares Maduro, *We the Court*, *op. cit.*

[1423] Directiva n.° 70/50/CEE da Comissão, de 22.12.1969, sobre a supressão das medidas de efeito equivalente a restrições quantitativas à importação não visadas por outras disposições adoptadas em virtude do tratado CEE (JO, L 13, de 19.1.1970, p. 29).

Não existe versão portuguesa da directiva, e já não consta do reportório de legislação comunitária em vigor. Em parte, a razão acha-se na sua base jurídica. Esta directiva fundava-se no n.° 7 do artigo 33.° CE, revogado formalmente pelo tratado de Amesterdão, já que materialmente deixou de produzir efeitos no termo do período de transição, como notam Moitinho de Almeida (*Direito Comunitário*, *cit.*, p. 295) ou, mais recentemente, Denys Simon («Article 33 – Commentaire», in *Traité instituant la CEE – Commentaire article par article*, *cit.*, pp. 165-166). Esta norma dispunha o seguinte:

«7. Directivas adoptadas pela Comissão determinarão o processo e o calendário da supressão, entre os Estados membros, das medidas existentes à data da entrada em vigor do presente tratado *que tenham efeito equivalente ao dos contigentes*».

Noutro plano, a parte da norma transcrita evidenciava a latitude conferida à noção de *medida de efeito equivalente*, por contraposição à básica circunscrição da noção de restrição quantitativa, praticamente reduzida às situações de contingentação.

uma primeira noção: eram as «[d]isposições legislativas, regulamentares, administrativas, ou até de incitamento, que constituam obstáculo às importações que poderiam ter lugar na sua ausência ou que tornem as importações mais onerosas ou difíceis que o escoamento da produção nacional».

1040. Mas os contributos mais sistemáticos para a determinação do conceito de **medida de efeito equivalente** têm sido dados pela jurisprudência, em sede de reenvio prejudicial, no âmbito da sua cooperação na administração da justiça pelos tribunais nacionais. Os acórdãos mais significativos foram proferidos a partir dos anos 70, após o termo do período de transição. O primeiro e fundamental aresto foi o proferido no processo *Dassonville*, de 1974[1424]. Aí, o Tribunal de Justiça declarava que «[q]ualquer regulamentação comercial dos Estados membros, susceptível de prejudicar directa ou indirectamente, actual ou potencialmente, o comércio intracomunitário, deve ser considerada como uma medida de efeito equivalente a restrições quantitativas». A fórmula do acórdão *Dassonville* acompanhou toda a jurisprudência do Tribunal de Justiça até à actualidade, apesar de o Tribunal a haver complementado e mesmo corrigido.

1041. Outro passo fundamental foi dado em 1979, com o caso *Cassis de Dijon*[1425]. Aí, o Tribunal de Justiça afirmou, por um lado, de forma implícita, a existência de um princípio de reconhecimento mútuo das legislações nacionais, em virtude do qual se deverão admitir à circulação e comercialização num Estado membro dos produtos regularmente produzidos e comercializados no Estado membro de origem, fórmula mais tarde retomada no plano legislativo[1426]. Claro que assim fica afirmado, como sustentava no processo o governo alemão, a imposição na Comunidade, como regra geral, do mínimo denominador comum. Mas por outro lado, consciente das implicações de uma tal afirmação de princípio, e tal como, de algum modo, já era entrevisto no próprio caso *Dassonville*, o Tribunal de Justiça não condenou em absoluto as disposições nacionais restritivas da livre circulação. Dando, como se costuma dizer, «uma no cravo e outra na ferradura», o Tribunal de Justiça admitiu que os Estados membros

[1424] Acórdão *Procureur du Roi c. Benoît e Gustave Dasssonville*, de 11.7.1974, proc. 8/74, Colect., pp. 423 e ss.

[1425] Acórdão *Rewe-Zentral AG c. Bundesmonopolverwaltung für Branntwein*, de 20.2.1979, proc. 120/78, Colect., pp. 327 e ss. Como assinala M. Poiares Maduro, este acórdão marca uma fase em que o Tribunal de Justiça se envolveu directamente na determinação do grau de regulação (e realização) do mercado comum (*We the Court*, *cit.*, p. 107).

[1426] Poiares Maduro, *We the Court*, *cit.*, pp. 131-132.

podiam manter certos obstáculos à circulação intracomunitária, quando, «face à inexistência de uma regulamentação comum da produção e comercialização» do produto em causa (no caso, álcool), «tais medidas possam ser consideradas necessárias para a satisfação de exigências imperativas atinentes, designadamente, à eficácia dos controlos fiscais, à protecção da saúde pública, à lealdade das transacções comerciais e à defesa dos consumidores». Claro que a admissibilidade de tais medidas depende do preenchimento dos pressupostos referidos – ausência de regulamentação europeia, protecção de interesses gerais da colectividade nacional –, bem como da circunstância complementar de se traduzirem em regulamentações comerciais não discriminatórias.

1042. A exigência de não discriminação, princípio fundamental do mercado interno, encontra aqui um especial cuidado na formulação. Assim, uma medida não discriminatória é a que afecta, de igual modo, juridicamente e de facto, tanto os produtos internos como os provenientes de outros Estados membros. E, por esse facto, escapa à proibição dos artigos 34.° e 35.° TFUE. Recorde-se ainda que a ausência de discriminação é condição necessária mas insuficiente. Com efeito, a legislação do Estado membro pode violar a proibição do tratado se não for justificada por razões imperativas de interesse geral.

1043. As formulações dos acórdãos *Dassonville* e *Cassis de Dijon* marcaram indelevelmente a interpretação da norma fundamental do artigo 34.° TFUE[1427]. No entanto, pese embora o facto de, ainda hoje, estes arestos e as concepções nele afirmadas permanecerem presentes na jurisprudência do Tribunal de Justiça, o certo é que, a partir do final dos anos 80, assistiu-se a uma progressiva redução do âmbito de aplicação deste artigo, que circunscreveu a sua aplicação às situações em que as legislações nacionais tenham por objecto «regular as trocas comerciais entre os Estados membros»[1428]. Essa redução do seu âmbito material de aplicação culminou com a prolação do acórdão *Keck e Mithouard*[1429], que marcou um

---

[1427] Anterior artigo 30.°.

[1428] No acórdão *Torfaen Borough Council* (acórdão *Torfaen Borough Council c. B & Q plc*, de 23.11.1989, proc. C-145/88, Colect., pp. 3851 e ss.), o Tribunal de Justiça declarou que não era contrária ao artigo 30.° uma «*regulamentação nacional que proíbe a abertura ao domingo de lojas de venda a retalho*», embora tenha procurado uma justificação ainda no quadro do direito comunitário (como havia acontecido no acórdão *Oebel*, de 14.7.1981, proc. 155/80, Rec., 1981, p. 1993).

[1429] Acórdão *Processos Penais c. Bernard Keck e Daniel Mithouard*, de 24.11.1993, procs. apensos C-267/91 e C-268/91, Colect., I, pp. 6097 e ss. Sobre este acórdão, para lá

terceiro passo fundamental na linha evolutiva de interpretação jurisdicional da norma do artigo 34.° TFUE.

1044. O que estava em causa no processo *Keck et Mithouard* era a proibição que a legislação francesa estabelecia da chamada revenda com prejuízo[1430]. Para lá da questão relativa à eventual discriminação em razão da nacionalidade, o tribunal francês (o *tribunal de grande instance* de *Strasbourg*) questionou o Tribunal de Justiça sobre se a interpretação das normas relativas à livre circulação de mercadorias podia colidir com a indicada legislação francesa. Na sua resposta, o Tribunal de Justiça, numa inflexão notável da sua jurisprudência, considerou necessário «reexaminar e precisar a sua jurisprudência na matéria», «[d]ado que os operadores económicos invocam cada vez mais frequentemente o artigo [34.° TFUE] para impugnar qualquer tipo de regulamentação que tenha por efeito limitar a sua liberdade comercial» (cons. 14). Para tal, efectuou a distinção entre dois tipos de disposições nacionais. De um lado estão as que definem as condições em que os produtos provenientes ou produzidos noutros Estados (quanto à forma, denominação, peso, composição, rotulagem, etc.)[1431] e aí legalmente comercializados, podem circular no Estado membro em causa. Mesmo que não discriminatórias, tais normações nacionais são restritivas, salvo se justificadas por «objectivos de interesse geral susceptíveis de primar sobre as exigências da livre circulação de mercadorias» (cons. 15). Por outro lado, o Tribunal de Justiça considerou que, «contrariamente ao que até agora foi decidido» [pelo próprio Tribunal de Justiça, entenda-se], as «disposições nacionais que limitam ou proíbem certas modalidades de venda a produtos provenientes de outros Estados membros» não são, pela sua natureza, susceptíveis de afectar o comércio intracomunitário, porque não têm por objecto regular o comércio de mercado-

---

do que aqui se vai dizer, sinteticamente, leiam-se A. Goucha Soares, *Repartição de competências e preempção no direito comunitário*, *cit.*, em especial pp. 262-271; M. Poiares Maduro, *We the Court*, cit.; ou Maria Luísa Duarte, *A teoria dos poderes implícitos*, *cit.*, p. 343.

[1430] Em sentido crítico do acórdão, Capelli, «Les malentedus provoqués para l'arrêt "Cassis de Dijon", vingt ans après», *RMCUE*, n.° 402, Nov./1996, pp. 678-690.

[1431] Têm sido consideradas restritivas as medidas nacionais que se traduzem na fixação de preços máximos e/ou mínimos; na estipulação de condições diversas de pagamento, embalagem, etiquetagem e acondicionamento dos produtos; na submissão dos produtos importados a controlos diversos e repetidos, mesmo que tenham existido no país de fabrico ou exportação; no incentivo à aquisição de produtos nacionais; no estabelecimento de restrições à publicidade de produtos importados; ou a exigência de reacondicionamento ou reembalagem.

rias entre os Estados membros (cons. 12). No pressuposto – claro está – de que não sejam discriminatórias, de jure ou de facto, aplicando-se a todos os «operadores interessados que exerçam a sua actividade no território nacional» e afectem «da mesma forma produtos nacionais e produtos provenientes de outros Estados membros»[1432] (cons. 16).

1045. Segundo a solução dada pelo Tribunal de Justiça, disposições como a proibição de certas modalidades de venda, no caso a proibição de venda com prejuízo, escapam ao âmbito de aplicação do artigo 34.° TFUE. E isso torna especialmente importante a jurisprudência *Keck e Mithouard*. Com efeito, tal significa que não estamos sequer num domínio de violação da norma e sua desaplicação justificada, seja pela excepção explícita do artigo 36.° TFUE, seja por qualquer prevalência de superiores interesses dos Estados membros.

2.3.3. *Regulamento (CE) n.° 2679/98*

1046. Percorremos o caminho que a jurisprudência do Tribunal de Justiça vem percorrendo para densificar o tratado e garantir que os objectivos do mercado interno se realizem. Mas, hodiernamente, outros passos têm sido dados no sentido de procurar o reforço dos mecanismos de diálogo entre a União e Estados membros, no combate aos entraves que diariamente surgem à realização desta liberdade fundamental. Exemplo disso é o Regulamento (CE) n.° 2679/98[1433].

1047. O Regulamento (CE) n.° 2679/98 surgiu como resposta à necessidade de combater outro tipo de obstáculos à livre circulação de mercadorias. Na sequência de um desafio do Conselho Europeu de Amesterdão[1434], procurou definir-se um conceito de «entrave» actual ou poten-

---

[1432] Ver, por exemplo, o acórdão *Processo Penal contra Rémy Schmit*, de 27.6.1996, proc. C-240/95, Colect., pp. 3179 e ss., em especial os n.os 17 e 26.

[1433] Regulamento do Conselho de 7.12.1998, JO, L 337, de 12.12.1998, pp. 8 e 9.

[1434] Como consta do primeiro considerando da proposta da Comissão que deu origem a este regulamento referido, foi o Conselho Europeu de Amesterdão que, nas suas conclusões, «solicitou à Comissão que examinasse os meios para garantir de forma eficaz a livre circulação das mercadorias, incluindo a possibilidade de impor sanções aos Estados membros». Sobre a «guerra dos morangos», ver o acórdão *Comissão c. França*, de 9.12.1997, proc. C-265/95, Colect., p. 6969, e, mais tarde, sob outro objecto (a interrupção de uma auto-estrada durante 30 horas, para a realização de manifestações autorizadas pelas autoridades estaduais), ver o acórdão de 12.6.2003, *Schmidberger*, proc. C-112/00, Colect., p. 5659.

cial à livre circulação das mercadorias (e à realização do mercado interno) e algumas soluções de reposição do regime de liberdade. Para tanto, embora não indo tão longe como pretendia a Comissão na sua proposta[1435], considera, no n.° 1 do artigo 1.°, que constitui um entrave um comportamento «(...) atribuível a um Estado membro e que envolva uma acção ou omissão por parte deste, que possa constituir uma violação dos artigos 34.° a 36.°[1436] e que:

- a) Provoque uma perturbação séria à livre circulação de mercadorias por, através de meios físicos ou outros, impedir, adiar ou desviar a importação dessas mercadorias para qualquer Estado membro, a sua exportação a partir de qualquer Estado membro ou o seu transporte através de qualquer Estado membro;
- b) Cause um prejuízo grave às pessoas afectadas; e
- c) Exija uma acção imediata a fim de evitar a continuação, o aumento ou o agravamento da perturbação ou prejuízo em questão».

1048. Este regulamento afirma, em primeiro lugar, que um entrave existe apenas quando tenha por efeito provocar «uma perturbação séria», «cause um prejuízo grave» e «exija uma acção imediata». Embora a possibilidade de entrave potencial não deixe de produzir algumas consequências – nomeadamente um diálogo entre o Estado em causa e a Comissão (artigo 3.°) –, não pode consubstanciar um verdadeiro entrave proibido.

1049. Em segundo lugar, faz depender a sua operacionalidade do preenchimento cumulativo dos requisitos anteriormente referidos.

1050. Em terceiro lugar, admite-se que a responsabilidade do Estado se estende também a comportamentos passivos, abrangendo-se na noção

---

[1435] A diferença entre a proposta da Comissão e o acto final do Conselho é notória. Evidenciem-se apenas alguns pontos. Em primeiro lugar, nos próprios considerandos. A Comissão previa que o regulamento estabelecesse um desvio ao processo-regra da acção por incumprimento (artigos 258.°-260.° TFUE), permitindo à Comissão dirigir aos Estados uma decisão impondo a cessação da situação de entrave, estabelecendo um regime acelerado que permitiria a rápida interposição pela Comissão de uma acção por incumprimento estadual. Bem longe disto ficou a redacção final do regulamento. Por último, a solução encontrada pelo Conselho é bem mais garantística dos direitos dos violadores do princípio da livre circulação, porquanto em vários pontos estabelece não poder o regulamento afectar «de forma alguma o exercício de direitos fundamentais tal como reconhecidos nos Estados membros» (artigo 2.°).

[1436] Anteriores artigos 28.° a 30.° CE.

de «entraves» as perturbações sérias causadas por particulares e a que o Estado não reaja de forma efectiva. Finalmente, apenas institui um regime de determinação administrativa – por isso mais célere – da existência de um «entrave», susceptível de conduzir à formulação pela Comissão de uma solicitação de cessação imediata do «entrave», estabelecendo ainda um regime de transparência que só pode vir em benefício da realização do mercado interno (artigo 5.°).

§ 3. LIVRE CIRCULAÇÃO DE PESSOAS, SERVIÇOS E CAPITAIS

1. O ESTATUTO DE CIDADANIA

«A noção de cidadania da União implica uma comunidade de direitos e obrigações que unem os cidadãos da União por um vínculo comum que transcende a nacionalidade de um Estado membro. A introdução deste conceito foi largamente inspirada pela preocupação de aproximar a União dos seus cidadãos e de exprimir a sua natureza como algo de diverso de uma União puramente económica. Esse intento encontra-se reflectido no abandono da expressão «económica» na denominação da Comunidade e pela progressiva introdução, no Tratado CE, de um amplo conjunto de actividades e de políticas que extravasam do âmbito económico».

(Advogado-geral F. G. JACOBS, conclusões no proc. C-274/96, *Bickel e Franz*, pág. 7645)

1.1. *Considerações Gerais*

1051. O tema da cidadania nos espaços de integração constitui um novo desafio, pois a moderna construção de espaços de cidadanias múltiplas vem questionar conceitos e quadros sociais e normativos bem estabelecidos. O surgimento destes conceitos em sociedades não estadualizadas levanta também outros obstáculos, sobretudo no quadro como o actual, em que ainda se afigura impossível afirmar a existência de uma sociedade europeia, apesar dos sonhos e objectivos de muitos o representem[1437], no passado como no presente (F. LUCAS PIRES)[1438].

1052. A construção da União começou por ser uma aventura económica, que, através da criação das «solidariedades concretas», procurava realizar poderosas aspirações individuais e colectivas, de paz, progresso e desenvolvimento. Nas primeiras versões do Tratado de Roma, no entanto, como era justamente salientado pelo prof. MOURA RAMOS, «o homem que é tomado em consideração (...) a fim de lhe atribuir uma liberdade de circulação é o *homo economicus* e não o homem – pessoa integral, pessoa humana, a que as ordens jurídicas (interna e internacional) atribuem direitos e impõem obrigações»[1439].

1053. É verdade que há muito se assevera ser o comércio fundamento de paz e de interdependência entre os povos, construído até como «acto social» (STUART MILL). Citando MONTESQUIEU, «[o] efeito natural do comércio é o de levar à paz. Duas nações que comerciam entre si tornam-se reciprocamente dependentes; se uma tem interesse em comprar, a outra tem interesse em vender; e todas as uniões são fundadas nas necessidades mútuas»[1440]. Esta convicção não era, por certo, estranha àqueles que, nas décadas de 40 e 50 do século passado, idealizaram e erigiram as experiências comunitárias. Assim o dizem EDGAR MORIN[1441] ou, de modo especialmente enfático entre nós, no quadro de defesa do tratado de Maastricht, o prof. FREITAS DO AMARAL (pág. 15): «a principal razão que esteve na origem das Comunidades (...) foi a de criar uma união tão forte e tão íntima entre os países europeus que nunca mais fosse possível haver uma guerra entre europeus»[1442]. E é reafirmado, de forma significativa, no n.° 1 do artigo 3.° do TUE – Lisboa, quando, ao enunciar os objectivos da União Europeia, antepõe a qualquer outro o «objectivo de promover a paz».

[1437] Era essa a ideia de Jean Monnet ao afirmar: «*Nós não unimos os Estados, unimos as Pessoas*».

[1438] A última obra publicada do prof. Francisco Lucas Pires intitulava-se mesmo «Amsterdão: do Mercado à Sociedade Europeia?» (Principia, Cascais, 1998).

[1439] R. Moura Ramos, «Les nouveaux aspects de la libre circulation des personnes. Vers une citoyenneté européenne – Rapport general», *Associação Portuguesa de Direito Europeu XV Congrès FIDE*, Lisboa, p. 225.

[1440] *Do Espírito das Leis*, Martin Claret, São Paulo, 2002 (1.ª ed. 1748), Livro XX, cap. II, p. 334.

[1441] *Pensar a Europa*, Europa-América, p. 109.

[1442] *Um Voto a Favor de Maastricht*, Editorial Inquérito, 1992, p. 15.

1054. É certo que a criação comunitária visou inicialmente o estabelecimento de uma Europa de liberdade económica, mas sempre ancorada em valores cuja estraneidade em relação à construção da União – pese embora a separação inicial de águas resultante da autonomia das estruturas organizatórias (pense-se na coexistência de Conselho da Europa e das Comunidades, separados por profundas diferenças de método e estrutura) – nunca se pôde afirmar. A liberdade económica não era encarada como contendo um substracto humano e pessoal *a se*, vendo a Pessoa como um participante no processo económico, como agente que faz circular produtos (quaisquer produtos, desde que susceptíveis de avaliação pecuniária) ou que faz dinamizar a economia de outro Estado participante no mesmo projecto de unidade económica, trabalhando, prestando serviços ou, como se afirmou desde os anos 80 do século passado, sendo o destinatário de uma qualquer prestação de serviços. A liberdade pessoal necessária à realização do projecto, nesses primeiros trinta anos (da década de 50 a meados da década de 80 do século passado), era, pois, uma liberdade conferida às pessoas economicamente relevantes[1443]. Garantia-se que trabalhadores ou prestadores de serviços, acompanhados pelas suas famílias (com um âmbito definido por via de regulamento: vide o Regulamento (CEE) do Conselho n.° 1612/68[1444]), podiam circular livremente, já que tal se revelava necessário para a consecução do mercado interno.

1.2. *A Europa dos Cidadãos*

1055. Embora a proposta de criação de um passaporte europeu (G. Andreotti – 1972), como sinal de afirmação da Comunidade e símbolo de uma pertença dos cidadãos à Comunidade, não tenha tido sucesso, o certo é que, por outras vias, sobretudo a partir de meados dos anos 1980, vários signos houve de uma fundamental alteração, com indiscutível dimensão qualitativa[1445].

[1443] Bela Balassa (*cit.*, p. 125) cita Adam Smith dizendo que a «*experiência demonstra que um homem é, de todas as espécies de bagagem, a mais difícil de transportar*».

[1444] Regulamento com a última redacção resultante da Directiva 2004/38/CE. Neste âmbito se justificando a atribuição de direitos de circulação a nacionais de países terceiros, ou seja, enquanto membros da família de um trabalhador ou prestador/destinatário de serviços.

[1445] Sobre a circulação de pessoas, na perspectiva histórica e partindo da análise dos acordos de Schengen, de 1985 e 1990, ver M. Gorjão-Henriques, «Aspectos gerais dos acordos de Schengen na perspectiva da livre circulação de pessoas», *Temas de Integração*, vol. I, 1996, pp. 47 e ss.

1056. Em primeiro lugar, a afirmação e reconhecimento jurisprudencial de um direito de circulação a quem não participa activamente no processo económico, mas apenas de forma passiva (acórdão *Luisi e Carbone*[1446]), coenvolvendo tendencialmente – como o advogado-geral TRABUCCHI verberava no processo *Warner*, nos anos 70 – uma total liberalização da circulação de pessoas cuja justificação económica principiava a faltar, vem pôr em causa as justificações e limites tradicionais à afirmação integrada de uma liberdade pessoal economicamente funcionalizada. Em 1979, o anteprojecto de Tratado que viria a ser o projecto *Spinelli* de 1984, introduzia na proposta União Europeia o conceito de cidadania.

1057. O mote havia sido dado, levando a que se desencadeassem alguns ensaios de resposta, como a criação, pelo Conselho Europeu de Fontainebleau, em 1984, de um comité *ad hoc* sobre a Europa dos cidadãos, presidido por ADONNINO. Do mesmo Conselho Europeu veio a resultar, mediatamente, o estímulo necessário à celebração, no ano seguinte, do acordo de Schengen, que seria complementado em 1990 pela Convenção de Aplicação Schengen[1447]. A estes acordos já nos referimos, embora a eles se volte mais adiante, a propósito das implicações da incorporação do acervo de Schengen na União Europeia[1448]. Mas as iniciativas desencadeadas em meados dos anos 80 tiveram também implicações políticas que os Estados membros não deixaram de verter nos tratados, desencadeando a primeira revisão global dos tratados, através do Acto Único Europeu, o qual, conquanto não tenha dado resposta total e cabal, afirmou pela primeira vez no plano do direito originário a livre circulação das pessoas como objectivo a conseguir no âmbito do novo objectivo do mercado interno (artigo 3.°, n.° 3 TUE – Lisboa, e artigo 26.° TFUE[1449]). Ainda aqui, contudo, não se vislumbrava uma inequívoca superação da matriz económica da liberdade pessoal, ainda que, em 1987, no processo

---

[1446] Acórdão *Luisi e Carbone c. Ministero del Tesoro*, Procs. 286/82 e 26/83, Rec., p. 377. No mesmo sentido, ainda antes, a Directiva n.° 73/148/CEE, de 21.5.1973 (EE portuguesa, cap. 6, T. 1, p. 132), recentemente revogada pela Directiva n.° 2004/38/CE (JO, L 158, de 30.4.2004).

[1447] Estes acordo e convenção podem ser consultados em Tizzano/Cruz Vilaça/Gorjão-Henriques, *Código da União Europeia*, *cit*.

[1448] Vide o *Protocolo* Anexo aos Tratados da União Europeia e da Comunidade Europeia *que integra o Acervo de Schengen no âmbito da União Europeia*, embora outros Protocolos tenham igualmente relevância.

[1449] O artigo aqui referenciado era, no texto resultante do AUE, o artigo 8.°-A, transformado com Maastricht em artigo 7.°-A e depois, em Amesterdão, no artigo 14.° CE.

G. Heylens[1450], o Tribunal de Justiça tenha falado num direito fundamental de circulação.

1058. Em 1990 foram adoptadas três directivas que reconheceram o direito de entrada, permanência e residência num Estado membro a nacionais de outros Estados membros que não fossem titulares actuais dos direitos de circulação de trabalhadores e de serviços: as directivas do Conselho 90/364[1451], 90/365[1452] e 90/366[1453]. Estas directivas tiveram a virtualidade de – na lógica de reconhecimento do direito de circulação, seja no plano específico das chamadas liberdades comunitárias, seja para plena realização de políticas comunitárias (vide a política de formação profissional, quanto aos estudantes) – transmitir para o exterior a ideia de que todos os nacionais de Estados membros gozam do direito de circular e residir noutro Estado membro, ainda que subordinando o reconhecimento desses direitos ao preenchimento de dois requisitos: a posse de recursos económicos suficientes e a prova de que a pessoa (por possuir um seguro de doença) não viria a constituir um encargo suplementar para a assistência social do Estado de acolhimento.

1059. Mas foi com a preparação do tratado de Maastricht que se deram os passos mais significativos para a criação de uma cidadania europeia. Na Conferência Intergovernamental de 1990 sobre a União política, o assunto foi encarado de frente. Usualmente, é apontada a iniciativa espanhola, propondo a instauração de uma cidadania da união europeia, como suporte do espaço integrado que a Comunidade e a União europeias se propunham criar e de que os cidadãos seriam principais protagonistas. O desafio espanhol foi depois complementado por uma nota apresentada no

---

[1450] Acórdão de 15.10.1987, proc. 222/86, Colect., p. 4097.

[1451] Directiva n.° 90/364/CEE do Conselho, de 28.6.1990, relativa ao direito de residência (JO, L 180, de 13.7.1990, p. 26). Directiva revogada pela Directiva n.° 2004/38/CE.

[1452] Directiva n.° 90/365/CEE do Conselho, de 28.6.1990, relativa ao direito de residência dos trabalhadores assalariados e não assalariados que cessaram a sua actividade profissional (JO, L 180, de 13.7,1990, p. 26). Directiva revogada pela Directiva n.° 2004/38/CE.

[1453] A Directiva n.° 90/366/CEE do Conselho, de 28.6.1990, relativa ao direito de residência dos estudantes (JO, L 180, de 13.7,1990).Esta directiva foi, por desrespeito da base jurídica adequada, anulada pelo Tribunal de Justiça (acórdão *Parlamento Europeu c. Conselho*, de 7.7.1992, proc. C-295/90, Colect., I-4193), tendo sido substituída pela Directiva n.° 93/96/CE, de 29.10.1993 (JO, L 317, de 18.12.1993, pp. 59-60). Directiva revogada pela Directiva n.° 2004/38/CE.

mesmo ano pelo governo deste país, no que foi seguido por *memoranda* dos governos dinamarquês, grego e português. O modelo espanhol apresentava a cidadania como um dos três pilares da União Europeia, ao lado da União Económica e Monetária e da Política Externa e de Segurança Comum, com três características dominantes: a natureza dinâmica e progressiva dos direitos conferidos; a caracterização de certos direitos especiais básicos dos cidadãos; e a abertura à consagração de direitos novos. Do mesmo passo, e numa lógica de separação de águas, desligava-se a cidadania a constituir da protecção dos direitos fundamentais.

1.3. *Os Cidadãos da Europa*

1060. Foi com a entrada em vigor do Tratado da União Europeia que surgiu actuante, na esfera jurídica dos tradicionais beneficiários das liberdades comunitárias – os nacionais dos Estados membros – o conceito e substracto de uma cidadania que, desde logo, se chama «da União» (actuais artigos 9.° TUE – Lisboa; artigos 20.° a 25.° TFUE[1454]; artigos 39.° a 46.° da Carta dos Direitos Fundamentais) ou europeia[1455], mas que de facto tinha uma inserção sobretudo comunitária[1456], atribuindo-lhes «um novo estatuto» e «uma qualidade subjectiva suplementar»[1457].

1061. Que cidadania era e é esta, consubstanciada numa afirmação voluntarista de um *status civitatis* que a concreção jurídica procura reforçar na sua legitimidade, com a ancoragem democrática feita no tratado (artigos 3.°, n.° 2, 9.° e 10.° TUE – Lisboa), embora ainda não disponha de um conteúdo civilizacional autónomo, antes sendo uma mera refracção dos conceitos homólogos existentes no plano dos Estados membros, é algo cuja compreensão pressupõe algumas considerações.

1062. Perante a formulação sugerida na redacção inicial do até há pouco artigo 17.° CE (cfr. actual artigo 20.° TFUE), surgiram dúvidas

---

[1454] Antes de Amesterdão, eram os artigos 8.° a 8.° E e, depois, os artigos 17.° e seguintes CE. Sobre a cidadania, por todos, prof. Rui Moura Ramos, «A cidadania da União: caracterização, conteúdo e desenvolvimento», *Estudos Jurídicos em Homenagem ao Prof. Doutor António de Sousa Franco*, Vol. III, Faculdade de Direito da Universidade de Lisboa, 2006, pp. 895-922.

[1455] Acórdão *Martínez Sala*, de 12.5.1998, proc. C-85/96, Colect. I-2725, n.° 61.

[1456] Que não exclusivamente, como adiante se verá.

[1457] Advogado-geral La Pergola, conclusões no processo C-85/96, *cit.*, p. 2704.

sobre uma substituição de cidadanias, como resulta da declaração feita pelo Conselho Europeu de Edimburgo (1992), em relação à Dinamarca[1458]. Aí se declarou a natureza complementar da cidadania, atributiva de um complexo de direitos («e deveres», na descrição formal do tratado) de que beneficiam todos «os que tenham a nacionalidade de um Estado membro». Aclaração que, no pequeno esforço realizado em prol da transparência e legibilidade desejada para os tratados, veio a colher recepção explícita na disposição que, na revisão de Amesterdão[1459], configura o conceito de cidadania[1460], melhorada pela preocupação em fornecer uma listagem de direitos inerentes ao estatuto de cidadania, com o Tratado de Lisboa, ainda que de alguma forma duplicada (v. artigo 9.° TUE – Lisboa; artigo 20.°, n.° 2 TFUE; e artigos 39.° e seguintes da Carta dos Direitos Fundamentais).

1063. A cidadania aparece, em suma, como um conceito subjectivamente limitado, não equiparável de forma imediata aos homólogos conceitos de cidadania que descrevem «a ligação social e política tendencialmente exclusiva de uma pessoa a um espaço nacional»[1461], antes correspondendo a um novo *status* atributivo de novas possibilidades àqueles que já antes beneficiavam das liberdades de circulação e, em todo o caso, um signo de supranacionalidade[1462].

[1458] Conselho Europeu de 11 e 12 de Dezembro de 1992, conclusões da Presidência, anexo I, secção A. Como aí se dizia: «*as disposições da parte II do Tratado que institui Comunidade Europeia relativas à cidadania da União conferem aos nacionais dos Estados membros direitos e protecção suplementares especificados nessa parte. Não substituem de modo algum a cidadania nacional. A questão de saber se determinado indivíduo tem a nacionalidade de um Estado membro será resolvida exclusivamente por referência à lei nacional do Estado membro em causa*».

[1459] J. Söderman, «Le citoyen, l'administration et le droit communautaire», *Revue du Marché Unique Européen*, 1998, n.° 2, p. 22.

[1460] Ao n.° 1 do artigo 17.° CE foi aditado o seguinte período: «A cidadania da União é complementar da cidadania nacional e não a substitui», que o Tratado de Lisboa substituiu pela expressão "acresce", em vez de "complementar" (artigo 20.°, n.° 1 TFUE).

[1461] Em declaração unilateral anexa às conclusões do Conselho Europeu de Edimburgo, a Dinamarca expressou ainda de forma mais inequívoca o seu entendimento sobre o sentido e alcance da cidadania da União, segundo o qual tal conceito não implica ou prevê «*a criação de uma cidadania da União no sentido da cidadania de um Estado-nação*».

[1462] Na terminologia de Federico de Castro, a que aderiu o prof. Rui Moura Ramos, com as seguintes palavras: «Consideremos agora o fenómeno designado por Federico de Castro por supranacionalidade ou nacionalidade comum, para referir a circunstância de se conceder um estatuto jurídico comum, um feixe de direitos e (ou) deveres próprios, a todos os indivíduos que tenham a nacionalidade de um conjunto de Estados, que a si próprios se

1064. O que implica um acentuar da discriminação que sofrem os nacionais de terceiros países, ainda que plenamente integrados nas economias e espaços jurídicos nacionais[1463], justificando até propostas de superação do tratamento diferenciado, pela atribuição desta tão particular cidadania aos nacionais de países terceiros que residam legalmente há muito tempo num Estado membro da União.

1.4. *A Cidadania Como Complexo de Direitos*

1065. Os redactores dos tratados preocuparam-se prevalentemente com a apresentação dos conteúdos positivos da nova cidadania, contribuindo para uma mais fácil aceitação do conceito pelos seus beneficiários. Daí que o conteúdo da cidadania se revele uma mera soma de direitos novos[1464] ou de direitos, *tout court*.

1066. É iniludível que, sob o manto da cidadania, nem todos os direitos se figuram como inteiramente novos. Ou por, de uma forma ou de outra, o direito anteriormente vigente já os reconhecer, ou por alguns Estados membros, adiantando-se ao tempo europeu, já o haverem consagrado. É o caso, na primeira hipótese, do direito de petição ao Parlamento Europeu e, na segunda, dos direitos de participação eleitoral conferidos aos nacionais de outros Estados membros em certos Estados membros e para certas eleições.

1067. Dispõe, a propósito, o artigo 20.°, n.° 2 do TFUE que os cidadãos da União «gozam dos direitos e estão sujeitos aos deveres previstos nos Tratados»[1465], sendo que a lista indicada e não exaustiva apenas refere direitos:

---

consideram como formando uma comunidade, ou ainda àqueles que a esta comunidade ou aos sesu Estados membros se econtram ligados por um vínculo particular./Não sofre dúvidas ser asta a stiuação que se vive na União Europeia, desde a instituição, pelo Tratado de Maastricht, de uma "cidadania da União"» («Nacionalidade, plurinacionalidade...», *cit.*, pp. 709 e 714).

[1463] F. Lucas Pires, *Schengen e a Comunidade de Países Lusófonos*, Ius Gentium Conimbrigae, Coimbra Editora, 1997, pp. 28-33 (e a que aderimos, em M. Gorjão-Henriques, «A Europa e o Estrangeiro: Talo(s) ou Cristo?», *Temas de Integração*, 1998, n.° 6, p. 28).

[1464] Ainda que, como se sabe, alguns desses direitos já houvessem sido conferidos por alguns Estados membros aos nacionais de outros Estados membros.

[1465] Repare-se que os Estados membros incluíram as disposições sobre cidadania e não discriminação (esta em termos gerais) fora da Parte III do TFUE, o que poderá signi-

- a) O direito de circular e permanecer livremente no território dos Estados-membros;
- b) O direito de eleger e ser eleito nas eleições para o Parlamento Europeu, bem como nas eleições municipais do Estado membro de residência, nas mesmas condições que os nacionais desse Estado;
- c) O direito de, no território de países terceiros em que o Estado membro de que são nacionais não se encontre representado, beneficiar da protecção das autoridades diplomáticas e consulares de qualquer Estado membro, nas mesmas condições que os nacionais desse Estado;
- d) O direito de dirigir petições ao Parlamento Europeu;
- e) O direito de recorrer ao Provedor de Justiça Europeu; e
- f) O direito de se dirigir às instituições e aos órgãos consultivos da União numa das línguas dos Tratados e de obter uma resposta na mesma língua.

1068. Finalmente, uma nota. Embora o Tratado de Lisboa tenha tido a preocupação de qualificar o tipo de competência que a União Europeia dispõe nos vários domínios objecto dos tratados, o certo é que nos parece que a cidadania não foi expressamente qualificada como sendo de competência exclusiva, partilhada ou complementar da União. Na verdade, a cidadania, não integrando a Parte III do TFUE, também não integra o mercado interno ou o espaço de liberdade, segurança e justiça (áreas de competência partilhada da União e dos Estados membros – artigo 4.°, n.° 2, alínea *a)* e *j)*, do TFUE). Ainda assim, constitui um domínio de competência partilhada, *ex vi* do artigo 4.°, n.° 1 TFUE, apesar de se lamentar a ausência de uma tal afirmação explícita.

1.4.1. *O Direito de Circular e Permanecer*

1069. O primeiro e mais fundamental dos direitos integrantes da cidadania europeia – e aquele que exprime por excelência a liberdade de circulação é o «direito de circular e permanecer livremente no território

ficar que pretenderam que a modificação do elenco destes direitos ou a criação de novos deveres fique excluída do âmbito do processo de revisão simplificado previsto no artigo 48.°, n.° 6, do TUE – Lisboa. Cfr. artigo 25.°, § 2 TFUE.

dos Estados membros»[1466], conferido pelos artigos 20.°, n.° 2, alínea *a)*, 21.° TFUE e 45.° da Carta dos Direitos Fundamentais. Era um direito a que, na época da sua introdução, a generalidade das instituições negava qualquer conteúdo inovador, sustentando que a liberdade de entrar, circular, permanecer e residir já era conferida pelo tratado, no âmbito das tradicionais liberdades de realização do mercado interno ou interno (trabalhadores e serviços). Segundo esta tese, então dominante, o artigo 21.° TFUE (*rectius*, a norma correspondente então em vigor) não conferiria qualquer direito *novum*, antes se limitando a consolidar[1467] no plano do direito primário e do instituto da cidadania, os direitos que as restantes disposições dos tratados já antes reconheciam. Vingava assim uma tese que esvaziava a norma de conteúdo novo e que, à luz dos princípios de relacionamento entre as ordens jurídicas nacionais e comunitária, a tornaria desprovida de efeito directo, não sendo fundamento de direitos que os particulares (os cidadãos) pudessem invocar em juízo, perante as jurisdições nacionais.

1070. Desta concepção resultavam algumas consequências práticas importantes. É que, se do tratado resultava que as pessoas (artigos 3.°, n.° 2 TUE – Lisboa, artigo 26.° TFUE) só gozavam de liberdade de circulação quando pretendam trabalhar (artigo 45.° TFUE), prestar ou receber (ainda que potencialmente) serviços (artigos 49.° e 56.°, e seguintes TFUE), então fica garantido a todos os nacionais de Estados membros o direito de entrar, circular e permanecer no território dos (outros[1468]) Estados membros[1469], mas não se permite nem o reconhecimento de um direito

---

[1466] Sobre este direito, como centro de referência da cidadania, leia-se o excelente editorial de A. Mattera, «Civis europaeus sum – citoyenneté européenne, droit de circulation et de séjour, applicabilité directe de l'article 8A du traité CE», *Revue du Marché Unique Européen*, 1998, n.° 3, pp. 5-28.

[1467] Como «fragmentos de um mosaico», dirá mais tarde o governo francês, num processo perante o Tribunal de Justiça (proc. C-85/96, adiante referenciado).

[1468] Claro está, pois nenhum Estado pode limitar o direito de entrada e permanência dos seus nacionais no seu próprio território – como bem realça Durand («European Citizenship», *ELR*, 1979, n.° 4, p. 6, *apud* M.ª Luísa Duarte, *A Teoria dos poderes implícitos*, *cit.*, p. 189, nota 50), ao referir a decisão *Edwards v. California*, do *Supreme Court* dos EUA, que proscreve a possibilidade de as legislações estaduais poderem impedir a entrada de indigentes provenientes de outros Estados dos EUA.

[1469] Neste sentido, qualquer pessoa que exerça o seu direito de entrada noutro Estado membro fica automaticamente protegida pelo princípio da não discriminação em razão da nacionalidade – assim, K. Lenaerts, «L'égalité de traitment en droit communautaire», *Cahiers de droit européen*, 1991, p. 28, citado pelo advogado-geral Jacobs, nas conclusões do proc. C-274/96, Colect., p. 7644.

de residir[1470] nem que tal direito possa ser exercido de forma automática e incondicional, porquanto a legislação da União e nacional subordinava (e subordina) o direito de residência dos não-activos ao preenchimento de certos requisitos: seguros de doença e detenção de recursos económicos suficientes (Lei n.° 37/2006, de 9 de Agosto).

1071. Ainda assim, o reconhecimento destes direitos e da sua amplitude não deixou de ter importantíssimas implicações, estendendo aos nacionais de outros Estados membros que gozavam dessas liberdades todos os benefícios resultantes da aplicação da regra do tratamento nacional, permitindo-lhes gozar de todas as possibilidades conferidas aos nacionais de cada Estado membro, no seu próprio Estado. Disso foram exemplo os acórdãos *Mutsch*[1471] e *Cowan*[1472]. Além disso, legislações nacionais como a portuguesa apenas reconhecem o direito a permanecer a título definitivo no território nacional aos que, tendo gozado das liberdades comunitárias, residam em Portugal durante um certo período de tempo (Lei n.° 37/2006, de 9 de Agosto).

1072. Toda esta concepção, assente na ideia segundo a qual o direito de circular e permanecer que integra o estatuto de cidadão não tinha um conteúdo inovador, começou a ser discutida pela doutrina, quer através de autorizadas vozes, quer igualmente no plano judicial, como no Reino Unido[1473]. Os próprios magistrados comunitários evoluíram nas suas posi-

---

[1470] A. Mattera, «Civis europaeus sum», *cit.*, p. 11.

[1471] Acórdão *Ministère public c. Robert Heinrich Maria Mutsch,* de 11.7.1985, proc. 137/84, Rec., 1985, 7, p. 2681. Reconhecimento do direito de um trabalhador luxemburguês do direito de utilizar a língua alemã num processo penal numa comuna belga de língua alemã, tal como aos cidadãos belgas aí residentes era reconhecido.

[1472] Acórdão *Ian William Cowan c. Trésor Public,* de 2.2.1989, proc. 186/87, Colect., pp. 195 e ss. Reconhece a um turista britânico de visita a França o direito a uma indemnização prevista pela legislação penal francesa, e que lhe havia sido negado por força da sua nacionalidade.

[1473] Neste país, cedo foi objecto de discussão contenciosa o problema do alcance e efeito directo da norma do artigo 18.° [actual artigo 21.° TFUE]. Apesar de o *High Court*, em decisão de 16.3.1995 (*Regina v. Secretary of State of the Home Department, ex parte Vitale* e *Regina v. Secretary of State for the Home Department, ex parte Do Amaral*) ter sustentado que a disposição não alargava o âmbito da liberdade prevista no artigo 39.°, antes, no caso *Regina v. Secretary of State of the Home Department, ex parte Adams*, de 29.7.1994, o juiz Kay havia considerado que, se o artigo 8.°-A não fosse meramente declaratório, «we have little doubt that it has direct effect».

ções. Assim, se num estudo próximo do tratado de Maastricht[1474], D. O'KEEFFE havia resolvido a questão de forma simplista e pela negativa, o certo é que, dois anos depois[1475], já se questionava sobre a propriedade da sua asserção anterior, ao referir a casuística britânica e ao colocar, em primeiro lugar, o problema do sentido útil da norma do artigo [21.° TFUE], por referência a quatro ordens de razões. Primeiro, os próprios objectivos da União Europeia instituída em Maastricht. Com efeito, para lá de dever ser o direito da União Europeia, na tradição hermenêutica do Tribunal de Justiça, interpretado sempre em função da teleologia que lhe está imanente, o tratado, então no artigo B[1476], afirmava pretender «reforçar a tutela dos direitos e interesses dos cidadãos dos Estados-membros», o que suporia um acréscimo qualitativo que outra interpretação do artigo em causa não comportaria. Ainda recorrendo às linhas directoras da integração europeia, o Autor remetia para o preâmbulo do tratado, o qual, embora desprovido de força jurídica obrigatória, afirmava o carácter dinâmico da construção europeia, pelo que uma interpretação do artigo que o visse limitado à preservação de um qualquer princípio de *acquis communautaire* estaria em contradição com essa intenção. Como se sabe, a limitação estrita às conquistas do *acquis communautaire* (o acervo comunitário) não garantia a total liberdade de circulação, visando apenas os agentes económicos e excluindo os pobres e os beneficiários de segurança social, certos não-activos, desempregados, nos termos do disposto nas directivas iniciais de 1990.

1073. Atribuir-se à norma um sentido dinâmico poderia significar o reconhecimento da liberdade de circulação mesmo para estas categorias de pessoas, pondo-se em causa os requisitos que – por muito estimáveis que sejam: a suficiência de recursos económicos e a comprovação de que a pessoa não constituirá um encargo para a segurança social do país de acolhimento – ainda[1477] condicionam o exercício das liberdades de circulação de cidadãos da União. A isto acrescia uma consideração formal, a base

---

[1474] «Union Citizenship», *Legal Issues of the Maastricht Treaty*, O'Keeffe/Twomey (editors), Wiley Chancery Law, 1992, pp. 87-107.

[1475] «General course in european community law – the individual and european law», in *Collected Courses of the Academy of European Law*, vol. V, Book 1, Martinus Nijhoff Publishers, 1994, pp. 55-150.

[1476] Anterior artigo 2.° UE.

[1477] De acordo com a Directiva n.° 2004/38/CE, tais exigências só serão aplicáveis a estadias de duração superior a três meses (cfr., artigos 6.° e 7.°).

jurídica do n.° 2 do artigo 21.° TFUE. Na verdade, esta só tem sentido útil se o n.° 1 tiver um alcance autónomo, pois, de outra forma, seria também ela desnecessária, pois já antes existem no tratado bases jurídicas em matéria de liberdade de circulação e residência.

1074. Uma tal interpretação deve ainda extrair-se de outras duas considerações. Em primeiro lugar, do próprio teor literal da norma, ao consagrar o «direito de circular e permanecer livremente...»[1478], direito que apenas pode ser limitado por disposições do tratado ou por disposições tomadas em aplicação do tratado. Note-se, aliás, que nem o artigo 20.°, n.° 2, alínea *b)*, TFUE nem o artigo 45.° da Carta dos Direitos Fundamentais estabelece qualquer limitação ao âmbito e exercício deste direito[1479]. Neste quadro, a pergunta que claramente paira no ar é a seguinte: pode um acto tomado em aplicação do tratado – como são todos os actos de direito derivado, designadamente sob a forma de directivas – restringir o sentido e alcance de um «direito fundamental de cidadania»[1480] expresso no próprio tratado? A resposta parece dever ser negativa, conquanto o Tribunal de Justiça venha decidindo em termos diversos, afirmando que estas directivas respondem a «interesses legítimos dos Estados membros»[1481]. Finalmente, uma interpretação que confira aos cidadãos da União o direito de circular e permanecer, independentemente do exercício das liberdades de circulação, permitirá que a regulação destas reencontre o seu espaço natural, não sendo mais necessário forçar o seu conteúdo para colmatar as lacunas da previsão comunitária inicial. O que se poderia/poderá questionar é sobre se a consagração e regulação deste direito assim novo estará, ainda assim, dependente de actos a adoptar pela União ou pelos Estados mem-

---

[1478] O sublinhado é meu.

[1479] Não se pode dizer que a interpretação que aduzimos esteja abrangida pelas "reservas" constantes da *Declaração sobre a Carta dos Direitos Fundamentais da União Europeia*. Contudo, deve ser tido em atenção o artigo 52.° da Carta, a este respeito.

[1480] Leia-se Maria Luísa Duarte, «A Liberdade de Circulação de Pessoas e o Estatuto de Cidadania Previsto no Tratado de União Europeia», *A União Europeia na Encruzilhada*, Almedina, Coimbra, 1996, pp. 188-191.

[1481] O Tribunal de Justiça não foi ainda sensível a esta tese da invalidade superveniente das referidas directivas, continuando a afirmar a sua licitude – em relação à Directiva n.° 90/364/CEE, acórdão *W. Baumbast, R. c. Secretary of State for the Home Department*, de 17.9.2002, proc. C-413/99, n.° 90, e, mais recentemente, o acórdão *Michel Trojani c. CPAS*, de 7.9.2004, proc. C-456/02, n.os 32-33. Quanto à Directiva n.° 93/96/CEE, v. acórdão *Rudy Grzelczyk c. Centre Public d'aide sociale d'Ottignies-Louvain-la-Neuve*, de 20.9.2001, proc. C-184/99, Colect., n.° 37-38.

bros, ou se a norma é em si mesma incondicional, não deixando uma margem de apreciação (PIERRE PESCATORE[1482]), podendo considerar-se como tendo efeito directo e, portanto, susceptível de invocação por qualquer particular, perante uma jurisdição nacional[1483].

1075. Perante este ponto central da cidadania europeia, o Tribunal de Justiça esteve prestes a pronunciar-se no processo *María Martínez Sala c. Freistaat Bayern*[1484], em reenvio prejudicial[1485] do *Bayerisches Landessozialgericht*, tendo a Comissão e o advogado-geral (LA PERGOLA) sustentado que a Senhora em causa, mesmo que não fosse considerada trabalhadora para efeitos do disposto nos artigos 45.° e 48.° TFUE, «beneficia directamente do direito de residência ao abrigo do artigo 8.°-A[1486] do Tratado...»[1487]. E o advogado-geral foi mesmo mais longe. Arrancando das normas dos então artigos 17.° [20.° TFUE] e 18.° [21.° TFUE], reconheceu que estes artigos representam «novidade», referindo especialmente que, através do segundo se, reconhece o «direito de residir em qualquer Estado membro: um direito primário, que constitui o primeiro dos direitos subjacentes à cidadania da União» e que dela é «inseparável»[1488]. O Tribunal de Justiça não andou longe do advogado-geral, embora não tenha sido tão explícito e se tenha igualmente esquivado à questão fundamental da legalidade dos requisitos materiais inscritos nas directivas de 1990. Contudo, não deixou de declarar que, no caso, «não é necessário examinar se a interessada está em condições de invocar o artigo (...) para obter o reconhecimento de um novo direito de residência no território do Estado membro em causa, dado que é pacífico que ela já foi autorizada a nele residir, se bem que a emissão de um cartão de residência lhe tenha sido recusada». Assim, o seu entendimento é o de que quem reside legitimamente num Estado membro goza dos direitos conferidos pelo Tratado, designa-

---

[1482] *The law of integration*, 1973.

[1483] Sustentando o efeito directo da norma, com base no paralelismo com a doutrina do Tribunal de Justiça que forçou a realização das liberdades de estabelecimento e prestação de serviços, no início dos anos 70, Mattera, «Civis europaeus sum», *cit.*, pp. 21-22.

[1484] Proc. C-85/96, acórdão de 12.5.1998, Colect., pp. 2691 ss.

[1485] Ao abrigo do artigo 267.° TFUE – supra *Parte III*, *§ 3*.

[1486] Actual artigo 21.° TFUE.

[1487] Acórdão *cit.*, conclusões do advogado-geral La Pergola, ponto 15, p. 2701. A Comissão parece alinhar numa distinção – análoga a outras efectuadas noutros domínios de aplicação do direito da União – entre *existência* do direito (que decorreria directamente do tratado) e «exercício» do direito.

[1488] *Cit.*, p. 2703. Os sublinhados não são nossos.

damente do direito de não discriminação em razão da nacionalidade, ainda que o seu título de residência não provenha directamente do direito da União Europeia. Mas, mais adiante, reconhece que se «liga ao estatuto de cidadão da União os direitos e deveres previstos no Tratado, nomeadamente o de não sofrer qualquer discriminação em razão da nacionalidade no âmbito de aplicação ratione materiae do Tratado, previsto no seu artigo 6.º[1489]». Permitindo aos cidadãos nacionais de Estados membros que beneficiam de um direito legal de residência invocar a sua qualidade de cidadãos da União para obstarem a quaisquer discriminações em razão da nacionalidade, no âmbito de aplicação do tratado, o Tribunal de Justiça não resolveu a questão acima colocada[1490], porquanto partiu do pressuposto de que a cidadã da União já preenchia os requisitos de que dependia o seu direito de residência, sem referir a suficiência para tanto do estatuto de cidadã da União.

1076. A questão foi novamente abordada arestos posteriores. No caso *Bickel e Franz*[1491], o nexo com o direito da União Europeia era evanescente, quase se podendo dizer que os arguidos no processo perante o tribunal nacional apresentavam apenas uma conexão incidental com o direito da União Europeia: o serem nacionais de um Estado membro e, por consequência, cidadãos da União. No entanto, ao contrário do que aconteceu no processo *María Martínez Sala*, o colectivo de juízes, em vez de se resguardar exclusivamente na concepção ampla da liberdade de prestação de serviços – que constituiria fundamento suficiente para a sujeição ao fundamental princípio comunitário da não discriminação – e de se manter assim no limiar da justificação económica das liberdades de circulação, dá mais um passo, ao afirmar: «São abrangidos pelo artigo [56.° TFUE] todos os nacionais dos Estados membros que, sem beneficiarem de qualquer outra liberdade reconhecida pelo Tratado, se deslocam a um Estado membro para aí receberem serviços ou que tenham a faculdade de aí os receberem. Estes nacionais, de que fazem parte H.O. Bickel e U. Franz, podem deslocar-se e circular livremente no Estado de acolhimento. Além disso,

---

[1489] Anterior artigo 12.°.

[1490] Foi invocando a doutrina por nós criticada que os Governos alemão, francês e britânico tentaram defender, no processo, a não invocabilidade pela cidadã espanhola do direito de permanência e, correlativamente, a inexistência de um direito ao subsídio familiar controvertido.

[1491] Acórdão *Processos Penais c. H. O. Bickel e U. Franz*, de 24.11.1998, proc. C-274/96, Colect., p. 7637.

em virtude do artigo [21.° TFUE] do Tratado, "[q]ualquer cidadão da União goza do direito de circular e permanecer livremente no território dos Estados membros..."». De forma explícita, ainda que concorrente, o Tribunal de Justiça fundou o direito de circular livremente na própria norma da cidadania[1492], marcando um primeiro passo da caminhada que depois prosseguiu com, entre outros, os acórdãos *Grzelczyck*[1493], *D'Hoop*[1494] ou *Baumbast*[1495].

1077. No acórdão *Grzelczyck*[1496], o Tribunal de Justiça declarou, sintomaticamente, que «o estatuto de cidadão da União tende a ser o estatuto fundamental dos nacionais dos Estados membros que permite aos que entre estes se encontrem na mesma situação obter, independentemente da sua nacionalidade e sem prejuízo das excepções expressamente previstas (...), o mesmo tratamento jurídico. Conforme o Tribunal de Justiça decidiu no n.° 63 do acórdão *Martinez Sala*, (...), um cidadão da União que reside legalmente no território de um Estado membro pode invocar o artigo [18.° TFUE] em todas as situações que se incluam no domínio de aplicação *ratione materiae* do direito comunitário. Estas situações compreendem nomeadamente as que se enquadram no exercício das liberdades fundamentais garantidas pelo Tratado **e** as que se enquadram no exercício da liberdade de circular e de residir (...) conferida pelo artigo» 21.° TFUE».

[1492] Na resposta dada à *Pretura circondariale di Bolzano, sezione distaccata di Silandro*, o Tribunal de Justiça não fez qualquer referência à justificação económica da extensão do princípio da não discriminação, ligando este princípio ao direito de circular e permanecer no território do Estado membro, expressão cujo único arrimo expresso no tratado se encontra no artigo 18.°.

[1493] Acórdão *Rudy Grzelczyk c. Centre Public d'aide sociale d'Ottignies-Lou-vain-la-Neuve*, de 20.9.2001, *cit.*, n.° 31. Recorde-se que, neste processo, o Estado português sustenta nas suas observações (n.° 23 do acórdão), ou a superação de uma interpretação ou limitação *económica* da liberdade de circulação, que só poderia ser posta em causa pelas limitações/excepções previstas no direito comunitário (ordem, segurança e saúde públicas).

[1494] Acórdão *Marie-Nathalie D'Hoop* c. *Office National de l'Emploi*, de 11.7.2002, proc. C-224/98.

[1495] Acórdão *Baumbast, cit.*

[1496] Acórdão *Rudy Grzelczyk c. Centre Public d'aide sociale d'Ottignies-Lou-vain-la-Neuve*, de 20.9.2001, *cit.*, n.° 31. Recorde-se que, neste processo, o Estado português sustenta nas suas observações (n.° 23 do acórdão), ou a superação de uma interpretação ou limitação *económica* da liberdade de circulação, que só poderia ser posta em causa pelas limitações/excepções previstas no direito da União (ordem, segurança e saúde públicas).

1078. Por seu turno, no processo *Baumbast*, o Tribunal de Justiça proclamou, em termos que merecem ser gravados, que «[a]pós a entrada em vigor do Tratado da União Europeia (...), o estatuto de cidadão da União foi introduzido no Tratado CE, tendo o artigo 18.°, n.° 1, CE [actuais artigos 20.°, n.° 2, *b*), e 21.° TFUE; e 45.° Carta dos Direitos Fundamentais], passado a reconhecer a todos os cidadãos um direito de circular e de residir livremente no território dos Estados membros. (...). Por outro lado, o Tratado (...) não exige que os cidadãos exerçam uma actividade profissional, assalariada ou independente, para gozarem dos direitos previstos na Parte II do tratado CE, relativa à cidadania. (...). No que respeita, em especial, ao direito de residir (...) previsto no artigo (...), importa assinalar que este é directamente reconhecido a qualquer cidadão da União por uma disposição clara e precisa do Tratado (...). Simplesmente com base na sua qualidade de nacional de um Estado membro e, portanto, de cidadão da União, *W. Baumbast* tem assim o direito de invocar o artigo [21.°, n.° 1 TFUE]».

1079. Esta jurisprudência conheceu um outro momento significativo com os acórdãos *Garcia Avello*[1497], *Grunkin e Paul*[1498] ou *Huber*[1499]. Em

---

[1497] Acórdão do Tribunal de Justiça *Garcia Avello*, de 2.10.2003, proc. C-148/02, Colect., 2003, I, pp. 11613-11652. Sobre este acórdão, vide, com indicações bibliográficas, o recente texto do prof. Dário Moura Vicente, «Liberdades Comunitárias e Direito Internacional Privado», in *R.O.A.*, ano 69, 2009, pp. 729-813, em especial pp. 745-748.

[1498] Acórdão do Tribunal de Justiça (Grande Secção) *Stefan Grunkin e Dorothee Regina Paul*, de 14.10.2008, proc. C-353/06. Neste processo, os pais eram alemães mas a criança nasceu e residia na Dinamarca, onde recebeu o apelido Grunkin-Paul, portanto, de ambos os Pais. Ora, a legislação alemã proíbe que uma pessoa tenha os apelidos de ambos os pais. O Tribunal de Justiça considerou, na sequência do acórdão *Garcia Avello*, que a diversidade de apelidos pode causar sérios inconvenientes aos interessados, quer de ordem profissional quer de ordem privada, resultantes, nomeadamente, das dificuldades de beneficiarem, no Estado membro de que esses menores são nacionais, dos efeitos jurídicos de actos ou de documentos lavrados sob o nome reconhecido noutro Estado membro de que também possuem a nacionalidade e, em consonância, conclui que «em condições como as do processo principal, o artigo 18.° CE [actual artigo 21.° TFUE] opõe-se a que as autoridades de um Estado membro, em aplicação do direito nacional, recusem o reconhecimento do apelido de um menor, tal como determinado e registado noutro Estado membro onde esse menor nasceu e reside desde essa data, que, como os seus pais, tem unicamente a nacionalidade do primeiro Estado membro».

[1499] Neste acórdão, o Tribunal de Justiça considerou que era contrário ao princípio da não discriminação a instauração, por um Estado membro, de um sistema de tratamento de dados pessoais específico para os cidadãos da União que não são nacionais desse Estado membro, com o objectivo de combater a criminalidade – acórdão do Tribunal de Justiça (Grande Secção) *Heinz Huber c. Alemanha*, de 16.12.2008, proc. C-524/06, n.os 69-81.

especial, no primeiro, no qual se debatia a questão do nome de crianças filhas de um cidadão espanhol e de uma cidadã belga. Na sua resposta, embora o Tribunal de Justiça tenha reconhecido que a questão da regulação dos apelidos era uma competência exclusiva dos Estados membros, não deixou de considerar a questão relevante, dado interferir na liberdade de circulação e residir nos Estados membros[1500], declarando que o princípio da não discriminação em razão da nacionalidade protege os filhos do casal em causa da aplicação das normas belgas que regulam o seu apelido de família, quando, em aplicação do direito e tradição do outro Estado membro, as pessoas em causa tivessem direito a configurar o nome de forma diversa[1501].

1080. Finalmente, merece uma referência o acórdão *Bressol e Chavenot*[1502], onde o Tribunal de Justiça reconhece que os Estados membros podem, em certas condições, limitar o direito de circulação e permanência dos cidadãos, e o acesso a estudos superiores, por razões imperiosas de interesse geral, designadamente de saúde pública. Como recordou recentemente o Tribunal de Justiça, «não se pode excluir *a priori* a possibilidade de uma eventual diminuição da qualidade da formação de futuros profissionais de saúde prejudicar, a prazo, a qualidade dos cuidados administrados no território em causa, na medida em que a qualidade do serviço médico ou paramédico num determinado território depende das competências dos profissionais de saúde que aí exerçam a sua actividade.» Neste sentido, continua o Tribunal, «[t]ambém não se pode excluir a possibilidade de uma eventual limitação do número total de estudantes nos cursos em causa – nomeadamente para garantir a qualidade da formação – diminuir, proporcionalmente, o número de titulares de diplomas dispostos, a prazo, a assegurar o serviço de saúde no território em causa, o que pode em seguida ter uma incidência no nível de protecção da saúde pública. Sobre esta questão, há que reconhecer que uma escassez de profissionais

---

[1500] Já não interviria se a questão fosse puramente interna e sem conexão com o direito da União.

[1501] Este acórdão tem sido objecto de grande atenção, sugerindo-se a leitura do trabalho do prof. Rui Moura Ramos, «A cidadania da União: caracterização, conteúdo e desenvolvimento», *Estudos Jurídicos em Homenagem ao Prof. Doutor António de Sousa Franco*, Vol. III, Faculdade de Direito da Universidade de Lisboa, 2006, em especial pp. 912-918.

[1502] Acórdão do Tribunal de Justiça (Grande Secção), *Nicolas Bressol e o. e Céline Chaverot e o. contra Gouvernement de la Communauté française*, de 13.4.2010, proc. C-73/08, n.os 66 e seguintes.

de saúde coloca graves problemas para a protecção da saúde pública e que a prevenção deste risco exige que um número suficiente de titulares de diplomas se instalem no referido território para aí exercerem uma das profissões médicas ou paramédicas abrangidas pelo decreto em causa nos processos principais.». Assim, «[n]o âmbito da apreciação destes riscos, o órgão jurisdicional de reenvio tem de tomar em consideração, em primeiro lugar, que a relação entre a formação dos futuros profissionais de saúde e o objectivo destinado a manter um serviço médico de qualidade, equilibrado e acessível a todos, é apenas indirecta e menos causal do que a relação entre o objectivo da saúde pública e a actividade de profissionais de saúde já presentes no mercado. Com efeito, a apreciação dessa relação depende nomeadamente de uma análise prospectiva que deverá ser efectuada a partir de numerosos elementos aleatórios e incertos e ter em conta a evolução futura do domínio da saúde em causa, mas também a análise da situação nos termos em que esta se apresenta no início, isto é, actualmente.» E continua: «Em seguida, ao efectuar a apreciação concreta das circunstâncias dos processos principais, o órgão jurisdicional de reenvio tem de tomar em consideração que, quando subsistam incertezas quanto à existência ou à importância de riscos para a saúde no seu território, o Estado membro pode tomar medidas de protecção sem ter de aguardar que a escassez dos profissionais de saúde se concretize. É aplicável o mesmo entendimento no que respeita aos riscos para a qualidade do ensino neste domínio.» «Assim sendo, incumbe às autoridades nacionais competentes demonstrar que esses riscos existem efectivamente. Com efeito, segundo jurisprudência assente, cabe às referidas autoridades, quando adoptam uma medida derrogatória a um princípio consagrado pelo direito da União, provar, em cada caso concreto, que a referida medida é adequada para garantir a realização do objectivo invocado e que não excede o necessário para o atingir. As razões justificativas que podem ser invocadas por um Estado membro devem ser acompanhadas de uma análise da aptidão e da proporcionalidade da medida adoptada por esse Estado, bem como dos elementos precisos que permitam sustentar a sua argumentação[1503]. É necessário que essa análise objectiva, circunstanciada e acompanhada de números seja susceptível de demonstrar, com o auxílio de dados sérios, convergentes e que tenham uma natureza probatória, que existem efectivamente riscos para a saúde pública».

[1503] Acórdão *Leichtle*, de 18.3.2004, proc. C8/02, Colect., p. I-2641, n.º 45.

1.4.2. *Direitos de Participação Política Eleitoral no Estado membro de Residência*

1081. A cidadania confere ainda direitos de participação política aos cidadãos da União que residam num Estado membro diferente do seu Estado membro de nacionalidade. Trata-se de **direitos de participação eleitoral** activa e passiva, se bem que apenas em certo tipo de eleições: as eleições municipais e as eleições para o Parlamento Europeu.

1082. Esses direitos são reconhecidos de forma expressa nos artigos 20.°, n.° 2, alínea *b)*, e 22.°, do TFUE, e nos artigos 39.° e 40.° da Carta dos Direitos Fundamentais, respectivamente. Tanto num caso como no outro, trata-se de reconhecer não só o direito de voto, mas também a elegibilidade dos nacionais de um Estado membro que residam noutro Estado membro.

1083. Em segundo lugar, há que realçar que esse direito é reconhecido em termos paralelos[1504], «nas mesmas condições que aos nacionais desse Estado», valendo também aqui o princípio do tratamento nacional ou, num outro prisma, o princípio da não discriminação em razão da nacionalidade[1505].

1084. Em terceiro lugar, estabelece-se que tais direitos de participação política serão exercidos de acordo com as modalidades de execução adoptadas pelo Conselho, mas, segundo parece, não dependeriam da adopção dessas modalidades normativas de execução no plano da União.

1085. Estes direitos, que alguns Estados membros já reconheciam a nacionais de outros Estados membros, mesmo antes do Tratado da União Europeia[1506], foram objecto de normação europeia, que aos Estados membros incumbe transpor, quer dizer, foi objecto de directivas europeias.

[1504] Abel Laureano, *Regime Jurídico Fundamental da União Europeia – Anotado*, Quid Iuris, 1997, p. 68, nota ao artigo 8.°-B.

[1505] Conquanto se estabeleça, no artigo 22.°, n.° 2 TFUE, a possibilidade de estipulação de disposições derrogatórias quando problemas específicos de um Estado membro o justifiquem.

[1506] Desde 1989 que a nossa Constituição já o permitia e que, segundo notícia dada por Jorge Miranda – «O Tratado de Maastricht e a Constituição Portuguesa», *A União Europeia na Encruzilhada*, Almedina, Coimbra, 1998, pp. 48 e 59 –, até cidadãos de Estados terceiros participam nas eleições para o Parlamento Europeu, o que se afigura como de duvidosa legitimidade europeia.

1.4.2.1. *Eleições municipais*

1086. A Directiva n.° 94/80/CE[1507] determinou as regras de exercício do direito de voto e de elegibilidade nas eleições municipais por parte dos cidadãos nacionais de um Estado membro residentes no território de outro Estado membro[1508]. Esta directiva visou harmonizar algumas disposições nacionais, no sentido de suprimir a «condição de nacionalidade» que era exigida para o exercício dos direitos eleitorais na maior parte dos Estados membros[1509].

1087. Outra preocupação foi a de harmonizar o sentido da referência a eleições municipais ou autárquicas, que variam entre os vários ordenamentos jurídicos, segundo as tradições e a diversidade de organização política dos Estados membros[1510]. Consagrou ainda algumas prescrições relativas à manutenção da soberania dos Estados membros na determinação das inelegibilidade ou à harmonização das situações de incompatibilidades, deixando no entanto margem para que os Estados membros possam preservar certos valores essenciais do Estado, por exemplo quando a eleição para certos cargos locais possa envolver a participação do eleito no exercício do *ius imperii* do Estado ou na designação do Parlamento nacional[1511], caso

---

[1507] Directiva de 19.12.1994 – JO, L 368, de 31.12.1994, p. 38. A Directiva foi alterada, por último, pela Directiva 2006/106/CE do Conselho, de 20.11.2006, que a adapta à adesão da Bulgária e da Roménia (JO, L 363, de 20.12.2006, pp. 409-410).

[1508] Sobre o tema, encarando a questão sobretudo face ao ordenamento interno francês, Marie-France Verdier, «Le droit de vote et d'éligibilité des citoyens de l'Union européenne aux élections municipales. Nouvelle manifestation concrète de la citoyenneté européenne», *Revue Trimestrielle de Droit Européen*, 1999, 1, pp. 59-80.

[1509] O Reino da Bélgica não transpôs tempestivamente a directiva, tendo sido condenado pelo Tribunal de Justiça, no processo C-323/97, acórdão de 9.7.1998, Colect., pp. 4281 e ss. É curioso notar que o Tribunal de Justiça foi totalmente insensível ao argumento da Bélgica, segundo o qual a directiva não havia ainda sido transposta exclusivamente por isso implicar uma revisão prévia da Constituição.

[1510] Dispõe a alínea *a)* do n.° 1 do artigo 2.° da directiva o que se entende por «autarquia local». São *«as unidades administrativas que constam do anexo e que, nos termos da legislação de cada Estado membro, têm órgãos eleitos por sufrágio universal directo e dispõem de competência para administrar, ao nível de base da organização política e administrativa e sob responsabilidade própria, determinados assuntos locais»*. Nos termos do anexo à Directiva n.° 94/80/CE, no caso de Portugal, por autarquias locais entendem-se o *município* e a *freguesia*.

[1511] No caso francês, previa-se a possibilidade de excluir os cidadãos nacionais da União da eleição e da participação no colégio eleitoral encarregado de proceder à eleição do Senado francês (ver *Declaração para a acta da delegação francesa relativa ao n.° 4 do artigo 5.°* da directiva (JO, *cit.*, pp. 45-46).

em que o cargo poderá ser reservado para nacionais. Além disso, estabeleceu disposições mínimas de carácter procedimental, quer no que toca aos períodos de residência e sua prova, quer no que toca a outros aspectos como o da eleição no Estado em que o cidadão pretende votar (e dos mecanismos de controlo necessários para evitar o duplo voto). Finalmente, estabelece algumas derrogações motivadas pela situação específica do Luxemburgo, dada a grande percentagem de nacionais de outros Estados membros aí residentes (designadamente portugueses).

1.4.2.2. *Eleições para o Parlamento Europeu*

1088. Para concretizar o disposto no actual n.° 2, alínea *b)*, do artigo 20.° e artigo 22.° TFUE, o Conselho adoptou a Directiva n.° 93/109/ /CE[1512], que visava igualmente harmonizar disposições nacionais quanto ao exercício dos direitos eleitorais nas eleições para o Parlamento Europeu, que constitui igualmente um direito fundamental (artigo 39.° da Carta dos Direitos Fundamentais).

1089. Como acontecia com a directiva referida no ponto precedente, também não se pretendia substituir a regulação nacional por normação europeia, apesar de ser antiga ambição comunitária o estabelecimento pelo Parlamento Europeu de um processo eleitoral uniforme para as eleições europeias. O certo é que esse processo uniforme nunca foi adoptado, dadas as significativas diferenças de tradições jurídicas e de sistemas eleitorais entre os vários Estados membros, razão que levou o tratado de Amesterdão a renunciar parcialmente a esta ambição, ao dispor, estabelecendo-se a partir daí, designadamente no actual artigo 223.°, n.° 1 TFUE[1513], que o Parlamento Europeu poderá elaborar um processo «baseado em princípios comuns a todos os Estados membros». Em relação ao regime aí previsto, as preocupações foram de natureza semelhante, não se justificando por isso mais do que esta referência abreviada.

1.4.3. *Direitos de Participação Cívica*

1090. O estatuto de cidadania da União constante hoje da Parte II do TFUE (em especial, artigos 20.° a 25.° TFUE) reconhece ainda aos cidadãos da União certos direitos de participação política e cívica na vida da União.

[1512] Em 6.12.1993 – JO, L 329, de 30.12.1993, p. 34.

[1513] Correspondente aos anteriores artigos 138.°, n.° 3 CEE e 190.°, n.° 4 CE.

1091. O artigo 21.° refere vários direitos de participação no funcionamento e aperfeiçoamento (diria: de controlo democrático) dos órgãos da União.

1092. Em primeiro lugar, o **direito de petição perante o Parlamento Europeu** (artigos 20.°, n.° 2, alínea *d)*, 24.°, § 2, TFUE). Não se trata de um direito necessariamente individual, pois é extensível a grupos de cidadãos e extravasa mesmo do plano estrito da cidadania, ao ser conferido também a pessoas colectivas e até a nacionais de países terceiros, desde que com sede estatutária ou residentes no território de um Estado membro, respectivamente (artigo 227.° TFUE e 44.° da Carta dos Direitos Fundamentais). Este direito não é novo, pois já desde o final dos anos 80 que o Parlamento Europeu o reconhecia e os tratados reconhecem-no formalmente deste Maastricht[1514].

1093. Novo é o **direito de petição perante a Comissão Europeia**, que se traduz na chamada "**iniciativa de cidadania**", prevista no artigo 11.°, n.° 4, do TUE – Lisboa, através da qual um milhão (pelo menos) de cidadãos da União "nacionais de um número significativo de Estados membros" pode, por via de petição, convidar a Comissão Europeia a, no âmbito das suas competências apresentar uma proposta. A norma é vaga, cabendo a sua regulamentação ao Parlamento Europeu e ao Conselho, por via de processo legislativo ordinário (artigo 24.° TFUE), o qual deve/pode precisar (*i*) o número de cidadãos envolvidos, designadamente se menos de um milhão; (*ii*) o que se entende por "número significativo de Estados membros" e (*iii*) o tipo de actos que a Comissão poderá propor, pois, embora o tratado fale em "actos jurídicos", não pode esquecer-se que o direito de iniciativa da Comissão Europeia é hoje a regra em relação aos actos legislativos mas apenas existe nos casos previstos nos tratados, nos demais casos. A iniciativa de cidadania encontra-se apenas disponível para os cidadãos da União.

1094. O Tratado também reconhece expressamente o **direito de recurso ao Provedor de Justiça Europeu** (artigos 20.°, n.° 2, alínea *d)*, 24.° e 228.°, n.° 1, todos do TFUE; artigo 43.° da Carta dos Direitos Fun-

---

[1514] Sobre o ponto, com indicação de antecedentes, para lá da referência a normas do regimento interno do Parlamento Europeu e a um acordo interinstitucional de 12.4.1989, ou seja, anteriores ao Tratado da União Europeia, R. Moura Ramos, *Das Comunidades*, *cit.*, pp. 354-355.

damentais), emanação garantística do direito a uma boa administração (em geral também resultante do artigo 15.°, n.° 1 TFUE) que a Carta dos Direitos Fundamentais também consagra e do direito de acesso aos documentos das instituições (artigo 41.° da Carta dos Direitos Fundamentais). Ao contrário de outros direitos, no entanto, não se trata aqui de um direito específico dos cidadãos da União mas sim de um direito de que dispõe qualquer pessoa singular, mesmo que nacional de um Estado terceiro, ou pessoa colectiva, desde que com sede social (artigo 43.° da Carta dos Direitos Fundamentais) ou estatutária (artigo 228.° TFUE) num Estado membro.

1095. Com efeito, o Tratado de Lisboa consagra em definitivo, como direitos de cidadania, um conjunto de direitos fundamentais, em meu entender **direitos subjectivos perante a Administração**[1515] **da União de que qualquer pessoa pode ser beneficiária** (e, portanto, que não se limitam aos cidadãos da União), direitos estes já reconhecidos, sem excepção, pela jurisprudência do Tribunal de Justiça da União Europeia e que compreendem, *inter alia*:

- a) O direito de participação no processo de formação da vontade das instituições da União, nos termos desenvolvidos ao abrigo do artigo 11.° do TUE – Lisboa[1516];
- b) O direito de qualquer pessoa a ser ouvida antes de a seu respeito ser tomada qualquer medida individual que a afecte desfavoravelmente;
- c) O direito de qualquer pessoa a ter acesso aos documentos das instituições da União e, em especial, aos processos que se lhe refiram, no respeito pelos legítimos interesses da confidencialidade e do segredo profissional e comercial;
- d) A obrigação, por parte da administração, de fundamentar as suas decisões;
- e) Direito à reparação, por parte da União, dos danos causados pelas suas instituições ou pelos seus agentes no exercício das res-

[1515] Não nos referimos aqui ao princípio da administração aberta, consagrado nos n.os 1 a 3 dos artigos 11.° TUE – Lisboa e 298.°, n.° 1 TFUE, de acordo com o qual «[n]o desempenho das suas atribuições, as instituições, órgãos e organismos da União apoiam-se numa administração europeia aberta, eficaz e independente.».

[1516] Neste caso, em particular, julgamos que não se trata, em rigor, de um verdadeiro direito subjectivo contra as autoridades públicas da União, por lhe faltar a densidade e concreção necessárias.

pectivas funções, de acordo com os princípios gerais comuns às legislações dos Estados membros;

- f) Direito ao respeito pela língua pessoal, nos termos do qual todas as pessoas (singulares ou colectivas) têm a possibilidade de se dirigir às instituições da União (e aos órgãos consultivos – v. artigo 20.°, n.° 2, alínea *d)* TFUE) numa das línguas dos Tratados, devendo obter uma resposta na mesma língua. Embora o TFUE apenas confira tal direito aos cidadãos da União (artigo 20.°, n.° 2, alínea *d)*, e 24.°, § 4 TFUE), a Carta dos Direitos Fundamentais reconhece tal direito a qualquer pessoa (artigo 41.°[1517]).

1.4.4. *Protecção Diplomática e Consultar*

1096. Os tratados reconhecem também aos cidadãos da União o **direito à protecção diplomática ou consular no território de países terceiros em que o seu Estado de nacionalidade não disponha de representação** (artigo 20.°, n.° 2, alínea *c)*, e artigo 23.° TFUE). Trata-se de uma protecção diplomática que opera de forma subsidiária, só podendo funcionar quando o próprio Estado de nacionalidade não estiver em condições de lhe garantir a necessária protecção mas que, a funcionar, deve assegurar um tratamento não discriminatório desses cidadãos (artigo 46.° da Carta dos Direitos Fundamentais).

1097. Essa protecção é assegurada tanto pelas missões diplomáticas e consulares de qualquer outro Estado membro (artigo 23.° TFUE) como pelas delegações da União (artigo 35.°, § 3 TUE – Lisboa). Até ao Tratado de Lisboa, a regulação e concretização concreta deste direito[1518] não era levada a cabo pelos órgãos da União[1519], mas o Tratado de Lisboa veio prever que, por processo legislativo especial, o Conselho possa, com mera

[1517] Embora inserido no título "Cidadania" (ainda que não sendo "cidadania da União"). Não pode, contudo, deixar de assim se entender, quer pelo seu objecto, quer pela análise da Carta, evidente se se atender à diferença de redacção face aos artigos 40.° e 42.° da mesma Carta.

[1518] Afirmando não se tratar, à época, não se tratar, verdadeiramente, de um *direito*, R. Moura Ramos, *Das Comunidades*, *cit.*, p. 353.

[1519] A norma pertinente estabelecia que «[o]s Estados membros estabelecem entre si as regras necessárias e encetam as negociações internacionais requeridas para garantir essa protecção».

consulta ao PE, «adoptar directivas» com vista à adopção das medidas de coordenação e cooperação necessárias a garantir essa protecção[1520].

1.4.5. *A Natureza Dinâmica da Cidadania*

1098. O tratado, no seguimento de uma das sugestões fundamentais do *memorandum* espanhol de 1991, considera que os **direitos** conferidos pelo estatuto de cidadania serão objecto de avaliação periódica (de três em três anos), podendo ser **aprofundados** pelo Conselho, decidindo por unanimidade no quadro de um processo legislativo especial que pode envolver a aprovação (no caso do artigo 25.° TFUE) ou apenas a consulta do Parlamento Europeu (no caso de incidir sobre passaportes, bilhetes de identidade, títulos de residência ou documentos equiparados – artigo 77.°, n.° 3 TFUE) e distinto, quer dos processos de revisão previstos no artigo 48.° (ordinário ou o processo de revisão simplificado previsto no n.° 6), quer do procedimento previsto no artigo 352.° TFUE[1521]. Trata-se de uma

---

[1520] Questão relevante é a de saber se esta norma impõe aos Estados membros uma obrigação de resultado ou, como acontece por exemplo no caso do anterior artigo 293.° CE, impõe apenas uma obrigação de meios. À luz do direito anteriormente vigente, o prof. Moura Ramos considerava que a norma não aplicável não era *self-executing*, necessitando da regulamentação interestadual para não ser «letra morta», R. Moura Ramos, *Das Comunidades*, *cit.*, p. 352. Seja como for, os Estados membros já haviam chegado a acordo sobre as modalidades de protecção diplomática a adoptar, através da decisão dos representantes dos governos dos Estados membros reunidos no seio do Conselho, de 19 de Dezembro de 1995 (JO, L 314, de 28.12.1995, pp. 12 e ss).

A decisão prevê as modalidades de assistência a prestar, e regula as situações que se considera preencherem o pressuposto de operatividade do instituto da protecção diplomática: a inexistência, no território onde o cidadão da União se encontra, de representantes institucionais ou pessoais acessíveis. Para garantir o direito de circular internacionalmente ao cidadão que não possua documentos de viagem e que se encontre no território de um Estado em que o seu país não tem representação permanente, os governos adoptaram ainda em 1996 a decisão unânime de criar um título de viagem provisório, que permita ao cidadão regressar ao território de que é nacional ou onde reside (Decisão 96/409/PESC dos governos dos Estados membros reunidos no seio do Conselho, de 25.6.1996 – JO, L 168, de 6.7.1996, p. 4), alterada pela Decisão 2006/881/PESC dos Representantes dos Governos dos Estados membros reunidos no Conselho, de 30.11.2006, para a adaptar à adesão da Bulgária e da Roménia (JO, L 363, de 20.12.2006, pp. 422-423).

[1521] São várias as razões para a autonomização deste procedimento adjectivo (R. Moura Ramos, *Das Comunidades à União Europeia*, *cit.*, p. 340). Para lá dos limites próprios ao artigo 352.° TFUE, realce-se a natureza particularmente sensível da cidadania, justificando a nota dissonante (face ao artigo 352.°) que consiste no reconhecimento de que a decisão, tomada internamente, fica dependente de recepção pelos Estados membros, nos termos das respectivas normas constitucionais.

exigência que se compreende, sobretudo se recordarmos posições, como a da Dinamarca, que declarou poderem certas alterações implicar uma revisão da própria constituição nacional.

1099. Além disso, o mecanismo era exclusivo e insusceptível de ser torneado, pois o tratado de Amesterdão teve o cuidado de excluir que a matéria da cidadania pudesse ser objecto dos novos institutos da cooperação e da integração reforçadas (artigos 43.° e seguintes do UE e 11.°, n.° 1, alínea c), CE[1522]). Contudo, o Tratado de Nice, dando nova redacção a estas disposições, eliminou este domínio de exclusão, pelo que ficou aberta a criação futuras de novas cidadanias (por exemplo, para os cidadãos dos países que integrem o núcleo duro de qualquer "locomotiva" europeia), o que foi mantido com o Tratado de Lisboa (artigos 20.° TUE – Lisboa e 328.° e seguintes do TFUE).

[1522] Por sua vez, o artigo 43.° UE dispunha, na alínea *h)* do n.° 1, que a cooperação reforçada no quadro da UE só seria lícita desde que «h) Observe os critérios adicionais específicos constantes, respectivamente, do artigo 11.° do Tratado que institui a Comunidade Europeia...». Esta matéria, como se diz em texto, consta hoje do artigo 20.° TUE – Lisboa e dos artigo 328.° a 334.° do TFUE.

2. O Espaço de Liberdade, Segurança e Justiça e a Circulação de Pessoas

1100. O espaço de liberdade, segurança e justiça, conceito introduzido pelo Tratado de Amesterdão, como se viu na Parte I, abrange um conjunto diversificado de matérias que, em muitos casos, só indirectamente se ocupam especificamente da livre circulação de pessoas e que, aqui, são analisadas sobretudo na medida em que se dirigam às pessoas que não tenham a nacionalidade de um Estado membro, i.e. aos excluídos da cidadania da União[1523]. Estão desprotegidos, sofrendo o "princípio da preferência comunitária", da preferência de que gozam os cidadãos da União[1524].

1101. Conquanto gozem, por força dos acordos de Schengen e do levantamento dos controlos nas fronteiras internas dos Estados membros – fronteiras entre Estados membros participantes no «espaço Schengen» –, e uma vez admitidos a entrar num país signatário destes acordos, de um direito de circulação potencialmente irrestrito durante um prazo máximo de três meses, estão em geral numa posição de franco desfavor[1525], como

---

[1523] Sobre as implicações desta matéria no Tratado de Lisboa, v. Ana Maria Guerra Martins, «Algumas notas sobre o espaço de liberdade, segurança e justiça no Tratado de Lisboa», in *Cadernos O* Direito, n.° 5, 2010, pp. 13-29; e Nuno Piçarra, «O Tratado de Lisboa e o Espaço de Liberdade, Segurança e Justiça», in *Cadernos O Direito*, n.° 5, 2010, pp. 245-270.

[1524] Sobre toda esta matéria, é bibliografia fundamental, já adaptada, aliás, ao Tratado de Lisboa, a recente obra da Conselheira Ana Maria Guerra Martins, *A Igualdade e a Não Discriminação dos Nacionais de Estados Terceiros Legalmente Residentes na União Europeia*, Almedina, Coimbra, 2010.

[1525] A União Europeia define por via de regulamento a lista dos países terceiros cujos nacionais carecem de visto para entrar no espaço dos Estados membros – Regulamento (CE) n.° 539/2001, na redacção resultante do Regulamento (CE) n.° 1932/2006 (JO, L 405, de 30.12.2006, pp. 23-34) e do Regulamento (CE) n.° 1244/2009 do Conselho, de 30.11.2009 (JO, L 336, de 18.12.2009, pp. 1-3).

notou Francisco LUCAS PIRES, na lúcida análise que fez em vários dos seus últimos estudos.

1102. Não cumpre aqui encarar integralmente a situação destes «estrangeiros não privilegiados», sejam os nacionais de Estados terceiros sejam os apátridas (artigo 67.°, n.° 2 TFUE), mas consideremos apenas as implicações que as últimas alterações dos tratados podem trazer no que toca à protecção dos direitos fundamentais de todos, cidadãos ou mesmo não cidadãos da União.

1103. Espaço de liberdade económica, a Europa só recentemente foi crescendo em ambição quanto à intervenção nas vertentes da justiça, da segurança e mesmo da liberdade pessoal (não económica). Pode mesmo dizer-se que, no plano da política externa e de segurança, bem como da protecção da segurança individual, se estava perante uma não-Europa.

1104. No plano militar, por permanecer ancorada no "amigo americano", vendo prevalecer a lógica atlântica sobre as frequentes tentativas de construção de uma unidade político-militar externa de índole exclusivamente europeia (o falhanço total da Comunidade Europeia de Defesa e a ineficácia da UEO), bem como dos instrumentos políticos de cooperação empreendidos ao longo da história da União (o plano Fouchet nos anos 60; a ineficácia dos mecanismos criados em resultado do relatório *Tindemans*, nos anos 70; a falta de ambição da cooperação política em matéria de política estrangeira prevista no artigo 30.° AUE).

1105. Por outro lado, a Europa da Justiça também arrancou em passo lento, como o mostram os métodos originalmente previstos para a comunitarização de áreas sensíveis da justiça – por exemplo, expressos na anterior remissão para o método convencional como o mais adequado a realizar a harmonização judiciária (artigo 293.°). Maastricht veio dar um primeiro passo efectivo para alterar o estado das coisas. Mas sem fazer nos domínios da segurança e da justiça um corte fundamental em relação ao enquadramento político-normativo anterior. O mesmo não se diga, como já vimos, no plano da liberdade. A razão por que dizemos isto reside na própria estrutura da refundação institucional da Europa pretendida em Maastricht, no seguimento do modelo ensaiado no Acto Único Europeu. As Comunidades Europeias não se confundiam com as áreas de cooperação nos domínios militar, da segurança e da justiça, que são conferidos ao domínio específico de competência da União Europeia e subordinados, na sua realização concreta, ao método intergovernamental que rege o(s) pilar(es) cooperativo(s).

1106. Com os tratados de Amesterdão e, mais recentemente, de Lisboa, a situação alterou-se radicalmente, ao ser criado o conceito de «espaço de liberdade, segurança e justiça», à semelhança, como há muito escrevemos, do outro "espaço", o "espaço sem fronteiras internas" onde circulavam as pessoas e os demais factores de produção, instituído *ex vi* do AUE. Contudo, a reconstrução das áreas da justiça e da segurança segundo o padrão "comunitário" não impediu que matérias particularmente sensíveis e não despiciendas permanecessem pelo menos até ao Tratado de Lisboa – ligadas ao método intergovernamental, ainda que com aperfeiçoamentos não irrelevantes, como a possibilidade de afirmação – ainda que condicionada – da competência do Tribunal de Justiça. Só o Tratado de Lisboa vem, na verdade, produzir uma alteração fundamental a este propósito, consagrando o espaço de liberdade, segurança e justiça como domínio de competência partilhada entre a União e os Estados membros (artigo 4.°, n.° 2, alínea *j*) TFUE).

1107. O artigo 3.°, n.° 2, do TUE – Lisboa afirma hoje claramente a *autonomia* e a *anterioridade*, designadamente face ao mercado interno (artigo 4.°, n.° 2, alínea *a*), do TFUE), do espaço de liberdade, segurança e justiça, como "espaço (...) sem fronteiras internas" (à semelhança do conceito de mercado interno constante do artigo 26.° TFUE) onde é assegurada, quer a vertente da liberdade ("a livre circulação de pessoas"), quer a vertente da segurança "em conjugação com medidas adequadas em matéria de controlos na fronteira externa, de asilo e imigração", num contexto de justiça ("bem como de prevenção da criminalidade e combate a este fenómeno") e de respeito «dos direitos fundamentais e dos diferentes sistemas e tradições jurídicos dos Estados membros» (artigo 67.°, n.° 1 TFUE).

1108. As normas aplicáveis a este domínio constam essencialmente do Título V da Parte III do TFUE (artigos 67.° a 89.° TFUE). Releva aqui apenas a dimensão de liberdade, ao âmbito subjectivo e objectivso da liberdade de circulação, cabendo também referência às medidas de controlo da circulação das pessoas, não cabendo por isso mais do que uma referência singela às áreas de cooperação judiciária em matéria civil ou em matéria penal ou à cooperação policial (expressas, em geral, nos n.os 3 e 4 do artigo 67.° TFUE[1526]).

1109. No que respeita à circulação de pessoas, o primeiro ponto a salientar é a afirmação do princípio da liberdade de circulação "incontrolada" dentro das fronteiras internas (entenda-se, fronteiras entre dois Estados membros) (artigos 67.°, n.° 2, e 77.°, n.° 1, alínea *a)* TFUE), acoplada a uma "política comum em matéria de asilo [artigo 78.° TFUE], de imigração [artigo 79.° TFUE] e de controlo das fronteiras externas" (idem, artigo 67.°, n.° 2; artigo 77.°, n.° 1, alíneas *b)* e *c)*, TFUE) baseada em princípios de solidariedade interna (entre Estados membros), equidade externa (face aos que não são cidadãos da União) e de respeito por certas dimensões essenciais da soberania nacional, como o princípio da soberania territorial (competência exclusiva dos Estados para a «definição geográfica das respectivas fronteiras, de acordo com o direito internacional» – artigo 77.°, n.° 4 TFUE) ou para o monopólio do exercício da autoridade inerente à garantia da ordem pública e da segurança interna (artigo 276.° TFUE)[1527].

1110. Em segundo lugar, é também relevante considerar que, apesar das medidas que a União estabeleça para assegurar a liberdade de circulação, o Tratado de Lisboa não permite ainda à União interferir sobre o exercício pelos Estados membros das suas «responsabilidades (...) em matéria de manutenção da ordem pública e de garantia da segurança interna», as quais podem legitimar a adopção de medidas contra cidadãos da União nacionais de outros Estados membros ou pessoas que não sejam cidadãos da União.

[1526] «3. A União envida esforços para garantir um elevado nível de segurança, através de medidas de prevenção da criminalidade, do racismo e da xenofobia e de combate contra estes fenómenos, através de medidas de coordenação e de cooperação entre autoridades policiais e judiciárias e outras autoridades competentes, bem como através do reconhecimento mútuo das decisões judiciais em matéria penal e, se necessário, através da aproximação das legislações penais.

4. A União facilita o acesso à justiça, nomeadamente através do princípio do reconhecimento mútuo das decisões judiciais e extrajudiciais em matéria civil».

[1527] Prevê-se a adopção de medidas legislativas nos seguintes domínios: a) À política comum de vistos e outros títulos de residência de curta duração; b) Aos controlos a que são submetidas as pessoas que transpõem as fronteiras externas; c) Às condições aplicáveis à livre circulação de nacionais de países terceiros na União durante um curto período; d) A qualquer medida necessária à introdução gradual de um sistema integrado de gestão das fronteiras externas; e) À ausência de quaisquer controlos de pessoas, independentemente da sua nacionalidade, na passagem das fronteiras internas.

3. A Livre Circulação de Trabalhadores

3.1. *Considerações Gerais*

1111. Desde o Tratado de Roma de 25 de Março de 1957 que, como componente essencial do mercado comum, hoje mercado interno, o tratado tem previsto a liberdade de circulação de trabalhadores (artigos 45.° a 48.° TFUE)[1528].

1112. O artigo 45.° TFUE estabelece no n.° 1 o princípio geral da liberdade de circulação de trabalhadores: «1. A livre circulação de trabalhadores deve ficar assegurada na União». A esta norma, agora ligeiramente diferente da sua redacção original, o Tribunal de Justiça reconheceu o seu efeito directo, podendo ser invocada por qualquer trabalhador da União, conquanto só as disposições seguintes sejam totalmente esclarecedoras quanto ao âmbito pessoal e material desta liberdade:

> «2. A livre circulação de trabalhadores implica a abolição de toda e qualquer discriminação em razão da nacionalidade, entre os trabalhadores dos Estados membros, no que diz respeito ao emprego, à remuneração e demais condições de trabalho.
>
> 3. A livre circulação de trabalhadores compreende (...) o direito de:
>
> a) Responder a ofertas de emprego efectivamente feitas;
>
> b) Deslocar-se livremente, para o efeito, no território dos Estados membros;
>
> c) Residir num dos Estados membros a fim de nele exercer uma actividade laboral, em conformidade com as disposições legislativas, regulamentares e administrativas que regem o emprego dos trabalhadores nacionais;

[1528] Anteriores artigos 48.° a 51.° CEE/CE e 39.° a 42.° CE. Sobre toda esta matéria, de forma mais desenvolvida, F. X. Liberal Fernandes, *O direito de Livre Circulação dos Trabalhadores Comunitários – o mercado europeu do trabalho*, in *Direito Social Comunitário*, Tomo I, Cosmos, Lisboa, 1998, em especial pp. 49-57, 59-62 e 67-114.

d) Permanecer no território de um Estado membro depois de nele ter exercido uma actividade laboral, nas condições que serão objecto de regulamentos de execução a estabelecer pela Comissão.»

1113. Desta redacção do artigo 45.° TFUE resulta o reconhecimento desta liberdade como uma liberdade fundamental constituinte do mercado interno, atributiva de um verdadeiro «direito fundamental» como disse o Tribunal de Justiça no acórdão *Unectef c. Heylens*[1529].

3.2. *Trabalhadores e Outros Beneficiários*

1114. Embora pudesse ter sido determinado diversamente, apenas beneficiam da liberdade de circulação de trabalhadores os «trabalhadores dos Estados membros» (artigo 45.°, n.° 2 TFUE), quer dizer, os trabalhadores nacionais dos Estados membros ou, noutra versão, os cidadãos da União[1530]. Tal resulta da interpretação dada ao artigo 45.° TFUE, mas aparece igualmente explícito noutros instrumentos internacionais que reconhecem e garantem direitos sociais, como a Carta Social Europeia de 1961[1531] ou a Carta Comunitária dos Direitos Sociais Fundamentais dos Trabalhadores de 1989[1532], numa aplicação do princípio da preferência – ou solidariedade – comunitária.

[1529] Acórdão *Union nationale des entraîneurs et cadres techniques professionnels du football (Unectef) c. Georges Heylens e outros*, de 15.10.1987, proc. 222/86, Colect., pp. 4097 e ss., n.° 14: «*Constituindo o livre acesso ao emprego um direito fundamental conferido pelo Tratado individualmente a todo e qualquer trabalhador da Comunidade, (...)*».

[1530] Maria Luísa Duarte, «Direito de Residência dos trabalhadores comunitários e medidas de excepção – reflexão sobre o significado do estatuto de trabalhador-cidadão na União Europeia», *Revista da FDUL,* XXXIX, 2, 1998, pp. 497-509.

[1531] Ver em Anexo à Carta Social Europeia, a declaração dos Estados contratantes quanto ao «Âmbito da Carta Social no que respeita às pessoas protegidas» (por exemplo, Tizzano/Cruz Vilaça/Gorjão-Henriques, *Código da União Europeia, cit.*). Claro que, em relação à Carta Social Europeia, há que fazer duas observações. Primeiro, para recordar que não é direito comunitário – a não ser, de certa forma, a partir de Amesterdão, com a sua incorporação remissiva no então artigo 136.° CE –, tendo sido concluída no âmbito do Conselho da Europa. Em segundo lugar, decorrendo da observação anterior, a sua incorporação pelos Estados membros da Comunidade depende da sua recepção específica pelos ordenamentos jurídicos nacionais, com algum grau de abertura e modelação estadual.

[1532] Ver em Tizzano/Cruz Vilaça/Gorjão-Henriques, *Código da União Europeia, cit.*

1115. Assim, não existe ainda a consagração da livre circulação de nacionais de países terceiros[1533], mesmo que sejam reconhecidos como trabalhadores num determinado Estado membro. As normas que foram sendo adoptadas ao abrigo do artigo 46.° TFUE[1534] acabaram por alargar o leque dos beneficiários da livre circulação, em articulação com o fundamental princípio da não discriminação em razão da nacionalidade[1535]. Tal deu-se, essencialmente, com o Regulamento (CEE) n.° 1612/68, que alargou o direito de livre circulação à «família do trabalhador» (artigo 10.°):

> «1. Têm o direito de se instalar com o trabalhador nacional de um Estado membro empregado no território de um Estado membro, seja qual for a sua nacionalidade:
> a) O cônjuge e descendentes menores de vinte e um anos ou a cargo;
> b) Os ascendentes do trabalhador e os do seu cônjuge que se encontrem a cargo.
> 2. Os Estados membros favorecerão a admissão de todos os familiares que não beneficiem do disposto no n.° 1, desde que estes se encontrem a cargo ou vivam, no país de origem, sob o mesmo tecto que o referido trabalhador[1536]».

1116. O argumento é simples. Por um lado, cumprem-se as prescrições internacionais – mesmo no âmbito das Nações Unidas – que apoiam o chamado «reagrupamento familiar», e promove-se a verdadeira igualdade de tratamento e liberdade de circulação dos nacionais de Estados membros, que de outra forma veriam a sua mobilidade profissional diminuída, pela impossibilidade eventual de levarem consigo a sua família, quando esta fosse composta por nacionais de terceiros países. Por outro lado, atitude diversa poderia significar uma discriminação proibida pelo tratado, por gerar uma discriminação entre os nacionais dos vários Estados membros (artigos 18.° e 45.°, n.° 2 TFUE). O reconhecimento limitado da

---

[1533] Sobre toda esta problemática, remete-se essencialmente para Ana Maria Guerra Martins, *A Igualdade e a Não Discriminação dos Nacionais de Estados Terceiros Legalmente Residentes na União Europeia*, Almedina, Coimbra, 2010.

[1534] *Rectius*, dos anteriores artigos 49.° CEE/CE ou 40.° CE.

[1535] Ana Maria Guerra Martins, *A Igualdade e a Não Discriminação dos Nacionais de Estados Terceiros Legalmente Residentes na União Europeia*, Almedina, Coimbra, 2010, pp. 174-181.

[1536] Não se exige coabitação no Estado membro de acolhimento, mas podem os Estados membros exigir prova de que assim já era no Estado membro de proveniência. Além disso, pode ser exigida a existência (no momento da entrada) de alojamento condigno.

liberdade de circulação a nacionais de terceiros Estados não olvida o reconhecimento de que, em primeira linha, são os trabalhadores nacionais de Estados membros que podem beneficiar desta norma (artigo 45.° TFUE) e mesmo invocá-la directamente em juízo, dado que, após o termo do período de transição, foi expressamente reconhecido o seu efeito directo (por exemplo, acórdão *Van Duyn*[1537]).

1117. O tratado reconhece esta liberdade, antes de mais, aos trabalhadores. Mas não só. Como já se transcreveu, também são abrangidos os que procuram emprego (ainda não são trabalhadores) e os antigos trabalhadores (já não são trabalhadores). O que supõe que se determine, antes de mais, o que se entende por trabalhador. Trata-se aqui de descobrir o conceito relevante de trabalhador, já que a possibilidade de um tal conceito ser fixado nacionalmente facilmente poderia pôr em causa a efectividade do direito da União Europeia e a realização do princípio da não discriminação ou do tratamento nacional (artigo 18.° TFUE).

1118. O tratado não fornece directamente uma noção estável de «trabalhador», ao contrário do que acontece no domínio da segurança social dos trabalhadores migrantes[1538]. E mesmo a jurisprudência do Tribunal de Justiça tem procurado determiná-la de modo casuístico, em especial no

---

[1537] Acórdão *Yvonne van Duyn c. Home Office*, de 4.12.1974, Proc. 41/74, Colect., pp. 567 e ss., n.os 4 a 8.

[1538] Quanto a outras noções de trabalhador, não podemos desconsiderar a profusa legislação relativa ao regime de segurança social dos trabalhadores comunitários, matéria que aqui não será abordada, mas que surgia à volta do Regulamento (CEE) n.° 1408/71 – sobre o ponto, F. X. Liberal Fernandes, *O direito de livre circulação dos trabalhadores comunitários*, *cit.*, pp. 131-135 –, que foi revogado pelo Regulamento (CE) n.° 883/2004 do Parlamento Europeu e do Conselho, de 29.4.2004 (JO, L 166, de 30.4.2004, p. 1, rectificado e republicado na íntegra no JO, L 200, de 7.6.2004, pp. 1-49), embora tenha continuado a aplicar-se até 30 de Abril de 2010, na sequência da entrada em vigor, apenas no dia 1 de Maio de 2010, do Regulamento (CE) n.° 987/2009, do Parlamento Europeu e do Conselho, de 16.9.2009 (JO, L 284, de 30.10.2009, pp. 1-42). O Regulamento (CE) n.° 883/2004 foi também alterado por um regulamento da mesma data, o Regulamento (CE) n.° 988/2009 (JO, L 284, de 30.10.2009, pp. 43-72).

Decorre neste momento, na União, um processo legislativo tendente a permitir a aplicação do Regulamento (CE) n.° 883/2004 e do Regulamento (CE) n.° 987/2009 a todos os «nacionais de países terceiros ainda não abrangidos por esses regulamentos por razões exclusivas de nacionalidade, bem como aos seus familiares e sobreviventes, desde que tenham residência legal num Estado membro e se encontrem numa situação cujos elementos não envolvam apenas um Estado membro».

âmbito da cooperação judiciária com os tribunais nacionais (*ex vi* artigo 267.° TFUE). Como disse o Tribunal de Justiça no caso *Unger*[1539], «o conceito de "trabalhador" contido nos referidos artigos [Artigos 45.° a 48.°] releva não do direito interno, mas do direito comunitário».

1119. E quem é trabalhador, para efeitos do disposto nestas normas da União Europeia? Trabalhador é, em primeiro lugar, um sujeito humano[1540] que exerceu, exerce ou pretende exercer uma actividade económica (*Walrave*)[1541-1542]), visto que as normas, construídas a partir da situação de quem exerce uma actividade assalariada actual, abrangem igualmente quem está em condições de exercer uma tal actividade, tendo-a já exercido ou não[1543].

1539 Acórdão *M.K.H. Unger casada com R. Hoekstra c. Bestuur der Brdrijfsvereniging voor Detaillhandel en Ambachten*, de 19.3.1964, proc. 75/63, Colect., pp. 419-434, citado no acórdão *D. M. Levin c. Secretário de Estado da Justiça*, de 23.3.1982, proc. 53/81, Rec., 1982, p. 1049, n.° 11. *«Os termos "trabalhador" e "actividade assalariada" não podem ser definidos por via de reenvio para as legislações dos Estados membros, mas têm um alcance comunitário. Senão, as regras comunitárias relativas à livre circulação de trabalhadores seriam postas em causa, pois o conteúdo desses termos poderia ser fixado e alterado unilateralmente, sem controlo das instituições da Comunidade, pelas legislações nacionais que teriam deste modo a possibilidade de afastar a seu bel-prazer certas categorias de pessoas do benefício do tratado.»*.

1540 Nacional de um Estado membro ou membro da família de um nacional de um Estado membro.

1541 Acórdão *B.N.O. Walrave, L.J.N. Koch c. Association Union cycliste internationale e o.*, de 12.12.1974, proc. 36/74, Colect., pp. 595 e ss.

1542 No quadro do artigo 1.°, *a)*, do Regulamento (CE) n.° 883/2004, está em causa uma actividade por conta de outrem, definida por remissão para o direito interno do Estado membro, por se tratar de um domínio de competência dos Estados membros, como «a actividade ou situação equiparada, considerada como tal para efeitos da legislação de segurança social do Estado-Membro em que essa actividade seja exercida ou em que a situação equiparada se verifique».

1543 Isto ainda poderia ser mais alargado, como acima sustenta, a partir do instituto da "cidadania" comunitária. Além disso, como se disse e repete, gozam ainda do direito de circulação, por força de disposições várias de direito comunitário, os que procuram trabalho, os desempregados involuntários ou incapacitados ou ainda as pessoas abrangidas por sistema de segurança social aplicável ao trabalhador.

Ainda assim, a abertura de direitos resultante do estatuto de cidadania não consome totalmente o relevo próprio da livre circulação de trabalhadores. Ser admitido a circular como cidadão pode não conferir certos direitos de acesso ou exercício de certa actividade assalariada.

1120. Sistematicamente, o Tribunal de Justiça vem rejeitando as limitações que os Estados membros pretendem introduzir na noção de trabalhador, considerando sempre ser esta uma noção a interpretar «de modo extensivo». Ainda assim, o Tribunal de Justiça tem procurado critérios «objectivos que caracterizam a relação de trabalho considerados os direitos e deveres das pessoas envolvidas», dizendo, no acórdão *Lawrie-Blum*[1544], que «(...) a característica essencial da relação de trabalho é a circunstância de uma pessoa realizar, durante certo tempo, em benefício de outra e sob a sua direcção, as prestações em contrapartida das quais recebe uma remuneração».

1121. Como resulta da jurisprudência, o trabalho só tem de ser real e efectivo, mesmo que seja a tempo parcial ou de curta duração[1545], mesmo que não permita obter rendimentos superiores ao mínimo de subsistência definido na legislação do Estado de acolhimento, não importando também a residência ou a natureza do vínculo do trabalhador (permanente, precário, de direito público ou de direito privado)[1546].

3.3. *Conteúdo do Direito de Livre Circulação*

1122. Falamos aqui apenas do conteúdo específico que pode resultar das normas especiais dos artigos 45.°-48.° TFUE, dado que, por via da cidadania da União, e mesmo quem não pretende exercer qualquer actividade económica, todos os nacionais dos Estados membros gozam do direito de circular e permanecer livremente no território de todos os Estados membros, salvo as limitações e excepções abertas pelo próprio direito da União Europeia (artigo 21.° TFUE).

[1544] De onde foram retirados os dois últimos excertos citados – acórdão *Deborah Lawrie-Blum c. Land Baden-Württemberg*, de 3.7.1986, proc. 66/85, Colect., pp. 2121 e ss., em especial p. 2144, n.° 17.

[1545] Salvo se tiver um carácter puramente marginal e acessório – ver acórdão *Franca Ninni-Orasche*, de 6.11.2003, proc. C-413/01, que se referia a uma actividade laboral temporária, exercida apenas durante dois meses e meio.

[1546] Na doutrina nacional, referência não podia faltar ao trabalho de Maria Luísa Duarte, *A liberdade de circulação de pessoas e a ordem pública no direito comunitário*, *cit.*, pp. 116-121. No recente acórdão *Andrea Raccanelli c. Max-Planck-Gesellschaft zur Förderung der Wissenschaften eV*, de 17.7.2008 (proc. C-94/07, Colect., 2008, I, pp. 5939) foi discutida a qualificação como trabalhador de um investigador a preparar doutoramento sob contrato de bolsa de estudo.

1123. Em particular, é claro, gozam do direito de entrar e permanecer no território de outro Estado membro, mesmo que apenas para procurar emprego[1547]. Uma vez admitido com esta amplitude o direito de circulação, resulta seguidamente que se deve reconhecer e tratar os cidadãos nacionais de outros Estados membros do mesmo modo que se tratam os próprios nacionais. Isso é imposto em termos gerais (artigo 18.° TFUE) e específicos (artigo 45.°, n.° 2 TFUE).

1124. O princípio da não discriminação em razão da nacionalidade, neste domínio específico, traduz-se basicamente na ideia de tratamento nacional. Por isso, o próprio tratado consagra a igualdade no que toca ao emprego, à remuneração e às demais condições de trabalho.

1125. Isso implica, como concretiza a legislação secundária – maxime o Regulamento (CEE) n.° 1612/68 –, a proibição de sujeição dos estrangeiros comunitários a regras especiais de contratação ou a condições diversas[1548], bem como a fixação de cláusulas de nacionalidade (vide acórdão *Bosman*[1549]).

1126. O direito de livre circulação não deve ainda depender da obtenção prévia de qualquer documento oficial do Estado membro de acolhimento. O direito de acesso ao território de outro Estado membro deve ser facilitado, ainda que depois seja legítimo que o Estado exija – e o cidadão tenha de cumprir – que essa permanência no território nacional seja comprovada através de um certificado de registo ou cartão de residência permanente, que exprima formalmente o direito de residência nesse outro Estado membro. Este certificado de registo ou cartão de residência permanente tem por isso um efeito meramente declarativo, não podendo a sua não obtenção ou não revalidação obstar ao direito de permanecer no Estado membro em causa (Lei n.° 37/2006, de 9 de Agosto).

[1547] Duvida-se que possa ser, em geral, fixado pelos Estados membros ou mesmo pelos órgãos da União qualquer período-limite para o exercício desta «busca pelo emprego».

[1548] Quanto aos conhecimentos linguísticos, v. o artigo 53.° da Directiva 2005/36/CE e, anteriormente, na vertente doutrinal, J. M. Coutinho de Abreu/M. Gorjão-Henriques, «Livre circulação de médicos e conhecimentos linguísticos», *Temas de Integração*, n.° 5, 1998, pp. 193 e ss.

[1549] Acórdão *Union royale belge des sociétés de football association ASBL c. Jean-Marc Bosman*, de 15.12.1995, proc. C-415/93, Colect., I-4921 e ss.

1127. Não é possível, neste contexto, dar conta da extrema amplitude e diversidade de matérias que já mereceram a pronúncia do Tribunal de Justiça, na determinação do âmbito e conteúdo do direito de livre circulação e/ou do princípio de não discriminação a ele inerente. Salientem-se apenas duas situações: a (*i*) dos familiares dos nacionais dos Estados membros[1550]; e a (*ii*) dos filhos dos beneficiários do direito de livre circulação, para efeitos de estudos.

1128. Os familiares dos trabalhadores nacionais de Estados membros beneficiam do mesmo princípio de equiparação, de resto sucessivamente afirmado e mesmo ampliado na mais recente jurisprudência comunitária, em termos que colocam mesmo em causa a subsistência de áreas de soberania estadual neste domínio[1551].

1129. O mesmo se diga no que respeita ao direito dos filhos de trabalhadores (ou antigos trabalhadores) de concluir os estudos no Estado membro onde os pais exerceram a sua liberdade de circulação. Uma aplicação recente foi feita pela Grande Secção do Tribunal de Justiça no caso *Maria Teixeira*[1552] ao caso dos filhos de trabalhadores que pretendem beneficiar da liberdade de circulação ao abrigo do artigo 12.° do Regulamento (CEE) n.° 1612/68 que garante o direito a circular para fins de estudo[1553]. Acórdão que teve a virtualidade de, em definitivo, reforçar os direitos de circulação, torná-los parcialmente imunes às condições econó-

---

[1550] Anteriormente objecto do artigo 11.° do Regulamento (CEE) n.° 1612/68, artigo especificamente revogado pelo artigo 38.° da Directiva n.° 2004/38/CE.

[1551] Entre muitos arestos, podemos salientar, *brevitatis causa*, o acórdão *MRAX c. Estado belga*, de 25.7.2002 (proc. C-459/99), onde foi reafirmado, entre outros pontos, que um Estado membro não pode recusar a entrada a um cidadão de um terceiro Estado que seja cônjuge de um nacional de um Estado membro, mesmo que não possua documentação válida (passaporte ou visto), desde que possa provar a sua identidade e o vínculo conjugal, não podendo igualmente recusar-lhe, mesmo que haja entrado de forma irregular, a emissão de uma autorização de residência, quer não a tenha quer esta (ou o visto) tenham caducado.

[1552] Acórdão do Tribunal de Justiça (Grande Secção) *Maria Teixeira contra London Borough of Lambeth e Secretary of State for the Home Department*, de 23.2.2010, proc. C-480/08.

[1553] O artigo 12.° do Regulamento compreende o direito de acesso a estudos superiores (v., designadamente, acórdãos de 15 de Março de 1989, *Echternach e Moritz*, de 15.3.1989, procd. 389/87 e 390/87, Colect., p. 723, n.os 29 e 30, e *Gaal*, de 4.5.1995, proc. C-7/94, Colect., I, pp. 1031, n.° 24), pelo que a data em que o filho conclui os seus estudos «pode ser posterior à data em que este atinge a maioridade».

micas resultantes da Directiva 2004/38/CE, numa mais completa salvaguarda da obrigação de respeito pela vida familiar. Como aí se declarou, um «nacional de um Estado membro que esteve empregado no território de outro Estado membro, no qual o seu filho se encontra a estudar, pode, em circunstâncias como as do processo principal, invocar, enquanto progenitor que tem a guarda efectiva desse filho, um direito de residência no Estado membro de acolhimento apenas com fundamento no artigo 12.° do Regulamento (CEE) n.° 1612/68 (...), não tendo de satisfazer as condições definidas na Directiva 2004/38/CE (...)»[1554]. Com feito, como esclarece o Tribunal de Justiça, o «direito de residência no Estado membro de acolhimento de que goza o progenitor que tem a guarda efectiva de um filho que exerce o seu direito de estudar, (...) não está sujeito à condição de que esse progenitor deve dispor de recursos suficientes, a fim de não se tornar um

---

[1554] Um aspecto interessante deste acórdão *Maria Teixeira* é a articulação que o Tribunal de Justiça faz entre o Regulamento (CEE) n.° 1612/68 e a Directiva 2004/38/CE (n.os 57-60), em termos que merecem ser reproduzidos:

«57 Importa frisar neste contexto que, contrariamente aos artigos 10.° e 11.° do Reg. 1612/68, o artigo 12.° (...) não foi revogado, nem sequer alterado, pela Directiva 2004/38. Por conseguinte, o legislador da União não quis introduzir, por meio desta directiva, restrições ao âmbito de aplicação desse artigo 12.°, tal como foi interpretado pela jurisprudência do Tribunal de Justiça./«58 Essa interpretação é corroborada pelo facto de resultar dos trabalhos preparatórios da Directiva 2004/38 que esta foi concebida de forma a ser coerente com o acórdão Baumbast e R, já referido [COM(2003) 199 final, p. 7]. «59 Além disso, se o artigo 12.° do Regulamento n.° 1612/68 devesse ser interpretado no sentido de que, após a entrada em vigor da Directiva 2004/38, se limita a conferir o direito à igualdade de tratamento no acesso ao ensino, sem prever nenhum direito de residência em benefício dos filhos de trabalhadores migrantes, a sua manutenção ter-se-ia tornado supérflua após a entrada em vigor desta directiva. Com efeito, o artigo 24.°, n.° 1, desta directiva prevê que todos os cidadãos da União que residam no território do Estado membro de acolhimento beneficiam de igualdade de tratamento em relação aos nacionais desse Estado, no âmbito de aplicação do Tratado, e foi decidido a este respeito que o acesso ao ensino é abrangido pelo âmbito de aplicação do direito da União (v., designadamente, acórdão de 13.2.1985, *Gravier*, proc. 293/83, Recueil, p. 593, n.os 19 e 25).«60 Em último lugar, importa observar que, de acordo com o seu terceiro considerando, a Directiva 2004/38 visa, nomeadamente, simplificar e reforçar o direito de livre circulação e de residência de todos os cidadãos da União (v., neste sentido, acórdão de 25 de Julho de 2008, *Metock e o.*, de 25.7.2008, proc. C-127/08, Colect., p. I-6241, n.° 59). Ora, em circunstâncias como as do processo principal, subordinar a aplicação do artigo 12.° do Regulamento n.° 1612/68 ao respeito das condições enunciadas no artigo 7.° desta directiva teria por efeito sujeitar o direito de residência dos filhos de trabalhadores migrantes no Estado membro de acolhimento, para aí iniciarem ou prosseguirem os seus estudos, e o direito de residência do progenitor que tem a sua guarda efectiva a condições mais rigorosas do que as que lhes eram aplicáveis antes da entrada em vigor da referida directiva.»

encargo para o sistema de segurança social deste Estado membro durante a sua estadia, e de um seguro de doença com uma cobertura extensa neste Estado» nem «à condição de que um dos progenitores deste filho exercesse, à data em que este último iniciou os seus estudos, uma actividade profissional enquanto trabalhador migrante no referido Estado membro», mantendo-se até à «maioridade do filho, a menos que este continue a necessitar da presença e dos cuidados desse progenitor para poder prosseguir e terminar os seus estudos».

3.4. *Restrições e Excepções à Livre Circulação*

1130. Quando se entra neste ponto, convém recordar alguns limites imanentes ao próprio sentido da construção da União Europeia. Em primeiro lugar, consubstancia um limite, e até um domínio de excepção, a circunscrição do âmbito pessoal e subjectivo da livre circulação de trabalhadores e, até mais genericamente, de pessoas. Só beneficiam destes direitos os trabalhadores que sejam nacionais de Estados membros da União ou, o que quer dizer o mesmo, cidadãos da União (artigo 18.° e 20.° TFUE). É isto que se extrai do artigo 45.° TFUE, no seu n.° 1. Pelo que, em consonância, ficam à partida excluídos do gozo desta liberdade, enquanto tal, todos os trabalhadores que, labutando num Estado membro da União, tenham a nacionalidade de um terceiro país. Também aqui se recorda a chamada de atenção que nos fez F. Lucas Pires, segundo a qual estamos «perante uma nova distinção em matéria de estatuto pessoal – a que se interpõe entre cidadãos comunitários e não-comunitários»[1555].

1131. Em segundo lugar, mesmo os que são nacionais e cidadãos de Estados membros da União e, complementarmente, da União, não deixam de estar sujeitos a limites. Assim, não beneficiam das normas da União quando a sua situação de facto se possa considerar como «puramente interna»[1556], ou seja, como só tendo atinências e contactos com um único espaço estadual (um português que trabalha em Portugal para uma empresa portuguesa), pois o direito da União Europeia não se interessa por tais situações, que são de atribuição nacional.

[1555] F. Lucas Pires, *Schengen e a Comunidade de Países Lusófonos*, Ius Gentium Conimbrigae, Coimbra Editora, Coimbra, 1997, p. 23.

[1556] F. X. Liberal Fernandes, *O direito de livre circulação dos trabalhadores comunitários*, *cit.*, pp. 67-69.

1132. Em terceiro lugar, se vimos que os trabalhadores nacionais de Estados membros gozam deste direito como «direito fundamental», na expressão paradigmática do Tribunal de Justiça (acórdão *Heylens*, de 1987), não podendo ser objecto de qualquer discriminação em razão da sua nacionalidade (artigos 45.° e 18.° TFUE), circunstância que, neste particular, equivale grosso modo à aplicação de um princípio de tratamento nacional, o certo é que a equiparação pode pontualmente sofrer alguns desvios, motivados por um princípio de igualdade material ou pela consideração de interesses públicos relevantes. É legítimo que, quando a natureza do emprego a ocupar o determine, o Estado subordine a efectivação desta liberdade à prova pelo trabalhador da posse de conhecimentos linguísticos suficientes da língua principal do país que o acolhe. Esta hipótese, que foi tratada entre nós por COUTINHO DE ABREU/GORJÃO-HENRIQUES[1557], encontra a sua justificação nas ideias acima expressas.

1133. Para lá destas hipóteses, que se qualificam como imanentes à plena realização dos princípios de liberdade e igualdade expressos no tratado, há que acrescer as reservas e excepção formais que o próprio tratado insere.

1134. Domínio de excepção em sentido próprio é o previsto no n.° 4 do artigo 45.° TFUE[1558], que permite aos Estados membros reservar para os seus próprios nacionais os «empregos na administração pública». Dos conceitos aqui inscritos se poderia dizer o mesmo do que ficou dito quanto ao conceito de «trabalhador». Se a sua determinação fosse deixada apenas aos Estados membros, cada um podia, arbitrariamente, excluir categorias de pessoas do acesso a uma importantíssima fonte de emprego. Daí que também aqui se tivesse desenhado a necessidade de encontrar uma noção de «administração pública» europeia. Claro que não era essa uma opção indeclinável. Muitos Estados membros sustentaram e ainda sustentam – nos litígios que continuam a ocorrer perante o Tribunal de Justiça – que lhes cabe determinar quais os empregos abrangidos pela «administração pública». No entanto, no confronto entre uma noção orgânica e uma noção funcional de administração pública, prevaleceu, na jurisprudência do Tribunal de Justiça, a última concepção, a partir do acórdão *Comissão c. Bél-*

[1557] «Livre circulação de médicos na Comunidade Europeia e conhecimentos linguísticos», *Temas de Integração*, 1998.

[1558] Artigo 39.°, n.° 4 (anterior artigo 48.°, n.° 4 CE): «4. O disposto no presente artigo não é aplicável aos empregos na administração pública.».

gica[1559]. Nesse aresto, que marcou a jurisprudência futura do Tribunal de Justiça, este considerou estarem abrangidos pela noção de administração pública prevista no n.° 4 do artigo 45.° TFUE os «empregos que comportam uma participação, directa ou indirecta, no exercício do poder público em funções que tenham por objecto a salvaguarda de interesses gerais do Estado ou de outras colectividades públicas»[1560].

1135. Esta orientação não deixou de ser reconhecida, entre nós, pelo Tribunal Constitucional, conquanto tenha aí delimitado o âmbito da excepção em termos que cremos intencionalmente mais amplos, ao declarar, referindo-se à jurisprudência do Tribunal de Justiça que, «na caracterização dessa excepção considera esse Tribunal que aí se contemplam casos que subentendem o exercício do poder político. Nestes casos, há que ponderar a salvaguarda dos interesses gerais do Estado e das demais entidades públicas, mas a medida de excepção já não se representa relativamente aos empregos que, não obstante dependerem do Estado ou de outros organismos públicos, não implicam participação nas actividades que competem à Administração Pública»[1561].

1136. Além do âmbito de excepção, a livre circulação de pessoas – designadamente de trabalhadores – pode também ser limitada por razões de ordem pública, segurança pública e saúde pública, como estabelece o n.° 3 do mesmo artigo 45.° TFUE[1562]. Em rigor, não estamos aqui perante excepções, mas perante reservas ou limitações a uma preexistente liberdade de circulação. Ou seja, do que se trata é da condição de certas pessoas que, por terem ou experienciarem uma determinada condição pessoal,

---

[1559] Acórdão *Comissão c. Reino da Bélgica*, de 17.12.1980, proc. 149/79, Rec., 1980, p. 3881.

[1560] Sobre o tema, ainda o mesmo trabalho de J. M. Coutinho de Abreu/M. Gorjão-Henriques, «Livre circulação de médicos e conhecimentos linguísticos», *cit.*, p. 205-207. Em 30.9.2003, nos acórdãos *Anker e o.* (proc. C-47/02) e *Colegio de Oficiales de la Marina Mercante Española* (proc. C-405/01), o Tribunal de Justiça considerou que a profissão de capitão de navios de pequena navegação e de comandante e imediato de navios de marinha mercante podia ser reservada aos nacionais, na condição de as prerrogativas de autoridade pública atribuídas aos assalariados que os ocupam serem efectivamente exercidas de modo habitual e não representem uma parte muito reduzida das suas actividades.

[1561] Acórdão do Tribunal Constitucional n.° 345/2002, de 11 de Julho (proc. 819/98 – DR, I-A, n.° 234, de 10.10.2002, pp. 6745-6750).

[1562] *«3. A livre circulação de trabalhadores compreende, sem prejuízo das limitações justificadas por razões de ordem pública, segurança pública e saúde pública, (...)».*

podem sofrer a retirada ou a limitação dos seus direitos de circulação. Claro que, sendo limitações a uma liberdade fundamental da União e mesmo a um «direito fundamental», impõe-se a consideração de que a limitação do direito deve ser aplicada restritamente, exigindo-se especiais requisitos e cuidados na determinação do preenchimento de um dos motivos de inibição da liberdade de circulação.

1137. Prevê-se, em primeiro lugar, que a liberdade de circulação seja limitada ou excluída, em concreto, por razões de **ordem pública**, **segurança pública** ou **saúde pública**. Neste domínio, por tocar de modo tão directo interesses fundamentais e reservados dos Estados membros, a opção do direito da União Europeia – desde logo, do originário, mas também da própria jurisprudência do Tribunal de Justiça – não foi a de se substituir ao poder prescritivo e punitivo dos Estados membros. Não há a afirmação clara de uma noção europeia de «ordem pública», por exemplo. Nos Estados membros continuou a competência para o substancial preenchimento das noções limitativas aqui empregues, ainda que reconhecendo que a liberdade de apreciação dos Estados não poderia subtrair-se totalmente ao controlo dos órgãos da União.

1138. Quer normativamente, quer da densificação concreta resultante da acção dos órgãos da União, podem descobrir-se algumas directrizes fundamentais. Para facilitar a coordenação das medidas nacionais neste domínio, o Conselho aprovou a Directiva n.° 64/221/CEE, de 25 de Fevereiro[1563], dando algumas pistas sobre o sentido destas noções. Em primeiro lugar, em relação aos três possíveis fundamentos de limitação, estabeleceu-se um regime dual. Por um lado, tratou-se da reserva de saúde pública. E, num segundo pacote, curou-se de harmonizar algumas directrizes no que toca às noções de ordem pública e segurança pública.

[1563] Directiva revogada pela Directiva n.° 2004/38/CE do Parlamento Europeu e do Conselho, de 29.4.2004, relativa ao direito de livre circulação e residência dos cidadãos da União e dos membros das suas famílias no território dos Estados-Membros, que altera o Regulamento (CEE) n.° 1612/68 e que revoga as Directivas n.os 64/221/CEE, 68/360/CEE, 72/194/CEE, 73/148/CEE, 75/34/CEE, 75/35/CEE, 90/364/CEE, 90/365/CEE e 93/96/CEE (JO, L 158, de 30.4.2004, rectificada e republicada no JO, L 229, de 29.6.2004, p. 35). O prazo de transposição fixado para esta directiva (30.4.2006 – artigo 40.°) não foi rigorosamente cumprido pelo Estado português, tendo sido transposta pela Lei n.° 37/2006, de 9 de Agosto.

1139. A saúde pública, enquanto limite à livre circulação, não tem um regime uniformizado em todo o espaço da União. Através da directiva em causa, a Comunidade procurou estabelecer as bases para uma harmonização das disposições normativas ou regulamentares dos Estados membros neste domínio, fixando um elenco de doenças que poderiam obstar à entrada de um nacional de um Estado membro no território de outro Estado membro. Estas afecções – cuja concretização, entre nós, consta do artigo 24.° da Lei n.° 37/2006 – não podem servir como fundamento eliminatório desta liberdade, em todo e qualquer caso. Por um lado, quando a doença ou afecção for adquirida já após a entrada do nacional de um Estado membro noutro país da União, ou seja, se se tratar de uma afecção superveniente, o Estado de acolhimento não goza da possibilidade de expulsar o cidadão nacional do outro Estado membro, proibindo-o de continuar a gozar o direito de livre circulação. Por outro lado, o exercício desta reserva é hoje dificultado por várias circunstâncias (normativas e não só), como (*i*) a abolição dos controlos fronteiriços nas «fronteiras internas» da União, designadamente nas fronteiras entre Estados partes nos acordos de Schengen; ou a circunstância de (*ii*) caber ao Estado a comprovação de que já antes a pessoa em causa sofria da doença ou afecção – suscitando a dúvida sobre se se poderá considerar que este limite é objecto de um princípio de esgotamento, em termos de impedir a expulsão quando já antes, aquando de uma primeira entrada no território nacional, o cidadão da União nacional de outro Estado membro não sofria da doença ofensiva da saúde pública.Tal resulta numa diminuição das possibilidades de invocação desta causa limitativa do direito de circulação de pessoas[1564]; finalmente, a situação das chamadas doenças sociais ou comportamentais, como o SIDA, cujo contagiosidade resulta normalmente de um comportamento voluntário da pessoa doente, coloca outros e novos problemas. Será que, ainda assim, um Estado membro poderá impedir a entrada de um doente destes no seu território, com fundamento no perigo para a saúde pública que tal doença representa? Se não, então parece que a exclusão do direito de circulação apenas poderá operar nos termos gerais em que funciona a reserva de ordem pública.

[1564] Para uma aproximação recente ao problema, sustentando mesmo a supressão desta causa de restrição da liberdade de circulação, Maria Luísa Duarte, «Direito de residência dos trabalhadores comunitários e medidas de excepção – reflexão sobre o significado do estatuto de trabalhador-cidadão na União Europeia», *cit.*, pp. 497-509.

1140. No que se refere às reservas de **ordem pública** e de **segurança pública**, a directiva prescrevia que as medidas nacionais nelas fundadas deviam «fundamentar-se, exclusivamente, no comportamento pessoal do indivíduo em causa». Esta constituía, já na altura, uma importante limitação ao poder discricionário de que normalmente os Estados gozam na disciplina do direito dos estrangeiros, na medida em que, do mesmo passo, se reconhecia que os particulares poderiam invocar contra os Estados, em juízo, o efeito directo desta norma, atacando internamente as decisões que não se fundassem no comportamento da própria pessoa em causa.

1141. O preenchimento do conceito de **comportamento pessoal** deu lugar a uma ampla jurisprudência. Assim, foi considerado pelo Tribunal que «a filiação actual num grupo ou organização ou a identificação com os seus objectivos e propósitos» poderia fazer parte do conceito de comportamento pessoal. Mas era insuficiente. É necessário ainda que a referida actividade, filiação ou identificação seja considerada pelo Estado membro como contrária ao interesse público e seja objecto de medidas repressivas de cariz nacional, ainda que de carácter administrativo. Não se exige que a actividade seja proibida aos nacionais, nem que estes sejam objecto de medidas de afastamento idênticas às que vão sofrer os estrangeiros, desde logo por os Estados não poderem expulsar os seus próprios nacionais. Contudo, parece-nos que algum caminho se fez desde o acórdão *Van Duyn*, ao ser hoje mais clara a obrigação que os Estados terão de, de qualquer forma, reprimir idênticas condutas quando realizadas pelos seus nacionais. Ao longo dos anos, outras indicações foram sendo dadas. A de que o comportamento pessoal justificativo de uma medida de afastamento teria de constituir uma «ameaça grave e actual a interesses fundamentais da comunidade nacional» ou a de que os Estados não podiam utilizar tal reserva por razões económicas (acórdão *Rutili*). A retirada da liberdade com fundamento exclusivo no comportamento pessoal e actual da pessoa em causa justificou ainda que, logo na normação da União e nas normas nacionais de transposição, se estabelecesse o princípio segundo o qual não é fundamento de expulsão ou recusa de entrada a simples existência de condenações penais[1565].

[1565] Sintomático da evolução jurisprudencial, dando também uma boa panorâmica da jurisprudência anterior, é o acórdão *Georgios Orfanopoulos e o. c. Land Baden-Württemberg*, de 29.4.2004, procs. Apensos C-482/01 e C-483/01.

1142. Para a realização da livre circulação de trabalhadores, a União, em cumprimento do disposto nos tratados, tem adoptado um conjunto significativo de diplomas, que visam, antes do mais, assegurar o reconhecimento mútuo de formações[1566].

[1566] V. J. M. Coutinho de Abreu/M. Gorjão-Henriques, «Livre circulação de médicos e conhecimentos linguísticos», *cit.*, pp. 193 e ss.; igualmente, noutra perspectiva, João Peixoto, «Migrações e políticas migratórias na União Europeia: livre circulação e reconhecimento de diplomas», *Análise Social*, vol. XXXVI (158-159), 2001, pp. 153-183.

4. A Livre Circulação dos Serviços

4.1. *Considerações Gerais*

1143. Além da liberdade de circulação de trabalhadores, o tratado previa, desde o início, a livre circulação dos serviços, como componente essencial do mercado interno (artigo 26.°, n.° 2 TFUE).

1144. A regulação desta liberdade encontra-se repartida por dois capítulos, um dedicado ao direito de estabelecimento (artigos 49.°-55.° TFUE)[1567] e outro relativo à livre prestação de serviços (artigos 56.° a 62.° TFUE)[1568]. Em ambos os casos estão em causa disposições que visam assegurar a liberdade de circulação dos serviços (prestadores e destinatários de uma prestação de serviços), ainda que a diverso título e com diferentes conteúdos.

1145. Estas duas formas de prestação de serviços foram cedo configuradas como opostas. Em princípio, ou se goza a liberdade de circulação para exercer uma actividade não assalariada por via das normas do direito de estabelecimento (artigos 49.° e seguintes) ou por via da livre prestação de serviços (artigos 56.° e segs.), não sendo possível a cumulação.

1146. Em Janeiro de 2004, a Comissão Europeia apresentou uma proposta de directiva relativa aos serviços no mercado interno[1569] de alcance geral e âmbito horizontal, abrangendo ambas as modalidades de

---

[1567] Anteriores artigos 52.° a 58.°.

[1568] Anteriores artigos 59.° a 66.°.

[1569] COM (2004) 2 final, de 13 de Janeiro de 2004. No *Jornal Oficial da União Europeia* é referida como data da adopção o dia 25 de Janeiro de 2004 – JO, C 98, de 23.4.2004, p. 35. A adopção estava prevista para Dezembro de 2003, segundo a Comunicação da Comissão relativa às prioridades 2003-2006 – COM (2003) 238 final.

livre circulação e todos os sectores económicos, com excepção apenas daqueles que eram objecto de disposições específicas de harmonização, como é o caso dos sectores financeiro, das telecomunicações e dos transportes[1570]. Esta proposta foi posteriormente alterada significativamente, levando à aprovação da Directiva 2006/123/CE[1571]. O seu objectivo principal parecia ser o da eliminação dos obstáculos que ainda subsistiam à prestação de serviços e à circulação dos respectivos profissionais entre os Estados membros. A proposta condensava, em grande medida, a jurisprudência da União relativa a esta liberdade[1572-1573], conquanto fosse além da mesma em alguns pontos, porventura calcando ainda alguns domínios que se deveriam manter, essencialmente, sob controle dos Estados membros, como é o caso dos sistemas de cuidados de saúde (*ex vi* do artigo 168.° TFUE[1574]). Previa ainda, como outro elemento essencial, um procedi-

---

1570 A proposta dizia pretender excluir do seu âmbito de aplicação as «*actividades não económicas ou que não possuam a característica relativa à remuneração nas actividades que o Estado realize sem contrapartida económica no âmbito da sua missão nos domínios social, cultural, educativo e judicial*» (considerando 16 do preâmbulo da proposta). Esta exclusão não parece ser concretizada na parte dispositiva do diploma.

1571 JO, L 376, de 27.12.2006, pp. 36 e seguintes.

1572 Só a título exemplificativo, recorde-se que o acórdão do Tribunal de Justiça de 29.4.2004, *Comissão c. Portugal* (proc. C-171/02), considerou o regime português da actividade de segurança privada incompatível com o direito comunitário, nomeadamente com as normas relativas à livre circulação de trabalhadores (artigo 39.° do Tratado) e de serviços (artigos 43.° e 49.° do Tratado), designadamente ao impor que as empresas devam ter a sua sede ou estabelecimento permanente em território português (cfr., artigo 14.°), revistam a forma de pessoa colectiva e disponham de um capital mínimo (cfr., alíneas b) e c) do n.° 2 do artigo 15.°) e não tomem em consideração aspectos avaliados noutros Estados membros (cfr., n.° 3 do artigo 10.°, todos da proposta de Directiva serviços).

1573 Outros acórdãos do Tribunal de Justiça o demonstram, por exemplo em relação à obrigação de residência: quanto aos dentistas, acórdão de *Comissão c. Itália*, 18.1.2001, proc. C-162/99 (apesar de ser apenas uma obrigação *de facto* e não legal); quanto aos advogados, o acórdão *Comissão c. Itália*, de 7.3.2002, proc. C-145/99; quanto aos agentes de patentes, o acórdão *Comissão c. Itália*, de 13.2.2003, proc. C-131/01). No mesmo sentido, a jurisprudência do Tribunal de Justiça considera restritivos das liberdades fundamentais consagradas no Tratado os regimes de autorização prévia e dispõe que, nessas circunstâncias, apenas se podem considerar justificados quando, entre outros requisitos, forem justificados à luz do princípio da proporcionalidade (acórdão *Sanz de Lera e o.*, de 14.12.1995, proc. C-163/94, C-165/94 e C-250/94, Colect., p. I-4821, n.os 23 a 28), «*fundamentados em critérios objectivos, não discriminatórios e conhecidos antecipadamente, de modo a enquadrar o exercício do poder de apreciação das autoridades nacionais, a fim de este não ser utilizado de modo arbitrário*» (acórdão *Analir*, de 20.2.2001, proc. C-205/99, n.° 38; ou acórdão *Müller-Fauré*, de 13.5.2003, proc. C-385/99, n.° 85).

1574 Anterior artigo 152.° CE.

mento de avaliação que supunha deverem os Estados membros apresentar relatórios de avaliação relativos aos regimes de autorização (artigo 9.°) ou exigências (de entre as mencionadas no artigo 15.° da proposta) ou às actividades pluridisciplinares (artigo 30.°), que tenham em vigor[1575].

1147. Apesar da redução da ambição e âmbito iniciais da "proposta Bolkenstein", a Directiva 2006/123/CE, cujo prazo de transposição se concluiu a 15 de Dezembro de 2009[1576], introduz importantes modificações que, em grande medida, contribuem para uma melhor realização do mercado interno dos serviços. A transposição da Directiva dos Serviços tem um impacto profundo no direito administrativo português, que mais não seja pelo estabelecimento *ex lege* do princípio do deferimento tácito, em contraposição ao modo como os artigos 108.° e 109.° do Código do Procedimento Administrativo eram interpretados até aqui[1577] ou do estabelecimento do princípio geral das autorizações abrangendo todo o território nacional e de duração ilimitada[1578]. Do mesmo modo, resulta da

---

[1575] Sobre a análise do processo de transposição por Portugal, à época ainda não concluído, v. Pedro Ferreira Malaquias, «Portugal», in Koeck, H. F./Karollus (eds.), *The News Services Directive of the European Union – Hopes and Expectations from the Angle of a (Further) Completion of the Internal Market*, FIDE XXIII Congress Linz 2008, Congress Publications, Vol. 3, Nomos, Wien, pp. 299-307.

[1576] Sendo transposta pelo Decreto-Lei n.° 92/2010, de 26 de Julho. Para dar cumprimento a uma disposição específica da Directiva, já antes o Decreto-Lei n.° 49/2010, de 19 de Maio, havia dado nova redacção ao artigo 4.° do Código das Sociedades Comerciais.

[1577] Muitos dos procedimentos de autorização para o exercício de actividades de serviços são postos em causa pela Directiva mas outros poderão ser criados, caso existam razões imperativas de interesse público. É ainda de notar que, de acordo com o Código do Procedimento Administrativo, os procedimentos administrativos têm, em geral, a duração de 90 dias, após o qual o particular pode presumir o seu pedido como indeferido (regra geral até à Directiva 2006/123/CE) ou deferido tacitamente (regra geral hoje aplicável). Embora o Decreto-Lei n.° 92/2010 não tenha estabelecido um prazo máximo de duração para os procedimentos administrativos, resulta implicitamente do diploma que, mesmo quando uma "permissão administrativa" seja considerada como necessária e criada (nos casos previstos no artigo 9.°, n.° 1), ainda assim deve reconhecer-se a existência de uma autorização tácita na falta de decisão expressa da Administração no prazo previsto na Directiva.

[1578] Artigo 16.°, n.° 1, do Decreto-Lei n.° 92/2010. As autorizações concedidas terão duração ilimitada e, quando limitada, são renováveis automaticamente, presumindo--se que se mantêm as condições necessárias para a sua concessão. Só não será assim nos casos em que existam razões imperiosas de interesse público, conquanto o diploma não concretize as situações em que tal se poderá aplicar. O princípio da duração ilimitada não constituía um princípio geral ou legal resultante até agora da ordem jurídica portuguesa.

Directiva – se não resultar directamente do diploma nacional – o princípio do reconhecimento mútuo das habilitações no acesso e exercício da livre circulação de serviços[1579].

4.2. *Direito de Estabelecimento*

4.2.1. *Noção e Âmbito*

1148. O segundo parágrafo do artigo 49.° TFUE fornece uma noção de **direito de estabelecimento**. Como aí se diz: «[a] liberdade de estabelecimento compreende tanto o acesso às actividades não assalariadas e o seu exercício como a constituição e a gestão de empresas e designadamente de sociedades (...)». Não está aqui em causa, portanto, toda e qualquer prestação de serviços, mas a que se traduza no **estabelecimento**, como resulta do primeiro parágrafo da mesma disposição: «[n]o âmbito das disposições seguintes, são proibidas as restrições à liberdade de estabelecimento dos nacionais de um Estado membro no território de outro Estado membro. Esta liberdade abrangerá igualmente as restrições à constituição de agências, sucursais e filiais pelos nacionais de um Estado membro estabelecidos no território de outro Estado membro».

1149. O direito de estabelecimento, tal como entendido ao longo da construção comunitária, permite o exercício (por uma pessoa singular ou colectiva) de actividades não assalariadas que apresentem características de **estabilidade** e **permanência**. Uma tal consideração resulta, antes de mais, do facto de se prever, nas normas relativas à livre prestação de ser-

---

[1579] Deve notar-se que o Decreto-Lei n.° 92/2010 aplica-se (*i*) às pessoas singulares ou colectivas de outros Estados membros; (*ii*) mas também aos prestadores de serviços, ainda que portugueses, estabelecidos em Portugal e, (iii) em relação a algumas das suas disposições, inclusivamente a prestadores de países terceiros ao acordo EEE. É o que sucede com a remissão do artigo 2.° n.° 2 para os artigos 5.° (desburocratização e simplificação dos procedimentos administrativos), 6.° (balcão único e desmaterialização de procedimentos), 7.°, n.° 4 (documentos emitidos por outros Estados), 8.° (regime das "permissões administrativas" para o exercício da prestação de serviços), 16.° (princípio da duração ilimitada das permissões administrativas, etc), 20.° (informação mínima a ser fornecida pelo prestador) e 22.° (pedidos de informações e reclamações). A este respeito densificando o disposto nos princípios constitucionais de equiparação e igualdade, e não discriminação, constantes dos artigos 15.° e 13.° da Constituição.

viços (nomeadamente no terceiro parágrafo do artigo 57.° TFUE), que esta actividade tem carácter «temporário».

1150. É também usual aditar-se um critério geográfico[1580]. Parafraseando o Tribunal de Justiça, dir-se-á que quem se estabelece exerce noutro Estado membro a sua profissão (não assalariada) de modo «pleno e por inteiro» (acórdão *Gullung*[1581]).

1151. Só nacionais de Estados membros podem usufruir da liberdade de estabelecimento. No entanto, esta liberdade não é privativa das pessoas singulares, pelo que o tratado equipara a estas as «sociedades» (artigo 54.°, § 1 *in fine* TFUE). Assim, são essencialmente de dois tipos os beneficiários do direito de estabelecimento: as pessoas singulares e as «sociedades».

1152. Os principais beneficiários deste direito são as pessoas singulares nacionais de um Estado membro que se pretendam fixar noutro Estado membro, para exercer individualmente ou através da criação de uma empresa (agência, sucursal ou filial ou, em termos genéricos, sociedade) a sua actividade independente (liberal). Ou seja, exige-se uma conexão com outro Estado membro, pelo que o tratado não se preocupa com as situações puramente internas, não podendo por isso excluir-se, com base unicamente no direito da União, a existência de situações de discriminação inversa[1582].

1153. Também as sociedades, mesmo quando não constituídas por nacionais de Estados membros, podem gozar do direito de estabelecimento. Nos termos do artigo 54.° TFUE, consideram-se sociedades as entidades «constituídas em conformidade com a legislação de um Estado membro e que tenham a sua sede social, administração central ou estabelecimento principal na União». O Tratado de Lisboa incluiu, ainda, uma

[1580] Sobre estas liberdades, num contexto concreto, Marta Borges/Ann Vyvermann, «Jurisprudência crítica – livre circulação de advogados na U.E.», *Temas de Integração*, 2.° vol., 1.° semestre de 1997, pp. 191-217.

[1581] Acórdão *Claude Gullung c. Conseils de l'ordre des avocats du barreau de Colmar et de Saverne*, de 19.1.1988, Colect., pp. 111 e ss.

[1582] Entre nós, Abel Laureano, *Discriminação inversa na Comunidade Europeia (o desfavorecimento dos próprios nacionais na tributação indirecta)*, Quid Juris, Lisboa, 1997, pp. 18-20, 29-72 e, em particular, 58-64.

disposição específica relativa à consagração do princípio da não discriminação em relação à participação financeira no capital de uma sociedade (artigo 55.° TFUE).

1154. O conceito de sociedade é entendido em sentido amplo. Dispõe o segundo parágrafo do mesmo artigo 54.° que, «[p]or "sociedades" entendem-se as sociedades de direito civil ou comercial, incluindo as sociedades cooperativas, e as outras pessoas colectivas de direito público ou privado, com excepção das que não prossigam fins lucrativos». Na formulação literal do tratado, ao conceito não pertencem apenas sociedades, em sentido estrito. Prova disso é que, além das sociedades (de direito civil ou comercial, cooperativas ou de direito público), o tratado reconhece a mesma liberdade a «outras pessoas colectivas» (de direito público ou privado). Há apenas uma categoria de pessoas colectivas excluídas do direito de estabelecimento: as «que não prossigam um fim lucrativo», as pessoas colectivas de fim desinteressado, que realizem actividade económica gratuita. Na concepção do tratado, todas as pessoas colectivas de fim lucrativo ficavam abrangidas pela liberdade de estabelecimento, contanto que preenchessem um critério de cariz jurídico-formal:

- Fossem constituídas de acordo com a legislação de um Estado membro; e
- Tivessem a sua sede social, administração central ou estabelecimento principal num Estado membro (basta o preenchimento de um destes três factores de conexão).

1155. Dado o patente liberalismo de uma tal solução[1583], os programas gerais adoptados pelo Conselho em 1961 (em cumprimento do disposto no então artigo 54.° CEE) introduziram um critério suplementar, nos termos do qual, quando a sociedade apenas tenha na Comunidade a sua sede social, é necessário que «a sua actividade apresente uma conexão efectiva e contínua com a economia de um dos Estados membros»[1584]. O

[1583] Como explicavam já em 1983 Goldman/Lyon-Caen (*Droit Commercial Européen*, 4.ª ed., Dalloz, Paris, 1983, p. 205), *«o tratado de Roma escolheu [o critério] mais liberal. Resulta que a constituição da sociedade segundo a lei de um Estado membro e a fixação, nos estatutos, de uma sede no interior da Comunidade bastam para que essa assimilação [a uma pessoa singular nacional de um Estado membro] se possa aplicar; pouco importa que a sociedade seja inteiramente controlada por nacionais de países terceiros, ou que tenha a sua sede social real fora da Comunidade. (...) Essa solução é de um liberalismo excessivo»*.

[1584] A. Souto de Miranda, *Temas de direito comunitário*, *cit.*, pp. 136-137.

objectivo era o de evitar que a mera escolha de uma sede estatutária no interior da União Europeia fosse suficiente para permitir a uma qualquer sociedade beneficiar do princípio da liberdade económica no espaço da União. Deste modo, não era suficiente a nacionalidade de um Estado membro de membros dos órgãos sociais ou de titulares do capital social da sociedade em causa. Já suficiente se afigurava o facto de a empresa ter um estabelecimento (principal ou secundário) num Estado membro.

1156. O direito de estabelecimento não foi automaticamente reconhecido desde os primórdios da Comunidade, hoje União Europeia. Em termos genéricos, o primitivo artigo 52.° CEE previa que as restrições à liberdade de estabelecimento seriam progressivamente suprimidas durante o período de transição, prevendo o então artigo 54.° CEE a adopção pelo Conselho de um programa geral[1585] que seria implementado através da adopção de directivas. Estes «programa» e «directivas» cumpriam duas funções essenciais, no entender do Tribunal de Justiça: eliminar os obstáculos existentes durante o período de transição e facilitar o exercício efectivo da liberdade de estabelecimento[1586]. Um tal entendimento levou o Tribunal de Justiça, após o termo do período de transição, a declarar o efeito directo da norma do actual artigo 49.° TFUE, no acórdão *Reyners*[1587].

[1585] Aprovados pelo Conselho em 18.12.1961 – JO, n.° 2, de 15.1.1962.

[1586] Como dirá o Tribunal de Justiça, *«no sistema do capítulo relativo ao direito de estabelecimento, o 'programa geral' e as directivas previstas pelo Tratado são destinadas a cumprir duas funções: eliminar, durante o período de transição, os obstáculos à realização da liberdade de estabelecimento; a segunda, introduzir, na legislação dos Estados membros, um conjunto de disposições destinadas a facilitar o exercício efectivo dessa liberdade, com o objectivo de favorecer a interpenetração económica e social no interior das Comunidades no domínio das actividades não assalariadas»*. Assim, o termo do período de transição constituía uma data-limite para a eliminação dos obstáculos, pelo que, após o seu termo, deve implementar-se a *«norma do tratamento nacional, na medida em que esta é doravante consagrada pelo próprio Tratado com eficácia directa»*.

[1587] Acórdão *Jean Reyners c. Reino da Bélgica*, de 21.6.1974, proc. 2/74, Colect., pp. 325 e ss. Como aí se dizia, *«[e]stabelecendo para o termo do período de transição a realização da liberdade de estabelecimento, o artigo 52.° prevê assim uma obrigação de resultado concreta, cuja execução deveria ser facilitada, mas não condicionada, pela implementação de um programa de medidas progressivas»* (n.° 26). E, mais adiante, diria mesmo, de modo excessivo, que, *«[c]om efeito, depois do termo do período de transição, as directivas previstas pelo capítulo relativo ao direito de estabelecimento tornaram-se supérfluas...»* (n.° 30).

1157. As normas relativas ao direito de estabelecimento foram reformuladas com os tratados de Maastricht e de Amesterdão. O primeiro prevendo que a adopção de directivas – tanto no então artigo 44.° como no então artigo 47.° CE – se faria através do procedimento de co-decisão e o segundo renumerando (nos termos já referidos, com supressão do anterior artigo 53.°) e alterando de modo formalmente significativo a redacção das mesmas normas. O Tratado de Lisboa alterou estas disposições, quer renumerando-as uma vez mais, quer submetendo a normação da União a processo legislativo ordinário (artigos 50.°, 51.°, 52.°, n.° 2, ou 53.°, n.° 1 TFUE). As directivas a que se referem os artigos 50.°, 52.°, n.° 2, e 53.°, n.° 1, todos do TFUE, continuam a ter uma grande utilidade. Estas últimas visam facilitar o exercício do direito de estabelecimento[1588], através da consagração de regras harmonizadas em dois grandes domínios:

- A coordenação das disposições nacionais relativas ao acesso ou ao exercício das actividades num Estado membro (n.° 1, *in fine*, do artigo 53.° TFUE);
- O reconhecimento mútuo dos diplomas, certificados e outros títulos (n.° 1, 1.ª parte, do artigo 53.° TFUE).

1158. A adopção destas directivas permite uma melhor equiparação entre o tratamento dado aos profissionais independentes nos diversos Estados membros, sobretudo nos casos (frequentes) em que o acesso ou o exercício de uma determinada actividade independente supõe a posse de um determinado diploma, certificado ou título. Nestes casos, as directivas permitem assegurar o respeito pelas razões de fundo que estão na base das exigências imperativas que condicionam o acesso ou o exercício de uma certa profissão num Estado membro.

1159. Para tanto, foram adoptadas directivas específicas para certas profissões regulamentadas e, no quadro da implementação do mercado interno, verificou-se mesmo a adopção de directivas de alcance genérico, quer dizer, não dirigidas apenas a uma determinada profissão regulamentada ou mesmo a uma certa área de actividade independente, hoje em grande medida fundidas na Directiva 2005/36/CE[1589].

[1588] No caso das profissões médicas, paramédicas e farmacêuticas, as directivas são mesmo condição prévia para a eliminação progressiva das restrições (n.° 3 do artigo 47.°) – ver J. M. Coutinho de Abreu/M. Gorjão-Henriques, «Livre circulação de médicos e conhecimentos linguísticos», *cit.*

[1589] Agradecemos de modo especial a preciosa indicação recebida da prof. Sofia

1160. A Directiva 2005/36/CE estabelece, no seguimento das directivas anteriores, um regime geral (artigo 10.°), no qual os Estados membros são livres de fixar o nível mínimo de qualificações necessárias para garantir a qualidade dos serviços prestados no seu território no âmbito de profissões regulamentadas[1590], reconhecendo ao mesmo tempo as qualificações adquiridas pelo prestador noutro Estado membro[1591]. O princípio do reconhecimento inerente ao regime geral aplica-se às formações obtidas noutros Estados membros mas não abrange o reconhecimento dos reconhecimentos obtidos noutro Estado membro. Isto é, a lógica de reconhecimento é sempre essencialmente bilateral, impondo um diálogo – eventual – entre o Estado membro onde a qualificação foi obtida e o Estado membro onde o prestador pretende o reconhecimento da qualificação em causa. A razão é, sobretudo, a de impedir que, através do reconhecimento obtido num outro Estado membro, um profissional possa, só por isso, beneficiar no Estado membro onde obteve as suas qualificações de uma vantagem face aos profissionais que obtiveram a mesma formação nesse Estado[1592]. Outra carac-

Oliveira Pais a propósito de um aspecto da 5.ª edição referente à agora Directiva 2005//36/CE do Parlamento Europeu e do Conselho, de 7 de Setembro de 2005, relativa ao reconhecimento das qualificações profissionais (JO, L 255, de 30.9.2005, pp. 22-142) que, no seu artigo 62.°, revoga um conjunto significativo de directivas relativas a formações específicas ou a sistemas gerais de reconhecimento de formações [«77/452/CEE, 77/453/CEE, 78/686/CEE, 78/687/CEE, 78/1026/CEE (arquitecto), 78/1027/CEE, 80/154/CEE, 80/155/CEE, 85/384/CEE, 85/432/CEE, 85/433/CEE, 89/48/CEE, 92/51/CEE, 93/16/CEE e 1999/42/CE). A directiva 2005/26/CE foi já objecto de duas rectificações e de cinco alterações (quanto a estas, v. Directiva 2006/100/CE do Conselho de 20.11.2006 – JO, L 363, de 20.12.2006, pp. 141; Regulamento (CE) n.° 1430/2007 da Comissão, de 5.12.2007 – JO, L 320, de 6.12.2007, pp. 3 –, o Regulamento (CE) n.° 755/2008 da Comissão de 31.7.2008 – JO, L 205, de 1.8.2008, pág. 10 –, pelo Regulamento (CE) n.° 1137/2008 do Parlamento Europeu e do Conselho, de 22.10.2008 – JO, L 311, de 21.11.2008, pp. 1 –, e pelo Regulamento (CE) n.° 279/2009 da Comissão, de 6.4.2009 – JO, L 93, de 7.4.2009, pp. 11-12).

[1590] Para o conceito de "profissão regulamentada", v. artigo 3.°, n.° 1, alínea *a)*, da Directiva: «a actividade ou conjunto de actividades em que o acesso, o exercício ou a modalidade de exercício (ex:, o uso de título profissional) se encontram subordinadas à posse de determinadas qualificações profissionais».

[1591] Como resulta dos princípios gerais, os Estados membros podem, mesmo nesses casos, impor exigências específicas, desde que justificadas pelo interesse geral, designadamente regras de organização da profissão, normas deontológicas e/ou de responsabilidade.

[1592] Não será o caso, evidentemente, dos profissionais que obtenham qualificações profissionais suplementares no Estado membro de acolhimento, pois são esssas qualificações suplementares que fundarão então a decisão de reconhecimento (das concretas e suplementares qualificações que tiverem sido obtidas).

terística do regime geral é a sua aplicação subsidiária (artigo 2.°, n.° 3[1593]) aos casos que não são objecto de disposições específicas de harmonização e também às situações abrangidas por disposições concretas, quando o profissional em causa não cumprir as condições resultantes desse regime específico. Para certas actividades, a Directiva prevê um reconhecimento automático baseado numa experiência profissional suficientemente longa e recente (v. artigos 17.° a 20.°).

1161. A Directiva 2005/36/CE cria ainda vários procedimentos que visam favorecer a interpenetração das actividades e a circulação dos profissionais, mormente "plataformas comuns", "redes de contactos" e até a "criação de carteiras profissionais a nível europeu". Apesar de a Directiva se aplicar às profissões liberais (artigo 2.°)[1594] que tenham a natureza de profissão regulamentada, como é o caso dos advogados, por exemplo, isso não invalida o reconhecimento de que parte significativa das disposições que regem o exercício dessas actividades são estabelecidas pelos Estados membros ou pelas associações representativas, como forma de assegurar «o profissionalismo, a qualidade do serviço e a confidencialidade das relações com os clientes». Numa situação de relativa excepção estão ainda as profissões que exigem formação em «matérias substancialmente diferentes das que são abrangidas pelo título de formação exigido no Estado membro de acolhimento» (artigo 14.°, em especial n.° 1, 2 4), nas quais os Estados membros são livres de poder impor que o requerente do direito de estabelecimento opte por realizar estágio de adaptação ou prova de aptidão. Já no caso de profissões que exijam conhecimentos específicos do direito nacional, o Estado pode impor uma das duas soluções (artigo 14.°, n.° 3)[1595].

[1593] As disposições da Directiva 2005/36/CE funcionam como *lex generalis*, cedendo perante qualquer *lex specialis*.

[1594] «Profissões exercidas com base em qualificações profissionais específicas, a título pessoal, sob responsabilidade própria e de forma independente por profissionais que prestam serviços de carácter intelectual, no interesse dos clientes e do público em geral» (preâmbulo da Directiva, § 43).

[1595] Não se esqueça que algumas das profissões jurídicas estão legitimamente reservadas aos nacionais (*infra*), enquanto outras são hoje em dia objecto de directivas comunitárias específicas (pense-se nos advogados). Sobre as directivas relativas aos advogados, Pedro Cabral, «Algumas considerações sobre a livre circulação dos advogados na Comunidade Europeia à luz da nova directiva 98/5/CE do Parlamento Europeu e do Conselho», *ROA*, ano 59, 1999, pp. 589-664.

1162. Entre as condições para o reconhecimento das qualificações está a detenção dos «conhecimentos linguísticos necessários para o exercício da profissão no Estado membro de acolhimento» (artigo 53.° da Directiva[1596]).

1163. Uma vez obtido o reconhecimento, o beneficiário estará sujeito ao princípio do tratamento nacional (artigo 4.°). Aliás, em geral, toda a construção do direito de estabelecimento na União Europeia visa assegurar o respeito integral pelo princípio da não discriminação em razão da nacionalidade, que assume – também aqui – um papel estruturante. Para lá da sua afirmação reiterada no artigo 18.° TFUE, o mesmo resulta das próprias normas que especificamente curam da liberdade de estabelecimento, maxime dos artigos 49.° e seguintes TFUE. Fundamental para a afirmação deste princípio e, podemos dizê-lo, para a efectividade desta liberdade, foi também a actuação doutrinal do Tribunal de Justiça. Não se pode esquecer que no acórdão *Reyners* estava sobretudo em causa a garantia (ou não) do princípio do tratamento nacional ou da não discriminação em razão da nacionalidade. O Tribunal de Justiça, colocado perante um obstáculo ao estabelecimento como advogado na Bélgica de um cidadão neerlandês que havia obtido a sua formação jurídica na própria Bélgica, por a *Ordre National des Avocats* reservar essa profissão para os nacionais belgas[1597], esta instância não só qualificou tal impedimento como discriminatório como, na construção do princípio, afirmou que «a norma do tratamento nacional constitui uma das disposições jurídicas fundamentais da Comunidade» (cons. 24), prevalecendo um seu entendimento que praticamente a faz coincidir com uma regra de tratamento nacional[1598] de que podem beneficiar imediatamente os nacionais de outros Estados membros e a que, por isso, se reconhece efeito directo.

4.2.2. *Restrições e Domínios de Excepção*

1164. O direito de estabelecimento conhece domínios de restrição e mesmo de excepção. As restrições estão previstas no artigo 52.° TFUE,

---

[1596] Sem mais especificação, na Directiva – sobre o assunto, v. J. M. Coutinho de Abreu/M. Gorjão Henriques, «Livre circulação de médicos e conhecimentos linguísticos», *cit.*, pp. 193 e ss..

[1597] Extensível aos nacionais de outros países sob certas condições, entre as quais se contava o princípio da reciprocidade (e a lei dos Países Baixos igualmente reservava para os nacionais o exercício desta profissão).

[1598] Diversamente do que sucede no capítulo da livre prestação de serviços.

devendo basear-se nas disposições nacionais dirigidas aos estrangeiros e ser «justificadas por razões de ordem pública, segurança pública e saúde pública» (n.° 1)[1599].

1165. As **excepções** possíveis estão abstracta e genericamente previstas no artigo 51.° TFUE. É curioso assinalar que este artigo prevê dois tipos de excepção. A primeira resulta da natureza de certas actividades, ligadas ao exercício da autoridade pública (§ 1) e que, por isso, não estão sequer abrangidas pelo âmbito da liberdade[1600], mas a segunda depende exclusivamente do voluntarismo do Conselho, sem qualquer circunscrição material (§ 2). Tem um relevo especial a interpretação do domínio de excepção descrito no § 1 do artigo 51.° TFUE, de acordo com o qual «[a]s disposições do presente capítulo não são aplicáveis às actividades que, num Estado membro, estejam ligadas, mesmo ocasionalmente, ao exercício da autoridade pública». O sentido deste domínio de excepção não é inequívoco. Para alguns, só estariam abrangidas as actividades que envolvessem o «exercício de prerrogativas de poder público, exorbitantes do direito comum». O prof. MOTA DE CAMPOS, no volume III do seu clássico *Direito Comunitário*, formulava uma orientação geral que abrangia no conceito «qualquer tarefa ou missão que por sua natureza incumbe aos poderes públicos, ainda que exercida por pessoa que não sendo funcionário público, cumpre tais funções por força de investidura ou por delegação de poderes públicos»[1601].

[1599] Remete-se aqui, substancialmente, para o tratamento que da mesma matéria se fez em relação à liberdade de circulação dos trabalhadores.

[1600] Parece ser este o entendimento do advogado-geral Pedro Cruz Villalón, nas conclusões apresentadas a 14 de Setembro de 2010 no proc. *Comissão c. Portugal*, proc. C-52/08, relativo à profissão de notário e ao alegado incumprimento da Directiva 2005/36/CE, n.° 29. No caso, o advogado-geral considerou que, como a função de autenticação constitui o núcleo essencial da função notarial em Portugal, «o notariado, visto como um todo, participa directa e especificamente no exercício da autoridade pública» (n.° 49). Seja como for, as conclusões do advogado-geral são suficientemente equívocas, pois, dando razão a Portugal, parecem fazê-lo considerando a insuficiência da argumentação da Comissão Europeia, por seu turno justificada por um aspecto não valorado pelo advogado-geral: a circunstância de, nos domínios harmonizados, o incumprimento ser aferido por referência à norma de harmonização e não já ao direito originário. Sobre esta matéria, entre nós, João Nuno Calvão da Silva, «Nationality as a requisite for Access to the notary public profession and non-transposition of the directive relative to the portuguese state's recognition of professional qualifications», in *Revista do Notariado*, n.° 1, 2009, pp. 87-107, com referências a este e outros processos.

[1601] Páginas 412 e 413. O conhecido professor não repetiu uma tal fórmula no *Manual de Direito Europeu*, *cit.*, p. 588, mas remete expressamente para aquele volume.

1166. Deve entender-se que não basta a prática casual de actos de autoridade pública – por exemplo, não basta o contacto ocasional com tribunais –, como pode suceder na advocacia. Assim o reconhecia o Tribunal de Justiça no já citado acórdão *Reyners*, ao dizer que a reserva do artigo 51.° TFUE engloba apenas as actividades «que, por si só consideradas, constituem uma participação directa e específica no exercício da autoridade pública»[1602], só abrangendo uma profissão inteira se «as actividades assim consideradas se encontrassem de tal forma ligadas a esse exercício que a liberalização do estabelecimento teria por efeito impor ao Estado membro interessado a obrigação de admitir o exercício, mesmo ocasional, por parte de não nacionais, de funções inerentes à autoridade pública»[1603]. Pensamos que, na sua resposta, o Tribunal de Justiça se guiou igualmente por um critério de proporcionalidade, não só pela referência anterior, mas também quando continuou dizendo que «não se pode admitir tal extensão quando, no âmbito de uma profissão liberal, actividades que estejam eventualmente ligadas ao exercício da autoridade pública constituam um elemento cindível do conjunto da actividade profissional em causa». Razão pela qual excluiu que as «actividades mais típicas da profissão de advogado», ainda quando as suas «prestações profissionais impliquem contactos, mesmo regulares e orgânicos, com os órgãos jurisdicionais, mediante a participação, mesmo obrigatória, no seu funcionamento, não constituem uma participação no exercício da autoridade pública»[1604], pois não interferem «com a apreciação da autoridade jurisdicional e o livre exercício do poder jurisdicional».

1167. Quanto ao mais, valem aqui os limites gerais já expostos na liberdade de circulação de mercadorias, segundo os quais as medidas nacionais restritivas das liberdades fundamentais asseguradas pelo Tratado só podem justificar-se se preencherem cumulativamente as seguintes condições:

- Carácter não discriminatório;
- Justificação à luz de razões imperativas de interesse geral;
- Proporcionalidade.

[1602] N.° 45.

[1603] Sobre o exercício de distinção entre «actividades» e «profissão», *vide* as conclusões do advogado-geral Mayras neste mesmo processo.

[1604] Entre estas, o Tribunal mencionou as actividades de consultoria, assistência jurídica e a representação e defesa das partes em juízo.

1168. A proposta inicial de Directiva relativa aos serviços no mercado interno (já acima referida) continha, em relação ao chamado direito de estabelecimento, disposições que estabeleciam proibições absolutas e outras que impunham uma avaliação pelos Estados membros e pela Comissão de restrições que poderiam justificar-se à luz da tradicional jurisprudência dos tribunais da União referida no ponto anterior[1605] (artigo 15.° da proposta). Deve dizer-se que o elenco de matérias abrangidos pelo princípio de proibição previsto no artigo 14.° ía mais longe do que a própria jurisprudência dos tribunais da União[1606] e, por certo, do que a generalidade das legislações vigentes nos Estados membros. Entre as exigências constantes da "lista negra" do artigo 14.° contavam-se exigências relativas:

- a) À nacionalidade do prestador, do seu pessoal, de titulares do capital social ou de membros de órgãos sociais;
- b) À residência no seu território das mesmas pessoas;
- c) Ao estabelecimento principal no seu território;
- d) À inscrição, durante um determinado período, num determinado organismo nacional, ou ao exercício da actividade, igualmente durante um determinado período, no território nacional.

1169. Já estariam abrangidas pelo mecanismo de avaliação do artigo 15.° da proposta as exigências e requisitos que se admitia poderem ser mantidos, após um procedimento de avaliação que implicaria o Estado membro interessado, a Comissão e todos os restantes Estados membros. Com efeito, a manutenção de tais requisitos ou exigências deveria ser devidamente justificada pelo Estado (por razões imperativas de interesse geral e à luz dos princípios da proporcionalidade e necessidade) e estaria sujeita a avaliação por parte dos restantes Estados membros e da Comissão, apenas podendo manter-se se for declarada conforme com o direito da União Europeia. Entre as condições restritivas a que o artigo 15.° se referia contavam-se, nomeadamente:

[1605] Apesar do carácter exemplificativo que assume e da natureza não vinculativa do preâmbulo, não pode deixar de notar-se a ausência, no considerando 29 do preâmbulo, ao arrepio da própria jurisprudência dos tribunais comunitários, de qualquer referência, entre outras, a razões de defesa da saúde pública ou à garantia de um elevado nível de protecção da saúde como «razões imperiosas de interesse geral» susceptíveis de justificar restrições à livre prestação de serviços.

[1606] Ver, entre os mais recentes, o acórdão *Comissão c. Itália*, de 13.2.2003, C-131/01.

- a) Restrições territoriais ou quantitativas ao estabelecimento, designadamente as que imponham limites ao estabelecimento de empresas de acordo com critérios populacionais ou geográficos;
- b) Restrições quanto à forma jurídica de determinada empresa;
- c)Exigência de determinada qualificação profissional específica para deter o capital de determinadas sociedades;
- d) Tarifas obrigatórias mínimas e/ou máximas que o prestador deve respeitar; ou a
- e) Obrigação de o prestador fornecer, em conjunto com o serviço principal, outros serviços específicos.

4.3. *Livre Prestação de Serviços*

4.3.1. *Noção e Âmbito*

1170. A Comunidade Económica Europeia também pretendia garantir a liberdade de prestação dos serviços em sentido estrito. Para lá de ser uma componente fundamental do objectivo do mercado comum e do mercado interno (artigo 26.°, n.° 2 TFUE), a realização da livre prestação é objecto de um capítulo próprio no tratado, entre os artigos 56.° e 62.° TFUE[1607].

1171. Desta liberdade há que referir, em primeiro lugar, a sua frequente qualificação pela doutrina como residual, supletiva ou subsidiária. Tais asserções são essencialmente justificadas pela redacção do artigo 57.°, nos seus §§ 1 e 3, TFUE. No primeiro, dá-se uma definição do âmbito de aplicação material do capítulo: «Para efeitos do disposto nos tratados, consideram-se "serviços" as prestações realizadas normalmente mediante remuneração, na medida em que não sejam reguladas pelas disposições relativas à livre circulação de mercadorias, de capitais e de pessoas». Por seu turno, embora com intencionalidade diversa, o § 3 da mesma norma delimita uma situação de aplicação do presente capítulo «sem prejuízo do disposto no capítulo relativo ao direito de estabelecimento».

1172. O carácter enumerativamente residual e objectivamente subsidiário das normas do tratado relativas à livre prestação de serviços – em

---

[1607] Antes de Amesterdão, artigos 59.° a 66.°.

paralelo com a diversidade dos regimes aplicáveis – impõe que se distinga a livre prestação de serviços do direito de estabelecimento e até (embora aqui seja mais fácil) da livre circulação de trabalhadores. A distinção entre o direito de estabelecimento e a livre prestação de serviços assenta primacialmente no carácter permanente ou transitório da actividade desenvolvida[1608]. Embora seja um elemento a ter em conta, não é decisiva a instalação no território do Estado do destinatário da prestação – através de um escritório, gabinete ou outra infra-estrutura[1609] – nem a duração da prestação. O que importa é saber se o centro da actividade do prestador se situa no Estado do destinatário da prestação (Estado de acolhimento) ou se mantém no seu Estado de estabelecimento. Mais simples é a distinção em relação à livre circulação de trabalhadores. Na livre prestação de serviços, o prestador actua com independência e assume o risco económico da sua actividade.

1173. Nos termos já expressos, o tratado define «serviços» de modo bastante amplo. A definição de "serviços" como todas as «prestações realizadas normalmente mediante remuneração» poderia abranger quer a actividade assalariada (coberta pelas normas relativas à livre circulação dos trabalhadores) quer a actividade independente a título permanente (abrangida pelo direito de estabelecimento), se não fossem as importante considerações anteriores. Para significar a amplitude máxima conferida à noção de «serviços» é sintomática a redacção do § 2 do mesmo artigo 57.°, que enumera exemplificativamente as actividades que constituem serviços (industriais, comerciais, artesanais e de profissões liberais).

1174. Há alguns domínios que são objecto de disposições específicas: os transportes, os serviços bancários e de seguros (artigo 58.°).

[1608] Luigi Daniele, *Il diritto materiale della comunità economica europea*, *cit.*, p. 52. No dizer do Tribunal de Justiça, "*o carácter «temporário» do exercício de uma actividade no Estado-Membro de acolhimento, na acepção do artigo 50.°, terceiro parágrafo, CE, deve ser apreciado não apenas em função da duração da prestação, mas também em função da sua frequência, periodicidade ou continuidade, e que a noção de «estabelecimento» na acepção do Tratado implica a possibilidade de um nacional comunitário participar, de modo estável e contínuo, na vida económica de um Estado-Membro diferente do seu Estado de origem*", pelo que "*[o] critério decisivo para efeitos da aplicação do capítulo do Tratado CE relativo aos serviços a uma actividade económica é a inexistência de carácter estável e contínuo da participação do interessado na vida económica do Estado-Membro de acolhimento.*" (acórdão *Comissão c. Itália*, de 3.2.2003, proc. C-131/01, Colect. I-1659, n.os 22-23).

[1609] Ver acórdão *Comissão c. Itália*, de 7.3.2002, proc. C-145/99, cons. 22.

1175. Como salienta Souto de Miranda[1610], a noção de serviços dada pelo tratado não corresponde totalmente às noções que resultam da teoria económica, que abrange a totalidade do sector terciário. Além disso, segundo este Autor, uma interpretação literal do artigo [56.° TFUE] conduziria à sua aplicação apenas aos serviços prestados por nacionais de um Estado membro num Estado membro diferente do Estado do destinatário da prestação[1611]. O mesmo Autor identifica quatro formas de prestação de serviços abrangidas pelo tratado:

- A deslocação do prestador ao país do destinatário da prestação;
- A deslocação do destinatário da prestação ao país do prestador;
- A deslocação do objecto ou suporte em que se materializa a prestação;
- A emissão de sinais magnéticos, digitais ou outros[1612].

1176. Em síntese, a noção proposta é a de «prestação a que corresponde uma vantagem de carácter económico, ainda que não correlativa, efectuada a partir de um estabelecimento num Estado membro e recebida num outro Estado membro por nacionais de qualquer Estado membro e que não seja abrangida por quaisquer outras disposições» relativas às liberdades de circulação.

1177. Apenas uma última precisão. Quando o tratado refere a existência de uma remuneração, não se exprime incorrectamente, dado que não impõe que a prestação co-envolva necessariamente uma tal remuneração, pelo menos directa, como resulta da utilização da expressão «normalmente».

1178. Os beneficiários da livre prestação de serviços são, também aqui, os nacionais dos Estados membros. O tratado é explícito nessa afirmação, não só no primeiro parágrafo do artigo 56.° TFUE, mas também no segundo parágrafo da mesma norma, que prevê a «extensão» da liberdade de prestação de serviços aos «prestadores de serviços nacionais de um Estado terceiro e estabelecidos na União».

1610 No seu estudo, já aqui citado, pp. 125 e ss.

1611 Uma tal interpretação esbarraria, de qualquer modo, no disposto no terceiro parágrafo do artigo 50.° («*Sem prejuízo do disposto no capítulo relativo ao direito de estabelecimento, o prestador de serviços pode, para a execução da prestação, exercer, a título temporário, a sua actividade no Estado onde a prestação é realizada...*»).

1612 *Ob. cit.*, p. 130.

1179. O âmbito pessoal desta liberdade sofre ainda outra constrição. Mesmo os nacionais de Estados membros só podem usufruir destas disposições se estiverem estabelecidos num Estado membro da União (artigo 56.°, § 1 TFUE)[1613]. Também as pessoas colectivas beneficiam desta liberdade, nos mesmos exactos termos que gozam do direito de estabelecimento (artigo 54.°, aplicável *ex vi* artigo 62.° TFUE).

1180. O âmbito pessoal dos beneficiários da livre prestação de serviços sofreu uma ampliação substancial ainda por um outro factor: o reconhecimento normativo (através de directiva) e decisional (pela jurisprudência do Tribunal de Justiça), sobretudo a partir da década de 80, de que a liberdade de circulação dos serviços igualmente beneficiaria os destinatários de uma prestação de serviços[1614], como por exemplo os turistas[1615]. Esta ampliação leva mesmo a que se fale numa «presunção efectiva»[1616] de que aqueles que viajam para outro Estado membro caem no âmbito de aplicação do artigo 56.° TFUE.

1181. Finalmente, beneficiam destas disposições os familiares do nacional de um Estado membro, resultando isso não apenas do princípio da não discriminação em razão da nacionalidade – permitindo que a liberdade de circulação não fique condicionada pela eventual nacionalidade terceira do cônjuge – mas do respeito pelo direito fundamental à vida privada (acórdão *Carpenter*)[1617].

1182. A realização da livre prestação de serviços estava igualmente prevista para o termo do período de transição. Como aconteceu com as outras «liberdades», também a livre circulação de serviços muito beneficiou da actividade judicativa dos órgãos jurisdicionais da União (tribunais da União e nacionais), bem como da intervenção dos órgãos da União. Se a liberdade se encontrava dependente de uma efectivação normativa du-

---

[1613] Um português estabelecido nos Estados Unidos ou no Brasil não pode invocar o tratado para poder prestar serviços num qualquer Estado membro (por exemplo em Espanha).

[1614] A. Goucha Soares, *A livre circulação de pessoas na Europa comunitária – alargamento jurisprudencial do conceito*, Lisboa, Fragmentos, 1990.

[1615] Acórdão *Graziana Luisi e Giuseppe Carbone c. Ministério do Tesouro*, de 31.1.1984, procs. 286/82 e 26/83, Rec., 1984, pp. 377.

[1616] Barry Doherty, «Bickel – extending the boundaries of European Citizenship», *Irish Journal of European Law*, vol. 8, 1999, n.os 1 e 2, p. 77.

[1617] Acórdão *Mary Carpenter c. Secretary of State for the Home Department*, de 11.7.2002, proc. C-60/00, Colect., I-6279.

rante o período de transição, logo após o seu termo o Tribunal de Justiça interveio, em sede de reenvio prejudicial, para proclamar também aqui a invocabilidade imediata das normas do artigo 56.° TFUE.

4.3.2. *Restrições e Domínios de Excepção*

1183. As normas sobre restrições e excepções ao direito de estabelecimento (artigos 51.° e 52.° TFUE), bem como as normas relativas às directivas de coordenação e reconhecimento mútuo de diplomas no direito de estabelecimento (artigo 53.°) aplicam-se à livre prestação de serviços, por força do disposto no artigo 62.° TFUE.

1184. Um pouco à imagem do que sucede na livre circulação de mercadorias, o Tribunal de Justiça admite que, na falta de regulamentação da União, podem ser feitas pelos Estados membros certas exigências específicas[1618] desde que:

- Justificadas pelo interesse geral[1619];
- Indistintamente aplicáveis (formalmente não discriminatórias);
- Não seja exigida a submissão no país de origem a regras comparáveis;
- As medidas se justifiquem à luz do princípio da proporcionalidade.

1185. No domínio da livre prestação de serviços, o princípio da não discriminação tem um alcance diverso do que lhe é reconhecido no quadro

---

[1618] Questão diversa é a de saber se o Tribunal de Justiça deve aplicar neste domínio a fórmula enunciada para as mercadorias no acórdão *Keck e Mithouard* (sobre esta *transposição*, entre nós, J. L. Cruz Vilaça, «An exercise on the application of *Keck and Mitohouard* in the field of the free provision of services», *Mélanges Michel Waelbroeck*, *cit.*, pp. 797-816).

[1619] Certas formas de controlo da actividade ou a interdição de certas formas de publicidade, por exemplo televisiva (acórdão *Comissão c. Países Baixos*, de 25.7.1991, proc. C-353/89, Colect. I-4069). Também sintomático é o acórdão *Schindler*, de 24.3.1994, proc. C-275/92, Colect. I-1039, n.° 58, que declara a relevância de valores de «*protecção dos destinatários do serviço e, mais geralmente, dos consumidores, e ainda com a protecção da ordem social. O Tribunal de Justiça já decidiu que estes objectivos se incluíam naqueles que podiam justificar restrições à livre prestação de serviços (v. acórdãos de 18 de Janeiro de 1979,* Van Wesemael, *110/78 e 111/78, Recueil, p. 35, n. 28; de 4 de Dezembro de 1986,* Comissão/França, *220/83, Colect., p. 3663, n. 20; de 24 de Outubro de 1978,* Société général alsacienne de banque, *15/78, Recueil, p. 1971, n. 5)*».

do direito de estabelecimento. Se não discriminação fosse sinónimo de tratamento nacional, poderia ficar seriamente prejudicada a realização plena e efectiva da liberdade de prestação de serviços. Daí que, desde muito cedo, o Tribunal de Justiça tenha reconhecido a necessidade de dispensar certas exigências que os Estados membros podem legitimamente impor aos seus nacionais e aos nacionais de outros Estados membros, nas restantes manifestações da liberdade de circulação.

1186. Tal aconteceu de modo paradigmático no acórdão *Van Binsbergen*[1620], onde o Tribunal respondia a questões colocadas pelo *Centrale Raad van Beroep* (tribunal neerlandês de segunda instância em matéria de segurança social). Neste importante aresto, para lá de afirmar o efeito directo do artigo [56.°] e do terceiro parágrafo do artigo [57.° TFUE] (considerando 27), o Tribunal contribuiu para a determinação das situações em que os Estados membros podem impor certas condições à prestação de serviços no seu território por parte de nacionais de outros Estados membros. Assim, se o Tribunal de Justiça não exclui a licitude da imposição de certas «condições específicas resultantes da aplicação de regras profissionais justificadas pelo interesse geral» – vide, regras deontológicas –, considera em geral incompatível, por frustar o efeito útil da norma, a condição de residência no Estado onde o serviço é prestado[1621], salvo nas situações em que tal norma seja objectivamente necessária para assegurar a observância de regras profissionais relacionadas com o exercício da prestação de serviços[1622]. Estabelece-se por isso, logo aqui, a dis-

---

[1620] Acórdão de 3.12.1974, Proc. 33/74, Colect., pp. 543 e ss. Os factos do processo eram simples: o Senhor Johannes Henricus Maria van Binsbergen, residente nos países Baixos, conferiu um mandato judicial ao Sr. Kortmann, consultor jurídico, para o representar num litígio com a Associação Profissional de Indústria Metalúrgica dos Países Baixos. Ora, entretanto, o seu mandatário mudou a sua residência dos Países Baixos para a Bélgica, tendo sido a partir daí que se dirigiu à autoridade judiciária. Perante a recusa do tribunal em aceitá-lo como mandatário do Sr. van Binsbergen, Kortmann contesta a reserva que a lei neerlandesa faz do patrocínio judiciário aos profissionais estabelecidos nos Países Baixos, demonstrando que divide a sua actividade entre a Bélgica e os Países Baixos, circunstância que levou o advogado-geral Mayras a apelidá-lo, simpaticamente, de «holandês voador».

[1621] De instalação profissional ou de obrigatoriedade de inscrição em certas ordens profissionais.

[1622] A situação que no caso o Tribunal considera é a dos auxiliares de justiça, em relação aos quais é lícito que as normas nacionais imponham a obrigação de ter uma *«residência profissional estável nas circunscrições de certos órgãos jurisdicionais»*, ainda que apenas quando tal se afigure objectivamente necessário (n.° 14). Se não for objectivamente

tinção entre as condições de acesso à actividade concreta de prestação dos serviços – submetidas às regras do país de origem – e as condições de exercício – regidas pelas regras do país de acolhimento.

1187. A proposta de Directiva relativa aos serviços no mercado interno, de 2004, fazia assentar todo o sector da prestação de serviços no princípio da aplicação da lei do país de origem (*home country control*), já válido por exemplo no sector financeiro, pelo qual um prestador de serviços fica submetido unicamente à lei do seu país de origem ou de estabelecimento (artigo 16.° da proposta), escapando ao controlo por parte do país onde vai prestar serviços.

1188. A este propósito, cumpre ainda fazer uma referência à Directiva 2005/36/CE, relativa ao reconhecimento das qualificações profissionais, a qual, na parte relativa à livre prestação de serviços, estabelece especificamente que o Estado membro de acolhimento dispensa os prestadores de serviços estabelecidos noutros Estados membros de exigências[1623] tais como a inscrição em organizações profissionais ou de segurança social, podendo no entanto impor declaração prévia escrita com indicação de titularidade de seguro ou outro instrumento de protecção contra a responsabilidade profissional[1624], bem como a prestação de determinadas informações ao destinatário do serviço[1625].

---

necessária, quer por o Estado não impor qualquer restrição ao exercício dessa actividade profissional, quer por poderem as preocupações legítimas dos Estados ser tuteladas através de meios menos proibitivos (diria: menos restritivos – se, por exemplo, fosse imposta a escolha de um domicílio onde pudesse ser recebida a correspondência judicial), uma tal medida já se tornaria ilegítima.

[1623] Artigo 6.° da Directiva, embora permita ainda alguma liberdade de restrição aos Estados membros.

[1624] Além de outros elementos, previstos no artigo 7.° da Directiva.

[1625] Artigo 9.° da Directiva.

5. A Livre Circulação de Capitais

5.1. *Considerações Gerais*

1189. A livre circulação de capitais constitui a «quarta» liberdade constitutiva do mercado comum e igualmente integrante do conceito de mercado interno (cfr. artigo 26.°, n.° 2 TFUE)[1626]. De entre as várias liberdades constitutivas do mercado interno, foi esta aquela cuja realização foi mais tardia[1627]. Prevista originariamente entre os artigos 67.° e 73.° do tratado CEE, normas substituídas em 1 de Janeiro de 1994[1628] pelos artigos 56.° a 60.° do Tratado CE (artigos 73.°-A a 73.°-G, aditados pelo tratado de Maastricht), as disposições relativas a esta liberdade constam hoje dos artigos 63.° a 66.° do TFUE.

1190. Constituindo uma das dimensões estruturantes do mercado interno (artigo 3.°, n.° 3, primeiro período, TUE – Lisboa; artigo 26.°, n.° 2 TFUE), a livre circulação de capitais é um dos domínios de competência partilhada entre a União Europeia e os Estados membros (artigo 4.°, n.° 2, alínea *a)* do TFUE), cujo exercício se rege pelo disposto no artigo 2.°, n.° 2, do mesmo TFUE (**princípio da preempção**).

1191. A liberdade de circulação de capitais tem um âmbito de aplicação a um tempo muito estendido e, a outro tempo, de aparente limitação e mesmo reserva estadual[1629]. As liberdades de circulação de capitais e

---

[1626] No seu *Manual*, o prof. J. Mota de Campos cura desta liberdade no quadro da «União Económica e Monetária», embora a 4.ª edição não chegue a tratar juridicamente esta liberdade, na nossa opinião (pp. 554-555 e 658-660).

[1627] Na doutrina comunitária, por todos, P. Juillard, in *Traité instituant la CEE – commentaire article par article*, (Constantinesco *et al.*, dir.), *cit.*, pp. 349-384; João Calvão da Silva, *Direito Bancário,* Almedina, Coimbra, 2001, pp. 127 e ss.

[1628] Era o que dispunha o então artigo 73.°-A, inserido pelo tratado de Maastricht.

[1629] Em geral, sobre esta liberdade, entre nós, com amplas indicações bibliográficas,

mercadorias excluem-se mutuamente. Uma moeda, ou se encontra sujeita à liberdade de circulação de capitais ou se encontra abrangida pela livre circulação de mercadorias (isto pode suceder, designadamente, em relação a moedas sem curso legal).

1192. A livre circulação de capitais abrange tanto os movimentos de capitais, entre Estados membros ou entre estes e países terceiros (artigo 63.°, n.° 1 TFUE), como a proibição estrita de restrições aos pagamentos (*idem*, n.° 2). Tal como sucede noutros domínios, não resulta directamente do tratado a definição do que se entenda por «movimentos de capitais» ou por «pagamentos». Na noção dada pela prof. Ana Paula Dourado, o conceito de "movimento de capital" «cobre qualquer transacção legal necessária para atingir a transferência de activos, incluindo investimentos de carteira entre Estados e diferentes tipos de investimento directo e estabelecimento, transferência relativas a contratos de seguros, constituição de sucursais e de filiais»[1630]. Constituem também movimentos de capitais, designadamente, a aquisição de acções ou de participações numa empresa, na bolsa ou fora desta.

1193. Não estando realizada na década de 80 do século passado, foi dado um impulso para a sua conclusão com o Livro Branco da Comissão relativo ao mercado interno. Deste modo, a concretização começou por ser feita através da Directiva n.° 88/361/CEE[1631], que previa a completa liberalização dos capitais em 1 de Julho de 1990, beneficiando Portugal (e os restantes «países da coesão»: Espanha, Irlanda e Grécia) de um prazo mais dilatado, até 1992[1632]. É de salientar que a Directiva 88/361/CEE caducou com a entrada em vigor do Tratado de Maastricht[1633]. O seu objecto era o

---

Patrícia Noiret Cunha, *A Tributação directa na jurisprudência do Tribunal de Justiça das Comunidades Europeias*, Coimbra Editora, Coimbra, 2006; e, claro, Ana Paula Dourado, *Lições de Direito Fiscal Europeu – Tributação Directa*, Wolters Kluwer/Coimbra Editora, 2010, em especial a pp. 93-153.

[1630] Ana Paula Dourado, *Lições de Direito Fiscal Europeu*, *cit.*, pp. 101.

[1631] Directiva do Conselho de 24 de Junho de 1988 relativa à execução do artigo 67.° do tratado CEE (JO, L 178, de 8.7.1988, p. 5).

[1632] Sobre a liberalização da circulação de capitais entre nós, leia-se a síntese de Manuel Porto, *Teoria da Integração*, *cit.*, p. 313.

[1633] Neste sentido, expressamente, Ana Paula Dourado, *Lições de Direito Fiscal Europeu*, *cit.*, pp. 95 e 100. Como foi já argumentado junto do Tribunal de Justiça, a Directiva 88/361/CEE foi adoptada ao abrigo de disposições do Tratado CE já revogadas (artigos 69.° e 70.°) e para dar execução a um artigo igualmente revogado do Tratado (o artigo

de assegurar a livre circulação dos movimentos de capitais e dos pagamentos correntes, bem como combater as discriminações em razão da nacionalidade.

1194. A caducidade da Directiva 88/361/CEE foi reconhecida pelo Tribunal de Justiça, desde logo no acórdão *Trummer e Mayer*[1634], apesar de manter válida, com valor indicativo (*soit disant* pois, na prática, o Tribunal de Justiça nunca dela se afastou...), a nomenclatura anexa à Directiva: «No entanto, na medida em que o artigo 73.°-B do Tratado CE retomou, no essencial, o conteúdo do artigo 1.° da Directiva 88/361, e embora esta tenha sido adoptada com base nos artigos 69.° e 70.°, n.° 1, do Tratado CEE, entretanto substituídos pelos artigos 73.°-B e seguintes do Tratado CE, a nomenclatura dos movimentos de capitais que lhe está anexa conserva o valor indicativo que tinha antes da sua entrada em vigor para efeitos da definição do conceito de movimentos de capitais, dado que, de acordo com a sua introdução, a lista que contém não apresenta natureza exaustiva»[1635].

1195. A realização formal da liberdade de circulação de capitais completou-se após a entrada em vigor do tratado de Maastricht e, em particular, após o início da vigência dos então artigos 56.° e seguintes do Tratado CE. Deve notar-se que a jurisprudência do Tribunal de Justiça já afirmou o efeito directo das normas sobre livre circulação de capitais (acórdão *Sanz de Lera*, de 1995)[1636].

5.2. *Restrições e Dominios de Excepção*

1196. Apesar de o tratado prever a completa realização da livre circulação de capitais, o certo é que subsistem diversos domínios em que os

67.°), mesmo antes do Tratado de Lisboa, como decorre indiscutivelmente do artigo G, 15) do Tratado da União Europeia, assinado em Maastricht a 7 de Fevereiro de 1992 (e em vigor desde 1 de Novembro de 1993).

[1634] Acórdão de 16.3.1999, proc. C-222/97, Colect., 1993, I, pp. 1661, par. 21.

[1635] É indubitável que o Tribunal de Justiça tem prosseguido na utilização constante do Anexo I da Directiva caducada, como nota, com abundantes exemplos e doutrina, a prof. Ana Paula Dourado (*Lições de Direito Fiscal Europeu*, *cit*., pp. 95-96).

[1636] A prof. Ana Paula Dourado considera que foi a Directiva 88/361 que conferiu efeito directo à livre circulação de capitais – *Lições de Direito Fiscal Europeu*, *cit*., p. 95.

Estados membros ou a própria União podem exclui-la, restringi-la ou, no mínimo, obrigar ao cumprimento de obrigações de informação (designadamente, prévia[1637]).

1197. Por um lado, no que toca às relações com países terceiros, o tratado prevê que os Estados membros possam manter em vigor as restrições que vigorassem internamente – ao abrigo tanto da legislação europeia como da nacional – em 31 de Dezembro de 1993 (artigo 64.°, n.° 1 TFUE), conquanto seja assinalado, no n.° 2, o objectivo da liberalização da circulação de capitais nestes casos[1638]. Por outro lado, certos objectivos continuam a poder ser legitimamente prosseguidos pelos Estados membros, mesmo que tal envolva alguma restrição ao controlo dos movimentos de capitais e meios de pagamento. É o caso de domínios estritamente relacionados com outros ainda não comunitarizados, como a defesa contra as violações das disposições nacionais em matéria fiscal ou de supervisão prudencial das instituições financeiras, onde é permitido aos Estados membros prever mecanismos de informação estatística ou administrativa e, tal como sucede nas restantes liberdades, adoptar medidas destinadas a salvaguardar os valores de ordem ou segurança públicas (artigo 63.°, n.° 1 TFUE)[1639].

1198. Neste quadro, reconhece-se a licitude de medidas que visem, no respeito pelos princípios gerais do interesse geral, necessidade, proporcionalidade e não discriminação, garantir a eficácia dos controlos fiscais, preservar a coerência de um sistema fiscal[1640], preservar o direito do Estado a exercer a sua competência fiscal relativamente às actividades realizadas no seu território[1641], combater actividades ilícitas, como a fraude

---

[1637] Acórdão *Bordessa*, de 23.2.1995, proc. C.-358/93 e C-416/93, Colect., I-361. em geral, v. Ana Paula Dourado, *Lições de Direito Fiscal Europeu*, *cit.*, pp. 131 e seguintes.

[1638] Também a União pode adoptar medidas restritivas da livre circulação de capitais de ou para terceiros Estados – artigos 66.°, 75.° e 347.° TFUE.

[1639] Outra hipótese é a prevista no artigo 301.°.

[1640] Acórdãos do Tribunal de Justiça *Bachmann*, de 28.1.1992, proc. C-204/90, Colect., I, pp. 249, n.° 28; ou *Papillon*, de 27.11.2008, proc. C-418/07, n.° 43.

[1641] Desde que solução diversa seja susceptível de pôr em causa uma repartição equilibrada do poder tributário entre os Estados membros – v. acórdãos do Tribunal de Justiça *Marks & Spencer*, de 13.12.2005, proc. C-446/03, Colect., I, pp. 10837, n.° 46; *Cadbury Schweppes e Cadbury Schweppes Overseas*, de 12.9.2006, proc. C-196/04, Colect., I, pp. 7995, n.ºs 55 e 56, e *Rewe Zentralfinanz*, de 29.3.2007, proc. C-347/04, Colect., I,

fiscal, o branqueamento de capitais, o tráfico de estupefacientes e o terrorismo. Deste modo, o Tratado permite a consagração de tratamentos desiguais (designadamente *ex vi* do artigo 65.°, n.° 1, alínea *a)* TFUE), no pressuposto, é claro, de que a diferença de tratamento respeite a situações não comparáveis objectivamente ou se justifique por razões imperativas de interesse geral[1642].

1199. Nos domínios harmonizados, pelo contrário, os Estados membros não podem manter em vigor disposições nacionais que estabeleçam restrições aos movimentos de capitais na União Europeia. Exemplo disso foi a condenação do Estado português[1643], em virtude de manter em vigor, por exemplo, a Lei-Quadro das Privatizações (Lei n.° 11/90, de 5 de Abril), na parte em que submetia a um regime de autorização administrativa prévia[1644] a aquisição de acções por parte de empresas de outros Estados, a partir de determinado limiar[1645].

---

pp. 2647, n.° 42; e, mais recentemente, o acórdão do Tribunal de Justiça *Glaxo Wellcome GmbH c. Finanzamt München II*, de 17.9.2009, proc. C-182/08, n.° 82.

1642 V. acórdãos do Tribunal de Justiça *Verkooijen*, de 6.6.2000, proc. C-35/98, Colect., I, pp. 4071, n.° 43; *Blanckaert*, de 8.9.2005, proc. C-512/03, Colect., I, pp. 7685, n.° 42.

1643 Mas não apenas do Estado português (*Comissão c. Portugal*, de 4.6.2002, proc. C-367/98, Colect. I-4731). No mesmo dia, o Tribunal de Justiça proferiu igualmente acórdãos nos processos *Comissão c. França* (C-483/99, Colect., I-4781) e *Comissão c. Bélgica* (proc. C-503/99, Colect. I-4809). E, em 13.5.2003, proferiu acórdãos nos processos *Comissão c. Espanha* (proc. C.463/99, Colect. I-4581) e *Comissão c. Reino Unido* (proc. C-98/01, Colect. I-4641).

1644 «Resulta de jurisprudência constante que um regime de autorização administrativa prévia não pode legitimar um comportamento discricionário das autoridades nacionais, susceptível de privar as disposições comunitárias, nomeadamente as relativas a uma liberdade fundamental como a que está em causa no processo principal, do seu efeito útil. Por conseguinte, para que um regime de autorização administrativa prévia seja justificado, mesmo que derrogue uma liberdade fundamental, deve basear-se em critérios objectivos, não discriminatórios e conhecidos antecipadamente, que assegurem que tal regime é adequado para enquadrar suficientemente o exercício do poder de apreciação das autoridades nacionais» – acórdão do Tribunal de Justiça (Grande Secção), *Hartlauer Handelsgesellschaft mbH contra Wiener Landesregierung, Oberösterreichische Landesregierung*, de 10.3.2009, proc. C-169/07, n.° 64.

1645 Decisão em sentido diverso foi adoptada no acórdão *Comissão c. Bélgica* (proc. C-503/99). Em relação ao caso português, note-se que, em consequência do acórdão, ainda que mais de um ano depois, foi adoptada a Lei n.° 102/2003, de 15 de Novembro, que revogou as disposições que fixavam limites à participação de entidades estrangeiras no capital de sociedades reprivatizadas, em aplicação do n.° 3 do artigo 13.° da Lei n.° 11/90, de 5

1200. E pode um Estado ser impedido de deter participações numa sociedade comercial de direito privado, eventualmente até conferindo-lhe direitos especiais ou privilégios? Entendemos que não. Apesar de uma jurisprudência da União algo incerta, recorda-se, com o advogado-geral Miguel Poiares Maduro, nas conclusões apresentadas ao Tribunal de Justiça no processo *Federconsumatori*, a 7 de Setembro de 2006, que o âmbito *ratione materiae* do artigo [63.° TFUE] aponta para que a intervenção do Estado como accionista de uma sociedade, ao abrigo de regras de direito privado, só violará o artigo [63.° TFUE] se tiver um efeito discriminatório (n.° 24[1646]), pois, «na condição de respeitarem este princípio,

---

de Abril (Lei-Quadro das Privatizações), também revogado, assim como o Decreto-Lei n.° 65/94, de 28 de Fevereiro. Aproveitamos para fazer notar que o problema das autorizações administrativas para a circulação de capitais (mas também outras liberdades – ver a já citada proposta de "Directiva Serviços" apresentada pela Comissão em Janeiro de 2004) é mais antigo. Já o acórdão *Sanz de Lera*, de 14.12.1995 (proc. C-163/94), declarou contrária ao direito comunitário uma regulamentação nacional que sujeitava, de um modo geral, a exportação de moeda metálica, notas de banco ou cheques ao portador, a uma autorização administrativa prévia, conquanto considerasse lícita a obrigação de declaração prévia, dados os interesses que essa declaração permitiria satisfazer. O mesmo se diga quanto à exigência de autorização administrativa prévia para a aquisição de terrenos para construção (acórdão *Doris Salzmann*, de 15.5.2003, proc. C-300/01, Colect., I-4899).

[1646] Recordem-se as suas palavras: «23. Apesar disso, a questão de saber se um organismo público se encontra na mesma posição e actua da mesma forma que um accionista privado é importante para delinear o âmbito ratione materiae do artigo 56.° CE. Ela é um dos factores para determinar quais os direitos que, quando detidos por um organismo público enquanto accionista de uma sociedade, são susceptíveis de dissuadir os investidores de outros Estados-Membros.

24. Tal como acontece com as outras liberdades, o objectivo do princípio da liberdade de circulação de capitais é promover a abertura dos mercados nacionais através da oportunidade conferida aos investidores e às sociedades de obter capital beneficiando totalmente do mercado interno da Comunidade. Para atingir esse objectivo, os Estados-Membros estão obrigados a ter em conta os efeitos dos seus actos relativamente aos investidores de outros Estados-Membros que desejem exercer o seu direito de liberdade de circulação de capitais. Nesse contexto, o artigo 56.° CE proíbe não apenas a **discriminação** com base na nacionalidade, mas igualmente as **discriminações** que, no que diz respeito ao exercício de uma actividade transnacional, impõem custos adicionais ou prejudicam o acesso dos investidores de outros Estados-Membros ao mercado nacional, quer porque têm como efeito a protecção da posição de determinados operadores económicos já estabelecidos no mercado, quer porque tornam o comércio intracomunitário mais difícil do que o comércio interno. Qualquer **medida nacional** que resulte num tratamento das situações transnacionais de **forma menos favorável** do que as situações puramente internas constitui uma restrição à liberdade de circulação. **Na condição de respeitarem este princípio,**

os Estados membros podem regular livremente a actividade económica nos respectivos territórios e actuar no mercado nacional». Mais, prossegue o distinto Advogado-Geral: «25. O simples facto de um organismo público deter acções numa sociedade não reduz a atractividade dos investimentos transfronteiriços nessa sociedade, desde que os investidores de outros Estados-Membros possam ter a certeza de que o organismo público em questão respeitará, tendo em vista rentabilizar ao máximo o seu investimento, as regras normais de funcionamento do mercado.».

1201. Nesta matéria, aliás, coloca-se com especial acuidade a necessidade de definir com clareza as fronteiras entre o direito de estabelecimento e as disposições relativas à livre circulação de capitais. Na União Europeia, a harmonização jurídica do direito das sociedades, onde se incluem todas as normas que se referem a direitos especiais e aos direitos de accionistas em sociedades anónimas, foi sempre realizada através da aprovação de actos de direito derivado adoptados no quadro do **direito de estabelecimento**. E isto é assim não só na Directiva 2004/25/CE, que se refere a estes direitos no contexto de ofertas públicas de aquisição (artigo 11.°, n.os 4 e 7), directiva aliás fundada nas disposições relativas ao direito de estabelecimento, em concreto no artigo [50.° TFUE] (direito de estabelecimento[1647]), e não nas disposições da livre circulação de capitais, mas também quando se considere que, apesar das ofertas públicas terem por objecto a circulação de capitais e, em particular, a aquisição de controlo sobre uma pessoa jurídica ou colectiva – e, como em geral sucede nas áreas harmonizadas do direito das sociedades comerciais –, a normação da União é toda ela adoptada ao abrigo do direito de estabelecimento e não da liberdade de circulação de capitais.

1202. Trata-se no entanto de um fenómeno que apenas replica o enquadramento sempre fornecido pelas anteriores directivas. Refira-se, a propósito, em primeiro lugar, a Segunda Directiva 77/91/CEE do Conselho, de 13 de Dezembro de 1976, tendente a coordenar as garantias que são

---

os Estados-Membros podem regular livremente a actividade económica nos seus respectivos territórios e actuar no mercado nacional.»

[1647] Em sentido contrário poderia apenas argumentar-se com o considerando 20 do preâmbulo da Directiva 2004/25/CE. Só que este, além de não ser vinculativo, deve ser compreendido como realmente é: uma disposição introduzida no decurso do processo legislativo por iniciativa do Parlamento Europeu numa directiva exclusivamente baseada na liberdade de estabelecimento.

exigidas nos Estados membros às sociedades, no que respeita à constituição da sociedade anónima, bem como à conservação e às modificações do seu capital social, adoptada com base na alínea g) do n.° 3 do artigo 54.° do Tratado CEE (actual artigo 50.° TFUE), dispõe que: "[p]elo menos as indicações seguintes devem figurar nos estatutos, no acto constitutivo ou num documento separado, que deve ser objecto de publicidade (...): (...) As condições especiais que limitam a transmissão das acções, se for caso disso; (...) Qualquer vantagem especial concedida aquando da constituição da sociedade ou até ao momento em que esta obtenha a autorização para o início das suas actividades" [artigo 3.°, alíneas *d)* e *k)*].

1203. Também na Terceira Directiva 78/855/CEE do Conselho, de 9 de Outubro de 1978, relativa à fusão das sociedades anónimas, cuja base jurídica foi a mesma alínea g) do n.° 3 do artigo 54.° do Tratado CE (hoje, artigo 50.° TFUE), se estabelecia que o «projecto de fusão indicará, pelo menos: (...) [o]s direitos assegurados pela sociedade incorporante aos accionistas que gozem de direitos especiais" [artigo 5.°, n.° 2, alínea f)], e que "[o]s portadores de títulos que não sejam acções, dotados de direitos especiais, devem beneficiar, na sociedade incorporante, de direitos, pelo menos, equivalentes àqueles de que beneficiavam na sociedade incorporada, salvo se a modificação destes direitos tiver sido aprovada por uma assembleia dos portadores desses títulos, quando a lei nacional preveja uma tal assembleia, ou pelos portadores dos títulos individualmente, ou ainda se esses portadores tiverem o direito de obter da sociedade incorporante o resgate dos seus títulos" (artigo 15.°).

1204. Da mesma forma, a Sexta Directiva 82/891/CEE do Conselho, de 17 de Dezembro de 1982, relativa às cisões de sociedades anónimas, igualmente com a mesma base jurídica, determinava que "[o] projecto de cisão indicará, pelo menos: (...) [o]s direitos assegurados pelas sociedades beneficiárias aos accionistas que gozem de direitos especiais" [artigo 3.°, n.° 2, alínea f)], e que "[o]s portadores de títulos que não sejam acções, dotados de direitos especiais, devem beneficiar, nas sociedades beneficiárias contra as quais estes títulos podem ser invocados, nos termos do projecto de cisão, de direitos, pelo menos, equivalentes àqueles de que beneficiavam na sociedade cindida, salvo se a modificação destes direitos tiver sido aprovada por uma assembleia dos portadores desses títulos, no caso de a lei nacional prever uma tal assembleia, ou pelos portadores destes títulos individualmente, ou ainda se estes portadores tiverem o direito de obter da sociedade beneficiária o resgate dos seus títulos" (artigo 13.°).

1205. E, por fim, a Directiva 2005/56/CE do Parlamento Europeu e do Conselho, de 26 de Outubro de 2005, relativa às fusões transfronteiriças das sociedades de responsabilidade limitada, com a mesma base jurídica nas disposições do direito de estabelecimento, prevê que "[o]s órgãos de direcção ou de administração de cada uma das sociedades objecto de fusão elaborarão um projecto comum de fusão transfronteiriça. Esse projecto incluirá, pelo menos: (...)[o]s direitos conferidos pela sociedade resultante da fusão transfronteiriça a sócios que gozam de direitos especiais" [artigo 5.°, alínea *g)*].

1206. Daí que as questões de titularidade do capital social de sociedades e da sua transmissibilidade não possam ser automaticamente regidas pelas disposições relativas aos capitais (assim também sucedeu com o Regulamento (CE) n.° 2157/2001, sobre o estatuto da sociedade europeia[1648]). Tal é ainda evidente pela mera comparação dos títulos dos actos da União em vigor constantes nestes dois capítulos (direito de estabelecimento e livre circulação de capitais) do reportório da "legislação da União em vigor" na base de dados jurídicos da União Europeia, a *Eur-Lex*[1649]. Claro que este último é, quando muito, apenas **mais** um signo, mas tanto mais relevante quanto este enquadramento explícito das normas da União sobre sociedades no direito de estabelecimento é indiscutível e não pode deixar de ser reconhecido pelos órgãos da União, como ainda recentemente o fez, *et pour cause*, a Comissão, na proposta de directiva codificadora relativa à fusão de sociedades anónimas[1650].

1207. E justamente o seu carácter codificador – com a petrificação do regime anterior inerente ao instituto da codificação oficial – comprova esta ancoragem de todas as questões relativas à constituição e funcionamento de sociedades comerciais – incluindo por isso o instituto dos direitos especiais e o exercício de direitos de voto ou de poderes no quadro da gestão de empresas – no direito de estabelecimento.

1208. Ao contrário, a jurisprudência tem encarado a matéria à luz concreta das disposições sobre capitais. Contudo, quando a questão é esta,

---

[1648] JO, L 294, de 10.11.2001, pp. 1, na sua redacção actual.

[1649] http://europa.eu.int/eur-lex/lex/fr/legis/index.htm.

[1650] Proposta de Directiva do Parlamento Europeu e do Conselho relativa à fusão das sociedades anónimas (Versão codificada) / * COM/2008/0026 final – COD 2008/0009).

impõe-se constatar, em primeiro lugar, parecer artificial e inapropriado o tratamento da compatibilidade de direitos especiais com o ordenamento jurídico da União à luz da livre circulação de capitais, desde logo por ser absurdo o reconhecimento de que «a detenção de participações sociais» está em si mesma submetida, a título principal, às disposições da livre circulação de capitais. Uma tal subsunção baseia-se, para mais, numa noção constante de uma lista indicativa e não vinculativa anexa à Directiva 88/361/CEE. Directiva que, é verdade, visava assegurar a livre circulação dos movimentos de capitais e dos pagamentos correntes, bem como combater as discriminações em razão da nacionalidade. Mas cujo âmbito não pode interferir sobre a legitimidade de regras objectivas e previamente fixadas relativamente à constituição e exercício de direitos especiais.

1209. Normas ou práticas relativas à criação de direitos especiais em estatutos de sociedades comerciais, a mais de dificilmente poderem ser imputáveis aos Estados, têm o seu campo natural de aplicação no direito de estabelecimento e só indirecta ou acessoriamente deveriam estar sujeitas às disposições da livre circulação de capitais. Mas mesmo que se considerassem submetidas à Directiva 88/361/CEE, sempre se afiguraria necessário constatar que esta Directiva foi adoptada ao abrigo de disposições do Tratado CE já revogadas (artigos 69.° e 70.°) e para dar execução a um artigo igualmente revogado do Tratado (o artigo 67.°), como decorre indiscutivelmente do artigo G, 15) do Tratado da União Europeia, assinado em Maastricht a 7 de Fevereiro de 1992 (e em vigor desde 1 de Novembro de 1993) e a lista anexa, além de revogada, não foi reproduzida ou mantida em qualquer outro diploma da União Europeia em vigor, como o Tribunal de Justiça reconheceu no acórdão *Trummer e Mayer*[1651].

[1651] Acórdão do Tribunal de Justiça *Trummer e Mayer*, de 16.3.1999, proc. C-222/ /97, Colect., 1993, I, pp. 1661, par. 21.

PARTE VI

POLÍTICA E DIREITO DA CONCORRÊNCIA NA UNIÃO EUROPEIA

§ 1. O DIREITO DA CONCORRÊNCIA E SUA COMUNICAÇÃO

1. União Europeia e Concorrência

«Antitrust laws in general (...) are the *Magna Carta* of free enterprise. They are as important to the preservation of economic freedom and our free-enterprise system as the Bill of Rights is to the protection of our fundamental personal freedoms. And the freedom guaranteed each and every business, no matter how small, is the freedom to compete – to assert with vigor, imagination, devotion, and ingenuity whatever economic muscle it can muster. Implicit in such freedom is the notion that it cannot be foreclosed with respect to one sector of the economy because certain private citizens or groups believe that such foreclosure might promote greater competition in a more important sector of the economy.»

(US Supreme Court, Topco, 1972)

1.1. *Considerações Gerais*

1210. A Comunidade Europeia (e hoje, a União Europeia) dispunha, desde o início[1652], de uma política de concorrência[1653]. A Comunidade (então CEE) pretendia atingir os seus objectivos, constantes do preâmbulo

---

[1652] Para mais desenvolvimentos, M. Gorjão-Henriques, *Da restrição da concorrência na Comunidade Europeia*, Almedina, Coimbra, 1998, pp. 25-62 e 95-143; e, já tendo em consideração o Tratado de Lisboa, Laura Parret, «Shouldn't We Know What We Are Protecting? Yes We Should! A Plea for a Solid and Comprehensive Debate about the

e do artigo 2.º[1654], através da instauração do mercado comum (depois «Mercado Interno»). Já foi acima descrito o processo histórico de construção das organizações europeias (supra, Parte I). A este propósito, importa assinalar agora que, também neste âmbito, a extinta CECA[1655] apresentava características marcadamente originais, no plano da regulação jurídica da concorrência nos sectores específicos que lhe estavam cometidos. A estrutura e objectivos integrados que se podem ver reflectidos na CECA não se repetiram na CEE e na CEEA, por razões também já enunciadas.

1211. Como se viu, o mercado interno desejado pressupunha tanto a realização da União Aduaneira como a garantia da liberdade de circulação dos factores de produção[1656] – trabalhadores, mercadorias, serviços e capitais –, objectivos complementados por três políticas distintas mas necessárias: a política agrícola, a política comercial e a política de concorrência. A CEE tinha nessa altura uma essência económica, que se exprimia em todos os domínios da sua intervenção. E durante mais de três décadas, esta vertente económica constituiu o núcleo essencial da experiência da União, a partir do qual se desenvolveram muitas outras vertentes que contribuem para «criar uma união cada vez mais estreita entre os povos da Europa» (como dizia mais tarde o artigo 1.º UE).

1212. Para realizar os objectivos gerais prescritos no próprio artigo 3.º (artigo 2.º inicial), foi necessário o estabelecimento de regras aptas a garantir, mais do que a mera abolição de obstáculos estaduais à livre cir-

---

Objectives of EU Competition Law and Policy», *European Competition Journal*, Vol. 6, n.º 2, 2010, pp. 339-376.

[1653] Na fórmula de J.V. Louis, a concorrência é um domínio em que «a competência comunitária e a competência nacional são autónomas e paralelas» – *A ordem jurídica comunitária*, *cit.*, p. 26. Assim, também o Conselho da Concorrência português, *Relatório de actividade de 1986*, DR, II série, n.º 168, de 24.7.87, 9168, pp. 10 e 14.

[1654] O artigo 2.º do Tratado CE expressamente prescrevia que a Comunidade tinha como objectivos, entre outros, «*promover o desenvolvimento harmonioso e equilibrado das actividades económicas, (...) o aumento do nível e da qualidade de vida, a coesão económica e social e a solidariedade entre os Estados membros*».

[1655] Nesta, a política da concorrência era uma competência exclusiva – artigos 60.º e seguintes do Tratado de Paris de 18.4.1951.

[1656] A concorrência era concebida essencialmente como instrumento de realização desta liberdade de circulação de factores produtivos – *Memorandum da Comissão da CEE sobre a concentração no Mercado Comum*, p. 655.

culação das mercadorias no espaço europeu comunitário, que neste mercado mais aberto e integrado a concorrência não fosse falseada[1657]. A consagração das liberdades circulatórias de trabalhadores, mercadorias, serviços e capitais não era suficiente. De que serviria suprimir todas as restrições normativas estaduais à livre circulação de mercadorias (artigos 28.° e seguintes TFUE), se resultados idênticos do ponto de vista da protecção dos mercados e tecidos produtivos e distributivos nacionais podiam ser atingidos por outras vias, como as coligações entre empresas, os abusos de posições dominantes mercado ou as ajudas estatais a empresas, que impediriam ou dificultariam o acesso de empresas provenientes de outros Estados membros aos mercados nacionais[1658], assim desrespeitando o princípio da lealdade expresso no artigo 4.°, n.° 3 TUE – Lisboa?[1659]

[1657] O artigo 3.° *g)* CE (anterior alínea *f)*) dispunha que, para atingir os objectivos referidos no artigo 2.°, a acção da comunidade implicava *«o estabelecimento de um regime que garanta que a concorrência não seja falseada»*. Segundo o entendimento dominante, o objectivo não seria a protecção da livre concorrência em si mesma, tanto mais que a concorrência «não falseada» devia ser apreciada para os fins do (na altura) artigo 2.°, o qual atribuia à construção europeia objectivos ambiciosos, de ordem não meramente económica, mas também social e política. Segundo Gavalda/Parleani *«les règles de libre concurrence doivent en effet être placées, et appliquées, dans les perspectives générales de la construction européenne», devendo ser interpretadas de maneira «finalista ou teleológica. Elas estão ao serviço dos grandes objectivos assinalados pelos redactores do tratado»* (*Droit des affaires de l'Union Européenne*, Litec, Paris, 1995, p. 183).

[1658] Assim o conhecido acórdão *Consten-Grundig*, de 13.7.1966 (acórdão *Établissements Consten SARL e Grundig Verkaufs GmbH c. Comissão*, procs. 56 e 58/64, Rec., 1966, pp. 429-506), ao dizer que, («[considerando] *que o Tratado, cujo preâmbulo e texto visam suprimir as barreiras entre os Estados e que, em numerosas disposições, demonstra uma grande severidade em relação à sua reaparição, não podia permitir às empresas que recriassem essa situação; e o artigo 85.°, § 1 responde a esse objectivo»*.

[1659] Em 1977, o Tribunal de Justiça afirmou o princípio segundo o qual os Estados membros têm a obrigação de respeitar o efeito útil do artigo 101.° TFUE – acórdão *INNO c. ATAB*, de 16.11.1977 (acórdão *SA G.B.-INNO-BM c. ATAB*, proc. 13/77, Colect., pp. 753-790) –, embora tenha reconhecido certos limites, no acórdão *Leclerc*, de 10.1.1985 (acórdão *Association des Centres distributeurs Edouard Leclerc e Outros c. SARL 'Au Blé Vert' e Outros*, proc. 229/83, Rec., 1985, 1, pp. 31-32, n.° 14 e ss.). Esta vinculação ao efeito útil do artigo 81.°, impondo aos Estados a abstenção de tomada de quaisquer medidas que ponham em causa a realização dos objectivos visados com o artigo 81.°, confirmado por exemplo no acórdão *Porto di Genova* (acórdão *Mercia convenzionali porto di Genova SpA c. Siderurgica Gabrielli SpA*,, de 10.12.1991, proc. C-179/90, Colect., 10, I, pp. 5889-5932) foi para alguns posto em causa pelos acórdãos de 17.11.1993, em que terá adoptado *«um critério formal, de tipo 'legalístico', que parece propender para o abandono da doutrina do efeito útil do direito comunitário»* (Bay, «Possono gli stati membri violare

1213. A constância de um tal modelo não foi posta em causa em nenhum dos momentos de superação formal do unilateralismo (económico) do direito originário[1660] – nomeadamente, (*i*) com o AUE, ao lançar a noção hoje imperante de mercado interno, como «espaço sem fronteiras internas em que circulam livremente mercadorias, pessoas, serviços e capitais» (artigo 14.°, n.° 2 CE; artigo 26.°, n.° 2 TFUE)[1661]; (*ii*) em segundo lugar, com o Tratado de Masstricht, ao erigir a união económica e monetária em objectivo imediato, reforçando ainda as vertentes política, social e cultural da integração europeia –, os quais não recuaram face ao objectivo inicial de estabelecer um espaço de liberdade económica em que as empresas e os agentes económicos pudessem actuar sem constrangimentos (barreiras) artificiais[1662], fossem estes normativos ou de facto; nem mesmo (*iii*) com o Tratado de Lisboa, com o seu recuo formal face a uma absolutização do modelo jusconcorrencial da União.

1214. Daí a previsão, como parte da «espinha dorsal»[1663] da própria União, de adopção de medidas que, em todos os sectores económicos[1664], garantam que a concorrência não seja falseada no mercado interno (como dizia a alínea *g)* do artigo 3.° CE, hoje revogado), traduzidas numa verdadeira política da concorrência[1665] que se assumiu mais, é certo, como

---

le regole comunitarie di concorrenza indirizatte alle imprese?», *RIDPC*, 1994, 3-4, pp. 637-650). Em sentido crítico do acórdão *Porto di Genova*, Lyon-Caen/Lyon-Caen, *Droit Social Européen*, *cit.*, pp. 264-265.

[1660] Escrevia, em 1983, Moitinho de Almeida («A ordem jurídica comunitária», in *Temas de direito comunitário*, OAP – Conselho Geral, Lisboa, 1983, pp. 15 e 27), «a CEE é, na sua base, uma união aduaneira», sendo o direito comunitário «dirigido a uma acção económica no tempo».

[1661] Neste sentido, Albuquerque Calheiros, «Sobre o conceito de mercado interno na perspectiva do Acto Único Europeu», *BDDC*, n.° 37/38, 1989, pp. 394-395, nota 69. Acentuando igualmente o papel da realização do mercado interno na diminuição dos factores de distorção da concorrência, Nicolaides («The Role of Competition Policy in Economic Integration», in *The Competition Policy of the European Community*, ed. P. Nicolaides/A. van der Klugt, IEAP, Maastricht, 1994, p. 12).

[1662] Laurent (*La politique communautaire de concurrence*, Dalloz, Sirey, 1993, p. 7) ou Nuno Ruiz («Relações entre o direito nacional e o direito comunitário da concorrência», *BDDC*, 1989, n.° 37/38, p. 324).

[1663] Bernini, *Profili di diritto della Comunità Europee*, Morano Editore, Napoli, 1970, p. 317.

[1664] Salvo nos sectores para os quais o tratado estabeleça um regime excepcional.

[1665] B. Doern («Comparative competition policy: Boundaries and Levels of Political Analysis», in *Comparative Competition Policy: National Institutions in a Global Market*, Doern/Wilks (ed.), Clarendon Press, Oxford, 1996, p. 7). Isto para os que defendem

«pilar da construção europeia»[1666] (nos tempos voluntaristas do então n.° 1 do artigo 4.° CE[1667]) e condição mesma de toda a política económica da União[1668]. E apesar da superação, fruto das pressões feitas por certos sec-

---

que o simples funcionamento do mercado pode conduzir (ou conduzirá mesmo, forçosamente) a situações disfuncionais, circunstância em que por certo não se encontram os defensores da «teoria económica da política» (*public choice theory*), para os quais a ideia de que as leis de concorrência são necessárias para evitar o encerramento de mercados, o aumento dos preços e a promoção da inovação se resumem a *preconceitos* – assim, expressamente, Shughart II («Public-choice theory and antitrust policy», in *The causes and consequences of antitrust: the public-choice perspective*, edited by Fred S. McChesney/W. F. Shughart II, University of Chicago Press, 1995, p. 9) –, sobretudo porque fundam a sua perspectiva numa pura lógica de interesses dominantes (burocráticos), estranha a qualquer elaboração intelectual (Majone, *Ideas, Interests and Policy Change*, EUI, Badia Fiesolana, San Domenico, 1992, p. 3).

Outros, mesmo aceitando as premissas essenciais da doutrina do *public interest*, isto é, a motivação das autoridades de concorrência pelos ideais, entre outros, de interesse público e protecção dos consumidores, questionam sobre se estas instâncias deverão intervir sempre que haja uma disfunção no mercado, ou apenas quando a conduta anticoncorrencial não puder ser corrigida pelo próprio mercado ou, pelo menos, demore mais a auto-correcção do que a intervenção das entidades de tutela da concorrência – sobre este ponto, por todos, Utton, *Market dominance and antitrust policy*, Aldershot, Elgar, 1995, pp. 27 e ss.

[1666] Pappalardo, «La réglementation communautaire de la concurrence – les dispositions du Traité CE et de droit derivé relatives aux ententes entre entreprises, à l' abus de position dominante et au contrôle des concentrations (primière partie)», *RIDE*, 1994, p. 338. Entre nós, E. Lopes Rodrigues (*O Acto Único Europeu e a Política de Concorrência*, vol. 30, Banco do Fomento Exterior, Lisboa, 1990, p. 268).

[1667] Church/Phinnemore (*European Union and Community – a Handbook of Commentary on the 1992 Maastricht Treaties*, Prentice Hall, Harvester Wheatsheaf, 1994, pp. 137 e 144). Na redacção anterior ao Tratado de Lisboa, ao espírito livre concorrencial só escapavam a coesão económica e social, a pesquisa e o ambiente – assim, Salesse («Institutions européennes déficit démocratique et intérêt générale», in *Critique de la raison communautaire (Utilité publique et concurrence dans l'Union Européenne)*, Cartelier/Fournier/Monnier, CIRIEC France, Economica, Paris, 1996, p. 61). A força normativa que derivava destas normas fundantes resultava também claramente expressa na jurisprudência do Tribunal de Justiça, no acórdão *Continental Can*, em especial nos n.os 23 a 26 (*Europemballage Corporation e Continental Can Company Inc c. Comissão*, de 21.2.1973, proc. 6/72, Colect., pp. 215268).

[1668] Para Jean-François Vestrynge («Current antitrust policy issues in the EEC: some reflections on the second generation of competition policy», *Fordham Corporate Law Institute*, 1984, p. 678), a «política de concorrência não é gerida num vácuo (como um corpo jurídico que encontra a sua 'razão de ser' em si próprio), mas relacionada com as outras políticas previstas no tratado CEE e conduzidas pela Comissão», «como as políticas industrial ou agrícola, de investigação, de ambiente, de protecção dos consumidores, etc», tema aliás discutido em 1987 (onde se cita este autor) por Hornsby («Competition policy in the 80's: more policy less competition?», *ELR*, vol. 12, n.° 2, 1987, pp. 79-101). Em Por-

tores entre a Constituição Europeia e o Tratado de Lisboa, o certo é que essa superioridade continua hoje afirmada em relação à política económica da União (artigo 120.° TFUE[1669]) e à política monetária (artigo 127.° TFUE).

1215. Mas também é patente nas normas primeiras (atentos os objectivos aí afirmados) das políticas comercial[1670] (artigos 206.° TFUE), industrial[1671] (artigo 173.° TFUE) e de aproximação de legislações (arti-

---

tugal, Nuno Ruiz assinalava que, com a progressiva realização do mercado interno e, em geral, da integração económica, «*a interpretação e a aplicação das regras comunitárias passou a depender, cada vez mais, de opções de política de concorrência influenciadas por conveniências de política económica, industrial e comercial*», transformando-se assim em «*instrumento de integração* positiva» («Relações entre o direito nacional e o direito comunitário da concorrência», *cit.*, pp. 320-321, retomando os conceitos expostos entre nós em 1980 por Pitta e Cunha, *O desafio da integração europeia*, Min. Finanças e do Plano (ed.), 1980).

1669 «Os Estados membros conduzirão as suas políticas económicas no sentido de contribuir para a realização dos objectivos da União, tais como se encontram definidos no artigo 3.° do Tratado da União Europeia, e no âmbito das orientações gerais a que se refere o n.° 2 do artigo 121.°. Os Estados membros e a Uniãoe actuarão de acordo com o princípio de uma economia de mercado aberto e de livre concorrência, favorecendo uma repartição eficaz dos recursos, e em conformidade com os princípios estabelecidos no artigo 119.°» – parafraseando Salesse (*cit.*, p. 64), o tratado constitucionaliza a teoria económica.

1670 Esta disposição parece indicar que a política comercial, sendo essencialmente liberalizadora, deve hoje uma subordinação primária à política industrial, tal como formulada no artigo 173.° TFUE (anterior artigo 157.° CE) – Bourgeois/Demaret («The working of EC policies on competition, industry and trade: a legal analysis», in *European Policies on Competition, Trade and Industry – conflicts and complementarities*, ed. Buigues/Jacquemin/Sapir, Edward Elgar, Aldershot, UK, 1995, pp. 74-75).

1671 Aí se diz que a acção da União deve procurar realizar os seus objectivos «no âmbito de um sistema de mercados abertos e concorrenciais» (artigo 173.°, n.° 1, § 2 TFUE) e que «[a] União não pode invocar o presente Título para introduzir quaisquer medidas que possam conduzir a distorções da concorrência» (n.° 3, § 2 do mesmo artigo). Este segundo § do n.° 3, é especialmente significativo da subordinação da política industrial em relação à política de concorrência (Celli Jr, «Direito da Concorrência no Mercosul», in *Contratos Internacionais e Direito Econômico no Mercosul (após o término do período de transição)*, Borba Casella (coord.), LTR, São Paulo, 1996, p. 106), em termos tais que levam Bourgeois/Demaret (*cit.*, pp. 68-74) a considerar a eficácia directa do artigo, susceptível de ser invocado contra medidas de política industrial restritivas da concorrência. A política industrial constitui uma inovação recente no plano comunitário (introduzida com Maastricht), o que pode surpreender, dado existirem, desde o início, as políticas comunitárias comercial e de concorrência. As primeiras orientações da Comissão haviam sido formuladas apenas em 1990 e reafirmadas na Comunicação de 1994 (COM (94) 319 final). Contudo, algumas das preocupações de "política" industrial eram já consideradas pela política de concorrência, no que aos artigos 101.° e 102.° TFUE.

gos 116.° e 117.° TFUE). Todas estas políticas[1672], de realização complementar e instrumental (em relação aos objectivos expressos nas normas primeiras do tratado) encontram como seu critério de realização ou, no máximo, como limite à sua autonomia, o respeito pelo princípio da livre concorrência[1673], podendo apenas operar num quadro de licitude jusconcorrencial, quer dizer, através de actos que possam lograr justificação à luz das próprias normas de concorrência.

1.2. *O Sistema Orgânico e Jurídico de Defesa da Concorrência na União*

1216. Tem de ser necessariamente breve a descrição que do sistema jurídico que rege a aplicação das regras da concorrência constantes do tratado e aplicáveis às práticas restritivas. O quadro normativo começa por ser dado pelo próprio tratado (artigos 101.° e seguintes, em especial os

---

[1672] Parece ser também este o sentido que Bourgeois/Demaret (*cit*., pp. 83 e 91-96) dão à correlação entre as várias políticas económicas comunitárias. Como escrevem, *«o tratado CE reconhece o primado da política de concorrência sobre as outras políticas económicas da CE em geral, e sobre a política industrial, em particular. [No entanto, a]s implicações legais e práticas decorrentes desse status mais elevado conferido pelo tratado (...) depende do conteúdo dado às normas da concorrência da CE pelo tratado, pelo Tribunal de Justiça, pelo legislador comunitário e pela Comissão»*.

Assim se resolve, em tese, o velho conflito entre os defensores de uma política industrial intervencionista e os adeptos de uma acentuação das vertentes liberal e concorrencial do mercado, de que fala D. Philipp («Article 130 CE – Commentaire», in Constantinesco/Kovar/Simon, *Le Traité sur L'Union Européenne (signé à Maastricht le 7 février 1992): Commentaire Article par Article*, Economica, Paris, 1995, p. 409). Segundo Bourgeois/Demaret (*cit*., p. 67), «a consideração conjunta dos artigos 3(g), 3(a), 102(a) e 130 implica o reconhecimento de que a política de concorrência goza de um estatuto mais elevado do que o das duas outras políticas [industrial e comercial]», podendo dizer-se, com Ehlermann («Community competition law procedures», in *Procedural Aspects of EC Competition Law*, ed. Lord Slynn of Hadley/S. Pappas, co-ed.. L. Flynn, IEAP, Maastricht, 1994, p. 11), que *«a política de concorrência ocupa um papel central na política industrial da Comunidade»* – igualmente salientando o compromisso entre as duas correntes prevalecentes nos diversos Estados comunitários, Cloos/Reinesch/Vignes/Weyland (*Le Traité de Maastricht – genèse, analyse, commentaires*, Bruylant, Bruxelles, 1993, pp. 289-290).

[1673] Como afirmou Karl van Miert e resulta do *21.° relatório sobre a política da concorrência*, pp. 42-57. Também o Tribunal de Justiça aceita esta relação de complementaridade e o papel desempenhado neste quadro pela política de concorrência – acórdão *Metro II* (acórdão *Metro SB-Grobmärkte GmbH & Co. KG c. Comissão,* de 22.10.1986, proc.75/84, Colect., 9, p. 3090, n.° 65).

artigos 101.° a 103.° TFUE). Ao abrigo deste último, o Conselho elaborou e aprovou em 1962, o "famoso" Regulamento n.° 17/62[1674], recentemente substituído pelo Regulamento (CE) n.° 1/2003[1675]. Se o Regulamento n.° 17/62 era centralizador, o Regulamento (CE) n.° 1/2003, embora amplie mesmo os poderes da Comissão[1676], obedece a uma lógica descentralizadora, introduzindo, como assinala a doutrina, uma «"revolução copernicana" no sistema de controlo da concorrência no domínio da União»[1677]. Por este, as autoridades dos Estados membros são chamadas a aplicar em pleno os artigos 101.° e 102.° e, inclusivamente, são chamadas a aplicar o n.° 3 do artigo 101.° do TFUE.

1217. O exercício pela Comissão das suas competências é enquadrada pela Rede de Autoridades de Concorrência[1678], implicada no novo Regulamento (CE) n.° 1/2003. Assim, a Comissão passou a ocupar o papel central no sistema jurídico comunitário de protecção da concorrência entre empresas (acrescente-se que a outra norma dirigida a sancionar comportamentos anticoncorrenciais de empresas nem sequer previa uma excepção administrativa). Tinha poderes de polícia, de procurador e até de juiz (ainda que com possibilidade de recurso, mas com ampla discricionariedade, segundo o próprio tribunal).

1218. Os outros sujeitos do sistema são, obviamente, os tribunais da União, em sede de recurso das decisões da Comissão. Mas também as autoridades e os tribunais nacionais. Só que, na altura, só um Estado

---

[1674] Já objecto de uma ampla proposta de reforma, que se seguiu à adopção, pela Comissão, de um «Livro Branco sobre a modernização da aplicação dos artigos 81.° e 82.°» – *XXX.° Relatório sobre a política de concorrência 2000*, (SEC (2001) 694 final), pp. 21-25.

[1675] O acordo político no Conselho para o "novo regulamento 17" foi obtido na reunião de 26 de Novembro de 2002. O Regulamento (CE) n.° 1/2003 do Conselho, de 16.12.2002, relativo à execução das regras de concorrência estabelecidas nos artigos 81.° e 82.° do Tratado (JO, L 1, de 4.1.2004, pp. 1-25), na sua redacção actual, pode ser consultado em J. L. da Cruz Vilaça/Gorjão-Henriques, *Código da Concorrência*, Almedina, Coimbra, 2004, pp. 87-116.

[1676] Designadamente os poderes de inspecção e sancionatórios.

[1677] J. L. da Cruz Vilaça, «O ordenamento comunitário da concorrência e o novo papel do juiz numa União alargada», *Revista do CEJ*, n.° 1, 2004, pp. 37-51.

[1678] Rede Europeia da Concorrência (*European Competition Network*) – sobre esta, v. *Comunicação da Comissão sobre a cooperação no âmbito da rede de autoridades de concorrência* – J. L. da Cruz Vilaça/M. Gorjão-Henriques, *Código da Concorrência, cit.*, pp. 485-504.

membro (em seis) tinha legislação de concorrência e, em geral, diga-se mesmo que, até recentemente, muitas autoridades nacionais de concorrência não podiam aplicar internamente as proibições dos artigos 101.° e 102.° TFUE. Por outro lado, os tribunais nacionais (como depois ficou especificado) só podiam conhecer dos litígios sobre a aplicação destas normas do tratado se, sendo tribunais especializados no contencioso da concorrência, a Comissão não tivesse ainda iniciado um processo; e, se fossem tribunais comuns, apenas incidentalmente, ainda que a todo o tempo. Esta última hipótese era, ainda assim, importante, dado o efeito directo que logo em 1962 o Tribunal de Justiça reconheceu à norma do artigo [101.° TFUE].

1219. Dada a natureza da intervenção da União no domínio da defesa da concorrência e o carácter – digamos – partilhado das atribuições, o facto é que o efeito directo dos artigos 101.° e 102.° TFUE não prejudicou a sobrevivência (e até a criação) das legislações nacionais de concorrência, razão pela qual a doutrina cedo se ocupou do tema do relacionamento entre as ordens jurídicas da concorrência, nacionais e europeia.

1220. A questão atormentou a doutrina, na fase inicial do direito da concorrência da União Europeia, em especial perante a noção de «afectação do comércio» prevista nos então artigos 85.° (actual artigo 101.° TFUE) e 86.° (actual artigo 102.° TFUE). Duas grandes correntes se degladiavam. Para os primeiros (defensores da chamada *teoria da barreira dupla*), uma dada conduta colusiva ou prática restritiva só deveria ser permitida se cumprisse os critérios jurídicos formulados por ambos os ordenamentos jurídicos. Mas para os outros, no extremo oposto (defensores da *teoria da barreira única* ou simples)[1679], a aplicação cumulativa dos dois ordenamentos não seria possível, na medida em que, sempre que um dado

---

[1679] A lei italiana era um exemplo de aceitação da teoria da barreira única, como resulta do próprio n.° 1 do artigo 1.° da Lei n.° 287/90. Outras soluções há que no fundo tentam garantir «a toda a força» a impossibilidade de conflitos entre ambos os ordenamento jurídicos. Concretamente, na solução espanhola, em que o legislador, hoje através do artigo 1.°, n.° 4, da Ley n.° 15/2007, de 3 de Julho (seguindo, com algumas especificidades, soluções que vêm desde o Real Decreto 157/1992, depois revogado pelo Real Decreto 378/2003, de 28 de Março, e pelo Real Decreto 261/2008, de 22 de Fevereiro), incorporou no direito espanhol os regulamentos de isenção categorial, declarando inaplicável a proibição nacional de acordos restritivos, factor que contribui também para unificar a compreensão das regras de concorrência.

comportamento provocasse a aplicação do direito da União Europeia, o direito nacional ver-se-ia impossibilitado de actuar[1680].

1221. O Tribunal de Justiça, no seu famoso acórdão *Walt Wilhelm*[1681], estabeleceu uma doutrina que representa um certo compromisso entre as duas teses opostas, segundo a qual a aplicação cumulativa (paralela) de ambos os ordenamentos era possível[1682], sendo apenas limitada pelo princípio da prevalência na aplicação do direito da União Europeia, nos termos do qual não poderia ser considerada lícita no plano nacional uma coligação que o direito da União Europeia proíbisse. O sentido específico desta doutrina vê-se ainda reforçado pela evolução institucional. Por um lado, com a *Comunicação de 1993 sobre a cooperação entre a Comissão e o tribunais nacionais*[1683]. Por outro, com o princípio da subsidiariedade, inscrito como princípio geral no tratado de Maastricht (v. actual artigo 5.°, n.° 3 TUE – Lisboa; artigo 3.°, n.° 1, alínea *c)*, e 4.°, n.° 1 e 2, alínea *a)* TFUE).

1222. Esta doutrina não impediu a existência nem o desenvolvimento dos direitos nacionais da concorrência, ainda que constituísse uma afirmação de que os direitos nacionais não poderiam prejudicar a primazia e o efeito útil do direito da União Europeia. Nem outra solução se pode extrair da jurisprudência europeia e do actual Regulamento (CE) n.° 1/2003.

1223. O artigo 3.° do Regulamento (CE) n.° 1/2003 regula a «relação entre os artigos 81.° [101.° TFUE] e 82.° [101.° TFUE] do Tratado e as legislações nacionais em matéria de concorrência». A sua redacção é a seguinte:

> «1. Sempre que as autoridades dos Estados membros responsáveis em matéria de concorrência ou os tribunais nacionais apliquem a legislação nacional em matéria de concorrência a acordos, decisões de associação ou

---

[1680] Ver Goldman/Lyon-Caen/Vogel, *Droit commercial européen*, p. 746.

[1681] Acórdão de 13.2.1969, proc. 14/68, Rec., 1969, pp. 1 e ss.

[1682] E resulta da própria natureza dos artigos 101.° e 102.° TFUE, que se preocupam sobretudo com as coligações que sejam susceptíveis de afectar sensivelmente «o comércio intracomunitário», pondo em causa os objectivos visados pela Comunidade – acórdão *Hugin*, de 31.5.1979, proc. 22/78, Rec., 1979, p. 1869.

[1683] JO, C, de 13.2.1993, hoje revogada, substituída pela *Comunicação da Comissão sobre a cooperação entre a Comissão e os tribunais dos Estados membros da União Europeia na aplicação dos artigos 81.° e 82.°* – o texto desta *comunicação* pode consultar-se em J. L. da Cruz Vilaça/M. Gorjão-Henriques, *Código da Concorrência*, *cit.*, pp. 505-520.

práticas concertadas na acepção do n.° 1 do artigo 81.° [101.° TFUE] do Tratado, susceptíveis de afectar o comércio entre os Estados-Membros, na acepção desta disposição, devem aplicar igualmente o artigo 81.° [101.° TFUE] do Tratado a tais acordos, decisões ou práticas concertadas. Sempre que as autoridades dos Estados-Membros responsáveis em matéria de concorrência ou os tribunais nacionais apliquem a legislação nacional em matéria de concorrência a qualquer abuso proibido pelo artigo 82.° [102.° TFUE] do Tratado, devem aplicar igualmente o artigo 82.° [101.° TFUE] do Tratado.

«2. A aplicação da legislação nacional em matéria de concorrência não pode levar à proibição de acordos, decisões de associação ou práticas concertadas susceptíveis de afectar o comércio entre os Estados-Membros mas que não restrinjam a concorrência na acepção do n.° 3 do artigo 81.° [101.° TFUE] do Tratado, ou que reunam as condições do n.° 3 do artigo 81.° do Tratado [101.° TFUE] ou se encontrem abrangidos por um regulamento de aplicação do n.° 3 do artigo 81.° do Tratado [101.° TFUE]. Nos termos do presente regulamento, os Estados-Membros não estão impedidos de aprovar e aplicar no seu território uma legislação nacional mais restritiva que proíba actos unilaterais de empresas ou que imponha sanções por esses actos.

«3. Sem prejuízo dos princípios gerais e de outras disposições do direito da União Europeia, os n.os 1 e 2 não se aplicam sempre que as autoridades responsáveis em matéria de concorrência e os tribunais dos Estados-Membros apliquem a legislação nacional relativa ao controlo das concentrações, nem excluem a aplicação das disposições nacionais que tenham essencialmente um objectivo diferente do dos artigos 81.° e 82.° [101.° e 102.° TFUE] do Tratado.»

1224. Resulta do novo sistema descentralizado e desta norma, em primeiro lugar, que as autoridades nacionais da concorrência, que são competentes para aplicar os artigos 101.° e 102.° do TFUE[1684], devem aplicá-los sempre que idênticos comportamentos, abrangidos pelo direito nacional, afectem sensivelmente o comércio entre os Estados membros (n.° 1)[1685].

[1684] Isto é afirmado, de forma explícita, no artigo 5.° do Regulamento (CE) n.° 1/2003.

[1685] No dizer de J. L. da Cruz Vilaça, «*a legislação nacional da concorrência não se substitui ao direito comunitário, no âmbito de aplicação deste. E mesmo quando aplicável simultaneamente à mesma situação, o direito nacional deverá ser aplicado no respeito do princípio do primado do direito comunitário*» («O ordenamento jurídico da concorrência e o novo papel do juiz numa união alargada», *cit.*, p. 47).

1225. Em segundo lugar, sem prejuízo da possibilidade de adoptar normas mais restritivas relativamente a práticas unilaterais restritivas da concorrência (2.° período do n.° 2)[1686], os Estados membros não podem proibir qualquer comportamento das empresas que seja autorizado ou compatível com o direito da União Europeia[1687] por:

- Afectar sensivelmente o comércio entre os Estados membros mas não restringir a concorrência;
- Afectar sensivelmente o comércio entre os Estados membros, restringir a concorrência mas preencher as condições de uma isenção individual, ao abrigo do n.° 3 do artigo 101.° do TFUE;
- Afectar sensivelmente o comércio entre os Estados membros, restringir a concorrência mas ser abrangido por um regulamento de isenção categorial.

1226. A relação entre os direitos nacional e europeu da concorrência e, em particular, a competência das autoridades nacionais da concorrência para aplicar as proibições dos artigos 101.° e 102.° nem sempre foi clara, como assinalava o *Conselho da Concorrência* no seu relatório de actividades referente a 1998. Segundo esta entidade, o Conselho da Concorrência não dispunha de competência para aplicar os artigos 101.° e 102.° TFUE e para aplicar sanções por ofensa a estas proibições[1688]. O novo regime jurídico nacional da concorrência[1689] clarificará esta situação, aliás imposta pelo Regulamento (CE) n.° 1/2003.

[1686] O que, na nossa opinião, é feito na legislação nacional, ao manter, ainda que num enquadramento mais restritivo do que sucedia ao abrigo do Decreto-Lei n.° 371/93, de 29 de Outubro, a proibição dos abusos de dependência económica.

[1687] O n.° 3 do artigo 3.° do Regulamento (CE) n.° 1/2003 esclarece que os n.os 1 e 2 não impedem os Estados membros de aplicar aos acordos ou aos abusos de posição dominante as normas sobre o controlo das operações de concentração de empresas ou normas com objectivos diversos.

[1688] Na nossa opinião, ao aplicar as sanções, a Autoridade da Concorrência não deve poder aplicar as sanções de modo a considerar os efeitos nos mercados de outros Estados membros.

[1689] Sobre o mesmo, vide J. L. Da Cruz Vilaça, «A modernização da aplicação das regras comunitárias de concorrência segundo a Comissão Europeia – uma reforma fundamental», *BFDUC*, volume comemorativo dos 75 anos, Coimbra, 2003, pp. 717-768. O novo regime nacional da concorrência estrutura-se à volta de dois diplomas fundamentais:

1) Decreto-Lei n.° 10/2003, de 18 de Janeiro, que, ao abrigo da autorização legislativa concedida pela Lei n.° 24/2002, de 31 de Outubro, criou a Autoridade da Concorrência e aprovou os seus Estatutos;

1227. Por um lado, a Autoridade da Concorrência, segundo a alínea *g)* do n.° 1 do artigo 6.° dos seus Estatutos, aprovados pelo Decreto-Lei n.° 10/2003, de 18 de Janeiro, é competente para «[e]xercer todas as competências que o direito comunitário confira às autoridades administrativas nacionais no domínio das regras de concorrência aplicáveis às empresas;», assim cumprindo a obrigação prevista no artigo 35.° do Regulamento (CE) n.° 1/2003, de, até 1 de Maio de 2004, «designar a autoridade ou autoridades em matéria de concorrência responsáveis pela aplicação dos artigos 81.° e 82.° do Tratado [101.° e 102.° TFUE] de forma a que sejam efectivamente respeitadas as disposições do presente regulamento»[1690]. Por outro lado, a Lei da Concorrência (Lei n.° 18/2003, de 11 de Junho), consagra agora a competência da Autoridade da Concorrência para aplicar as proibições dos artigos 101.° e 102.° do TFUE (*vide* artigo 22.°, n.° 2), assegurando ainda a necessária articulação que esta lei deve ter com o direito da União Europeia e, em particular, com o sistema estabelecido pelo novo Regulamento (CE) n.° 1/2003.

1228. Neste particular, do n.° 3 do artigo 4.° da Lei n.° 18/2003, de 11 de Junho, aplicável aos acordos[1691] entre empresas, ressalta que «são consideradas justificadas as práticas proibidas pelo artigo 4.° que, embora não afectando o comércio entre os Estados membros, preencham os restantes requisitos de aplicação de um regulamento comunitário adoptado ao abrigo do disposto no n.° 3 do artigo 81.° do Tratado que institui a Comunidade Europeia [artigo 101.° TFUE]».

1229. Assim, se um acordo entre empresas restringir a concorrência e não afectar de forma sensível o comércio entre os Estados membros, está apenas sujeito ao direito nacional da concorrência. Ainda assim, a lei estabelece que o acordo não terá, em princípio, um regime diverso do que teria se afectasse sensivelmente o comércio entre os Estados membros. Dito de outro modo e de modo simplista: o que é autorizado pelo direito da União

2) Lei n.° 18/2003, de 11 de Junho, que aprova a nova lei da concorrência, alterada pelo Decreto-Lei n.° 219/2006, de 2 de Novembro, pelo Decreto-Lei n.° 18/2008, de 29 de Janeiro, e pela Lei n.° 52/2008, de 28 de Agosto.

[1690] Sobre o novo sistema institucional de defesa da concorrência, no plano nacional, à luz da modernização do direito da concorrência, I. Vaz/M. Gorjão-Henriques, «Portugal», *The Modernisation of EU Competition Law Enforcement in the EU – FIDE 2004 National Reports* (D. Cahill, editor), Cambridge, 2004, pp. 479-501.

[1691] Por "acordos", entendem-se igualmente as decisões de associações de empresas e as práticas concertadas.

Europeia é igualmente autorizado pelo direito nacional. Mas a Lei n.° 18/2003 não passa um cheque em branco.

1230. Segundo o n.° 4 do mesmo artigo 4.°, a «Autoridade pode retirar o benefício referido no número anterior se verificar que, em determinado caso, uma prática por ele abrangida produz efeitos incompatíveis com o disposto no n.° 1.». O n.° 4 permite à Autoridade afastar o princípio do paralelismo de soluções quando o acordo produza efeitos restritivos incompatíveis com a sua autorização. Contudo, esta norma deve ser interpretada em conjugação com o disposto no n.° 2 do artigo 3.° do Regulamento (CE) n.° 1/2003, segundo o qual as autoridades nacionais da concorrência não podem proibir um acordo que preencha os requisitos do n.° 3 do artigo 81.° [artigo 101.° TFUE] ou que, embora afecte o comércio entre os Estados membros, não restrinja a concorrência, na acepção do n.° 1 do artigo 81.° [artigo 101.° TFUE].

1231. E se a Autoridade da Concorrência, ao apreciar um acordo entre empresas (ou um eventual abuso de posição dominante) à luz do direito nacional, concluir que este viola igualmente o direito da concorrência da União Europeia? Então, deve aplicar as normas de ambos os ordenamentos jurídicos (artigo 3.°, n.° 1, do Regulamento (CE) n.° 1/ /2003). A mesma coerência é procurada em relação às decisões dos tribunais nacionais. Por um lado, no artigo 6.°, que lhes reconhece explicitamente a competência para aplicar os artigos 101.° e 102.° TFUE. Por outro lado, no artigo 16.° do Regulamento (CE) n.° 1/2003, que lhes impõe a obrigação de não proferir decisões incompatíveis com decisões da União. Como dispõe este artigo 16.°, «[q]uando se pronunciarem sobre acordos, decisões ou práticas ao abrigo dos artigos 81.° ou 82.° do Tratado [101.° e 102.° TFUE] que já tenham sido objecto de decisão da Comissão, os tribunais nacionais não podem tomar decisões que sejam contrárias à decisão aprovada pela Comissão. Devem evitar tomar decisões que entrem em conflito com uma decisão prevista pela Comissão em processos que esta tenha iniciado. Para o efeito, o tribunal nacional pode avaliar se é ou não necessário suster a instância. Esta obrigação não prejudica os direitos e obrigações decorrentes do artigo 234.° do Tratado [artigo 267.° TFUE].

2. Quando se pronunciarem sobre acordos, decisões ou práticas ao abrigo dos artigos 81.° ou 82.° do Tratado [101.° e 102.° TFUE] que já tenham sido objecto de decisão da Comissão, as autoridades dos Estados-Membros responsáveis em matéria de concorrência não podem tomar decisões que sejam contrárias à decisão aprovada pela Comissão».

1.3. *A "Pacote de Modernização" do Direito da Concorrência da União Europeia*

1232. O alargamento da União Europeia a dez/doze novos Estados membros[1692], a criação e amadurecimento, na velha Europa «dos quinze», de uma cultura da concorrência, um criticismo feroz do centralismo ocupado pela Comissão Europeia no quadro da aplicação dos artigos 101.° e 102.° TFUE, e a ideia de responsabilização dos Estados membros pela garantia de uma política da concorrência efectiva foram alguns dos factores que conduziram à reforma do já antigo Regulamento (CEE) n.° 17/62.

1233. Além de amplamente reclamada, a reforma iniciou-se, na prática, com a adopção do *Livro Branco sobre a modernização*[1693], prosseguindo com a adopção do Regulamento (CE) n.° 1216/1999[1694] e culminando com a adopção do Regulamento (CE) n.° 1/2003[1695]. O *Livro Branco* anunciava, implicitamente, uma das linhas da reforma. Esta incidiria apenas sobre o artigo 101.° TFUE[1696], constituindo o ponto de partida para uma reforma ainda mais vasta de toda a política da concorrência da União Europeia em relação às empresas e, de modo particular, do artigo 101.° TFUE. Apresentava-se com dois grandes objectivos que se podem dizer realizados:

- 1) A abdicação do monopólio da Comissão na aplicação do 101.°, n.° 3 TFUE; e
- 2) A partilha de competências com as autoridades nacionais da concorrência.

1234. O Regulamento (CE) n.° 1/2003, indo ainda mais longe do que o Regulamento (CE) n.° 1216/1999, consagra um sistema dito de **excep-**

[1692] J. L. Cruz Vilaça, «O ordenamento comunitário da concorrência e o novo papel do juiz numa União alargada», *Revista do CEJ*, 2.° semestre 2004, n.° 1, p. 37.

[1693] JO, C 132, de 12.5.1999.

[1694] Regulamento (CE) n.° 1216/1999, de 10.6.1999 – JO, L 148, de 15.6.1999, p. 1.

[1695] A proposta de regulamento foi publicada no JO, C, de 19.12.2000, p. 284, ou COM (2000) 582 final, de 27.9.2000. Quanto ao regulamento, já acima foi referido.

[1696] A reforma do artigo 102.° iniciou-se entretanto, com a publicação pela Comissão, em Dezembro de 2005, do "*DG competition discussion paper on the application of article 82 of the Treaty to exclusionary abuses*", tendo sido depois publicada a Comunicação da Comissão – *Orientações sobre as prioridades da Comissão na aplicação do artigo 82.° do Tratado CE a comportamentos de exclusão abusivos por parte de empresas em posição dominante*, JO, C 45, de 24.2.2009, pp. 7-20.

ção legal. Segundo resulta do artigo 1.° do Regulamento (CE) n.° 1/2003, «[o]s acordos, as decisões e as práticas concertadas referidos no n.° 1 do artigo 81.° do Tratado [101.° TFUE] que não satisfaçam as condições previstas no n.° 3 do mesmo artigo são proibidos, não sendo necessária, para o efeito, uma decisão prévia» (n.° 1). Do mesmo modo, «[o]s acordos, as decisões e as práticas concertadas referidos no n.° 1 do artigo 81.° do Tratado [101.° TFUE] que satisfaçam as condições previstas no n.° 3 do mesmo artigo não são proibidos, não sendo necessária, para o efeito, uma decisão prévia» (n.° 2).

1235. Do mesmo modo, «[a] exploração abusiva de uma posição dominante referida no artigo 82.° do Tratado [102.° TFUE] é proibida, não sendo necessária, para o efeito, uma decisão prévia.» (artigo 1.°, n.° 3 do Regulamento (CE) n.° 1/2003). Como salienta o prof. Cruz Vilaça, no novo sistema são suprimidas «quer as notificações, quer as isenções» de carácter individual), sendo os acordos proibidos ou permitidos por si mesmos, sem necessidade de qualquer notificação ou decisão administrativa prévia[1697]. Note-se apenas que o artigo 10.° do Regulamento (CE) n.° 1/ /2003 prevê a possibilidade de, «sempre que o interesse público comunitário relacionado com a aplicação dos artigos 81.° e 82.° do Tratado [101.° e 102.° TFUE] assim o exija, a Comissão, pode, através de decisão, declarar oficiosamente que o artigo 81.° do Tratado [101.° TFUE] não se aplica a um acordo, decisão de associação de empresas ou prática concertada, quer por não estarem preenchidas as condições do n.° 1 do artigo 81.° do Tratado [certificado negativo], quer por estarem preenchidas as condições do n.° 3 do artigo 81.° do Tratado [isenção]. A Comissão pode do mesmo modo fazer declaração semelhante relativamente ao artigo 82.° do Tratado».

1.4. *A Rede Europeia e a Relação Entre as Autoridades e Tribunais Nacionais e a Comissão Europeia*

1236. Como atrás se assinalou, o pacote de modernização[1698] do direito da concorrência da União Europeia e, em concreto, da aplicação dos

---

[1697] «O ordenamento jurídico da concorrência e o novo papel do juiz numa União alargada», *cit.*, pp. 41-42.

[1698] Sobre o «modernisation package», entre muitos outros, Rein Wesseling, *The modernisation of EC antitrust law*, Hart, 2000; Koen Lenaerts/Damien Gerard, «Decentralisation of EC Competition Law Enforcement», *World Competition*, vol. 27, nr 3, 2004,

artigos 81.° e 82.° [101.° e 102.° TFUE] assenta ainda noutra ideia-chave, a descentralização, a implicar a cooperação e articulação entre autoridades judiciais e administrativas nacionais e autoridades judiciais e administrativas da União, especializadas ou não na aplicação do direito da concorrência, que agora podem – e devem, sempre que a conduta anti-competitiva afecte o comércio entre os Estados membros – aplicar plenamente quer as proibições quer a norma de isenção constante do artigo 101.°, n.° 3, do TFUE.[1699] Daí a necessidade acrescida de serem estabelecidos mecanismos concretos de cooperação com as autoridades administrativas nacionais[1700] (artigos 11.°-13.°) e com os tribunais nacionais[1701] (essencialmente, artigo 15.°), incluindo a chamada rede europeia.

---

pp. 313-349; Laurence Idot, «Le nouveau système communautaire de mise en oeuvre des articles 81 et 82 CE (Règlement 1/2003 et projects de texts d' application)», *Cahiers de Droit Européen*, 2003, n.° 3-4, p. 362.

[1699] Por isso, também, a Comissão elaborou uma comunicação interpretativa, visando facilitar aos tribunais e autoridades administrativas nacionais da concorrência a correcta interpretação e aplicação dos requisitos do n.° 3 do artigo 81.° – *Comunicação da Comissão "Orientações relativas à aplicação do n.° 3 do artigo 81.° do Tratado"*. Para uma sua apreciação crítica, Paul Lugard/Leigh Hancher, «Honey, I shrunk the article! A Critical assessment of the Commission's Notice on Article 81 (3) of the EC Treaty», *European Competition Law Review*, vol. 25, n.° 7, 2004, p. 410 – o texto da *comunicação da Comissão* pode encontrar-se também em J. L. da Cruz Vilaça/M. Gorjão-Henriques, *Código da Concorrência*, *cit.*, pp. 613-652. Deve dizer-se que partilhamos da convicção de que a complexidade inerente ao n.° 3 do artigo 101.°, mesmo após a comunicação interpretativa, vai *«effrayer le juge de base. Il réglera l'affaire en «bon pére de famille» sur le terrain de l'article 81, § 1 CE comme il faisait dejá dans le passé pour échapper à l'obstacle de la compétence exclusive de la Commission»* (Laurence Idot, *texto apresentado no âmbito da consulta pública sobre os projectos de comunicações interpretativas da Comissão*, p. 3).

[1700] Sobre a cooperação com as autoridades nacionais da concorrência, ver a *Comunicação da Comissão sobre a cooperação no âmbito da rede das autoridades de concorrência*, que pode consultar-se também em J. L. da Cruz Vilaça/M. Gorjão-Henriques, *Código da Concorrência*, *cit.*, pp. 485-504; Teresa Moreira, «Algumas considerações sobre o Regulamento (CE) n.° 1/2003 do Conselho, de 16.12.2002 – A descentralização da aplicação das regras de concorrência comunitárias», », *Estudos Jurídicos e Económicos em Homenagem ao Prof. Doutor António de Sousa Franco*, FDUL, 2006, Vol. III, pp. 1045-1058.

[1701] Sobre a cooperação com os tribunais nacionais, ver a *Comunicação da Comissão sobre a cooperação entre a Comissão e os tribunais dos Estados membros na aplicação dos artigos 81.° e 82.° do Tratado CE*, que pode consultar-se também em J. L. da Cruz Vilaça/M. Gorjão-Henriques, *Código da Concorrência*, *cit.*, pp. 505-520.

1237. Deve notar-se que o Regulamento (CE) n.° 1/2003 não desapossa a Comissão do poder de perseguir e reprimir acordos restritivos da concorrência ou abusos de posição dominante[1702], prevendo ainda um sistema complexo de determinação da autoridade bem colocada para a instrução de um procedimento (artigo 11.°), apesar de prever igualmente, na linha do anterior Regulamento n.° 17/62, que o «início por parte da Comissão da tramitação conducente à aprovação de uma decisão (...) priva as autoridades dos Estados membros responsáveis em matéria da concorrência da competência para aplicarem os artigos 81.° e 82.° [101.° e 102.° TFUE] do Tratado» (n.° 6 do artigo 11.°)[1703].

[1702] A instrução dos processos pela Comissão é regida pelo Regulamento (CE) n.° 773/2004 – v. J. L. da Cruz Vilaça/M. Gorjão-Henriques, *Código da Concorrência*, *cit.*, pp. 243-252 – na redacção resultante do Regulamento (CE) n.° 622/2008 (JO, L 171, de 1.7.2008, pp. 3-5).

[1703] Contudo, o mesmo artigo e número refere que, se já estiver a decorrer a instrução de um processo, nacionalmente, «*a Comissão só dará início a um processo após ter consultado essa autoridades nacional responsável em matéria de concorrência*». Significa isto, em nosso entender, que a Comissão pode ainda assim decidir iniciar o processo, mesmo contra a vontade da autoridade nacional, impedindo esta de aplicar os artigos 101.° e 102.° e, quiçá, também o direito nacional, se a aplicação do mesmo envolver a aplicação do direito comunitário, nos termos referidos no artigo 3.° do Regulamento (CE) n.° 1/2003. Em princípio, segundo a Comissão, na *Comunicação no âmbito da rede europeia da concorrência*, *cit.*, p. 500, tal só sucederá nas hipóteses previstas nos §§ 53 e 54 da Comunicação.

2. Pressupostos da Proibição de Coligações Anticoncorrenciais

2.1. *Considerações Gerais*

1238. A proibição estabelecida no n.° 1 do artigo 101.° TFUE supõe o preenchimento cumulativo dos requisitos aí enunciados: (1) a existência de duas ou mais empresas (2), a coligação entre elas, na forma de acordo, decisão de associação de empresas ou prática concertada, (3) a afectação do comércio entre os Estados membros e, por fim, (4) a existência de uma restrição da concorrência que legitime a intervenção da Administração para defesa da liberdade de concorrência no mercado.

1239. O primeiro requisito traduz-se na presença de, pelo menos, duas empresas ou mais empresas e na exigência de uma coligação entre estas. Com efeito, o artigo 101.° TFUE não se preocupa com práticas individuais das empresas, mas apenas com comportamentos colusivos ou coligados. Daí que, desde há muito, o Tribunal de Justiça se venha preocupando com os problemas de determinar quer a efectiva participação na infracção, quer a imputabilidade de um determinado comportamento a uma ou mais do que uma empresa. Quanto ao segundo, trata-se de uma trave-mestra do sistema comunitário, a implicar uma avaliação do comportamento de empresas verticalmente integradas ou, em todo o caso, de empresas integrantes de «grupos», quer se trate de sociedades participadas, quer se trate apenas de fenómenos de integração empresarial, com recurso a filiais, delegações, etc., ou mesmo a certas formas de integração contratual.

1240. Quanto ao primeiro aspecto, o mesmo tem emergido à medida que o sistema jurídico vem promovendo formas – paralelas e subsequentes – de responsabilização civil pela prática de infracções anti-concorrenciais. A este respeito, o Tribunal Geral sustentou já ser fundamental que a

Comissão, nas suas decisões «quando adopta uma decisão que julgue provada a participação de uma empresa numa infracção complexa, colectiva e ininterrupta, como é frequentemente o caso dos cartéis, além da verificação dos pressupostos específicos de aplicação do artigo 85.°, n.° 1, do Tratado [101.° TFUE], tome em consideração que, se essa decisão implicar a responsabilidade pessoal de cada um dos seus destinatários, é unicamente pela sua participação comprovada nos comportamentos colectivos sancionados e correctamente delimitados»[1704].

2.2. *Noção de Empresa para Efeitos do Direito da Concorrência*

1241. A noção de empresa, para o direito da concorrência da União Europeia, é conhecida. Traduz-se na ideia de entidade económica autónoma ou unidade económica. É empresa, para este ramo do direito, «qualquer entidade que exerça uma actividade económica, independentemente do seu estatuto jurídico e do modo de financiamento», isto é «qualquer actividade consistente na oferta de bens ou serviços num determinado mercado»[1705]. Em Portugal, o artigo 2.° da Lei n.° 18/2003, de 11 de Junho, também dá uma noção de empresa[1706].

[1704] Acórdão do TPI (5.ª Secção) *Adriatica di Navegazione c. Comissão*, de 11.12.2003, proc. T-61/99, Col., 2003, II, pp. 5349, n.os 27 e 30-32.

[1705] Acórdão *J. C. J. Wouters e o. c. Algemene Raad van de Nederlandse Orde van Advocaten*, de 19.2.2002, proc. C-309/99 e, mais recentemente, o acórdão *Aéroports de Paris c. Comissão*, de 24.10.2000, proc. C-82/01 P., n.os 75 e 79. A noção de empresa tem conhecido algumas evoluções, na jurisprudência mais recente. Assim, no acórdão do TPI *Fenin c. Comissão*, de 4.3.2003, proc. T-319/99, Colect. II-357, n.° 35-36, o Tribunal considerou que uma entidade que exerce uma actividade de natureza puramente social (no caso, um organismo de gestão de uma caixa de saúde funcionando em conformidade com o princípio da solidariedade quanto ao modo de financiamento e à prestação gratuita dos serviços) não constitui uma empresa, para o direito da concorrência europeu. O facto de ser um importante comprador de produtos não é suficiente para qualificar um organismo de gestão do sistema da saúde como «empresa» – v.g. acórdão do Tribunal de Justiça, de 11.7.2006, C-205/03 P, n.° 26.

[1706] As sucessivas leis da concorrência aprovadas desde 1983 têm ampliado o âmbito de aplicação da norma correspondente ao actual n.° 2 do artigo 2.° da Lei n.° 18/2003. No Decreto-Lei n.° 422/83, de 3 de Dezembro, tal equiparação apenas estava prevista no artigo relativo aos abusos de posição dominante (artigo 14.°, n.° 4). Já o Decreto-Lei n.° 371/93, de 31 de Outubro, consagrou norma similar à do n.° 2 do artigo 2.° na sua Secção II, onde constava o regime aplicável às práticas restritivas, mas já não, por exemplo, às concentrações de empresas.

Em Portugal, o artigo 2.° da lei da concorrência diz ser "empresa" «para efeitos da

1242. Decorre da doutrina dos tribunais da União e da prática decisória da Comissão que mesmo uma coligação entre empresas de um mesmo grupo – entre, por exemplo, a sociedade-mãe e uma sua filial – pode estar sujeita à proibição do artigo 101.° TFUE, se a filial tiver um comportamento economicamente autónomo[1707], ou seja, se a actuação tra-

---

presente lei, qualquer entidade que exerça uma actividade económica que consista na oferta de bens ou serviços num determinado merado, independentemente do seu estatuto jurídico e do modo de funcionamento./«2 – Considera-se como uma única empresa o conjunto de empresas que, embora juridicamente distintas, constituem uma unidade económica ou que mantêm entre si laços de interdependência ou subordinação decorrentes dos direitos ou poderes enumerados no n.° 1 do artigo 10.°».O exercício de introduzir na lei definições dogmáticas justifica-se, amiúde e *inter alia*, pela necessidade de conferir alguma estabilidade à interpretação de um conceito ou de lhe assegurar uma interpretação uniforme, sobretudo relevante quando a legislação considera de diversas formas ou com diversos conteúdos um determinado conceito. Obviamente, tal comporta diversos riscos, designadamente quando o legislador não capta correctamente a realidade subjacente ao conceito ou quando a realidade se modifica e torna o conceito inoperativo ou, pelo menos, desadequado à realização dos valores ou interesses que conduziram à sua inserção.No caso português, no entanto, a inclusão da noção de empresa numa disposição de carácter horizontal, constitui uma novidade absoluta, entendida à época como necessária, num contexto em que a comunidade jurídica se caracterizava em geral, com honrosas excepções, por um desconhecimento significativo do volumoso *corpus juris* concorrencial existente na Comunidade Europeia, e pela – mesmo posteriormente – insistência doutrinal por uma autarcia dogmática e funcional do direito da concorrência que corria o risco de impedir a convergência dos sistemas que os Autores têm considerado (dever) existir, particularmente importante nesta matéria. Horizontalidade que deve também ser salientada, porquanto, na legislação anterior (cfr., artigo 14.° do Decreto-Lei n.° 422/83, de 3 de Dezembro, e artigo 6.° do Decreto-Lei n.° 371/93, de 29 de Outubro) apenas contemplava a assimilação à unidade constante do disposto no artigo 2.°, n.° 2, da Lei n.° 18/2003, de 11 de Junho; e mesmo esta apenas se aplicava à secção das chamadas "práticas restritivas da concorrência" (incluindo os "acordos" entre empresas, os abusos de posição dominante e o chamado "abuso de dependência económica"), enquanto na Lei n.° 18/2003 se estende a todos os institutos jurídicos a cuja protecção é ordenado o diploma.

[1707] Em geral, Pappalardo, «La réglementation communautaire de la concurrence», *cit.*, p. 345. No *Memorandum sobre a concentração no mercado comum*, de 1965, ao apreciar a adequação da aplicação do (então) artigo 101.° TFUE às concentrações, é curioso notar que, se o grupo de professores pareciam aceitá-la quando subsistisse a independência *jurídica* entre as empresas (III, 3, p. 670; e, na doutrina anterior, Ulmer, «Wettbewerbbeschrankende Absprachen im Rahmen von Unternehmenszusammenschlüssen», *WuW*, 1960, p. 163), a Comissão inclinou-se de modo decisivo para um critério de independência *económica* (III, 15, p. 673), também mais conforme com algumas pronúncias norte-americanas (*v.g.* Thieffry, «L'appréhension des systèmes de distribution», *cit.*, p. 677) ou com o sentido fundamental que se retirava da doutrina alemã dos anos 60 (para uma seriação das duas concepções fundamentais aí presentes, Torley Duwel, pp. 405-406).

Nem sempre a Comissão distinguia apenas economicamente as pessoas – assim, por exemplo, na decisão *Verband der Sachversicherer* (Decisão n.° 85/75/CEE, de 5.12.1984,

duzir um «concurso de vontades economicamente independentes», sendo potencial ou actualmente uma actividade concorrente da da sociedade-mãe ou principal.

1243. Apenas se as empresas actuarem como uma **unidade económica** é que o artigo 101.° TFUE não poderá ver-se aplicado, apenas podendo ser sancionado o comportamento *ex vi* do artigo 102.° TFUE. Os critérios desta actuação como uma unidade económica é que nem sempre são claros. Por um lado, a Comissão considera que a independência e consequente submissão às regras do artigo 101.° TFUE, dependem da assunção de riscos – essencialmente económicos – por parte da filial, delegação, representante, etc. Já o Tribunal, no seguimento da solução propugnada no acórdão *Commercial Solvents*, parece salientar como critério decisivo a existência de controlo e subordinação entre a sociedade principal e a sua filial ou representação. Trata-se, no entanto e no fundo, de duas formas de preencher o critério único, que é o da (in)dependência económica. Esta solução não é imune a críticas. Com efeito, se a expansão através de filiais, delegações ou representações sem autonomia económica só está sujeita aos limites do abuso de posição dominante, não sendo sequer suficiente uma simples posição dominante no mercado, porque é que o mesmo efeito sobre o mercado, só por ser realizado através de empresas que aí actuam de modo autónomo ou assumindo riscos, está sujeito a uma vigilância muito mais apertada e intolerante?

2.3. *Formas de Coligação entre Empresas*

1244. Mas, para além da necessária existência de duas ou mais empresas, é imprescindível que se esteja perante um "**acordo**", uma **decisão de uma associação de empresas** ou uma **prática concertada**[1708].

JO, L 35, de 7.2.1985, n.° 31-32), claramente distinguia as sucursais das filiais, por aquelas dependerem em maior medida «do bom nome ('goodwill')» da empresa a que se ligam (a empresa-mãe: no caso, seguradoras não-alemãs), sendo por isso «uma simples extensão» desta – tendo mesmo o advogado-geral Darmon declarado, perante o Tribunal de Justiça, que «*a dependência económica da filial e da sucursal será de tal ordem que, muito provavelmente, a sua independência jurídica surgirá como artificial do ponto de vista da concorrência*» (p. 442).

[1708] Sobre estas noções, vide J. L. Caseiro Alves, *Lições de Direito Comunitário da Concorrência*, 1986, pp. 35-42; ou, mais recentemente, J. P. F. Mariano Pego, *O Controlo dos Oligopólios pelo Direito Comunitário da Concorrência – A posição dominante colectiva*, Almedina, Coimbra, 2007, pp. 261-285.

Seja qual for, deve estar-se perante uma coligação ou coordenação do comportamento dessas empresas, não sendo exigida a demonstração da existência de um acordo formal. A este respeito, basta recordar, com o Tribunal de Justiça, que «[d]ecorre de jurisprudência constante que, para que haja acordo, na acepção do artigo 85.° [101.° TFUE], n.° 1, do Tratado, basta que as empresas em causa tenham manifestado a sua vontade comum de se comportar no mercado de um modo determinado (...). Os critérios de coordenação e de cooperação formulados na jurisprudência, longe de exigirem a elaboração de um verdadeiro «plano», devem ser entendidos à luz da concepção inerente às disposições do Tratado relativas à concorrência, segundo a qual cada operador económico deve determinar, de modo autónomo, a política comercial que tenciona adoptar no mercado interno. Se é certo que esta exigência de autonomia não priva os operadores económicos do direito de se adaptarem inteligentemente ao comportamento efectivo ou previsível dos seus concorrentes, impede, no entanto, rigorosamente qualquer contacto directo ou indirecto entre esses operadores, que tenha por objectivo ou por efeito quer influenciar o comportamento no mercado de um concorrente efectivo ou potencial quer revelar a esse concorrente o comportamento que se decidiu adoptar ou que se tenciona adoptar no mercado»[1709].

[1709] Acórdão *Adriática*, cit., pp. 5349, n.os 88-91 e 135). E continuava o Tribunal sobre o conceito de "distanciamento": «Todavia, a partir do momento em que se demonstra que uma empresa participou em reuniões entre empresas de natureza manifestamente anticoncorrencial, incumbe a esta apresentar indícios susceptíveis de demonstrar que a sua participação nas referidas reuniões se verificou sem qualquer espírito anticoncorrencial, demonstrando que tinha indicado aos seus concorrentes que participava nessas reuniões numa óptica diferente da deles (...). Na falta de tal prova de distanciamento, o facto de a empresa não se conformar com os resultados dessas reuniões não a isenta da sua plena responsabilidade pela sua participação no acordo». Mais adiante, diria a este propósito, que «o conceito doutrinário de distanciamento público decorre de um princípio jurisprudencial segundo o qual quando uma empresa participou em reuniões com conteúdo ilegal, a sua exoneração de responsabilidades só pode decorrer da prova que ela se distanciou formalmente do conteúdo dessas reuniões, distanciamento que incumbe à empresa em causa demonstrar, fazendo prova de que a sua participação nas reuniões era desprovida de qualquer finalidade anticoncorrencial e demonstrando que tinha informado os seus concorrentes de que participava nessas reuniões com uma perspectiva diferente da deles. De onde se deduz que o conceito de distanciamento público, enquanto elemento de exoneração da responsabilidade, deve ser interpretado de modo restritivo». O recurso foi decidido por despacho do Tribunal de Justiça, de 16.2.2006 (proc. C-111/04 P).

1245. Basta que se trate de uma prática concertada ou de um acordo informal[1710], por exemplo através da fixação de preços ou de qualquer outro tipo de conduta colusiva que as partes assumam. Não importa a forma que a coligação assume, pois, como recordava o advogado-geral DARMON no processo *Verband der Sachversicherer*[1711], o artigo [101.°] «visa abranger todo e qualquer concurso de vontades ou todo e qualquer conluio entre empresas destinado a produzir os efeitos que aquele [o preceito] pretende evitar». Em consonância, não é necessário determinar com rigor se o comportamento assume a forma de acordo ou de prática concertada, na medida em que o critério decisivo é o de saber se existe (pelo menos) uma prática concertada, ou apenas um mero «comportamento paralelo», como tal não abrangido pela proibição do n.° 1 do artigo 101.° TFUE[1712].

1246. Diz-se existir uma **prática concertada** quando o comportamento das empresas (eventualmente paralelo) não é susceptível de justificação económica plausível, razão pela qual o Tribunal de Justiça afirma que as empresas substituem entre si os riscos da concorrência por uma cooperação prática (prévia), com intenções anticoncorrenciais[1713].

1247. Finalmente, a coordenação de comportamentos pode resultar igualmente de uma **decisão de associações de empresas**. Afigura-se

---

[1710] Como bem salientava M. Pais Antunes, no caso dos contratos, o que constitui uma coligação para efeitos do artigo 101.°, n.° 1 são, em primeiro lugar, as cláusulas restritivas nele inseridas, e não tanto o contrato, na sua globalidade («Agreements and concerted practices under EEC competition law: is the distinction relevant?», *YEL*, 11, 1991, Claredon Press, Oxford, 1992, pp. 59-60).

[1711] Proc. 45/85, Colect., p. 436, n.° 12.

[1712] Sobre a noção de *acordo* e o relevo da distinção entre "acordos" e "práticas concertadas", M. Pais Antunes, «Agreements and concerted practices», *cit.*, pp. 57 e ss. No acórdão *HFP e o. c. Comissão*, de 20.3.2002, proc. T-9/99, o TPI decidiu que *«embora o artigo 81.°, n.° 1, do Tratado, faça a distinção entre o conceito de prática concertada e o de acordo (...), é com a preocupação de apreender (...) formas diferentes de coordenação e conluio entre empresas. (...) Assim, uma série de comportamentos de diversas empresas pode constituir a expressão de uma infracção única e complexa que em parte integra o conceito de acordo e em parte o de prática concertada. / (...) a Comissão tinha o direito de afirmar que, nesse caso, não é necessário qualificar a infracção, integrando-a numa única das duas categorias: acordos ou práticas concertadas»*.

[1713] Por todos, o acórdão *Solvay c. Comissão*, de 29.6.1995, pp. 1808-1809, n.os 74-75; e, em sentido diverso (com base no mesmo princípio), o acórdão *CRAM e Rheinzink*, de 28.3.1984, cons. 16, p. 1702.

necessário salientar, em primeiro lugar, que as associações de empresas podem também actuar como "empresas", designadamente se exercerem uma actividade económica própria. Mas aqui o que releva é a sua actuação como "associação de empresas" independentes. Ou seja, no espaço da União, por exemplo, podemos encontrar na mesma situação cooperativas, associações empresariais (como a *Dansk Pelsdyravlevforening*), associações não lucrativas (o conhecido caso *Fedetab*), federações (associações de associações, como a *FIFA*[1714] ou a UEFA) ou as ordens profissionais. Mesmo estas últimas, ainda que dotadas de estatuto de direito público, como uma ordem dos advogados, são consideradas associações de empresas e as suas deliberações ou regulamentos são considerados "decisões de associações de empresas" sempre que constituam «a expressão da vontade de representantes dos membros de uma profissão para que estes últimos adoptem um comportamento determinado no quadro da sua actividade económica.» (acórdão *Wouters*, cit., n.° 64).

1248. Todas as decisões de uma associação de empresas – desde os estatutos aos regulamentos ou outras deliberações adoptadas pelos respectivos órgãos sociais – podem ser consideradas como abrangidas pela proibição do artigo 101.°, n.° 1, do TFUE. Só ficam excluídas, por definição, (*a*) as actividades inteiramente desprovidas de carácter económico, por exemplo puramente sociais, por a entidade que as pratica não dever ser considerada empresa no sentido previsto neste ramo do direito; e (*b*) as actividades da associação que lhe não sejam imputáveis, mas ao Estado, como sucede em relação a certo tipo de regulamentações adoptadas por uma associação profissional, quando é o Estado que «tem o cuidado de definir os critérios de interesse geral e os princípios fundamentais a que a regulamentação aprovada pelas ordens profissionais deve obedecer e de

---

[1714] Que além de associações de empresas, quando emitem regulamentos visando coordenar a actividade dos seus associados, podem exercer uma actividade económica própria, sendo por isso também empresas *qua tale*. Assim, no acórdão *Piau c. Comissão*, de 26.1.2005, o Tribunal de Justiça recordou que «as associações nacionais, que, segundo os estatutos da FIFA, são obrigadas a participar nas competições por ela organizadas, estão obrigadas a pagar-lhe uma percentagem da receita bruta de cada jogo internacional e são consideradas, segundo os mesmos estatutos, proprietários, com a FIFA, dos direitos exclusivos de difusão e de transmissão das manifestações desportivas em causa, exercem igualmente a este título uma actividade económica (v., neste sentido, acórdão do Tribunal de Primeira Instância de 9 de Novembro de 1994, *Scottish Football/Comissão*, T-46/92, Colect., p. II-1039). Elas são, por consequência, também empresas, na acepção do artigo 81.° CE».

conservar o seu poder de decisão em última instância. Nesse caso, as normas aprovadas pela associação profissional conservam uma natureza estatal e escapam às regras do Tratado aplicáveis às empresas» (acórdão *Wouters*, cit., n.os 68 e 69). Mas se sobreviver alguma autonomia decisória, a prática associativa já não estará imune ao direito da concorrência da União Europeia.

1249. Como é evidente, as associações empresariais e/ou comerciais constituem «a forma mais comum de 'associações de empresas'»[1715] e não são em sim mesmas anticoncorrenciais, dizendo mesmo os citados Autores que «*trade associations and cooperative bodies are commonplace in many industries and can often be regarded as beneficial complements to a competitive market*». Contudo, a previsão normativa do artigo 101.° do TFUE, quando referida às associações de empresas, visa desde o início prevenir actuações associativas susceptíveis de interferir com o "*competitive process*" ("processo competitivo"), por exemplo estabelecendo barreiras à entrada de concorrentes ou facilitando a adopção de condutas colusivas («*where membership provides a vehicle for collusive conduct*»).

1250. Para serem consideradas "decisões de associações de empresas", não é imprescindível, em segundo lugar, que as mesmas sejam obrigatórias. Basta, por exemplo, que sejam efectivamente seguidas pelos seus destinatários ou que o incumprimento das mesmas dê origem ou possa dar origem a sanções[1716].

2.4. *Afectação do Comércio entre os Estados membros*

1251. A existência de normas de concorrência da União relativas às empresas, se não gerou uma competência exclusiva e excludente da União – ao contrário da CECA –, supõe, para a sua aplicação, que ocorra uma circunstância atributiva de competência às autoridades administrativas e jurisdicionais da União, isto é, que a coligação ou o abuso de posição

---

[1715] Bellamy & Child, *European Community Law of Competition*, Oxford, 2008, p. 136.

[1716] Acórdão do *Competition Appeals Tribunal* do Reino Unido, em *Institute of Independent Insurance Brokers et al. v. Director General of Fair Trading*, de 26.9.2001 (v. http://www.catribunal.org.uk/documents/JdgIIB170901.pdf).

dominante «afecte o comércio entre os Estados membros», de forma sensível[1717].

1252. O sentido do critério de afectação do comércio, formulado no n.° 1 do artigo 101.° TFUE (e também no artigo 102.° TFUE) foi também amplamente discutido pela doutrina e jurisprudência. Para os autores que se filiavam na corrente germanizante de interpretação do artigo 101.° TFUE, o requisito corresponderia à noção de *Marktbeeinflussung*, ou seja, ao efeito actual ou previsível dos acordos no mercado[1718]. Só que rapidamente o Tribunal de Justiça começou a referir o requisito aos objectivos fundamentais do tratado e, mais concretamente, ao objectivo de realização do mercado único, reconhecendo ser sua função essencial o constituir-se como critério de afirmação da competência da União[1719]. Citando MÁRIO TENREIRO, pode dizer-se que só uma vez preenchida a «condição objectiva de proibição» e afirmada a susceptibilidade de um acordo (tomado como um todo[1720]) afectar[1721] o

---

[1717] Sobre este critério e o seu preenchimento, vide a *Comunicação da Comissão "Orientações sobre o conceito de afectação do comércio entre os Estados-Membros previsto nos artigos 81.° e 82.° do Tratado" (Texto relevante para efeitos do EEE)* – JO, série C, n.° 101, de 27.4.2004, p. 81 – o texto pode consultar-se em J. L. da Cruz Vilaça/M. Gorjão-Henriques, *Código da Concorrência*, *cit.*, pp. 526-556.

[1718] Kleeman, *Die Wettbewerbsregeln der Europäische Wirtschaftsgemeinschaft*, 38-43 (1962), *apud* R. Joliet, *The rule of reason in antitrust law – american, german and common market laws in comparative perspective*, 26, Martinus Nijhoff, La Haye, 1967, p. 121. Só que esta concepção mostra-se claramente desconforme com o sentido atribuído pela moderna doutrina e jurisprudência comunitárias ao critério da afectação do comércio entre os Estados membros, que é visto como «*condição objectiva de aplicabilidade do direito comunitário*» (Mário Tenreiro).

[1719] Acórdão *Commercial Solvents* (*ICI SpA e Commercial Solvents Corp c. Comissão*), de 6.3.1974, proc. 6 e 7/73, Colect., n.° 31, p. 131.

[1720] Mário Tenreiro, «Direito comunitário da concorrência – significado e autonomia do critério da afectação do comércio entre os Estados-membros face à realização do mercado único», *RDE*, 15, 1989, p. 229, nota 7, que salienta ainda, em apoio da consideração deste critério como pura regra de atribuição e delimitação da competência comunitária, o acórdão *Windsurfing* (de 25.2.1986, Colect., pp. 611 e ss.).

[1721] Segundo Schapira/Le Tallec/Blaise (*Droit européen des affaires*, 4.ª ed., Puf, 1994, p. 250), se a «afectação» representar apenas um critério de repartição de competências, deverá então considerar-se a expressão como tendo um sentido neutro, porque «*não implica um juízo de valor sobre a coligação ou as actividades da empresa que ocupa uma posição dominante*», raciocínio que se mostra conforme à jurisprudência *Consten e Grundig* (*«a circunstância de um acordo favorecer o aumento do volume do comércio não basta para excluir que esse acordo possa 'afectar'...»*).

Por nós, não crendo ser relevante saber se o termo tem sentido pejorativo ou neutro, tendemos a concordar com Schapira/Le Tallec/Blaise ou com Goldman/Lyon-Caen/Vogel

comércio entre os Estados membros, em virtude «da sua natureza restritiva e pelo contexto económico» em que se situa, é que se estabelece a competência das autoridades da União[1722]. Esta exigência de afectação das trocas de quaisquer bens económicos traduz-se, pois, numa regra primária de, simultaneamente, atribuição e delimitação da competência comunitária[1723].

(*Droit commercial européen*, p. 737 c) e 738-739) pela simples razão de que saber se a afectação será ou não prejudicial – isto é, se o acordo – preencherá ou não todos os requisitos do n.° 1 do artigo 101.° é questão que em último termo se resolverá na apreciação do elemento *restrição de concorrência*. Na Grã-Bretanha, também Nicholas Green parece considerar a expressão num sentido neutro, ao afirmar (*Commercial agreements and competition law: practice and procedure in the UK and EEC*, Graham & Trotman, 1986, p. 239) que *«o comércio é afectado quando as restrições do acordo provocam uma alteração do padrão de comércio (cause the pattern of trade to change)»*, por exemplo *«se o nível do comércio diminui (...) ou aumenta, se os locais onde o negócio se instala mudam...»*.

1722 Mário Tenreiro, «Direito comunitário da concorrência», *cit*., pp. 228-229. Neste sentido, o acórdão *LTM/MBU*, de 30.6.1966, proc. 56/65, Rec., 1966, p. 337, dispunha que «essa disposição [afectação do comércio], clarificada pela precisão liminar do artigo 85.° visando os acordos enquanto "incompatíveis com o mercado comum", tende a fixar o campo de aplicação da interdição pela exigência de uma condição prévia assente na possibilidade de um entrave à realização de um mercado único entre os Estados membros; que é, com efeito, na medida em que um acordo pode afectar o comércio entre os Estados membros que a alteração da concorrência provocada por esse acordo releva da proibição comunitária do artigo 85.°, enquanto se for ao contrário lhe escapa». Mais claro foi o Tribunal no aresto *Consten e Grundig c. Comissão*, de 13.7.1966, quinze dias passados, ao afirmar que «a noção de "acordos susceptíveis de afectar (...)" "tende a determinar, em matéria de regulamentação das coligações, o império do direito comunitário em relação ao direito estadual», referindo-se imediatamente ao objectivo de realização do mercado único.

Como o Tribunal afirmou ainda, «para apreciar se é abrangida pelo artigo 85.°, n.° 1 [101.° TFUE], uma convenção não pode, pois, ser isolada deste contexto, isto é, das circunstâncias de facto ou de direito que a levem a ter o efeito de impedir, restringir ou falsear o jogo da concorrência» – acórdão *Brasserie de Haecht* (*Haecht I*), proc. 23/67, 1967, Rec., p. 525 e ss. Apesar do que fica dito, tal não significa que as instâncias comunitárias analisem sempre previamente a afectação do comércio, para depois analisarem a restrição de concorrência.

1723 R. Kovar, «Commentaires traité CEE – article 85.°», p. 436. Sem no entanto implicar que se deixem de aplicar as legislações nacionais. Estas continuam a aplicar-se às práticas restritivas, ainda que de dimensões comunitárias, que produzam efeitos dentro do território nacional. Cfr. Mário Tenreiro, *cit*., p. 228.

Aliás, o artigo 9.°, n.° 3 do Regulamento n.° 17/62 dispunha que «enquanto a Comissão não der início a qualquer processo nos termos dos artigos 2.°, 3.° e 6.°, as autoridades nacionais dos Estados-membros têm competência para aplicar o disposto no n.° 1 do artigo 85.°.». De acordo com a jurisprudência comunitária, a competência exclusiva da Comissão só pode afirmar-se quando esta haja adoptado um acto de autoridade manifestando claramente a vontade de iniciar um processo formal (*Brasserie de Haecht c. Wilkin-Janssen*, proc. 48/72 – *Haecht II*). Por outro lado, as autoridades nacionais que *podem ir*

1253. No entanto, para haver afectação do comércio, há que encontrar signos que contribuam para a repartição de competências que pretende operar. O que supõe determinar se ele próprio constitui igualmente um critério material[1724] e, em caso afirmativo, procurar o *quid*[1725] que o distinga da noção de restrição de concorrência.

1254. Como afirmou o Tribunal de Justiça no acórdão *LTM/MBU*[1726], para haver afectação do comércio para efeitos do artigo 101.° (ou 102.°, diga-se), «um acordo deve, com base num conjunto de elementos objectivos de facto e de direito, permitir vislumbrar (envisager) com um grau de probabilidade suficiente que possa exercer uma influência directa ou indirecta, actual ou potencial, sobre as correntes de troca entre os Estados membros num sentido que possa prejudicar a realização do objectivo do mercado único entre os Estados membros».

---

aplicando a proibição do n.° 1 do artigo 101.° são as autoridades especializadas em concorrência e não, em geral, as jurisdições ordinárias (acórdão *BRT c. Sabam*, de 30.1.1974, proc. 127/73, Rec., 1974, p. 51), as quais nunca estarão impedidas, mesmo se a Comissão iniciar um processo, de aplicar a proibição do n.° 1 do artigo 101.°.

[1724] Afirmando claramente a dupla função do critério da afectação – regra de competência e regra material –, por todos, Schapira/Le Tallec/Blaise, *Droit européen des affaires*, pp. 250 e ss.

[1725] No acórdão *Commercial Solvents*, de 6.3.1974, o Tribunal, após referir o critério aos artigos 2.° e 3.°, alínea *f)*, CE dispõe que o artigo 102.° visa «*as práticas susceptíveis de causar um prejuízo directo ou indirecto aos consumidores, na medida em que afectem uma efectiva estrutura concorrencial*» (cons. 32, § 2). Afectação da estrutura concorrencial como condição da afectação do fluxo das trocas é salientada também no acórdão *RTE e ITP c. Comissão*, de 6.4.1995, procs. apensos C-241 e 242/91, Colect., 3/4, I, pp. 734-838 e nas conclusões do advogado-geral Gulmann, ponto H, na medida em que exclua concorrente (*Continental Can*, de 21.2.1973, Rec. 1973, pp. 215 e ss.). Também Otto Lenz, nas conclusões proferidas no famoso processo *J-M Bosman* (acórdão de 15.12.1995), havia dito que basta «*prejudicar a realização dos objectivos do mercado único entre os Estados membros*».

[1726] Acórdão de 30.6.1966, proc. 56/65, Rec., 1966, pp. 337-364. Esta fórmula foi reafirmada nos acórdãos seguintes, como no *Völk c. Vervaecke*, de 9.7.1969, proc. 5/69, Rec., 1969, p. 295, cons. 5. Como se diz neste acórdão: «*pour être susceptible d'affecter le commerce entre États membres, un accord doit (...) permettre d'envisager avec un degré de probabilité suffisant qu'il puisse exercer une influence directe ou indirecte, actuelle ou potentielle sur les courants d'échange entre États membres dans un sens qui pourrait nuire à la realisation des objectifs d'un marché unique entre États*» – e repetida *ad nauseam*, desde aí – por todos, acórdão *SPRL Louis Erauw Jacquery c. S Cooperative La Hesbignonne* (de 19.4.1988, proc. 27/87, Colect., pp. 1919-1942).

1255. Assim delimitada, a afectação do comércio entre os Estados membros não implica que os acordos tenham sido necessariamente celebrados entre empresas de dois ou mais Estados membros[1727], não tendo sequer de ter por objecto a importação ou exportação de produtos entre dois Estados membros[1728]. Um acordo celebrado entre duas empresas portuguesas pode ser susceptível de afectar o comércio entre os Estados membros[1729]. Aliás, nas suas últimas apreciações sobre o sentido do critério de afectação do comércio entre os Estados membros, o Tribunal de Justiça expressamente recordou a jurisprudência fixada no acórdão *Remia*[1730], nos termos da qual «todas as práticas restritivas que se estendem a todo o território de um Estado membro têm por efeito, pela sua própria natureza, consolidar uma compartimentação dos mercados a nível nacional, entravando assim a interpenetração económica pretendida pelo tratado»[1731].

[1727] O direito comunitário adoptou «o critério do efeito anticoncorrencial territorial. Segundo este princípio, os artigos 85.° e 86.° CEE subordinam a sua efectiva aplicação à simples localização no Mercado Comum, dos efeitos anti-concorrenciais, não exigindo, portanto, a ligação das empresas em causa aos diversos Estados Membros» – Robalo Cordeiro, *op. cit.*, p. 99. Com efeito, pode até suceder que ambas as empresas tenham a sua sede no exterior da Comunidade ou que a restrição da actuação das empresas comunitárias diga respeito ao isolamento do mercado comum de uma fonte de aprovisionamento potencialmente melhor, desde que os efeitos anti-concorrenciais se produzam exclusivamente no espaço comunitário.

[1728] Acórdão *Bilger c. Jehle*, de 18.3.1970, proc. 43/69, Rec., 1970, p. 135.

[1729] Vide os acórdãos *Haecht I* – de 12.12.1967 –, *Bilger c. Jehle*, de 18.3.1970, proc. 43/69, Rec., 1970, p. 127 – ou *Fonderies Roubaix c. Fonderies Roux*, de 3.2.1976, Rec., 1976, cons. 13, p. 119. Foi também o que sucedeu no acórdão *Pronuptia de Paris Gmbh c. Pronuptia de Paris Irmgard Schillgalis*, de 28.1.1986, proc. 161/84, Colect., p. 353 e ss., cons. 25. Tratava-se de um contrato de franquia (*franchising*) de distribuição. O Tribunal considerou que, mesmo sendo celebrado entre empresas estabelecidas no mesmo Estado membro, as cláusulas que nele se contenham que tenham por objecto a repartição de mercados devem considerar-se como tendo tal efeito, na medida em que impedem os franquiados de se estabelecer noutro Estado membro (Norberg e Outros, *The European Economic Area – EEA Law – A commentary on the EEA agreement*, Fritzes, 1993, p. 509, sublinhavam que no acórdão *Pronuptia* a afectação resultava de restrições à *liberdade de estabelecimento* no território de outro Estado membro). No mesmo sentido, o acórdão *Belasco SA/Comissão*, de 11.7.1989, proc. 246/86, Colect., p. 2117.

[1730] Acórdão *Remia BV e Outros c. Comissão*, de 11.7.1985, proc. 42/84, Rec., 1985, pp. 2545 e ss. Esta posição tem sido várias vezes reafirmada.

[1731] Acórdão *Bundeskartellamt c. Volkswagen AG e VAG Leasing*, de 24.10.1995, proc. C-26/93. Posição diferente tem sido a da Comissão, que, pleito perante o TPI (*Ladbroke Racing c. Comissão*, de 18.9.1995, proc. T-548/93), afirmava que *«um acordo que confia a um único operador a aceitação de apostas sobre as corridas de cavalos no âmbito nacional não tem, por si só, efeitos no comércio interestadual»*.

1256. Como quer que se veja, condição prévia ou critério material, o certo é que a determinação da função da norma depende da natureza deste critério. Com efeito, em teoria, por maior que seja a restrição de concorrência, tal não implica de modo inelutável a competência comunitária. O que desencadeia a aplicabilidade da norma comunitária não é uma expressão com um sentido único. Afectar o comércio, na linguagem dos artigos 101.° e 102.° TFUE, é obstaculizar ou interferir (ainda que a um nível potencial) na desejada realização do mercado interno. Daí que, na apreciação deste requisito devam ser incluídas todas as cláusulas de um acordo ou os acordos na sua globalidade que impeçam, diminuam, modifiquem ou afectem os termos da realização do mercado único ou comum[1732]. Por força deste requisito, poderão assim intervir na apreciação das condições de aplicação da proibição do n.° 1 do artigo 101.° TFUE, considerações

---

Pode dizer-se que os tribunais comunitárias delimitaram os casos em que a violação das regras do artigo 101.°, n.° 1, resulta da circunstância excepcional da sua caracterização puramente interna – cfr. acórdãos *Fonderies Roubaix-Wattrelos c. Fonderies Roux* (de 3.2.1976, Rec., pp. 111 e ss.) e *De Norre c. Concordia*, cons. 19 (de 1.2.77, Rec., pp. 93-94). No entanto, parecem fazê-lo em termos criticáveis. Com efeito, neste última espécie, o Tribunal de Justiça afirmou que a violação do artigo 101.°, n.° 1, resultava do mero efeito cumulativo da existência da acordos similares no mercado, o que, no fundo, traduz o preenchimento das regras gerais elaboradas pelo Tribunal, não se encontrando a razão pela qual se trataria de uma circunstância excepcional, justificativa da aplicação a um contrato entre empresas de um mesmo Estado membro de um regulamento que só previa a isenção para acordos celebrados entre empresas de dois Estados membros. Só pode significar que o Tribunal de Justiça reconhecia assim a deficiente técnica legislativa utilizada pela Comissão, e o seu poder de, em nome da garantia do respeito pelo tratado – aliás nunca aí invocado –, operar uma extensão teleológica do âmbito do regulamento.

[1732] Sobre o significado e alcance da expressão «susceptíveis de afectar o comércio», consulte-se ainda Schapira, *ob. cit.*, p. 51. Como nota Robalo Cordeiro, *ob. cit.*, p. 93, ao fazer um paralelismo entre as legislações portuguesa e comunitária de defesa de concorrência, para justificar a actuação de ambas as normas basta «*a simples previsibilidade do dano provocado pela coligação*», cuja noção é idêntica nos dois sistemas.

O carácter potencial da afectação resulta dos acórdãos *Michelin c. Comissão*, cons. 104; *Höfner e Elser*, de 23.4.1991 (proc. 41/90, Colect., I-1979), também afirmado no acórdão *SPO e Outro c. Comissão* (de 21.2.1995, proc. T-29/92, Colect., II, 1/2, pp. 289 e ss.), onde se diz que «basta que a afectação seja potencialmente sensível». No acórdão *Parker Pen Ltd c. Comissão*, de 14.7.1994, proc. T-77/92, Rec., 1994, II, pp. 549 e ss., exigia-se que a influência sobre as correntes de troca «não fosse insignificante» (em termos muito idênticos aos do acórdão *Völk/Vervaecke*).

Além disso, parece não ser sequer necessário que a coligação conduza a uma compartimentação de mercados, bastando demonstrar a afectação da estrutura concorrencial no mercado comum, *vide* excluindo um concorrente (*Commercial Solvents*, de 6.3.1974, procs. 6 e 7/73, cons. 33; *United Brands*, de 14.2.1978, cons. 201-202).

que não suponham uma restrição da concorrência ilícita. Deste modo, cláusulas ou comportamentos coligados que não constituam uma ofensa à manutenção de um grau de concorrência eficaz ou praticável no espaço comunitário mas que sejam prejudiciais para a consecução dos fins de integração da Comunidade, intervirão logo no momento em que se determina a competência comunitária, delimitando as «fronteiras entre as áreas cobertas pelo direito comunitário e aquelas cobertas [unicamente, diremos] pela lei dos Estados membros»[1733].

2.5. *Restrição da Concorrência*

1257. Uma vez determinada a susceptibilidade de aplicação do n.° 1 do artigo 101.° TFUE, então haverá que proceder à análise do **objecto** ou **efeito restritivo da concorrência** das cláusulas ou práticas concertadas. Se a restrição existente tiver um objecto ou efeito prejudicial para a garantia da efectividade da concorrência no espaço do mercado interno, então as várias instâncias competentes podem aplicar o n.° 1 e proibir a coligação. Quaisquer instâncias, e não apenas as da União. A «afectação do comércio» determina a competência da União, mas esta, limitada por este critério, não elimina nem prejudica a subsistência das legislações nacionais de defesa da concorrência, marcadas até por objectivos diversos. Para além de não impedir – o que é um aspecto lateral neste momento – a aplicação das próprias normas interditivas da União por parte das jurisdições nacionais.

1258. O conceito de «restrição da concorrência» é também essencial ao preenchimento da hipótese da norma. Com efeito, neste conceito se joga, em grande medida, o objectivo do mercado interno, mas também as ambições e papéis dos órgãos da União, particularmente a Comissão (em especial, considerando o sistema então instituído à volta do Regulamento n.° 17/62) e o Tribunal de Justiça, que estava impedido de conceder isenções, até Abril de 2004 um exclusivo da Comissão.

1259. O quadro descrito levou a que a Comissão, ciente da sua centralidade no sistema formal mas também, por consequência, motivada pela magna tarefa de permitir realizar os objectivos do mercado interno e da

---

[1733] Por todos, acórdão *Hugin Kassaregister AB e Hugin Cash Registers Ltd c. Comissão*, de 31.5.1979, proc. 22/78, Rec., 1979, p. 1869, especialmente, p. 1899, n.° 17.

liberdade de circulação de mercadorias, tenha optado por uma noção de restrição de concorrência, para efeitos de aplicação do artigo 101.°, n.° 1 TFUE, de tal modo ampla (toda a limitação da liberdade económica de acção das partes, pelo menos desde que afecte terceiros) que se tornou rapidamente «demasiado formalista e asfixiante»[1734]. Esta concepção podia resumir na seguinte fórmula, usada no já distante acórdão *Suiker Unie*: "[é] inerente às disposições do Tratado relativas à concorrência que cada operador económico deve determinar de forma independente a política que pretende adoptar no mercado comum, incluindo a escolha das pessoas e empresas às quais faz ofertas ou vende»[1735].

1260. Formalista pois, como todo o acordo restringe, é da sua essência, então cada coligação, cada acordo entre empresas caía (quase que) forçosamente no âmbito da proibição do n.° 1 do artigo 101.° TFUE, no suposto (também expresso na mesma norma) que «afectasse o comércio entre os Estados membros».

1261. Asfixiante pois, como só a Comissão podia isentar as coligações da proibição do n.° 1 e da sanção do n.° 2 e a isenção pressupunha uma prévia notificação do acordo em causa, então todas as empresas se viam compelidas a notificar os seus acordos, sob pena de sofrerem as graves sanções que a Comissão (coimas e sanções pecuniárias e eliminação do comportamento proibido) e os tribunais (declaração de invalidade, indemnização de danos causados) lhes podiam impor.

1262. A restritividade do comportamento coligado tanto podia resultar do próprio objecto do acordo, como dos efeitos a que este tendia. Resulta da letra da norma e das concepções adoptadas por Comissão e Tribunal de Justiça que, dada a formulação alternativa do artigo 101.°, n.° 1 TFUE («que tenham por objecto ou efeito»), basta a comprovação do objectivo anticoncorrencial para invalidar o acordo, sendo supérflua a análise dos efeitos na estrutura concorrencial do mercado[1736].

[1734] Assim o reconhece a própria Comissão na *comunicação sobre o seguimento do Livro Verde sobre as restrições verticais*, JO, C 365, de 26.11.1998, p. 6.

[1735] Proc. 40/73, *Suiker Unie c.* Comissão, Rec., 1975, pp. 1663, n.° 173.

[1736] A primeira manifestação desta análise alternativa e consecutiva pode encontrar-se no acórdão *LTM/MBU*, de 30.6.1966. Sobre esta análise em duas etapas – 1.ª: objecto; 2.ª: efeito – *vide* o acórdão *CRAM e Rheizink*, de 28.3.1984. Embora Tesauro, no processo

1263. A postura fundamental da Comissão era a de se bastar com a afectação da liberdade das partes e de terceiros para afirmar a restrição de concorrência, o que a levou a considerar – em consonância – que qualquer restrição à concorrência *intrabrand* – quer dizer, em relação a certo e determinado produto ou serviço –, mesmo que os terceiros e as próprias partes conservem a total liberdade para comercializarem outros produtos e/ou serviços que aos olhos do público se apresentem como similares, como satisfazendo as mesmas necessidades (utilizando um termo económico: como substituíveis ou sucedâneos), implicaria o preenchimento da hipótese normativa do artigo 101.°, n.° 1 TFUE.

1264. E o Tribunal de Justiça? Para este órgão, se o teste decisivo era o da análise da coligação no «contexto económico e jurídico» do mercado, não sendo suficiente a mera restrição pactuada da liberdade de decisão económica das partes[1737], tal parecia não implicar a forçosa contemplação dos seus efeitos no mercado. O Tribunal é claríssimo neste ponto, no acórdão *LTM/MBU*, quando sustenta que «o carácter não cumulativo, mas alternativo da presente condição [objectivo ou efeito de impedir, restringir ou falsear a concorrência] conduz antes de mais à necessidade de considerar o objectivo [*objet*] do acordo, no contexto económico em que deve ser aplicado». Mas, dois anos depois, no acórdão *Brasserie de Haecht* (*Haecht I*), também era claro: «[c]onsiderando que, ao visar os acordos, decisões ou práticas em razão, não apenas do seu objecto, mas também dos seus efeitos em relação à concorrência, o artigo 85.°, parágrafo 1 [101.° TFUE], implica a necessidade de observar esses efeitos no quadro em que

---

Gottrup-Lim e DLG c. Comissão, tenha afirmado que a Comissão não utiliza esta divisão da análise do artigo 101.°, n.° 1, construção que reserva ao Tribunal de Justiça, com realce para o acórdão *Stergios Delimitis*, de 28.2.1991, o certo é que não é difícil demonstrar que a consideração separada do objecto e dos efeitos das coligações entre empresas era já factor presente no espírito e nos actos da Comissão. Recorde-se o caso *Nungesser*, doze anos antes. Aí encontramos a Comissão a afirmar, em discurso indirecto (p. 2042), que «este artigo [101.°, n.° 1 TFUE] entraria em jogo não apenas quando a concorrência esteja «comprometida» mas desde o momento em que ela, de uma maneira ou de outra, se encontre restringida ou falseada de forma sensível. Se tal é o objecto do acordo, não será mais necessário verificar os seus efeitos na prática. Após haver estabelecido que os acordos (...) restringem a concorrência em razão do seu próprio objecto, não havia razão para a Comissão acrescentar outros argumentos na sua decisão» (o sublinhado consta do próprio texto em francês). Para uma sua afirmação, v. acórdão *General Motors Nederland e o. c. Comissão*, de 21.10.2003, proc. T-368/00.

[1737] Ideia reproduzida no acórdão *Wouters*, de 19.2.2002, *cit.*, n.° 97.

se produzem, quer dizer, no contexto económico e jurídico no seio do qual esses acordos, decisões ou práticas se situam e onde podem concorrer, juntamente com outros, para um efeito cumulativo sobre o jogo da concorrência». E, do mesmo passo, que «seria vão visar um acordo (...) em razão dos seus efeitos, se estes devessem ser separados do mercado onde se manifestam», razão pela qual «uma convenção não pode ser isolada do seu contexto, das circunstâncias de facto ou de direito que lhe permitam impedir, restringir ou falsear a concorrência».

1265. À primeira vista, poderia pois parecer que, em 1967, o Tribunal considerava como necessária uma apreciação dos efeitos da colusão no mercado, como condição para o preenchimento do n.° 1 do artigo 101.°. Tese que podia ainda encontrar apoio na comparação com as pronúncias dos juízes norte-americanos. Recorde-se, em particular, o acórdão *Board Trade of Chicago* (1918) do *Supreme Court* dos Estados Unidos da América, onde se afirmava que «[e]*very agreement (...) restrains. To bind, to restrain is of the very essence. The true test of legality is whether the restraint imposed is such as merely regulates and perhaps thereby promotes competition or whether it is such as may suppress or even destroy competition. To determine that question the Court must ordinarily consider the facts peculiar to the business to which the restraint is applied; its conditions before and after the restraint was imposed; the nature of the restraint and its effect, actual or probable. The history of the restraint, the evil believed to exist (...) the purpose or end to be attained, are all relevant facts*» (o itálico é nosso).

1266. Não será esta passagem – que historicamente contribuiu para fundar a *rule of reason* – equivalente à formulação do Tribunal de Justiça, segundo a qual há que analisar o acordo segundo o seu «contexto económico e jurídico»? Terá o Tribunal de Justiça querido afastar as conclusões a que havia chegado dois anos antes? Para nós, a resposta depende de dois factores. Em primeiro lugar, da concorrência que se objectiva como pressuposta no modelo europeu, em presença da qual se analisará a conduta tendo em conta o seu «contexto jurídico e económico». Quanto a este ponto, já referimos que se busca hoje atingir uma estrutura concorrencial que se afirme praticável ou eficaz, abdicando-se da procura de realização de um qualquer modelo – que já de si corresponderia a uma utopia do sistema – de concorrência pura e perfeita. O Tribunal de Justiça afirmou, há mais de 30 anos, que o modelo é de concorrência eficaz, utilizando mesmo a expressão típica da sua origem norte-americana – *workable competition* –, o que implica recusar um preenchimento formalista e restritivo do conceito de restrição de concorrência e a sua subordinação à presença de certos requisitos: no caso, à apreciação do seu «contexto económico e jurídico».

1267. Um tal conceito supõe ainda que se vá além da mera determinação da natureza jurídica de um contrato, antes implicando, entre outros factores, uma correcta averiguação do mercado relevante, incluindo a identificação da natureza e quantidade de produtos (ou serviços) que são objecto do acordo, a importância relativa das partes no conjunto do mercado relevante, o carácter isolado ou não do acordo, o rigor das cláusulas que restringem a liberdade das partes e de terceiros (por exemplo, se impedem ou não importações paralelas). Factores estes que, no essencial, decorrem da análise das cláusulas contratuais. A prática do Tribunal de Justiça, ao longo dos anos, evoluiu para posições bem distintas das da Comissão, sobretudo ao não excluir do seu discurso analítico a consideração da função das cláusulas nos contrato e ao afirmar que constitui restrição da concorrência toda a cláusula de uma coligação cuja função seja unicamente produzir um efeito restritivo no quadro concorrencial[1738].

2.6. *A Justificação de Práticas Restritivas (Artigo 101.°, n.° 3 TFUE)*

1268. Já vimos que um dos aspectos mais importantes da reforma do sistema de execução dos artigos 101.° e 102.° TFUE foi, justamente, a abolição do monopólio da Comissão para a concessão de isenções individuais e a afirmação prática do efeito directo do n.° 3 do artigo 101.°.

[1738] Mas também noutros importantes aspectos. Cite-se Alessi: «*[o]s* órgãos comunitários progressivamente se vêm aproximando, apesar da diversidade dos textos normativos, das posições da jurisprudência americana, distinguindo entre coligações imediatamente proibidas e coligações submetidas a um critério de razoabilidade (a chamada *rule of reason* (...)). São assim admitidos pactos restritivos da concorrência no âmbito dos acordos verticais de distribuição selectiva, quando objectivamente justificáveis *(Metro I);* obrigações de não-concorrência espacial e materialmente limitadas, quando acessórias a uma transferência do estabelecimento *(Remia);* cláusulas limitativas da concorrência directamente funcionais ao contrato de franchising em que se inserem *(Pronuptia)*» («*Commento alla Legge 10 ottobre 1990, n. 287: norme per la tutela della concorrenza e del mercato*», in R. Alessi/G. Olivieri, *La disciplina della concorrenza e del mercato (commento alla L. 10 ottobre 1990, n. 287 ed al regolamento CEE n. 4064/89 del 21 dicembre 1989)*, G. Giappichelli Editore, Torino, 1991, pp. 3-179, em especial, p. 28).

1269. O tema dos requisitos específicos do n.° 3 do artigo 101.° é bastante complexo e é objecto hoje, no contexto e por causa do processo de modernização do direito da concorrência da União Europeia, de uma extensa comunicação interpretativa da Comissão[1739]. A mera enunciação dos requisitos cumulativos previstos no n.° 3 do artigo 101.° como condição da aplicação de uma isenção mostra que, em rigor, não há, nesse n.° 3, um verdadeiro balanço, o qual, se existe realmente, é na consideração articulada dos n.os 1 e 3. Segundo ART[1740], o n.° 3 do art 101.° «*involves a trade off between the restriction of competition caused by the agreement and the beneficial effects which, notwithstanding this restriction of competition, the agreement may have on the economy in general*».

1270. Os pressupostos cumulativos para uma isenção, tanto individual como categorial, são os seguintes:

- O acordo deve contribuir para melhorar a produção ou a distribuição dos produtos ou serviços, ou para promover o progresso técnico e económico; e
- Reservar aos utilizadores uma parte equitativa do lucro dele resultante; e
- Apenas impor restrições que se mostrem indispensáveis; e
- Não dar às partes a possibilidade de eliminar a concorrência relativamente a uma parte substancial dos produtos em questão.

1271. Dito isto, a nossa atenção concentrar-se-á nas isenções categoriais. Como já foi dito, um acordo restritivo da concorrência pode beneficiar de uma isenção ao abrigo do n.° 3 do artigo 101.°, a qual pode ser individual ou categorial.

1272. Não interessa muito falar do sistema anterior e que, na prática, se extinguiu definitivamente em 30 de Abril de 2004. Era um sistema substancialmente diferente do actual. Retenham-se apenas alguns pontos

---

[1739] *Comunicação da Comissão "Orientações relativas à aplicação do n.° 3 do artigo 81.° do Tratado"*, JO, C 101, de 29.4.2004, p. 97. Para uma sua apreciação crítica, Paul Lugard/Leigh Hancher, «Honey, I shrunk the article! A Critical assessment of the Commission's Notice on Article 81 (3) of the EC Treaty», *European Competition Law Review*, *cit.*, p. 410.

[1740] Jean-Yves Art, «Rules against collusion between firms», in *The Competition Policy of the European Community*, ed. Phendon Nicolaïdes/A. van der Klugt, IEAP, Maastricht, 1994, p. 25.

mais significativos do mesmo, especialmente aqueles que ainda transitaram, mesmo que apenas de forma parcelar, para o "pacote de modernização". Ao abrigo do sistema anterior, com base na própria redacção do Tratado e no Regulamento (CEE) n.° 17/62 e no Regulamento (CEE) n.° 19/65, a isenção tanto podia ser individual (concedida por decisão da Comissão Europeia, na sequência da notificação de um acordo) como categorial (para uma categoria de acordos, com o mesmo objecto, estabelecida por Regulamento). Após a avalanche de notificações que se seguiram à adopção do Regulamento (CEE) n.° 17/62 (mais de 30 000 e, recorde-se, estávamos numa Europa apenas com 6 Estados membros), o Conselho sentiu a necessidade de avançar para respostas de alcance mais geral a um sistema que ficou bloqueado logo ao início. Em resultado disso, foi adoptado o Regulamento (CEE) n.° 19/65, pelo qual o Conselho permitiu que a Comissão adoptasse, à medida que a sua experiência o permitisse, regulamentos (artigo 288.° TFUE) de isenção para categorias de acordos que violassem o n.° 1 do artigo 101.°. Note-se, uma vez mais, que, como a jurisprudência comunitária logo assinalou (acórdão *Itália c. Conselho*)[1741], «adoptado em aplicação do artigo 85.°, n.° 3 [101.°, n.° 3 TFUE], e não do artigo 85.°, n.° 1 [101.°, n.° 1 TFUE], tal como resulta do seu título e dos seus considerandos, este regulamento [o Regulamento 19/65] não cria nenhuma presunção jurídica relativamente à interpretação a dar ao artigo 85.°, n.° 1 [101.°, n.° 1 TFUE], (...) não podendo ter por consequência precipitar, ainda que implicitamente, no âmbito da interdição do artigo 85.°, n.° 1 [101.°, n.° 1 TFUE], as categorias que se propõe favorecer nem presumir reunidas de pleno direito as condições do dito artigo».

1273. O Regulamento (CEE) n.° 19/65 impunha aos regulamentos de isenção categorial adoptados ao seu abrigo, no entanto, condições bastante estritas:

- A isenção categorial era sempre por um prazo determinado;
- O acordo não podia conter nenhuma das cláusulas especificamente proibidas pelo Regulamento;
- O acordo devia conter um conjunto de cláusulas previstas no próprio regulamento;
- A Comissão poderia retirar o benefício da isenção, se o acordo viesse a produzir efeitos incompatíveis com a isenção.

[1741] Acórdão *Itália c. Conselho*, de 15.7.1966.

1274. Este enquadramento, de cariz rígido, afectava a autonomia privada e negocial das partes. Para beneficiar da isenção, o acordo teria de dizer o que o regulamento impusesse e omitir o que o regulamento proibisse. Ou seja, o regulamento dizia o que se podia e devia dizer e o que não se podia dizer (e fazer, claro). Ao abrigo do Regulamento (CEE) n.° 19/65, foram adoptados muitos regulamentos de isenção categorial, entre os quais destacamos o primeiro e os que se encontravam em vigor na data do início do processo de modernização do direito da concorrência e, em particular, do artigo 101.° do TFUE:

- Regulamento (CEE) n.° 67/67 (primeiro regulamento de isenção categorial, relativo a certas categorias de acordos de exclusividade)[1742];
- Regulamento (CEE) n.° 1983/83 (acordos de distribuição exclusiva)[1743];
- Regulamento (CEE) n.° 1984/83 (acordos de compra exclusiva)[1744];
- Regulamento (CEE) n.° 4087/88 (acordos de franquia de distribuição e serviços)[1745];
- Regulamento (CEE) n.° 1475/95 (acordos de distribuição automóvel)[1746];
- Regulamento (CEE) n.° 240/96 (acordos de transferência de tecnologia)[1747].

1275. Estes regulamentos estão hoje todos revogados, no quadro de um processo de revisão interna da política da concorrência aplicável às empresas e que começou por incidir sobre as chamadas restrições verticais (acordos verticais), ou seja, os acordos entre empresas não concorrentes[1748] e que operam em níveis diferentes do processo económico.

[1742] Regulamento n.° 67/67/CEE da Comissão, de 22.3.1967, relativo à aplicação do n.° 3 do artigo 85.° do Tratado a certas categorias de acordos de exclusividade (JO, 57, de 25.3.1967, p. 849).

[1743] Regulamento (CEE) n.° 1983/83, de 22.6.1983 (JO, L 173, de 30.6.1983).

[1744] Regulamento (CEE) n.° 1984/83, de 22.6.1983 (JO, L 173, de 30.6.1983).

[1745] Regulamento (CEE) n.° 4087/88, de 30.11.1988 (JO, L 359, de 28.12.1988).

[1746] Que substituiu o Regulamento (CEE) n.° 123/85. Regulamento (CEE) n.° 1475/95, de 28.6.1995 (JO, L 15, de 29.6.1995).

[1747] Regulamento (CEE) n.° 240/96, de 31.1.1996 (JO, L 31, de 9.2.1996).

[1748] Sobre o conceito de empresa concorrente, v. artigo 1.°, alínea *c)*, do Regulamento (UE) n.° 330/2010: «um concorrente real ou potencial; "concorrente real", empresa

1276. Uma área particular que foi objecto de atenção dos órgãos da União foi a dos **acordos verticais**, i.e. os acordos entre empresas que não são concorrentes ou, em termos clássicos, os acordos entre empresas que se encontram em fases diferentes do processo económico ou produtivo. Em relação a estes, depois de alguma hesitação inicial, tanto uma como o outro claramente afirmaram, logo em 1966, que o artigo 101.° TFUE tanto se aplicava a acordos verticais como a acordos horizontais[1749].

1277. Ao contrário do que seria suposto – segundo os conhecimentos económicos – o que aconteceu foi que, verdadeiramente, os acordos mais perseguidos foram os acordos verticais, celebrados entre empresas não concorrentes que operam em estádios diversos do processo económico de produção (*acordos verticais puros*) ou entre empresas que, embora possam ocasionalmente concorrer entre si (designadamente, a um dos níveis de tal estádio do processo económico), estabelecem relações em que, tipicamente, operam em fases diferentes do processo económico – uma como produtora ou fornecedora; a outra como distribuidora (*acordos verticais impuros*).

1278. As consequências e resultados de uma tal política «centralizante e rígida» não se fizeram esperar. A Comissão viu-se inundada com notificações de acordos (mais de 30.000 em pouco mais de um ano), muitos de conteúdo e natureza similares. Por outro lado, como ao n.° 1 do artigo 101.° TFUE havia sido reconhecida a característica do efeito directo, isso significava que os particulares podiam invocar em juízo,

---

que desenvolve actividades no mesmo mercado relevante; "concorrente potencial", empresa que, na ausência do acordo vertical, e numa base realista e não meramente teórica, é susceptível de, dentro de um curto período de tempo, proceder aos investimentos adicionais necessários ou de incorrer noutros custos de transição necessários para entrar no mercado relevante, em resposta a um aumento pequeno mas permanente dos preços relativos».

[1749] Num primeiro caso, o Tribunal de Justiça partiu de um argumento jurídico ancorado no tradicional princípio *ubi lex non distinguere nec nos distinguere debemus* (acórdão *LTM/MBU*), mas cedo transcendeu uma tal fundamentação – nos processos *Consten e Grundig/Comissão* e *Itália/Conselho e Comissão* (proc. 32/65, Rec., 1966, pp. 563 e ss.), ambos de 13.7.1966 –, quando expressamente declarou serem os acordos verticais abrangidos, em regra, no âmbito da proibição do (agora) artigo 101.°, n.° 1 TFUE, na medida em que a concorrência que se pretende proteger não é apenas aquela que se realizaria entre as partes, mas também a que pode ser restringida entre uma das partes e terceiros, por exemplo quando as partes, afectando a posição concorrencial de terceiros, criem a seu favor uma vantagem injustificada e prejudicial para os consumidores.

perante os tribunais nacionais, a proibição da norma e assim beneficiar – se fosse caso disso – da declaração de nulidade do acordo pelo tribunal nacional (expediente que até hoje se usa e abusa).

1279. A primeira resposta[1750] foi dada logo em 1965, com a publicação do Regulamento n.° 19/65. Este regulamento autorizava a Comissão a estabelecer, desde que respeitadas algumas condições e através de regulamento, isenções para certas categorias de acordos e práticas concertadas. Embora aplicado logo depois, o certo é que este meio só conheceu maior expansão a partir dos anos 80[1751], quando foi desdobrado em dois (Regulamentos n.os 1983/83 e 1984/83), seguindo-se a adopção do primeiro regulamento específico sobre a distribuição automóvel (Regulamento n.° 123/85/CEE, a que se sucederam os regulamentos n.° 1475/ /95/CE, n.° 1400/2002 e n.° 461/2010[1752]) e do regulamento da franquia de distribuição (Regulamento n.° 4087/88/CEE). A insuficiência deste meio e a jurisprudência do Tribunal de Justiça levaram a outras soluções para remediar o estrangulamento do sistema. Algumas previstas pelo próprio sistema, à imagem do mecanismo das isenções categoriais (admitidas como tal no próprio n.° 3 do artigo 101.° TFUE). Outras sugeridas como resposta a problemas específicos colocados na prática casuística da Comissão e do Tribunal de Justiça.

1280. Entre as válvulas de escape do sistema, extremamente diversas na natureza e *modus operandi*, podem contar-se as seguintes:

- A noção de acordos de importância menor (comunicação *de minimis*)[1753];

[1750] Assim se lê no preâmbulo do regulamento: «Considerando que, dado o grande número de notificações apresentadas nos termos do regulamento n.° 17, e torna oportuno, com o objectivo de facilitar a tarefa da Comissão, permitir-lhe declarar, por meio de regulamento, as disposições do n.° 1 do artigo 85.° [actual 101.° TFUE] inaplicáveis a certas categorias de acordos e práticas concertadas».

[1751] A sua expansão foi também limitada à partida pelo tipo de acordos em relação aos quais o Conselho autorizava a Comissão a isentar genericamente.

[1752] Regulamento (UE) n.° 461/2010 da Comissão, de 27.5.2010, relativo à aplicação do n.° 3 do artigo 101.° do TFUE a certas categorias de acordos verticais e práticas concertadas no sector automóvel (JO, L 129, de 28.5.2010, pp. 52-57).

[1753] A comunicação de 1986 foi revista em 1994, 1997 e 2001 (JO, C 368, de 22.12.2001, pp.13-15 – J. L. da Cruz Vilaça/M. Gorjão-Henriques, *Código da Concorrência*, *cit.*, pp. 521-525.

- A noção de «concorrência praticável» (*workable competition*)[1754];
- A selectividade da acção da Comissão, com base num critério de "interesse comunitário";
- A emissão de directrizes interpretativas das normas da União dirigidas às instâncias nacionais de defesa da concorrência[1755].

1281. A par destas, encontravam-se outras de carácter mais vincadamente procedimental, ainda que (em alguns casos) informais[1756]:

- A dispensa de notificação (artigo 4.° do regulamento n.° 17/62);
- Os certificados negativos (artigo 2.° do regulamento n.° 17/2)[1757];

[1754] Sobre o modelo de concorrência subjacente ao direito comunitário da concorrência, no entendimento da Comissão e do Tribunal de Justiça, vide M. Gorjão-Henriques, *Da restrição da concorrência*, *cit.*, pp. 58-61.

[1755] *Comunicação sobre a cooperação entre os tribunais nacionais e a Comissão na aplicação dos artigos 85.° e 86.° do tratado CEE* (JO, C 39, de 13.2.1993, p. 6), hoje substituída, como adiante se dirá.

[1756] Em rigor, estes dois mecanismos (o artigo 4.° do Regulamento n.° 17/62 e os certificados negativos) não constituíam "válvulas de escape" em relação ao sistema, mas instrumentos do próprio sistema.

[1757] Os certificados negativos estavam previstos no artigo 2.° do Regulamento n.° 17/62. A utilização deste mecanismo tendia a ser, por um lado, muito rara. Em primeiro lugar, porque a concepção ampla da Comissão relativamente ao n.° 1 do artigo 101.° tornava pouco crível que um acordo não violasse esse mesmo n.° 1. Depois, porque os casos em que tal acontecia eram normalmente aqueles em que já houve uma pronúncia da Comissão nesse sentido – *vide* através de uma comunicação. Em terceiro lugar, porque a Comissão, assoberbada com serviço, tendia a preferir meios informais de arquivamento do processo, até porque lhe permitiam conservar uma maior liberdade de acção futura.

O valor jurídico destes certificados era, por outro lado, reduzido. Como escrevia Nogueira Serens (*Direito da concorrência e acordos de compra exclusiva, exclusiva (práticas nacionais e comunitárias)*, n.° 5, Coimbra Editora, Coimbra, 1993, p. 29), «a esmagadora maioria da doutrina entende que não vinculam as autoridades nacionais», as quais podem, «em aplicação do seu direito interno (...) apreciar livremente a entente em causa, não havendo quaisquer riscos de contradição, dado que o direito comunitário se declarou inaplicável». Deste modo, nada impede que uma *entente* seja apreciada e mesmo proibida, por contrariar o diploma nacional de defesa da concorrência, apesar de ser admitida comunitariamente. Este Autor equiparava, quanto a este aspecto, os certificados negativos às *lettres de classement* (nota 12, pp. 31-32).

Sob o novo regime, a Comissão Europeia pode ser chamada a emitir uma decisão de não aplicabilidade da proibição do n.° 1 do artigo 101.° TFUE (artigo 10.° do Regulamento (CE) n.° 1/2003).

- Os processos de oposição (por exemplo, no regulamento do *franchising*)[1758]; e
- As cartas administrativas de arquivamento (*comfort letters*)[1759].

1282. Se este era o estado da concorrência até meados da década de 1990, assistiu-se depois a uma mudança profunda na política da concorrência. Fustigada pela doutrina económica, pela (muito diversa) realidade

---

[1758] Este «mini-regulamento 17» impunha a notificação dos acordos e sujeitava as empresas partes num contrato de franquia de dimensão comunitária à eventual oposição da Comissão e sequente submissão às regras gerais do regulamento n.° 17/62 (artigo 6.°, n.° 9). Se a Comissão não se opusesse no prazo fixado, o acordo ficaria abrangido pelo *guarda-chuva* do regulamento. Para uma crítica destes procedimentos, Boutard-Labarde («Comparaison avec les autres règlements "distribution"», *SemaineJuridique-CDE*, 1989, supl. 2, p. 26).

[1759] Muito usadas, as «cartas administrativas», também conhecidas como *ofícios de arquivamento* (*comfort letters*; *lettres de classement*), são, na lição de Caseiro Alves (*Lições de direito comunitário da concorrência*, Série das Lições do Curso dos Estudos Europeus da Fac. de Direito de Coimbra, 1989, pp. 163-164 e 114-116), *«declarações negativas informais, através das quais a Comissão informa as empresas do arquivamento do processo»*. O seu valor jurídico é muito limitado, na medida em que não vinculam a própria Comissão nem os tribunais nacionais (acórdão *NV L'Oréal e SA L'Oréal c. PVBA «De Nieuwe AMCK»*, de 11.12.1980, proc. 31/80, Rec., 1980, 8, p. 3790, cons. 12). No entanto, a Comissão tem pretendido reforçar a sua confiabilidade, designadamente através da publicação do seu conteúdo essencial nos relatórios anuais sobre política de concorrência e, finalmente, por meio da organização de um processo de ligação dos Estados membros com o Comité Consultivo em matéria de acordos, decisões, práticas concertadas e posições dominantes (previsto no artigo 10.° do Regulamento n.° 17/62) – sobre estes meios, Van Bael/Bellis (*Droit de la Concurrence de la Communauté Économique Européenne*, Bruylant, Bruxelles, 1991, pp. 666-667). De qualquer modo, um certo grau de auto-vinculatividade podia extrair-se da jurisprudência dos tribunais comunitários.

Tais cartas – e as apreciações da Comissão nelas contidas – podem ser consideradas como elementos de facto pelos tribunais nacionais – *v.g.* acórdão *Stergios Delimitis* (*Stergios Delimitis c. Henninger Bräu AG,* de 28.2.1991, proc. C-234/89, Colect., I, 2, cons. 47 e 50-55), reafirmado por último no acórdão *Caspar Koelman c. Comissão* (de 9.1.1996, proc. T 575/93, Rec., 1996, II, 1/2/3, pp. 19-20, cons. 41 e 43) e na *Comunicação 93/C 39/05*, ponto 20, 2.° §. Factor que, por vezes, é mesmo exponenciado (para não dizer coisa diversa) pelas próprias instâncias jurisdicionais nacionais (neste *acaso*, francesa). Assim, em 9.12.1992, o *Cour d' Appel* de Paris – 1.ª chambre A, *SA Michel Swiss c. SA Montaigne Diffusion* – decidiu que uma carta administrativa da Comissão constituía uma «presunção» de conformidade de um contrato-tipo com as normas comunitárias, pelo que o dito contrato-tipo não poderia ser invalidado pelas normas francesas de concorrência, na medida em que isso violaria o primado do direito comunitário! – *apud* Gavalda/Lucas de Lessay, «Droit français et communautaire de la concurrence», in *RDS*, 1994, 21.°, somm comm, pp. 164 e ss.

comunitária (o mercado interno praticamente realizado), pelas próprias insuficiências do sistema e pelas reclamações de maior autonomia por parte dos Estados membros (sob a capa de palavras como descentralização, autonomia, subsidiariedade e até renacionalização), a Comissão pareceu ceder e iniciou um complexo processo – ainda não terminado – de profunda reforma do sistema jurídico comunitário de protecção da concorrência contra os comportamentos das empresas (incidente, de modo quase exclusivo, até agora, no artigo 101.°). Esse processo teve diversos passos. Começou pela reforma do ponto mais controvertido e em relação ao qual a Comissão estava cada vez mais isolada (justamente o dos acordos verticais[1760]), mas prosseguiu, com diversos passos e momentos[1761]:

- Regulamento n.° 1215/1999, de 10 de Junho de 1999, que altera o Regulamento n.° 19/65[1762];
- Regulamento n.° 1216/1999, de 10 de Junho de 1999[1763], que altera o Regulamento n.° 17/62;
- Regulamento n.° 2790/1999, de 22.12.1999, relativo à aplicação do n.° 3 do artigo 81.° CE a determinadas categorias de acordos verticais e de práticas concertadas, entretanto revogado pelo Regulamento (UE) n.° 330/2010[1764];
- Regulamento (CE) n.° 2658/2000, de 29.11.2000, relativo aos acordos de especialização[1765];
- Regulamento (CE) n.° 2659/2000, de 29.11.2000, relativo aos acordos de investigação e desenvolvimento[1766];

[1760] Sobre o o tema, entre outros, Paul Lugard, *Vertical restraints under EC competition law*, Hart, 2001.

[1761] Em 27 de Setembro de 2000 foi apresentada e publicitada pela Comissão (na sequência de um *Livro Branco sobre a reforma dos artigos 81.° e 82.°*) a proposta do regulamento que viria revogar o Regulamento n.° 17/62/CEE (COM (2000) 582 final). Trata-se do Regulamento (CE) n.° 1/2003, aplicável desde 1 de Maio de 2004.

[1762] JO, L 148, de 15.6.1999, p. 1 – O Regulamento (CEE) n.° 19/65, na sua redacção actual, pode consultar-se em J. L. da J. L. da Cruz Vilaça/M. Gorjão-Henriques, *Código da Concorrência*, *cit.*, pp. 117-121.

[1763] JO, L 148, de 15.6.1999, p. 1.

[1764] Regulamento (UE) n.° 330/2010 da Comissão, de 20 de Abril de 2010, relativo à aplicação do artigo 101.°, n.° 3, do TFUE a determinadas categorias de acordos verticais e práticas concertadas (JO, L 102, de 23.4.2010, pp. 1-7).

[1765] JO, L 304, de 5.12.2000 – J. L. da Cruz Vilaça/M. Gorjão-Henriques, *Código da Concorrência*, *cit.*, pp. 156-162.

[1766] JO, L 304, de 5.12.2000 – J. L. da Cruz Vilaça/M. Gorjão-Henriques, *Código da Concorrência*, *cit.*, pp. 163-172.

- Regulamento (CE) n.° 1400/2002 da Comissão, de 31 de Julho de 2002, relativo aos acordos de distribuição automóvel, entretanto substituído Regulamento (UE) n.° 461/2010 da Comissão, de 27 de Maio de 2010[1767];
- Regulamento (CE) n.° 772/2004, de 7.4.2004, relativo aos acordos de transferência de tecnologia[1768];
- Regulamento (UE) n.° 267/2010 da Comissão, de 24.3.2010, relativo aos acordos no sector dos seguros[1769].

1283. Não é este o tempo nem o momento para uma análise global das últimas tendências no processo de modernização do direito da concorrência aplicável às empresas. Apesar disso, destacam-se algumas ideias expressas em alguns destes documentos, na medida em que se reflictam, depois, no novo sistema de protecção da concorrência contra a acção das empresas.

1284. As orientações relativas às restrições verticais, adoptadas pela Comissão após a adopção do Regulamento n.° 2790/1999, de 22 de Dezembro (hoje, o Regulamento (UE) n.° 330/2010), e entretanto revogadas[1770], merecem uma referência circunstanciada[1771]. Em geral, pode dizer-se que então se reconhece como predominante a valorização da concorrência *interbrand* (entre marcas, *rectius*, entre versões diferenciadas do mesmo produto ou serviço)[1772], considerando mais graves, numa inversão das concepções tradicionais, as restrições entre marcas do que as restrições dentro da mesma marca (*intrabrand*)[1773].

[1767] JO, L 129, de 28.5.2010, pp. 52-57, aplicável desde 1 de Junho de 2010 e com um regime transitório (face ao regulamento anterior) até 2013.

[1768] JO, L 127, de 29.4.2004, p. 158 – J. L. da Cruz Vilaça/M. Gorjão-Henriques, *Código da Concorrência*, *cit*., pp. 173-183.

[1769] JO, L 83, de 30.3.2010, pp. 1-7. vide ainda a *Comunicação da Comissão relativa à aplicação do n.° 3 do artigo 101.° do TFUE a certas categorias de acordos, decisões e práticas concertadas no sector dos seguros* (JO, C 82, de 30.3.2010, pp. 20-23).

[1770] *Orientações relativas às restrições verticais* (JO, C 130, de 19.5.2010, pp. 1-46).

[1771] Para uma análise do ponto de vista económico, dos graus de realização da eficiência e redução de custos, R. Boscheck, «The EU reform on vertical restraints – na economic perspective», *World Competition*, 23 (4), 2000, pp. 3-49.

[1772] *Orientações* da Comissão, ponto 119, 1): na *«maior parte das restrições verticais só podem surgir problemas a nível da concorrência se existir uma concorrência intermarcas insuficiente»*.

[1773] *Idem*, ponto 119, 2).

1285. Do ponto de vista normativo, destacam-se pois as alterações produzidas relativamente aos acordos verticais, em primeiro pela dispensa do ónus de notificação prévia, ainda que cautelar (Regulamento n.° 1216/ /1999), que permitiu «simplificar o controlo administrativo por forma a reduzir o número de notificações no domínio dos acordos verticais» com a consequência de eliminar às empresas «encargos administrativos desnecessários» pois podiam beneficiar de uma isenção «a partir da data da conclusão dos referidos acordos»[1774] e não, como até aí, apenas a partir da data da notificação. Este regulamento era ainda importante por um outro factor. Muitas empresas utilizam simultaneamente diversos sistemas de distribuição: em certos casos usam a franquia, ali a distribuição selectiva, acolá acordos de distribuição exclusiva. Mas muitas vezes ainda, apesar de usarem formas de distribuição contratual, também distribuem directamente, pelo que podem mesmo ser concorrentes dos seus distribuidores (e o acordo não ser verdadeiramente um acordo vertical puro). Ora, face à nova redacção dada ao n.° 2 do artigo 4.° do regulamento n.° 17/62, tais acordos estavam abrangidos pela dispensa da ónus de notificação, desde que, no contexto do acordo[1775], as partes (fornecedor e distribuidor) não surgissem como concorrentes, como empresas que operam (também) no mesmo estádio do processo económico. Também o Regulamento n.° 1215/ /1999[1776], que modificou o Regulamento n.° 19/65/CEE, visou simplificar e actualizar os próprios regulamentos de isenção[1777], abrindo caminho à aprovação do Regulamento n.° 2790/1999.

[1774] Considerando 5.

[1775] Como se dizia na nova redacção do n.° 2 do artigo 4.°, «*Tais acordos ou práticas concertadas são concluídos entre duas ou mais empresas que operem,* para efeitos do acordo, *cada uma num nível diferente da cadeia de produção ou distribuição (...)*».

[1776] Regulamento n.° 1215/1999 do Conselho, de 10.6.1999, que altera o Regulamento n.° 19/65/CEE relativo à aplicação do n.° 3 do artigo 81.° do Tratado relativo a certas categorias de acordos e de práticas concertadas (JO, L 148, de 15.6.1999, pp. 1-4).

[1777] Este regulamento permitia que as autoridades nacionais de concorrência, em certas circunstâncias, retirassem o benefício de uma isenção categorial a uma coligação que produza «certos efeitos incompatíveis com o n.° 3 do artigo 101.° do tratado, no território de um Estado membro ou numa parte do território de um Estado membro, que apresente todas as características de um mercado distinto» (novo n.° 2 do artigo 7.° do Regulamento n.° 19/65/CEE, aditado pelo n.° 4 do artigo 1.° do Regulamento n.° 1215/1999). Além disso, antes, os regulamentos de isenção só se aplicavam a acordos exclusivos bilaterais, excluindo por isso os acordos que abrangessem mais de duas empresas, bem como, entre outros, os acordos de distribuição selectiva (considerando 7). Reprova-se ainda o facto de os regulamentos deverem enunciar «as cláusulas isentas» (considerando 6).

1286. Em 22 de Dezembro de 1999, o Conselho adoptou o Regulamento n.° 2790/1999, sobre acordos verticais[1778]. Parafraseando V. KORAH, «*after much soul searching, the Commission (...) produced a single umbrella block exemption*»[1779]. O Regulamento n.° 2790/1999, entretanto revogado e substituído pelo Regulamento (UE) n.° 330/2010, constituiu a pedra central da reforma do regime jurídico-concorrencial das coligações verticais e sintetizou a posição da Comissão face à necessidade de proceder à reforma do sistema. Um dos seus objectivos principais é o de estabelecer uma isenção genérica para os acordos verticais. Além disso, o regulamento não se aplica apenas aos acordos verticais relativos a produtos finais, abrangendo também as restrições verticais relativas a produtos intermédios e a serviços[1780]. É de notar ainda o aparente paradoxo de se ver a Comissão a aceitar que os acordos verticais tendem a ser favoráveis para a concorrência, por favorecerem a concorrência «entre marcas» e aumentarem a liberdade de escolha dos consumidores, ao mesmo tempo que opta pela elaboração de um regulamento de isenção categorial.

1287. Qual o objecto do regulamento de isenção dos acordos verticais? Pretende fornecer uma disciplina uniforme para os acordos verticais puros ou impuros, cessando a concepção formalista e rígida que rodeava o tratamento jusconcorrencial destes acordos ao abrigo do anterior regime jurídico da concorrência. O seu objecto principal é o estabelecimento de uma isenção categorial genérica para tais acordos verticais (artigo 2.°[1781]), de acordo com um critério de verticalidade quase pura, dado que o regulamento não se aplica a acordos verticais entre empresas concorrentes[1782] (artigo 2.°, n.° 4[1783]). Contudo, algumas situações são excepcionadas, estando hoje prevista a aplicação do regulamento (e da isenção) a coliga-

---

[1778] Substituído recentemente pelo Regulamento (UE) n.° 330/2010.

[1779] Valentine Korah, *An introductory guide to EC competition law and practice*, 7.ª ed., Hart Publishing, 2000, p. 245.

[1780] Mario Monti, no prefácio ao *XXIX.° Relatório sobre a política de concorrência 1999*, p. 8.

[1781] Também no Regulamento (UE) n.° 330/2010.

[1782] «Empresas concorrentes», no entender do regulamento, eram «fornecedores reais ou potenciais no mesmo mercado do produto, o mercado do produto inclui bens ou serviços considerados pelo comprador como permutáveis ou substituíveis pelos bens ou serviços contratuais, devido às suas características, preço e utilização» (artigo 1.°, alínea *a)* do Regulamento n.° 2790/1999), cfr. *supra*, na nota 1748, a noção hoje dada pelo artigo 1.°, alínea c), do Regulamento (UE) n.° 330/2010.

[1783] Também no Regulamento (UE) n.° 330/2010.

ções envolvendo pequenas e médias empresas potencialmente concorrentes, contanto que se trate de um acordo não recíproco e esteja preenchida uma das seguintes condições:

- a) O fornecedor é um fabricante e distribuidor de bens e o comprador é um distribuidor e não uma empresa concorrente a nível do fabrico; ou
- b) O fornecedor é um prestador de serviços em vários estádios da actividade comercial, enquanto o comprador fornece os seus bens ou serviços a nível retalhista e não é uma empresa concorrente no mesmo estádio da actividade comercial em que adquire os serviços contratuais.

1288. Na verdade, há duas situações aqui envolvidas nesta extensão da aplicação do regulamento a acordos não recíprocos entre empresas concorrentes. Na primeira, está abarcada a situação da pequena e média empresa que celebra um acordo de aquisição de bens ou serviços não recíproco com outra empresa. Apesar de potencialmente concorrentes, dada a sua pequena dimensão, aplica-se-lhe a isenção. No segundo caso, estamos perante acordos em que apenas uma das empresas é potencialmente concorrente da outra ou em que, de qualquer modo, apenas uma delas opere em vários níveis do processo económico. É a situação típica de uma coligação envolvendo uma empresa especializada – só vende ou, no máximo, não produz bens concorrentes dos bens que adquire ao fornecedor. Desenhado para proteger o pequeno e médio comércio, o regulamento caracteriza-se ainda pela expressa exclusão da isenção quando o volume de negócios ou a quota de mercado das empresas participantes na coligação exceder certos limiares.

1289. A isenção é aplicável ainda aos acordos envolvendo uma associação de empresas – com os seus membros ou com terceiros fornecedores – se todos os membros da associação forem retalhistas e nenhum tiver individualmente (por si e pelas empresas a si ligadas) um volume de negócios superior a 50 milhões de euros (artigo 2.°, n.° 2, do Regulamento (UE) n.° 330/2010). Além disso, é aplicável aos acordos verticais em que haja cedência ao comprador do direito de utilização de direitos de propriedade industrial ou intelectual[1784] com vista à utilização, venda ou

[1784] No entanto, não estão abrangidos os acordos verticais tenham por objecto principal a cedência de utilização de tais direitos – idem, artigo 2.°, n.° 3 do regulamento.

revenda dos bens ou serviços pelo comprador ou pelos seus clientes (portanto, mesmo tratando-se de bens intermédios) (artigo 2.°, n.° 3, do Regulamento (UE) n.° 330/2010).

1290. O Regulamento estabelece uma presunção de legalidade dos acordos verticais, recaindo sobre a Comissão o *onus probandi* da violação do n.° 1 do artigo 101.° TFUE e sobre as empresas preenchimento das quatro condições do n.° 3 do mesmo artigo. Mas também se reafirma a ideia, fundante, de que a isenção categorial pressupõe a violação do artigo 101.°, n.° 1 TFUE. No fundo, reconhecendo normativamente que, tal como o Tribunal de Justiça afirmou, a violação do n.° 1 do artigo 101.° não se pode presumir[1785].

1291. O seu âmbito de aplicação, diz se, é igualmente generalizado. O regulamento pretende aplicar-se não a uma figura contratual determinada – como sucedia com os anteriores regulamentos de isenção categorial – mas a múltiplas figuras (distribuição exclusiva, distribuição selectiva[1786], compra exclusiva, franquia), incluindo algumas até agora imunes, como é o caso da agência[1787].

[1785] Deve igualmente ficar claro que, como diz a própria Comissão, «as restrições verticais que ficarem fora desta zona de protecção não serão presumidas como ilegais, mas deverão eventualmente ser objecto de um exame individual. Quanto aos acordos não abrangidos pela isenção por categorias, a Comissão continuará a ter o ónus da prova de que o acordo em questão infringe o n.° 1 do artigo 85.° e terá de examinar se o acordo satisfaz as condições do n.° 3...» – *Comunicação da Comissão relativa à aplicação das regras comunitárias de concorrência às restrições verticais (Seguimento do Livro Verde sobre as restrições verticais)*, JO, C 365, de 26.11.1998, p. 19.

[1786] Sobre os acordos de distribuição selectiva, à luz do Regulamento (CE) n.° 2790/ /1999, M. Gorjão-Henriques, «O direito comunitário, a concorrência e a "distribuição selectiva": enquadramento e novos desafios», in APDI – Associação Portuguesa de Direito Intelectual, *Direito Industrial – Volume III*, Almedina, Coimbra, 2003, pp. 149-200.

[1787] A Comissão não considera relevante o facto de as partes intitularem ou não a sua relação como de agência. Na decisão *Mercedes-Benz*, onde aplicou uma coima de 72 milhões de euros a esta empresa, a Comissão julgou os agentes desta empresa como «equiparados a concessionários», na medida em que suportavam um risco comercial considerável inerente à sua actividade (Decisão n.° 2002/758/CE da Comissão, de 10.10.2001, JO, L 257, de 25.9.2002, pp. 1-47) – sobre a questão, vide o acórdão do Tribunal de Justiça *Confederación Española de Empresarios de Estaciones de Servicio c. Compañia Española de Petróleos, S.A.*, de 14.12.2006, proc. C-217/05 (Colect., 2006, I, pp. 11987).

Em sentido crítico da aplicação do Regulamento n.° 2790/1999 aos contratos de agência, R. Rinaldi, «Il nuovo regolamento della Commissione Europea sugli accordi verticali», *Diritto del Commerzio Internazionale*, 2000, 14.2, pp. 485-489. Em sentido diverso, R. Subiotto/F. Amato («Preliminary analysis of the Commission's reform concerning vertical restraints», *cit.*, *Journal of World Competition*, 23, 2, 2000, p. 24).

1292. Por último, é um regulamento aplicação subsidiária (artigo 2.°, n.° 5)[1788]. Aplicável aos acordos de distribuição vertical, no sentido já explicitado, o Regulamento não pretende cobrir com o manto autorizativo todo o tipo de acordos, independentemente da sua importância económica. São fixados limiares que pretendem fornecer índices de aferição do poder sobre o mercado (o *market power*)[1789] das empresas co-contratantes, embora ainda muito preso ao elemento formal da quota de mercado, o qual, além do mais (o que os americanos já ultrapassaram). No artigo 3.° é fixada uma «zona de segurança», representada pela detenção de uma quota de mercado não superior a 30%[1790] (cf., ainda, o artigo 7.°).

[1788] Ver *Orientações* da Comissão, ponto 46, onde é salientada a inaplicação do Regulamento n.° 330/2010 aos acordos de distribuição automóvel e de licença de saber-fazer.

[1789] A Comissão procura até uma aproximação a este conceito, enquanto «capacidade de manter os preços acima dos níveis concorrenciais ou de manter a produção, em termos de quantidade e qualidade dos produtos e variedade ou inovação, abaixo de níveis concorrenciais durante um período de tempo não desprezável» (*Orientações*, ponto 97).

A procura do «poder sobre o mercado» e a sua superioridade sobre a «quota» de mercado é evidenciada há muito noutras longitudes. A jurisprudência americana tende a dar relevo não tanto ao peso numérico da empresa no mercado (meramente estatístico: a *quota* de mercado), mas ao poder sobre o mercado, que é ou pode ser coisa bem diferente. Assim, no acórdão *Valley Liquor v. Renfield Importers Ltd*, do Tribunal do 7th Circuit (108 S Ct. 488, 1987), o Tribunal esclarecia que o desencadear da *rule of reason* (e da consequente análise das restrições *intrabrand*) só se daria se não se tratasse de uma coligação com pouca importância, que tivesse «*sufficient market power to control prices*». É certo que a doutrina (em especial a comunitária) nem sempre se apercebia da diferença. Fasquelle (*Droit américain et droit communautaire des ententes: étude de la règle de raison*, GLN Joly, Paris, 1993, p. 73, nota 248) cita este acórdão norte-americano como referindo-se a uma *quota*, quando este expressamente se refere (no excerto citado) ao «*poder sobre o mercado suficiente para controlar os preços*» (já outros acórdãos, na segunda acepção são citados por este autor, p. 74, notas 250 e 251). Desenvolvendo a mesma ideia, na perspectiva da consideração da dinâmica dos mercados, Utton, *Market dominance and antitrust policy*, pp. 28 e 38.

Segundo o índice Lerner, o *market power* resulta essencialmente da combinação de três factores: a elasticidade dos preços da procura; a quota de mercado da empresa dominante; e a elasticidade da oferta das empresas não-coligadas (elasticity of supply for fringe firms) – transcrevemos Utton, *Market dominance and antitrust policy*, p. 81.

Nos últimos anos, tem-se acentuado, nos EUA, a compreensão segundo a qual é insuficiente uma análise superficial do mercado que se limita a deduzir os efeitos anticoncorrenciais da simples estrutura do mercado para afirmar a existência de uma conduta colusiva proibida, sendo necessária uma análise do sector em causa que demonstre a presença de um poder sobre o mercado – assim B. Hawk/J. Veltrop, «Les développements du droit antitrust aux États-Unis: analyse raffinée; application agressive et internationale», *Revue International de Droit Economique*, 1994, p. 300.

Neste sentido, julgamos que também aqui a atitude da Comissão não deixa de dever estar sujeita a críticas, pelo seu *reducionismo* prático – v. R. Rinaldi, «Il nuovo regolamento della Commissione europea sugli accordi verticali», *cit.*, pp. 489-496 e 505.

1293. Ao contrário dos regulamentos anteriores e em resposta às correntes críticas que verberavam o carácter formalístico e espartilhante do anterior sistema (*strait jacket effect*), expresso na determinação prévia do que era permitido (*white list*), do que poderia ser autorizado (*grey list*) e do que era proibido (*black list*), os novos regulamentos assentam, quase exclusivamente, na previsão de *black clauses*[1791] ou *hard-core restrictions* (restrições graves). Deste modo, apenas são especificamente previstas as cláusulas que permanecem inadmissíveis (artigo 4.°), nomeadamente as que ponham em causa a liberdade de fixação de preços[1792] ou de resposta a solicitações negociais (a proibição de vendas passivas; certas restrições territoriais ou pessoais, a restrição de vendas activas[1793] e passivas a consumidores finais e certas obrigações de não concorrência – artigo 5.°[1794].

[1790] Do mercado relevante no qual venda os bens ou serviços contratuais. O mercado relevante é o mercado do produto, dir-se-á, de forma simplista. Sobre a definição do mercado relevante, *Comunicação da Comissão* (97/C 372/03) *relativa à definição do mercado relevante para efeitos do direito comunitário da concorrência* (JO, C 372, de 9.12.1997, pp. 5 ss.) – J. L. da Cruz Vilaça/M. Gorjão-Henriques, *Código da Concorrência, cit.*, pp. 557-572.

[1791] R. Subiotto/F. Amato, «Preliminary analysis of the Commission's reform concerning vertical restraints», *cit.*, p. 7.

[1792] Nos Estados Unidos, o *Department of Justice* afirma que os acordos de fixação de preços são *«like selling drugs to school children»*.

[1793] As quais podem ser autorizadas quando constituam acordos de importância menor.

[1794] A nova regulação das obrigações de não concorrência, constante do artigo 5.° do Regulamento n.° 330/2010 tanto se refere a obrigações assumidas para o período de duração do contrato como àquelas relativas ao período posterior à cessação do contrato. É o próprio regulamento que fornece a definição de «obrigação de não concorrência» (alínea *d)* do artigo 1.°), submetida a três requisitos:

«Qualquer obrigação directa ou indirecta que impeça o comprador de fabricar, adquirir, vender ou revender bens ou serviços que entrem em concorrência com os bens ou serviços contratuais, ou qualquer obrigação directa ou indirecta imposta ao comprador no sentido de adquirir ao fornecedor ou a outra empresa designada pelo fornecedor mais de 80 % das suas compras totais dos bens ou serviços contratuais e respectivos substitutos no mercado relevante, calculados com base no valor ou, caso tal corresponda à prática normal do sector, com base no volume das suas compras do ano civil anterior»

Além disso, nos termos do artigo 5.° do Regulamento, a obrigação de não concorrência não deve ultrapassar os 5 anos ou ter duração indefinida, considerando-se como de *duração indefinida* a obrigação que se renove automaticamente por mais que um período de 5 anos. Exceptua-se apenas o caso de o comprador vender os bens ou prestar os serviços a partir de instalações ou terrenos que sejam propriedade do fornecedor ou por este arrendados a terceiro não ligado ao comprador (*idem*, alínea *a*) do n.° 1 e n.° 2 do artigo 5.°).

Sobre a interpretação desta obrigação, vide as *Orientações* da Comissão (ponto 66) e, mais uma vez em sentido crítico, Rinaldi, «Il nuovo regolamento della Commissione Europa sugli accordi verticali», *cit.*, pp. 496-498.

3. Abusos de Posição Dominante (artigo 102.° TFUE)

3.1. *Considerações Gerais*

1294. Para lá da violação do artigo 101.° TFUE, o direito da União – tal como o direito nacional[1795] – proíbe ainda o chamado abuso de posição dominante por parte de empresas[1796], no no artigo 102.° TFUE. Contudo, reconheça-se que, inicialmente, o artigo foi pouco aplicado – em comparação com a utilização que do artigo 101.° foi feita –, só conhecendo em 1971 a sua primeira aplicação concreta e directa.

1295. Diversamente do que acontecia com o artigo 101.° TFUE, na sua comparação com o § 1 do *Sherman Act*, em relação ao artigo 102.° TFUE, o direito comunitário fica aquém do direito americano, que proíbe a própria aquisição de uma posição dominante (veremos igual concepção nas concentrações). Contudo, a norma do artigo 102.° teve, durante muito tempo, uma «função muito mais geral»[1797].

1296. O artigo 102.° TFUE e o artigo 101.° TFUE, apesar de terem âmbitos de aplicação em geral não coincidentes, podem ser aplicados cumulativamente, se for caso disso. No plano do direito europeu, a questão da aplicação cumulativa de ambos os institutos foi objecto de ampla abordagem, com especial destaque para o acórdão *Tetra Pak I*[1798]. Por sua vez, a doutrina faz eco das mesmas conclusões[1799].

[1795] Desde logo, na nossa própria constituição política – artigo 81.°, alínea *e)*.

[1796] A noção de empresa é a mesma que foi dada para o artigo 101.° – M. Gorjão-Henriques, *Da restrição da concorrência*, *cit.*, nota 351, pp. 161 e ss.

[1797] Blaise, «Article 86 – Commentaire», *Traité instituant la CEE – Commentaire article par article*, Constantinesco/Jacqué/Kovar/Symon (dir.), Economica, Paris, 1991, p. 452.

[1798] No acórdão *Ahmed Saeed*, o Tribunal de Justiça entendeu que a aplicação cumulativa de ambas as disposições não devia ser afastada, sobretudo na *«hipótese de um*

1297. O artigo 102.° tem ainda uma estrutura diferente da do artigo 101.°. Desde logo, não conhece número análogo ao n.° 3 do artigo 101.°, o que significa que, verificado o preenchimento dos requisitos de que depende a operatividade da norma, o comportamento descrito é proibido, sancionado e impassível de autorização ou prosseguimento.

1298. Cumpre reconhecer ainda que não serão referidos os abusos de posição dominante resultantes de operações de concentração de empresas. É que na origem do comportamento que materialmente é susceptível de preencher o tipo legal do artigo 102.° está uma operação que é submetida a um regime particular no direito europeu, essencialmente constante do Regulamento (CE) n.° 139/2004[1800]. No entanto, uma observação se deve fazer, para lá de mera remissão para o capítulo em que, mais adiante, será encarado o tratamento jusconcorrencial comunitário das concentrações de empresas. É que, se da concentração de empresas resultar a criação ou reforço de uma posição dominante, tal pode conduzir à declaração da sua incompatibilidade com o regime da concorrência, mesmo que não configure necessariamente um abuso dessa posição.

---

acordo entre duas ou mais empresas não representar mais do que o acto formal que consagra uma realidade económica caracterizada pelo facto da empresa em posição dominante conseguir fazer com que as outras empresas apliquem as tarifas em causa». Contudo, foi no acórdão do Tribunal de Primeira Instância *Tetra Pak Rausing SA c. Comissão*, de 10.7.1990, proc. T-51/89, Colect., II-347, que o Tribunal foi mais longe e declarou que sendo *«dois instrumentos jurídicos independentes, aplicáveis a situações distintas»*, isso não impedia que um comportamento abrangido pelo artigo 101.° pudesse ser apreciado ao abrigo do artigo 102.°, podendo a aplicação desta norma (equivalente ao artigo 6.° da Lei da Concorrência) afectar uma isenção concedida ao abrigo do artigo 101.°, n.° 3 (correspondente ao artigo 5.° da Lei da Concorrência, que se refere à justificação de acordos que violam o artigo 4.° da Lei da Concorrência).

[1799] Na doutrina nacional, por todos, Sofia Oliveira Pais, *O controlo das concentrações no direito comunitário da concorrência,* Almedina, Coimbra, 1997, p. 63. Na doutrina estrangeira, entre outros, L. Ritter/W. David Braun/F. Rawlinson, *EC Competition Law – a practitioner guide*, 2.ª edição, Kluwer Law Int, 2000, pp. 401-402; ou Carles Esteva Mosso/Stephen Ryan, «Article 82 – Abuse of a Dominant Position», in *The EC law of competition*, Faull/Nikpay (editors), Oxford, 1999, pp. 200-201.

[1800] Importante, a este propósito, foi o acórdão *Airtours plc. c. Comissão*, de 6.6.2002, proc. T-342/99, em que o TPI anulou a decisão da Comissão de declarar uma operação de concentração de empresas incompatível com o mercado comum, por configurar um abuso de posição dominante colectiva (onde se referem os requisitos para a criação de uma situação deste tipo).

3.2. *Pressupostos*

1299. O preenchimento do artigo 102.° TFUE depende de três requisitos: (*i*) a afectação do comércio entre os Estados membros, (*ii*) a existência de uma posição dominante e (*iii*) o abuso dessa posição dominante.

1300. Da enunciação dos pressupostos da aplicação do instituto resulta não ser o artigo utilizável para combater, nomeadamente, a natureza oligopolista do mercado, em que um número limitado de empresas controla a totalidade do mercado relevante, pelo enquanto uma das empresas não actuar de forma abusiva.

3.2.1. *Afectação do Comércio*

1301. O primeiro requisito – afectação do comércio entre os Estados membros – não oferece especiais dificuldades de descrição e análise. Vale para ele o que ficou escrito sobre o requisito homólogo do artigo 101.° TFUE[1801]. A sua função é a mesma e ele pode dizer-se verificado quando, por força do comportamento das empresas em causa, haja uma «alteração da estrutura concorrencial do mercado» (acórdão *Continental Can*[1802]) ou quando o comportamento seja de molde a provocar essa afectação (por ex., quando de trate de relações que envolvam dois Estados membros).

3.2.2. *Mercado Relevante e Posição Dominante*

1302. Suposto é, e isto representa uma referência adicional, que se esteja perante empresas em **posição dominante** no mercado interno ou em parte substancial deste. A existência de uma posição dominante só pode ser certificada em relação a um **mercado relevante**. Daí que a definição do mercado relevante (*relevant market*) se haja tornado elemento essencial e prévio à determinação da existência de uma posição dominante[1803].

[1801] M. Gorjão-Henriques *Da restrição da concorrência*, *cit.*, pp. 145-159.

[1802] Acórdão *Europemballage e Continental Can c. Comissão*, de 21.2.1973, proc. 6/72, Colect., p. 109, n.° 26.

[1803] Daí que uma incorrecta definição do mercado relevante, nas suas diversas dimensões, já tenha conduzido à anulação de decisões condenatórias da Comissão, por parte do Tribunal de Justiça (acórdão *Continental Can*).

1303. Não há um sentido unívoco para a determinação do mercado relevante. O mercado relevante é procurado essencialmente em termos geográfico e material[1804]. Estas duas dimensões do mercado relevante não funcionam em termos paralelos. Quer dizer, quanto mais extenso e abrangente for um mercado, nas suas dimensões geográfica e material, mais difícil será – pelo menos no plano teórico – a afirmação da existência de uma posição dominante.

1304. Por **mercado geográfico** entende-se o território onde o produto ou serviço é comercializado segundo condições homogéneas de concorrência. Se o mercado geográfico coloca alguns problemas na sua determinação, mais complexo se revela, muitas vezes, descobrir o mercado relevante no plano material, também conhecido como **mercado do produto ou do serviço**.

1305. São vários os critérios de determinação do mercado do produto (em causa) relevante, os quais provêm, em larga medida, da ciência económica. O objectivo é determinar os produtos ou serviços que, na óptica do utilizador, satisfazem as mesmas necessidades constantes[1805] e são substituíveis ou permutáveis entre si. Entre os vários critérios usados para aferir do grau de sucedaneidade dos produtos ou serviços e, correlativamente, da identificação do mercado do produto relevante, destaca-se o critério da elasticidade cruzada da procura, que mede a influência que a alteração das condições da oferta de um produto tem sobre a procura dos vários produtos que possam ter as mesmas características e ser aptos a satisfazer as mesmas necessidades permanentes dos utilizadores. Nem sempre dois produtos aptos a satisfazer as mesmas necessidades permanentes dos seus utilizadores têm um elevado grau de elasticidade ou sucedaneidade. Um exemplo possível são os combustíveis utilizados para o aquecimento das casas ou edifícios. Embora a electricidade, o gás, o carvão, a lenha ou o petróleo sejam, todos eles, aptos a satisfazer a mesma necessidade básica, a subida do preço de um deles não tende a provocar

---

[1804] Já aconteceu não ter o mercado relevante apenas estas duas dimensões. A doutrina também fala em mercado temporal ou até sazonal (*United Brands*, 1978).

[1805] Cfr. acórdão *Michelin c. Comissão*, de 9.11.1983, proc. 322/81, Rec., 1983, cons. 37. Neste aresto, o Tribunal de Justiça declarou serem as condições do mercado e a estrutura da oferta e procura no mercado critérios relevantes para determinar a permutabilidade entre os produtos. Assim, a estabilidade da procura de um determinado produto é sinal da sua reduzida permutabilidade em relação a outros produtos.

um elevado nível de alteração dos comportamentos da procura, até porque isso implicaria a realização de investimentos que não se justificariam economicamente. Muitos produtos distribuem-se mesmo por vários mercados. É o caso do mercado têxtil ou do calçado, onde os mercados da roupa ou sapatos para criança, senhora ou homem não são necessariamente os mesmos.

1306. Outros critérios utilizados, com valor complementar, têm a ver com a utilização razoável do produto ou serviço ou assentam na relação especial entre o produto e a clientela, que pode dele estar cativa, por exemplo, por razões tecnológicas (peças sobresselentes).

1307. Elementos utilizados neste âmbito são ainda as características físicas dos produtos, o seu preço ou os mercados legais que podem existir, porventura pela subsistência de barreiras à entrada de outros produtos ou serviços no mercado relevante. Assim, exemplificando, as características físicas dos produtos podem ser importantes. Pegue-se no exemplo que originou a jurisprudência *United Brands* («chiquita», 1978)[1806], onde, pelas suas características físicas e nutritivas, a banana foi considerada como pertencendo a um mercado diferente do mercado de outras frutas. Igualmente, dois relógios podem satisfazer a mesma necessidade básica – indicar a hora ao seu utilizador –, mas podem satisfazer igualmente outras necessidades relevantes, como aquelas ligadas ao prestígio ou à criação e manutenção de uma certa imagem (relógios de luxo e/ou de marca), ou ter mesmo utilizações diferenciadas (um relógio de parede em relação a um relógio de pulso). Noutras hipóteses, o que diferencia os produtos ou determina a afirmação de uma posição dominante no mercado é o facto de ser a própria lei a reservar a determinada entidade a satisfação de uma certa necessidade (caso *Opel BL*).

1308. Finalmente, a prática também distingue o mercado de determinada matéria-prima do mercado do produto acabado. Não se fala sempre do mercado do produto final. Além disso, o facto de o mercado ser, num desses níveis, concorrencial, não exclui que possa ser, no outro nível, um mercado onde subsista uma posição dominante ilícita (por ser abusiva, claro)[1807].

[1806] Acórdão de 14.2.1978, proc. 27/76, Colect., vol. I, p. 77, cons. 250.

[1807] Foi o que aconteceu no processo *Zoja*.

1309. Uma vez determinado o mercado relevante, seja em termos materiais (produto/serviço) seja em termos geográficos, importa ainda determinar, de facto, se a(s) empresa(s) está (estão) numa posição dominante. Trata-se de verificar um dado de facto, prescindindo da análise da boas ou más intenções que as empresas tenham, ou seja, dos propósitos que as empresas tenham de ocupar uma posição dominante nesse mercado. Aliás, convém dizer que é até saudável que uma empresa queira ocupar uma posição dominante num mercado, por tal motivação promover a inovação, a eficiência económica, o bem-estar dos consumidores e, em último termo, a própria concorrência.

1310. Uma posição dominante pode ter origens e justificações bem diferenciadas, do ponto de vista valorativo. Como nota a doutrina, pode resultar do progresso tecnológico (acórdão *Commercial Solvents*, 1974), da dependência dos clientes na fase pós-venda (*Hugin*, 1979), de um monopólio de facto reforçado por um conjunto de acordos (*GLV*, 1983(8)), de um monopólio legal (*Sacchi*, 1974), de uma atribuição de direitos exclusivo para garantia de um serviço de interesse económico geral (*UPS Europe*[1808]) ou, ainda que não necessariamente, da titularidade de um direito de propriedade intelectual (*RTE e ITP*, 1995)[1809].

1311. A posição dominante pode ser ocupada por uma única empresa (**posição dominante *individual***) ou por várias empresas (**posição dominante *colectiva***).[1810]

1312. Na **posição dominante colectiva**, a dominância é imputável a várias empresas que, pertencentes ou não ao mesmo grupo, gozem de autonomia económica entre si. Na descrição típica, acrescerá a não comprovação da existência, entre aquelas empresas, de uma coligação, no sentido do artigo 101.° TFUE.

1313. Assim, pode dizer-se que a existência de uma posição dominante colectiva depende da constatação de que duas ou mais empresas, isto

---

[1808] Acórdão *UPS Europe SA c. Comissão*, de 20.3.2002, proc. T-175/99.

[1809] Acórdão de 6.4.1995, procs. C-241/91 P e 242/91 P, n.° 46.

[1810] Sobre a posição dominante colectiva, num caso particular da jurisprudência comunitária, M. Gorjão-Henriques, «Sobre os comportamentos colectivos no direito comunitário da concorrência – o acórdão *Kali und Salz*: notas gerais (acórdão do Tribunal de Justiça República Francesa e Outros c. Comissão, de 31 de Março de 1998)», *Temas de Integração*, n.° 7, 1999, pp. 243-249.

é, «duas ou mais entidades económicas, juridicamente independentes», «do ponto de vista económico», se apresentam ou actuam «em conjunto num mercado específico, como uma entidade colectiva». De acordo com a jurisprudência do Tribunal de Justiça, por exemplo reafirmada no acórdão *Piau c. Comissão* – em que o Tribunal de Justiça considerou a FIFA como associação de empresas – a posição dominante colectiva «depende da verificação de **três condições cumulativas**: [1] em primeiro lugar, cada membro do oligopólio dominante deve poder conhecer o comportamento dos outros membros, a fim de verificar se eles adoptam ou não a mesma linha de acção; [2] em segundo lugar, é necessário que a situação de coordenação tácita possa manter-se no tempo, quer dizer, deve existir um incitamento a não se afastar da linha de conduta comum no mercado; [3] em terceiro lugar, a reacção previsível dos concorrentes actuais e potenciais, bem como dos consumidores não põe em causa os resultados esperados da linha de acção comum».

1314. Problema específico e relativamente autónomo ao facto do comportamento abusivo ser adoptado por uma ou várias empresas (individual ou colectiva), é o da **imputação** do comportamento proibido à(s) empresa(s) que se comporta(m) de forma abusiva no mercado.

1315. O problema punha-se sobretudo nas situações de extraterritorialidade, que envolvem empresas sediadas fora do espaço da União. Nas suas primeiras decisões, a Comissão Europeia (assim na decisão *Continental Can*) imputava às filiais europeias o comportamento da sociedade-mãe (aquilo que a doutrina – entre nós, Caseiro Alves – designava por teoria da imputação). Contudo, nas suas decisões posteriores, a Comissão encaminhou-se no sentido da territorialidade objectiva, ou seja, do efeito do comportamento visado no território dos Estados membros (em sentido translato, o território da União). Assim, na decisão *Zoja* (1972), a Comissão, em vez de imputar, diz que, para efeitos do disposto no artigo 102.°, a filial e a sociedade-mãe são uma única e mesma empresa[1811]. Logo, trata-se de uma posição dominante individual. E, em consequência, também assim encontra uma entidade jurídica a quem pode fazer sofrer as consequências jurídico-comunitárias do comportamento abusivo[1812].

[1811] Caseiro Alves considerava "herética" a desconsideração da personalidade jurídica das filiais, mas o que é facto é que não o é face ao direito comunitário da concorrência. Sobre o ponto, M. Gorjão-Henriques, *Da restrição da concorrência*, *cit.*, pp. 161 e ss.

1316. Até aqui falou-se da referência necessária da posição dominante a um mercado, mas ainda não se caracterizou doutrinalmente a posição dominante, dizendo no que consiste e indicando os critérios da sua determinação [que opera como *posterius* metodo(lógico) face à determinação do mercado relevante].

1317. O tratado não dá noção de «posição dominante», que reflecte uma situação de controlo ou **poder sobre o mercado** (*market control*), mas desde cedo que a experiência doutrinal comunitária a vem fornecendo. Existe quando da posição da empresa resulta a exclusão da concorrência potencial, descrevendo uma situação excepcional no mercado em relação aos concorrentes. Para determinar esta situação, alguns sistemas jurídicos, como o alemão (através da *GezetsWettbewerbs-beschranküngen* – GWB) criaram uma presunção a partir de quota de mercado (1/3), enquanto outros consideraram como relevante o exercício de uma influência predominante no mercado (o caso da antiga lei belga). De acordo com certas das suas compreensões, equipara-se a monopólio, enquanto descreva a situação da empresa que não está submetida a concorrência efectiva ou substancial. Tal pode derivar do comportamento da própria empresa ou, ao invés, resultar de uma atribuição estadual com força legal. Como já foi expressa e repetidamente afirmado pelos tribunais da União, uma empresa que beneficie de um monopólio legal numa parte substancial do mercado interno encontra-se numa situação de posição dominante[1813].

1318. Qual é então o critério que a jurisprudência utiliza? Não é estultícia afirmar que continua a ser o da ausência de concorrência efectiva, traduzida na possibilidade que a empresa tem de agir independentemente do comportamento dos concorrentes, fornecedores e clientes. Como definiu a Comissão, no já longínquo *memorandum* de 1965, consiste no «poder económico de exercer sobre o funcionamento do mercado uma influência notável e em princípio previsível para a empresa em posição dominante» (COMISSÃO, *memorandum* de 1965). Quer dizer que, para a Comissão como para o Tribunal, está mais em causa o poder económico da empresa do que

---

[1812] Sobre o tema, entre nós, recentemente, Ana Perestrelo de Oliveira/Miguel Sousa Ferro, «"The sins of the son: parent company liability for competition law infringements", (2010) 1(3) *Revista de Concorrência e Regulação* (no prelo), com amplas indicações bibliográficas.

[1813] Acórdão *Corsica Ferries*, de 17.5.1994, proc. C-18/93, Colect., I-1783, n.° 23; e acórdão *GT-Link A/S*, de 17.7.1997, proc. C-242/95, n.° 35.

a situação do mercado. Posição dominante significa autonomia global da estratégia seguida no mercado, independência de comportamento relativamente aos outros operadores económicos no mercado[1814].

1319. Como recordou recentemente a Comissão Europeia, «esta noção de independência está relacionada com o grau de pressão competitiva a que a empresa em causa está sujeita. A posição dominante faz com que esta pressão concorrencial não seja suficientemente eficaz e, como tal, a empresa goza de um poder de mercado considerável e duradouro. Consequentemente, as decisões da empresa são em grande medida insensíveis às acções e reacções dos concorrentes, dos clientes e mesmo dos consumidores. A Comissão poderá considerar que não existe uma pressão concorrencial efectiva, mesmo que subsista um certo grau de concorrência real ou potencial. Em geral, uma posição dominante resulta de uma combinação de vários factores que, isoladamente, não são necessariamente determinantes» (*Comunicação de 2009*, n.° 10[1815]).

1320. Dito isto, importa apenas dar uma olhadela de relance pelos índices e elementos que são utilizados para chegar (ou não) a essa qualificação. Na sua prática decisória, como recordava CASEIRO ALVES, a Comissão utiliza três tipos de elementos:

1321. Em primeiro lugar, **elementos estruturais**, entendidos como os elementos exteriores à empresa que condicionam ou determinam a sua forma de actuação (a quota de mercado, o grau de diferenciação dos produtos, a existência de concorrência potencial). A este respeito, o Tribunal de Justiça vem entendendo que a mera detenção de uma parte significativa (importante, escreve-se por vezes) do mercado é um indício, por vezes forte, da existência de uma posição dominante, embora não chegue para fazer presumir a existência de tal posição dominante. Assim, no processo *Gøttrup-Klim*, o Tribunal de Justiça considerou que a detenção de 32% e 36% de determinados mercados não era suficiente para afirmar a existência de uma posição dominante[1816]. Ao invés, tradicionalmente, a detenção

---

[1814] Acórdão *Tetra Pak c. Comissão*, de 14.11.1996, proc. C-333/94 P.

[1815] *Comunicação da Comissão – Orientação sobre as prioridades da Comissão na aplicação do artigo 82.° do Tratado CE a comportamentos de exclusão abusivos por parte de empresas em posição dominante* (JO, C 45, de 24.2.2009, pp. 7-20, adiante "Comunicação de 2009").

[1816] Acórdão *Gøttrup-Klim e o. Grovvareforeninger contra Dansk Landbrugs Grovvareselskab AmbA.*, de 15.12.1994, proc.C-250/92, n.° 48 (Colect., 1994, I, pp. 5641. Na

de uma quota de 50% ou mais do mercado relevante, se acoplada a uma dispersão das quotas dos concorrentes, era considerada como permitindo a presunção de posição dominante.

1322. Em segundo lugar, elementos comportamentais, traduzidos nas políticas de preços ou na comercial, entre outros, revelando o controlo que a empresa detém sobre todas as fases do processo produtivo.

1323. Finalmente, como espécie menor, os elementos ligados aos resultados ou performances da actuação da(s) empresa(s), medidos através, por exemplo, do nível de lucros obtidos, ou seja, da possibilidade de uma empresa cobrar preços excessivos (acima do nível competitivo) durante um período de tempo significativo.

1324. Mais recentemente, a Comissão afirmou, partindo da estrutura concorrencial do mercado, ter em conta a independência da empresa em causa face a pressões de [1] concorrentes actuais (existência de eventuais pressões resultantes dos fornecimentos de concorrentes actuais e da sua posição no mercado) ou de [2] concorrentes potenciais (pressões resultantes de um risco credível de uma futura expansão dos actuais concorrentes ou de entrada de concorrentes potenciais – expansão e entrada) ou [3] dos próprios clientes (pressões resultantes da capacidade de negociação dos clientes da empresa (poder negocial dos compradores).

1325. As pressões dos concorrentes actuais são medidas a partir de elementos estruturais, designadamente as quotas de mercado, que fornece uma «indicação útil», quer numa perspectiva estática quer numa perspectiva dinâmica (a sua evolução ao longo de um dado período de tempo). As quotas de mercado relevam pela sua dimensão e persistência (período de tempo em que são mantidas).

1326. As pressões de concorrentes potenciais pretendem medir o risco e o impacto potencial da expansão dos concorrentes actuais ou da

---

sua *Comunicação de 2009*, a Comissão afirmou que, em geral, «as quotas de mercado pequenas dão geralmente uma boa indicação da ausência de poder de mercado significativo. A experiência da Comissão sugere que, quando a quota da empresa é inferior a 40 % no mercado relevante, é pouco provável que exista posição dominante. No entanto, poderão existir casos específicos de empresas abaixo deste limiar em que os concorrentes não tenham capacidade de pressionar de forma eficaz a conduta da empresa dominante, nomeadamente quando têm graves limitações de capacidade».

entrada de novos concorrentes no mercado[1817]. Aqui, é muito relevante a análise sobre a existência e dimensão das barreiras – jurídicas, económicas, economias de escala, efeitos de rede, tecnologias, rede, existência de contratos de longa duração, etc – à expansão ou à entrada.

1327. Finalmente, o poder significativo sobre o mercado deve ser medido por referência ao poder negocial dos compradores, os Clientes (*buying power*). Como a Comissão recorda (*Comunicação de 2009*, n.º 18), «[m]esmo uma empresa com uma elevada quota de mercado pode não ser capaz de agir de forma significativamente independente face a clientes com suficiente poder de negociação. Este poder negocial dos compradores pode ser resultado da dimensão dos clientes ou do seu peso comercial para a empresa em posição dominante e da sua capacidade para mudar rapidamente para fornecedores concorrentes, de promoverem novas entradas ou de se integrarem verticalmente e de serem credíveis na ameaça de o fazerem. Se o poder negocial for suficientemente forte poderá dissuadir ou inviabilizar uma tentativa por parte da empresa de aumentar os preços».

3.2.3. *O abuso (da posição dominante)*

1328. A existência de uma posição dominante é um elemento essencial mas insuficiente para o preenchimento da hipótese do artigo 102.º TFUE. No plano material, exige-se ainda que o comportamento da(s) empresa(s) seja abusivo.

1329. Recordamos outra vez o que já resultava da síntese entre nós realizada por Caseiro Alves. De facto, após o período de inaplicação do artigo 102.º, houve que, a partir da década de 1970, atribuir um sentido específico à noção de abuso. Degladiaram-se, a propósito, duas grandes orientações. Para a primeira, visto o favor que a actuação unilateral das empresas ou grupos de empresas assumia, no quadro das intenções da União, impunha-se encontrar uma concepção estrita de abuso, supondo a comprovação de ser o comportamento das empresas dominantes determinado pela busca, com prejuízo para fornecedores, clientes e consumidores,

---

[1817] Como recorda, e bem, a Comissão, «[u]ma empresa pode ser dissuadida de aumentar os preços se uma expansão ou entrada de um novo operador for provável, susceptível de se produzir rapidamente e for suficiente», além de ser «suficientemente lucrativa».

de vantagens que da concorrência não resultariam para a empresa em posição dominante. Para outros, contudo, se o direito da concorrência apenas proibia o abuso da posição dominante, tal não excluía que um tal abuso pudesse resultar do mero exercício da posição dominante, embora o mero exercício de uma posição dominante não constitua, em si mesmo, um abuso da mesma posição dominante.

1330. Uma empresa em posição dominante tem uma responsabilidade particular na manutenção de uma concorrência efectiva[1818], pelo que, com BELLAMY/CHILD[1819] se pode dizer que: «*It follows from the nature of obligations imposed by Article 82* [art 102.° TFUE] *that undertakings in a dominant position may be deprived of the right to adopt a course of conduct or take measures which are not in themselves abuses and which would even be unobjectionable if adopted or taken by non-dominant undertaking. Thus the conclusion of a contract or the acquisition of a right may amount to an abuse for the purposes of article 82 if that contract is concluded or that right is acquired by an undertaking in a dominant position*».

1331. Esta "responsabilidade particular" não é, contudo, determinada em termos puramente abstractos, mas de acordo com as circunstâncias de cada caso[1820]. Mas será ainda mais acrescida quando a empresa tiver uma posição de quase-monopólio[1821].

[1818] Acórdão do Tribunal de Justiça *NV Nederlandsche Banden Industrie Michelin c. Comissão*, de 9.11.1983, proc. 322/81, Rec., I-3461, n.os 10 e 57.

[1819] Christopher Bellamy/Graham Child, *European Community Law of Competition*, *cit.*, p. 718.

[1820] Acórdão *Tetra Pak International SA c. Comissão*, de 6.10.1994, proc. T-83/91, Colect., II-755, n.° 122, onde o Tribunal declarou: «Resulta do conjunto das considerações precedentes que, no contexto do caso em apreço, as práticas aplicadas (...) nos mercados não assépticos são susceptíveis de ficar abrangidas pelo artigo 86.° do Tratado, sem que seja necessário provar a existência de uma posição dominante nestes mercados isoladamente considerados, na medida em que a proeminência desta empresa nos mercados não assépticos, combinada com os laços estreitos de conexão entre estes mercados e os mercados assépticos, conferia (...) uma independência de comportamento relativamente aos outros operadores económicos presentes nos mercados não assépticos, capaz de justificar a sua responsabilidade particular, nos termos do artigo 86.° [102.° TFUE], na manutenção de uma concorrência efectiva e não falseada nestes mercados». Esta jurisprudência foi confirmada pelo Tribunal de Justiça, em sede de recurso, em acórdão de 14.11.1996 (C-334/94 P, Colect., I-5951).

[1821] Christopher Bellamy/Graham Child, *European Community Law of Competition*, *cit.*, p. 719, citando o Advogado-Geral Nial Fennelly.

1332. As instâncias da União partilham uma concepção ampla e objectiva de abuso. Assim parece resultar do já referenciado acórdão *Continental Can*, onde o Tribunal de Justiça declarou que a aquisição de empresa concorrente através de operação de concentração pode constituir um abuso, se praticada por empresa em posição dominante. Mas uma tal concepção resultou formalmente do acórdão *Hoffman-Laroche*[1822], onde o Tribunal de Justiça caracterizou da seguinte forma o abuso suposto no artigo 102.°: «[u]ma noção objectiva que visa os comportamentos de uma empresa em posição dominante que são susceptíveis de influenciar a estrutura do mercado onde, devido à presença da empresa em questão, o grau de concorrência está já enfraquecido, e que têm por efeito impedir, através do recurso a meios diferentes dos que regem a concorrência normal dos produtos e serviços, a manutenção do grau de concorrência ainda existente no mercado ou o seu desenvolvimento».

1333. Questão diversa, mas recentemente disputada, é a de saber se o comportamento, para ser abusivo, tem necessariamente de «influenciar a estrutura da concorrência nos mercados». A este propósito dispunha o acórdão *Continental Can* que o artigo [102.°] «não se destina apenas às práticas susceptíveis de prejudicarem directamente os consumidores, mas igualmente às que os prejudicam através do seu impacto sobre uma estrutura efectiva da concorrência...» (n.° 26).

1334. É neste quadro que a Comissão entende hoje que a afectação da estrutura concorrencial não é elemento imprescindível para a afirmação do abuso violador do artigo 102.°, embora nos pareça que, em algumas hipóteses, tal pode ser excessivo e dar lugar a um desvio na função do instituto em causa[1823]. Na determinação do abuso, prescinde-se, além disso, da averiguação sobre as motivações do comportamento abusivo, não se exigindo a prova de carácter intencional ou negligente da empresa em posição dominante. O elemento essencial é a produção de um efeito abusivo, que pode até produzir-se num mercado diferente daquele onde a empresa detém a posição dominante. Como já sustentou a jurisprudência, o facto de uma empresa se encontrar em posição dominante num determinado mercado material atribui-lhe uma «responsabilidade particu-

---

[1822] Acórdão de 12.2.1979, proc. 85/76, Rec., 1979, p. 461.

[1823] A questão foi recolocada na decisão n.° 2000/12/CE da Comissão, de 20.7.1999, que condenou o Comité de Organização do Campeonato do Mundo de Futebol de 1998 – JO, L 5, de 8.1.2000, pp. 55-74.

lar, nos termos do artigo [102.° TFUE], na manutenção de uma concorrência efectiva e não falseada», quer nos mercados dominados, quer mesmo em mercados não dominados[1824]. Assim, são sancionados comportamentos abusivos em mercados dominados ou não dominados (desde que conexos), desde que tenham efeitos nos primeiros[1825]. O próprio artigo 102.° fornece uma lista não exaustiva de comportamentos que podem considerar-se abusivos. Tal como foi dito para o artigo 101.°, também aqui cabe referir que a análise casuística dos comportamentos nunca é dispensável, não bastando a comprovação material de uma das hipóteses aí formuladas. Entre as várias formas possíveis de abuso proibido, podem destacar-se:

- As formas de imposição de preços ou de condições de transacção não equitativas (alínea *a)*), de que é exemplo a imposição de um preço excessivo sem correspondência razoável ao valor económico da prestação fornecida;
- A aplicação de condições desiguais por prestações equivalentes (al. *c)*), que acontecerá quando a empresa em posição dominante não aplica as mesmas condições, nem cobra os mesmo preços e taxas a certo tipo de empresas, por terem com ela relações especiais, nomeadamente de carácter contratual (por ex., empresa pública proprietária de porto comercial que isenta certas empresas que utilizam os seus portos do pagamento de taxas que se em geral devidas pela aplicação dos seus serviços (acórdão *GT-Link A/S*, citado), sem que tais isenções – ou a dispensa de cobrança de tais taxas – sejam indirectamente retribuídas pelas empresas beneficiária, quando a empresa proprietária do porto comercial utilizar os seus serviços. Ou ainda quando uma empresa pratique uma política objectivamente injustificada de descontos de fidelidade (acórdão *Suiker Unie*, 1975)[1826];
- As vendas ligadas ou subordinadas (*tying* ou *bundling*) (alínea *d)* do artigo 102.°);

[1824] Assim é, desde os anos 70, com os acórdãos *ICI e Commercial Solvents c. Comissão*, de 6.3.1974; ou, já nos anos 90, no acórdão *AKZO c. Comissão*, de 3.7.1991, proc. C-62/86, Colect., I-3359.

[1825] Acórdão *Tetra Pak Internacional SA c. Comissão (Tetra Pak II)*, de 6.10.1994, proc. T-83/91, Colect., 10, II, p. 755, cons. 122.

[1826] Não será abusiva a prática de descontos determinados em função da quantidade de produtos vendidos, em determinadas condições.

- A prática de preços predatórios, desde que exista o risco de eliminação de concorrentes ou, segundo aparece no *Discussion Paper* sobre o artigo 102.° do TFUE, se houver provas directas de uma intenção subjectiva ou provas indirectas, de intenção objectiva, de eliminação dos concorrentes. Contudo, os tribunais da União aceitam existirem dois métodos principais de análise. Assim, serão sempre considerados predatórios os preços inferiores à média dos custos variáveis, enquanto, em relação aos preços inferiores à média dos custos totais, mas superiores à média dos custos variáveis, há que demonstrar a intenção predatória[1827];
- A recusa de fornecimento de determinados produtos ou prestação de serviços. Nem sempre este comportamento se deverá considerar ilegítimo. Com efeito, a autonomia privada permite a um sujeito decidir se quer ou não contratar com outro, e permite fazê-lo com liberdade. Assim, o direito comunitário apenas intervém quando ocorram circunstâncias excepcionais[1828], o que acontece quando do comportamento da empresa em posição dominante resulte a eliminação da concorrência no mercado a jusante, mas não quando tal recusa for objectivamente justificada.

1335. Embora a norma do artigo 102.° TFUE não disponha de norma equivalente ao n.° 3 do artigo 101.° TFUE, a jurisprudência constante do Tribunal de Justiça veio admitindo que, em certa medida, comportamentos de empresas em posição dominante e *a priori* abusivos podem ser lícitos, se justificados[1829], através de um balanço concorrencial ou racional (do

---

[1827] Acórdão *AKZO c. Comissão*, n.° 71, citado em *Tetra Pak*, de 14.11.1996, n.° 41. Critérios possíveis são os preços abaixo dos custos de produção a curto prazo (*Hoffman La Roche*), abaixo dos custos variáveis médios (*Consumers Glass*); preços fixados entre os custos médios variáveis e os custos totais variáveis (neste caso, pode ser justificado); abaixo dos custos médios incrementais a longo prazo (*Deutsche Post*). Uma defesa possível é a de a empresa estar a responder à concorrência (*meeting competition*).

[1828] Acórdão *RTE e ITP c. Comissão (Magill)*, de 6.4.1995, procs. C-241 e 242/91 P, Colect., I-743; acórdão *Oscar Bronner*, de 26.11.1998, proc. C-7/97, Colect., I-7791.

[1829] A Comissão cita, a propósito, os acórdãos *United Brands c. Comissão*, de 14.2.1978, proc. 27/76, Rec., 1978, pp. 207, n.° 184;*Centre Belge d'études de marché – Télémarketing (CBEM) c. Compagnie luxembourgeoise de télédiffusion (CLT) e Information publicité Benelux (IPB)*, de 3.10.1985, proc. 311/84, Col. 1985, p. 3261, n.° 27; *Hilti c. Comissão*, de 12.12.1991, proc. T-30/89, Colect., 1991, II, pp. 1439, n.os 102-119; *Tetra Pak International c. Comissão (Tetra Pak II)*, de 6.10.1994, proc. T-83/91, Colect., 1994, II, pp. 755, n.os 136 e 207; ou *British Airways plc c. Comissão*, proc. C-95/04, de 15.10.2007, Colect., 2007, I, pp. 2331, n.os 69 e 86.

tipo *rule of reason*). Assim, a empresa poderá demonstrar que o seu «comportamento é objectivamente necessário» («indispensável e proporcional») ou «produz ganhos de eficiência substanciais que compensam qualquer efeito anticoncorrencial a nível dos consumidores». Neste contexto, a Comissão irá avaliar se o comportamento em questão é indispensável e proporcionado ao objectivo alegadamente pretendido pela empresa em posição dominante. Em relação aos ganhos de eficiência, a Comissão Europeia exige que estejam preenchidos, cumulativamente, os seguintes requisitos:

- Causalidade – os ganhos de eficiência são uma consequência do comportamento (por exemplo, melhorias técnicas na qualidade dos bens ou a redução do custo de produção ou distribuição);
- Proporcionalidade – «o comportamento é indispensável para a concretização dos ganhos de eficiência: não podem existir alternativas menos anticoncorrenciais do que o comportamento que permitam produzir os mesmos ganhos de eficiência;
- Mais-valia – os «prováveis ganhos de eficiência gerados pelo comportamento compensam qualquer eventual efeito negativo sobre a concorrência e o bem-estar dos consumidores nos mercados afectados;
- «O comportamento não elimina uma concorrência efectiva através da supressão de todas ou parte das fontes actuais ou potenciais de concorrência. A rivalidade entre empresas é um motor essencial da eficiência económica, nomeadamente dos ganhos de eficiência dinâmicos sob a forma de inovação. Na sua ausência, a empresa em posição dominante não terá os incentivos adequados para continuar a criar e a repercutir ganhos de eficiência. Quando não existe concorrência residual nem ameaça provável de entrada, a protecção da rivalidade e do processo de concorrência sobrepõe-se a possíveis ganhos de eficiência. Na opinião da Comissão, o comportamento de exclusão que mantém, cria ou reforça uma posição de mercado próxima do monopólio não pode normalmente ser justificado por criar também ganhos de eficiência».

1336. A aplicação do artigo 102.° pelas autoridades nacionais faz-se nas condições e segundo as regras de processo nacionais[1830]. Compete à

[1830] Acórdão *Otto*, de 10.11.1993, proc. C-60/92, Colect., I-5683, n.° 14.

ordem jurídica interna de cada Estado membro regular as modalidades processuais, incluindo as respeitantes às modalidades de ónus da prova, das acções judiciais destinadas a garanti a salvaguarda dos direitos que resultam para os particulares das normas da União que tenham efeito directo, não podendo essas modalidades ser menos favoráveis que as respeitantes a acções judiciais similares de natureza interna nem tornar impossível ou excessivamente difícil na prática o exercício dos direitos conferidos pela ordem jurídica da União Europeia.

1337. Aos Estados membros incumbe ainda não prejudicar a efectividade do artigo 102.° do TFUE, nomeadamente mantendo em vigor normas legais que criem ou mantenham uma situação que leve um serviço público a violar necessariamente o artigo 102.° TFUE[1831].

1338. Finalmente, quanto às sanções, o Regulamento (CE) n.° 1/ /2003 prevê a aplicação, pela Comissão, de coimas e sanções pecuniárias compulsórias (artigos 23.° e 24.°), em montantes que podem atingir até 10% do volume de negócios mundial das empresas infractoras.

1339. Contudo, além da aplicação de sanções pecuniárias, o Regulamento (CE) n.° 1/2003 prevê ainda, no seu artigo 7.°, que a Comissão pode impor as soluções mais adequadas para a eliminação das situações de ofensa à concorrência (artigos 101.° e 102.° TFUE), referindo no seu enunciado tanto soluções cariz estrutural como soluções de conduta ou comportamentais. Dispõe para o efeito o n.° 1 do artigo 7.°, que, se «na sequência de uma denúncia ou oficiosamente, a Comissão verificar uma infracção ao disposto nos artigos [101.° ou 102.°] do Tratado, pode, mediante decisão, obrigar as empresas e associações de empresas em causa a porem termo a essa infracção. Para o efeito, a Comissão pode impor-lhes soluções **de conduta** ou **de carácter estrutural** proporcionadas à infracção cometida e necessárias para pôr efectivamente termo à infracção. **As soluções de carácter estrutural só podem ser impostas quando não houver qualquer solução de conduta igualmente eficaz ou quando qualquer solução de conduta igualmente eficaz for mais onerosa para a empresa do que a solução de carácter estrutural**. (...)» (os sublinhados são nossos)[1832].

[1831] Acórdão *Höfner et Elser*, de 23.4.1991, C-40/90, Colect., I-1979, n.° 27.

[1832] Como nos explica J. L. da Cruz Vilaça, «A modernização da aplicação das regras comunitárias da concorrência», *cit.*, p. 736, «*deixa-se (...) claro, no n.° 1 do artigo*

1340. O n.° 1 do artigo 7.° do Regulamento (CE) n.° 1/2003 revela, como seria de esperar no âmbito das práticas anticoncorrenciais[1833], uma preferência pelas soluções comportamentais ou de conduta em relação às soluções de carácter estrutural. Com efeito, a separação estrutural só pode ser decidida se «não houver qualquer solução de conduta igualmente eficaz» e, existindo solução de conduta eficaz, se a «solução de conduta for mais onerosa para a empresa do que a solução de carácter estrutural». Esta solução depende, assim, por um lado, de um juízo de adequação aos interesses da empresa («se a solução de conduta for mais onerosa para a empresa») e, por outro lado, de um juízo de necessidade («não houver qualquer solução de conduta igualmente eficaz»), pelo que o «recurso a essa arma deve ser submetido a um estrito controlo de proporcionalidade»[1834]. No âmbito dos artigos 101.° e 102.° do TFUE as soluções ditas "comportamentais" são, por isso mesmo, as preferenciais, desde logo na prática da Comissão Europeia. Escreve a mesma Laurence IDOT, sobre o n.° 1 do artigo 7.° do Regulamento (CE) n.° 1/2003, que «[l]*a Commission peut adopter aussi bien des mesures correctives comportementales que structurelles. Cette distinction vient du contrôle des concentrations où elle est utilisée constamment en matière d'engagements. Cela étant, les données sont inverses. En matière de concentrations, le structurel est le principe, le comportemental l'exception. En revanche, en matière de pratiques anticoncurrentielles, le comportemental doit être la règle et le structurel, l'exception*»[1835].

1341. No âmbito da aplicação do artigo 102.° do TFUE, não parecem existir decisões que apliquem soluções estruturais a comportamentos abu-

---

7.°, que a Comissão dispõe de poderes para impor todas as soluções necessárias para pôr termo à infracção, incluindo soluções de carácter estrutural (alienação ou separação de activos [na linha da decisão Microsoft dos tribunais americanos (US v. Microsoft 97 F.2d 59 – D.D.C. 2000)], abandono de actividades, supressão de métodos de distribuição, etc.)». Note-se, contudo, que, a final, não foram impostas à Microsoft, nos EUA, quaisquer soluções estruturais (*Final Judgement* e *Order* de 12.11.2002, proc. 98-1232).

[1833] Contrariamente ao que parece suceder no domínio das concentrações.

[1834] Laurence Idot, «Le nouveau système communautaire de mise en oeuvre des articles 81 et 82 CE (Règlement 1/2003 et projects de texts d' application», *Cahiers de Droit Européen*, 2003, n.° 3-4, p. 362.

[1835] Laurence Idot, «Le nouveau système communautaire de mise en oeuvre des articles 81 et 82 CE (Règlement 1/2003 et projects de texts d' application», *cit.*, pp. 361-362.

sivos unilaterais[1836], havendo mesmo quem, à luz do anterior Regulamento n.° 17/62, negasse tal possibilidade[1837]. A única excepção significativa parece ser a do caso *Gillette*[1838], que envolveu a venda, pela *Stora Kopparbergs*, das actividades da *Wilkinson Sword* na UE e nos Estados Unidos à *Eemland* e a venda à Gillette das actividades da mesma *Wilkinson Sword* no resto do mundo, ao mesmo tempo que, mediante diversos acordos[1839], a *Gillette* adquiria uma posição de influência no comportamento comercial e estratégico da Eemland. No fundo, portanto, tratava-se aí de uma operação já próxima de uma concentração[1840], que, no entanto,

---

[1836] Nos Estados Unidos da América, no âmbito do processo *Microsoft*, esta empresa avançou mesmo com a ideia segundo a qual nunca os tribunais americanos haviam imposto soluções estruturais em hipóteses de violação dos artigos 1.° e 2.° do *Sherman Act* de 2.7.1890, sendo estas soluções reservadas para as concentrações de empresas. E recorde-se que a solução final do processo igualmente as não impôs. Embora com importantes diferenças, o *Sherman Act* de 1890 exerce uma profunda influência sobre os artigos 81.° e 82.° do Tratado CE. Por outro lado, a inspiração dos órgãos europeus no *case law* norte-americano começa a tornar-se mais evidente (para uma abordagem do *Sherman Act*, numa perspectiva comparada, M. Gorjão-Henriques, *Da restrição da concorrência na Comunidade Europeia: a franquia de distribuição*, *cit*., pp. 63-94).

[1837] C. E. Mosso/S. Ryan, «Article 82 – Abuse of dominant position», in *The EC Law of Competition*, ed. Faull/Nikpay, Oxford University Press, 1999, pp. 187 e 202, afirmavam que, ao abrigo do Regulamento 17/62, «*[t]here is no provision enabling the Commission to avoid such an abuse being repeated by imposing a modification in the market structure, for example requiring a divestiture by the dominant undertaking*», embora admitissem que «*[s]tructural remedies, however, could probably be adopted in cases where the abuses derives directly from the market structure*». Já em 2002, R. Whish dirá que «[i]t *would appear to be the case that it is not possible for the Commission to order the divestiture of an undertaking's assets, or to break an undertaking up* (...)», – R. Whish, *Competition Law*, *cit*., p. 182.

[1838] Decisão n.° 93/252/CEE da Comissão, de 10.11.1992 (JO, L 116, de 12.5.1993, pp. 21-32)

[1839] A Gillette adquiriu uma participação minoritária no capital da Eemland, mas que lhe permitiu tornar-se o maior accionista da empresa e o seu maior credor. Além disso, adquiriu importantes direitos de preferência e de conversão, bem como opções da Eemland, com a qual celebrou acordos de cooperação no domínio da fabricação e dos direitos de propriedade intelectual.

[1840] Na jurisprudência mais antiga, é de assinalar a decisão da Comissão de 9.12.1971, no caso *Continental Can (Europemballage Corporation)*, aliás anulada pelo Tribunal de Justiça, através do acórdão de 21.2.1973, que, no entanto, dizia respeito a uma situação integralmente subsumível no regime das operações de concentração, pois tratava-se da aquisição pela Continental Can Company Inc., através da *Europemballage Corporation*, de 80% das acções e obrigações da *Thomassen* e *Drijfer Verblifa*, NV (proc. 6/72, Colect., 1973, p. 215).

apesar de acoplada a outros elementos, não lograva ainda preencher os elementos típicos do conceito de concentração, no sentido previsto na legislação nacional da concorrência[1841].

1342. Dentro das possibilidades sancionatórias que resultam do Regulamento (CE) n.° 1/2003, a Comissão goza de uma margem de apreciação da determinação da gravidade dos comportamentos e da existência de circunstâncias que agravem ou diminuam o grau de culpabilidade das empresas infractoras. Assim, em primeiro lugar, cumpre-lhe determinar se as empresas actuaram com dolo ou de forma negligente.

1343. Mas, na determinação concreta da medida da sanção, deve ainda atender a circunstâncias atenuantes ou agravantes. Entre as primeiras, conta-se o carácter inédito da situação em causa, o desconhecimento da violação da norma ou o facto da empresa infractora não pertencer a uma entidade económica poderosa. Como circunstâncias agravantes, avultam o carácter ostensivo da violação e a sua duração, a gravidade das consequências prático-económicas da violação, o número de infracções, a dimensão da empresa ou o seu poder económico no mercado, etc...

1344. Podem igualmente relevar programas de clemência (*leniency*)[1842].

[1841] Nos termos previstos no artigo 3.° do Regulamento (CE) n.° 4064/89 ou, desde 1 de Maio de 2004, no artigo 3.° do Regulamento (CE) n.° 139/2004, já referenciados.

[1842] Criado em Portugal pela Lei n.° 39/2006, de 25 de Agosto.

4. Concentrações de Empresas

4.1. *Considerações Gerais*

1345. As economias de mercado estão sujeitas a diversas formas de regulação que, se é certamente imperfeita, como a actual crise económica e financeira demonstra, tem como seu elemento central a chamada regulação da concorrência, tradicionalmente considerada como regulação *económica*, *geral* e/ou *horizontal*[1843], por dever abranger sem excepção todos os sectores económicos, como recentemente se salientou (uma vez mais) entre nós[1844].

1346. A regulação que o direito da concorrência e as autoridades de defesa da concorrência fazem[1845] é uma regulação também funcionalizada

---

[1843] O que as autoridades da concorrência não fazem é regulação económico-social – sobre o assunto, vide o texto e as pistas de leitura que nele deixa Tânia Cardoso Simões, «Comportamentos infractores da regulação sectorial e do direito da concorrência: que sanção?», *Estudos Jurídicos e Económicos em Homenagem ao Prof. Doutor António de Sousa Franco*, Volume III, FDUL, Coimbra Editora, 2006, pp. 1005-1044, em especial pp. 1011 e seguintes.

[1844] Sobre as notórias insuficiências históricas e mais actuais dessa regulação, quanto ao seu âmbito, não nos pronunciaremos, bastando repetir, neste âmbito, a profissão de fé que fez, por último, entre nós, o Dr. Carlos Pinto Correia: «[a] tutela da concorrência tem por definição uma dimensão Global. Não é possível proceder seriamente à protecção da concorrência se ela não abranger, em princípio, o conjunto das actividades (e, portanto, a totalidade das situações jurídicas) que ocorrem no espaço – isto é, na economia – em causa» (in Carlos Pinto Correia, «As relações entre a Autoridade da Concorrência e os reguladores sectoriais», *Regulação em Portugal: Novos Tempos, Novo Modelo?*, Almedina, Coimbra, 2008, pp. 721 e seguintes, em especial pp. 721-725).

[1845] Colocamo-nos, por isso, para efeitos do presente texto, no campo daqueles que entendem que *a concorrência é uma forma de regulação* e que concorrência e regulação (sectorial) não são por isso duas realidades diferentes, antes se sobrepondo naturalmente, sendo que nessa articulação deve prevalecer a ideia de que toda a regulação deve ser feita

a um objectivo específico, que não se confunde com o que aqui chamaremos a *concepção* ou *construção* de mercados, típica da regulação sectorial e própria dos fenómenos de liberalização (em geral, privatização) que as últimas décadas têm conhecido, principalmente nos sectores das *utilities* ou dos bens essenciais (telecomunicações, energia, água, etc.).

1347. A actividade reguladora dos institutos de defesa da concorrência visa, em geral, intervir *ex post* sobre comportamentos existentes no mercado, para, na formulação dominante, que aqui não contestaremos[1846], *corrigir as imperfeições do mercado* ou, mais apropriadamente, para repor a situação que existiria na ausência da prática violadora das normas da concorrência.

1348. Sucede, no entanto, que, quando se trata do chamado controlo das concentrações, o objectivo do legislador já não é o de intervir *ex post* mas, pelo contrário, o de prevenir que a liberdade individual e contratual possa afectar negativamente os mercados relevantes em que as empresas operam e os consumidores prosperam, nos casos em que essas reestruturações empresariais possam, afectando terceiros, prejudicar a manutenção da liberdade de concorrência no mercado.

1349. Trata-se por isso, aqui, de uma intervenção *ex ante*, que visa evitar que de uma concentração (*i*) nasça uma *posição dominante* susceptível de entravar a concorrência num determinado mercado ou resulte (*ii*) uma redução substancial do nível de concorrência existente no mercado (SLC – *Substantial lessening of competition*). Isto é assim pois, mesmo em alturas de crise como a que vivemos (e, porventura, sobretudo também nestas), o modelo político e económico apropriado à defesa da liberdade humana, de que é sua aplicação clássica a liberdade de iniciativa económica, continua a ser o que assenta no mercado livre, o qual implica a garantia de liberdade de concorrência como valor fundamental e tarefa essencial das comunidades politicamente organizadas[1847], a nível estadual ou através de organizações internacionais, como a União Europeia[1848].

---

com respeito pelos valores de defesa da concorrência e sem nunca a sacrificar, e que ainda quando o possa fazer licitamente, tal deva necessariamente ser considerado como provisório (sobre o ponto, cfr. Carlos Pinto Correia, *op. cit.*, pág. 725-726).

[1846] Outras visões há, radicalmente diversas, como as que as correntes da *public choice* prosseguem.

[1847] Vide Sonya Margaret Willimsky, «The concept(s) of Competition», *European Competition Law Review*, 1997, pp. 54-57.

1350. Entre nós, é a própria Constituição que consagra como incumbência prioritária do Estado (artigo 81.°, alínea *f)*[1849] «assegurar o funcionamento eficiente dos mercados, de modo a garantir a equilibrada concorrência entre as empresas, a contrariar as formas de organização monopolistas e a reprimir os abusos de posição dominante e as práticas lesivas do interesse geral». E, a nível da União Europeia[1850], o TFUE consagra (ainda) a ideia de que a política económica da União está subordinada ao princípio de uma economia de mercado aberto e de livre concorrência, elevado a princípio fundamental da *constituição económica* da União[1851]. Esta visão *concorrecêntrica* do nosso modelo económico não é fruto apenas de um qualquer modernismo jurídico que tenha assolado o mundo desde a segunda metade do séc. XX, embora seja evidente que as últimas décadas acentuaram a sofisticação do mundo económico, acompanhada por um aumento (porventura insuficiente) da regulação económica, de que a regulação da concorrência constitui o pólo central.

1351. Com efeito, nos modelos de economia de mercado livre e concorrencial, desde pelo menos Adam Smith até às mais recentes construções, sempre existiu a consciência de que o princípio da livre iniciativa económica privada postulava quer a liberdade de exercício do comércio e da actividade empresarial quer a liberdade contratual, correndo por isso o risco de a liberdade poder ser usada para fins. Levado ao extremo, este

---

1848 Por nós, mantêm-se inteiramente válidas as afirmações políticas que a Comissão fez na sua *Comunicação da Comissão – Uma política de concorrência pró-activa para uma Europa competitiva* (COM/2004/0293 final).

1849 Na redacção resultante da Lei Constitucional n.° 1/2005, de 12 de Agosto.

1850 Não deixaremos de referir, embora apenas remissivamente e considerando a possível entrada em vigor do Tratado de Lisboa, as normas dos Tratados na versão que deste Tratado resultará.

1851 Sobre o tema, leia-se Miguel Poiares Maduro, *We the Court – The European Court of Justice and the European Economic Constitution – a Critical Reading of Article 30 of the EC Treaty*, Hart, Oxford, 1998, pp. 110 e 126 e segs. É certo que o Tratado de Lisboa implica uma reponderação desta asserção, pois as múltiplas referências ao "princípio da economia de mercado aberto e de livre concorrência" antes existentes (entre outros, nos artigos 2.°, 4.°, 98.°, 105.° ou 154.°, n.° 2) são suprimidas e substituídas pela referência singela a uma "economia social de mercado altamente competitiva" (artigo 3.° do TUE – Lisboa) e por uma mera referência no contexto específico das políticas económica, monetária e das redes transeuropeias (artigos 119.°, 120.°, 127.° e 170.° do TFUE). Sobre a concorrência no Tratado de Lisboa, v. Eduardo Lopes Rodrigues, «A nova estrutura do Tratado de Lisboa e a política de concorrência na União Europeia», *Temas de Integração*, n.° 26, 2008, pp. 189-227.

princípio poderia permitir tudo, incluindo a liberdade para destruir a concorrência, como salientavam diversas correntes, mormente de matriz socialista[1852].

1352. Poderia até pensar-se e quiçá dizer que as primeiras manifestações do capitalismo oitocentista fariam prevalecer a segunda, no conflito entre a liberdade de concorrência e a liberdade contratual, como já descrevemos em síntese de 1998[1853]. Contudo, como bem nota o prof. NOGUEIRA SERENS[1854], «recém-afirmada, e certamente por ter tido presente os "muitos estorvos" que lhe haviam sido postos no período do *Ancien Regime*, a generalidade das ordens jurídicas cuidou de acautelar a liberdade de concorrência, concedendo-lhe a primazia no conflito, logo discortinável, com a liberdade contratual que lhe estava associada»[1855].

4.2. *Adquirir uma ... empresa: a noção de empresa (Remissão)*

1353. A aquisição de empresas, como operação comercial, nunca pôde verdadeiramente ser considerada como estranha ao direito da concorrência. É verdade que a aquisição de uma empresa é, em primeiro lugar, uma questão que podemos classificar como de direito comercial ou, na generalidade dos casos, como de direito das sociedades, e envolvendo um conjunto de outros domínios jurídicos, como o fiscal, o laboral, o dos valores mobiliários ou o administrativo. Só que a intervenção do direito da concorrência tem de ser considerada de modo conforme à sua especificidade. Por um lado, não é uma intervenção necessária, mas *selectiva*. O direito da concorrência não se interessa, nem sempre, nem ao mesmo título, por todas as aquisições de empresas. Por outro lado, é uma intervenção cuja razão de ser não é a tanto a de curar da transmissão da empresa em si mesma, que em si mesma lhe é indiferente e relativamente

---

[1852] Sobre o ponto, vide as dissertações de curso complementar e, por último, de doutoramento de Manuel Couceiro Nogueira Serens, *A Monopolização da Concorrência e a (Re-)Emergência da Tutela da Marca*, Almedina, Coimbra, 2007.

[1853] Em Miguel Gorjão-Henriques, *Da Restrição da Concorrência na Comunidade Europeia: a franquia de distribuição*, Almedina, Coimbra, 1998, pp. 31-35.

[1854] Manuel Couceiro Nogueira Serens, *A Monopolização da Concorrência e a (Re-)Emergência da Tutela da Marca*, Almedina, Coimbra, 2007, pág. 16, e nota 18.

[1855] Sobre a origem do direito *antitrust* nos Estados Unidos da América, v. Hans B. Thorelli, *The Federal Antitrust Policy – Origination of an American Tradition*, John Hopkins Press, 1950; e a nossa síntese em *Da restrição*, cit., pp. 63 e seguintes.

à qual é em princípio neutral, mas sobretudo a de prevenir os efeitos – estruturais ou funcionais – que essa aquisição possa ter no mercado ou mercados relevantes onde a ou as empresas actuam. Para se falar da aquisição de uma empresa no domínio do direito da concorrência, é preciso determinar o conceito de empresa operativo neste domínio[1856]. Mesmo circunscrevendo a nossa atenção a um conceito funcionalmente interessado de "empresa", esta noção não é unívoca. Pode contudo dizer-se, com a largueza das frases generalistas e para o fim em vista e considerando o carácter instrumental desta indagação, que, no direito da concorrência, a realidade económica prevalece sobre a forma jurídica. Assim, a noção de empresa que décadas de desenvolvimentos normativos e jurisprudenciais solidificaram no espaço europeu é, como já acima se expôs, comummente identificada com a noção de *unidade económica*[1857], considerando a jurisprudência que constitui uma empresa «*qualquer entidade que exerça uma actividade económica, independentemente do seu estatuto jurídico e do modo de financiamento*», isto é «*qualquer actividade consistente na oferta de bens ou serviços num determinado mercado*»[1858].

[1856] Para a noção de empresa, em geral, a doutrina relevante seria inabarcável. Só na nossa Escola se salientaram, entre outros, Orlando de Carvalho ou J. M. Coutinho de Abreu.

[1857] Por último e por todos, cite-se o acórdão do Tribunal de Justiça de 10 de Setembro de 2009, onde se pode ler que «o conceito de «empresa», inserido nesse contexto, deve ser entendido como designando uma unidade económica, mesmo que, do ponto de vista jurídico, essa unidade económica seja constituída por várias pessoas singulares ou colectivas» – acórdão *AKZO Nobel NV e Outros c. Comissão*, proc. C-97/08 P, n.° 55, ainda não publicado).

[1858] Acórdão *J. C. J. Wouters e o. c. Algemene Raad van de Nederlandse Orde van Advocaten*, de 19.2.2002, proc. C-309/99 e, mais recentemente, o acórdão *Aéroports de Paris c. Comissão*, de 24.10.2000, proc. C-82/01 P., n.os 73 e 79. A noção de empresa tem conhecido algumas evoluções, na jurisprudência mais recente. Assim, no acórdão do TPI *Fenin c. Comissão*, de 4.3.2003, proc. T-319/99, Colect. II-357, n.° 35-36, o TPI considerou que uma entidade que exerce uma actividade de natureza puramente social (no caso, um organismo de gestão de uma caixa de saúde funcionando em conformidade com o princípio da solidariedade quanto ao modo de financiamento e à prestação gratuita dos serviços) não constitui uma empresa, para o direito comunitário da concorrência. O facto de ser um importante comprador de produtos não é suficiente para qualificar um organismo de gestão do sistema da saúde como «empresa» – v.g. acórdão do Tribunal de Justiça, de 11.7.2006, C-205/03 P, n.° 26.

4.3. *Concentração de empresas e artigos 101.° e 102.°*

1354. Inicialmente, a Comunidade Económica Europeia (hoje União Europeia) não dispunha de um sistema *dedicado* de controlo das concentrações, ao contrário do que sucedia no contexto da (hoje extinta) Comunidade Europeia do Carvão e do Aço (CECA), no seu artigo 66.°. A razão, segundo parte significativa da doutrina e como resulta de actos posteriores (nomeadamente o *memorandum* de 1965)[1859], residia numa directriz política clara de incentivo ao reforço do tecido empresarial e industrial comunitário, através de operações de concentração de empresas. Dada a compartimentação dos mercados em mercados nacionais, havia que favorecer a interpenetração e apenas intervir, *ex vi* do direito da concorrência, para corrigir as imperfeições do mercado ou os comportamentos *desviantes* nele adoptados.

1355. No entanto, segundo a Comissão Europeia, tal não excluia a possibilidade de as concentrações poderem ser objecto de controlo jusconcorrencial, sobretudo através da norma correspondente ao actual artigo 102.° TFUE[1860]. No entanto, em relação ao tipo de intervenção e sua importância, a aplicação às concentrações do artigo 102.° não se revelava totalmente adequada. Primeiro, porque a intervenção deste mecanismo opera *a posteriori*, em princípio pela análise dos efeitos do comportamento sobre o mercado interno ou parte substancial deste. Mas também porque, uma intervenção *a posteriori* só permitiria à União intervir sobre posições dominantes já existentes e sobre concentrações já realizadas, não tendo qualquer efeito no que toca à prevenção de criação de posições dominantes susceptíveis de afectar de forma irremediável a concorrência, além de que se apresentaria como difícil – e quantas vezes, impossível – a restituição ao *status quo ante*: pense-se que a imagem da nova empresa já tinha sido divulgada e interiorizada pelos clientes ou nas situações em que

---

[1859] *Memorandum* da Comissão de 1.12.1965. Para outros, a razão residia no «reduzido número de concentrações transfronteiriças existentes em 1957» (Sofia Oliveira Pais, *O controlo das concentrações no direito comunitário da concorrência*, Almedina, Coimbra, 1996, pp. 41 e ss.).

[1860] A Comissão exprimia assim uma preferência pelo mecanismo do artigo 102.°, em detrimento do artigo 101.°, pois considerava que, através da concentração, as empresas parte na operação perderiam a sua identidade, fundindo-se numa única ou criando uma terceira (empresa comum) que substituiria as empresas parte no acordo, pelo que o artigo 101.° não seria adequado à tutela dessas situações.

listas de clientes e toda a demais informação confidencial já tinham sido partilhadas, etc.

1356. A consciência das insuficiências do sistema do tratado levou a Comissão a reagir por diversos meios, entre os quais se contou a apresentação em 1973 de uma proposta de Regulamento das concentrações e, em segundo lugar, a revelação de uma intenção de retrocesso na tese da inaplicação a operações de concentração do artigo 101.° do tratado. O insucesso da proposta acabou por conduzir a que o artigo 101.° TFUE fosse aplicado, designadamente nos casos *Mecaniver-PPG*[1861] e *Philip Morris*[1862] (*BAT e Reynolds*)[1863]. Neste último processo, o Tribunal de Justiça admitiu que a aquisição por um empresa de uma participação minoritária no capital social de outra empresa poderia configurar uma coligação incompatível com o artigo 101.° TFUE. Esta orientação jurisprudencial terá facilitado a institucionalização do regime do controlo das concentrações, peça do *tríptico clássico* de regulação do poder económico nas economias de mercado[1864], ao abrigo da aplicação conjugada dos artigos 103.° TFUE (que constituia base jurídica adequada para a regulamentação do disposto nos artigos 101.° e 102.°) e do fundamento subsidiário do artigo 352.° (à época, artigo 235.°) TFUE, através do Regulamento (CEE) n.° 4064/89 (substituído pelo Regulamento (CE) n.° 139/2004)[1865]. Com efeito, a extrema severidade do regime do artigo 101.° e o monopólio de que a Comissão dispunha, até à entrada em vigor do Regulamento (CE) n.° 1/2003[1866], para a autorização de qualquer acordo restritivo da concorrên-

---

[1861] Decisão 85/78/CEE, de 12.12.1984. Neste sentido, Santamaria, *Diritto commerciale communitario*, Milão, 1995, pp. 92 e ss.

[1862] Sobre o processo *Philip Morris* e suas implicações, leia-se Sofia Oliveira Pais, *O controlo das concentrações no direito comunitário da concorrência, cit.*, pp. 136-167.

[1863] Acórdão *BAT e Reynolds c. Comissão*, de 17.11.1987, já citado – em sentido crítico, Bellamy, «Mergers outside the scope of the new Merger Regulation. Implications of Philip Morris Judgement», *FCLI*, 1988, p. 22.

[1864] J. Simões Patrício, *Direito da Concorrência (aspectos gerais)*, Gradiva, 1982, pág. 84, o qual, escrevendo antes de 1989, se refere a propostas anteriores da Comissão.

[1865] J. L. da Cruz Vilaça/M. Gorjão-Henriques, *Código da Concorrência*, Almedina, Coimbra, 2004, pp. 262-296.

[1866] Sobre o «modernisation package», entre muitos outros, Rein Wesseling, *The modernisation of EC antitrust law*, Hart, 2000; Koen Lenaerts/Damien Gerard, «Decentralisation of EC Competition Law Enforcement», *World Competition*, vol. 27, nr 3, 2004, pp. 313-349; Laurence Idot, «Le nouveau système communautaire de mise en oeuvre des articles 81 et 82 CE (Règlement 1/2003 et projects de texts d' application)», *Cahiers de Droit Européen*, 2003, n.° 3-4, p. 362. Entre nós, salientamos os trabalhos de J. L. Da Cruz

cia poderá ter tido um poderoso *efeito indutor* ou, na terminologia de JONES/SUFRIN, um *catalisador*[1867] da transformação jurídica operada no final da última década de 80 do milénio passado.

4.4. *Modos de Concentrar*

1357. Se não se pode também excluir que este instituto se tenha justificado ainda pela necessidade de dar a resposta aos desafios que as concentrações colocam e para os quais os artigos 101.° e 102.° não dão resposta suficiente[1868], o certo é que o regime contém algumas linhas directrizes que induzem à conclusão de que, em resultado da sua adopção, as concentrações não passaram a estar menos desapoiadas, como aliás o confirmava o teor dos considerandos preambulares do anterior Regulamento n.° 4064/89 e resulta inequivocamente da análise dos elementos caracterizantes do novo sistema instituído.

1358. Genericamente, no artigo 3.° do Regulamento (CE) n.° 139/ /2004 (adiante, "Regulamento das Concentrações"), ou no correspondente artigo 8.° da Lei n.° 18/2003, de 11 de Junho, são identificáveis três[1869] modos de realização de uma operação de concentração[1870]:

a) Por fusão (alínea *a)* do n.° 1 do artigo 3.° do Regulamento das Concentrações; alínea *a)* do n.° 1 do artigo 8.° da Lei n.° 18/ /2003);

Vilaça, «A modernização da aplicação das regras comunitárias de concorrência segundo a Comissão Europeia – uma reforma fundamental», *BFDUC*, volume comemorativo dos 75 anos, Coimbra, 2003, pp. 717-768; ou de Teresa Moreira, «Algumas considerações sobre o Regulamento (CE) n.° 1/2003 do Conselho, de 16.12.2002 – A descentralização da aplicação das regras de concorrência comunitárias», », *Estudos Jurídicos e Económicos em Homenagem ao Prof. Doutor António de Sousa Franco*, FDUL, 2006, Vol. III, pp. 1045-1058.

[1867] Alison Jones/Brenda Sufrin, *EC Competition Law – Text, Cases and Materials*, 3rd Edition, 2008, pág. 950.

[1868] Daí que o caso de 1987 tenha sido interpretado como uma forma de pressão para que os Estados membros acordassem na elaboração de um regulamento aplicável às concentrações, sobretudo quando se retenha as concepções amplas que, do âmbito de aplicação material do artigo 101.°, tinha a Comissão.

[1869] Em rigor, tanto o Regulamento das Concentrações como a Lei n.° 18/2003 assimilam a criação de uma empresa comum a uma aquisição de controlo. Contudo, se isso é verdade quanto à "aquisição de uma empresa comum", o mesmo não nos parece, quando se trate da criação *ex novo* de uma empresa comum, como adiante melhor explanaremos.

[1870] Mariano Pego, *op. cit.*, pp. 98 e seguintes.

b) Por aquisição de controlo (alínea *b)* do n.° 1 do artigo 3.° do Regulamento das Concentrações; alínea *b)* do n.° 1 do artigo 8.° da Lei n.° 18/2003);
c) Por criação de uma empresa comum "de pleno exercício" (alínea *a)* do n.° 1 do artigo 3.° do Regulamento das Concentrações; n.° 2 do do artigo 8.° da Lei n.° 18/2003).

4.4.1. *Concentração* por fusão

1359. Genericamente, a concentração por *fusão* é a principal e mais comum forma de concentração de empresas. Dá-se quando duas empresas deixam de existir enquanto tais e são substituídas por uma nova e única empresa, podendo tal resultar de uma actuação formal (uma fusão) ou material; ou, em todo o caso, quando na sequência da fusão apenas uma das empresas subsiste. Nesta última acepção, no entanto, a diferença face a uma concentração por aquisição de controlo é meramente formal, pois, substancialmente, deveria relevar a circunstância de uma das empresas ser absorvida pela outra, quebrando a paridade e independência inicial entre ambas.

1360. Este tipo de situações é muito comum mas, em alguns casos, coloca às autoridades da concorrência especiais problemas. Por exemplo, no caso *VEBA/VIAG*[1871], a Comissão Europeia teve de apreciar uma fusão envolvendo a criação, na Alemanha, de um duopólio no sector da electricidade, para mais potenciando previsíveis efeitos estruturais de um comportamento paralelo oligopolista, com eliminação da concorrência entre ambos os concorrentes no mercado[1872]. A aceitação da operação passou pela assunção de compromissos estruturais, de alienação de participações

[1871] Decisão 2001/519/CE da Comissão, de 13 de Junho de 2000, proc. COMP/M 1673, JO, L 188, de 10.7.2001, pp. 1-52.

[1872] Como afirmava a Comissão no cons. 89 da decisão, «[d]evido à futura simetria das posições de mercado e à semelhança das características estruturais das empresas que formam o duopólio e tendo em conta a homogeneidade do produto, a transparência do mercado, a fraca elasticidade dos preços e a estagnação a nível da procura de electricidade, assim como as interpenetrações existentes, não é de esperar qualquer prática de preços agressivos por parte de um dos membros do oligopólio, uma vez que a mesma seria facilmente perceptível e dado o semelhante potencial de retaliação do outro membro do oligopólio, pouco passível de ser bem sucedida.»

cruzadas ou de certas empresas dos grupos a fundir, com vista a minorar ou, segundo a Comissão, a excluir o risco de formação de um duopólio.

1361. Hipótese mais delicada é a que se traduz numa união ou «*junção de facto*» (como afirma a Comissão no § 10 da na *Comunicação consolidada*[1873]), designadamente quando duas empresas anteriormente independentes conjugam as suas actividades de modo a deverem ser consideradas, na sequência da operação, como uma *unidade económica*, estabelecendo uma gestão económica comum e permanente por via contratual[1874], partilhando e compensando mutuamente lucros ou perdas, ou partilhando riscos externos, em suma, perdendo a sua independência prévia[1875].

1362. Os casos acima expostos – *PricewaterhousCoopers* e *Ernst & Young* – sugerem-nos uma observação, qual seja a de que a *unidade económica* vislumbrada pela Comissão nas fusões das consultoras em causa não era vislumbrada como *resultado* da fusão mas como seu *ponto de par-*

[1873] *Comunicação consolidada da Comissão em matéria de competência ao abrigo do Regulamento (CE) n.° 139/2004 do Conselho relativo ao controlo das concentrações de empresas* (JO, C 95, de 16.4.2008, pp. 1-48).

[1874] Dois casos paradigmáticos foram os de concentrações de consultoras integrantes do "Big-Six circle", tanto a *Ernst & Youg/Andersen* (Alemanha e França, respectivamente – M2824 e M2816 – no primeiro caso envolvendo ainda a *Menold & Aulinger*). Se nos primeiros se considerou que a rede *Andersen* tinha implodido, no negócio *Price Waterhouse/Coopers & Lybrand*, a concentração foi configurada como fusão integral das redes globais, com aproveitamento da estrutura da Price, mas a concretizar, nos diversos Estados nacionais, através de formas, incluindo fusões, aquisições de controlo ou até de criações de empresas comuns, o que não impediu que a Comissão considerasse que toda a operação constituia uma única operação e que a unidade económica dela resultante lhe permitia – e às empresas notificantes – usar o *balcão único* comunitário e excluir as notificações "locais" (Decisão 1999/152/CE da Comissão, de 20 de Maio de 1998 que declara a compatibilidade de uma operação de concentração com o mercado comum e com o funcionamento do Acordo EEE (Proc. IV/M.1016) [notificada com o número C(1998) 1388] (JO, L 50, de 26.2.1999, pp. 27-49). A noção de "balcão único", usada há muito pela doutrina para descrever a circunstância de uma operação de concentração estar sujeita a apreciação pela Comissão (e ao direito comunitário) *ou* por autoridades nacionais (aplicando-se o direito nacional), acabou por ser utilizada no cons. 8 do preâmbulo do Regulamento (CE) n.° 139/2004.

[1875] Por isso, a Comissão considera que, face ao fenómeno das reestruturações internas de um grupo, é essencial – como sempre diriamos – confirmar que, à data da operação, se estava verdadeiramente perante empresas independentes, com diferentes entidades de controlo.

tida. A dificuldade que aí a Comissão enfrentou – e as partes, presume-se – foi a de justificar que toda a rede global *Ernst & Young* e *Pricewaterhouse* constituia à partida uma unidade económica e portanto, que se estava perante **uma única concentração** e não perante tantas concentrações quantos, no limite, o número de mercados envolvidos. Tratava-se, no fundo, eventualmente de uma questão da própria *sobrevivência* da competência comunitária para a análise da operação, a qual poderia depender, no todo ou em parte, dessa concepção unitária. Mas a *unidade económica* pode suscitar questões que relevam da própria existência de uma concentração. Com efeito, num caso como o *RTZ/CRA*, a prevalência da noção de unidade económica sobre a própria realidade jurídica coloca as autoridades da concorrência em situações-limite em que, em rigor, é possível circunscrever um momento genético concentrativo mas se afigura difícil assegurar a *permanência* da alteração estrutural: tanto quanto nos apercebemos, está nesta situação aquela descrita pela Comissão em que a operação se concretiza através da adopção de «estrutura de uma empresa de dupla cotação na bolsa»[1876].

4.4.2. *Concentração por aquisição de controlo*

1363. Passe a aparente contradição, nem todas as fusões são consideradas fusões, para o direito das concentrações. Assim, se a fusão não se

---

[1876] O exemplo clássico é da RTZ/CRA, uma concentração horizontal (i.e., no caso, entre empresas actual ou potencialmente concorrentes no sector do minério em que se mantinha a identidade das empresas fundidas mas subordinadas a uma gestão única e a uma intenção de manutenção de um quadro accionista estável, apesar de qualquer das empresas se manter cotada *qua tale* em bolsa e das acções serem negociadas em separado: «*The Implementation Agreement between RTZ and CRA dated 3 November 1995 sets out the terms and conditions for the implementation of the operation in a dual listed company structure (DLC). DLCs are corporate entities whose shares are traded not as a single group but through two separate publicly quoted companies. The structure retains RTZ and CRA as separate publicly quoted legal entities, retaining their corporate identities. The structure does not involve any change in the legal or beneficial ownership of any assets of RTZ or CRA. Rather, the DLC operation is to be effected by the entering into of contractual arrangements designed to ensure that so far as possible, RTZ and CRA operate as a single economic enterprise. The relative values of the two companies are such that the combined public shareholder ownership will be approximately in the proportion of 76.5% RTZ shareholders and 23.5% CRA shareholders*». Certamente por lapso, a *Comunicação Consolidada* da Comissão considera que a operação *Carnival Corporation/P&O Princess* configura um caso deste tipo (Decisão 2003/667/CE da Comissão, de 24 de Julho de 2002 – COMP/M.2706 – JO, L 248, de 30.9.2003, pp. 1-50).

realizar entre duas "empresas-mãe" mas uma das empresas se fundir com uma empresa que integre uma estrutura plurisocietária de controlo (por exemplo, uma filial de um grupo empresarial), então estaremos perante uma concentração por aquisição de controlo, na medida em que, para o direito da concorrência, é a empresa-mãe da sociedade adquirente que vai adquirir controlo sobre a empresa-alvo, mesmo que, formalmente, tal se tenha concretizado através de uma fusão entre a empresa-alvo e a filial, por exemplo através de uma troca de acções[1877].

1364. A concentração por aquisição de controlo é pois uma segunda forma de concentração e certamente, a mais comum. Aqui, o elemento essencial é a existência, na sequência de um determinado negócio jurídico[1878], de uma **alteração da estrutura de controlo** da empresa adquirida. Para o Regulamento (CE) n.° 139/2004, como para o direito nacional (artigo 8.°, n.° 3, da Lei n.° 18/2003), «o controlo decorre de qualquer acto, independentemente da forma que este assuma, que implique a possibilidade de exercer, isoladamente ou em conjunto, e tendo em conta as circunstâncias de facto ou de direito, uma influência determinante sobre a actividade de uma empresa, nomeadamente:

- a) Aquisição da totalidade ou de parte[1879] do capital social;
- b) Aquisição de direitos de propriedade, de uso ou de fruição sobre a totalidade ou parte dos activos da empresa;
- c) Aquisição de direitos ou celebração de contratos que confiram uma influência preponderante na composição ou nas deliberações dos órgãos de uma empresa;»

1365. Como afirma a Comissão Europeia na *Comunicação consolidada*[1880], «o facto de uma operação dar origem a uma aquisição de controlo depende de uma série de elementos de direito e/ou de facto», onde

---

[1877] Decisão da Comissão de 24 de Setembro de 2001 relativa à compatibilidade com o mercado comum de uma operação de concentração (Processo n.° IV/M.2510 – *Cendant/Galileo*) com base no Regulamento (CEE) n.° 4064/89 do Conselho (Apenas faz fé o texto em língua inglesa) (JO, C 321, de 16.11.2001, pp. 8).

[1878] Além de ser uma concentração, teria igualmente de se verificar o cumprimento dos requisitos específicos constantes do mesmo artigo 9.° da Lei n.° 18/2003.

[1879] A lei não exige qualquer mínimo, em termos quantitativos.

[1880] *Comunicação consolidada da Comissão em matéria de competência ao abrigo do Regulamento (CE) n.° 139/2004 do Conselho relativo ao controlo das concentrações de empresas* (JO, C 95, de 16.4.2008, pp. 1-48).

relevam elementos ou títulos juridico-formais («aquisição de direitos de propriedade e os acordos de accionistas») mas também «relações estritamente económicas». Depende por isso, essencialmente, de critérios qualitativos e não de quaisquer limiares quantitativos ou formais.[1881] Mais: no entender desta instituição, se pode, por um lado, «verificar-se uma aquisição de controlo mesmo se tal não for a intenção declarada das partes», por outro lado, não é necessário o exercício efectivo de uma «influência determinante» na empresa adquirida, bastando «a possibilidade» de um tal exercício para configurar uma operação como sendo de concentração de empresas.

1366. Cumpre igualmente sublinhar, em especial, que, para efeitos da determinação da existência de uma operação de concentração de empresas, não é essencial que a participação adquirida seja igual ou superior a 50% do capital social (ou dos direitos de voto correspondentes)[1882], podendo ser inferior. No entanto, se é certo que o controlo exclusivo pode ser adquirido através da aquisição da maioria das participações sociais ou da maioria dos direitos de voto (situação típica), também pode ser adquirido através de uma "minoria qualificada", com base numa situação de direito e/ou de facto[1883]. Foi assim que, a título de exemplo, abrangendo igualmente situações de controlo conjunto, foi declarada a existência de concentrações de empresas nos seguintes casos[1884]:

- *a)* Decisão *Air France/Sabena*, de 5 de Outubro de 1992 (proc. IV/M.157), em que estava em causa aquisição de 37,58%;
- *b)* Decisão *Sollac/Barcelonesa de Metales et al.*, de 28 de Julho de 1993, em que estava em causa a aquisição pela primeira de 30%;
- *c)* Decisão *SGB/GB*, em que em causa estava o aumento de uma participação social de 20,94% para 25,96%;

[1881] Peder Christensen/Philip Owen/Dan Sjölbom, «Mergers», in Faull & Nikpay (Editors), *The EC Law of Competition*, Oxford, 1999, pp. 210 e 211 212.

[1882] Em tese geral, diga-se, é muito mais relevante o peso dos direitos de voto do que a fracção do capital social que é objecto de uma operação, para efeitos de determinar a sua eventual sujeição ao regime das concentrações de empresas.

[1883] No proc. n.° IV/M 258-*CCIE/GTE*, a Comissão considerou existir aquisição de controlo através da aquisição de uma participação de 19% por as restantes acções pertencerem a um banco cuja aprovação não era necessária para a adopção de importantes decisões comerciais.

[1884] Alguns destes e outros exemplos podem encontrar-se em Richard Whish, *Competition Law*, 6.ª ed., LexisNexis-Butterworths, 2008, pp. 825.

- *d)* Decisão *AAC/Lonrho*, de 23 de Abril de 1997, em que *AAC* deteria 27,47% da última, com citação de vários outros casos semelhantes;
- *e)* Decisão *Carlyle/Finmeccanica/Avio*, de 18 de Agosto de 2003, em que estava em causa a aquisição pela segunda de 30%;
- *f)* Decisão *Verbund/EnergieAllianz*, de 11 de Junho de 2003, em que estava em causa o controlo conjunto de uma empresa comum em que uma das partes deteria apenas 33%.

1367. Tinham estes casos em comum a circunstância de, em virtude da dispersão do capital social ou da existência de acordos parassociais entre os principais accionistas, a titularidade de participações minoritárias permitir à empresa adquirente exercer uma influência determinante na empresa adquirida (nomeação da maioria de membros dos conselhos de administração[1885]; direito de veto sobre decisões estratégicas[1886] como o orçamento, o plano de actividades, investimentos avultados ou a nomeação de quadros superiores; detenção da maioria nas assembleias gerais, por força da dispersão do restante capital social ou da existência de direitos preferenciais, etc.), seja só por si («*controlo exclusivo*») seja em articulação com outro dos accionistas («*controlo conjunto*»).

1368. Questão diversa é a de saber em que momento é que deve ser apreciada a situação de controlo, para efeitos de apreciação da concentração. De acordo com a jurisprudência do Tribunal de Justiça e da Comissão Europeia, a apreciação de uma operação de concentração deve ser efectuada unicamente com base nas circunstâncias de facto e de direito existentes **no momento da notificação dessa operação**, não devendo basear-se em elementos hipotéticos cujo alcance económico não possa ser avaliado no momento em que ocorre a decisão.

1369. Este factor tem sido relevante por exemplo quanto à questão de saber se uma opção de compra pode configurar uma operação de concentração. No caso *Air France c. Comissão*[1887], o Tribunal de Justiça consi-

---

[1885] O poder de nomear a maioria dos membros do conselho de administração de uma empresa confere ao seu detentor a possibilidade de exercer uma influência determinante sobre a política empresarial dessa empresa.

[1886] Ver e.g. o acórdão *Endemol Entertainment Holding BV c Comissão* [1999]; v. ainda, acórdão *Air France c. Comissão*, proc. T-2/93.

[1887] *Air France c. Comissão*, cit. No mesmo sentido iam também as decisões da Comissão, por exemplo nos procs. N.° IV/M.1037 (*Nomura/Blueslate*, de 17.11.1997),

derou que a Comissão Europeia tinha actuado bem ao não ter tido em conta na avaliação da concentração a existência de uma opção de compra a favor da *British Airways* (sobre 50,1% do capital da TAT EA, opção que, nos termos do acordo de aquisição, podia ser exercida a todo o tempo até 1 de Abril de 1997). No caso em apreço e segundo o Tribunal de Justiça, resultava dos autos que o exercício da opção de compra apresentava um carácter meramente hipotético, atendendo a que a *British Airways* não tinha utilizado essa opção e que, além disso, a *Air France* não tinha demonstrado que a *British Airways* tinha a intenção de o fazer. No entanto, se uma mera transacção potencial – do tipo da que estava em causa no caso *Air France c. Comissão*[1888] – não é tida em conta na determinação da aquisição de controlo exclusivo ou conjunto, já uma opção de compra a ser exercida num futuro próximo pela adquirente, nos termos de um acordo juridicamente vinculativo, é relevante. Com efeito, a Comissão Europeia considera que, nestas circunstâncias, uma opção de compra pode ser tida em consideração enquanto **elemento adicional** que, no contexto global da operação e em conjunto com outros elementos, pode permitir concluir que existe aquisição de controlo[1889].

1370. A nível comunitário tem-se entendido que, embora a aquisição de uma participação social não constitua um comportamento restritivo da concorrência *per se*, pode constituir, nomeadamente por intermédio de cláusulas acessórias ao acordo, um meio susceptível de influenciar ou coordenar o comportamento comercial das empresas em causa de forma a restringir ou distorcer a concorrência no mercado onde estas desenvolvem a sua actividade e, nessa medida, desencadear a aplicação do artigo 101.° TFUE[1890]). Recorde-se que, como aliás se salientou acima, no processo *BAT e Reynolds c. Comissão*, onde se discutiu uma decisão da Comissão Europeia relativa à aquisição de uma participação minoritária da *Philip Morris* na *Rothmans International* (30,8% das acções, correspondentes a

N.° COMP/M.2533 (*BP/E.ON*, de 20.12.2001); ou N.° COMP/M.3068 (*Ascott Group/Goldman Sachs/Oriville*, de 13.2.2003).

[1888] *Air France c. Comissão*, supra cit. nota 2, par.50; *BP/E.ON*, supra cit. nota 2, III (6).

[1889] *Air France c. Comissão*, supra cit. nota 2, par.50; *BP/E.ON*, supra cit. nota 2, III (6).

[1890] Acórdão *BAT e Reynolds c. Comissão*, Casos 142/84 e 156/84 [1987]; *Warner-Lambert/Gillette*, Processo N.° IV/33.440 e *BIC/Gillette*, Processo N.° V/33.486 de 12 de Maio de 1993; *BT-MCI*, Processo N.° IV/34.857, de 27 de Agosto de 1994.

24,9% dos votos), foi invocado pelos recorrentes que a aquisição de uma participação minoritária no capital social de um concorrente, para além de ser contrária ao então artigo 81.° CE, consubstanciaria também um abuso de posição dominante, nos termos do então artigo 82.° CE. Embora o Tribunal de Justiça tenha admitido o tratamento da aquisição de controlo ao abrigo do artigo 101.° TFUE, situação superada com a existência de um regime de concentrações de empresas[1891], não deixou de dizer, em termos que mantêm a sua actualidade, que:

- (a) Um acordo pode ser restritivo da concorrência se puder constituir a base para uma cooperação comercial entre as empresas ou criar uma estrutura que possa ser usada com esse objectivo; e que
- (b) O contexto económico e jurídico em que o acordo é celebrado é relevante para aferir do seu objecto ou efeito anti concorrencial.

1371. Por seu turno, no processo *Warber/Lambert/Gillette*[1892], a Comissão Europeia analisou a situação inversa, começando por referir que uma empresa que detém uma posição dominante no mercado tem o dever especifico de evitar que a sua actuação comprometa uma concorrência genuína e sem distorções. Neste contexto, entendeu que a *Gillette* – empresa que ocupava uma posição dominante – não cumpriu este dever específico ao adquirir uma participação de 22% no capital social do seu principal concorrente. A Comissão Europeia considerou que, não obstante o cuidado com que os acordos foram redigidos, a estrutura do mercado foi alterada pela criação de um vínculo entre a *Gillette* e a *Eemland* que permitia à empresa adquirente influenciar a política comercial da empresa adquirida, enfraquecendo a concorrência no mercado relevante. Assim, o risco jus-concorrencial será tanto maior quanto maior for a possibilidade de se afirmar a existência de uma coordenação do comportamento comercial e estratégico entre as empresas.

1372. A Comissão Europeia tem-se igualmente manifestado particularmente exigente na garantia da "incomunicabilidade" da informação transmitida e da independência na afirmação das principais opções estra-

---

[1891] Richard Whish, *Competition Law*, 5.ª ed., cit., p. 794. Entre nós, com análise deste e doutros casos depois ocorridos, apesar de considerar como «*os desenvolvimentos da jurisprudência Philip Morris (...) raros ou quase inexistentes*», Sofia Oliveira Pais, *O Controlo das Concentrações de Empresas no Direito Comunitário da Concorrência*, Almedina, Coimbra, 1996, pp. 136-167.

[1892] *Warner-Lambert/Gillette*, Processo N.° IV/33.440, de 12 de Maio de 1993.

tégicas da empresa onde uma participação minoritária tenha sido adquirida. Voltando ao processo *BAT e Reynolds c. Comissão*, recorde-se que a *Philip Morris* celebrou um acordo com a *Rembrandt* nos termos do qual a *Philip Morris* adquiriu uma participação minoritária no capital da *Rothmans* Internacional – empresa participada pela *Rembrandt*. Entre outros, no contrato excluiu-se a possibilidade da *Philip Morris* estar representada no conselho de administração ou em qualquer outro órgão de direcção da *Rothmans Internacional* e ambas as empresas comprometeram-se a não trocar informações susceptíveis de influenciar o seu comportamento concorrencial. Neste contexto, o Tribunal de Justiça considerou que o acordo não implicava a necessidade das empresas em causa terem em conta o interesse da outra parte ao definirem a sua política comercial. Com efeito, se por um lado não havia razão para se considerar que a *Rothmans* deixava de ter interesse em tornar a sua empresa o mais rentável possível, por outro lado, apesar da *Philip Morris* ter interesse no sucesso da *Rothmans* em virtude da participação detida, a sua primeira preocupação continuaria a ser a de aumentar a sua quota de mercado e o volume de negócios das sociedades do grupo. Para além disso, não obstante o historial do acordo demonstrar que as partes pretendiam uma transacção que ia para além de um mero investimento passivo, as cláusulas do acordo não permitiam concluir que se estivesse perante um primeiro passo no sentido da aquisição do controlo da *Rothmans*.

1373. Já no caso *BT-MCI*[1893], a Comissão Europeia examinou em que medida a presença dos membros designados pela *BT* no Conselho de administração da *MCI* poderia dar origem à coordenação do comportamento concorrencial das empresas em causa, sobretudo em virtude do acesso que a *BT* teria às informações confidenciais da *MCI*. A designação de membros dos órgãos de direcção/administração ou fiscalização potencia assim o risco de coordenação/concertação de comportamentos com objecto ou efeito anti concorrencial, sobretudo se em causa estiver um concorrente. Como afirmam Ritter/Braun, «*A minority shareholding in a* competitor *may be anticompetitive because it may serve as an instrument for restricting or distorting competition in the market in which competitors carry on business. A distinction can be drawn according to whether the minority shareholding confers the right of, and is effectively linked with, representation on the board of directors. In such a case the minority*

[1893] Decisão da Comissão, de 27.8.1994, *BT-MCI*, proc. n.º IV/34.857.

shareholding normally gains access to commercially sensitive information of a competitor (particularly investment or production plans and marketing strategy), which allows the shareholder to take this information into account when adopting its own commercial decision (risk of competitive coordination)»[1894].

1374. O regime das concentrações considerava ainda como elemento essencial – para a classificação como concentração de certas operações económico-financeiras de fusão – o facto de, destas operações, resultar ou não a perda de independência das empresas adquiridas ou criadas, expressa no facto de o objecto da operação ser (ou não) a coordenação do comportamento concorrencial de empresas que se manteriam independentes.

4.4.3. *Concentração por Criação de Empresa Comum de Pleno Exercício*

1375. Também pode acontecer uma concentração quando duas ou mais empresas constituem uma nova empresa que actuará no mercado, podendo mesmo substituir uma ou mais das empresas-mãe. Seja como for, nesta modalidade de concentração, as empresas deixam de ser independentes entre si[1895]. Este aspecto afigura-se-nos essencial. Com efeito, tanto ao abrigo da nossa lei da concorrência como do direito da concorrência da União Europeia (cfr., artigo 3.° do Regulamento (CE) n.° 139/2004), a criação de uma empresa comum pode constituir uma operação de concentração, se se tratar de uma "empresa comum de pleno exercício" (antes também chamada "empresa comum concentrativa" ou *full-function joint-venture*), i.e. uma empresa comum que «desempenhe de forma duradoura as funções de uma entidade económica autónoma» (artigo 3.°, n.° 4, do Regulamento n.° 139/2004)[1896].

[1894] Lennart Ritter/W. David Braun, *European Competition Law – A Practitioner's Guide*, 3rd Edition, Kluwer Law International, 2004, p. 700.

[1895] Ou é criada uma nova empresa ou uma das empresas é absorvida por outra (juridicamente); ou, finalmente, a conjugação das actividades das empresas anteriormente independentes conduz à criação de uma única unidade económica.

[1896] Sobre o conceito de "*empresa comum de pleno exercício*", vide também a *Comunicação consolidada da Comissão em matéria de competência ao abrigo do Regulamento (CE) n.° 139/2004 do Conselho relativo ao controlo das concentrações de empresas* (JO, C 95, de 16.4.2008, pp. 1-48) (adiante, "Comunicação consolidada").

1376. À luz do direito da concorrência, estaremos perante uma empresa comum deste tipo quando a mesma (*i*) seja controlada conjuntamente[1897] por duas ou mais empresas (ditas, "empresas-mãe"); (*ii*) seja constituída de forma "duradoura"; e (*iii*) venha a constituir-se como uma "entidade económica autónoma". Este são os critérios relevantes para desencadear a potencial aplicação do direito da concorrência, sendo pelo contrário irrelevante a forma de constituição da empresa comum, designadamente se a constituição ou aquisição ocorre na sequência de um procedimento concursal, público ou privado[1898].

1377. Sobre o primeiro critério já nos pronunciámos em termos que para aqui se aproveitam. Já quanto ao segundo critério, ligado ao carácter **duradouro** da empresa comum, importa salientar que tal não implica a definição de uma duração indeterminada para a empresa comum. De acordo com a prática da Comissão Europeia, poderá ser considerada como duradoura uma empresa comum constituída com vista à, após a adjudicação de um contrato, prestação de determinado serviço durante um período relativamente longo, por exemplo não inferior a 5 anos[1899].

1378. Já o critério da **autonomia** pode considerar-se preenchido se a empresa a constituir actuar directamente no mercado, desempenhando as funções habitualmente desenvolvidas pelas empresas que operam no

---

[1897] Entende-se por "controlo conjunto" o poder de duas ou mais empresas exercerem uma influência determinante sobre uma outra empresa, bloqueando medidas que determinam o seu comportamento empresarial estratégico.

[1898] Não parece existir, ademais, qualquer razão de fundo que legitime uma tal exclusão. Com efeito, estes dois ramos do direito (concorrência e contratação pública) têm finalidades diversas. Enquanto o primeiro visa, designadamente, assegurar que a criação de uma empresa comum não implica a criação ou reforço de uma posição dominante susceptível de entravar significativamente a concorrência no mercado nacional ou numa parte substancial deste, o direito da contratação pública visa assegurar que a celebração de contratos por entidades adjudicantes a ele submetidas respeita princípios fundamentais de legalidade, prossecução do interesse público, transparência, publicidade, igualdade, imparcialidade, proporcionalidade ou concorrência (visando este último assegurar o mais amplo acesso por parte de quaisquer interessados aos procedimentos concursais aplicáveis).

[1899] Decisão da Comissão Europeia n.° COMP/M.2982, *Lazard/Intesabci*, de 4 de Fevereiro de 2003, em que a Comissão Europeia defendeu que uma *joint-venture* constituída por um período de 5 anos fora constituída com carácter duradouro. Na Decisão da Comissão n.° COMP/JV. 54, *Smith & Nephew/Beiersdorf*, de 30.1.2001, a Comissão Europeia entendeu que uma *joint-venture* constituída por um período mínimo de 7 anos, renovável por períodos sucessivos de dois anos, iria operar numa base duradoura.

mesmo mercado, no quadro contratual previsto ou independentemente dele[1900]. Entre os elementos que podem ser tomados em consideração para um tal juízo estão certamente, entre outros, o facto de a empresa comum dispor ou não recursos humanos e financeiros próprios ou a circunstância de poder vender produtos (e serviços) a terceiros, mesmo que as empresas-mãe continuem a ser os principais clientes. Também a circunstância de a relação comercial entre a empresa comum e as empresas-mãe assentar numa base de *arm's length* poderá constituir um indício adicional de que se trata de uma "empresa comum de pleno exercício"[1901].

4.5. *A notificabilidade das concentrações*

1379. Em qualquer caso em que se verifique existir (pelo menos) uma concentração, poderá haver lugar à necessidade de submeter o negócio jurídico a uma aprovação prévia ou a uma decisão, expressa ou tácita, de não aprovação por parte da ou das autoridades de defesa da concorrência competentes para a avaliação do impacto jus-concorrencial da concentração.

1380. O sistema de controlo prévio instituído pelo Regulamento (CE) n.° 139/2004 não é o único possível. Embora lhe esteja associado um certo desfavor estrutural, poderia estabelecer-se um controlo *a posteriori*. O carácter prévio do sistema europeu resulta do artigo 4.°, n.° 1, do regulamento, segundo o qual «[a]s concentrações de dimensão comunitária abrangidas pelo presente regulamento devem ser notificadas à Comissão antes da sua realização e após a conclusão do acordo, o anúncio da oferta pública de aquisição ou a aquisição de uma participação de controlo»[1902].

1381. O regulamento das concentrações confere, em princípio, à Comissão Europeia a competência exclusiva para a apreciação das operações de concentração de empresas cobertas pelo direito da União Europeia

[1900] Trata-se de "*determinar se, independentemente dessas vendas, a empresas comum está preparada para desempenhar um papel activo no mercado*" – assim o afirmava a já a Comissão, na *Comunicação* de 1998, n.° 14.

[1901] Comissão Europeia: casos COMP/M. 2524, *Hydro/Sqm/Rotem*, de 5 de Dezembro de 2001, e IV/M.560, *EDS/Lufthansa*, de 11 de Maio de 1995.

[1902] Prevê-se a notificação cautelar de projectos de concentração (§ 2 do n.° 1 do artigo 4.°).

(n.º 2 do artigo 21.º)[1903]. Contudo, a interferência da Comissão não é sempre necessária, pois o regulamento estabelece que só são objecto de apreciação prévia as concentrações de **dimensão comunitária**, sendo totalmente remetida para o direito dos Estados membros a possibilidade de controlo as restantes concentrações de empresas. De todo o modo, a submissão ao controlo das concentrações obedece a um conjunto de requisitos positivos e negativos, de verificação alternativa, sendo mesmo classificado como *residual*[1904]. Em cada ordenamento jurídico, nacional ou supranacional, o legislador define os critérios, quantitativos ou quantitativos, cujo preenchimento determina a possibilidade ou, quiçá, a necessidade de notificação da operação a autoridades de defesa da concorrência[1905] para efeitos de realização da avaliação de conformidade com os objectivos do controlo jusconcorrencial das concentrações de empresas.

1382. No Regulamento das concentrações, a noção de dimensão comunitária é detemrinada quantitativamente, embora o elemento transfronteiriço não seja irrelevante. De acordo com o artigo 1.º, n.º 2, do Regulamento (CE) n.º 139/2004, depende, em princípio, do preenchimento de um critério tríplice, relacionado em todas as suas vertentes com o (cálculo[1906]

[1903] Salvo o controlo jurisdicional por parte dos tribunais comunitários – artigo 16.º do Regulamento (CE) n.º 139/2004. Deve notar-se que este artigo apenas parece conferir plena jurisdição ao Tribunal de Justiça nos recursos contra decisões que apliquem coimas ou sanções pecuniárias compulsórias, apesar da competência que é reconhecida em geral no n.º 2 do artigo 21.º (na sequência do considerando 17 do preâmbulo). O Regulamento (CE) n.º 139/2004 prevê ainda, especificamente, a recorribilidade contra outras decisões tomadas ao longo do procedimento (artigo 10.º, n.º 5, 11.º, n.º 3, 12.º, n.º 4, 13.º, n.º 8).

[1904] Daí que, em 2003 mas referindo-se ao quadro legislativo anterior (ainda o Decreto-Lei n.º 371/93, de 29 de Outubro), Vítor João de Vasconcelos Raposo Ribeiro Calvete tenha começado um importante estudo com a afirmação de que «[n]o nosso ordenamento jus-concorrencial, a intervenção do [Conselho da Concorrência] em operações de concentração é *residual*: só *pode* ter lugar onde estejam preenchidos os requisitos de quota de mercado ou de volume de negócios que vinculam as empresas participantes a notificarem a operação (...) *e onde não estejam preenchidos os requisitos que obrigam as empresas participantes a notificação prévia da operação às instâncias comunitárias*» («*Quis Leget Haec?* A Delimitação do *thema decidendum* do parecer do Conselho da Concorrência em processos de concentração de empresas», *BFD*, Volume Comemorativo, 2003, pp. 769-770).

[1905] Poderá a operação ter de ser notificada a autoridades da concorrência de qualquer outro Estado onde as empresas actuem, de acordo com as respectivas disposições de direito nacional (v.g. Estados Unidos da América, Canadá, etc).

[1906] Artigo 5.º do Regulamento (CE) n.º 139/2004.

do) volume de negócios das empresas em causa. O primeiro é o volume de negócios («líquido») total a nível mundial realizado pelas empresas participantes (alínea *a)*), sendo o limiar fixado em mais de 5 mil milhões de euros. A título principal é ainda considerado o volume de negócios realizado individualmente por pelo menos duas das empresas, que deverá ser superior a 250 milhões de euros, «salvo se cada uma das empresas realizar mais de dois terços do seu volume de negócios na Comunidade num único Estado membro» (alínea *b)*). A título subsidiário, o n.° 3 do artigo 1.° considera ainda relevantes valores inferiores, em determinadas circunstâncias. Estes limiares sugerem alguma reflexão. Não substituindo os limiares constantes do n.° 2, baixam-nos de forma muito significativa. Por outro lado, o volume de negócios mundial e comunitário deixam de funcionar como limiares cumulativos. Finalmente, introduz-se um critério sobre o volume de negócios de pelo menos dois participantes em pelo menos três Estados membros, que acrescerá necessariamente a um determinado volume de negócios comunitário realizado por pelo menos duas das empresas em causa.

1383. Cumpre, por último, esclarecer o significado do preenchimento do critério da dimensão comunitária, resultante da aplicação dos limiares quantitativos previstos no regulamento das concentrações. Estes não traduzem nenhuma avaliação da operação, apenas servindo para «determinar a jurisdição competente» – pode dizer-se que desempenham função idêntica à do critério de efectação nos artigos 101.° e 102.° TFUE – e impor ou não o dever de notificação.

1384. Refira-se porém, que, ao abrigo do direito da concorrência e em princípio[1907], as operações de concentração de empresas apenas são apreciadas, na União Europeia, a um único nível (seja o nacional seja o europeu), o que o mesmo não é dizer que por uma única autoridade de defesa da concorrência, ao abrigo do princípio da *barreira única* (na terminologia do mercado interno, *balcão único*) e do princípio da subsidiariedade. Isso significa, para a doutrina prevalecente, que nas concentrações submetidas ao direito da União vale a doutrina da barreira única (*one*

[1907] O sistema não impede que possa ser apreciada por mais do que uma, mas prevê a determinação da autoridade mais bem colocada para a referida apreciação, com vista a obviar quer à multi-notificação quer à possibilidade de soluções contraditórias.

stop shop), subsistindo a competência estadual apenas em relação às concentrações que tenham uma dimensão puramente nacional[1908].

1385. Importa no entanto ressaltar que a regra da exclusividade da competência da União depende da circunstância da operação ter *dimensão comunitária* mas não prejudica que, reunidos certos pressupostos, o controlo seja conferido ou exercido, ainda que parcialmente, pelos Estados membros (vide artigos 21.°, n.os 3 e 4, 22.°, 4.°, n.° 4, e 9.° do Regulamento (CE) n.° 139/2004, conhecido como *german clause*)[1909]. Esta última disposição, aliás, consubstancia a única verdadeira excepção ao deferimento tácito previsto no já referido n.° 6 do artigo 10.°.

1386. Inversamente, também pode suceder que uma concentração à partida abrangida pelo direito nacional de um ou mais Estados membros seja cometida à Comissão pelas autoridades dos Estados membros, ao abrigo do artigo 22.° do Regulamento (CE) n.° 139/2004. É o que sucede quando, não tendo dimensão comunitária, a concentração «afecte o comércio entre os Estados membros e ameace afectar significativamente a concorrência no território do Estado membro ou Estados membros qualquer apresentam o pedido». Neste caso, os Estados membros envolvidos deixarão de aplicar à concentração a sua legislação nacional da concorrência (artigo 22.°, n.° 3, último parágrafo). Finalmente, importa também salientar que uma concentração que não esteja abrangida pelo direito da União e pelo Regulamento (CE) n.° 139/2004 pode ser submetida a tantos procedimentos de controlo das concentrações quantas as legislações nacionais da concorrência aplicáveis[1910]. Para evitar, pelo menos potencialmente, a

---

[1908] O que não deixa de ser criticado de forma dura pelas autoridades nacionais – assim, por exemplo, pelo *Bundeskartellamt*. Roland Sturm, «The German Cartel Office in a Hostile Environment», in *Comparative Competition Policy: National Institutions in a Global Market*, Doern/Wilks (ed.), pp. 185-224. Saliente-se que, sendo abrangida apenas pelo direito nacional, só nesse sentido é que a barreira continua a ser única, pois a concentração deve ser apreciada e aprovada por todas as autoridades da concorrência dos Estados membros nas quais preencha os pressupostos de submissão ao controlo das concentrações.

[1909] Sobre as hipóteses normativamente previstas de alocação de competências, v. Alison Jones/Brenda Sufrin, *EC Competition Law – Text, Cases and Materials*, 3rd Edition, 2008, pp. 975-978; Miguel Moura e Silva, *Direito da Concorrência – uma introdução jurisprudencial*, Almedina, Coimbra, 2008, pp. 831-835.

[1910] Sofia Oliveira Pais, a propósito da relação da Lei n.° 18/2003 com o Regulamento (CE) n.° 139/2004, afirma que a lei nacional «deve continuar a ser considerada como complementar e alternativa da legislação comunitária» («O controlo das concentra-

multiplicação de submissões ao abrigo dos direitos nacionais, o Regulamento (CE) n.° 139/2004 permite que concentrações sem dimensão comunitária mas que devam ser apreciadas «no âmbito da legislação nacional da concorrência de, pelo menos, três Estados membros» possam ver ser proposta a sua apreciação pela Comissão, segundo o procedimento específico previsto no artigo 4.°, n.° 5, do mesmo regulamento[1911].

1387. Assinaladas algumas especificidades do sistema, importa seguidamente descrever as principais características do sistema de controlo em vigor no espaço da União. Entre elas destaca-se, indubitavelmente e por um lado, a obrigação de notificação (imposta pelo artigo 4.° do Regulamento (CE) n.° 139/2004), ainda que agora não sujeita a prazo[1912]. As concentrações notificadas que estejam abrangidas pelo Regulamento (CE) n.° 139/2004 são publicitadas pela Comissão (n.° 3). E, para assegurar a efectividade do sistema, a notificação suspende a operação (artigo 7.°). Segundo esta norma, «uma concentração (...) não pode ter lugar nem antes de ser notificada nem antes de ter sido declarada compatível com o mercado comum por uma decisão (...) ou com base na presunção prevista no n.° 6 do artigo 10.°». Em contrapartida, o sistema impõe à Comissão Europeia a obrigação de deliberar em prazos estritos[1913], normalmente vinte e cinco dias úteis[1914], sob pena da a concentração ser considerada como compatível (deferimento tácito) – n.° 6 do artigo 10.° do Regulamento (CE) n.° 139/2004.

ções de empresas na Lei n.° 18/2003», in *Concorrência – Estudos*, Almedina, Coimbra, 2006, pág. 98).

[1911] Sobre o assunto, vide a *Comunicação da Comissão relativa à remessa de casos de concentrações* (JO, C 56, de 5 de Março de 2005, pp. 2-23).

[1912] Ao contrário, o direito nacional da concorrência impõe que a operação seja notificada no prazo de sete dias úteis, contados da conclusão do acordo (n.° 2 do artigo 9.° da Lei n.° 18/2003), sem prejuízo da obrigação de não produção dos efeitos do mesmo, antes de decisão expressa ou tácita de aprovação (n.° 1 do artigo 11.° da Lei n.° 18/2003). A solução do direito nacional correspondia, grosso modo, à solução dada no Regulamento (CEE) n.° 4064/89, que impunha a notificação no prazo de «uma semana». Vistas as coisas, aplaude-se a solução comunitária, tanto mais quanto se sabe que, não podendo o negócio produzir efeitos antes da autorização da Comissão, expressa ou tácita, a solução de não impor um prazo tenderá a permitir uma melhor notificação, pois as partes poderão demorar o tempo que reputem necessário para a obtenção das informações e elementos que instruirão a notificação.

[1913] Como prescrevem os n.os 1 e 2, respectivamente, do artigo 6.° do Regulamento das concentrações, «a Comissão procederá à análise da notificação *logo* após a sua recepção» e «informará *sem demora* da sua decisão as empresas...» (sublinhados nossos).

[1914] N.° 1 do artigo 10.° do regulamento das concentrações.

1388. Surgindo a obrigação de notificar a operação à Comissão, torna-se inoperante o direito nacional, independentemente da quota de mercado ou do volume de negócios em Portugal (ou noutro Estado membro): ou seja, quando a operação de concentração tiver "dimensão comunitária", nos termos do disposto no artigo 1.° do Regulamento (CE) n.° 139/2004[1915], ou nos restantes casos previstos no ordenamento jurídico da União, designadamente quando as empresas o requeiram, desde que reunidos os pressupostos previstos no artigo 4.°, n.° 5, do Regulamento[1916].

1389. Questão diversa é a de saber em que momento é que as operações de concentração de empresas devem ser notificadas à ou às autoridades de defesa da concorrência competentes. Trata-se de uma questão para a qual os direitos nacionais e europeu podem dar solução diversa.

1390. No quadro europeu, também não existe uma solução unívoca, como de resto se compreende, embora o quadro legislativo de base seja hoje claramente diferente do que vigora em Portugal. Com efeito, a partir do Regulamento (CE) n.° 139/2004[1917], a notificação de uma operação de concentração de empresas à Comissão Europeia não está sujeita a qualquer

---

[1915] Uma operação de concentração tem dimensão comunitária, devendo como tal ser notificada à Comissão, quando:

a) O volume de negócios total realizado à escala mundial pelo conjunto das Empresas Participantes for superior a 5 000 milhões de Euros, e o volume de negócios total realizado individualmente na Comunidade Europeia, por pelo menos duas das Empresas Participantes, for superior a 250 milhões de Euros; ou se

b) (i) O volume de negócios total realizado à escala mundial pelo conjunto das Empresas Participantes for superior a 2500 milhões de Euros; (ii) em cada um de pelo menos três Estados-Membros, o volume de negócios total realizado pelo conjunto das Empresas Participantes for superior a 100 milhões de Euros; (iii) em a) cada um de pelo menos três Estados-Membros considerados para efeitos de (ii), o volume de negócios total realizado individualmente por pelo menos duas das Empresas Participantes, for superior a 25 milhões de Euros; e (iv) o volume de negócios total realizado individualmente na Comunidade, por pelo menos duas das Empresas Participantes for superior a 100 milhões de Euros;

c) Excepto se cada uma das Empresas Participantes realizar mais de dois terços do seu volume de negócios total na Comunidade num único Estado-membro.

[1916] *Comunicação da Comissão relativa à remessa de casos de concentrações*, JO, C, 56, de 5.2.2005, pp. 2-23.

[1917] Ao abrigo do Regulamento (CEE) n.° 4064/89, na redacção resultante do Regulamento (CE) n.° 1310/97, as concentrações de empresas deviam ser notificadas no prazo de «*uma semana*» a contar da conclusão do acordo ou da publicação da oferta (n.° 1 do artigo 4.°).

prazo, o que não significa que não tenha de ser feita ou que não tenha prazo algum. Neste sentido, é hoje indiferente, para a Comissão Europeia, o momento em que a notificação de uma operação de concentração é feita, desde que fique vedada a produção de qualquer efeito. Melhor: para a Comissão Europeia, a notificação de uma operação de concentração que por si (Comissão) deva ser apreciada pode ser-lhe feita em qualquer momento, anterior[1918] ou posterior à conclusão do acordo, contanto que o seja feito, sempre e em qualquer caso, «*antes da sua realização*», i.e. efectivação (n.° 1 do artigo 4.° do Regulamento (CE) n.° 139/2004).

1391. Em conformidade, mas já antes da adopção do Regulamento (CE) n.° 139/2004, a Comissão tem aceite que a criação de empresas comuns de pleno exercício (recorde-se, *full function joint ventures*) apenas lhe seja notificada após a adjudicação do contrato público em causa. São vários os exemplos que podem ser fornecidos, neste sentido, entre os quais destacamos:

- a) Decisão *Telia/Sonera/Lithuanian Telecommunicati ONS* (1998)[1919];
- b) Decisão *Mannesmann/Bell Atlantic/OPI* (1999)[1920-1921];
- c) Decisão *ACS/Sonera Vivendi/Xfera* (2000)[1922];
- d) Decisão *Daimler Chrysler/Deutsche Telekom/JV* (2003)[1923].

1392. Em todos os casos acima analisados, contudo, estava em causa, é certo, a criação de uma empresa comum de pleno exercício, mormente após a conclusão de um procedimento concursal em vista do qual as refe-

---

[1918] Cfr. Artigo 4.°, n.° 1, segundo parágrafo, do Regulamento (CE) n.° 139/2004.

[1919] Decisão de 14 de Agosto de 1998, no proc. n.° IV/JV.7 – *Telia/Sonera/Lithuanian Telecommunicati* ONS.

[1920] Decisão de 21 de Maio de 1999, no proc. n.° COMP/JV.17 – *Mannesmann/Bell Atlantic/OPI.*

[1921] Cf. Decisão de 5 de Setembro de 2000, no proc. n.° COMP/M. 2009 – *Hutchison/NTT DoCoMO, Inc/KPNMobile –JV*; Decisão da Comissão de 11 de Agosto de 1998, no proc. n.° IV/JV.4 – *VIAG/Orange UK*; Decisão de 31 de Julho de 2000, no proc. n.° IV/M. 1954 – *ACS/Sonera Vivendi/Xfera*; ou Decisão de 22 de Junho de 1998, no proc. n.° IV.JV.2 – *ENEL/FT/DT.*

[1922] Decisão da Comissão de 31 de Julho de 2000, no proc. n.° IV/M. 1954 – *ACS/Sonera Vivendi/Xfera.*

[1923] Decisão da Comissão de 30 de Abril de 2003, no proc. n.° COMP/M. 2903 – *Daimler Chrysler/Deutsche Telekom/JV.*

ridas empresas foram criadas; e a existência ou não de uma operação de concentração não dependeu da forma ou da natureza do acto constitutivo da operação de concentração ou do contexto em que as partes decidiram criar a empresa comum (procedimento concursal); sendo que as partes consideraram que a concentração apenas "ocorreu" após a adjudicação do contrato.

1393. Por último, queremos salientar que tanto a Autoridade da Concorrência como a Comissão Europeia, consoante a operação de concentração seja abrangida pela Lei da Concorrência ou pelo Regulamento (CE) n.° 139/2004, podem aplicar coimas e/ou sanções pecuniárias compulsórias, quer para sancionar o incumprimento da obrigação de notificação prévia (no caso europeu, v. artigo 14.°, n.° 2, alínea *a)*, do Regulamento (CE) n.° 139/2004), quer para obrigar as empresas a proceder à notificação (cfr. Artigo 15.°, n.° 1, alínea *d)*, do Regulamento (CE) n.° 139/2004).

4.6. *As excepções ao controlo prévio: as "não concentrações"*

1394. Finalmente, importa reter que tanto a Lei da Concorrência como o Regulamento das Concentrações prevêem um conjunto de situações que a lei considera não deverem ser tratadas como concentrações, mesmo quando se dê uma fusão ou transmissão de uma posição de controlo. Não nos referimos, claro, às chamadas reestruturações internas de grupos (que não dão origem a qualquer alteração de controlo, pois a entidade controlante continua a ser a mesma) ou às chamadas *desconcentrações* (*demerger*), em que se dá a fragmentação de um grupo, havendo simplesmente uma perda de controlo.

1395. Do que trataremos aqui são daquelas situações excepcionais expressamente previstas nas leis de concorrência, seja na Lei n.° 18/2003 seja no Regulamento (CE) n.° 139/2004, em que parece haver uma alteração relevante sobre o controlo mas em que, em homenagem a certas particularidades inerentes à natureza de tais operações, o legislador considera que não se dá uma alteração **duradoura** do controlo sobre a empresa e, claro, da estrutura do mercado. Estão nestes casos:

a) A aquisição por instituições de crédito de participações em empresa não financeira, quando não abrangida pela proibição do artigo 101.° do Regime Geral das Instituições de Crédito e das Sociedades Financeiras (adiante, "Lei-Quadro Bancária")[1924]; cfr., artigo 8.°, n.° 4, alínea *c)*, da Lei n.° 18/2003) ou, na formulação comunitária:

i) A aquisição por instituições de crédito, outras instituições financeiras ou companhias de seguros, desde que as participações sejam adquiridas por forma não duradoura e detidas a título temporário, por prazo em princípio não superior a um ano, e para fins de revenda, ficando o adquirente limitado no exercício dos seus direitos sociais durante esse período (artigo 3.°, n.° 5, alínea *a)*, do Regulamento (CE) n.° 139/2004[1925]); ou

ii) A aquisição por sociedades financeiras, sob reserva de que o direito de voto, exercido nomeadamente através da nomeação dos membros dos órgãos sociais, o seja exclusivamente para manter o valor integral desses investimentos e não para determinar directa ou indirectamente o comportamento concorrencial da empresa adquirida (artigo 3.°, n.° 5, alínea *c)*, do Regulamento (CE) n.° 139/2004);

b) A aquisição de participações no quadro do processo especial de recuperação de empresas e de insolvência (artigo 8.°, n.° 4, alínea

[1924] Decreto-Lei n.° 298/92, de 31 de Dezembro, alterado pelos Decretos-Leis n.os 246/95, de 14 de Setembro, 232/96, de 5 de Dezembro, 222/99, de 22 de Julho, 250/2000, de 13 de Outubro, 285/2001, de 3 de Novembro, 201/2002, de 26 de Setembro, 319/2002, de 28 de Dezembro, 252/2003, de 17 de Outubro, 145/2006, de 31 de Julho, 104/2007, de 3 de Abril, 357-A/2007, de 31 de Outubro, 1/2008, de 3 de Janeiro, 126/2008, de 21 de Julho, 211-A/2008, de 3 de Novembro, 162/2009, de 20 de Julho, 317/2009, de 30 de Outubro, 52/2010, de 26 de Maio, e 71/2010, de 18 de Junho; e pelas Leis n.os 94/2009, de 1 de Setembro, e 36/2010, de 2 de Setembro. O artigo 101.° deve a sua actual redacção ao Decreto-Lei n.° 162/2009, de 20 de Julho, que alterou os n.os 3 e 4. De acordo com o artigo 101.° da Lei-Quadro Bancária, designadamente o seu n.° 1, «as instituições de crédito não podem deter, directa ou indirectamente, numa sociedade, por prazo seguido ou interpolado, superior a três anos, participação que lhes confira mais de 25 % dos direitos de voto, correspondentes ao capital da sociedade participada».

[1925] «Desde que tal aquisição não seja realizada numa base duradoura, desde que não exerçam os direitos de voto inerentes a essas participações com o objectivo de determinar o comportamento concorrencial da referida empresa ou que apenas exerçam tais direitos de voto com o objectivo de preparar a alienação total ou parcial da referida empresa ou dos seus activos ou a alienação dessas participações, e desde que tal alienação ocorra no prazo de um ano a contar da data da aquisição; tal prazo pode, a pedido, ser prolongado pela Comissão, sempre que as referidas instituições ou companhias provem que aquela alienação não foi razoavelmente possível no prazo concedido».

a), da Lei n.° 18/2003), nomeadamente por pessoa mandatada (por exemplo, administrador de insolvência) ao abrigo do Código da Insolvência e da Recuperação de Empresas (e artigo 3.°, n.° 5, alínea *b)*, do Regulamento (CE) n.° 139/2004); ou

c) A aquisição de participações com funções de mera garantia (artigo 8.°, n.° 4, alínea *b)*, da Lei n.° 18/2003).

1396. Afigura-se-nos de salientar, ainda que brevemente, o âmbito das excepções em causa, em particular quanto às duas primeiras. Com efeito, tanto o Regulamento (CE) n.° 139/2004 como a alínea *c)* do n.° 4 do artigo 8.° da Lei da Concorrência consagram normativamente os seguintes axiomas:

1397. Primeiro, que a aquisição de uma participação por período superior a três anos mas que não ultrapasse os 25% não dá, à partida, origem a qualquer manifestação de controlo ou influência determinante, portanto, a qualquer concentração. Constatação perigosa, face à própria "jurisprudência" do Tribunal de Justiça, mas legítima.

1398. Segundo, que a detenção de uma participação superior a 25% mas inferior a três anos não conduz a uma alteração duradoura da estrutura de controlo das empresas em causa e, por conseguinte, da estrutura do mercado. A regulamentação europeia nunca admitiu qualquer excepção absoluta das sociedades de investimento, nem tão pouco dos fundos de investimento, ainda que sejam conhecidas as críticas que este tipo de entidades tem dirigido, a nível europeu, à sujeição ao regime de controlo de concentrações e aos constrangimentos que o mesmo impõe às respectivas actividades.

1399. Dito isto é importante notar que a Autoridade da Concorrência tem considerado que a aquisição de participações por instituições financeiras, por exemplo *private equity funds*, em sociedades não financeiras constitui uma operação de concentração[1926].

1400. Quanto à segunda (aquisição de participações ou de activos no quadro do processo especial de recuperação de empresas e de falência), encontra-se no artigo 3.°, n.° 5, alínea *b)*, segundo o qual «não é realizada

[1926] Ainda recentemente, no proc. CCent 2/2009, por exemplo.

uma concentração quando o controlo for adquirido por uma pessoa mandatada pela autoridade pública por força da legislação de um Estado membro sobre liquidação, falência, insolvência, cessação de pagamentos, concordata ou qualquer outro processo análogo». Com efeito, o sentido desta excepção é o de que a transferência do controlo sobre a empresa insolvente para entidade mandatada pela autoridade pública, designadamente o administrador da insolvência, não configura uma concentração de empresas. Com efeito, esta transmissão não opera uma alteração duradoura do controlo[1927], pois estas entidades não visam adquirir para actuar no mercado mas apenas – como sucede nas demais excepções – salvaguardar os direitos dos credores ou a preservação da empresa, exercendo sobre a empresa poderes que, em rigor, se pretendem igualmente transitórios. Através das diversas medidas, típicas ou atípicas, previstas ou possibilitadas pela legislação aplicável, a empresa (seja a ou as pessoas jurídicas, seja os seus activos com e como valor de posição no mercado) será, se tudo correr bem e não for liquidada no processo, novamente colocada no mercado e o adquirente da Empresa ou dos seus activos realiza nesse momento uma concentração para efeitos da legislação da concorrência que, preenchendo os requisitos de notificação previstos na lei, deverá ser objecto de decisão de não oposição pela ou pelas autoridades de defesa da concorrência competentes[1928]. Parafraseando François Brunet, «*ces prises de contrôle qui*

[1927] Embora não conheçamos quem desenvolva este argumento entre nós, constatamos que a prof. Sofia Oliveira Pais justamente reconhece que a razão de ser da excepção, ao abrigo da lei portuguesa, é esta de a aquisição não operar uma alteração duradoura da estrutura de controlo da sociedade («O novo regime do controlo das concentrações de empresas na Lei n.° 18/2003», in *Concorrência – Estudos*, pág. 83).

[1928] Isto não invalida que, reunidos os pressupostos reconhecidos jurisprudencialmente, se possa estar, mas não é certo, perante uma "concentração de recuperação" e perante um caso de "argumento de empresa insolvente". Trata-se, no entanto, de questão absolutamente diversa – ainda que conexa – pois a autorização de empresas ao abrigo da doutrina da *failing firm*, quando lícita, supõe justa e logicamente que se trata de uma concentração e, portanto, de uma operação submetida a controlo das autoridades de concorrência. A doutrina da *failing firm*, que aqui não abordamos, está, resumidamente, dependente dos seguintes requisitos essenciais:

Deterioração da estrutura concorrencial do mercado não resultante da concentração;
Saída da empresa adquirida do mercado em caso de não realização da operação;
Inexistência de alternativa menos anticoncorrencial.

Para uma abordagem geral da *failing firm defence* e dos casos em que foi aplicada, v. Alison Jones/Brenda Sufrin, *EC Competition Law*, cit., pp. 1047-1052; entre nós, v. Carolina Cunha, *Controlo das Concentrações de Empresas – direito comunitário e direito português*, Almedina, Coimbra, IDET, 2005, pp. 166-168; ou J. P. Mariano Pego, *op. cit.*, pp. 411-412.

visent principalement à sauvegarder les actifs et à protéger les intérêts des créanciers de l'entreprise en difficulté, n'ont pas de raison d'avoir un impact sur le comportement concurrentiel de l'entreprise en cause. Cette exception ne vaut pas si la procédure de redressement ou de failitte aboutit à une cession de tout ou partie de l'entreprise à un opérateur tiers. Dans une telle hypothèse, le côntrole des concentrations s'appliquera pleinement...»[1929].

1401. No plano europeu, esta leitura resulta evidente se considerarmos a prática decisória da Comissão e a jurisprudência do Tribunal de Justiça da União Europeia, bastando-nos com a remissão para os processos *Matra Marconi Space/Satcomms*[1930], *ING/Barings*[1931], *BASF/Eurodiol/ /Pantochim*[1932] ou *Seb/Moulinex*, onde a aquisição de empresas ou de acti-

[1929] «Le nouveau contrôle communautaire des concentrations: champ d'application, procédure, engagements et contrôle juridictionnel», in *Le nouveau droit communautaire de la concurrence* (dir. François Brunet/Guy Canivet), LGDJ, Paris, 2008, pág. 546. Para Bellamy/Child, numa fórmula mais curta, «*the acquisition by a liquidator or similar office-holder in accordance to a Member State's laws on insolvency (...) will not constitute a change of control on a lasting basis. (...) However, the sale of an undertaking by such an office-holder to a third party will generally give rise to a concentration*» (*European Community Law of Competition*, 6.ª ed., Oxford, 2008, pp. 657-658).

[1930] Aquisição pela *Matra Marconi Space NV (MMS)* de certos activos da *Ferranti International plc (Ferranti)*, nomeadamente da sua *Satcomms division (Ferranti Satcomms)*. Ferranti estava, à época, em "administrative receivership" – Decisão da Comissão de 14 de Outubro de 1994 (proc. M.497).

[1931] Tratava-se da situação, conhecida, envolvendo o «*Baring Brothers & Co. Limited, including all the Baring Brothers & Co. Limited subsidiaries except Baring Securities Limited; all the Baring Securities Limited subsidiaries (except Baring Futures (Singapore) Pte Limited); and, Baring Asset Management Holdings and all its subsidiaries*», pelo grupo *Internationale Nederlanden Groep NV* ("ING") (decisão de 11 de Abril de 1995 (proc. M.573).

[1932] Neste processo, estava em causa a aquisição pela BASF da *Eurodiol* e da *Pantochim*, empresas que haviam sido colocadas em regime de pré-falência ("*concordat judiciaire*") pelo Tribunal de *Charleroi*, Tribunal de Comércio da Bélgica, a 18 de Setembro de 2000. Pela mesma sentença, o Tribunal nomeou quatro Comissários do Tribunal ("*Commissaires au sursis*") para controlarem a gestão da Eurodiol e da Pantochim durante o período do processo de pré-falência. Por força de acordo de aquisição vinculativo celebrado em 29 de Dezembro de 2000 entre a BASF Antwerpen NV (uma filial a 100 % da BASF AG) e os comissários que representam a Pantochim e a Eurodiol, a BASF adquiriu o controlo exclusivo das referidas empresas. Obviamente, a situação foi considerada e tratada como uma concentração – Decisão 2002/365/CE da Comissão, de 11 de Julho de 2001 (Processo COMP/M.2314, *BASF/Eurodiol/Pantochim*) (Texto relevante para efeitos do EEE) [notificada com o número C(2001) 1856] JO, L 132, de 17.5.2002, pp. 45-64).

vos foi objecto de notificação e não oposição pela Comissão[1933-1934]. De acordo com a Comissão, a própria operação de recuperação feita por um banco ou sindicato bancário pode ser, desde logo e em si mesma, uma operação de concentração para efeitos do regulamento das concentrações. À semelhança do que já afirmava nos parágrafos 45 das comunicações de 1994 e de 1998 sobre o conceito de concentração[1935] a Comissão tem consistentemente reiterado que as próprias "operações de recuperação" podem ser consideradas concentrações, para efeitos do controlo das concentrações, em termos que resultam assim expressos no parágrafo 116 da recente *Comunicação consolidada*: «[p]ode levantar-se a questão de saber se uma operação para recuperar uma empresa *antes* de um processo de insolvência, *ou no decurso de um tal processo*, constitui uma concentração nos termos do Regulamento das concentrações. Uma operação de recuperação envolve normalmente a conversão da dívida existente numa nova empresa, através da qual o sindicato bancário pode adquirir o controlo conjunto da empresa em causa. Se esta operação preencher os critérios em matéria de controlo conjunto conforme acima indicados, esta será normalmente considerada uma concentração. Embora a principal intenção dos bancos seja a reestruturação do financiamento da empresa em causa, tendo em vista a sua revenda subsequente, a derrogação prevista no n.° 5, alínea *a)*, do artigo 3.° não é normalmente aplicável a este tipo de operação. De modo idêntico ao estabelecido para os fundos de investimento, o programa de reestruturação requer normalmente que os bancos que detêm o controlo determinem a estratégia comercial da empresa objecto de recuperação. Além disso, não é normalmente realista prever a transformação de uma

---

1933 A Comissão havia tomado uma primeira decisão, que foi parcialmente anulada pelo acórdão do Tribunal de Primeira Instância de 3 de Abril de 2003 (*BaByliss SA c. Comissão*, proc. T-114/02, Colect., 2003, II, pp. 1279), o que levou a Comissão a rever a decisão, o que fez através da Decisão 2005/408/CE da Comissão, de 11 de Novembro de 2003, que declara uma concentração compatível com o mercado comum (processo COMP/M.2621 – *SEB/Moulinex II*) [notificada com o número C(2003) 4157] (Texto relevante para efeitos do EEE) – JO, L 138, de 1.6.2005, pp. 18-25. Referência a este processo pode encontrar-se no *Relatório da Comissão – Parte I – XXXIII Relatório sobre a Política de Concorrência – 2003* (SEC/2004/0658 final, §§ 259-262).

1934 Outro processo que envolvia a aquisição de uma empresa em situação de falência não descrito na comunicação consolidada foi o que deu origem ao acórdão do TPI de 8 de Julho de 2003 (*Verband der freien Rohrwerke eV, Eisen- und Metallwerke Ferndorf GmbH e Rudolf Flender GmbH & Co. KG contra Comissão*, proc. T-374/00, Colect., 2003, II, 2275, em especial § 116).

1935 JO, C 385, de 31.12.1994; e JO, C 66, de 2.3.1998, pp. 5-11.

empresa deste tipo numa entidade comercialmente viável e a sua alienação no prazo autorizado de um ano. Para além do mais, o período de tempo necessário para a prossecução desse objectivo pode ser tão incerto que seria difícil conceder uma prorrogação no que respeita ao prazo para a alienação»[1936].

4.7. *Regime Adjectivo*

1402. O regime processual das concentrações é diverso do regime que analisámos a propósito dos artigos 101.° e 102.° TFUE, constando hoje do Regulamento (CE) n.° 802/2004[1937]. Entre outros aspectos, o regulamcnto (CE) n.° 802/2004 estabelece os formulários de notificação (quer o formulário CO, quer os memorandos fundamentados previstos nos n.os 4 e 5 do artigo 4.° do Regulamento (CE) n.° 139/2004), fixa as regras quanto aos prazos e audições.

[1936] Na base deste considerando estava o processo *Kelt Energy PLC*, onde um sindicato bancário composto por 8 bancos adquiriu, no contexto de uma operação financeira de reestruturação e através de uma empresa comum especialmente criada para o efeito (no caso, a *Purbeck Petroleum Limited*), o controlo exclusivo da *Keltex* e certos activos da Kelt (decisão de não oposição de 20 de Agosto de 1991, proc. IV/M.116 – *Kelt/American Express*).

[1937] JO, L 133, de 30.4.2004, p. 1 – J. L. da Cruz Vilaça/M. Gorjão-Henriques, *Código da Concorrência*, *cit*., pp. 297-352.

BIBLIOGRAFIA
(Lista não Exaustiva)

AA. VV., *A União Europeia na Encruzilhada*, Almedina, Coimbra, 1996

AA. VV., *Carta dos Direitos Fundamentais da União Europeia*, (coord. VITAL MOREIRA), Coimbra Editora, 2001

AA. VV., *Em torno da revisão do Tratado da União Europeia*, Almedina, Coimbra, 1997

AA.VV., *Identidade Europeia – Identidades na Europa* (org. Isabel Capeloa Gil), Universidade Católica Editora, 2009

AA. VV., *L'Union Européenne au delà d'Amsterdam*, Martin Westlake (dir.), PIE, Bruxelles, 1998

AA. VV., *L'Union Européenne et le monde après Amsterdam*, Ed. Univ. Bruxelles, 1999

AA. VV., *La Justice Pénal et l'Europe* (TULKENS/BOSLY, dir.), Bruylant, Bruxelles, 1996

AA. VV., *Portugal no Centro da Europa – propostas para uma reforma democrática do Tratado da União Europeia* (coord. ÁLVARO DE VASCONCELOS), Quetzal Editores, Lisboa, 1995

ADAM, Roberto, «La cooperazione in material di giustizia e affair interni tra comunitarizzazione e metodo intergovernativo», *Divenire Sociale e adeguamento del diritto – Studi in onore di Francesco Capotorti*, II, Giuffrè, Milano, 1999

ALBUQUERQUE CALHEIROS, J. M., «Sobre o conceito de mercado interno na perspectiva do Acto Único Europeu», *Boletim de Documentação e Direito Comparado* (BDDC), n.° 37/38, 1989

ALBUQUERQUE CALHEIROS, J. M., «Algumas breves considerações sobre o princípio da interpretação conforme do direito interno face às directivas comunitárias», *BDDC*, n.os 4/46, 1991

ALESSI/G. OLIVIERI, *La disciplina della concorrenza e del mercato (commento alla L. 10 ottobre 1990, n. 287 ed al regolamento CEE n. 4064/89 del 21 dicembre 1989)*, G. Giappichelli Editore, Torino, 1991

ALMEIDA ANDRADE, M., «Alguns aspectos práticos da transposição de directivas comunitárias para a ordem jurídica portuguesa», *BDDC*, n.os 55/56, 1993

ÁLVARES, Pedro, *Uma sebenta europeia – Roteiro da Europa do Futuro*, INA, Oeiras, 2004

ALVES COSTA, Jorge, «Constituição Europeia e cooperação judiciária penal: leitura breve», *O Direito*, ano 137, 2005, IV-V, pp. 731-753

ALVES CORREIA, Fernando, «A Concretização dos Direitos Sociais pelo Tribunal Constitucional», in *Revista de Legislação e Jurisprudência*, ano 137.°, 2008, n.° 3951

ALVES, Dora Resende, «Notas sobre o Tratado de Lisboa de 13 de Dezembro de 2007», *Revista Jurídica da Universidade Portucalense*, n.° 13, Porto, 2008

AMADO GOMES, Carla, *A Natureza Constitucional do Tratado da União Europeia*, Lex, Lisboa, 1997

AMADO GOMES, Carla, «O Tratado de Lisboa: ser ou não ser… reformador (eis a questão)», *Temas de Integração*, n.º 26, 2008, pp. 45-89

ANDENAS, M., et al. (ed.), *European EMU: The institutional framework*, Kluwer, 1997

ARAGÃO, Maria Alexandra, *O princípio do poluidor-pagador – pedra angular da política comunitária do ambiente*, BFD, Stvdia Ivridica, 23, Coimbra Editora, Coimbra, 1997

ARAGÃO, Alexandra, «A governância na Constituição Europeia: uma oportunidade perdida?», in: *Boletim da Faculdade de Direito, número especial de homenagem ao Prof. Lucas Pires*, Coimbra, 2005

ARAÚJO, A./CARDOSO DA COSTA, J. P./NOGUEIRA DE BRITO, M., «As relações entre os Tribunais Constitucionais e as outras Jurisdições Nacionais, incluindo a Interferência, nesta Matéria, da Acção das Jurisdições Europeias (Relatório português à XII Conferência dos Tribunais Constitucionais Europeus – Bruxelas, Maio de 2002)», *Revista da Ordem dos Advogados* (ROA), ano 62, 2002

ART, Jean-Yves, «Rules against collusion between firms», in *The Competition Policy of the European Community*, ed. Phendon Nicolaïdes/A. van der Klugt, IEAP, Maastricht, 1994

ASSEMBLEIA DA REPÚBLICA – Comissão de Assuntos Europeus, *A Assembleia da República e o Tratado da União Europeia*, A.R., Lisboa, 1993

ATTINA, Fulvio, *Introduccion al sistema politico de la Comunidad Europea*, Centro de Estudos Constitucionales, Madrid, 1992

AVELÃS NUNES, A. J., *A Constituição Europeia – A Constitucionalização do Neoliberalismo*, Coimbra Editora, Coimbra, 2006

AZEVEDO SOARES, A., *Lições de Direito Internacional Público*, 3.ª ed., 1986, Coimbra Editora, Coimbra

AZEVEDO, Maria Eduarda, *A política agrícola comum – uma política controversa na hora da mudança*, Almedina, Coimbra, 1996

BALASSA, Bela, *The theory of economic integration*, Richard D. Irwin, Londres, 1961 (Teoria da Integração Económica, 3.ª ed. Portuguesa, Clássica Editora, Lisboa, s.d.).

BALLARINO, Tito, *Lineamenti di diritto comunitario e dell'Unione Europea*, 5.ª ed., CEDAM, Padova, 1997

BAQUERO CRUZ, «La protección de los derechos sociales en la Comunidad Europea tras el tratado de Amsterdam», *RDCE*, 1998

BARBOSA DE MELO, António, *Notas de contencioso comunitário*, policopiado, Coimbra, 1986

BARBOSA DE MELO, A., «Soberania e integração europeia», *Temas de Integração*, n.º 7, 1999

BARROS MOURA, J., «O Tratado de Amesterdão», in *Tratados da União Europeia*, UAL, Lisboa, 1997

BELLAMY, «Mergers outside the scope of the new Merger Regulation. Implications of Philip Morris Judgement», FCLI, 1988

BELLAMY, Christopher/CHILD, *Graham European Community Law of Competition*, 6.ª ed., Oxford, 2008

BENACCHIO, G., *Diritto Privato della Comunità Europea – Fonti, modelli, regole*, CEDAM, 1998

BERGERÈS, Maurice-Christian, *Contentieux communautaire*, Puf, Paris, 3.ª, ed., 1998

BERNHARDT, Rudolf, «Capítulo IV – As fontes de direito comunitário: a "Constituição" da Comunidade», *Trinta anos de direito comunitário*, SPOCE, 1980

BERNINI, *Profili di diritto della Comunità Europee*, Morano Editore, Napoli, 1970

BLAISE, «Article 86 – Commentaire», *Traité instituant la CEE – Commentaire article par article*, CONSTANTINESCO/JACQUÉ/KOVAR/SYMON (dir.), Economica, Paris, 1991

BLANCO DE MORAIS, C., «A dimensão interna do princípio da subsidiariedade no ordenamento português», *ROA*, ano 58, 1998

BLANCO DE MORAIS, C., *As Leis Reforçadas – as leis reforçadas pelo procedimento no âmbito dos critérios estruturantes das relações entre actos legislativos*, Coimbra editora, 1998

BLANCO DE MORAIS, C., «A forma jurídica do acto de transposição de directivas comunitárias», *Legislação (cadernos de)*, n.° 21, INA, 1998

BLUMANN, Cl., «Article 146», in CONSTANTINESCO/KOVAR/JACQUÉ/SIMON (Dir.), Traité instituant la *CEE – commentaire article par article*, dir. CONSTANTINESCO/KOVAR/JACQUÉ/SYMON, Economica, Paris, 1991

BLUMMAN, «Comitologie», *Dictionnaire Juridique des Communautés Européennes*, PUF, Paris, 1993

BORGES, Marta/VYVERMANN, Ann, «Jurisprudência crítica – livre circulação de advogados na U.E.», *Temas de Integração*, 2.° vol., 1.° semestre de 1997

BOSCHECK, R., «The EU police reform on vertical restraints – an economic perspective», *World Competition*, 23 (4), 2000

BOSCO, Andrea, *A 'federator' for Europe: Altiero Spinelli and the constituent role of the European Parliament*, EUI working paper RSC n.° 1994/19, EUI, Florence

BOTELHO MONIZ, C., «A Constituição da República Portuguesa e a participação de Portugal na construção da União Europeia», *Juris et de Jure – Nos 20 anos da faculdade de direito da UCP – Porto*, Porto, 1998

BOTELHO MONIZ, C./PAULO MOURA PINHEIRO, P., «As relações da ordem jurídica portuguesa com a ordem jurídica comunitária – algumas reflexões», Legislação (cadernos de), n.os 4/5, INA, 1992

BOTELHO MONIZ/PAULO MOURA PINHEIRO, «As relações entre a ordem jurídica nacional e a ordem jurídica comunitária», *Legislação*, n.os 4-5, INA, 1992

BOULOUIS, Jean, *Droit Institutionnel de l'Union Européenne*, 6.ª ed., Montchrestien, Paris, 1997

BOURGEOIS/DEMARET, «The working of EC policies on competition, industry and trade: a legal analysis», in *European Policies on Competition, Trade and Industry – conflicts and complementarities*, ed. BUIGUES/JACQUEMIN/SAPIR, Edward Elgar, Aldershot, UK, 1995

BOUTARD-LABARDE, «Comparaison avec les autres règlements "distribution"», *SemaineJuridique-CDE*, supl. 2, 1989

BOYRON, Sophie, «Maastricht and the codecision procedure: a success story», in *International and Comparative Law Quarterly*, vol. 45, 2, 1996

BRIBOSIA, Emanuelle, et al (dir.), *Union Européenne et nationalités – le principe de non-discrimination et ses limites*, Bruylant, Bruxelles, 1999

BRIBOSIA, Emmanuelle/WEYEMBERGH, Anne, «La personalité juridique de l'Union Européenne», *L'Union Européenne et le monde après Amsterdam*, Univ. Bruxelles, 1999

BRONZE, Fernando José, *Lições de Introdução ao Direito*, 2.ª edição, Coimbra Editora, Coimbra, 2006

BURGESS, Michael, *Federalism and European Union*, 1989

BURLEY/MATTLI, «Europe before the Court: a political theory of legal integration», *International Organization*, 1993

CABRAL DE MONCADA, *Filosofia do Direito e do Estado*, vol. 1.°, 2.ª ed., Coimbra Editora, 1955

CABRAL, Pedro, «Algumas considerações sobre a livre circulação dos advogados na Comunidade Europeia à luz da nova directiva 98/5/CE do Parlamento Europeu e do Conselho», *ROA*, ano 59, 1999

CADILHA, António, «O impacto da Carta dos Direitos Fundamentais da UE no Sistema de Tutela Jusfundamental no Espaço Europeu», in *Estudos Comemorativos dos 10 Anos da Faculdade de Direito da Universidade Nova de Lisboa*, Separata do Vol. I, Almedina, 2008

CADILHA, Carlos Alberto Fernandes, *Regime da Responsabilidade Civil extracontratual do Estado e demais Entidades públicas Anotado*, Coimbra Editora, Coimbra, 2008

CAEIRO, Pedro, «Perspectivas de formação de um direito penal da União Europeia», *Direito Penal Económico e Europeu: Textos Doutrinários*, vol. I (Problemas Gerais), Coimbra Editora, Coimbra, 1998

CAEIRO, Pedro, *Fundamento, Conteúdo e Limites da Jurisdição Penal do Estado (o caso português)*, 2009 (em vias de publicação)

CAETANO, Marcello, *Manual de Ciência Política e de Direito Constitucional*, Almedina, Coimbra, 1983

CALVÃO DA SILVA, João, *Direito Bancário*, Almedina, Coimbra, 2001

CALVÃO DA SILVA, João Nuno, *Mercado e Estado – Serviços de Interesse Económico Geral*, Almedina, Coimbra, 2008

CALVÃO DA SILVA, João Nuno, *Tratado de Lisboa (Algumas Notas)*, Sep. *Temas de Integração*, 2.° Semestre 2008, n.° 26, pp. 115-138

CALVÃO DA SILVA, João Nuno, «Nationality as a requisite for Access to the notary public profession and non-transposition of the directive relative to the portuguese state's recognition of Professional qualifications», in *Revista do Notariado*, n.° 1, 2009, pp. 87-107

CALVETE, Vítor João de Vasconcelos Raposo Ribeiro, «*Quis Leget Haec?* A Delimitação do *thema decidendum* do parecer do Conselho da Concorrência em processos de concentração de empresas», *BFD*, Volume Comemorativo, 2003, pp. 769-789

CANAS, Vitalino, *Proporcionalidade (Princípio da)*, in J. P. Fernandes (org.), *Dicionário Jurídico da Administração Pública*, VI, Lisboa, 1994, pp. 618-624

CANELAS DE CASTRO, P. J., «O reenvio prejudicial: um mecanismo de integração através da cooperação de juízes – apontamentos sobre uma história (ainda?) de sucesso», *Temas de Integração*, 2.° vol., 1997

CAPELLI, «Les malentedus provoqués para l'arrêt "Cassis de Dijon", vingt ans après», *RMCUE*, n.° 402, Nov./1996

CARACCIOLO, no Dizionario enciclopedico del diritto (dir. F. GALGANO), vol. I, CEDAM, 1996

CARDOSO DA COSTA, J. M., «A evolução constitucional no quadro da Constituição da República de 1976», *BFD*, vol. LXX, Coimbra, 1994

CARDOSO DA COSTA, J. M., «O Tribunal Constitucional português e o Tribunal de Justiça das Comunidades Europeias», *Ab uno ad Omnes – 75 Anos da Coimbra Editora*, 1995

CARREIRA DAS NEVES, M., *Francisco de Assis – Profeta da Paz*, Lisboa, 1987

CARTOU, Louis, *L'Union Européenne – Traités de Paris – Rome – Maastricht*, 2.ª ed., Précis, Dalloz, 1996

CARVALHO, Isabel M. F. T. de, *Noções Fundamentais de Direito Comunitário*, ELCLA, Porto, 1993

CASEIRO ALVES, *Lições de direito comunitário da concorrência*, Série das Lições do Curso dos Estudos Europeus da Fac. de Direito de Coimbra, 1989

CASTRO, Francisco Niny de, *O pedido de adesão de Portugal às Comunidades Europeias*, Principia, Cascais, 2010

CATECISMO DA IGREJA CATÓLICA, 1993

CAVACO SILVA, Aníbal, in *Europa – Novas Fronteiras, n.° 1*, ed. Centro de Informação Jacques Delors, Lisboa, 1997

CAVACO SILVA, Aníbal, *Portugal e a Moeda Única*, Verbo, 1997

CAVACO SILVA, Aníbal, *União Monetária Europeia – funcionamento e implicações*, Verbo, 1999

CAVALLINI, Joël, *Le juge national du provisoire face au droit communautaire*, Bruylant, Bruxelles, 1995

CELLI JR, «Direito da Concorrência no Mercosul», in *Contratos Internacionais e Direito Econômico no Mercosul (após o término do período de transição)*, BORBA CASELLA (coord.), LTR, São Paulo, 1996

CENTRO DE INFORMAÇÃO J. DELORS, «Da Conferência Intergovernamental ao Tratado de Amesterdão», in *Europa – Novas Fronteiras*, n.° 2, Novembro 1997

CHALMERS/HADJIEMMANUIL/MONT/TOMKINS, *European Union Law*, Cambridge, 2006

CHANTAL RIBEIRO DA CUNHA, M., *A responsabilidade do Estado por violação de direito comunitário*, Almedina, Coimbra

CHAUNU, Pierre, *L'expansion européenne (du XIIIe au XVe siècle)*, PUF, Paris, 1969

CHURCH/PHINNEMORE, *European Union and Community – a Handbook of Commentary on the 1992 Maastricht Treaties*, Prentice Hall, Harvester Wheatsheaf, 1994

CLOOS/REINESCH/VIGNES/WEYLAND, *Le Traité de Maastricht – genèse, analyse, commentaires*, Bruylant, Bruxelles, 1993

COCKFIELD, Lord, *The European Union – creating the single market*, Wiley Chancery Law, 1994

COHEN-JONATHAN, *Aspects européens des droits fondamentaux*, Montchrestien, Paris, 1996

CONSELHO DA CONCORRÊNCIA, *Relatório de actividade de 1986*, DR, II série, n.° 168, 1987

CORREIA BAPTISTA, Eduardo, *Direito Internacional Público – conceito e fontes*, Vol. I, Lex, Lisboa, 1998

COUTINHO DE ABREU, J. M./GORJÃO HENRIQUES, M., «Livre circulação de médicos e conhecimentos linguísticos», *Temas de Integração*, n.° 5, 1998

COVAS, António, *A União Europeia – Do Tratado de Amesterdão a um projecto de carta constituinte para o século XXI*, Celta, Oeiras, 1997

COVAS, António, *O Tratado Constitucional e o Futuro da Europa*, Universidade do Algarve, 2005

CRUZ VILAÇA, J. L. da, «Le système juridictionnel communautaire», in *La Conférencee intergouvernamentale européenne sur l'Union européenne: répondre aux défis du XXIe siècle*, A. MATTERA (dir), Clément Juglar, 1996

CRUZ VILAÇA, J. L. da, «Le Citoyen, l'Administration et le Droit européen», Rel*atório português, XVIII Congresso F.I.D.E.*, Estocolmo, Junho 1998

CRUZ VILAÇA, J. L. da, «La procédure en référé comme instrument de protection juridictionnelle des particuliers en droit communautaire», *Scritti in onore di G. Federico Mancini*, vol. II, Giuffrè, 1998

CRUZ VILAÇA, J. L. da, «A evolução do sistema jurisdicional: antes e depois de Maastricht», *O direito comunitário e a construção europeia, BFD*, Stvdia Ivridica, 1998

CRUZ VILAÇA, J. L. da, «A protecção dos direitos dos cidadãos no espaço comunitário», em *Valores da Europa – identidade e legitimidade*, Principia, Cascais, 1999

CRUZ VILAÇA, J. L. da, «An exercise on the application of Keck and Mitohouard in the field of the free provision of services», *Mélanges en hommage à Michel Waelbroeck*, vol. II. Bruylant, Bruxelles, 1999

CRUZ VILAÇA, J. L. da, «A propósito dos efeitos das directivas na ordem jurídica dos Estados-membros», *Cadernos de Justiça Administrativa*, n.° 30, 2001

CRUZ VILAÇA, J. L. da, «A modernização da aplicação das regras comunitárias de concorrência segundo a Comissão Europeia – uma reforma fundamental», *BFDUC*, volume comemorativo dos 75 anos, Coimbra, 2003

CRUZ VILAÇA, J. L. da, «O ordenamento comunitário da concorrência e o novo papel do juiz numa União alargada», *Revista do CEJ*, 2.° semestre, n.° 1, 2004

CRUZ VILAÇA, J. L. da/GORJÃO-HENRIQUES, M., *Código da Concorrência*, Almedina, Coimbra, 2004

CRUZ VILAÇA, J. L. da/PIÇARRA, Nuno, «Y a-t-il des limites materielles à la revision des traités instituant les Communautés Européennes?», *Caihers de Droit Européen*, n.° 1-2, 1993

CRUZ, Sebastião, *Ius. Derectum (directum)*, 7.ª ed., Coimbra, 1986

CUNHA, Carolina, *Controlo das Concentrações de Empresas – Direito Comunitário e Direito Português*, Almedina, Coimbra, 2005

CUNHA, Luís Pedro, *A Comunidade Europeia enquanto União Aduaneira. Disposições Fundamentais e Instrumentos da Política Comercial Comum*, Sep. Boletim de Ciências Económicas, 1996

CUNHA, Luís Pedro, *Lições de Relações Económicas Externas*, Almedina, Coimbra, 1997

CUNHA, Patrícia Noiret, *A Tributação directa na jurisprudência do Tribunal de Justiça das Comunidades Europeias*, Coimbra Editora, Coimbra, 2006

CUNHA RODRIGUES, José Narciso, «Prefácio», in Mário Ferreira MONTE, *O Direito Penal Europeu – De "Roma" a "Lisbos" subsídios para a sua legitimação*, Quid Júris, 2009, pp. 9-14

CURTIN, Deirdre, «Directives: the effectiveness of judicial protection of individual rights», *Common Market Law Review (CMLR)*, 27, 1990

D'OLIVEIRA MARTINS, Guilherme, *O Novo Tratado Constitucional Europeu – Da Convenção à CIG*, Gradiva/Fund. Mário Soares, 2004

D'OLIVEIRA MARTINS, Margarida Salema/OLIVEIRA MARTINS, Afonso d', *Direito das Organizações Internacionais*,vol. I, 2.ª ed., 2003

D'OLIVEIRA NEVES, Francisco, «Alargamento e Constituição da União Europeia: de Monnet a Metternich», *Relações Internacionais*, n.° 2, 2004

DAGTOGLOU, «A natureza jurídica das Comunidades europeias», *Trinta anos de direito comunitário*, Comissão, SPOCE, 1981

DANIELE, Luigi, «Il ruolo dell'Unione dell'Europa Occidental nel quadro della PESC», *Divenire Sociale e adeguamento del diritto – Studi in onore di Francesco Capotorti*, II, Giuffrè, Milano, 1999

DANIELE, Luigi, *Il diritto materiale della comunità economica europea*, Giuffrè, 1990

DAVID, Eric, «Le droit international applicable aux organisations internationales», *Mélanges en hommage à Michel Waelbroeck*, Vol. I, Bruylant, Bruxelles, 1999

DE RUYT, J., *L'Acte Unique Européen – commentaire, Études Européennes*, ed. Université de Bruxelles, 1989

DEHOUSSE, Renaud, *Does Subsidiarity really matter?*, EUI working paper law, n.° 92/32, IUE, Florença

DEHOUSSE, Renaud, *Institutional Reform in the European Community: are there alternatives to the majoritarian avenue?*, EUI working paper RSC, n.° 95/4, EUI, Florence

DEHOVE, Mario (Dir.*), O novo estado da Europa*, Campo da Comunicação, 2004

DEMARET, P., «The treaty framework», *Legal issues of the Maastricht treaty*, O'KEEFFE/ /TWOMEY (eds), Wiley Chancery, 1993

DES NERVIENS, P., «Les relations extérieurs», *Revue Trimestrielle de Droit Européen* (RTDE), ano 33.°, n.° 4, 1997

DIAS TEIXEIRA, *A Natureza das Comunidades Europeias*, Almedina, Coimbra, 1993

DIAS, José Eduardo, *Tutela ambiental e contencioso administrativo (da legitimidade processual e das suas consequências*), BFD, Stvdia Ivridica, 29, Coimbra Editora

DÍAZ, M. J. Lunaz, «El principio de primacía comunitario y el derecho internacional privado», *Revista de Derecho Comunitario Europeo*, n.° 4, ano 2, 1998

DINAN, Desmond, *Ever Closer Union? – na introduction to the European* Community, MacMillan, 1994

DIREITO, Sérgio Saraiva, *A figura do Advogado-Geral no Contencioso Comunitário*, Almedina, Coimbra, 2007

DOERN, B., «Comparative competition policy: Boundaries and Levels of Political Analysis», in *Comparative Competition Policy: National Institutions in a Global Market*, DOERN/WILKS (ed.), Clarendon Press, Oxford, 1996

DOHERTY, Barry, «Bickel – extending the boundaries of European Citizenship», *Irish Journal of European Law*, vol. 8, 1999

DOURADO, Ana Paula, *Lições de Direito Fiscal Europeu – Tributação Directa*, Wolters Kluwer/Coimbra Editora, 2010

DREYFUS, MARX et al., *História Geral da Europa*, III, Europa-América, 1996

DUARTE, Maria Luísa, *A liberdade de circulação de pessoas e a ordem pública no direito comunitário*, Coimbra Editora, 1992

DUARTE, Maria Luísa, «A acção de indemnização por responsabilidade extracontratual da Comunidade Económica Europeia», *ROA*, 1993

DUARTE, Maria Luísa, «A Liberdade de Circulação de Pessoas e o Estatuto de Cidadania Previsto no Tratado de União Europeia», *A União Europeia na Encruzilhada*, Almedina, Coimbra, 1996

DUARTE, Maria Luísa, *A teoria dos poderes implícitos e a delimitação de competências entre a União Europeia e os Estados membros*, Lex, Lisboa, 1997

DUARTE, Maria Luísa, «Direito de Residência dos trabalhadores comunitários e medidas de excepção – reflexão sobre o significado do estatuto de trabalhador-cidadão na União Europeia», *Revista da FDUL*, XXXIX, 2, 1998

DUARTE, Maria Luísa, «A União Europeia e os direitos fundamentais – métodos de protecção», *Portugal-Brasil ano 2000 (tema Direito)*, Stvdia Ivridica, Coimbra Editora, 1999

DUARTE, Maria Luísa, «A aplicação jurisdicional do princípio da subsidiariedade no direito comunitário – pressupostos e limites», in *Estudos Jurídicos e Económicos em Homenagem ao Professor João Lumbrales*, Faculdade de Direito da U. Lisboa, 2000

DUARTE, M. L., *Estudos de Direito da União e das Comunidades Europeias*, Coimbra Editora, Coimbra, 2000

DUARTE, M. L., *Direito da União Europeia e das Comunidades Europeias*, vol. I, tomo I, Lex, Lisboa, 2001

DUARTE, M. L., *Contencioso Comunitário*, Principia, Cascais, 2003

DUARTE, M. L., *Estudos de Direito da União e das Comunidades Europeias – II*, Coimbra Editora, Coimbra, 2006

DUARTE, M. L. «O Banco Central Europeu e o Sistema Judicial da União Europeia: Supremacia Decisória e Controlo da Legalidade», *Estudos Jurídicos em Homenagem ao Prof. Doutor António de Sousa Franco*, Vol. III, Faculdade de Direito da Universidade de Lisboa, 2006, pp. 149-191

DUCHÊNE, François, *The First Statesmen of Interdependence*, Norton, London, 1994

DURAND, «European Citizenship», *ELR*, 1979, n.° 4

DUVERGER, Maurice, *A Europa dos cidadãos*, Asa

DUVERGER, Maurice, *Europa – O Estado da União*, editorial Notícias, 1996

EHLERMANN, «Community competition law procedures», in *Procedural Aspects of EC Competition Law*, ed. Lord SLYNN OF HADLEY/S. PAPPAS, co-ed.: L. FLYNN, IEAP, Maastricht, 1994

EL-AGRAA, Ali M., «General Introduction», in *Economic Integration Worldwide*, MacMillan Press, London, 1997

El-AGRAA, Ali, «European Union», *Economic Integration Worldwide*, MacMillan, London, 1997

EMILIOU, *The principle of proportionality in European Law – a comparative study*, Kluwer Law, 1996

ENES FERREIRA, Graça, *A teoria da integração económica internacional e o modelo de integração do espaço económico europeu*, Legis editora, Porto, 1997

ESTRATÉGIA, «Cronologia da Convenção sobre o futuro da Europa», n.° 18-19, 2003

ESTRATÉGIA, *Portugal e a Constituição Europeia*, n.° 18-19, Principia, Cascais, 2003

EVERLING, Ulrich: «The future of the European judiciary within the enlarged European Union», *Mélanges en hommage à Michel Waelbroeck*, vol. I, Bruylant, Bruxelles, 1999

FACULDADE DE DIREITO DE COIMBRA, Curso de Estudos Europeus, *A revisão do Tratado da União Europeia*, Almedina, Coimbra, 1996

FACULDADE DE DIREITO – CURSO DE ESTUDOS EUROPEUS, A União Europeia, Coimbra, 1994

FASQUELLE, *Droit américain et droit communautaire des ententes: étude de la règle de raison*, GLN Joly, Paris, 1993

FAUSTO DE QUADROS, *Direito das Comunidades Europeias e Direito Internacional Público*, 1991, reimpressão, Almedina, Lisboa

FAUSTO DE QUADROS, «Introdução», in Responsabilidade civil extracontratual da administração pública, Fausto de Quadros (coord.), Almedina, Coimbra, 1994

FAUSTO DE QUADROS – *O princípio da subsidiariedade no direito comunitário após o Tratado da União Europeia*, Almedina, Coimbra, 1995

FAUSTO DE QUADROS, *Direito Comunitário I – programa, conteúdo e métodos de ensino*, Almedina, Coimbra, 2000

FAUSTO DE QUADROS/F. LOUREIRO BASTOS, «União Europeia», *Dicionário Jurídico da Administração Pública*, vol. VII, Lisboa, 1996

FAUSTO DE QUADROS/GUERRA MARTINS, A. M., *Contencioso da União Europeia*, 2.ª ed., Almedina, Coimbra, 2007

FAUSTO DE QUADROS, *Direito da União Europeia*, Almedina, 2004

FENTMAN, R., et al., *L'Espace judiciaire européen en matières civile et commerciale*, Bruylant, Bruxelles, 1999

FERNANDES, António José, A *Comunidade Europeia – estrutura, e funcionamento – objectivos e actividades*, Editorial Presença, Lisboa, 1992
FERREIRA DA CUNHA, Paulo, *Novo Direito Constitucional Europeu*, Almedina, 2005
FONTOURA, Maria Paula/CRESPO, Nuno (Org.), *O Alargamento da União Europeia – consequências para a economia portuguesa*, Celta Editora, Oeiras
FEITAS DO AMARAL, Diogo, *Um Voto a Favor de Maastricht*, Editorial Inquérito, 1992
FRIEDMAN, Thomas L., *Compreender a globalização – o Lexus e a Oliveira*, Quetzal, Lisboa, 2000
GARCIA, Maria da Glória/CORTÊS, António, «Artigo 266.°», in Jorge Miranda/Rui Medeiros, *Constituição Portuguesa Anotada*, Tomo III, Coimbra Editora, Coimbra, 2007, p. 563
GARRETT, G., «International cooperation and institutional choice: the EC's internal market», in *International Organizations*, 46
GAVALDA/Lucas de LESSAY, «Droit français et communautaire de la concurrence», in *RDS*, 1994, 21
GAVALDA/PARLEANI, *Droit des affaires de l'Union Européenne*, Litec, Paris, 1995
GOLDMAN/LYON-CAEN, *Droit Commercial Européen*, 4.ª ed., Dalloz, Paris, 1983
GOLDMAN/LYON-CAEN/VOGEL, *Droit commercial européen*, 5.ª ed., 1994
GOMES CANOTILHO, J. J., *Direito Constitucional e Teoria da Constituição*, 6.ª ed., Almedina, 2002
GOMES CANOTILHO, J. J./VITAL MOREIRA, *Fundamentos da Constituição*, Coimbra, 1991
GOMES CANOTILHO, J. J./VITAL MOREIRA, *CRP – Constituição da República Portuguesa Anotada – Artigos 1.° a 107.°*, Vol. I, Coimbra Editora, Coimbra, 2007
GONÇALVES PEREIRA, A./FAUSTO DE QUADROS, *Manual de Direito Internacional Público*, 3.ª ed., Almedina, Coimbra, 1993
GONZÁLEZ ALONSO, L. N., «La jurisdicción comunitaria en el nuevo espacio de libertad, seguridad e justicia», *Revista de Derecho Comunitario Europeo*, n.° 4, ano 2, 1998
GORI, Paolo, «L'avocat général a la cour de Justice des Communautés Européennes», *RTDE*, 1975
GORJÃO (HENRIQUES) DA CUNHA COIMBRA BOTADO, Duarte, *O século 19 explicado à vista da Biblia*, Lisboa, Tip. Maygrense, 1824
GORJÃO-HENRIQUES, Miguel, «Breve reflexões sobre a evolução do sistema institucional comunitário», in *A revisão do Tratado da União Europeia, Curso de Estudos Europeus*, Almedina, Coimbra, 1996
GORJÃO-HENRIQUES, M., «Aspectos gerais dos acordos de Schengen na perspectiva da livre circulação de pessoas», *Temas de Integração*, vol. 1, 1996
GORJÃO-HENRIQUES, M., *Da restrição da concorrência na Comunidade Europeia: a franquia de distribuição*, Almedina, Coimbra, 1998
GORJÃO-HENRIQUES, M., «Cidadania e Integração», *Temas de Integração*, n.° 8, 1999
GORJÃO-HENRIQUES, M., *Constituição Europeia*, Coimbra Editora, Coimbra, 2004
GORJÃO-HENRIQUES, M., «Os Santos Padroeiros da Europa e a Nova Evangelização», *Estudos – Revista do Centro Académico de Democracia Cristã*, Nova Série, n.° 5, Coimbra, 2005, pp. 215-231
GORJÃO-HENRIQUES, M., *Tratado de Lisboa*, Almedina, Coimbra, 2008
GORJÃO-HENRIQUES, M., «The Lisbon Treaty and the Political Governance of the EU: Transforming the Basic Preliminary Equilibrium? Some Preliminary Remarks», *Temas de Integração*, n.° 26, 2008, pp. 27-36

GOSALBO BONO, Ricardo, «A elaboração do direito comunitário derivado antes e depois de Maastricht», *Legislação (cadernos de)*, n.os 4/5, INA, 1992

GOUCHA SOARES, António, *A livre circulação de pessoas na Europa comunitária – alargamento jurisprudencial do conceito*, Lisboa, Fragmentos, 1990

GOUCHA SOARES, A., *Repartição de competências e preempção no direito comunitário*, Cosmos, Lisboa, 1996

GOUCHA SOARES, A., «O Tratado de Amesterdão e o novo passo da União Europeia», *Legislação (cadernos de)*, n.° 21, INA, 1998 (Janeiro-Março)

GOUCHA SOARES, A., «Uma união cada vez mais estreita», *Análise Social*, vol. XXXIV (151-152), 2000

GOUCHA SOARES, A., *A carta dos Direitos Fundamentais da União Europeia – A protecção dos Direitos fundamentais no ordenamento comunitário*, Coimbra Editora, Coimbra, 2002

GOUCHA SOARES, A., O Tratado de Nice, sep. Rev. Ministério Público, Lisboa, 2002

GOUCHA SOARES, A. «O alargamento da União Europeia – Análise jurídico-política da adesão dos países da Europa Central ou de Leste», *O Alargamento da União Europeia – consequências para a economia portuguesa*, Celta Editora, Oeiras, 2004

GOUCHA SOARES, A., *O Tratado Constitucional da União Europeia*, Lisboa, Sep. Revista do Ministério Público, 2004, pp. 7-40

GOUCHA SOARES, A., *A União Europeia*, Almedina, Coimbra, 2006

GOUCHA SOARES, António, «O Tratado Reformador da União Europeia», *Relações Internacionais*, n.° 17, 2008, pp. 23-32

GREEN, Nicholas, *Commercial agreements and competition law: practice and procedure in the UK and EEC*, Graham & Trotman, 1986

GUAL, «The three common policies: an economic analysis», in *European Policies on Competition, Trade and Industry – conflicts and complementarities*, ed. BUIGUES/JACQUEMIN/SAPIR, Edward Elgar, Aldershot, UK, 1995

GUALDINO, Carlo Curti, «Some reflections on the Acquis Communautaire», *Common Market Law Review*, 32, 1995

GUERRA MARTINS, Ana Maria, *Efeitos dos acórdãos prejudiciais do artigo 177.° do TR (CEE)*, AAFDL, Lisboa, 1988

GUERRA MARTINS, A. M., *O tratado da União Europeia – contributo para a sua compreensão*, Lex, Lisboa, 1993

GUERRA MARTINS, A. M., *Introdução ao Estudo do Direito Comunitário – sumários*, Lex, Lisboa, 1995

GUERRA MARTINS, A. M., *A natureza jurídica da revisão do tratado da união europeia*, Lex, Lisboa, 2000

GUERRA MARTINS, A. M., *O Projecto de Constituição Europeia – Contribuição para o Debate sobre o Futuro da União*, Almedina, Coimbra, 2004

GUERRA MARTINS, A. M., *Curso de Direito Constitucional da União Europeia*, Almedina, Coimbra, 2004

GUERRA MARTINS, A. M (COORD.), *Constitucionalismo europeu em crise? – Estudos sobre a Constituição Europeia*, AAFDL, Lisboa, 2006

GUERRA MARTINS, Ana Maria, «Algumas notas sobre o espaço de liberdade, segurança e justiça no Tratado de Lisboa», in *Cadernos O Direito*, n.° 5, 2010, pp. 13-29

HÄBERLE, Peter, «Die europäische Verfassungstaatlichkeit», *KritV*, 1995

HÄBERLE, Peter, «¿Existe un espacio público europeo?», *Revista de Derecho Comunitario Europeo*, n.° 4, ano 2, 1998

HAGUENAU, Catherine, *L'application effective du droit communautaire en droit interne – analyse comparative des problèmes rencontrés en droit français, anglais e allemand,* Bruylant, Bruxelles, 1995

HALLSTEIN, W., «Die EWG – eine Rechtsgemeinschaft», em T. Opperman (ed.), Hallstein, Europäische Reden, Stuttgart, 1979

HAMILTON, A./MADISON, J./JAY, J., O Federalista, trad. Portuguesa, Ed. Colibri, 2003

HARTLEY, T. C., The Foundations of European Community Law, 6.ª ed., Oxford University Press, 2007

HAWK, B./VELTROP, J., «Les développements du droit antitrust aux États-Unis: analyse raffinée; application agressive et internationale», *Revue International de Droit Economique*, 1994

HEATER, Derek, *The idea of european unity*, Leicester Univ. Press, Leicester, 1992

HOGAN, G., «The Lisbon Treaty and the Irish Referendum», *European Public Law*, Vol. 15, n.° 2, 2009

HORNSBY, «Competition policy in the 80's: more policy less competition?», *ELR*, vol. 12, n.° 2, 1987

IDOT, Laurence, «Le nouveau système communautaire de mise en oeuvre des articles 81 et 82 CE (Règlement 1/2003 et projects de texts d'application», *Cahiers de Droit Européen*, 2003, n.° 3-4

IDOT, L., texto apresentado no âmbito da consulta pública sobre os projectos de comunicações interpretativas da Comissão, 2004

ISAAC, Guy, *Droit Communautaire Général*, 7.ª ed., Armand Colin, 1999

JACOBS, Francis G., «The role of national courts and of the European Court of Justice in ensuring the uniform application of Community law: is a new approach needed?», *Divenire Sociale e adeguamento del diritto – Studi in onore di Francesco CAPOTORTI*, II, Giuffrè, Milano, 1999

JÁCOMO, António, *A Constituição Europeia – pormenores de uma polémica*, ed. Autor, Salamanca, 2003

JACQUÉ, Jean-Paul, «Cours Générale de Droit Communautaire», in *Collected courses of the Academy of European Law*, 1990, vol. I

JALLES, Maria Isabel, *Implicações jurídico-constitucionais da adesçao de Portugal às Comunidades Europeias – alguns aspectos*, in *Cadernos de Ciência e Técnica Fiscal*, 116, Lisboa, 1980

JOÃO PAULO II, S.S., Carta *Apostólica em forma de«motu proprio» para a proclamação de S. Brígida da Suécia, S. Catarina de Sena e S. Benedita da Cruz, co-padroeiras da Europa*, Roma, 1999

JOÃO PAULO II, SS., Discurso ao Presidente e ao Parlamento da República Italiana reunido em sessão conjunta de 14 de Novembro de 2002, in *L'Osservatore Romano*, 15.11.2002

JOÃO XXIII, SS., Mater et Magistra, n.° 55, 1961

JOLIET, R., *The rule of reason in antitrust law – american, german and common market laws in comparative perspective*, 26, Martinus Nijhoff, La Haye, 1967

JOLIET, René, «L'article 177 du traité CEE et le renvoi prejudiciel», *Rivista di Diritto Europeo*, n.° 3, Julho/Setembro 1991

JONES, Alison/SUFRIN, Brenda, *EC Competition Law – Text, Cases and Materials*, 3rd Edition, 2008

JUILLARD, P., in *Traité instituant la CEE – commentaire article par article*, dir. CONSTANTINESCO/KOVAR/JACQUÉ/SYMON, Economica, Paris, 1991

JUKKA SNELL, *Goods and Services in EC law – a study of the relationship between the freedoms*, Oxford, 2002

KELLERMAN, A.E., «Legal impact of procedural irregularities in the decision-making of the Council of Ministers of the EC», *Law and Reality – essays on national and international procedural law in Honor of Cornelis Carel Albert Voskuil*, T.M.C. Asser Institut, The Hague, Martinus Nijhoff Pub., 1992

KLEEMAN, *Die Wettbewerbsregeln der Europäische Wirtschaftsgemeinschaft*, 38-43, 1962

KORAH, Valentine, *An introductory guide to EC competition law and practice*, 7.ª ed., Hart Publishing, 2000

KOVAR, R., «Commentaires traité CEE – article 85.°», *Traité instituant la CEE – commentaire article par article*, dir. CONSTANTINESCO/KOVAR/JACQUÉ/SYMON, Economica, Paris, 1991

KOVAR, Robert, «Article 176», in *Traité instituant la CEE – commentaire article par article*, dir. CONSTANTINESCO/KOVAR/JACQUÉ/SYMON, Economica, Paris, 1991

KOVAR, Robert, «L'évolution de l'article 177 du traité CE», in *La reforme du système juridictionnel communautaire*, Univ. Bruxelles, 1994

KOVAR, Robert, «L'identification des actes normatifs en droit communautaire», *Mélanges en hommage à Michel Waelbroeck*, vol. I, Bruylant, Bruxelles, 1999

LANCEIRO, Rui Tavares, «O Tratado de Lisboa e o princípio da cooperação leal», in *Cadernos O Direito*, n.° 5, 2010, pp. 283-317

LARANJEIRO, Carlos, *Lições de Integração Monetária Europeia*, Almedina, Coimbra, 2000

LAUREANO, Abel, *Discriminação inversa na Comunidade Europeia (o desfavorecimento dos próprios nacionais na tributação indirecta)*, Quid Juris, Lisboa, 1997

LAUREANO, Abel, *Regime Jurídico Fundamental da União Europeia – Anotado*, Quid Iuris, Lisboa, 1997

LAURENT, *La politique communautaire de concurrence*, Dalloz, Sirey, 1993

LEITÃO, Augusto Rogério, *Comunidade Europeia – Estudos de Direito e de Sociologia Política*, Coimbra Editora, Coimbra, 2005

LENAERTS, K., «L'égalité de traitment en droit communautaire», *Cahiers de droit européen*, 1991

LENAERTS, Koen/GERARD, Damien, «Decentralisation of EC Competition Law Enforcement», *World Competition*, vol. 27, n.° 3, 2004

LENAERTS, Koen/VAN NUFFEL, Piet (Robert BRAY, editor), *Constitutional Law of the European Union,* Sweet & Maxwell, London, 1999

LENAERTS, L./ARTS, D./MASELIS, I. (R. Bray, Ed.), *Procedural law of the European Union*, 2nd Edition, Thomson, Sweet & Maxwell, 2006

LIBERAL FERNANDES, F. X., O direito de Livre Circulação dos Trabalhadores Comunitários – o mercado europeu do trabalho, in *Direito Social Comunitário*, Tomo I, Cosmos, Lisboa, 1998

LINDEINER-WILDAU, K. Von, *La supranationalité en tant que principe de droit*, Leyde (Sijthoff), 1970

LIPGENS, Walter, *A History of European Integration 1945-1947 – the formation of the European Unity Movement*, vol. 1, Clarendon Press, Oxford, 1982

LOPES, Dulce, «A articulação de competências entre União e Estados membros no Tratado de Lisboa», *Temas de Integração,* n.° 26, 2008, pp. 91-114

LOPES LOURENÇO, Paulo, *Fundamentação dos Actos Comunitários*, Coimbra Editora, 2002

LOPES, M. Conceição/PINA, David/SILVA, Guilherme H.R., *O Acto Único Europeu*, Almedina, Coimbra, 1987

LOPES RODRIGUES, Eduardo, *O Acto Único Europeu e a Política de Concorrência*, vol. 30, Banco do Fomento Exterior, Lisboa, 1990

LOPES RODRIGUES, Eduardo, «A nova estrutura do Tratado de Lisboa e a política de concorrência na União Europeia», *Temas de Integração*, n.° 26, 2008, pp. 189-227

LOUIS, Jean-Victor, *A ordem jurídica comunitária*, 5.ª ed., SPOCE, 1993

LOUIS, Jean-Victor, «L'État de droit», in *L'Union Européenne au delà d'Amsterdam – nouveaux concepts d'intégration européenne*, Martin WESTLAKE (dir.), PIE, Bruxelles, 1998

LOUIS, Jean-Victor, «Indépendance des banques centrales, séparations des pouvoirs et démocratie», *Mélanges en hommage à M. Waelboeck*, vol. I, Bruylant, Bruxelles, 1999

LOUIS, Jean-Victor, «L'évolution du Conseil Européen à la lumière de la réalisation de l'Union Économique et Monétaire», *Divenire Sociale e adeguamento del diritto – Studi in onore de Francesco Capotorti*, II, Giuffrè, Milano, 1999

LOUREIRO BASTOS, F., *A União Europeia – fins, objectivos e estrutura orgânica*, Lisboa, 1993

LOUREIRO BASTOS, Fernando, *Os acordos mistos em direito comunitário*, SPB, Lisboa, 1997

LUCAS PIRES, Francisco, *Uma Constituição para Portugal*, Coimbra, 1975

LUCAS PIRES, F., *Tratados que instituem as Comunidades e União Europeias,* Aequitas, Editorial Notícias, 1992

LUCAS PIRES, F., *Introdução ao Direito Constitucional Europeu*, Almedina, Coimbra, 1997

LUCAS PIRES, F., *Schengen e a Comunidade de Países Lusófonos*, Ius Gentium Conimbrigae, Coimbra Editora, Coimbra, 1997

LUCAS PIRES, F., «A Europa e o Estrangeiro: Talo(s) ou Cristo?», *Temas de Integração*, 1998, n.° 6

LUCAS PIRES, Francisco, *Amsterdão: do Mercado à Sociedade Europeia?*, Principia, Cascais, 1998

LUGARD, Paul, *Vertical restraints under EC competition law*, Hart, 2001

LUGARD, Paul/HANCHER, Leigh, «Honey, I shrunk the article! A Critical assessment of the Commission's Notice on Article 81 (3) of the EC Treaty», *European Competition Law Review*, vol. 25, n.° 7, 2004

LYON-CAEN/LYON-CAEN, *Droit Social Européen*, 1992

MACHADO, Jónatas, *Direito Internacional do Paradigma Clássico ao Pós-11 de Setembro*, 3.ª ed., Coimbra Editora, Coimbra, 2006

MACLAY, Michael, *A união europeia*, Temas e Debates, Lisboa, 2000

MADARIAGA, J. A., «Los derechos fundamentales y el derecho comunitario», *Cuadernos Europeos de Deusto*, n.° 18, 1998

MAILLET, Pierre/ROLLET, P., *Intégration Économique Européenne – theorie et pratique*, Nathan Supérieur, 1988

MAJONE, *Ideas, Interests and Policy Change*, EUI, Badia Fiesolana, San Domenico, 1992

MANGAS MARTÍN, A., «La reforma institucional en el tratado de Amsterdam», *Revista de Derecho Comunitario Europeo*, n.° 4, ano 2, 1998

MANGAS MARTÍN, A./LIÑÁN NOGUERAS, D. J., *Instituciones y derecho de la Unión Europea*, 2.ª ed., Mc Graw Hill, Madrid, 1999

MARCHINI CÀMIA, A./MARCHINI CÀMIA, F., *Commentaire J. Megret*, 9, 2.ª ed., 2000

MARQUES, Francisco Paes, «O acesso dos particulares ao recurso de anulação após o Tratado de Lisboa: remendos a um fato fora de moda», in *Cadernos O Direito*, n.° 5, 2010, pp. 89-109

MARRECAS FERREIRA, P., «Le principe de subsidiarité comme principe de droit constitutionnel», *BDDC*, n.os 57/58, 1994

MARTÍN ARRIBAS/VAN OVERBERGH, «La cuestión prejudicial a la luz del articulo 68 del Tratado de la CE», *Revista de Derecho Comunitario Europeo*, n.° 9, ano 5, 2001

MARTÍNEZ-LÓPEZ, M., «Distribution sélective et Internet», *Competition Policy Newsletter*, n.° 2, 2001

MARTINS DA SILVA, António, *Portugal entre a Europa e Além-mar*, Faculdade de Letras, Coimbra, 2000

MARTINS, Licínio Lopes, «O conceito de norma na jurisprudência do tribunal constitucional», *BFD*, sep. vol. LXXV, Coimbra, 1999

MASCLET, Jean-Claude, *A União Política da Europa*, Bertrand, Lisboa, 1975

MATTÉI, J-B., «La pratique décisionnelle de la Communauté Européenne au quotidienne», *Revue des Affaires Européennes*, n.° 1, 1993

MATTERA, A., «Civis europaeus sum – citoyenneté européenne, droit de circulation et de séjour, applicabilité directe de l'article 8A du traité CE», *Revue du Marché Unique Européen*, n.° 3. 1998

MÉGRET et al., «Article 177.°», Commentaire Mégret, vol. 10, tome 1, 1983

MELO ROCHA, Mário de, *O Tribunal de Justiça das Comunidades Europeias (veículo de coesão jurídica comunitária)*, Coimbra Editora, Coimbra, 1982

MIRANDA, JORGE, *A Constituição de 1976 – formação, estrutura, princípios fundamentais*, Petrony, Lisboa, 1978

MIRANDA, Jorge, «O Tratado de Maastricht e a Constituição Portuguesa», *A União Europeia na Encruzilhada*, Almedina, Coimbra, 1998

MIRANDA, Jorge, *Direito Internacional Público – I (substituições e aditamentos)*, Lisboa, 2000

MIRANDA, Jorge/MEDEIROS, Rui, *Constituição Portuguesa Anotada*, Tomo I, 2.ª Edição, Wolters Kluwer/Coimbra Editora, 2010

MOITINHO DE ALMEIDA, «A ordem jurídica comunitária», in *Temas de direito comunitário*, OAP – Conselho Geral, Lisboa, 1983

MOITINHO DE ALMEIDA, J. C., *O reenvio prejudicial perante o Tribunal de Justiça das Comunidades Europeias*, Coimbra Editora, Coimbra, 1992

MOITINHO DE ALMEIDA, J. C., *Direito Comunitário*, Centro de Publicações do M. J., Lisboa, 1983

MOLINA DEL POZO, C. F., «Hacia una progresiva generalización de la codecisión como procedimiento de toma de decisiones en la unión europea», *El dececho administrativo en el umbral del siglo XXI, – Homenaje al profesor Dr. D. Ramón Martín Mateo*, Tomo I, Valencia, 2000

MONACO, Riccardo, «Comunità», *Enciclopedia del diritto*, vol. VIII, Giuffrè

MONAR, J., «Interinstitutional agreements: the phenomenon and its new dynamics after Maastricht», *Common Market Law Review*, 1994

MONGIARDIM, Maria Regina, *O Alargamento da União Europeia – novos vizinhos*, Prefácio, Lisboa, 2004

MONNET, Jean, *Mémoires*, Fayard, 1976 (trad. Portuguesa, Ulisseia, 2004)

MONTE, Mário Ferreira, *O Direito Penal Europeu – De "Roma" a "Lisbos" subsídios para a sua legitimação*, Quid Júris, 2009

MONTESQUIEU, *Do Espírito das Leis*, Martin Claret, São Paulo, 2002 (1.ª ed. 1748)

MONTI, Mario, no prefácio ao XXIX.° Relatório sobre a política de concorrência 1999

MORAIS, Luís, «O Banco Central Europeu e o seu enquadramento no sistema institucional da União Europeia – algumas reflexões», *Estudos Jurídicos e Económicos em Homenagem ao Professor João Lumbrales*, FDUL, 2000

MOREIRA, ADRIANO, «A lei da complexidade crescente na vida internacional», s.d.

MOREIRA, ADRIANO, *Ciência Política*, 6.ª reimpressão, Almedina, Coimbra, 2001

MOREIRA, Teresa, «Algumas considerações sobre o Regulamento (CE) n.° 1/2003 do Conselho, de 16.12.2002 – A descentralização da aplicação das regras de concorrência comunitárias», », *Estudos Jurídicos e Económicos em Homenagem ao Prof. Doutor António de Sousa Franco*, FDUL, 2006, Vol. III, pp. 1045-1058

MORIN, Edgar, *Pensar a Europa*, Publ. Europa-América, 1991

MOSSO, Carles Esteva/RYAN, Stephen, «Article 82 – Abuse of dominant position», in *The EC Law of Competition*, ed. FAULL/NIKPAY, Oxford University Press, 1999

MOTA DE CAMPOS, J., «União Política», *Legislação (cadernos de)*, n.° 4/5, INA, 1992

MOTA DE CAMPOS, J., *Direito Comunitário*, vol. I, 7.ª ed., FCG, Lisboa, 1995

MOTA DE CAMPOS, J., «Uma Comunidade de Estados ou uma Europa das Regiões?», *Direito e Justiça*, vol. X, tomo I, 1996

MOTA DE CAMPOS, João (coord.), *Organizações Internacionais*, FCG, Lisboa, 1999

MOTA DE CAMPOS, J., «O Conselho Europeu», *Estudos Jurídicos e Económicos em Homenagem ao Professor João LUMBRALES*, Faculdade de Direito de Lisboa, Lisboa, 2000

MOTA DE CAMPOS, João, «Os Pareceres do Tribunal de Justiça das Comunidades Europeias», *Estudos em Homenagem a Cunha Rodrigues*, Vol. II, Coimbra Editora, 2001

MOTA DE CAMPOS, J., *Manual de Direito Comunitário*, 4.ª ed. FCG, Lisboa, 2004

MOTA DE CAMPOS, J./MOTA DE CAMPOS, J. L., *Contencioso Comunitário*, FCG, Lisboa, 2002

MOTA DE CAMPOS, J./MOTA DE CAMPOS, *Manual de Direito Europeu*, 6.ª Edição, Wolters Kluwer/Coimbra Editora, 2010

MOTA PINTO, C. A., *Teoria Geral do direito civil*, 3.ª ed., Coimbra Editora, Coimbra, 1986

MOURA E SILVA, Miguel, «O papel das partes e outros interessados no processo de reenvio prejudicial», *Direito e Justiça*, vol. IX, tomo I, 1995

MOURA E SILVA, M., *Direito da Concorrência – uma introdução jurisprudencial*, Almedina, Coimbra, 2008

MOURA PORTUGAL, A., «Independência e controlo do Banco Central Europeu – contributo para a correcta definição dos poderes normativos», *Boletim do Ministério da Justiça*, n.° 479, 1998

MOURA RAMOS, R., «Les nouveaux aspects de la libre circulation des personnes. Vers une citoyenneté européenne – Rapport general», *Associação Portuguesa de Direito Europeu XV Congrès FIDE*, Lisboa, 1992

MOURA RAMOS, R., «Reenvio prejudicial e relacionamento entre ordens jurídicas na construção comunitária», *Legislação (cadernos de)*, n.ºs 4/5, INA, 1992

MOURA RAMOS, R., «União Política», *Legislação (cadernos de)*, n.° 4/5, INA, 1992

MOURA RAMOS, R., «Previsão normativa e modelação judicial nas convenções comunitárias relativas ao direito internacional privado», *O direito comunitário e a construção europeia*, BFD, Stvdia Ivridica, 38, Colloquia-1, 1994

MOURA RAMOS, Rui, «As Comunidades Europeias – enquadramento normativo-institucional», 1985, *Das Comunidades à União Europeia – estudos de direito comunitário*, 2.ª ed., Coimbra Editora, Coimbra, 1997

MOURA RAMOS, R., «Maastricht e os direitos dos cidadãos europeus», *Das Comunidades à União, in Das Comunidades à União Europeia – estudos de direito comunitário*, 2.ª ed., Coimbra Editora, Coimbra, 1997

MOURA RAMOS, R., «Previsão normativa e modelação judicial nas convenções comunitárias relativas ao direito internacional privado», *O Direito comunitário e a construção europeia*, Stvdia Ivridica, Coimbra Editora, 1999

MOURA RAMOS, R., «Un diritto internazionale privato della Comunità Europea: origine, sviluppo, alcuni principi fondamentali», *Divenire Sociale e adeguamento del diritto – Studi in onore di Francesco CAPOTORTI*, II, Giuffrè, Milano, 1999

MOURA RAMOS, R., «The adaptation of the portuguese legal order to Community Law», *BFD*, vol. LXXVI, 2000

MOURA RAMOS, R., «A Carta dos Direitos Fundamentais da União Europeia e a protecção dos Direitos Fundamentais», *Cuadernos Europeos de Deusto*, n.° 25, 2001

MOURA RAMOS, R., *Direito Comunitário – programa, conteúdos e métodos de ensino*, Coimbra, 2003

MOURA RAMOS, Rui, «A cidadania da União: caracterização, conteúdo e desenvolvimento», *Estudos Jurídicos em Homenagem ao Prof. Doutor António de Sousa Franco*, Vol. III, Faculdade de Direito da Universidade de Lisboa, 2006

MÜLLER-GRAFF, P.-C., «The Treaty of Amsterdam. Characteristics and Perspectives», *The European Union Review*, vol. 5, n.° 2, 2000

NEVES RIBEIRO, «A Questão Prejudicial nos Tribunais Portugueses», *Estudos em Homenagem a Cunha Rodrigues*, vol. II, Coimbra Editora, 2003

NGUYEN QUOC DINH e outros, *Droit International Public*, 3.ª ed.

NICOLAIDES, «The Role of Competition Policy in Economic Integration», in *The Competition Policy of the European Community*, ed. P. NICOLAIDES/A. VAN DER KLUGT, IEAP, Maastricht, 1994

NIEVA FENOLL, J., *El recurso de casación ante el Tribunal de Justicia de las Comunidades Europeas*, J. M. Bosch, Barcelona, 1998

NOGUEIRA SERENS, *Direito da concorrência e acordos de compra exclusiva, exclusiva (práticas nacionais e comunitárias)*, n.° 5, Coimbra Editora, Coimbra, 1993

NORBERG e Outros, The *European Economic Area – EEA Law – A commentary on the EEA agreement*, Fritzes, 1993

O'KEEFFE, D., «Union Citizenship», *Legal Issues of the Maastricht Treaty*, O'KEEFFE/ /TWOMEY (editors), Wiley Chancery Law, 1992

O'KEEFFE, D., «General course in european community law – the individual and european law», in *Collected Courses of the Academy of European Law*, vol. V, Book 1, Martinus Nijhoff Publishers, 1994

OLIVEIRA PAIS, Sofia, «O acórdão Marleasing – rumo à consagração dos efeito directo horizontal das directivas?», *Revista de Direito e Economia*, anos XVI a XIX (1990 a 1993), BFD, vol. LXVIII, Coimbra, 1992

OLIVEIRA PAIS, Sofia, *O controlo das concentrações no direito comunitário da concorrência*, Almedina, Coimbra, 1997

OLIVEIRA PAIS, Sofia, «O Tratado de Lisboa e a renovação das instituições da União Europeia». in *Cadernos O Direito*, n.º 5, 2010, pp. 319-350

ORTIZ DÍAZ, J., «El horizonte de las administraciones públicas en el cambio de siglo. Algumas consideraciones de cara al año 2000», *El derecho administrativo en el umbral del siglo XXI – Homenaje al profesor Dr. D. Ramón Martín Mateo*, Tomo I, Valencia, 2000

OTERO, Paulo, *A Democracia Totalitária – do Estado Totalitário à Sociedade Totalitária – A Influência do Totalitarismo na Democracia do Século XXI*, Principia, Cascais, 2001

OTERO, Paulo, *Legalidade e Administração Pública – o sentido da vinculação administrativa à juridicidade*, Almedina, Coimbra, 2003

PAIS ANTUNES, M., «Agreements and concerted practices under EEC competition law: is the distinction relevant?», *YEL*, 11, 1991, Claredon Press, Oxford, 1992

PAIXÃO, Nuno, «Unimplemented directives and the interpretative obligation», *BDDC*, n.os 57/58, 1994

PALMA, Maria João, «The Community Budget», *Estudos Jurídicos e Económicos em Homenagem ao Professor João Lumbrales*, FDUL, 2000

PALMA, Maria João, *Breves notas sobre a invocação das normas das directivas comunitárias perante os tribunais nacionais*, AAFDL, 1.ª reimpressão, Lisboa, 2000

PAPPALARDO, «La réglementation communautaire de la concurrence – les dispositions du Traité CE et de droit derivé relatives aux ententes entre entreprises, à l'abus de position dominante et au contrôle des concentrations (première partie)», *RIDE*, 1994

PARLAMENTO EUROPEU (Portugal), *50 anos da Europa – os grandes textos da construção europeia*, 1997

PARRET, Laura, «Shouldn't We Know What We Are Protecting? Yes We Should! A Plea for a Solid and Comprehensive Debate about the Objectives of EU Competition Law and Policy», *European Competition Journal*, Vol. 6, n.º 2, 2010, pp. 339-376

PASSOS, Ricardo, «Recent developments concerning the role of national parliaments in the European Union», *ERA Fórum*, 2008, n.º 9

PATRÃO, Afonso Nunes de Figueiredo, *A responsabilidade extracontratual da Comunidade Europeia*, Almedina, Coimbra, 2008

PATRÃO, Afonso, «O direito derivado no Tratado de Lisboa», *Temas de Integração*, 2.º Semestre de 2008, pp. 139-168

PATRÃO ROMANO, *Diferenciação de Estados e Democratização da Comunidade Europeia*, Centro de Informação Jacques Delors, 1997

PAZ FERREIRA, Eduardo, *União Económica e Monetária – Guia de estudo*, Quid Iuris, Lisboa, 1999

PEGO, J. P. F. Mariano, *O Controlo dos Oligopólios pelo Direito Comunitário da Concorrência – A posição dominante colectiva*, Almedina, Coimbra, 2007

PEIXOTO, João, «Migrações e políticas migratórias na União Europeia: livre circulação e reconhecimento de diplomas», *Análise Social*, vol. XXXVI (158-159), 2001

PÉREZ-BUSTAMANTE, Rogelio/URUBURU COLSA, Juan Manuel, *História da União Europeia*, Coimbra, Coimbra Editora, 2004

PÉREZ DE NANCLARES, J. M., «La flexibilidad en el tratado de Amsterdam: especial referencia a la nócion de cooperación reforzada», *Revista de Derecho Comunitario Europeo*, n.º 4, ano 2, 1998

PESCATORE, P., *The law of integration*, 1973

PESCATORE, P., «The doctrine of "direct effect": an infant disease of Community Law», *European Law Review*, n.º 3, 1983

PESCATORE, P., «Nice – Aftermath», *Common Market Law Review* (CMLR), vol. 38, 2001

PHILIPP, D., «Article 130 CE – Commentaire», in CONSTANTINESCO/KOVAR/SIMON, *Le Traité sur L'Union Européenne (signé à Maastricht le 7 février 1992): Commentaire Article par Article*, Economica, Paris, 1995

PIÇARRA, Nuno, «A fiscalização do cumprimento das obrigações assumidas pelos Estados membros no Espaço Europeu de Justiça», *Estratégia*, n.º 18/19, 2003, pp. 87-95

PIÇARRA, Nuno, «A evolução da política comum de vistos na União Europeia», *Europa.Novas Fronteiras*, n.º 16/17, 2005, pp. 101-122

PIÇARRA, Nuno, «O espaço de liberdade, segurança e justiça no Tratado que estabelece uma Constituição para a Europa: unificação e aprofundamento», *O Direito*, n.º 137, 2005, IV-V, pp. 967-1014

PIÇARRA, Nuno, «O espaço de liberdade, segurança e justiça após no Tratado que estabelece uma Constituição para a Europa: unificação e aprofundamento», *O Direito*, n.º 137, 2005, IV-V, pp. 967-1014

PIÇARRA, Nuno, «A Justiça Constitucional da União Europeia», *Estudos Jurídicos e Económicos em Homenagem ao Prof. Doutor António de Sousa Franco*, FDUL, 2006, Vol. III, pp. 467-501

PIÇARRA, Nuno, «O Tratado de Lisboa e o Espaço de Liberdade, Segurança e Justiça», in *Cadernos O Direito*, n.º 5, 2010, pp. 245-270

PINTO CORREIA, Carlos, «As relações entre a Autoridade da Concorrência e os reguladores sectoriais», *Regulação em Portugal: Novos Tempos, Novo Modelo?*, Almedina, Coimbra, 2008, pp. 721 segs.

PIO XI, SS., *Carta Enclícica Quadragesimo Anno*, I, 1931

PITTA E CUNHA, Paulo de, *O desafio da integração europeia,* Min. Finanças e do Plano (ed.), 1980

PITTA E CUNHA, P., *Integração Europeia – estudos de economia, política e direito comunitários*, INCM, 1993

PITTA E CUNHA, P., «A diferenciação na integração europeia», *ROA*, 56, 1996

PITTA E CUNHA, P., «O tratado de Amesterdão», *ROA*, ano 58, 1998

PITTA E CUNHA, P., *De Maastricht a Amesterdão – problemas da União Económica e Monetária*, Almedina, Coimbra, 1999

PITTA E CUNHA, «Os impulsos federais na construção europeia», *RFDUL*, vol. XLI, n.º 1, Coimbra Editora, Coimbra, 2000

PITTA E CUNHA, P., *A Constituição Europeia – um olhar crítico sobre o projecto*, 2.ª ed., Almedina, Coimbra, 2004

PITTA E CUNHA, P., *A Crise da Constituição Europeia*, Almedina, Coimbra, 2006

PITTA E CUNHA, P. *Direito Europeu – Instituições e Políticas da União*, Almedina, Coimbra, 2006

PITTA E CUNHA, Paulo de, «The meaning of the Simplified Treaty», *Temas de Integração*, n.º 26, 2008, pp. 21-25.

POIARES MADURO, M., *We the Court – The European Court of Justice and the European Economic Constitution – a Critical Reading of Article 30 of the EC Treaty*, Hart, Oxford, 1998

POIARES MADURO, Miguel, «O superavit democrático europeu», *Análise Social*, vol. XXXVI (158-159), 2001

POPPER, Karl R., A sociedade aberta e os seus inimigos, 2 vols., ed. Fragmentos, 1993

PORTO, MANUEL, *Teoria da Integração e Políticas Comunitárias: face aos desafios da globalização*, 4.ª ed., Almedina, Coimbra, 2009

PORTO, Manuel, «Introductory Note», *Temas de Integração*, n.° 26, 2.° semestre de 2008, pp. 9-10

PRECHAL, Sacha, *Directives in EC Law*, 2nd Edition, Oxford Law Library, 2006

QUEIRÓ, Afonso R., «Teoria dos Actos do Governo» – 1.ª ed., 1948 –, in *Estudos de Direito Público, vol. I – Dissertações*, Por Ordem da Universidade, Coimbra, 1989

QUEIRÓ, Afonso R., *Lições de Direito Administrativo*, I, Coimbra, 1976

QUEIRÓ, Afonso, «Fontes não voluntárias de direito administrativo», RDES, ano 23, 1976

QUEIROZ, Cristina M.M., *Os actos políticos no Estado de Direito*, Almedina, Coimbra, 1990

QUEIROZ, Cristina, *Direito Internacional Público II – Organizações Internacionais*, UAL, Lisboa, 2002

RANGEL DE MESQUITA, M. J., *Efeitos dos acórdãos do Tribunal de Justiça das Comunidades Europeias proferidos no âmbito de uma acção por incumprimento*, Almedina, Coimbra, 1997

RANGEL DE MESQUITA, M. J., *O regime da Responsabilidade Civil Extracontratual do Estados e Demais Entidades Públicas e o Direito da União Europeia*, Almedina, Coimbra, 2009

REBELO, Marta, *Constituição e Legitimidade Social da União Europeia*, Almedina, Coimbra, 2005

REBELO DE SOUSA, Marcelo, «A transposição das directivas comunitárias para a ordem jurídica nacional», *Legislação (cadernos de)*, n.ºs 4/5, INA, 1992

REBELO DE SOUSA, Marcelo/SALGADO DE MATOS, André, *Responsabilidade civil administrativa, Direito Administrativo Geral*, Tomo III, 2008

REICH, C., «Le Traité d'Amsterdam et le champ d'application de la procédure de codécision», *Revue du Marché Commun et de l'Union Européenne*, 1997

REUTER, P., «Commentaire – Articles 1 et 2», Traité instituant la CEE – commentaire article par article, dir. CONSTANTINESCO/KOVAR/JACQUÉ/SYMON, Economica, Paris, 1991

REUTER, P., Organisations Européennes, 2.ª ed., Paris, 1970

RIBEIRO DA CUNHA, Marta C. C., Da responsabilidade do Estado pela violação do direito comunitário, Almedina, Coimbra, 1996

RIDEAU, Joël, *Droit institutionnel de l'Union et des Communautés Européennes*, 3.ª ed., LGDJ, Paris, 1999

RINALDI, R., «Il nuovo regolamento della Commissione Europea sugli accordi verticali», *Diritto del Commerzio Internazionale*, 2000

RITTER, L./BRAUN, W. David/RAWLINSON, F., *EC Competition Law – a practitioner guide*, 2.ª edição, Kluwer Law Int, 2000

RITTER, Lennart/BRAUN, W. David, *European Competition Law – A Practitioner's Guide*, 3rd Edition, Kluwer Law International, 2004

ROBALO CORDEIRO, António José da S., «As coligações de empresas e os direitos português e comunitário da concorrência», *Revista de Direito e Estudos Sociais*, Almedina, Coimbra, n.° 1, ano 29, 1987

RODRIGUES, Anabela Miranda/LOPES DA MOTA, J., *Para uma política criminal europeia – quadro e instrumentos jurídicos da cooperação judiciária em matéria penal no espaço da União Europeia*, Coimbra, Editora, Coimbra, 2002

ROGÉRIO LEITÃO, A., «O efeito jurídico das directivas comunitárias na ordem interna dos Estados membros», in *Boletim de Documentação e Direito Comparado (BDDC)*, MJ, Lisboa, n.° 14, 1983

ROSAMOND, Ben, *Theories of European Integration*, MacMillan, 2000

RUIZ, Nuno, «Relações entre o direito nacional e o direito comunitário da concorrência», *BDDC*, n.° 37/38, 1989

SÁ, Luís, *A crise das fronteiras – Estado, Administração Pública e União Europeia*, Cosmos, Lisboa, 1997

SABOURIN, Paul, *Le destin du continent européen – Le chemin de la Grande Europe*, Bruylant, Bruxelles, 1999

SÁENZ DE SANTA MARÍA, Paz Andrés, «Primera multa coercitiva a un Estado miembro por inejecución e sentencia (Comentario a la sentencia del TJCE de 4 de julio de 2000, Comisión c. Grecia)», *RDCE*, n.° 8, ano 4, 2000

SALESSE, «Institutions européennes déficit démocratique et intérêt générale», in *Critique de la raison communautaire (Utilité publique et concurrence dans l'Union Européenne)*, CARTELIER/FOURNIER/MONNIER, CIRIEC France, Economica, Paris, 1996

SAMPAIO, Jorge, *Portugueses*, vol. I, INCM, 1997

SANDE, Paulo, *O Sistema Político na União Europeia (entre Hesperus e Phosphorus)*, Principia, Cascais, 2000

SANTAMARIA, *Diritto commerciale communitario*, Milão, 1995

SANTER, Jacques, «Preface», in Wim BLOCKMANS, Histoire *du Pouvoir en Europe – peuples, marchés, Etats*, Fonds Mercator Paribas, 1997, Anvers

SCHAPIRA/LE TALLEC/BLAISE, *Droit européen des affaires*, 4.ª ed., PUF, 1994

SCHOUTHEETE, Ph. De, *La cooperation politique européenne*, Labor, RTL edition, 2.ª ed., 1986

SCHWARZENBERGER, «The fundamental principles of international law», *Recueil des Cours*, 1968, I

SEIXAS DA COSTA, Francisco, *Diplomacia Europeia – instituições, alargamento e o futuro da União*, Dom Quixote, 2002

SEIXAS DA COSTA, Francisco, «Portugal e o Tratado Constitucional Europeu», *Relações Internacionais*, n.° 2, 2004

SEIXAS DA COSTA, Francisco, *Uma Segunda Opinião*, Dom Quixote, Lisboa, 2005

SÉRVULO CORREIA, J. M., *Legalidade e autonomia contratual nos contratos administrativos*, Coimbra, 1987

SHUGHART II, «Public-choice theory and antitrust policy», in *The causes and consequences of antitrust: the public-choice perspective,* edited by Fred S. MCCHESNEY/W. F. SHUGHART II, University of Chicago Press, 1995

SILGUY, Y-T. DE, *Le syndrome de Diplodocus*, Albin Michel, Paris, 1996

SILVA LOPES, J., «Acordo Geral sobre Pautas Aduaneiras e o Comércio/GATT», *Dicionário de história do Estado Novo*, vols. I e II, Bertrand, Venda Nova, 1996

SILVA, Maria Manuela Magalhães, «Soberania e União Europeia», *Revista Jurídica da Universidade Portucalense*, n.° 13, Porto, 2008, pp. 167-187

SILVEIRA, Alessandra, «Prefácio I», *Tratado de Lisboa*, Quid Júris, 2008

SILVEIRA, Alessandra, «Da (ir)responsabilidade do Estado-juiz por violação do Direito da União Europeia», *Scientia Iuridica*, Tomo LVIII, 2009, n.° 320

SILVEIRA, Alessandra/I. CAMISÃO/Luís LOBO-FERNANDES/P. MADEIRA FROUFE, *Reflexão sobre o "Tratado de Lisboa"*, Sep. *Scientia Ivridica*, 2008, Tomo LVII, n.° 313

SIMÕES DIAS, J. P., *O Conselho Europeu e a Ideia da Europa – estudos europeus e comunitários*, Fedrave, Aveiro, 1995

SIMÕES DIAS, J. P., *A cooperação europeia de Portugal 1945-1986*, SPB, Lisboa, 1999

SIMÕES DIAS, J. P., *O Conselho da União Europeia*, Quarteto, Coimbra, 2001

SIMÕES, Tânia Cardoso, «Comportamentos infractores da regulação sectorial e do direito da concorrência: que sanção?», *Estudos Jurídicos e Económicos em Homenagem ao Prof. Doutor António de Sousa Franco*, Volume III, FDUL, Coimbra Editora, 2006, pp. 1005-1044

SIMON, Denys, «Article 33 – Commentaire», in Traité instituant la CEE – Commentaire article par article, CONSTANTINESCO/JACQUÉ/KOVAR/SYMON (dir.), Economica, Paris, 1991

SIMON, Denys, *Le système juridique communautaire*, Puf, Paris, 1997

SINEIRO DE ANDRADE, Maria Amélia, «O Sistema Europeu de Bancos Centrais (SEBC) – algumas considerações», (in *Boletim de Ciências Económicas,* vols. 39, 40 e 41, anos 1996, 1997 e 1998

SMITS, R., *The European Central Bank*, Kluwer, 1997

SMITS, René, «The European Central Bank: institutional aspects», in *International and Comparative Law Quarterly*, vol. 45, 2, 1996

SNYDER, Francis, *Interinstitutional agreements: forms and constitutional limitations*, EUI working papers, n.° 95/4, Florence

SISKOVA, Nad_da, «Treaty of Lisbon and Charter of Fundamental Rights of the EU: future prospects», *Temas de Integração*, n.° 26, 2008, pp. 11-20

SOARES, Rogério H., *Direito público e sociedade técnica*, Atlântida, Coimbra, 1969

SOBREIRA, Carlos Pedro, *O Juiz Comunitário e o recurso aos princípios da subsidiariedade e proporcionalidade enquanto limites ao exercício das competências comunitárias*, Vislis, Viseu, 2003

SOCINI, Roberto, *La competenza pregiudiziale della Corte di Giustizia delle Comunità Europee*, Milano, Giuffrè, 1967

SÖDERMAN, J., «Le citoyen, l'administration et le droit communautaire», *Revue du Marché Unique Européen*, n.° 2. 1998

SOUSA E SILVA, Pedro, *Direito comunitário e propriedade industrial: o princípio do esgotamento dos direitos*, Studia Juridica, n.° 17, Coimbra Editora, 1996

SOUSA FRANCO, A., *Noções de Direito da Economia*, AAFDL, Lisboa, 1982

SOUSA FRANCO, A., «União Económica e Monetária», *Legislação (cadernos de)*, n.° 4/5, INA, 1992

SOUSA FRANCO, A./OLIVEIRA MARTINS, G., *A Constituição económica Portuguesa – ensaio interpretativo*, Almedina, Coimbra, 1993

SOUTO DE MIRANDA, Alberto, *Temas de direito comunitário*, Almedina, Coimbra, 1990

STÉPHANOU, C., *Réformes et mutations de l'Union Européenne*, Bruylant/LGDJ, Bruxelles, 1997

STONE SWEET, Alec/CAPORASO, James A., «La Cour de Justice et l'intégration européenne», in Revue Française de Science Politique, vol. 48, n.° 2, 1998

STURM, Roland, «The German Cartel Office in a Hostile Environment», in *Comparative Competition Policy: National Institutions in a Global Market*, DOERN/WILKS (ed.), Clarendon Press, Oxford, 1996

SUBIOTTO, R./AMATO, F., «Preliminary analysis of the Commission's reform concerning vertical restraints», *Journal of World Competition*, 23, 2, 2000

TAVARES, José, *Estudos Jurídico-Políticos*, UAL, 1996

TELES, Miguel Galvão, «Constituições dos Estados e Eficácia Interna do Direito da União e das Comunidades Europeias», in *Estudos em Homenagem ao Professor Doutor Marcello Caetano no centenário do seu nascimento*, FDUL, Coimbra Editora, 2006, Vol. II, pp. 295-331

TELLES ROMÃO, Margarida, *Liberdade e vinculação na Administração comunitária*, CIJD, 2001

TEMAS DE INTEGRAÇÃO, *A União Europeia – os caminhos depois de Nice*, 2.° semestre 2001; 1.° semestre de 2002, n.os 12-13, Almedina, Coimbra, 2002

TENREIRO, Mário, «Direito comunitário da concorrência – significado e autonomia do critério da afectação do comércio entre os Estados-membros face à realização do mercado único», *RDE*, 15, 1989

THIEFFRY, «L'appréhension des systèmes de distribution en droit américain et en droit européen de la concurrence», *Revue Trimmestrielle du Droit Européen*, 4, 1985

THORSTENSEN, Vera, et al., *O Brasil frente a um mundo dividido em blocos*, S. Paulo, Instituto Sul-Norte, 1994

TIEDEMANN, Klaus, *Lecciones de derecho penal económico (comunitario, español e alemán)*, PPU, Barcelona, 1993

TIZZANO, Antonio, «Capítulo III – As competências da Comunidade», *Trinta anos de Direito Comunitário*, ed. Comissão, 1981

TIZZANO, Antonio, *Il tratatto di Amsterdam*, CEDAM, Padova, 1998

TIZZANO, Antonio, «La personnalité internationale de l'Union Européenne», *Mélanges en hommage à Michel Waelbroeck*, vol. I, Bruylant, Bruxelles, 1999

TIZZANO/CRUZ VILAÇA/GORJÃO-HENRIQUES, *Código da União Europeia*, 3.ª ed., Almedina, Coimbra, 2003

TRETTI, G./IMÒ, C., «La riforma delle intese verticali ed i sistemi distributivi complessi», in *IV Conference Antitrust Between EC Law and National Law*, Bruylant, Bruxelles, 2000

TRIBUNAL DE JUSTIÇA, *Relatório anual* 2000

TRIBUNAL DE JUSTIÇA, *Relatório anual* 2003

TRIBUNAL DE JUSTIÇA, *Relatório anual* 2007

TRIDIMAS, Takis, *The General Principles of EC Law*, Oxford, 2000

TROTTA, Rosa, «LA dimension extérieure de la circulation des personnes après Amsterdam», *Le Union Européenne et le monde après Amsterdam*

ULMER, «Wettbewerbbeschrankende Absprachen im Rahmen von Unternehmenszusammenschlüssen», *WuW*, 1960

UMBERTO ECO, *O nome da Rosa*, Difel

USHER, J. A., «Variable geometry or concentric circles: patterns for the European Union», *International and Comparative Law Quarterly*, vol. 46, P. 2, Abril, 1997

UTTON, *Market dominance and antitrust policy*, Aldershot, Elgar, 1995

VALENTE, Isabel Maria Freitas, «The European Union after the Treaty of Lisbon», *Temas de Integração*, n.° 26, 2008, pp. 37-44

VALLE, Alejandro, «La refundación de la libre circulación de personas, tercer pilar y Schengen: el espacio europeo de libertad, seguridad y justicia», *Revista de Derecho Comunitario Europeo,* n.° 4, ano 2, 1998

VALLÉE, Charles, *O direito das comunidades europeias*, Editorial Notícias, 1983

VAN BAEL/BELLIS, *Droit de la Concurrence de la Communauté Économique Européenne*, Bruylant, Bruxelles, 1991

VAN DER MEERSCH, W. Ganschof, «L'ordre juridique des Communautés Européennes et le droit international», *Recueil des Cours*, 1975, V, t. 148, 1978

VANDAMME, V. Jacques, «Fédéralisme européen: opportunité ou utopie?», in *L'Union Européenne au delà d'Amsterdam – nouveaux concepts d'intégration européenne*, Martin WESTLAKE (dir.), PIE, Bruxelles, 1998

VANDERSANDEN, Georges, «La procédure préjudicielle: à la recherche d'une identité perdue», *Mélanges en hommage à M. Waelbroeck*, vol. I, Bruylant, Bruxelles, 1999

VAZ, Manuel Afonso, «O sistema de fontes de direito no Tratado da Constituição Europeia (entre a "simplificação" e a "democratização"), *Colóquio Ibérico: Constituição Europeia – Homenagem ao Doutor Francisco Lucas Pires*, BFD, *Stvdia Ivridica*, n.° 84, Coimbra, 2005, pp. 651-663

VAZ FREIRE, Paula, *Os novos passos da integração europeia – o Tratado de Amesterdão e o Tratado de Nice*, Vislis, Lisboa, 2002

VAZ, Isabel O./GORJÃO-HENRIQUES, M., «Portugal», *The Modernisation of EU Competition Law Enforcement in the EU – FIDE 2004 National Reports* (D. CAHILL, editor), Cambridge, 2004

VEIGA TORRES, J., *Introdução à História Económica e Social da Europa*, Almedina, Coimbra, 1995

VERDELHO ALVES, Maria Luísa, *A responsabilidade do Estado por violação do direito comunitário*, Dissertação para Mestrado, Coimbra, 1998 (não publicada)

VERDIER, Marie-France, «Le droit de vote et d'éligibilité des citoyens de l'Union européenne aux élections municipales. Nouvelle manifestation concrète de la citoyenneté européenne», *RTDE*, 1999

VERHOEVEN, Joe, *Droit de la Communauté Européenne*, 3.ª ed., Larcier, Bruxelle, 1996

VESTRYNGE, Jean-François, «Current antitrust policy issues in the EEC: some reflections on the second generation of competition policy», *Fordham Corporate Law Institute*, 1984

VICENTE, Dário Moura Vicente, «Liberdades Comunitárias e Direito Internacional Privado», in *R.O.A.*, ano 69, 2009, pp. 729-813

VIEIRA DE ANDRADE, José Carlos, «A Responsabilidade por danos decorrentes da função administrativa na nova lei sobre responsabilidade civil extracontratual do Estado e demais Entes Públicos», in *Revista de Legislação e Jurisprudência*, ano 137.°, 2008, n.° 3951

VIEIRA DE ANDRADE, J. C., *A justiça administrativa (Lições)*, 3.ª ed., Almedina, Coimbra, 2000

VIEIRA DE ANDRADE, J. C., «A Responsabilidade por danos decorrentes da função administrativa na nova lei sobre responsabilidade civil extracontratual do Estado e demais Entes Públicos», in *Revista de Legislação e Jurisprudência*, ano 137.°, 2008, n.° 3951, pp. 360-371

VIEWEG, Paul, «Normas técnicas europeias e nacionais no mercado interno da Comunidade Europeia», *Revista de Direito e Economia*, anos XVI a XIX (1990 a 1993)

VILA MAIOR, P./COSTA LEITE, I./CASQUEIRA CARDOSO, J., *O Tratado de Nice e o futuro da União Europeia*, Ed. UFP, 2003

VITORINO, Nuno/CATARINO, J.R., *Código Aduaneiro Comunitário e Disposições de Aplicação, Anotações, Notas Remissivas e Jurisprudência*, Vislis, Lisboa, 2000

VON HOLSTEIN, Henrik, in *Festschrift til Ole Due*, 1994

WAELBROECK, Denis, «L'exécution des arrêts d'annulation de la Cour de Justice des Communautés Européennes», *Mélanges en hommage à M. Waelbroeck*, vol. I, Bruylant, Bruxelles, 1999

WAINRIGHT, R./MELGAR, V., «Bilan de l'Article 30 après vingt ans de jurisprudence: de Dassonville à Keck et Mithouard», *Revue du Marché Commun et de l'Union Européenne*, n.° 381

WEILER, J., «The reformation of european constitutionalism», *Journal of Common Market Studies*, n.° 35, 1997

WEILER, J.H.H., «Human rights, Constitutionalism and Integration: Iconography and Fetishism», *Forum du Droit International*, vol. 3, n.° 4, 2001

WEILER, Joseph H. H., The State "über alles" – Demos, Telos and the Germany Maastricht Decision, *EUI Working Paper*, n.° 96/9, 1996

WESSEL, Ramses A., «The Constitutional Relationship between the European Union and the European Community: Consequences for the Relationship with the Member States», Jean *Monnet Working Paper 9/03, Max Planck Institute for Comparative Public Law and International Law*, Heidelberg, 2003

WESSELING, Rein, *The modernisation of EC antitrust law*, Hart, 2000

WESSELS, Wolfgang, «Flexibilité, différenciation et coopération renforcé – Le Traité d'Amsterdam à la lumière du Rapport Tindemans», in *L'Union Européenne au delà d'Amsterdam – Nouveaux concepts d'intégration européenne*, Martin WESTLAKE (dir.), PIE, Bruxelles, 1998

WEYDERT, Jean/BÉROUD, Sophie, *O futuro da Europa*, Ambar, 2002

WENINGER, Michael H. (dir.), *Uma Europa Sem Deus? – A União Europeia e o diálogo com Relgiiões, Igrejas e Comunidades Conferssionais*, Edições 70, 2007

WHISH, R., *Competition Law*, 6.ª ed., Butterworths, 2008

WHISH, R./SUFRIN, B., «Article 85 and The Rule of Reason», *Yearbook of European Law*, 7, 1987

WILHELMSEN, Alexandra, «O antigo regime», *Armas e Troféus*, VII série, tomo I, 1996

ZILLER, Jacques, *O Tratado de Lisboa*, Texto, Lisboa, 2010

ÍNDICE GERAL

PARTE III

A Ordem Jurídica da União (Princípios e Fontes)

PARTE IV
O sistema jurisdicional de uma União de Direito
(as prestações jurisdicionais dos tribunais comunitários)

PARTE V
Direito Material da União Europeia (Mercado Interno)

PARTE VI

Política e Direito da Concorrência Na União Europeia